汨罗市志

（1978—2008）

汨罗市地方志编纂委员会 编

方志出版社

图书在版编目（CIP）数据

汨罗市志：1978-2008 / 汨罗市地方志编纂委员会编. --北京：方志出版社，2016.9
ISBN 978-7-5144-2096-8

Ⅰ. ①汨… Ⅱ. ①汨… Ⅲ. ①汨罗市—地方志—1978-2008 Ⅳ. ① K296.43

中国版本图书馆CIP数据核字（2016）第238686号

汨罗市志（1978-2008）

编　　者：汨罗市地方志编纂委员会
责任编辑：罗　滔　朱　姝

出 版 人：冀祥德
出 版 者：方志出版社
地址　北京市朝阳区潘家园东里9号（国家方志馆4层）
邮编　100021
网址　http://www.fzph.org
发　　行：方志出版社发行中心
电话（010）67110500
经　　销：各地新华书店
印　　刷：长沙帝达图文设计有限责任公司

开　　本：889 × 1194　　1/16
印　　张：59.25
字　　数：1555千字
版　　次：2016年9月第1版　　2016年9月第1次印刷
印　　数：0001 ~ 4000册

ISBN 978-7-5144-2096-8　　定价：380.00元

汨罗市地图

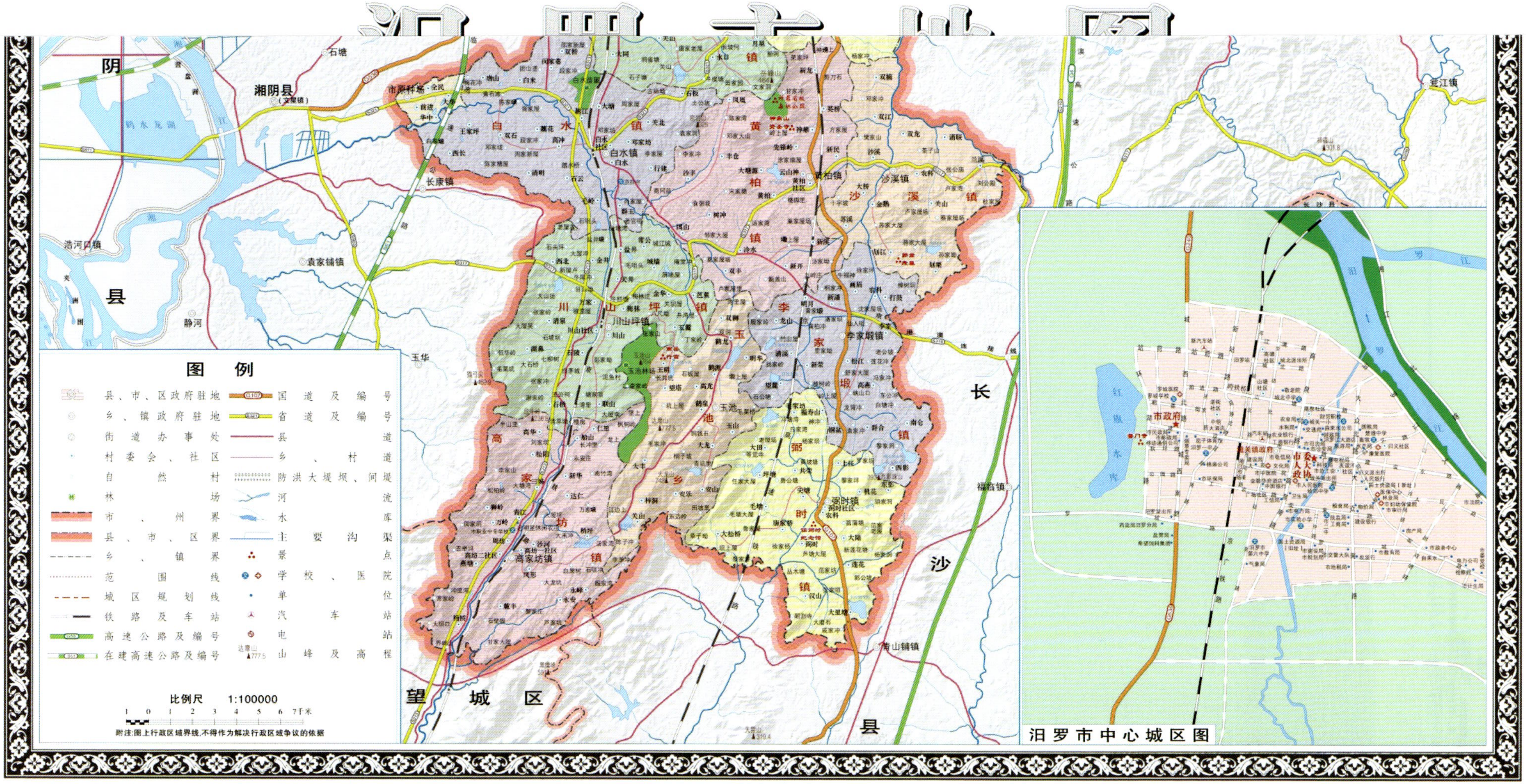

汨罗市国土资源局编制　湖南省国土资源厅监制　审图号：湘 S(2010)41 号　湖南省地图院制作　湖南地图出版社印刷厂印刷　二〇一三年十二月

2008年6月，副省长甘霖（右一）在汨罗市调研

2000年3月，岳阳市委书记于来山（右三）在汨罗市调研移民建镇情况

1993年12月20日，岳阳市委书记罗桂球(右一)到汨罗市黄柏乡调研个体经济

1999年2月，岳阳市委书记张昌平(左)在汨罗市楚塘乡调研

2006年3月，岳阳市委书记易炼红（左）在汨罗市新市镇调研新农村建设

部分历任市（县）委书记。左起：樊进军、彭亮根、刘新煌、王立民、杨克湘、汤吉贵、陈庆锡、葛送培

1987年12月，汨罗撤县建市，市人民政府挂牌

历任市委书记郭光文

历任市委书记李国保

1988年1月1日，新中国成立后在湘阴、汨罗县（市）工作过的部分老同志合影

1988年7月8日，全国文联主席曹禺（左二）接见汨罗市花鼓戏剧团演员

1980年，著名电影表演艺术家白杨（左二）回到家乡汨罗市古仑乡

1980年12月22日，北京市文联主席、著名作家杨沫（中）在家乡汨罗市古仑乡与乡亲们交谈

1987年4月，著名作家康濯（右二）寻根汨罗市新市镇毛家河

2005年4月，著名作家韩少功（左二）在居住地汨罗市八景乡梓园接待中外来访人员

1998年8月，解放军塔山部队军部政治部主任、少将杨英凯（左二）赴汨罗市磊石乡低排闸抗洪抢险

2000年，汨罗市预备役民兵参加岳阳市预备役民兵军事比赛获胜归来

1998年8月，汨罗市预备役民兵参加白塘、磊石等乡镇抗洪抢险归来

1998年8月，武警8733部队在汨罗市白塘乡松柏垸抢险

1998年，日本赤平市大林丰团长（右三）率领访汨团访问汨罗市

1990年，汨罗市市长李湘岳（中）率五人代表团参加日本赤平市建市100周年纪念活动

1995年10月，日本赤平市市长亲松贞义（左二）率第三次访汨团访问汨罗市，参观城关完小

2000年9月27日，日本赤平市田茂议长（左三）率领访汨团第四次访问汨罗，与汨罗市签订友好城市协定书

1989年3月，湖南省绿化委员会授予汨罗市『消灭荒山第一市』称号（图为揭碑仪式）

1990年9月7日，汨罗市委书记彭亮根（左）被中共湖南省委授予“焦裕禄式的干部”称号

2008年，汨罗市在龙舟竞渡中心举行北京奥运圣火传递活动

汨罗市幼儿教育

汨罗市幼儿园小朋友做游戏

汨罗市义务教育课堂

汨罗市职业中专培养技能人才

汨罗市城市东扩工业园

汨罗星火汽车站

2004年竣工的汨罗新火车站

20世纪汨罗老火车站

武广高铁汨罗东站

归义广场

市区古罗巷

市区中天家园

市区帝豪国际影城

汨罗市城西路

市区迎宾路停车场

市区城西广场

罗城夜景

外国游客游览西湖公园

外国游客在汨罗市街头观看花鼓戏

市区友谊河夜景

汨罗市人民医院住院部大楼

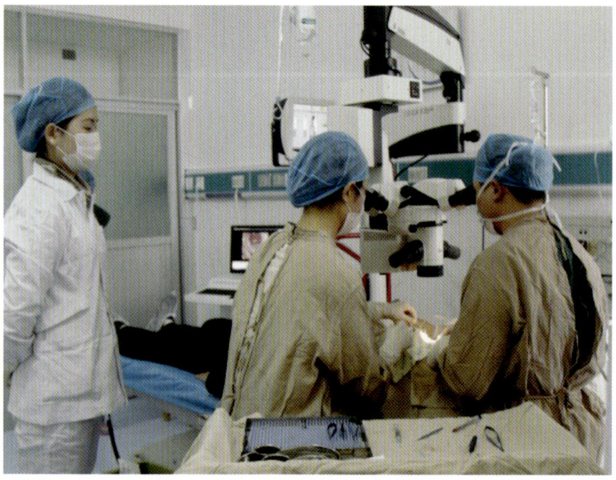

汨罗市人民医院引进日本尼德克超声乳化系统，为白内障患者带来光明

新建的汨罗大市场

20世纪建设路桥东城关购销站

市区九歌广场音乐喷泉

市区沿江大道

市区沿江大道西延线

S201线汨罗江大桥

汨罗市白水镇西长村

汨罗市白水镇西长村

1983年洪灾后新建的红花新村

汨罗市桃林寺镇新农村

汨罗市新市镇新书村敬老院

1999年，投资1400万元，汨罗江周家垅卡口拓宽工程施工现场

省委副书记胡彪（左三）、岳阳市委书记张昌平（右一）考察周家垅汨罗江拓宽工程

汨罗市城市污水处理工程

白水镇闵家巷度假村

汨罗市氮肥厂生产的氮肥

中联铝业生产车间

平桂制塑生产车间

2004年，汨罗市生产的联合收割机在田间收割稻谷

铜线加工

集贸市场

天子家私

汨罗希望饲料厂

天恒量贩超市

西瓜种植基地

养猪场

红辣椒

蔬菜基地

春到茶山

大荆镇界碑水库网箱养鱼

磊石渔场

改革开放以后，水果种植户增多，汨罗江北地区出现一批桔园、梨园。图为桃林寺镇农民梨园喜获丰收。

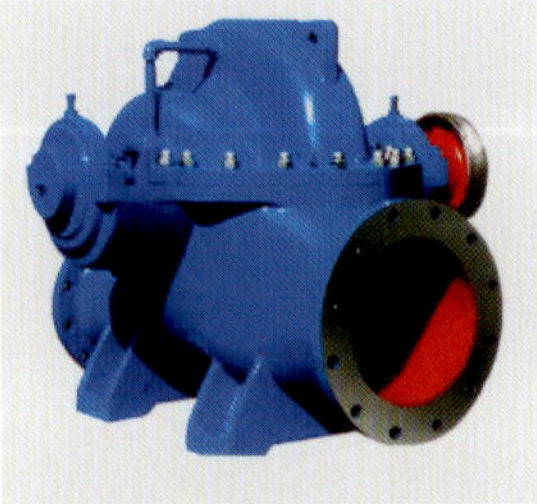

左：SBL型立式单级双吸离心泵
右上：S型、S1型单级双吸中开泵
右下：Sa型单级双吸中开泵

水泵生产

右：水泵厂铸造熔炼车间

龙舟农机制造

龙舟履带式施耕机

龙舟收割机

XJ200施耕机

湖南汨罗中天龙舟农机公司研发大楼

保安设备

上左：LKM-BW型防水金库门
上中：多用保险柜
上右：防爆枪弹柜
下：电子保险柜

花岗岩生产

左上：现代化石材切割车间
左下：石雕栏杆产品
右下：石雕狮子产品雕制现场

上左：“福禄寿喜”系列毛笔

上中：“乾隆帝访江南”系列毛笔

上右：“秦汉唐宋元明清”系列毛笔

下右：川山毛笔代表性传承人卢存旭夫妇

川山毛笔

长乐甜酒

（2007年12月，长乐甜酒制作工艺被岳阳市人民政府公布为第一批市级非物质文化遗产）

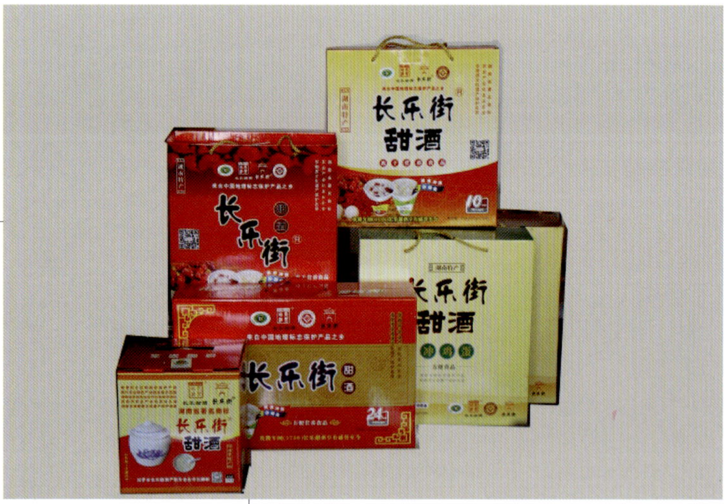

上右：桃林寺镇红薯生产加工合作社生产的红薯一蔸重达65公斤

中：火天乡生产的“及时春”金银花茶

下左：2008年，中德两国中学生在范家园茶场学习采茶

下右：范家园茶场生产的茶叶产品

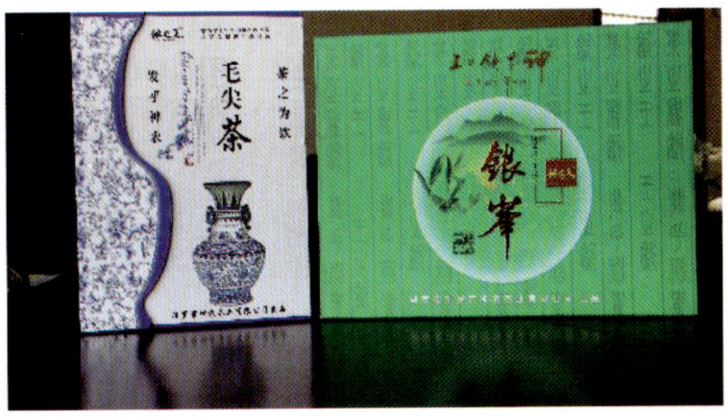

屈子祠

濯缨桥

骚坛

屈子墓

屈原碑林

汨罗江航拍图

1. 任弼时纪念馆铜像广场
2. 任弼时故居
3. 任弼时故居内景
4. 任弼时纪念馆展厅

画中游——深闺仙境八景洞

龟山落日

游湖

西湖公园

秀水琼楼

汨罗江沿江风光带

汨罗江湿地公园

深山古寺（神鼎山大庙）

神鼎主庙

普德观

普门寺

2009年9月30日，包含汨罗江畔端午习俗在内的中国端午节被联合国教科文组织列入人类非物质文化遗产名录

民间龙舟下水

祭龙头

朝庙

龙舟竞赛

龙头洗澡

端午节插艾叶辟邪

1987年，汨罗女子龙舟队成立

1990年，龙舟节主席台

1992年，参加汨罗龙舟赛的日本国滋贺县龙舟运动员

1985年端午节，汨罗江民间传统龙舟大会师

汨罗江国际龙舟竞渡中心全景图

风起汨罗江

龙舟节开幕式表演

菲律宾国家龙舟队获2005年汨罗江国际龙舟赛第一名

群众观看龙舟竞赛

端午汨罗江

第十届中国汨罗江国际龙舟节暨湖南省首届群众性龙舟赛现场

中国台湾地区诗人余光中祭汨罗江神

中外友人云集屈子祠

彩船游江

文化部戏曲研究院院长郭汉成（左一）接见《八品官》演员

花鼓戏《八品官》剧照

1991年，潇湘电影制片厂电视剧《任弼时》在汨罗江湿地开拍

花鼓戏《赵乡长转圈》剧照

《花鼓龙灯庆盛世》民俗舞蹈参加湖南省“欢乐潇湘”大型群众文化活动决赛

“龙舟故里，和谐汨罗”大型新春灯会

大型群众文化活动

汨罗书画院

陈亚先、韩少功、李元洛、谭谈、余光中等文化名人（从左至右）祭奠屈原

2008年，长乐抬阁故事会代表作品《大战陆文龙》荣获第七届中国民间艺术节暨“山花奖”中国民间飘色（抬阁）艺术展演银奖

永乐观灯

高跷故事

抬阁故事

龙凤呈祥

战国彩绘陶壶

战国带鞘双箍青铜剑

战国彩绘陶敦

战国彩绘陶凳

战国彩绘陶杯

高泉南路出土文物

明龙泉窑葵瓣印花瓷盘

友谊河北出土文物

东周兽形带穿玉饰

清同治年间修建的三江三眼桥

文物挖掘现场

岳阳市《汨罗市志》评审会合影

岳阳市《汨罗市志》办公室部分工作人员合影

前排：苏毅、李建辉、蒋海龙、郑志宏、徐西

后排：郑艳、彭琪、周梦奇、周辉奇、马志宇、文醒柏

《汨罗市志(1978－2008)》编纂委员会

《汨罗市志(1978－2008)》编辑部

主　　编　周辉奇（2007－2011.7）

　　　　　　蒋海龙（2011.8－　）

副 主 编　李建辉　郑志宏

编　　辑　李新民　任建云　任伯傅　李世英　刘国辉

　　　　　　彭　琪　马志宇　周梦奇

排　　版　郑　艳　周海燕

封面设计　田　顺

《汨罗市志(1978－2008)》审稿验收人员
岳阳市委党史地方志办公室审稿人员

陈念军　周友珍　刘桂兰　曹春友

湖南省地方志编纂委员会终审验收人员

易介南　邓建平　隆清华　李章进

《汨罗市志(1978－2008)》图片摄影人员

图片编辑　李建辉　文醒柏

图片摄影　文醒柏　任申望　黄松柏　周　敏

朱　娟　谢　燕　谢仲意　谢　旺

《汨罗市志(1978－2008)》编修人员

（排名不分先后）

甘 雄	刘 惠	左国祥	潘绍东	高 威	彭文高	湛忠良	杨晓锋	罗 锋
龙 卫	杨平贵	黎 勇	李洪浩	于 法	吴 娟	李长林	邓志强	湛和平
司马勇	管 斌	楚彬林	谢朝晖	杨时军	任怡如	赵恒波	丰建明	何艳军
冯建彬	李泽慧	冯 春	王明星	周礼根	刘叠峰	徐剑锋	张 勃	易应军
万雄飞	高 赛	王海波	黄许辉	杨 广	柳永清	韩新平	陈建新	李 军
邹科文	周 建	杨建雄	胡风秋	吴玖龙	陈永清	李文勇	胡德超	鲁建新
刘小琼	周宇宏	丁雪琴	余 锋	翁益阳	黄鸿鹄	巢毅山	张 辉	高晓莉
张 凯	伏慕方	张清明	黄正茂	向一平	彭 婷	李海波	吴清辉	马国斌
李 波	唐学军	杜 喆	翁 浩	杨宗祥	方炎林	彭好古	龙 寅	谢祖元
许 辉	周骥华	郑伟胜	霍雄伟	张跃林	朱皇保	焦 勇	周梦奇	李 洋
周金霖	何国学	杨建国	谭艳辉	黄平贤	梁风雷	赵 锋	李世娟	吴仁和
陈曼星	霍春光	李伯高	谌 薇	鄢克明	黄红燕	陈 定	黄梓光	黄长德
狄 武	邹维新	刘丛笑	李吉明	伍 华	周科田	吴德梅	吴国兴	陈剑湘
赵 明	潘 鸿	汪启明	于未来	张彦龙	湛国雄	喻立红	周 勇	任再促
刘 颜	李建章	郑亚非	熊 闯	易 芳	任 鹏	何伟娟	吴尚斌	刘 雄
杨 帆	叶检胜	李 争	戴振军	周德和	许长春	杨映红	周新和	徐赞化
徐 勇	胡志勇	胡 俭	周 峰	涂仲阳	梁 吉	田 攀	马志宇	李 华
黄界平	黎 敏	王 伟	高 磊	王 丹	汤 娟	胡德强	张 俊	伏萍华
张建中	杨五霞	黄国喜	马文超	李明根	马三军	任 益	何金辉	王喜雨
刘志民	杨建国	郑灿军	朱再文	彭 博	王国庆	卢英才	周志满	谢献忠
曹 焕	周冬霞	刘石林	何 军	李朝阳	杨昔辉	刘铁柱	彭 勇	杨 进
马三伟	张意鸣	赵鸿伟	周 坤	苏 毅	仇迪云	湛春红	黄光荣	张余良
伏立文	李朝霞	谢 丹	彭 旺	卢新浩	杨国和	胥 垣	胡英姿	彭亦斌
童卡利	任正兴	曾 娅	胡胜福	徐迎解	徐志勇	付俊龙	黄自良	彭 龙
徐伟建	杨俊超	刘 培	周 国	任 艳	陈 虎	彭征兵	巢平芝	彭 友
陈敬林	杨金如	丁如辉	陈红霞	潘 智	黄义安	李自强	余涌波	霍文志
湛 波	干汉林	杨伟和	周建伍	吴玉其	吴玖胜	刘国辉	任定国	黎玉怀
伏国安	李碧波	赵 兵	徐才明	黄光听	周 辉	丁绍文	刘克难	柳朝霞
兰永红	徐云志	谢栋梁	彭可夫	熊晓林	胡 辉	王 恒	虞国彦	

序

中共汨罗市委　汨罗市人民政府

《汨罗市志(1978－2008)》是继1995年第二次编纂。全书26篇、117章、475节,共计150余万字,历时十年修纂,即将付梓。这部汇集我市1978年以来重要成就的“一方之全史”,科学翔实的记录了我市自然、政治、经济、文化、社会等方面的历史现状和发展轨迹,具有很好的存史、资政、育人作用,为世人更好的了解汨罗、认识汨罗提供了宝贵的历史资料,为充分展示汨罗、宣传汨罗提供了又一个重要窗口,可以说是全市66万人民的一件大事,可喜可贺。

汨罗地处洞庭湖东岸,集汨罗江精华,山川秀美,资源富集,物产丰饶,人文鼎盛,容纳屈子报国忠魂,培育弼时安邦奇志,龙舟赛事年年相竞,端午习俗岁岁相传,民间文化处处开花,是湖湘文化的重要源头和骚坛诗家的朝拜圣地。改革开放30多年来,尤其是近几年,在中共汨罗市委的坚强领导下,勤劳智慧的汨罗人民始终秉承求索品格和骆驼精神,凝神聚力,奋发进取,循环经济、屈原龙舟文化进入国家发展战略重点支持层面,汨罗对接大长沙、汨罗江端午文化产业整体开发方案均得到岳阳市委的全力支持,汨罗窗口效应日益彰显,汨罗和谐崛起已奠定了坚实的物质基础,凝聚了强大的精神动力。期间,诸多事件可圈可点,很多人物可歌可赞,虽时见文字,但未成体系,略窥一斑,焉知全豹?为将三十年巨变载入史册,市委、市政府聚各方之智,积十年之功,数易其稿,终成新志。

《汨罗市志(1978－2008)》编纂坚持历史唯物主义思想方法,去粗取精,去伪存真,门类较齐全、体例较完备,是一部承上启下、彰往昭来的煌煌之作。全书以改革发展为主线,突出地方特点和时代特色,纵不断线、横不缺项,科学客观、全面系统地再现了汨罗三十年的历史变迁。它的出版,为汨罗干部熟悉市情、把握规律、科学决策提供了参政资料,为汨罗人民认识家乡、了解家乡、研究家乡提供了乡土教材,为汨罗对外友好交流提供了鲜活可靠的信息载体,更为汨罗后人留存了一份珍贵的文献资料、一笔不可多得的精神财富。

《汨罗市志(1978－2008)》既是时代发展的镜鉴,又是集体智慧的结晶。在编纂过程中,各级领导特别重视、高度关注,部门单位密切配合、鼎力支持,专家学者积极建言、精心指导,尤其是全体编修人员夙夜勤止、朝夕于斯。借出版之机,谨向为编纂市志付出辛勤劳动和汗水的全体修编人员致以崇高的敬意,向所有对编纂工作给予大力支持、指导和帮助的各级领导、各位编审、各界人士表示衷心的感谢!

知古旨在鉴今,继往方能开来。前人已启生花妙笔,来者须续华彩篇章。欣逢“十三五”开局,富民强市责任在肩,我们更应习史明志,以志为鉴,励精图治,开拓进取,努力建设更高品质的生态、文化、活力汨罗,创造无愧前人、造福今人、泽被后人的辉煌业绩。

2016年9月

凡　例

一、续编《汨罗市志(1978－2008)》,坚持以马克思列宁主义、毛泽东思想、邓小平理论、“三个代表”重要思想和科学发展观为指导,运用辩证唯物主义和历史唯物主义的观点、方法,实事求是地记述1978－2008年汨罗的自然、政治、文化、社会的发展变化情况,坚持史料性、知识性、可读性相结合,力求充分发挥资政、存史、育人作用。

二、本志上限为1978年,下限为2008年(个别内容至成书时止),时间跨度31年。因首部《汨罗市志》内容下限至1993年,故对1978－1993年内的史实,凡与上部市志重复的,一般略写,或选择不同角度记叙;对1993－2008年内的史实,则在正文中详记;为保持事件的完整性,个别事件的记述时间上溯或下延;对1978－2008年内的史实,除《大事记》予以记述外,另在编(章)无题小序中概述,以体现事物发展变化的宏观面貌及其因果关系。

三、本志记述的地域范围,为2008年汨罗市行政区域。对市内各行政区域、各行业所发生的横向并列和纵向包含的内容,在有关篇章中用详略方法,分层次地进行交叉记述。

四、本志由概述、大事记、专志、人物、附录等部分组成,并附照片和图表。以志为主,以事分类,以时为序,横排竖写。专志分篇、章、节、目,目下(含目)视情况用条目体。对需要重点记述的事件,特设专记。篇中内容若是记述单一部门的,则编前设无题小序;若章中内容是记述单一部门的,则章前设无题小序。

五、本志《人物》篇设传、简介、表录。坚持生不立传、本籍为主、当代为主、正面为主的原则。立传人物的排名均以去世先后为序。上届《汨罗市志》遗漏的部分历史人物,予以补立。对在世的党政界副厅(局)级以上,部队副师职以上,工商金融界知名企业家、金融家,教育科技界博士生导师,全国英模及其他对国家、地方有突出贡献的人物,均分门别类,按出生顺序予以简介。市委、市人大、市政府、市政协主职人物简介,以任职先后为序。市外汨罗籍县(团)级以上职务人员名表及正高级专业技术人员名表排名不分先后。市内高级职称人员名表,承接上部市志,自1994年收录到2008年,均以职称评定时间先后为序。所有入志人物职务、职称,均以编辑时间为限,以后情况变化,均不作补充说明。

六、本志文体为语体文、记述体,力求叙述简洁、清楚。志中各种名称,第一次出现时用全称,名称过繁者加括注,再次出现时用简称。

七、本志执行中国地方志指导小组颁布的《地方志书质量规定》。用字用词执行2001年1月1日起施行的《中华人民共和国国家通用语言文字法》,新闻出版署、国家语文文字工作委员会1992年发布的《出版物汉字使用管理规定》。计量单位采用国务院1984年2月发布的中华人民共和国法定计量单位。考虑到社会使用习惯,数字标点遵循国家标准出版规定,GB/T15834－Z011《标点符号用法》,GB/Y15835－Z011《出版物上数字用法》。

八、本志纪年,一般使用公元纪年。旧制纪年一律夹注公元纪年。历史人物传中,用传主所处朝代年号纪年。

九、本志所采用的数据,多以统计部门数据为准。未列入统计部门单位的数据,以本单位提供数字为准,个别数据为事件当事人所提供。各统计表中的数据截止2008年底。

十、本志资料由市内各部门单位和历年《汨罗年鉴》提供,或由编纂人员调查、搜集、整理。所述内容均严格考证,力求翔实可信。因篇幅有限,文中均不注明资料出处。

目　录

概　述

汨罗市地处湖南省东北部,东邻平江县,西与屈原行政区、沅江市、湘阴县毗连,北接岳阳县,南抵长沙县、望城区。北纬28°28′~29°27′,东经112°51′~113°27′,总面积1561.95平方公里。全市辖17个镇、12个乡、6个场(圃)、413个村(居)委和社区,总人口66.03万人。有27个民族,共370个姓氏,其中明初迁入38个大姓、76支。

一

汨罗市自然条件优越。地处幕阜山与洞庭湖之间的过渡地带,地势东南部高、西北部低,由山地向滨湖平原呈梯降过渡,形成岗地、平原、水系相间,丘陵、山地、湖泊交错的格局。山地面积278.91平方公里,占总面积17.86%。著名的大山有玉池、智峰、湖鼻、神鼎、隐居、飘峰、密岩等山。平原面积296.01平方公里,占总面积18.95%。主要有江河冲积平原、溪谷冲积平原、滨湖围垦平原。水域面积32913公顷。大小河流44条,其中流域面积100平方公里以上的河流10条。著名的有湘江(段)、汨罗江。其中,汨罗江仅次于湘、资、沅、澧四大水系,流长253.2公里,流域面积5543平方公里。大小湖泊17处,其中较大的有新塘湖、白塘湖、内夹湖、下内夹湖。有各类水库291座,其中中型水库有蓝家洞、向家洞、汨罗3座,合计有效库容达7741万立方米。

汨罗市属于亚热带大陆性湿润季风气候,气候温暖,四季分明。年平均日照时数为1650.1小时,年平均气温17℃,多年平均降水量1345.4毫米。成土母质有第四纪松散堆积物、花岗岩母质、板页岩母质及云母片岩母质、红岩母质4种。土地总面积1467.7379平方公里。土壤类型有水稻土、红(黄)壤、紫色土、潮土,土地质量共分6级。林地61115.9公顷,森林覆盖率34.89%,林木绿化率40.91%,活立木总蓄积量190.2929万立方米。共有树种资源79科、425种,其中属于国家和省级保护的珍稀树种11种;野生动物129科、337种,其中属国家一、二类保护动物有大鲵(娃娃鱼)、草鸮(猴面鹰)等。已开发并利用的矿藏有黄金、高岭土、花岗石、砂砾石、钾长石、石英、黏土等,主要农副产品有木材、楠竹、大米、茶叶、红薯、金银花、花生、生猪、牛肉、蛋、鸡、鸭、鱼、蟹、蔬菜等,主要工业产品有铜、铝、不锈钢产品、龙舟牌柴油机、收割机、水泵、碳酸氢铵、保险柜、鞋楦、家具、建材等,及出口产品如毛笔、光学仪器、绣服等。

汨罗市历史悠久。新石器时代即有人类居住。公元前221年,秦置罗县,隶属于长沙郡。唐武德八年(625年),撤罗县并入湘阴县,隶岳州。1966年,析置汨罗县。1987年,汨罗撤县建市。

汨罗文化底蕴深厚。世界文化名人屈原,清末著名的外交家郭嵩焘,新中国开国元勋任弼时,中共中央原主席华国锋,当代文化名人康濯、白杨、杨沫等均在汨罗留下活动的足迹。汨罗端午龙舟文化,长乐、归义的高故事,汨罗市的姜盐豆子芝麻茶、土八道,皮影、花鼓戏均长盛不衰,备受称赞。境内古遗址、古窑址、古墓葬、古建筑保存完好。共有文物保护单位195处,共有库(馆)藏文物1000余件。

汨罗人勇于求索拼搏。具有“霸蛮”和“灵泛”的双重特质,在艰难困苦中迁徙定居,在水旱频仍中生存发展,在社会动荡中崇尚文化。明朝尚书夏元吉、清朝两江总督李星沅,辛亥革命元老仇亮、仇鳌,无产阶级革命家任弼时,均是时代精英。抗日战争中的四次湘北会战,汨罗江畔战火纷飞,英勇悲壮,可歌可泣。在建设和发展的探索中,20世纪70年代的汨罗公社学哲学,90年代汨罗推行的素质教育,21世纪初大力发展的循环经济,在国内均产生一定的影响。

二

农业经济稳定增长。汨罗是湘北地区的农业大市,素称“鱼米之乡”,农业经济举足轻重。中共十一届三中全会后,汨罗市委、市政府认真贯彻中共中央有关农业与农村经济的方针政策,积极推进农村体制改革,全面总结“失误在山、失误在水、失误在丘岗地”的经验教训,科学实施“东水西调”、荒山绿化、退耕还林、退田还湖、平垸行洪等重大农业工程,大力推广现代农业科学技术和农业机械,大力发展商品经济,大力兴办乡镇企业,从而彻底打破坐大船、划懒桨、吃“大锅饭”的局面,调动农民的生产积极性,涌现出大批西瓜之乡、蔬菜之乡、水产之乡、种瓜状元、养殖大户、企业明星。境内的生猪养殖、商品粮开发、丘岗旱地玉米种植、吨粮田开发、无公害西(甜)瓜种植、高效林业、农业机械化推广、乡镇企业、农业和农村现代化建设等项目先后进入全省和全国的先进行列。至2008年,全市粮食总产量达33.99万吨,农业总产值达35.67亿元,其中种植业、畜牧业、渔业、林业产值分别为13.32亿元、18.19亿元、3.08亿元、0.42亿元。

工业经济持续走强。工业有市属工业、乡镇村工业、个体民营工业,分布于机械、化工、冶金、纺织、建材、食品、再生资源等行业。1978年,境内各类工业企业达131家,实现工业总产值1.0216亿元(含汨纺),占工农业总产值的46.82%。1979年后,贯彻执行以计划经济为主、市场调节为辅的方针,逐步扩大企业在生产、劳动用工和工资分配方面的自主权,调动企业的两个积极性,经济效益逐步回升。1984～1985年,按照政企分开、所有权与经营权适当分离的原则,进一步扩大企业机构设置、人事、生产营销、产品开发、资金调度的自主权;推行生产目标管理责任制,实行三级管理、二级核算、工资浮动,联岗联责联酬。1993年,市直国有工业进行股份制改革试点。1998年后,在确保政治稳定,确保经济增长的同时,大力招商引资,转机建制,大力加强质量管理、安全管理。经过不断改革探索,汨罗工业逐渐改变规模小、产品少、污染大、效益差的落后局面,涌现不少名优企业、名优产品,驰名商标,在国内、国际市场独领风骚,工业企业成为全市经济的“聚宝盆”。2008年,全市工业企业达3544家,实现工业增加值54.67亿元,规模以上工业完成产值165.79亿元,增长45.90 %;其中,重工业、轻工业分别为133.62亿元和32.17亿元,集体、股份制分别为6.97亿元和117.82亿元。规模以上工业实现销售产值163.86亿元,实现利税总额6.85亿元。全社会固定资产投资54.82亿元,比上年增长62.6%;地方财政收入8.00亿元;全市一般预算支出11.28亿元,增长79.8%。

循环经济独具特色。汨罗循环经济发轫于晚清,兴起于改革开放。20世纪80年代初,循环经济迅速复苏壮大,城乡同心,部门同步,个体同力,形成废品收购、集散、交易和加工的“一条龙”格局。仅新市镇废品物资收购点就达100多处,从业者4000多人,成为湘鄂赣边区重要的废品集散中心和加工基地。

20世纪90年代，汨罗市委、市政府坚持突出地域特色，注重发挥交通优势，按照“高起点规划、高质量建设、高标准管理、高效益经营、高科技保障”的经营理念，相继建立布局合理、功能齐全、设备完备、环境优美的团山花园（又名中南再生资源大市场）和湖南汨罗工业园（又名国家循环经济试点园），创造“可复制、可推广、可借鉴的循环经济标准化‘汨罗模式’”。“栽得梧桐树，引得凤凰来。”至2008年，再生资源市场聚集回收企业和个体经营户3500家，收购网点1800多个，形成覆盖全国的市场回收网络体系；回收交易量83万吨，交易额68亿元。工业园区企业达132家，其中规模企业31家，从业人员4万余人；完成工业产值70亿元，完成国家税收3.3亿元。

商贸服务业蓬勃发展。物资系统的机电、金属材料、煤炭、汽车、木材，以及粮食系统的大米、油料诸项经营，原属国家计划管理，使用粮票、油票等多种票券，其后逐步取消计划经济，放开供应，全面融入市场。商业系统的石油、烟草、盐业析出后实行专卖专营，百货、肉食、轻纺、食品、蔬菜、服务等招商改制，商业成为全开放的竞争性行业。分布在城乡各地的供销社网络，担负人民群众所需的生产资料、生活物资供应。广大消费者，从清早排队买肉、开后门买猪油，到全部改制，放开供应。农民进城开店，自主经营。城乡的超市商场，星罗棋布，品种齐全，市场繁荣，生机勃勃。外贸企业自主经营、自负盈亏，出口增长速度与经济效益同步提高。2008年，全市实现社会消费品零售总额22.95亿元，年末有证个体经营户9504户，从业人员14301人。

金融、保险为企业排忧解难。形成以人民银行为领导，国家专业银行和农村信用社为主体的金融服务体系。及时果断地清理整顿农村合作基金会、三胞基金会。邮政储蓄改为邮政储蓄银行。引入华融湘江银行、国家开发银行等银行机构，设置城市投资公司和担保公司，多渠道融资，为城市基础设施建设、工商企业发展提供贷款。2008年年末，全市各项存款余额47.28亿元，居民储蓄存款37.13亿元，各项贷款余额20.93亿元。实现保费收入1.42亿元，其中，寿险保费收入1.32亿元。行政机关、企事业单位及个人储户，多实行非现金结算。装配柜员机，给存、取款带来极大方便。但因企业破产，专业银行利润减少，拖欠银行贷款亦影响金融效益。

基础设施不断完善。京广铁路、武广铁路，国道（107线、京珠高速），省道201线纵贯南北，汨罗江与平（江）益（阳）公路（1809线）横贯东西，公交车、出租车、自驾车、电动车奔走城乡，交通由“道塞山河旧”变为“路通天地新”，彻底改变乘车难、购票难的局面。至2008年，境内国、省、县、乡四道共1814条，计3397公里，比1978年增加13倍。道路运输经营业1561户，从业3538人，营运客车290辆，营运线路90条，客运量282万人次，客运周转量达16303万人公里；公路运输货物周转量达16480.4万吨公里。通信工具不断更新换代。从“摇把子”到“程控电话”，从“大哥大”到智能手机再到宽带网络，越来越先进灵活。地球近似一个村，随机开拔一线通。至2008年，邮路线长2056公里，电缆、光缆总长2416皮长公里；市话总容量21408门，农话总容量22599门；全市固定电话61773户，移动电话21.50万户，全市平均万人拥有电话数达3200部。有各类变电站13座，主变18台，容量42.99万千伏安，各类线路3330.29公里，电力用户19.8809万户，全市通电率100%。全市21家建筑企业，1.8万从业人员，散布在全国24个大中城市作业，建筑业总产值9.20亿元，房屋建筑竣工面积90.40万平方米。全市共有建制镇17个，分属集镇和其他小镇14个，其中国家、省、岳阳重点集镇5个；集镇区面积70平方公里，城镇人口26.3万人，城镇化率达40.53%；城区建成面积15.7平方公里，路、街、巷81条，城区人口17.5万人，城区房屋建筑面积470.46万平方米，人均住宅面积达25.1平方米；

城区亮化面积128.50平方公里,涌现一大批花园式单位。在城市卫生评比活动中,汨罗市先后获得“全省红旗卫生城市”和“全国卫生城市”称号。

城乡居民生活水平不断提高。随着经济条件的改善,城乡居民消费观念、消费方式、消费渠道、消费结构也发生重大变化,吃讲营养、穿讲漂亮、住讲宽敞、用讲高档,已成为汨罗新时尚。2006年,农调队、城调队百户农民调查显示:农村居民人均衣着消费支出183.33元,比1994年增加131.13元,增长2.5倍;衣着消费比重占是年生活消费的5.61%。城市居民人均衣着消费688元,占是年消费支出的11.85%。农民人均食品支出1435.5元,比1994年增加368.88元,增长65.64%。城市居民人均食品支出2265.6元,占当年消费支出的39%,占可支配收入的27.89%。农村居住消费支出人均465.7元,比1994年增加257.8元,增长1.24倍;人均住房面积达51平方米,比1994年增加26.03平方米。城市居民人均居住面积25.1平方米,比1983年增加17.04平方米。百户农民中,有摩托车33台,自行车108辆,农民人均交通费(含通信)340.08元,比1994年增加311.38元,增长10倍多。

取消农业税负、反哺种养诸业、拓宽自主就业门路、全面推行新型农村合作医疗以后,城乡差别缩小,人民群众得到实惠。电视机、电脑和手机通信的普及,标志着城乡人民消费档次进一步提高。居民存款迅速增加,城镇购买力长盛不衰,旅游人数成倍增多,人们尽情享受大自然的风景和历史文化的熏陶。2008年,全市农村居民人均纯收入5134.41元,城镇居民人均可支配收入13515元。社会保障体系进一步健全和完善。年末,全市城镇单位就业人员23596人;参加基本养老保险总人数达到33194人,参加城镇职工医疗保险35818人,城乡低保人数23943人。但另一方面,贪图享受思想滋长,艰苦奋斗逐渐丧失,亦引起各级党政的高度重视。

三

实施“教育兴市”的战略。全面改造学校危房,新建教师住宅,基础设施逐步完善。教师队伍稳定,涌现一大批终身从教的骨干教师,“人类灵魂工程师”的美誉得以完善与升华。学前教育不断规范,小学和初中教育质量全面提高,全面完成“普九”任务。普高和培养实用技术人才的职业技术教育齐头并进,逐步实现良性循环。汨罗市职业中专被认定为“国家级重点职业学校”。市教委全面推行教育目标管理,率先倡导素质教育,迈出教育改革的坚实步伐。1996年《人民教育》第2期全面推介汨罗中小学教育改革的经验。继后,新华社、中央电视台等新闻媒体全方位展示和介绍汨罗推行素质教育情况。

1996年5月,国务院副总理李岚清亲临汨罗考察并指示“汨罗经验要逐步在全国推广”。全国20多家新闻单位的采访报道,各省市3万多人到汨罗考察,誉满华夏。从重视幼儿教育,推进家庭、社会和学校教育的有机结合,形成科学的人才培养机制。教育事业稳步发展。至2008年,全市有普通小学133所,普通中学43所,职业中专11所,特殊学校1所,幼儿园56所。有小学生38086人,初中生22110人,高中生12008人,职业中专学生10551人,特殊学生393人,在园幼儿8873人。有小学教职工2175人,中学教职工3050人。职业中专学校教职工595人,特校教职工25人;全市各级各类学校专任教师5233人,其中小学专任教师2112人,普通中学专任教师2684人。1978～2008年,共为大专院校输送3.45万人,造就出一大批高学历的创新型人才。

科技工作以抓好科技成果推广、转化,开展科学技术普及,引进、推广、应用先进实用技术为重点,加快实施“科技兴市”的步伐。大荆的西瓜、桃林的特色红薯、磊石的蔬菜,以及葡萄种植,均初具规模。科技人员潜心探索和研究,及时申请专利与商标,知识产权得到保护。市人民医院、市中医院、康复医院、妇幼保健院、罗城医院等改造与扩建,中心医院和乡镇卫生院的稳定,现代检测设备的购置与配套,增设科室和病床,有效地提高多种疾病的检测水平和医疗质量。疾病控制中心组织对传染性非典型肺炎等烈性传染性疾病的控制,血吸虫病的规范化防治,确保人民群众的身心健康和生命安全。私人诊所与药房的普及,老百姓多可就近治病。救死扶伤的职业道德观从淡化中迅速增强。加之健康意识的增强,休闲场所的构建,保健及养生知识得到普及。体育事业发展较快,群众体育活动广泛开展,竞技体育、学校体育取得可喜成绩。奥运会火炬定点传递于汨罗龙舟赛场。摔跤女将周倩在国内外大赛中先后获得“四金一银”。健康、快乐、自由,人民群众的精神状态良好,人均预期寿命大幅提高。

恢复和构建乡镇文化站,全市普查文物及遗址,搜集民间故事、歌谣、谚语、舞蹈,屈原碑林作品的征集与建成,屈子文化园的立项与筹建,任弼时纪念馆的建成和对外开放,组织开展纪念任弼时文体大赛、全国诗联大赛和纪念屈原全球华人诗联大赛,举办国际龙舟节,创建中华诗词之乡,创作并发表小说及报告文学,创演戏剧与曲艺,书画院定位参展,撰写诗词楹联,编纂方志与家谱,党史文史资料征集,档案建设管理,以及出版、刊印上千种各类书籍,使文化艺术百花齐放,姹紫嫣红。2008 年,全市拥有各类文化事业机构 33 家。文物管理所进入国家数据信息中心的文物达 484 件;公共图书馆藏书 14.59 万册;广播电视人口综合覆盖率 100%,提供电视节目 60 套。

达摩峰电视差转台和岳峰尖电视转播台的建成和运营,有线电视频道的开通并进入千村万户,为人民群众提供丰富多彩的电视节目。汨罗新闻、汨罗网、手机报以及自办《汨罗报》《汨罗周刊》等,及时传播市内外各种信息。图书馆及私人藏书的增加,办刊、订报及各类知识、信息的获取,极大地丰富居民的文化生活。

在经济和社会发展进程中,历届市委、市政府按照上级的政策精神,根据汨罗市的实际情况,审时度势,从宏观上及时研究和制定出行之有效的各种实施方案。包括完善耕地、林地的家庭承包责任制,各类工商企业的改制、重组、招商引资和职工安置,城乡建设尤其是工业园建设中的规划、设计、立项、征地拆迁,加强治安管理和打击违法犯罪、维护社会稳定,促进和谐发展以及城乡交通、环保的方案,组织人口、土壤、森林、中草药资源、农业等专项普查等,从而为摸清地方情况,克服前进中的诸多困难,避免和尽可能减少重大失误提供政策支持。

四

实行改革开放后,精神文明、物质文明、政治文明建设同步发展,主题教育活动形式多样,群众思想道德水平不断提高,群众性文化活动广泛开展,文明创建活动取得丰硕成果。1978～2008 年,汨罗市委、市政府每年都表彰一批“三个文明”建设的先进单位和先进个人。1993 年,市委、市政府将计划生育工作作为创建文明单位的重要内容,在强力推行计划生育的基础上,开展“少生快富奔小康”活动,有效控制人口增长。

民主法制建设不断加强。中共十一届三中全会后,人民代表大会制度、共产党领导的多党合作、政治协商制度进一步完善,侨务、台务、宗教等工作取得新的进步,爱国统一战线得到巩固,政务公开方便群众办事,村民民主普选全面推行,法律监督、舆论监督、社会监督力度加大,公正司法、依法治市工作向纵深推进。市人民政府认真办理人大提案、人民代表建议、政协委员提案。“三五”普法任务圆满完成,群众信访和民事调解、文明执法和司法调解工作卓有成效。社会治安综合治理水平进一步提高,依法打击刑事犯罪和经济犯罪活动,侦破各类刑事案件,铲除邪恶势力,净化系统内部风气,保持良好的社会秩序和经济秩序。与“法轮功”邪教组织的斗争取得重大胜利。民兵预备役、“双拥共建”工作扎实开展。保持全市社会政治大局稳定。

汨罗人民具有敢为人先的开拓精神、善良纯朴的德行和求索拼搏的毅力。1978 年后,在中国共产党的领导下,高举邓小平理论的伟大旗帜,践行“三个代表”和科学发展观,沿着中国特色社会主义道路奋勇前进,继往开来,克服困难,成绩斐然。但由于存在某些体制不顺、机制不活等因素,市域经济发展水平与江浙、广东等地差距较大,市级财政和乡镇经济比较薄弱,农民增收步伐不快,影响社会安定的因素还没有完全消除。据此,汨罗市委、市政府要求全市人民进一步解放思想,与时俱进,克服服务观念淡化,人浮于事,以及无作为、不作为等不良倾向,加快工业化、城镇化和农业产业化进程,全面推进物质文明、精神文明和民主法制建设,为建设文明、富强、繁荣的社会主义新汨罗而不懈奋斗。

大 事 记

1978 年

1 月 23 日 中共汨罗县委（以下简称“县委”）发出《关于不派贫下中农代表常驻学校的通知》，要求驻校的贫下中农代表全部撤离。

1 月 31 日至 2 月 2 日 汨罗县第二届人民代表大会（简称“县人大”）举行第一次会议。

2 月 27 日至 3 月 1 日 县委召开全县农业学大寨、工业学大庆群英大会。大会表彰先进集体 369 个、先进个人 1627 人，其中树立标兵 100 人。

4 月 县委根据中共中央批准全部摘掉“右派分子”帽子的指示精神，迅速成立班子，落实政策，为过去大批错划的“右派分子”恢复名誉。

4 月 汨罗被评为全国水利管理先进县。县水利水电局局长彭建国出席全国水利管理会议。5 月 10 日编发的全国《农田基本建设简报》第 24 期发表《汨罗、醴陵两县加固改造中小型水库成效显著》的文章。

9 月 撤销各学校革委会和革命领导小组，实行党支部领导下的校长负责制。

11 月 1283 户、5279 名移民分别从黄柏、白水、桃林等 11 个公社迁入新围垦的磊石垸定居。白塘公社的马厅、江南堤两个大队同时划入磊石垸。

12 月 18 日 县委发出《关于认真学习中共十一届三中全会公报的通知》，要求各级党组织、广大党员、干部、群众学习贯彻中共十一届三中全会精神，恢复实事求是的思想路线，纠正“以阶级斗争为纲”的“左”的错误，把工作重心转移到社会主义建设上来。

1979 年

1 月 12 ~ 15 日 中共汨罗县委召开县、社、大队三级干部共 1600 多人参加的全县农业学大寨会议。县委书记彭亮根作《集中主要精力，夺取农业高速度》的动员报告。

1 ~ 4 月 黄市、大荆、新塘、新市等公社一批生产队自发分组，实行多种形式的联产承包；一批社队经办的专业场、队的生产项目和拖拉机等大型农机具，开始自发承包经营。

2 月 14 日 中共中央下发《关于对越进行自卫反击，保卫边疆战斗的通知》。部队进行爱国主义教育，加强战备。是后，汨罗两次从武装基干民兵中紧急征兵若干人，由县人民武装部派人送到前线。某部营长黄柏镇周家冲胡国良在战斗中牺牲。

2 月 6 ~ 17 日 县委召开三级干部大会，讨论贯彻执行《中共中央关于加快农业发展若干问题的决定（草案）》和《农村人民公社工作条例》（试行草案）的工作措施。

3 月 贯彻中共中央《关于地主、富农分子摘帽问题和地富子女成分问题的决定》。至同年 9 月，全县摘掉“四类分子”(即地主分子、富农分子、反革命分子、坏分子)帽子工作基本结束,19887 名地主、富农子女分别改变出身。

6 月 15 日 楚塘公社楚塘大队发生重大翻船事故,死亡 8 人。

10 月 经省血吸虫病防治领导小组验收认定,汨罗县基本消灭血吸虫病。

10 月 汨罗公社 62 个生产队试行油菜包产到户。

是年 根据中共中央 6 号文件精神,对全县起义、投诚、地方武装人员进行政策落实,共认定起义、投诚和地方武装人员身份 801 人,其中起义人员 338 人,投诚人员 35 人,迎解人员 8 人,地方武装人员 420 人。

是年 城镇知识青年停止上山下乡,一批上山下乡知识青年陆续返城,全县实行“由劳动部门介绍就业、组织起来就业和自谋职业相结合”的就业方针。

是年 共青团汨罗县委组织“十万青年百万树”的植树造林竞赛活动。

1980 年

3 月 9 日 经湖南省人民政府(下简称“省政府”)同意,古培公社雨潭、课功、石牛、大兴、三港、明月大队和城关镇双塘、双托、窑洲大队及新市公社上马大队共 133 个生产队划出,新建大众人民公社。

3 月 中共汨罗县编制委员会成立(简称编委)。

4 月 12 日 湖南省人民政府拨款 13.2 万元,修复在“文化大革命”中被破坏的屈子祠。

5 月 14 日 汨罗江北 14 个公社暴雨成灾,淹没农作物 5905.33 公顷,倒房 13331 间。

6 月 16～17 日 省、地、县在归义联合举行龙舟竞渡,省电视台拍摄电视片《五月龙舟》《洞庭湖畔》;屈子祠始实行对外开放。

7 月 1 日 朝鲜祖国解放胜利纪念馆代表团一行 5 人由馆长宋镇玉率领到汨罗参观访问,中国人民革命军事博物馆馆长刘汉等陪同。

7 月 8 日 中日合拍《长江》摄制团一行由团长佐田企画率领到汨罗拍摄屈子祠、河泊潭等外景。

10 月 11 日 康濯、胡代炜、白杨、戈壁舟、梁信、丛维熙、陈国凯、蒋子龙、刘绍棠、邓友梅、林斤澜等文艺界知名人士瞻仰屈子祠,并赋诗签名留念。

10 月 30 日 中国建筑公司组织县砂轮厂吴松富等 14 人赴阿拉伯也门共和国首都萨那参加总统府、体育馆等工程建设。

11 月 6～7 日 世界银行经济代表团农业考察组特恩海姆等 3 人到县考察利用沼气情况。

11 月 25～30 日 汨罗县三届人大一次会议在电影院召开。该次大会始设常务委员会及办事机构;取消县革委,恢复县人民政府;县人大常务委员会组成人员和县长、副县长、检察长、法院院长均按法律程序选举产生。

11 月 各社、镇相继召开人民代表大会,各社、镇革委会均改为社、镇管理委员会,选举产生管理委员会主任、副主任。

12 月 邓小平为任弼时故居题写横匾——“任弼时同志故居”。

是年 开始专业技术人员职称评定工作;境内涤棉混纺布料,对外免票供应。

1981年

3月7日 汨罗县人民政府报经省人民政府办公厅同意，撤销磊石围垦工程指挥部，建立磊石人民公社。

春 汨罗县普遍推行家庭联产承包责任制。

4月12日 全国政协副主席王首道一行在副省长刘亚南、岳阳地区专员李满全等陪同下考察汨罗，参观任弼时故居和屈子祠。

6月5日 省、地、县在归义联合举办龙舟竞渡，中日合拍《长江》电视片制作组拍摄竞渡实况。

6月28日至10月2日 96天未下透雨，全县受旱面积1.044万公顷，因干旱减产粮食1.92万吨。

7月25日 中共汨罗县党史资料征集小组成立。

9月9日 岳阳地区文物工作队在楚塘公社乌龟山发现大型楚墓一座，在汨罗山发现中型战国墓数座，在玉笥山发现商周遗址一处，并出土一批文物。

9月 全县中、小型水库定权发证工作结束。

9月 以S·S·费马尼为团长的水稻种植考察团一行14人（印度6人、菲律宾2人、泰国1人、孟加拉国2人、斯里兰卡1人、印度尼西亚2人）到汨罗考察杂交水稻生产。

10月 桃林林场湿地松种子园被列为国家重点苗木良种基地。

11月 县委书记彭亮根任中华人民共和国援助加纳农技组组长，任期至1983年12月。其间，刘新煌代理中共汨罗县委书记。

12月7日 省委办公厅批复同意汨罗县成立政协。是月24～30日，中国人民政治协商会议汨罗县委员会（简称“县政协”）在城关举行第一次会议。

年末 全县农业区划完成，并编撰《汨罗县综合农业区划》。

是年 县委、县政府发布《关于计划生育的若干规定》，严格控制第二胎，坚决杜绝第三胎，并征收超生子女费。

是年 全县75个国有企业建立职工代表会，对企业的生产经营、财务管理等方面行使审议监督权；商业企业推行以联销联利计酬为主要内容的承包经营责任制。

1982年

2～3月 中共汨罗县委从各部门抽调“完善农业生产责任制”工作队员1000余名，下到农村大队和生产队，逐队逐项目帮助和指导完善生产责任制。全县6194个生产队，除两个生产队外，其余均签订承包合同，实行包干到户责任制。

7月1日 进行第三次人口普查。汨罗县总户数12.5552万户，总人口54.0873万人。

9月1～11日 中国共产党第十二次全国代表大会代表、汨罗县气象站副站长覃国振赴京出席中共第十二次全国代表大会。

11月 铁山水库灌区汨罗配套工程开工，全长21公里。汨罗江北14个公社投工583万个，1987年竣工。

1983 年

2月12日 新市镇除夕燃放花炮引起火灾,烧毁供销合作社(简称供销社)商场1座,直接经济损失5.5万元。

3月 汨罗地名普查工作结束,《汨罗县地名录》内部出版发行。

4月13～27日 桃林、白水、弼时地区的15个公社先后3次遭龙卷风袭击,212个大队、3392个生产队受灾,死亡8人,重伤56人。

4月 县委、县政府由刘新煌、陈骤文带领工作组在大荆、新塘两个公社进行政社分设体制改革试点。

4月27日 16时50分,一股龙卷风夹带冰雹自湘阴入县境,经过白水、川山、黄柏、新市、沙溪5个公社的部分地区,于17时30分入平江。过境时,中心风力四级,冰雹大小不一,0.5公斤至5公斤以下的居多,大的为5公斤以上。黄柏公社神鼎大队社员拾到1块,重12.5公斤;新市公社社员拾到1块,重16公斤。沙溪公社下大屋生产队被冰雹打伤社员8人,打死打伤生猪77头、耕牛9头。

5月 县委、县政府从培养农业技术人才出发,将汨罗县第二中学更名为汨罗县第一职业中学。

7月7～9日 全县遭特大暴雨袭击,山洪暴发,加之洞庭湖洪水顶托,沿江12个社镇严重受灾,死9人,伤237人,直接经济损失1.1亿元。省、地、县下拨一批救济粮款和生活物资及建筑材料救助灾区,恢复生产。

8～9月 开展严厉打击严重危害社会治安犯罪活动的统一行动,共抓获各类刑事犯罪嫌疑人277人,49名犯罪嫌疑人投案自首。

9月2～12日 县妇联主任李伯仇赴北京出席中国妇女第五次全国代表大会。

9～10月 中南5省文物培训中心考古训练班在汨罗山发掘东周至南朝古墓葬101座,出土文物913件。

10月10日 省政府重新公布古罗城遗址、屈子祠、屈原墓、任弼时故居为省级文物保护单位。

11～12月 进行县级机构改革,改变政府管理职能,按"革命化、年轻化、知识化、专业化"标准选拔干部。历时两月,县直机关机构改革工作顺利完成。

12月16日 中共岳阳地委任命彭亮根为中共汨罗县委书记。

是年 汨罗县个体工商业劳动者协会成立,全县个体工商户发展到1800户。

1984 年

4月30日 任弼时80周年诞辰,全国政协副主席、中顾委常委王首道从北京寄来题词:"任弼时同志的革命一生,是青年一代的光辉楷模。"

6月1日 经省政府办公厅批复,新建汨罗县八景乡。

8月16日 中共湖南省委第一书记毛致用到汨罗考察工作。

8月26日 日本早稻田大学友好访华团29人由团长上野里教授率领访问屈子祠，并向该祠赠送有关屈原的日文版书籍。

11月 经省地质矿产局416队、00536部队勘探，确认全县高岭土控制远景储量5000万吨。

12月 中共汨罗县委纪律检查委员会升为中共汨罗县纪律检查委员会（简称纪委），属副县级单位，实行常务委员会制，受中共岳阳地区纪律检查委员会和中共汨罗县委双重领导。

是年 从3月始，进行基层体制改革：原公社范围不变，成立乡人民政府、乡经济联合委员会；废除大队、生产队建制，成立村民委员会（简称“村委会”）、村民小组；新市、长乐恢复为乡级镇（4月2日，升为县属镇）；乡、镇均设政府。6月13日，白水、弼时、高坊、川山、桃林5个乡改为镇；12月，汨罗乡改为汨罗镇。

是年 县委、县政府作出“三年消灭宜林荒山”的决定，至1987年植树节，全县宜林荒山全部绿化。1989年植树节，省绿化委宣布汨罗为“湖南省消灭荒山第一市”，并授旗、树碑。

是年 汨罗被列为湖南省电气化试点县。

1985年

1月 中共汨罗县委在全县党组织中开展以统一思想、整顿作风、加强纪律、纯洁组织为内容的系统整党整风活动，至1987年1月结束。

2月 汨罗县台湾同胞、港澳同胞、海外侨胞亲友联谊会成立。5月18～20日，召开首届“三胞”亲友代表大会。

9月9日 县委、县政府举行第一个教师节庆祝大会。

10月19日 马来西亚共产党中央总书记洪涛一行8人到汨罗参观屈子祠和任弼时故居。

10月20日至11月30日 全县开展文物普查。

11月26日 位于玉池乡达摩岭的岳阳市电视转播台建成开播。

12月 县药政部门查获并销毁伪劣药品38种、4100公斤。

是年 全县城乡创办幸福院38所。

是年 第一个五年普法教育在全县开展，有36.9万人参加学习《中华人民共和国宪法》《中华人民共和国刑法》等9部法律和《治安管理处罚条例》。

是年 省对县财政实行“递增上交，超收全留”的管理体制。

是年 沼气科学研究所贾扶托研制的“酒槽水发酵搅拌装置”经农牧渔业部确认为国内首创，获专利权。

是年 改革企业职工工资分配，实行工资总额同经济效益挂钩、职工劳动报酬同企业经营好坏和职工贡献大小挂钩、企业同机关事业单位的工资改革（工资调整）脱钩的制度。

1986年

3月 根据中共中央关于“将县（市、区）人民武装部改归地方建制，其工作性质、任务不变，实行地方和军队双重领导”的指示,中国人民解放军湖南省汨罗县人民武装部移交地方,改称湖南省汨罗县人民武装部,并由正团级改为副团级,接受县委、县人民政府和岳阳军分区的双重领导。县人武部仍设党委会,党委书记由县委书记兼任,部长、政委任副书记。同时,政委参加县委常委工作。

5月27~29日 全国农村中小学课外活动座谈会在汨罗召开。境内部分学生的课外科技活动录入《为了明天》的电视纪录片。

8月4~6日 联合国石材专员、日本海外技术专员打田勇到高家坊、玉池、川山坪3个乡镇考察花岗石资源,并进行学术演讲。

9月6日 县长唐镇球出席国家教委在北京召开的全国基础教育先进县的表彰大会。会上,汨罗荣获中共中央总书记胡耀邦题写的“全国基础教育先进县”金字匾。

10月 县人民法院(简称法院)在全国基层法院中率先成立行政审判庭,审理行政诉讼案件。

10月 全县企业单位实行职工待业保险制度。

1987年

2月22日 中共汨罗县委发出《关于党政机关、事业单位干部制度实行六项改革的规定》。

3月8日 德意志联邦共和国教授福斯特、经理霍曼夫到汨罗考察高岭土资源。

4月 汨罗被国家体委授予“全国体育先进县”称号,副县长李建球、县体委主任彭迪钧出席全国体育工作会议。

5月25日 全国屈原学术讨论会在汨罗举行。

5月 联合国教科文卫组织主持的中国农村小学教师培训教材研讨会在汨罗举行。

5~10月 宣传系统组织举办“弼时杯”文体大赛,机关、乡镇共有1524支代表队、1.6348万人参加8个项目的比赛,历时167天,比赛5435场。

8月21日 全县以城关镇为试点,开展颁发“居民身份证”工作。

9月23日 国务院国函〔1987〕160号文批准,同意撤销汨罗县,设立汨罗市(县级),以原汨罗县行政区域为汨罗市行政区域。下年1月1日,城区举行近10万人参加的建市庆祝活动。

9月 汨罗电线厂生产的H级双玻璃丝包线在全国电缆行业产品质量技术鉴定会上被誉为“填补湖南空白”的优质产品。

10月6日、10月26日、12月10日 中共中央政治局委员习仲勋、最高人民检察院检察长杨易辰、中宣部部长王忍之先后参观任弼时故居。

10月25日至11月1日 县气象局副局长覃国振出席中国共产党第十三次全国代表大会。

年末 武警黄金16支队结束在汨罗境内的8年勘探,探明汨罗江段砂金矿区是中国南方河流的第一大砂金矿。

1988年

1月13日 国务院公布任弼时故居为全国重点文物保护单位。

1 月 长乐镇与长乐乡合并为长乐镇。

2 月 5 日 芬兰林业考察组莱塞尔教授一行 5 人到市境考察林业。

3 月 21～27 日 日本 BS 电视台《新世界旅行——中国世外桃源行》摄制组到汨罗拍摄屈子祠及有关纪念屈原活动。

5 月 14 日 全国人大常委会副委员长廖汉生及夫人,在省人大常委会主任刘夫生陪同下,瞻仰任弼时故居。

5 月 19 日 在全国化肥工作会议上,汨罗氮肥厂被授予"全国先进小氮肥企业"称号。

5 月 24 日 汨罗镇鱼腮塘村胡某家属不服检察机关对杨某正当防卫的裁定,纠集 200 多人冲击人民检察院,砸毁机关办公设备,打伤政法公安干警 17 人。

6 月 30 日 海南舰队授予海军某部汨罗籍战士蔡细良"革命烈士"称号。蔡细良因抢救落水女工而英勇牺牲。

7 月 8 日 全国剧协主席曹禺一行到汨罗观看新编花鼓戏《屈原在汨罗江畔》。

9 月 白水镇邓家坊村和越江村相继发现血吸虫,高密度钉螺区面积达 52 公顷。国内外专家称其为世上罕见的高旱丘陵血吸虫病疫区。

10 月 11 日 汨罗市轧钢厂在上海新沪钢铁厂协作下试制的 3203 型、3204 型轧窗钢通过省级鉴定合格,填补中南地区一项空白。

是年 全市妇女开展"敬老好儿女"评议活动。汨罗镇南托村徐正芳获全国"敬老好儿女"金杯奖。

1989 年

1 月 8 日 省科委组织教授侯振挺、涂西畴等对《汨罗市经济科技社会发展规划》进行鉴定,认为在省内同类规划中处于领先地位。

3 月 9～12 日 省绿化委第六次全体(扩大)会议在汨罗召开,全体与会者到龙塘山参加造林活动。

3 月 中共汨罗市委、市人民政府(以下分别简称"市委""市政府")成立查处假劣农药领导小组,对全市生产农药厂进行清查,关闭 18 家,封存假、劣农药及原料 198.7 吨,依法逮捕 5 人,对负有责任的 12 名国家干部给予行政处分。

4 月 12 日 中顾委常委王首道到汨罗瞻仰任弼时故居。

4 月 27 日 任弼时铜像揭幕典礼在任弼时故居举行,国家副主席王震、全国人大常委会副委员长廖汉生、中共中央顾问委员会常委余秋里、任弼时夫人陈琮英及子女亲属,以及中央、省、市党政军领导和当地群众 400 多人参加揭幕式。

4 月 27 日 新塘乡丁元村与岳阳县新望村因笔架山权属纠纷发生毁林械斗事件。双方出动 600 余人,毁林 9.33 公顷。

4 月 27 日 22 时,屈原农场和黄市乡遭龙卷风袭击,倒房 250 多间,死 12 人,伤 131 人。

5 月 23 日 汨罗被列入全国农村教育综合改革实验市。

5 月 25 日 日中友好携手会赤平支部长大林丰率 33 人访问团到汨罗参观访问,并与市委、市政府领导人会谈,表达与汨罗结为友好城市的意向。

5～6月 受春夏之交北京政治风波影响,境内发生上街游行事件4起。机关、学校成立“护院队”“卫校队”等组织,生产、工作、教学秩序未受影响。

6月16日 市委召开市直机关党员干部大会,传达贯彻邓小平6月9日接见首都戒严部队军以上干部时的讲话和公安部《关于彻底平息反革命暴乱和社会动乱的通知》精神。

7月30日 《湖南日报》载文《挂帅整顿农药生产,反为假劣农药开‘绿灯’,汨罗市长唐镇球被撤职》。

11月 全市开展以查处卖淫嫖娼、制作贩卖传播淫秽物品、拐卖妇女儿童、私种吸食贩运毒品、聚众赌博、利用迷信骗财害人为内容的“除六害”统一行动,至年末,共查处“六害”违法犯罪人员722人。

12月月底 汨罗市城郊乡被岳阳市委、市政府授予“岳阳市第一个企业产值过亿元乡镇”的称号。

1990年

4月 汨罗市约1.33万公顷松树林发生松毛虫侵害。

5月27～28日 日本滋贺县龙舟友好使节团(A团43人、B团33人),分别由团长上野正明、细谷卓尔率领到屈子祠观看龙头朝庙仪式,并参加龙舟竞渡训练。

6月17日 最高人民法院院长任建新到汨罗考察工作,并参观任弼时故居。

7月1日 第四次人口普查结果:境内总户数16.0721万户,总人口59.6168万人。

7月11日 市长李湘岳率5人代表团访问日本,参加赤平市建市100周年庆典。

7月22日 八景乡发生罕见的竹蝗灾害,竹林每株在70只以上,有蝗株率达100%;两日内,266公顷竹林全部枯死。

7月28～30日 桃林寺镇、火天、智峰乡先后遭龙卷风侵袭。

7月 湖南省县级市人民政协工作经验交流会在汨罗举行,会上推介汨罗政协工作经验。

9月7日 市委书记彭亮根被中共湖南省委授予“焦裕禄式的干部”称号。

10月12日 由印度、泰国、美国、菲律宾、马来西亚、孟加拉、印尼等国11名专家组成的国际水稻遗传资源评价协作网水稻病虫害抗药性巡回考察团到汨罗考察,并在铜盆乡农科所进行水稻病虫害抗药性实验。

11月3日 中共湖南省委书记熊清泉在岳阳市委书记储波、汨罗市委书记彭亮根陪同下考察汨罗。

12月 建设路跨铁路桥——屈原大桥主体工程竣工。该桥为轻型梁桥,13孔,孔径24米,宽度18.5米,长度312米,荷载汽车20吨、挂车100吨。

是年 市广播电视局建立地面卫星站,汨罗电视差转台改为电视转播台;220千伏新市变电站建成投运;110千伏汨罗变电站第一期增容工程竣工,增容量3.15万千伏安;汨罗组织粮食生产集团承包,参与承包的行政领导、农技干部、农民技术员、科技干部和科技示范户共9410人;汨罗市财政首次出现巨额赤字,加上1991年、1992年赤字,累计赤字1917万元。1993年,财政收支平衡,消灭是年财政赤字;汨罗市被评为湖南省“企业管理年”先进单位,市氮肥厂和沙溪电线厂被评为省级先进企业。

1991年

1月 中共汨罗市委、市人民政府抽调150名机关干部组成农村社教工作组,分赴全市29个乡镇,开展农村社会主义教育。

3月14日 中共中央总书记江泽民在中共中央宣传部(简称中宣部)部长王忍之、农业部部长刘中一、中共湖南省委书记熊清泉、省长陈邦柱等陪同下调研黄柏乡神鼎村村民刘再田办的塑料加工厂;15日,参观任弼时故居,并题词——“发扬为了党和人民的事业不辞重负奋力前行的骆驼精神”。

3月 汨罗市被评为全国绿化先进单位。

6月16日 参加1991年中国湖南汨罗江国际龙舟节的日本、美国、泰国、意大利及中国香港、澳门、台湾地区等中外运动员200余人在屈子祠举行龙头朝庙仪式。

7月上旬至8月6日 全市连续遭受暴雨袭击,有20多个乡镇、200多个村的8万多户、30多万人受灾;磊石乡遭龙卷风袭击,风力达12级。

8月 汨罗市被评为全国土地开发先进单位。

10月19~20日 全省14个地、州、市计划生育委员会(简称计生委)主任会议在汨罗市召开。

11月1日和28日 全国人大常委会副委员长王光英、陈慕华先后参观任弼时故居。

11月30日 国家重点建设项目华能岳阳电厂扩建配套送出工程——汨罗新市220千伏变电站,通过竣工验收,正式投入运行。

12月21日 中共中央政治局委员、国务委员李铁映在省长陈邦柱陪同下到汨罗调研,并参观任弼时故居和屈原纪念馆。

是年 汨罗市被评为全国绿化先进单位,市委书记彭亮根代表市委、市政府出席在北京召开的全国造林绿化会议;国道107线境内段和省道城区至新市段改建工程竣工;新市至屈子祠公路铺油;汨罗被国家科委列为开拓农村技术市场试点市,全市开展“科技兴市”活动;“基督教三自爱国运动委员会”所属基督教派传入汨罗,至1993年年末,在境内发展教徒110余人。

1992年

1月 汨罗市有线电视台建成开播,至1993年年末,开通有线电视用户6070户。

4月 “屈原碑林”动工兴建,1993年第一期工程竣工,并对外开放。

4月26日 经湖南省体制改革委员会(简称体改委)批准,在汨罗市城区屈原大桥西建立“罗城经济开发区”。

4月下旬 市境暴雨成灾,全市倒房屋3224间,死4人,伤206人,春收作物及早稻秧苗损失严重,直接经济损失3720万元。

5月24日 汨罗市邮电局S1240型2000门数字程控电话于是日零时开通,成为湖南省县级市第一家。

6月3~5日 日本赤平市日中友好携手会支部长大林丰率代表团一行27人访问汨罗。

9月25~30日 全国“首届中国当代诗人节”在汨罗举办。

10月30日至11月2日 中共汨罗市第五次党员代表大会在城关举行。

11月1日 城镇居民口粮及农村统销粮由计划价改为市场定价,由国家宏观调控。

11月4日 中国石油天然气总公司石油勘探局第二地质调查处2220队进驻汨罗,与新西兰石油勘探公司合作进行洞庭湖盆地石油资源勘探。市内测线长度203.5公里,分布在18个乡、镇、场的98个村,历时80天,至1993年2月4日结束。

是年 调整农村产业结构,增加瓜果、棉花等经济作物和水产种养殖面积2.4万亩,扩大优质稻种植面积4000亩;全市商业企业移植乡镇企业经营机制,实行经营、价格、用工、分配四放开。

1993年

1月20日 岳阳市第一个乡镇的全数字交换系统程控电话在汨罗市长乐镇开通。从此,该镇可与114个国家和地区实现通话直拨。

2月17日 市委、市人民政府发出《关于市级机构改革的通知》。此后,市直机关一批业务职能相近的单位合并,一批企业管理单位转体。

3月28日 汨罗市首家农村合作基金会在大荆乡成立。

3月 市国营商业系统224个柜组推行"国有民营"承包责任制。

5月1日 全境暴雨加8级大风,共倒毁房屋7424间,死7人,伤218人,农田、水电、交通设施遭严重破坏,直接经济损失1.6亿元。

5月18日 23时50分,屈原农场个体司机宋某驾驶农用汽车违禁闯入境内古培塘火车站北道口,与向南行驶的0215次货列相撞,导致列车脱轨,损坏油罐车9节,造成直接经济损失1400余万元。

5月 白水镇瓜子开发集团5个月销售葵瓜子3000多吨。该镇30多个瓜子加工厂,从业人员达2500余人,产品远销国内20多个省市及俄罗斯、缅甸、越南等国。

6月 汨罗市万门数字程控电话建成投入使用,同时开通移动电话和"127"自动寻呼台。

7月1日 中共汨罗市委宣传部主办的《汨罗报》创刊。该刊面向市内发行,每期发行1.1万份。

7月27日 省长陈邦柱、省水利水电厅厅长刘鸿运等一行到汨罗考察。

7月 汨罗市高考536人被录取,其中5人被清华大学录取。清华大学将市第一中学定为生源联系点。

8月26日 新塘乡磊石村朱细坤家门前水塘内常发生小鸭失踪。是日,朱细坤以钢丝作钓、猪肝作饵,从塘边一碗口大洞穴中钓出1条巨鳝,长1.96米,重4.75公斤。

10月 行政机关、事业单位进行工资改革,行政机关实行职务级别工资制;事业单位实行专业技术职务等级工资制。

10～11月 在打击车匪路霸的"金剑行动"和整顿交通秩序的"畅安工程"中,全市抓获各类刑事案犯587人,瓦解犯罪团伙17个,清除违章建筑物一批。

11月24日 全国政协副主席、中国社会科学院院长胡绳在省政协主席刘正、岳阳市政协主席梅楚波、副主席彭亮根的陪同下参观屈子祠和屈原碑林。

是年 在市铝材厂、酒厂、第一织布厂3个国有工业企业进行股份制改造试点。

年末 全市个体工商户发展到9488户,其中私营企业61家,共有从业人员21708人,注册资金4461万元,是年完成税收982万元。

年末 新市镇从事废旧物资回收加工者达1000余户、4000余人,成为远近闻名的"废旧物资回收利用之乡”。

年末 全市饲料工业发展到22家，涌现出希望、天盛等名牌产品，年销售总量30.43万吨，产值5233.6万元。

年末 城区建成贮量100吨的液化气站。

年末 乡镇企业总收入18.72亿元，主要经济指标进入全省先进行列；长乐、汨罗等10个乡镇企业产值过亿元，其中城郊乡突破3亿元。

年末 汨罗市在全国城市爱国卫生运动竞赛中，被湖南省人民政府、湖南省爱国卫生运动委员会连续5年授予“卫生红旗城市”称号。

是年 城区开展以出售公房为主的住房制度改革，年内出售公房5112套，计面积32.57万平方米。

1994年

1月1日 汨罗市营田港口300吨级码头动工兴建，1996年3月1日竣工。

3月8日 省委书记王茂林到汨罗周家垅水利建设工地、市建筑四公司、燎家山饲料厂、磊石乡等地考察工作。14日，瞻仰任弼时故居，并题词——“发扬弼时精神，建设好湖南”。

3月 汨罗被省林业厅列为全省9个高效林业试点(县)市之一。9月，全省高效林业试点(县)市工作会议在汨罗召开。

3月 岳峰尖广播电视转播台开始筹建，12月竣工试播，覆盖境内90%的地域和95%以上的人口。

4月19~20日 在4月30日任弼时90周年诞辰前夕，中共岳阳市委、汨罗市委先后召开任弼时同志生平与思想研究讨论会和联合纪念大会。省委副书记杨正午、岳阳市委书记罗桂求、汨罗市委书记葛送培分别在会上讲话。

5月23日 汨罗市被列为国家“水稻优质、高产、高效、机械化综合技术生产丰收计划”实施基地。

6月11~13日 由农业部、国家科委等单位联合举办的“1994全国饲料工业暨动物保健三新博览会”在汨罗举行。

7月3日 市委、市政府作出《关于开展向杨驹同志学习的决定》。

7月8日 下午4时，市铝材厂工人、共青团员柳波为抢救落水的夏光华母子，献出年仅20岁的生命。10月18日，中共汨罗市委宣传部和汨罗团市委作出《向舍己救人的共青团员柳波学习》的决定。

9月10日 中央军委副主席张震到汨罗瞻仰任弼时故居。

9月 汨罗市获“中华扫盲奖”。

11月4日 世界卫生组织计划免疫工作考察团到汨罗重点考察消灭脊髓灰质炎糖丸强化免疫工作。

11月15~16日 湖南省第七届县级市文明城市建设协作研讨会在汨罗、临湘两市相继举行。

12月 汨罗获“全国科技实力百强县(市)”称号。

12月 汨罗市被评为全国农村教育综合改革先进单位，并作为湖南省唯一的(县)市代表出席全国农村教育改革工作会议，在会上作了典型发言。

1995 年

1 月 8 日　磊石乡改水工程竣工,共投资 85 万元,动用劳动工日 2 万多个,打主体井 1 口,深 148.5 米,安装抽水设备,日供水量 100 ~ 150 吨,入户 1050 户。

2 月　公安部授予市公安局白水派出所所长陶宗仁"全国优秀人民警察"称号。

3 月　任弼时故居、屈子祠被列为全省爱国主义教育基地。

3 月　大荆镇新联村被全国绿化委授予"全国造林绿化千佳村"称号。

5 月　全国科学技术大会在北京召开,汨罗被评为"全国科技工作先进市(县)",市委书记葛送培、市长刘文锋被评为"全国科技工作先进个人"。

6 月 2 ~ 3 日　全省办事公开制度试点工作座谈会在汨罗召开。

6 月 18 日　国家内贸部副部长陆江在省物资厅厅长谭照华的陪同下考察汨罗市物资集团公司流通体制改革情况。

6 月 22 ~ 25 日　汨罗市遭受特大暴雨袭击,31 个乡、镇、场遭灾,5500 人被洪水围困,19 人死亡,倒塌和损坏房屋 2.11 万余间,冲毁各类水利设施 3469 处,140 多家工商企业被迫停产停业,直接经济损失达 2.27 亿元。

6 月　省纪委在汨罗召开现场会,肯定汨罗的"阳光行动"。年底,录成电视专题片,向全省推介汨罗经验。

7 月 2 日　农业部组织南方八省农口部门负责人和专家 30 人到汨罗,参观火天、桃林等乡镇的高油玉米生产现场,并指出:开发高油玉米的确是振兴农村经济的好路子,它将从根本上改变南方农民的种植习惯。

8 月 4 日　湖南省"经济百强镇"检查组到汨罗长乐镇检查验收。

9 月 12 日　全省高效林业试点(县)市工作会议在汨罗召开,汨罗被评为全省科技兴林示范(县)市。

9 月　市康富医院向富国研制的"神通健脑帽"获"中国国际新技术新产品博览会金奖"。

10 月 1 ~ 5 日　日本国北海道赤平市市长亲松贞义一行和赤平市市民第三次访汨团先后到汨罗市进行友好访问。

10 月 14 日　中共中央原副主席汪东兴到汨罗瞻仰任弼时故居,并题词——"怀念任弼时同志"。

10 月 25 日　应林业部邀请,澳大利亚昆士兰州林业研究所所长汉斯、昆士兰州林务局高级计划官格兰特组成的松树人工林考察组一行 5 人,到白水苗圃、桃林林场进行考察。

10 月　川山坪镇被国家土地管理局评为全国首批"三无"乡镇模范单位,成为岳阳市唯一获此殊荣的乡镇。

11 月　城郊乡窑洲村"黄家园——附山园新石器时代聚落遗址"进行第三次发掘,沙砾石堆集的文化层为汨罗江流域 8000 ~ 3000 年前的历史变迁保存水文、人种、生活、居住、生产工具及稻谷壳等资料。

12 月 8 ~ 9 日　湖南省全国人大代表团到汨罗考察工作。

12 月　汨罗被列为 1995 ~ 1997 年洞庭湖区第一期农业综合开发项目(县)市,计划总投资 1992.05 万元;市建设局被建设部、国家统计局授予"全国首次城市市政公用设施普查先进单位"称号;经民政部优抚司实地考察、综合评估,市光荣院被评为“全国文明光荣院”。

是年 市委抽调108名市直机关干部,组成30个工作组,对全市30个后进村党支部进行建设和整顿;省廉政领导小组、省纪委确定汨罗为推行公开办事制度单位;全市财政收入达10098万元,成为岳阳市第一个财政收入过亿元的(县)市;全市出栏肥猪121万头,人均出栏2头多,名列全省第一,继续保持全国百强县(市)地位。

是年 汨罗市被农业部评为全国水稻机械化第一市。

1996年

1~2月 中共湖南省委副书记郑培民和省政协主席刘正率省教育考察团于1月8~10日考察汨罗素质教育;1996年第2期《人民教育》以《大面积推行素质教育的探索》为题,对汨罗教改经验做详细报道,在全国引起强烈反响。

2月 市职业中专被批准为全国首批国家级重点职业高级中学。

3月1日 隆重庆祝建县(市)30周年。省委副书记储波和省委办公厅、省政府办公厅致信祝贺,王治国、齐寿良、翁晖及岳阳市党政领导和汨罗历届县(市)委书记、县(市)长出席庆祝活动。

4月1日 市人武部收归军队建制,名称为中国人民解放军湖南省汨罗市人民武装部。

4月下旬 汨罗市开始组织声势浩大的“严打”斗争。“严打”期间,全市共破获各类刑事案件962起,摧毁各类犯罪团伙59个,查获各类违法犯罪人员646名。

5月15~26日 市委宣传部组织“汨江行”新闻采访团前往汨水源头江西省修水县开始行程250公里的徒步采访活动,并拍成25集《汨江行》电视纪录片,在汨罗电视台播放。

5月29日 中共中央组织部原副部长吕枫瞻仰任弼时故居。

5~6月 中共中央政治局委员、国务院副总理李岚清,在中共湖南省委书记王茂林、省长杨正午、省委副书记郑培民、省政协主席刘正等陪同下,于5月11日到市教体局、市一中、新市中心小学考察素质教育,肯定汨罗的教育改革和探索的成绩;23日,由新华社、人民日报、中央人民广播电台、光明日报、中国新闻社、法制日报、瞭望周刊、人民政协报8家新闻单位组成中央新闻单位采访团专程到汨罗采访教育工作;6月28日,在岳阳参加全国构建督导评估机制,推动实施素质教育汨罗研讨会的29个省市、160名代表参观汨罗5所中小学。

6月 市林业局副局长、高级工程师邵立超享受国务院颁发的政府特殊津贴。

7月8日 中纪委秘书长王光,在省纪委书记杨敏之、岳阳市纪委书记张治雄的陪同下到汨罗考察廉政建设情况。

7月4~19日 境内遭受暴雨袭击;17日8~14时,平均降雨105毫米,暴雨中心6小时降雨145毫米,大小堤垸全部进入警戒水位,15个乡镇受灾,洪水围困5000余人,受灾27.3万人,倒塌房屋1556间,受淹早稻12万亩,其中绝收2.5万亩;19日7时50分,松柏垸被迫掘口保大堤。全市人民奋起抗洪救灾。

7月14~24日 应日本国北海道赤平市市长亲松贞义邀请,市长刘文峰出访日本赤平市,并签订两市民间友好交往协定书。

7月 湖南省农村电影发行放映现场会在汨罗召开。

9月2日 22时,城区高泉南路“娱乐城”发生火灾,损失达98万元。

10月10日 参加长江流域科技协作网第十四届年会的6省、20多个城市的科技专家学者一行30余人到长乐镇考察。

11月 汨罗被评为“全国落实国家体育锻炼标准实施办法先进单位”。

12月3日 中国人民银行行长戴相龙在省长杨正午陪同下到汨罗考察金融工作。

12月13日 市妇幼保健所被卫生部评为全国“妇幼卫生先进单位”。

12月 中共湖南省委,省人民政府授予汨罗市“全省乡镇综合实力十强市(县)”称号。

12月30日 卫生部授予市人民医院“二级甲等医院”铜牌。

是年 汨罗市被农业部评为“全国水稻机械化节本增效示范市”。

1997年

1月1日 白塘乡赶洲村403户灾民乔迁新居。国务委员李贵鲜在岳阳市、汨罗市党政领导陪同下察看该乡灾民新居。

1月3日 应农业部中国农学会邀请,日本农业教育访华团以铃木芳夫为团长一行5人到汨罗市考察大荆镇大棚蔬菜和汨罗镇蘑菇及生猪生产情况。

2月14日 4时50分,107国道大荆段1485公里50米处发生一起特大交通事故,当场死亡5人,重伤9人。

2月20日 汨罗市各界人士采用各种形式悼念邓小平逝世。

2月26日 日本政府无偿援助汨罗市中医院10065美元建住院大楼的签字仪式在湖南省驻京办事处举行,省长助理张明泰、省卫生厅副厅长周绍明、汨罗市代市长郭光文、日本驻华大使馆经济部部长贞冈义幸参赞等出席。

3月6日 市水泥厂历时一年的10万吨技改工程竣工。

3月26日 马来西亚华教董事联合会总会首席行政主任莫泰熙等50余人到屈子祠参观。

3月 陈琮英将中共中央总书记江泽民亲笔题写片名的电视音乐片《任弼时》、电视文献纪录片《长征记事》和《任弼时传》寄赠任弼时故居纪念馆。

4月4日 台湾湘阴(汨罗)同乡会会长李风亭率领湘阴旅台同乡访问团一行9人抵达汨罗。

5月3日 全市首届“十大青年学习标兵”“十大青年创业标兵”评选揭晓。

5月11日 白水、天井、长乐、红花、城郊等8个乡镇遭受特大龙卷风和冰雹袭击,受灾人口达7万人,倒塌房屋3575间,受伤人员55人,其中重伤15人,直接经济损失达2000万元。

6月28日 城关地区举行“迎香港回归”的盛大群众庆祝活动。

7月7日 市劳动局在全市社会保险工作会上举行企业职工养老保险个人账户卡首发式。

8月1日 汨罗市全面推行住房公积金制度。

8月13日 汨罗市第四建筑公司被农业部命名为“全国文明乡镇企业”。

8月16日 长乐中学116班学生吴送谱为抢救两名落水少儿不幸牺牲。

9月18日 桃林地区6个乡镇全部开通程控电话。至此,汨罗市乡镇全部开通程控电话。

10月29~31日 中共汨罗市第六次党员代表大会在市电影院召开。

12月9日 市七届人大常委会举行第三十四次会议。会议授予于铁龙、甘征文、刘德福、彭罗生、李积德、黄泽南、倪运清、李正松、李品章、李纪辉10人"汨罗市优秀人民公仆"荣誉称号。

12月 市技术监督局被国家技术监督局评为全面完成计量工作三年计划先进单位。

是年 首部《汨罗年鉴》出版发行。全书分12个栏目,136个分目,891个条目,76万字。

1998年

2月2日 全国政协副主席钱正英一行20人瞻仰任弼时同志故居。

3月18日 中央办公厅、国务院办公厅正式给湖南省委、省政府批示,"同意在汨罗兴建任弼时纪念馆"。

4月15日 市四中20名学生鼠药中毒,经救治后,全部转危为安。

5月5日 日本滋贺县捐助700万日元援建屈子祠中学教学楼奠基仪式隆重举行。滋贺县知事稻叶稔、议长山奇得三郎,省人大常委会副主任郭俊秀、副省长贺同新、省政协副主席游碧竹,岳阳市市长周昌贡出席仪式。

5月15日 中共中央警卫局副局长孙勇中将一行,在省委副秘书长周玉真陪同下,专程到汨罗瞻仰任弼时故居。

6月8日 由红花乡干群自筹资金修建的汨罗江红花大桥竣工通车。该桥于1996年2月28日动工,历时22个月,工程造价1256万元。省委副书记胡彪,岳阳市市长周昌贡,汨罗市党政领导郭光文、余贤规等出席竣工通车庆典。

7月1日 省委书记、省人大常委会主任王茂林,省委副书记储波,省委常委、政法委书记李贻衡一行到磊石乡指导抗洪抢险。

7月2日 在长沙参加全国863计划两系杂交早稻示范现场会的农业部和中南6省农业厅的领导专家到弼时镇考察863计划两系杂交早稻。

6~8月 6月,境内连续3次降特大暴雨,弼时站、高坊站分别达752毫米、720毫米,大部分地区降雨500毫米以上,降雨量比同期偏多3~5倍;至7月月底,全市降雨达1538.2毫米,比历史降雨最多年份的1996年多99.7毫米;至8月月底,受长江流域特大洪水顶托,汨罗江水位居高不下,长山站、松柏垸、双楚垸、南渡桥水位均超历史最高水位;磊石垸的警戒水位长达91天。全市受灾范围广、农作物损失面积大、财产损失、人员伤亡严重,累计灾害损失1.28亿元。灾情发生后,省领导王茂林、杨正午、储波、李贻衡亲临汨罗指挥抢险。耒阳某部、53702部队、塔山英雄营等600多官兵一齐赶去支援抢险。全市1.6万名干群投入抗洪救灾。

8月24日 省长杨正午,省委副书记储波,省委常委、省政法委书记李贻衡到磊石乡指导抗洪抢险。

9月25日 以总监事蓝晖伦为代表的香港"中国助学基金"一行到汨罗,向罗城学校捐赠150万港元。

9月30日 省委常委、宣传部长文选德和岳阳市委副书记高克勤率省和岳阳市计划、文化、建设等部门负责人到汨罗,就任弼时纪念馆的选址和建设等事项进行现场办公。

10月1日 全国铁路实施新的列车运行图,汨罗车站停靠客车由10对增加至16对。

10月23日 上午10时30分,仇鳌诗碑陵园揭幕仪式在古培镇雨坛村冲里仇的仇鳌墓地隆重举行。省政协副主席、民革湖南省委主席蔡百兴,省文史研究馆名誉馆长陈云新等出席仪式。

11月3日 省委书记杨正午在岳阳市委书记张昌平、市长周昌贡陪同下,到黄柏镇调研减负工作。

11月14日 中共中央政治局原常委宋平在省委副书记郑培民、岳阳市委书记张昌平、汨罗市委书记郭光文陪同下,瞻仰任弼时故居。

12月24日 汨罗火车站新站配套工程建设签字仪式暨奠基典礼隆重举行。省、北京市、岳阳市领导李继军、刘力群、白尊贤、蔡建华及汨罗市党政领导郭光文、余贤规等出席仪式。

12月28日 110千伏变电站在城郊乡窑洲村举行奠基仪式。

12月31日 市供销社股金办经过近一年的清理整顿,共清收逾期股金本息520.9万元,共付股金本息939.9万元,尚欠股金本息321万元,股金风波基本化解,股民情绪得到安定。

是年 汨罗作为湖南省两个先进县市之一,出席全国第四次二轻集体联社社员代表大会。

1999年

5月25日 中共中央办公厅副处长刘卫平在市委常委、市委办主任吴晓青陪同下到李家塅镇调研减轻农民负担问题。

7月 市委办司机傅正华、新塘乡磊石村5村周忠林,均因抗洪抢险劳累过度,突发疾病于14日和21日相继去世;27日,市委组织部发出通知,要求在全市共产党员中开展向周忠林同志学习活动。

11月4日 纪念任作民同志100周年诞辰大会在弼时镇政府礼堂举行。任作民的直系亲属任湘、任华湘、任正刚、朱忠芳、刘宏等参加纪念大会。

12月8日 1999汨罗经贸洽谈会暨汨新公路拓改工程通车庆典在神仙塘广场举行。大会由市委副书记、市长余贤规主持。任弼时同志的夫人陈琮英,省委常委、常务副省长周伯华发来贺信,副省长贺同新,省政协副主席石玉珍、游碧竹,岳阳市党政领导张昌平、高克勤、高碧云、李继军,省老领导王治国、齐寿良、董志文、沈瑞庭出席。市委书记郭光文致欢迎词。市委副书记段方金介绍工程建设情况,副省长贺同新、岳阳市政府副市长刘力群、国家经济体制改革委员会研究会秘书长王飞欣分别在会上讲话,近10万群众观看盛大的游行活动。

2000年

1月10日 由岳阳市政协、军分区、物价局等15家组成的5个建整扶贫工作组进驻境内玉池、八景乡5个贫困村。

1月27日 中共汨罗市委颁布《关于试行党政负责干部任前公示制的实施意见》。

2月 市政协副主席、市康复医院院长向富国作为湖南省唯一代表应邀参加在香港举行的2000年中医药国际学术研讨会。

3月10日 中纪委副秘书长、办公厅主任金道铭，省委常委、省纪委书记孙载夫一行在岳阳市委书记于来山陪同下，考察汨罗政务公开工作。

3月22日 汨罗市团山花园建设指挥部挂牌成立并举行动员大会。该园建于新市镇团山村，分生产、生活、商贸3个区，规划面积1000亩、摊位1000个、居民1000户、年税收1000万元。

3月31日 全国政协副主席毛致用在大荆镇考察工作时强调：要努力探索新形势下干部队伍建设的新路子。

3月 在全省农业工作暨十二大农业工程总结表彰会上，市农业局被评为全省十佳农业局，新市工业小区被列为省级示范小区。

4月10日 中央“三讲”教育检查组到汨罗检查指导工作。

4月18日 汨罗聋哑人陈江山在全国残疾人职业技能选拔赛广告牌制作项目中荣获第三名。

4月28日 任弼时纪念馆奠基典礼在弼时镇隆重举行。岳阳市委常委、宣传部长罗典苏主持大会，岳阳市委书记于来山致辞，汨罗市委书记郭光文介绍筹建情况。国家文物局局长张文彬、南海舰队政委康富泉、团中央常委戴克维、省人大常委会主任罗桂求、省政协主席林子亮、省长助理阳宝华等出席。中国人民解放军总政治部、中国革命博物馆、中国军事博物馆及北京故宫博物院院长张忠培、任弼时同志夫人陈琮英等单位和个人发来贺信。

5月8日 召开“三讲”教育总结大会。“三讲”教育从3月10日开始，历时2个月，分阶段、有计划、有步骤地开展，顺利完成各阶段任务，基本达到预期目标。省委巡视组组长张先春对汨罗市“三讲”教育工作给予高度评价。

5月10日 上午，国家军委原副主席、上将张震在岳阳市委书记于来山等陪同下，瞻仰屈子祠。

5月 在1999年全国初中化学素质和实验能力竞赛中，汨罗市彭泽峰、张池、伏浪获全国一等奖。在2000年全国初中数学竞赛中，向彪、黎桑、李国荣、刘力思获一等奖。另有3人获2等奖，5人获3等奖，创本市数学竞赛史上最好成绩。

7月26日 汨驷建集团新世源宾馆被国家旅游局正式授牌，跻身“三星级涉外旅游宾馆”。

7月30日 中共中央宣传部副部长刘鹏一行4人瞻仰任弼时故居。

8月15日 上午，三辆货车在境内107国道1485公里处相撞，4人当场死亡，2人重伤，1人轻伤。

4~8月 省委副书记胡彪，副省长郑茂清，省委书记、省人大常委会主任杨正午，省委常委、宣传部长文选德，省委副书记、省长储波，省政协主席刘夫生先后到汨罗考察转变干部作风、发展县域经济、加强旅游开发、磊石垸防汛准备工作。

9月27~28日 以田茂议长为首的日本赤平市友好访问团一行20余人访问汨罗。

9月28日至10月1日 以市长余贤规为团长、市人大常委会主任胡福二为副团长的汨罗市访日代表团一行7人访问日本赤平市，并签订缔结友好城市意向书。

9月月底 全市注册私营企业达144家，聘用工人2865人，完成产值近7.5亿元，销售收入近8.5亿元。

11月10日 长沙市委、市政府向任弼时纪念馆捐赠资金100万元。

11月20日 上午，国道107黄柏段发生特大交通事故，死亡4人，重伤18人。

12月5日 占地20.33公顷，首期投资3000万元的全国规模最大的汨罗团山再生资源大市场破土动工。

12月6～7日 全国政协副主席毛致用考察汨罗旅游开发、团山花园建设、新市镇八里村、李家塅天子家私厂及大荆镇。

2001年

1月下旬 23日始,一场罕见的冰冻灾害侵袭高坊、玉池两个乡镇的高山区。其中,永峰、永安、桥坪、狮岭4个重灾区竹木毁坏8000多立方米,经济损失达600多万元。

2月8日 全市"三个代表"重要思想学习教育活动动员大会在市电影院召开,省委副书记胡彪到会讲话。市委书记陈四海作做动员报告,于来山、宋再钦、陈志刚、高碧云、郭光文、曾文献、郭振斌等岳阳市领导,汨罗市四大家领导及市直单位、乡镇场负责干部共1000余人参加会议。

2月12日 省政协原主席刘夫生,省政协副主席石玉珍、方毓棠、林子亮、蔡子兴及部分在湘全国政协委员考察汨罗107国道沿线的农业产业结构调整情况。

4月18日 全国政协常委、中国佛教协会副会长、厦门南普陀寺方丈圣辉法师到汨罗考察特校工作。

4月26日 省委书记杨正午、省长储波到汨罗考察农业产业结构调整情况。

4月 由湖南大学建筑系副主任、教授、总工程师王小凡领衔重新设计的任弼时纪念馆方案,经省有关领导、专家两次审查,获通过。

1月至5月月底 全市"严打"期间,破获重大案件181起,摧毁犯罪团伙21个,瓦解成员86人,抓获各类犯罪人员243人,其中刑事拘留203人,逮捕152人,劳教146人,起诉107人。

6月5日 在全省处理"法轮功"邪教组织问题先进表彰大会上,汨罗市被评为先进集体。

6月18日 全市纳税大户表彰大会在市电影院举行,全市2000年纳税在5万元以上的国企、乡企、民企受到市政府的表彰;113个受奖单位纳税额占全市税收总额的80%;市汨驷建集团、天子家私厂等10家企业被定为2001年首批实施挂牌保护企业。

7月27日 全市参加高考的2187名普通高中生有890人达本科建档控制线,其中考分在600分以上者75人,占全岳阳市的20%。

7月 汨罗遭遇重大旱情。市人武部马保华、政委刘继和奉命组织民兵高炮分队在14个乡镇追踪云团,实施人工降雨,共发射高炮220余发。全市大范围降雨。

8月9日 由重庆忠县迁往本市的145户、604名三峡移民迁入沙溪、红花、新市、大荆4个乡镇的8个安置点。岳阳市委、市政府在岳阳举行隆重的欢迎仪式,市领导陈四海、李国保、胡福二、李运帷、王昔罗、谈正红、钟迪华等专程到岳阳迎接。

9月18日 全市首例腹腔镜手术在市中医院成功进行。

10月21～23日 湖南省三倍体毛白杨引种试验第二次科研协作会在汨罗召开,中国工程院院士、北京林业大学教授、博士生导师朱之悌和夫人林惠斌及弟子,北京林业大学教授张志毅、康向阳带着他们15年培育出来的三倍体毛白杨到汨罗进行育苗,并到造林试验基地长乐、黄市、桃林林场进行实地考察。

11月4日 全国人大常委会副委员长、全国妇联主席彭珮云到本市大荆镇考察农业产业结构调整。

11月7日 中国华能集团公司岳阳分公司向任弼时纪念馆捐赠建馆资金50万元。

11月15日 全市城乡居民程控电话逾7万户,普及率达13%以上。

10月15~16日 在湘选举产生的部分全国人大代表考察汨罗产调工作,市领导李国保、郑可仗、胡福二、谈正红陪同考察。

2002年

1月5日 汨罗市土地资产管理工作会议召开,决定采取"一个口子进水,一个池子蓄水,一个龙头放水"的办法,对全市土地实行集中统一管理,收回土地出让权。

3月25~26日 中国科学院资深院士、著名地质学家陈国达教授题写"湖南省汨罗市第一中学"校名;汨罗第一部村志《渔街志》出版。

4月4日 凌晨,一场罕见的龙卷风袭击整个汨罗城。部分地区通讯因雷击而瘫痪。

4月11日 23时20分,107国道1501公里+450米处,一辆河北徐水县货车在超越河南客车时相刮,酿成死亡29人、伤27人、两车报废的特大恶性交通事故;13日下午,国家安全生产监督专员章苏东、张宏波,交通部公路局王小平处长,在省安全生产监督局局长李平的陪同下,会同河南省交警总队和河南省驻马店市政府相关领导,到汨罗调查"四一一"重大恶性交通事故处理情况。

4月19日 国家粮食局建库办王振南局长,中咨公司刘政主任一行6人在省建办主任易华、省监理公司总监阎跻生陪同下,到白水国家粮食储备库现场督查建库工作。

4月26日 上午,全国"任弼时研究述评学术讨论会"在长沙开幕。27日,会议在弼时故里继续举行。会议由省委常委、省委宣传部部长黄建国主持。中组部、中宣部、中央文献研究室、中央党史研究会、教育部、团中央、解放军总政治部、岳阳市委、汨罗市委等单位领导、研讨会代表、弼时同志亲属参加会议。中央文献研究室副主任杨胜群、省委副书记文选德、中央党史学会常务副会长陈威作重要讲话。岳阳市委副书记陈志刚、汨罗市委书记陈四海分别就如何"弘扬骆驼精神、再创岳阳辉煌"和"建好伟人故里"作发言。市委副书记兼任弼时纪念馆筹委主任霍东华介绍任弼时纪念馆筹备情况,任弼时纪念馆馆长马志宇汇报1950年后湘阴、汨罗两个县市开展任弼时生平研究情况。

5月6日 上午,市法院两栋6层高的住宿楼首次运用定向爆破技术,成功引爆。

5月26日 省委书记、省人大常委会主任杨正午,省委常委、省委秘书长谢康生考察汨罗107国道沿线产业结构调整基地。

7月1日 省委书记、省人大常委会主任杨正午,省委副书记、常务副省长周伯华一行到磊石垸考察防汛准备工作。

7月8日 200多名新塘籍打工仔聚集广州,在新塘乡党委负责人的主持下,投票选举产生境内第一个流动党支部。

7月20日 高考成绩揭晓:汨罗参加考试人数3088人,上线2303人,上线率74.58%,高出全省招生比率20个百分点;其中,上本科线1049人,上线率为33.97%;考生李智总分首次突破700分。

8月19日 省长张云川,省委副书记、常务副省长周伯华一行到黄市乡港口村考察农村税费改革情况。

8月 下旬,全市进入紧急防汛期。全国政协副主席毛致用,省委书记、省人大常委会主任杨正午,省委副书记胡彪,省军区司令员郑少栋少将及岳阳市有关领导先后到汨罗指导防汛抢险工作。

8月 公安部部长贾春旺签发命令,追授市公安局治安大队五中队民警李超雄为全国公安系统二级英雄模范。10月10日,副省长唐之享等到汨罗慰问李超雄家属。

11～12月 中共汨罗市第七次代表大会(11月8日)、市政协七届一次会议(12月5日)、市九届人大一次会议(12月6日)相继在市电影院召开。

12月9日 中国第15届曹禺戏剧剧本奖在山东省济南市颁奖,汨罗市甘征文创作的花鼓戏《赵乡长转圈》获金奖。

12月12日 全国人大教科文卫委员会主任委员、国家教委原主任朱开轩一行到汨罗考察素质教育。

2003年

1月10日 建设部城乡规划司副司长李兵弟、省建设厅副厅长肖常锡到汨罗考察移民建镇工作,对汨罗移民建镇"四个结合"的模式给予充分肯定。

1月25日 中国南方首家良种肉牛贸工农一体化综合开发的民营企业——湖南加华生物科技发展有限公司第一期工程在汨罗顺利竣工投产。全国政协副主席毛致用,省人大常委会副主任庞道沐及岳阳有关领导参加开业庆典。

2月 汨罗被评为2002年全国创安全文明铁道线先进县(市)。

3月7日 受市委、市政府委托,市城投公司与中国高新投资集团上海绿亚景观工程总公司签订建设东路开发(修建、改造)项目合同,计划投资2亿元,打造建设东路。

3月17～20日 124名市直机关干部陆续进驻全市31个乡镇场的41个村开展农村基层组织建设和扶贫开发工作。

4月8日 省人大常委会副主任颜永盛、副省长杨泰波、省政协副主席阳宝华率参加全省乡镇企业工作会议的500名代表参观汨罗加华科技发展有限公司和光明家具股份有限公司。

4月26日 举行任弼时纪念馆竣工预展庆典,省委副书记文选德出席庆典并做讲话。该馆1998年3月经中央批准兴建,占地面积5.42公顷,总投资3000万元。

5月14日 沙溪镇沙溪村农民和古培镇、汨罗镇、红花乡等地农民一道,组成境内第一个农民机收服务队;5月19日,携带10台新收割机赴湖北襄樊进行跨省作业。

5月31日 15时38分,中国共产党优秀党员、久经考验的忠诚共产主义战士、中共早期优秀机要工作者、第五届全国政协委员陈琮英在北京逝世,享年102岁。陈琮英,长沙县人,1926年在上海与任弼时结婚。

7月12日 6时,磊石垸水位达33.2米,超警戒水位0.2米。

7月31日 下午,中共中央政治局委员、国务院副总理回良玉在省、岳阳市及汨罗市领导陪同下到汨罗考察大荆镇桂花村农业产调公司基地和湖南加华生物科技公司。

8月13日 省委“三个代表”重要思想宣讲团到汨罗作报告。市委书记陈四海主持会议,省委宣讲团成员、省委党校副校长郑昌华教授主讲。

8月27日 湖南省首条氧化铝带生产线在沙溪镇鸿泰电气科技有限公司正式投产。

9月8日 晚上,在深圳市宝安区第一民防大队任职的汨罗市桃林寺镇来龙村青年湛国辉巡逻时与偷车歹徒搏斗英勇牺牲,年仅24岁。

10月2日 下午,中共中央总书记、国家主席胡锦涛在省、岳阳市及汨罗市领导杨正午、周伯华、于来山、陈四海等陪同下,到汨罗大荆镇、红花乡及加华生物科技公司调研,并参观任弼时同志故居。

11月16日 下午,境内专业捕捞渔民卢纲平在湘江汨罗段捕获一条长80厘米、重约3公斤的国家一级保护动物——中华鲟。17日10时,放归湘江。

是年 非典型性肺炎(以下简称“非典”),在国内部分地区流行。4月21日,全市召开紧急会议,防治“非典”;5月上旬,汨罗市救治非典病人医院交付使用,医院选址黄市乡敬老院。卫生局成立专门班子,发放宣传资料,组织专题讲座,进行专业防护。全市未出现一例“非典”患者和疑似患者。

是年 市供销社与市商业局联合改造市中心集贸市场,设经营门面345个及简易货棚、摊位,总营业面积2.1万平方米,年销售额4.1亿元。

2004年

1月13日 汨罗新火车站投入使用。该站投资3410万元,占地2600平方米,总建筑面积4000平方米。该火车站于1998年12月24日奠基。

2月18日 市职业中专学校通过全省综合评估名列第一位,成为国家级重点职业中专。

是日 省政协主席胡彪一行在岳阳市于来山、罗碧升、张治雄、曾文献、赖社光、王惠湘等领导陪同下考察汨罗工业园建设和民营企业中天科技的生产情况。

3月19日 省教委为汨罗一中晋升省重点中学授牌。

3月31日 省委书记杨正午,省委常委、省委秘书长谢康生一行考察汨罗江生态工业园,对该园的项目引进和建设情况给予高度评价。该园已引进在建项目21个,总投资9.607亿元;签约项目8个,投资1.42亿元;洽谈入园意向项目9个,投资5.55亿元。

4月3日 在沙溪镇划江村开办郭嵩焘生平事迹展览,扼要介绍晚清首任外交家郭嵩焘求“经世致用”之学,登“保邦治国”之途的坎坷历程。

4月 任弼时同志100周年诞辰。25日上午9时,省委在任弼时纪念馆举行隆重的纪念大会;中共中央政治局原常委、中纪委书记尉健行,全国政协原副主席毛致用,省领导及老同志杨正午、周伯华、胡彪、文选德、熊清泉、刘夫生、谢康生、李江、许云昭、谢光豪,中央文献研究室副主任杨胜群,国家林业局副局长张建龙,中央和国务院有关部委负责人,任弼时亲属代表等参加纪念大会;26~30日,马志宇、任建云、胡启良赴京参加全国任弼时生平研讨会和中共中央在人民大会堂召开的任弼时同志100周年诞辰纪念座谈会。

5月28日 南非一环球慈善公务飞机在境内所辖湘江水域失事。

6月3日 境内推行税费公示制。

7月14日　市国家农业综合开发生态农业项目顺利通过省农业综合开发办的验收。该项目涉及大荆、三江两镇16个相连村、172个组、2000农户和7300多农业人口。2003年,项目共完成投资444万元,投工28.2万个,新建沼气池2000口,入户1500户,维修机耕道12.5公里、配套沟渠5.3公里,取得良好的生态和经济效益。

8月19～23日　在深圳市举行的全国航海模型竞赛中,市二中高二年级学生徐记和钟亚获国家级一等奖。

8月26日　香港桦丰投资公司与汨罗正式签约电子加工项目。该项目总投资4500万美元。岳阳市委书记易炼红、香港桦丰投资公司董事长伍锦、汨罗市人民政府市长李国保出席签字仪式。

10月19日　汨罗江书法艺术展暨雷宪河个人书法展首次在长沙三亩地展出。该书展由省书协、汨罗书协、三亩地艺术馆、湖南艺术品有限公司共同主办,共展出作品75件,其中雷宪河个人书法作品32件,少儿作品20件。展出作品赢得省书协主席何满宗及省内老中青书法玩家的好评。

11月25日　全省畜牧业产业化工作会议在汨罗市召开。会议由省政府副秘书长陈吉芳主持,省委副书记戚和平就当前加快省畜牧业产业化进程作重要讲话,省农业厅党组书记、厅长余英生进行专题部署,湘潭市、汨罗市、城步县、屈原区在会上作典型发言。

2005年

1月17日　美国农林科技考察团威廉姆斯等教授专家一行6人在国家林业局领导的陪同下就汨罗林业科技示范园引种培育工作进行调研,重点是城市林业管理及资源配置。

1月21日　健康快车停靠岳阳,汨罗全市140名白内障患者接受免费手术。

2月17日　玉池等10余个镇遭受罕见冰灾,直接经济损失近亿元。

3月4日　岳阳红色旅游在任弼时纪念馆启动。

4月8日　市委召开乡镇机关事业单位人员分流和公务消费货币化动员改革工作大会,规定交通、通讯、办公、接待、旅差5项费用的补贴标准。对乡镇场2005年3月以前进行清理、核算、打砣;从4月起,全市31个乡镇场按改革方案实施,支出同比减少300余万元。

4月27日　汨罗市与沿珠三角投资考察团签约项目8个,投资规模达1.95亿元。

5月11日　全国人大常委会副委员长、九三学社主席韩启德率九三学社中央考察团到汨罗就工业园建设、龙舟收割机生产、加华牛业发展进行调研。

5月21日　国务院将“汨罗江端午节”定为中国非物质文化遗产。

5月24日　台胞陈之迈先生投资千余万元兴建屈原文化古城。

5月27日　下午,国家发改委主任马凯率“中部崛起”调研团到汨罗考察加华生物科技有限公司,并听取汨罗市关于循环经济试点工作情况汇报。副省长徐宪平,岳阳市委书记易炼红,汨罗市委书记李国保专程陪同。

5月30日　铁山灌渠汨罗分渠整修工程全面启动,灌渠总长131公里,灌溉面积8000公顷,水渠贯通6个乡、2个场。

6月6日　岳阳市第四届运动会龙舟赛在汨罗龙舟赛场举行。岳阳县、平江县、临湘市、湘阴县、华容县、岳阳楼区、云溪区、君山区、汨罗市9支代表队参赛。1000米竞赛前三名为汨罗市、临湘市、华容县;5000米赛前三名是汨罗市、临湘市、平江县;团体总分前三名为汨罗市、临湘市、平江县。获团体总分前三名的代表岳阳市参加6月11日举办的2005年中国·岳阳(汨罗江)国际龙舟比赛活动。

6月13日 中共中央政治局委员、湖北省委书记俞正声率湖北省党政代表团考察汨罗江生态工业园开发建设和引进项目的生产情况。

7月17日 下午,中共中央政治局常委、全国政协主席贾庆林率全国政协秘书长郑万通,全国政协文史和学习委员会主任王蒙,中央统战部副部长楼志豪一行考察汨罗加华生物科技发展有限公司、中天科技有限公司,并到黄市乡干桥村农户宋桂三家了解情况。省领导杨正午、周伯华、胡彪,岳阳市领导易炼红、罗碧升、张治雄,汨罗市领导李国保、彭祥陪同。

8月22日 上午,岳阳市委副书记高克勤,市委常委、组织部长盛荣华率市纪委、组织部门负责人到汨罗就大规模调整提拔干部事件召开专门会议。高克勤主持会议,岳阳市纪委、组织部有关负责人宣读处理意见和处分通报。汨罗全体市级领导参加会议。李国保、胡福二、白维国、彭祥分别发言。

10月24日 全市是年退耕还林工作全面完成,其中完成造林2055.33公顷,退耕还林补植3533.33公顷,共植苗木27万株,并对历年7333.33公顷退耕还林地进行补植。

10月26日 中央电视台春节特别节目《中国端午节》在屈子祠开拍。

10月28日 汨罗市被国务院正式批准为全国循环经济发展试点县(市)。

11月17日 在全国职教工作会议上,市职业中专学校被授予“全国职业教育先进单位”称号。

2006年

1月11日 湖南中天科技有限公司自主研发的水旱两用旋耕机获国家专利认证。

1月16日 国家循环经济试点汨罗实施工作动员大会召开。国家开发银行湖南分行梅家祥、肖志伟、袁振华、罗能生,岳阳市领导易炼红、孔根红、郭振斌等出席。汨罗市委副书记、市长白维国主持会议。会议要求,力争用三年时间,把汨罗建成全国规模最大的再生资源交易中心和国家循环经济试点的经典版本。

1月16日 澳大利亚嘉华国际集团公司在汨罗注册成立岳阳嘉华化工有限公司,计划投资2500万美元,开发松脂松香生产项目。此系是年汨罗第一个外资项目。

3月1日 市公安局治安大队在三江镇齐心村(与岳阳县交界)捣毁一特大赌博场所,抓获参赌人员15人,查扣为赌博提供条件的交通工具16件,涉赌金额达400多万元。

3月20日 汨罗市消防大队战士王永林在北京顺利完成造血干细胞的捐献采集工作,乘飞机返回长沙。省武警总队举行王永林先进事迹座谈会,省消防总队授予王永林“雷锋式消防战士”荣誉称号,并为他记二等功。

5月12日 由中国食品工业协会、中国烹饪协会、市政府联合举办的“太子奶杯”2006年第二届中国粽子文化节在粽子发祥地汨罗隆重举行。

5月31日 全国龙舟月启动仪式暨中国岳阳汨罗江国际龙舟节开幕。

8月5日 2006年CCTV形象中国电视大赛汨罗赛区选拔赛在广电演播大厅举行决赛暨颁奖晚会，选手戴娟获冠军。

8月7日 汨罗市特困及改制企业人员送保工作正式启动，境内社会保障工作迈出新的一步。

8月30日 中纪委、中组部巡视组考察市工业园和新农村建设情况，对市委、市政府在新农村建设中坚持尊重经济规律、价值规律，尊重当地自然条件，尊重农民的意愿和技能的指导思想和科学实践给予充分肯定。高克勤、樊进军、李民主、闵秀明陪同考察。

11月29日 汨罗市第一家农村客运站——白水汽车站正式投入营运。

12月19日 市农村合作医疗办统计：全市42万农村群众有31万人登记参加合作医疗，参合率70%。

是年 “汨罗江端午习俗”被国务院列为国家级非物质文化遗产。

2007年

1月1日 汨罗市正式启动新型农村合作医疗，近42万农民参加。

4月12日 汨罗市渔政站成功施救中华鲟和江豚各一条。

4月19日 全市“零距离”就业服务行动在李家塅镇正式启动，该次行动主要包括送政策、送岗位、送技能、送服务、送补贴五项内容。

4月20日 市委、市政府召开专题会议，部署安排续修《汨罗市志》工作。

5月16日 中央文献出版社向任弼时纪念馆捐赠一批有关任弼时等老一辈革命家的文献书籍。

6月8～10日 第四届泛珠论坛暨经贸洽谈会(以下简称“珠洽会”)在长沙隆重举行。“珠洽会”期间，本市共签约项目10个，合同引资21亿元，名列岳阳各县市区之首。

6月19日 “中国农机杯”2007中国岳阳汨罗江龙舟节隆重举行。下午，龙舟节招商项目发布会在汨罗江会议中心举行，会上签订正式招商项目20个，合同引资7.68亿元。

6月22日 全市“守法规、讲道德、爱家园”青年标兵评选揭晓，王永林等10名优秀青年当选。

7月17日 全市地名规划工作启动。

7月 全市受持续高温天气影响，弼时、高坊、川山、玉池、古仑、三江等乡镇遭遇较大旱灾，部分地方人畜饮水困难。1～7月，全市平均降雨仅64.83毫米，较往年同期平均降雨102.4毫米减少37%。

8月13日 汨罗市全面启动卫星广播电视地面接收设施转星调整工作，限定于9月24日全部完成。

9月4日 第七届全国县域经济基本竞争力评价结果显示：汨罗市跃进中部县域经济百强县(市)。同日，汨罗市获“全国政务公开工作先进单位”称号。

10月18日 汨罗市荣膺2006～2007年度甲类卫生城市，在全省县级市中排名第一。同日，新市镇合心村被评为全国敬老模范村。

11月16～19日 国家血吸虫病疫情控制评估考核组对汨罗市近四年来血防工作进行全面考核，认定汨罗市血吸虫病防治工作已达BG15976—2006《血吸虫病控制和消灭标准》。

11月30日 市公安局刑侦大队成功破获新市镇团山村11月10日绑架杀人案和2006年10月10

日城郊乡双塘村特大入室抢劫、杀人案,两案均系犯罪嫌疑人肖某所为。

11月 市第二中学晋升为省级示范性普通高级中学。

12月 根据市合管办统计,到2007年12月31日,市新型农村合作医疗共支付补偿金1652.99万元,合作医疗基金使用率达87.68%。

12月 截至2007年,启动两年的万村千乡市场工程建设,共争取资金近千万元,已建成标准化农家店427家。

是年 汨罗市档案局被人事部、国家档案局评为全国档案系统先进集体。

2008年

1月10日 汨罗市第一次全国农业污染源普查培训动员大会召开。

1月11日 全市对100多家工业企业的排污情况进行申报登记。

1月15日 同济大学国家历史文化名城研究中心主任、教授阮仪三应市委、市政府邀请考察汨罗旅游资源及核心景区建设情况。

1~2月 汨罗市遭遇五十年一遇的特大冰雪灾害。1月11日至2月1日,全市共出现冰冻风雪天气20天,日平均气温小于0℃,极端最低气温达-6.1℃;至1月22日,全市倒杆340基,断线260处,烧坏变压器13台,有27个村停电。1月26日,有两趟列车(长春—广州、襄樊—深圳)因冰冻雨雪天气滞留汨罗火车站。1月30日,省委副书记、省长周强到汨罗督查国道107线道路破冰和分流工作,境内京珠高速沿线9个乡镇、共1200余劳力上路铲雪破冰;2月2日晚,市委、市政府举行迎新春暨抗冰赈灾文艺晚会,通过现场来电、来函募救灾款127万余元;至2月5日,全市有33.5万人不同程度受灾,因灾直接经济损失9.953亿元,间接经济损失16.6亿元。

3月1日 长乐镇、高家坊镇、白水镇相继发生4起森林火灾,造成严重损失;2日,三江镇花桥村发生重大森林火灾,烧毁林地面积200余公顷,直接损失达200万元。

3月12日 下午,武广铁路公司长沙项目部在武汉建筑设计院举行武广铁路新汨罗站站房设计方案汇报会,并听取汨罗关于站房设计的意见。

3月15日 省武陵源公司与市政府签订合作建设油茶丰产林基地项目协议,计划建设10万亩油茶基地和年产茶籽油1万吨的加工厂。

3月月底 任弼时纪念馆免费向社会开放。

4月12日 中国佛教协会常务副会长、湖南省佛教协会会长圣辉大和尚接受汨罗市委统战部的聘任,出任红花山崇善安养院院长,并为该院化缘到100万元的赡养基金。

4月15日 岳阳市政府新闻办公室举行岳阳市迎奥运新闻发布会,汨罗作为北京奥运火炬传递途经的城市,市委常委、宣传部长彭千红代表汨罗市委、市政府向省、岳阳各级媒体发布北京奥运圣火汨罗传递活动的筹备情况。受中共汨罗市委和团市委推荐,市消防大队战士王永林成为汨罗参与圣火传递的唯一火炬手。

4月 市发改局、教育局积极向上申报14所初级中学校舍改造工程项目,全部获准通过,共计争取国债渠道的项目资金1440万元;同月,汨罗市委、市政府出台《汨罗市加快经济发展奖励暂行办法》,并设立加快经济发展专项奖励资金1000万元。

5月8日 由省委宣传部组织的"心系奥运,情系三湘"采访团对汨罗市奥运火炬传递筹备工作和社会经济发展情况进行集中采访。中央、省、岳阳近20家主流媒体参加这次采访活动。

5月12日 全市召开会议部署农民补贴资金发放工作。预计总规模在7000万元以上。各项补贴通过乡镇财税信息系统和中国农民补贴网,以储蓄存折"一折通"方式直接发放到户。

5月16日 城镇居民基本医疗保险工作正式启动。

6月2日 "我们的节日·端午节"主题文化活动启动仪式暨"浏阳河杯"中国汨罗江国际龙舟邀请赛在汨罗举行。启动仪式上,中国龙舟协会主席李杰宣读《关于授予湖南省汨罗市"中国龙舟名城"称号的决定》,并为汨罗授牌。全国政协原副主席毛致用宣布开幕,副省长甘霖主持启动仪式。

6月3日 15时8分,北京2008奥运圣火到达汨罗沿江大道。15时40分,到达国际龙舟竞渡中心,圆满完成奥运圣火在汨罗的传递。共有37名火炬手参加传递,汨罗第一棒火炬手为湖南火炬接力第169棒(中国银行总行副行长王海燕),最后一棒为省人民政府副省长甘霖。完成火炬接力后,组织文艺表演,并为四川汶川大地震的灾区人民捐款1000万元。

6月12日 全国政协常委兼经委会副主任、北京大学光华管理学院名誉院长,著名经济学家厉以宁参观汨罗屈子祠,并对汨罗循环经济发展进行指导。

6月20日 磊石乡江南堤村竹林起火,老共产党员吴宪军为救火而不幸牺牲。

6月27日 上午,市教育局召开新闻发布会,公布高考相关情况:二本上线人数创历史新高,达1860人,比上年净增339人,一本上线率比上年增加7.5%;全市600分以上达51人,比上年增加27.5%。

8月 在第二十三届全国青少年科技创新大赛中,汨罗市一中高二学生龙超泽凭借"叶脉网式凝雾集水装置"项目获得大赛最高奖项——中国科协主席奖。

9月1日 财政部项目核查组一行4人到汨罗对市氮肥厂环保节能余热、余压利用项目进行核查,并同意启动该项目。该项目总投资5189.12万元,其中财政部补贴1385万元。

9月1日 汨罗市执行财政部、发展改革委、工商总局规定,从是日起,全市停止征收个体工商户管理费和集贸市场管理费。

9月4日 2008第三届中国国际食品博览会在湖南国际会展中心举行。市加华牛业、屈原酒业、长乐甜酒三家食品生产企业参展,屈原酒和长乐甜酒获得金奖。

9月8日 市商业广场正式竣工投入营运。该广场集蔬菜、水产、肉食、家禽、南杂、土产、卤腊、服装于一体,有近1000个摊位和门店。

9月19日 长乐上市街故事会博物馆成立,成为湖南省第一家非物质文化遗产博物馆。

10月5日 神鼎山资圣寺喜庆千年生日。省市有关领导、高僧信众前往祝贺。

10月11~13日 由中国文联、中国民协、广东省委宣传部联合主办的第七届中国民间艺术节在广州番禺区沙湾镇举行。在国家级非物质文化遗产长乐抬阁故事会代表性传承人陈范兴、上市街故事会会长周怡茂、下市街故事会会长李阳波的组织和带领下夺得第七届中国民间艺术节银奖,这是长乐被公示为中国民间艺术之乡后获得的首个奖项。

10 月 28 日 由汨罗新成果业发展有限公司投资1600 万元兴建的高标准、现代化的万头猪场——新成原种种猪场在桃林古塘村竣工。

11 月 8 日 经民主推荐，组织考核审查，市委、市政府批准授予刘四清等 30 人“‘忠诚履职，勤政廉政，富民强市’优秀领导”干部称号。

11 月 11 日 省诗词协会在汨罗举行五届四次常务理事会议。会上，长乐镇被授予“诗词之乡”称号。

11 月 11 日 桃林寺镇南林村村民黄细和挖出一棵红薯，重达 65 公斤，全省罕见。

11 月 17 日 市委、市政府召开专题会议，传达部署落实中央新增投资工作，应对国际金融危机。全市收集四大类项目 68 个，总投资 62 亿元，其中争取省、岳阳投资 8 亿元。

12 月 5 日 2008 年廉租住房租赁补贴发放工作启动，全市有 550 户低保家庭受益。

12 月 20 日 平桂制塑“利用废塑料制取高品质塑材制品”和长江铜业“废铜再生熔炼过程节能提质”两项关键技术研究通过省科技重大专项成果鉴定。

12 月 21 日 香港西贡区议会考察团对汨罗端午龙舟文化进行考察，并签订共同挖掘保护推广端午龙舟文化的框架协议。

12 月 25 日 中共汨罗市委机关刊物《汨罗周刊》创刊。

年末 全市累计完成退耕还林 5266.67 公顷，还草 78.15 公顷。

是年 汨罗被评为“全国计划生育优质服务先进市”。

第一篇 建置 地理

第一章 建置区划

第一节 境域·建置

一、地理位置

汨罗市位于湖南省东北部,西临南洞庭湖,东与平江县相靠,南与长沙、望城两县相携,西同湘阴县、沅江市接壤,北与岳阳县毗邻。

四界 汨罗市四至抵界为:西至东经112°51′(芦苇场石湖包),东到东经113°27′(八景乡山阳村山阳界),东西相距62.5公里;南至北纬28°28′(高家坊镇鹿峰村陈家湾),北到北纬29°27′(磊石乡汨岳村汨岳界),南北相距66.75公里。

面积 汨罗市周长301.84公里,面积1561.95平方公里;占湖南省0.75%,占岳阳市10.4%,在岳阳市辖6县(市)中,面积最小。

治所 汨罗市治设高泉山。汨罗市内,铁路(京广铁路、武广高铁)、国道(107线、京珠高速公路)、省道(201线)纵贯南北,汨罗江与平(江)益(阳)公路(1809线)横贯东西。汨罗市火车站北距岳阳站66公里,距武昌站284公里,距北京站1513公里;南距长沙站74公里,距广州站800公里。汨罗市汽车站西距湘阴站31公里,东距平江站75公里。营田港经城陵矶中转,东至上海1433公里,西至重庆1214公里。

二、建置变更

上世,境内为三苗之地。

夏商,隶荆州。

周成王大举分封诸侯,境内隶楚国;周庄王七年(前690),楚武王灭罗子国,将遗民自宜城(今湖北宜城)迁至丹阳(今湖北秭归)附近枝江。下年,楚文王徙都于郢(今湖北江陵西北)。因枝江靠近郢都,随后将罗遗民迁至湘水流域,筑城于汨罗江尾闾南岸(今市城区西4公里处),名罗城。自此,汨罗境内属于罗子国,战国晚期隶属于楚黔中郡。

秦始皇元年(前221),以罗子国移民领地置罗县,治所仍设罗城,隶属于长沙郡。

西汉高祖五年(前202),徙衡山王吴芮为长沙王,长沙郡改为国,罗县随隶。汉建武七年(31),复长沙为郡,罗县仍属于长沙郡。

东汉熹平年间(172~178),析罗县东部置汉昌县。建安十三年(208)十二月,刘备取荆州之武陵、长沙、桂阳、零陵四郡。罗县随隶。建安二十年(215)五月,刘备与孙权议和划湘江为界,分荆州而治,罗县属吴。直至三国末年。

晋太康元年(280),西晋灭吴,罗县仍隶荆州长沙郡。

南北朝宋元徽二年(474),析罗县、益阳、湘西3县的沿江沿湖地域置县,因其地居湘水之南,故名湘阴县,境内分隶罗县、湘阴县。梁大通二年(528)至太平元年(556),置罗州,治所夹城(今汨罗镇夹城村)。析罗县南部置湘滨县,治所城江城(今川山坪镇常公村);析罗县东部、吴昌县西部置岳阳县,治所长乐(今长乐镇长新村);析罗县北部置玉山县,治所玉山城(今屈子祠镇玉笥山);建岳阳郡(治所设今长乐镇长南村),辖罗县、湘阴、湘滨、玉山、岳阳、吴昌6个县,境内分隶罗县、湘阴、湘滨、玉山、岳阳5县。

隋开皇九年(589),废岳阳郡置玉州(治所在今屈子祠镇玉笥山),吴昌、湘滨两县并入罗县。湘阴县并入岳阳县。罗县、玉山、岳阳3个县同隶玉州。十一年(591),改岳阳县为湘阴县,撤玉山县并入湘阴县(治所在今长乐镇长乐街)。十二年,撤玉州改岳州,罗、湘(阴)两县隶岳州。大业三年(607),岳州改为罗州,后又改为巴陵郡(治所在今岳阳市区),罗、湘阴两县先后隶罗州与巴陵郡。十三年(617),罗县令萧铣在巴陵起兵反隋,重建梁国,称王,年号鸣凤。罗、湘(阴)两县属梁。

唐武德四年(621),十一月,行军总管李靖攻降萧铣,置巴州;六年,改为岳州。罗、湘(阴)两县先后改隶之。八年,撤罗县并入湘阴县(治所城江城),隶岳州。自此经五代、宋、元、明、清、民国时期,至1966年2月,汨罗境地隶湘阴县,历时1341年。

1966年1月18日,国务院文件通知"……设立汨罗县。以湘阴县的部分行政区域为汨罗县的行政区域"。3月1日,正式挂牌办公,汨罗县城建于汨罗镇高泉山。隶岳阳行政公署。1986年1月,岳阳撤地并市,实行市管县体制,汨罗县改隶岳阳市。1987年9月23日,国务院文件批准,同意撤销汨罗县,设立汨罗市(县级),以原汨罗县的行政区域为汨罗市行政区域。1988年1月1日,正式挂牌,撤销汨罗县,设汨罗市(县级),仍隶岳阳市。

第二节　行政区划

一、区划设置

1978年,全县辖28个公社,3个镇,7个场,382个大队,8个居委会。

1978年10月,白水公社大华、华中大队与县农科所合并,置县原种场。

1980年1月,撤销社(镇)革委会,建立社(镇)管理委员会。3月,将古培公社雨潭、课功、石牛、大兴、三港、明月大队及城关镇双塘、双托、窑洲大队和新市上马大队划出,合并建立大众公社(城关镇的3个大队和新市公社的上马大队,实际未划入——编者注)。至此,境内辖26个公社,1个镇。

1981年2月,将城关镇城南、汨罗、百丈、归义、大路、荣家、城东、城北和大众公社窑洲、双塘、双托、上马大队划出,合并组建城郊人民公社。3月7日,撤销磊石围垦工程指挥部,建立磊石人民公社。至此,境内辖28个公社,1个镇。至1984年3月,区划设置无变化。

二、复乡建镇

1984年3月,撤社复乡,公社、大队、生产队分别改为乡、村、村民小组;4月,新市、长乐恢复为县属镇;5月,撤销蓝家洞林场,将其所辖的高华、三联、山阳、智峰、大同等村划归八景乡;6月13日,撤销白水、弼时、高坊、川山、桃林5个乡,建立白水、弼时、高家坊、川山坪、桃林寺5个镇;12月,撤销汨罗乡建汨罗镇。

1987年9月,撤销汨罗县,设立汨罗市(县级)。1988年1月,长乐乡并入长乐镇。至1990年12月,境内辖23个乡,9个镇。

1992年7月,设营田办事处。1993年4月,新市乡并入新市镇。1994年,大荆、黄柏撤乡建镇。1995年10月,古培乡和大众乡合并成古培镇。1996年12月,铜盆乡撤乡建镇,改名为李家塅镇。2000年,三江乡、范家园乡改为三江镇、范家园镇。2001年,楚塘乡改为屈子祠镇,沙溪乡改为沙溪镇。至2008年底,全市设12个乡,17个镇,6个农、林、茶、渔场,辖374个村,16个社区,13个居委会,6032个村民小组,157个居民小组。

三、并村,建立社区

2002年,建成高塘、荣家路、燎家山、南江、城西5个试点社区。2005年,按照地域性、历史性、稳定性等原则,将城市社区重新调整为16个,其中城关镇辖7个(老街、高塘、山塘、广场、友谊河、高泉、归义),城郊乡辖8个(汨新、窑洲、罗城、南江、车站、大路铺、龙舟、荣家路),汨罗镇辖1个(燎家山),其他居委会11个。累计投入资金180万元,建成广场、荣家坪、燎家山等社区服务大楼,县城社区服务设施面积均达400平方米以上。荣家坪社区获省文明社区称号。

汨罗县1984年4月行政区划一览表(含农林茶渔场)

表1－1－1

公社名	驻址	所辖大队数	所辖大队
汨罗	夹城 周家山	15	李家坪 眠羊山 鱼鳃塘 茶木垅 北托 蟠龙桥 南托 汴塘 夹城 甘坪燎家山 童家塘 龙塘山 雁塘 九龙山
城郊	城东 土地坪	12	百丈 城北 汨罗 归义 城东 荣家坪 大路 双托 霍家桥 窑洲 上马城南
大众	三港 徐家山	6	明月 三港 雨坛 课功 石牛 大兴
新市	宁家垅	11	坡子街 新书 蔬菜 丛羊 合心 八里 新桥 元宵 福兴 团螺 新栗
古培	于临 咀上于	12	新合 于临 栗桥 东港 万福 古培 培塘 三合 月星 水口 关山 黄花仑
红花	东冲 范家山	10	红花 南寿 雹塘 东冲 罗滨 廖家塅 京街 刘花洲 石鼓 石仑
黄市	大坪 桐子园	10	石堰 划塘 关山冲 托坪 黄市 瑞灵 港口 大坪 干桥 翁桥
城关镇	建设路体育巷	3大队3居委会	蔬菜一大队 中岭上二大队 归义蔬菜三大队 老街一居委会 石子坡二居委会 高泉坝三居委会

续表 1－1－1

公社名	驻　址	所辖大队数	所　辖　大　队
白　水	越江火车站	21	石板　关北　大塘山　行健　群裕　双桥　越江　闵家巷　白米　唐山　大华　张公桥　郑家塘　王家坪　西长　双石　藕花　清明　高冲　石云　毛岭（原种场、白水　苗圃）
川　山	川山坪火车站	17	盐井　常公　城墙　天井　金华　芭蕉　玉麓　梅林　川山　联山　金井　西北万家　清泉　湖鼻　石陂　石桥
高　坊	高家坊火车站	19	仁家　船山　达仁　桥坪　沙河　农科　凤形山　永峰　永安　鹿峰　高华　松阳　三姊　狮岭　青江　万岭　周坊　燕塘　杨桥
玉　池	鹤　泉 鹤泉庙	15	双狮　鹤龙　明华　鹤源　玉明　望塔　高龙　鹤泉　玉山　大龙　大峰　梓洞　安山　安乐　避暑
铜　盆	新　潘 毛坡里	16	划眉　新潘　明月山　龙山　清溪　新荣　望麓　松江　铜盆　农科　打鼓　李家　高燕　群合　南龙　西影
弼　时	农　科 土地冲	18	福寿山　毛家坊　大田　共荣　上任　坪塘　尖塘　桃花　东影　农科　大陆　莲华　大塘里　汉山　弼时　毛塘　大松桥　唐家桥
沙　溪	农　科 滩上屋	13	双楠　双江　沙溪　双龙山　清联　兰溪　农科　大桥　苏溪　关山口　金鹅划江　划栗
黄　柏	云山神 坝湾里	16	新龙　英桥　凤凰　丰仓　沙丰　大塘源　神鼎　先锋岭　云山神　黄柏　树冲团山舒　双丰　冷水井　新开　新溪
长　乐	长　乐 长　新	14	江背　广联　隘口　白沙　水源　长新　水府　水合　长南　佑圣　赤马　马桥　青狮　智源
天　井	南　段 庙神塘	10	白马　车田　南段　石头口　长岭　天岭　嵩华　嵩山　大旗　丁家河
智　峰	汉　丰 王家坊	6	汉峰　桥头　双春　青峰　剪刀冲　新铺
三　江	花　桥 坎上屋	10	凤形　湘平　洪源　隘口湖　齐心　思胜　官仲　落马　十全　金桥
大　荆	大　荆　街	12	大荆　段塘　大仙　墩河　桂花　折桥　新联　新塘　乌龙　金星　长联　界碑
古　仑	古　仑 大园坡	10	黄道　朱砂　金河　渡头　古仑　农科　盘石　仰山　大冲杨（片村）　剑滩杨（片村）
桃　林	桃林寺 火车站	17	东塘　双发　双墩　大托　唐坊　赞桥　古塘　亦仁　来龙　三彩　青山　南林　五柱　段中　杨爷庙　十龙桥　三塘（桃林林场）
火　天	西塘 徐家屋场	11	西塘　高峰　四塘　三桥　石许　三垅　周公　静江　杨家　包山　农科
新　塘	拦　江 新塘吴	13	拦江　玉龙　磊石　丁家园　书林　东灌冲　长塘　光前　划林　新寮　裕后　徐塘　范塘
白　塘	白　塘 渡头湾	14	白塘　赶洲　双义　高联　万红　拦河　木屯冲（片村）　裘鸣　五塘　移风　曹家　大塘神　仁义　松塘

续表1－1－1

公社名	驻　址	所辖大队数	所　辖　大　队
范家园	范家园车站	14	范家　程林　傅家　青龙　金山　吕仙　划船　花桥邹　月形　道冲　永青　农科　烟墩　新湖(范家园茶叶示范场)
楚　塘	阳　家　墩	16	屈子祠　楚南　楚塘　翁家桥　金钩　农科　朱山　枫树　白水段(片村)　金沙　渔街市　周家垅　拦湖　荻湖　黄星　屈原
磊　石	长　山	12	长山　马厅　涵湖　江南堤渔业队　内夹　高台　闸南　闸北　长湖　二沟　沙洲　汨岳(磊石渔场)

汨罗市1990年行政区划一览表(含农林茶渔场)

表1－1－2

乡(镇)名	驻　址	所辖村数	所　辖　村(居委会)　名
汨罗镇	夹城　周家山	15	夹城　北托　鱼鳃塘　甘坪　眠羊山　龙塘山　九龙山　茶木垅　童家塘　汴塘　李家坪　南托　燎家山　雁塘　蟠龙桥
城郊乡	土地坪	11	城南　城东　汨罗　百丈　归义　荣家坪　大路　双托　霍家桥　窑洲　上马
大众乡	三港　徐家山	6	三港　明月　课功　石牛　大兴　雨谭
新市乡	宁家垅	10	新书　合心　八里　新桥　新栗　团螺　元宵　丛羊　坡子街　福兴
古培乡	于临　咀上于	13	于临　月星　水口　三合　新合　关山　培塘　黄花仑　古培　栗桥　东港　万福　喻家
红花乡	东冲　范家山	11	东冲　南寿　石仑　石鼓　刘花洲　叶家冲　京街　廖家段　罗滨　雹塘　红花
新市镇	新市　上市街	1村3居	蔬菜一村　上市街居委会　十字街居委会　下市街居委会
黄市乡	大坪　桐子园	10	托坪　黄市　瑞灵　港口　干桥　翁桥　划塘　石堰　关山冲　大坪
城关镇	建设路 体育巷	4村3居	蔬菜一村　三居委(高泉坝)　城北　中岭　蔬菜三村(归义)　一居委会(老街)　二居委会(石子坡)
白水镇	越江火车站	21村1居	白水　毛岭　群裕　行建　石云　高冲　清明　藕花　大塘山　双石　王家坪　白米　唐家山　闵家巷　越江　落马桥　关北　石板　邓家坊　西长　郑家塘　一居委会(江东双路　九牛垄)(市原种场　市白水苗圃)
川山坪镇	川山坪火车站	17	川山　联山　石桥　湖鼻　石坡　清泉　万家　西北　金井　天井　常公　梅林　盐井　玉麓　芭蕉　金华　城墙
高家坊镇	高家坊火车站	20村2居	高坊　杨桥　燕塘　周坊　万岭　狮岭　青江　三姊　松杨　高华　船山　仁家　新华　达仁　凤形　桥坪　永安　永峰　鹿峰　沙河　北街居委会　南街居委会
玉池乡	鹤泉　鹤泉庙	15	鹤泉　高龙　鹤源　鹤龙　明华　双狮　玉明　望塔　大峰　梓洞　避署　安乐　安山　大龙　玉山(市玉池林场)
铜盆乡	新潘　茅坡里	16	新潘　明月山　龙山　清溪　望麓　新荣　李家　农科　打鼓　划眉　铜盆　高燕　松江　西影　群合　南龙

续表 1－1－2

乡(镇)名	驻址	所辖村数	所辖村(居委会)名
弼时镇	农科 土地冲	18	农科 毛塘 桃花 福寿山 共荣 尖塘 东影 毛家坊 大陆 唐家桥 汉山 大松桥 东坡冲 大里塘 弼时 上任 坪塘 大田
沙溪乡	农科 滩上屋	13	农科 划江 划栗 关山口 兰溪 青联 双龙山 双楠 双江 沙溪 大桥 苏溪 金鹅
黄柏乡	云山神 坝湾里	16	云山神 黄柏 先锋岭 新溪 新开 冷水井 双丰 团山舒 树冲 沙丰 丰仓 凤凰 英桥 神鼎 新龙 大塘湾
长乐乡	长新	14	长新 赤马 马桥 智源 青狮 佑圣 长南 隘口 江背 槐花 白沙 水源 水府 水合
天井乡	南段 届神塘	10	南段 丁家河 大旗 嵩山 嵩华 天岭 长岭 石头口 车田 白马
智峰乡	双合村 王家坊	6	双合 桥头 双春 青峰 广联 新铺
三江乡	思胜村 笛咀仑	10	凤形 湘平 洪源 隘口湖 齐心 思胜 官仲 落马 十全 金桥
大荆乡	大荆村 大荆街	12	大荆 段塘 大仙 墩河 桂花 折桥 新联 新塘 乌龙 金星 长联 界碑
古仑乡	古仑村 大园坡	10	古仑 朱砂 金河 仰山 盘石 农科 渡头 黄道 大冲杨 剑滩杨
长乐镇	长乐镇 上街	1村2居	上街回龙门居委会 下街岳寺二居委会 双旗
八景乡	八景洞 牛形咀	5	山阳 智峰 大同 三联 高华
桃林寺镇	桃林寺 咀上郭	17	东塘 双发 双墩 大托 唐坊 赞桥 古塘 亦仁 来龙 三彩 青山 南林 玉柱 段中 杨爷庙 十龙桥 三塘(桃林林场)
火天乡	西塘 徐家屋场	12	西塘 高峰 四塘 三桥 石许 三垅 周公 静江 杨家 包山 农科 裕后
新塘乡	拦江 新塘吴	12	拦洒 玉龙 丁家园 磊石 书林 东灌冲 长塘 光前 划林 新寮 徐塘 范塘
白塘乡	白塘 渡头湾	14	白塘 赶洲 双义 高联 万红 木屯 拦河 裘鸣 五塘 移风 曹家 大塘神 仁义 松塘村
范家园乡	范家园车站 范家园	13	范家 程林 傅家 青龙 金山 吕仙 划船 花桥 月形 道冲 永青 农科 烟墩(范家园茶叶示范场)
楚塘乡	欧阳家墩	16	屈子祠 楚南 楚塘 翁家桥 金钩 农科 朱山 枫树 白水段 金沙 渔街市 周家垅 拦湖 屈原 狄湖 黄星
磊石乡	长山村 长山	12	长山 马厅 涵湖 江南堤渔业队 内夹 高台 闸南 闸北 长湖 二沟 沙洲 汨岳(磊石渔场)

汨罗市2008年行政区划统计表

表 1－1－3　　单位:面积(平方公里)、数量(个)

乡、镇、场	土地面积	村委会	社区	居委会	村民小组	居民社区小组
汨罗镇	35	16	1	—	230	19
城关镇	7	—	7	—	—	69
新市镇	56	11	—	4	226	10

续表 1－1－3　　单位:面积(平方公里)、数量(个)

乡、镇、场	土地面积	村委会	社　区	居委会	村民小组	居民社区小组
古培镇	78	22	—	—	400	—
白水镇	72	20	—	1	342	6
川山坪镇	60	17	—	1	280	3
高家坊镇	76	19	—	2	328	6
弼时镇	55	16	—	—	317	6
李家塅镇	55	16	—	—	266	—
黄柏镇	70	16	—	1	293	—
长乐镇	57	15	—	2	207	8
大荆镇	47	12	—	1	127	—
桃林寺镇	62	17	—	1	265	3
城郊乡	28	5	8	—	154	27
红花乡	58	11	—	—	244	—
黄市乡	56	10	—	—	180	—
玉池乡	41	15	—	—	162	—
沙溪镇	56	13	—	—	193	—
天井乡	44	9	—	—	160	—
智峰乡	35	6	—	—	87	—
三江镇	42	10	—	—	141	—
古仑乡	35	8	—	—	120	—
火天乡	60	12	—	—	195	—
新塘乡	35	13	—	—	197	—
白塘乡	44	14	—	—	203	—
范家园镇	48	13	—	—	193	—
屈子祠镇	36	16	—	—	299	—
磊石乡	18	11	—	—	64	—
八景乡	54	5	—	—	57	—
原种场	9	4	—	—	39	—
范家园茶场	8	2	—	—	40	—
磊石渔场	2	—	—	—	4	—
桃林林场	4	—	—	—	7	—
玉池林场	6	—	—	—	8	—
白水苗圃	1	—	—	—	4	—
合　计	1450	374	16	13	6032	157

汨罗市2008年城镇社区基本情况一览表

表1－1－4　　　　单位:人、个

乡　　镇	社区名称	办公地址	社区人口数	辖区企事业单位数
城关镇	老街	站前路	8721	22
	高塘	车站北路	8650	27
	山塘	山塘路	6045	17
	广场	劳动南路	6200	18
	友谊河	方家坪巷	10153	56
	高泉	高泉北路	8230	23
	归义	归义路	4100	14
汨罗镇	燎家山	湘汨路	4800	19
城郊乡	汨新	荣家路	7930	42
	南江	车站南路	6450	18
	罗城	屈原南路	9800	27
	大路铺	劳动南路	5300	11
	车站	城西北路	9700	6
	荣家坪	罗城路	5350	13
	窑州	汨新大道	5240	16
	龙舟	大众北路	5860	9
新市镇	新市街	新市镇	5100	11
高家坊镇	高家坊	一居委	1892	10
川山坪镇	东街	东街	2630	7
白水镇	白水	钟家坪	3500	5
桃林寺镇	桃林寺	桃林寺镇	1230	12
屈子祠镇	屈子祠	屈子祠镇	1230	5
长乐镇	回龙门	长乐镇	1180	3
	二岳寺	长乐镇	1340	2
弼时镇	莲花塘	弼时政府	2480	18
范家园镇	牛形山	范家园镇	2350	6
黄柏镇	黄柏	黄柏镇	2200	11
合　　计	—	—	137661	428

第二章 自然环境

第一节 地质地貌

一、地质

汨罗市位于杨子准地台雪峰地轴中段，东部为临湘地穹的瓮江——幕阜山隆起地带，西部为洞庭湖下沉的过渡性地带。

汨罗市地层简单，由老到新依次为元古界冷家溪群，中生界白垩系和新生界下第三系中村组、第四系。

汨罗市岩浆岩广布，主要有望湘(铜盆寺)岩体(同位素年龄98百万年至186百万年之间)和长乐街岩体。望湘岩体：长轴半径约22公里，短轴半径约19公里，出露总面积为1600平方公里，境内出露面积300平方公里以上。长乐街岩体：长12公里，宽6公里，总面积70平方公里，出露面积50平方公里以上。

燕山早期第一次侵入的暗色闪长花岗岩，分布于川山坪镇袁家大屋附近，走向为北西320°，长100～200米，宽几十米不等；燕山晚期第一次侵入的黑云母花岗闪长岩和细中粒斑状黑云母二长花岗岩，分布于玉池乡的安乐、安山村的陈家洞、戴家洞，黄柏镇的岳峰尖，川山坪镇的袁家大屋和高家坊镇的胡家洞，以及长乐、古仑、黄市、天井等地，出露面积175平方公里；燕山晚期第三次侵入的中细粒二云母花岗岩和二云母二长花岗岩，分布于沙溪镇(双江口)、白水镇、黄柏镇(岳峰尖)、汨罗与平江交界处的官星坪，以及玉池、川山坪、高家坊等地。各类岩石的面积分布：中细粒斑状黑云母花岗闪长岩，出露面积约44平方公里；中细粒斑状黑云母二长花岗石，出露面积约45平方公里；中细粒斑状二云母二长花岗岩，出露面积16平方公里。

二、地貌

汨罗市处于幕阜山脉与洞庭湖平原的过渡地带，依山濒湖，由东南向西北倾斜舒展，由山地往滨湖平原呈梯降过渡，形成头枕幕阜、脚踏洞庭的格局。西北部：海拔高度50米以下，共369.4平方公里，占全市面积的23.65%；中部和北部：海拔高度50米～250米，共1094.25平方公里，占全市面积的70.06%；东南部：海拔高度250米以上，共98.3平方公里，占全市面积的6.29%(如智峰山、飘峰山、神鼎山、隐居山、玉池山、湖鼻山等。玉池山达摩岭最高，海拔777.5米)；西北部：濒江临湖，地势平坦开阔，有冲积、湖积平原和人工围垦平原。最低处是磊石乡二沟村二道沟，海拔24.3米，与达摩岭相对高差为753.2米，坡降1.46%。

汨罗市岗地、平原、水系相间，丘陵、山地、湖泊交错。在总面积中：岗地占39.28%，水域占20.79%，平原占18.95%，山地占17.86%，丘陵占3.12%。全市有大小河流(含溪流)115条，总长646公里。湘江流经汨罗市西北部。境内平均每平方公里的河网冲沟切割格局：山地2公里～4公里，丘陵1公里～3公里，岗地2公里～5公里，平原1公里～2公里。

山地

汨罗山地总面积278.91平方公里，占全市总面积的17.86%；一般山地海拔250米以上，相对高差200～550米，坡度大于25°。根据海拔高度和形态特征，山地又分低山、中低山。

低山　分布于境内东北部及南部，海拔250米～500米，相对高度200米～400米，坡度大于25°，面积173.65平方公里。如：智峰、神鼎、密岩、飘峰、隐居、湖鼻等山。上述山地，溪谷延伸较远，风化作用较为强烈，风化层厚5米以上，山麓土层厚0.3米～1米，为红沙壤。

中低山　主要分布在玉池山南部地带，海拔高度500米～777.5米，相对高差400米～550米，坡度大于30°，总面积105.26平方公里。土壤分布：海拔500米以下一般为红壤，是楠竹、杉、松适生地带；500米～700米为黄红壤，700米以上为黄壤，多为杂灌。

山峰

玉池大山　海拔380米～777.5米，面积6120公顷，是境内最高、面积居第二位的大山脉。该山由玉池山（704.6米）、明月山（566.6米）、达摩岭（777.5米）、大龙山（748米）、生梅咀（560.6米）、猫公寨、玉山等山峰组成，整个山脉峰岭相连，山势嵯峨，突兀峥嵘。1985年11月26日，岳阳市广播电视局在达摩山顶峰建起中级微波调频转播台。

智峰山　位于八景乡和智峰乡，面积8553.33公顷，峰顶乌石尖海拔590.8米。

湖鼻山　原名白茅山。位于川山坪、高家坊镇境内，海拔523米，山地面积1833.33公顷，与玉池山、神鼎山齐名。相传湖鼻先生曾在该处修行，故改名湖鼻山。山间曾有白霞寺、百岁岩、龙井、仙峰寺、石井、石屋等古迹名胜，“文化大革命”中被毁坏。

隐居山　分为东、西隐居山，位于李家塅镇与长沙县交界处，最高海拔509.4米，面积1200公顷，相传晋陶澹曾隐居于此，故得名。山上宏济寺，三国鲁子敬所建。

神鼎山　位于境内东南部的黄柏镇内，属于东南大山脉，主峰岳峰尖海拔464.3米，山地面积1600公顷。《神鼎山志》曾载八景，即祖印池、罗汉洞、万松岭、双虹桥、仙人石、七星园、猴子石、烟霞仑。此外，还有万人床、千人锅、石炉等古物。1962年，修建神鼎水库，山中寺宇古迹全毁。

飘峰山　位于沙溪镇，山脚延伸至长沙县，海拔447.1米，面积800公顷，因与麻石山对峙，地势险峻，两山峡谷称“关山口”。昔有“飘峰山，离天三尺三，人过要低头，马过要卸鞍”之说。

密岩山　位于白水镇与黄柏镇交界处，海拔328.7米（东侧马头山海拔394米），面积200公顷。清乾隆二十四年（1759）在山上建仰圣寺。据《湘阴县图志》载，山有八景，即猿洞、鹰岩、龙蟠、飞虎石、驼子石、石屋、石碓、石盆。后在山上兴建林场，古迹均毁。

汨罗市海拔200米以上的山峰还有，弼时镇的汉家山（260米）、乌龟山（200米），三江镇的鸦雀尖（287.4米）、壕谷仑（264.2米），川山坪镇的大坨岭（201.5米）、高家坊镇的九峰山（360米）、鹿角寨（261米）、放牛岭（236.8米）、白石岭（200米）、高华岭（260米）、红毛岭（220米）等。

丘陵

低丘陵　又分变质岩低丘陵和花岗岩低丘陵，海拔一般在110米～174米之间，相对高差60米～150米，坡度15°至20°，面积37.58平方公里。变质岩低丘陵主要分布在红花、天井、古仑、白水等乡镇，总面积25.4平方公里。花岗岩低丘陵主要分布在黄柏、川山坪、高家坊等镇部分山地的外侧，总面积12.18平方公里。

高丘陵 分布在弼时、高家坊镇,海拔175米~200米,坡度20°至25°,面积11.18平方公里,均为花岗岩高丘。如汉家山、隐居山、玉池山南缘余脉等。

岗地

汨罗市内分布最广,面积为613.51平方公里,占总面积39.28%;海拔一般为50米~110米,相对高差10米~60米,坡度5°至15°。

低岗地 按地表物质结构不同,又分为红土低岗、花岗岩低岗、变质岩低岗。一般海拔50米~80米,坡度5°至10°,相对高差10米~30米,面积154.25平方公里。红土低岗地主要分布在新塘、楚塘、白塘、桃林寺、范家园、白水等乡镇,面积为124.54平方公里。花岗岩低岗地主要分布在川山坪至高家坊镇、李家塅至弼时镇的谷地向山地过渡的两侧,其次分布在白水镇的部分村,共有面积29.38平方公里。变质岩低丘岗地主要分布在汨罗江沿岸平原与智峰山交接部位,面积0.33平方公里。

高岗地 按其组成物质的不同,分为红土高岗地、花岗岩高岗地、红岩高岗地、变质岩高岗地;一般海拔80米~110米,相对高差30米~60米,坡度10°至15°,面积459.26平方公里;大部分垦为水田,部分(包括岗坡)为旱土或茶园。红土高岗地主要分布于桃林寺、范家园、火天、黄市、古培等乡镇,面积149.32平方公里。花岗岩高岗地主要分布在川山坪、高家坊、弼时、李家塅、沙溪、黄柏、古仑、长乐、天井等乡镇,面积192.75平方公里。红岩高岗地主要分布在大荆、黄市、火天等乡,面积62.36平方公里。变质岩高岗地主要分布在汨罗江流域两侧的铁门坎以上地区及神鼎、密岩山西北部,面积54.83平方公里。

平原

汨罗市平原地貌类型是新构造运动相对下降而导致的沉积区,位于汨罗江及其支流溪谷两侧,由中部向西北部呈扇形展布敞开,地表物质由河湖的沉积作用形成深厚的冲积物或冲积湖物组成,海拔绝大部分在50米以下,地面坡度小于5°,相对高差小于10米,微向江湖倾斜,平原面积296.01平方公里,占全市面积18.95%。根据地貌形态特征及地表物质的结构组成,平原又分为江河冲积平原、溪谷冲积平原、滨湖围垦平原三个亚类。江河冲积平原分布在汨罗江下游(曹家山)一带,包括江河漫滩和一级阶地,面积91.72平方公里。溪谷冲积平原主要分布于汨水中游、罗江、湄江、白水江、白沙河、沙河及各支流沿岸,面积183.49平方公里。滨湖围垦平原分布于磊石沿汨罗江东岸一带(含红花乡、屈子祠镇)。

湿地

汨罗市湿地资源丰富,主要河流有湘江和汨罗江。有大小河(溪)流115条,总流长646公里,其中洞庭湖和湘江的一、二、三、四级支流43条。中、小水库248座。

湿地主要分布在洞庭湖东南面的湘江和汨罗江流域,范围涉及营田办事处、磊石乡、白塘乡、屈子祠镇、城郊乡、红花乡;具体分为河流、湖泊、沼泽三大类湿地以及永久性河流、洪泛平原、永久性淡水湖、草本沼泽4个湿地型;湿地范围内土地总面积14143公顷。

湿地内野生动植物资源:高等植物82科、225属、337种;鱼类资源9目、15科、68种;鸟类、两栖类、爬行类、哺乳类动物230种,其中属国家重点保护的野生动植物30种。汨罗是国家一级重点保护物种中华秋沙鸭的主要越冬区,是国家二级重点保护物种江豚的主要活动场所。

拟建的湖南汨罗江国家湿地公园,由国家林业局中南林业调查规划设计院规划设计,位于湖南省东北部幕阜山与洞庭湖之间的过渡地带,包括汨罗江干流汨罗段及其周边部分区域,长约43.6公里,宽0.1~1.5公里,规划总面积2945.70公顷,分湿地生态保护保育区、恢复重建区、科普宣教和文化展示区、休闲旅游区和综合管理服务区。该项目从2008年开始筹划,预计总投资6473.24万元,已通过国家林业专家评审,进入立项阶段。

第二节 水 文

一、水系

汨罗市有湘江(段)以及流长4公里、流域面积6.5平方公里以上河流44条,其中流域面积100平方公里以上的河流10条。属洞庭湖水系:汨罗江及支流罗水、汨水、洪源洞水、蓝家洞水、蓝溪;属湘江水系:白水江、沙河、白沙河、九雁水。

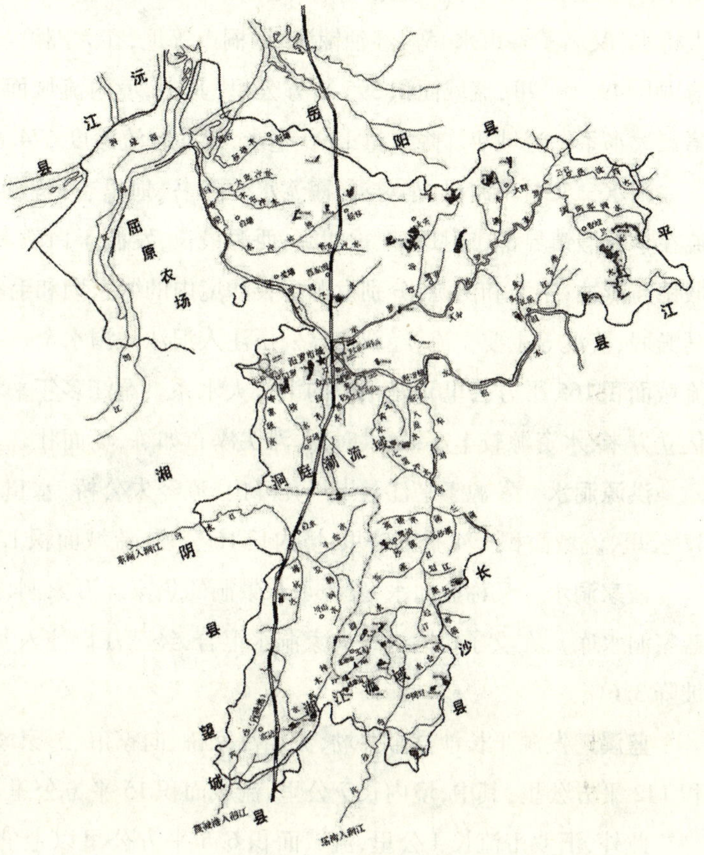

图1 汨罗市水系图

湘江水系

湘江段 南经营田入境,北至磊石山西口注入洞庭湖,境内流长18.87公里,河面宽690~925米,千吨级船舶可通航,沿岸设营田、汨纺、水泥厂、推山咀、青港、磊石等客货码头。

白水江 发源于玉池山,左右受纳诸水达百数,故又名百水江、拨水。该江上承四源:其一为梅林江,源出玉池山;其二名芭蕉水,源出望塔洞;其三为双狮洞水,源出双狮洞;其四为丰仓水,源出岳峰尖。白水江经李公桥、张公桥至西长冲出境,再经湘阴东湖汇注湘江,全长37公里,流域面积176平方公里;其中,汨罗境内长30公里,流域面积150平方公里,属境内第四大水系。

白沙河 发源于李家塅镇明月村坳上屋,流经樟树桥、崔家桥、徐家桥出境,在长沙县王岳湾注入捞刀河,全长46公里,流域面积320平方公里;其中境内长10公里,流域面积75平方公里。

沙河 又名青江,发源于川山坪镇彭家坳,流经石桥湾、三姊桥、高家坊,经杨桥出境,全长34公里,流域面积222平方公里;其中境内长11公里,流域面积81平方公里。

九雁水 又名蟠龙水,发源于古培镇姑嫂坳,流经杨家屋、栗桥、三星坝,经营田注入湘江,全长29公里,流域面积159平方公里。

洞庭湖水系

汨罗江 因主河道汨水和罗水相汇得名,在洞庭湖水系中,仅次于湘、资、沅、澧四水。汨水源于江西省修水县黄龙山犁树埚,流经修水县官田桥、龙门厂,平江县长寿街、嘉义、三市、浯口、黄旗塅,境内的长乐、新市、汨罗城区,于大洲湾与罗水汇合。汨罗江(含罗水)流域面积5543平方公里,流长253.2公里;

其中,境内流域面积965平方公里,流长61.5公里,总落差249.83米。全流域有5公里以上支流86条,流域面积100平方公里以上的支流16条;昌江河最大,罗水次之。干流多年平均径流总量43.04亿立方米。汛期(5～8月)径流量占全年总量的46.2%左右。

罗水 源出巴陵罗内(又名罗里),故称罗水。流域跨岳阳、平江、汨罗3个县市。干流至三江口处,上承三源:北源最长,是为主源,出自岳阳县罗内坳上屋,流经关王桥入境;东源为洪源洞水;东南源为蓝向水。蓝向水在女子桥附近汇合后,经三江口汇注罗水。罗水向南流,再纳金河冲水(又名白水塘水)、大桥水(又名黄谷市水)等,经油铺滩、绿桐山等地,在大洲湾与汨水汇合成汨罗江。罗水干流长88公里,境内长49.3公里,流域面积595平方公里,其中,境内流域面积450平方公里;落差316.5米,属汨罗江第二大水系。流域年均降水量1390毫米,年均径流深度674.6毫米,水能资源理论蕴藏量11800千瓦。

湄水 又名车渡河、车对河、鹅笼水。隋书《地里志》称湄水。流域跨平江、长沙、汨罗3个县市。干流在李家塅镇界都市附近,上承四源:西源最长,发源于白鹤洞黄石滩,为主源;西南源较小,发源于李家塅镇高燕冲;东源和南源,分别发源于长沙境内的缪家坳和毛家坳。四源汇合后北流,沿途纳苏溪、沙溪、马嘶塅、蓝溪等主要支流,经新市赵公桥注入汨江。湄水全长41公里,流域面积344平方公里(其中境内流域面积165平方公里),是汨罗的第三大水系。湄江多年平均径流深度600毫米,多年平均径流量1.07亿立方米,水资源较丰富;溢洪时,龙滩头瀑布如练,场面壮观。

洪源洞水 发源于平江县岑川九峰山,流经朱公桥、水口桥、花桥、跃马桥,于三江口汇注罗水;全长32公里,流域面积194平方公里;境内长16公里,流域面积124平方公里,河流坡降5.5‰。

蓝家洞水 又称蓝向水,发源于八景洞的焦家源万家洞,经赵家堰、王家坊、灵官堰(现为八景水库、蓝家洞水库),在女子桥附近与向家洞水汇合,经三江口注入罗水,流长29公里,流域面积108平方公里,坡降3.6‰。

蓝溪 发源于长沙县金井坳,流经江家桥、向家市、彭家坳,在双江口汇入湄水;全长22公里,流域面积142平方公里;其中,境内长7公里,流域面积15平方公里。

此外,汨罗市流长4公里,流域面积6.5平方公里以上的河(溪)流还有35条。即赤马江、朱江、松江、苏溪、沙溪、马嘶塅、七里冲、梅家桥、张公桥、杨书塅、霍家桥、向家洞、白水塘、金家垅、花门楼、黄谷市、关山、大众塅、关山塅、母子桥、桃林河、青龙冲、穆屯冲、大皮冲、新塘冲、喻家塅、芭蕉桥、双狮洞、丰仓、梓木洞、董觉寺、铜盆坳、南仑、莲花、梅林江。

二、湖泊

新塘湖 位于新塘乡境内。长2公里,最宽处1.8公里,岸线长6公里;入湖河流1条;特定水位29.82米,容积200万立方米;湖底高程26.2米,最大水深7米,正常水面93.33公顷。

白塘湖 跨白塘、磊石两乡,长2.92公里,最宽处1.2公里,岸线长17.62公里;入湖河流4条;多年平均水位25.82米,正常水位面积180公顷。

内夹湖 位于磊石乡,长1.2公里,最大宽度0.9公里,岸线长4公里,特定水位24米;水域面积100公顷,正常水域面积86.67公顷,容积200万立方米;湖底高程22米,最大水深3米,多年平均水位24.5米。

下内夹湖 位于磊石乡与岳阳县交界处,长3.4公里,最大宽度3公里,岸线长10.8公里;水域面积

380公顷，正常水域面积226.67公顷，容积500万立方米；湖底高程22.33米，最大水深5米。

此外，汨罗市内湖泊还有汨罗镇的鹤巢湖，屈子祠镇的三塘湖、牛栏湖、荻湖。

在汨罗江尾闾治理中改造的湖泊还有低沙湖、大江湖、董湖、白水湖、小江湖、枫林湖、蓑衣湖、茨塘湖、香油湖。

三、外湖边界

1985年2月，岳阳地区行政公署作出《关于处理湘阴、汨罗两县湖洲纠纷的决定》，"东以屈原大堤到军垦农场的公路向西横过湘江为起点，途经荷叶湖，至沅江县东湖脑湖洲管理所以南的第二道大坝的闸坝为终点，两点间的直线作为湘、汨两县的湖洲管理边界线"。

2008年，汨罗水域面积达32958公顷，其中，外湖天然水面27220公顷，内陆湖泊、河沟、水库、池塘及其他养殖水面5738公顷。

第三节 气 候

一、四季特征

汨罗市位于中亚热带向北亚热带过渡的季风气候区，四季分明，湿润多雨，具有春温变幅大，初夏雨水多，伏秋天热易旱，冬季有严寒的特点。

1978～2008年气象资料分析表明，各季（根据气候上的划分，春、夏、秋、冬四季分别是3～5月、6～8月、9～11月、12月至次年2月）气候状况：

春季 气温呈波浪起伏上升，变幅较大。1978～2008年，3月平均气温为10.8℃，4月平均气温为17.5℃，5月平均气温为22.4℃。3月至5月，常有冷空气入侵，平均3月3次、5月2次。冷空气入侵前，常风和日丽，气温较高；入侵时，大风大雨，气温骤降，伴有冰雹雷电，继而阴雨连绵。此时，气温降幅小者7℃，大者15℃以上。1987年4月1日，极端最低气温2.6℃。1991年5月2日，极端最低气温9.7℃。春季入侵的强冷空气，常造成春寒或倒春寒天气，种烂秧毁，严重影响春收春播作物。

夏季 前期仍为雨季，降水较多。7月上旬，雨季结束，气温急剧上升，进入夏季。1978～2008年，6月平均气温为25.8℃，7月平均气温为29.0℃，8月平均气温为28.3℃。1995年7月23日，极端最高气温为39.0℃，是30年来的最高值。小暑期间，常常连日大南风，阳光暴烈，蒸发量大。故俗有"小暑南风十八朝，上午砍柴下午烧"之说。旱涝灾害大多发生于此季。

秋季 气温由高转低。1978～2008年，9月平均气温为23.9℃，10月平均气温为18.3℃，11月平均气温为12.6℃。该季前期，秋高气爽；后期多阴雨天气，"一场秋雨一场寒"，气温随之递降；自秋分到寒露，常有"寒露风"天气出现，气温骤降。如1997年9月22日气温降至11.4℃，较各年同期平均低12.5℃，是多年降温的极值。

冬季 盛行偏北风，气温急剧下降。1978～2008年，12月平均气温为7.0℃，1月平均气温为4.9℃，2月平均气温为6.9℃。从冬季气温的总体趋势看，近年明显回暖。30年间，极端最低气温为零下9.5℃，出现在1990年2月1日和1991年12月29日；1992年后，冬季极端最低气温都在零下5℃以上；

冬冷气候规律被打破,冬冷形势变得越来越不明显。

四季按气候平均气温划分:小于10℃者为冬,高于22℃者为夏,10～22℃为春、秋。1978～2008年,汨罗四季的起止时间分别是春季,3月11日至5月15日,总天数66天;夏季,5月16日至9月25日,总日数133天;秋季,9月26日至11月25日,总日数61天;冬季,11月26日至下年3月10日,总日数105天。

二、温度

气温 1978～2008年,年均气温17.3℃,其中≥17.3℃的年份有20年,≤17.2℃的年份有11年;1998年、2004年、2006年、2007年年均气温最高,为18.4℃;1984年最低,为16.4℃;高低年际值较年平均值分别相差0.8℃和0.7℃;31年中,月均气温以7月最高,为29.0℃;1月最低,为4.9℃,高低相差24.1℃。各月平均气温及高低气温如表1－2－5。

汨罗市(县)1978～2008年各月平均气温及高低温情况表

表1－2－5 单位:℃

月份		1月	2月	3月	4月	5月	6月	7月	8月	9月	10月	11月	12月	全年
平均气温		4.9	6.9	10.8	17.5	22.4	25.8	29.0	28.3	23.9	18.3	12.6	7.0	17.3
平均最高		8.7	10.7	14.9	22.0	26.7	29.9	33.4	32.7	28.5	23.3	17.5	11.6	21.7
平均最低		2.1	4.0	7.7	14.0	18.7	22.5	5.5	24.9	20.4	14.7	9.1	3.7	13.9
高低相差		6.6	6.7	7.2	8.0	8.0	7.4	7.9	7.8	8.1	8.6	8.4	7.9	7.8
极端高温	值	23.8	27.5	29.5	33.4	35.7	37.7	39.0	38.9	37.7	35.1	30.9	24.1	39.0
	日	29	12	31	23	14	29	23	24	5	2	1	27	7－23
	年	1999	1998	1998	1998	2000	1990	1995	1998	1995	1992	1979	1987	1995
极端低温	值	－6.8	－9.5	－1.4	2.6	9.7	13.4	19.0	18.6	11.4	0.8	－1.8	－9.5	－9.5
	日	22	1	2	1	2	7	30	23	22	29	22	29	2T
	年	1984	1999	1986	1987	1991	1987	1989	1988	1997	1978	1993	1991	1991
极端高低差		30.6	37	30.9	30.8	26	24.3	20	0.3	26.3	34.3	32.7	33.6	48.5

活动积温和界限温度 1978～2008年,平均正积温6256.8℃:大于5℃者,积温为5894.1℃;大于10℃者,积温为5320.6℃;大于15℃者,积温为4621.6℃;大于20℃者,积温为3734℃。各界限温度终期及其间的累计温度与农作物生长发育关系密切:日平均气温稳定于5℃时,冬小麦、油菜之类的越冬作物开始萌芽或缓慢生长;日平均气温稳定于10℃时,大部分农作物生长活跃;日平均气温稳定于15℃时,水稻、棉花等喜温作物则生长迅速;常规稻和杂交稻正常抽穗、扬花、结实,气温必须分别稳定在20℃和22℃以上。

地温 地面温度变化大体与气温变化一致。1978～2008年,年均地面温度为19.0℃;月均地面温度7月最高,为33.1℃;1月最低,为5.2℃。余下分别为2月,7.6℃;3月,为11.1℃;4月,为18.2℃;5月,为24.5℃;6月,为28.3℃;8月,为32.8℃;9月,为27℃;10月,为19.8℃;11月,为13.0℃;12月,为7.7℃。日最高地面温度极端值为67.5℃,出现在1996年9月18日;日最低地面温度极端值为－

13.2℃，出现在1999年12月29日。从地面温度的总体变化趋势看，呈现出冬渐暖夏渐凉的气候变异特征（注：因地温观测从1993年起被取消，故以湘阴县气象局观测资料代替。）。

三、降水　湿度

降水　1978～2008年，年平均雨量为1415.2毫米。2002年雨量最多，达2186.1毫米，比平均雨量多770.9毫米。雨量最少的为1978年，计1010.3毫米，比最多雨量年少1175.8毫米。月雨量以6月最多，达216.5毫米。其次为4月雨量186.7毫米；5月雨量192.0毫米；7月雨量162.8毫米。各月雨量中，12月雨量最少，仅49.6毫米。年月雨量最多为484.3毫米，出现在1998年6月。

湿度　1978～2008年，平均相对湿度为81%。大于均值的有11年，小于均值的有10年，另9年与平均值持平。1994年，平均相对湿度最大，为84%；2004年、2005年，平均相对湿度最小，为77%。全年中，1月、3月、6月的平均相对湿度最大，为83%；雨季过后，平均相对湿度最小的是7月，为78%。一年中，平均相对湿度呈波状变化：其峰值分别出现在1月、3月、6月、10月，其谷值分别出现在2月、5月、7月、12月。

四、日照　蒸发量

日照　1978～2008年，年均日照时数为1608.2小时，日照率为36%；1986年，日照时数最多，为1886.4小时；1982年最少，为1334.5小时。月均日照时数呈峰谷型：峰值在7月，为222.6小时；7月前后依次递减，2月达到低谷，平均69.4小时。

蒸发量　1978～2008年，年均蒸发量为1251.1毫米。1978年，蒸发量最多，为1497.5毫米；2002年，蒸发量最少，为1035.9毫米。月均蒸发量为峰谷型：峰值在7月，为207毫米；7月前后依次递减，1月达低谷，平均37.2毫米。

五、风　霜　雪

风　汨罗市属典型季风气候区，风向、风速具有明显的季节性变化。年均各个方位的风向之和定为100%：其中，北风为19%，东北风为7.5%；东风为7%，东南风为9%；南风为9.5%，西南风为3.5%；西风为6.5%，西北风为18%；静风为18%。受南北气流影响，夏季多南风和偏南风，冬季多偏北风，春秋两季以北风居多，南风次之。年平均风速2米/秒。

霜　无霜期年均259天。1980年，最长，304天；1985年，最短，223天。年均初霜日为11月22日，最早为10月24日，最迟为12月23日；平均终霜日为3月2日，最早为2月9日，最迟为4月2日。霜期内，有霜日平均为24天，最多为34天。初霜日过早，不利晚秋作物收、贮；终霜过晚，春播、春收作物易受冻害。

雪　1978～2008年，年均降雪日为12天；平均初雪日为12月21日，最早11月13日；平均终雪日为2月27日，最迟为4月2日；年均积雪日为5天，最大积雪深度为34厘米。

第三章　自然资源

第一节　土地资源

一、土地构成

汨罗市土地类型多样,耕地、林地、水域兼有。通过土地评查,2008年,境内土地总面积为146773.79公顷,折合为1467.7379平方公里;其中,耕地41055.56公顷,占27.97%;园地6882.45公顷,占4.69%;林地60077.65公顷,占40.93%;草地341.35公顷,占0.23%;城镇、工矿、居民点用地13255.94公顷,占9.03%;交通用地3665.15公顷,占2.5%;水域18788.85公顷,占12.8%;未利用地2706.84公顷,占1.84%。

二、成土母质

第四纪松散堆积物　包括第四纪红色黏土和近代河湖冲积物,两者母质均为外源物。主要分布:城关、城郊、古培、大众、楚塘、新塘、白塘、范家园、桃林寺、磊石等乡镇及汨罗江沿岸其他乡镇的部分村,面积占陆地总面积的46.06%。形成土壤种类有浅红黄泥土、青夹泥田、红泥土。

花岗岩母质　主要分布在高家坊、川山坪、玉池、弼时、铜盆、沙溪、黄柏等乡镇及白水、长乐、古仑、天井的部分地区,面积占陆地总面积33.55%。形成土壤种类有浅黄沙泥田、黄沙泥田、麻沙泥田、青沙泥田、滂眼田、白沙土、黄红沙土和花岗岩黄壤。

板页岩母质及云母片岩母质　主要分布在八景、智峰、三江、红花等乡镇及天井、长乐、古仑的部分地区,面积占陆地面积的15.35%。形成土壤有浅黄泥田、黄泥田、岩渣子田、青夹泥田、冷浸田、石子土和板页岩红壤、黄壤、黄棕壤。

红岩母质　包括紫色沙砾岩、红色沙砾岩和红色砂岩。主要分布在大荆、黄市、火天等乡镇,面积占陆地总面积的5.04%。形成土壤主要有红泥土、浅红泥土、红黄泥土等。

三、土壤类型

1981年,第三次土壤普查确认境内土壤分为水稻土、红壤、黄壤、紫色土、潮土土类5个,亚类11个,土属35个,土种103个,土壤总面积15.62万公顷。

水稻土　分淹育性、潴育性、渗育性、潜育性、沼泽性亚类5个,土属18个,土种51个,共3.04万公顷,占土壤总面积的19.46%。

红(黄)壤土　分红壤、红黄壤、黄壤亚类3个,土属13个,土种39个,共6.3万公顷,占土壤总面积的40.37%。

紫色土　分中性紫色土亚类1个,土属2个,土种8个,共7713.33公顷,占土壤总面积的4.94%。

潮土　分湖潮土、河潮土亚类2个,土层2个,土种5个,共1693.33公顷,占土壤总面积的1.08%。

四、土壤分布

土壤的垂直分布：海拔500～777.5米为黄壤，主要分布在玉池中低山区；海拔500米以下多为红壤，境内大部分地区有分布；广布于山、丘、岗、平的水稻土，部位较高的岸子田，多如瘠薄的淹育性水稻土。土壤的水平分布：东、南部为红（黄）壤水稻土，中、北部为红壤，紫色土、水稻土，西北部为潮土、水稻土。

南部红（黄）壤水稻土区　包括弼时、李家塅、沙溪、黄柏、玉池、高家坊、川山坪等乡镇，玉池林场及白水镇的行建、毛岭、群裕等村，新市镇的新栗、新桥、八里、丛羊、元宵、团螺、福兴等村，共有水田1041.33公顷，旱土1000公顷，山地23253.33公顷，水面3860公顷。该区适宜于发展粮食和林业等生产，改良利用的重点是改造潜育化稻田和搞好水土保持。

中、北部红壤水稻土区　包括城关、城郊、大众、古培、汨罗、范家园、桃林、白塘、新塘、火天等乡镇，原种场、范家园茶场、白水苗圃、桃林林场，白水镇石板、关北、邓家、大塘、高冲、石云、清明、藕花、王家坪、双石、越江、白水、西长、双桥、闵家巷、白米、唐山等村，新市镇新书、合心、坡子街等村，屈子祠镇楚南、金钩、农科、朱山、双桥、枫树、屈子祠、白水塅、金沙、渔街市、周家垅村，红花乡叶家冲、坨塘、东冲、红花、石仑、石鼓、罗滨等村，共有水田13266.67公顷，旱土3673.33公顷，山地18760公顷，水面8973.33公顷。该地区适宜发展粮食生产和菜叶为主的经济作物，改良利用的重点是培肥粘瘦类稻田和瘠薄旱土，逐步开发部分岗地，并注重防治黄泥水的危害。

汨罗江流域潮土、水稻土区　包括磊石乡，屈子祠镇黄星、栏湖、获湖等村，红花乡京街、刘花洲、廖家塅、南寿等村，天井乡丁家河、大旗、嵩山等村，长乐镇赤马、长南、长新、佑圣、水府、水合等村及白塘湖、芦苇场等，共有水田1133.33公顷，旱土973.33公顷，山地1673.33公顷，水面16440公顷。该区适宜于发展粮、棉、油菜、渔业，改良利用的重点是新垦潮土，搞好低洼地的防涝排渍。

东北部紫色土、红壤水稻土区　包括大荆、黄市、古仑、三江、智峰、八景等乡及天井乡长岭、群英、嵩华、天岭、白马、车田等村，长乐镇的江背、广联、团山、新建、水源、青狮、智源、马桥等村，共有水田5553.33公顷，旱土1166.67公顷，山地19073.33公顷，水面2340公顷。该区适宜发展粮、林、油菜生产，改良利用重点是紫色土区的水土保持，改造瘠薄旱土。

五、土地质量

在1981年第三次土壤普查中，参加质量评级的土地总面积为90315公顷，按评级标准划为六级：

一级地　耕作层厚度大于15厘米，土壤有机质含量在30克/公斤以上，土壤酸碱度在PH6左右，速效磷8毫克/公斤以上，速效钾100毫克/公斤以上，地下水位60厘米以下，土壤质地为壤土或黏壤。主要分布于水利条件较好的平坦地带，面积5801公顷，占评级面积的6.4%。

二级地　耕作层厚度10厘米以上，土壤质地黏壤——沙壤，保水保肥能力强，土壤有机质含量20克/公斤以上，速效磷和钾的含量中等，主要是水条件较好的潞育性水稻土及平缓地区的旱地，面积15246公顷，占评级面积的16.9%。

三级地　潜育性、渗育性、沼泽性和淹育性等有严重障碍因子的低产水稻土及部分抗旱条件较好、土壤养分含量较高的旱土，面积8034.5公顷，占评级面的8.9%。

四级地　坡度20度以内，抗旱能力较低，土壤养分含量中等以上的旱土和林地，面积7672公顷，占评级面积的8.5%。

五级地 土层较厚,坡度小于35度,海拔800米以下,适于各种林木生长的山地土壤和部分坡度较大、耕层浅薄的旱土,面积达36800公顷,占评级面积的40.7%。

六级地 海拔500米以上的较差的林业用地和较好的牧业用地,面积17049.5公顷,占评级面积的18.9%。

第二节 水资源

除湘江外,境内流长4公里,集雨面积6.5平方公里以上的河流有44条,控制集雨面积6008平方公里,水能资源理论蕴藏量4.042万千瓦。

地表水 境域多年平均降水总量为21.3055亿立方米,多年平均降水量为1345.4毫米,多年平均径流量为9.9028亿立方米。保证率20%的丰水年,降水总量为24.1302亿立方米,径流量为12.324亿立方米;保证率50%的平水年,降水总量为20.8732亿立方米,径流量为9.24亿立方米;保证率75%的偏枯水年,降水总量为18.15772亿立方米,径流量为7.575亿立方米;保证率95%的枯水年,降水总量为16.4961亿立方米,径流量为5.33亿立方米。在径流量中,湖区多年平均有不可利用的径流0.55亿立方米,加上洪水径流3.12亿立方米,实际可利用的径流为6.2328亿立方米,偏枯年为3.97亿立方米,枯水年为2.13亿立方米。另外,汨罗江4460平方公里的集雨面积可供利用,平均径流量为34.75亿立方米。汨罗多年平均地表水资源总量为44.6528亿立方米,不可利用的湖区径流和难利用的洪水径流16.22亿立方米,可利用的地表水资源28.4328亿立方米。按土地资源测算,耕地亩均4728立方米。

地下水 主要有两种类型:冲积平原砂卵石层中的孔隙水,主要分布在汨罗江及其支流两岸,具有埋藏浅、水质好、水量中等的特点;基岩裂隙水,主要分布在山丘岗地,埋藏深度不一,水量贫乏。据地质部门提供的资料显示:汨罗共有地下水静储量21844亿立方米,其中可采量2545万立方米。地下水动储量为2.106亿立方米,其中主要来源大气降水渗入量1.4474亿立方米,河川渗入量2025万立方米,枯水季节地下径流量4561万立方米。汨罗共有地下水储藏量24.205亿立方米,其中可采量2.36亿立方米,动储量全可开采。

古井名泉

白鹤井 玉池乡白鹤洞。泉从岩隙中出,冬暖夏凉,清澈甘美。相传“汲之于盅,影栖有鹤”,曾被列为“贡水”。经化验,含多种微量元素,已开采投入市场。

高泉井 在城区友谊河西侧,原洞深2丈(合3.3米),泉水清甘。清末,湘阴籍首任驻英大使郭嵩焘曾为之作铭,称其为“高洞神泉,百灵所司,蠲涤疴烦,乾清坤夷……”。

伴岭朱古井 位于城关镇友谊河南路,原为茅屋井。井水清爽甘甜,清醇似酒,多人汲水,水位不降。传说朱元璋部队曾在此驻扎饮用。井水冬暖夏凉,下雪天也不会“起凛”(即结冰),冬天直冒热气。

甘泉井 在高家坊镇泉水岭,“泉水甘美,冬暖夏凉,岁旱泉多,饮之可解瘴痢”。

傅家山井 在白水镇傅家山。

龙井 在川山坪镇天井山,岁旱水多。

仙井 在川山坪镇湖鼻山,以石界之,左清右浊。

清泉井 在川山坪镇清泉冲,岩上留有宋代朱熹“清泉”二字石刻。

盐井 在川山坪镇盐井塅,井水清而味咸。

福果寺井 位于智峰山顶,水质清甘,常年不竭,酷暑饮之,清凉去热。

第三节 矿产资源

汨罗市已发现并开发利用的矿藏:黄金、高岭土、花岗石、砂砾石、钾长石、石英、黏土等。

黄金 明末清初,汨罗境内即有黄金开采,乾隆年间至民国初年最盛。1987 年年末,武警黄金 16 支队历时 8 年,结束对县内黄金资源普查踏勘,查明汨罗江河床和沿河两岸向外延伸的一级、二级、三级阶地第四纪地层中均有沙金分布。范围包括:长乐、天井、黄市、红花、新市、城郊、大众、城关、汨罗、范家园、楚塘、白塘、新塘、磊石、桃林寺、古培、白水 17 个乡镇,矿化面积达 500 平方公里,预测地质储量 20 吨左右,是勘探查明的长江以南最大的河流沙金矿床,属现代河床冲积型砂金矿。1980 年 10 月,该部对汨罗江砂金矿区长乐—归义河床重点矿段进行地质勘探;1983 年 10 月,提交《湖南省汨罗县长乐—归义河床地质勘探报告》,报告中指出,查明沙金矿体 12 个,且矿体具有连续性、呈层状分布、埋藏浅、易于开采等特点。此外,开采黄金过程中伴生的主要重矿物有钛铁矿、石榴子石、赤铁矿、十字石、绿帘石、独居石、磁铁矿、锆石英、金红石、锐钛矿、白钛矿、磷灰石等 61 种;主要轻矿物有石英、长石、白云母等 6 种。

高岭土 1984 年年底至 1985 年 1 月,中国人民解放军 00536 部队在汨罗市 1500 平方公里范围内开展 1: 50000 的高岭土矿点概略调查,发现高岭土矿点 48 处。同一时期,湖南省地矿局 416 队相继对 18 个重点矿点进行踏勘检查,证实白水、古培、大众、新市、弼时、铜盆、天井、长乐、三江、智峰等 17 个乡镇、58 个村均有高岭土资源分布,预测总储量 5000 万吨以上,可淘洗精泥 1250 万吨以上。矿床属风化残积矿床,其类型有伟晶花岗岩风化残积型、伟晶岩风化残积型、二云母二长花岗岩风化残积型、黑云母花岗岩风化残积型 4 类。其中主要是伟晶花岗岩风化残积型高岭土矿床型。1985 年 3 月至 1986 年 5 月,省地矿局 416 队选定质量优良、采矿条件较好的白水高岭土矿区橘园矿段进行地质勘探,共探明 B + C + D 级储量 1073. 86 万吨。

花岗石 中生代侏罗纪晚世经燕山地壳运动由酸性岩浆侵入而成,主要有望湘(铜盆寺)岩体和长乐街岩体。望湘岩体分布的范围有白水、川山坪、高家坊、玉池、弼时、李家塅、沙溪、黄柏、新市、大众、古培 11 个乡镇。长乐街岩体分布的范围有长乐、古仑、黄市、天井、智峰、三江 6 个乡镇。两岩体总面积 509 平方公里,其中出露面积约 250 平方公里,总储量在 5000 亿立方米以上。

砂砾石 各种岩石(主要是花岗石)经风化剥蚀、流水搬运冲洗沉积而成。其储量是一个随季节变化的动态数,洪水季节储量增加,枯水季节储量减少。汨罗砂砾石资源丰富,且质地坚硬,二氧化硅含量高,是良好的建筑材料。主要分布:湘江的潮洲头至小涵湖包尾,长 34 公里,面积 275 平方公里;汨罗江,长乐至洞庭湖口,长 61. 5 公里,面积 695 平方公里;湄江,沙溪至新市,长 30 公里,面积 150 平方公;沙河的川山坪至高家坊,长 11 公里,面积 81 平方公里。四条河流总长 136. 5 公里,总面积 1201 平方公里。

钾长石 发育于中生代侏罗纪晚世经燕山地壳运动由酸性岩浆侵入而成的花岗岩石体中,颜色以肉红色居多,玻璃光泽,硬度 6. 65,比重 2. 57。一般以脉体的形式产出,单一脉体规模极小,且分布范围广而零星,不便于开采,地质储量尚不清楚。主要分布在沙溪乡蓝溪、画江、画栗村,高家坊镇高华、松阳、达仁、鹿峰村，川山坪镇联山、石桥、石陂、芭蕉村，古培乡关山、月星村，黄柏镇的冷水井、神鼎、英桥村，弼时镇的毛塘、坪塘、大华、毛家坊、共荣村，李家塅镇新潘、画眉7个乡镇的23个村。

石英 主要发育于中生代侏罗纪晚世、经燕山地壳运动、由酸性岩浆侵入而成的花岗岩体及中元古代冷家溪群一套浅变质岩系中，属断裂带中的中、低温热液石英，一般以脉体的形式产出。化学成分为二氧化硅99.57%～99.75%，氧化铁0.02%～0.08%，氧化铝0.215%，游离碳0.18%，耐火度为1700℃。颜色为白色，玻璃光泽，贝壳状断口，断面为油脂光泽，比重2.65，晶体为六方柱状或天然双锥状，集合体多为粒状、块状、晶簇状。主要分布于智峰、三江、古仑、大荆、长乐、黄柏、弼时、沙溪、李家塅、白水10个乡镇，估计总储量在10万吨以上。

黏土 主要发育于第四纪地层中，从外形来划分，可分为普通黏土、砂质黏土、黄土三类；从成因来划分，可分为风化残积型黏土和沉积型黏土两类。其分布遍布全市各个乡(镇)、村、组，厚度从零米至几十米不等，估计总储量达数十亿吨以上，质量因地而异，是制作砖瓦，耐火材料的优质原料。其中古培、李家塅等镇部分村有质量较优的黏土分布，可作为一般陶器制品原料。

此外，在花岗岩体的晚期伟晶岩脉中，有绿柱石(铍)、铌、钽等稀有金属矿产分布。

第四节　野生动植物资源

汨罗市属亚热带地区，地形多样，雨量充沛，日照充足，温度适宜，有利于多种野生动植物繁衍。其主要资源：蕨类植物15科、25种，裸子植物7科、13种，被子植物94科、383种，野生动物资源70多种；属国家Ⅰ级重点保护动物有中华鲟、白鲟、白鹳、黑鹳、中华秋沙鸭、白鹤、白头鹤、大鸨8种。属国家级Ⅱ重点保护动物有胭脂鱼、白琵鹭、白额雁、鸳鸯、大天鹅、小天鹅、苍鹰、雀鹰、赤腹鹰、游隼、燕隼、红脚隼、小隼、灰鹤、白枕鹤、长脚秧鸡、花田鸡、小杓鹬、小青脚鹬、鸺鹠、草鸮、短耳鸮鸮22种。属国家Ⅰ级保护植物有水杉、南方红豆杉等2种。属国家Ⅱ级保护植物有银杏、柔毛油杉、福建柏、鹅掌楸、凹叶厚朴、观光木、翅荚木、红椿、喜树、香樟10种。

一、动物

无脊椎动物

扁形动物和腔肠动物 常见的有蜗虫、日本血吸虫、姜片虫、猪涤虫、牛涤虫、水螅等。其中血吸虫分布于汨罗江尾闾地区和白水镇的邓家坊村。

环节动物和线形动物 常见的有蚯蚓、蚂蟥、蛔虫、钩虫、旋毛虫、血丝虫、蛲虫、小麦线虫、轮虫等。

软体动物(贝类除外) 蜗牛、蛞蝓(鼻涕虫)。

多足类和蛛形类 常见的多足类有蜈蚣、马陆和蚰蜒。蛛形类有蜘蛛、蝎、棉红蜘蛛、柑橘红蜘蛛、壁虱、疥螨等。

昆虫类 有65科、168种。除瓢虫、蜣螂、白蜡虫、金小蜂、蜜蜂、蜻蜓、螳螂、草蛉为益虫外，其余多为农作物害虫。分别是瓢虫科5种，金龟子科2种，龙虱科1种，叶虫甲科5种，象虫科3种，天牛科4种，豆象科5种，叩甲虫科1种，萤科1种，芫菁科2种，蝗虫科4种，蝼蛄科1种，螽蜥科3种，叶蝉科9种，飞虱科9种，蚜科5种，蚧科5种，蝉科1种，蝽科9种，蟋蟀科2种，蓟马科2种，螟蛾科9种，夜蛾科7种，麦蛾科4种,天蛾科2种,卷叶蛾科1种,尺蠖科2种,蓑蛾科1种,毒蛾科1种,灯蛾科2种,刺蛾科1种,枯叶蛾科2种,弄蝶科1种,粉蝶科1种,菜蛾科1种,蛱蝶科2种,天蚕蛾科2种,凤蝶科2种,眼蝶科1种,赤眼蜂科2种,金小蜂科1种,叶蜂科2种,蚁科5种,潜蝇科2种,蚊科2种,瘿蚊科2种,皮蝇科1种,蜜蜂科1种,蝇科6种,虻科2种,蚋科1种,实蝇科1种,蜻蜓科2种,蜉蝣科1种,蜚蠊科2种,螳螂科4种,竹节虫科1种,啮虫科1种,食虫科2种,蚤科4种,臭虫科1种,虱科1种,草蛉科1种,弹尾科1种,衣鱼科1种。

贝类　贝类有田螺、钉螺、环棱螺、扭蚌、鱼尾蚌、圆头巨蚌、三角帆蚌、背鱼无齿蚌、猪耳丽蚌、圆顶珠蚌、背瘤丽蚌等。

虾、蟹类　常见的有河虾、白虾、长臂虾、青虾、岩虾,螃蟹、中华绒螯蟹等。

脊椎动物

鱼类　境内鱼类共20科、90种。分别是鲟鱼科1种,白鲟科1种,鲱科1种,鳗鱼科3种,银鱼科4种,胭脂鱼科1种,鲤科54种,鳅科4种,鲶科1种,鮠(鮠)科3种,鮡科1种,鳗鲡科1种,针鱼科1种,鱼将科1种,鳢科2种,合鳃科1种,鱼旨科5种,攀鲈科2种,塘鳢科1种,刺鳅科2种。

两栖类　常见的有大鲵(娃娃鱼,属国家一类保护动物)、蝾螈、蟾蜍、青蛙、泽蛙、虎斑蛙、泥蛙、树蛙、雨蛙、林蛙。近年引进的有古巴牛蛙。

爬行类　常见的有乌龟鳖(脚鱼、团鱼、甲鱼)壁虎蜥蜴蝮蛇眼镜蛇赤链蛇五步蛇竹叶青金环蛇银环蛇草游蛇等。

鸟类　27科、52种,属国家二类保护动物有草号鸟(即猴面鹰等)。分别是鸭科4种,雉科4种,鹰科1种,鹭科4种,秧鸡科2种,鸥科3种,翠鸟科2种,行鸟科3种,鸦科3种,山雀科2种,椋鸟科1种,鸭鸟科1种,杜鹃科3种,雀科3种,蜂鸟科1种,鸠鸽科2种,画眉科1种,燕科1种,鹡科1种,伯劳科1种,鸱号鸟科2种,草号鸟科1种,啄木鸟科2种,黄鹂科1种,鹤科1种,文鸟科1种,百灵鸟科1种。

哺乳类　哺乳类动物有16科,30种,属保护的动物有豹、灵猫、白鳍豚等。分别是类人科2种,犬科3种,猫科3种,鼬科4种,鹿科2种,鼠科6种,猪科1种,兔科1种,豪猪科1种,猬科1种,灵猫科1种,鲮狸科1种,鳍豚科1种,鼠海豚科1种,松鼠科1种,蝙蝠科1种。

二、植物

藻类植物

蓝藻、地木耳、微囊藻、绿藻、团藻、小球藻、水网藻、水绵。

菌类

根瘤菌、磷细菌、硅酸盐细菌、乳酸菌、大肠杆菌、马炭疽菌、猪霍乱菌、水霉、白菜霜霉菌、根霉菌、酵母菌、赤霉菌、麦角菌、毒霉菌、冬虫夏草(近年人工培植成功)、羊肚菌、玉米黑粉菌、小麦杆锈病菌、木耳、银耳、蘑菇、平菇等食用菌、灵芝、猴头菌、稻瘟病菌、立枯病菌。

地衣植物和苔藓植物

生于岩石上和树皮上。主要有地钱、光萼苔、片叶苔、塔叶苔、泥炭藓、葫芦藓等。

蕨类植物

共15科、25种。分别是石松科2种,卷柏科1种,水韭科1种,木贼科1种,凤尾蕨科4种,蚌壳蕨科

1种,苹科1种,海金沙科1种,黑白科1种,首碎补科1种,铁线蕨科1种,鳞毛蕨科1种,槐叶苹科1种,满江红科1种,水龙首科6种。

裸子植物

共7科、13种。分别是铁树科1种,银杏科1种,松科3种,杉科4种,柏科3种,罗汉松科1种,三尖杉科1种。

被子植物

共94科、383种。分别是木兰科5种,樟科6种,莲科1种,睡莲科1种,毛茛科7种,杜仲科1种,桑科4种,大麻科2种,荨麻科1种,罂粟科1种,胡桃科2种,山毛榉科5种,石竹科3种,金鱼藻科1种,马齿苋科2种,商陆科1种,榆科1种,苦木科2种,酢浆草科2种,凤仙花科1种,瑞香科3种,圣柳科1种,仙人掌科5种,猕猴桃科1种,胡颓子科1种,楝科1种,柴树科1种,藜科4种,苋科6种,蓼科7种,山茶科3种,椴树科1种,锦葵科6种,堇菜科2种,葫芦科9种,杨柳科4种,十字花科15种,景天科2种,虎耳草科4种,蔷薇科23种,含羞草科2种,豆科23种,桃金娘科1种,桑寄生虫科1种,槲寄生科1种,卫矛科5种,海桐科1种,紫葳科2种,悬铃木科1种,大戟科11种,鼠李科2种,葡萄科2种,无患子科1种,槭树科1种,漆科1种,芸香科7种,蒺藜科1种,栊牛儿苗科2种,五茄科6种,伞形花科6种,杜鹃花科2种,报春花科2种,夹竹桃科2种,茄科8种,旋花科4种,菟丝子科1种,马鞭草科3种,唇形科9种,木樨科6种,玄参科3种,桔梗科3种,茜草科3种,忍冬科2种,菊科22种,小檗科7种,木通科2种,马兜铃科2种,三白草科2种,车前科1种,梧桐科1种,蜡梅科1种,石榴科1种,紫茉科1种,白花菜科1种,柳叶菜科1种,泽泻科2种,槟榔科1种,天南星科6种,鸭跖草科2种,莎草科2种,禾本科20种,姜科1种,百合科26种,兰科5种。

第四章　自然灾害

第一节　水　灾

汨罗市内,每年4～9月为汛期,发生频率高,受灾面积大,损失严重。从1979年3月29日至2000年6月6日,全市遭受暴风雨灾害有15年,其中1983年、1988年、1996年、1998年、1999年、2000年洪涝灾害最重。1988年的秋汛是洪涝出现时间最晚之年,1996年是洪峰水位最高之年,1998年是洪涝灾害时间最长之年(达80多天)。

水灾分山区和湖区两类。东北部的智峰山系和南部的玉池山系属暴雨中心,多山洪地质灾害,来势猛、去势快;湖区为洪涝灾害,水位上升快、水位高、持续时间长。自从长江三峡大坝建成蓄水以后,洞庭湖及汨罗江的蓄洪泄洪压力随之缓解。

1979年3月29日,汨罗县6个公社遭暴风雨和冰雹袭击,风力8～10级,倒塌房屋1264间,损坏房屋2380间,造成直接经济损失1426.4万元。

1980年5月、7月、8月中旬,境内3次遭狂风、暴雨袭击,山洪暴发,冲毁农田、房屋和水利设施,湖区内渍外涝。5月14日，汨罗江北14个公社暴雨成灾，淹没农作物5905.33公顷，倒房屋13331间。

1981年3～6月，汨罗县有13个公社连续12次遭狂风、暴雨、冰雹袭击，普降雨量100毫米以上，其中6个公社降雨达230毫米，三江公社跃马大队13个生产队被山洪围困，死亡2人，汨罗江沿岸5个公社受渍被淹。

1983年3月春旱，4月冰雹和龙卷风，5月阴雨连绵，6～7月普降暴雨，洪水泛滥。7月8～10日，大部分地区普降暴雨350毫米，山洪暴发。7月9日晚，仅10个小时，水位就上涨4.1米，比1954年最高洪峰水位高13米。汨罗江下游的洞庭湖水位上涨顶托，导致汨罗江沿岸14个垸子中有12个被淹没。境内被淹21665户、101641人、房屋83809间。其中全部倒塌13700户、67130人、房屋55700间。倒塌学校285间、商店32栋、仓库280间、集体公屋431间、大小桥梁601座。死9人，伤223人，其中重伤58人。淹死耕牛165头，生猪1.23万头。造成直接经济损失1.1亿元，粮食7000万公斤。

1987年3月，汨罗县遭龙卷风、暴雨和冰雹袭击。7月，暴雨成灾，山洪暴发，湖区内渍外涝。

1988年，汨罗市灾害频繁，春雪、冰冻、干旱、暴风雨、特大秋汛接踵而至。4月，遭遇近80年一遇的春旱，受旱面积达1.78万公顷，占耕地总面积的50%；8月20日至9月中旬，普降暴雨，部分地区山洪暴发，冲毁山塘951处，大小渠道185条，倒塌房屋1256间，死伤17人（其中死3人），受淹农作物3066.67公顷，减产粮食910万公斤，直接经济损失1120万元。

1991年，汨罗市早稻严重烂秧。5月18日，大雨，屈子祠镇出现龙卷风。5月21日，汨罗江两岸普降暴雨102.8毫米，白塘、屈子祠镇、火天、长乐、智峰等15个乡镇的部分地区遭受龙卷风袭击。5月23日，李家塅镇、玉池、弼时、黄柏、沙溪、白水、川山、高家坊又降特大暴雨。位于暴雨中心的李家塅镇，23日零时至19时降雨122毫米。在3次灾害中，境内33个乡镇场有309个村、3750个村民小组、91000户、36.4万人受灾。

1995年5月30日至7月2日，境内遭3次暴风雨的袭击，导致山洪暴发，水位陡涨，内渍外涝，泛滥成灾。其中6月22～25日连续3天遭大暴风雨袭击。三江镇6月25日4小时内突降暴雨240多毫米。该镇陈家桥、花桥至狮形山几公里范围内积满大水。花桥、凤形、太平、齐心、跃马5个村被洪水围困的达3700多人。该次大暴雨，境内31个乡镇场全部遭灾，有5500人被洪水围困，死19人，倒塌和损坏房屋21100余间，冲毁早稻19866.67公顷，冲毁各类水利设施3469处，140多家工商企业被迫停产停业，直接经济损失达2.27亿元。

1996年7月上旬至8月中旬，境内遭受大洪涝灾害，7月14～17日尤为严重。17日8时至14时，平均降雨105毫米，暴雨中心6小时内降雨145毫米，大小堤垸全部进入警戒水位。15个乡镇受灾，洪水围困5000余人，受灾27.3万人，倒塌房屋1725栋、16938间，受淹早稻8000公顷，其中绝收1666.67公顷。19日7时50分，松柏垸被迫掘口保大堤。

1998年6月13日至9月中旬，因受变压低槽、中低层长江切变线和地面冷空气影响，境内发生1954年后又一次全流域性大洪水。6月中下旬，连降3次特大暴雨，弼时站降雨高达752毫米，高家坊站达720多毫米，其他地区降雨均在500毫米左右，降雨量比往年同期偏多3～5倍。汨罗江水位急剧上涨，南渡桥水位达35.71米，超警戒水位0.71米。至7月月底，境内降雨达1538.2毫米，比历年同期平均降雨量多523.7毫米。至9月14日，磊石垸才退出警戒水位，持续时间长达88天。磊石、松柏、双楚、湖溪等5个垸超警戒水位和超危险水位时间分别为81～65天，57～47天，48～23天，52～5天，52～4天。境内

35个乡、镇、场、处,397个村,5780个村民小组近55万人受灾,早晚稻有6.21万公顷农作物受灾,绝收面积达1.6万公顷。倒塌房屋2.52万间,其中全倒户703户、3560间。伤亡550人,重伤65人,死10人;损坏堤防50余公里,冲坏塘坝等水利设施9160多处,冲坏大小桥梁157座,损坏变压器45台,直接经济损失1.28亿元。

1999年5月16日,沙溪、弼时、高家坊、白水等乡镇遭受罕见的山洪袭击,日降雨量达267毫米,汨江、白沙河、沙河、越江等河流山洪暴发,水毁工程1500处,直接经济损失1360万元。6月25日后,普降暴雨,江河水位急剧上升,6个垸区防汛告急。6月30日下午,磊石垸进入防汛水位;7月3日,超危险水位;7月23日6时,长山站水位达35.80米。

2000年6月5~6日,普降暴雨,山洪冲倒房屋1500余间,损坏农作物受淹面积6625公顷。

汨罗市(县)1979~2002年水灾损失统计表

表1-4-6　　　　单位:个、公顷、万元、万公斤

年度	受灾面积				受灾乡镇	直接经济损失	粮食损失
	山洪	渍灾	渍灾	合计			
1979	-	-	-	-	6	1426.4	-
1980	3866	-	1026.67	4893.33	-	-	-
1981	-	-	-	-	13	-	-
1983	8400	1200	1400	11000	-	1000	7000
1987	-	-	-	-	-	-	-
1988	-	-	3066.67	3066.67	-	-	-
1991	1866.67	-	-	1866.67	33	-	-
1993	2553.33	1000	—	3553.33	-	-	-
1995	6080	-	—	6080	31	22700	-
1996	-	1.54	15.92	11640	-	-	-
1997	-	-	-	-	-	4000	-
1998	6333.33	-	30333.33	36666.66	35	12800	-
1999	1666.66	-	1066.66	2733.33	-	-	680
2000	-	-	7066.66	7066.66	-	-	-
2002	-	-	1200	1200	-	-	-

第二节　旱　灾

干旱有春旱、夏旱、秋旱、冬旱之分,是境内主要自然灾害之一。1978~2008年,发生春旱11次,夏旱24次,秋冬旱19次。30年中,春、夏、秋冬旱情共54次,每年平均发生1.6次;大特旱发生6次,4~5年一次。

1978~2008年,不同季节的干旱年份共12年,占总年份的41%,其中1986年、1988年、1992年、2003年干旱最严重。1988年是春旱较为严重的年份,3~5月降水量仅344.4毫米,比历年同期值少近3~4

成。1992 年,夏旱达 61 天、秋旱达 50 天,是干旱最严重的年份。2003 年,秋冬干旱是历史同期最严重的一年,从 9 月开始降水偏少,干旱持续到 12 月。

汨罗市(县)1978～2008 年干旱情况统计表

表 1－4－7

类别 程度 时间	春旱				夏旱				秋冬旱			
	轻旱	中旱	重旱	特旱	轻旱	中旱	重旱	特旱	轻旱	中旱	重旱	特旱
1978	√	—	—	—	√	—	—	—	√	—	—	—
1979	√	—	—	—	√	—	—	—	√	—	—	—
1980	—	—	—	—	—	—	—	—	—	—	—	—
1981	—	—	—	—	—	—	√	—	—	—	√	—
1982	—	—	—	—	—	√	—	—	—	√	—	—
1983	—	√	—	—	—	√	—	—	—	√	—	—
1984	—	√	—	—	—	√	—	—	—	√	—	—
1985	—	—	—	—	√	—	—	—	√	—	—	—
1986	—	√	—	—	—	√	—	√	—	—	—	—
1987	√	—	—	—	—	—	√	—	—	√	—	—
1988	√	—	—	—	—	√	—	—	√	—	—	—
1989	√	—	—	—	√	—	—	—	√	—	—	—
1990	√	—	—	—	√	—	—	—	—	√	—	—
1991	—	—	—	—	√	—	—	—	√	—	—	—
1992	—	—	—	—	—	—	—	—	—	—	—	—
1993	—	—	—	—	√	—	—	—	—	—	—	—
1994	—	—	—	—	—	—	—	—	√	—	—	—
1995	—	—	—	—	—	—	—	—	√	—	—	—
1996	—	—	—	—	√	—	—	—	√	—	—	—
1997	—	—	—	—	—	—	—	—	√	—	—	—
1998	—	—	—	—	—	—	√	—	—	—	—	—
1999	√	—	—	—	—	—	—	—	√	—	—	—
2000	—	—	—	—	√	—	—	—	—	—	—	—
2001	—	—	—	—	—	—	√	—	—	—	—	—
2002	√	—	—	—	—	—	—	—	—	—	—	—
2003	—	—	—	—	—	—	—	√	√	—	—	—
2004	—	—	—	—	√	—	—	—	—	—	—	—

续表 1－4－7

程度 时间 类别	春旱				夏旱				秋冬旱			
	轻旱	中旱	重旱	特旱	轻旱	中旱	重旱	特旱	轻旱	中旱	重旱	特旱
2005	—	—	—	—	—	√	—	—	—	—	—	—
2006	—	—	—	—	—	√	—	—	—	—	—	—
2007	—	—	—	—	—	√	—	—	—	—	—	—
2008	—	—	—	—	—	√	—	—	—	—	—	—
合计	8次	3次	—	—	10次	8次	5次	1次	12次	6次	1次	—

1981 年,从 6 月 28 日至 10 月 2 日,旱期长达 96 天。受旱较严重的有 330 个大队,4746 个生产队,其中 1845 个生产队断水源,受旱面积达 10440 公顷,因灾减产 1922 万公斤。

1987 年 12 月 1 日至 1988 年 1 月 3 日,34 天未降雨。1～4 月,降雨 320.4 毫米,占历年同期 70%。工程蓄水严重不足。境内受旱面积达 1.73 公顷,其中无水整田的 5333.33 公顷。自 6 月 27 日起,再次持续 57 天干旱,晚稻受旱十分严重。8 月上旬,干旱遍及境内 31 个乡镇,受旱面积达 1.77 万公顷,全年因旱减产 2293 万公斤。

1990 年,汨罗市出现连续 90 天大旱,从 7 月 2 日至 9 月 30 日,仅降雨 42.7 毫米。境内 31 个乡(镇)场、4160 个村民组农作物受旱,受旱面积达 2.738 万公顷。

2001 年 6 月 24 日至 8 月 8 日,境内降雨仅 54.7 毫米,高温天气持续月余。境内 31 个乡镇场不同程度受灾,受灾晚稻 1.15 万公顷,旱土 4800 公顷,1320 公顷晚稻无水翻耕,198 个村民小组、11200 人发生饮水困难。7 月 6 日,市人民武装部(简称人武部)奉命组织民兵高炮分队在 14 个乡镇实施人工降雨,共发射炮弹 220 余发。汨罗市灾情缓解。

2003 年 6 月 17 日至 8 月 3 日,境内少雨。从 7 月 1 日起连续出现高温天气:日最高气温超过 35℃的有 22 天,其中高于 38℃的热害天气 7 天;7 月 16 日,达 39.6℃,破历史纪录。7 月,降水量 25.5 毫米,比历年平均少八成,是汨罗市气象站建站以来的最低纪录。7 月,蒸发量为 173.1 毫米,日最大蒸发量为 7.1 毫米,比历年同期平均蒸发量(106.2 毫米)多 63%。境内山泉枯竭,小河断流,受旱面积达 9333.33 公顷;其中轻旱 4666.67 公顷,重旱 3026.66 公顷,干枯 1640 公顷;饮水困难的有 19959 人。由于电量不足,从 7 月月初开始限电,给高耗能企业的生产带来较大的影响。

第三节 风灾 雹灾

一、风灾

分寒潮大风和雷雨大风。一年四季均可发生,以 4 月最多,12 月最少。寒潮大风多出现在冬春两季,大北风风力一般 6～7 级,持续时间一般几个小时,面宽,全境发生。雷雨大风常发生在 6～8 月,阵风风力 8～9 级,时间短,有时只有 2 分钟至 3 分钟,面小,呈线状或块状。有罕见的龙卷风,风力超过 12 级,迅猛短促。据气象部门记载,1978～2008 年,发生大风 88 次,年均 3 次;其中 1999 年大风最多,共发生12次;年均雷暴雨45天,1983年达53天。

1985年,屡遭风、旱、鼠、虫害的袭击,尤以风、旱灾危害最大。4~7月,大面积遭风灾5次,风力一般在8级以上,阵风达12级。

1988年6月28日,三江乡突遭龙卷风袭击,致使964户、3712人受灾,倒房28户、81间,损坏172户、624间,直接经济损失25万元。

1991年,汨罗市早稻严重烂秧之后,5月18~21日,两次遭龙卷风和暴雨袭击。

1993年5月1日,暴雨,8级大风,毁房7424间,死7人,伤218人,农田、水利、交通设施均遭严重破坏,直接经济损失1.6亿元。

2002年4月4日,龙卷风袭击整个汨罗城区,部分地区通讯因雷击瘫痪,温室大棚严重受损。

2006年8月2日,汨罗市15小时内连续两次遭强风暴和雷电袭击:一次为凌晨4时05分至5时,一次为19时至19时50分。弼时、李家塅、白水、沙溪、黄柏、新市、城郊、古培、汨罗、高家坊、川山坪、玉池等16个乡镇、132个村受灾严重。境内受灾17万人,农作物受灾7120公顷,绝收1353.33公顷,损坏房屋1.1万间,林木折断或连根拔起1.5万棵,损坏高、低压电杆1083根,直接经济损失超过3600万元。

二、雹灾

常发生于3~4月,常伴大风、雷雨,持续时间一两分钟至几十分钟,面积狭长,局部危害较大。

1979年3月29日,6个公社遭受暴风雨和冰雹袭击,倒塌房屋1264间,损坏房屋2380间,造成直接经济损失1426.4万元。

1981年3~6月,22个公社连续12次遭狂风、暴雨、冰雹、干旱等自然灾害侵袭,毁坏房屋3459间,其中倒房2440多间。

1983年4月13~27日,沙溪、新市、川山、楚塘、黄柏、范家园、白水、新塘等15个公社先后3次遭受冰雹和龙卷风袭击。冰雹一般为鹅蛋大。白水公社王家坪大队落断生产队一块冰雹重5.2公斤,黄柏公社神鼎大队一块冰雹重11.5公斤,新市公社新栗大队一块冰雹重16公斤。暴风中心风力为11级。吹倒房屋3197间,死8人,重伤56人;打死耕牛26头,生猪871头;212个大队、3392个生产队受灾,经济损失387.28万元。

1987年3月,汨罗县遭龙卷风、暴雨和冰雹灾害袭击,局部地区遭冰雹、暴风和雨雪的危害。

1997年5月11日,白水、天井、长乐、红花、城郊等8个乡镇遭特大龙卷风和冰雹袭击,受灾达7万人,其中受伤55人,重伤15人;倒塌房屋3575间,损坏房屋2.6万间;水冲沙压农作物1200公顷,损失粮食500吨;累计经济损失2000余万元。

第四节　其他灾害

一、雪灾

1978~2008年,年均降雪日12天。平均初雪日为12月21日,最早为11月13日;平均终雪日为2月27日,最迟终雪日为4月2日;年均积雪日为5天,最大积雪深度为34厘米。

暴雪天气极少。1978～2008年,暴雪天气仅11冬、12天。日雪量最大的是1991年1月4日,达22.7毫米。

二、冰冻

常发生在头年12月至下年2月,1月较多,12月较少。后因地球气候变暖,冰冻次数及程度均相应发生变化。1967～1993年,出现冰冻的仅19冬,平均三冬两遇,每冬3.0天;中等程度的有7冬,平均3.9冬一遇;1978～2008年,年均冰冻日2天,共出现冰冻17年,占总年份的59%。

2001年1月23日开始,冰冻灾害侵袭高坊、玉池等乡镇的高山区。高家坊镇永峰、永安、桥坪、狮岭4个重灾区仅竹木毁坏8000多立方米,直接经济损失达600万元。玉池乡海拔500米以上的竹林、电力、通信设施均遭毁灭性破坏,经济损失达1400多万元。

2005年2月中旬,玉池等9个乡镇遭遇最严重低温冰冻灾害,直接经济损失近亿元。

2008年1月10～23日,境内持续低温雨雪天气,降雪次数、数量均大于平常年份,平均气温比往年低4℃,遭50年一遇的特大冰冻灾害。工农业生产遭严重损失,电力、道路、供水、通信、市政等基础设施严重受损,受灾达33.5万人,直接经济损失超过9.53亿元,农业经济损失达2.8亿元。农作物受灾面积达3.1万公顷,绝收面积0.8万公顷;因灾死亡牲畜家禽1.5万余头(只、羽)。供电受阻,137家规模企业和1860家乡镇企业停产。倒断电杆310根,断线320千米,损坏配电变压器6台,有36条线路无法通电,涉及190个村、37856户;40公里新修村级公路完全毁坏;自来水管破裂,水表损坏;城市路灯、绿化、市政设施毁损严重。倒塌房屋310户、1224间,损坏房屋12350间,8000人被紧急转移安置,农村缺粮人口达8.46万人。

三、病虫害

1978～1981年,年均发生稻飞虱1186.67公顷,占晚稻面积的42.5%。1990～1993年,早晚稻病虫害发生面积达42.01公顷,损失稻谷23801吨。

病虫害、瘟疫很少出现在冻灾之年或之后,但与雨涝、山洪、干旱有着一定的关系。

第二篇　中国共产党地方组织

第一章　重要会议

第一节　党的代表大会

一、中共汨罗县第二次代表大会

1977年12月6～8日，中共汨罗县第二次党员代表大会在电影院召开，有825名党员代表参加，代表全县19442名党员。会议听取和通过彭亮根代表县委作的《高举毛主席伟大旗帜，紧跟华主席战略部署，沿着十一大路线奋勇前进》的报告；通过《关于改进领导作风的决定》。会议决定成立中共汨罗县纪律检查委员会，选举产生中共汨罗县第二届委员会，其中委员25人，候补委员8人。随后，召开县委二届一次会议，选举产生11名常委、书记、副书记。该届县委任期内，领导成员异动较大，尤其是1983年实行机构改革，为适应干部队伍"四化"建设需要，岳阳地委对县委常委和正、副书记做较大幅度的调整。

二、中共汨罗县第三次代表大会

1985年10月8～11日，中共汨罗县第三次党员代表大会在电影院召开。有358名党员代表参加，代表23395名党员。其中女性代表68人，占19%；45岁以下中青年代表215人，占60.06%；高中、中专以上文化的代表159人，占44.4%；专业技术人员代表65人，占16%。大会主要议题是：听取和审议陈庆锡代表第二届县委作的《坚持改革，奋发进取，为推进"两个文明"建设而努力奋斗》工作报告；听取和通过任年丰代表县纪委作的《尽快实现党风根本好转，保证改革和"四化"建设的顺利进行》报告，选举产生中共汨罗县第三届委员会，其中委员24人(因人武部人选未定，暂缺1人)，增补委员4人，候补委员4人。纪检委员13人。第三届委员会第一次会议选举县委常委、书记、副书记9人。

三、中共汨罗市第四次代表大会

1988年6月23～26日，中共汨罗市第四次党员代表大会在电影院召开。有371名代表参加，代表全市24807名党员。大会的主要议题：听取和审议陈庆锡代表第三届县委作的《进一步解放思想，加速发展生产力，为汨罗市在"长岳"中部崛起而努力奋斗》工作报告。大会通过《关于巩固造林成果，实现全面绿化的决定》和《关于加强自身建设的规定》；选举产生中共汨罗市第四届委员会，其中委员27人，候补委员3人，增补委员6人。纪检委员13人。随后，召开第四届委员会第一次会议，选举产生市委常委、书记、副书记9人。

该次党代会提出的工作任务：到1990年，全市工农业总产值达到8亿元，其中农业产值2.5亿元，工业产值5.5亿元。乡镇企业总收入过6亿元;粮食总产量达到3.65亿公斤;农民人平纯收入达到700元;人口出生率控制在12.5‰以内。

四、中共汨罗市第五次代表大会

1992年10月30日至11月2日,中共汨罗市第五次党员代表大会在电影院召开。共有374名代表参加,代表全市26054名党员,其中女代表72人,占19.25%,45岁以下中青年代表233人,占62.35%,高中、中专以上文化程度代表282人,占75.4%,专业技术人员代表72人,占19.25%。大会主要议题:听取和审议葛送培代表第四届市委作的《用十四大精神导航,加快改革开放步伐,拼搏五年,把汨罗两个文明建设推向新阶段》工作报告;听取和审议任年丰代表纪委作的《市纪委工作报告》;大会通过《关于围绕经济建设中心加强自身建设的决议》;选举产生中共汨罗市委第五届委员会委员29人,增补委员7人,候补委员4人、纪委委员12人。第五届委员会第一次会议选举产生常委、书记、副书记11人。

该次党代会提出的工作任务:到1997年,全市国民生产总值达到27亿元,年递增24.6%;工农业总产值达35.2亿元;社会商品零售总额达6.95亿元;地方预算内财政收入达8000万元,年递增速度为11.7%;农民人均纯收入达1100元,每年递增9.5%;居民平均消费水平实现1300元,每年递增10.2%。

五、中共汨罗市第六次代表大会

1997年10月29～31日,中共汨罗市第六次党员代表大会在电影院召开。有384名代表参加,代表全市29147名党员。其中女代表82人,占21.35%;45岁以下中青年代表241人,占62.76%;大专以上文化程度代表160人,占41.67%;专业技术人员代表124人,占32.29%。大会的主要议题:听取和审议郭光文代表五届市委作的《高举伟大旗帜,继续解放思想,坚持扭住中心不放,众志成城再创辉煌》工作报告;李迪媛作纪检工作报告;选举产生市第六届委员会委员31人,增补委员3人,候补委员5人,纪委委员10人。第六届委员会第一次会议选举产生市委常委、书记、副书记12人。

该次党代会提出的工作任务:到2002年,全市国民生产总值达48亿元,年递增15.8%;工农业总产值突破100亿元,年递增11.7%;乡镇企业总产值年递增22.8%;财政收入达2.5亿元,年递增15.8%;农民人均纯收入达4000元;全市人口自然增长率控制在8‰以内。

六、中共汨罗市第七次代表大会

2002年11月8～10日,中共汨罗市第七次党员代表大会在电影院召开。有党员代表378名参加,代表全市党员30819人。其中女代表71人,占18.78%;45岁以下中青年代表220人,占58.2%;大专以上文化程度代表211人,占55.82%;专业技术人员代表113人,占29.89%。大会主要议题:听取和审议陈四海代表六届市委作的《认真实践"三个代表"重要思想,为加速汨罗市"五化"进程而努力奋斗》工作报告;听取和审议李迪媛作纪检工作报告;选举产生市第七届委员会委员33人、增补委员4人,候补委员6人,纪检委员11人。第七届委员会第一次会议选举产生市第七届委员会常委、书记、副书记14人。

该次党代会提出的工作任务:到2007年,全市实现国内生产总值73.4亿元,年递增12.5%;工业总产值95.9亿元,年递增16.0%;工业增加值34.6亿元,年递增15.5%;财政收入4.16亿元,其中地方固定性收入3.35亿元，年递增12.5%；社会消费品零售额16.9亿元，年增长9.5%；农民人均可支配现金收入达4790元，年增长9.5%；人口出生率控制在9‰以内。

七、中共汨罗市第八次代表大会

2006年6月17～18日，中共汨罗市第八次党员代表大会在电影院召开。共有393名党员代表参加，代表全市31459名党员。其中女代表55人，占13.99%；45岁以下中青年代表237人，占60.3%；大专以上文化程度代表286人，占72.77%；专业技术人员代表79人，占20.1%。大会主要议题：听取和审议樊进军代表七届市委作的《推进县域经济工业化，实现和谐汨罗新崛起》工作报告，听取和审议李迪媛作的《全面履行职责，加大惩防力度，不断开创汨罗市反腐倡廉工作新局面》纪检工作报告；选举产生中共汨罗市第八届委员会委员41人，增补委员3人，候补委员6人，纪检委员9人。第八届委员会第一次会议选举产生市委常委、书记、副书记16人。

该次党代会提出的工作任务：到2010年，全市实现国内生产总值113.8亿元，年均增长15.9%；财政总收入8.5亿元，年均增长29.4%；社会消费品零售总额25亿元，年均增长12.5%；全市社会固定资产总投资45亿元，年均增长15%；城镇居民人均可支配收入和农民人均纯收入分别为10850元和5300元，年均分别增长8.5%和8%；高中阶段教育普及率达90%，同龄人口接受高等教育比例达30%；新型农村合作医疗覆盖率达90%；城镇登记失业率控制在5%以内，每年安置农村富余劳动力1.5万人；人口自然增长率控制在6‰以内；全市森林覆盖率达46%，城市建成区绿地覆盖率达39%；城市污水处理率达80%；城市垃圾无害化处理率达100%，资源化率达30%；单位生产总值能耗下降20%。

中共汨罗市（县）第二届至第八届委员会名录

表2-1-8

	书　记	副书记	常　委	委　员	增补委员	候补委员
第二届	彭亮根	李纯志 夏国基 刘新煌 范迪文 谢康生	尹中奇 吴玉泗 任　森 许光仁 易光兴 崔功臣 邓盛厚 李志林 谢康生 李伯仇	毛桂芳　尹中奇　任　森 许光仁　许建春　刘新煌 吴玉泗　李纯志　李德铭 陈德辉　陈骤文　沈履祥 易光兴　周明山　范迪文 欧千钦　欧阳世恩 贺建云　倪佑洪　崔功臣 夏国基　彭乐生　彭亮根 彭银芳（女）虞炳云	徐竹安　邓盛厚 魏金寿　李志林 谢康生　闵昆球 李伯仇（女） 刘文锋　唐镇球 李富宽　龙协邦 李建球　虞文根 陈庆锡　夏国佳 任年丰　吴钢良	仇月香（女） 何先桃（女） 吴阳奇 吴锡纯 张建贤 陈辉景 黄雍美 曹润章
第三届	陈庆锡	唐镇球 夏国佳 陈德辉	任年丰 彭　祥 李建球 吴钢良 孔柳华 吴创林 虞文根 肖建华	万汉生　孔柳华　龙协邦 刘文锋　任年丰 李小新（女）李云华（女） 李建球　李湘岳　杨仁根 吴钢良　吴锡纯　张建贤 陈庆锡　陈德辉　易光兴 周许兵　钟迪华　夏国佳 唐畅勋　彭　祥　程培胜 傅敬彬（武装部缺1人）	吴创林 虞文根 肖建华 刘尧臣	余完成 彭罗生（女） 杨太平 黎安保

续表2－1－8

	书记	副书记	常委	委员	增补委员	候补委员
第四届	陈庆锡	唐镇球 陈德辉 刘尧臣 刘文锋 (1990年2月任)	任年丰 吴钢良 吴创林 肖建华	万汉生　王可成　龙协邦 皮甲杰　任年丰　刘文锋 刘尧臣　刘楚贤　杨太平 杨仁根　李建球　吴创林 吴钢良　肖建华　陈庆锡 陈德辉　张建贤　胡福二 钟迪华　唐年珍(女) 唐畅勋　唐镇球　彭　祥 彭吉斌　彭罗生(女) 傅敬彬　虞文根	吴玉泗 胡　亦 谭先锋 彭亮根 李湘岳 王德恩	黄泽南 余完成 朱小年
第五届	葛送培	刘文锋 任年丰 蒋亚雄	吴创林 龙协邦 胡福二 王德恩 杨太平 傅敬彬 余贤规	万汉生　王可成　王德恩 龙协邦　任年丰　刘文锋 刘珍爵　杨太平　李民主 李细高　肖树荣　吴创林 余贤规　陈德辉　易国光 周立标　胡福二　钟迪华 段方金　徐如胜　徐敦文 唐年珍(女)黄泽南 曹武华　葛送培 彭罗生(女)蒋亚雄 傅敬彬　傅斌池	李迪媛(女) 曹春耕　郑可仗 王志明　许细霞 郭光文　王罗方	杨云辉 马引娣(女) 张作林 刘建光
第六届	郭光文	余贤规 郑可仗 王罗方 段方金	李民主 李迪媛(女) 许细霞 霍东华 李国保 吴晓青	于铁龙　王志明　王昔罗 仇木兰(女)仇锦光 龙协邦　龙卓煌　刘建光 许细霞　李民主　李运帷 李迪媛(女)李国保 李积德　吴晓青 何彩兰(女)余贤规 张立辉　张志群　张作林 范端辅　周柏鹏　郑可仗 胡福二　段方金　倪运清 徐敦文　郭光文　黄季芳 傅金华　霍东华	陈四海 赵岳平 刘继和	林碧华 徐如胜 周群开 吴树言 熊建高
第七届	陈四海 (2000.11－2004.12) 李国保 (2004.12－2005.10)	李国保 郑可仗 张作林 李迪媛(女) 霍东华 龙卓煌	李民主 李运帷 王昔罗 龙卓煌 闵秀明 刘继和 马引娣(女)	于铁龙　马引娣(女) 王昔罗　龙卓煌　朱新斌 任伯钧　刘继和　许细霞 李　健　李民主　李运帷 李国保　李迪媛(女) 李积德　李银海　何中良 闵秀明　张作林　陈四海 周正初　郑可仗　胡东明 胡细国　胡福二　倪运清 谈正红　彭　祥　彭千红 彭栋良　彭善文　傅金华 熊建高　霍东华	樊进军 鲁若冰 王景亮 白维国	叶光辉 葛锦奇 陈岭华(女) 向科军 仇正勇 夏剑光

续表 2－1－8

	书　记	副书记	常　委	委　　员	增补委员	候补委员
第八届	樊进军 （2006.1－2008.3） 白维国 （2008.2－　）	白维国 李民主 周金龙 郭天保	王昔罗 闵秀明 傅金华 鲁若冰 倪运清 尤庆学 彭千红 王景亮 郑晓芝 陈岭华（女） 金海军	于铁龙　王昔罗 王敏求（女）王景亮 尤庆学　毛炼红　仇正勇 叶光辉　白维国　任伯钧 许德煌　李正培　李立宏 李民主　李佳军　吴　侃 吴玲辉（女）吴高明 何中良　余斌三　闵秀明 张作林　陈岭华（女） 陈培宏　周　征　周正初 周群开　郑晓芝　倪运清 徐迪辉　曹武华　曹冠军 巢平辉　彭千红　彭国光 彭善文　葛锦奇　傅金华 鲁若冰　樊进军　霍东华	周金龙 郭天保 金海军	张思中 陈　颖 高　炯 易兴建 郑孝南 夏剑光

第二节　市（县）委全会

一、县委二届二次至八次全体（扩大）会议

1979 年 6 月，召开县委工作会议，县委书记彭亮根作《深入贯彻三中全会和中央四月工作会议精神，夺取全县工农业生产全面大丰收》报告。1980 年 4 月 14 日，召开县委二届三次全体（扩大）会议，县委副书记刘新煌主持，县委副书记李纯志作报告。1980 年 9 月 20 日，召开县委二届四次全体（扩大）会议，县委书记彭亮根作《认清形势，把握时机，千方百计夺取今年农业全面丰收》报告。1980 年 10 月 26 日，召开县委二届五次全体（扩大）会议，学习中央 75 号文件，研究稳定现行责任制，逐步推行专业承包，联产计酬责任制以及培训大队和生产队干部等工作。县委书记彭亮根传达省委书记毛致用在全省县委书记会议上的讲话精神。1982 年 1 月 5 日，召开县委二届七次全体（扩大）会议，县委代理书记刘新煌作报告。1982 年 10 月 10～18 日，召开县委二届八次全体（扩大）会议，主要是集中学习贯彻中共十二大会议精神，县委代理书记刘新煌讲话。

二、县委三届一次至四次全体（扩大）会议

1985 年 10 月 11 日，召开县委三届一次会议，县委书记陈庆锡讲话。1986 年 12 月 22 日，召开县委三届二次全体（扩大）会议，县委书记陈庆锡作报告，回顾一年工作，设想来年工作。1987 年 3 月 29 日，召开县委三届三次全体（扩大）会议，县委副书记夏国佳作《关于全面实行目标管理责任制的有关问题的意见》的报告；县委副书记陈德辉作《抓重点，抓关键，鼓干劲，大干两季度，为突破乡镇企业总收入 3 亿元而努力奋斗》的报告；颁布《关于全面实行目标管理责任制的通知》。1987 年 12 月 11 日，召开市委三届四次全体会议。市委书记陈庆锡作报告；县委副书记任年丰作《关于加强党风建设的发言》；全会通过《关于更换有关机构名称及改任有关领导班子成员职务的决定》，决定自 1988 年 1 月 1 日起各机构和班子正式启用“汨罗市”的名称。

三、市委四届一次至八次全体(扩大)会议

1988年6月27日,召开市委四届一次全体会议,市委书记陈庆锡讲话。1988年10月27日,召开市委四届二次全体(扩大)会议,市委书记陈庆锡传达中共十三届三中全会和省委五届七次全体(扩大)会议精神,并作报告。1989年7月9日,召开市委四届三次全体(扩大)会议,市委书记陈庆锡作报告。1989年12月12~14日,召开市委四届四次全体(扩大)会议,市委书记彭亮根传达学习中共十三届五中全会和省委五届九次全体(扩大)会议精神并讲话。1990年5月5~8日,召开市委四届五次全会,市委书记彭亮根讲话;市委副书记、市长李湘岳作《关于当前经济工作的几个问题》的报告。1991年1月21日,召开市委四届六次全体(扩大)会议,市委书记彭亮根讲话。1992年2月12日,召开市委四届七次全体(扩大)会议。市委书记葛送培讲话;市委副书记、市长李湘岳作关于财政工作的报告。1992年10月30日,召开市委四届八次全会,市委书记葛送培讲话。

四、市委五届一次至十次全体(扩大)会议

1992年11月2日,召开市委五届一次全会,市委书记葛送培作的《加强自身建设,开创新的局面》报告,全会通过《关于围绕经济建设中心加强自身建设的决议》。1993年1月7日,召开市委五届二次全会,市委书记葛送培作报告。1993年6月4日,召开五届市委三次全体(扩大)会议,市委书记葛送培讲话;市委副书记、市长刘文锋就经济工作讲话。1994年2月19日,召开市委五届四次全体(扩大)会议。市委书记葛送培讲话:总结经验,正视困难,客观估价过去一年的工作;上水平,上台阶,创一流,夺金牌,振兴经济上台阶。全会通过《关于在全市干部中广泛开展"我为人民办实事"的决定》。1995年1月18日,召开市委五届五次(扩大)会议,市委书记葛送培作报告。1995年6月22日,召开五届六次全会,市委书记葛送培讲话。1995年12月21日,召开市委五届七次全体(扩大)会议,市委书记葛送培作《万众一心,团结拼搏,二次创业,再展宏图》的工作报告,提出实施农业大开发,壮大工业大支柱,拓展商贸大市场,构筑开放大格局的战略构想。1996年11月17~18日,召开市委五届八次全体(扩大)会议,市委书记葛送培作《认真贯彻〈决议〉精神,把汨罗市精神文明建设推向一个新阶段》的工作报告。1997年2月15日,召开市委五届九次全会,市委书记葛送培作《一切以人民满意为标准,再接再厉夺取新的胜利》工作报告。主要是回顾总结1996年的工作,提出1997年工作思路和经济社会发展主要指标。全会提出继续坚持市委确定的"九五"工作思路,努力实施以爱民、富民、安民为中心的"民心工程",坚持一切以人民满意为标准,加速经济发展,深化以企业改革为重点的各项改革,加强党的建设和社会主义精神文明建设,确保社会、政治稳定,营造一个宽松的发展环境。1997年10月28日,召开市委五届十次全会,市委书记郭光文讲话,客观、全面、真实估价该届市委的工作;关于全市第六次党代会的安排;对开好第六次党代会的几点要求。

五、市委六届一次至六次全体(扩大)会议

1997年10月31日,召开市委六届一次全会,市委书记郭光文发表《肩负跨世纪的历史重任》的讲话,对新当选的六届市委班子提出要求。1998年7月17日,召开市委六届二次全体(扩大)会议,市委书记郭光文作《任尔东南西北风,咬住发展不放松》报告;市委副书记、市长余贤规作《齐心合力抓发展、励

精图治渡难关》发言讲话；全会通过《关于进一步开展向任弼时同志学习，大力发扬骆驼精神，加速建设两个文明的决定》。2000年2月27～29日，召开市委六届三次全体（扩大）会议，市委书记郭光文作《力戒空谈，坚持实干，努力促进汨罗市两个文明建设再上新台阶》的工作报告；市委副书记、市长余贤规作《负重奋进、真抓实干，再造汨罗市两个文明建设辉煌》的讲话。2000年9月24日，召开市委六届四次全会，由市委副书记、市长余贤规主持，通过《关于召开中共汨罗市党员代表会议的决定》，决定于9月27日召开党代表会议，并酝酿讨论出席岳阳市第四次党代会代表候选人建议名单、市委书记郭光文作总结讲话。2001年2月28日，召开市委六届五次全会，市委书记陈四海讲话，要求进一步认清形势；抓好当前工作；充分发挥市委领导核心作用；全会通过《关于制定全市国民经济和社会发展第十个五年计划的建议》。2002年11月6日，召开市委六届六次全会，市委书记书记陈四海作工作报告，把推行“五化”进程（即农村城镇化，农业工业化，农业产业化，市民知识化，服务社会化）作为战略重点，并为开好第七次党代会，要求各位委员带头讲政治、讲党性、讲大局、讲团结、讲风格。

六、市委七届一次至九次全体（扩大）会议

2002年11月10日，召开市委七届一次全会，市委书记陈四海发表《奋发有为，不辱使命，必须建设高素质的领导班子》的讲话。2002年11月10日，召开市委七届二次全会，由市委书记陈四海主持，全会选举第七届市委委员、候补委员及纪委委员，通过第七次党代会工作报告和纪检工作报告两个决议，陈四海作总结讲话。2003年11月24日，召开市委七届三次全体（扩大）会议，主要是贯彻落实11月11日召开的书记办公会议和11月20日召开的常委扩大会议精神。市委书记陈四海作《认清形势，明确目标，超越自我，争先创优》报告。2004年12月15日，召开市委七届四次全体（扩大）会议，市委书记李国保就落实党风廉政建设责任制，加强干部队伍建设，开创各项工作新局面作报告。2004年12月18日，召开市委七届五次全体（扩大）会议，岳阳市委组织部副部长朱葆芝宣读中共岳阳市委对汨罗市委、市政府主要负责人的任免决定，中共岳阳市委常委、组织部长盛荣华作重要讲话，岳阳市副市长陈四海及汨罗市委书记李国保、市委副书记白维国发表即席讲话。李国保讲话内容：倍加珍视团结；倍加努力工作；倍加严格要求。2005年2月4日，召开市委七届六次全体（扩大）会议，主要传达贯彻中央、省委和岳阳市委保持共产党员先进性教育活动工作会议精神，安排部署全市开展先进性教育活动，对第一批先进性教育活动进行动员，市委书记李国保讲话。2005年11月11日，召开市委七届七次全体（扩大）会议，主要内容是学习贯彻中共十六届五中全会和省委八届十次全会精神，研究部署全市经济社会发展的重大事宜；市委书记李国保讲话。2005年10月27日，召开市委七届八次全体（扩大）会议，市委书记李国保作工作报告；市委副书记、市长白维国讲话；全会通过《关于制定汨罗市国民经济和社会发展第十一个五年规划的建议》。2006年6月12日，召开市委七届九次全体（扩大）会议，市委书记樊进军讲话，要求按照上级指示，认真搞好换届选举，开好第八次党代会；以强烈的责任感参与换届选举工作。

七、市委八届一次至三次全体（扩大）会议

2006年6月18日，召开市委八届一次全会，市委书记樊进军讲话，对全市党员干部提出“不负重托，勤奋工作，严格纪律，加强团结”的四点要求。2007年1月6日，召开市委八届二次全体（扩大）会议，市委书记樊进军作工作报告。2007年12月3日，召开市委八届三次全体（扩大）会议，市委书记樊进军作

工作报告;重点是用科学发展观统筹工作;推进新型工业化;坚持统筹兼顾,促进全面协调发展;注重良性互动,促进可持续发展;突出改善民生,促进和谐发展。2008 年 12 月 16 日,市委八届四次全体(扩大)会议在电影院召开,市委书记白维国在会上作重要讲话。该次会议的主要任务:认真总结工作,贯彻落实中共十七届三中全会,中央经济工作会议和省委、岳阳市委全会精神,全面加快进军全省“五强”步伐。

第二章　组织机构

第一节　工作部门

1978 年,县委工作机构设纪委、办公室、组织部、宣传部、机关委员会、落实政策领导小组(下设办公室)、党校、信访科。1980 年 12 月,设统战部,归口管理对台办公室、工商联合会。1981 年 11 月,设政法委。1981 年 7 月,设党史资料征集领导小组(下设办公室)。

1983 年机构改革,至 1984 年年底,县委工作部门设纪律检查委员会、办公室、组织部、宣传部、统战部、政法委员会。县委直属部门设老干部工作局,直属机关党委,编制委员会(下设办公室),党史资料征集办公室,信访办公室,档案科(科、馆合一),党校。1988 年 3 月,设政策研究室。1990 年 3 月,设督查室。

1993～1995 年,党政机关改革、调整。市志办归口市委办公室管理,老干部工作局并入市委组织部。档案局、信访办公室归口政府办公室。纪律检查委员会与监察局合署办公,一个机构,两块牌子。2002 年,市直机关机构改革,市委工作机构设置如下:保留纪律检查委员会(监察局与其合署办公)、办公室、组织部、宣传部、统战部、政法委(社会治安综合治理办公室与其一个机构、两块牌子)、保密委办公室(保密局),史志办并入市委办,对外保留牌子;市委办加挂农村工作领导小组办公室牌子;组织部保留市直属机关党委牌子;统战部保留市委台湾工作办公室(市政府台湾事务办公室)牌子;机构编制委员会办公室加挂事业单位登记管理局牌子,属市委和市政府工作机构。至 2008 年,机构无变动。

第二节　基层党组织

1978 年,汨罗县设基层党委 29 个,其中农村中有公社党委 27 个,工业系统党委 1 个,交通系统党委 1 个;党总支 17 个,其中,农村(场)4 个,工业系统 9 个,交通系统 1 个,财贸系统 3 个;基层党支部 789 个,其中,农村(大队)464 个,工业系统 94 个,交通系统 78 个,文卫系统 74 个,科研系统 1 个,县直机关 69 个,其他支部 9 个。全县共有党员 19782 人。1979 年,在县直局级单位设党组 22 个,党组书记基本由局(科)长兼任。

1981 年 3 月,经县委批准,县人大常委会成立党组。1982 年 1 月,经县委批准汨罗县政协成立党组。

1984 年年底,全县完成机构改革,设党委 45 个,其中,农村乡镇(场)党委 34 个;工业系统党委 2 个,交通系统 2 个,财贸系统 3 个,文教卫生系统各 1 个,县直机关 2 个,其他 1 个。局(科)级单位设党组 29

个。设党总支30个,其中,工业系统16个,交通系统3个,财贸系统7个,文教卫生系统各1个,县直机关2个。设党支部879个,其中农村(村)427个,工业系统109个,建筑系统3个,交通系统26个,财贸系统87个,文教卫生系统87个,科研系统2个,金融系统9个,县直机关115个,其他14个,全县党员22596人。

1993年,全市设基层党委48个,其中乡镇(场)党委36个。党总支54个,党支部1096个,其中农村党支部385个,居委会党支部30个。党组41个。

2002~2008年,全市设基层党委48个,其中农村乡镇(场)党委35个。设党总支69个。设党支部1079个,其中农村党支部375个,社区党支部16个,居委会党支部15个。党组36个。有党员31459人,民营企业中基本建立基层党支部。

第三章　重大决策纪要

第一节　党政机构改革

一、撤销人民公社体制

1983年10月,中共中央、国务院决定实行政社分开,建立乡政府体制。1984年3月,境内的公社、大队、生产队分别改为乡、村、村民小组。4月,新市、长乐恢复为县属镇。5月,撤销蓝家洞林场,将其所辖的高华、三联、山阳、智峰、大同等村置八景乡。白水、弼时、高家坊、川山坪、桃林寺5个乡撤乡建镇。12月,汨罗乡撤乡建镇。至此,全县设置30个乡(镇),385个村,6104个村民小组。

二、1983年机构改革

1983年12月开始,1984年结束。改革后的机构设置如下:

县委工作部门设办公室、组织部、宣传部、统战部、政法委员会。

县委直属部门设老干部工作局、直属机关党委、编制委员会,党史资料征集办公室、信访办公室、档案科(科、馆合一)、县委党校。

县政府工作部门设办公室、计划委员会、经济委员会、农业委员会、科学技术委员会、体育运动委员会、公安局、司法局、民政局、统计局、物价局、劳动人事局、审计局、城乡建设环境保护局、交通局、农业局、林业局、水利电力局、畜牧水产局、社队企业局、财政税务局、商业局、粮食局、工商行政管理局、文化局、教育局、广播局、计划生育办公室。

县政府直属企事业管理单位设物资管理站、农机管理站、供销合作联社、外贸公司、手工业联社。

县政府直属机构设邮电局、气象局、中国人民银行汨罗县支行、中国农业银行汨罗县支行、中国建设银行汨罗县支行、中国工商银行汨罗县支行、中国保险公司汨罗县支公司,由上一级业务主管部门和县人民政府双重领导。

人员编制:该次改革后,汨罗县直党政群机关实有工作人员1314人,政法工作人员307人,事业单位工作人员 4278 人。

三、党政机关改革、调整

1993 年党政机关改革

1993 年,市级机关机构改革试点:体育运动委员会与教育委员会合并为教育体育委员会,统计局与计划委员会合并为计划统计委员会,物价局与工商行政管理局合并为工商物价管理局,环境保护局与建设委员会合并为建设环保委员会,文化局改为文化服务总公司,粮食局转体为国营粮食总公司(加挂“粮食局”牌子),劳动局转体为劳动服务总公司(加挂“劳动局”牌子),农业局转体为农业经济技术开发服务总公司,林业局转体为林业服务总公司,农机局转体为农业机械服务总公司,广播局转体为广播电视服务中心,商业局转体为国营商业集团总公司,老干部工作局并入市委组织部,档案局改为档案馆,归口政府办公室,信访办公室改为市委、市政府信访工作机构,归口政府办公室。

市政府直属工作机构设办公室、计划统计委员会、教育体育委员会、农业经济委员会、建设环保委员会、工业经济委员会、财经贸易委员会、计划生育委员会、科学技术委员会、交通委员会、乡镇企业委员会、人事局、国土房产规划局、公安局、司法局、工商行政管理局、卫生局、审计局、水利水电局、民政局、税务局21 个机构。监察局与市纪律检查委员会合署办公。1994 年,税务局分设国税局、地税局,国税局划归上级主管部门管理。

1995 年党政机构调整

调整原则:按上级规定的机构限额不突破;上级规定的应设机构改为事业、撤并和转体的,照设照改;规范机构名称、市委工作部门称部、办、委,政府工作部门称局,内设机构称股、组、室;原来未经机构编制部门发文的机构一律撤销或并入相关部门。

调整变动的情况:改为事业单位的机构 7 个,广播电视局、档案局、农机管理局、房地产管理局、畜牧水产局、老干部工作局、史志办。除医药总公司保留医药管理局牌子外,其他转体单位均不保留局的牌子。撤销建设环保委员会、计划统计委员会、工商物价管理局,国土房产规划管理局、经济技术协作办。工业经济委员会改为工业局,农业经济委员会改为农村工作办,财经贸易委员会改为外经财贸办。标准计量所改为技术监督局,安全办并入劳动局,能源办并入农村办。

市委工作部门:设办公室、组织部、宣传部、统战部、政法委员会(社会治安综合治理办公室与政法委合署办公)、机构编制委员会办公室。

纪律检查委员会机关与监察局合署办公,一个机构、两块牌子。

政府工作部门 31 个(其中政府组成单位 21 个):办公室、工业局、计划物价局(对外暂保留物价局的牌章)、财政局、民政局、建设局、科学技术局、教育体育局、公安局、司法局、林业局、人事局、劳动局、交通局、农业局、水利水电局、文化局、卫生局、计划生育局、监察局、审计局、农村工作办、乡镇企业局、统计局、工商行政管理局、国土管理局、地方税务局、粮食局、外经财贸办、环境保护局、技术监督局。

信访办作为市委、市政府协调议事机构的常设办事机构,由政府办主管。矿管办为科级事业单位。

人大、政协、法院、检察院、总工会、团市委、妇联、工商联、文联、科协均按章设置,党校设置不变。

市编委对市直各科局单位定职能,定内设机构、定领导职数和人员编制(简称“三定”)。至 1996 年 8月,市直 37 个党政机关和 13 个具有行政职能的副科级以上事业单位的“三定”工作完成。“三定”后的党政机关共设内设机构186个,比1993年机构改革前减少47个,减少20.17%。核定职能371条,减少职能22项,其中下放8项、转移14项。强化职能58项,弱化职能4项,暂时保留的职能34项,增加职能28项。市直党政群及局级事业单位定编1272人。其中行政编制655人,政法部门编制541人,后勤事业编制66人。共配置领导职数119名,内设机构负责人职数186名。

四、2002年市直机关机构改革

该次改革重点是转变政府职能,切实转向服务和协调。改革完成三大任务:调整机构;精减人员编制和领导职数;搞好人员定岗分流。

调整机构

市委工作机构 保留纪律检查委员(监察局与其合署办公)、办公室、组织部、宣传部、统战部、政法委(社会治安综合治理办公室与其一个机构、两块牌子)、保密委办公室(保密局),史志办并入。

市委办公室加挂农村工作领导小组办公室牌子。组织部保留市直属机关党委牌子。统战部保留市委台湾工作办公室(市政府台湾事务办公室)牌子。机构编制委员会办公室为常设办事机构,既是市委的工作部门,又是市政府的工作机构,加挂事业单位登记管理局牌子。

政府工作部门:市政府工作机构不分组成部门和直属机构,统称政府工作部门,名称统一为办或局。

保留的部门:政府办公室、公安局、监察局、司法局、财政局、民政局(加挂民间组织管理局牌子)、教育局、科学技术局、人事局、建设局、交通局、农业局、林业局、文化局(加挂新闻出版局、版权局牌子)、卫生局、计划生育局、审计局、环境保护局。教育局加挂体育局牌子,卫生局保留爱国卫生运动委员会办公室的牌子,司法局保留普法领导小组办公室牌子。

更名的部门:劳动局更名为劳动和社会保障局,水电局更名为水利局。市政府农村工作办公室(市委农村工作部)更名为市农村工作领导小组办公室,对其职能进行适当调整,在市委办公室挂牌。不再保留的部门与合并新组建的部门:计划委员会与物价局合并,组建计划物价局。国土管理局、矿产资源开发管理办公室合并,组建国土资源局。经济委员会和乡镇企业局合并,组建工业局,对外保留乡镇企业局的牌子。不再保留财贸办公室,其职能并入政府办公室。

部门管理机构和议事协调机构的常设办事机构:市委老干部工作局更名为市委老干部局,由事业机构改为行政机构,由组织部管理。信访办公室更名为信访局,由市委办公室、政府办公室共同管理,以政府办公室管理为主。统计局、粮食局为政府部门管理机构,由政府办公室管理。

经上述调整,市委设置工作机构7个,部门管理机构2个。政府设置工作部门22个(监察局与纪委机关合署办公,列入政府工作部门序列,不计政府机构个数),部门管理机构2个。具有行政职能的事业单位:保留档案局、房地产管理局、农村经营管理局、血吸虫地方病防治领导小组办公室、广播电视局、畜牧水产局、农业机械管理局、供销联社。旅游局、招商局合并,组建招商旅游局。房改办与住房公积金管理中心合并,保留房改办的牌子、归口政府办公室管理。非税收入管理局并入财政局。

市人大、政协、法院、检察院、群众团体机关机构改革均参照党政机关机构改革的有关规定执行。

精减人员编制和领导职数

市直党政群机关行政编制由615名减至471名,减少144名,精简23.4%。其中,政府机关精简25%。市委、人大、政协和群众团体机关各精简20%。市直政法部门机关(不包括公安派出所、中队等基层一线执法人员)专项编制由213名减至191名,减少22名,精简10%。精简后,市直政法部门专项编制(包括基层)共保留503名,其中人民法院95名,人民检察院57名,公安局296名,司法局55名。

纳入改革范畴,承担行政职能的事业单位编制精简比例均未低于20%。

部门领导职数一般为2～3名,任务较重,编制较多的部门增加1名副职。市政府领导不再配备助理,原已配备的人员在定岗中改任其他职务。

五、2002年乡镇机构改革

乡镇机关改革

重新划分乡镇类别。按照乡镇人口、财政收入及国土面积三项指标测算,全市有二类乡镇12个:城关镇、古培镇、城郊乡、新市镇、高家坊镇、川山坪镇、白水镇、弼时镇、李家塅镇、黄柏镇、长乐镇、大荆镇。三类乡镇17个:汨罗镇、红花乡、黄市乡、玉池乡、沙溪乡、天井乡、古仑乡、智峰乡、八景乡、三江乡、火天乡、桃林寺镇、新塘乡、白塘乡、磊石乡、屈子祠镇、范家园镇。

2006年上半年,汨罗镇、红花乡、火天乡、桃林寺镇调整为二类乡镇。

精简乡镇机关内设机构。乡镇机关设1个综合性办公室(加挂计划生育办公室牌子),不另设其他专门办公室。乡镇群团组织均按有关规章设置。

减少乡镇机关领导职数。按照上级规定的领导职数配备标准,二、三类乡镇配备领导职数9名。

精简乡镇机关编制。1995年,省编办核定汨罗乡镇机关行政编制总数为714名,按照精简20%的总体要求,重新核定乡镇机关行政编制571名,应减少143名,实际减少88名,精简12.3%。乡镇编制使用1995年省编办制定的标准不变。确因工作需要又有财政支出能力的乡镇,可按行政编制5%～6%的标准配备事业编制,人员实行聘用制。

规范乡镇行政执法及经济监督部门。以乡镇为单位设立的公安派出所,使用行政专项编制,市、乡两级共管、以市直管理为主。按区域设置的新市、白水、李家、长乐、桃林5个法庭使用行政专项编制,实行垂直管理。乡镇司法员使用司法专项编制,与乡镇机关行政编制一起使用,市乡两级共管,以乡镇管理为主。以乡镇为单位设立财政所,使用行政编制,市乡两级共管,以乡镇管理为主,编制另行规定。

乡镇事业站所机构改革

理顺管理体制。市直延续到乡镇的机构、政法系统(不含司法)和实行省以下垂直管理的工商、地税、质量技术监督、药品监督管理等机构以及国土资源工作站,实行市乡共管以市级管理为主,其他站所的人、财、物、事均实行市乡共管,以乡镇管理为主。

精简事业机构。除教育、卫生外,乡镇统一设置8个事业机构。保留的机构是农业技术工作站、林业工作站、畜牧水产工作站、计划生育工作站、乡镇企业工作站、司法所。更名的机构是国土管理站更名为城建国土资源工作站、水利水电管理站更名为水利管理站。

重新核定人员编制,精减人员和领导职数。对乡镇事业单位进行定机构、定编制、定职能、定经费的"四定"工作,站所人员精简30%以上,重新核定乡镇站所事业编制。站所领导职数3人以下配正职1人;3～8人配1正、1副;8人以上配1正、2副。

确立事业单位法人地位。通过事业单位法人登记,赋予乡镇事业单位独立的法人资格,并在组织形式,人员经费上与党政机关分开,依法独立运作。同时,对走向市场和成建制转体的事业单位依法进行注销登记。

人员分流概况

全市精减人员按五条渠道分流:退休、离休一批;创办服务实体分流一批,全市组建产调公司25家,分流干部305人,使绝大部分的分流人员充实到经济工作一线;学习培训一批;充实基层班子和企业转移一批;出台优惠政策,鼓励机关干部和事业单位职工主动分流一批。全市共分流机关干部308人,分流事业单位人员750人,清退临雇人员138人,累计为财政减负800多万元。

六、2005年市政府机构改革

该次改革坚持上下基本对应,实事求是,一切从实际出发,政企、政事、政社分开,权责一致,依法进行的原则。重点完善区域经济宏观调控体系,继续推进流通管理体制改革,加强安全生产监督管理体制改革和体制建设。

加强和完善市政府区域经济调节体系:将市计划物价局更名为市发展和改革局(保留物价局牌子)。为市政府工作部门,负责综合研究拟订经济和社会发展政策,指导经济体制改革,并依法履行物价管理工作职能,增强综合协调经济社会发展的能力。

推动流通体制改革:组成商务局,为政府工作部门,整合国内贸易和对外贸易的统一管理。将内贸工作办公室,物资行业管理办公室、商业行业管理办公室、酒类产销管理办公室的职能并入商务局,并撤销以上工作机构。同时,将工业局承担的产业损害调查,重要工业品和原材料的进出口计划组织实施职能,酒类产销管理职能以及发展和改革局承担的农产品进出口计划组织实施职能并入商务局。内贸工作办公室内设的蔬菜办公室成建制划归农业局,为农业局内设机构。

加强安全生产监管体制建设:将安全生产监督管理局改为政府工作部门。将由卫生部门承担的作业场所职业卫生监督检查职能,公安等有关部门承担的烟花爆竹生产,经营单位安全生产监督管理职能划入安全生产监督管理局。

将计划生育局更名为人口和计划生育局。推动人口与计划生育工作的综合协调,加强人口发展战略研究。

将工业局承担的种植业方面的农业企业宏观协调管理职能以及农业产业化管理职能划入农业局,养殖业方面的农业企业宏观协调管理职能划入畜牧水产局。

调整后,市政府设置工作部门24个。监察局与纪委机关合署办公,列入市政府工作部门序列,不计市政府机构个数。

第二节　经济体制改革

一、农村经济体制改革

1978年10月,汨罗公社有62个生产队在油菜生产中自发实行包产到户的责任制。县委通过实地调查予以肯定。1980年2月,发出《关于建立生产责任制的意见》,规定零星土地、小山塘、田塍、小果园、少量经济作物可以包产到人或包产到户经营,但对水稻生产实行包产到户责任制持否定态度。是年11月,贯彻中央有关文件精神,允许在边远山区和贫困队采取包产到户或包干到户的责任制形式。1981年,实行联产到劳、包产到户、包干到户3种责任制形式有3626个生产队,占总数的60%。1982年2月,境内6194个生产队,除2个队外,全面推行家庭联产承包责任制。1984年3月,撤社复乡,公社、大队、生产队分别改为乡、村、村民小组。4月,新市、长乐恢复为县属镇。1985年2月,延长土地承包期,此后,逐步完善以家庭联产承包为基础的双层经营机制,强化社会化服务。1990年6月12日,市委、市政府制定关于完善农村双层经营体制的意见,进一步调动农民家庭经营的积极性和集体统一服务的优越性,促进农业生产的发展和农村经济的繁荣。1997年10月5日,市委、市政府出台《关于加快宏观农村小康目标的意见》。加快农村奔小康的步伐。2003年2月19日,市委、市政府做出大力推进"五化"(即农村城镇化、农村工业化、农业产业化、市民知识化和服务社会化)的决定。2004年,市委、市政府贯彻中央一号文件,坚持按照"多予、少取、放活"的方针,狠抓"五个到户",即中央一号文件宣传到户,粮食直补,良种补贴资金落实到户,降低农业税3.6个百分点政策张榜公布到户,粮食播种面积计划落实到户、粮食最低收购价政策宣传到户。2005年,全面取消农业税,增加农民收入。

二、企业体制改革

1981年8月,县委提出让"包"字进工商企业,在工交企业推行盈亏包干,经营成果与职工切身利益挂钩的责任制,企业内部采取按件、按产计酬等分配形式,端掉"大锅饭"。1985年,进一步扩大企业自主权,完善经济责任制,发展横向经济联合,鼓励引进联营。1989年,在部分企业实行建立内部银行,优化劳动组合,全员风险抵押承包,企业兼并等改革措施。1992年,国有、二轻工业企业移植乡镇企业的管理办法,商业企业实行经营、价格、分配、用工四放开。1993年,国有工业企业实行股份制改革的试点,在商业店柜实行"资金自筹,人员自组,经营自主,盈亏自负,包干上缴"的管理体制。对资不抵债的工商企业触动产权,实行破产或拍卖。1994年12月,市政府成立工业企业改革领导小组。1996年,成立转机建制办公室,向部分企业派驻体改工作组,全面落实中共十四届五中全会关于实现"两个根本转变"的方针,加快工业企业改革步伐。1997年,市政府出台《工商企业改革实施方案》等十个政策性配套文件。1998年4月8日,市委、市政府召开乡镇企业、个体私营经济工作会议,参会总人数达5000人。市长余贤规作《以提高质量效益为中心,推动全市乡镇企业和个体私营经济再上新台阶》的报告,并对有突出贡献的个体私营企业主予以表彰和奖励。1999年3月5日,市委、市政府作出《关于加强全市乡镇企业和个体私营经济发展的决定》,个体私营经济成为地方经济的重要组成部分。至2008年,全市34家市属工业企业,共破产卸债4.3亿元,拍卖兑现资产7132万元,安置职工4401人。

三、财税体制改革

1990～1992年,市财政连续3年出现巨额赤字(1990年922.6万元,1991年825.7万元,1992年638万元)。1993年,市委、市政府出台一系列政策和措施,强化预算约束,严格控制支出,统筹调动资金,确保预算执行,财政实际收入5103万元,是年未出赤字。1994年1月1日,全国实行分税制财政管理体制,市委、市政府下发《关于加强1994年度财政工作的决定》。1994年4月20日,市委书记葛送培、市长刘文锋召集市委、市人大、市政府、市政协四大家领导和人民银行、工商银行、农业银行、税务局、财政局等单位主要负责人研究财税工作,形成统一意见:高度重视财税工作,增强抓财政收入入库的紧迫感;加大征管力度,强化征收手段;全力合作齐抓共管,加快财政收入入库;合理调度资金,维护全局稳定;努力争取上级支持,解决汨罗财政困难。1994 年 9 月,根据国务院关于组建中央和地方两套税务机构的指示,市税务局分解为市国家税务局和市地方税务局,实行分类管理。国家税务局主要负责 11 项税收征管,即增值税、消费税、中央企业所得税、地方和外资银行及非银行金融企业所得税、证券交易税、境内外商投资企业和外国企业的各项税收以及外籍人员缴纳的个人所得税、出口产品退税的管理、集贸市场和个体户中缴纳增值税的纳税人的各项税收、中央税的滞补罚收入、按中央共享税附征的教育费附加、国家交通能源基金、调节基金。地方税务局主要负责营业税、个人所得税、企业所得税、土地增值税;固定资产投资方向调节税、土地使用税、屠宰税、资源税、城镇建设维护税、印花税、车船使用税、房产税以及教育费附加。2008 年,市本级财政收入达 8 亿元,进入全省十强。

四、住房制度改革

1990 年,市住房制度改革领导小组成立,制定《汨罗市住房制度改革方案》。1991 年,市房地产信贷部成立。1993 年,制定《直管公房出售管理办法》,推行直管公房出售。1993 年年底,罗城房地产开发公司成立。至 1995 年,该公司建成城西商业街,8 栋商品房,建筑面积 12237 平方米。此后,国家工作人员不再享受国家住房分配待遇。

第三节　发展市(县)域经济

一、发展农村经济

1978 年 1 月 19～23 日,县委召开全县国家干部大会。县委书记彭亮根代表县委作《带头真心学大寨,夺取农业高速度》的报告,会议表彰 380 名学大寨先进个人。9 月 12～15 日,县委召开县、社、大队三级干部大会,贯彻中共中央 1978 年 37 号、42 号和 47 号文件精神,千方百计减轻农民负担,切实转变干部作风,更好地调动广大干部、群众的社会主义积极性,促进农业学大寨运动深入开展。至 1979 年,全县粮食总产量 26.8 万吨,亩产 312.3 公斤;农业总产值 29622 万元,农民人均收入 150 元。

1981 年 5 月 22 日,县委召开社、镇、场党委(总支)书记会议,彭亮根就关于加强和完善生产责任制,夺取农业大丰收,加强思想政治工作,进一步发展安定团结政治局面等问题作讲话。

1982 年 2 月,县委从各部门抽调干部 1000 余人,各公社、镇、场抽调干部和离退休人员 2000 余人,组成 31 个工作队,427 个工作组,下到各地,帮助和指导完善生产责任制。至 3 月月初,6194 个生产队全部实行包干到户责任制。1982 年,农民人平纯收入比 1980 年增长 152.88%(不含从乡镇企业分配部分)。1982 年 6 月 12 日,县委组织开展林业“三定”(即定林权、定自留山、定山林责任制),“三证”(即所有证、使用证、管理证)工作,并宣布自留山权证 50 年不变。至 11 月,全县发证的生产队 5238 个。

1985 年 2 月,贯彻中央《关于进一步活跃农村经济的十项政策》和全国、全省相继召开的农村工作会议精神。围绕加快农业总产值翻番,调整农业产业结构,提高农业现代化水平。

1986 年 8 月 14 日,省农业厅厅长王守仁到汨罗现场办公。与县委、县政府负责人交换意见,当场拍板解决三个有关问题:确定从 1987 年起,把汨罗列为全省瘦肉型生猪基地之一;确定将范家园茶叶示范场技术改造项目列入全省示范茶场场改造规划，加强对茶场的技术指导和机械设备援助；同意将汨罗县种苗场迁到新市镇，解决贷款4万元，并分担60%的贷款利息。

1984年后，全县累计投工320万个，筹资540多万元，造林2万多公顷，森林覆盖率由1983年的26.5%上升到40.4%。经省林业厅检查验收，认定已实现宜林荒山绿化的目标。1989年3月，省绿化委第六次全体(扩大)会议在汨罗召开。汨罗作《切实加强领导，三年消灭荒山》的汇报。省绿化委在大会上授予汨罗"湖南省消灭荒山第一市"的称号，并竖碑存念。

1994年4月下旬，省农业综合开发办公室宣布汨罗为全国棉花生产百县开发区之一。省农业综合开发办公室投资300多万元，加强汨罗的棉花生产基础设施建设。1994年5月，汨罗被列为国家"水稻优质、高产、高效，机械化综合技术生产丰收计划"实施基地。

1995年7月2日，农业部组织南方八省农口部门负责人、专家30人到汨罗，参观火天、桃林寺等乡镇的高油玉米生产现场，称赞"汨罗开发高油玉米的确是振兴农村经济的好路子，将从根本上改变南方农民的种植习惯"。是年10月25日，应林业部邀请，澳大利亚昆士兰州林业所所长汉斯、昆士兰州林务局高级计划官格兰特组成的松树人工林考察一行5人到汨罗，在白水苗圃、桃林林场进行考察。

1999年12月，国务院和省、市相继作出有关整顿清理农金会的指示。1993年，成立农金会。至1999年，境内共建农村合作基金会36个，村级代办站325个，涉及27个乡镇场(李家塅镇、八景乡、玉池乡除外)和市经管局、林业局等单位。2000年4月8日，全市开始整顿农村合作基金会，历时8个多月清理整顿，清收欠款、清产核资、首期兑付工作均达预期目的，农村社会稳定。

2000年10月，召开驻107国道沿线乡镇农业产业结构调整工作动员会。是年，10月25日从市直单位抽调200名干部下到沿线乡村帮助农户发展秋冬生产，搞好产业结构调整。9个乡镇的13066.67公顷耕地，全部实行稻田改制：种植蔬菜3333.33公顷，油菜666.67公顷，绿肥2000公顷并翻胚666.67公顷，突出抓好133.33公顷荷兰豆和6667公顷白玉春萝卜的试验示范。12月，首家农业股份制公司——大荆农业科技开发有限责任公司，租赁田土333.33公顷，规划13.33公顷精品黄瓤西瓜、10公顷鄂莲一号早熟田藕、6.67公顷大棚保护地栽培无公害蔬菜，3.33公顷新品种科研示范基地，100万羽土杂鸡养殖等五大发展项目，年产值达1500万元以上，纯收入150万元以上。

2002年，市委、市政府提出"农业产业化、农村工业化、农村城镇化、服务社会化、农民知识化"构想。全市15万农户农业结构调整，形成复种面积2万公顷时鲜瓜果菜，2万公顷玉米及牧草，3333.33公顷河蟹青虾等特种水产，6666.67公顷落叶水果及6666.67公顷速生造纸林业五大规模种养板块。

2008年，汨罗市完成农业总产值36.57亿元，粮食总产量达33.99万吨，农民人均纯收入达5105元，出栏生猪110万头，牛1万头，出笼家禽279万羽，完成水产品总量3万吨。农业产业化龙头企业19家，新成立10个农产品专业协会和200个合作经济组织，绿色食品基地5个，绿色食品认证10个，年内农业招商引资项目100个，到位资金2亿元，兴建和投产项目85个。

二、发展工业经济

1979年1月，县委召开工交、财贸战线学大庆大会。县委副书记夏国基作《认清形势，解放思想，把我县工交财贸工作转移到现代化建设上来》的报告。会议制定一系列措施，把工交、财贸战线的工作重心迅速转到社会主义现代化建设的轨道上来。

1984年,召开县域经济工作会议。传达学习中央和省委、地委经济工作会议精神,分析工业生产落后的原因。会议认为,经济工作是一切工作的中心,各部门单位都要突出经济建设中心,为振兴汨罗经济服务。

1984年11月23日,县委召开党员骨干会议。传达贯彻中共十二届三中全会精神和省委三级干部会议精神,学习《中共中央关于经济制度改革的决定》等重要文件,强调要把经济体制改革作为中心任务,切实抓紧抓好。

1985年4月29日,岳阳行政公署在汨罗召开地区工业生产会议。会议贯彻全国、全省经济工作会议精神,明确提前翻番和转轨变型的指导思想,并就如何加强领导,加强服务,狠抓关键性措施落实等议题进行研究。汨罗在大会上介绍经验。11月19日,县委、县政府在氮肥厂召开党政负责干部会议。根据中共中央关于"七五"计划的精神和汨罗提前完成"六五"计划的实际,县委、县政府确定全县经济和社会发展第七个五年计划的奋斗目标:国民生产总值年均增长速度为保七争八,其中农业保五争六,工业保九争十;工农业总产值到1990年突破5亿元。在1980年的基础上增长一倍半,同时基本保持国民收入和工农业总产值同步增长,财政收入和人民群众的收入相应增加。

1986年9月23日,县委召开乡、镇、场党委书记及有关部门负责人会议,围绕乡镇工业全面达标创优研究具体措施,要求乡镇党委必须把乡镇工业生产提到重要议事日程,采取有效措施把生产搞上去。

1989年12月,岳阳市委、市政府授予汨罗市城郊乡为"岳阳市第一个企业产值过亿元"的乡镇。该乡有乡、村联合体及个体企业1597家,固定资产1764万元,从业人员7187人,占全乡劳力总数的74.9%,1989年乡镇企业总产值1.03亿元。

1992年4月26日,经省体制改革委员会批准,在汨罗城区屈原大桥以西建立"罗城经济开发区"。

1993年5月,白水镇瓜子开发集团5个月销售瓜子3000多吨,30个瓜子加工厂从业人员达2500余人,产品远销国内20多个省市及俄罗斯、缅甸、越南等国。8月17日,市委、市政府召开负责干部大会,传达贯彻中央6号文件精神。市委书记葛送培在大会上指出,要正确对待经济发展速度,要正确对待各类开发区,一些乡镇自行搞的开发区要摘"帽子",但发展的目标不能变,建设的速度不放慢;正确对待改革中的各类举措;正确对待经济工作中的失误;加强宏观调控,优化经济发展环境。年底,实现乡镇企业总收入18.72亿元,主要经济指标进入湖南省先进行列;长乐、汨罗等10个乡镇企业产值过亿元,其中城郊乡突破3亿元。1993年年底,新市镇从事废旧物资回收加工业者达1000余户、4000余人,成为远近闻名的"废旧物资回收利用之乡"。

2000年3月,汨罗市团山花园建设指挥部正式成立。团山花园建于新市镇团山村,分生产区、生活区、飒区;分生产区、生活区、商贸区;南抵省道1809线,北至汨罗江,跨新市镇团山村、丛羊村、城郊乡上马村;规划面积66.67公顷,摊位1000个,居民1000户,年税收1000万元。3月月底,新市工业小区被列为省级示范小区。2000年6月22日,省委副书记、省长储波,省政府秘书长杨泰波,在岳阳市党政领导于来山、罗碧升、高碧云、赵协成等陪同下,深入大荆镇、新市镇和汨罗镇就如何发展县域经济进行实地考察,储波在听取市委书记郭光文关于县域经济发展的情况汇报后,就如何发展县域经济指出,湖南县域经济如何发展是一个亟待解决的问题,通过对汨罗的考察,找到一些答案。汨罗抓县域经济发展的一些做法比较到位,比较符合实际。储波最后肯定汨罗市近几年发展县域经济的思路很好,希望进一步提高工业化和城市化水平,促进县域经济的快速发展。2000年,全市实现国内生产总值32亿元,完成工业总产值49.19亿元;工业企业3164个,其中个体私营企业2373个。

2001年1月1日,团山再生资源大市场开工建设。2005年3月,罗城经济开发区启动国家循环经济试点申报工作,并邀请省发改委副主任易鹏辉一行到汨罗市工业园考察。随后,邀请省国际咨询公司编制再生资源产业园项目建议书和建设方案,以迎接国家发改委专家考察。10月,团山再生资源市场被列入全国循环经济试点单位,成为中南地区最大的再生资源交易中心。2008年,汨罗市工业企业发展到3544家,其中规模以上工业176家,规模以下工业3368家,从业人员35742人;在岗职工年均工资15837元;工业总产值194.186亿元,实现利税总额4.82亿元,全员劳动生产率82.4万元/人。汨罗新型工业化列入湖南省十强市(县)。

三、发展商贸经济

1978年12月,商品贸易逐步取消统购包销的体制,实行多种经济成分,多种经营形式,多种流通渠道并存,减少中间环节的流通体制。在对国营、集体商业的管理体制和经营方式进行一系列改革的同时,鼓励个体私营商业服务业发展,鼓励农民进城经商办企业,鼓励长途贩运和产销直接见面,商品贸易出现空前活跃和繁荣的局面。

1989年,境内有商业机构4270家,其中全民制商业248家,集体制商业607家,个体有证商业3415家。从业人员13745人。社会商品零售总额29959万元,城镇个体工商业1819户,从业人员2587人,自有资金46243万元;农村个体工商业3576人,从业人员5970人,自有资金119550万元。是年2月28日,市委召开党政负责干部大会。贯彻中共十三届三中全会精神和中央、省、岳阳市召开的农村工作会议精神,研究制定进一步治理经济环境、整顿经济秩序、全面深化改革、稳定市场物价、稳定社会秩序的工作方案。

1992年11月1日,城镇居民口粮及农村统销粮供应由计划价改为市场定价,实行国家宏观调控。

1993年3月,国营商业系统224个柜组实行国有民营。是年8月9日,市委、市政府发出《关于严禁乱收费、乱罚款和乱集资摊派若干问题的规定》。

1996年3月,兴罗门市场竣工投入使用,共有经商门面306个,住宿套房198套,总建筑面积2.11万平方米,总投资1430万元。市场营业情况良好,成为境内及周边县区物资交流集散中心。是年5月,市物资集团总公司被国家内贸部定为全国县级物资企业改革6个重点联系单位之一。

1998年12月31日,市供销社股金办经过近一年的清理整顿,共清收逾期股金本息520.9万元,共付股金本息939.9万元,尚欠股金本息321万元,风险基本化解。

1999年6月28日,市新华书店被命名为"全省新华书店精神文明示范单位",并在市新华书店中心门市部前举行授牌仪式。省新华书店副总经理蔡培根、岳阳市新华书店经理刘子键以及汨罗市领导彭祥等出席授牌仪式。市新华书店连续9年被评为岳阳市先进新华书店,并被评为全国"农村图书发行百强县"。是年11月25日,在全省首届农博会上,范家园茶场的龙舟牌优质茶叶,李家塅镇湖南天子家私、湘华酒业有限公司的屈原酒荣获金奖。省委副书记胡彪、副省长庞道沐等到汨罗展厅察看,高度评价汨罗展出的各类名优特新产品。

2001年,汨罗市社会消费品零售总额93054万元,其中城区46896万元,农村46158万元。

2002年10月,天恒量贩大型超市开张营业。该超市位于市中心广场北侧,占地面积2000平方米,共有六层,经营面积4000平方米,投资1500万元,安排城区待业人员200人,商品种类齐全,是年新增税收10万元。

2008年,汨罗市社会消费品零售总额22.94亿元,其中城区13.04亿元,农村8.9亿元。城乡个体工商业9504户,从业人员14301人,零售业14.5亿元。

四、建立经济开发区

1992年4月,建立罗城经济开发区。1993年年底,省政府确认罗城经济开发区为省级开发区。该区原规划面积1.5平方公里。"西湖公园"立项后,规划面积增至2.26平方公里。至1996年,社会各界到开发区投资兴业者达500余户,总投资2亿元,区内建成9条城市主干道,开发2条商业街,建成3个居民新村。

2003年3月,罗城经济开发区又在新市镇建立汨罗工业园。2005年,经国家发改委审核批准,与罗城经济开发区一起更名为湖南汨罗工业园区(为正处级单位),规划面积15平方公里。3年投资近4亿元,开发面积5平方公里,构建园区三横四纵的交通网络,入园企业33家。2005年,园区工业总产值达23亿元,完成税收过1亿元,安排农民工3000多人。

2008年,洽谈项目30多个,已签约项目26个,入园10个。全年实现产值70亿元,完成税收3.3亿元。

五、扩大招商引资

1993年3月,市委、市政府以"开放兴市,招商富民"为指导思想,在市外经财贸办设招商办公室。1996年5月,成立招商局,充分发挥汨罗籍在外地工作的人多有影响的优势,扩大招商网络。每年,市领导和招商局负责人利用广交会、湘交会、岳阳招商会广交海内外朋友,开创招商引资良好局面。1997年至2001年,全市共引进域外资金项目379个,总投资规模达240047万元。

1999年12月8日,1999湖南汨罗经贸洽谈会召开。产品展销与洽谈分农业、工业、乡镇企业、招商、旅游和财贸六大展区。洽谈会共引进资金70130万元,签订投资项目12个。

2003年,市委、市政府把工作重点放在招商引资上,决定2003年为汨罗招商引资年,全党动员,全民动手,全方位抓招商引资,招商引智。2008年,引进94个项目,合同引资548亿元,实际到位资金19亿元。

第四节　加强基础设施建设

一、加强水利建设

1978年,县委、县政府着力抓好中小型水库加固改造工程。5月10日,全国农田基本建设办公室编辑的《农田基本建设简报》第24期发表文章《汨罗、醴陵两县加固改造中小型水库成效显著》。

1982年,县委成立铁山水库(大型)灌区配套工程汨罗指挥部。11月3日,该灌区经过汨罗境内的汨岳分干渠开工,该工程全长21.25公里,国家投资165万元,施工任务由江北14个公社承担,上工地劳力达4.5万人,经过50天奋战,于1987年12月月底竣工,共完成土石方184万立方米,投工190万个。

2002年5月,蓝家洞水库大坝除险加固工程动工,总投资1545万元。争取国债资金800万元。

2001～2003年,完成汨罗江沿江大道和友谊河综合治理两大防洪工程。两项工程共投资21847万元。

2005年11月,向家洞水库除险加固工程动工,总投资1370万元,其中国债补助资金680万元。

2006年4月,历时3年的汨罗水库除险加固工程全面完工,工程总投资1958万元,其中国债930万元。

至2008年,整治各类病险水库120座,其中列入岳阳市财政支持8座,列入汨罗财政支持43座。

二、部署城区建设

1983年,县委决定对县城重新规划。是年7月,《汨罗县城总体规划》编制完成,规划县城面积8.5平方公里。1988年县改市后,第三次修编汨罗城市总体规划,设高泉、新市、獭塘、营田4个区,面积18平方公里。至2008年,建成区面积达15平方公里。城区有街道34条,总长55.33公里,总面积197.536万平方米,路灯3438盏,照明线路长48110米。城区绿化总面积3.94万平方米,中心区绿化覆盖率达40.6%,人均公共绿地面积7.2平方米。已开通公共交通线路15条,公共客运车辆257台,出租车200台。配有各类环卫机动车辆15台;城区建公共厕所24座,年清运垃圾6.5万吨,街道清扫面积76.08万平方米。城区房屋建设据2006年统计,有房屋建筑面积436万平方米,其中住宅建筑面积195万平方米,人均居住面积15.6平方米;办公楼最高12层。城区自来水日供能力3万吨,自来水普及率达98%。

三、夯实公路建设

1978年,汨罗市(县)国、省、县、乡四道仅235.03千米。1981年,全县有乡村道308条、668.4千米,均为砂石道。1998年3月,市委、市政府成立汨新路拓宽改造工程指挥部。汨新路全长8.56千米,主车道双向6车道,总造价1亿元,是年8月18日开工,1999年12月全面竣工。2004年,编制《汨罗市通村公路建设规划(2004～2020)》,省市对里程数进行复核,批准该规划。2006年7月,成立汨罗市农村公路建设领导小组,对村组公路逐年实施三、四级硬化标准修筑。至2008年,127条乡道完成硬化任务,1663条村组道完成任务1000多千米,占83%。至2008年,境有国道2条(京珠高速公路,107国道),省道3条(S308、S307、S201),县道19条,乡道127条,村组道1663条,共1814条,里程为3397.9千米,是1978年的14.4倍。

四、支持铁路建设

2006年4月,汨罗市成立武广客运专线建设协调领导小组。武广高速铁路汨罗段途经9个乡镇,境内全长52.035千米。武广铁路汨罗火车站位于新市镇合兴村7组,占地面积6000平方米,投资5400万元,武广铁路投资2700万元,地方投资2700万元。2009年12月26日,武广客运通车,汨罗东站日停车13趟。

第五节　发展社会事业

一、推行素质教育

20 世纪 90 年代初，市委把教育摆在优先发展的战略地位。建立市、乡主要领导每人联系一所学校，每年召开一次教育工作会议制度；坚持从教育系统内部选拔懂教育、会管理的专家型人才任教育局长，大力支持教育部门和中小学推行素质教育。1986～1992 年，筹措 8486 万元经费用于改善办学条件。

1990 年，市教委提出“打破应试教育，确立素质教育”的新举措，在全市中、小学全面推行素质教育教研教改工作。1991 年《人民教育》以《这里德育之树常青》报道汨罗德育工作。1996 年 2 月，《人民教育》《湖南教育》分别发表《大面积推行素质教育的探索——汨罗市中小学教育改革 12 年写真》的长篇报道。5 月 8 日，国务院副总理李岚清考察汨罗素质教育，明确指示“汨罗经验要逐步在全国推广”。1996 年，共接待到访汨罗的考察团队 1350 多批次，来访人员达 3.1 万多人。1997 年，省委宣传部课题组文章《提高民族素质的基础工程——汨罗市 13 年推行中小学素质教育的思考》在《求是》杂志上发表。

2001 年 9 月 28 日，《湖南日报》头版头条发表《汨罗教育改革继续迈大步》的文章。2006 年 11 月 19 日，国务院国务委员陈至立视察汨罗教育。

二、开展科技兴市

1978 年 1 月，县委批准成立“汨罗县科学技术委员会”。1979 年 1 月 3 日，县委召开汨罗县科学大会。大会听取范迪文作《动员起来，大办科学，为加快我县社会主义现代化建设步伐而奋斗》的报告。大会主要任务是认真落实中共十一届三中全会精神，进一步贯彻全国、全省、全区科学大会的精神，动员全县人民和广大科技人员，为加速汨罗科学技术发展而奋斗。县科委编印《汨罗科技》刊物，与全国各县（市）交流。

汨罗市推广农村利用沼气时间久，影响大。沼气办先后研制薄膜沼气池、瓦缺沼气池、船形沼气池、水压式圆形沼气池、分离浮罩式沼气池，在农村广泛使用。1986 年，农业部派县沼气办负责人王建山任沼气专家组组长，到非洲莱索托王国传授沼气技术。

1985 年，县委成立科技工作领导小组，由县长任组长。1988 年，推广科技项目 300 多项，其中 185 项取得较好成效，撰写试验报告 200 多份。1993 年，市科委从北农大引进“高油玉米”新品种，在 9 个乡镇种植 1333.33 公顷，最高亩产 750 公斤。1995 年，该项目列入国家星火计划项目。

2002 年，市农业产业结构调整，将大荆、黄市、红花 3 个乡镇申报省级生态农业科技园。2004 年，汨罗成功申报国家“十五”重大科技攻关项目“国家粮食丰产科技工程”，被列为“湖南水稻丰产高效技术集成研究与示范”汨罗技术示范区。在 7 个乡镇建立 6666.67 公顷水稻种植技术示范区。

2002 年，市委、市政府制定《汨罗市科技进步奖励实施细则》。至 2008 年，全市获奖项目 372 项，其中国家级 4 项，省、部级 29 项，地（市）级 112 项，市（县）级 227 项。

三、丰富群众文化

1979 年，举行汨罗县第三次农村业余文艺会演，沉寂 20 多年的巴陵戏重上舞台。1981 年 1 月 22～

25日,县委召开全县群众文化工作会议。各乡镇的文化辅导员,民间艺人,业余剧团负责人,业余作者等150人参加会议。

1982年,甘征文创作的剧本《八品官》被评为全国1981年优秀剧本之一,获文化部奖励。曹宪成创作的《打酒》《铁匠做媒》和黄达伟创作的《路遇》剧本均获省、地文化部门奖励。

1983年,全县建起农村文化中心22个、社办影剧院17座。是年,高家坊镇农民作家龙楠林的长篇小说《雄鸡三唱》(后改名为《畸人传》)组织专题讨论会,省文艺出版社领导和专家到会指导。1985年春节,组织长乐、新市、红花、城郊4个乡镇举行故事会大型活动,出动高故事400多台,观众达10万多人。

1987年,组织"粥时杯"文体大赛,比赛项目有歌咏、戏剧、书法、篮球、象棋、拔河等。有1524支代表队、16348人参加,历时1年,比赛5435场。1989年,市第二届金秋艺术节,彭亮根、李湘岳、吴玉泗、尹中奇等领导登台唱歌。

1998年10月,举办"1998风雨同舟"赈灾文艺晚会,现场募捐260余万元,支援汨罗抗洪救灾。

1999年9月8日,文化局组织创作编排的大型现代戏《赵乡长转圈》在大荆镇墩河村首场演出,该剧由市文联主席甘征文执笔,市花鼓剧团排演。2000年12月,《赵乡长转圈》获湖南省第三届剧目会演一等奖。2002年12月,《赵乡长转圈》获中国第15届曹禺戏剧剧本金奖。

2002年11月23日,小戏《买瓜》被文化部选调在首都人民剧场公演,受到文化部表彰。

2007年9月29日,举行庆国庆、迎十七大"家园情"文艺晚会,市委、市人大、市政府、市政协领导登台表演,观众数万人。

四、控制人口数量,提高人口素质

1979年12月,县革委会制定《关于计划生育若干问题的规定》,开始加大计划生育工作力度。

1982年,中共十二大把实行计划生育确定为基本国策。是年5月,县委发出《关于计划生育工作若干问题的具体规定》,严格控制第二胎,坚决杜绝第三胎,征收超生子女费,并对前段违反计划生育规定的进行清理和处理。1987年,汨罗市人口出生率、一孩率、计划生育率、晚婚率、节育率均达到或超过岳阳市的目标管理指标,首次被评为岳阳市计划生育工作先进单位。

1989年,市委进一步加强乡级"四位一体"(即计生办、服务所、计生协会、人口与计划生育学校)和村级"三位一体"(即服务室、计生协会、人口与计划生育学校),加强计划生育基层工作。1991年,省计生委在汨罗召开基础工作现场会,市委在会上介绍建立"四位一体"工作体系,加强计划生育基层基础工作的做法,其经验被称为汨罗模式,在全省推介。

1993年后,市委开始对乡(镇)级半年度、年度计生工作目标管理考核进行评估排队,至1997年,市委以"三个方阵"分类推进为标志,全面提高计划生育工作整体水平。按照国家提出的"三三三二一"工作思路,落实计划生育"三不变"(即人口和计划生育工作要坚持各级党政"一把手"亲自抓负总责不变,坚持现行的生育政策不变,坚持既定的人口控制目标不变),"两个转变"(即实现工作思路由以往仅就计划生育问题抓计划生育向与经济社会发展紧密结合,采取综合措施解决人口问题转变,由以社会制约为主逐步建立利益导向与社会制约相统一的机制转变),"一个目标"(即控制人口数量,提高人口素质,改善人口结构,基本实现"村为主"的要求)。

1999年7月,市委组织开展"婚育新风进万家"活动,人口和计划生育工作进入一个新的发展时期。

市委、市政府召开千人计划生育工作动员会，全市上下变压力为动力，奋力拼搏。是年年末，计划生育工作进入全省第六名。

2000年，第五次人口普查和年末统计结果表明，1990年至1999年，全市年均人口出生率为12.3‰，比20世纪70年代下降16.93‰，比20世纪80年代下降4.19‰，比全国同年低2.08‰。计划生育率达90.46%，比1990年上升28.53%，人口得到有效控制。是年5月，市委、市政府发出《关于贯彻实行〈湖南省计划生育条例〉的具体规定》。

2001年12月，《中华人民共和国人口与计划生育法》颁布，市委坚持依法行政，采取法律手段，认真治理生育环境。2004年1月，市委、市政府作出《关于切实做好人口与计划生育工作的决定》。结合境内实际制定整套工作方针和措施。坚持党政"一把手"亲自抓，负总责。2005年，市委书记陈四海撰写的《人口和计划生育工作负总责的思考与对策》论文，获省第七次人口科学大会特别奖。

2006年，市委制订"十一五"人口发展规划，组织各方面力量抓落实，防止第四次人口出生高峰期人口计划生育反弹，把人口出生率控制在11‰以内，总人口控制在65.12万以内。2008年，汨罗被评为"全国计划生育优质服务先进市"。

五、新农村建设

2006年3月13日，市委、市政府成立社会主义新农村建设领导小组。樊进军任顾问，白维国任组长。新农村建设的奋斗目标：按照"生产发展、生活富裕、乡风文明、村容整洁、管理民主"要求，把农村建设成富裕之村、秀美之村、文明之村、和谐之村。市委要求在2006年将新书村、金沙村、李家坪村、白水村、弼时村、神鼎村、长南村、高燕村、芭蕉村、石仑村、双墩村、清联村、桂花村13个村建成示范村。市委、市政府采取招募志愿者，部门单位扶持、社会捐资等形式开展工作。2006年，累计投入新农村建设资金8720万元，其中本级配套投入2945万元，争取上级专项资金5175万元。年内铺开各类水利工程6000余处；衬砌标准渠道160公里；硬化通乡公路6公里，村组公路310公里；完成沼气池800口；新建三格式无害化厕所1936个；改扩建乡镇卫生院15所；敬老院3个；客运站场2个；改造23所学校危房3万余平方米；完成"清洁工程"200户；新建垃圾池180个；绿化庭院5万余平方米，绿化苗木4000余株，绿化空坪隙地9000平方米。

六、发展红色旅游

1999年9月，成立汨罗市旅游开发领导小组，由分管文教卫的市委副书记任组长。2000年6月，成立旅游局。开展红色旅游，成为旅游业的重头戏。

任弼时故居　是全国重点文物保护单位，省爱国主义教育基地，湖南青年志愿者学雷锋活动基地。为纪念任弼时100周年诞辰，1998年3月，中共中央、国务院批文建馆。筹资3000多万元，新征地5.35公顷，建立主馆、铜像广场、牌门楼等10余项工程，总面积11360平方米。2004年4月25日，成功举办任弼时诞辰百年庆典暨开馆仪式。任弼时纪念馆系国家AAAA级旅游景区，是全国100个红色旅游经典景区之一。

玉池山风景名胜区　玉池山有"三山十洞八平湖"之称。1945年3月，八路军南下支队进驻湘北，改名为国民革命军湖南人民抗日救国军，决定派杨宗胜，吴光远率第六支队进驻汨罗。4月7日，第六支队进驻白鹤洞,以此为据点,建立抗日根据地。现保存有湘阴县抗日民主政府驻地等景点近百处。

八景洞风景名胜区　土地革命时期,蓝家洞(八景洞)系彭德怀领导的红六军经常活动区。1928 年 10 月,中共湘鄂赣边特委派遣陈耀华、聂次荫到蓝家洞山阳冲开展土地革命,发展 10 多名地下党员,建立中共山阳冲支部,积极为红五军筹集军费,打土豪、闹革命。1929 年 3 月,陈耀华、聂次荫领导的中共湘阴县委员会迁至蓝家洞,开展党的地下活动。蓝家洞还孕育吴泳湘、梁金华两位将军。改革开放后,市委、市政府修复吴咏湘故居和烈士陵园,将八景洞辟为红色旅游景点之一。

第六节　维护社会稳定

1978 年 10 月,恢复县人民检察院。根据法律规定,对公安机关提请批捕的刑事案犯,审查批捕;对检察机关自行侦查终结的案犯,决定逮捕。

1979 年 2 月,县委就历次政治运动中几个遗留问题作出决定:“文化大革命”中,特别是境内“刮台风”和“清理阶级队伍”中,凡经组织批准作了错误结论,错戴帽、错处分、错开除、错拘留、错逮捕、错判刑的,都要坚决纠正,平反,昭雪;“文化大革命”后,包括“批林批孔”中个人的审查材料,凡属不实的,均应全部销毁;凡因清查“五·一六”分子受审查的,应彻底平反,恢复名誉;凡因持有“高司”观点的群众组织受打击、迫害的,应予平反,恢复名誉;凡因所谓挖“黑三线”问题受冤屈,牵连和处分的,一律平反,恢复名誉;把所谓“总理遗言”当作反革命谣言进行追查是错误的,对追查中受审查迫害的人予以彻底平反;在 1959 年反右整风运动中,凡因对当时领导提了不同意见,或对工作表示不同看法而受批判,被戴了“反党分子”“右倾机会主义分子”帽子的,一律平反;在农村,对于反右整风、整风整社、“四清”“文化大革命”运动中的冤假错案,要参照有关部门关于落实基层干部政策的要求认真加以解决;关于 1968 年 10 月 15 日,县革委 202 号文件《关于范新武定为走资派的决定》、1970 年县革委 104 号文件《关于范新武所犯错误的结论的批复》都是错误的,予以撤销,彻底平反,恢复名誉。

1982 年 6 月 29 日,岳阳地委在汨罗召开“社会治安综合治理”现场会。汨罗在会上介绍经验。

1983 年 9 月 25 日,县委召开城关地区党员大会,传达贯彻党中央作出关于严厉打击刑事犯罪活动的决定。

1985 年 5 月 9 日,县委召开政法工作会议。总结全县自 1983 年中央部署开展严厉打击刑事犯罪活动以来的成绩,安排后段工作。大会指出:当前首要任务就是“两打一治”(即从重从快严厉打击刑事犯罪分子,严厉打击经济犯罪分子,搞好社会治安综合治理)。

1987 年,县委贯彻落实中共十一届三中全会精神,全面纠正“文化大革命”中及以前的冤、假、错案。从 1979～1987 年,全县累计复查 60254 人的申诉;其中,平反纠正冤、假、错案涉及 6760 人,维护原议的 2530 人,不属落实政策范围的 964 人。落实政策的人员中,被错划为右派分子的 442 人和被错划为右倾机会主义分子的 11 人,均全部平反;“文化大革命”中,冤、假、错案平反的 3095 人;历史老案及其他案件平反或纠正的 247 人。

1988 年 8 月 29 日,市委常委召开扩大会议,会上就当前的社会治安提出:要提高治安控制能力,确保社会安定;并提出当前公安工作的主要任务:一个中心(为改革创造稳定的社会环境,为建立社会主义商品经济新秩序服务),两个打击(打击各种破坏政治安定的分子和严重刑事犯罪活动)、一个应付(应付闹事)、两个对付(对付骚乱、对付外来的各种渗透破坏及严重犯罪活动)。

1989 年 5 月 19 日晚,市委常委和市人大、市政府、市政协的负责人,组织收看、收听李鹏代表中共中央、国务院在中央和北京市党政机关干部会议的重要讲话。市委领导一致表示,坚决拥护中共中央、国务院采取稳定局势的果断措施,号召全市各级党组织和广大人民群众,自觉维护安定团结大局,促进改革和经济建设健康发展。

1994 年上半年,市委、市政府组织开展"三访三求"(即访富求经、访贤求脱、访乱求治)活动,要求市直机关、乡镇干部深入农村学校、厂矿企业走访座谈,调查了解有关情况,征求群众对克服困难、致富奔小康、抓社会稳定、保一方平安的意见,扎扎实实解决具体问题。是年 8 月 11 日,在岳阳召开的全省农村民兵工作"三富一维"(即带头富、帮民富、共同富,维护社会治安活动)研讨会上,长乐镇青狮村被评为"三富一维"示范村。

1996 年 4 月下旬,市委组织声势浩大的"严打"斗争。共破获各类刑事案件 962 起,摧毁各类犯罪团伙 59 个,共计查获各类违法犯罪人员 646 名。8 月 28 日,市委召开全市"廉政、勤政、依法行政"动员大会,市委书记葛送培作《依法行政、安民富民》的报告。

1999 年,市司法行政部门适应依法治市工作的需要,率先在岳阳市开通"16005148"法律服务专线电话,为广大市民提供法律服务。

2000 年,市委书记郭光文先后八次主持召开常委(扩大)会议,认真听取综治工作情况汇报,研究制定有关对策。年初,市委、市政府相继出台 4 个综治工作文件,适时对综治工作作出周密安排。各部门单位根据全市统一部署,实行"领导抓,抓领导",取得良好成效。

2001 年,市委召开政治综治工作专题会议 10 次,下发保稳定文件 20 个,围绕稳定工作"五个杜绝"(即杜绝群体性事件的发生,杜绝重大安全责任事故的发生,杜绝群死群伤事件发生,杜绝恶性涉农案件的发生,杜绝"法轮功"邪教组织练习者赴京,上省、去岳阳聚众闹事等问题发生)的总目标而奋斗。

2002 年,市委、市政府制定《关于加强基础建设意见》《关于加强治保、治调队伍建设的决定》《关于处理法轮功问题的若干规定》《汨罗市维护稳定工作责任制》等运作制度。对思想不重视,作风不深入,工作不认真,反应不灵敏,措施不得力,处置不得当,管理不到位,造成重大安全责任事故和重大不稳定事件的领导及相关责任人,坚持责任追究全部到位,处理量纪顶格追究。

2003 年,市委、市政府推行稳定工作例会制度,加大责任追究,责任落实,问题倒查,"一票否决"等制度的执行力度。市委共召开 22 次常委(扩大)会议,市委书记、市长专题听取有关综治工作汇报,对维稳工作做到心中有数,常抓不懈。

2005 年,市委、市政府加大法制教育力度,为创建"平安汨罗"夯实基础。举办公务员法律培训班 25 期,培训副科级以上干部 800 多人次。为全市青少年上法制辅导课 200 多堂次,协助学校制定和完善各项制度 100 多个。

2008 年,市委、市政府联合下发《关于进一步做好社会持续稳定工作的通知》,《汨罗市维护社会大局稳定工作考评计分细则》,对涉及维稳工作的 13 种类型分情节量化评价,实行"一票否决"。

第七节　加强党建工作和干部队伍建设

1978 年 12 月,县委发出关于认真学习中共十一届三中全会公报的通知,要求全县各级党组织,广大党员、干部认真学习、深刻领会和坚决贯彻落实十一届三中全会精神,坚决把工作重心转移到社会主义建设上来。1979年1月21日,县委常委召开扩大会议传达学习中共十一届三中全会和中央工作会议精神,强调真理标准讨论的重大意义和必须坚持实事求是的马克思主义思想路线,坚决克服官僚主义,切实改进领导方法和领导作风。1980年3月15日,县委发出《关于组织党员学习党内政治生活若干准则的通知》,号召各级党组织,每个共产党员做合格的党员,以适应"四化"建设的需要。

1981年4月14日,县委召开全县组织工作会议,传达贯彻省委组织工作会议精神,着重研究如何加强党的基层组织建设和干部教育的问题。会议指出,各级党组织一定要把加强基层党组织建设作为一项十分重要的工作来抓。会议强调要切实抓好党校、专业干校的建设,调整充实领导班子和教师队伍;并采取切实可行的措施,加强在职干部学习的领导,使全县干部教育工作在三五年内有一个较大的发展。1982年8月4日,县委召开整顿党的基层组织工作座谈会。会议总结中共十一届三中全会后全县整顿党的基层组织工作成绩,传达贯彻中央关于工业、财贸、农村3个党的基层组织工作暂行条例,研究工矿企业、农村和其他战线整顿党的基层组织等问题;坚持以思想整顿为主,下力气整顿、建设好领导班子,彻底解决党性不纯,作风不正,精神不振,闹不团结和软弱涣散等问题。1983年10月13日,县委召开全县农村党支部书记会议,旨在稳定基层骨干,加强农村基层党支部建设,完成年度生产任务和组织来年农业生产,把两个文明建设的任务落实到基层,进一步巩固和发展农村大好形势。

1985年,县委在大荆乡实行党员工作责任制的经验,得到中组部、省委组织部的充分肯定。省、地、县委组织部联合调查组撰写《发挥党员先锋模范作用的一种好形式》被选入全国农村党的基层组织建设工作座谈会材料之一。1986年5月15日,县委组织12名模范人物代表典型报告团,在境内巡回汇报演讲36场,听众达32400多人次,帮助党员干部转变"端正党风难上难"等错误观念和加深对人生价值观的理解。

1987年,市委制定《关于加强以党支部为核心的村级组织建设的若干规定》。是年始,市委坚持每年对农村支部书记集中培训1次,机关企事业单位的支部书记则不定期集中到党校或由系统举办培训班进行培训,提高其政治素质和工作水平。1988年始,市委在全市开展"红旗支部""模范党员""先进基层党组织"评比竞赛活动。1989年11月19日,市委召开全市党的建设工作会议。强调各级党委要聚精会神抓好党的建设,增强公仆意识,惩治腐败。

1990年2月13日,市委批转市委组织部《关于在全市推广城郊乡建立党员业绩卡经验的请示》。城郊乡开展党员业绩卡活动,主要是建立"一簿两卡"(即党员业绩登记簿、党员基本业绩卡和党员创先争优业绩卡)。1991年1月29日,市委制定《关于加强以村党支部为核心的村级组织建设的若干规定》。1995年,市委在市直机关抽调108名干部,组成30个工作组,对境内30个后进农村党支部进行建设和整顿工作。

1998年,市委建立和完善干部能上能下制度,大力推进干部管理任用制度改革,重点坚持试用制、任期制、竞聘制、诫勉制、审计制和交流制六项制度。1999年年初,市委举办为期7天的农村党支部书记培训班,选派市、乡干部包村,组织农民党员学习邓小平理论的基本观点和概念。2000年,市委颁布《关于试行党政负责干部任前公示制的实施意见》,此后,所有提拔领导干部接受群众的监督。

2002年,市委制定《关于进一步加强基层组织工作的决定》《关于在新形势下进一步加强和改进党的基层组织建设的意见》,在全市开展"五争三创两建"党建主题活动。2004年,市委在各行政村全面推行以“有问题找支部,有困难找党员”为核心内容的“支部承诺制”,采取“两推一选”的办法选配“双强”型村党支部书记。2005年,市委选派120名机关优秀干部到农村任第一支部书记,加强农村党支部建设,推动农村经济发展。2006年,在98家新经济组织中,按独立式、联合式、依托式等模式,建立31个党支部。

2007年,制定《关于加强乡科级领导干部任用工作的意见》《汨罗市乡科领导干部选拔任用实施办法》文件,并制定《市委常委议事规则》等11项制度和6个工作流程图,形成一套用“忠诚度”考察评价、选拔任用、培养锻炼、激励约束干部的规则、程序和办法,做到任人唯贤。2008年,成立干部管理教育既乡镇机构改革工作领导小组,派出168名机关干部服务企业,选派5名年轻干部服务基层,聘请45名科技干部任科技特派员服务“三农”(农业、农村、农民)。是年底,被评为全省农村基层组织建设先进县(市)。

第四章　纪检监察

第一节　廉政教育

1978年1月,成立中共汨罗县委纪律检查委员会;1988年4月,成立汨罗市监察局;1993年3月,纪委与监察局合署办公。1980年,纪委举办部门单位和乡镇纪检干部培训班。474人参加,学习中央有关文件和纪检工作的政策和法规,提高纪检干部的思想认识和业务水平。1988年,监察局开展“廉洁奉公,遵纪守法”教育活动。组织公安、税务等单位进行自查自纠,15个部门单位有315人退还受贿钱物折款2.8万元,95人拒收各种礼物折价3000多元,6人违纪,处理3人,多数人受到教育。1989年,市委批转纪委《关于在全市党员中普遍进行系统的纪律教育的意见》。1991年组织全市党纪党规知识竞赛,91个副科级以上单位和31个乡镇场共1192名干部参赛。1996年,市纪委、市监察局组织“政纪条规教育”知识竞赛,104个单位,4000人参赛。1997年,市委、市政府印发纪委、监察局《关于开展纪检法规学习教育活动的实施方案》,组建领导班子,培训100多名宣传员,印发《党纪法规手册》6400册,年终组织考核,合格者发给证书。1998年,组织全市党员干部参加“党纪法规知识抢答赛”,在9个赛区进行初赛,其中,9个优胜单位参加市纪委、市监察局和市电力局举办的全市电力杯党纪法规知识抢答决赛。省纪委副书记赵焱森、岳阳市纪委常委、监察局副局长曾敬山等领导现场指导,给予充分肯定。2000~2005年,先后开展“三讲”教育,保持共产党员先进性教育,开展“学条例、懂条例、守条例”(《中国共产党纪律处分条例》)的专题教育。党员负责干部深入基层,开展调查研究,进村入户访贫问苦,为群众办实事做好事1100多件,捐款、筹集帮困资金近百万元。1000名党员负责干部与特困群众建立帮扶关系。2004年,在党员干部中开展拒腐防变教育,组织观看警示片《扭曲的人生》《慕绥新、马向东腐败案》和电影《生死抉择》等。2006年年初,市纪委、市宣传部、市文化局组织市花鼓剧团编排廉政教育花鼓戏《但愿人长久》在全市公演,在岳阳市及其下属各县(市)区巡回演出。2007年,该剧目被列为“湖南省反腐倡廉教育工作十大事件评选”内容之一。2008年,将廉政教育纳入党校培训规划和教学计划。

第二节　案件查处

1978年,汨罗县开展“一批两打”(批判“江青反革命集团”,打击阶级敌人的破坏活动,打击贪污盗窃、投机倒把和各种资本主义非法活动)运动,涉及各类违法人员725人;其中,强迫命令的75人,占10.34%;作风腐化的192人,占26.48%;贪污盗窃、投机倒把458人,占63.12%。共揭露经济问题14.7万元,粮食指标7.25万公斤;作出处理决定110人,其中,中共党员101人,非中共党员9人。1982年,中央发出《打击经济领域严重犯罪活动的紧急通知》,县委成立打击经济犯罪领导小组,确定县纪委为“经打”办事机构,查处大要经济案件。1982～1983年,全县共揭露各类经济案件并立案查处251件,非法牟利金额66.6万余元。其中,投机倒把诈骗58件,贪污受贿128件,盗窃65件,涉案324人,其中,中共党员88人,国家干部、职工111人。个人非法牟利5000～10000元的16人,1万元以上4人。结案259件,占93.5%。依法判刑134人,开除党籍22人,开除公职26人,收缴赃款38.3万元。1991年,全市查办经济团伙案件4起,违纪金额达40余万元。案件涉及玉池林场、市冶金机械厂、市氮肥厂等单位的主要负责人,均成团伙作案趋势,贪污受贿金额巨大。其中,市氮肥厂原党委书记、厂长柳某为首的9人贪污受贿团伙案,柳某贪污7.1万元,被判刑10年,主管财务副厂长黄某畏罪跳楼自杀。1996年,市镀锌钢管总厂出现贪污私分问题,市纪委查出13名违法违纪人员贪污和私分的事实,并带出8起大案,涉及5个企业单位,查出违纪金额155万元,挽回直接经济损失108万元。2003年3月,国土局房地产公司干部职工集体上访,要求查清该公司的财务账目。市纪委成立专案组调查,掌握部分证据,并报岳阳市纪委批准,对该公司原、现两任经理、出纳、会计分别采取“双规”。会计伏某慑于法纪威严,交代销毁、藏匿财务账目,掩盖贪污的行为。经市纪委、市公安、市检察联合办案,查清4名工作人员贪污50余万元的违纪违法事实,将会计、出纳和1名社会青年移交司法机关处理。

2003年,境内刮起地下“六合彩”的赌博之风,少数中共党员、干部“买码”参赌。纪委抽调127名纪检监察干部组成32个督查组和查案组,从重从快打击“买码”活动。共立案查处35名参赌中共党员和国家工作人员,其中开除党籍11人,开除公职8人。智峰乡新铺村原村支部书记兼村信用站代办员黄某,自1999年3月至2003年5月采取存款不入账或以假名入账的手段,挪用存款74万元,私自借贷41万元。2004年,经市纪委查实,黄某受到开除党籍处分并追究刑事责任。是年,共查处司法案件20起,查出市公安局副局长、派出所所长等8名违纪干警,其中行政撤职2人,开除公职1人,其他处分5人。2005年,全市各级纪检监察机关共受理群众来信来访118件,立案97件,其中违反组织人事纪律的9件,违反财经纪律的13件,妨碍社会管理秩序的19件,失职渎职19件。处分中共党员干部119人,其中副科实职以上要案和万元以上大案31件。给予党内撤职以上处分的23人,行政记大过以上处分的25人,移交司法机关追究刑事责任的6人。2008年,纪委受理群众来信来访85件,立案72件,处分中共党员干部72人,其中科级干部13人(正科级干部6人),移送司法机关10案、10人,为国家和集体挽回经济损失980万元。

第三节　纠正不正之风

1981年,县委组织专门班子全面清理1978年1月至1980年12月全县“农转非”的情况。清退弄虚作假、不符合手续的121人。1982年，查出“农转非”不合手续的109人，由县政府发出注销粮食户口退回原籍的通知。1984年，全县有1516名干部职工，拖欠公款23.3万元，县纪委发出7号文件，对欠款人员进行通报，限期还款，到11月月底，有956人还款16.74万元。1985年，县委、县政府批转纪委《关于狠刹新的不正之风的八条意见》。1986年，县纪委制定《在新年春节期间防止和纠正不正之风的几项具体规定》。1990年，清理市直机关厂矿拖欠公款，涉及干部职工1286人，欠款286万元，归还62万元。

1993年，抽调40名干部组成10个整治“三乱”清查组，对125个行政事业单位进行清查，共查出“三乱”项目295个，违纪金额676万元。11个单位受到处理，公布取消项目102个，暂停收费项目10个，降低收费标准项目42个，督促清退违纪金额58万元，收缴违纪金额60万元。1994年，重点查处16所中小学乱收费项目23个，违纪金额62.2万元，清退18.24万元。1995年，针对公款吃喝歪风，市委成立“廉洁自律办公室”，实行招待费单列制度，逐年专项检查，对超出部分，征收调节资金。1997年4月4日，召开全市优化经济发展环境千人誓师大会，成立市优化发展环境领导小组。是年，取消向企业和群众的收费项目474个。

1997年，44个单位恢复内部食堂，节约费用200多万元。1999年，市纪委、市监察局会同财政、审计部对行政事业单位招待费进行专项清理，查出1～5月账面列支招待费73.7万元，征收调节基金22.1万元。11个单位办起内部食堂，比上年减少招待费用42.4万元。

1999年，对建筑市场、交通运输市场等重点部位进行专项治理，共查处答复投诉案件120多起。是年，审核、清理涉农负担文件16个，取消涉农不合理收费项目31个，减轻农民负担607万元。2002年，境内清查影响经济发展环境案件124件，立案6件，处分7人。

2005年，治理教育乱收费，查处搭车收费265万元，清退违规收费805万元。有5个乡镇的党委书记、乡镇长因违反“一费制”收费政策被查处。是年，共查处公路、水运“三乱”案件5件，处分违纪人员3人，通报1人。取消机动车辆行政事业收费项目4个，涉及金额30余万元。是年，清理拖欠农民工工资单位35家，金额77.6万元。2006年，督促检查相关部门哄抬农资价格，制售假劣农资行为2起，涉及金额50万元。2008年，立案查处各类违法违纪案件72件，查处违法违纪人员72人，其中，中共党员52人。受到撤销党内职务以上处分10人，受到行政降级以上处分4人，移送司法机关追究刑事责任10人，为国家和集体挽回经济损失980万元。

第四节　廉政建设

1988年，市委、市政府下发《党政机关干部保持廉洁的十条规定》。市监察局在市农业银行和工商局进行“公开办事制度”的试点，境内33个政府工作部门、10个乡镇制定公开办事制度。1989年，监察局制定《关于加强内部监督管理的暂行办法》。1991年，市纪委制定《全市纪检部门目标管理考核细则》。下年，又制定《关于保护改革，促进经济发展的若干规定》。

1994年，全面推行政务公开制度。1995年，省纪委书记杨敏之到汨罗指导“办事公开”试点工作，称汨罗办事公开为“阳光行动”。是年，省纪委、岳阳市纪委确定汨罗市为办事公开制度试点单位。市工商局、市邮电局率先将公开项目在固定专栏上公布，并由新闻媒体向社会公开办事程序。市邮电局花8万元安装话费查询系统，方便用户查询。市委组织120多名评议员开展7次评议，评议单位31个，揭露各类问题260多个,解决问题210多个。是年,有30多项工程公开招标,工程总额4000多万元,未发现一例违纪案件。

1996年,根据中共中央、国务院颁布的《关于实行党风廉政责任制的规定》,印发《汨罗市党风廉政建设责任制实施细则》,廉政建设形成制度化、规范化;领导权力制约机制进一步健全。1998年,对各项廉政制度进行跟踪监督、检查,发现某镇党委书记收受红包和占用下属企业手机一台,给予开除党籍、通报批评的处分。

2000年3月10日,省委常委、省纪委书记孙载夫,省监察厅副厅长周训刚,在岳阳市委书记于来山、岳阳市纪委书记张治雄陪同下,对汨罗市政务公开工作进行考察。2002年,汨罗市政务公开中心办公大楼落成办公,有21个正科级单位进入中心实行"一站式"办公、"一条龙"服务。

2003年,市委制定《市委常委自身建设的十一项制度》,从廉洁自律到密切联系群众等11个方面作出严格规定,带头廉洁从政。2006年,实行党政"一把手"述职述廉制度,有42名市级领导向岳阳市纪委报告上年工作和廉政情况,有862名党政领导干部按要求开展述职、述廉。2008年,落实党风廉政建设责任制、民主生活会制度、"两述三谈"等制度,市、乡、村三级签订廉政建设责任状,追究不合格领导干部,免职2人,追究纪律责任5人。

中共汨罗市(县)第二届至第八届纪律检查委员会领导成员名录表

表2－4－9

	书记	副书记	常委
第二届	李纯志(1978.1－1981.3)兼 范迪文(1981.3－1983.12)兼 陈骤文(1983.12－1985.10)	欧干钦(1978.1－1983.12) 周文明(1980.10－1985.10) 胡光华(1983.12－1990.5)	
第三届	任年丰(1985.10~1992.10)	胡光华 傅敬彬(1985.10－1990.5)	任年丰 胡光华 傅敬彬
第四届	任年丰	胡光华　傅敬彬　陆文斌 张海凡　任尚祥	
第五届	余贤规(1992.10－1995.8) 李迪媛(女)(1995.8－2006.6)	张海凡 许畅春(1994.2－1997.10)	余贤规　李迪媛(女)　张海凡 许畅春(1992.10－1997.10) 孟沛林(1992.10－2002.3) 何彩兰(女)(1993.5－1997.10) 张方正(1993.5－1997.10) 李光华(1993.3－2004.3)
第六届	李迪媛(女) (2001.8－2006.6任市委副书记)	许德煌(1997.10－2006.6) 冯　亮(1997.10－2002.3) 李光华(1999.1－2004.3) 刘　玲(2002.3－)	李迪媛(女)许德煌 冯　亮　　李光华 刘　玲　　彭千红 孟沛林　　陈乐平 杨细良　　杨映球
第七届	李迪媛(女)	许德煌　李光华　刘　玲 陈乐平	李迪媛(女)许德煌 李光华　　刘　玲 陈乐平　　周学军 杨惜春(女)胡东明 杨细良　　杨映球 张丰华

续表2-4-9

	书记	副书记	常委
第八届	闵秀明(2006.6-2007.9) 尤庆学(2007.9-)	刘 玲 陈乐平 杨惜春(女)	闵秀明 尤庆学 刘 玲 陈乐平 杨惜春(女)周学军 胡东明 罗立群 周雄伟 欧阳华

第五章 组织建设

第一节 党员队伍建设

一、党员发展

1978年,汨罗市有中共党员19872人,其中,中共女党员2311人。中共十一届三中全会以后,通过真理标准的讨论,曾一度以整顿提高为主,放慢党员发展步伐。1981~1983年,发展中共党员357人。1984年,为适应商品经济发展的需要,县委批转县委组织部《关于吸收先进青年入党工作情况的报告》,举办专业户、重点户、联合体中要求入党的积极分子培训班,从中吸收中共党员106人。1985年,县委主持召开关于知识分子入党的专门会议,以解决知识分子入党难的问题。在高中学生中,加强党的基本知识教育,积极培养具备党员条件的学生入党。是年,发展的新党员中,知识分子占58.4%。组织部门根据党中央提出的"从严治党"的要求,对发展对象一律实行入党前培训。建立组织员队伍,把住考察、谈话关,通过举办学习班等方式,做好预备党员预备期间的继续从严教育和转正工作。

1990~1993年,根据市委积极吸收生产一线优秀青年入党的决定,农村发展党员向致富能人倾斜,企事业单位向生产、经营、科研第一线倾斜,向党员力量薄弱的部门、单位倾斜,注重吸收先进妇女入党。4年中,共发展中共党员2120人,年均530人。为贯彻落实中共中央提出的"注重素质建党"的要求,组织部建立健全"一个坚持、两项规范、三级教育、四个明确、五个不准"的发展党员制度(即坚持党员标准;规范发展程序,规范书面材料;党委教育、支部教育、联系人教育三级配套;明确指导思想、发展对象、帮助重点、联系人员;做到没有列入计划的不准发展,没有参加过党校培训的不准发展,没有固定联系人的不准发展,工作中没有显著成绩的不准发展,对党的有关知识不甚了解的不准发展)。1994年,在职业高中和普通高中建立业余党校,通过严把质量关,党员队伍的结构得到明显改善,综合素质显著提高。

2003年,共发展新中共党员678人;其中,女中共党员197人,占29.2%;高中以上文化中共党员556人,占88.2%;35岁以下的青年中共党员539人,占84%;生产一线中共党员564人,占83.2%。是年,组织部出台《汨罗市民主评议党员工作细则》,扎实开展民主评议党员工作。全市16969名农村党员参加评议,共评出模范党员1493人,占8.8%;合格中共党员14713人;不合格中共党员763人,占4.5%。组织部门还注意从新经济组织中吸收优秀人员入党,扩大党的社会基础。至2008年12月31日,全市共有中共党员31459名,占全市人口的4.9%。

二、党员教育

1979年,在全体党员中开展真理标准大讨论,解放思想,恢复实事求是的思想路线。组织部联系实际编写辅导教材,印发到党小组,供党员学习,全面、系统地肃清"左"的影响。1980年,各社(镇)普遍建立党校,轮训党员,在党员中开展学习《关于党内政治生活的若干准则》(以下简称《准则》)的活动。1982～1987年,进行全面整党。组织党员全面系统学习党的基本知识、党章、《准则》和中央有关文件,组织39人的"理想、纪律"报告团,巡回做报告,编写《共产主义思想闪光点一百例》发到党小组,以本地优秀党员先进事迹教育党员。1986年,县委筹资10万元,购置20寸彩电32台,录(放)相机34台,普及党员电化教育,收到显著效果。为适应依法治国、改革开放及发展商品经济新形势,境内党组织在组织学习党的基本知识和党纪党规的同时,结合学习政策、时事、法律、科技知识及经济理论,提高政治和业务素质。针对1989年北京发生的政治风波,市委通过举办学习班、上辅导课等形式,联系实际,教育党员认清是非,增强信念。同时编印《汨罗英烈》《共产党员风采》等书,要求全体党员以革命先烈和优秀党员为榜样,坚持全心全意为人民服务的根本宗旨,为党的事业奋斗尽力。1992年始,以中共"十四大"文件及邓小平"南方谈话"为主要教材,组织党员学习社会主义市场经济理论及农村致富技术和经济管理业务。1994～1996年,制订党员学特色理论(有中国特色的社会主义理论)学党章的"双学"三年规划,培训中共党员18324名。

1998年,在中共党员中开展"两本"(即本色和本领)教育。2001年,对全市党员进行"三个代表"重要思想教育培训,并结合工作进行民主评议,400多名不合格党员受到处置,1200名优秀党员受到表彰,2000多名党员成为市乡两级农村党员科技致富示范户。2003年始,在农村党员中开展"亮身份、创红旗、奔小康"活动,按"学习培训、民主评议、设岗定责、总结评比"四个阶段进行,共编发14期"亮、创、奔"活动专题简报;全市17862名农村党员,均建立业绩登记簿,并根据实际设岗定责;参训率达98%。

2005年2月至2008年6月,在党员中分三批开展保持共产党员先进性教育活动,按"学习动员、党性分析、整改提高"三个阶段依次进行,共有31459名党员参加教育活动。

第二节　基层组织建设

1978年后,汨罗县810个基层党支部不断加强基层党支部建设,担任党内外职务的党员干部,均编入所在党支部,以普通党员身份过组织生活。农村党支部一般按村级行政单位设置,企事业、机关单位一般按车间、科室设置。党支部设支部委员会,委员会成员和书记由支部大会选举产生并报上一级党组织批准,负责组织领导党支部的活动。党支部坚持"个人服从组织,少数服从多数,下级服从上级,全党服从中央"的民主集中制的组织原则。党支部委员会实行集体领导和个人分工负责相结合的制度,坚持"三会一课"制度(支委会、支部大会、小组生活会、党课)。1987年始,县(市)委坚持每年对农村支部书记集中培训1次,机关企事业单位的支部书记则不定期集中到党校或由系统举办培训班进行培训,以提高其政治素质和工作水平。

20世纪80年代初,县委在全县农村推行党支部委员联系户制度。1985年,中组部派员到汨罗实地考察,对该制度予以充分肯定,并以《发挥党员先锋模范作用的一种好形式》为题撰写调查报告,编入《农村党的建设》一书,向全国推介。1986 年,全县中共党员开展“共产党员在新时期如何发挥先锋模范作用”的大讨论,各党支部建立“党员基本任务卡”“党员创先争优卡”“党员业绩登记簿”,年初确定任务,年终评议。1987 年,县委制定《关于加强以党支部为核心的村级组织建设的若干规定》。下年,在全市范围内开展“红旗支部”“模范党员”“先进基层党组织”评比竞赛活动。

1996 年始,市委抽调市直机关干部进驻后进村,以“能够带头致富,带领群众共同致富”的要求对村支两委班子进行调整。2002 年,市委制定《关于进一步加强基层组织工作的决定》和《关于在新形势下进一步加强和改进党的基层组织建设的意见》,在全市开展“五争三创两建”党建主题活动。

2004 年,在各行政村全面推行以“有问题找支部,有困难找党员”为核心内容的“支部承诺制”,采取“两推一选”的办法选配“双强”型村党支部书记。2005 年,选派 120 名优秀机关干部到农村任第一支部书记,加强农村党支部建设,推动农村经济发展。2006 年,市委组织部又在 98 家新经济组织中按独立式、联合式、依托式等模式建立 31 个党支部。2008 年,境内有基层党支部 973 个。

第三节　领导班子建设

1978 年,汨罗市设党委 29 个,党总支 17 个,党支部 810 个。结合整党对领导班子进行调整,先后 3 次举办党的基层支部委员以上骨干学习班,开展第 2 次整党整风,县直属机关对 73 名犯有错误和存在问题的党员干部进行重点帮助和教育,其中 5 名错误性质较为严重的党员受到处分。1981 年,县委健全组织生活制度,要求每个季度召开一次党委民主生活会,同时健全党委、党组交心制度。

1983 年,县委结合党政班子换届,按“革命化、知识化、年轻化、专业化”标准,选拔一批德才兼备,年富力强,有文化、有专业知识的干部充实到党政领导班子中。调整前,县委、县政府领导班子成员 21 人,有中专以上文化的仅 1 人,平均年龄 49.5 岁;局级领导班子成员 161 人,大中专以上文化的仅 14 人,平均年龄 52.7 岁。调整后,县委、县政府领导班子成员 14 人,减少三分之一;中专以上文化的 8 人,占 57.1%;平均年龄 42 岁;局级领导班子成员 124 人,减少 22.98%;大中专以上文化的增至 45 人,占 36.29%;新选拔 45 人,平均年龄 44.9 岁。1984 年,县委明确健全党委制,坚持集体领导,实行党政分工。

1994～1996 年,贯彻下发《关于加强和改进乡镇党委建设的意见》文件,优化乡镇党委班子年龄结构、智能结构,重点选配好乡镇党委书记。1996 年,境内 29 名乡镇党委书记平均年龄 37.4 岁,大专以上文化程度的 27 人,占 93.7%。

2002 年,中共中央颁布《党政领导干部选拔任用工作条例》,开启党政领导干部选拔任用正规化。年初,对市直机关负责干部进行较大的调整,按照《条例》规定的程序,经民主推荐,组织考察、酝酿、讨论决定,任免 305 名负责干部,到任后均能胜任工作。2006 年,按《中国共产党地方组织选举工作条例》和《中国共产党基层组织选举工作暂行条例》,搞好市乡两级党委换届工作。中共汨罗市第八次代表大会选举市委常委 13 人,其中书记 1 人,副书记 2 人。市纪委常委 9 人,其中书记 1 人,副书记 2 人。乡镇场和部门单位设党委 48 个,党组 38 个,党总支 58 个,党支部 973 个。党委、党组配书记 1 人,副书记 1～2 人,党组成员 3～5 人。

第四节 干部队伍建设

1983年,汨罗市在职行政干部2234人。根据中共中央确立的"党管干部"原则,各级党组织把培养、选拔、管理、使用干部列为党务工作重要内容。县委党校对640名年龄在40岁以下、初中文化程度以下的干部进行强化教育。1984年,县委党校开办两年制中专班两个,培训干部90人,并有计划地选送一批干部到中央党校、省委党校和岳阳市委党校培训。是年,县委在乡镇实行干部招聘制,从回乡知识青年、复员军人、村级干部中,招收合同制聘用干部,并选拔优秀聘用干部进入乡镇党政领导班子。是年7月,下放股级干部管理权限,由各主管局审批任免,报归口部、委、办备案。1986年始,对新提拔的副科(乡)级干部,实行为期一年的试用期。对表现好、能力强的,提前半年任命;对担负领导工作有困难的,不予任命。1993年,建立干部"德、能、勤、绩"业绩档案,实行轮换性、回避性、培养性和区域性干部交流,共轮训副科级以上干部250人,交流干部160人,公开招聘任职干部136人,下放到基层锻炼的大中专院校毕业生和新录用干部45人。

1996年,开展争创"三强"班子,争做"五好"干部的活动,实施干部考核制度、优化组合制度、负责干部离任审计制度。是年,提拔43名副乡级以上政绩突出的干部,16名政绩平庸的副乡级干部被免职或降职;2261名干部参与优化组合,81名干部待聘。

1998年,市委建立健全试用制、任期制、竞聘制、诫勉制、审计制和交流制6项制度,先后降免不称职的局(乡)级领导干部33人,改任非领导职务13人,辞职分流局(乡)级领导干部69人,降免股级干部87人。1999年,在上年六项制度基础上,增加"分流制"和"退线制",全年共分流干部职工1109人;对男满55周岁、女满50周岁的科(乡)级领导干部,及时办理退二线手续,不再担任实职。2002年,中共中央颁布《党政领导干部选拔任用条例》,汨罗进行一次较大的干部调整,任免市直机关负责干部305人次。2005年,启动干部有错与无为问责制,创造性地建立无为干部单列监督管理制。接待来访人员130多人,收到各类举报投诉58件,受理核实处理49件,收到岳阳市批转3件,均在规定时间内进行核实处理。2008年,境内提拔、调整8批次99名干部,乡镇换届后,减少职数95个。境内行政工作人员1770人。

第五节 建整扶贫工作

1994年9月,境内开展农村基层组织建设和扶贫开发工作,市委成立农村党支部建设和整顿工作领导小组,制订《汨罗市建整工作规划》。组织27名市级领导带队,组织70多名部、委、办局负责干部和乡镇党委书记进行为期一个月的农村情况大调查,撰写调查报告44篇。组织27名市级领导,396名副科实职干部,分成12个组,自带干粮,分别下到12个贫困村、58个村民小组、212个贫困户家里访贫问苦,体验贫困地区群众生活。各级干部先后为贫困村、特困户捐资110万元,有130多名党政负责干部报停"大哥大"(移动电话),15个单位报封违规购置使用的小汽车。

1994年下半年至1997年,市委从60多个部门单位抽调200名机关干部,组成120个工作组,深入到120个后进村,开展建整扶贫工作。三年中,共调整支部书记56人,调整村支委274人,优化基层党组织结构,推动农村经济健康发展;120个建整村新办村级企业125个,投资总额达640万元;修通村级公路

280公里,投资130万元;新建和维修学校51所,投资163万元;新建和维修机埠27座,投资245万元;清理承包合同1086个,其中,通过调整田土,完善和兑现承包合同460多个,集体增加收入310万元。

1999年,从市直机关抽调130名干部,组成43个建整扶贫工作组,派驻29个乡镇、43个村继续开展建整扶贫,共调整书记13人、村主任10人、支委成员73人,共投入资金、物资260万元,新修维修公路243公里、桥梁37座,整修渠道706281米,开通程控、电话318部,开通有线电视276户,维修、新建校舍4239平方米,巩固原有村集体企业65个,开发新项目48个,发展个体户186户。

2002年,农村党支部整顿任务基本完成。2003年,"中共汨罗市委农村党支部建设和整顿工作领导小组"更名为"中共汨罗市委农村基层组织建设工作领导小组"。

2004年,境内共布点448个村,其中岳阳市委布点43个村。除258个村点因特殊情况先后连续或间隔重复布点外,实际驻点村190个。其中后进村45个,贫困村145个,辖2855个村民小组、74812户、29.9万人。共调整充实支、村两委班子233个,占布点总额的52%;调整支部书记135人、村委会主任91人、村支两委成员594人;75个村跨入乡镇先进行列,25个村进入全市先进行列,5个村成为全市小康示范村。各布点村新修公路414公里,续修1086.9公里,新建大小桥梁352座,新架高压线155公里,改造低压线路315公里,安装电话2280门,新建学校67所,维修学校151所,修标准山塘1820口,新修和维修水渠905.7千米,新建和维修抽水机埠135个,维修河坝450处,修筑河堤150千米,改造低产田1866.67公顷,扩大耕地面积1735亩,新办企业428家,145个贫困村有124个脱贫,脱贫人口5万人。

第六节 党员干部政治思想教育

一、整党整风

1977~1978年,全县先后3批举办党的基层支部委员以上骨干学习班,开展第六次整党整风。该次整党整风重点是澄清"文化大革命"中组织、思想、作风上的混乱,拨乱反正,正本清源,提高党员觉悟,增强党组织战斗力。县直属机关对77名犯有错误或存在某些问题的党员进行重点帮助和教育,其中5名错误性质较为严重的党员受到党纪处分。

1985年1月至1987年1月,县委根据《中共中央关于整党的决定》,开展以统一思想、整顿作风、严肃纪律、纯洁组织为内容的系统整党整风活动。1985年5月15日,县委成立整党工作指导小组,分县级、乡镇级、村级和学校四批进行整党工作。全县76个基层党委、党组,41个党总支、889个党支部、23816名中共党员参加,采取集中学习文件,党员个人自查,接受党组织和群众评议,认真开展批评与自我批评等步骤和方法,比较系统地对全体党员进行党性教育。少数犯有以权谋私、官僚主义、违法乱纪等严重错误的党员受处分。

二、社会主义思想教育

1989年12月,市委成立社会主义思想教育工作领导小组,从市直机关抽调200名干部,其中副局级以上43人,组成30个工作组,分赴各乡镇37个村蹲点。各乡镇党委抽调829名在职干部、822名退休干部和教师,共1851人进村工作。岳阳市委派20名干部到桃林、黄柏、大荆等乡镇协助开展社会主义思想教育。全市确定73个村为社教工作点。全市农村社会主义思想教育活动分五个步骤进行：动员干部，武装思想；宣传教育，掀起生产高潮；联系实际，解决存在的主要问题；民主评议党员，继续加强党的建设和村级政权建设；壮大集体经济，制订两个文明建设规划，建立健全各项制度。市委坚持将"三学三推"(即学雷锋、学焦裕禄、学王进喜，推荐雷锋式青年、推荐焦裕禄式干部、推荐王进喜式村民)活动贯穿于社会主义思想教育始终。全市推荐雷锋式青年193人，推荐焦裕禄式干部111人，推荐王进喜式村民145人。举办培训班95期，培训骨干5497人。恢复建立乡村电影队129个，放映社教片150部、3800多场次。评选"五好家庭"1560户。19000名党员参加评议，500多名不合格党员受到组织处分和组织处理。17394名农村党员建立联系户57611户，办好事9280件，6200名党员创优秀业绩。28个后进村支部经过整顿得到加强，修建渠道289条、145.2公里，兴建小Ⅱ型水库39座、电排机埠59处。

1990年11月29日，市委下发《汨罗市市直机关社会主义思想教育方案》，全市城市社会主义思想教育活动全面铺开，重点解决方向、宗旨、廉政、勤政四个方面的问题，与农村社会主义思想教育同步进行。第一步：进行思想教育，解决重点问题；第二步：学习基本理论，深化思想认识；第三步：搞好勤政服务，健全各项制度。

1992年，城市和农村社会主义思想教育活动基本结束。

三、领导干部"三讲"教育

1999年3月至5月8日，汨罗市开展"三讲"教育(即讲学习、讲政治、讲正气)。参加对象包括市委、市人大、市政府、市政协领导班子和39名市级领导干部，其中，非党干部6人，另含任弼时纪念馆馆长和现代农业工程学校校长两名副处级领导干部。根据上级有关要求，市纪委、市委组织部、市委宣传部、市检察院、市法院、市公安局6个单位也同步进行"三讲"教育。第一阶段，思想发动、学习提高，15天；第二阶段，自我剖析、听取意见，25天；第三阶段，交流思想、开展批评，10天；第四阶段，认真整改、巩固提高，10天。

收集对市委常委班子意见和建议115条，对市人大常委班子意见和建议32条，对市政府领导班子意见和建议92条，对市政协领导班子意见和建议29条，向领导班子个人提出的意见和建议225条。并逐项逐条整改落实到位，使领导班子进一步增强了团结，个人进一步增强了党性观念。3月22日《湖南日报》头版头条，以《汨罗严字当头搞好学习》为题，对汨罗"三讲"教育学习情况进行专题报道。

四、基层干部"四个观念"教育

1999年8月始，在全市干部队伍中开展增强群众观念、政治组织观念、政策法制观念、勤政廉政观念(简称"四个观念")的教育活动。市委成立"四个观念"教育活动领导小组，下设办公室，明确市直单位一把手和乡镇场党委书记为教育活动第一责任人。同时，下发《在全市乡镇场干部中开展增强群众观念、政治组织观念、政策法制观念、勤政廉政观念教育活动的实施方案》。

从8月下旬开始到9月月底结束，共40天，分五个步骤进行：安排部署，思想发动；学习提高；清理思想；对照检查，开展批评；联系实际，认真整改；检查验收，总结经验。全市统一印制"四个观念"教育活动日程安排表和考核评分细则。市直各单位和乡镇场相应制订了"四个观念"教育活动实施方案。

8月29日，市委从市直机关抽调98名副科级以上负责干部，组成31个指导小组，进驻各乡镇场负责指导各乡镇的教育活动。9月1日,市委在市电影院举办乡镇场党政负责干部增强"四个观念"培训班,500名负责干部参加了学习。市委书记郭光文作重要讲话,4名市委常委讲四堂辅导课。市委明确市委正、副书记,市人大常委会主任,市政协主席包片,全体市级领导包乡,建立市级领导"四个观念"教育活动领导岗位责任制。各乡镇场坚持组织听好一次"农民履行义务典型讲演团"的讲演,观看一场《赵乡长转圈》戏,上好一堂法制课。

至9月月底,31个乡镇场推出富民工程126项,为发展地方经济,促进农民增收献计献策1700多条,干部联系特困户4598户,帮扶特困人员6081人,为群众解决实际问题1197件,调处各类纠纷20多起。

五、学习邓小平理论和"三个代表"重要思想

2001年,汨罗市分三批开展学习邓小平理论和"三个代表"重要思想的教育活动。第一批,1月20日至4月30日,历时80天,31个乡镇场含站所共3164名对象参加。第二批,5月12日至7月15日,历时65天,107个市直部门单位共4274名对象参加。第三批,2001年11月26日至2002年1月25日,历时60天,393个村(居委会)、2024名村干部、24300名农村党员参加。每个批次的学教活动分三个阶段依次进行。一阶段:传达精神,统一思想;强化领导,制定方案;学习培训,武装思想。二阶段:广泛征求意见;对照检查;召开民主生活会;开展民主测评和民主评议。三阶段:制订整改方案;建章建制;召开总结大会,达到了党员干部受教育,群众得实惠的目的。共帮扶特困户2690户,帮扶资金203万元,为群众办实事8652件;解决实际问题1042个,化解各类矛盾313起。《人民日报》、中央电视台、《湖南日报》、湖南卫视等新闻媒体相继对汨罗开展"三个代表"学教活动进行报道和推介。

六、开展保持共产党员先进性教育活动

2005年1月至2006年6月,汨罗市各级党组织开展以实践"三个代表"重要思想为主要内容的保持共产党员先进性教育活动,保持共产党员先进性教育活动共分三个批次:第一批,全市党政群机关和部分企事业单位,从2005年1月至6月月底基本结束;第二批,城市基层和乡镇机关,从2005年7月至12月月底基本结束;第三批,从2006年1月至2006年6月月底基本结束。每个批次开始前各级党组织都相应召开动员大会,成立教育活动领导小组,制订实施方案,并按实施方案逐步开展活动。活动分三个阶段进行,学习动员阶段:主要是开展思想动员,学习培训,明确新时期保持党员先进性的具体要求;分析评议阶段:采取适当方式,广泛开展谈心活动;全面总结,重点检查存在的问题;开好专题组织生活会,召开支委会,党支部向党员反馈意见,通报评议情况。整改提高阶段:制订整改方案;认真进行整改;向群众公布整改情况。具体到每个单位,整过学习教育时间不少于3个月。

全市117个单位,89个党委(党组)、1004个基层党支部、31459名党员参加保持共产党员先进性教育活动。通过教育活动,有1100多名市直机关和乡镇场党员干部与企业和农村贫困户结对帮扶,为困难群众捐款捐物折合人民币2000万元,办实事3000多件。是年,省委在全省推介汨罗开展共产党员先进性教育活动的成功经验。

七、深入学习实践科学发展观

2006年,市委中心理论学习小组采取多种形式,把理论学习与落实科学发展观,实践"民本岳阳"理

念相结合,围绕改革发展稳定的相关课题,组织专题学习研讨8次,邀请专家、教授、知名学者作专题讲座5次。市委、市政府开展“守法规、讲道德、爱家园”活动,组织编印《守法规、讲道德、爱家园市民读本》,发行2万册,请专家谱写歌曲《世界有条汨罗江》,由各单位组织教唱。

2007年,市委中心理论组举行10次集中专题学习会和2次读书会。乡镇党委、市直单位党组(党委)6次集中学习,参学率分别达到98%、96%。充分发挥基层党校和兼职理论宣讲团的作用,运用宣讲辅导,讨论座谈,征文比赛等多种形式,深入进行理论宣讲和政策解读。从经济建设、政治建设、文化建设、社会建设以及党的建设五个方面选定17个宣讲课题,64个宣讲专题,举办各类理论讲座50多场。同时,根据汨罗市第八次党代会提出“实力强劲,民生殷实,环境优美,文化繁荣,社会和谐”的指导思想,各单位采取多种形式,大力宣传落实科学发展观,构建和谐社会,建立社会主义新农村,弘扬社会主义荣辱观以及实施工业强市,生态建设,平安汨罗等具体举措。

2008年,市委提出“六个一”要求:中心学习组每两个月安排集中学习一次,每次编印一份领导学习参阅资料,每季度以通知形式推荐一批读书书目,中心组成员每季度撰写一篇调研文章,每半年准备好一个专题讲座,每半年下基层宣讲一次。邀请专家学者专题讲座3次,为每个中心组成员编印学习辅导资料5套。是年,市委中心组共集中学习5次、6天,市直各单位及乡镇场集中学习均达4次,参学率在95%以上。并投资1000多万元新建市委党校教学楼。6月下旬,市委组织举办“学习贯彻中共十七大精神培训班”,邀请省、岳阳理论专家授课,对3000多名股所级以上干部分25批次在市委党校进行轮训,市委书记白维国带头主讲,每期还安排1～2名常委讲课。结合“送理论下基层”活动,全市80%以上的村开设“农民讲堂”,兴建农家书屋20多个,建设“报栏工程”200多处。

专记　机关干部到农村任第一支部书记

2005年8月,岳阳市委下发《关于选派村党支部第一书记的实行意见》,汨罗市委决定选派优秀机关干部到农村任村党支部第一书记,成立汨罗市村党支部第一书记工作领导小组,制定《关于选派村党支部第一书记实施意见》。《意见》指出,先在那些农村党的基层组织较为薄弱,党的工作较为不力,经济社会发展较为缓慢的村推选村党支部第一书记制度,待取得成效和经验后再择时全面实行。《意见》明确规定村党支部第一书记的选派条件,选派方法、职责、考核奖惩机制、工资待遇和工作纪律。第一批推行的村为120个,占全市行政村的30.5%。选派到村党支部第一书记的人选,必须具有3年以上工作经历,身体状况较好的中共正式党员,任期一般为3年,所定村不变。8月16日,召开全市村党支部第一书记工作动员大会,9月1日至3日,岳阳市委组织部大荆培训基地对120名选派对象进行封闭式培训。培训内容包括怎样当好村党支部第一书记,村级基层组织建设,农村政策、法规、计划生育政策、行为规范、外县经验等。9月6日,来自106个部门单位和30个乡镇场机关的120名干部派到30个乡镇场的120个村任职。市委村党支部第一书记领导小组办公室连续编发多期工作简报,对工作动态,领导言论,典型经验等进行及时报道。年底,120个派驻村引进项目3167个,其中投资万元以上项目83个,引进资金138万元,整修村级公路385公里,调处历年纠纷92起。

第六章　思想建设

第一节　新闻宣传与管理

1979年2月，组织干部学习中共十一届三中全会公报，动员干部解放思想，“开动机器”，跟上改革开放的步伐。9月，根据县委扩大会议精神，组织各级党组织和广大党员干部进行真理标准讨论的补课。1983年，为配合党在各个时期各阶段的中心任务，认真抓好“三个宣传月”活动，开展社会主义精神文明建设宣传和法制宣传。1990年，围绕全国第四次人口普查、中共十三届六中全会召开、举办第十一次亚运会三件大事，开展多种形式的宣传活动。是年，湖南省委授予市委书记彭亮根为全省焦裕禄式干部，市委宣传部邀请省、市报刊、电台、电视台、省新闻图片社的记者到汨罗采访，协助拍摄彭亮根事迹专题电视片。1991年，在省以上报刊电台上稿432篇。其中，中央级报刊发表头版头条2篇。《湖南日报》发表头版头条3篇。全年接待新闻单位采访记者70余人次，协助潇湘电影制片厂、省电视台在市内拍摄《开国元勋的家乡》《八景风光》两部专题片，分别在中央、省电视台播放。1992年，深入开展邓小平视察南方重要讲话和中共十四大精神的宣传，协助潇湘电影制片厂拍摄四集电视连续剧《任弼时》。

1994年元宵节，组织上万名干部群众参加“百龙闹元宵”的活动；成功举办“希望杯”民间龙舟赛；纪念任弼时同志90周年诞辰活动，中央、省、地市各级领导近1000人参加纪念大会。1996年，中央电视台海外部记者一行四人到汨罗采访，市宣传部协助拍摄电视专题片《一方水土》在中央一、二、四频道播出，其中四频道在黄金时间《天涯共此时》栏目播放，向海外华人弘扬屈原爱国求索精神，展现龙舟故乡的风采。

1997年，围绕经济建设大局，利用报纸、电台、电视台等多种新闻媒体，从六个方面进行大张旗鼓的宣传。即解放思想，转变观念；减轻农民不合理负担；艰苦奋斗教育；企业转机建制；“展示新成就，迎接十五大”；庆祝市第六次党代会召开的宣传等。全市在省以上主要新闻单位投稿发表的76篇，其中《人民日报》1篇，中央电视台13条，《湖南日报》62篇，《湖南日报》头版头条发表1篇。1998年3月，组织“民营经济节”大型游行宣传活动，出动机关干部职工、中小学生6000余人，彩车40多台，高故事30多台，彩龙、彩狮20多条（只），制作宣传标牌100多块，沿途观众达10万余人。6月12日至9月上旬，境内发生历史罕见的洪涝灾害。市委、市政府接待人民日报、中央电视台、湖南日报、湖南卫视、湖南有线电视台、岳阳晚报、岳阳电视台等上级新闻单位采访报道108人次，先后为上述新闻单位发稿150多篇（条）。

2000年，围绕转变干部作风，访富问计，访贫帮困，减轻学生学业负担和确保社会稳定等方面，在《湖南日报》上稿150篇，其中头版头条6篇，在《岳阳晚报》上稿200多篇。2004年，突出宣传任弼时100周年诞辰暨任弼时纪念馆开馆典礼，以及招商引资、经济建设、防治“非典”、打击“买码”和重点工程建设等，在省以上媒体发稿120条，其中新华社8条，《湖南日报》A_1头版头条4条，B_1头条7条。

湖南卫视和湖南经视上稿36条。2008年,在省级以上媒体发稿220多篇(条),居岳阳各县市前列。龙舟节期间,配合央视中文国际频道完成龙舟节直播工作,在20多家主流媒体刊发(播出)龙舟节相关新闻报道100余篇(条)。汨罗电视聚焦经济建设主战场,先后拍摄制作专题节目20期,播出新闻1000余条。

第二节　理论学习与教育

1979年2月,组织干部党员学习中共十一届三中全会公报,在党员中开展真理标准的大讨论,解放思想,恢复实事求是优良传统。1982年,贯彻落实中共十二大精神,培训各级宣传员7113人,筹措资金10多万元,整修广播线,添置和维修喇叭1.2万只,向广大群众宣讲9113次,听众达18万余人次。组织31个农村电影放映队,进行幻灯宣传1803场,观众达50万人次。县委中心学习组成员学习14次、37天。

1987年,开展"坚持四项基本原则、反对资产阶级自由化"的教育,掀起"学理论,讲历史,摆成就,搞对比"的学习热潮。各局、乡镇场中心组学习文件345次,学习人数达4938人。乡镇场办党员骨干学习班61次,培训党员2.2万人次。1989年春夏之交的政治风波期间,市委坚持正面宣传的舆论导向,7月,深入进行坚持四项基本原则,反对资产阶级自由化教育。开展为政清廉的教育,学习任弼时的骆驼精神,当好人民公仆的活动。

1992年,深入学习和贯彻邓小平南方重要讲话和中共十四大精神,组织市直机关、乡镇场党委(党组)上专题辅导课210多堂(次)。1997年,围绕迎接香港回归、中共十五大召开,认真开展思想理论宣传工作。举办全市骨干培训班4期,1300多人系统学习中共十五大报告和邓小平理论。

2000年,用邓小平理论和"三个代表"重要思想武装广大党员干部,提高党员干部思想素质。2002年,市委书记参加全省"三个代表"学习座谈会,并以《注重素质建党,永葆党的先进性》为题在会上交流发言。2004年,把"三个代表"重要思想、中共十六届四中全会精神作为重要学习课题,党员干部参学率达95%。为纪念任弼时100周年诞辰,市委组织邀请专家座谈,撰写的3篇论文入选中央文献研究室任弼时生平和思想研讨会。2006年,市委、市政府提出开展"守法规、讲道德、爱家园"主题教育,健全学习制度,坚持每月一次政治理论学习。2008年,结合汨罗实际确定16个研讨主题,开展研讨和实践活动,解放思想大讨论活动,被评为岳阳市先进单位。

第三节　弘扬地方文化

1982年,甘征文创作的剧本《八品官》,被评为全国1981年年本之一,获文化部奖励。曹宪成创作的《打酒》,黄达伟创作的《路遇》剧本,获省、地文化部门的奖励。县花古剧团演出《八品官》《打酒》《铁匠做媒》《路遇》,在省、地文艺会演中均获演出奖,其中一等奖3个,三等奖1个。是年1月,境内农村业余文艺会演,有15个公社(镇)的业余剧团、曲艺组,440人参加会演。1983年,境内建22个农村文化中心,社办电影院17个,定级的有川山坪、桃林寺、汨罗、黄柏4个公社。境内69个业余剧团,发证演出的20个,演员1307人。皮影队7个,杂技队2个。文艺创作队伍达151人。

1989年群众性文艺会演，128个单位派队参加，演出文艺节目212个，大部分为群众自编、自导、自排的地方性戏剧、舞蹈、曲艺等。

1997年，市文化局组织创作、编排的小戏《朋友》《回来》获全省小戏、小品、曲艺大赛金奖。城郊乡群星业余剧团获“湖南省百佳民间剧团”称号，全市文学爱好者共发表文艺作品200余件。

1999年，为改善基层干群关系，市委书记出题，甘征文编写现代花鼓戏《赵乡长转圈》，在汨罗市内巡回演出100多场次，观众近10万人。2001年，花鼓戏《乡长本姓赵》获湖南省“五个一工程奖”、“田汉”奖。花鼓戏《买瓜》在全省首届“三湘群星奖”评选活动中，获编剧、作曲、导演三项金奖。

2003年，以打击地下六合彩为题材的现代花鼓戏《荒唐梦》、电影剧本《无花果》、小说《村官》等文艺作品问世、《荒唐梦》在境外巡回演出60多场，深受各地观众的好评。2006年，“汨罗江畔端午习俗”被国务院列为国家级非物质文化遗产；“长乐故事”被列为省级非物质文化遗产；花鼓戏《乡长本姓赵》获全国“五个一工程奖”。2008年，18集电视连续剧《任弼时》在中央电视台一套黄金时段播出。

第七章 统一战线

第一节 党外人士工作

1994~1996年，市委统战部共向市委、市政府推荐党外人士40多人次，其中，政治性安排10人，实职性安排11人。1997年4月，市委统战部与市委组织部联合在市委党校举办20次全封闭、跨世纪干部培训班，其中15名党外干部参加学习。在市人大、市政府、市政协换届工作中，推荐6名党外干部担任党外市人大副主任、市政府副市长、市政协副主席。在执法执纪部门安排党外副职干部3人，在市政府部门安排党外副职干部2人。1999年，34名市级领导与58名党外人士开展交朋友活动。市级领导更好地掌握党外人士的思想状况、学识水平、工作能力等情况，听取党外人士对地方经济发展的一些意见和建议。是年，推荐提拔党外实职干部9人，其中党外副乡镇长6人。

2000年，对全市党外干部再次进行全面摸底，要求各乡镇及部门单位对1999年年底以前参加工作，年龄在40周岁以下的党外干部全面造册登记，经过认真筛选，将25名优秀党外干部推荐给市委，建议担任党外副乡镇长和有关部门实职，并选送5名党外干部到省社会主义学院学习。2005年上半年，下发专门文件，要求每个单位推荐1~2名党外后备干部，全市向统战部推荐党外后备干部100人，重点对20人优秀党外干部进行走访和考察，向岳阳市委统战部推荐。选送40多名党外后备干部到省社会主义学院、岳阳市党校和汨罗党校学习。选拔10名优秀党外干部担任实职领导干部，其中乡镇7人、市直3人。2005年，市人大、市政府、市政协均配备党外处级领导干部。智峰乡乡长、招商局局长由党外负责干部担任，乡镇党外负责干部配备率达100%。2008年，完善党外干部、党外知识分子、党外非公有制经济代表人士等统战代表人物信息库，实行跟踪管理。全市有党外负责干部41人，其中处级党外领导干部6人，副科级党外负责干部35人；新提拔党外负责干部2人，交流党外干部

6 人,解决级别 2 人。

第二节　对台工作

1980 年 12 月,组建县委统战部;1988 年,更名为市委统战部,内设台湾工作办公室,开展统战工作。

1994～1996 年,全市接待回乡探亲台胞 120 多人次,走访定居台胞 10 多人次。同时,开展对台招商引资工作。1995 年,台胞何绍宗投资 120 万元,在城西开设卡拉 OK 厅。

1999 年,岳阳市台办举办"统战理论知识"、"对台知识"竞赛活动。汨罗市 400 名科级实职干部参加统战理论知识竞赛,40 多名处级干部参加对台知识竞赛,汨罗获岳阳市二等奖。2000 年,党外干部与落实政策人员共 300 余人,巡回宣讲中国共产党和国家的对台政策和统战理论,听取台胞台属的各种意见和建议,完善对台工作的方法和措施。

2002 年,共接待台胞 100 余人次,向台胞介绍境内的发展变化情况和改革开放带来的巨大变化,引导他们爱国爱乡,支援家乡经济建设。是年,台胞曹忠先生投资 2600 万元,在建设路兴建万达商业广场。是年 9 月,成立海外联谊会,发展会员 400 人,通过台联、侨联,黄埔军校同学会等多种渠道,扩大与海外、香港、澳门、台湾的经济文化交流,促进市域经济发展。2006 年,台湾"国格"电子集团有限公司董事长邓淑贞捐资 520 万元,资助境内部分困难学校;捐资 1000 万元,支持神鼎山资圣寺、范家园保缘寺的建设;台湾健伸电子有限公司董事长郭鲲滨先生投资 1200 万元,在汨罗兴办电子厂,新建 5 条生产线,安排就业人员 200 多人。全年引进项目 10 个,资金 3900 万元。2008 年,通过台胞引进域外资金达 5040 万元。

第三节　民族宗教工作

20 世纪 80 年代初,宗教活动开始在境内逐渐复苏。20 世纪 90 年代初,境内存寺、庵 4 处(佛果寺、大龙庵、上观音寺、慈云庵),新建 2 处(日月寺、汨善寺),住受戒僧尼 18 人,在家设堂信佛者 164 人,个别带有徒弟。1995 年,成立民族宗教工作领导小组,由原来 7 个部门发展到 10 个部门。市委统战部民宗办不断加强合法宗教寺、庵堂点内部管理,共召开居士、和尚、尼姑主持人会议 4 次,严厉打击非法宗教迷信和邪教活动,依法收审 7 人,处理国家工作人员 2 人,处理中共党员 8 人。

1997 年,市委统战部落实省人大、省政府 53 号令,依法管理宗教活动场所,对符合条件的新市白云禅寺、红花日月禅寺、八景佛果寺、天井白雀寺、范家园大通寺、长乐大灵庵、白水玉琳寺、楚塘古罗寺、玉池南岳行宫等 9 所寺庵登记发证,正式对外开放。2000 年,境内正式发证开放的道教活动场所 14 个;经岳阳市民宗办、岳阳市道教协会同意成立汨罗市道教协会;发证开放的佛教活动场所 16 个。2003 年,贯彻《湖南省宗教事务管理条例》,严格区别合法宗教活动与邪教"法轮功"活动的性质,严厉打击非法活动。是年,民宗办引进高僧释登本开发神鼎山资圣寺,工程到位资金 500 万元。

2008 年,境内有宗教活动场所 41 个,其中佛教 19 个,道教 22 个。普德大庙为省重点宗教活动场所,崇善寺、资圣寺为岳阳市重点宗教活动场所。

第四节　落实统战政策

一、落实统战人员政策

1978 年,县委按照“有反必肃,有错必纠”“实事求是”的原则,认真落实中国共产党的统战政策,平反冤假错案。是年下半年,县和各局成立落实政策专门机构进行该项工作。至 1988 年,对统战人员落实政策 1332 人,其中政协委员 62 人、台胞台属 343 人、归侨侨眷 218 人;从工商业者中区别为小商、小贩、小手工业者 335 人,认定起义投诚人员身份 363 人,认定宗教及其他人员身份 11 人。1996 年 5 ~6 月,统战部门对 29 个乡镇的 146 名落实政策人员进行调查走访,解决落实政策人员各类问题 154 个。是年,省委《统一战线》刊物报道汨罗的统战工作经验。

二、落实宗教政策

1995 年,市委成立民宗领导小组(民族宗教工作领导小组),贯彻《湖南省宗教事务管理条例》,依法对宗教活动场所进行管理:严格控制寺庙的开放,凡不符合条件的不予登记发证,有违法行为搞宗教迷信活动的,坚决予以取缔关闭;搞好开放场所的年审年检工作,对不合格场所进行限期整改;主动为宗教活动场所排忧解难;化解各类矛盾。2003 年,解决各种纠纷 30 余起。至 2008 年,境内有宗教活动场所 41 个。

三、落实对台工作政策

1978 年后,汨罗籍台胞陆续回乡探亲,台办工作以服务为主,帮助台胞解决联系、交通、生活等方面的问题。1994 年始,每年接待回乡探亲台胞 120 多人次。1995 年始,部分台胞回乡投资兴业,帮助地方发展经济。1996 年,市委成立台湾工作办公室,开展以对台工作为主的统战工作。全市汨罗籍台胞 80 人,台属 400 人。1997 年,台办工作人员深入各乡镇走访台属 100 多户,解决各类问题 30 多个。2004 年,市委统战部加强与台胞的联系工作,引进台资 2500 余万元兴办企业和捐资教育。2008 年,台胞回乡定居共 8 人。

第八章　综合党务

20 世纪 80 年代初,县委办定编 27 人,其中县委正副书记 4 人,县委顾问 1 人,正副主任 4 人,下设调研组、秘书组、机要保密室、档案管理局、党史办、行政科。1988 年 6 月,成立县委政研室,单列,与县委办平级管理。1988 年 1 月 1 日,县委办更名为市委办。1990 年 3 月,设督查室,对外称市委督查室,对内由市委办统一管理。1990 年 5 月 5 日,成立保密局。1997 年 5 月,撤销市委政研室。2002 年

12月,恢复市委政策研究室。2008年,市委办共设编制数32名(不含市委领导),其中行政编制24名,工勤编制8个,内设机构为市委政研室、市委督查室、市委总值班室、秘书科、综合信息室、机要科(加挂“保密局”牌子)、市委市政府接待处、市委行政科、史志办。

1990年11月始,市委办主任担任市委常委职务。

第一节 政策研究

1988年,成立市委政策研究室(简称政研室),正科级单位;1995年,并入市委办公室,为市委办内设机构,对外保留市委政研室牌子,工作性质不变。其主要职责是根据市委领导意图,围绕全市重大决策行为进行调查研究,为市委领导提供决策依据或参考意见;为市委领导起草报告、讲话稿,受市委领导指示,为市委领导撰写署名文章、工作体会等;参与市委直接组织的重大活动,掌握活动开展的有关情况;自定课题、围绕带倾向性、普遍性的问题进行调查研究,形成调研文章,供市委领导参阅、并向上级刊物投稿。

1989年,针对新时期人民内部矛盾、发展外向型经济、汨罗农业生产现状及存在等问题开展调研。其中,前项调研文章,分别被《领导科学》《农民日报》采用。1990年,就干部种示范田开展调查,结果显示干部种示范田产生多方面的积极效应:农业实现大幅度增产增收;扩大农业技术辐射面;恢复农业生产的良好秩序;密切干群关系。

1991年,针对农副产品“卖难”问题开展系列调研,实行优惠政策,鼓励兴办企业;提高产品质量,拓宽产品销路;推动技术进步,增强企业发展后劲。1998年调研重点:围绕经济发展重点,做好超前服务。主要是对如何发展民营经济,调整农业产业结构深入调查,以“瓜果之乡”——大荆镇为典型,其经验在全市推介并在《省委内参》上发表;为制定《进一步完善市属工商企业股份制改造方案》进行调查,针对社会热点问题,切实抓好后续服务。对农民减负、下岗工人再就业等热点问题,开展专题调查。

1994～1996年,上报综合材料72篇,为市委领导撰写报告、讲话32篇、30余万字。1995年、1996年,连续两年在岳阳市党委系统综合信息考核中被评为先进。1997年,上报各类综合调研材料180多篇,其中《省委内参》上稿8篇,为市委领导撰写报告、讲话30余篇,被评为岳阳市党委系统“综合信息调研”先进单位,被省委办公厅定为1998年省办信息点。

1999年,汨罗农村费改税的专题调查报告引起省、市领导高度重视,省委书记杨正午作重要批示,《省委内参》全文刊载。

2001年,围绕转变干部作风、农业产业结构调整、机构改革等方面进行专题调研。《干部带着群众一起干》被《省委通报》全文转发,并在《人民日报》《湖南日报》刊载。

2002年,提出汨罗未来5年的发展思路,即“依托两市三路(即长沙市、岳阳市,国道107线、京珠高速公路、铁路)”,大力推进“五化”进程,进军全省“十强”。在城市建设方面,通过大量调研,提出“以汨罗江为中心,以湘楚文化为底蕴、东靠北上”的城市发展战略。

2003～2006年,重点针对汨罗循环经济、新型工业化、新型城市化、工业园区建设开展调研,形成调查报告50余篇,为上级决策部门提供参考。2008年,在市委八届四次全会召开前,广泛开展调研,组织60多个部门负责人座谈，撰写材料，形成文件，制定三年到五年工作目标。

第二节　督　查

1990年，成立市委督查室，正科级单位。主要职责：负责上级重要文件贯彻落实；负责市委、市政府重大决策的督查落实；负责督查调研，为领导提供决策依据；负责上级和市委交办的工作，开展专项查办；负责全市目标管理考核工作和办实事、重点工程建设的督查；负责向省、岳阳市督查室报送工作情况。

1990～2006年，围绕市委、市政府重要文件和优化环境、转变干部作风、稳定工作、计划生育、招商引资等重大工作开展决策督查1426次，下发《督查通报》383期，编发《督查专报》174期。抓住办实事和重点工程建设督查，共开展专项督查121次，组织讲评活动11次，完成湖南省、岳阳市批办督查件204件，完成市委交办督查件456件，重点做好防汛抗旱，打击地下“六合彩”，建整扶贫，教育收费，党报、党刊发行，防治“非典”，干部教师工资发放等专项查办工作。共开展民情调查408次，撰写调查报告352篇，上报215篇，被省、市采用181篇。接受和处理群众来访、来信、来电356件次。组织开展乡镇和市直单位年终目标管理考核工作、党政干部政绩公示工作。抓好党政干部大会会风督查。市委督查室连续5年被岳阳市委办评为“督查工作先进单位”。2006年、2008年，督查工作居岳阳各县(市)第一名。

第三节　文　秘

20世纪80年代初，秘书科为县委办内设科室，县改市后称市委办秘书科。主要职责有办文、办会、信息调研、情况综合等，还有市委车队、来客安排、领导日常事务性工作等服务。包括负责市委向省委、岳阳市委的重要综合材料的起草报送；负责市委重大会议领导报告、典型材料的起草与审核；编辑《内参》《汨罗信息》，报市委领导及上级党政机关；负责市委、市委办文件起草、审核、印制、发放；负责市委、市委办会议、活动的会务和事务工作；负责市委、市委办领导交办的各项工作任务和上传下达工作；负责对全市办公室系统的业务指导，业务培训和队伍建设工作。设政研室后，文稿起草，信息报送工作归口政研室管理。

1978～2008年，年办文200件次，接待基层来访群众年均300多人次。其中，2004年4月25日任弼时100周年诞辰纪念大会的接待活动，获省、市各级领导好评。车队管理安全高效。市委领导用车每年行程几十万公里，从未出现任何安全事故，能随时调度，统一管理，确保市委领导下乡调研工作需要。

第四节　机要保密

1985年，县委设机要科，5月，设保密办。1989年，成立市国家保密局。1993年，机要、保密合署办公，对外保留原机构牌子，定编5名。

1985年前，主要是做好县委文件的保密、保管和明码传真工作。1985年后，机要科实行24小时值班制度,负责密码管理、密码传真。市国家保密局履行保密检查,保密监督。进入21世纪,完善内部管理制度,加强密码通信建设。2006年,投入150多万元,抓市乡计算机通信建设,开通电子公文和信息交换系统的单位127家,从市委、市人大、市政府、市政协、市武装部到市直各部门、乡镇,实现办公自动化。是年10月,筹资改造标准化办公场所,迎接《中华人民共和国保密法》颁布20周年,开展多途径、多方位保密法宣传,并与市委党校衔接,充分发挥党校保密教育主阵地作用,以增强涉密人员的保密观念,督促各级领导坚持保密工作,依法行政,严防各种泄密事件发生。是年年底,省委机要局局长李泽仁到汨罗现场办公督查指导,对市委机要科的标准化建设给予高度肯定。在应急通信方面,及时为市委、市政府分忧解难。2008年,从全省遭受50年一遇的冰灾到四川汶川发生特大地震,机要部门成为上下联通的纽带,每个重要电报机要科办公室都做到快捷、准确办理和安全管理。6月3日,奥运圣火在汨罗传递,省委副书记梅克保,省委常委、政法委书记李江等多名领导亲临汨罗,督查圣火传递的准备工作,机要部门及时收发办理电报、为领导快速决策提供优质服务。保密局通过组织全体市级领导观看保密教育警示片、公务员培训等途径进行保密教育。并对纪检、监察、公安、法院、检察等产生国家机密较多单位的保密专干进行保密培训,对其涉案人员严格按规定进行涉密资格检查,建立完善涉密人员档案。市委机要科多次被省委办公厅评为全省党政密码工作先进单位,市国家保密局多次被评为省、市保密工作先进单位。

第九章　其他党务工作

第一节　党校工作

一、理论培训

1977年年底,遵照上级“要办好各级党校,加强理论教育”的指示,党校校长由县委副书记兼任,常务副校长主持工作。围绕贯彻中共十一届三中全会精神,开展真理标准大讨论,迅速发展地方经济,争取党风全面好转等重大理论课题,举办各种类型的培训活动。1978～1982年,党校举办公社管委会主任培训班,团委(支部)书记班,大队支部书记(长)班、妇女主任班、民兵营长治安员班、机关负责干部班和入党积极分子班。1982年中共十二大后,连续举办6期(每期10天)党员干部学习中共十二大报告与《中国共产党章程》的培训班。是年,党校教研室撰写《大荆党员联系户调查报告》与《如何正确看待农村专业户》分别获岳阳市社科论文甲、乙等奖。1983年始,开办负责干部商品经济理论培训班。教学上重视调查研究,强调建立教学秩序,改进教学方法,采取“请进来,走出去”的办法,分别在大荆、古培公社建立2个调研联系点。对调研后取得的资料进行集体研究,由教员备课形成专题讲稿,经集体评议后进入课堂教学。至1984年,党校共举办各类培训班46期,培训干部5500多人次。

1984年,市委组织部从国民教育教师和行政干部中抽调8名理论素质好,表达能力强的骨干担任理论教员。1989年,又从教师中招考4名理论教员充实教员队伍。不定期选派部分教员到省、岳阳市委党校进修,提高教员理论水平和综合素质。其间,党校培训两年制中专班2个,一年制高中班2个,各种不同类型的短期培训班30多个，培训学员1000余人。1984～1986年，在岳阳地区干部学经济理论考试中，汨罗连续三年名列第一。1989～1996年，党校2名教员成为湖南省领导科学学会会员，其中1人为中国管理科学研究院终身研究员，中国未来研究会高级研究员，36篇论文在国家、省级刊物公开发表。1994～1996年，先后有5位教员参加省委党校组织的《党员教育讲话》等党课教材编写。

2002～2008年，党校克服重重困难，举办部门培训1400余人次，轮训市直和乡镇副科以上干部2000余人次，培训入党积极分子6000余人次。

二、学历教育

20世纪80年代中期，中共中央提出“努力提高干部政治文化素质”的要求。1984年下半年，县委决定从市直机关和学校抽调部分有大专以上学历和具有一定教学经验的工作人员到党校任教员，县委组织通过严格考察一次抽调8名干部教师充实党校教员队伍。1985～1986年，连续招收两届40岁以下机关、乡镇负责干部为主的两年制脱产全日制中专班学员80人。1986年，招收2个一年制高中班、学员为一般干部居多，共100人。开设马克思主义理论、中文写作、历史、数学、行政管理等课程。针对学员的特点，党校提出“讲好一堂课，办好一桌饭，铺好一张床”教学理念。其做法得到省委党校、岳阳市委党校的肯定。学员毕业后，大部分成为市直机关、乡镇主职领导，有的进入市级领导班子，为汨罗的干部队伍建设打下坚实的基础。

20世纪80年代后期，中央、省委组织部就干部教育工作下发文件，要求干部教育对“双下”(40岁以下，初中程度以下)干部的教育培训转向岗位培训和继续教育为主。1988年，设立省委党校汨罗函授站，是年招收函授大专班学员29人。1990年至2003年年底，市委党校函授站培养函授毕业生1210人，其中中央党校法律、经济管理专业本科毕业生160人，省委党校本科毕业生350人，专科600人；岳阳市委党校业余大专毕业生100人。2004～2008年，共招收函授专、本科学员740人。至2006年年底，干部学历补课任务基本完成。

三、办学条件

1978年上半年，中共汨罗县委党校整体搬迁至古培乡明月村第九生产队龙塘山，占地4公顷。至1986年，党校基础设施建设基本完成。新建一栋可容纳200多名学员学习，建筑面积达1031平方米的教学楼(含教室、大课堂、图书室、阅览室)，一栋可容120名学员宿舍楼和一栋12间的教员宿舍，一栋占地600平方米的食堂。此外，还有篮球场、菜地、猪场、澡堂、杂屋、水井等，总建设面积5000平方米。教学软件设备有校图书室，内藏理论性图书2万册，制作教学专题教材108本，电化教学设备两套(电视机、录像机、扩音器等)，年订报纸20多种，大学理论刊物30多种。有教职员工30多人。1988年1月，中共汨罗县委党校更名为中共汨罗市委党校。是年4月，经岳阳市委党校批准，汨罗市委党校建立汨罗函授站，开设省委党校函授大专班。2002年3月，成立校务委员会。7月，市委主要领导决定以60万元的价格将党校整体转让给古培镇政府(新东方公司)。2003年3月，党校租借人武部五楼办公教学。7月，搬至楚雄学校旧址，教学条件十分简陋。2007年年底，市委决定将省道308线双塘段西侧一栋建筑面积3500平方米的七层楼房转让给党校，内设教室、办公室、食堂、招待所。校园面积0.53公顷，基本适应党员教育培训任务。

第二节 老干部工作

一、机构设置

1982年10月，县委组织部设老干办公室。1984年1月，撤销老干办，成立老干局。1984年5月，县委成立离退休人员综合管理领导小组，由县委副书记任组长。1987年10月，成立关心下一代工作委员会(简称关工委)，挂靠老干局。1988年1月，老干局更名为中共汨罗市委老干部工作局。1990年，市老龄委办公室挂靠老干局。2001年，市老龄委办公室划归民政局管理。1992年下半年，老干局更名为老干科。1995年7月，恢复原名。2002年，更名为中共汨罗市委老干局。兼管关工委、老年书画协会、老年门球协会。

1982～1995年，汨罗县(市)共有享受离休待遇的老干部231人；至2007年11月，已故118人，现有113人。至2007年11月，全市有县处级以上老干部89人，已故28人，现有61人。

二、落实老干部待遇

落实老干部生活待遇

1982～1992年，老干部生活待遇由财政负责包干，离休费按时发放，医药费在单位实报实销，生活不能自理的享受护理费。老干部还享受优先解决配偶和未成年子女“农转非”，子女符合参军、升学、招干、招工条件的优先安排；优先供应食油、精面粉、香烟、烤火煤等计划物资；优先解决住房，在城镇居住的优先分房，在农村居住的按规定发放安置费；老干部的防寒、降温、水电、护理等福利待遇与在职人员同等享受。

1990～2000年，中央先后9次增加公职人员工资和生活补助费，离休干部的工资和生活补助费增长2倍，但部分企业、乡镇因经费紧张，政策难于到位。市委、市政府要求市委老干局与有关单位协调，按“单位尽责、社会统筹、加强管理、财政支持”的原则，较好解决困难单位离休干部的待遇问题。1997年，根据湘办发〔1997〕2号文件精神，市老干局与社保部门配合，做好企业与机关基本离休金的平衡工作，明确离休前未任科级职务的老干部的正科级待遇。

2002年7月，建立离休干部离休费、医疗费保障机制和财政支持机制。行政事业单位的离休费由市财政负担，社保办按月发放。企业离休人员的离休费纳入基本养老保险统筹，由社保站发放到人，按月到银行领取。离休人员的离休费外补贴，属行政事业单位的由所在单位解决，属企业的生活补助费、小车费、护理费则由社保站发放一部分，其余的由单位或主管部门落实。离休干部的医疗保险金实行主管部门负责，按每人每年5000元的标准(2006年，增至6000元)向市医保中心缴纳，市财政每年累计支持解决100多万元，离休干部按规定实报实销。

落实老干部政治待遇

1987年后，市老干局逐步建立学习、情况通报、形势报告、定期走访慰问、参观考察等制度。1991年后，每年召开党委会、人大会、政协会、经济工作会等全市性重要会议，均邀请老干部代表参加，每年春节前夕，市委、市政府召开茶话会、团拜会、汇报工作，均听取老干部的意见和建议。2000年11月，市委转发省委组织部《关于加强离退休干部党支部建设工作的意见》。至2008年年底，市直单位和乡镇共建立老干党支部116个。

三、老干部活动

兴建老干活动中心

1990年6月，经市老干部工作领导小组会议商议，将老干部活动中心建设纳入市重点工程建设规划。下年，市财政投入30万元，省财政支持5万元，市老干局筹措10万元，拆迁9栋菜村居民房，兴建老干部活动中心。活动中心占地380平方米，办公楼4层、1520平方米。老干局机关大院占地0.13公顷，绿化面积1800平方米。老干部活动中心于1992年12月开放，一楼设有6间棋牌室，二楼设乒乓球、书画、钓鱼等5个老年协会。1995年，投资2.1万元购置健身、乒乓球台等活动器材。1997～2006年，累计投资近100万元，装修办公楼、完成配套工程建设，新建3个高标准门球场及部分健身房。

1995年6月，承办岳阳市老干部门球赛，有40支门球队参赛，汨罗代表队获第一名，并代表岳阳市参加全省比赛，获第八名。2000年5月，岳阳市在汨罗召开老年书画协会年会，推进老年书画活动，至2002年，老年书协编辑出版《汨罗市老年人书画作品集》，共收集书画作品256幅。2008年年底，全市成立老年门球队33支，参加活动达5000多人次。

开办老年大学

1999年9月28日，成立汨罗市老年大学。第一次入学学员150人，设诗联、书画、舞蹈、音乐专业，特聘5位知名教师任教。根据专业要求，每周上1～2次专业课。2000年，舞蹈、音乐班改为夕阳红文工团。文工团分为腰鼓、秧歌、歌舞、乐器、花鼓戏5个小组，共有180人。在市重大庆祝活动时，自编、自导、自演各类文艺节目。2008年，老年大学学员增至360人，进一步充实和活跃老干部们的晚年生活。

四、关心下一代工作

网络建设

1995年后，各乡镇、市直单位开始建立关心下一代协会(简称关协)，至2008年，全市有30个乡镇和72个市直单位建立和健全基层关协组织。各基层关协均由单位分管副职任关协主席，退休老干部任专职副主席。全市274个行政村，11个社区均建立基层关协分会。弼时、沙溪、新市、红花4个乡镇部分村民小组成立关协小组。

学教活动

1987年，青少年学教活动以革命传统教育、政治信念教育、“三热爱”(即热爱党、热爱祖国、热爱社会主义)教育为主。全市印发学习资料800册。1990年，市关工委与市教委配合，请3位离休老干部组成巡回报告组，对全市63所中小学和职业学校的3.6万名师生进行革命传统教育。1997年，组织“雪百年国耻，迎香港回归”报告团，历时3个月，进行110场报告会，8万多名青少年接受爱国主义教育。2001年9月26日，市关工委在全市开展“三讲一唱”(即讲道德品质、讲爱国、讲法制、唱革命歌曲)活动，争当“六星级文明户”“五好小公民”和“学习雷锋好榜样”。2004年2月26日，市关工委协同教育局组织讲师团赴各乡镇中学、城关小学开展家庭教育活动，以“怎样当一个合格家长”“家庭教育八法”“如何培养孩子自信心和坚强信念”为题演讲，全市3.8万多名家长听课。市妇联亦聘请全国知名教育专家赵子明到汨罗进行“亲子教育”讲座。2006年,开展“八荣八耻”“社会主义荣辱观”教育,结合实际开展“守法规、讲道德、爱家园”教育。2006～2008年,市关工委、基层关协与教育部门密切配合,对全市农村“留守儿童”现状进行摸底,开展关心关爱“留守儿童”活动。

工作调研

2000～2003年,市关工委对青少年违法犯罪情况、思想道德建设情况、职业教育和初中毕业生去向情况进行调查,撰写调查报告《一个不容忽视的问题》,得到副省长许云昭、岳阳市长罗碧升的批示。2005年,高家坊镇高华村“老少共建和谐社会”的调查报告被省《关工委信息》刊载、推介。2008年,对城区12个社区的关协工作进行调研,先后撰写《关于社区关心下一代协会工作情况的调查》《关于社区建设的几个问题》《不是他们生来就有错》3篇调查报告。

第三节 党史编修

1980年4月,县委以汨发〔1980〕15号文件发出《关于认真做好农民运动调查和文物征集工作通知》。5月,成立“汨罗县农民运动调查和文物征集领导小组”,下设办公室(在县文化馆内),设兼职办公室主任。1981年7月,成立县委党史资料征集领导小组,下设办公室。1983年年底,改为县委党史资料征集办公室,配专职副主任1人,定编3人,正科级单位。1988年1月,更名为中共汨罗市委党史资料征集办公室。1995年年底,与市志办合并为“汨罗市史志办公室”,正科级单位,定编7人,归口市委办。

一、地方党史资料征集

1983年,向各乡镇、县直机关印发2000多份征集通告,对全县进行党史资料普查和抢救工作,并向在外地工作100多名汨罗籍老前辈发出征集信函。抽调10多名干部在档案馆、图书馆、博物馆、纪念馆等查阅复制与汨罗党史有关的文献资料。并派人到北京、杭州、重庆、广州、上海、新疆等地拜访当年在汨罗工作和汨罗籍的老领导与知情人。至2003年年底,共征集到各类文字资料5000余万字。其中有抗日战争时期(1945年3月)南下六支队司令员王震、政委王首道发布的《国民革命军湖南人民抗日救国军布告》,解放战争时期湘阴人民解放社宗旨和誓词等大量珍贵的文物和照片。

二、党史专题撰写

1984年,开始整理第一次国内革命战争时期,土地革命战争时期,抗日战争和解放战争时期的党史专题资料。至1986年年底,共撰写《湘阴县赴法勤工俭学人员梗概》《湘北特委在湘阴的活动》《湘阴的武装起义情况》《抗日战争时期湘阴县的党组织情况》《湖南人民抗日救国军第六支队在湘阴的抗日纪实》《湘阴县抗日游击战争概述》《抗日战争时期党在湘阴县的统一战线工作情况》《湘阴县党组织自“马日事变”至解放战争期间被破坏的情况》《抗日战争时期汨罗进步青年、学生赴延安和参加新四军的情况》《解放前夕湘阴地下武装斗争情况》《汨罗剿匪的情况》等专题资料11个(均为汨罗境内发生的历史事件),并上报中央和省、市党史部门审核,均得到肯定和好评。

三、党史书籍编纂

1986年12月,出版《汨罗党史资料选辑》第一辑,设任弼时、任作民、宋至平等8个传略,8个专题材料，汨罗县简要的组织史资料。编辑《汨罗英烈》，共23个传记，记录40位烈士可歌可泣的革命壮举。该书由北京理工大学出版，向全国发行7000册。1990年12月，《汨罗市组织史资料》由中央党史出版社出版，该书历时5年，数易其稿，翔实记载汨罗组织发展变化情况。1995年4月，出版《血与火的洗礼》。王首道题写书名。该书真实记载湘阴、汨罗人民在新中国建立前30年为无产阶级革命事业英勇奋斗，前赴后继的光辉历程。2001年12月，编辑出版《中共汨罗党史大事记（1919～2000.12）》，24.7万字，发行1000册。该书全面、系统、真实地记述中共汨罗党组织80年发展壮大的历史足迹。2003年，编辑出版《腾飞的汨罗（1949～2003）》。重点突出新中国成立后汨罗发生的重大变化和取得的巨大成就。全书71万字，发行700册。至2006年，还撰写200多篇文章，载入《中共中央党史人物传》《湖南党史人物传》《岳阳党史人物传》《三湘英烈》《二十世纪湖南人物》《三湘之最》《党和国家领导人到湖南》等书。

四、党史联络工作

1991年6月，市委成立中共汨罗市委党史联络组。组长由市委副书记兼任，成员均为从市级领导岗位上退下来的老领导。联络组动员全市老领导老干部撰写本人所见所闻所领导或经历的大事，收集文章100余篇，汇编成《峥嵘岁月稠》2辑。还有30余篇回忆录发表在省、岳阳市编辑的《情满三湘》《闪光的足迹》《回首当年》等党史书籍中。

第三篇　人民代表大会

1978～2008年，汨罗市（县）先后召开第三届至第十届人民代表大会，审查批准市（县）国民经济和社会发展计划，共商汨罗经济社会事业发展大计。

1992年，制定并实施《监督本级人民政府、人民法院、人民检察院工作的暂行办法》。对"一府两院"的工作定期进行评议，肯定成绩，纠正偏差，协商解决人民群众普遍关心的难点、热点问题。

1997年，市七届人大常委会第二十五次会议审议通过《人事任免办法》，进一步规范人大常委会的人事任免工作。

历届市（县）人民代表大会期间，人大代表共联名提出议案281件，经大会主席团立案15件；提出建议、批评和意见5659件，立卷5369件。凡经人大代表会议主席团立案的议案，市人大常委会、市政府均及时进行办理。

第一章　人民代表

第一节　代表产生

1980年8月中旬，县三届人大代表的选举工作全面展开。经过宣传发动、划分选区、分配代表名额、登记选民、提名推荐代表候选人、酝酿协商确定正式代表候选人、组织选民投票选举等程序，全县39.5762万名选民参加投票选举，占选民总数的95.8%；198个选区中，一次选举成功的占97.2%。至10月20日，共选出人大代表312人。

1983年11月中、下旬，县四届人大代表选举依法进行7个选举程序，全县43.5762万名选民参加投票选举，占选民总数的97.65%。205个选区，一次选举成功的占98.2%。共选出人大代表383人。

1986年11月中旬，县第五届人大代表选举。全县39.475万名选民参加投票选举，占选民总数的96.82%。194个选区，一次选举成功的占96.9%。至12月30日，共选出人大代表309人。

1990年11月8日，市六届人大代表选举。全市42.6146万名选民参加投票选举，占选民总数的95.8%，198个选区，一次选举成功的占98%。至12月29日，选出人大代表308人。

1992年9月28日，市七届人大代表选举。第一轮依法推荐代表候选人2565人，为应选代表的8.3倍。对照代表条件，充分酝酿协商，确定市人大代表正式候选人518名。全市45.7509万名选民，选举日参加投票选举的有43.8616万人，参选率为95.9%，其中直接投票的有34.8130万人，直投率为79.4%。

全市203个选区,201个选区一次投票成功。至11月23日,共选出人大代表308人。

1997年10月10日,市八届人大代表选举。第一轮依法提名推荐代表候选人1832名。对照代表条件,充分酝酿协商,确定代表正式候选人422人。全市48.4606万名选民,选举日参加投票选举的有46.1710万人,参选率为95.28%,其中直接投票42.89万人,直投率为92.9%。全市165个选区,有163个选区一次投票选举成功。至11月25日,共选出大会代表255人。

2002年10月中旬,市九届人民代表选举。第一轮依法提名推荐代表候选人873名,其中选民10人以上联名推荐代表候选人743人,占85.1%。对照代表条件,充分酝酿,确定代表正式候选人442人。全市共登记52.2708万名选民,选举日参加投票选举的有50.5671万人,参选率为96.7%,其中直接投票选举的有45.7394万人,直投率为90.5%。全市179个选区,有176个选区一次投票选举成功。至11月24日,应选代表名额为259人,由于新市镇第二选区的1个代表名额候选人没有达到法定票数未能选出,实际选出大会代表258人。

2007年9月3日,市十届人大代表选举。经上报省人大常委会依法核定,人大代表名额为265人,市选举委员会分配到各选区的代表名额为261人,留机动名额4人。按照每一选区应选代表名额为1名至3名的规定,全市划分选区179个,登记选民49.5991万人,占总人口数的71%;年满18周岁而未被列入选民名单的1227人,其中依法剥夺政治权利的31人,因严重精神病和不能表达意志的568人,长期下落不明的628人。各选区对已登记的选民均按法律规定出榜公布。通过政党、团体和选民10人以上联名两条途径,第一轮依法推荐市人大代表候选人579人,为应选代表的2.2倍,其中选民10人以上联名的代表候选人319人。对照代表条件,充分酝酿协商,确定正式代表候选人442人。选举日参加投票选举的选民有47.9623万人,参选率为96.7%,其中直接投票的44.5479万人,直投率90.1%。应选代表名额为261人,由于古仑乡第二选区有1名代表没有达到法定票数未能选出,实际选出大会代表260人。

第二节 代表构成

汨罗县第三届人大选举代表316人,其中农民代表132人,工人代表65人,知识分子代表61人,干部代表53人,军人代表1人,其他劳动群众代表4人。非党代表占20.8%,妇女代表占17.86%。

县第四届人大选举代表393人,其中农民代表221人,工人代表62人,知识分子代表60人,干部代表46人,军人代表1人,爱国华侨1人,其他劳动群众代表2人。非党代表占23.65%,妇女代表占18.36%。

县第五届人大选举代表293人,其中农民代表171人,工人代表31人,知识分子代表57人,干部代表30人,军人代表1人,爱国华侨1人,其他劳动群众代表2人。非党代表占24.84%,妇女代表占19.35%。代表中具有大、中专文化程度的59人,占19%。

市第六届人大选举代表327人,其中农民代表143人,工人代表10人,知识分子代表32人,干部代表130人,爱国华侨代表1人,其他劳动群众代表11人。非党代表66人,占21.41%,妇女代表62人,占20.13%。文化结构:大专以上的60人,占19.48%;中专及高中152人,占49.35%;初中及以下96人,占31.17%。年龄结构:35周岁以下的44人,占14.29%;36周岁至45周岁的150人,占48.7%;46周岁至

55 周岁的 77 人,占 25%,56 周岁至 60 周岁的 37 人,占 12.01%。

市第七届人大选举代表 308 人,其中农民代表 138 人,工人代表 16 人,干部代表 126 人,知识分子代表 20 人,其他代表 8 人。文化结构:大专以上 75 人,占 24.35%;中专及高中 132 人,占 42.86%;初中及以下 101 人,占 32.7%。年龄结构:35 周岁以下的 60 人,占 19.48%;36 周岁至 45 周岁的 155 人,占 50.32%,46 周岁至 55 周岁的 72 人,占 23.38%;56 周岁至 60 周岁的 21 人,占 6.82%。

市第八届人大选举代表 255 人,其中农民代表 109 人,占 42.75%;工人代表 10 人,占 3.92%;干部代表 110 人,占 43.14%;知识分子代表 21 人,占 8.23%;军人代表 1 人,其他代表 4 人。非党代表 51 人,占 20%,妇女代表 53 人,占 20.78%,连选连任代表 40 人,占 15.69%。文化结构:大专以上 81 人,占 31.76%;中专及高中 99 人,占 38.82%;初中及以下 72 人,占 28.23%。年龄结构:35 周岁以下的 60 人,占 23.53%;36 周岁至 45 周岁的 107 人,占 41.96%;46 周岁至 55 周岁的 78 人,占 30.59%;56 周岁至 60 周岁的 10 人,占 3.92%。

市第九届人大选举代表 258 人,其中农民代表 105 人,占 40.7%;工人代表 22 人,占 8.53%;干部代表 104 人,占 40.3%;知识分子代表 23 人,占 8.91%;军人代表 1 人,其他代表 3 人。非党代表 48 人,占 18.6%;妇女代表 46 人,占 17.83%;少数民族代表 1 人;连选连任代表 56 人,占 21.66%。文化结构:大专以上 121 人,占 46.9%,比上届增加 15.14%;中专及高中 85 人,占 32.95%;初中及以下 52 人,占 20.16%,比上届下降 8.07%。年龄结构:35 周岁以下的 53 人,占 20.54%;36 周岁至 55 周岁的 197 人,占 76.4%;56 周岁至 60 周岁的 8 人,占 3.1%。

市第十届人大选举代表 254 名,其中农民代表 96 人,占 36.9%;工人代表 11 人,占 4.23%;干部代表 103 人,占 39.62%;知识分子代表 17 人,占 6.54%;军人代表 1 人,其他代表 12 人。非党代表 44 人,占 16.92%;妇女代表 51 人,占 19.62%;连选连任的代表 35 人,占 13.46%。文化结构:大专以上的 132 人,占 50.77%;中专及高中 89 人,占 34.23%;初中及以下 33 人,占 12.6%。年龄结构:35 周岁以下的 21 人,占 8%;36 周岁至 55 周岁的 225 人,占 86%;56 周岁至 60 周岁以上的 14 人,占 6%。

出席湖南省人民代表大会历届代表名录

第五届(1977 年 11 月至 1983 年 4 月):李纯志、翁义文、彭仁强、雷泽远、张梅秀(女)。

第六届(1983 年 4 月至 1988 年 1 月):王测高、范迪文、曾庆萱(女)、任柏枝、胡福二、徐俊、刘楚贤、凌敏猷。

第七届(1988 年 1 月至 1993 年 1 月):吴玉泗、龚四新、甘征文、何淑平(女)、陈大琳(女)、楼皆涛、袁高荣。

第八届(1993 年 1 月至 1999 年 1 月):陈德辉、甘征文、肖梅莲(女)、楼皆涛、刘聘山、蒋建辉(女)。

第九届(1999 年 1 月至 2004 年 1 月):胡福二、肖梅莲(女)、张艳辉(女)

第十届(2004 年):胡福二、苏仲衡、杨社会、陆明。

第二章　代表大会

第一节　第三届人民代表大会

1980 年 11 月至 1983 年 3 月，第三届县人民代表大会共召开 3 次代表会议：

1980 年 11 月 24 日至 30 日，县三届人大一次会议在县电影院召开。与会代表 312 人。会议审议并通过：县政府、县人大常委会、县人民法院、县人民检察院工作报告；1980 年财政决算和 1981 年财政预算（草案）的报告。大会选举县第三届人民代表大会常务委员会主任 1 人、副主任 4 人、委员 10 人；选举刘新煌为县政府县长，选举副县长 4 人、县法院院长 1 人、县检察院检察长 1 人。

1981 年 12 月 25 日至 29 日，县三届人大第二次会议在县电影院召开。到会代表 286 人。会议审议并通过：县政府、县人大常委会、县法院、县检察院工作报告；1981 年财政决算、1982 年财政预算（草案）的报告。会议增选第三届县人民代表大会常务委员会副主任 1 人。

1983 年 3 月 19 日至 23 日，县三届人大第三次会议在县电影院召开。到会代表 284 人。会议审议并通过：县政府、县人大常委会、县法院、县检察院工作报告；1982 年财政决算、1983 年财政预算（草案）报告。会议选举汨罗县出席湖南省六届人民代表大会代表 8 人。

第二节　第四届人民代表大会

1984 年 3 月至 1986 年 4 月，第四届县人民代表大会共召开 3 次代表会议。

1984 年 3 月 23 日至 28 日，县四届人大一次会议在县电影院召开。到会代表 393 人。会议审议并通过：县政府、县人大常委会、县法院、县检察院工作报告；1983 年财政决算和 1984 年财政预算（草案）的报告；县人大常委会关于《依法审议、决定重大事项的范围、程序和方法暂行办法》。大会选举县四届人民代表大会常务委员会主任 1 人、副主任 5 人、委员 12 人；选举唐镇球为县政府县长，选举副县长 5 人、县法院院长 1 人、县检察院检察长 1 人。

1985 年 3 月 12 日至 16 日，县四届人大二次会议在县电影院召开。到会代表 383 人。会议审议并通过：县人民政府、县人大常委会、县法院、县检察院工作报告；1984 年财政决算、1985 年财政预算（草案）报告。会议选举县政府副县长 2 人、县人民代表大会常务委员会委员 4 人。

1986 年 4 月 8 日至 13 日，县四届人大三次会议在县电影院召开。到会代表 379 人。会议审议并通过：县人民政府、县人大常委会、县法院、县检察院工作报告；1985 年财政决算、1986 年财政预算（草案）的报告。会议选举县人民代表大会常务委员会副主任 1 人、增选汨罗县出席岳阳市第一届人民代表大会代表 29 人。

第三节　第五届人民代表大会

1987 年 3 月至 1989 年 3 月，第五届市（县）人民代表大会共召开 4 次代表会议：

1987年3月2日至6日,县五届人大一次会议在县电影院召开。到会代表293人,列席成员112人和政协委员182人。会议审议并通过:县政府、县人大常委会、人民法院、人民检察院工作报告;国民经济和社会发展“七五”计划。选举县第五届人民代表大会常务委员会主任1人,副主任5人,委员14人;选举唐镇球为县人民政府县长,选举副县长4人、县人民法院院长1人、县人民检察院检察长1人。

1987年12月17日至19日,县五届人大二次会议在县电影院召开。到会代表308人,列席成员111人和政协委员182人。会议讨论并通过撤县设市的有关事项;选举出席岳阳市第二届人民代表大会代表。

1988年3月16日至19日,市五届人大三次会议在市电影院召开,到会代表307人,列席成员110人和政协委员182人。会议审议并通过:市政府、市人大常委会、市法院、市检察院工作报告;1987年财政决算、1988年财政预算(草案)的报告;1987年国民经济、社会发展计划执行情况及1988年国民经济、社会发展计划(草案)的报告。

1989年3月15日至18日,市五届人大第四次会议在市电影院召开。到会代表305人,列席成员139人和政协委员182人。会议审议并通过:市政府、市人大常委会、市法院、市检察院工作报告;1988年财政决算、1989年财政预算(草案)的报告;1988年国民经济、社会发展计划执行情况及1989年国民经济、社会发展计划(草案)的报告;市城市总体规划的报告。

第四节　第六届人民代表大会

1990年2月至1992年3月,第六届市人民代表大会共召开3次代表会议:

1990年2月25日至3月3日,市六届人大一次会议在市电影院召开。到会代表327人,列席成员105人和政协委员249人。会议审议并通过:市政府、市人大常委会、市法院、市检察院工作报告;1989年财政决算、1990年财政预算(草案)的报告;1989年国民经济和社会发展计划执行情况及1990年国民经济和社会发展计划(草案)的报告。大会选举市六届人民代表大会常务委员会主任1人、副主任5人,委员17人;选举李湘岳为市人民政府市长,选举副市长6人、人民法院院长1人、人民检察院检察长1人。

1991年3月6日至10日,市六届人大二次会议在市电影院召开。到会代表306人,列席成员128人和政协委员249人。会议审议并通过:市政府、市人大常委会、市检察院工作报告;1990年财政决算、1991年财政预算(草案)的报告;1990年国民经济、社会发展计划执行情况及1991年国民经济、社会发展计划(草案)的报告。选举市人大常委会副主任2人,委员1人。

1992年3月10日至13日,市六届人大三次会议在市电影院召开。到会代表303人,列席成员135人和政协委员249人。会议审议并通过:市政府、市人大常委会、市法院、市检察院工作报告;1991年财政决算和1992年财政预算(草案)的报告;1991年国民经济和社会发展计划执行情况及1992年国民经济和社会发展计划(草案)报告。

第五节　第七届人民代表大会

1992年12月至1997年3月,第七届市人民代表大会共召开6次代表会议:

1992年12月15日至17日，市七届人大一次会议在市电影院召开。到会代表308人，列席成员129人和政协委员263人。会议审议并通过市人民政府工作报告。选举市第七届人民代表大会常务委员会主任1人，副主任5人，委员15人；选举刘文锋为市人民政府市长，选举副市长5人、市法院院长1人、市检察院检察长1人。

1993年3月18日至20日，市七届人大二次会议在市电影院召开。到会代表308人，列席成员117人和政协委员263人。会议审议并通过：市政府、市人大常委会、市法院、市检察院工作报告；1992年财政决算、1993年财政预算（草案）报告；1992年国民经济、社会发展执行情况及1993年国民经济和社会发展计划（草案）报告。选举市人民检察院检察长1人。

1994年3月16日至18日，市七届人大三次会议在市电影院召开。到会代表305人，列席成员152人和政协委员263人。会议审议并通过：市政府、市人大常委会、市法院、市检察院工作报告；1993年财政决算、1994年财政预算（草案）报告；1993年国民经济、社会发展计划执行情况，1994年国民经济和社会发展计划（草案）报告。

1995年3月15日至17日，市七届人大四次会议在市电影院召开。到会代表301人，列席成员160人和政协委员263人。会议审议并通过：市政府、市人大常委会、市法院、市检察院工作报告；1994年财政决算、1995年财政预算（草案）报告；1994年国民经济和社会发展计划执行情况，1995年国民经济和社会发展计划（草案）报告。

1996年3月22日至26日，市七届人大五次会议在市电影院召开。到会代表299人，列席成员183人和政协委员263人。会议审议并通过：市政府、市人大常委会、市法院、市检察院工作报告；1995年财政决算、1996年财政预算（草案）报告；1995年国民经济和社会发展计划执行情况及1996年国民经济和社会发展计划（草案）报告。选举第七届人民代表常务委员会主任1人、副主任2人、委员1人。

1997年3月12日至15日，市七届人大六次会议在市电影院召开。到会代表294人，列席成员200人和政协委员263人。会议审议并通过：市人民政府、人大常委会、人民法院、人民检察院工作报告；1996年财政决算和1997年财政预算（草案）报告；1996年国民经济和社会发展计划执行情况及1997年国民经济和社会发展计划（草案）报告。选举市长1人、市法院院长1人、市检察院检察长1人。

第六节　第八届人民代表大会

1997年12月至2002年1月，第八届市人民代表大会共召开5次代表会议：

1997年12月13日至18日，市八届人大一次会议在市电影院召开。到会代表255人，列席成员127人和政协委员269人。会议审议并通过：市政府、市人大常委会、市法院、市检察院工作报告；1997年财政决算和1998年财政预算（草案）报告；1997年国民经济和社会发展计划执行情况及1998年国民经济和社会发展计划（草案）报告。大会选举第八届人民代表大会常务委员会主任1人、副主任5人、委员15人；选举市法院院长1人，市检察院检察长1人；选举汨罗市出席岳阳市第四届人民代表大会代表49人。

1999年1月24日至27日，市八届人大二次会议在市电影院召开。到会代表254人，列席成员183人和政协委员269人。会议审议并通过：市政府、市人大常委会、市法院、市检察院工作报告；1998年财政决算和 1999 年财政预算(草案)报告;1998 年国民经济和社会发展计划执行情况及 1999 年国民经济和社会发展计划(草案)报告。会议补选第八届人民代表大会常务委员会副主任 2 人、委员 1 人。

2000 年 1 月 16 日至 19 日,市八届人大三次会议在市电影院召开。到会代表 255 人,列席成员 245 人和政协委员 269 人。会议审议并通过:市政府、市人大常委会、市法院、市检察院工作报告;1999 年财政决算和 2000 年财政预算(草案)报告;1999 年国民经济和社会发展计划执行情况及 2000 年国民经济和社会发展计划(草案)报告。会议补选第八届人民代表大会常务委员会委员 1 人。

2001 年 3 月 1 日至 4 日,市八届人大四次会议在市电影院召开。到会代表 255 人,列席成员 266 人和政协委员 269 人。会议审议并通过:市政府、市人大常委会、市法院、市检察院工作报告;2000 年财政决算和 2001 年财政预算(草案)报告;2000 年国民经济和社会发展计划执行情况及 2001 年国民经济和社会发展计划(草案)报告。会议补选李国保为市人民政府市长;补选第八届人民代表大会常务委员会委员 1 人。

2002 年 1 月 15 日至 18 日,市八届人大五次会议在市电影院召开。到会代表 254 人,列席成员 329 人和政协委员 269 人。会议审议并通过:市政府、市人大常委会、市法院、市检察院工作报告;2001 年财政决算和 2002 年财政预算(草案)报告;2001 年国民经济和社会发展计划执行情况及 2002 年国民经济和社会发展计划(草案)报告。

第七节　第九届人民代表大会

2002 年 12 月至 2007 年 1 月,第九届市人民代表大会共召开 5 次代表会议:

2002 年 12 月 5 日至 9 日,市九届人大一次会议在市电影院召开。到会代表 258 人,列席成员 312 人和政协委员 264 人。会议审议并通过:市政府、市人大常委会、市法院、市检察院工作报告;2002 年财政决算和 2003 年财政预算(草案)报告;2002 年国民经济和社会发展计划执行情况及 2003 年国民经济和社会发展计划(草案)报告。大会选举第九届人民代表大会常务委员会主任 1 人、副主任 6 人、委员 16 人;选举李国保为市政府市长。选举副市长 6 人、市法院院长 1 人、市检察院检察长 1 人;选举汨罗市出席岳阳市第五届人民代表大会代表 52 人。

2003 年 12 月 28 日至 31 日,市九届人大二次会议在市电影院召开。到会代表 258 人,列席成员 344 人和政协委员 264 人。会议审议并通过:市政府、市人大常委会、市法院、市检察院工作报告;2003 年财政决算和 2004 年财政预算(草案)报告;2003 年国民经济和社会发展计划执行情况及 2004 年国民经济和社会发展计划(草案)报告。会议补选市九届人大常委会委员 3 人。

2005 年 1 月 9 日至 12 日,市九届人大三次会议在市电影院召开。到会代表 258 人,列席成员 345 人和政协委员 264 人。会议审议并通过:市政府、市人大常委会、市法院、市检察院工作报告;2004 年财政决算、2005 年财政预算(草案)报告;2004 年国民经济和社会发展计划执行情况及 2005 年国民经济和社会发展计划(草案)报告。会议补选白维国为市政府市长;补选市检察院检察长 1 人。

2006 年 1 月 3 日至 5 日,市九届人大四次会议在市电影院召开。到会代表 256 人,列席成员 305 人和政协委员 264 人。会议审议并通过:市政府、市人大常委会、市法院、市检察院工作报告;2005 年财政决算、2006 年财政预算(草案)报告;2005 年国民经济和社会发展计划执行情况及 2006 年国民经济和社会发展计划(草案)报告。会议补选市九届人大常委会委员1人。

2007年1月10日至12日,市九届人大五次会议在市电影院召开。到会代表243人,列席成员411人和政协委员264人。会议审议并通过:市政府、市人大常委会、市法院、市检察院工作报告;2006年财政决算、2007年财政预算(草案)报告;2006年国民经济和社会发展计划执行情况及2007年国民经济和社会发展计划(草案)报告。会议补选市九届人大常委会副主任1人,补选市法院院长1人。

第八节　第十届人民代表大会

2007年12月9日至12日,市十届人大一次会议在市电影院召开。到会代表260人,列席成员331人和政协委员245人。大会审议并通过:市政府、市人大常委会、市法院、市检察院工作报告;2007年财政决算、2008年财政预算(草案)的报告;2007年国民经济和社会发展计划执行情况及2008年国民经济和社会发展计划(草案)报告。通过关于《进一步保护森林资源、打击毁林犯罪、掀起造林高潮的议案》的决议。大会选举第十届人民代表大会常务委员会主任1人、副主任5人、委员19人;选举白维国为市政府市长。选举副市长6人、市法院院长1人、市检察院检察长1人;选举汨罗市出席岳阳市第六届人民代表大会代表47人。

汨罗市(县)历届人大常委会主任、副主任、委员一览表

表3-2-10

届　别	主　任	副　主　任	委　员
第三届 (1980年11月 至1984年3月)	范迪文	尹中奇　黄觉临(兼) 彭银芳(女)魏金寿 李集山	仇月香(女)何仙桃(女) 李集山　李麓樵　周益阳 欧干钦　胡敬思　高应先 黄湘柱　樊德先
第四届 (1984年3月 至1987年3月)	吴玉泗	孙凌云　李伯仇(女) 黄觉临(兼)　彭乐生 彭银芳(女)陈骤文	仇　毅　许　纯(女) 任培吾　张三奇　李德铭 杨德保　周益阳　胡才保 胡敬思　柳风祥　覃国振 潘及明　李明健　杨新民 周怡保　曹文凯
第五届 (1987年3月 至1990年2月)	吴玉泗	万是侬　许　纯(女、兼) 吴锡纯　李伯仇(女) 陈骤文	伏志文　刘斌泉　李卜球 李云华(女)　杨仁根 杨新民　苏纯良　罗林祥 周勋桃　胡敬思　唐年珍(女) 黄雍美　彭志威
第六届 (1990年2月 至1992年12月)	陈骤文	许　纯(女)　吴锡纯 胡敬思　骆树槐　黄雍美 杨仁根　肖梅莲(女、兼)	毛细龙　文星明　甘征文 任定涛　许泽福　刘斌泉 杨仁根　杨新民　李云华(女) 肖梅莲(女)吴佑林　余完成 罗林祥　罗绍兵　周叔山 唐年珍(女)曹春根　徐立中

续表3－2－10

届别	主任	副主任	委员
第七届 (1992年12月至1997年12月)	陈德辉(1992年12月17日至1995年3月17日) 任年丰(1995年3月17日至1997年12月18日)	刘德真 杨仁根 李云华(女) 胡重光 楚斌涛 王可成 曹春根	王心诚 仇木兰 仇再芒 甘征文 刘斌泉 李春年 李珍儒 何正桃 何淑平(女) 张深根 范翠娥(女)周正初 周叔山 周斌志 黄文进 刘楚贤
第八届 (1997年12月至2002年12月)	胡福二	王可成 张立辉 唐年珍(女) 黄春根 楚斌涛 杨勇 黄凤高	仇木兰(女)邓红伏 甘征文 冯富华 刘怀玉 刘楚贤 李志华 杨勇 何彩兰(女) 张深根 易长庚 周正初 曾建国 廖建国 黎秀珍(女) 徐生足 傅放兴 李林桢
第九届 (2002年12月至2007年12月)	胡福二	刘建光 杨勇 吴树言 何彩兰(女)黄凤高 曹春根 张作霖	仇年检 朱海云 向佳桂(女) 邬龙文 刘吉伟 李林桢 吴玲辉(女)张胜军 欧阳小寒 易长庚 金仲文 徐生足 曹建国 曾建国 黎中元 黎柳萍(女)刘建威 楚军 徐鹏飞
第十届 (2007年12月至)	张作霖	刘建光 杨勇 吴树言 何彩兰(女)彭善文	仇年检 仇建春 朱红霞(女) 任坤 刘乐 刘建威 李亚山 李林桢 吴高明 何稳根 陈剑湘 欧阳小寒 易红(女)周德保 夏剑光 徐鹏飞 曹建国 楚军 黎中元

第三章 人大常委会

第一节 机构设置

县(市)人大常务委员会是人民代表大会的常设机构、地方国家权力机关,享有宪法和法律赋予的监督权、决定权、任免权。常委会会议每两月召开一次,每次会期为两天到三天,后来精简为一天。

1980年11月,第三届人大常委会工作机构只设立一个办公室,任务繁重,职责不太明确。1984年3月,增设经文教科、法制科、代表联络科。1985年1月,四届人大常委会第六次会议参照外地人大工作的经验,撤销上述3科,改设财政经济、法制、教育科学文化卫生3个工作委员会。1987年3月,县五届人大常委会第一次会议决定增设联络工作委员会(后更名为选举任免联络工作委员会)。1989年2月,市五届人大常委会第十四次会议决定设农村工作委员会。至此，常委会工作机构为“一办五委”，并延至2008年。为加强人大联络工作，自三届人大常委会开始，在农村各乡镇设人大工作联络员1人。1999年起，其职责由乡镇人大主席承担。

第二节 常委会会议

一、第三届人大常委会会议

第三届人大常委会共举行24次例会，听取和审议“一府两院”及其职能部门工作汇报54项，作出决定决议4个，提出审议意见15个。组织各级人大代表和常委会组成人员视察6次，组织专项调查22次。选举、任命国家机关工作人员156人次，免职48人次，撤职2人。听取县政府有关部门在打击经济领域中严惩犯罪活动、贯彻《紧急通知》、坚决刹住两股歪风、抑制物价过快上涨的情况汇报；听取司法及行政机关实施新宪法、执行中华人民共和国《食品卫生法》的情况汇报等，有效地监督县政府各职能部门依法行政。

二、第四届人大常委会会议

第四届人大常委会共举行18次例会，听取和审议“一府两院”及其职能部门工作汇报50次，作出决议决定5个，提出审议意见12个。组织各级人大代表和常委会组成人员视察3次，组织专项调查21次。选举、任命国家机关工作人员132人次，免职36人次，未通过任命14人次。3年中(1984年至1987年)，先后听取县政府有关部门关于《中华人民共和国森林法》《中华人民共和国环境保护法》《中华人民共和国药品管理法》《中华人民共和国食品卫生法》《中华人民共和国统计法》《中华人民共和国经济合同法》《中华人民共和国婚姻法》《中华人民共和国物价管理条例》等贯彻执行情况的汇报。召开常委会全体会议年均一次，听取和审议社会治安情况汇报，支持县公安部门推广川山坪镇实行治安承包责任制的经验，督促有关部门搞好社会治安综合治理和机关、企事业单位内部治安防范工作。

三、第五届人大常委会会议

第五届人大常委会共举行18次例会，听取和审议“一府两院”及其职能部门工作汇报24项，作出决议决定25个，提出审议意见4个。组织各级人大代表和常委会组成人员视察3次，组织专项调查21次，选举、任命国家机关工作人员163人次。在第四、第十、第十二次常委会会议上，分别听取市政府关于深化改革与冬季农业开发情况、农业经济计划执行情况、生产资料供应情况、农资市场及价格执行情况、科技工作为农业服务的情况、贯彻推行劳动积累工作制和加强水利建设决议的情况汇报。十六、十八次会议听取和审议市政府关于清理整顿公司情况汇报，全市13家党政机关所办公司全部关闭，流通领域中公司过多过滥的情况基本得到解决。

四、第六届人大常委会会议

第六届人大常委会举行18次例会，听取和审议“一府两院”及其职能部门工作汇报40项，作出决议、决定12个,提出审议意见4个。组织各级人大代表和常委会组成人员视察4次,组织专项调查21次。选举、任命国家机关工作人员201人次,撤职2人,接受辞职3人。常委会先后就发展农业、加强种子工作、查处倒卖生产资料、搞好工业总体规划、贯彻落实《中华人民共和国全民所有制工业企业法》、加强城市综合治理、加强行政事业单位预算外资金管理、制止"三乱"、减轻农民负担、清理乱收学杂费、建立人民教育基金、发展教育事业等问题,开展调查研究,进行专项审议,组织代表和委员视察,督促政府及其有关部门妥善解决。先后对实施《全民所有制工业企业法》《中华人民共和国矿产资源法》《中华人民共和国道路交通管理条例》《中华人民共和国种子管理条例》《中华人民共和国行政诉讼法》《中华人民共和国村民委员会组织法》《中华人民共和国残疾人保障法》的执法情况进行审议。对落实《血吸虫病防治管理条例》《禁止向农民乱收费,乱派款的规定》《关于加强社会治安综合治理的决定》进行执法检查。

五、第七届人大常委会会议

第七届人大常委会共举行32次例会,听取和审议"一府两院"及其职能部门的工作汇报64次,作出决议决定29项,提出审议意见8项。组织各级人大代表和常委会组成人员视察8次,组织专项调查32次。选举、任命国家机关工作人员245人次,撤职3人次,接受辞职5人次。

1992年第七届人大常委会第一次会议,审议并通过关于调整汨罗市"八五"计划的决议,授予公民翁巨炎等5名优秀执法工作者称号,授予检察院反贪局等单位"先进执法集体"的荣誉称号,作出《关于提高人民教育基金收取比例和扩大吸收范围的决定》;第十四次会议作出组织各级人大代表开展"五个一"致富奔小康竞赛活动的决定;第十五次会议审议发展农村合作基金会的审议意见,审议听取关于执行《家畜家禽防疫条例》的情况汇报;第二十四次会议作出关于加大农田水利基本建设力度、增强抵抗自然灾害能力的决定;第二十九次会议作出关于开展评选优秀人民公仆活动的决定。

六、第八届人大常委会会议

第八届人大常委会共举行32次例会,听取和审议"一府两院"及其职能部门的工作汇报62次,作出决议决定27项,提出审议意见6项。组织各级人大代表和常委会组成人员视察13次,组织专项调查31次,提出建设性建议、批评、意见92条。选举、任命国家机关工作人员226人次,撤职2人,接受辞职8人。选择25个部门与人民群众生产、生活密切相关的法律法规如《中华人民共和国防洪法》《中华人民共和国环境保护法》等执行情况进行检查31次,听取和审议市政府及行政执法部门的专题汇报28次;听取司法机关关于《中华人民共和国法官法》《中华人民共和国检察官法》《中华人民共和国人民警察法》贯彻实施情况和司法工作情况汇报,以及重大个案办理情况汇报120次,组织对《中华人民共和国刑事诉讼法》《中华人民共和国行政诉讼法》《中华人民共和国民事诉讼法》执行情况和监所管理等工作检查18次。

人大常委会成员先后两次针对市城市总体规划在常委会上提出修改建议,确定"东靠北上,以湘楚文化为底蕴,以汨罗江为轴心,以新型加工业和旅游业为主的现代化中等城市"的城市发展战略。并针对少数部门滥用职权,乱收费、乱罚款的违纪违法行为,从物价、财政部门抽调力量组成4个调查组,开展专题调查。1999～2001年,抓住劣质食品,有毒食品、假冒伪劣药品扰乱市场等热点问题,先后3次对《中华人民共和国食品卫生法》《中华人民共和国药品管理法》的执行情况进行执法检查。第十七次会议专门听取《中华人民共和国环境保护法》执行情况的汇报，指出存在的问题，并就进一步搞好环保工作提出意见和要求，收到较好效果。第三十次会议认真审议《中华人民共和国未成年人保护法》《中华人民共和国预防未成年人犯罪法》的执法情况。2001年5月，第二十三次会议听取市政府《关于加快全市道路建设的决议》的情况汇报和交通、公路部门关于实施《中华人民共和国公路法》的情况汇报。

七、第九届人大常委会会议

第九届人大常委会共举行30次例会。听取和审议"一府两院"专项工作报告53次，组织执法检查34次，组织专题视察20次，作出决议决定和审议意见26项。任免国家机关工作人员205人次，其中任命130人次，免职75人次，接受辞职31人次。先后组织人大代表专题视察15次，召开代表座谈会6次，及时对"一府两院"工作提出建议和批评意见。

2003年，市人大常委会作出《关于加强城市管理的决定》。直接参与城市建设、整治和管理，支持市政府落实"门前三包"责任制，保持清洁卫生，整顿市容市貌，完善基础设施。是年9月，听取和审议市政府关于退耕还林情况汇报，督促林业公安和司法机关对群众反映强烈的盗伐、乱砍滥伐违法犯罪行为加大打击力度，查处涉林案件15起，逮捕9人，刑拘15人，治安拘留2人，判刑4人，支持检察院立案侦查林业干部渎职案2件，有力地震慑涉林违法犯罪行为。同期，常委会发出倡议，号召各级人大代表带头献爱心，在教科文卫工委设立爱民助学基金，捐资帮助品学兼优的家庭儿童完成九年义务教育。是年，常委会根据群众反映，支持政府开展"保护汨罗江专项整治行动"。是年5月，作出《关于人民法院执行工作决定》。2004年4月，组织对全市养老保险、失业保险、医疗保险、城市低保和农村"五保"等社会保障工作进行执法检查；建议市政府及有关部门启动乡镇机关干部和学校教师医疗保险；建立健全"五保户"凭供养证领取生活费制度。2004年作出《关于开展评选"汨罗市优秀执法工作者"活动的决定》，组织市以上各级人大代表从司法机关和行政执法部门中评选出10名"优秀执法工作者"。2005年，在市九届人大第十八次会议上，对《汨罗市国民经济和社会发展第十一个"五年计划纲要"（草案）》进行初审，提出要正确处理好速度、质量、效益的关系，突出发展重点，形成汨罗特色，关注"三农"问题，促进城乡协调发展，坚持以人为本，着力构建和谐社会等修改意见。2006年3月，第二十次常委会会议，审查当年财政预算，向市政府提出审议意见：立足市情，把握汨罗民营经济、区位优势的特点，抓住汨罗列入国家循环经济试点的契机，把政府的主要精力和工作重点放到做大做强工业园区、聚积产业集群、培植支柱财源上来；全面启动城区税收目标管理改革，推行公开办税、据实申报、依法征缴；依照合作双赢的原则，适度调低再生资源行业税收奖返比例，增加可用财力。2006年6月，对法院执法工作开展执法检查，集中精干力量加大执法力度，清理积案200多件，执行标的500多万元，保护当事人合法权益，促进司法公正。

八、第十届人大常委会会议

2008年，第十届人大常委会共召开7次例会，其中，第三次常委会决定接受白维国辞去市政府市长职务的请求，根据主任会议提请，决定任命周金龙为市政府副市长、代理市长；第四次常委会听取市政府《关于执行市十届人大一次会议〈进一步保护森林资源，打击毁林犯罪，掀起造林高潮〉的决议》的执行情况；第五次常委会听取和审议市政府《关于新型农村合作医疗实施情况的报告》；第六次常委会通过《关于保护汨罗江保卫母亲河的决议》。

第四章 权力行使与职能工作

第一节 完善人民代表大会制度

1980年,按照《中华人民共和国宪法》规定和省人大常委会安排的县级人大代表名额,全县30个公社采取直接选举的办法,395762名选民参加投票选举,选举产生汨罗县第三届人民代表大会代表312名。是年11月24日至30日,召开县第三届人大第一次会议,选举产生县人民代表大会常务委员会。至此,县人大常委会作为县代表大会的常设机构,行使《宪法》、法律赋予的监督权、决定权、任免权。

人民群众对国家机关的监督主要通过人民代表大会和人大代表来实行。一年一次的代表大会,人大常委会、政府、法院、检察院、财政、计划发展要向人大代表报告工作,接受代表审议,询问乃至依法质询。1992年,市六届人大常委会第三次会议制定《监督本级人民政府、人民法院、人民检察院工作的暂行办法》。此后,历届常委会组织人大代表对"一府两院"的工作进行评议,克服执法过程中相互推诿、扯皮和有法不依、执法不严的现象。人大代表在闭会期间开展视察、评议等活动。被视察、评议的国家机关及其工作人员均要如实向代表汇报自身的工作及相关情况。市(县)人大常委会既接受人大代表的监督,又代表人大代表对人民政府、法院、检察院实施监督。每两个月一次的常委会会议,每次选定不同时段经济和社会生活中的重要议题,听取政府及其职能部门和法院、检察院的工作汇报,提出审议意见,并要求在规定的时间内反馈落实情况。

自1980年第三届至2008年第十届人大常委会,针对全市政治、经济和社会生活中的重大事项,召开例会179次,听取政府及其职能部门、法院、检察院工作汇报347次,作出相关决定决议128个。通过监督和督促政府认真落实,解决经济建设和社会生活中的重大问题。

1980～2008年,历届市人大常委会依法行使权力任免本级政府所属各委、办、局主要负责人,法院、检察院副职和审判委员会委员,检察委员会委员、法院各庭庭长、副庭长及审判员、检察员、市人大常委会各工委、办正、副主任。

第二节 重大事项决定

1980年后,历届人大常委会按照宪法和地方组织法赋予的职权,着眼大局,紧扣改革开放、兴市富民、民主法制建设等重大议题和人民群众普遍关注的热点问题,作出科学准确的决议、决定。其中,在县四届人大三次、市六届人大二次、市七届人大五次、市八届人大四次会议,先后审查批准市(县)国民经济和社会发展"七五""八五""九五"计划和2010年规划、"十五"计划;市七届人大二次会议作出《关于批准汨罗市国民经济和社会发展"八五"计划修正草案的决议》。

1987年9月,汨罗启动撤县改市工作。12月18日,市五届人大二次会议通过一系列决议,完成国家机关更名及国家机关工作人员改任等有关法律程序。1988年,人大常委会逐项审议市政府提交的《汨罗市1988～2000年经济、科技、社会综合发展规划(草案)》和《汨罗市1988～2000年城市总体规划(草案)》,提出4个方面、38条修改意见。1989年3月,市五届人大四次会议审议批准上述两项规划,保障撤县设市后各项工作的顺利进行。

1994年1月至1996年12月,市人大代表会议依序作出关于发展个体私营经济、开发丘岗山地、控制中小学生流失、实施初级卫生保健、加大扶贫力度等34项决议决定。

1999年,市八届人大会议第10次常委会针对财源乏力、优化经济发展环境、搞好重点工程建设等方面作出决议决定3项。2001年,第22次常委会,针对机关事业单位养老保险金、企业职工养老保险金、失业保险金、房改基金等方面的“热点”问题,作出《关于严格依法理财,加强专项资金管理的决议》。

2003年,市九届人大召开6次常委会,针对城市生活环境、汨罗江生态污染、交通执法态度粗暴、法院工作执行难等热点问题展开调研,作出4项决议、决定,促进经济建设和各项事业协调发展。2005年,九届人大第18次常委会审议“十一五”规划纲要,提出正确处理经济发展速度、质量、效益的关系,注重“三农”问题。2006年召开6次委员会,针对财政预算、加强城市建设和管理、推进新农村建设、关注教育卫生事业等方面工作,作出5项决议、决定和审议意见。

1980～2008年,历次人大代表会听取和审查人大常委会工作报告27个,政府工作报告31个,国民经济和社会发展计划执行情况报告28个,财政预算报告、法院和检察工作报告各28个,听取和审议政府关于民政工作、人代会议决议执行等情况汇报3次。除对各项工作报告等作出常规性决议、决定外,还通过关于农业、水利、林业、渔业、工业、个体私营经济、依法治市、社会治安综合治理、教育、卫生、旅游、土地管理等方面的实质性决议27项和决定7项,促进各项工作开展。

第三节　监督工作

一、实行依法治市

1982年《中华人民共和国宪法(草案)》公布后,县三届人大常委会组织26.6万多人次参加学习和讨论,占全县18周岁以上公民总数的91%,提出修改意见1000多条,均及时整理资料上报。新宪法颁布实施后,常委会会同有关部门组织进行广泛宣传,并于1983年3月县三届人大三次会议期间组织全体代表进行分组学习。1992年,市六届人大常委会第三次会议制定《监督本级人民政府、人民法院、人民检察院工作的暂行办法》。此后,历届常委会组织人大代表对“一府两院”的工作进行评议,克服执法过程中有关职能部门相互推诿扯皮和有法不依、执法不严的弊端。

二、倡导全民学法

县四届人大二次会议、市六届人大二次会议和市七届人大五次会议分别就“一五”普法、“二五”普法和“三五”普法作出决议,并听取和审议市(县)政府普法工作情况汇报。通过提出审议意见,推动全市普法工作深入开展,倡导全民学法、懂法、守法,为两个文明建设创造良好的法治环境。

三、组织执法检查

1999年,针对群众反映强烈的汨罗江非法淘金、杂交种子产销市场不规范、医药市场管理混乱、食品市场假劣仪器泛滥等问题开展专项检查,督促政府有关职能部门进行专项治理整顿,收到预期效果。2001 年,依照《中华人民共和国食品卫生法》规定,先后开展 3 次专项执法检查和市场整治行动,抽查 2800 户,查处违法案件 23 起,查获违法产品 2.5 吨,货值 5 万元,依法执行停业整改 15 家,经济处罚 21 家,查处非法加工窝点 11 个。第八届人大代表会议期间,常委会对 25 部法律法规的执行情况进行检查,听取和审议市政府及行政执法部门专题汇报 28 次,听取司法机关工作情况汇报 120 次,组织对《中华人民共和国民事诉讼法》执行情况和监督管理等工作检查 18 次。

2008 年 10 ~ 11 月,市人大常委会组织疾控、卫监、环保、建设、广播电视等部门单位对汨罗城区自来水进行科学抽样,并花巨资送省疾控中心进行全面检测,共检测 93 项指标检测结果符合国家饮用水标准。

第四节　人事任免

市人大常委会任免的对象,是市政府所属各委、办、局主要负责人,法院、检察院副职和审判委员会委员、检察委员会委员、法院各庭庭长、副庭长及审判员、检察员、市人大常委会各工委、办正、副主任。为使国家工作人员具有与其所任职务相适应的政治思想素质、业务水平和依法办事能力,常委会十分重视任命前后的考察考核工作。并注重对人事任免与监督办法、程序的探索和改进。1987 年,县五届人大常委会第二次会议决定,为使常委会组成人员能充分表达自己的意志,在任命程序中改举手通过为投票表决。1994 年,汨罗市委下发《批转市人大常委人会党组〈关于对市人大选举和人大常委会任命的干部实行述职报告制度的请示〉的通知》,决定人大选举和常委会任命的干部实行述职报告制度。是年,市七届人大常委会第十八次会议首次对 1 名副市长、2 名局长和市法院、市检察院的 2 名副职进行述职评议。1995 年,进一步完善任命制度,对拟任人选实行任前考察和基本法律知识考核。1997 年,市七届人大常委会第二十五次会议又审议通过《人事任免办法》,使常委会的人事任免工作更加规范。

1980 ~ 2008 年,历届人大常委会共选举(补选)市(县)人大常委会主任 9 人,副主任 46 人,委员 131 人,市(县)长 11 人,副市(县)长 42 人,法院院长 9 人,检察院检察长 9 人,出席省人大代表 13 人,出席岳阳市人大代表 228 人。常委会在行使任免权的过程中,严格依照法律程序办事,对不符合任职条件的拟任人选不予任命,对任期内犯有严重错误的国家机关工作人员坚决予以撤职。历届人大常委会共任免市(县)政府组成人员 53 人,市法院、市检察院工作人员 82 人,人大常委会各工作机构负责人 24 人。其中因任前考察反映素质较差或基本法律知识考核不及格未予通过任命的有 14 人。

为激励各级国家工作人员全心全意为人民服务,市八届人大第一次会议对评选出的于铁龙、李积德、甘征文、刘德福、彭罗生、黄泽南、倪运清、李正松、李品章、李纪辉 10 人授予“汨罗市优秀人民公仆”的称号。

第五节　议案督办

人大代表在人大代表大会期间提出的建议、批评和意见(提案),人大常委会均组织工作人员逐条进行审查,凡符合立案(立卷)要求的,一律交常委会有关工作机构、“一府两院”及有关机关和组织办理,并在3个月内(最迟不超过5个月)将处理情况作出书面答复。1984年3月,县四届人大一次会议决定每年都在常委会上听取政府关于办理代表建议情况的综合汇报,并通过常委会公报或其他方式将办理情况印发给全体代表。从1992年市六届人大三次会议开始,人大常委会采取会中答复和会后督办相结合的方式办理人大代表提出的批评、建议和意见。1993年,周柏鹏等12名代表在市七届人大二次会议上提出的《汨罗市城区建设要按规划实施的议案》,大会主席团决定立案并交市政府办理。是年,市政府切实加强对城市规划的领导和实施,投资350万元进行市政基础设施建设。组织对城区规划建设用地进行全面清理,对查出的141户无证建房,434户超面积建房和17户无规划建房,分别进行拆除、停建或罚款处理。市政府在1994年召开的市七届人大三次会议上,由副市长钟迪华向全体会议作出专题汇报。

1980年至2008年,历届人大代表会议期间,市(县)代表共联名提出议案281件,经大会主席团审查立案15件;提出建议、批评和意见5659件,立卷5369件。对于人大代表会议主席团立案的议案,市人大常委会、市政府均进行认真办理。常委会制定《关于议案、质询案的提出与办理方案》《汨罗市办理人大代表建议、批评和意见的暂行办法》和《优秀建议奖评办法》,从制度上保障人大代表行使提出议案、建议、批评和意见的权力。

第六节 代表视察

1995年4月中旬,市人大常委会全体组成人员和城区的部分市人大代表视察《家畜家禽防疫条例》执行情况,就人民群众反映强烈的病、死猪肉,“注水肉”上市等问题,提出对城区上市生猪实行“定点屠宰、集中检疫、统一纳税、分散经营”的意见和建议,督促工商、畜牧检疫等部门,加大执法力度,净化市场,保证市民吃上“放心肉”。

1995年7月17日,驻汨罗的部分湖南省、岳阳市人大代表和汨罗市人大常委会全体人员共20人,由市人大常委会主任陈德辉带队,对全市6月月底至7月月初以来遭遇洪灾后抗灾救灾等情况进行视察,代表们深入高家坊、玉池、铜盆、弼时、楚塘、磊石6个乡镇察看灾情,慰问灾民,并就恢复基础设施、恢复生产、安置救济灾民、灾后疫病防治、救灾赈灾等提出意见和建议。

1996年8月下旬,驻汨罗的部分湖南省、岳阳市人大代表和汨罗市人大常务委员会委员20人,由市人大常委会主任任年丰带队,深入楚塘、白塘乡,对6月中旬至7月月初遭受特大洪涝灾害后抗灾救灾赈灾、恢复生产、重建家园的情况进行视察,提出意见和建议,并向两乡分别捐款1万元。

1998年7月7日,市人大常委会全体组成人员和部分湖南省、岳阳市、汨罗市人大代表视察农业综合开发和产业结构调整情况,建议市政府郑重考虑如何建立“公司联基地,基地联农户”的农工贸体系,把汨罗从一个农业大市(县)建设成为一个农业强市(县)。

1998~1999年,常委会组成人员、机关干部先后考察长沙县星沙开发区。视察汨罗农业综合开发、产业结构调整、11万伏变电站、京大线和石磊线、双墩渡漕等建设工程和红花农业科技示范园。针对重点工程建设质量监督,加强财物审计等提出意见和建议。1999年10月7~9日,常委会还组织全体组成人员、机关工作人员到邵东县学习、考察,了解他们在发展个体私营经济中所采取的一些优惠政策和有效举措,并在第十一次常委会上对市政府关于优化经济发展环境的工作汇报进行认真的审议,提出相应的审议意见。

2000～2008年,常委会组织人大代表对全市重点工程,新农村建设,农村产业结构调整等重大事项进行考察,发现问题,及时提出整改建议。

第七节 代表工作

1990年,组织开展"人民选我当代表,我当代表为人民"争先创优活动,全市有2000多名代表(包括省、岳阳市、汨罗市和乡镇四级代表)走访选民10万余人次,开展调查、视察活动70余次,撰写调查报告和视察情况汇报70多篇,提出建议、批评和意见2800多条,督促和帮助市、乡两级政府解决具体问题630多个。1992年,市七届人大第一次会议作出《关于在各级人大代表中开展为实现"125"工程争创贡献的竞赛活动的决定》,号召积极开展"四争当""五个一"活动。代表们围绕当地经济建设提出建议1536条,被采纳423条;联系企业115个,帮助引进资金1000多万元,新上项目425个;帮助1299户困难户脱贫。

1992～2008年,历届人大常委会均在换届选举工作完成后,将全体代表按行政区划或行业、战线编制成若干代表团、代表小组。每年由人大常委会定期或不定期向代表们寄送相关法律读物和人大常委会《公报》,使人大代表及时掌握市人大常设机构及政府工作动态,在知政基础上更好参政。市人大常委会及时总结推介本市代表的先进典型,每年的人大代表全体会议均要表彰一批代表活动中的积极分子。同时要求各级政府和国家机关部门在人大代表依法开展活动时给予支持和配合,以确保其工作顺利进行。

第八节 联络工作

人大的上下级之间是指导关系而非领导关系,上级人大对下级人大进行指导和监督。市(县)人大常委会认真执行上级人大的决议、决定,落实上级人大交办的工作,涉及重大事项和法律方面的重大举措及时请示上级人大。同时加强对乡镇人大的联系、指导和监督。采取举办培训班、辅导班、组织赴外地学习考察等方式,帮助下级人大工作人员提高法律知识水平和依法办事能力。1991年,市人大常委会副主任胡敬思带队出席在湖北省通城县召开的"湘鄂赣毗邻县市人大工作研讨会"第一次年会。至1996年11月,常委会安排人员连续出席在平江县、岳阳市、临湘市、江西修水县、瑞金市、铜鼓县,湖北省阳新县、通山县、崇阳县等地举行的年会共11次,宣读理论研讨文章11篇。1996年,第十二次年会在汨罗市召开,来自15个县(市)人大常委会同行出席会议。

为加强人大工作横向联系,常委会组成人员、人大代表和机关工作人员积极参加上级人大举办的各类学习班,通过系统培训和学习,借鉴周边县(市)人大工作的经验,同时热情接待外县(市)人大工作人员到汨罗指导和交流经验。1990年,先后有11批外省、市、县人大常委会的负责人到汨罗考察人大工作;1993年,有16个县(市)人大常委会领导到汨罗交流人大工作经验;1994～2008年,先后有来自各省(市)24个县(市)区人大常委会工作人员到汨罗交流磋商人大工作。

第四篇　人民政府

1978～2008年，汨罗市（县）人民代表大会共选举产生九届（第三届至第十一届）政府机构，其中第三、第四、第五、第六、第七届，每届任期3年；第八、第九、第十、第十一届，每届任期5年。历届政府任期分别：第三届县政府（县革命委员会）任期为1978～1980年，第四届县人政府任期为1981～1983年，第五届县人民政府任期为1984～1986年，第六届县、市人民政府任期为1987～1989年，第七届市人民政府任期为1990～1992年，第八届市人民政府任期为1993～1997年，第九届市人民政府任期为1998～2002年，第十届市人民政府任期为2003～2007年，第十一届市人民政府任期从2008年始。历届政府班子坚持对市委、市人民代表大会负责，坚持改革开放，坚持依法行政，兴业惠民，为发展县（市）域经济，先后制定和实施7个五年规划和3个远景规划，运用交通优势，拓展南北流通；突出工业建设，发展循环经济；调整产业结构，不断提高经济增长质量和科学发展水平。至2008年，全市地区生产总值比1978年增长55倍，财政收入增长45倍。经济综合实力进入湖南省十强县（市）行列。

第一章　政府机构

第一节　工作部门

一、县革命委员会工作部门

1978年2月，县革委会下属工作部门设县革委办公室、计委、农办、财贸办公室、工交办公室（简称工交办）、工商行政管理办公室、知青办公室、民政局、公安局、工业局、交通局、农业局、林业局、水利电力局、财政税务局、商业局、粮食局、文教局、体委、广播事业局、卫生局、计生办、物资局、农机局、供销社、人行汨罗县支行、社队企业管理局、二轻工业局、科委29个工作部门。1978年6月，撤销二轻工业局，11月，商业局与供销社合并；12月，成立工商局，撤销工商行政管理办公室。1979年1月，商业局与供销社分设；3月，撤销工交办，成立经委。7月，成立建行汨罗县支行；9月，增设劳动科和人事科；12月，成立农行汨罗县支行。1980年1月，增设统计科；3月，成立外贸局；5月，增设畜牧水产局。

二、县人民政府工作部门

1980年11月，撤销县革委会，恢复县政府，下设机构未变。1981年1月，成立司法局；2月，撤销文教局，分设教育局、文化科；3月，成立文教办公室、基本建设委员会；5月，统计科改为统计局，文化科改为文化局,劳动科改为劳动局,人事科改为人事局,工业局并入经委;9月,成立物价委员会;12月,信访科改为县委、县政府信访办。1982年3月,恢复二轻工业局、手工业生产合作社联合社,实行一个机构、两块牌子,合署办公;4月,二轻工业局改为轻工业局。

1983年12月,按照结构合理、运转协调、灵活高效、法制完备的原则进行机构改革,政府职能逐步由微观管理转向宏观管理,由直接管理转向间接管理,由部门管理转向行业管理。1984年1月,县政府工作部门设办公室和计划、经济、农业、科学技术、体育运动、计划生育6个委员会;公安、司法、民政、统计、物价、劳动人事、审计、城乡建设环境保护、交通、农业、林业、水利电力、畜牧水产、社队企业、财政、税务、商业、粮食、工商、文化、教育、卫生、广播电视23个局。撤销财贸办、文教办,成立财贸组、文教组,隶政府办。物资局改为物资管理站,农机局改为农机管理站,外贸局改为外贸公司;以上三单位和供销社、轻工业局(与手工业联社合署办公)为企事业管理单位。编委、老干局、信访办为县委、县政府直属单位。邮电局、气象局、人行汨罗县支行、农行汨罗县支行、建行汨罗县支行、工行汨罗县支行(从人行汨罗县支行分设)、中国人民保险公司汨罗县支公司由上一级业务主管部门和县政府双重领导。1984年3月,撤销财贸组,恢复财贸办,社队企业局更名为乡镇企业局;10月,恢复物资局、农机局。1987年,成立国土管理局、黄金公司。

三、市人民政府工作部门

图2 1988年1月1日,汨罗市在城区召开县改市成立大会

1987年9月23日,国务院批准撤销汨罗县,设立汨罗市。1988年1月1日,举行建市庆典。是月,撤销城乡建设环境保护局,成立建委;3月,成立矿产资源管理办公室(简称矿产办),归口计委管理;黄金公司明确为正科级单位。8月,成立标准计量管理局,乡镇企业局改为乡镇企业委员会。1989年3月,成立环保局;5月,成立房地产管理局;12月,成立对外经济贸易委员会。1990年3月,恢复工业局,撤销劳动人事局,分设人事局、劳动局。1991年1月,医药总公司加挂医药管理局牌子;6月,成立城市规划设计管理局;7月,盐业公司加挂盐务管理局牌子。1992年9月,国土局与房产局、规划局合并为国土房产规划局;10月,交通局改为交委。

1993年2月,外经贸委与财贸委合并为财经贸易委员会,体委会与教委会合并为教育体育委员会,计委与统计局合并为计划统计委员会,矿产办并入计统委,物价局与工商局合并为工商物价管理局,环保局与建委合并为建设环保委员会,文化局改为文化服务总公司,粮食局转体为国营粮食总公司(加挂粮食局牌子),劳动局转体为劳动服务总公司(加挂劳动局牌子),农业局转体为农业经济技术开发服务总公司,林业局转体为林业服务总公司,农机局转体为农业机械服务总公司,工业局转体为工业服务总公司,二轻工业局转体为二轻工业总公司，广播电视局转体为广播电视服务中心，商业局转体为国营商业集团总公司，物资局改为物资集团总公司，外贸局改为对外经济贸易总公司，老干局并入市委组织部，档案局改为档案馆，归口政府办，信访办仍为市委、市政府信访工作机构，归口政府办。1994 年 9 月，税务局分为国税局和地税局。

1995 年，设市政府直属机构 33 个，实行双重领导，以岳阳市业务管理部门管理为主的机构 15 个。1996 年 1 月，公路段更名公路管理局；6 月，成立招商局，1998 年 3 月，明确为正科级行政单位。1996 年 11 月，农业经营管理科更名为农业经营管理局（简称农经局），为正科级事业单位。1997 年 12 月，二轻工业总公司并入经委。1998 年 7 月，邮电局分为邮政局、电信局；11 月，文化局加挂新闻出版局、版权局牌子。1999 年 7 月，从电信局析出移动通信分公司。

1999 年，地税局、工商局由汨罗市政府工作部门划归以岳阳市业务管理部门管理为主的双重管理机构。2000 年 3 月，设立旅游局，将环卫管理处并入建设局；7 月，技术监督局更名为质量技术监督局。是年，质量技术监督局、公路管理局上收，成为以岳阳市管理部门管理为主的双重管理机构。2001 年，汨罗移动通信分公司更名为湖南移动通信有限责任公司岳阳分公司汨罗营业部。

2002 年，农村工作办公室更名为农村工作领导小组办公室，保留市委农村工作部牌子；财贸办公室更名为内贸工作办公室；城镇工作办公室、安全生产监督管理办公室升格为市政府直属工作机构；成立政务公开中心、政府机关行政科；招商局、旅游局合并为招商旅游局；医药管理局分为医药总公司、岳阳市药品监督局汨罗分局；成立物资行业管理办公室；经委改为工业局；劳动局改为劳动和社会保障局；矿产办并入国土管理局，组成国土资源局；黄金公司整体改制，保留黄金管理办牌子，归口工业局管理。2004 年 3 月，撤销安全生产监督管理办公室，成立安监局。4 月，成立移民局，为副科级事业单位，2005 年 8 月升格为正科级事业单位。2004 年 3 月，成立生态能源管理局，为副科级事业单位，归口农办管理；5 月，物资总公司依法破产。

2005 年 10 月，市政府机构改革：计划局更名为发展和改革局；撤销内贸办公室，成立商务局；计划生育局改为人口和计划生育局；将安监局列为市政府工作部门；乡镇企业局并入工业局，对外保留乡镇企业局牌子，部分工作职能划入农业局和畜牧水产局。市政府工作部门 24 个。政府部门管理机构 2 个：统计局、粮食局。2006 年 12 月，招商旅游局分设为招商局和旅游局。2007 年 3 月，成立人民防空办公室，将原房改办的住房公积金上划岳阳管理，其余并入一起办公，一个机构、两块牌子；9 月，撤销乡镇企业局。至 2008 年底，设政府工作部门 25 个；实行双重领导，以岳阳市业务主管部门管理为主的机构 26 个。

附 驻外办事机构

1987 年 3 月，成立驻北京办事处，办公地址设北京市朝阳区慈云寺路。1992 年 3 月，设立驻长沙办事处，办公地址设福胜街。1995 年 8 月，设立驻东北办事处，办公地址黑龙江省齐齐哈尔市。

第二节 领导成员

1978～1980 年，县革命委员会领导成员由主任 1 人、副主任 9 人组成。

1980～1987 年，第四届、第五届县人民政府领导机构由县长 1 人、副县长 4～5 人、县长助理 1～2 人组成。县政府设调研员1～2人,助理调研员2～4人。县政府组成单位主要负责人为政府组成人员。

1988～2008年,第六届至第十一届市人民政府领导机构由市长1人、副市长5～6人、市长助理1～2人组成。市政府设调研员1～2人、助理调研员2～4人。市政府组成单位主要负责人为政府组成人员。

汨罗市(县)人民政府(革命委员会)1978～2008年主要负责人名录表

表4－1－11

机构名称	职务	姓名	任职时间	籍贯
县革命委员会	主任	彭亮根	1976.11－1980.11	湖南汨罗
	副主任	夏国基	1969.12－1979.11	湖南湘阴
	副主任	尹中奇	1971.9－1980.11	湖南汨罗
	副主任	李纯志	1973.5－1980.11	辽宁阜新
	副主任	刘新煌	1973.8－1978.3	湖南汨罗
	副主任	范迪文	1973.8－1978.3	湖南湘阴
	副主任	吴玉泗	1978.2－1980.11	湖南汨罗
	副主任	贺建云	1978.2－1980.11	湖南湘潭
	副主任	许建春	1979.6－1980.11	湖南湘阴
	副主任	魏金寿	1980.3－1980.11	山西浮山
县人民政府	县长	刘新煌	1980.11－1983.12	湖南汨罗
	县长	唐镇球	1983.12－1987.12	湖南望城
	副县长	谢康生	1980.11－1982.4	湖南平江
	副县长	任森	1980.11－1983.12	湖南汨罗
	副县长	吴玉泗	1980.11－1982.4	湖南汨罗
	副县长	陈德辉	1980.11－1983.12	湖南屈原农场
	副县长	彭乐生	1981.3－1983.12	湖南汨罗
	副县长	孙凌云	1982.3－1983.12	河南鄢陵
	副县长	邓盛厚	1982.3－1983.12	湖南祁阳
	副县长	彭访贤	1982.3－1987.3	湖南汨罗
	副县长	徐俊	1982.10－1987.3	湖南汨罗
	副县长	尹中奇	1983.12－1987.3	湖南汨罗
	副县长	彭祥	1983.12－1987.12	湖南汨罗
	副县长	黄湘柱	1983.12－1984.12	湖南长沙
	副县长	程培胜	1984.12－1987.3	湖南华容
	副县长	孔柳华(女)	1985.3－1987.3	湖南平江
	副县长	李湘岳	1985.3－1987.3	湖南岳阳
	副县长	刘文峰	1987.3－1987.12	湖南汨罗
	副县长	李建球	1987.3－1987.12	湖南汨罗
	副县长	虞文根	1987.3－1987.12	湖南汨罗

续表4-1-11

机构名称	职　务	姓　名	任　职　时　间	籍　贯
市人民政府	市　长	唐镇球	1988.1-1989.8	湖南望城
	市　长	李湘岳	1989.8-1990.2(代理) 1990.2-1992.7	湖南岳阳
	市　长	刘文峰	1992.8-1992.12(代理) 1992.12-1997.1	湖南汨罗
	市　长	郭光文	1997.2-1997.3(代理) 1997.3-1997.10	湖南岳阳
	市　长	余贤规	1997.11-1997.12(代理) 1997.12-2001.2	湖南汨罗
	市　长	李国保	2001.2-2001.3(代理) 2001.3-2004.11	湖南临湘
	市　长	白维国	2004.12-2005.1(代理) 2005.1-2008.2	湖南华容
	市　长	周金龙	2008.3-	湖南岳阳
	副市长	刘文峰	1988.1-1990.2	湖南汨罗
	副市长	彭　祥	1988.1-1990.2	湖南汨罗
	副市长	李建球	1988.1-1990.2	湖南汨罗
	副市长	虞文根	1988.1-1992.9	湖南汨罗
	副市长	胡　亦	1988.5-1990.1	湖南岳阳
	副市长	徐伯康	1989.4-1990.2	湖南岳阳
	副市长	戴嗣成	1989.4-1991.9	湖南溆浦
	副市长	刘德真	1989.11-1992.12	湖南邵东
	副市长	周立标	1990.1-1992.12	湖南汨罗
	副市长	萧建华	1990.2-1992.12	湖南华容
	副市长	胡福二	1990.2-1992.12	湖南汨罗
	副市长	段方金	1992.9-1997.12	湖南岳阳
	副市长	杨太平	1992.12-1995.8	湖南汨罗
	副市长	钟迪华	1992.12-1997.12	湖南湘阴
	副市长	王可成	1992.12-1995.8	湖南华容
	副市长	陈大琳(女)	1992.12-1997.12	浙江宁波
	副市长	罗　荣	1993.2-1996.2	湖南浏阳
	副市长	张作林	1995.7-2001.2	湖南汨罗镇

续表4－1－11

机构名称	职务	姓名	任职时间	籍贯
市人民政府	副市长	余贤规	1995.8－1997.12	湖南汨罗
	副市长	倪慧君(女)	1995.8－1996.12	浙江永康
	副市长	胡晓犁	1996.6－1997.7	贵州贵阳
	副市长	李国保	1997.12－2001.3	湖南临湘
	副市长	李积德	1997.12－2005.3	湖南长沙
	副市长	傅金华	1997.12－2007.12	湖南汨罗
	副市长	徐德元(女)	1997.12－2007.12	湖南屈原农场
	副市长	秧励	1998.7－2001.2	湖南花垣
	副市长	毛知兵	1999.8－2002.12	湖南华容
	副市长	谈正红	2001.1－2005.3	湖南华容
	副市长	李明主	2001.2－2005.3	湖南汨罗
	副市长	倪运清	2002.12－	湖南汨罗
	副市长	尤庆学	2003.11－2005.3	湖南临湘
	副市长	彭善文	2004.3－2007.12	湖南汨罗
	副市长	周群开	2005.3－	湖南汨罗
	副市长	陈培宏	2005.3－	湖南汨罗
	副市长	王敏求	2006.11－	湖南汨罗
	副市长	陈铭	2007.5－	浙江青田
	副市长	龚卫国	2007.12－	湖南益阳
	副市长	周育林	2007.12－	湖南汨罗
	副市长	沈文	2008.8－	湖南长沙

第二章 施政纪略

第一节 重要会议

1980年后,汨罗县人民政府召开的工作会议主要有县长办公会议、县长办公扩大会议、政府工作会议。1985年,县政府制定《关于改进工作方法的若干规定》,精减会议,压缩文件。1988年始,规范和完善会议制度,政府会议规定为政府组成人员会议、政府常务会议、乡镇场长例会、政府工作讲评会。1993年,《政府工作制度》将政府常务会议、政府全体会议、政府工作会议定为政府主要会议。1999年,《汨罗市人民政府工作制度》规定政府常务会议、政府全体会议、政府例会、政府办公会议是其主要工作会议。2001年后,市政府进一步完善会议制度,对会议类别、会议纪律、会风等事项作出明确规定。

一、政府常务会议

市(县)政府常务会议　由市(县)长、副市(县)长、市(县)政府办公室主任组成,市(县)政府调研员、助理调研员、市(县)长助理、市(县)政府党组成员和市(县)政府办副主任列席,由市(县)长召集和主持。会议的主要任务:讨论决定市(县)政府工作中的重要事项,讨论提请市(县)人大及其常委会审议的议案,讨论决定市政府各部门、各乡镇场请示市(县)政府的重要事项。政府常务会议一般每季度召开一次,如有需要可临时召开。根据需要可安排有关部门单位的负责人列席会议。政府常务会议的议题由市(县)长确定,会议的组织工作由政府办负责,议题于会前送达有关人员,会议研究决定的事项,由政府办整理成会议纪要,经市(县)长签字后印发有关单位。

第六届市(县)政府常务会议(1987.2－1990.2),共召开19次。主要议题:突出抓好农业生产,完善农资专营措施,大力植树造林,加强国土管理,实施城镇住房制度改革、国有工业企业改革,扩建市棉织厂,兴建220千伏变电站,建设跨铁路大桥——罗城桥,筹建新市自来水厂,兴建城南小学、城郊乡中心小学,抓好中小学校危房改造,整顿清理文化市场,组织县改市庆典活动等。并制定下发《关于认真做好计划生育工作的通知》《关于进一步整顿农药生产的决定》《关于批准粮食生产集团承包实施方案的通知》等。

第七届市政府常务会议(1990.2－1992.12),共召开19次。主要议题:实施科技兴农举措,开发吨粮田,加强杂交水稻种子经营管理,抓好棉花生产和湖洲芦苇生产,加强水资源管理和野生动植物资源保护,湖溪垸加固撇洪工程,治理友谊河,建设营田港口码头,落实国务院《全民所有制工业企业转换经营机制条例》,促进乡镇企业持续发展,整顿农药生产,制止汨罗江非法采金活动,加快城区跨铁路道口立交桥建设,全面完成107国道汨罗段扫尾和配套工程,汨新路拓宽改造,新市至屈子祠公路油面铺设,完成11万伏变电站增容和新市3.5万伏变电站工程建设,编制"八五"计划和汨罗城乡建设总体规划,筹建汨罗新火车站,培植财源,增收节支,整顿运输市场,维护社会稳定,处理好智峰乡与平江岑川等地的边界纠纷,加快三江乡等革命老区的经济开发,创建国家卫生城市等。并制定《关于进一步发展汨罗经济的若干规定》《关于减轻农民负担若干问题的通知》《关于加速罗城经济开发区建设的若干规定》等。

第八届市政府常务会议(1993.1－1997.12),共召开26次。会议主要议题:调整粮食作物面积,大力发展高效经济作物,加强农资市场管理,组织金融部门支持工业发展,协调处理9625工厂工程建设问题,新火车站设计,京珠高速公路汨罗连接线建设,1809线汨新路段拓宽改造工程,大众路开发建设,城市防洪,屈原垸安居工程,蓝家洞水库整险配套工程,城市建设,市场建设管理,再生资源管理,预算外资金管理,处理供销社股金和农村合作基金会问题,进一步抓好计划生育工作,推进和发展素质教育,新建市特殊学校、市罗城学校,抓好中小学校危房改造工作等。讨论制定"九五"计划及2010年远景规划,发布《关于加强粮食市场管理的通告》《关于加快发展个体私营经济的通告》《关于推行社会养老保险的通知》《关于招商引资开放搞活的若干规定》等。

第九届市政府常务会议(1998.1－2002.12),共召开17次。会议主要议题:农业综合开发,农村税费改革,建立生态农业高科技示范区,向上申报汨罗为省蔬菜生产基地(县)市,封山育林,汨罗江河道综合治理,磊石垸大堤加固,鹤巢湖综合整治,周家垅卡口拓宽工程,桥坪水库整险,稳定发展工业经济,加强安全生产管理,进行旧城改造,建立政务公开中心、广播电视中心,创建建设路最美一条街,新建汨罗客运汽车站,建好国家粮食储备库(白水),开展集贸市场整顿,取缔城区客运三轮车,搞好城市排污和垃圾消纳场建设,争创计划生育工作进入全省十强县(市)、深化医疗保险制度改革,创建市一中为省级重点中学,兴建市四中综合教学楼,推进中小学生平安保险工作等。讨论制定《汨罗市城镇体系规划》《汨罗市土地利用总体规划》《汨罗市城市管理的若干规定》等。

第十、第十一届市政府常务会议(2003.1－2008.12),共召开21次。主要议题:加快汨罗工业园基础设施建设,大力发展再生资源产业,抓好新火车站、汨罗江大桥、殡仪馆、国电汨罗电厂、城区污水处理设施建设和管理工作,做好罗城开发区、工业园区、农业科技园建设和管理工作,加快发展民营经济,进一步深化工业经济体制改革,调整和完善教育布局,做好劳动和社会保障工作等。讨论制定《政府工作规划》《政府工作抓落实实施方案》《汨罗市城市建设资金筹集管理办法(试行)》《关于落实保护汨罗江保卫母亲河决议》,以及湘江汨罗段砂石资源采矿权招拍挂等重要决定、决议。

二、市(县)长办公会议

市(县)长办公会议 由市(县)长、副市(县)长、市(县)政府办主任组成,由市(县)长或市(县)长委托常务副市(县)长召集和主持。历届市(县)政府班子根据工作需要,安排相关部门单位负责人列席,研究处理市(县)政府日常工作中的重要议题。政府办公会议视工作情况定期或不定期召开。

第四届县政府县长办公会议(1980.11－1984.3),共召开66次。主要议题:进一步贯彻国民经济调整方针,加快农业全面发展,建设铁山水库汨罗灌区配套工程,新建李家塅变电站,申报电气化县,城区自来水工程建设,成立神鼎山林场、蓝家洞林场,调整工业生产结构,抓好企业整顿,加强交通运输管理,加快发展社队企业,财政开源节流,调整教育布局,计划生育工作,环境保护等。讨论并制定《汨罗县政府系统机构改革方案》。

第五届县政府县长办公会议(1984.3－1987.2),共召开45次。主要议题:完善农业生产责任制,调整农业产业结构,建设商品粮基地,搞好林、牧、渔业生产,整顿农药生产,修建汨(罗)营(田)公路,向上申报汨罗县改市,开展"五讲四美三热爱"活动,创建体育先进县,抓好计划生育,支持磊石、白塘等四个乡血吸虫疫区改水工作等。讨论并制定《汨罗县农村五保户供养试行条例》《关于发展经济工作中几个问题的规定》等。

第六届市政府市(县)长办公(政府工作)会议(1987.2－1990.2),共召开45次。主要议题:进一步推进经济体制改革,压缩基建规模,严格控制会议伙食标准,市直机关办好联系点,增产节约与增收节支,确定物质文明建设目标管理任务,恢复楚塘乡名山汽车渡口,普及九年制义务教育,确定天井乡为全市瘦肉型良种猪和茶叶出口基地,落实扶贫工作任务,开发高岭土资源等。讨论并制定《发展横向经济联合的优惠办法》等。

第七届市政府市长办公(政府工作)会议(1990.2－1992.12),共召开38次。主要议题:恢复桃林地区客运班车,文明卫生城市建设,扩建老年人活动中心,治理经济环境,完善农资专营办法,实施《规划法》,搞好城市规划,发展氮肥厂等工业生产,退伍军人安置,屈子祠旅游景点开发建设,克服财政困难,培植财源,增收节支等。

第八届市政府市长办公(政府工作)会议(1993.1－1997.12),共召开70次。主要议题:调整工业生产结构,兴办湖南汨罗希望资料有限公司,加快乡镇企业技术改造,切实抓好农业生产,实现农民增收目标,大力进行农田水利建设,物资部门转机建制,大众北路开发建设,汨罗江矿业秩序整顿,解决汨新路乱堆乱放废品问题,宣传落实《城市绿化条例》,处理市磨料磨具厂等工业企业陈欠电费和滞纳金问题,做好玉池、八景乡扶贫开发工作等。

第九届市政府市长办公会议(1998.1－2002.12),共召开105次。主要议题:组织开展防汛救灾,汨罗江红花大桥道路延伸配套建设,加快民营经济发展,筹建任弼时纪念馆,深化粮食流通体制改革,实行城区生猪定点屠宰,做好社会综合治理工作,推行乡村医疗机构一体化管理,搞好工商行政管理体制改革,治理友谊河及沿江防洪大堤建设,加强中心集贸市场管理等。

第十、十一届市政府市长办公会议(2003.1－2008.12),共召开58次。主要议题:城市基础设施建设,工业园区建设,工业企业体制改革,教师工资发放,农口"四站一公司"(即农技站、林业站、水利站、畜医站,农机公司)队伍建设,残疾人就业,复退军人稳定、安置工作,"引蓝(水)入市"、天然气入市、电网改造、新农村建设、旧城提质改造、劳动社会保障等民计民生工作,抓好优质稻、红薯、玉米三大种植基地建设,打击地下"六合彩"赌博活动,加强安全生产管理,实施环境保护,打击土法冶炼,整治小型纸厂排污,建立政府公众信息网,做好招商引资和旅游开发管理工作,筹办汨罗江国际龙舟节活动,创建全国计划生育优质服务先进县(市)等。

三、市(县)政府全体会议

市(县)政府全体会议　由市(县)长、副市(县)长、市(县)政府办主任和市(县)政府组成部门的局长(主任)组成,由市(县)长召集和主持。会议的主要任务:总结半年或年度工作,通报境内外形势,部署市(县)政府的全局性工作任务,讨论决定市(县)政府工作中的重大事项。市(县)政府全体会议一般每半年召开一次。

第二节　政事举要

一、第三届县政府(县革命委员会)政事举要

在国民经济中贯彻调整、改革、整顿、提高的方针;为地、富、反、坏分子摘帽;新建仪表厂、电扇厂和乡镇企业——新市鞋楦厂、川山坪油泵油咀厂等;建成望塔等8个小水电站、桃林35千伏变电站;新修公路227公里,铺油路32.3公里,修建公路桥13座;城区实现电话自动化;整修塘坝4665处,新建塘坝290处,对91座水库进行整险加固,1978年4月,被评为全国水利管理先进县;水稻机耕机滚面积达2.52万公顷,动力打稻面积达3.4万公顷;对耕地进行土壤普查;基本形成以国营商业为主,多种经济成分并存的商业网络;对科技人员进行普查,实行技术职称考核管理制度;完成科研项目56项;创办卫生职业学校;改善广播网络设施;普及农村电影放映;举办第三届农村业余文艺会演;对任弼时故居、屈原纪念馆进行维修;1980年,组织龙舟竞渡;消灭钉螺面积达总数的98%,治愈血吸虫病人达总数的90%;新建职工宿舍50440平方米。1980年,完成工业总产值1.9277亿元,农业总产值2.9615亿元,粮食总产量27.1038万吨,社会商品零售总额9351万元,财政收入1873万元,人口自然增长率9.51‰。

二、第四届县人民政府政事举要

贯彻落实中共十一届三中全会确定的路线、方针、政策，推进改革和经济文化建设：改革农村经济体制，推行和完善家庭承包责任制；调整工业产品结构，整顿企业管理，县属工业进行10个项目的技术改造；鼓励发展个体私营经济，成立个体工商业劳动者协会，个体工商户由110户发展到1830户；1983年，取消布票；进行中小学学制改革，调整教育内部结构和学校布局，消除教育事业“虚肿”现象；进行县级机构改革；完成地名普查；开展“严打”斗争，从重从快打击严重刑事犯罪；完成农、林、茶、渔场和水库、电站定权发证工作；完成铁山水库汨罗分灌区渠道配套工程；加固汨罗江防洪堤；全民和城镇集体单位新建房屋16.16万平方米，城乡个人建房249万多平方米；新建校舍6280平方米，维修校舍7820平方米，基本实现“一无两有”(即学校无危房，班班有教室、学生人人有课桌椅)；改二中为第一职业中学；完成预防接种98万多人次，1982年，获卫生部嘉奖；22个乡镇建立文化中心；建成体育中心；组织1981年端午节龙舟竞渡；举办第四届农村业余文艺会演。1983年，遭受龙卷风和特大洪灾后，发放救灾款305万元和木材、钢材、煤炭、水泥等物资，帮助灾民迅速恢复生产，重建家园。1983年，完成工业总产值2.5767亿元，农业总产值3.4925亿元，粮食总产量30.83万吨，社会商品零售总额1.5431亿元，财政收入1928万元，人口自然增长率11.64‰。

三、第五届县人民政府政事举要

贯彻“对外开放，对内搞活”的方针，推进经济体制改革，推动经济文化建设：进行基层体制改革，撤销人民公社、大队、生产队建制，成立乡政府、村委会、村民小组；继续完善农村家庭承包责任制，延长土地、山林、水面承包期；调整农业内部结构，在稳定发展粮食生产的同时，大力发展林、牧、副、渔各业；改革农产品统派购制度，实行粮油合同定购；扩大工商企业自主权，完善经济承包责任制，实行厂长(经理)负责制；1985年，组织乡镇长、市直有关部门单位负责人赴江苏考察学习乡镇企业，加快乡镇企业发展步伐；改革供销社与信用社管理体制，实现由“官办”到“民办”的转变；在计划、物价、财税、信贷、工商行政、劳动人事管理等方面“松绑”放权；扩大商业网点，国营集体商业机构增至4810个，个体工商户增至5042户；在全国各地建立100多个信息联络点；白水、弼时、高家坊、川山坪、桃林寺、汨罗6个乡改镇，建制镇由3个增至9个；引进一批资金、技术和人才；新建冶金机械厂、铝材厂、镀锌管厂、钢管厂等县属企业以及沙溪电线厂等一批骨干乡镇企业；拓宽改造公路174公里，新修公路23公里；新架邮电通讯线路38杆/公里；集资350万元改善输电设施，架设高压线162公里，安装变压器67台，小水电发展到15处，装机4129千瓦，实现村村通电，1984年批准为全省4个电气化试点县之一；农田基本建设完成土石方1093万立方米；实施“三年绿化宜林荒山”规划，植树造林2万公顷；改造城区5条街道；建成桥头农贸市场、劳动北路农贸市场、成衣市场；新建汽车站、图书馆、电视差转台；沿街建成汨江大楼、迎宾商场、国商大厦、服务大楼等商场；全民和城镇集体单位新建房屋24.81万平方米，城乡居民建房225.94万平方米；新办敬老院41个；完成科研项目159项，利用酒厂酒糟废水制取沼气获得成功；中、小学全部实现“一无两有”，1985年，成为湖南省普及初等教育第二县，1986年，被评为全国基础教育先进县；乡镇文化中心增至29个；组织1984年的龙舟竞渡；花鼓戏《八品官》编剧和演出获文化部嘉奖；举办第五届农村业余文艺会演；12个乡镇改善饮水条件。1986年，完成工业总产值4.2235亿元，农业总产值4.4472亿元，粮食总产量35.0538万吨,社会商品零售总额1.9569亿元,财政收入2958万元,人口自然增长率6.41‰。

四、第六届县(市)人民政府政事举要

在县改市和治理整顿过程中,继续推进改革开放和经济社会发展:在工商企业普遍推行厂长(经理)负责制和任期目标责任制;在部分企业实行动态优化组合、全员风险抵押承包、企业兼并、工资总额与经济效益挂钩等改革措施;在农村稳定家庭承包责任制,发展双层经营机制;继续发展横向经济联合;进行县改市的申报和筹备工作,1987年9月23日经国务院批准撤县设市,1988年1月1日举行县改市庆典;加强国土管理,开展土地详查;组织编制《汨罗市1988~2000年经济科技社会发展规划》;完成农田基本建设土石方1452万立方米;在抚育幼林、改造残林的同时扩种水果2666.67万公顷,1989年省绿化委授予汨罗市"湖南省消灭荒山第一市"称号;组织200多人赴海南制杂交晚稻种,扩大杂交稻种植面积至2万公顷以上;新建棉织厂纺部、高岭土精制厂、黄金公司,工业新上和技改项目投资8800万元;新建公路25.8公里;新增10千伏输电线路45公里,配电变压器88台;新建公路跨铁路立交桥——罗城桥和二号自来水井;打通劳动北路,开辟荣家路,修建归义广场,铺修城区道路;新建城北中学、工业职校、中医卫校,初步形成基础教育、职业技术教育和成人教育协调发展的格局,1989年,被列为全国农村教育综合改革试验县(市);新建康复医院住院部大楼、人民医院住院部大楼、中医院二门诊部;改建电影院;安置城镇待业人员5400多人;实行全民企事业单位职工养老金统筹;全民和城镇集体单位新建房屋16.78万平方米,城乡居民建房139万多平方米,投资46万元扶助革命老区发展经济;实施科研计划84项;基本形成全市环境监测网络;整修任弼时故居,竖立任弼时铜像,举行揭幕仪式;组织"弼时杯"文体大赛和金秋艺术节活动;1988年1月,任弼时故居被列入全国重点文物保护单位;1987年4月,汨罗被评为全国体育先进县;组织女子龙舟队代表岳阳市参加全国第四届"屈原杯"赛获总成绩第四名;在全国城市爱国卫生竞赛中被评为"卫生红旗城市";1989年5月,接待以日本北海道日中友好携手会赤平支部长大林丰为团长的访华(汨)团;认真治理经济环境,整顿经济秩序,压缩非生产性基建,清理整顿公司;清查处理干部职工在营建私房中的违纪行为;整顿市场秩序和交通秩序;查处生产销售假劣农药案件;开展"扫黄""除六害"专项斗争(即查禁和取缔卖淫嫖娼、制作贩卖传播淫秽物品、拐卖妇女儿童、私种吸食贩运毒品、聚众赌博和利用封建迷信骗财害人的社会丑恶现象),加强社会治安综合治理。1989年,完成地区生产总值(含第一、第二、第三产业)6.1917亿元,粮食总产量33.6955万吨,社会商品零售总额2.9959亿元,财政收入4441.1万元,人口自然增长率11.41‰。

五、第七届市人民政府政事举要

1990~1992年,由于省属企业汨罗纺织印染厂和屈原农场税收短收(1985年省对县实行新财政体制,汨纺、屈原农场的税收纳入汨罗县基数),导致汨罗连续三年财政赤字。市政府为克服财政赤字带来的严重困难,坚持改革开放,继续推进经济建设和社会事业的发展:组织粮食生产集团承包;国有二轻工业企业移植乡镇企业管理办法;国合商业企业推行经营、价格、分配、用工四放开;物资企业实行购销费用包干;1991年9月,根据财政部批复,对国有企业实行税利分流试点;1992年7月,发布《汨罗市住房制度改革实施方案》,启动住房制度改革;1992年11月,取消定量粮油平价供应办法;开展"质量、品种、效益年"活动,市属工业新上和技改项目投入6235万元,乡镇企业新上和技改项目投入5810万元,工业系统

开发新产品300多个;1992年,经省体改委批准创办罗城经济开发区;组建环保设备集团公司;市政府成立9625工程建设指挥部,引进南岭化工厂在新市建设分厂进入实施阶段;成立营田办事处;调整农业结构,调减易旱易涝粮食作物面积,增加棉花、西瓜、烟叶、蔬菜、水果等经济作物种植面积1600公顷,优质稻种植面积增至3333.33公顷;农田基本建设完成土石方2280万立方米,完成铁山水库南干渠整修,开发耕地640多公顷,农田基本建设被评为全省先进单位,土地开发工作被评为全国先进单位;1990年7月,市长李湘岳率汨罗市友好访问团应邀访日,参加赤平市建市100周年纪念活动;改革财政管理体制,从1992年起对乡镇实行收支包干,对市直单位实行经费包干;配合省市电力部门在境内建成220千伏变电站;完成110千伏变电站增容和专线架设,新建磊石35千伏变电站,架设白水35千伏变电站线路;改建107国道汨罗段,完成八景公路路基建设,拓宽改造汨新路,新市到屈子祠公路铺沥青;建成电信综合大楼,开通2000门程控电话,建成100米高的微波塔,开办无线寻呼台;新建市中心跨铁路立交桥——屈原大桥,硬化城区街道,完成人行道铺块,新建11座水冲式公厕,完善环卫设施,在全国城市爱国卫生竞赛中连续3年获“卫生红旗城市”称号;全民、城镇集体单位新建房屋8.9万平方米,城乡居民建房118万平方米;实施科技计划99项;新建校舍7.8万平方米,教育工作通过督导检查进入全省先进行列,农村教育综合改革被列为全省4个试验县(市)之首;改善农村饮水条件,受益人口增加3万人;有线电视开通3000多户;举办农民歌手大赛、微型戏剧调演;1991年,全国体育先进县复查合格。1992年,实现地区生产总值7.8838亿元,粮食总产量30.2366万吨,社会商品零售总额3.3576亿元,财政收入4224万元,人口自然增长率6.71‰。综合实力评估名列湖南省县(市)第十八位。

六、第八届市人民政府政事举要

深入贯彻落实邓小平视察南方重要讲话、中共十四大精神,加快改革和经济社会发展步伐:进行市直机关机构改革试点;对市属企业、乡镇企业推进以破产重组和股份制改造为重点的改革,初步形成冶金、机械、建材、饲料、化肥、家具、保安设备、废塑加工等主导产业,乡镇企业进入湖南省十强;罗城经济开发区于1993年年底被省政府确认为省级开发区;实行以出售公房为主要内容的住房制度改革;进行养老保险制度改革;加强预算外资金管理;治理“三乱”(即乱收费、乱罚款、乱摊派),取消各类不合理收费项目400多个;打击生产、销售假、冒、伪、劣商品的不法经济行为;成立优化环境领导小组和办公室,制定招商引资优惠政策,改善投资环境;加速发展个体私营经济;开展第三产业普查;调整农村产业结构,在稳定发展粮食生产的同时,促进种、养、加、工、贸易综合发展。1994年,出栏肉猪过100万头,以生猪为主的大牲畜肉类产量跻身全国百强县(市),获农业部嘉奖,农业综合开发被列入湖南省11个洞庭湖区第一期农业综合开发项目县(市)之一,获省综合考评二等奖,林业生产被列入全省9个高效林业试点县(市)之一;5年(1990 – 1994)筹措资金1亿多元,加强基础设施建设,拓宽大众中路,新建大众北路、建设西路、城西路等城市道路6条共5015米、城市桥梁3座,新建和扩建兴罗门副食品批发市场、山塘路水果批发市场等6个市场,完成二水厂、屈子公园部分建设项目,城区面积由5.1平方公里扩展到近10平方公里;新建市政府办公楼,1996年市政府由租用的招待所第五栋迁入城西新办公楼办公;投资3500万元,新建和改造11条市乡公路,修建汨罗江红花大桥、长乐大桥、弼时大桥、南渡码头和营田码头主体工程;邮电建设进入全省十强,开通程控电话22000户,所有乡镇实现电话程控化;推动供电网络建设,供电量以年均5%的速度递增;水利建设5年中投资近1亿元,投工4100万个,移动土石方4200万立方米,完成大小工程2万多处;1996 年,组织抗击严重洪涝灾害,灾后募集资金 1103.8 万元(市境 543.8 万元)及粮食、衣被等物资,及时解决灾民吃住困难,新建灾民新村 7 个,解决 500 户灾民住房问题;实施科教兴市战略,先后获得"全国科技实力强(县)市""全国科技工作先进(县)市"称号;发展素质教育取得显著成绩,中共中央政治局常委、国务院副总理李岚清到汨罗视察并给予充分肯定,"两基"(即基本普及九年制义务教育、基本扫除青壮年文盲)工作经省评估验收达标,获国家教委颁发的"中华扫盲奖";1996 年,组队参加岳阳民间龙舟赛,体育工作被评为全国落实国家体育锻炼标准实施办法先进单位;兴建岳峰尖广播电视转播台;建成屈原碑林;电影放映发行、文物管理工作进入全省先进行列;图书发行工作进入全国百强县(市);图书馆、档案馆分别晋升为国家二级图书馆和二级档案馆;完成《汨罗市志》编纂任务并正式出版发行;新建人民医院门诊大楼、中医院住院部大楼,人民医院"二甲"验收达标,妇幼保健工作被评为全国先进,初级卫生保健成为湖南省 20 个达标县(市)之一;计划生育工作进入湖南省一类县(市);查处违法用地,强化国土管理;加强环境保护工作,依法取缔 23 家污染严重的小型企业;在湖南省城市卫生竞赛中被评为省级卫生城市;实施"长治久安"工程,打击街痞地霸,取缔非法采金,社会治安综合治理工作进入湖南省先进行列。1997 年,完成地区生产总值 18.0482 亿元,财政收入 1.2881 亿元,社会商品零售总额 6.88 亿元,城乡居民储蓄总额 10.2 亿元,人口自然增长率 5.21‰。

七、第九届市人民政府政事举要

贯彻中共十五大精神,深化改革,推进经济和社会发展:对国有和集体企业实行产权制度改革,22 家市属工商企业、36 家乡镇企业,实行"两个置换"(即置换企业产权、置换职工身份)的改革,安置职工 3058 人;农村税费改革从试点到全面推行;实行会计管理改革和政府采购制度;深化住房制度改革,变有限产权为全部产权,全面推行住房公积金制度;推进劳动和社会保障制度改革,建立城市居民最低生活保障制度;调整学校布局,撤并小学 82 所,农职校全部并入初中,实行乡镇教师工资由市财政统筹统发;扩大开放,5 年引进项目 501 个,到位资金 6.4 亿元;成立政务公开中心;实施兴工强市战略,规模工业产值连续五年居岳阳市各县(市)首位,乡镇企业居全省十强,民营企业发展到 1409 家,年纳税 50 万元以上的企业达 76 家;加大农业产业结构调整力度,建立以 107 国道(汨罗段)为主轴的高效农业经济走廊,农业综合开发累计完成投资 4718 万元,连续四年获省级项目建设一等奖,2000 年,被省委、省政府定为农业和农村现代化试点县(市);组织协同完成京珠高速公路汨罗段建设;投资 8600 万元高标准完成汨新路拓宽改造工程;投资近 1 亿元拓宽、硬化城市道路和乡镇公路 120 公里,大修 50 公里;投入水利建设资金 3.8 亿元,基本完成以磊石垸和双楚垸防汛大堤吹填、松柏垸大堤加固为重点的"久安工程",完成汨罗江周家垅卡口拓宽、鹤巢湖综合治理与营田防洪大堤加固配套、蓝家洞水库整险、白沙河治理等工程,高标准完成四期平垸行洪、移民建镇工程;组织防洪抗旱救灾工作,1998 年抗御特大洪灾,投入资金 4100 万元,劳动工日 22 万个,出动车辆 3000 台次、船只 1500 艘次,调运使用砂卵石、块石 10.3 万吨,编织袋 123 万条,查处险情 1460 处,奋战 90 天,确保防洪大堤、水库、桥梁平安度汛;建立经省科技厅批准的生态农业科技园;投资 1.1 亿元进行农网改造,农村供电实现城乡同网同价,新建窑洲 110 千伏变电站;新建邮政大楼、移动通信综合大楼,移动电话普及率由 1997 年的 1% 上升 2002 年的 8%;完成城市规划修编;开展集防洪、环保、休闲、拓城于一体的友谊河综合治理和汨罗江大道工程建设;建成自来水二厂;进行新火车站、中心汽车站和车站片区开发建设;新建一中、二中科技大楼,罗城学校,罗城医院、中医院和康复医院门诊大楼,及妇幼保健院住院部大楼;完成汨罗大市场、中南再生资源大市场、中达建材大市场、市委办公大楼、政务公开中心大楼、信用联社综合大楼等工程建设;加快城镇建设步伐,建制镇由13个增至17个,城镇建成区由30平方公里扩大到52.6平方公里,城镇人口由14万人增至22万人,城镇生产总值占全市生产总值的比重由48%提高到71%;做好三峡移民安置工作,被评为湖南省先进;发展科教文卫事业,2002年,科技对经济增长的贡献率达到47.3%,被评为国家科技进步合格(县)市;高考上线人数连续12年居岳阳各县(市)之首,教育督导工作被评为全国先进;组队参加1998岳阳国际龙舟赛,获全部赛事的3项冠军;兴建任弼时纪念馆;屈子祠被国务院批准为国家重点文物保护单位,图书馆被评为国家一级图书馆;花鼓戏《赵乡长转圈》获湖南省"五个一工程奖";全面完成"广电村村通"工程,广播电视覆盖率达100%;加强医疗卫生和预防保健工作,血防工作连续三年获全省先进,计划生育工作被评为全国"三为主"(即宣传教育为主、避孕为主、经常性工作为主)先进单位,跨入全省模范县(市)行列;城市爱卫工作在全国城市卫生评比中进入一类县(市);处理"法轮功"邪教组织工作实现零管理目标,化解供销社股金风险,清理整顿农村合作基金会,维护社会稳定,社会治安综合治理,连续六年被评为湖南省先进单位;2001年,汨罗进入湖南省小康县(市)行列。2002年,实现地区生产总值40.7171亿元,财政收入2.39亿元,社会商品零售总额10.91亿元,城乡居民储蓄总额12.5亿元,人口自然增长率3.3‰。

八、第十届市人民政府政事举要

深入贯彻中共十六大精神,遵循科学发展观,推进改革开放和经济社会发展:完成"两个置换"改革的市属企业13家、部门企业37家、乡镇企业26家。完善农村集体土地第二轮承包工作。2004年,取消农业特产税、降低农业税税率;2005年,彻底取消农业税,实施退耕还林、粮食直补、农机具购置补贴、库区移民后期扶持等惠农政策;取消税收目标管理,调整乡镇财政体制,推行"乡财市管乡用";整顿规范土地市场和建筑市场,成立城市建设投资公司,建立土地储备制度;扩大城镇失业保险和医疗保险覆盖面;建立新型农村合作医疗制度,乡镇卫生院上划市管;按照居住地管理原则,城镇重新划分和组建社区居委会与服务中心;2005年2月、2006年1月,两次召开大办工业、招商引资、向上争项目动员大会,推进新型工业化;建立湖南汨罗工业园;组织参加全国"建设节约型社会展览会"。2005年,再生资源集散市场被列为国家首批循环经济试点,试点实施方案通过国家发改委现场评审,再生铜行业成为全国再生铜材加工基地;中天科技于2007年年初在新加坡成功上市,实现汨罗企业上市和湖南省企业国外上市零的突破;5年引进项目699个,出口创汇企业发展到15家,创汇1.5亿美元;汨罗成为全国最具投资潜力百强中小城市之一;全面加快新农村建设,5年硬化通乡公路130公里,通村公路540公里,改扩建乡镇卫生院18所,改扩建敬老院15所,改造学校危房3.5万平方米,衬砌渠道1500公里,改造中低产田5666.67公顷,植树造林1.32万公顷,形成优质稻、红薯、玉米三大种植基地。2003年,肉牛生产被定为湖南省草食动物示范(县)市,有21家企业成为省、岳阳市农业产业化龙头企业;完成无公害农产品产地认定和产品认证工作,建立无公害绿色食品生产基地;2003年,引进国家生态农业综合开发沼气项目,新建沼气池21000个;完成第二次农业普查工作;2004年,全市粮食总产41.6465万吨,创历史纪录;2005年,生猪生产进入"全国20强"。建成汨罗江大道、建设东路、京珠高速新市连接线,拓宽和水泥硬化罗城路,完成友谊河综合治理工程,完成新火车站扫尾配套工程,于2004年1月12日起正式营运,协同做好武广高速铁路定线、征地、拆迁工作及客运站和配套工程建设,改造和美化归义广场、瞭家山广场、中信广场,完成5

条街道硬化、美化和23条背街小巷硬化，进行城市下水道改造和城市排渍体系建设，新建垃圾消纳场和6所公厕垃圾站；取消城区客运机动三轮车（俗称“踩士”），组建出租车公司，城市公交车发展到12路；汨罗江大酒店和天恒量贩、心连心、友谊购物商场等超市相继建成开业；新建殡仪馆，实施殡葬改革；城市爱卫工作进入全省甲类卫生城市行列，获县级市第一名；新建素质教育中心，一中和二中先后跻身省示范性高中行列；任弼时纪念馆建成开馆并入选全国爱国主义教育示范基地，屈子祠入选“新潇湘八景”，花鼓戏《赵乡长转圈》改拍成电影《乡长本姓赵》，获中宣部“五个一工程”提名奖；新建广播电视中心，广播电视“村村通工程”全面推进，覆盖率达100%；新建龙舟竞渡中心，举办三届龙舟节和一届粽子文化节，汨罗江畔端午习俗成功申报国家级非物质文化遗产；档案馆晋升国家一级综合档案馆，档案信息化进入全省先进行列；全面启动药品、食品“放心工程”，新建传染病区和疾病控制中心，成功抗击“非典”病毒；开展打黑除恶专项行动，严厉打击地下“六合彩”赌博活动和其他各类犯罪，加强安全生产管理；加强环境保护，开展汨罗江河道专项整治，取缔土法冶炼厂，对43家小型造纸厂实行停产治理整顿；开通市长热线，设立市长邮箱，建立市政府公众信息网，扩大政府联系群众的渠道，汨罗被评为全国政务公开工作先进单位。2007年，完成地区生产总值85.1亿元，财政收入6.1180亿元，社会消费品零售总额18.7亿元，农民人均纯收入4327元，城镇居民人均可支配收入10610元，城乡居民储蓄总额29.13亿元，私人拥有车辆16523台，占社会机动车拥有数的93.6%，人口自然增长率6‰。综合经济实力在全省县和县级市排名中跃居第九位，进入湖南省十强行列。

九、第十一届市人民政府政事举要

继续深入贯彻科学发展观，推进改革、开放和经济社会发展。面对百年不遇的冰冻灾害和金融危机，全市人民团结拼搏，完成地区生产总值102.8亿元，同比增长17%。新型工业化快速推进，规模工业企业净增39家，达到176家，实现增加值52.2亿元，增长39%。发展现代农业，粮食总产量达40万吨，出栏生猪181万头。市场消费保持旺盛，完成社会消费品零售总额22.9亿元，增长22%。财政总收入突破8亿元，增长30.8%；城镇居民人均可支配收入13515元，增长27.4%；农民人均纯收入5138元，增长20.7%。市域经济综合实力在中部百强县（市）中跃升11位，继续位居全省经济强县（市）行列，民本岳阳考核第三次荣膺第一名。城乡发展实现项目建设提速、提质。武广铁路汨罗站、汨罗江大桥、岳汨公路汨罗段、再生资源二期市场、天然气入市、城市污水处理厂等项目启动建设，工业园排污管网一期工程和城市垃圾消纳场一期工程顺利竣工；初步完成城市总体纲要修编，美化友谊河，安装城区电子监控系统，加强城区日常管理，夺得全省甲类卫生城市县级市四连冠。启动“水利三年行动计划”，重点衬砌向家洞、蓝家洞、汨罗水库主干渠10公里；推进“通达通畅工程”，硬化通乡公路20公里、通村公路260公里，农村生产生活条件不断改善；成功举办“我们的节日·端午节”系列活动，汨罗被授予“中国龙舟名城”称号，端午源头地位进一步巩固。成功实现北京奥运圣火在汨罗传递，打造湖南“三市五城”圣火传递的样板；成功跻身“全国计划生育优质服务先进县（市）”行列，人口计生工作上档升级；争取城区5个乡镇纳入长株潭“两型社会”试验区的政策核心区，大力推进国家循环经济试点园区、全国主要再生资源产业基地、屈原文化旅游基地建设；争取列入全省14个优先发展的中等城市，为率先发展赢得先机。

第三节　重大政务纪要

一、城区规划

1981年,成立汨罗县城市建设领导小组,第二次修编城区规划。1983年7月,完成《汨罗县城区总体规划》,规划面积8.5平方公里,报经省城乡建设环境保护厅批准实施。

1988年,颁发《汨罗市城市规划管理暂行规定》,组织对城区规划进行第三次修编,制定《汨罗市城市总体规划》,规划面积18平方公里。1989年9月,报经岳阳市政府、省政府批准实施。

1993年,成立汨罗市城市规划管理委员会。1996年始,对城区规划第四次修编,至1997年完成修编工作。规划城市性质为长沙至岳阳中部地区重要物资集散地,以发展轻工、旅游为主、商贸繁荣的中等城市,规划城区面积23平方公里,城市人口23万人。

为适应城市"扩容提质"的发展要求,2000年,市政府聘请资深专家、教授对汨罗进行实地考察,经过一年多的反复论证、科学设计,于2001年完成城区规划第五次修编,制定出未来20年汨罗城市发展规划。

二、基础设施建设

屈原大桥建设　1987年,在汨罗市城区组织修建罗城路、跨铁路罗城桥。按照争取修建罗城桥时向铁路部门的承诺,罗城桥建成通车后,位于建设路与铁路的平交道口从1988年1月起实行半封闭,只留两条狭窄的通道供行人和单车通行。由此给市民生活和铁路运输安全带来严重影响。为解决该问题,市政府决定在建设路与铁路的平交道口修建跨铁路大桥(屈原大桥)。1989年始,汨罗市政府多次向广州铁路局、长沙铁路分局提出书面申请,得到铁路部门的认可。经岳阳市土木工程学会论证,湖南省计委、建委和广州铁路局批准后,铁道部第四勘测设计院完成勘测设计,大桥长312米,宽18.5米,总投资421万元。大桥于1990年1月动工,1992年竣工、通行。

110千伏变电站增容　1990年2月,新市220千伏变电站建成后,电力负荷增加,需扩大汨罗110千伏变容量。为此,汨罗市人民政府成立以分管工交电力的副市长为指挥长的工程建设指挥部,具体组织实施,将110千伏变电站主变容量在原有基础上扩建安装31.5千伏安变压器1台;10千伏出线由10回增至20回,第一期工程增加6回。工程计划投资340万元,自筹100万元,其余报请省电力局立项解决。随后,向省电力局呈送立项申请报告,得到批准和支持。是年年底,该项工程完成。

大众中路与人民东路建设　1994年年初,《汨罗市人民政府1994年工作报告》将大众中路、人民东路开发建设列入基础设施建设重点工程。3月,以文件形式明确拓宽从归义广场至罗城路的大众中路,开通从高泉南路至汨新路的人民东路。4月,由市政公司开工建设。大众中路长1085米,由原宽6米拓展至40米(其中两边人行道各7米、非机动车道各4.5米、绿化带各1.5米、机动车道14米),共投资1100万元,1996年3月,建成通车。新开通的人民东路长960米,宽18米,混凝土硬化。

大众北路开发建设　1996年4月,汨罗市政府组织协调大众北路开发建设,工程由市房产局负责实施。成立以分管副市长为指挥长,由市政府办、市城镇办、市计划局、市建设局、市国土局、市房产局、市规划办、城郊乡、城关镇等单位负责人参加的指挥部。经过半年的准备工作后,11月动工兴建,1999年12月,主车道全线竣工。该路长960米,宽40米,投资1100万元。

第二水厂建设 1992年,决定筹划新建自来水二厂。1993年,汨罗市人民政府委托湖南省建筑勘测设计院进行可行性研究和设计。1994年7月,湖南省计委批准立项,确认设计规模为日产水6万吨,第一期工程投资2600万元。同时进行选址、征地和资金筹集。1996年11月,动工建设。2001年8月,二水厂一期工程建成投产。

汨新大道建设 1995年年初,决定对汨新(1809线汨罗至新市)路段进行拓宽改造。1996年10月,争取到岳阳市计委和湖南省交通厅对汨新段拓宽改造工程的批准立项。1997年冬,对工程计划做出重大调整,即按国家一级公路标准要求重新定线,尽量拉直,不受原路基限制;坚持城路结合,作为1809线的一段,实施城区东扩战略,路基宽度由42米增加到60米。1998年11月,市政府以文件形式印发《汨新大道详细规划》。汨新大道建设投资概算需8000万元左右,除争取上级支持外,主要靠境内自筹。1998年8月开工,1999年12月竣工,经湖南省、岳阳市交通、公路部门检查验收,工程质量符合国家一级公路标准,优良率达80%以上。

新火车站及片区开发建设 1992年6月,汨罗市成立汨罗新火车站筹建领导小组。随后,向上级政府及铁路有关部门多次汇报情况,就车站选址、规模、设计、征地、拆迁、建设等问题反复协商,逐步达成一致意见。1998年5月,铁道部批复同意:汨罗火车站由铁路东改建至铁路西,新建4000平方米的新客运站,铁道部投资3410万元,地方政府按承诺负责1000平方米站房建设和配套资金857万元。据此,市政府决定配套开发建设车站片区,争取省政府重点工程立项。1998年11月,成立由市长任指挥长的建设工程指挥部,12月24日举行工程奠基典礼,同时与省侨务事业发展基金会签订总承包合同,工程正式上马。1999年7月,工程指挥部与香港秉新发展有限公司签订《汨罗火车站片区配套工程前进路开发建设总承包合同》。工程历时五年,新火车站及配套工程于2004年1月13日正式营运。新客站占地2600平方米,总建设面积4050平方米;车站广场面积3300平方米。另建成长504米、宽50米的站前大街,长627.5米、宽30米的新站南路,长606.6米、宽18米的前进路,长696米、宽18米的求索路和2条拆迁户安置街,城区面积扩大约1平方公里。

汨罗江大道与友谊河综合治理 2000年,按30万城市人口、30平方公里城区面积对未来20年的城市发展做出全面规划。提出以汨罗江为主轴,以弘扬湘楚文化为主线,以兴建滨江旅游风光带为主题,实现以汨罗江为轴心"东扩北上"的城市建设战略转移,扩大城区面积,构建崭新的城市框架。市委、市政府决定先期建设汨罗江大道与友谊河综合治理工程。为此,成立以市委、市人大、市政府、市政协领导参加,市政府常务副市长任指挥长的工程建设指挥部。2001年4月28日正式开工建设。汨罗江大道从107国道至红花大桥,全长6.7公里,友谊河综合治理工程从鲁师坝至新河口段,全长7.6公里,两项工程累计投资2.1亿元,于2003年年底竣工。

建设东路开发建设 2003~2004年,将该项建设列为重点工程。2003年3月,由市规划办完成规划设计,成立由分管城镇工作的副市长任指挥长的开发建设指挥部。实行招商开发,以城投公司为业主方,与东方置业公司签订承包开发合同。4月,工程正式启动。2005年5月,长1370米、车行道18米、两侧人行道各8米的建设东路车行道建成通车。随后进行地下管网敷设、人行道铺装和亮化、绿化等配套工程建设。按指挥部规划要求修建与安置工作相关的人民东路(长100米)和另外两条安置区道路(共808

米)。至2007年年底,建设东路及附属工程基本完工,共投资6000万元。以建设东路为轴心的片区开发总面积达26.67公顷。

三、农业产业化

调整产业结构 20世纪80年代初,将调整农业产业结构列入政府议事日程。至90年代,全面实施农业产业结构调整。1994年,汨罗市全年出栏肉猪100万头,进入全国生猪生产百强县(市)行列。玉米生产从零开始,1999年种植9546.67公顷,产量55889吨,成为种植业方面的优势产业。2000年,提出立足资源优势调出特色,立足大宗产品调高品质,立足大户带动调大规模;2002年,提出着力于产业结构的战略调整,加快农业产业化步伐,依托传统产品形成产业规模,依托龙头企业形成产业链条,依托市场体系形成产业效益,依托机制创新形成产业效应;2003年,提出进一步加大农业产业结构的调整力度;2004年,提出农业产业结构调整要以市场为导向,以效益为中心,以安全健康为保障,壮大特色产业,发展加工企业,打造绿色品牌。1994～2005年,汨罗连续12年年出栏肉猪过100万头,进入全国20强;年产值过10万元的种养大户发展到1856户;进入省级、岳阳市级的农业产业化龙头企业达9家,创湖南省著名品牌5个。2006年,提出围绕农业产业化,大力发展优质高效生态安全的现代农业,建设企业投资的农产品基地,扩展高效生态农业示范基地,推广高效生态农业新技术,发展标准化生产的绿色农产品,培植一批观光休闲、有机生态产业园地。

水利设施建设 1982年10月,成立铁山灌区岳汨分干渠工程指挥部,组织建设铁山水库灌区岳汨分干渠及其配套渠系,至1987年基本完工。建成长22.75公里的岳汨分干渠1条,总长90公里的新塘、马厅、拦河、白塘、范楚、灰山、包山分干渠7条,总长135公里的斗渠47条,大型附属建筑物45处,小型附属建筑工程1419处。累计投资848万元,投工583万个,移动土石方504万立方米,完成混凝土21870立方米。灌溉桃林地区7个乡镇的水田5300多公顷。1987年3月,县五届人大一次会议审议通过县政府提出的关于建立农村劳动积累工制度的议案,规定每个劳动力每年投入积累工15－18个(2002年,农村税费改革予以调减),主要用于农田水利建设,执行至2004年。1995年8月,根据《中华人民共和国水利法》规定,发出《关于征集防洪保安资金的通知》,在全市行政事业单位干部职工中征集防洪保安资金,主要用于重点防洪保安工程建设。1998年,动工修建汨罗江周家垅卡口拓宽工程。工程设计卡口1150米段河床高程由25.5米降至22.5米,卡口段两侧拓宽,共移动土方72.8万立方米,工程总投资1400万元,于1999年竣工。卡口拓宽后大幅减轻汨罗江上游的防洪压力。1999年始,进行磊石垸大堤全线吹填加固,至2005年完工。拆迁房屋4万平方米,吹填土方100万立方米,争取上级投资1300万元。2001年,启动友谊河治理和沿江大道工程建设,是年建成高标准大堤8.7公里。全市通过每年安排重大水利工程建设,先后对6个万亩大垸的险工险段进行全面整治,对蓝家洞、汨罗水库等一批中、小型水库进行除险加固。

农业综合开发 1995年,汨罗市被列入洞庭湖区11个第一期国家农业综合开发项目县(市)之一。至2007年,共向上争取农业综合开发土地治理项目21个、产业化经营项目11个,项目投资9250万元,其中无偿投资6150万元,有偿投资3100万元,并争取世行贷款225万元。各乡镇均不同程度得到该项投资的支持,共新建和改造水利、农业、林业、农机等各类基础设施3600多处,扶持农业产业化经营项目11个,示范推广各类农业项目24项、共8000公顷,改造中低产田1.27万公顷,新增和改善排灌面积1.53

万公顷,解决以水利为主的农业方面的历史遗留问题50多个,取得良好经济效益、生态效益和社会效益。

平垸行洪与移民建镇　1998年10月,汨罗市成立灾后重建工作领导小组,下设办公室。平垸行洪、移民建镇工程连续五年、分四期完成。第一期工程,1998年10月至1999年10月,有屈子祠镇的寺冲杨垸、狮子口垸、幸福垸、金沙垸、战备垸、李湾坝6个堤垸,退出总面积297.8公顷,其中耕地面积254.87公顷,移民1824户、7676人,住房面积18.68万平方米。第二期工程,2000年年初至2002年1月,分布在白塘、新市、红花、屈子祠4个乡(镇),涉及7个堤垸,安置移民1309户、4885人。第三期工程,2002年开始续建,涉及白塘乡双河坝和松柏垸2个堤垸,安置移民1700户、7162人。第四期工程,2001年4月至2003年年底,完成友谊河综合治理和汨罗江大道建设两大工程。整个平垸行洪、移民建镇工作涉及屈子祠、白塘、红花、新市、城郊、城关6个乡镇、16个堤垸,移民6403户、24684人;其中建设移民新村46个,安置3098户、11283人,就近零星安置3305户、13401人。

绿化宜林荒山　20世纪80年代初,制定"从1985年起,每年造林10万亩,三年消灭宜林荒山"规划,并大力组织实施,如期实现规划目标。1989年植树节,省绿化委授予汨罗"湖南省消灭荒山第一市"称号,并竖碑表彰。以后,持续开展大面积更新造林、基地造林、飞机播种造林和"四旁"绿化。至2002年,全面启动退耕还林工程,决定用五年时间完成退耕还林面积1.13万公顷。并连续五年争取到五批国家扶植的退耕还林工程项目,累计投资1.5448亿元,造林6886.67公顷。

推进新农村建设　2006年2月下旬,召开社会主义新农村建设动员大会,3月中旬成立以市委、市政府主要负责人挂帅、市直30个部门单位主职参加的领导小组,下设办公室,研究确定"十一五"计划期间的目标任务。即按照"生产发展,生活宽裕,乡风文明,村容整洁,管理民主"的要求,选择31个村开展新农村示范村建设。其中重点村13个。并以此带动40%建制村的村庄规划编制和30%左右建制村的村容村貌治理。是年3月,召开新农村建设志愿者行动动员大会、示范村村庄规划会,市委办、市政府办联合发出《关于市直部门单位帮助建设新农村示范村的通知》。至2008年年底,参加志愿者行动的单位、团体和个人达2万个。累计捐款捐物折合人民币1200万元,其中有308名在职和离职退休人员志愿者下到村组参与新农村建设。

四、发展教育事业

倡导尊师重教　1979年,认真落实知识分子政策,平反教师中的冤假错案。召开文教系统先进代表会,表彰优秀教师。1985年9月9日,举行第一个教师节庆祝大会,表彰奖励100名优秀教师。随后,每年教师节都举行庆祝活动,教师获得各种荣誉和奖励的人数不断增多。是年10月,作出《关于加强教育工作的决定》,明确县、乡(镇)、村三级办学的责任,把办学作为两个文明建设的一项重要内容和考核干部政绩的重要依据。此后,每年召开1~2次议教会议,市政府一名副市长分管教育,市政府办一名副主任协管教育。

推行素质教育　1984~1988年,实行"三个控制"(即控制重复教育、控制班级学额、控制留级率),大力发展职业教育。1989~1996年,落实"三个并重"(即教学常规与教学科研并重、教学竞赛与教学评价并重、教育实践与教育科研并重),寻求全面提升素质教育质量的途径,完善学校内部管理体制。1997年后,全面落实"四个面向"(即面向每一类教育、面向每一所学校、面向每一个学生、面向学生发展的每一个方面),合理配置教育资源,促进各类教育协调发展。素质教育得到国务院的肯定。

普及义务教育 1983年5月，颁布《汨罗县普及小学教育规划》。1985年11月，又颁布《汨罗县实行九年制义务教育、发展职业技术教育的规划》。1989年3月，就控制中小学生流失问题做出部署。1990年4月，发出《关于开展国际扫盲年活动，做好全市扫盲工作的通知》。1992年3月，组织在全市开展《义务教育法》宣传月活动。1994年，汨罗被评为全国农村教育综合改革先进单位，并作为湖南省唯一的县(市)代表出席全国农村教育改革工作会议，在会上作典型发言。10月，经省评估验收，认定汨罗为全省首批"两基"合格(县)市、全省扫盲达标先进单位。1995年，成立市政府教育督导室，对乡、镇(场)政府教育工作和基层教育行政部门及中小学校教育教学进行监督、检查、评估、指导。2001年，汨罗被评为湖南省"两基"工作先进(县)市。

发展职业教育 1983年，第二中学改为第一职业中学，首次向全县招生。1985年，组织县教委、县财委合办第二职业中学(后改为财贸职业中专)。1987年，县教委、县经委合办第三职业中学(后改为工业职业学校)。是年5月，将卫校改建为中等中医职业技术学校。1992年5月，作出《关于大力发展职业技术教育的决定》，规定市、乡两级财政对职业教育经费的投入标准，对初中毕业生进行合理分流，控制普通高中招生人数。1996年始，境内初中毕业生填报职高和普高志愿的大体持平，普职高招生比和在校生比保持在1:1。至2006年，职业高中毕业生就业率达100%，对口就业率达85%。全市还创办乡镇农职校30所。2000年8月，作出《关于进一步发动社会力量办学的决定》，鼓励支持社会办学。2007年，汨罗外语特色学校正式定名为汨罗市六中，成为汨罗市第一所民办普通高中。至2008年，境内先后创办科贸、自强、湘雅、兴华、蓝天等职业技术学校和外语特色学校等民办学校，在校学生2500多人。

改善办学条件 1983年年初，在实现"一无两有"(即校校无危房，班班有教室、人人有课桌椅)的基础上，提出"一无六有"(即在"一无两有"的基础上增加教师有食宿办公条件、学生有活动场地、师生有劳动基地、校校有图书仪器和体育卫生设备)的新要求。动员各方面力量进一步改善办学条件，于年底验收，有316所普通中、小学校达标，占学校总数的67%。1987年，提出"三配套"(即教学、生活、勤工俭学设施配套)要求。1989年验收，有286所学校达标，147所学校达到"花园式"标准。1981～1993年，共新建校舍37万多平方米，增添268万元的教学仪器和110余万册图书。1998年，境内遭受特大洪涝灾害，学校校舍损毁严重。市委、市政府及时发出《关于努力改善办学条件，全面开展学校等级评估的通知》，要求各乡镇把改善办学条件纳入抗灾救灾、重建家园的整体规划。是年，共新建教学楼23栋、26600平方米，新建教师宿舍楼13栋、15800平方米，扩建运动场地23处，用于改善办学条件的资金达2960余万元。2004年，再次启动学校危房改造工程，制定《汨罗市2004～2006年学校危房改造方案》《汨罗市2004～2007年中小学建设规划》。连续四年累计投资近亿元，改造学校危房4.8万平方米，添置电脑5000台，新建微机室100个，校园网4个，建成远程教育站(点)282个。

建立教育基金 1990年6月20日，由市政府提出议案，经市六届人大常委会第三次会议决定，建立人民教育基金制度。是年12月，市政府发出《关于建立人民教育基金的通知》，对全民和集体单位职工按工资总额的1%征收人民教育基金，并成立人民教育基金管理领导小组和办公室，具体负责该项工作。1994年，改为从职工基本工资中征收2%的教育基金，至2006年4月，停止征收。所征集资金全部用于改善办学条件。

调整学校布局 1981年，汨罗县高中压缩至7所，初中调整至51所。1995年8月，市政府成立中小学布局调整领导小组。1996年3月，市政府办发出关于《进一步搞好中小学布局调整工作的通知》，明确学校布局调整的基本原则和各级办学责任。至2008年,境内有规范化高中6所,初中调至38所,小学由20世纪80年代的400多所调至196所。

改善教师待遇　中共十一届三中会后,落实上级有关政策规定,改善教师待遇,教师工资福利与行政、事业单位工作人员同等对待。2001年7月,按照国务院《关于基础教育改革与发展的决定》精神,落实"以县为主"的教育管理体制,作出《关于加强乡镇教育经费管理,实行乡镇教育职工工资统筹统发的决定》,2001年8月始,乡镇教职工工资由市财政统发。2006年7月,教师全部按事业单位人员参与国家公务员工资套改。

五、打造旅游文化精品

筹建屈原碑林　1989年,由汨罗籍老干部、省老年书法协会副主席聂毅倡议,省文联原主席、著名作家康濯及其他在长沙工作的汨罗籍知名人士一并发起,筹划建设屈原碑林,得到中共湖南省委副书记、政协湖南省主席刘正等领导和省委宣传部、省文化厅、省文物管理局的赞同。1989年6月,省成立由刘正、孙国治、杨第甫为名誉主任的中国汨罗江屈原碑林建设委员会。市政府决定在屈子祠东侧辟地1.33公顷,成立由市长任组长的湖南省屈原碑林建设委员会汨罗筹建领导小组。该工程于1992年4月动工,1996年10月竣工。

筹建任弼时纪念馆　1998年3月,成立由岳阳市、汨罗市两级主要领导任正、副组长的任弼时纪念馆筹备领导小组。7月,成立湖南汨罗任弼时纪念馆筹建委员会,开展筹建工作。成立由市长任指挥长的纪念馆工程建设指挥部。2000年4月28日,举行奠基仪式。于2003年4月26日对外展出。

组织兴建国际龙舟竞渡中心　2005年端午节前,市委、市政府决定在汨罗江红花大桥至下游南渡铁路大桥河段修建国际龙舟竞渡中心。工程由市建设局、市水利局、市交通局、市河道办共同组织实施。3月14日动工,6月5日竣工。建有1500平方米、可容纳500人就座的主席台,4000平方米混凝土表演场,8000平方米停车坪,两岸1.6公里观礼台和"T"型登舟码头等设施。疏浚赛道河床2公里,硬化沙堤3公里,河堤护坡2公里,拉通连接龙舟赛场的5条通道,新增绿化面积2万平方米,绿化补植面积2万平方米,新安路灯186基,铺设精麻石人行道2万平方米,共投资1800万元。拉通建设东路,亮化、绿化、美化大众北路、罗城路。

六、制定优惠政策

1990年4月,发布《关于进一步搞活经济的若干规定》。对引进项目、资金、人才、技术,引进紧缺生产资料等提出奖励办法。1991年3月,发布《关于进一步发展汨罗经济的若干规定》。鼓励引进资金、人才和技术,鼓励为开发新产品、出口创汇产品引进先进技术、项目和设备,欢迎外地客商到汨罗兴办独资、合资和合作企业。1992年5月,发布《关于加速罗城经济开发区建设的若干规定》,其中承诺到开发区投资办企业,除执行上级和汨罗市关于鼓励外商投资的优惠政策外,另在提供土地、征收土地使用费和税收方面给予优惠待遇。7月,制定《汨罗市人民政府关于鼓励外商投资的若干规定》,对外商到汨罗投资在用地、税收、服务和权益保护方面作出系统明确的规定。1993年8月发布《关于加快个体私营经济发展的若干规定》。其中第七条强调:坚决制止排外行为,给外来经营者创造宽松环境。1994年1月,发出《关于大搞招商引进,加快改革步伐和经济发展的通知》。对入境投资办企业的,不论外资与内资,不论独资与合资,不论单位与个人,均要热忱欢迎,尽量优惠,搞好服务。在利益分配上,要贯彻"让利在先,得利在后"的原则,让投资者有利可图。在办理有关手续时,有关主管部门要大力协助或代办。1995年5月,制定《汨罗市1995年招商引资奖励办法》,对引进资金、项目、技术、设备和到境内接受破产企业转让的,根据实际效益,按一定标准奖励有功人员。1996年1月,发出《关于切实搞好招商引资促进经济快速发展的通知》,强调进一步优化投资环境,为招商引进创造良好条件。1997年6月,发布《汨罗市关于招商引资开放搞活的若干规定》。提出13条具体优惠政策,除用地、税收、贷款等优惠措施外,还对行政事业收费作出规定,建立健全向外来投资企业收费的管理和监督制度。2002年4月,作出《关于招商引资若干问题的决定》,对招商引资的工作目标和奖励办法作出具体规定。2003年3月,发布《关于进一步鼓励兴办工业企业项目的若干规定》。全面推行市级领导挂牌重点服务制、执法检查准入制、执法监督制、审批事项集中办理制、收费标准公示制、投诉限期办结制、企业法律服务制、责任追究制等八项制度,严格执行优惠政策,切实减轻企业负担。2005年1月,制定《汨罗市大办工业、招商引资、争取项目奖励办法》,对引进资金的单位和个人,对引进一定规模的工业项目、农业产业化建设项目、市政建设项目、旅游开发建设项目、大型三产业项目的投资人和中介人,分别制定奖励标准和奖励办法。2006年1月,制定《湖南汨罗工业园招商引资优惠政策》,分别就土地出让、规费减免、水电保障、财政支持、服务承诺等方面制定优惠政策,并在《汨罗招商指南》上予以刊登。2008年4月,印发《汨罗市加快经济发展奖励暂行办法》,分别就招商引资、扩大再生产、推进工业项目服务,推进新型工业化等方面,制定具体的奖励办法。

第三章　综合政务

1978年1月至1980年10月,县革委会办公室与县委办合署办公。1980年11月,撤销县革委会,成立县政府,设县政府办。1984年后,县政府办下设综合组、秘书组、法规组、安全办(2004年,并入市安监局)、文教组(1987年6月撤销)、食品工业办(1993年3月撤销)、经济技术协作办(1989年11月,并入市外经贸委)、河道治理办(2007年2月撤销)。1988～2008年,市政府办先后设秘书科(室)、经研科(室)、督办室、法制办、外事侨务办、体改办、应急办、网络信息科;归口管理市政务公开中心、政府机关行政科、城镇工作办公室、房改领导小组办公室、政府招待所等机构。

第一节　综合文秘

1984年8月,县政府办设秘书组;1996年,更名为秘书室;1999年,更名为秘书科。主要负责市政府、市政府办部分文、电的起草、印刷和所有文、电的审稿、登记、校核、用印与分发;以及接待、会务等工作。

1994～1996年,拟制各类公文1266个,收发、处理各类文件近万件,接收、传达上级指示、通知3500个,办理大小会务410余场次,整理档案资料200余卷。1998～2008年,文秘工作围绕经济工作重心,积极参政设谋,转变作风,做好协调服务工作,严把法律关、政策关、文字关,年均出台各类文件458件,接待基层来访1000多人次，接待各级来宾2000多人次，承办各类大小会议100余场次，协助政府领导召开现场办公会议30多次，处理各类矛盾和突发性事件70余起。

第二节　经济研究

1984年12月，县政府办设情况综合组，至1988年4月撤销，成立政府经济研究科。1991年9月，更名为政府经研室。主要负责与市直各部门的日常工作联系；收集、整理综合经济建设、社会发展和改革开放的情况；传递政务信息，为领导决策和指导工作提供信息服务；对涉及经济社会发展和改革开放的重大课题进行调查研究并提出工作建议；参与经济工作方针政策的研究与制订；起草《政府工作报告》、政府领导重要讲话和其他重要材料；编辑《政府通报》（由《汨罗经济》改版）；承担有关会务工作及领导交办的其他工作。1994～1996年，编印《汨罗经济》《剪报》共65期。1997～2000年，年均撰写调查报告10余个。其中《发展旅游业是促进汨罗市域经济腾飞的战略之举》在岳阳市政协发展县域经济建言献策会议上印发，并被编入《发展县域经济纵横谈》一书；《土能生金——来自大荆镇农业产业结构调整的调查》在《岳阳经济》上发表。2001～2008年，将发展循环经济、新农村建设、财政体制改革、民营经济发展、企业改制等作为调研重点内容，年均撰写调查报告、呈报政务信息约20万字。

第三节　依法行政

1986年4月，县政府办设法规组。1990年5月，成立市政府法制办公室（简称法制办）。主要负责组织相关行政执法工作检查活动的具体实施；开展调查研究，掌握行政执法动态，及时向市政府反馈行政执法工作情况，提出意见和建议；指导、协调、监督部门行政执法工作，落实行政执法责任制；办理审核行政执法证件，指导部门举办执法人员法律业务培训班；负责行政应诉和行政复议的业务工作；对市政府和政府办的规范性文件与执法文书提供法律法规依据和核稿；负责法律法规与规范性文件资料收集、分类和存档等。

1994～1998年，市政府法制办制定《汨罗市行政执法责任制实施方案》，从上至下建立行政执法机构和责任制度；对行政执法机构进行主体资格审查和登记备案。突出行政执法责任制和行政执法监督，认真贯彻《湖南省行政执法证和行政执法监督证管理办法》，组织执法人员进行岗前培训，颁发全省统一印制的行政执法证95个。

2000～2008年，加强法制宣传教育，向市民普及法律知识，组织实施学法、懂法、守法、用法等活动。围绕服务“三农”、优化经济发展环境、招商引进等重大课题加强执法检查监督，强化责任追究。在政府部门形成依法行政和法度严明的工作氛围，促进各项工作依规依法进行。

第四节　政务公开

2000年始，筹建汨罗市政务公开中心，择址双塘广场，投资980万元，征地0.46公顷。2001年8月动工兴建，2002年竣工验收，7月投入运作。办公大楼建筑面积4860平方米，配置交换机、服务器、电脑和打印机、内外线电话、触摸电脑、刷卡机、电子显示屏等设备。建有审批办证网、收费网、会计核算网、政务网等局域网,与林业、公安、工商、地税、质监等专网实现资源共享和信息交流,办公实现自动化。工作人员的出勤管理全部实行指纹考勤,服务工作全程监控。该中心为正科级事业单位,归口市政府办管理,定编15人。内设办公室、业务科、督查科;辖行政审批办证中心、会计管理中心、政府采购中心、招投标中心、政策咨询发布中心、城市建设投资开发有限公司(简称城投公司)、优化经济发展环境办公室(简称优化办)等机构。第一批进驻政务公开中心的服务窗口为22个,窗口工作人员工资、编制在原单位,由政务公开中心负责日常管理与年终考评。2003年7月,建成市政府网站,原政策咨询发布中心更名为信息中心,负责政府网站的运作和中心网络设备的维护。2006年,为避免政务公开中心和纪委职能交叉,市政务公开领导小组办公室和政务公开中心合署办公。随后,全市有25个单位设服务窗口,209项行政审批和服务事项纳入政务中心办理。其中,交通、工商等部门为整合内部职能,将职能股室整体搬迁到政务公开中心。基本实现"一站式办公、一条龙服务",平均办事效率提高30%以上。2002～2008年,政务公开中心受理并办结相关事项51.6万件,办结率、正确率均达100%。2008年,上传信息2万条,回复群众咨询2562次,点击人数49.6万人次。被省政府、全国政务公开领导小组分别授予全省、全国政务公开工作先进单位称号。

第五节　督办督查

2000年1月,成立市政府督查室,与秘书科合署办公,秘书科长兼任督查室主任;2002年,改称督办室,是年5月,与秘书科分署办公。主要负责国务院和省、岳阳市政府重要决定、决策贯彻落实的督促检查,市政府重大决定事项的督查督办,上级政府和市政府领导批件及交办事项的督办与情况反馈,市长热线受理处置工作的督促办理,市直各部门工作的量化目标管理。

2003年,由督办室牵头,会同有关部门对市委、市政府必办的12件实事的进展情况定期跟踪督查,并将督查情况及时通报全市,做到事事有着落,确保政令畅通。2005年始,开通市长热线,设立市长信箱,由督办室和法制办合署办公。对涉及政府工作的相关议题召开专题会议,下发督办令,由督办室及时跟踪和反馈情况,促进政府各项工作的落实到位。2008年,围绕重点、热点、难点问题抓督办,对2次市政府常务会议、7次市长办公会议、25次市政府办公会议决定的事项,尤其是省8件实事、岳阳市10件实事和市委、市政府明确的实事,组织开展督办督查,办结率100%。

第六节　体改工作

1992年4月,成立市经济体制改革委员会办公室(简称体改办),与经研室合署办公。1997年1月,市体改办与经研室分署办公;2000年4月,更名为市经济体制改革领导小组办公室。2001年,从市直各部门抽调87名体改工作人员,组成15个工作组进驻27家改制企业,帮助进行"两个置换"(即企业置换产权,职工置换身份)的改革。是年,全市完成"两个置换"企业2家,实物安置6家,分步安置的有3家;对1984年后参加工作的合同制工人解除劳动关系1家,进入依法破产程序6家,另有9家企业进入"两个置换"程序。协助指导29个乡镇和市直部门成立产调股份公司40家,安置分流干部近400人,建立农业生产基地2000公顷，募集股金1360万元。2002～2008年，连续七年派出工作组，协助工业、交通、商贸企业深入推进体制改革。通过依法破产，产权转让，资产重组等形式，实现企业所有制的根本转变，解除企业对政府的依附关系和职工对企业的依附关系。

附　机关事务后勤管理

1994年10月，动工兴建市政府办公楼，1996年6月竣工，政府机关及部门单位搬迁新址。2002年，成立市政府机关行政科，定编8名，主要负责机关安全保卫、计划生育、社会综合治理、基础设施建设与维护、环境卫生、园林绿化等后勤保障工作。2002年后，行政科以服务机关为宗旨，争取资金，加大投入。先后修建篮球场、硬化道路、铺设草坪；维修办公大楼，更换木窗为铝合金窗和不锈钢防盗窗；新建车棚仓库、维修门楼。2003年，改造机关水电设施，按单位(户)设表计费管理水电。2004～2008年，新建住宿楼4栋，配套建设小花园、超市、食堂和活动中心，新建政府东大门，重新布置和建设园林绿化区，花草、树木覆盖面积达70%。机关门卫、安全保卫、车辆停放、园林绿化、环境卫生、公共秩序管理等工作先后被评为岳阳市园林式单位、湖南省文明卫生单位、湖南省花园式单位。

第四章　其他政务工作

第一节　信　访

1978年12月，县委设信访科。1979年，县信访领导小组成立。1982年5月，改信访科为信访办公室，为县委、县政府处理信访工作的办事机构。1993年，改隶市政府办管理。2002年，更名为市信访局。至2008年，共受理群众来信来访31998件次。信访工作连续七年被评为汨罗市、岳阳市、湖南省先进单位、有突出贡献单位和红旗单位。

一、信访接待

1979年后，信访数量逐年下降。1989年，信访部门接待信访448件次，仅为1979年的10%。1990～1993年，接待1393件次，年均363件次。1990～1995年，接待2359件次，年均393件次。1996年始，企业改制进一步深化，城市建设步伐加快，加之遭受特大洪涝灾害，信访量猛增，全年接待945件次。1998～2008年，发生集体上访494批、5270人次，赴岳阳市、湖南省、北京越级上访1784人次，越级集体上访18批、223人次。在受理的信访件中，属于平反冤假错案、解决历史遗留问题的10304件；属于田土山水、农民负担、乡村财务及民间纠纷问题的4934件；属于企事业单位的经营管理、产品质量及企业破产改制问题的1558件；属于国家与地方的工程建设及城乡经济建设与管理问题的1485件；属于经济、房产、治安纠纷及交通、建筑、医疗事故问题的3865件；信访人要求解决户口、安排工作、解决工资、医疗待遇及困难救济问题的6228件；复员退伍军人要求安置工作和抚恤优待问题的413件；信访人不服行政和法律处理的1147件;检举揭发和批评建议的1754件;咨询政策、法规和了解致富信息等其他问题的310件。在受理信访中,处理29842件,其中直接答复(含口头答复和信件回复)12945件,转交主管单位、职能部门办理的12417件,立案处理4480件。在转交的信访件中,凡是被转交的单位未按期反馈处理结果的,信访部门及时做好催办和督办工作,使转交的每一件信访事项均得到妥善的处理。除情况含糊不清和已做处理而重复信访的2156件,按规定做信件留存或按原处理意见答复外,均做到件件有着落、事事有回音。

二、信访办理

解决历史遗留问题 1978年,中共十一届三中全会提出"实事求是,有错必纠"的方针。人民群众冲破思想上"左"的束缚,要求平反冤假错案、解决历史遗留问题的诉求猛增。1979年,信访部门受理信访4773件,比1978年增加1.74倍;配合县委落实政策办公室落实政策、解决遗留问题961起。其中,平反冤假错案74起,纠正错划成分17人,认定八路军三五九旅南下支队在北返和中原突围中复员、隐蔽、掉队的成员身份339人,恢复城镇户口40人,落实房屋产权政策159户,落实"文化大革命"中被查抄财物的经济补偿问题164起,解决水利建设工程中移民返迁后的重新安置和伤残人员的补助问题168起。

处理涉农问题及治安纠纷 1978～1993年,信访部门配合相关部门处理影响面大或将发生群体性械斗的田土山水和边界纠纷95起。1994～2004年,解决农民负担、乡村财务、退耕还林、移民建镇、农业直补资金等突出问题76起。2005～2008年,对农民外出务工、承包工程中出现的拖欠农民工工资问题,及时配合劳动和社会保障局、政法委进行处理。追回拖欠农民工工资287万元,涉及农民工5450人。

处理改制企业矛盾与纠纷 1996年后,停产倒闭、破产改制的市一鞋厂、市二鞋厂、市钢制家具厂、市橡胶制品厂、市塑料厂、市针织厂、市钢管厂7家企业994名职工未被纳入养老保险范畴。通过信访调查汇报,市政府高度重视,按照"尊重历史、面对现实、依法依规、科学解决"的处理原则,于2003年决定解决资金160万元,帮助994名原企业职工进入养老保险的统筹范围。另有市供销社、市商业局、市物资局、市外贸局、市粮食局、市工业局6个单位的机关离退休人员,1993年机构改革前参加人事社保,机构改革后变为劳动社保,导致工资待遇偏低的问题,信访部门及时向市委、市政府汇报。2002年,市政府决定恢复6个单位机关离退休人员的人事社保待遇,解决工资待遇偏低的问题。

稳定上访老户与处理集体上访 1978～1983年,从机关抽调5名干部到信访部门临时帮助工作,建立部门联动机制,由主管单位和职能部门联合调查,共同处理大规模集体上访(包括越级集体上访)问题。1987年、1989年,信访部门处理上访老户和集体上访的经验在全省推广。国家信访局亦肯定汨罗市(县)处理上访老户的工作经验。2004年9月,建立集中处理信访突出问题和群体性事件联席会议制度。除集中处理信访突出问题外,还处理集体上访87批、867人次。2008年,上访老户减至18户,其中越级上访的老户减至5户。

三、信访制度建设

1978年7月,县委常委会决定每月15日为人民群众来访接待日,由常委组成人员轮流到信访办值班。1981年,改由主管信访工作的常委委员专门接待来访。至1989年,确定由市委常委、市人大、市政府、市政协、市纪委主要领导轮流接待。接待时间由每月1天增至2天。

1996年，根据国务院《信访条例》，信访部门及时指导市直单位和乡、镇、场完善工作制度，全面达到省委信访办公室提出的“七有”要求（即有牌子、有班子，有处理信访的规章制度，有接待场所和经费，有服务措施，有信访网络，有一个适应形势要求的工作格局）。1998年8月4日，《湖南省信访条例》颁布实施。1999年6月，市委、市政府下发《关于印发（信访工作量化考核办法）的通知》，将信访工作列入全市目标管理，实行一票否决。授予信访部门七项权力（即处理信访问题交办权、立案调查权、督促检查权、协调处理权、综合管理权、考核处罚权、通报批评权）。同时，市委办、市政府办下发《关于加强基层信访工作基础建设有关事项的通知》，要求全市建立健全九项信访工作制度（即领导接待日制度、领导定期研究信访工作制度、定期报告制度、热点问题排查制度、群众合理化建议征集制度、领导包案制度、目标管理制度、检查督促制度、责任追究制度）。2001年3月，市直副科级以上单位和乡、镇、场全面推行信访公开承诺制，促进《逐级上访和分级受理制度暂行办法》的落实。并开通民情热线电话，以《5234777，民情反映急急急》为题，在《汨罗报》、汨罗电视台向全市公开。2003年3月，市委、市政府下发《关于印发〈汨罗市信访工作考核办法〉的通知》，进一步强化各单位处理信访问题的责任意识。2004年1月，全市统一制定责任制和责任追究制、零报告制、重大问题包干负责制、督查制、值班制五项制度。

2005～2006年，修订后的国务院《信访条例》和《湖南省信访条例》相继颁布实施。信访工作进一步走上法制化轨道。同时，按照市委“要把信访局作为后备干部培养的基地”的要求，信访局向市委提出关于提拔副科级领导干部先担任市信访督查员的建议，并制定出细则。经市委常委会、市委组织部部务会专题研究决定，采纳并建立该制度。

附　信访案例

张忠良右派平反案　1983年5月，新市镇张忠良来信申诉其右派未平反问题，找湘阴、汨罗两县教育部门均未能解决。信访部门报请县委同意后，决定对其问题立案处理。县信访办从张忠良原工作单位（湘阴县石塘乡及石牛小学）了解到有关情况：张忠良于1958年上半年因与已划右派的妻兄、教师刘岳洲没有划清思想政治界限，被定为右派，并与刘一起下放到石塘公社寺坝大队监督劳动，保留公职，发给生活费。整风“反右”运动刚结束，湘潭地委宣传部调查组发现对张的定性不准，摘掉其右派分子帽子，故右派分子花名册上确无其名。情况查明后，信访部门当即向县委作出书面汇报，并向湘阴县落实政策办发出公函，很快得到复议，作出收回张忠良到湘阴县教育局工作，并办理退休手续的处理。至此，这一沉冤25年的历史遗留问题获得到圆满解决。

协调处理客运三轮车主集体上访　1995年5月23日，市政府颁发《汨罗市城区客运三轮摩托车营运规定》，对城区客运三轮摩托车进行全面清理整顿。整顿期间，无牌照的790多台（1999年增至980多台）车的业主，认为不允许他们上牌参运不合理，特别是其中的360多名下岗职工意见更大，到市政府请愿，要求上牌参运。对此，市政府责成市公安局按规定重新办理三轮摩托车的参运手续。这样，又导致231台有牌照车主多次上访，认为1994年已办理牌照手续、收取城市配套费，且多数车辆已转让（每台车牌照转让费6000～8000元左右），再要换照缴费承受不了。1999年3月19日，车主黄某某等85人赴省集体上访，引起省信访局的高度关注。4月21日，省信访局副局长邱伯安、接访处副处长向伟奇等5人专程到汨罗，对整顿城区三轮摩托车的交通秩序提出意见。市党政领导对此高度重视。年底，市政府作出决定,由市公安局交通警察大队对1200余台(含已上牌照的231台)三轮摩托车中的586台车,办理牌照手续,每台收取城市配套费3000元(下岗职工减半收取),并制定出相关管理措施。车主普遍表示满意。2006年4月,市委、市政府为进一步整顿城区交通秩序,决定取缔城区从事营运的三轮摩托车,但车主要求增加补偿费,退还已缴的城市配套费。市信访局、市公安局等部门对此进行全面调查和协调处理。市委、市政府3次召开专题会议,按照部门职责分组制定工作责任制,并出台就业、安置、税收等优惠政策。还针对残疾人的特殊情况,组织市残联、市民政局等单位,帮助残疾人再就业,救助残疾特困户。至此,车主表示理解和同意,城区三轮摩托车在规定期限内被取缔,踩士客运业务由中创出租公司小轿车所替代。

督办疏通荣家社区下水道 2006年4月20日,城郊乡荣家社区居民到市委集体上访,反映其小区下水道因设施不合理等原因,造成五年堵塞不畅,严重影响居民生活。接访中,市信访局成立专门班子到实地调查和走访座谈,并向市委、市政府报送《呈阅件》。市委书记樊进军随即批示市信访局与市建设局取得联系,要求尽快解决。为此,市建设局局长会同市城建办及市政公司负责人,对现场进行察看,制定维修整改方案。经过三个月的施工清理,是年7月,下水道工程被彻底修复,群众向市委、市建设局送来锦旗。是年12月18日,《湖南日报》以《市委书记解难记》为题予以报道。

第二节 档 案

1978年前,汨罗县设县档案馆。1980年7月,成立县政府档案科。1985年1月,成立档案局,保留档案馆机构,局馆合署办公。1988年1月,分为档案局和档案馆。1993年2月,档案局更名为档案馆,归口政府办管理。至2008年,内设办公室、业务办、法制办、开发利用办和档案信息中心。

该馆有建筑面积1534平方米,收藏133个全宗,资料40481卷册。其中,馆藏屈原、任弼时等著名人物的传记、照片和屈原碑林底稿原件,尤为珍贵。

2002年,成立汨罗市现行文件公众阅览中心。2003年,建立汨罗档案信息中心,并开通汨罗市档案网站。2004年,汨罗市档案馆晋升为省一级国家综合档案馆。2002~2008年,该馆连续被评为岳阳市档案工作目标管理先进单位和“三个文明”建设先进单位、突出贡献单位,先后3次被评为全省先进单位。2007年,被人事部、国家档案局评为全国档案系统先进集体。

一、档案征集与整理

(一)档案征集

1978年前,由于馆藏条件局限,只能收集县委、县革委及其内部科室的文件资料。1980年后,进馆档案开始由重点向全面发展。

零散文件收集 1978年,恢复档案整顿工作,共收集县直各部门的文件8000多份。1979年后,零散文件收集,由各单位结合是年文书立卷一并安排。至1988年,黄柏乡黄柏大队共收集土改、社教后各种文书材料、表报、名册共340个案卷。

案卷收集 1981~1983年,县委办、县政府办先后3次下发文件。至1989年,共接收17个县直局级单位的档案1193卷,接收27个公社的档案5432卷,接收4个撤销单位的档案1228卷。2001年、2003年,市委办分别下发《关于做好1991年前档案移交工作的通知》《关于做好1994年前档案移交工作的通知》。市档案局共接收全市100多个单位1994年前的永久、长期档案3420卷。2006年，共接收1996年前133个全宗、3256卷到期档案进馆。收集保管各类文书档案、科技档案、专门档案、声像档案133个全宗、25449卷。主要内容：人口普查、工业普查、水利定权发证、落实政策、农业区划、民间诉讼等。共有专门档案2663卷，声像档案、照片档案33卷、1142张，音像档案4卷。文书档案中，收藏各类图书、报刊、地方资料10062册，收集50个市直、乡镇正科级行政事业单位2000年后形成的文件1.65万份。特色档案收集资料：1933年民国档案114卷，主要记述民国时期湘阴县司法处办理违法案件的情况；1944年湘阴县县长谢宝树的《守土日记》；任弼时革命一生的资料、照片；屈原碑林手稿档案，共收藏书法作品401幅，包括中国共产党和国家领导人及全国知名书法家的手迹；国家级非物质文化遗产代表作——汨罗江畔端午习俗资料21件册；湖南省非物质文化遗产代表作——长乐镇故事会资料10件册；族谱档案97卷。

（二）档案整理

文书材料立卷　1978年前，按照文件的特征立卷，上、下级文件分开，以问题为主，结合其他特征组成平放卷（即白色软皮卷）。1978年后，按照“四分法”（即年度、来源、问题、价值）和“文件特征”立卷。1981年始，县直机关的文书档案工作，以立卷质量为主，进行一次检查评比。1982年，全县23个有技术档案的单位，组成科技档案1843卷。其中，农业区划办公室的农业区划档案整理获湖南省档案整理科研成果奖。1985年，全县149个单位共整理会计档案83097卷册。是年，汨罗县会计档案清理工作被评为省先进集体。1986年，对县直机关档案整理进行业务规范，从划分全宗、档案文件材料分类、组卷方法、目录、封面规格、书写、装订要求到卷内文件和案卷的排列编号均做统一规定。

馆藏档案整理　1985年前，中共汨罗县委（包括县委组织部、县委宣传部、县委统战部、县委政法委）、县人委的案卷，归入中共汨罗县委全宗卷；汨罗县革委会、汨罗县人民政府的案卷归入汨罗县政府全宗卷；社教分团档案、阶级档案、水利定权发证档案、人口普查档案等，均没有具体的全宗归宿，不便管理。1985年11月始，按照省档案局《地、县档案馆档案管理若干问题规范》要求，对馆藏的54个全宗、1.1万个案卷全面进行鉴定和部分调整插卷，划分全宗，理顺档案。1986年8月，在衡东召开的全省地州市档案业务规范座谈会上，汨罗被特邀到会介绍经验。是年10月，岳阳地区档案局在汨罗县召开档案管理规范工作现场会。

二、档案馆室、网络与法制化建设

（一）创建省级达标馆室

1978～2008年，在档案恢复整顿、机关档案室上等级、各类企业及行政村档案规范化管理方面，县（市）委、政府多次下发文件，召开会议进行部署，努力争先创优。

1978～1982年，全县89个机关、公社、厂矿单位，有71个建立档案室，配备档案员92人；39个局级单位档案室，有34个达到整顿标准，15个被评为先进单位；27个公社档案室，有11个被评为先进单位；23个技术档案室，6个被评为先进单位。

1987～2008年，先后升为国家级档案室的如下：汨罗市档案馆（二级）、汨罗市烟草局档案室（国家级标准）。市直机关档案室达省三级的32个，省二级28个，省一级16个。乡镇场档案室达省三级15个，省二级6个。8个企业单位的档案管理工作达省级先进标准，1家进入国家优秀行列。

1979年9月28日，汨罗县档案局被评为全省档案工作先进集体。1991年8月，局长胡志忠被评为全国档案系统劳动模范。是年10月6日,汨罗市档案局被评为全省档案工作先进集体。2007年7月,汨罗市档案局被评为全国档案工作先进集体。

(二)档案网络建设

1999年,全省县、乡、村农业科技档案信息网络建设试点定在汨罗。大荆镇电脑农业的落户,田间科技档案的建立,为全市农业产业结构调整树立榜样。2002年,对126个副科级以上单位档案进行年审,对16个省级档案室进行复查,对6个重点工程建设项目档案进行合同管理;在弼时、大荆镇建立农科档案信息网络点,在黄市乡建立农村税费档案试点,在弼时镇建立岳阳市首家乡镇档案馆。2003年5月,制定《汨罗市档案信息化建设十年发展规划》,多方筹措资金15万元,购置计算机、空调、扫描仪、数码相机、一体机等现代化设备和档案专用网络软件,建立内部局域网,开通档案网站,成立档案信息中心。是年10月27日,全省档案信息化建设现场会在汨罗召开,试点工作得到与会领导的充分肯定和一致好评;《中国档案报》推介汨罗市档案信息化建设的成功经验。2007年,30个单位建有与档案工作有关的网络平台。利用局域网、档案网站平台,完成86个单位的20万条档案条目录入工作,目录机检率达75%。2008年,成立档案信息中心办,由专人负责,完成案卷级目录、文件级目录输入6万条。

(三)依法治档

1987年7月,《中华人民共和国档案法》(以下简称《档案法》)颁布。1989～2000年,市委、市人大、市政府及有关部门将《档案法》纳入依法治市议事日程,列入"二五"普法内容,编入《法规选编》,开展专项执法检查;先后对54家单位下达"限期整改通知书",对8家违反《档案法》和《湖南省档案管理条例》的单位进行处罚,对2家情节严重的单位予以通报批评。2008年,对汨罗市直单位档案工作进行年度执行检查,对全市乡镇场、68所中小学校的档案工作进行重点执法检查,对档案管理不规范的7所中小学校下发整改通知书,对2所情节较严重的学校进行政处罚。

三、档案服务

1978年,档案馆对外开放,凭局级以上单位介绍信和身份证便可查阅。1989年,推出《汨罗市档案馆开放档案的暂行办法》。2004年,市委办下发《关于加强汨罗市档案资料开发利用工作的通知》。

开放档案资料 1978～2006年,共接待查、借阅档案资料15470人次,调案卷39740卷册。2008年,接待查询利用人员1840多人次,查借阅案卷3129卷册。

编研内参资料 利用馆藏档案,汇编和编写48种、约69万字的参考资料,供社会各界利用。1981年秋,境内遭历史上罕见的大旱。为抗旱保苗,编写《介绍一些寻找地下水的办法》,印发全县。广大群众利用小册子提供的办法,很快在全县新开浸眼23000多个,保住旱苗,减轻晚稻损失。1985年,编写《汨罗概况》手册,铅印300多册,深受领导和机关干部的欢迎。编写的小型多样的资料"小品""精品",更为领导决策和经济建设服务提供帮助,并多次得到岳阳市委领导和省档案局领导的赞赏。胡志忠撰写的《谈谈县档案馆编写"小型参考资料"的优越性》一文,曾获省优秀论文奖。2001年,大荆、红花、沙溪等政府机关档案室编印的《移民指南》,成为移民朋友的生活向导。

设立公文阅览中心 2002年7月,成立汨罗市现行文件公众阅览中心。至2006年,共收集80个单位6500份文件,为利用者提供较为系统、可靠的凭证性或参考性史料。2005年,汨罗市委办下发《关于向汨罗市现行文件服务办公室报送文件的通知》,进一步明确报送文件资料的范围、时间、办法和要求。

机关、厂矿、乡镇档案同步开放　1987年,天井乡白马村8组一些人多次到乡政府上访,要求把卫星水库旧坝基划出0.82公顷地让其耕种,并为此多次上访岳阳市政府。信访办在水电局的水利定权发证档案中找到《卫星水库若干问题的协议》。协议明确记载:“旧坝基和坝内约2公顷面积归9队和12队耕种”,并有公社、大队、生产队、水电局等8个单位、26人签字。后将此协议在协商会上宣读,与会32名代表一致同意照原协议办事,多年矛盾得到化解。至1989年,机关、厂矿、乡镇共接待查阅档案31584人,提供利用档案45430卷。

第三节　地方志工作

一、首届修志

1986年7月13日,成立汨罗县志编纂委员会,下设办公室。由县长和一名副县长任委员会正、副主任,有关部、委、办、局负责人任委员,特请省志副总纂左开一为顾问。8月1日,在《湖南日报》刊登征集《汨罗县志》资料公告;9月,向国内外发征集函180余件。1987年1月,以县人民政府名义,印发《关于征集县志资料的通告》1000份,在全县城乡张贴,并派人或委托有关单位相继在湘阴县志办、保靖县档案馆、湖南省图书馆、北京图书馆、中国第一历史档案馆等单位搜集资料达4000余万字。创办内部刊物《汨罗史志一览》(共印发11期)。1987年7月,《汨罗县志·编目》(第一稿)脱稿,并举办第一期修志人员培训班。后因多种缘故,拟先编修《汨罗市情概况》。1989年年初,停止编纂《汨罗市情概况》,恢复编纂《汨罗市志》。是年,两次修改市志篇目。1990年3月13日,召开汨罗市第一次地方志工作会议,参加会议的有市直单位主要负责人和乡镇(场)党委书记130余人。市委书记、市长作动员报告,安排修志任务,岳阳志办主任到会讲话。会后,市直37个单位迅速组织编修班子,8个中途停滞的单位也相继恢复修志工作,乡镇场修志工作相应正常运转。1992年4月,市委、市政府调整《汨罗市志》编纂委员会和审稿小组成员及正副主编,第四次修改篇目。1993年9月28日,下限至1989年的《汨罗市志》,包括概述、大事记、屈原纪念地专篇、人物、杂录及16个专篇达90章,299节,81.06万字。1994年1月24日至27日,岳阳市人民政府在汨罗召开《汨罗市志》评稿会,与会人员有省、市修志领导和专家8人;历任汨罗市(县)委书记、市(县)长6人;岳阳市辖县(市)修志同仁及汨罗各直属单位负责人共100余人。对志稿进行认真评议,提出补充修改意见1500余条。评稿会后,市委、市政府认真研究,决定将志书下限延至1993年。再次动员各单位补充4年资料。1994年年底,《汨罗市志》总纂完成,全志设概述、大事记、人物共18篇、95章,354节,73幅图照,102种表格,共111.45万字。1995年,由方志出版社出版发行4000册。1996年年底,《汨罗市志》被评为湖南省地方志一等奖。

1987~1994年,市直单位和乡镇场编修部门志、乡镇场志31部,即《汨罗市供销合作社志》《渔街志》《汨罗市税务志》《汨罗市医药志》《汨罗市城乡建设志》《汨罗市文物志》《汨罗市教育志》《汨罗市金融志》《汨罗市电力志》《青江六十年》《汨罗市邮电志》《汨罗市广播》《汨罗市烟草志》《汨罗市公安志》《汨罗市文化志》《汨罗市人事志》《汨罗市信访志》《汨罗市农业局志》《汨罗市统战志》《汨罗市财政志》《汨罗市水利志》《汨罗市粮食志》《汨罗市卫生防疫志》《楚塘乡志》《桃林寺镇志》《原种场志》《汨罗镇志》《城郊乡志》《弼时镇志》《白水镇志》《长乐镇志》《古培乡志》《白塘乡志》《智峰乡志》,共计400万字。

二、编辑《汨罗年鉴》

1996年10月,市志办根据首届修志的经验,认定收集、整理地情资料是一项基础性很强的工作。经请示市委书记、市长同意编撰《汨罗年鉴》。11月,市委办、市政府办下发"《汨罗年鉴》(1994～1996)资料征集函"。1997年9月,第一部《汨罗年鉴》出版发行700册。全鉴设特载6篇、大事记、汨罗概况、政治等7篇,以及乡镇场、人物等内容,共76.05万字。彩照12版。至2008年年底,共编辑《汨罗年鉴》13部。为第二轮修志奠定坚实的基础。

三、其他专业工作

1997年始,每年为省、岳阳市年鉴撰写汨罗市部分。1996年,与市委办合编《辉煌二十年》,全面记载汨罗20年改革开放的辉煌成就。1998年,编写汨罗市乡镇场简志,对全市29个乡镇、7个场,从北宋元丰或清咸丰五年起至1997年的建置,沿革等逐一进行考证,编写乡镇场简志一册,3万余字。10月,完成省市机关《后勤大全》一书有关汨罗市机关后勤的组稿任务,其中机构3篇,人物7篇,纪程3篇,计1万余字。11月,编写汨罗市(县)政府办公室历史沿革,走访许多老干部,如期完成任务。

1999年,完成岳阳市志办交付的1998年抗洪中汨罗市域内的材料组织工作,整理成稿近4万字。完成《岳阳市志》人物传中28位汨罗籍政治、文化名人传记,约1万余字。

2003年,收集汨罗市近5年平垸行洪,移民建镇材料达6万字。10月,收集中共中央总书记胡锦涛考察汨罗材料近2万字。

2006年,启动续修《汨罗市志》,向市委书记樊进军,市长白维国汇报续修《汨罗市志》方案,得到市委、市政府批准,同意启动续修工作。2007年,召开全市各乡镇场、市直单位主要负责人会议,续修工作在全市铺开。

第四节　外事侨务

1984年1月,县政府办设立外事组;3月,县政府办设立侨务组;1985年6月,外事组和侨务组同时升格为县外事办公室、县侨务办公室,两个机构合署办公,更名为外事侨务办;1990年3月,更名为侨务外事办公室。

一、外事接待

1978年,任弼时故居对外开放后,汨罗外事接待事务逐年增多。1980～1990年,接待来自日本、美国、法国、英国、加拿大、澳大利亚、苏联、朝鲜等24个国家的外宾217批、2588人;其中,日本访问、考察和参观旅游团137批、1673人;接待外籍华人、华侨63批、157人。1991～2008年,共接待15个国家、180批外宾,共1500人;其中,考察和参观团80批、790人;华人、华侨40批、120人。

二、侨务工作

1984年前,汨罗县侨务工作由民政部门管理。1984年3月,县政府办公室设立侨务组。1985年6

月，侨务组升格为县人民政府侨务办公室，负责接待回乡探亲访友、旅游观光的侨胞和外籍华人，安置归侨，维护归侨、侨眷合法权益，办理其他与侨务工作的有关事务。

至1993年，全市华侨和入籍外国的华人为1101人，分布在22个国家。其中美国759人，英国34人，法国7人，加拿大44人，日本12人，新加坡45人，马来西亚11人，印度29人，缅甸8人，阿根廷11人，巴西31人，菲律宾20人，越南1人，瑞典19人，南非11人，泰国14人，澳大利亚23人，乌克兰8人，哥伦比亚4人，瑞士3人，新西兰3人，以色列4人。年末，全市有归侨3人，侨眷357人，华侨、华人旁系亲属998人，分布在24个乡、镇。

2008年12月月初，境内出国华人华侨2165人（多为户主），分布在美国、英国、加拿大、日本、法国、德国、新西兰、荷兰、澳大利亚、新加坡、南非、印度、印尼等40多个国家；华人、华侨国内直系亲属（侨眷）12528人，归国华侨2人（户）。

归侨安置

1978～1993年，全县（市）共安置归侨18户、62人，其中汨罗籍4户、10人。到1993年年底，18户归侨中，有8户返印尼，1户返越南，6户因工作调动离开汨罗，还有3户定居境内。

1978～1986年，根据中央有关指示精神，对归侨、侨眷在历次政治运动中因受“海外关系”株连的历史遗留问题进行全面复查甄别。全市恢复公职12人，因错案平反2人，恢复商品粮23户，清退被查抄财物31户，退回原物或折价补偿金额5697元，落实侨房38户、45栋、712间，计1.5316万平方米，补偿金额24.7万元。

侨胞捐赠

1985～2008年，旅外侨胞委托国内亲属捐款400多万元，用于修建学校和幼儿园及图书馆。侨联先后筹资及捐款500多万元，用于兴建汨罗市中医院住院大楼、磊石乡汨岳小学、弼时中学教学楼、原种场大华完小、弼时镇莲花小学和救济“五一二”汶川大地震灾民。

侨资企业

1984年3月，侨胞李泽惠创办汨罗侨联旗帜工艺厂。系湖南省国旗制作定点企业。2004年，被评为湖南省侨界科技兴湘先进单位。

2000年2月，组建华侨旅行社责任有限公司。至2008年，营业额达600多万元，上缴税费5万多元。公司多次被评为岳阳市最佳旅行社。

2000年后创办的侨资企业有振湘电子有限公司、湘北磁性材料厂、华侨侨汇公司、任宝珍纸盒厂、霍志祥铸铝厂。至2008年，因机制转变、环保不达标等问题，上述企业先后改制、重组或下马。

扶助贫困学子和侨眷

2004～2007年，汨罗市侨联募集资金36000多元，资助3名汨罗市一中和二中学生上大学。

2003年、2006年、2008年，汨罗市侨联筹集5500多元对汨罗市一中和汨罗市二中3名家庭困难的学生予以资助。

修复郭嵩焘墓

2003年年初，汨罗市侨联根据郭公海内外后裔及社会有识之士的要求，积极主持修复郭嵩焘墓。是年3月8日，在原址举行郭嵩焘遗骸安葬典礼。新华社及时写稿，向国内外发布消息。是年11月4～6日，在文化馆举办郭嵩焘生平事迹展览，受到各界好评。该墓被定为汨罗市（2003年7月4日）、岳阳市

(2004年元月18日)文物保护单位。

第五节　移民工作

2004年3月,成立汨罗市移民管理局,正科级事业单位,在编工作人员10人。至2008年,有工作人员23人(含内退2人)。负责全市大中型水库移民和三峡移民的管理与开发工作。

一、安置三峡移民

安置任务　2000年11月,汨罗市接受集中安置重庆市忠县石宝寨三峡移民145户、606人的移民安置任务;至2001年8月9日,分别在沙溪、新市、红花、大荆4个乡镇、7个村、8个点集中安置;至2007年年底,移民增至701人,其中红花点新增15人,沙溪点新增13人,大荆点新增57人,新市点新增10人。

汨罗市2001年三峡移民安置情况表

表4－4－12　　单位:户、人

安置地名	户数	人数
沙溪镇农科村沙石组	18	72
沙溪镇沙溪村橘园组	11	40
新市镇新书村新书组	13	53
红花乡红花村32组	25	99
大荆镇桂花村桂花组	29	122
大荆镇折桥村京珠组	9	36
大荆镇折桥村吴胜陆组	18	83
大荆镇大荆村南门组	22	101
合计	145	606

田土调整　三峡移民落户境内,乡镇政府为其分配田土。沙溪点,按人均水田0.8亩、旱土0.2亩、山林0.3亩的标准安置;红花点,按人均水田0.8亩、旱土0.3亩、山林0.3亩的标准安置;新市点,按人均水田0.8亩、旱土0.2亩、山林0.3亩、园地0.01亩的标准安置;大荆点,按人均水田1.0亩、山林0.2亩、园地0.02亩的标准安置。全市为三峡移民调整水田34.47公顷,人均0.93亩;旱土11.73公顷,人均0.29亩;山林15.8公顷,人均0.39亩。直接发放移民生产安置费及过渡期生活补助费235万元,困难户补助费52万元。

基础设施建设　平整场地、开挖土方9.4万立方米,开挖石方3.5万立方米,土方回填3.1万立方米,干砌、浆砌5200立方米,基础超深、钢筋砼1800立方米,架空地坪4500平方米,安装自来水管道2800米,打水井21口,修整渠道8条、10600米,架设低压线路1.1万米;建住房145栋,17760.75平方米,户均122.49平方米;总造价471.8万元,每平方米造价315元。

二、境内移民

(一)水库移民

2006年,落实国务院大中型水库农村移民后期扶持政策(简称后扶政策),实施项目扶持人口12811人,享受直补资金人口12181人。

至2008年,汨罗市确认移民身份24992人、7759户,除少量三峡移民和外地迁入移民外,主要为大型水库移民。蓝家洞、向家洞水库移民15738人,汨罗水库移民8200人,黑糜峰电站移民88人,分布在29个乡镇场、221个村、3150个村民小组。

(二)平垸行洪移民

汨罗市平垸行洪、退田还湖、移民建镇安置始于1998年,分四期工程,历时5年,涉及屈子祠、白塘、红花、新市、城郊、城关6个乡镇、16个堤垸,共计移民户6403户、24684人;规划建设移民新村46个,安置移民户3098户、11283人;其余3305户、13401人,实施就近零星安置。上述工程,国家共下拨移民补助费计10595万元。

三、移民补助发放

(一)补助办法

总的原则:移民身份明确、按人发放、不会引起新的矛盾和不稳定因素的,尽量发放到人;不能直接发放到人的,则通过项目扶持或两者结合的方式扶持,使其间接受益。

扶持标准:对被纳入扶持范围的移民,每人每年补助600元。

扶持期限:从2006年7月1日起,连续扶持20年;移民人口自然变化的处理方法,按省、岳阳市政府的有关规定进行处理。

资金发放:实行直补的,以存折方式发放到户;实行项目扶持的,先申报,再验收,将资金落实到项目上。

(二)补助发放

后扶移民直补资金发放:2006年下半年,后扶直补人口18167人,直补资金545.01万元;2007年,后扶直补人口18655人,直补资金1133.94万元;2008年,后扶直补人口12181人,直补资金730.86万元。

后扶项目资金使用情况:2007年,确定扶持项目49个,其中农田水利项目19个,地方交通项目30个,投入后扶资金602.175万元。2008年,实施后扶项目37个,其中水利设施建设项目10个,道路建设项目12个,公共设施建设项目10个,其他涉及移民生产生活具体问题的项目5个,共投入后扶资金738.6万元。

第五篇　人民政协

1978～2008年，汨罗市(县)先后召开第一至八届政协会议。历届政协委员除讨论协商市(县)委、市(县)政府的重要决策、市政府的工作报告、财政预决算报告、市法院和市检察院的工作报告及市(县)国民经济与社会发展计划等重要议题外，还坦诚己见、建言献策，为汨罗发展大计提出各类议案3122件，各类意见、建议1000余条；就人民群众关心的热点、难点问题开展专题调查165次，撰写调查报告138份。1990年，市政协出台《政协汨罗市委员会关于开展政治协商民主监督的具体规定》，每年组织30余名政协委员对各职能部门进行民主评议，充分行使政协委员民主监督的权力。同时抓好"三胞"工作，至2008年，市政协机关接待港澳台同胞5000余人次。

第一章　政协委员与政协会议

第一节　政协委员

一、委员产生

政协委员由民主协商产生，凡赞成全国政协章程的党派、团体及个人，按照政治性、先进性和广泛性的原则，经过各界别(单位)推荐、民主协商和组织考察后，报政协常务委员会协商同意即可。市政协第一届至第五届委员构成情况，1995年版《汨罗市志》已做记述。

二、委员构成

政协第六届汨罗市委员会，由13个界别、235名委员组成。其中，中共党员31人，共青团员9人，妇联系统14人，工会7人，教体界20人，农村界25人，科技界30人，社科界17人，医卫界8人，工商界28人，经济界22人，文艺界13人，特邀人士11人。政协第七届汨罗市委员会，由14个界别、248名委员组成。其中，中共党员45人，共青团员7人，妇联系统18人，工会6人，教体界16人，农村界34人，科技界16人，社科界20人，医卫界11人，工商界29人，经济界24人，文艺界9人，宗教界2人，特邀人士11人。

第二节　政协全体会议

一、第一届委员会全体会议

1981年12月24日至30日，政协汨罗县第一届一次会议在县城召开。由17个方面的代表共51人组成。会议听取县政协筹备委员会关于《发挥人民政协作用，为促进社会主义现代化建设和实现祖国统一大业而积极奋斗》的工作报告，选举产生政协县第一届委员会主席、副主席、秘书长和11名常务委员，并通过有关决议。与会委员还列席县人大三届第二次会议，该届委员会召开3次全体会议。主要议程是：明确建立人民政协的必要性和政协的性质和任务；搞好政治协商，落实政策和对台工作；调整统一战线内部各方面关系，布置文史资料的征集与编写工作。

二、第二届委员会全体会议

1984年3月23日至31日，政协汨罗县第二届一次会议在县城召开。该届委员153人，由21个方面代表组成。会议听取和审议政协县一届委员会常委会工作报告。选举产生政协县二届委员会主席、副主席、秘书长和16名常务委员，并通过有关决议。全体委员列席县人大四届三次会议。该届委员会共召开3次全体会议。主要议程：研究进一步加强政治协商与民主监督；落实统战政策，加强政协机关建设；加强"三胞"联络工作。

三、第三届委员会全体会议

1987年3月1日至4日，政协汨罗县第三届一次会议在县城召开。该届委员会委员由政协常委会二十三次和二十五次会议协商决定为169名，分别代表13个界别。会议听取政协县二届委员会常务委员会的工作报告，选举产生政协县三届委员会主席、副主席、秘书长和常务委员15人，并作出有关决议。与会委员列席县人大五届三次会议。1988年1月，政协汨罗县委员会更名为政协汨罗市委员会，主席、副主席、秘书长、常务委员会委员作相应的改任。该届委员会共召开4次全体会议。主要议程：研究把"政治协商、民主监督"引向基层，形成制度；加强海外联谊工作；加强政协自身建设，发挥政协职能作用。

四、第四届委员会全体会议

1990年2月25日至3月1日，政协汨罗市第四届一次会议在城关召开。该届委员会委员由政协市三届常委会十四次会议协商决定为201名，分别代表13个界别。会议听取政协市三届委员会常委会工作报告，选举产生市政协第四届委员会主席、副主席、秘书长和25名常务委员，并通过有关决议。与会委员同时列席市人大六届一次会议。该次会议的主要议程：坚持和完善中国共产党领导的多党合作和政治协商制度，落实已制定的章程制度；通过《政协汨罗市委员会关于开展政治协商，民主监督的具体规定》《政协委员活动小组简则》；研究如何围绕深化改革、扩大开放，议大事、办实事、做贡献。

五、第五届委员会全体会议

1992年11月13日至15日，政协汨罗市第五届一次会议在城关召开。该届委员会委员由政协市四届常委会十二次会议协商决定为234名,分别代表13个界别。会议听取政协市四届委员会常务委员会工作报告,选举产生政协市五届委员会主席、副主席、秘书长和24名常务委员,并通过有关决议。与会委员列席市人大七届一次会议。此次会议的主要议程是:紧密团结各界人士,围绕建立社会主义市场经济体制,积极献计献策,多办实事;围绕经济建设议大事,议热点、解难点,充分发挥政治协商,民主监督的职能作用。

六、第六届委员会全体会议

1997年12月13～16日,政协汨罗市第六届一次会议在城关召开。本届委员会委员由政协市五届常委会二十一次会议协商决定为262名,分别代表12个界别。会议听取政协市五届委员会常委会工作报告,选举产生市政协第六届委员会主席、副主席、秘书长和28名常务委员,并通过有关决议。同时,与会委员还列席市人大八届三次会议。该次会议的主要议程:加强政协自身建设,如何当好一名政协常委,进一步研讨政协的性质、地位、任务、作用等八个方面的问题;积极参与全市十大工程建设。

七、第七届委员会全体会议

2002年12月5日至7日,政协汨罗市第七届一次全体会议在城关召开。该届委员会委员由政协市六届常委会二十次会议协商决定为263人,分别代表12个界别。会议听取政协市六届委员会常务委员会工作报告,选举产生政协市七届委员会主席、副主席、秘书长和23名常务委员,并通过有关决议,与会委员还列席市人大九届一次会议。该次会议的主要议程:认真履行"政治协商、民主监督、参政议政"的基本职能;深刻领会新时期政协工作的新内涵,在调查研究上选"难点",在民主监督上抓"焦点",在反映社情民意上报"热点",在联络联谊上找"盲点";政协委员积极参与经济建设、建厂办企业。

八、第八届委员会全体会议

2007年12月8日至11日,政协汨罗市第八届一次全体会议在城关召开。该届委员会委员由政协市七届常委会二十一次协商决定为245人,分别代表中共界52人、工会界6人、共青团界8人、妇女界16人、工商联界21人、经济界25人、科技界16人、农林界28人、文艺界7人、社科界18人、教体界20人、医卫界9人、宗教界4人、新阶层界8人、特邀界7人共15个界别。会议听取政协市七届委员会常委会工作报告、市委书记樊进军在闭幕会上的重要讲话,选举产生市政协第八届委员会主席,副主席、秘书长和32名常务委员,并通过有关决议。与会委员列席市人大九届一次会议。该次会议的主要议程:切实抓好中共十七大精神学习贯彻;认真履行职能,围绕实现和谐崛起建言献策;加强团结合作,协调关系,发挥政协在和谐社会建设中的作用;抓好自身建设,规划工作程序,增强政协工作整体功能。

人民政协汨罗市(县)历届委员会主要领导成员名录表

表5－1－13

届　别	主　席	副　主　席	秘书长、副秘书长	常　务　委　员
第一届	吴玉泗	许光仁 闵昆球 沈履详	彭　仁(1983.3免) 戴槐洋(1983.3任)	何子皋　何介凡　邹斌辉 陈敬暄　张正岗　周纲健 唐清演　曾庆萱　彭　仁 廖汝纯　戴桂兰

续表5－1－13

届　别	主　席	副　主　席	秘书长、副秘书长	常　务　委　员
第二届	任　森	许光仁　闵昆球 欧干钦　李中奇(兼) 李中奇(兼) 陈敬暄(兼) 廖汝纯(兼) 曾庆萱(女．兼)	戴槐洋 曾维纲(副秘书长)	甘征文　任树蔚　江振兴 许天福　何子皋　何介凡 余　德　邹斌辉　张正岗 易识基　周纲建　胡锡龙 钟佛英　姜湘如　唐清演 曾维纲
第三届	尹中奇	许光仁　欧干钦 徐　俊　龙协邦 虞车鳌(兼) 陈大琳(女．兼) 张开朝(兼) 彭俊德(兼)	王伯谦	马仕超　任树蔚　余　德 邹正球　周礼根　周纲建 罗庚梅　胡铁辉　胡锡龙 梁伟元　梁春毅　彭　仁 喻荆瑜　樊应宏　霍燕谋
第四届	陈德辉	彭　祥 龙协邦(1990.11)免 虞车鳌(兼) 陈大琳(女．兼) 张开朝(兼) 彭俊德(兼)	王伯谦 黄冠军(副秘书长) (兼．1990.8任) 周育林(副秘书长) (1990.12任)	任方向　任意陵　牟淑梅 向桂富　邹正球　周玉隆 周仲阳　胡文华　范翠娥 徐祥禧　徐德元　梁春毅 曹建华　黄冠军　霍燕谋 宋克顺　伏瑞芝　周建国 熊富保　尹熙珊　周育林 马引娣　余端准　彭　辉 陈宇人
第五届	周立标(1992.12－1996.3) 龙协邦(1996.3－1997.12)	彭　祥　唐年珍 杨　勇　张开朝 梁春毅　彭俊德	胡启良 (1992.12－1994.3) 胡锡龙 (1994.3－1997.12)	伏瑞芝　伏小平　任方向 任意陵　刘瑞麟　李　勤 闵华国　周凤鸣　周玉林 周玉隆　周育林　张郁权 邹正球　易南飞　洪　立 胡文华　胡启良　胡锡龙 袁高荣　徐德元　葛孟玲 董铁里　霍燕谋　瞿振祥
第六届	龙协邦 (1997.12－1999.1) 彭　祥 (1999.1－2002.12)	彭　祥 (1997.12－1999.1) 钟迪华 (1999.1－2002.12) 马引娣　梁春毅 胡文华　向富国 易南飞 (1997.12－2000.3) 杨异华 (1999.1－2002.12)	黄瑞祥	毛利平　杨志平　杨异华 李冬云　何发新　何国清 张孟辉　周育林　胡继文 赵　俊　钟晓华　龚友泉 彪型斌　董铁里　黎德福 潘光荣 李盖虎(1997.12－2002.3) 邹　辉(1999.12－2002.3) 邹亚均(1997.12－2001.3) 周振武(1997.12－2002.3) 李才红　仇新龙 刘明建　陈建明 (以上四位为1999年增补) 杨社会　陈跃进 王智炯　程昔煊 (以上四位为2000年增补) 陈文华(为2001年增补)

续表 5－1－13

届 别	主 席	副 主 席	秘书长、副秘书长	常 务 委 员
第七届	彭 祥	霍东华(2006.12 任) 余仲春 曹果夫 胡文华 周育林 付放德 霍桂平	符国凡(2005 年任)	毛利平 毛雨阳 许伟忠 李才红 李红辉 杨社会 吴 卫 吴国华 吴赛华 何国清 陈文化 范伟权 易 红 胡继文 胡淑华 徐洪波 唐建平 黄瑞祥 傅国华 释来寒 曾升阳 熊泽纯 黎德福
第八届	霍东华	余仲春 徐德元 于铁龙 付放德 霍桂平	符国凡 黄光胜	王志仁 毛利平(女) 邓红伏 卢志鹏 兰 明 刘 江 刘 静(女)刘学慧 汤 向(女)李 君 李才红 李光辉 李红雨(女)何 勇(女) 张雄飞 周亚玲(女) 周呈文(女)周建国 周金霖 胡细华(女) 胡斌辉 胥春华(女) 徐生足 徐洪波 徐蔚明 唐顺华(女) 巢卫明 程昔煊 释来寒 曾 灿 黎德福 潘绍东

第二章 政协机构

第一节 常务委员会

政协汨罗市(县)常务委员会由主席、副主席、秘书长、常务委员组成。政协常委会对市委、市政府的重大决策进行协商,提出合理建议;根据市委提名,协商决定内部人事任免;组织政协委员视察、调研社会普遍关注的热点问题;听取市(县)政府各有关部门工作汇报,提出建设性意见;督促办理委员们的各种提案。政协常委会每季度召开一次,每届政协委员会召开 20 次左右的常委会。1997 年 3 月 8 日,政协常委会针对环保局《增强环保国策意识,加大环保工作力度》进行广泛协商,提出切实可行的意见、建议。1999 年 5 月 17 日,政协常委会对城区计划生育情况调查予高度的肯定。2002 年,政协常委会对职能、执法部门进行"行风"调查和评议。2003 年,政协常委会主要成员走访政协委员,收集委员意见、建议 1200 余条,编成 7 期《社情民意》供市委、市政府及有关部门参阅。2006 年,组织 10 名委员到 10 多个乡镇调研，提出改革过程中存在的六大问题和五个方面的建议。2008 年，开展三项大型调研活动，围绕教育的不均衡发展、环境治理、企业发展“瓶颈”问题进行实地调研，写出三篇调查报告，供市委、市政府决策参考。

第二节　专门委员会

1981 年，政协县一次常务委员会决定设立办公室，并设置学习、文史资料、科学技术、医药卫生妇女、经济工商法制、文化教育和对台侨务 7 个组。1984 年 4 月 22 日，政协县二届委员会第一次常务委员会决定，将学习组改为学习委员会，文史组改为文史资料委员会，设立农业、科学技术、医药卫生、教育、经济工商、“三胞”联络、文化体育、青年妇女 8 个组。1985 年 3 月 5 日，政协县二届委员会七次常务委员会决定，增设工作组委员会。1987 年 3 月，政协县三届委员会第一次常务委员会决定，内设机构为办公室、学习委员会、文史资料研究委员会、工作组委员会。1993 年，政协市四届委员会内设机构改为办公室，学习、文史、提案、联络联谊、文体卫生和经济科技 6 个委员会。1997 年，市政协第五届委员会内设办公室，学习文史、提案法制、联络联谊和经科文卫 4 个委员会，至 2008 年。

办公室配备正、副主任各 1 人，主要办理政协来往文电，上传下达；提供信息；负责常委会、主席办公会议、全体委员会的会务工作；组织委员参观考察；协助办理委员提案和落实有关政策；承办党政领导机关和政协领导交办的事项；处理来信来访等事务和服务性工作。

学习委员会配备正、副主任各 1 人。职责：组织委员和各界人士学习政治、时事和政策；开展理论研究；组织报告会、座谈会等活动；交流学习经验与理论信息；协助市（县）政协做好学习方面的指导工作。

文史资料研究委员会配备正、副主任各 1 人。职责是征集、整理、研究、编辑、出版汨罗自戊戌变法以来百多年间的重大历史事件和重要历史人物的回忆资料，为两个文明建设和统一祖国的大业服务。

工作组委员会配备正、副主任各 1 人。职责是广泛联系委员和各界人士，增进友谊和团结，听取和反映委员及各界人士对国家与地方大政方针的意见，发挥民主渠道作用，通过座谈、专题调查考察咨询服务等活动，向国家机关及有关组织提出建议；开展对“三胞”联络联谊、宣传政策的活动，推动“一国两制”（即一个国家、两种制度）方针的实施，在统筹安排下，有步骤、有重点地开展人民外交活动。1990 年 3 月，该委员会被撤销，其工作并入联络联谊委员会。

提案法制委员会配备正、副主任各 1 人。职责为研究提出该届各次全体会议的提案工作规划；负责委员提案的收集、审查、办理等工作，督促有关部门的提案办理；总结提案工作情况的经验，提出意见、建议并落到实处。

联络联谊委员会配备正、副主任各 1 人。职责为学习、宣传、贯彻、执行党和国家有关“三胞”联络联谊工作方针、政策和法律，推动全市各界人士为振兴汨罗经济贡献力量；加强同各民主党派和人民团体的联系合作等工作。

经济科技委员会配备正、副主任各 1 人。职责为帮助委员和各界人士了解经济建设形势；坚持“科学技术必须面向经济建设、经济建设必须依靠科学技术”的战略方针，调动经济科技界委员参政议政的积极性，为发展和繁荣社会主义经济和科技事业贡献力量。

文教卫体委员会配备正、副主任各 1 人，职责为促进和繁荣全市文化、教育、广播、电视、医药卫生、血防、体育事业和计划生育工作,开展各类专题调查,并开展同外地有关组织和团体的友好往来,组织有关学术、信息交流等。

第三章 职能履行

第一节 完善政治协商制度

1981年12月,中国人民政治协商会议(简称政协)汨罗县第一届委员会成立。市(县)政协按照中共中央提出的“长期共存、互相监督、肝胆相照、荣辱与共”的方针,与市(县)委、市(县)政府共同协商全市(县)政治、经济、文化、教育、卫生、市政建设和统一战线等工作及其政府部门主要人选;对市(县)政府实施《宪法》,执行法令,贯彻国家各项方针政策,发展市(县)域经济重大决策,进行政治协商与民主监督;广泛听取意见,积极参政、议政,充分发挥“人才库”和“智囊团”的作用。

1990年,市委批转试行《政协汨罗市委员会关于开展政治协商民主监督的具体规定》。规定中明确提出政治协商和民主监督的几种主要方式:政协主席列席市委常委会、市人大列会、市长办公会,参与有关重大议题的协商;政协各专门委员会向相关单位就贯彻执行政策法规和群众关心的热点问题提出意见和建议;政协委员和活动小组就本系统与本单位的重要问题向同级或上级提出意见和建议。依据该规定,历届市(县)政协就全市重大事项提出意见、建议1000余条,收集委员提案3122件。据此,市委办、市政府办与市政协提案委员会联合召开交办会议,限期办理,书面回复率达95%。

第二节 政治协商

一、会议协商

1978～2008年,在每年召开一次的人大全体会议上,政协委员对市(县)政府的工作报告、财政预决策报告、人民法院和检察院的工作报告及国民经济与社会发展计划提出意见和建议1000余条。1984年,县委、县政府主要负责人3次约邀政协常委和委员代表就机构改革、经济体制改革、党风党纪等问题进行座谈,与会者提出意见、建议100余条。是年,县委根据上级有关指示,作出政协主席列席县委常委会议决定,有关全县性大事,由县委、县人大、县政府、县政协领导共同研究。必要时邀请政协常委各界人士座谈,广泛听取意见。1988年,市委、市政府制订全市中长期发展规划,组织学有专长且了解情况的委员调查研究,三次约请规划委员会委员座谈讨论,提出意见近100条。其中关于加快电力建设,搞好工矿企业的布局和管理,调整产品结构,发挥本地工业优势及开发汨罗江北经济等意见和建议,均被规划委员会采纳。1997年5月,政协常委会会议针对红花、白塘遭受水灾恢复重建、红花大桥建造等工作进行协商,政协主席龙协邦、副主席彭祥、常务副市长余贤规对上述工作提出许多建设性意见。2003年,市政协配合市委、市政府精心打造工业园、招商引资、汨罗江公路大桥选址、城区“三化”（美化、亮化、绿化）工程建设等重大事项多次举行常委会议、主席会议。提出许多切实可行的意见和建议，并有4名正、副主席，10名政协委员承担上述工作的重要职责。2008年，市政协主席会议对全市新型农村合作医疗工作进行研讨，向市人民政府提交主席会议建议案，市长周金龙对建议案作出批示，表示认真研究，尽快落实。

二、专题协商

1984年、1990年、1997年，市政协对市（县）国民经济和社会发展“七五”“八五”“九五”计划开展专门研究，提出意见、建议50多条。1990年，市政协就培养、使用党外干部、“菜篮子”工程、中小学校收费、工业生产、发展经济、村组班子建设等15个方面问题进行调研，收集有关意见、建议60多条，受理委员提案131件。7月，湖南省县级市政协工作经验交流会在汨罗召开，推介汨罗政协的经验。1999年3月，政协组织专门班子，先后对新塘、长乐、智峰、李家塅、黄柏、磊石等10多个乡镇财源建设和怎样消赤减债问题进行专题调研，写成书面意见，送达有关单位和市政府，协助市委、市政府对此问题进行宏观了解和科学决策。2002年4月，市政协全体机关干部和30多名政协委员，对全市农产品加工状况进行深入调查，找准市域农产品存在“资金不足制约发展，环境不优影响发展，机制不新束缚发展，技术不强阻滞发展，定位不准断送发展”五大问题。提出意见和建议，受到市政府高度评价。2008年5~6月，针对境内教育资源配置不均衡、环境污染突出等问题，市政协与相关部门协商，提出整改意见和建议，使之得到较好处理。

第三节　民主监督

一、政协民主监督的主要形式

1981年后，市（县）政府及其职能部门适时向政协全体委员会议、常委会议、主席会议通报工作情况；组织政协委员视察、检查；并邀请市（县）政协委员担任市（县）委、市（县）政府职能部门的监察员和社会监督员，进行明察暗访。

1982年、1986年、1988年，市（县）委先后3次批转市（县）政协党组关于加强人民政协工作，充分发挥人民政协职能作用的报告；1986年，县政府发出《关于加强同县政协及各工作组、委员会联系的通知》；1988年，市委召开市直机关单位及乡镇场主要负责人参加的政协工作会议，要求各单位党政负责人保证实施“政治协商、民主监督”。

1985年，汨罗县委整党期间，为办理政协委员提出“发动党外人士帮助中国共产党整顿作风”的提案，先后3次邀请政协常委、各界人士举行座谈会，通报整党情况、听取批评意见。1987年，县政协三届一次全会讨论《政府工作报告》时，委员们建议政府强化农村工作意识，增强农业投入，加强农村经济发展。部分委员深入29个乡镇（场），就耕地管理、地力培养、水利建设、资源保护、粮食征购入库、磊石垸建设、乡镇干部作风等方面的问题进行专题调查，写出11份调查报告。市委、市政府转发7份，并召开乡、镇、局负责人会议，对占用耕地失控、地力失养、水利失修、资源失管等重大问题进行研究，采取相应措施。

1988年，围绕农村工作中如何稳定农村干部队伍、重视农业科技户、搞好农业综合开发利用、发展庭院经济、加强水稻种子基地建设、发展生猪生产、控制农村人口增长及进一步搞好社会治安、加强政治思想工作方面等问题,进行调查研究。通过召开意见听取会,对上述问题提出建议和协商论证,被市委、市政府采纳。1989 年,针对各乡镇民办教师的待遇问题开展调查研究,举行有主管部门参加的意见听取会,促使民办教师的待遇问题及时解决。

1990 年,市委批转试行《政协汨罗市委员会关于开展政治协商民主监督的具体规定》,市政府同时向各单位发出相应通知,协商监督形成三个层次:政协主席列席市委常委会、市人大列会、市长办公会,参与有关重大议题的协商;政协各专门委员会向相关单位就贯彻执行政策法规和群众关心的热点问题提出意见和建议;政协委员和活动小组就本系统与本单位的重要问题向同级或上级提出意见和建议。1991 ~ 1993 年,市政协常委、驻汨岳阳市政协委员对一些重大问题进行调研,写出有分量的调查报告 14 篇,对市政府工作提出意见和建议。

1997 ~ 2002 年,市政协六届委员会有 9 名委员任市特邀监察员和物价、医德医风监督员。第七届市政协有 39 名委员为特邀监察员和行风监督员。对事关全市社会发展和两大文明建设的中心工作、重点工程、人事任免、"严打""综治"工作、友谊河治理、沿江大道修建、农民增产增收、农业产业结构调整、招商引资、城市道路、环境卫生改善、宗教事务、中小学校布局等重大事项,做到主动协商、积极监督。2001 年上半年,市委根据上级指示,部署开展声势浩大的"严打"整治工作,并在政协市六届十四次常委会上,由市"严打"整治办负责人通报全市"严打"工作情况。常委们充分肯定"严打"工作成绩,对如何克服工作开展不平衡、追捕逃犯难度大、"严打"工作还有待深入推进等问题提出建设性意见,特别提出要打好"持久战""歼灭战""攻坚战""防御战"等工作思路,促进汨罗社会的长治久安。

二、政协民主监督的其他形式

视察评议 2002 ~ 2008 年,市政协先后通过主席会议和常委会讨论决定,进行 19 次有针对性的大型视察活动。范围涉及高中教育、企业改制、公安工作、环境保护、工业园建设、交通运输、工商管理、审计工作等多个领域。深入调查了解这些部门的运行情况,对工作中存在的问题提出意见和建议。市政协向市劳动和社会保障局、市法院、市工商部门及乡镇推荐 200 名形象监督员、执法监督员和人民陪审员,为委员行使民主监督权力提供平台。同时,每年组织 30 余名委员对职能部门进行民主评议,充分行使政协委员民主监督的权力。

社情民意 市政协办公室根据不同时期人民群众聚焦的热点、难点问题以及委员反馈的建议、意见等信息,不定期编印《社情民意》内部刊物,供市委、市政府领导和有关部门参阅。2002 ~ 2008 年,委员们共向市政协反映社情民意信息 170 多条,主要领导批转委员及各界群众来信来访 300 多件,对全市改革发展稳定中的重大问题提出意见和建议,使一些热点、难点、重点问题得以解决。

第四节 视察调研

通过视察和调研,向党政提供科学决策的可靠依据,在市(县)委、市(县)政府会议上提出建议、意见,是市政协履行职能的一种重要形式。市政协视察有主席视察、常委会视察、专委会视察、全体委员视察和专题调研活动。专题调研一般由各专委会提出课题，经主席会议或常委会会议确定后，分别进行调查，写出专题报告。1978～2008年，市政协就全市物质文明、精神文明和政治文明中存在的问题开展调查研究，写出专题调查报告145篇。

政协县一届委员会共组织7次调研，210余人次参加，写出有关工业、农副业、第三产业等方面的专题调研报告7篇。政协县二届委员会组织15次调研，有380人次参加，写出有关两个文明建设和民主法制建设等方面的调查报告12篇。第三届市（县）政协组织23次调研，有450人次参加，写出有关农业、交通、城市建设等方面的调查报告19篇。政协市四届委员会组织19次调研，有410人次参加，写出有关民营经济、农民增收、产业结构调整等方面的调查报告14篇。政协市五届委员会组织25次调研，有750人次参加，写出有关水利建设、水产养殖、搞活国有企业、城市居民生活、工商企业破产转制、教育等方面的调查报告25篇。政协市六届委员会组织31次调研，有1100人次参加，写出有关社区建设、社会治安综合治理、文化体育等方面的调查报告31篇。政协市七届委员会开展各种视察调研活动42次，有1200人次参加，撰写出《引蓝入市》《整顿网吧》《工业园建设》《财政走出困境》《建立农村新型合作医疗制度》等调查报告37篇。

第五节　提案办理

1988年9月，市政协设立提案法制委员会，专门负责委员提案收集、审查、办理等日常工作。第一届县政协收集委员提案298件，涉及巩固集体经济、发展地方工业、增加教育投入等方面。第二届县政协收集委员提案304件，涉及土地承包经营、发展个体经济、落实统战政策、维护社会治安等方面。

第三届市（县）政协收集委员提案322件，涉及完善承包责任制、企业破产改制、下岗职工再就业、扩大城区面积、农民增产增收等方面。第四届市政协收集委员提案421件，涉及深化改革、扩大开放、招商引资、发展民营经济等方面。第五届市政协收集委员提案516件，涉及反腐倡廉，“菜篮子”工程，社区建设，发展教育、交通、水利建设等方面。其中，内容相同作并案处理125件，内容一般改作来信处理146件，立案195件，采纳117件，被列入工作计划尚须落实57件，两项占立案总数89.2%。

第五届委员《关于加强农村剩余劳动力转移培训和服务》的提案，直接加快农民就业培训“大篷车”“阳光工程”等农民就业培训措施的出台与落实，促进汨罗劳务经济的发展。第六届市政协收集委员提案618件，涉及公路改造、1809线建设、汨新路改造、防汛救灾、兴办企业等方面。其中内容相同作并案处理158件，内容一般改作来信处理206件，立案254件，采纳198件，被列入工作计划尚须落实50件，两项占立案总数97.6%。第六届委员“抢抓汨罗市工业发展的先机”“汨罗经济要发展，必须走工业强市的道路”等提案，对市工业园区的建设和发展起到积极的促进作用。

第七届市政协收集委员提案495件，涉及环境保护、工业园建设、河道保护、招商引资、再生资源开发等方面。其中内容相同作并案处理138件，内容一般改作来信处理123件，立案234件，采纳187件，被列入工作计划尚须落实39件，两项占立案总数96.5%。第八届市政协收集委员提案148件，其中委员联名提案11件，委员个人提案137件。涉及农林水土31件，工交邮电15件，工商财贸14件，公安司法16件，教科文卫21件，城建环保16件，其他35件。第七届委员“保护母亲河、治理汨罗江”的提案，市人民政府发布《关于坚决取缔汨罗江河道非法淘金，从严整治乱采滥挖行为的通告》，并组织有关部门和乡镇开展河道专项整治活动,使乱采滥挖得到有效遏制。“关于搞好城区大街小巷硬化、亮化的建议”提案,引起市委、市政府的高度重视。2006～2008年,市政府牵头,社区参与,采取受益单位和居民集资的办法,先后完成城关地区25条大街小巷的硬化和亮化,受到人民群众的好评。

第六节　文史征编

1982～1993年,共征集反映境内政治、军事、经济、文化等方面文史稿件694篇、202万余字;手札、信函、对联、照片等历史文物82件,整理编印《汨罗文史资料》98万余字。1986～1990年,先后编印出版《仇鳌诗选》《汨罗文史资料》(第二辑)。

1994～1996年,共收集文史资料62件,18万余字,编写出《黄鹤将军回忆实录》《仇鳌与毛泽东的交谊》,被省、岳阳市报刊和专业刊物收录发表。1995年5月,编辑出版《装点此关山》《汨罗文史》(第三辑)。

2000～2008年,编辑出版《十年参政话同舟》《纪念抗美援朝50年》《汨罗文史》第四辑、第五辑。2004年,收集整理政治时事和科学技术方面的资料,编印《学习资料》4期,近20万字。2005年,征集“三胞”史料17篇,编辑出版反映23名政协委员创业历程和兴业风采的《创业者足迹》一书。

第七节　联络联谊

1983年,由县委牵头,政协及有关部门参加组成落实统战政策领导小组,落实政协委员、“三胞”亲属、起义投诚人员、地方武装人员,及工商界、宗教界等方面人士的政策。1984年,政协协助县委召开有400多人参加的全县首届“三胞”亲友代表会,成立三胞亲友联谊会。1987～1989年,政协邀请各界人士参加纪念屈原座谈会、中秋赏月会、国庆联欢会、迎春茶话会,共900人次。

1990年3月,政协市四届一次会议设立联络联谊委员会。主要工作职责是执行中国共产党和国家有关联络联谊工作方针、政策和法律,推动全市各界人士为振兴汨罗经济贡献力量;加强同各民主党派和人民团体的联系与合作等工作。1992年,市政协在深圳市召开汨罗籍在海外有政治影响、有经济实力、有学术造诣、有经贸合作意向的42位海外人士座谈会,促进招商引资工作。

至2000年6月,全市“三胞”亲属联系的“三胞”人士有近600人,分布在美国、加拿大、澳大利亚、日本、巴西等10多个国家和香港、澳门、台湾地区。是年,市政协对全市三胞亲属进行一次全面摸底调查,同时对“三胞”及其亲属进行一次走访。相继召开“三胞”及其亲属、非党人士、人民团体代表的座谈会,鼓励其为家乡的经济建设做贡献。

2003年,“三胞”亲属牵线搭桥引进资金500万元投资市铜材厂,年产值2000万元、创利税200万元。是年,市政协会同相关部门为“三胞”亲属解决土地纠纷、婚姻矛盾等实际问题25个。至2008年,市政协机关共接待港澳台同胞5000余人次,为“三胞”亲属解决回乡定居、子女入学、房屋购建等难题200多个。

第八节　其他活动

一、兴办学校

1983年，教育部规定，正规中学一律不准留读当年高考落榜的应届毕业生和社会青年。为此，汨罗每年有近2000名落榜生失去深造机会。1986年初秋，县委召开县委、县人大、县政府、县政协领导议教工作会议。决定采取社会办学的形式，由县政协牵头办一所补习学校，给落榜青年创造再次学习的机会。

县政协二届常委会二十次会议决定，成立汨罗县政协育才补习学校，择址城关镇劳动南路原电石厂内。由政协副主席许光仁兼任校长，并成立12人的校务委员会。学制一年，教师从离、退休高中教师中聘请，短缺科目在县一中、二中聘请兼课教师。

1986年8月月底，育才补习学校开学，报名学生500多人。因条件局限，仅招收两个班、146名学生。1987年该校高考录取61人，高于其他中学录取率。至1993年上学期，育才学校共招收高三复读生1620人，参加7届高考，被大、中专院校录取公费生681人，自费、委培生456人。1994年，该校因故停办。

二、服务经济

1986年4月，县政协二届三次全体会议作出决定，要为振兴汨罗经济办实事。1987～1993年，政协委员攻克科技难题168个，提供经济信息680条，开发新产品、新技术项目317个，举办各种专题技术讲座75次，组织科技人员下乡、下厂，进行项目咨询服务达53个。

20世纪90年代，市政协委员参加助学、助残、扶贫、修路等公益活动2520人次，总金额达2亿多元。政协委员释来寒致力于社会慈善事业，经他多方化缘投资1000多万元，兴办红花山崇善寺亲善养老院，协助民政部门无偿安置40多位孤寡老人。

历届市(县)政协委员，共引进外资企业50多家，其中5000万元以上项目11个，上缴利税12.80亿元，安排就业岗位3万多个。仅2007年，上缴利税500万元以上的工商实业界委员10人，其中市政协委员李君为市血防医院捐赠医疗器械价值100万元。2008年，市政协配合相关部门，向国家发改委争取汨罗污水处理厂和垃圾处理场项目资金2100万元、任弼时纪念馆红色旅游项目资金1320万元和土地整理项目资金870万元，并为龙舟节、有关学校及乡镇争取项目资金近300万元。

第六篇　群众团体

第一章　总工会

第一节　机　构

1978年11月，汨罗县召开第三次工会代表大会，开展对“文化大革命”的拨乱反正工作。1979年5月，县总工会设立党组。下属系统工会12个，基层工会156个；职工17072人，其中会员16092人；全县工会小组1213个，工会兼职干部和积极分子4479人，工会专职干部122人。1988年1月，县总工会更名为市总工会。

20世纪90年代中期，汨罗市总工会逐步组建乡镇工会、乡镇企业工会。2000年7月，岳阳市总工会在汨罗市召开现场会，推广汨罗市经验。2003年11月，中共汨罗市委高级别配备市总工会“一把手”，汨罗市总工会主席由中共汨罗市委常委担任，汨罗市直各单位基层工会主席均享受同级党政副职待遇。2006年成立“汨罗市职工维权帮扶中心”。至2008年12月月底，汨罗市总工会下属联合（局）工会12个，基层工会515个，会员40220人。

第二节　代表大会

1978年11月13～17日，汨罗县第三届工会会员代表大会召开，与会代表440人，选举工会委员30人，选举工会正副主席2人。会议的议题是揭批“江青反革命集团”破坏工会工作的罪行。

1982年3月22～25日，汨罗县第四届工会代表大会召开，与会代表450人，选举工会委员40人，选举工会正、副主席5人。会议的议题是加强工会组织建设，开展增产节约竞赛。

1986年12月5～7日，汨罗县第五届工会代表大会召开，与会代表262人，选举工会委员29人，选举工会正、副主席4人。会议的议题是学习中共十二大精神和全总十大提出的新时期工会方针。

1991年11月20～22日，汨罗市第六届工会代表大会召开，与会代表197人，选举工会委员30人，选举工会正副主席3人。会议的议题是明确五年工会工作的指导方针和主要任务。

2000年5月24～26日，汨罗市第七届工会代表大会召开，与会代表249人，选举工会委员27人，选举工会正、副主席3人。会议的议题是总结过去九年工会工作，明确五年工会工作指导方针和任务。

第三节 主要活动

一、维护职工利益

中共十一届三中全会后，县总工会对劳动保险工作进行整顿，新增25个企业单位和1217名职工享受劳保待遇。1982年，在营业外列支的劳动保险费用比1981年增加4.8倍。1988年，汨罗市总工会为1420名特困职工建立档案，采取多种扶贫措施，帮助800多户特困职工摆脱贫困。汨罗市总工会建立职工困难互助基金会，共筹集各类资金800多万元，帮助8900名职工解决临时困难。1989年年底，全市有11778人享受劳动保险待遇，占职工总人数的56%。与此同时，汨罗市总工会大力扶持职工的种养事业和互助救济活动，切实抓好与职工利益息息相关的劳动工资、物价监督、生活保障、女工保护等工作。1990年，市总工会建立女职工基金会，按基金会章程对有特殊困难的女职工给予补助。1992年《中华人民共和国工会法》（简称《工会法》）正式颁布实施后，汨罗市总工会成立劳动法律监督委员会、劳动调解委员会，指导13个联合工会建立劳动法律监督和劳动争议调解组织，同时进行工会社团法人登记工作。1997年，汨罗市总工会帮助9个基层工会兴办职工消费合作社连锁店，专营职工必需的日常用品，让利职工，特别是让特困职工从中得实惠。1998年，汨罗市遭遇特大洪灾，部分职工损失惨重，全市各级工会筹集资金155.7万元，捐献衣物86700件，送到受灾职工手中。到1999年10月月底，有86个基层工会办理法人证照。2000年，市总工会发起党政机关联特困企业、机关干部联特困职工的“双联”活动和为特困职工“献爱心”活动，解决近1000名职工的生产和生活所需。2001年10月27日，新修改后的《中华人民共和国工会法》正式颁布实施，市总工会通过人大、政协等渠道，积极参政议政，配合有关部门做好源头维权工作。至2008年年底，汨罗市公有制企业和事业单位100%实行职代会制度，其中市教育局的成功经验与主要做法在全省教育系统推行。

二、开展劳动竞赛

1979年后，汨罗县（市）总工会指导厂矿企业工会开展“为企业争贡献”“为‘四化’立新功”“双增双节”“百日安全”“同行业同工种对手赛”等劳动竞赛，创造和节约的财物价值达6200万元。1989～2002年，全市各级工会组织职工9万余人提出技术进步建议9万余条，其中被采纳3.8万余条，创经济效益3510万元。与此同时，汨罗县（市）总工会还组织各种形式的练兵比武、安全生产检查和知识竞赛820多场次，参加者达4万多人。20世纪90年代后，汨罗市总工会组建厂矿企业劳动保护监督检查委员会89个，聘任劳动保护检查员391人，组织劳保学习班11次。涌现出一大批先进模范人物，其中省部级劳模23人，岳阳市级劳模16人。

三、推行民主管理

1979年，汨罗县工会系统开始推行职工代表大会制度。1981年9月，贯彻落实中央颁布的《国营工业企业职工代表大会施行条例》精神，汨罗县棉织厂、汨罗县人民银行等75个单位率先建立职工代表大会（简称职代会），全县共建立职代会326个，有职工代表6375人，召开职代会928次，写出提案7416件，审议生产经营方案461次,审议工资分配方案353次,审议劳动方案240次,民主评议干部1106人。2000年后,企业的职工代表在企业改制、生产经营、职工福利等重大决策中,有效地行使自己的监督权;股份合作制企业推行职工股东大会制度,使职工充分行使当家做主的权力。

四、倡导“巾帼建功”

1991年始,汨罗市总工会在城市女职工中开展“巾帼建功”“巾帼创业”“巾帼文明示范岗”活动,倡导广大女职工立志做“四有”(有理想、有道德、有文化、有纪律)、“四自”(自尊、自信、自立、自强)新女性,大力弘扬爱岗敬业精神,努力提高岗位竞争能力和技术水平。汨罗市总工会女工部积极组织女职工参加全省每年一届的“芙蓉杯”竞赛活动;汨罗市卫生局妇委会在女职工中开展医德医风建设;市教育局妇委会在女教师中开展“学规范、讲道德、铸师魂”教育;汨罗市商业、供销、工业、粮食、建设等部门妇委会全力推动“巾帼再就业工程”和“社区服务工程”建设。1995年以后,全市授牌“巾帼文明示范岗”14个,表彰“巾帼建功”先进个人320人,其中被岳阳市评为“巾帼建功”先进个人的17人。

五、其他活动

实施“两大工程” 20世纪90年代中期,汨罗市总工会在全市实施“两大工程”(即“女职工建功立业工程”和“女职工素质提升工程”)。女职工在建功立业活动中,开展岗位练兵、技术比武368场,参赛人数达5368人,其中936名女职工参与技术革新和科技攻关等项目,有596名女职工获得荣誉奖,1850名女职工学历上档次,1648名女职工技术上等级。

开展献爱心活动 进入21世纪后,汨罗市总工会女工部在全市女职工中开展“女性安康保健”活动和妇科病、乳腺病普查活动。2005年4月后,汨罗市卫生系统参与献爱心活动,免费为困难企业女职工进行乳腺病检查和妇保知识讲座,全市有1000多名女职工得到免费检查,有3600名女职工参加双癌(即乳腺癌、子宫癌)保险。

开展“双联”活动 2001年3月,汨罗市成立双联工作领导小组,至2006年12月,各单位帮助困难企业解决资金1800万元;帮助企业引进资金3500万元;解决实际问题4000人次;汨罗市级领导深入企业现场办公210人次;40个部门8000名机关干部员工与8400名下岗特困职工建立帮扶关系;机关干部捐款近100万元,参加慰问6000人次,每年慰问1200户特困职工。2004年,被省人民政府授予全省“双联”工作先进市称号,“双联”工作新模式在《湖南日报》头版头条和“雷博网”上得到推介。2006年,被省总工会,省人事厅评为全省工会系统先进集体。同年,被省总工会授予“财务工作目标管理先进集体”称号。

第二章 共青团

第一节 机构

1978年10月,汨罗县第二次团代会召开,团县委的机构恢复,正式定编4人,下设办公室,各项工作分线分专人负责。1984 年 10 月《中共中央关于经济体制改革的决定》出台后，汨罗县国有企业实行改制，企业团组织由原来的 63 个减少到 22 个。1985 ~ 1988 年，团县委（1988 年，更名为团市委）逐步在改制企业中建立团组织。1991 年 12 月，中国少年先锋队汨罗市工作委员会成立，与团市委合署办公。至 2008 年，全市有 53 个团委、18 个团总支、589 个团支部。团市委在 2006 年被共青团湖南省委评为“团建先进县（市）”、2007 年被团中央评为“全国团建工作先进县（市）创建单位”。

第二节　代表大会

1972 年 4 月 3 ~ 7 日，汨罗县第一次团员代表大会正式召开。会议的主题：开展学习马列主义、毛泽东思想的群众运动，巩固整团建团成果，发挥团员青年在阶级斗争、生产斗争、科学试验中的突击作用。出席会议代表 599 人，选出团县委委员 34 人，其中常委 7 人，书记 1 人，副书记 1 人。

1978 年 10 月 16 ~ 18 日，汨罗县第二次团员代表大会召开，会议的主题：加强团组织的革命化建设，为实现中国共产党在新时期的总路线而奋斗。出席会议的代表 363 人，选出团县委委员 29 人，其中常委 7 人，书记 1 人，副书记 1 人。

1981 年 6 月 25 ~ 28 日，汨罗县第三次团员代表大会召开，会议主题：团结全县青年，为祖国振兴、家乡致富而奋斗。出席会议的代表 291 人，选出团县委委员 23 人，其中常委 7 人，书记 1 人，副书记 1 人。

1985 年 1 月 27 ~ 29 日，汨罗县第四次团员代表大会召开，会议主题：为振兴汨罗经济、推进“四化”大业而勤奋学习、艰苦创业、开拓前进。出席会议的代表 300 人，选出团县委委员 23 人，其中常委 7 人，书记 1 人，副书记 1 人。

1989 年 1 月 10 ~ 12 日，汨罗市第五次团员代表大会召开，会议主题：激励和引导全市青年投身改革、发展生产力，在改革中造就“四有”新人。出席会议的代表 210 人，选出团市委委员 21 人，其中常委 7 人，书记 1 人，副书记 1 人。

1992 年 1 月 12 ~ 14 日，汨罗市第六次团员代表大会召开，会议主题：团结全市青年，推进汨罗“四个现代化”进程。出席会议的代表 243 人，选出市团市委委员 25 名，其中常委 9 名，书记 1 人，副书记 1 人。

1996 年 1 月 29 ~ 30 日，汨罗市第七次团员代表大会召开，会议主题：争先争优争气，努力争当新一代合格的跨世纪建设者和接班人。出席会议的代表 205 人，选出团市委委员 21 人，其中常委 9 人，书记 1 人，副书记 1 人。

2005 年 4 月 26 ~ 27 日，汨罗市第八次团员代表大会召开，会议主题：开拓进取，敢为人先，带领全市青年为实现超常发展而奋斗。出席会议的代表 167 人，选出团市委委员 23 人，其中常委 9 人，书记 1 人，副书记 2 人。

第三节　主要活动

一、开展劳动竞赛

1978 年 4 月 18 日，团县委发出《关于纪念五四运动六十周年的通知》，通知要求全县团员青年广泛开展社会主义劳动大竞赛,掀起“四个三”即油菜籽亩产过三百斤,农田基本建设达“三高”(即高出勤、高功效、高风格),工业竞赛达“三百”(出勤率、完成任务量、产品质量均达百分之百)。1979年始,全县开展为期10年的“植树造林竞赛”活动,团县委发出“十万青年百万林”的号召,是年,青年造林733.33公顷,“四旁”绿化植树83.6万株,并坚持每年春季进行绿化竞赛,1988年,汨罗被评为湘赣闽粤四省青少年造林竞赛先进单位。1979年4月,团县委组织开展“青年生产队长竞赛”活动,新塘公社和桃林公社党委指定专人负责抓落实,并拿出一批资金作为竞赛活动经费;长乐公社团委以水源大队为点,帮助该大队的青年生产队长搞好竞赛活动,以此带动全公社的竞赛工作。6月18日,团县委召开全县农村团的工作经验交流会,会议的主题是引导青年围绕“四化”开展学政治、学文化、学科学、学技术、学业务、学管理;带领青年学雷锋、树新风;在农村深入开展新长征突击手活动,加强对农村青年艰苦奋斗、为农村建设贡献青春的教育。9月5日,团县委召开全县青年造林大会,会议号召团员青年充分发挥青年植树造林、绿化祖国的主力军作用,为建设“无山不绿、有水皆清”的新汨罗而奋斗。11月21日,长乐公社双塘大队青年突击队被评为“全国新长征突击队”,城郊公社上马大队共青团员仇海章被评为“全国新长征突击手”。1980年年初,在团员、青年中开展“争当新长征突击手”竞赛活动,至1981年,仇海章、周辉龙等被团中央授予“新长征突击手”称号;被团省委、团地委、团县委授予“新长征突击手”称号的团员青年分别为25人、45人和250人。1980年4月18日,团县委、县财办、县计委联合表彰“青工百日竞赛”中的优胜单位和先进个人:县商业局团委等5个优秀团组织、县电扇厂等20个优胜单位、余建平等98位先进个人。1981年5月4日,团省委表彰青年生产队长标兵,白塘仁义七队队长许刻华等4名生产队长分别获奖。1982年7月15日,团县委、县农业局、县林业局、县畜牧局、县农机局联合举办农林青年实用技术竞赛活动。1983年4月30日,岳阳团地委表彰“双十双争”“六手二队”先进单位和个人,汨罗县茶叶示范场新区8队、汨罗县肉食水产公司零售店青年服务队、冷库机修车间青年服务队、城关中心粮站青年服务队和何麦之等21人获该殊荣。1990年11月8日,市航运公司湘岳汨航10号轮被团市委评为“共青团号”。

二、文明礼貌活动

1982年2月25日,团县委发出《关于在全县青少年中认真开展“文明礼貌月”活动的通知》,4月10日,团县委命名迎宾路为“青年文明路”。5月1日,团县委发出《关于动员和组织全县团员、青年积极投入“创文明之家、赛勤劳致富”活动的意见》,争当“双文明”建设标兵。6月15日,团县委与县财贸办党组联合发出《关于在城关地区青年营业员(或服务员)中开展优质服务、文明经商活动的通知》,1983年6月5日,团县委发出通知,在全县服务行业中开展“最佳营业员、服务员”的评选活动,李德兵等9位同志为“最佳营业员、服务员”。1986年5月4日,团县委组织10对青年男女在县文化馆舞厅举行集体婚礼,该项活动为移风易俗、破除旧习带好头。7月1～8日,团县委与县精神文明办联合举行“学党史、讲传统”知识竞赛,有4500人参赛,有161人获奖,城郊乡、二职中获优胜单位奖,城关镇获先进组织奖。1988年5月7日,团市委发出《关于授予梁中书舍己救人先进青年的决定》。梁中书系古仑乡黄道五组村民组长,25岁。5月22日17时左右,他们几人由蓝家洞水库乘船返回古仑,当装满人货的渡船离开码头约50米时,船因超载和急转弯沉入水库中,船上27人全部落水。梁中书不顾天气寒冷,跳入水中营救5名落水群众,全部成功施救后,自己才艰难游上岸。1989年12月19日,团市委发出《关于授予李建保同志、刘宝同志雷锋式团员荣誉称号的决定》。李建保是白塘乡移风村七组青年,26 岁。12 月 3 日 23 时半,李明三家突发火灾,李建保与其他三位青年一起,将李明三的孩子、爱人和父亲救出火海,然后全力以赴扑灭烈火,保住李家的生命财产和几千斤粮食,自己从屋顶摔到地上导致坐骨严重挫伤。刘宝是汨罗市一中高一班学生,16 岁,1989 年 12 月 9 日 21 点多,他路经学校水塘时,发现两位七八十岁的老大娘因夜色黑暗、老眼昏花摔入塘中,他不顾天寒水臭,只身跳入水塘,将两位生命垂危的老大娘救上岸。1994 年 7 月 8 日 16 时许,市铝材厂工人、青年团员柳波为抢救古培镇栗桥村落水村妇夏光华母子献出生命,牺牲时年仅 20 岁。10 月 18 日,市委宣部和团市委作出《关于向舍己救人的青年团员柳波学习的决定》。1996 年 11 月 11 日,团市委发出《关于给予谢建国同学表扬的决定》。6 月 23 日 15 时左右,桃林邮电分局退休干部雷郝林骑摩托车途经桃林寺镇右冲林时,被迎面而来的一辆农用车撞倒,鲜血直流,不省人事。市三中高一学生谢建国周日返校路过该地,他和另外两青年将其送往镇医院,并为老雷挂号找医生,陪护做完两小时手术,其家人来后,谢建国不留姓名离去。1997 年 3 月 4 日,市委宣传部、团市委发出《关于表彰 1996 年"学雷锋、见义勇为"先进个人的通报》,授予吴应良等 8 名同志"先进个人"称号,号召全市广大干群向先进人物学习,开创汨罗市两个文明建设新局面。5 月 8 日,团市委授予吴志社等首届"十佳青年创业标兵"称号;授予易伯明等"十佳青年标兵"称号。同年 8 月 16 日,长乐中学 116 班 16 岁男生吴送谱,为抢救两名落水儿童不幸牺牲,团市委作出决定,号召全市青少年向舍己救人的好少年吴送谱学习。1998 年 5 月 4 日,团市委召开隆重表彰大会,授予陆明等 10 人第三届"十佳青年"称号,授予公安局巡警大队等 8 个单位"青年文明号"称号。

2002 年 3 月 20 日,团市委发出《向见义勇为优秀青年杨俭同志学习的倡议》,号召广大团员学习与小偷搏斗身负重伤顽强不屈最后制服歹徒的城关镇 19 岁青年杨俭;同年 5 月 20 日,团市委命名神仙塘收费站等 5 个单位"青年文明号";7 月 20 日,团市委、市总工会、市教育局、市广播电视局、汨罗报社联合发出《关于开展汨罗十佳"再就业明星"评选活动的通知》;9 月 25 日,团市委发出《向见义勇为优秀青年湛国辉同志学习的决定》,号召全市青年向在深圳打工追抓小偷英勇牺牲的桃林寺镇青年湛国辉学习。2003 年年底,团市委推荐的金成实业有限公司董事长朱大成、龙舟动力机械厂厂长王术平参加岳阳十大杰出青年评选并入围。2004 年 6 月,市国土资源局测绘队获岳阳市"青年文明号"称号。2005 年 10 月 9 日,市公安局磊石派出所、市交警大队三中队获岳阳市"青年文明号"称号。市消防大队消防员王永林坚持学习雷锋精神,乐于奉献,在全市产生很大的社会影响。2007 年,王永林被共青团湖南省委授予"雷锋家乡学雷锋"先进个人称号;2008 年,被公安部和团中央授予"百优志愿者""十佳杰出消防卫士"称号。

三、组织建设

1989 年 11 月 10 日至 12 月月底,在全市推行团员证制度。1990 年 3 月 22 日,中共汨罗市委发出《关于加强和改善共青团工作的意见》。市属中学均配齐专职团委书记。是年 10 月,团市委评出杨毅辉等 10 位首届"十佳青年"。1991 年 3 月,团市委发出《关于开展从严治团、民主评议团员活动的意见》。各级团组织召开专题会 1735 次,培训团员 3124 人次,发放资料 3200 多份,张贴标语 2400 多幅,办专题团刊 600 多期。参评团员 19470 多人,评出优秀团员 1500 人,合格团员 16600 人,基本合格团员 1100 人,不合格团员 270 人。1994 年 5 月 1 日,团市委协办的共青团加油站被团省委命名为省级优秀

“共青工程”。2001年上半年,市委组织部、团市委在全市开展“党建带团建”工作,各级团组织发扬“党有号召、团有影响”的优良传统,积极搞好团组织建设,其中在该次活动中表现突出的弼时故居纪念馆团委和市公安局范家园派出所分获岳阳市“青年文明号”“五四红旗单位”光荣称号。2005年国庆节始,团市委组织为期8个月的“我为团旗添光彩”征文竞赛活动。至下年6月3日,团市委“我为团旗添光彩”征文比赛评奖揭晓,评出《拾起青春的哆来咪》等13篇获奖文章,同时授予教育局团工委、二中团委“优秀组织奖”。

四、爱心家园活动

1987年3月26日,汨罗县卫生局机关团支部组织10名共青团员上街免费为群众,开展防疫、妇幼、爱卫等知识的咨询宣传,共发放卫生知识资料1500份,服务3000多人次。1989年3月6日,团市委、建行汨罗支行联合发出《关于开展“积滴汇潮,支援建设”青年爱国储蓄活动的决定》,为动员全市青年以实际行动同党和国家共渡难关做出贡献。1992年8月18日,团市委发出《关于实施“希望工程”的具体意见》。召全市共青团员和少先队员交纳特殊团队费。至是年年底,共筹措特殊团队费20764元。1996年7月,汨罗境内遭受暴雨袭击,团市委组建“青年抢修突击队”15个,“青年志愿医疗队”3个,组织3万多名青年到一线参加抢险救灾。9月26日,岳阳市团委表彰青年团系统抗洪救灾“先进集体”“优秀团干”“模范青年”,汨罗市磊石乡团委及团员青年丰万军等榜上有名。1997年9月2日,团市委发出《关于在全市进一步实施“希望工程——1(家)+1助学行动”的通知》。1998年,团市委启动以“1+1”结对救助为主的第二期“希望工程”,向汨罗籍在外人员发出求援信1517封,共募集资金67200元,救助84名失学或即将失学的少年儿童。1999年8月7～10日,团市委组织发行“湖南省‘希望工程’邮政邮资明信片”。经过两个多月的努力工作,共发行明信片1万枚,扶助贫困家庭24户,救助特困学生28人。

1999年5月19日是第九个法定“全国助残日”,团市委组织“青年文明号”中的共青团员和“十佳青年”开展“一帮一”助残活动,为此获得“全国五四红旗团委创建单位”称号。6月15日,团市委、市绿化委、市林业局联合发出《关于在全市开展“保护洞庭母亲湖,营造千亩世纪林”活动的通知》,全市团员青年共筹措绿化资金4.98万元。2003年8月,团市委组织援助优秀高考贫困学生的捐款活动,共筹措资金4.3万元,救助38名即将走入高校的贫困生,并奖励两名本市文理科状元各5000元。2005年4月7日,团市委资助发放仪式在玉池举行,共发放现金4000元,救助白鹤洞中学等学校的20名贫困生。2006年,团市委还组织多次献爱心活动:火天黎安东遭受特大火灾,黄柏李娜同学身患白血病,团市委组织捐款近30万元,以缓解燃眉之急。是年,共筹集资金7万元,其中上级团委下拨“芙蓉学子”“兴国助学”基金3万元,移动公司、白云电器城和消防大队王永林等共捐款4万元,资助72名贫困学生。

五、其他活动

少儿工作 1989年10月,团市委、市教育局表彰白水镇中心小学少先大队等5个先进单位和邹娟等122名优秀少先队员。1991年2月,团市委、市教育局在全市小学中开展“十颗金星”“千朵红花”评选活动,共评选出杨雁等13名“金星少年”、何艳等778名“红花少年”。11月13日,汨罗市首次青少年代表大会在城关召开,会议确定“面向21世纪,为社会主义建设培养合格接班人”的工作任务。12月13日,中国少年先锋队汨罗市工作委员会成立,共选出35名委员,副市长周立标任主任。

抵制邪教和“六合彩”　2004年3月，针对“法轮功”和“门徒会”邪教组织在境内蔓延的严峻形势，团市委发出《关于在全市团员青年中开展反邪教警示教育的通知》，要求各级团组织积极配合党委搞好各种反邪教教育活动。2006年3月，团市委发出《关于打击整治地下“六合彩”赌博活动倡议书》，组织基层团组织对广大青少年进行宣传教育，努力参与打击地下“六合彩”活动，并制定工作方案，明确奖惩制度。

第三章　妇女联合会

第一节　机　构

1973年5月，汨罗县召开第一届妇女代表大会，选举产生县妇女联合会（以下简称妇联）领导成员，县妇联恢复正常活动。1984年3月，公社妇联更名为乡镇妇联，大队妇女队长更名为村妇女委员。1993年，市、乡、镇妇女主任改称主席。1995年，市妇联和市委组织部联合下发《关于搞好乡镇和市直单位基层妇女组织建设》文件；市委办、政府办转发市妇联《关于在党政机关和科教文卫等事业单位建立妇女委员会的请示》。是年8月月底，49个市直单位建立妇女委员会，选出妇委会成员158人。1996年，市妇联对乡、村妇女干部基本情况进行全面摸底，并登记造册，建立妇女干部档案。2005年3月，由市妇联牵头，组建市女领导干部联谊会，全市各条战线的91名副科以上（实职）女领导干部成为首批会员。2006年，全市30个乡镇（场）、53个市直单位妇委会都有编、有人、有岗；全市397个村全部配备女村委委员。至2008年，全市共有专（兼）职妇女干部510人。

第二节　代表大会

1978年10月22～25日，汨罗县召开第二届妇女代表大会，出席大会的代表共535人，特邀代表6人。会议选举产生新一届妇联执行委员会，由7名执委常委组成，选举仇月香为县妇联主任。大会的指导思想：高举毛泽东思想伟大旗帜，遵循中共十一大路线，认真学习毛泽东主席、叶剑英委员长在全国第四次妇女代表大会上的题词，深入贯彻全国第四次妇女代表大会精神，深揭狠批“江青反革命集团”干扰破坏妇女运动的罪行，总结交流汨罗县第一次妇女代表大会后的工作经验，讨论和研究新时期该县妇女工作的任务。

1982年10月23～25日，汨罗县第三次妇女代表大会召开，来自各条战线的279名代表参加会议。会议选举产生第三届妇联执行委员会，由23人组成，选举李伯仇为县妇联主任，会议要求全体妇女干部正确贯彻执行中共十一届三中全会以来的路线方针政策，认真清理“左”的影响，在政治上和中共中央保持一致，为实现中国共产党的工作着重点的转移做好工作。

1986年11月7～10日，汨罗县召开第四届妇女代表大会，出席大会的代表有288人。会议选举产生妇联第四届执行委员会，由何彩兰等21人组成，唐年珍任县妇联主任。会议的主题：深入开展“四自”

(即自尊、自信、自立、自强)教育和“两学”(学文化、学技术)活动,加强少儿工作、维权工作、妇女干部队伍建设。

1992年1月9～11日,汨罗市召开第五届妇女代表大会,出席大会的代表共167人。会议选举产生新一届妇联执委,由王贡华等19人组成,马引娣任县妇联主任。会议号召全市各级妇联组织在市委、市政府和上级妇联的领导下,带领全市广大妇女坚持四项基本原则,坚持改革开放,积极投身经济建设,参与民主政治建设,维护妇女儿童的合法权益,推进少儿事业发展,为汨罗两大文明建设奉献“半边天”的光和热。

2004年3月7～9日,汨罗市第六次妇女代表大会召开。出席大会的代表235人。大会选举产生丁如辉等新一届妇联执委21名,吴玲辉为市妇联主席。会议号召全市妇女发扬自强不息精神、艰苦奋斗精神和开拓创新精神,创造新岗位、创造新业绩、创造新生活。

第三节　主要活动

一、开展“双学双比”竞赛

1990年6月15日,汨罗市人民政府召集市妇联、市农委、市科委、市乡镇企业局、市科协、农业银行汨罗支行等部门就开展“双学双比”活动进行专题研究,成立“双学双比”活动协调领导小组,并将活动情况纳入乡镇目标管理考核内容。至1991年,共有4万名农村妇女参与该项活动,大荆镇女青年左良凤边学习边实践,致力推广早熟辣椒、早熟无籽西瓜、柑橘、葡萄等,1992年创收6万多元。在她的带领下,该镇80%的妇女掌握两门以上实用技术,80%的农户年收入过万元。1993年,左良凤参加全国第七次妇女代表大会;1994年,被评为湖南省“三八”红旗手、科技示范户、“十佳”女农业科技能手。1996年,市妇联结合农村产业结构调整,积极实施“巾帼科技致富工程”和“千万农家女、百项新科技”的推广培训计划,持续开展“万名妇女养殖竞赛”“庭院经济之花”“金花赛”“银花赛”“万元大嫂”“吨粮田开发”“丰产竞赛”等活动。并把“巾帼扶贫行动”和“三八绿色工程”活动作为“双学双比”活动的重要内容贯穿始终,一年突出一个重点,不断赋予新的内容。至1997年,汨罗市乡村两级共举办各类实用技术培训班1000期,培训人员近7万人次。全市有95%的青壮年妇女掌握两门实用技术,有近3000名妇女获得绿色证书;有50%的妇女所获得的经济收入占家庭总收入的半数以上。古培镇大兴村妇女刘多英被全国妇联评为“双学双比”标兵;农业局高级农艺师肖冬根被全国妇联授予“全国各族农村妇女‘双学双比’竞赛活动”优秀科技服务工作者称号;另有8人受到省妇联表彰,62人受到岳阳市妇联表彰,900人受到汨罗市妇联表彰。

二、开展“巾帼建功创业”“巾帼文明示范岗”活动

1991年,市妇联联合市人事、劳动、卫生等部门,在城市女职工中发起“巾帼建功”“巾帼创业”“巾帼文明示范岗”活动,号召广大城镇妇女开展“四比四看”(比学习态度、看谁的文化技术水平高;比创新精神,看谁的创造发明多;比工作效率,看谁对社会贡献大;比文明团结,看谁的职业道德好)活动,发扬“四自”(即自尊、自信、自立、自强)精神,做“四有”(即有理想、有道德、有文化、有纪律)新女性,在各自工作

岗位上建功立业。汨罗市总工会女职工委员会组织女职工参加全省“芙蓉杯”竞赛活动；市卫生局妇委会在女职工中开展医德医风建设；市教育局妇委会在女教师中开展“学规范、讲师德、铸师魂”教育；市商业、供销、工业、粮食、建设等妇委会着力推动“巾帼再就业工程”和“社区服务工程”。1994年，为迎接世界第四次妇女代表大会的召开，市妇联联合中国银行汨罗支行在城镇开展“中行杯”爱国爱家储蓄“岗位建功”活动，全市妇女共完成储蓄任务97万元。2003年，市妇联联系圣正元服装厂、新世源宾馆、巴黎之春店、九喜蚊香厂、新华文印社、玉楼饭店、以纯服饰店、富冠美容美发店、小白杨幼儿园、彩虹艺术幼儿园10个私营企业的女老板举行“商界女能人，心系贫困母亲”座谈会，会后共扶助贫困母亲14人，并为6名下岗特困母亲找到就业岗位。2004年，市劳动和社会保障局医保股被评为省级“巾帼文明岗”；市人口计生局统计股、市公安局110指挥中心、市检察院公诉科、市妇幼保健院、市农机局加油站、市法院民三庭、市幼儿园7个单位被评为岳阳市“巾帼文明岗”。2006年，市妇联围绕社会主义新农村建设，在新市镇新书村开展“五下乡”(即法律下乡、科技下乡、健康下乡、环保下乡、文化下乡)活动试点，并为此发出《招募建设社会主义新农村巾帼志愿者倡议书》，得到全市各单位女干职工的积极响应，共招募首批志愿者81人。是年，市人口计生局被评为省“巾帼文明岗”；市政务中公开中心被评为岳阳市“三八红旗集体”；市妇联主席吴玲辉被评为岳阳市“三八红旗手”；市人民法院刑事审判副庭长邹满意被评为岳阳市“巾帼建功标兵”；正元服饰实业有限公司总经理宋正元、汨驷建集团副总经理许民权被评为岳阳市“巾帼创业明星”；衡岳钢材有限公司总经理李金芳被评为岳阳市“十大女杰”；白水中心小学教师江文君被评为岳阳市“优秀女性标兵”。

三、创建“五好家庭”“和谐家庭”

1982年，汨罗县妇联在全县开展“五好家庭”(即热爱祖国、热爱集体、遵守纪律好；努力生产、工作和学习、完成任务好；计划生育、教育子女、勤俭持家好；移风易俗、文明礼貌、清洁卫生好；尊老爱幼、家庭民主和睦、邻里团结好)创建活动。1989年，汨罗市妇联组织城乡妇女开展“两勤四自三热爱(即勤俭建国、勤俭持家；自尊、自信、自立、自强；热爱社会主义祖国、热爱社会主义制度、热爱中国共产党)”活动。1992年，汨罗市妇联开展“抓家庭文化建设，树精神文明新风”活动，共表彰“五好家庭”1250户、文明户2100户、贤内助650人。1994年5月，为纪念“国际家庭年”，在全市范围内广泛开展以“展示家庭风采，建立民主、和睦、温馨向上家庭”为主题的家庭文化建设系列活动。1996年，为认真贯彻落实共青团中央《关于加强社会主义精神文明建设的决议》精神，市妇联联合宣传、民政、广电、教育、公安、司法、文化、卫生、计生、环保等部门，在全市城乡开展“五好文明家庭”创建活动，至1999年年底，全市先后开展“美德进家庭”“家庭拒绝邪教”、“家家拒绝买码、户户争当文明家庭”等精神文明创建活动，吸引广大妇女热情参与，培养和树立一批先进典型，全市共表彰“五好文明家庭”6000户、贤内助2480名、“好媳妇”1600名。其中，汨罗镇妇女徐正芳获“全国敬老好儿女”称号，沙溪镇巢田秀家庭被评为全国“五好文明家庭”，城关镇王敏求家庭、城郊乡彭欣群家庭被评为省“五好文明家庭”标兵，另有陶盾等10多个家庭被评为岳阳市“五好文明家庭”。2004年，市妇联组织开展“双合格”(即“争做合格家长，培养合格人才”)家庭教育宣传实践和小公民道德实践活动，李家塅镇铜盆学校教师刘向辉被评为全省“为国教子、以德育人”好家长。2005年4月22日，沙溪镇沙溪村被定为全国“美德在家庭”活动示范点，文化部和全国妇联委托省文化厅和省妇联在该村举行隆重的授牌仪式。2006年，汨罗市妇联号召全市广大农村妇女做“乡风文明、村容整洁”领头人,积极投身于建设社会主义新农村实践中。12 月,汨罗市妇联与市综治办、团市委、市公安局、市民政局、市文化局、市广电局联合制订《汨罗平安家庭创建活动实施方案》,下发到全市各乡镇和各市直单位,是年,评选出甘瑛家庭等 10 户“和谐家庭标兵”和廖来兵家庭等 100 户“和谐家庭”。

四、维护妇女儿童合法权益

1983 年,汨罗县妇联成立维权法律顾问室,两次举办维权培训班,培训骨干 7410 人。1986 年,汨罗县、乡成立“维护妇女儿童合法权益小组”46 个,参加成员 200 余人。1992 年,汨罗市妇联配合市人大法制工委大力宣传《中华人民共和国妇女权益保障法》(以下简称《妇女法》),聘请 66 名女人大代表作为宣传监督员,进行宣传发动和检举揭发,有 53 名侵害妇女、儿童合法权益的违法者自首。1997 年,在《妇女法》颁布 5 周年之际,市妇联配合有关部门开展《妇女法》执法大检查,市人大常委会对《妇女法》实施情况进行评议,就存在的问题提出解决办法。1998 年,市妇联联合汨罗人寿保险公司在广大妇女中开展防癌平安保险,全市有 5000 名妇女投保。2000 年,市妇联配合市人大就《母婴保健法》实施情况进行执法检查,对孕产妇死亡率过高的问题,采取相应的措施,并重点参与沙溪女人大代表左训泉工伤致残赔偿案和白水镇 3 名妇女被诱骗至海南强迫卖淫案的调查,为受害妇女争得赔偿金 6 万元;年底,市妇联主席何彩兰被省妇联授予“维权工作先进个人”称号。2001 年 3 月,市妇联与市人大、市政协联合聘请 63 名女人大代表和 49 名女政协委员为《妇女法》宣传监督员。2002 年 8 月,市政法委牵头,市人大内司委、市妇联等 13 个相关部门成立汨罗市维护妇女儿童权益工作协调小组。2003 年,反家庭暴力工作被正式纳入全市社会治安综合治理考核内容,各基层派出所均设立“家庭暴力警报站”;110 指挥中心加挂“110 家庭暴力报警中心”;市法院建立“家庭暴力伤情鉴定中心”“妇女维权合议庭”;街道社区、乡镇司法所均成立“家庭调解委员会”“妇女法律援助中心”。2004 年 6 月,市人大、市妇联组成联合调查组,进行为期一周的《妇女法》贯彻实施情况调查,市人大常委会就如何进一步做好《妇女法》的贯彻作出一系列决议。2005 年 5 月上旬,市人大组织市妇联、市教育局等部门对国务院颁布的《幼儿园管理条例》贯彻实施情况进行为期 15 天的执法大检查,现场发出限期整改书 156 份。同年 6 月,市妇联在全市范围内对在《劳动法》实施中妇女劳动保护情况进行执法调研,专访市总工会、市劳动和社会保障局以及 13 个民营企业和多个服务场所,通过座谈、问卷等方式,进行调查摸底,写出《关于汨罗市妇女劳动保护的情况调查》,分别呈报市人大和上级妇联,引起相关部门的重视。2006 年是全国妇联确定的“法制宣传年”,市妇联将《妇女法》等 6 部法律法规和相关法律知识问答编印 3000 册,向全市发放,并联合公、检、法、司、劳动、计生、妇幼保健等单位向广大妇女提供咨询、妇幼保健、就业信息等服务,并开展“东风送岗位”活动创造下岗女工再就业机会;配合有关部门开展“打拐”“禁娼”“禁毒”“扫黄打假”、反“法轮功”邪教等专项行动,共破获各类侵害妇女儿童案件 160 多起,查处违规犯罪人员 268 人,解救妇女儿童 200 多人。

第四章　工商业联合会

第一节　机　构

1985年年初，筹备成立汨罗县工商业联合会。是年3月8日，汨罗县工商业联合会第一届会员代表大会召开，正式成立工商业联合会（以下简称工商联）。发展会员203人，其中原工商业者代表40人，个体工商户代表10人，集体企业代表14人，合作商店代表10人，国营企业代表41人，县直局团体代表22人。同年5月，长乐镇、新市镇也相继成立工商联分会。

1996年，市工商联进行换届选举，设立总商会与工商联合并办公。工商联（总商会）的主要任务：参政议政，发挥参谋、助手和桥梁纽带作用；引导会员参加国家经济建设，推动社会主义市场经济体制逐步完善，促进社会全面发展；做工商界代表人士政治安排的推荐工作；加强和改进思想政治工作，提高会员素质，培训积极分子队伍；为会员提供服务，开展工商专业培训和维护会员合法权益；引导会员弘扬中华民族传统美德，热心社会公益事业；发挥网络优势，做好内引外联，招商引资。为改革开放、搞活经济服务。1999年、2005年，市工商联（总商会）分别被省工商联评为先进单位；2008年，获全省工商联系统宣教信息工作先进单位称号。至2008年12月，市工商联设有办公室、会员部、下属企业改制办，工商联会长1名，副会长2名，兼职副会长10名，秘书长1名，总商会兼职副会长3名，常务委员36名，执委59名；行业协会4个，会员320名。

第二节　代表大会

第一届会员代表大会于1985年3月7～9日在城关镇召开，参加会议的代表203人，列席代表33人。会议选举出主任1人，副主任2人，常委9人。

第二届会员代表大会于1988年8月31日至9月1日召开，200多位代表和特邀代表出席会议。会议选举出主任1人，副主任4人，常委13人。

第三届会员代表大会于1997年6月6日召开，参加会议代表共80人，会议选举出主任1人，副主任3人，常委11名。

第四届会员代表大会于2002年4月24～25日召开，参加大会的代表共有300人，其中会员代表240人。会议选举出会长1人，副会长7人，常委26人。

第五届会员代表大会于2006年11月26～27日召开，与会代表184人，会议选举出会长1人，副会长2人，常委26人。

第三节　主要活动

1985年1月，汨罗市工商联创办县工商贸易公司；1988年年初，创办县三胞联谊公司；1989年；接管市劳动局劳动服务公司的县针织服装厂;1990年,创办市营养食品厂。至1997年,销售额达536.4万元,上缴税金12.2万元,积累12.76万元,安排就业人员近100人。1986年,县工商贸易公司出席全国工商联企业工作会议,被评为先进单位。在发动会员创办企业的同时,发动工商界人士抢救撰写工商史料,征集、撰写《汨罗镇工商史》《新市印刷业由来》《药材泡制见解》《弼时凉席》《长乐甜酒》《新市五香豆豉》《度量衡今昔》《生意经歌诀》等史料,计10多万字,先后被《湖南文史》《湖南工商史》《汨罗文史》等刊物采用。

20世纪90年代,市工商联精心组织对非公经济专业技术人员进行职称评定,先后有20人被评为初级职称,40人被评为中级、高级职称。1990年始,新市镇长新五金厂厂长、会员张长贵致富不忘"五保"户、困难户,供养村里17个"五保"户、2个孤儿;1996年,会员杨异华先后捐资40余万元给家乡用以兴建"湘华实验小学"。

1997年,共发展新会员120人,组织107国道沿线17家加油站成立石油同业公会。4月份,在城关片、新市片、白水片、桃林片、长乐片成立个体汽车运输同业公会。

1998～2002年,市工商联多次组织银企座谈,走访会员500余次,发放征询意见卡1000余份,为会员排忧解难200余起,帮助企业融资500万元。会员企业光明家具厂副厂长聂健利撰写"加快乡镇民企发展步伐,推动汨罗市城镇化建设"提案,获市政协优秀提案二等奖;兼职副会长易和平撰写出《加强环境保护,杜绝只问"钱途",不管环境》一文,引起有关部门重视,及时采取整改措施。

1998年,会员杨异华的湘华集团公司出资300余万元,兼并市酒厂、市文化编织袋厂,安排下岗人员450人。1999年,创利润100万元。1998～2002年,会员企业正仁纸业公司、湖南银行设备厂、裕丰实业集团等安置下岗职工1000余人,为当地修路筑桥、扶贫帮困、抗洪救灾共捐款物120余万元。

第四节 服务民营经济

2000年4月月初,市工商联组织市内民营企业业主到沿海地区进行考察;5月,动员湖南银行设备厂厂长陈跃进率全体员工到长沙的三一重工、远大空调等先进企业学习、取经;11月中旬,组织屈原酒厂、天子家私厂、鞋楦厂、银行设备厂、电力实业公司等多家汨罗有影响的企业在与世界接轨的商会杂志《工商大观》上做广告,宣传他们的名优产品。在每年3月的"民营经济日"前后,市工商联与《汨罗报》、汨罗电视台联合开辟《民营企业家风采》等专栏,专题报道陈跃进、程昔煊、黎光荣等50多位民营企业家的先进事迹和创业历程。

2004年,先后参与策划会员各类大型庆典活动20余次,提供各类实用信息50余条,协调会员与职能部门纠纷30余起,为会员提供法律援助50余次,为会员挽回经济损失200余万元。共走访会员600多人次,发展新会员60人。同年6月20日至21日,举办有60多位老板参加的法律培训班。2005年上半年,配合省工商联调研组对汨罗资产在500万元以上的民营企业进行年度调研;4月下旬,协助建行汨罗支行对汨罗部分经营状况好、发展前景佳且符合建行贷款条件,并具备抵押能力的优秀民营企业进行调研考察。经审核,会员企业市振湘碳素厂、兴发铜铝电线厂、正意油脂厂、蓝天环保实业公司成为汨罗首批推荐参会签约对象;全年通过《商会信息》传递各类实用信息近40条,推介企业风采8家,发送到企业老板手中1200余份,深受企业老板青睐。2005年,编辑《会员联络手册》,促进商会与会员之间的沟通和往来,进一步推介该市相关经济优惠政策、商会企业风采、经营特色、名优产品等,积极引导会员,努力投身龙舟节会,动员会员企业福民实业无偿捐赠纯净水500件,并在龙舟赛场黄金通道筑起彩虹门,悬挂大气球,合计捐资约5万元人民币;中天科技、金成实业、正元服饰、天子家私、飘峰电气等10余家会员企业都以不同捐资形式参与到龙舟节会中。

2005年下半年,商会对汨罗原工商业者及其遗孀的基本情况进行摸底调查,先后联系市供销系统、商业系统、卫生系统等部门机构,落实第一批上报对象43人,其中未参加养老保险且退休金低于当地企业退休人员平均水平的原工商业者15人,已故原工商业者无工作的配偶28人。

2006年,商会组织专人对汨罗再生资源市场进行为期两个月的调查研究,并撰写《关于汨罗市循环经济发展的调查报告》,为市委、市政府和上级工商联调研决策提供参考依据。2007年,协助市政协、市委统战部全面考察工商实业界八届政协委员候选人。在人大、政协换届中,共有51位会员老板当选为汨罗市八届政协委员和十届人大代表;12位会员老板当选为岳阳市六届政协委员和六届人大代表;余方然、杨文辉、许梯平当选为湖南省十届政协委员和十一届人大代表。同年6月30日,工商联与蓝墨水文化传播公司联合举办第二届汨罗经济论坛邀请朱翔、李立辉、王海伦三位国内知名经济学专家,就汨罗区域经济发展发表真知灼见。动员全市有近40家民营企业为新农村建设办实事近40件,累计捐款200余万元。如智峰乡双春村12位会员企业老板筹资70余万元用于该村新农村建设,其中工商联会员企业环宇纸业有限公司老板王军良捐款15万元,正仁纸业有限公司老板程昔煊捐款10万元。2007年1月8日,市再生资源信用行业协会组织会员老板召开捐资助学大会,会员当场捐款20多万元,上半年共捐赠助学款65.7万元,除捐献市一中、二中30万元外,还有128名贫困学生和重病学生得到救助。

2007年龙舟节期间,商会成功邀请中国和平统一促进会港澳理事28人到汨罗进行商贸考察,并对天井乡大旗村学校捐赠电脑和资金共计10余万元;成功引进浙江莱特圣不锈钢厂投资2000万元落户市工业园,并于10月月底正式投产;联系北京大学给市二中捐献电脑50台。是年,商会还组织《中国民营经济周报》及省《工商大观》记者对汨罗再生资源信用行业协会进行专题报道,并实地考察汨罗循环经济试点企业;组织大型电视纪录片《天下湘商》摄制组对循环经济龙头企业中天科技、平桂制塑进行重点宣传,并录制电视纪录片。商会争取市政府改制资金,补偿原村组土地征收款24万元,清退原欠职工集资款及工资近48万元,使18位因家庭困难未办社保的下岗职工补办社保手续。

第七篇　武　装

第一章　人民武装部

第一节　机构建制

1978 年,汨罗县人武部设军事科、政工科、后勤科,保持军队系统的垂直领导和隶属关系。1979 年 2 月,重新恢复县、镇(公社)人民武装委员会,坚持实行各级地方组织和同级军事部门双重领导制度;大型厂矿企业亦先后成立人民武装委员会。1985 年 7 月,县委书记不再兼任人武部第一政委,只兼任党委书记。1986 年 3 月,中国人民解放军湖南省汨罗县人民武装部改归地方建制,由正团级改为副团级单位,更名为湖南省汨罗县人武部,其工作性质、任务不变,仍实行地方、军队双重领导;县委书记兼任人武部第一党委书记,部长、政委任副书记,政委参加县委常委工作;设军事科、政工科、后勤科;经费由地方财政供给。1988 年 1 月,增设办公室,科(室)均为正科(局)级。

1988 年 1 月,县人武部更名为市人武部。1996 年 4 月,市人武部收归军队建制,仍属于岳阳军分区建制领导。至 2008 年年末,市人武部机关配干部 8 人;授予军官军衔者 5 人,其中上校 2 人,中校 1 人,少校 2 人。1997 ~ 2003 年,连续 7 年被岳阳军分区评为先进人武部;2001 ~ 2003 年,连续 3 年被省军区评为先进人武部党委;2004 年 8 月,在广州军区介绍学习实践“三个代表”重要思想的经验做法;2007 年,被广州军区评为党风廉政建设先进单位。

第二节　兵役登记

1978 年,县人武部负责领导全县兵役登记工作。1984 年,根据新《中华人民共和国兵役法》规定,公民兵役登记工作开始进入正常年度登记轨道。是年,应征公民登记采取按单位系统组织登记的方法进行,根据各适龄公民的政治、身体、家庭劳动力和在校学习等情况,分为应服兵役、缓服兵役、免服兵役、不得服兵役 4 种类型,分别予以造册。1994 年,登记适龄青年 6265 人。2004 年,全市有 17560 名青年报名应征,报名率达 70%。2008 年,全市登记适龄青年 2800 余人。

第三节　征兵工作

1978 年,全县征兵工作由县人武部具体负责组织实施,下设征兵办公室,分设秘书组、体检组、政审组。兵员征集分宣传发动、新兵体检、新兵政审、定兵交接四个阶段,在 18 ~ 22 岁的适龄青年中,挑选政治思想好、身体健康、文化程度高(城镇户口青年高中毕业以上,农村户口青年初中毕业以上文化)者服现役。1978年后,全县(市)适龄青年报名应征率年均达70%以上,其中1999年报名应征人数超过实征人数26.8倍。因境内属血吸虫疫区,从20世纪50年代中期开始,全县对应征青年进行血吸虫病专项检查,20世纪70年代因患该病未通过征兵体检的青年逐渐减少,20世纪90年代后基本没有因该病而未能应征入伍者。对各乡、镇、场、圃选送的体检政审双合格青年,县(市)征兵办公室统一组织体检、政审,并与接兵部队负责人全面衡量,好中选优。1979~2008年,全县(市)征集的新兵中,非农业人口新兵占总数的15.2%。

第四节 国防教育

1988年,汨罗市全民国防教育委员会(以下简称国教委)成立。各部、办、局、乡(镇)、场厂及市直中学共设立国防教育领导小组113个,指定聘请国教宣传人员350人。1990年,开展"壮我国防、卫我中华"演讲赛等6个活动;在岳阳市举办的国防知识演讲赛决赛中,汨罗市一人获奖。1991年,市代表队参加《湖南省国防教育条例》知识函测赛,市委书记彭亮根获二等奖,6人获三等奖。1992年始,全市注重抓好农村和学校的国防教育。市一中建立国防教育基地。该校副校长王喜雨被岳阳市评为关心支持国防教育"十佳"新闻人物。1993年11月,市国教委办公室自筹资金3万余元,建成40多平方米的展览馆,收集展出大量珍贵历史资料;至1995年,共接待观众达4万余人。1997年10月,市国防教育委员会办公室编纂的《国情、国防、国防教育》一书在国防科技大学出版发行。1995~2002年,每年组织评选本市"关心支持国教新闻人物",五届共50人;4次组织参加全省国防知识竞赛,获组织奖,3人获一等奖,长乐地区供销社主任熊才胜被省国教委授予"关心支持国防教育新闻人物"称号。汨罗市连续5年被岳阳市国教委评为先进单位。2004年,屈子祠、任弼时纪念馆确定为全国爱国主义教育示范基地。2005~2008年,每年到两馆接受爱国主义教育的观众达20余万人。

第五节 民兵工作

一、组织建设

1978年,全县共辖社、镇、场、厂人武部,民兵团,民兵营,基干民兵连若干个。1980年,武装基干民兵团改称甲种兵团,辖迫击炮连、重机枪连、高射炮连及通信、卫生、工兵等连队。1981年,缩小民兵组建范围,简化民兵组织层次,县组建民兵团,农村以生产大队编营或连,工矿企业按人数多少编班、排、连或营,改普通、基干、武装3种民兵为普通、基干民兵两种。1984年后,重点抓基干民兵的组织建设。1986年,全县共有基干民兵连若干个,民兵若干万人。1987年,依照战时兵员动员计划和组训的专业分工,对专业技术的组建进行相应调整,以82.06迫击炮、通讯为主。至1990年年底,市人武部辖乡、镇、场、厂人武部若干个,基干民兵连若干个,民兵排若干个,共有民兵7.98万人。1996年,汨罗市人武部收归军队建制后,组建民兵应急分队。1997~1998年,组建民兵抗洪抢险突击队和舟桥排。1999年,按照"有利于领导,有利于提高质量,有利于平衡负担"的原则,对基干民兵编组进行调整改革。农村以乡镇为单位建连,以村联片;市区内,按行业系统、企业管理部门编连。民兵应急分队、专业技术分队、对口专业分队和步兵分队单独编组,互不交叉,一兵一职。2002年,改进民兵编组办法。2004年,为适应社会生产力的发展和生产组织形式多样化,及人力资源流动和户籍管理制度改革的新形势,将基干民兵组织分为步兵分队、应急分队、专业技术部(分)队、对口专业分队四大类。至2005年,全市有普通民兵营,应急分队,专业分队,对口分队和步兵分队。

2006年,合理调整和组建民兵作战队伍、勤务保障队伍、应急队伍和其他队伍。每个乡镇都组建民兵应急独立排;在天子家具、光明家具、长江铜业等民营企业成立民兵组织;加强对服预备役退伍军人的管理,做好近5年退伍军人的应急动员准备;落实预编南海舰队兵员。

二、政治教育

民兵政治教育内容包括人民战争思想教育,民兵性质、任务教育,形势战备教育,光荣传统教育。并围绕中国共产党在各个时期的中心任务,联系实际进行。1978年中共十一届三中全会以后,教育民兵坚持四项基本原则,带头建设中国特色社会主义,带头勤劳致富。1979年3月,开展对越自卫反击作战,全县广泛深入地对民兵进行形势战备教育,并从民兵中征集新兵若干人。1981年,基层民兵组织普遍建立三项教育制度:基干民兵每月一堂政治课;军事训练中用20%的时间进行政治教育;普通民兵每年结合征兵、整组进行4～5次教育。至是年年底,全县“一堂课”教育落实面达82.7%。1982年,全县基层民兵组织普遍建立民兵之家、政治夜校、图书室等阵地,运用报纸、刊物、广播等宣传工具和电影、戏剧、小说等文艺形式进行教育,把学政治、学军事、学科学文化结合起来。1987年后,民兵训练期间的政治教育开始实行电化教学,采取幻灯、投影、录像,配合挂图、图片等手段实施,使教育质量有较大提高。1997年后,在民兵整组、军训和重大活动期间,采取“走出去”(组织民兵参观厂矿、企业、街道、乡镇),“请进来”(请英模代表、地方领导、专家教授作报告)等方法,对民兵进行政治思想教育,培养他们爱国爱家乡的品德情操。2002～2008年,全市民兵思想政治教育以增加国防观念、强化职能意识为重点,注意发挥“青年民兵之家”、民兵政治教育教研室等教育阵地的作用,每年结合训练和整组同步进行,做到基干民兵集中政治教育每年不少于2次,预编士兵政治教育每年不少于4课,集中训练期间的教育时间不少于军事训练时间的10%。

三、军事训练

1978年始,民兵军事训练以民兵干部和武装基干民兵为重点,“以劳养武、劳武结合”的原则,逐步进行基本训练,系统训练,制度化、正规化训练和基地化、规范化训练。1980年年底,全县武装基干连统一进行军训。1981年始,实行周期训练,每年15天,两年为一周期。1986年,全县实现民兵军事训练基地化、基地训练规范化,民兵军事训练及格率100%,良好率75.6%,优秀率为14.4%。是年12月,市民兵82迫击炮内膛炮模拟弹射击分队参加全省政治机关建设现场会表演,获表演一等奖,并被授予“军事过硬”称号,下年5月,被省军区评为军事表演优胜单位。1992～1995年,全市统一训练基干民兵、专武干部、教员。1997年,按照中央军委主席江泽民提出的“政治合格、军事过硬、作风优良、纪律严明、保障有力”的总要求,组织民兵进行4期军事训练、2次军事表演。经岳阳军分区考核验收,合格率100%,优秀率40%;组织民兵82迫击炮专业分队代表岳阳市参加省军区机关正规化建设会议表演,获“优胜单位”

称号。1998 年 5 月，汨罗市民兵参加岳阳军分区 7 种武装比赛获总分第一名。2000 年，组织开展兵员快速动员作业训练，获全省人武系统第一名，受到省军区通报表彰。2001 ~2005 年，民兵军事训练实行“分类施训”，合格率 100%，优良率 80%。为全市 6 所中学、1 所职高训练学生 1 万余人。2007 年，按照“十一五”民兵组织建设规划，每个乡镇均组建民兵应急独立排，修订完善 12 种作战方案，建立种类齐全、规范实用的战备方案体系，全年民兵训练合格率达 100%。2008 年，突出抓好基层武装部正规化建设，强化民兵基层建设，完成军事训练任务。

四、参建参治

参加经济建设 中共十一届三中全会后，全县民兵实行联产承包，带头发展生产，大搞农田基本建设，破旧俗，树新风，模范执行计划生育政策，掀起勤劳致富热潮。至 1984 年，有近 2 万名民兵务工经商，其中有 649 人担任乡(镇)、村企业的厂长或经理，2100 多人担任户、组联合企业的主事人。桃林林场基干民兵邵立超，为攻克“杉天牛”做出重大贡献，被评为全国林农业科技推广先进工作者。高家坊镇基干民兵排长、退伍军人任柏枝因植树造林成绩突出，被评为优秀退伍军人代表，出席全国“双拥”模范先进代表会。1994 年，全市从事种植、养殖和农副产品加工的民兵专业大户达 7350 户，带头致富 1.1 万余户，帮民富 4643 户，共同富 22600 户。2004 年，汨罗市人武部创建新市镇新桥村民兵养殖基地，发动全市民兵建立 50 个民兵养殖、种植、加工、服务业“奔小康示范基地”，涌现 1000 多民兵致富带头人。2008 年，组织发动民兵深入开展“带头为新农村建设作贡献”活动，建立 5 个民兵“新农村建设示范点”。

维护社会治安 1990 年，全市组建民兵应急分队和联防队。至 1991 年，三江乡花桥集镇联防队共破案 48 起，处理纠纷 156 起。汨罗镇联防队协助公安部门破获案件 3 起，抓获各类违法犯罪分子 13 人，收缴赌资 5300 余元，调处纠纷 137 起，为国家、集体挽回经济损失 8 万余元。其做法得到公安、司法等部门的充分肯定，分别在中央办公厅、省委办公厅、岳阳市委办主编的《内部参考》上刊登。2005 年，组织民兵配合公安机关围缴地下“六合彩”，收缴“码书”“码报”1000 余份册，抓捕不法分子 130 余人。2005 ~2007 年，组织 1000 余民兵参加汨罗重大活动——“汨罗江国际龙舟节”的组织和维持秩序工作。2008 年 5 ~6 月，出动民兵 1040 人参加汨罗主办的“我们的节日 · 端午节”全国启动仪式暨奥运圣火传递安保工作。

参加抗洪、抢险、救灾 1990 年，境内遭受罕见秋汛，全市组织 3.4 万余名民兵日夜守护在汨罗江大堤上，确保大堤安全。1991 年 5 月 21 日，白塘乡遭受特大龙卷风袭击，全乡 800 名民兵奋力救灾，救出受伤师生 122 人。1998 年 6 月下旬至 9 月上旬，汨罗市内高危水位持续 70 多天，市人武部组织 2 万余名民兵日夜奋战在汨罗江沿江堤垸，排除特大险情 10 处，修筑子堤 1.5 万米，装运砂卵石 6.4 万多吨。屈原农场七分场民兵排长曹治群在抗洪抢险斗争中不幸牺牲，汨罗市民兵抗洪抢险应急连被解放军四总部评为抗洪抢险先进单位，屈原农场武装部部长周三国、城关镇武装部部长卢七保出席全军抗洪抢险庆功表彰大会。2003 年，大荆镇基干民兵排长杨杰因参加抗击“非典”斗争成绩突出，被解放军总政治部通报表彰。2007 年，市人武部组织民兵 1500 多人投入新市镇团螺山山林大火扑救，受到当地政府和人民群众好评。2008 年，动员组织 265 名民兵应急分队人员投入扑火战斗；组织出动预备役民兵 11085 人，在京珠高速汨罗段破冰开路 50 余公里，铺设草袋和麻袋 10 万多个，协助地方政府救助转移滞留群众 31610 人。

第六节　人民防空

一、组织机构

1978年前,汨罗县防空领导小组在城关地区设联络组、突击组、巡查组、守备组、疏散组。1987年,成立汨罗县防空委员会,由分管人防工作的副县长任主任,人武部部长任副主任,委员由县直有关单位17名主要负责人组成,下设办公室,配备专干。1996年6月,汨罗市国防动员委员会成立,原防空委员会、办公室随之被撤销。1988年1月,汨罗县改为市(县级),县人防机构同时更名为汨罗市人民防空委员会。

2007年6月16日,根据岳阳市编办〔2007〕10号通知精神,设立汨罗市人民防空办公室(以下简称人防办),为正科级事业单位,下设综合股、工程维护管理股、指挥通信股。机关核定全额拨款事业编制20名。

二、人防工程与人防宣传

1978年前,城关地区和各乡镇基本达到乡镇机关有指挥防空工事,村组有防空战斗工事的要求。1987年10月,全县防空洞情况普查。完好率占45%,洞口堵塞、洞内积水的占38%,损失报废的占17%。部分完好的人防工事,被用作储藏、抽气降温、培育菌苗等场地。至1993年年末,可年收入1.1万元。

1997年1月1日,《中华人民共和国人民防空法》颁布实施,全市人防系统大力加强人防机关"准军事化"建设,努力提高城市人民防空综合防护能力。投资8万元,新建市人防传控指挥中心;投资30万元,安装10台电声警报器;投资近40万元,装修改建人防办公大楼,添置现代办公设备。同时,按政策依法征收人防经费50万元。全市创建城市防空警报系统,通过省人防办验收,警报覆盖率、鸣响率达"双百"验收标准。2005—2008年,每年在市区成功组织防空警报演习,并培训业务技术骨干,采取多种形式,向公民宣传人民防空知识。

第七节　拥政爱民

1984年,汨罗县人武部和驻境部队官兵一道与驻地村庄、街道、学校、企业挂钩,开展敬老助残、植树造林,以及军官校外辅导等活动,定期帮助街道打扫环境卫生,形成军(警)民共建社会主义精神文明的氛围。汨罗县武警中队开展警民共建京广铁路文明站区,汨罗火车站环境、秩序同步改观。

1992年,汨罗市人武部带领民兵开展"三富一维护"(即带头富、带民富、共同富,和维护社会稳定)活动,共举办培训班75期,印发致富信息、技术简报6300余份,有效促进生产的发展。至1994年,全市从事种、养殖和农副产品加工的民兵专业大户达7350户。2001年,汨罗市人武部分别在大荆镇、红花乡、弼时镇建立"产调"(即农业产业结构调整)示范基地,帮助农民依托产业调整走致富之路。是年5月,汨罗市人武部组织民兵预备役人员配合地方政府打击"法轮功"邪教组织,获得省军区政治部表彰。

20世纪90年代，汨罗市人武部号召驻境部队官兵和预备役人员深入开展学雷锋活动，帮助烈军属、五保户、残疾人、困难户办实事做好事，共捐资、捐物计15万元，义务帮工10万个。1993年，桃林寺镇三塘村民兵黄迪前被省军区评为学雷锋先进个人。1995～2008年，汨罗市消防大队战士王永林，坚持为民做好事2200多件，参加义务捐血21次，共计7500毫升，向社会捐款36600余元，捐物200余件，先后被评为无偿捐献造血干细胞、无偿献血宣传先进个人和特别贡献奖，"2008北京奥运火炬手"，湖南省委"雷锋家乡学雷锋"先进个人，湖南省"十大杰出青年志愿者"。2008年5月12日，四川汶川大地震。汨罗市人武部机关、武警中队、消防大队官兵共为受灾群众爱心捐款、主动缴纳特殊党费共2万余元。

第二章　武装警察

第一节　机构建制

1978年，汨罗县公安局武装警察部队驻县城伴岭朱（今人民路21号），有官兵36人，分3个班，属正连级单位。1982年，改称中国人民武装警察部队汨罗中队，属于武警岳阳支队和汨罗公安局双重领导。1983年，改编为中国人民武装警察部队岳阳地区支队汨罗中队。1986年4月20日，更名为武警部队岳阳市支队汨罗县中队（简称武警汨罗市中队）。1990年，直属于岳阳市武警支队建制领导。中队建有党支部、团支部和武警委员会。2006年5月，该队驻地迁至汨罗市城郊乡上马村。2008年年末，该队编制38人，其中干部3人，上尉2人，中尉1人，主要担负汨罗市看守所的外围武装看守任务及汨罗市其他临时性勤务。

第二节　部队建设

一、政治思想教育

1979年，开展四项基本原则教育；1990年，进行反腐蚀、反渗透、反演变教育；2000年，开展"三个代表"重要思想学习教育；2005年，开展"八荣八耻"教育，坚持用马克思列宁主义、毛泽东思想、邓小平理论和"三个代表"重要思想以及科学发展观占领政治、思想、文化阵地，坚持中国共产党对军队的绝对领导，保持军队建设的正确方向。

二、军事训练

中队依照《军事训练大纲》进行军事训练。1985年，武警汨罗县中队参加全省大比武，获团体总分第一名。1999年，武警汨罗市中队参加省总队军事比武被评为训练标兵；2001年，武警汨罗市中队荣岳阳武警支队军事训练第二名，两人各立三等功一次。1997年、1998年、2001年、2002年，武警汨罗市中队被省武警总队支队评为先进中队。2008年，被省武警总队评为基层全面建设先进中队。

第三节　维护地方治安

1978年始，武警汨罗县中队坚持贯彻服从和服务于地方经济建设的总方针，加强自身建设。

1984年4月，武警中队出动兵力8人配合汨罗县公安局破获发生在城关镇林××货棚内的持刀抢劫案，受到岳阳地区行政公署公安处的通报嘉奖。1987年5月，派出8人协助县公安局抓获"罗城八浪子"流氓团伙。1996年8月，武警汨罗市中队出动兵力87人次投入抗洪抢险。是年，因表现突出，被武警湖南省总队记集体三等功一次；被汨罗市委、市政府评为抗洪抢险先进单位，两人立三等功一次。2000年4月17日1时23分，武警汨罗市中队接到赶赴八景乡实验林场扑灭特大山林火灾的战斗任务。山区车辆无法通行，全体官兵徒步行军10多公里赶到事发地投入扑火战斗，连续奋战20多个小时，成功将山火扑灭，被省总队记集体三等功一次，两人各立三等功一次。2006年后，协同公安部门担负汨罗市国际龙舟赛现场保卫任务。2008年6月3日，出动兵力20人次，完成奥运圣火汨罗站传递现场的保卫任务。

1978～2008年，全体官兵共参与警保工作30余次，确保中央领导在汨罗市调研安全，确保看守所连续30年无安全责任事故。同时，配合公安部门抓捕和打击各类违法犯罪分子；协助有关部门处置平息突发性事件和重大治安灾害事故，保卫国家、集体财产和公民的合法财产，维护地方和社会治安。

第三章　消　防

第一节　机构建制

1981年1月，县公安局组建消防中队。1982年，更名为中国人民武装警察部队汨罗消防中队，隶属于武警岳阳市消防支队、县公安局双重领导，实行义务兵役制。1996年，更名为中国人民武装警察部队汨罗市消防大队(简称市消防大队)，加挂汨罗市公安局消防大队牌子，下辖一个中队。2008年，全队有官兵32人。其中，授予中校军衔2人、上尉4人、中尉3人、少尉3人。

第二节　消防宣传与培训

1981年，汨罗县消防大队以宣传《中华人民共和国消防法》为主题，与县广播电视台配合，每年开展一次"119"宣传周活动，由主管消防工作副市长发表电视讲话，并播放消防宣传影片。2006年"119"宣传周活动期间，市消防大队与心连心购物广场合作，在其营业场地开展"关注消防，关注生命"主题活动。同时，组织消防安全重点单位法人代表、消防专干、新上岗人员，和危险、化工物品从业人员举办培训班。至2008年，汨罗市消防大队共举办各类培训班300多期，受训人数达3万多人次。

第三节　消防网络

1981年,成立由分管消防工作的副县长任主任的防火安全委员会,乡(镇)场由县政府任命防火安全责任人160人,单位由"一把手"任消防安全第一责任人。1994年,市列重点防火单位31个,乡(镇)列管236个,行业系统列管263个,配专职安全防火员300人、兼职安全防火员650人,建立义务消防队1100个,安装自来水管道消防栓45处。重点防火单位均绘制消防水源、消防通道布局图,登记建档,实行电脑管理,确保消防安全重点单位档案资料齐全,台账清晰,管理科学规范。2000年,在市烟草局、湘华酿酒厂创建"119安全小区"。小区内成立义务消防队,配备专职消防员,建立家庭防火档案,下发"防火公约",每个家庭配置一具灭火器、一支手电筒和一条逃生毛巾。至2008年,汨罗市列重点防火单位达86家,配备专职、兼职安全防火员3100人。城区建有一个消防站,共安装市政消火栓37个。

第四节　消防监管

1981年,汨罗县消防中队共组织防火安全检查10次,检查单位100个,发现隐患300处,督促整改300处。1996年,实行建筑防火审核制度,凡城区企事业单位新建、改建、扩建工程,民用建筑和变动结构的大修,均需向消防部门办理建筑设计审核手续。是年,共审核建筑防火设计项目14个,建筑面积3万平方米。1997年,进行较大规模的全市性防火安全检查4次,发现和整改火灾隐患125处,依法参加25个建筑项目的设计审核,提出增加整改建议100多条;对全市液化石油气的销售使用进行专项治理整顿,下发液化气使用制度6000多份,消除一批隐患和漏洞。1999年,拆除3个加油站点。2005年,全市重新调整重点防火单位82家,其中属大队直管60家;共检查单位146家,发现隐患97处,下发"责令限期改正通知书"56份,责令当场改正11处,责令限期改正53处,责令"三停"(即停产、停业、停止施工)11家,立案查处15家,警告15人;火灾调查27次,查明火灾原因26起,立案查处5起,警告5人。2008年,共组织消防大检查5次,到各社区、有关单位开展消防安全知识宣传17项,发现各类火灾隐患500多处,下发"责令限期改正通知书"73份,督促单位整改火灾隐患490处,立案查处35家,责令"三停"33家,关停和取缔单位3家。

第五节　火灾扑救

1981~1993年,汨罗县(市)消防中队扑救重大火灾293起,保护抢救财产价值720万元。1994~1996年,全市发生火灾18起,死亡1人,直接经济损失175.8万元;其中,特大火灾事故1起,直接经济损失98万元。市消防中队出动扑救火灾14起,挽回经济损失逾百万元。1996年9月22时35分,市花鼓剧团娱乐城发生大火,22时35分报警,市消防大队于38分赶到现场,24时50分成功扑灭火灾。1999年,市消防中队接警出动91次,实际出水灭火54次。火灾次数与损失比上年下降15%和10%,灭火成功率100%。是年5月5日上午10时50分,一辆装载5吨的液化气车在境内107国道上失事起火,情况危急。市消防大队火速赶赴现场,制定"先控制后灭火,边灭火边疏散,重点冷却液化气罐体,防治突然爆炸”的扑救方案。50多名消防战士以国道两侧为掩体,设立两个水枪阵地,将强有力的集束射流喷射在罐体上,灭火降温。至下午2时40分,成功扑灭火灾。2001年6月2日18时25分,沙溪乡农机站加油点发生火灾,严重威胁107国道行车和附近群众生命财产安全。6时28分,市消防大队接警后,立即组织全队官兵,出动3台消防车赶赴现场扑救。市委领导李民主、王昔罗,公安局政委朱新斌等相继赶赴现场,指挥救火。市公安局抽调120余名警力帮助疏散群众和疏导交通。岳阳市消防支队调2台消防车增援。9时40分,大火被成功扑灭,2002年,全市共发生火灾19起,直接经济损失54.45万元。全年共接警出动123次,抢救财产价值163万元,参与社会救援28次。是年,筹资40多万元购进一台泡沫消防车、一台消防指挥车、常规灭火器材100余件。2005年,火灾形势平稳,无重特大火灾事故。是年,该队受理火警98起,出动车辆165台次,出动警力1155次,挽回和保护财产545.5万元,抢救2人。在市政府的支持下,投入40多万元,添置一台大功率水罐消防车和液压多功能剪、起重气垫、无火花切割机等特勤器材。2008年1月13日至2月4日,消防大队全体官兵在抗击五十年一遇的冰冻雨雪灾害中,共出警灭火23次,抢救3人,挽回财产损失340余万元。是年,圆满完成奥运火炬汨罗段传递消防安全保卫工作。

1981～2008年,境内共发生重大火灾4起,死6人,伤28人。消防大队共出警灭火98679次,挽回经济损失2亿余元。

附　重大火灾事故

市氮肥厂饱和热水塔发生物理性爆炸　1996年4月6日9时05分,汨罗市氮肥厂变换工段饱和热水塔突然发生物理性意外爆炸,塔上部饱和段炸裂后飞离原地35米处,将围墙冲倒后落地;塔下部热水段连根拔起,并倾倒在变换操作室的屋顶上;塔内瓷块冲散在方圆100米的范围内,高温水喷出,致2人死亡、2人重伤、4人轻伤;造成直接经济损失46万多元。

事发当天,由汨罗市安全办、经委、劳动局、工会、公安局、检察院、岳阳市经委、化工办、锅检所等部门的负责人组成事故调查组,认定事故主要原因是设备严重腐蚀,导致容器壁厚度急剧减薄,强度降低,使之承受不了正常生产过程中的压力而突然爆炸。

综艺夜总会重大火灾　1996年9月,市花鼓戏剧团娱乐城承包人李××违章将维修安装工程承包给无资质证书的王××装修。在施工中,违章从二楼配电间接出临时电源开关,并从临时开关下排插上接一花线至一楼,装配200瓦灯泡照明。9月2日晚,木工曹××到一楼装修门框,将悬挂在门框上的灯泡移至装有海绵布料的墙壁上照明,未熄灯离开。灯泡发热,引燃墙壁装修材料,发生大火,导致直接经济损失98万元。

液化气槽车重大火灾　1999年5月5日上午10时50分,汨罗市107国道1528公里处,省邮政局一辆(湘A—00653)载有5吨液化气的槽车在强行超越河南省汝南县(豫Q—40460)运猪车时相挂,导致油箱起火;其时,液化气罐体斜靠在运猪车架上,罐体右侧被烈火烧烤,隆隆作响,随时可能发生爆炸。

沙溪加油点重大火灾　2001年6月2日下午6时25分,沙溪乡农机站和加油点发生一起油品火灾事故,严重威胁107国道行车和人民群众生命财产安全。

第八篇　法　治

第一章　政法委工作

1981 年 11 月 11 日，县委政法委员会（简称政法委）成立。为加强综合治理和维护稳定工作，市委、市政府于 1991 年和 1997 年相继成立社会治安综合治理委员会、维护社会政治稳定工作领导小组，与市委政法委合署办公。1997 年 7 月，市委成立处理邪教“法轮功”问题临时办公室，与市委政法委合署办公。

第一节　社会治安综合治理

1991 年 5 月，汨罗市成立社会治安综合治理委员会（下称综治委），与市政法委合署办公。市直单位和各乡镇亦成立社会治安综合治理办公室，并加强公安派出所、人民法庭、司法所、企业保卫组织以及治安联防队、治安巡逻队、治安保卫委员会、人民调解组织的基础建设和业务建设，形成上下配合、相互照应的立体防范体系。1996 ~ 2007 年，汨罗市先后被省委、省政府评为全省社会治安综合治理先进市（县），2001 年 8 月 24 日，汨罗市委政法委书记李明主出席全国社会治理工作会议。

综治创建　1991 年后，市委、市政府将综治工作纳入“三个文明”建设考核评比，制定目标管理方案和考评细则，与经济、计划生育工作同规范、同安排、同落实、同奖惩，并作为三项具有“一票否决”权的重要内容之一。市政法委严格执行三项制度：第一，落实领导责任制。每年年初的政法综治工作大会上，市辖 35 个乡镇场、86 个市直单位一把手要向市委书记、市长递交综治维稳责任状。第二，落实部门负责制。市直部门单位采取定乡镇、定任务、定责任的办法联乡办点、联村驻点，配合乡镇党委、政府抓综治活动，公、检、法、司四家分别负责城关、长乐、桃林、白水四大块，部门单位负责人深入一线了解情况，排解疑难。第三，落实责任追究制。坚决执行问题倒查，过错追究，责任连坐，一票否决和有错无为问责制度，对在综治工作中出问题的一律实行责任追究。1995 年后，市综治委开展“织网筑墙”工程，86 个市直单位、36 个乡镇场健全矛盾纠纷排查调处网络，393 个行政村、245 个机关企事业单位聘用 956 名治安信息员，铁路沿线聘用耕牛和“五残”监护员 365 名；城区主要通道、街巷、市场、车站先后建立 34 个治安岗亭、9 个治安哨卡和 11 个治安值勤室，在社区组建 3 支治安巡逻队，154 个内保单位分别建立护厂、护院、护校队组，聘用 280 多名保安队员。农村地区则开展“党员联户带创”（即党员联系村民户共同开展文明创建）、年度评“三户”（即五好家庭户、遵纪守法户、双文明户）、“创平安家庭”等活动，把平安创建植根于群众之中，到 2006 年，境内 393 个行政村有 337 个村实现年内无刑事案件，224 个村实现年内无治安案件。

“严打”整治 1983年后,市(县)政法委连年组织专项斗争,从重从快打击(又称“严打”)杀人、放火、强奸、抢劫等重大犯罪,政法各机关在侦查、起诉、审判执行等阶段主动出击,相互配合,互相制约,严格依法办事。公安机关刑事破案率保持在90%以上;检察机关向法院起诉的案件,通过公开审理和庭审辩论,作出无罪判决的仅占0.3%,起诉准确率99.7%;经法院一审判决的案件,通过审判监督程序,经上级法院改判的仅0.1%,审结准确率99.9%。

第二节　维稳工作责任制

1997年3月1日,汨罗市维护政治社会稳定工作领导小组成立,下设办公室,与市委政法委合署办公,担负境内维稳工作协调和矛盾纠纷的排查化解工作。2000年,市委、市政府制定维稳工作四项制度:维稳责任制;分析社情民意例会制;重点单位帮助制;热点问题部门负责制。市委、市政府对每个时期可能影响社会大局稳定的问题,采取发督办函的形式,把任务分配到各单位,按照“一个问题、一名领导、一套班子、一个方案、一抓到底”的工作机制化解矛盾、解决问题;达到“谁主管、谁负责、谁落实”的纪律要求。规定各乡镇、各单位的一把手为稳定工作的第一责任人,分管副职为直接责任人,由各乡镇场和市直单位一把手向市长递交综治维稳工作责任状,并逐级签订责任状,层层加压,责任到人。

第三节　防范和处理邪教

一、防范处理邪教“门徒会”

20世纪80～90年代,汨罗市邪教组织有“门徒会”和“法轮功”。“门徒会”是陕西耀县农民季三保于1989年创立。至2002年,汨罗市有邪教“门徒会”会员1500多人,分布于高家坊、川山坪、白水、原种场、古培、汨罗、城关等地。2002年始,汨罗市连续3年开展专项整治活动,破获邪教“门徒会”案件3起,摧毁聚会点10余个,抓获涉案人员30多人,其中刑拘5人,治安拘留3人。在平江破获的一起“门徒会”案件中,4名主犯均为汨罗人。2005年9月,查处2名到白水镇发展邪教“门徒会”会员的华容籍女子;2005年10月,在市区山塘路水电局宿舍区摧毁“门徒会”聚会窝点,抓获涉案人员10余名,其中刑拘2人,治安拘留2人,解散执事点9处,收缴邪教组织用品若干。

二、防范处理邪教“法轮功”

1997年,汨罗市民政局干部范××和建设局干部巢××,到广州铁路局联系业务时,被人拉拢练习邪教“法轮功”,回到汨罗后打着强身健体的幌子,发展成员3000多人。1997年7月20日,湖南省委召开县委书记以上负责干部的紧急会议。会议期间,市委书记郭光文向省委、省政府递交处理邪教“法轮功”问题责任状。7月22日,国家正式宣布法轮大法研究会及其操纵的法轮功组织属邪教组织。7月22日,汨罗市成立处理邪教“法轮功”问题临时办公室,负责对境内法轮功练功人员进行摸底调查和处理;随后,各级各部门成立打击“法轮功”邪教组织专门工作机构,投入人力、物力,开展查处活动。

经过严密督促和各级组织耐心细致的思想转化工作，境内大部分练功者能认清法轮功的本质，自愿脱离邪教，邪教“法轮功”练习者由最初的3800多人减至370多人。1999年12月1日，境内邪教“法轮功”顽固分子第一批进京“弘法”的有2人；12月12日，第二批进京“弘法”的有8人；22日，第三批进京“弘法”的有2人。2000年2月，又有14人陆续进京弘法；为此，市政法部门加大打击力度，7月17日挖出邪教“法轮功”顽固分子22人。1999年始，汨罗市对法轮功违法犯罪人员，以“破坏法律实施罪”被劳教的16人，判刑的2人，以“颠覆国家政权罪”判刑的1人，刑拘56人，治安拘留147人，教育训诫40多人。

1999～2008年，汨罗市连续两次被省委、省政府评为全省防范和处理邪教问题先进县（市）；2000～2008年，连续8年被岳阳市委、市政府评为防范和处理邪教问题先进县（市）。2004年，汨罗市《校园拒绝邪教》的经验文章被《近期动态》25期采用。

第四节　打击赌博违法犯罪活动

2002年下半年，地下“六合彩”赌博活动（俗称“买码”）自外地传入长乐镇，再蔓延全市境内。一些不法分子假借香港“六合彩”的名义从事赌博活动，以中奖赔率为40倍，“一块钱一担谷，十块钱一头猪，百块钱一台车（摩托车），千块钱一栋屋”来引诱群众“买码”；一些人无心从事生产和工作，一味猜码和“买码”，境内每天因买码流往外地的资金上百万元。“买码”不中赔本太多而倾家荡产、精神失常者，屡见不鲜。

2003年8月，市委、市政府成立“打击买码赌博专项行动领导小组”，下发《关于严厉打击地下“六合彩”赌博活动的若干规定》；9月17日，下发《关于进一步明确打击地下“六合彩”专项行动验收标准和责任追究的紧急通知》；10月3日，下发《关于防止地下“六合彩”赌博活动反弹的若干规定》，并与各乡镇场、各市直单位签订“严厉打击地下‘六合彩’赌博活动责任状”。市纪委转发岳阳市纪委《关于严禁党员干部和国家工作人员参与地下“六合彩”赌博活动的通知》，市委组织部下发《关于在打击整治地下“六合彩”赌博活动专项行动中实行市直部门单位包乡（镇、场）责任制的通知》，市公安局印发1000多份《关于敦促“买码”赌博违法犯罪人员投案自首的通告》。市委、市政府从多家单位抽调人员组成“打击地下‘六合彩’非法赌博活动领导小组办公室”（简称打码办），协调境内的“打码”工作，使“买码”活动逐步平息。2005年下半年，“买码”活动在境内呈死灰复燃之势。2006年年初，省“打码办”将汨罗市定为打击“买码”赌博活动挂牌整治县（市）。3月，市委、市政府再次发布《关于严厉打击地下“六合彩”等赌博违法犯罪活动的通告》，共召开动员大会、公开处理大会10余次，市级领导发表大会讲话、电视讲话20余人次，出动宣传车数百台次，张贴宣传标语4万余条，悬挂宣传横幅600余条，《汨罗报》、汨罗电视台开辟专栏宣传报道。是年，市政法机关查处“买码”赌博案件739起，抓获涉案人员1580人，其中刑拘192人，逮捕55人，劳教48人，治安拘留355人，判刑15人，教育训诫915人，对参与“买码”活动的党员干部、国家公职人员给予开除党籍、开除公职处分31人。2006年，地下“六合彩”赌博活动在境内基本得到遏制。同年9月，省综治委宣布摘除汨罗市“打击买码”赌博活动挂牌整治县（市）名号。

第二章 公 安

第一节 刑事侦查

1978年,汨罗县公安局设刑侦股,负责境内刑事案件的侦查工作。1992年8月,刑侦股更名为刑侦大队,业务范围扩展到“严打”和打击经济犯罪(见“严打”和“打击经济犯罪”)。1997年,市公安局刑侦技术室更名为技术中队。2003年,技术中队更名为刑事科学技术室(对外称物证鉴定室,为公安部认证的二级刑事技术室)。2006年,公安部进行统一登记,并颁发鉴定机构资格证和鉴定人资格证。1997年至2008年年底,汨罗市的刑侦技术设备不断更新,技术装备配置达到公安部要求,拥有多波段光源、指纹自动识别系统、电脑绘图软件等先进技术设备,并喂养警犬3条,在侦查破案中发挥重要作用。

附 典型案例

侦破周××等组织强迫妇女卖淫案 1995年3月17日至25日,刑侦大队侦破周××等组织、强迫妇女卖淫的重大案件,将6名团伙成员全部抓获归案,并从广东惠阳市将6名被害女青年解救回家,在群众中产生极大的影响。

3月17日,刑侦大队接到李家塅派出所报称:辖区李家塅镇卫生院医生周××之妹从广东来信说,她和其他5名女青年于2月17日被该市楚塘乡楚塘村女青年周××等骗至广东惠阳后,强迫她们在旅店卖淫,要求公安机关前往解救。刑侦大队接到报案后,立即成立专案组。3月19日,他们接到周××已回家探望父母的消息后,立即派8名干警于当晚12时将正在赌博的周××及其姐周××、姐夫余××、周××的男朋友钟××抓获。经审查后,他们交代全部犯罪事实:当年正月,家住楚塘乡楚塘村、时年22岁的女青年周××,在广东打工时,与其姐周××、姐夫余××合谋,准备从家乡带一批女青年到广东“赚钱”。2月17日,余××回到家乡,以广东惠阳市某厂招工为名,将屈子女祠镇和范家园镇6名女青年骗至广东惠阳市新墟镇,并与当地“鸡头”曹××、钟××联系,以打、饿的手段强迫她们卖淫。周××等从中获利一万余元。根据周××等人的交代,3月22日,刑侦大队以教导员郑东志为组长的4人解救小组前往惠阳,联合当地公安机关,连续奋战三个日夜,将案犯曹××、钟××抓获,并将6名未满20岁的女青年解救出来。2月24日晚,连夜起程赶回汨罗。该次行动历时4天,全队出动干警19人,行程2000多里,使6名犯罪分子得到应有的惩处。

“12·13”抢劫杀人案 2005年12月14日清晨,汨罗镇雁塘村黄牯岭山路上发生一起抢劫杀人案,从事摩托车出租的刘××被犯罪分子用锐器打死后,被抢走红色福威摩托车一台。案发后,刑事技侦干警从抢劫遗留物中提取两枚指纹,并利用警犬追踪等技侦手段,迅速锁定嫌疑人柳××。并在柳××家摩托车上找到血迹,经DNA比对,认定系死者刘××的血迹。当即抓获犯罪嫌疑人柳××,通过审查,柳交代该次犯罪的经过,同时交代此前实施的盗窃、诈骗、抢劫案共7起。

汨罗市(县)公安局1978~2008年刑事案件发案破案统计表

表8-2-14

年度	发案数	破案数	破案率(%)	备注	年度	发案数	破案数	破案率(%)	备注
1978	136	125	91.9	-	1994	1067	922	86.1	-
1979	172	110	63.9	-	1995	877	776	88.4	-
1980	380	287	75.5	-	1996	728	678	92.8	-
1981	707	580	82.0	-	1997	692	657	94.9	-
1982	549	468	85.0	-	1998	673	629	93.4	-
1983	576	492	85.4	-	1999	729	663	90.7	-
1984	313	272	86.8	-	2000	607	551	90.7	-
1985	362	309	85.3	-	2001	788	660	83.5	-
1986	320	280	87.0	-	2002	1047	687	65.3	-
1987	298	257	85.6	-	2003	2339	1666	71.0	-
1988	948	868	91.5	-	2004	1711	1056	61.0	-
1989	2316	2198	94.8	-	2005	1637	1159	70.9	-
1990	2134	1522	71.3	-	2006	1285	1092	85.7	-
1991	2067	1918	92.8	-	2007	753	883	-	(包含年前和协外案件)
1992	1379	1315	95.0	-	2008	727	936	-	(包含年前和协外案件)
1993	1602	1532	95.6	-	-	-	-	-	-

第二节 治安管理

1978年,汨罗县公安局设治安股(科);1988年11月,汨罗市公安局建治安队;1990年6月,更名为治安大队,负责处理突发性事件、扫黄禁赌、反扒窃和专项整治;2005年元月,治安股(科)并入治安大队。

一、特种行业管理

1978年改革开放后,汨罗市特种行业迅速发展。至1989年,汨罗市有旅馆160家,刻字店19家。20世纪80年代后期,公安机关取消对废旧收购业、寄卖业的审批,改为备案登记;对废旧收购业主要是控制违法犯罪分子的销赃活动,使特种行业乱源减少,合法经营者增多。1991年,特种行业发展到325家,其中旅馆业142家,废旧收购业118家,印刷刻字业65家。是年下半年,汨罗市公安局开展专项整治活动,并成立"汨罗市特种行业管理委员会"。汨罗市政府下发〔1991〕26号文件,对加强特种物业管理作出具体规定。在专项整治活动中,吊销18家不具备资格店铺的营业执照,对12家违法户予以取缔,对9家不合格的店铺发停业整顿通知书,责令限期整改。通过专项整顿,发生在这些行业中的刑事案件,由1990年的69起降至1991年27起,下降61%。

20世纪80年代后期,根据公安部门的规定,对特种行业的管理范围作了新的调整。除对旅馆、刻字、收购生产性废旧金属、信托寄卖、印刷业仍作特种行业管理外，对修理、收购一般生活用废旧物品的行业，不再作为特种行业管理。2002年10月，国务院文件规定：取消对废旧收购、寄卖业的审批，改为备案登记。对废旧收购业，主要是控制违法犯罪份子的销脏活动。对特种行业的管理，主要是运用专项整顿，帮助建立健全管理制度，使其走上合法经营的正轨。

二、公共场所治安秩序管理

1980年7月，县公安局与县工商行政管理局联合发出《关于整顿社会秩序加强市场管理的通告》，并多次组织市场整顿，纠正乱摆乱放、以次充好、短斤少两等行为。是年10月，公安机关对境内放映场地进行安全检查，发现黄柏、白水镇放映场地属危险建筑，当即令其停止使用，进行整修和改造。1986年12月，县公安局在城区汽车站建立公安派出所，加强和维护车站治安秩序。1991年10月15日，市公安局、工商局、文化局联合颁发《汨罗市公共场所治安管理办法》，规范公共场所、维护公共秩序。20世纪90年代末期，汨罗市共有录像厅、可巴厅、舞厅、卡拉OK厅、电游室119家，市公安机关依据《管理办法》对上述场所进行严格管理。每逢大型集会、工程庆典、文化娱乐活动等，均协同主办单位对场地选择、活动路线安排、交通车辆管理、外宾观赏接待、沿途建筑物安全、意外事故处理等，做事前调查和准备，制定实施方案，做好临场保卫工作。1980～2006年，境内公共场所大型活动达72次，均未发生任何事故和案件。

三、危险物品管理

汨罗市生产、销售、使用易燃易爆物品以新市日用化工厂(南岭化工厂)、高家坊、川山坪、玉池等地的麻石开采基地为管理重点。开业和生产须经公安和工商部门严格审查后发给营业执照。炸药、雷管、导火索的用途、用量和购买，须经技术人员严格核算和公安部门的认真审批。1978年始，市公安机关帮助使用单位和个人建立健全生产、使用、保管、运输等安全制度，并经常进行检查监督，发现隐患漏洞，及时整改或限期改正；发现非法持有者，依法进行收缴和处罚。1989年6月，收缴64式手枪1支、子弹12发、雷管9枚、火药5公斤、土制手榴弹198枚，收缴管制范围的各种刀具1210件。1994年，收缴非法购买的炸药4.2吨、雷管170枚、导火索2900米；捣毁制作黑色炸药的个体厂家3户，查获贩卖危爆品的违法人员3人。2001年，在治爆缉枪专项行动中，收缴非法持有枪支690支(其中单管猎枪16支，气枪52支，鸟铳622支)、管制刀具159把；整改涉爆单位27家，其中勒令停产19家；封存炸药4152公斤、雷管1832枚、导火索3550米；对违法犯罪嫌疑人刑事拘留3人、治安拘留10人、警告35人。同时，对匕首、三棱刀、带有自锁装置的弹簧刀以及其他相似的单刀、双刀实行管制。

1998年后，市公安机关对烟花爆竹的管理采用“四常三超两严”(即机构常设、宣传常抓、管理常严、安全常查；证照管理工作超前、硬件建设指导超前、员工教育指导超前；严格管理和严厉打击)的方法。2003年9月，成立禁爆大队，依法取缔个体非法作坊12家，办理非法贩运危爆物品(烟花爆竹)案件24起，治安拘留4人，治安罚款14人。每年春运期间，派出公安干警帮助车站或跟车检查“三品”，消除不安全因素。

四、查禁“黄赌毒”

“扫黄” 1985年，汨罗市公安机关查获黄色录像带1盒、录音带67盒，收缴淫秽图片894张。配合文化、工商等部门,对城关地区的12个录像厅、4个可巴厅、10个舞厅、8个卡拉OK厅、45家电游室进行检查。1987年始,公安局以城镇、铁路和公路沿线为重点,多次开展打击卖淫嫖娼的专项斗争。1991年5月26日,由汨罗市政法委牵头,组织妇联、公安、检察、法院、司法、工商、卫生等部门,抽调60余名干警,以107国道线的弼时、大荆为重点,开展查禁卖淫嫖娼、整顿路边店馆的统一行动,共清查115家个体旅店,当场抓获两起卖淫嫖娼案件。汨罗市委、市政府在弼时镇召开107国道沿线各乡镇管政法的党委副书记会议,对查禁卖淫嫖娼活动进行再部署。1992年,城关、城北2个派出所,查获卖淫女、嫖客190人。境内取缔一批卖淫窝点,对引诱、容留妇女卖淫的老鸨、窝主、暗娼和嫖客,分别作出劳动教养、收容教育、治安拘留和治安罚款处理。2001~2002年,市公安机关查处卖淫嫖娼人员,受治安拘留的381人,受治安罚款的774人。

禁赌 1989年1月,汨罗市政府发布《关于严禁赌博的通知》,市公安机关开展查禁赌博的专项斗争。坚持对参与赌博的违法犯罪人员进行打击处理,但赌博之风并未刹住。2002年6月9日晚,由省公安厅督办,市公安局在八景乡蓝水山庄查获一起特大聚众赌博案,参赌者涉及24台的士、69人。对为首的徐××、王××等8人予以刑事拘留,对9人作治安拘留,对22人作罚款处理,对提供参赌条件的八景乡党委书记和乡长2人,报请市纪委进行纪律处罚。

禁毒 20世纪80年代,县公安局刑侦大队担负境内禁毒工作。1998年1月18日,城关刑侦中队破获首起贩毒案,抓获犯罪嫌疑人周××(男,32岁,长沙市砂子塘人)和吸毒人员廖某(男,25岁,市药材公司职工)、姜××(男,28岁,古培镇古培村人),现场缴获海洛因6.2克,艾司唑仑安定片15粒。2000年,市公安局刑侦大队成立禁毒中队,专门负责境内禁毒工作。2001年,汨罗市成立禁毒委员会,由市政协、妇联、共青团、公、检、法、司、文教、卫生、药监等部门组成禁毒成员单位,汨罗市委常委、常务副市长李明主任禁毒委员会主任。是年7月4日,市公安局成立禁毒大队。年内共查破涉毒案件77起,查获涉毒人员272名,其中刑事拘留18人,治安拘留23人,送戒毒所强制戒毒13人,缴获海洛因28克,美沙酮口服液1瓶,罂粟80公斤,派替啶589支。2003年6月10日,禁毒大队成功破获一起重大贩卖毒品案,犯罪嫌疑人万××被当场抓获并被缴药海洛因52克。2006年"三八"妇女节和"6·26"禁毒日期间,市禁毒委员会在城区开展两次大的宣传活动,组织万人禁毒签名。市委常委、常务副市长、禁毒委员会主任参加宣传和签字活动,并发表《全民禁毒,共建和谐》的电视讲话。是年,禁毒大队对汨罗市登记在册的223名吸毒人员一一谈话,落实"四位一体"的帮教措施,联合文化、工商等部门,先后6次对娱乐场所进行暗访调查,发现和查处涉毒人员40余人。

汨罗市(县)公安局1979~2008年治安案件统计表

表8-2-15 单位:件、人

年度	治安案件			治安处罚情况			
					其中		
	发生数	查处数	查处率	人数	治安拘留	罚款	警告
1979	227	215	94%	39	24	7	8
1980	1033	987	95.5%	553	320	100	133
1981	903	895	99.1%	489	369	91	29
1982	1822	1689	90.9%	879	428	332	119

续表8-2-15

年度	治安案件			治安处罚情况			
					其中		
	发生数	查处数	查处率	人数	治安拘留	罚款	警告
1983	1949	1658	86.6%	733	515	168	50
1984	1212	1100	90.9%	665	236	340	89
1985	673	588	87%	597	272	262	63
1986	517	442	84%	517	256	210	51
1987	453	405	89.4%	872	336	440	96
1988	447	408	91.2%	776	281	365	130
1989	439	412	93.6%	990	287	597	106
1990	613	602	98.2%	1027	234	613	180
1991	897	897	100%	1367	252	858	257
1992	1241	1096	88.3%	1608	231	1221	156
1993	1489	1497	99.3%	1936	360	1401	175
1994	1028	1015	98.8%	1411	341	867	203
1995	883	863	98.6%	1265	283	855	127
1996	711	688	96.6%	741	243	425	73
1997	677	665	98.2%	818	376	327	115
1998	644	634	98.4%	672	353	206	113
1999	598	588	97.3%	686	375	229	82
2000	644	612	95%	742	375	230	137
2001	820	680	82.6%	833	472	226	135
2002	734	730	99.5%	877	411	134	332
2003	2384	2384	100%	1525	689	293	543
2004	1486	1479	99%	906	432	191	283
2005	2088	1957	94.6%	1076	961	30	85
2006	2402	2397	99.8%	988	939	32	17
2007	1862	1859	99.8%	-	901	-	-
2008	1660	1640	98.8%	-	657	-	-

第三节 “严打”斗争

1983年,中共中央和全国人大常委会作出《关于严厉打击严重刑事犯罪活动的决定》,是年9月,省委政法委部署开展“三年为期”“三个战役”的“严打”斗争。县委政法委组织公、检、法、司全体政法干警于8~12月,开展第一个战役。共投入搜捕行动人员1015人,其中县委常委、县政府正副县长10人,各部、办、委、局负责干部15人,政法公安干警244人,治安积极分子746人。共抓获各类刑事犯罪人员330

人;破获各类刑事案件802起,其中特大案件64起;摧毁各类违法犯罪团伙32个,瓦解其成员174人;抓获流窜犯罪分子102人,追回在逃犯36人;收缴子弹374发、凶器91件、炸药25公斤、雷管45发,缴获赃物价值8.4万余元。有353名违法犯罪人员到各乡镇和派出所主动交代问题,有73名刑事犯罪分子到公安机关投案自首,出现团伙成员集体自首,父送子、兄送弟、妻送夫自首的局面。城关、长乐、白水、屈原农场等地先后召开公捕公判大会,公开打击处理一大批严重刑事犯罪分子,其中判处死刑5人、死缓1人、有期徒刑283人。

1987年,汨罗县公安机关针对刑事犯罪活动有所抬头的趋势,继续贯彻"严打"方针,因地制宜开展"抓现行、破大案、挖团伙、掏窝点"等专项斗争。1990年5月,公安机关把打击"车匪路霸"、"扫黄打非"、打团伙、追逃犯纳入"严打"范围。1993年8月23日凌晨1时许,市公安局刑侦大队在组织追逃中,在境内沙溪镇青联村追捕重大抢劫、盗窃犯何××(男,24岁,青联村人)时,因何犯行凶拒捕,被追捕干警开枪击毙(汨罗第一个被击毙的行凶拒捕犯罪分子)。

1996年,中央和湖南省委、省政府再一次部署"严打"斗争。汨罗市共追回在册逃犯45人,占67%;其中,重特大逃犯21名,抓获19人,占90%。先后破获长乐9头耕牛被盗案;小边山120辆自行车、摩托车系列盗窃案;侦破和摧毁在107国道持刀抢劫过往车辆的抢劫团伙,抓获车匪路霸24人;逮捕在市区隐蔽较深的以邓××为首的集流氓、盗窃、抢劫、敲诈于一体的5人犯罪团伙。

2001年4月1日至2002年12月月底,汨罗市开展"春雷行动""零点行动"等专项行动,共破获各类刑事案件2181起,其中重特大案件528起,摧毁各类犯罪团伙80个,瓦解成员357人,抓获各类违法犯罪人员1415人,其中刑事拘留762人,逮捕452人,劳教81人,提起公诉272件、382人,审结261件、371人;追回批捕和负案在逃犯35人,先后还有62名案犯和逃犯到公安机关投案自首。还收缴流散在社会上的各类枪支367支、子弹100余发、凶器127件,共收缴、销毁非法出版物、淫秽录像带等8500余件,为国家集体和个人挽回经济损失1200余万元。

2001年8月2日,岳阳市公安局在汨罗召开"严打"斗争现场会,汨罗市公安局在会上介绍开展严打斗争的经验。2002年10月19日,湖南省水域"严打"整治斗争经验交流会在汨罗召开,汨罗市政府及市公安局分别被授予全省水域"严打"整治斗争先进集体称号。

2004~2008年,市公安局先后组织"利剑""风雷""天网一号""天网""打击流氓恶势力""夏季侦破会战""百日侦破会战""打击两抢一盗"等专项斗争和专项行动,相继破获一批重大刑事案件,摧毁一批犯罪团伙,抓获和打击处理一批刑事犯罪分子。

1978~2006年,汨罗市先后侦破19起反革命案件,查处122起政治问题案件,查处率分别为100%和98.3%。

第四节　户政管理

1978年,户口管理由公安机关执行,各派出所设置户籍室或配备专职户籍民警。1988年8月,市公安局设立户籍股,具体负责常住人口、暂住人口和出租房屋管理;办理出生、死亡、迁入、迁出、变入、变出6项户口异动和"农转非""三类投靠"等户口手续;人口普查和年终人口统计上报;居民身份证的颁发管理;人口信息管理。至2008年,户政管理实现由手工操作到微机化办公,由单机办公到全国联网,由单纯管理到管理与服务相结合的重大转变,并实现城乡户口“二元化”到城乡户口“一元化”的转变。1997年后,户政工作经验多次被公安部、省公安厅推介,2005年夺得“户政管理十佳县(市)”的金牌。

一、常住人口管理

1995年3月至1997年5月,顺利完成派出所对乡镇管理的农村户口的全面接管:共投资80余万元,为境内152516户农村户全部制作门牌;为每户配发户口簿;统一制作村级路牌600余块,立于各村主要交通路口;绘制村级村民居住图397份,填制《常住人口登记表》4500余套,分别存留乡镇场和派出所户籍室;为乡村两级和派出所户籍室分别添置有关设施,所有派出所均实现户籍微机管理。建立村(居委会)级户口申报站439个,配备协管员450人,形成以政府作领导、公安户籍股为龙头、派出所为主体、乡村户口协管员为骨干的“双层管理、四方配合、组为基础”的农村管理体系。制定常住人口出生地、死亡、户口迁移、身份证办理、流出人员管理、刑释解教和监外执行人员管理等制度;以及相应的文书档案和标准档案室。

二、暂住人口和出租房屋管理

20世纪90年代中期,汨罗市成立暂住人口管理领导小组,在城区设暂住人口申报站15个;建立健全暂住人口的申请审批、日常检查、函调协查等规章制度,规定外来经商务工人员必须具备“四证”(居民身份证、结婚证、计生证、劳务证),否则不予办理暂住手续。对无合法证件、无固定住所、无正当职业的“三无”人员,实行函调和遣送,严格控制和管理,规定每年3月为暂住人口和出租房屋清理整顿月。市委综治委、政法委、市公安局每年进行两次以上清理整顿的集中行动。2005年3月,进行暂住人口和出租房屋的大规模清理整顿,共重新登记暂住人口9581人,补发暂住证1592人,发现并抓获暂住人口中的违法犯罪人员114人,从中查获刑事案件63起,查处治安案件98起。

三、居民身份证颁发

1987年始,汨罗县颁发第一代居民年份证,共颁发58万人证,被省政府评为居民身份证颁证工作先进单位。1997年前,第一代证的底卡由手工填写、送省公安厅制作;1997年10月后,居民身份证的底卡改用微机打印。1998年上半年始,市公安局户籍股统一处理办证信息,通过拨号联网,向省公安厅输送办证信息直接办证,初步实现无底卡身份证的制作。此后,汨罗市开通与省公安厅的专线联网,无底卡身份证的制作直接在公安内部网上进行。2004年始,汨罗市公安局着手第二代居民身份证的换发筹备工作,广泛宣传《中华人民共和国居民身份证法》和“二代证”常识,筹措资金,培训技术骨干,添置办证设备,开通办证系统。2005年10月1日开辟市政务中心第一个办证点,正式启动集中换发“二代证”工作。白水、李家、长乐、大荆、磊石等派出所设立办证点,扩大覆盖面。至2006年年底,境内换发“二代证”128081人证。

第五节　警务巡逻

1995年8月,汨罗市公安局建巡逻警察大队;2003年10月,更名为汨罗市公安局巡逻防暴警察大队

（简称巡警大队），内设3个中队（2个110处警中队、1个巡逻中队），负责街面治安巡逻和处置突发性事件。2006年，招收10名协警员，成立城区治安联防大队，归属巡警大队。

110指挥中心　建于2001年9月，实行全天候24小时值班制，及时处理各种警情。至2002年3月，该中心实现从值机式、待命式的工作方式向管理指挥型、决策智囊型的转变。2006年，先期投资80余万元，建成融报警处理、指挥调度等功能，集数字化视频监控、有线通信、无线通信、信息网络、系统软件于一体的智能化“三合一”指挥中心。“三台合一”后，群众拨110、119、122任何一个电话，110指挥中心都能直接受理，快速处置。

巡警大队采取骑摩托车与徒步相结合的形式，全天候、全方位对汨罗市区的大街小巷进行治安巡逻，及时发现、制止和调解街面上出现的各种矛盾纠纷及违法犯罪行为。1995年至2008年年底，累计出动巡逻警95040余次，巡逻行程21.76万公里，抓获违法犯罪人员1620多人，制止、调解矛盾纠纷19200多起，排除险情90多次，为民排忧解难11400多起。

1995～2006年底，汨罗市110处警中队共出警21900多次，接受群众求助10800余次，受帮助群众达11400多人，抓获违法犯罪人员2110多人。2006年3月21日22时许，市建工办女职工陈某独自一人步行回家，途经高泉北路金成实业有限公司对面马路时，遭到3名男青年抢劫，抢走手提挎包1个，内有现金2000元、三星手机1部，还有银行存折卡及医疗卡等。22时9分，巡警大队接到110指挥中心命令后迅速出警，赶往现场顺线追踪，将藏匿在市水电局宿舍楼的歹徒熊××抓获，然后采取重点清查与蹲点守候相结合的方法，将另外两名歹徒尚××和蒋××缉拿归案。

第六节　监所管理

一、看守所管理

1987年，市看守所投资100多万元新修带放风场的监房17间、审讯室12间、教育活动室7间、岗楼2个，基本上达到监房、办公、生产、生活、武警营区五公开和确保监房安全管理的要求。2004年，境内改造友谊河工程，规划拆迁9间监房，对看守工作带来严重影响。为此，市公安局决定在离城区6公里外的城郊乡上马村省道308线南侧新建看守所。2003年4月动工，占地面积7.2公顷，建筑面积1.2万平方米，共建19间监房，关押量300人左右。监区内设有智能电网、电子监控、电化教育、受虐报警对讲、违法犯罪人员管理信息、发配电装置、程控电话通讯、无线电台通讯等控制系统。至2008年，硬件建设达到公安部的要求，为湖南省一流看守所。

1994年后，汨罗市看守所坚持把好入所关；把好安全关、秩序关、改造关，使大部分都能知错认罪，还能积极检举揭发他人犯罪。其中，因窝赃罪被判刑二年零六个月的熊××，经过多次教育，检举揭发市农机厂部分临时工合伙盗窃柴油机的案件，经公安机关顺线追查，破获内盗案件40多起，收缴柴油机和零部件40多台件，挽回经济损失达3万多元；故意杀人犯吴×，一审被判处死刑后，想一死了之，通过教育感化，打消自杀的念头。二审改判死缓时，他感激地对亲人说：“我这条命是看守所给的，我一定要好好改造自己，重新做人。”投劳后，吴×曾多次写信感谢所领导和全所干警，并汇报自己的改造情况。1994～2006年，市看守所连续被评为岳阳市安全无事故先进单位；2002年，被省公安厅评为全省公安监管战线深挖犯罪工作先进单位;2006年,该所被公安部命名为“全国市级公安监管部门信息技术应用先进单位”;并连续多年被公安部和省公安厅命名为二级达标看守所,先后两次荣立集体三等功,2006年立集体二等功。1987年,所长杨春祥被评为“岳阳市模范看守干部”;1991年,当选为岳阳市第三届人大代表、汨罗市第五届政协委员;1998年,被评为“湖南公安系统管教能手”,并多次立个人二、三等功。2006年,副所长甘亚平被评为“湖南省优秀人民警察”。

二、拘留所管理

建于1981年,原名汨罗县公安局行政拘留所,原址城区人民路50号;1989年,迁至城区荣家路,更名为治安拘留所。主要任务是负责收治、教育汨罗市公安局、屈原公安局及法院办理的行政、司法拘留人员,年均收治人数在800人左右。2006年年底,被评为“二级拘留所”。

1981～2008年,根据不同时期被拘留人员的不同特点,将“盯牢”、“看死”的管理模式转变为“规范化管理和人性化管理相结合”的多元管理模式。2003年5月,开展创文明示范所活动,目标为“执纪执法严格公正,教育管理严格规范,基础设施标准安全,警务制度公平公开,安全措施万无一失,干警素质全面提升”,使违法犯罪人员步入正确的法制轨道,重新做人。

第七节　道路交通安全管理

一、管理机构

1987年5月16日,汨罗县道路交通安全管理工作由汨罗县交通局移交公安局,成立“县公安局交通警察队”,下设办公室、安宣股、车管股,干警定编为14人。1988年11月,为适应县改市后城市交通管理和107国道建成通车后的交通安全管理的需要,分别成立交警城区中队和新市联合检查站。1990年8月,交通警察队更名为交通警察大队,加挂“汨罗市公安局公路巡逻警察大队”牌。至2006年年底,交警定编74人,新增纪监室、行财股、法宣股、处罚中心、事故预防和处理中队、秩序管理中队、一中队(原城区中队)、二中队(新市)、三中队(弼时)、四中队(大荆)。1994年,交警大队自筹资金500万元,在大众南路与罗城路交叉处兴建交警大楼,总建筑面积3755平方米,集办公、招待所、停车场于一体,1995年11月15日交付使用。

1987～2008年,市公安交警部门除做好日常业务工作外,还担负境内重大活动的交通安全保卫。党和国家领导人及省、市领导到汨罗视察或路过汨罗,均确保安全畅通,万无一失。1989年8月,岳阳市第一次道路交通管理工作现场会在汨罗市召开,李家塅和川山坪2个派出所获得”先进单位“称号。1996年,交警刘木荣获湖南省”优秀人民警察“称号。2000年6月,交警二中队基础硬件建设创全省一流;是年,开展创建“平安大道”活动,汨罗市交警三中队被公安部评为先进中队和湖南省人民满意中队。2002年,大队长余汨江、教导员尹飞龙分别被省政府和省公安厅评为“春运安全管理先进个人”。2005年,大队被评为省执法质量先进单位。2006年,尹飞龙被评为省交警系统思想政治工作先进个人。

二、路面交通管理

1987～2006年,汨罗市内国省县乡公路通车里程达897公里。公路网建设和通车里程数以及路面质量,处省内领先水平。为管好路面,汨罗市交警大队在搞好宣传的基础上,开展创平安大道、城市畅通工程达标等活动,确立城区建设路为交通安全示范街,并提出创建交通安全示范乡镇、创建平安畅通市区,开展“文明在十字路口”等活动,使珍爱生命、安全出行观念、交通安全意识深入人心。同时强化巡逻管控,依法严格治理“两超”(超车、超载)等严重交通违法行为,规范路面行车秩序。1994 年以来,公安交警部门先后在城区的 7 个十字路口和新市枫家岭十字路口建 8 盏信号灯,居岳阳六县(市)之首。标线工程覆盖城区道路,设有各种交通警示、宣传、指示、诱导标牌 600 多块,辖区内国道 107 和省道 308 线的主要路口和城区主干道的永久性标牌清晰明确,成为城市建设的一个亮点。

三、车辆管理和驾驶员管理

1984 年,汨罗县内仅有各种在册登记的机动车 867 台、驾驶员 672 名。至 2006 年年底,汨罗市内机动车增至 17653 辆,驾驶员 30670 人。为加强机动车和驾驶员管理,市交警大队主抓三个方面:一是加强源头管理。严把车辆入户异动关,严格按机动车管理办法控制车辆入户,杜绝手续不全的机动车与无规范产品合格证的拼装、改装车和盗抢、走私车辆登记入户,严厉打击无牌无证上路行驶的机动车,采取没收、查封、限期报废、经济处罚等多种手段遏制其蔓延和发展。1996 年始,城区使用机动三轮车(踩士)载客,机动三轮车虽为市民出行带来方便,但严重影响市区交通秩序,三轮车交通事故频发。因此,市政府决定从 2006 年 4 月 28 日起,彻底取缔载客三轮车。通过全体交警 15 天时间的努力,三轮车全部被取缔,取缔前已发展到 647 台,由中创公司的出租汽车替代。2008 年年底,出租车达 200 辆。二是抓技术培训和宣传教育。1995 年,境内建机动车检测站,年检测车辆 3000 余台次,2004 年年底,成立岳阳市交警支队车管所汨罗分所,承担屈原行政区和湘阴县绝大部分车辆的年度安检任务,使机动车安全技术管理上台阶。2000 年前,驾驶员培训由交警部门承担,2000 年后,驾驶员培训移交交通部门,但驾驶员的宣传教育任务还由交警部门承担。市交警大队每年都要结合驾驶员的年度审验和春运等重要时期,对驾驶员进行安全常识和交通法规的强化教育,并利用电视、广播、宣传车、横幅、流动宣传板块、驾驶员读本、宣传资料等多种形式,对驾驶员进行安全教育,对市民进行安全宣传。2005 年后,结合公安部开展的道路交通安全宣传“五进”活动(进农村、进单位、进学校、进社区、进家庭)和创建平安畅通县区活动开展宣传,形式、内容更加灵活和充实,便于群众接受。三是强化监管。单位和行业相继成立机动车驾驶员安全联组,对机动车驾驶员进行安全和法制教育以及日常监管。2003 年,推行客运户籍化管理,汨罗市内 380 多台客运车辆都落实联车民警,每位民警联车 3~5 台,实现客运车辆安全到车到人。每年春运,交警部门深入运输业进行督查,加大对路面管控力度,严把车门关、站门关,把安全隐患消除在萌芽状态。是年 6 月,岳阳市客运车辆契约化管理现场会在汨罗市召开,车辆监管工作得到省公安厅的肯定。

四、事故预防和处理

1987 年后,各类交通事故逐年增加。最高年份 2000 年达 669 起,死亡 97 人。其中,外地过境车在境内发生事故量增多。2000 年后,交通事故处理难度增大,大都是受害人在经济利益的驱使下,采取一些过激甚至是违法的行为,使矛盾升级。主要表现为扣车扣人,堵塞交通,不听劝阻闹对立,给交警部门施压,给政府出难题。该类违法行为虽经公安部门联手打击,但仍难从根本上解决问题。2004 年 5 月 1 日,《中华人民共和国道路交通安全法》和《中华人民共和国道路交通安全法实施条例》正式颁布实施,成为交警部门执法和处理交通事故的重要法律武器。2006年5月31日,省政府颁发《湖南省实施〈中华人民共和国道路交通安全法〉办法》,对交警的各项执法活动作进一步的明确,使道路交通安全管理逐步走向法制化轨道。

第八节　森林保卫

1985年,汨罗县公安局林业派出所配备干警7人。至1999年3月,境内建立护林组织100个,发展护林员1989人,形成市、乡(镇)、村三级保护网络。1999年4月,林业派出所升格为森林公安分局,内设办公室、刑治股、森林消防股;下设城关、白水、长乐、桃林4个警务站。干警增至20人,共配备警车3台、摩托车6台、通讯联络高频电台1个、对讲机8只。

1985～2008年,森林公安机关共查处无证加工经营、无证运输收购木材等各类行政案件1000多起,吊销经营许可证110个,取缔违法经营户85户,为国家挽回经济损失800多万元。

第三章　检　察

汨罗县人民检察院(简称县检察院)于1978年10月恢复,定编36人;内设办公室、批捕起诉股、法纪检察股,1979年5月,增设经济检察股。1981年,县检察院内设刑事检察一股、刑事检察二股、法纪检察股、经济检察股、监所检察股和办公室。1990年6月,按照最高人民检察院的精神,撤销经济检察股,组建反贪污贿赂工作局。至2008年,检察院内设机构有办公室、政治部、反贪污贿赂局、反渎职侵权局、侦查监督科、控告申诉科、公诉科、监所科、民事行政检察科、预防科、纪检监察室、人民监督员办公室、检务督查室、法警大队、技术科。

第一节　刑事检察

一、审查批捕

根据法律规定,检察院对公安机关提请批捕的刑事案犯,审查批捕;对检察机关自行侦查终结的案犯,决定逮捕。在审查批捕工作中,实行专人管理、认真审查材料和核实证据、集体讨论、检察长决定、重大疑难案件提交检察委员会讨论决定的制度。1978年10月至2006年年末,汨罗检察机关在审查批捕工作中提前介入569案,补充证据1386份,否定原定罪行389条,追捕漏犯534人。

1978年后,公安机关认为检察机关不批准逮捕的决定有错误,依法要求复议,如复议意见不被接受,可向上级检察机关提出复核。市(县)检察院对公安机关提出复议的案件,均认真复审或配合补充核实证据,发现错误,及时纠正。至2008年年末,汨罗市通过上级检察机关复核纠正案件2起。

1978年后，市(县)人民检察院在审查批捕中发现公安机关的侦查活动有违反法律的行为时，视其违法程度，依法提出口头建议或发出“纠正违法通知书”予以纠正。至2008年，汨罗市检察机关共向公安机关提出和书面纠正意见698次，12名情节较严重的直接责任人受到党纪、政纪处分。

二、审查起诉

1978年后，汨罗县检察院对公安机关侦查终结移送检察机关的刑事案件和自行侦查的案件，依法审查；构成犯罪应该判处刑罚的向法院起诉；构成犯罪而不需要判处刑罚或者可以免除刑罚的，作出免予起诉决定；情节显著轻微不构成犯罪的，作出不予起诉决定。1979～2008年，汨罗检察机关在审查起诉过程中，对153案、168人改变罪名，补充证据材料15369份，挖出余罪753条，追诉罪犯143人。起诉、免予起诉和不予起诉的分别占审查案件总数的86%、12%、2%。检察起诉的案件经人民法院开庭审理后作出无罪判决的占0.2%，起诉准确率为99.8%。

人民法院审判公诉案件，检察机关依法派员出庭支持公诉，代表国家执行控诉职能和履行审判监督职责。检察机关对人民法院审判活动中的不当措施和未发生法律效力的不当判决、裁定，提出口头或书面纠正意见；要求纠正不当判决或裁决的意见不被采纳，则按程序向上一级人民法院抗诉。1979～2008年，汨罗检察机关在审判监督活动中向人民法院提出口头和书面纠正意见758次，抗诉29案、37人，均经上级法院改判。

汨罗市人民检察院1993～2008年审查批捕统计表

表8－3－16　　单位：件、人

年度	受案		批捕		不捕		追捕
	件	人	件	人	件	人	人
1993	136	270	185	219	－	－	12
1994	132	217	122	195	－	－	8
1995	94	188	82	159	－	－	－
1996	122	241	113	213	4	16	8
1997	－	－	128	196	－	－	12
1998	185	277	163	240	14	37	10
1999	173	287	148	238	25	49	7
2000	168	241	133	178	35	63	9
2001	254	389	227	352	27	37	16
2002	170	268	165	257	5	11	11
2003	241	351	237	339	4	12	10
2004	255	386	232	349	23	37	12
2005	365	502	316	425	49	77	14
2006	308	510	250	421	58	89	21
2007	360	539	257	410	103	129	22
2008	278	385	207	301	71	84	38

汨罗市人民检察院1993～2008年审查起诉统计表

表8－3－17　　　　单位:件、人

年度	受案		起诉		不诉		追诉		抗诉	
	件	人	件	人	件	人	件	人	件	人
1993	134	236		212	/	/	/	6	1	2
1994	112	179	112	169	–	–	–	10	–	–
1995	118	173	90	131	–	–	–	–	–	4
1996	140	212	119	184	4	7	–	–	2	4
1997	104	155	90	129	2	9	6	6	1	1
1998	140	213	140	213	–	–	–	–	–	–
1999	170	252	135	190	2	3	–	–	–	–
2000	127	180	97	135	2	4	–	–	–	–
2001	215	318	163	241	3	10	–	12	1	2
2002	173	257	125	205	5	5	5	9	–	–
2003	163	228	147	207	1	5	5	8	–	–
2004	172	233	165	220	3	6	3	3	–	–
2005	253	376	240	359	9	11	4	9	–	–
2006	248	358	239	338	2	4	4	4	–	–
2007	263	422	246	397	15	21	9	9	–	–
2008	248	354	207	295	21	25	31	42	–	–

第二节　反贪污贿赂

1990年6月,组建汨罗市检察院反贪污贿赂工作局(简称反贪局),其前身为1979年成立的经济检察科。始建时配制11人,随着形势的发展和反贪工作的需要,2002年定编17人,2003年定编21人,至2008年年底,定编人数16人。反贪局下设综合室、侦查一室、侦查二室。有办案车辆3台,电视监控设备一套。

2002年年底,群众举报汨罗火车站原常务副指挥长朱××(副处级)有严重的经济问题。由于朱在领导岗位上任职时间长,社交关系广,使得反贪局调查取证相当困难,案子侦查一段时间,仍不够立案条件。对此,反贪局克服各种阻力和干扰,反复寻找线索。在审查火车站的账目和土地销售记录簿时,从一份土地销售记录上发现一起重要线索,便进行搜查,获得可靠证据。立案侦查后,查明朱在1998年5月至2003年3月担任汨罗火车站工程指挥部副指挥长期间,利用职务之便,在开发项目、工程承包、土地销售中收受他人贿赂30万元。该案移送起诉后,2004年5月21日,市法院判处朱××有期徒刑10年,剥夺政治权利1年。2004年5月,反贪局立案侦查的屈原行政区管委会副主任戴××(副处级)受贿案,查明1994年4月至2003年10月,戴××在担任屈原行政区水利局局长和屈原行政区水利工程建设指挥部副指挥长期间,利用承包水利工程收受他人贿赂 8 万余元。该案移送起诉后,2005 年 3 月 16 日,汨罗市人民法院以受贿罪判处戴有期徒刑 3 年,缓刑 4 年。2005 年 7 月 30 日,经省人民检察院指定,汨罗市反贪局立案查处一起特大受贿案,犯罪嫌疑人李公一被判处有期徒刑 18 年。

第三节　反渎职侵权

1998 年 6 月,市检察院渎职犯罪侦查局挂牌成立,取代原法纪检察科;2005 年 10 月,更名为市检察院反渎职侵权局,人员编制从最初的 4 人增至 8 人。1998 年,被省检察院渎职犯罪侦查局评为省先进单位。2005 年,汨罗市渎职侵权犯罪侦查局推行"大渎侦"战略,创造 50 天办 5 件渎侦案件的佳绩;2006 年,反渎职侵权局共查办渎职侵权案 7 件、15 人,创历史新高。该局 2005 年和 2006 年分别被岳阳市检察院评为先进集体。

第四节　监所检察

1980 年 1 月,县检察院监所检察科成立,定编 2 人,2006 年定编 3 人。1983 年始,该科始派检察干部到看守所驻所检察。随后正式成立监所检察室,安排专门用房和设备,配合看守所搞好在押人犯的教育和管理。

2007 年,市检察院在监所检察工作中推行"每周双色评语"新举措,主要内容:由驻所检察干警对在押人员每周学习、生活、劳动等方面的情况进行详细考察了解,综合管教干部的意见,每周评选出表现最好和最差的两名在押人员,分别用红色卡片记下表扬鼓励,用白色卡片记下期望要求,每周向所有在押人员当场宣读并交由他们本人保管。该制度受到在押人员的欢迎,被上级检察机关推广。

第五节　民事行政检察

1990 年 5 月,汨罗市检察院民事行政科成立,定编 3 人。年办案 15 起至 20 起,准确率达 98%,2001 年、2003 年,分别被省检察院评为民事行政工作先进单位。2005 年,该科在民行工作中发现,过去公民对检察机关维护其合法权益的职能不甚了解,在诉讼中吃了亏也不知道到检察机关申请抗诉,当知道检察机关可以对民事行政审判活动进行监督时,无论判决正确与否,当事人只要对判决不服就到检察机关申请抗诉。为此,民事行政科出台申请抗诉风险提示制度,被《检察日报》宣传推介。告知风险提示让当事人审慎维权,是年就有 12 人主动放弃不必要的抗诉申请。

第六节　控告申诉检察

1986 年 5 月,汨罗县检察院控告申诉科成立。定编 4 人,2006 年,定编 6 人。1998 年和 2001 年,在省检察院组织的文明接待室验收中,被授予"文明接待室"光荣称号。

2005 年汨罗江"太子奶杯"国际龙舟节期间,控申科全员出动,连续 10 天排查摸底,对可能借机闹事的人员,上门做细致的思想工作,并派专人在赛场暗查密探,确保龙舟节其间安全无事故。2005年后,控申科探索涉法上访处理的新方法,减少涉检信访、越级上访,把问题解决在萌芽状态,该做法被最高人民检察院在《控告申请工作情况》《检察工作简报》上予以报道,并号召全国检察机关学习推广。

第四章 法院

汨罗市人民法院(简称市法院)是汨罗市的专门审判机关。宪法和法律赋予人民法院的职责:打击犯罪,调整平等主体法律关系,化解人民内部矛盾,监督和维护行政机关依法行政,保护当事人和行政相对人的合法权益。其审判内容主要是刑事审判、民商事审判和行政审判。

第一节 刑事审判

中共十一届三中全会后,法院贯彻"严打"方针,对黑势力犯罪、暴力性犯罪、侵财案件犯罪加大打击力度,依法行使打击职能,严惩犯罪分子,维护社会稳定。1980年,全国实施《中华人民共和国刑法》、《中华人民共和国刑事诉讼法》后,刑事审判活动进一步规范,县法院设立刑事审判二庭,专门审理刑事申诉案件。1983年,杀人、抢劫、强奸、投毒、爆炸、纵火等恶性案件的发案率上升。是年8月,中共中央发出"严打"指示,提出"从重从快"的方针,县法院刑庭在4个合议庭的基础上,充实10名审判员,与县委从各单位抽调的14名书记员组成14个合议庭,保证对一批严重刑事犯罪分子的从重从快惩处。1984年7月"严打"第一战役后期,共受理刑事案件258件、411人,审结22件、358人,有7名罪大恶极者被判处死刑,1名被判处无期徒刑,43名被判处10年以上有期徒刑,79名被判处5年以上有期徒刑;摧毁大小犯罪团伙29个,瓦解团伙成员159人。在第二、三战役中,审判刑事犯罪案件494件、713人。1997～2002年,每年开展"春夏严打"战役,年均结案150件、200多人。2003～2006年,"严打"工作纳入政法战线社会治安综合治理的中心工作,每年在重大活动之际或年底之时举行公捕公判大会,审判结案中的重大罪犯以进行警示教育。2003年,结案174件、205人;2004年,结案195件、245人;2005年,结案242件、300人。2006年,市法院把打击重点对准危害人民群众生命财产安全的"两抢一盗"(即抢劫、抢夺和盗窃)、故意伤害及黑恶性质的犯罪案件,共判处158案230人。2007～2008年,共审结各类刑事案件369件、682人,其中判处10年以上有期徒刑的27人。

第二节 民事审判

1980年7月,设经济审判庭;1982年6月,增设川山、新市、白塘、三江4个法庭;7月,增设黄柏法庭;1997年1月,设立案庭;1994～1998年,将黄柏、弼时、李家塅法庭合并为李家塅法庭,将大荆、三江、长乐法庭合并为长乐法庭,将白塘与桃林法庭合并为桃林法庭;1999年,设民二庭,审理交通事故赔偿案件;

2001年,经济庭更名为民二庭,将审理交通事故赔偿案件的民二庭与民一庭合并,撤销城关法庭;2002年6月,成立司法技术鉴定中心,与法医室一个机构、两块牌子;2004年,成立民三庭,专门受理继承案、债务案、婚姻纠纷案以及维权案件;2003年年底,撤销新市法庭;2004年,成立速裁中心;2005年,屈原法庭从汨罗市法院分出,成立屈原行政管理区法院,负责管理区各类案件的审判;2007年年底,撤销速裁中心。

1982年5月《民事诉讼法》实施,境内民事审判工作受案数增加,案由增多。1982年6月至1984年7月,受理民事案件891件,审结839件,结案率94.16%。1986年9月《民法通则》颁布,审结的民事案件大幅度增加,1988年审结1326件,1998年审结1786件,增长率34.69%。1999年始,推行"一步到庭、当庭审判"的试点,推行"谁主张、谁举证"的审判原则,强化庭审功能和下放文书签发权,推行公开审判,提高庭审透明度。1999~2002年,每年审结的民事案件均在1800件以上,2003~2006年,民事案件呈下降趋势,年均在1000件以下。2003年,成立评查中心;2005年,评查中心更名为审判管理办,按省高院案件质量考评办法和绩效评估办法对案件规范管理,按绩效指标在省内排队,汨罗法院民事审判的90%的案件均为优案,2006年,被省院评为司法绩效先进单位和案件质量优胜单位。1980年前,经济纠纷案列入民事案件范围;1980年,设立经济审判庭,专门审理经济案件;1980~1999年,市(县)法院共审结各类纠纷案3934件,总诉讼标的达3.59亿元。1996年,市法院在经济案审判中,重点抓好对国营企业和乡镇企业破产案件的审理。坚持抓企业破产与维护稳定、挖蛀虫、依法追回破产企业债权、企业重组转机建制相结合,共审结镀锌钢管厂等国营企业破产案23件,结案标的1.82亿元;受理汨罗市农药厂等乡镇企业破产案143件,结案标的1985万元。1999~2006年,市法院配合"两个置换"(即企业置换资产、职工置换身份)和企业改制,为裕丰公司、汨罗酒厂、氮肥厂、水泥厂、医药公司等多家企业蹲点服务。至2008年,共审理各类民商事案件29546件。

第三节　行政审判

1986年10月11日,汨罗县法院率先在全国基层法院成立行政审判庭,审理行政相对人不服行政机关具体行政行为而提起的诉讼。1986年前,行政审判按《中华人民共和国民事诉讼法》程序审理。1990年《中华人民共和国行政诉讼法》颁布实施,行政相对人的"民告官"有了法律支持。是年,市法院设立税务审判庭、公路法庭,专门审理税务行政案件和公路路政案件。2002年,将税务审判庭、公路法庭与刑事审判庭合并,对境内所涉及的行政案件、非诉行政案件,依法定条件审理。从《行政诉讼法》实施到2006年年底,共审结行政案件367件,执行各类非诉行政案件982件,涉及政府、公安、工商、国土、税务、环保、路政、计生等30多个行政管理部门。

1985年,汨罗县法院首次受理县药材公司不服县卫生局对其销售假劣药品的处罚而提起诉讼。1986年10月,行政审判庭首次公开开庭审理全国基层法庭受理的第一起行政诉讼案件,判决维持县卫生局的处罚决定,《法制日报》进行全面报道。1993年,市法院将4名年轻女法官安排在行政庭,成立湖南省第一个"女子行政审判庭",连续三年被岳阳市法院评为先进单位。1997年10月20日,汨罗市法院应邀参加全省行政审判10周年座谈会,会上作《发扬求索精神,争当行政审判的先行者》的专题发言,得到参加会议的最高人民法院副院长罗豪才及各地、州、市法院领导的高度评价。2004年,审结的26个案件中,维持被诉具体行政行为的10件,确认被诉具体行政行为的2件,驳回诉讼请求的4件,驳回起诉的2件。因涉诉具体行政行为不当被撤销的25件,判令被诉行政机关予以赔偿的9件。2005～2008年,审结行政案件13件,执结非诉行政案件333件。

汨罗市(县)人民法院1978～2008年刑事案件审判统计表

表8－4－18　　单位:件

年度	结案(件)	年度	结案(件)	年度	结案(件)
1978	71	1989	97	1999	149
1979	67	1990	101	2000	173
1980	43	1991	107	2001	186
1981	74	1992	98	2002	157
1982	82	1993	89	2003	174
1983	137	1994	83	2004	195
1984	113	1995	114	2005	242
1985	106	1996	121	2006	269
1986	112	1997	129	2007	262
1987	96	1998	136	2008	309
1988	91	–	–	–	–

汨罗市(县)人民法院1978～2008年民商事案件审判统计表

表8－4－19　　单位:件

年度	结案(件)	年度	结案(件)	年度	结案(件)
1978	537	1989	906	1999	1863
1979	558	1990	1031	2000	1348
1980	609	1991	1045	2001	958
1981	645	1992	1141	2002	1013
1982	681	1993	962	2003	790
1983	725	1994	1475	2004	761
1984	763	1995	1883	2005	813
1985	797	1996	1833	2006	652
1986	824	1997	1539	2007	975
1987	856	1998	1786	2008	1335
1988	1326	–	–	–	–

第四节　审判监督

1980年1月,设申诉室,统一受理告诉申诉案件;1982年3月,设刑事审判二庭,审判刑事申诉案件;1990年,审判监督庭成立,审判监督工作至此已完善健全。1978年10月至1989年12月,汨罗县(市)人民法院共复查刑事案件2001件、2652人,维持原判的816案、1299人,改判1185件、1352人,抗诉1案、1人。至1993年年底,共审结刑事申诉案72件118人,民事申请案12件,经济申诉案9件,行政申诉案1件,办理减刑、假释72件,办理信访案69件,调处简易程序纠纷21件,接待信访2165件、来访2313人次。1994～2005年,审判监督庭在依法审理申诉再审案件的同时,承担全院案件质量评查任务,年均评查案件达2000卷,并配合法院中心工作,抓严肃执法。2005年后,法院设审判管理办(评查中心)负责评查案件,审判监督庭专职履行审判监督职能,先后审判刑事、民事、经济、行政等监督程序的案件达315件。2006～2008年,开通汨罗法院网,设立院长信箱,邀请市人大代表、市政协委员旁听案件120多场次,组织陪审员参加开庭240人次。

第五节　案件执行

1984年初,汨罗县法院成立执行庭;1999年,更名为执行工作局,并成立司法警察大队协助执行局工作;2006年,改司法警察大队为司法警察局,承担执行案件的执行,负责押解人犯和值庭等安全保卫工作,并应付突发事件。1983年前,办案方式实行"审执合一",审判人员既办案也办执行;成立执行庭和执行工作局、司法警察局后,均实行"审执分离"。1984～1999年,执行庭共执行民事、经济、行政案件4854件,执行的财产金额达3745.1万元;2000～2002年,执行局、司法警察大队共执行各类案件2500件,执行标的上亿元;2003～2006年,法院执行各类案件达5600余件,执行标的达3.5亿余元。2007～2008年,执结各类案件1550件,执行标的达18000万元,执结率91%以上。

第六节　审判制度改革

1980年后,适应《刑法》《刑事诉讼法》。1997年后,《刑法》和《刑事诉讼法》相继修改,刑事审判方式开始改革,推行审判长居中裁判,让公诉人与被告人及辩护人充分行使应有的诉讼权利。2005年后,一般刑事案件普通程序可以实行简便审。

1980年前,经济纠纷依据《中华人民共和国民法》审理;2002年后,列入民商事,适用《民法》《民法通则》和《中华人民共和国合同法》。1995年后,民二庭专门审理国有企业破产,适用《中华人民共和国破产法》。1982年后,调整平等主体的财产和人身关系的民事案件,适用《中华人民共和国民事诉讼法(试行)》,1986年9月后,民事案件适用《中华人民共和国民事诉讼法》和《民法通则》,1995年后,民事审判方式开始改革,先后推行"一步到庭,当庭审判"的试点,推行"谁主张,谁举证"的审判方式,强化庭审功能。2001年始,推行审判长、独任审判员选任制。2005年后,省高院系统推行案件质量评查和司法绩效考核,岳阳市法院对基层法院考核12项指标、高院考核52项指标,重点对结案率、改判率、当庭审判率、执结率、审限率作考核,并在省高院、岳阳市法院进行排队。2005～2006年,汨罗法院司法绩效在省市获好评,2007年,获岳阳市法院司法绩效排队第一名。

汨罗市(县)人民法院1978～2008年执行案件统计表

表8－4－20　　　　单位:件

年度	结案(件)	年度	结案(件)	年度	结案(件)
1984	51	1993	201	2001	251
1985	57	1994	211	2002	263
1986	77	1995	223	2003	388
1987	79	1996	209	2004	319
1988	109	1997	241	2005	321
1989	173	1998	235	2006	496
1990	189	1999	340	2007	535
1991	198	2000	239	2008	617
1992	197	－	－	－	－

汨罗市(县)人民法院1978～2008年行政案件及非诉执行统计表

表8－4－21　　　　单位:件

年度	结案(件)	年度	结案(件)	年度	结案(件)
1986	1	1994	25	2002	44
1987	4	1995	43	2003	50
1988	7	1996	37	2004	56
1989	2	1997	86	2005	54
1990	10	1998	80	2006	161
1991	22	1999	124	2007	165
1992	67	2000	71	2008	187
1993	146	2001	47	－	－

第五章　司法行政

1966年,汨罗从湘阴县析出、建县,司法行政事务由法院管理;1977年,人民公社和集镇开始配备司法助理员;1981年1月,成立汨罗县司法局,管理司法行政事务,同时成立公证处、法律顾问处。

第一节 普法工作

1981年,成立汨罗县法制宣传教育领导小组,下设办公室,与司法局宣教股合署办公,主要负责境内的法制宣传教育工作。1982~1984年,随着《宪法》的修改和全国人大常委会《关于严惩严重破坏经济的犯罪的决定》《关于严惩严重危害社会治安的犯罪分子的决定》的公布,法制宣传教育领导小组办公室配合两个《决定》,在境内开展法制宣传周、宣传旬、宣传月等活动。1985年,成立汨罗县普法领导小组,县委书记任组长,各乡镇及县属行业、事业、企业单位均成立相应的普法领导机构。1986年始,汨罗县普法领导小组在全县实施以领导干部、青少年、司法和行政执法人员、农民和企业管理人员为重点对象的"一五""二五""三五""四五""五五"普法规划。至2006年,共培训普法骨干15万多人次,举办各类法制讲座8万多堂次,开展各类专题普法活动7000多次,有近50万普法对象接受法制教育。

1996年始,开始一年一度的干部职工学法用法考试,至2006年,连续举办11次,有领导干部、公务员、执法人员、专业技术人员(包括教师和医务工作者)以及企业经管人员共12万人(次)参加汨罗统一考试,参考率99%,及格率达96%。2001年成立汨罗市青少年法制教育领导小组,为全市54所中小学配备法制副校长,实现青少年法制教育"师资、教材、课时"三落实。2005年,法制教育领导小组组织全市中小学生参加全省青少年法制作品征文比赛,市一中钟青同学的《天在哭泣》一文荣获一等奖,另有两名同学荣获二等奖,四名同学荣获三等奖。2002年始,每年5月认真组织开展湖南省"农村法制宣传教育月"活动,年均悬挂横幅150多条,张贴标语2600余张,书写门板、墙壁标语25万多条,设立街头咨询点20多个,印发宣传资料5万多份,组成法律知识讲师团下乡巡回讲课26堂,听课人数达6000多人。

2000年1月,汨罗市人大常委会通过《关于实行依法治市的议案》,各行各业从"送法下乡""送法进社区"到依法治村,创建"民主法制村(社区)""依法办事示范窗口单位",使基层的依法治理不断深化。至2007年年底,李家塅镇望麓村、大荆镇桂花村、智峰乡双峰村及城关镇老街社区分别被评为湖南省"民主法治村"和"民主法制社区",汨罗市国土局、水利局、公安局大荆派出所、农业行政执法大队、国税局李家塅分局5个单位相继荣获省"依法办事窗口单位"称号。

第二节 人民调解

1984年,部分企业单位设人民调解委员会,村民(居民)小组、车间设调解小组。1993年,汨罗市30个乡镇设人民调解领导小组,市、乡、村、组四级人民调解网络组织逐年完善。司法行政部门每年对境内31个乡镇场、394个村的调解委员会主任进行培训,组织开展5次以上大规模矛盾纠纷大排查,并及时进行调处。2004~2007年,市司法局争取资金,对川山坪、高家坊、屈子祠、八景等15个乡镇司法所进行规范化建设;在乡镇进一步抓好刑释解教人员的排查摸底,加强安置帮教工作。1984~2007年,全市人民调解组织年均调解各类矛盾纠纷2468起,调解成功率达98%。

第三节　公证业务

1981年7月,汨罗县公证处成立,配公务员3人。20世纪80年代初,鉴于农村实行家庭联产承包责任制后出现田、土、山、水纠纷苗头,公证机构派员深入基层,宣传法制、法规,办理有关田、土、山、水的民事权益公证和经济合同公证共达4800件。

1994～2007年,市公证处受理公证申请42816件,依法办理41791件,年均2985件,其中涉外公证849件,国内经济合同公证27930件,民事权益公证13012件;拒办不真实、不合法的公证申请511件,制止不法经济活动涉及金额1183万元。

第四节　律师事务

1981年7月,成立汨罗县法律顾问处,配专职律师3人。1989年,法律顾问处更名为湖南大义律师事务所。1989～2008年,律师事务所的律师年均应聘担任常年法律顾问的单位有60多家;担任刑事辩护的2000多案;担任民事、经济、行政代理的有3000多案;担任非诉讼法律事务代理的1000多起;解答法律咨询17539万人次;为委托单位和个人挽回经济损失9278万元。至2008年年底,有注册律师7名,其他辅助人员2名。律师事务所自成立起至2008年年底,共办理法律援助案件1000余件。

第九篇　民政·劳动和社会保障·人事

第一章　民　政

第一节　机　构

1978～2008年，民政局机构无异动，归口管理单位有地名办、老区开发办、退伍军人和离退休干部安置办；下辖社会福利厂、光荣院、救助管理站、军队离休退休干部休养所、双扶服务管理站、殡仪管理所，新增慈善总会（含下辖二级机构）等。乡镇（社镇）均设民政助理员。

第二节　基层自治组织

一、村民委员会换届选举

1989年始，依照《中华人民共和国村民委员会组织法》，由汨罗市人民政府牵头，民政、财政、纪检监察等有关部门参加，对相关工作全程检查和督促，分别选出第一届村委会成员1695人。1992年，进行第二届村委会选举，选出村委会成员1683名。1995年，中共汨罗市委、市人民政府主持召开第三届乡镇换届选举工作会议，时任市委副书记任年丰就村（居）委会班子换届选举工作进行部署和安排。中共汨罗市委同意从1995年10月起，结合乡镇人大换届选举开展村委会换届选举工作。至1996年元月月底，村委会换届选举工作顺利完成，共选出村委会成员1679人。

1998年，汨罗市委办发文部署第四届村委会换届选举工作。换届选举领导小组由市委副书记郑可仗任组长，杨绍忠兼任办公室主任。选举从1999年1月1日开始，至3月31日前全面结束，共选出村委会成员1662人。

2001年，汨罗市委办下发第五届村委会换届选举工作文件，成立专门领导小组，张作林任组长，黄凤高、谈正红任副组长，杨绍忠兼任办公室主任。共选举出村委会成员1653人。

2005年1月，第六次村委会换届选举工作依法进行，有38.9万名选民参加村级换届选举，参选率89%；由90%以上村民推荐的村委会成员候选人顺利当选；至6月月底，378个村全部完成换届选举工作，产生村委会班子成员1354人；其中高中以上文化程度的686人，占64%，比上届班子提高12个百分点；平均年龄42岁，比往届平均年龄降低2岁。

2008年，完成第七次村委换届选举，选出村委会委员1161人，其年龄和文化结构较上届均有较大程度优化。

二、居民委员会、社区换届选举

2000年7月15日至9月30日,全市34个居委会依法开展第四次换届选举(前三届和村委会选举同步进行):应登记选民17364人,实登记16808人;选出户代表5826人,组代表102人;选出新一届居委会成员104人,其中女性59人,平均年龄41岁;高中文化占45%,初中文化占50%,小学文化占5%。

2003年7月1日至12月31日,结合城市文明社区创建活动,依法开展第五次居委会换届选举暨首次社区居委会选举,选民参选率达90%;共选举产生社区居委会班子27个,产生社区居委会委员116人,其中女性27人,大专以上学历32人。

2006年,成立由市委副书记、主管民政工作副市长任正副组长,相关职能部门负责人为成员的社区换届工作领导小组。通过换届选举,选举社区委员68人,平均年龄42岁;大专以上文化程度30人,占44%,比上届提高10个百分点。

汨罗市村(居)民委员会历年换届选举情况表

表9－1－22　　单位:人

村级换届选举时间	村委会换届选举			社区居委会换届选举		
	当选主任	当选副主任	当选委员	当选主任	当选副主任	当选委员
1989	387	387	1741	28	28	140
1992	387	387	1548	28	28	126
1995	387	387	1660	28	28	128
1998	387	387	1586	28	28	134
2002	387	387	1509	29	29	116
2005	378	378	1354	29	29	101
2008	378	378	1161	–	–	–

说明:社区居委会换届选举比村委会换届选举推迟一年。

三、村务公开

1994～1996年,全市开展村(居)委会自治示范竞赛活动。汨罗市、乡两级举办村(居)民干部培训班36期,培训村(居)民干部2100人次。1995年,城郊乡上马村被评为全省村(居)民委员会自治示范竞赛活动先进单位。1998年,重点抓好以村务公开为载体的村民自治活动。中共汨罗市委、汨罗市人民政府成立村务公开领导小组,各乡镇相应成立领导机构和办事机构,确定专人负责,将该项工作纳入年度目标管理。5月,汨罗市委办、市政府办印发《汨罗市全面推行村务公开制度和村民自治工作实施意见》《汨罗市建立健全村务公开制度,推进村民自治工作实施方案》,由市级领导挂帅,成立工作小组,专门负责村务公开工作。近400个行政村制定《村规民约》《村民自治章程》。是年5月下旬,中共汨罗市委、汨罗市人民政府在弼时镇召开村务公开工作现场会,总结推介该镇大里塘村、农科村试点工作经验。至是年年底,全市设立村务公开栏520个,实行村务公开的村达98%;98%以上的村建立村民自治组和自治规章制度;成立村民议事会机构381个,选举议事会成员1343人。1999年,汨罗市把村务公开工作纳入乡镇场年度目标管理范畴,进一步检查督促村务公开工作。至2003年,全市386个行政村的村务公开率达100%。

与此同时，重点培养树立大荆镇桂花村等先进典型。该村以“农民答应不答应、拥护不拥护、满意不满意”为出发点，将村务公开作为预防和消除腐败的大事来抓，进一步完善《村规民约》《村民自治章程》《村务公开制度》，建立10个高标准的村务公开栏，将财务收支等10余个项目公开给群众看。同年10月2日，中共中央总书记胡锦涛在考察该村时，给予充分肯定。

2004年3月，省政府授予汨罗市“全省村民自治模范县(市)”称号。2006～2008年，继续完善《村务公开制度》《村规民约》《村民自治章程》等民主管理制度，统一村务公开内容、时间、地点，规范村务公开活动，提高村民自治水平，全市村务公开率达100%。

四、社区建设

2000年，全市有居委会34个。2002年，建成高塘、荣家、燎家山、南江、城西5个试点社区，建立12个社区家政服务中心，制定《社区自治章程》《居规民约》，建立市民学校、读书协会和“夕阳红”文工团。2003年9月，开展城市文明社区系列创建活动：成立城市社区建设工作领导小组和社区建设指导小组，确定9月23～29日为全民参与、共建社区的城市文明社区创建活动宣传周；按照地域性、历史性、稳定性原则，将全市城镇划分为27个社区，其中城区重新调整划分为11个社区；对城区11个社区居委会的办公场地和社区服务中心进行选址和规划；清理社区居民户籍，划分管理范围，完成原居委会的清产核资工作，办理市氮肥厂等改制企业干部职工及家属移交社区管理的所有手续；市财政局为每个社区安排筹建经费20000元，城区11个社区筹措开办经费20万元；组织、民政、劳动、公安、卫生、计生等职能部门利用社区平台，深入延伸工作职能，共设立党员活动室11个、警务室11个、低保服务室11个、劳动保障站10个、社区卫生服务站9个。

2006～2008年，按照“稳定大局、调整局部、便于管理、整合资源”的方针，将京广铁路以西、友谊河以东6个社区进行重组，撤销2个社区，新成立6个社区，城关境内社区总数达16个。

第三节　优抚安置

一、优抚

(一)拥军优属

1979年前，汨罗县革委会多次下发拥军优属活动文件，结合“八一”建军节、元旦、春节(确定每年1月15～25日为拥军优属活动月)，采取座谈会、广播会、报告会、联欢会等形式，开展慰问活动。1980年1月，岳阳行署颁发《拥军优属公约》。中共汨罗县委、汨罗县人民政府成立拥军优属慰问团，由县委书记任团长；34个社、镇、场及380个大队均成立领导小组，成员达1991人。汨罗县人民政府主持召开座谈会、代表会，走访烈军属、复退军人，慰问离休干部、敬老院老人、一等残废军人、二等以下残废军人等。元旦、春节期间，县委、县人大、县政府、县政协组成慰问团，慰问驻汨罗部队，上门慰问离退休干部和一等残疾军人。同时，慰问团专程赴广西边防五师慰问汨罗籍在役干部战士，行程9000余里。1997～2008年，先后慰问驻汨部队及各类优抚对象10万多人次，发放慰问金161.2万元，捐赠3万元，赠送慰问年画14万份。

(二)国家抚恤

牺牲病故抚恤 1978年前规定:凡革命烈士,因公牺牲、病故军人,因公伤亡的革命工作人员和民兵、民工,根据其职务和死亡原因,对直系亲属进行一次性抚恤。

1980年6月4日规定:抚恤由牺牲、病故两类改为革命烈士、因公牺牲和病故三类;并在1979年的基础上,各级均增加抚恤金300元;凡已受抚恤的对越自卫还击作战牺牲人员的家属,再增发抚恤金300元。1984年,抚恤标准调整为2000～2400元。1985年重新规定:对1984年4月1日以后牺牲的烈士,其抚恤金按烈士生前工资40个月计发;生前无工资或工资低于军队23级标准的,按23级干部的40个月计发;被中央军委、各大军区授予英雄模范称号的,增发一次抚恤金的1/3;荣立二等功以上军人和参战民兵、民工被批准为烈士的,增发一次抚恤金的1/4。1986年规定:因公牺牲的,按其牺牲的20个月工资计发;病故的,按其病故时的10个月工资计发;义务兵、参战民兵、民工和志愿兵因公牺牲的,均按军队行政23级正排职干部的20个月工资计发;病故的,按10个月工资计发。1994年1月,烈士家属、因公牺牲军人家属的月抚恤标准又有提高:城镇60～65元,农村50～55元;病故军人家属标准为:城镇55～60元,农村45～50元。

伤残抚恤 对因战、因公致残的革命军人、民兵、民工、人民警察和在编的国家工作人员、革命伤残人员,按国家《革命残废军人优待抚恤暂行条例》执行。根据其致残原因和程度,分为四等六级:特等;一等;二等甲级、二等乙级;三等甲级、三等乙级。抚恤分因战、因公两类;金额分在职、在乡两种。

1994～1999年,先后3次调整提高革命烈士家属、因公牺牲军人家属、在乡退伍红军老战士、红军失散人员抚恤补助标准,使之与当地群众的生活水平同步提高。1998年,对二等乙级以上革命伤残军人公费医疗情况进行摸底,确定补助标准。2002年,将123名二等乙级以上(含二等乙级)革命伤残军人医疗费用纳入医疗保险,并筹措资金2.5万元,为刘先觉、仇魁先、倪献君三位一等革命伤残军人解决住房问题。

2003年,有伤残抚恤对象为326人,年发放伤残抚恤费311万元,人平9540元。2004年,对203名二等乙级以下革命伤残军人医疗费用实行包干。年标准是三等甲级因战500元,三等甲级因公400元;三等乙级因战400元,三等乙级因公300元。将下岗的在职残疾军人改为在乡,并提高其抚恤标准,共增加抚恤金112万多元;其中,重点解决参加对越自卫还击战的下岗残疾军人的社保和生活费问题。至此,全市326名革命伤残军人医疗保障问题全部妥善解决。

起义投诚人员抚恤 1979年后,对原国民党起义投诚人员中年老体弱生活困难者进行定期特殊救济。其标准是农村每人每月7～9元,城镇每人每月10～12元。1984年,对起义投诚人员全面摸底,逐个审查,落实政策;其中,年老体弱、丧失劳动能力、无人赡养的,由统战部门提名,民政部门按社会救济标准给予临时或定期救济。1985年,主要救济两种对象:一是被错判刑的起义投诚人员和影响较大的起义人员遗孀,每月定期生活补助20～25元;二是定期社会救济对象,每月发给生活补助20～30元。1986年,提高救济标准,每月发给生活补助费42元,死后发丧葬费100元。至1999年,国家多次调整提高特释、起义投诚人员的救济补助标准。

(三)优待补助

农村优待 1980年前,由人民公社以补贴劳动日折合工分计算钱物的方式进行优待。对象是:无劳力或缺劳力的烈属、病故和失踪军人家属;无劳力或缺劳力的士兵家属;生活有困难的残废军人、退伍老红军;因病回乡长期不能劳动的复员、退伍军人;年老体弱丧失劳动能力的复员军人。1981 年,农村实行家庭承包责任制后,优待形式改为发放优待金,按同等劳力收入的三分之二,以及当地经济状况和劳动力收入水平确定优待金标准。即义务兵家属,每户每年 200 ~ 300 元;志愿兵家属,每户每年 150 ~ 200 元。其负担经费,由生产大队统筹;有条件的地方,由公社统一平衡负责。优待金的使用,与退伍安置相结合:每年优待金的 50% ~ 70% 留存当地信用社,战士退伍回乡后一次提取,作其生产、安家之用。1983 年始,现役义务兵的优待费达 350 ~ 400 元。1984 年,根据《中华人民共和国兵役法》规定,境内各级政府进一步完善乡镇统筹优待金的办法,建立健全优待金的分摊、提取、收缴制度。1986 年,对立功受奖者另予嘉奖:凡在部队立功的义务兵,除按原标准发给优待金外,再按立功大小分别发给优待奖金;立三等功者,奖 50 元;立二等功者,奖 150 元;立一等功者,奖 300 元;授予“战斗英雄”称号者,奖 500 元。

城镇优待　1978 年前,城镇烈军属生活困难者,由汨罗县人民政府从临时优抚救济经费中给予解决;烈军属就业优先安置,子女优先享受助学金;革命残废军人乘坐车、船优待半票;城镇义务兵家属生活困难者,由民政部门给予临时救济或定期定量补助。1986 年 9 月,湖南省人民政府在《关于城镇义务兵优待问题的通知》中规定:“在职职工入伍的,由所在单位按其原工资的 70% 予以优待,并按月发给其家属;待业青年应征入伍的,由政府对其家属实行优待;其标准和经费来源,由各地根据具体情况制定。”为提高义务兵家属的生活水平,1997 年 9 月,市政府制定《汨罗市义务兵优待金社会统筹办法》。

优抚补助　1980 年,提高优抚对象定期定量补助标准,扩大补助面:农村每人每月补助由 3 ~ 5 元增至 6 ~ 8 元,城镇每人每月补助由 8 ~ 10 元增至 10 ~ 13 元。

1981 年,为 4897 户、23441 名优抚对象发放优抚款 322112 元,发放衣被 435 件套;为 2535 名农村现役军人发放优待金 581590 元,人均 229.4 元;为 190 名残疾人员按比例发放优抚款。

1983 年 7 月,孤老烈属、孤老复员军人每人每月增加补助 5 元,退伍红军老战士每人每月增加补助 10 元。1983 年,义务兵家属 2119 户,优待金额 60.8153 万元,户均 287 元。1986 年 7 月,在乡复员军人定期定量补助标准由 8 ~ 10 元提高到 15 ~ 20 元。

1985 ~ 1986 年,优抚重点是解决 1946 年中原突围时复员、隐蔽和掉队人员的历史遗留问题。通过调查核实,为部分人员平反昭雪,颁发证书,一律作复员军人对待。

1987 年 7 月 1 日始,城镇义务兵每年每人优待 200 ~ 300 元;汨罗江以北较贫困地区的农村义务兵每人每年不低于 350 元,汨罗江以南较富裕地区的农村义务兵每人每年不得低于 400 元。是年,农村义务兵平均优待费达 380 ~ 500 元,城镇义务兵平均优待费 200 ~ 300 元。全县 1774 名义务兵,兑现 1614 人,占总数的 91%。义务兵立三等功者 47 人,每人由乡镇奖给家属 20 元。重新认定伤残军人 234 人,认定红军失散人员 89 人。1988 年,汨罗市、乡两级先后帮助优抚对象维修住房 40 间,下发困难户补助金 17050 元。1989 年,下拨抚恤费 69.4 万元;为 1085 人调整优抚对象定抚、定补金额 13.9 万元;为 557 名失散红军发放金额 8000 元;为在乡老复员军人发放金额 28000 元;为 100 名在乡退伍军人发放金额 6000 元。1994 年始,农村现役军人优待金以乡镇统筹,标准逐年提高:1994 年人均 385 元,1995 年人均 430 元,1996 年人均 500 元,3 年兑付优待金 380 万元;发放在乡老复员军人“三难”(即住房难、治病难、生活难)经费 20 万元,解决具体问题 2000 多起。1997 年,现役军人优待金人均提高 100 元,解决优抚对象具体问题 80 多起,发放老复员军人“三难”补助 220 人次共 5 万多元。

1998 年,提高 3195 名优抚对象的定补、定抚标准,发放提标经费 11.3 万元;为 40 户特困老复员军人新建、改造住房发放资金21万元。29个乡镇农村现役军人优待金,均以乡镇统筹,并适当提高标准。1999年,提高3195名优抚对象的定补、定抚标准,发放提标经费41.3万元。2000年,为2967名优抚对象实行定补、定抚,按季度发放双定补助金168万元;现役军人家属优待金实行乡镇统筹,年人均标准比上年有所提高。

2001年,对4981名优抚对象进行普查。落实4种优抚对象513人,提标金额10万元;核实优抚对象减员165人,金额10.1万元。2002年,优待抚恤金标准提高至人均1000元,并及时足额发放到位;重点纠正优抚经费管理发放中的违规行为,及时解决优抚经费管理发放难的问题;同时,将二等乙级以上革命伤残军人医药费纳入医疗保险;将1954年10月前入伍的在乡复员军人和60年代清退下放的复员军人的提标经费全部发放到位。2003年,将1954年11月1日至1960年12月31日期间入伍的在乡退伍军人的补助标准从每月12元提高到20元;527名伤残军人的补助提标工作全部到位,共计金额11.3万元;全市"三属"(即军属、烈属、遗属)抚恤对象达326人,年发放抚恤费50万元。

2004年,优抚增加经费足额列入财政预算,确保重点优抚对象生活水平与当地群众生活水平同步提高。全市1965名老复员军人每人每月增加补助5元,全年增加优抚经费11.8万元;三等甲级、三等乙级伤残军人实行医疗费包干;参加对越自卫还击战的下岗革命伤残军人享受社保和生活补助。

2005年,投入资金6万元,帮助20户重点优抚对象新建或维修住房;筹集经费4万元,解决120人的具体困难。

2006年,投入资金46万元,帮助30户重点优抚对象新建、改造住房;全市六级(含六级)以上残疾军人全部纳入医保;六级以下残疾军人按不同等级和残疾性质定额补助医药费4万元;为40名老复员军人和带病回乡的退伍军人救助医药费为6万多元;为300名生活困难的优抚对象解决困难补助10万元;各类优抚对象(3304名)提高补助标准,提标金额126万元,发放优抚对象抚恤金达700万元。2007年8月1日始,为"五类"(即失散红军、残疾军人、"三属"、复员军人、带病回乡退伍军人)人员提高补助标准,共提标4512人,提标经费163.8万元。2008年,103名1～6级革命伤残军人全部纳入医保范畴,为141名7级以下的革命伤残军人发放一次性医疗门诊辅助费4万元,为1700多名重点优抚对象办理农村合作医疗;发放优抚人头经费720万元,发放老复员军人和其他重点优抚对象"解三难"资金150万元。

(四)供养

为发展优抚养老事业,切实解决孤老烈属和孤老复员军人的集中供养问题,1984年,县民政局在汨罗镇南托村征地9467平方米,兴建汨罗市光荣院1所,建筑面积1980平方米;在老苏区三江乡兴建三江光荣院1所。1987年,汨罗市光荣院投资5万元,新征土地4000平方米,建鱼塘2133平方米、花圃1000平方米、菜园4667平方米,砌围墙1800米;兴建楼房1栋、平房两栋、杂房5间;水塔、配电间、变压器、抽水机等配套设施齐全;有住院老人16人,工作人员5人。是年,该院养猪40头,养鱼1000尾;与南托村联营兴办蛋糕厂,年总收入达32600元,获纯利4000多元;并被评为省、岳阳市优抚事业先进单位。1995年,该院坚持文明办院宗旨,大力发展院办经济,不断改善生活条件,美化居住环境,争创一流服务,努力提高老人的文化、生活水平,使各项工作实现规范化管理。是年12月,经民政部优抚司实地考察综合评估,被评为全国文明光荣院。1998～1999年,市民政局投入资金100万元,对汨罗市光荣院和三江光荣院进行维修改造。2002年,三江光荣院搬迁新建工程启动,新址设新集镇,征地20000平方米,工程总投资400万元。至2003年,两院配工作人员16人,入住孤寡优抚对象47人。

二、安置

退伍军人安置　1978年前，按1954年11月1日颁布的《中华人民共和国兵役法》规定执行，坚持“从哪里来，回哪里去”的安置原则，根据“五到”（即人到、档案到、行政介绍信到、组织关系到、粮食关系到）办事程序和个人特长，分门别类，登记造册，综合平衡安置。

20世纪80年代，按系统分配任务，实行安置政策、分配方案、照顾对象、安置去向四公开，绝大多数具有专业技术的退伍军人得到对口安置。20世纪90年代，城镇退伍军人数量剧增，社会就业日趋困难，安置工作压力较大。1997年4月，岳阳市政府在《关于做好退伍军人安置工作的几点意见》中制定11条强硬措施，要求各接收安置单位无条件地完成市政府统一分配的安置任务，做到按比例分配人数，一次性抛档，一次性就业，一次性到位。由于措施得力，城镇退伍军人均得到妥善安置。1994～1996年，全市接收退伍军人分别为284人、266人、253人。1996～1999年，全市安置退伍军人412人。2003年，汨罗率先在岳阳市范围内推行一次性补偿安置办法。2004年2月26日，市政府出台《城镇退役士兵安置及自谋职业暂行办法》，明确规定补偿安置资金筹措渠道和具体标准。与此同时，该局会同市政府督办室对原已安置对象的上岗情况进行督查。2000～2008年，安置转业士官、残疾军人、城镇义务兵936人，36名自谋职业者的68.2万元一次性补偿金均足额发放到人。

汨罗市（县）1983～2008年接收安置退伍军人情况表

表9－1－23　　单位：人

年度	接收人数	城镇接收人数	农村接收人数	安置人数
1983	295	53	242	51
1984	310	94	216	88
1985	540	43	497	262
1986	589	64	525	58
1987	432	97	335	69
1988	305	68	237	87
1989	373	109	264	105
1990	426	124	302	124
1991	275	147	128	110
1992	340	148	192	175
1993	415	228	187	223
1994	284	143	141	122
1995	266	122	144	118
1996	253	112	141	159
1997	251	125	126	123
1998	247	82	165	39
1999	257	85	162	91

续表 9－1－23

年　度	接收人数	城镇接收人数	农村接收人数	安置人数
2000	312	87	225	107
2001	378	119	259	119
2002	362	120	242	111
2003	362	119	243	116
2004	435	117	318	98
2005	373	127	246	122
2006	348	102	246	98
2007	328	75	253	70
2008	402	100	302	95
合计	9158	2810	6338	2940

伤残军人安置　根据《兵役法》和有关安置政策规定,1978～2008 年,由国家供养终身的 1～4 级的残废军人和妥善安置的 5～8 级的残废军人 237 人,安置在乡镇企业工作的残疾军人 27 人,由农村幸福院和城关光荣院供养的残疾军人 58 人。

第四节　救助救济

一、社会救助

1970 年,恢复民政收容机构,定编 5 名,其经费由县财政负责。

1986 年,在城郊高塘屋建汨罗县收容所,坚持收容与教育、遣送与安置相结合的原则,对流浪乞讨"三无"(即无力食宿、无亲友投靠、无城市低保或农村"五保")人员进行妥善处理:凡外来乞讨、痴呆、精神病患者,查明籍属,一律遣送原籍,由当地安置;境内流浪人员,配合乡镇和有关部门,做好思想工作,解决具体问题,就地安置;有违法犯罪嫌疑、逃避当地政府和群众监督的人员,则配合有关部门进行审查,或交公安机关处理。1987 年,投资 34 万元,兴建办公楼及宿舍、厨房、猪舍 880 平方米,建流子监房 260 平方米。是年,收遣 600 人次,是岳阳市民政局下达收遣 400 人次任务的 1.5 倍。1994～1996 年,收容遣送流浪乞讨人员分别为 1480 人、1715 人和 1821 人。1997 年,收容遣送流浪乞讨人员 1500 人次。2000 年,共收容遣送流浪乞讨人员和逗留城市的"三无"人员 5300 人次,其中汨罗市 1019 人次,帮助长沙市中转收遣 4281 人次。1994～2002 年,共收容遣送流浪乞讨人员 3.6 万人次。2001 年,收容遣送站筹资 50 万元,修缮了办公楼、食堂、浴室、厕所、待遣室。2003 年 6 月 20 日,遣送站更名为流浪乞讨人员救助管理站(简称救助站),停止对外收遣。是年 6 月,投资 12 万元,对原有的站舍进行改造,拆除隔离性的栅栏,添置床、被、桌、用品用具等生活设施。是年 12 月,救助站正式运转,"三无"流浪乞讨人员的救助工作有序进行。2004～2008 年(2007 年无),救助"三无"对象 4588 人次。

二、赈灾救济

季节性救济　1980～2008 年，上级及汨罗财政和民政部门下拨春、夏、冬荒救济款 827.4 万元，下发救济棉衣 6300 件(含布票 16132 尺)、棉被 732 床(含棉花指标 2035 公斤)。

重特大自然灾害救济　1983 年 4 月，全县 15 个公社 3 次遭龙卷风袭击；7 月，12 个公社遭特大暴雨袭击；前后损失达 1.1 亿元。1990 年，32 个乡镇场连遭旱、水、风、虫灾，农作物受灾面积达 4.49 万公顷，粮食减产 45275 吨，经济损失达 900 多万元。2004 年，玉池等乡镇遭受特大冰灾。各级民政部门先后下拨救灾款 4490 多万元(不完全统计)，汨罗市内募捐救灾款 455.86 万元。下拨衣被 12188 件套，大米 5226.5 吨，煤炭 4400 吨，水泥 530 吨，钢材 100 吨，木材 2778 立方米，楠竹 5000 根，瓦 10 万皮，化肥 50 吨，方便面 160 件，火腿肠 370 件，粉丝面 160 件，植物油 300 壶。

临时性救济　至 2008 年，共为重点户、特困户、倒房户发放救济金 77.15 万元，发放衣被 100 多件套。

第五节　社会福利

一、城市居民最低生活保障

1999 年前，城市特困居民的生活来源，主要靠民政部门、基层政府和街道(居委会)筹措解决。1999 年 9 月 28 日，国务院颁布《城市居民最低生活保障条例》。是年，全市有特困居民 3045 户、8544 人(含汨纺、汨罗江农场)。民政部门按照"低标窄面"的原则，首先在城关镇、汨罗纺织印染厂进行试点，确定最低保障标准为每人每月 100 元，确定保障对象 110 户、350 人。此后，城市低保由"低标窄面"向"提标扩面"、由"普及低保"向"提高低保"、由"一般管理"向"动态管理"方向发展。

2000 年 8 月，城市低保面扩大至所有处于最低生活保障线以下的特困居民。同时，为城区月人均收入在 100 元以下的 210 户、620 名下岗职工和特困居民发放最低生活保障金 40 万元。2001 年，低保对象扩大至全部城镇居民。按照"应保尽保""人人无饥寒"的原则，全市确定低保人数 4400 多人，发放低保金 180 万元。2002 年，低保办及各乡镇场、城区各居委会低保工作站相继成立，低保工作由普及阶段向提高阶段发展。通过对全市 31 个乡镇场和中央、省、市属企业(含汨纺、9625 工厂、铁六处)近 10 万人口中的贫困对象逐一排查，确定处于最低生活保障线(120 元/月)以下的城镇居民有 7200 多人，保障人数 8947 人(含新增 5960 人)，共发放低保金 400 万元(含新增 281 万元)。2003 年，制定《汨罗市城镇居民最低生活保障制度实施细则》，确定长期保障、中期保障、短期保障方案：保障对象 4291 户、11585 人，发放低保金 620 万元；提高 550 户、1550 人的补助标准，人均提高补助标准 10 元以上，月人均 130 元；取消 150 户、1215 人的低保资格；降低 130 户、350 人的低保补助标准。2004 年，根据低保对象的身体、年龄等实际情况，按长、中、短期分类管理：确定长期低保对象 396 人，中期低保对象 6877 人，短期低保对象 1700 人；取消低保资格 3695 人(包括根据 38 起群众举报，取消其低保资格的 42 户、129 人)；增加低保对象 952 人；提高保障标准 1591 人次，降低保障标准 200 人次；保障对象 1.2 万人次，发放低保金 720 万元。2005 年，确定城镇低保对象 3486 户、8049 人次，保障线标准由月人均 130 元提高至 140 元，发放城市低保金

670万元;救助城市大病特困对象450人,发放特困救助金70万元。2006年,按照适度保障数量,提高保障质量的原则,确定城镇低保对象7098人,发放城镇低保资金576万元;发放城乡大病救助金38万元,发放农村特困救助金75万元。2007年,取消低保对象393户、1150人,降低标准20户、55人,提高标准53户、150人,新增650户,2030人,累计救助低保对象10.237万人,享受低保对象4648户、10397人。城镇居民低保线由月人均150元提高至165元,月人均补差由78元提高至100元,发放城市低保金951万元;救助城市低保边缘户3300户、1万人,发放补助金118万元。2008年,发放各类社会救助资金2100万元。农村低保实行属地管理,立足农村实际,统筹政策衔接配套;将6677户、15914名农村特困户纳入保障范围,占农村人口的3%;人均月补差35元,年发放保障金585万元。城镇低保制度日臻完善。共有3896户、7929人得到保障,人均月补差118元,年发放城镇低保金1154万元。为低保户发放液化气补助26万元。取消城镇低保户558户、1579人,救助大病扶助对象526人,发放大病救助金156万元;救助边缘户7128人,发放边缘户救助金90万元。

二、农村"五保"供养

1981年,汨罗县人民政府颁布《汨罗县"五保"供养试行条例》。1982年11月30日,中共汨罗县委批转县民政局《关于对五保户供养安置的报告》,要求各社、镇按年初合同逐队逐户兑现。1982年11月至1983年3月,确定"五保"(即保吃、保穿、保医、保住、保葬,孤儿为保教)对象2337人。各社(乡镇)、大队(村)、生产队(组)实行统筹联筹,按当地一般群众的实际生活水平,保证"五保户"每人每年口粮175～200公斤,每年生活费(零用钱)60～120元,1987年,县政府制定《"五保户"供养实施细则》,使农村供养工作有章可循。

1988年2月,汨罗市人民政府转发《湖南省农村"五保户"供养办法》。90%以上乡镇按"四个八"(即800斤原粮、800斤柴草、80元钱、8斤油)要求,落实兑现。

1990年5月,在天井乡车田村办落实"五保户"护理承包责任制试点;6月,汨罗市委书记彭亮根、市人民政府常务副市长肖建华在全市乡镇党委书记会上分别讲话,要求将此纳入乡镇目标管理和农村社教内容;汨罗市分散供养的3851户"五保户"、4503名"五保"对象,全部落实护理承包任务。

1994年1月,国务院《农村五保供养工作条例》出台。全市4495名"五保"老人,除500人由村、组负责供养外,其余3995人的护理任务均落实到人。

2003年11月,《湖南省农村五保供养暂行办法》出台,农村"五保"供养待遇实行市(县)、乡、村、组四级负责制,五保供养标准人均达825元。2004年,全市核查认定"五保"对象4586户、4800人,其中幼保对象345人。

2000～2006年,汨罗市五保供养标准年人均不低于900元,集中供养的"五保"老人人均超过2800元;95%以上的乡镇每年发给每个五保对象的现金不低于300元;有4个乡镇的"五保"对象年供养标准超过1440元;有6个乡镇、25个村建立村级五保供养基金,争取资金400余万元,新建、改建敬老院1万平方米,集中供养"五保"对象400人;社会力量参与扶持"五保"供养事业的资金超过300万元,其中汨罗籍在外人士张明个人捐款12万元。全市15所敬老院每年院办经济总收入超过40万元。大荆镇敬老院每年出栏生猪达150～200头,获纯利在4万元以上。黄市乡敬老院通过引进福利碳素厂,每年创收5.5万元。城关地区的"五保"户全部纳入城镇低保范畴,年享受金额1700元。2007年,重新认定农村

“五保”对象6303人，其中幼保345人；发放五保转移支付金300万元，月人均40元；“五保”供养标准（含实物）人均每年不低于865元。2008年，保障“五保”对象5514人，年发放供养金303万元，人均每月50元。

三、精简退职老职工救济

1982年，汨罗县对1961～1966年响应中共中央压缩城镇人口号召，自愿离城回乡大办农业、大办粮食的退职老、弱、残职工进行普查：符合40%救济条件的，重新登记发证，按月领取救济金；不够条件，但年老体弱、家庭无依无靠的，给予双定救济。1983年，对482名老职工、老干部，按月发给原工资40%的生活费；对不符合享受该项生活费而又丧失劳动能力的420人给予定期定量补助；家住城镇的每月补助10～12元，家住农村的每月补助8～10元。1988年9月，进一步解决精简退职老职工的遗留问题：凡在职期间，因公负伤、丧失部分劳动能力；退职后，没有工作、无经济来源的，均列入社会救济对象。1993年，为享受月工资40%的128名下放老职工、老干部，支付生活费7.8万元；为606名不符合条件而又丧失劳动能力者，支付“双定”12.62万元。2003年始，城镇“双定”对象全部按政策转为城镇低保对象。2008年，通过发函咨询和上门走访，进一步确定624名精退“双定”老职工身份，并从1月起，每人每月发给生活补助费50元。

四、敬老院

1981年，总结推介黄柏公社黄柏大队办幸福院的经验。汨罗县人民政府出台《汨罗县“五保户”供养试行条例》。1982年，中共汨罗县委批转下发民政局《关于对“五保户”供养安置情况的报告》。1984年，汨罗县29个乡镇均建立敬老院。各部门单位也给予大力支持。

20世纪90年代，在乡镇敬老院普及后，兴办大荆、黄市等一批高标准的敬老院。1990年，民政局先后发放资金1.5万元、生活用煤450吨，帮助敬老院解决困难；同时，实行“三改”（改场院合一为敬老院单独核算，改个体开餐为集体开餐，改统包统付为乡村供养责任制），做好巩固发展工作。通过整改，多数敬老院家业扩大，有鱼塘、柴山、菜园、猪场、商店或作坊，有食堂、浴室、洗衣机、收音机、电扇、文娱室、书报、棋具等。2002年，黄市敬老院顺利通过岳阳市一级敬老院的达标升级考核并授牌。2003年，市民政局完成黄市敬老院、华中敬老院兴建工程。至是年年底，有敬老院11所，其中乡办4所，村办6所，民办1所。2004年，市民政局投资170万元，完成智峰、古培、黄柏3所敬老院的改扩建工程和光荣院社会老人寄养楼兴建工程，总建筑面积达4200平方米；其中，3所敬老院改扩建工程通过省民政厅、岳阳市民政局验收，并受到表彰。2005年，新市、红花、桃林3所敬老院改扩建工程顺利进行，总投资120万元，建筑面积6000平方米，可入住老人120人，并通过省、岳阳市验收。2006年，黄市、新塘、长乐3个所敬老院改扩建工程完工，投入改扩建资金86万元，建筑面积4400平方米，新增床位114个。2007年，兴建屈子祠镇敬老院，改扩建范家园镇、沙溪镇2所敬老院，总投资130万元，建筑面积6500平方米，入住老人130人。此外，还投资130万元，兴建集光荣院、敬老院、社会福利儿童带养（康复）于一体的社会福利中心。2008年，新、扩建乡镇敬老院15所和“五保之家”13所，新入住“五保”老人600人；“五保户”集中供养人数达1200人，集中供养率超过20%。在罗城社区征地2.33公顷，兴建集光荣院、福利院、老年托管中心三项功能于一体的社会福利中心。

军干所 1983年,在大众路灵官坪兴建汨罗县军队离退休干部休养所,征地4667平方米,建筑面积1339平方米,负责供养军队离退休干部18人,并配备工作人员和生活用车,辟有菜园、鱼塘等生产场地,设有医疗、商店等服务设施。至1993年,共有军队离退休干部24人,其中副师级5人,团级5人;除17人伴随子女生活外,有7人(家属11人)住该所欢度晚年。2003年5月,民政局筹建一栋集办公、老干娱乐活动、住宿、门面于一体的军干综合大楼,6层砖混结构,总投资600万元,总建筑面积2000平方米,主体工程于2004年3月竣工。

五、弃婴与孤儿收养

1981～1993年,共收养弃婴740人,其中由无子女者认领抚养654人;委托带养婴儿86人,其中残疾婴儿16人;支出抚育费25万元。1997年,成立社会儿童福利院,负责收养社会遗弃婴儿。至2008年,收养社会弃婴260余人。

六、福利企业

1986年前,仅有川山、白水2个镇办福利厂,安置残疾人员33人。1987年,发展6个福利厂,产值共49万元,纯利润48700元,新安置残疾人员61人;同年,全县乡镇福利厂总产值123万元,比上年增加74万元;纯利润61600元,比上年增加12900元;总产值比上年增加1.5倍,纯利润比上年增长25%。

1990年,发展汨罗镇、大众乡、沙溪乡3个福利企业。至此,全市31个乡镇,乡乡有福利企业,有职工2885人,其中安置残疾职工351人,占职工总数39%;完成产值1563.6万元,完成利润156.36万元。

1994～1997年,全市福利企业年产值和利税分别为1994年,1080万元和150万元;1995年,1580万元和160万元;1996年,1800万元和183万元;1997年,1962万元和197万元;比上年分别增长9%和8%。福利企业带动老区各乡镇实现产值9520万元,利税957万元,比上年增长7%和6%。

2003年,有2家民营福利企业通过审批并正式投产,年产值上亿元。2006年,全市新增社会福利企业5家,福利企业总数达14家。在循环经济推动下,福利企业规模扩大,效益可观,年产值超8亿元,其中年产值过亿元的福利企业2家。全市社会福利企业安排460名残疾人就业。2007年,新增社会福利企业4家,福利企业总数达18家;实现销售收入32.5亿元,实际减免增值税金1.22亿元,安置各类残疾人员860人。2008年,18个福利企业努力拓展销售领域,坚持不停工,不裁减残疾职工,实现产值16亿元,退税额近3000万元。

七、慈善募捐

1994～2006年,发行各种电脑福利彩票2672万元,筹集社会资金349万元。

2007年6月,成立汨罗市慈善总会;11月30日,慈善总会组织开展“送温暖、献爱心、慈善一日捐”活动,有31个乡镇场、75个市直单位1.3万人参加该项活动,募集捐款30万元;发动民营企业家、个体老板为应届特困高中毕业生开展爱心助学募捐活动,有106名学生受到资助,资助金额达45万元。

2008年,为抗冰救灾募集慈善资金115万元,向上争取救灾补助268万元,各类救灾物资折款30万元;全年下拨春荒、冬令和其他救灾救济金536万元;为四川汶川大地震灾后重建募捐930万元;发行福利彩票405万元。

第六节　其他民政事务

一、婚姻登记

1978年前，汨罗县内婚姻登记工作，主要由各公社的行政秘书兼任。1978年5月，社、镇、城区街道办事处均配备民政助理员，但婚姻登记，仍由秘书代管。

1980年9月，国家颁布重新修改后的《中华人民共和国婚姻法》（以下简称《婚姻法》）。新《婚姻法》除继续坚持婚姻自主、一夫一妻、男女平等的原则外，还规定要保护妇女、儿童、老年人的合法权益，提倡晚婚，实行计划生育，禁止婚姻索取财物，禁止虐待和遗弃家庭成员。婚姻家庭结构随着形势发展有所变化：父姓、母姓可以同时并存，鼓励男嫁女家，允许子（女）随母姓；结婚年龄由男20岁、女18岁改为男22岁、女20岁。

1981年，县民政局社会事务股组织各乡镇登记员业务培训，全面开展婚前教育，并与计生局、县妇联、团县委、县妇幼保健站一道深入市直单位及社镇场，开展婚姻执法督查，重点清查登记手续、登记程序、收费标准。查处违法婚姻104对、早婚18对、近亲结婚2对，处理和补办手续31对，查处利用婚姻登记搭车收费13例。同时，督促各社镇婚姻登记员认真清理婚姻登记材料，建立婚姻登记档案，做到专人专柜保管。1986年3月15日，新修订的《婚姻登记办法》由民政部颁布实行。从此，结婚、离婚、复婚有章可循，有部门专管。是年11月，乡镇婚姻登记，由民政助理员担任。1990年，对违法婚姻进行全面清理。共清理违法婚姻352对，其中补办婚姻登记手续273对，罚款54600元，劝其分居29对。1999年，各乡镇、街道办事处均设立相应的业务机构，配备专（兼）职婚姻登记员31人。先后3次依法对31个乡镇场的婚姻登记管理工作进行督查，对3675对婚姻档案逐个进行核实，杜绝婚姻登记搭车收费行为。

2003年8月8日，国务院颁布《婚姻登记条例》，对婚姻登记进行重大改革：婚姻登记当事人在符合条件的基础上，只需凭双方身份证和户口簿，到其中任何一方户口所在地婚姻登记机关即可办理婚姻登记手续，对婚前健康检查也未再作强制性规定，充分体现以人为本、婚姻自由的精神。是年，市民政局将婚姻登记权限上收，专门成立婚姻登记中心，配备4名工作人员，并在市政务中心设立婚姻登记窗口，集中办理婚姻登记手续。

汨罗市1994～2008年婚姻登记统计表

表9－1－24　　　　单位：对

项目＼年度	1994	1995	1996	1997	1998	1999	2000	2001	2002	2003	2004	2005	2006	2007	2008
结　婚	2036	1947	2073	1987	2316	2224	2462	3686	3610	3212	2814	4229	5352	5053	5564
离　婚	93	87	128	109	141	136	190	120	216	183	202	461	648	662	806

二、地名管理

地名普查　1982年，成立汨罗县地名委员会，组织专业队伍，进行地名普查，对地名重新认定。1983年3月，依据普查成果，编印《汨罗县地名录》。1984年，对行政区划名称（城镇至居委会，农村至村）和重要自然村名称,城镇街、路、巷名称,主要山、河、湖、泉、岛等自然地理实体名称,当地著名纪念地、名胜古迹、古遗址名称,车站、码头、桥梁、隧道、水库等人工建筑和各专业部门使用的台、站、港、场名称,以及独立存在的有地名意义的企事业单位等名称,进行全面摸底和查证,确定标准地名4014条,增加1112条。

1991年4月,省地名委员会办公室在汨罗试点,组织全省各地、州、市地名干部70余人,在汨罗市举办地名普查和资料更新工作培训班。1993年,在普查的基础上增加标准地名420条。2002年,地名区划办完成386个行政村名称的统计、审核、上报工作。

设置地名标志 1994年6月,城区路牌、街牌、巷牌的设置被列入创建国家级文明城市硬件计划,依法规范地名标志及路、街、巷牌设置,全面更新安装整齐、规范、醒目的街、路、巷牌。2007年,城区54条街道、27条路巷共设路牌200块、单位门牌200块、临街门面牌800块、居民户门牌2500块。

1996年,在107国道设置12块地名标志,编写《汨罗市建制镇总体规划》。2003年6月,城市标牌设置和居民门牌编订工作全面启动。市政府先后4次召开地名工作专题会议,确定市区81条街道路巷名称。

勘界 汨罗市四周界线总长300多公里,涉及6个县和境内22个乡镇场、100多个村。1997年,根据国务院《关于开展勘定省、地、县三级行政区域界线工作有关问题的通知》和湖南省政府《关于开展勘定行政区域界线有关问题的通知》,按照岳阳市政府的统一安排,进行为期3年的勘界工作。汨罗市人民政府成立勘界工作领导小组,设立勘界办公室。是年12月月底,基本完成与周边6个县、300公里的界线勘定任务。2003年,完成《汨罗市行政区划图》的绘制、定稿、印刷工作,出版发行2000多份。

2004年,开展区域界线联合检查,分别与岳阳、长沙、湘阴等6个邻近县(市)制定《关于联合检查行政区域界线的实施方案》,完成189.2公里界线的联检任务。

2007年9～12月,会同望城、长沙、湘阴3个县进行行政区域界线的联合检查,对破损和遗失的界碑进行恢复,对可能存在的边界纠纷进行调查,促进边界和谐。

三、老龄工作

1990年7月1日,全市15～49岁的33.214万人,占55.71%;50岁以上的10.2895万人,占17.26%,老年系数逐渐上升。在特定年龄组中,退休年龄组占10.32%。是年,人口年龄中位数23.39岁,比1982年后移1.38岁,比1964年后移3.79岁,人口逐步向老龄化方向发展。1990年7月1日零时,全市80岁以上的3600人,其中90岁以上的147人。2000年,15～49岁人口33.0639万人,占56.49%,比1990年上升0.78%;50岁以上人口11.7803万人,占20.13%,比1990年上升2.78%;60岁以上的老年人7.4万人,占总人口的11.2%。20世纪50年代出生、即将进入花甲之年者虽未统计,但也不在少数。人口结构已进入老年型市(县)。

1986年5月,成立汨罗县老龄委,由常务副县长兼老龄委主任,由县人事局副局长兼办公室主任,挂靠县人事局。1990年,市老龄委办公室挂靠市老干局。2000年3月,召开老龄工作会议,再次调整老龄委领导班子,由市长兼老龄委主任,同时配兼职副主任5人,设专职副主任1人。老龄办机构亦从老干局单列出来,增加人员编制,设办公室主任1人。是年9月月底,中共汨罗市委、市人民政府召开全市老龄工作会议,明确规定:各乡镇场均由分管党群的副书记任老龄委主任,组织委员兼老龄委办公室主任;市直各部门单位都必须成立老龄工作领导小组,由分管政工人事的副职担任老龄工作领导小组组长,政工人事股长或工会主席具体负责老龄工作。是年11月，全省老龄工作会议召开，会上，汨罗市介绍“采取过硬措施，做实老龄工作”的经验。汨罗市被评为全省老龄工作先进单位。2001年3月月初，老龄委召开老龄委全会，特邀市委、市人大、市政府、市政协领导与会，学习中共中央、国务院和省委、省政府《关于加强老龄工作的决定》，明确老龄工作由一名负责党群的副书记分管，市委常委、常务副市长主管，老龄委专职副主任具体负责。各乡镇场和市直各单位均健全老龄工作机构，并指派一名副职专抓。是年，汨罗市被特邀参加长江沿岸9省老龄工作研讨会，并在大会上作老龄工作典型发言。2002年，老龄工作归口市民政局管理，设老龄办，定编3名，督促相关单位建立健全老龄工作机构。至2008年年底，汨罗市直单位、乡镇场建立老龄机构31个，配备专(兼)职工作人员34人；387个村、34个居委会依法成立老年协会442个，会员达3000多人；其中城市社区老年协会39个，农村老年协会403个。高家坊镇老年协会22个，人会率80%，为全市之最。在创建全国敬老模范村活动中，新市镇合心村获该殊荣。

四、社团管理

1990年5月，民政局设社团管理办公室(简称社团办)，负责全市社团注册登记、管理工作。1999年，撤销社团办，成立民间组织管理股，加挂民间组织管理局牌子。其主要职责：根据《社会团体登记管理条例》《社团法》规定，负责全市社团组织的成立、注销、变更登记工作，并对社团组织进行日常行为监察及年度检查。

1997年4月，民政局对社会团体进行全面清理整顿。对合法社团颁布“汨罗市社会团体登记证”“汨罗市社会团体法人登记证”；对未经登记、非法成立或问题严重的社团，予以解散或取缔；对不符合社会需要、重复设置、不具备基本活动条件的，予以撤并；理顺社团与业务主管部门、登记管理机关的关系。通过整顿，39个社团中，合格达标者35个。

1999年9月，全市29个社团进行年审年检，依法取缔非法社团2个，重点取缔汨罗邪教“法轮功”辅导站，较好地肃清邪教“法轮功”在汨罗的影响。2006年，加大查非、打非力度，查处汨罗市出租车行业驾驶员协会、汨罗市黄市乡瑞灵村维权领导小组等非法组织2个，注销社团3个。2007年，新成立社团5个、民办非企业团体4个，其中农村专业经济协会3个。

汨罗市2008年民办非企业团体情况表

表9-1-25

民办非企业名称	法人代表	办公地址
爱心志愿者文艺演出队	李宗文	城关镇黄家垅129号
岳阳市三江机电职业学校	黄景湘	大荆镇党校
汨罗市黄兴蔬菜生产合作社	任建华	屈子祠镇黄兴村
星辰竹木加工生产合作社	向科文	智峰乡
新市蔬菜生产合作社	何　清	新市镇
新市蔬菜生产合作社	仇菊根	新市镇
大荆敬老院	肖端文	大荆镇敬老院
汨罗市书画院	雷宪和	高泉北路水电局边
新星舞蹈培训中心	方石铠	百货公司一楼

续表 9－1－25

民办非企业名称	法人代表	办公地址
汨罗市养殖业合作社	何宏林	—
启明星幼儿园	傅秋良	归义路 6 号
潇湘幼儿园	黎国瑞	建设西路
明星幼儿园	杨思群	铁西生活小区
龙凤智能培训研究中心	李建安	建设西路 6 号
小白杨幼儿园	杨白如	市总工会
兴华学校	熊里仁	铁六处内
小叮当幼儿园	彭国辉	新市镇
向阳婚介所	杨乐夫	建设中心路 49 号
少儿综合素质培训中心	黄泽兰	市教育局
招商服务中心	陈中柱	市招商局
牧渔人垂钓俱乐部	廖开宇	城郊渔场
青少年科技辅导员协会	黎定运	迎兵路 7 号
飞鹰跆拳道馆	徐小琳	高泉北路
长乐甜酒生产合作社	胡　健	长乐镇长南村
桃林红薯加工合作社	易　蓉	桃林寺镇粮站内
汨罗市六中	曹利庆	劳动南路 39 号
汨罗市龙舟茶业合作社	雷国平	市茶叶示范场
自强职业技术学校	张天铭	市前进路 99 号
湘雅职业技术学校	欧阳勇	城西南路 1 号
汨罗市科贸学校	邹建中	汨新路 12 号
汨罗市情深婚姻介绍中心	彭百灵	金源信用社办公楼一楼
麻鸭养殖加工合作社	龚　华	红花乡
汨罗市建筑业协会	袁国洪	大众北路 10 号建工办
汨罗市作家协会	李光辉	市文联
砖瓦协会	何立国	汨罗镇企业办
新市养牛(羊)协会	贺亮平	新市镇
教育学会	何中良	市教育局
书法美术家协会	雷宪和	高泉北路
养殖协会	彭栋良	归义 1 号
女领导干部联谊会	－	市妇联
质量技术协会	－	市质监局
蜂窝煤协会	何发托	罗城社区
李家塅镇牲猪养殖协会	陈友辉	高燕村范家组
沙溪镇养牛(羊)协会	何峰林	沙溪镇

续表9－1－25

民办非企业名称	法人代表	办公地址
再生资源行业协会智丰纸业分会	杨兴发	智峰乡
企(事)业文学艺术联合会	杨晓峰	市宣传部
安全协会	周　沫	市安监局
汨罗江屈原文化研究会	刘石林	范家园
佛教协会	释登本	黄柏镇资圣寺
汨罗市旅游业协会	刘　翔	市旅游局
市老科技工作者协会林业分会	邵立超	市林业局
汨罗市狩猎协会	胡　晔	市林业局
民办教育协会	龙志辉	市教育局
农村经纪人协会	李泽民	市工商局
汨罗市应用易学研究会	徐铁军	市文化局
汨罗市计划生育协会	刘楚贤	人口和计划生育局
汨罗市网吧协会	柳彩平	市文化局
汨罗市碳素行业协会	邓先和	市工业局
汨罗市粮食行业协会	曾庆先	市粮食局
汨罗市个体劳动者私营企业协会	郑　伟	汨罗市大众南路
卷烟零售工作者协会	彭庆云	建设西路烟草分公司
道教协会	赵冬阳	范家园普德大庙
乡镇企业协会	高　炯	市工业局
汨罗市医药卫生学会	戴苏华	市卫生局
汨罗市农村卫生协会	戴苏华	市卫生局
汨罗市建筑工程学会	仇深根	市人民路11号
汨罗市农学会	蔡云桂	市工业局
汨罗市秘书学会	郑晓芝	市委大院
民间组织促进会	曾晓元	市民政局
汨罗市酒类行业协会	彭东云	市商务局
再生资源行业信用协会	杨兴发	归义路金色地标
屈子祠界看牛(羊)协会	杨义华	屈子祠镇
铁山南灌区用水者协会	彭望仁	桃林寺镇铁山营业所
罗城健康养猪协会	吴　平	汨罗市燎家山转盘
老科技工作协会	邓　江	市老干局
铁山灌区占桥支渠农民用水户协会	张正如	桃林寺镇赞桥村
桃林寺镇双墩支渠农民用水户协会	黄凯勋	桃林寺镇双墩村
桃林寺镇白塘支渠农民用水户协会	吴玉林	桃林寺镇新胜村
新塘赤磊支渠农民用水户协会	曾献军	新塘乡政府前街

续表 9－1－25

民办非企业名称	法人代表	办公地址
新塘乡新塘支渠农民用水户协会	张小林	新塘政府内
骚坛诗联学会	任建云	市政协
职工技术协会	夏剑光	市总工会
农机学会	浣仁杰	市农机局
会管学会	吴瑞兰	市财政局
珠算协会	吴瑞兰	市财政局
粮食经济科技协会	黄宗其	市粮食局
科技工作者协会	陈国文	市科协
京剧票友协会	凌宗国	市文化局
统计学会	胡文华	市统计局
消费者委员会	李朝辉	市工商局
体育总会	何中良	市教育局
内部审计师协会	胡光华	市审计局
集邮学会	杨胜辉	市邮政局
林学会	徐立中	市林业局
畜牧水产学会	彭栋良	市畜牧局
水电学会	周许斌	市水电局 24
电信职工技术协会	杨　波	市电信局
海外三胞联谊协会	陈陆斌	市委统战部
老年书画协会	任年丰	市老干局

五、殡葬管理

殡葬改革　20 世纪 70 年代始，各级党委、政府大力倡导移风易俗新风尚：以黑纱、白花代替披麻戴孝，用追悼会代替做道场、烧纸化屋等封建迷信活动，以花圈代表赠祭。1987 年，中共汨罗县委将殡葬管理纳入精神文明建设范畴，市民政局牵头筹建殡仪馆，统一负责城关丧葬事宜和殡仪管理。20 世纪 90 年代始，汨罗大力推行遗体火化。市委、市政府明确规定：凡国家工作人员和企事业单位干部、职工死亡，一律凭殡仪馆火化证明发给家属丧葬费和抚恤补助；否则，一律不予补助。1998 年，着手筹建千秋福园。2004 年，根据人大代表、政协委员提议，中共汨罗市委、市人民政府决定，异地兴建殡仪馆。2006 年 4 月，成立汨罗市殡葬管理所，为副科级单位，定编 5 名；下设殡葬执法大队，面向社会公开招聘 10 名执法队员，所需经费，由市财政承担。是年，汨罗市委常委会议、市长办公会议专题研究殡葬改革，并成立殡葬改革领导小组，制定《关于进一步推进殡葬改革，加强殡葬管理实施办法》《汨罗市关于殡葬管理的若干处理办法》，确定 11 月中旬至 12 月中旬为殡葬改革宣传活动月，由市政府与乡镇场、市直单位和殡葬改革相关职能部门签订改革责任状，一并纳入全市三个文明目标管理考核。2007 年 1 月 15 日，殡葬改革正式启动。至是年年底，全市火化遗体 363 具，火化率 82%，其中城区火化率达 100%；集中在殡仪馆办理丧事 113 起，处理违规治丧问题 13 起。2008 年，火化遗体 593 具，入馆治丧 120 起，火化率比上年提高近5%。

殡仪馆　1987年12月，在汨罗镇燎家山村13组，征地3266平方米，兴建殡仪馆，隶属市民政局。1988年5月10日动工兴建，年内完成主体工程350平方米，配套工程400平方米。1990年，配齐人员，添置殡仪车，加强殡葬管理，提高火化率。是年，城镇居民死亡182人，火化163人，火化率89.5%。

2004年，鉴于原殡仪馆位于闹市有所不便，汨罗市人民政府决定，在汨罗镇龙塘村征地2万平方米，兴建高标准的殡仪馆。2005年开始筹备；2006年10月月底竣工。工程总投资800万元，其中市民政局干部职工集资150万元，招商引资550万元；建有6个悼念大厅、1个火化车间和办公楼、食堂等配套设施。

公墓建设　1983年，县民政局在新市公社坡子街大队征地20公顷，作为城关镇居民丧葬墓地。1996年，全市进行土葬改革：以乡村或村民小组为单位，利用荒山瘠地建立公益性公墓；平原、湖区推行深埋深葬，严禁占用耕地。1998年，海南富乐公司苏州物贸中心在新市镇合心村梨园山（原公墓）投资兴建塔葬式陵园——千秋福园，是年12月8日奠基，2000年完工，共平整土石方2.4万立方米，建筑面积4750平方米，设计安放穴位4万多个。

第二章　劳动和社会保障

第一节　机　构

1978年，汨罗县计委内设劳动工资科；1979年，更名为劳动科。1981年，撤销劳动科，成立县劳动局。1984年，县劳动局与县人事局合并为县劳动人事局。1987年，增设劳动争议仲裁股。1988年，成立劳动争议仲裁委员会、就业培训中心。1990年，析置市劳动局，内设5股1室，下辖劳动服务公司和社会保险事业管理站。1993年，市劳动局更名为市劳动服务总公司，加挂市劳动局牌子。1995年，安全生产办由市政府办转入市劳动局管理。1996年7月，成立劳动监察中队。1999年7月，机关事业养老保险办公室由市人事局转入市劳动局。2000年，锅炉压力容器安全监察职能划归市技术监督局。2002年，市劳动局更名为市劳动和社会保障局，劳动服务公司更名为就业服务局（中心），安全办移交市政府办。2008年，市劳动局内设办公室、工资福利与养老保险股、法规仲裁股、基金监督股，下辖社会劳动事业保险管理站、机关事业社保办、医疗保险中心、就业服务局、就业培训中心、工商保险中心、劳动监察大队，并成立宏业劳务代理有限公司。

第二节　就业与培训

一、就业和再就业

1979年，停止城镇知识青年“上山下乡”（即“文化大革命”期间，组织城市“知识青年”离开城市，到农村定居和劳动的政治运动),实行劳动部门介绍就业、组织起来就业、自谋职业三结合的就业方针。劳动部门设立劳动服务公司,负责就业指导、就业前培训、待业管理、职业介绍等工作,并兴办各类经济实体,“吞吐”城镇待业人员。是年,全县有城镇待业人员6500多人,其中招工安置1932人。1980年后,因受“文化大革命”中人口失控及农业人口转为非农业人口等因素的影响,待业人数不断增加。县政府为缓解就业压力,除通过兴办企业、退休补员、“全民”带“集体”等渠道安置外,还创造条件鼓励自谋职业、倡导个体经营,并将就业渠道延伸到乡镇企业。1980～1993年,全民经济单位增加职工13327人,城镇集体经济单位增加职工7071人,乡镇企业安置待业人员1260人。

1994年始,国有企业体制转型,从业人数逐年减少。其他经济行业迅速成为人们就业和再就业的主渠道。至2006年,国有企业从业人员7613人,乡镇企业从业人员20.2万人,城镇个体工商业从业人员6088人,劳动部门向广东、上海等经济发达地区输送11万余人。

1995年后,安置下岗失业人员成为各级组织的工作重点。2002年,城镇各社区普遍建立劳动保障服务中心;2003年,各乡镇相继建立劳动保障站。至2008年,全市实现城镇新增就业人数34078人,输出农村劳力10.2万人,为下岗失业人员提供职业指导19500人次,成功介绍就业人员1.4万余人。

二、就业培训

1978年后,劳动部门就业培训的主要对象是具有城镇户口的待业人员。分长期培训和短期培训两种学制。长训制学员主要是招收有招工能力的部门单位的子弟,实行委托培训,学制2～3年;短训制学员以外出务工人员和预招人员的上岗前培训为主,学制3～6个月。1980～1993年,累计培训长训班学员1085人、短训班学员8700人次。开设课程为劳动部统考的公共基础知识、商业营销、企业管理、粮食营销、电工基础等。

1994年后,民办职业培训学校成为就业培训中心的网点。主要培训对象是农村劳动力转移和企业下岗失业人员,并对部分需持职业资格证上岗的人员进行职业资格鉴定。至2008年,全市共培训劳动预备制人员60800人次,培训下岗失业人员8000余人次,培训农民工4400人次。

第三节　工资福利

一、企业职工工资

1978～1984年,国家先后三次调整企业职工工资。职工月均工资调升至85.33元。1985年,按照工资总额与经济效益挂钩、职工劳动报酬与企业经营好坏和职工贡献大小挂钩、企业与国家机关事业单位工资脱钩的原则,进行企业工资改革。工商企业的部分工种实行计件工资,职工工资随着改革的不断深化而逐年增加。1993年,国有经济单位职工月均计时、计件标准工资为126.8元,城镇集体经济单位为122.57元。

1978年,恢复工资加奖金制度。企业在完成定额任务的前提下,可按工资基数和超交利润提取奖金。奖金发放与岗位责任制相结合,按任务完成情况发放到人。至1994年,国有经济单位职工月均奖金发放54.5元,城镇集体单位发放22.9元。

1995年始，全面施行《中华人民共和国劳动法》，由企业自主确定工资水平和分配方式，劳动部门对企业工资实行总额控制，核定42家全民工效挂钩企业上年度工资总额2111.75万元，追加工资234.64万元。至1996年年底，新增效益工资90万元。1997年，成立企业工资内外收入监督领导小组。至1999年，全市1.6万名企业职工的档案工资全部办理升级手续。

2001～2008年，根据省劳动保障厅《关于深化企业工资收入分配制度改革的意见》精神，引导企业建立起"人员能进能出、职位能上能下、工资能升能降"的内部用工和分配制度，实行按生产要素分配等多种分配形式。劳动部门原则上不再办理企业职工工资升级审批手续，主要负责对企业工资内外收入分配的监督检查和服务指导。

二、企业职工福利

1980～1989年，职工年均生活福利基金按企业工资总额的11%提取，其中用于集体福利事业的部分占25%。其余大部分用于职工生活困难补助，全县（市）年均发放职工生活困难补助费15.7万元。国营、集体企业内部根据各自的不同情况，开展互助储金和帮困活动，及时为职工排忧解难。1990年始，市政府及相关部门统一规划，兴建职工住房、幼儿园、托儿所、体育场、俱乐部、图书室、文娱活动室等福利设施，改善职工福利生活条件。至1993年，全市用于职工福利事业和生活困难补助提取的福利基金达459.9万元。

1994～1996年，汨罗市开办劳动服务公司47家，安置企业富余人员300多人。大多数劳服企业通过开办饮食、旅店、修理及商贸服务等项目，增收创收，用于改善职工福利条件。

1995～1999年，企业改制深入推进，下岗失业人数增多，企业工作重点转向"两个确保"（即确保职工社会统筹养老金的上缴到位，确保离退休人员基本养老金发放）。2000年，境内有下岗职工6011人，劳动部门除做好下岗人员再就业工作外，还通过各种途径帮助企业筹集帮困资金372万元，比上年增加16.3万元，为3200个下岗职工发放生活救济金345万元。

2002～2008年，适应市场经济体制带来的变化，建立市场工资价位制度和人工成本预警机制，及时公布劳动力市场74类职位（工种）的工资指导价位，为用人单位和劳动者提供信息，同时成立劳动合同工资分配综合治理领导小组，保障职工合法权益。

第四节　社会保障

一、企业养老保险

社会统筹　1986年12月，成立汨罗县社会劳动保险事业管理站（简称社保站），对县属国营企业的劳动合同制工人，启动基本养老保险制度。缴费比例为单位全员工资总额的18%（单位负担15%、合同制工人个人负担3%）。1988年，国营企业固定职工实行养老保险金社会统筹，启动集体职工、国营企业临时工、家属工等养老保险。1989年，社会养老保险基金实行岳阳地区统筹。至1994年，汨罗市内征集合同制工人养老保险基金271万元，征集退休职工退休费统筹基金379万元，征集集体工、临时工养老保险基金25万元。

统账结合 1996年1月,社保部门为所有企业养老保险参保人员建立个人账户。1997年,根据国务院、省政府有关文件精神,全国统一养老保险政策,实行统筹养老保险基金(简称基金)与个人账户相结合,同时启动个体工商户和私营企业的养老保险工作。1998年,针对国有企业改革过程中下岗职工和离退休人员的生活保障问题,中共中央、国务院提出"两个确保"的方针,养老保险工作目标集中到"确保基金征缴到位、确保基金按时足额发放"。至2000年,全市企业离、退休人员的基本养老金实行社会化发放,差额缴拨全部改为全额征缴,"两个确保"得到落实。2003年始,参保范围进一步扩大到所有企业职工、大部分机关事业单位的临聘人员及个体工商户。是年,全市企业退休人员6116人,月人均养老金671元。2008年,全市社保基金累计收入1.86亿元,其中征缴收入1.45亿元;累计支出基金1.69亿元。实现基金收支平衡、略有节余。

汨罗市1996～2008年参保平均工资、缴费比例、建立个人账户比例表

表9－2－26　　　　单位:元、%

时间	省平均工资	省平均工资60%	省平均工资300%	缴费比例				个人账户比例
				企业	职工	合计	个体从业人员	
1996年1月至1996年4月	342	205	1026	24.5	3	27.5	27.5	16
1996年4月至1997年3月	400	240	1200	24.5	3	27.5	27.5	16
1997年4月至1998年3月	425	255	1275	24.5	4	28.5	28.5	16
1998年4月至1999年3月	444	266	1332	22.5	4	26.5	26.5	11
1999年4月至2000年3月	456	274	1368	21	5	26	26	11
2000年4月至2001年3月	495	297	1485	21	5	26	26	11
2001年4月至2002年3月	543	326	1629	21	6	27	27	11
2002年4月至2003年3月	641	385	1923	20	8	28	28	11
2003年4月至2004年3月	728	437	2184	20	8	28	21	11
2004年4月至2005年3月	821	493	2463	20	8	28	21	11
2005年4月至2006年3月	955	573	2865	20	8	28	21	11
2006年4月至2006年12月	1305	783	3915	20	8	28	20	8
2007年4月至2007年12月	1487	893	4461	20	8	28	20	8
2008年4月至2008年12月	1795	1077	5385	20	8	28	20	8

二、机关事业养老保险

1995年,汨罗市作为试点(县)市,在全省率先启动机关事业单位养老保险制度改革。机关事业单位社保参保范围涵盖党政机关、人大、政协、法院、检察院、人民团体、民主党派中的工作人员和编制部门认定的、执行机关事业单位工资制度的事业单位的工作人员,以及执行机关事业单位工资制度,人事、工资关系挂靠在机关、事业单位或人才交流中心的人员。

1995～1996年,机关事业单位社会养老保险分别按每月个人8元、单位12元,个人12元、单位18元等几个固定标准收取,共收基金500万元。1997年始,建立机关事业单位参保职工个人账户。至2004年,征缴比例为职工月均工资的27.5%,其中单位缴费比例由1997年24.5%降至21.5%;个人缴费比例由3%升至6%。2005年始,征缴比例调整为28%,其中单位20%、个人8%。

1997～2001年,全额单位养老保险金由市财政直接拨付到单位,差额及自收自支单位由社保办拨付。2002年始,改由社保办全额征缴,统一拨付。2005年,实行机关事业单位养老金社会化发放。至2008年年底,汨罗市参保单位239个,参保人员14270人。其中,离、退休人员3472人;征缴机关事业养老保险费5525万元。

汨罗市机关事业单位1997～2008年养老保险征缴拨付情况表

表9－2－27　　单位:万元、%

年度	征缴比例		征缴金额	拨付金额
	单位部分	个人部分		
1997	24.5	3	856	离退休费由财政局和社保机构分别拨付
1998	24.5	3	1327	
1999	24.5	3	1367	
2000	24.5	3	1998	
2001	24.5	3	2135	
2002	24.5	3	3211	1473
2003	22.5	5	3310	2950
2004	21.5	6	3688	3377
2005	20.0	8	3804	3609
2006	20.0	8	4237	3885
2007	20.0	8	5896	5349
2008	20.0	8	5359	5732

三、医疗、生育保险

医疗保险　1978～1987年,企业职工患病的诊疗费、手术费、住院费、医药费由单位报销。1988年后,逐步改革企业医疗制度,一般采用定额控制,节余归己,住院费部分自理的办法。1998年,国务院发布《关于建立城镇职工基本医疗保险制度的决定》。1999年,劳动局组织开展劳保医疗情况调查,并向市人民政府作出专项汇报。2001年,汨罗市人民政府出台《汨罗市城镇职工基本医疗保险实施办法》,成立领导小组,在劳动局设医改办公室。2002年2月,成立医疗保险基金管理服务中心,统一和规范全市医保基金的管理。4月,正式启动医疗保险改革,用人单位按上年度职工工资总额的6%、职工按本人上年度工资收入的2%缴费。是年,有126个单位、8502名职工参保,912人享受医保待遇。2004年,启动乡镇政府机关和联校医疗保险,按每人每月30元标准,由市、乡财政、教育部门及个人按比例负担。2006年4月,医疗保险单位缴费比例提高到7%,参保单位增至294个,参保人数21039人,基金累计944万元。全市确立定点医疗机构4家,定点零售药店11家。2008年4月,启动城镇居民医保工作,参加城镇居民医保60286人,征缴基金186万元,据证报销300多人次,支付医疗费85万元。

生育保险　1978～1987年,企业、机关事业单位女职工生育享受产假56天,难产和双生增加假期14天,怀孕不满7个月流产时给予30天以内的产假,产假期间工资由所在单位照发,生育期医疗费由单位负担。1988年,贯彻国务院《女职工劳动保护规定》,统一企业和国家机关、事业单位生育保险待遇,将正常产假由56天延长至90天,生育医疗费用由职工所在单位负担。2004年,汨罗市人民政府批准启动生育保险工作,生育保险办与医保中心合署办公。2005年1月,正式启动生育保险,汨罗市内用人单位按在职职工工资的0.7%缴费,参保女职工生育实行定额报销。至2008年年底,全市生育保险参保单位253个,参保总人数18587人,征缴生育保险基金84万元。

汨罗市2002～2008年医疗、生育保险收支情况表

表9－2－28　　单位:万元、人

年度	收入		支出		结余		享受待遇人数	
	医疗保险	生育保险	医疗保险	生育保险	医疗保险	生育保险	医疗保险	生育保险
2002	414	－	181	－	233	－	912	－
2003	796	－	596	－	200	－	1523	－
2004	1030	－	894	－	136	－	1879	－
2005	1387	43	1342	10	45	33	2082	85
2006	1783	60	1453	23	330	37	2171	146
2007	2167	75	1857	26	310	49	2416	152
2008	3106	79	2297	33	809	46	2642	187

四、失业保险

1986年10月,实行职工待业保险制度。因企业破产和提前解除劳动合同或辞退的职工,待业期间由劳动部门按月发给救济金(含医疗费),待业保险金由投保单位按全部职工标准工资的1%提交劳动部门,由劳动部门按政策管理和发放,待业职工凭"待业职工证"和"救济金领取证"领取。1998年4月,待业保险更名为失业保险,由劳动服务公司主管,失业保险股具体经办,负责失业保险基金的征缴和发放,支付范围为国有、集体企业改制后的失业救济金和再就业"四补一贷"(即岗位补贴、社保补贴、职介补贴、培训补贴、小额担保贷款),以及原部分买断职工的安置补偿金。

1987～1998年,全市年均征收失业保险金50万元,年均发放48.8万元。1998年后,失业保险金征收逐年增加,至2008年年底,完成基金征缴472万元。

五、工伤保险

2004年9月,成立汨罗市工伤保险基金管理服务中心。工伤保险费由用人单位缴纳,缴费率按单位所属行业的风险类别确定:一类行业0.5%;二类行业1.5%;三类行业3%。至2006年,参保人数达14869人,征缴基金106万元,进行工伤调查136起,支付医疗费用及其他工伤待遇104万元。2008年,全市完成工伤保险基金征缴额202万元。

六、社保基金监督使用

2002年,市劳动局设基金监督股,负责各项社会保险费的征缴、使用、监督和内部审计,并接受相关投诉举报,保障社保基金安全。2002～2006年,将每年3月定为基金监督稽核月,年均稽核单位106个,

稽核人数6900人。通过稽核增加缴费金额210万元。2003年,建立社保基金信息举报网络。2006年,建立定期与不定期社保基金现场与非现场监督检查制度,取得成效,被省劳动局作为典型经验在全省推广。2008年,加强基金规范化管理,各经办机构均开设网上银行,杜绝现金使用。同时加强基金稽查和待遇审核管理。医保中心、社保站、社保办等部门共稽查单位200个、2.1万人,审核享受各类社保待遇3258人次,增收基金30多万元,提高月缴费额100多万元,拒付不合规费用30多万元,查处虚报冒领、不报续领等侵吞离、退休人员退休费案件15起,追回基金13.2万元。

第五节 监察仲裁

一、劳动监察

1984年始,大中型企业逐步推行劳动合同制,招收员工须与企业签订劳动合同。1992年,市劳动局印发《关于加强劳动合同规范化管理的通知》,对合同制工人实行"卡片管理",随时掌握人员交流转移动态,做好劳动合同续订、解除和终止工作。1995年,《中华人民共和国劳动法》颁布实施,市劳动局成立劳动监察中队,进一步加强监控劳动力市场秩序。2002年,劳动监察中队更名为劳动保障监察大队。至2004年,国务院颁布《劳动保障监察条例》。劳动监察大队定期深入企业,运用法律手段,督促用人单位严格执行国家政策,依法参加社会保险,维护劳动者合法权益。

2004~2008年,加大对民营企业、"三资"企业的劳动用工管理,全市新签、补签劳动合同85312人次,追讨农民工工资670万元,调处劳动纠纷700余件;劳动保障定期监察面达100%,日常巡视监察面达98%。

二、劳动争议处理

1987年,劳动争议仲裁部门及时受理劳动争议案件的调解和裁决,对劳动合同严格进行鉴证,帮助企业建立劳动争议调解组织,指导其调解业务。1988~1993年,累计鉴证合同制用工、私营企业用工、劳务输出、单位临时用工等各类劳动合同9634份,受理劳动争议案25件,全部调解结案。

1994~2008年,劳动争议仲裁处理以调解为主,调解无效的可依法仲裁,不服仲裁的可向法院提出诉讼。全市累计鉴证各类劳动合同3万多份;受理劳动争议案件416件,其中调解处理239件,仲裁裁决68件,立案查处109件,为劳动者挽回经济损失300多万元,结案率100%。

第六节 劳务输出

20世纪80年代中后期,汨罗市启动劳务输出工作,主要以国内劳动密集型(如建房、筑路等)劳务输出为主。1990~1993年,劳动部门先后向广东等经济发达地区输送2.5万人(其中城镇312人),年均6300人。1994~1996年,组织劳务输出15700人,其中由劳动部门直接组织输出2630人。

1999年,劳动部门开展职业介绍工作,发布劳务信息46条,组织劳务输出1695人,其中专业技术人员35人,大中专毕业生125人,下岗失业人员135人,待业人员300人,农村剩余劳力1100人,劳务输出比上年增长60%,创收2000余万元。2000年,加强信息收集活动,发布劳务信息87条,造册登记剩余劳力34000人,指导和组织乡镇劳务输出3200人,创造经济效益1.9亿元;直接劳务输出3270人,其中下岗、待业人员532人。同时加大对外出人员计划生育管理工作力度,计划生育合格率达100%。

2001～2004年,组织和指导乡镇劳动服务站与省内市外相关单位建立劳务输出点(企业)78个,年均新增劳务输出点10个,年均组织劳务输出近3万人。劳动职业介绍所与广州、深圳、东莞、海南、北京等劳动职业介绍机构建立业务往来关系,向上述地区直接输出劳动力。外出务工人员年均纯收入在5000元以上。全市年均劳务总收入达1.5亿元。

2005～2008年,开展农民工转移培训活动,编制《就业服务窗口掠影》专题音像资料并录制光盘,合理有序转移农村剩余劳动力。另派专人到江苏、浙江、上海等省市考察劳务市场,达成长期对口劳务输出意向。

第三章 人 事

第一节 机 构

1978年前,人事工作先后隶属于县人委人事科、政工组、县委组织部。1979年9月,成立人事科。1981年,人事科改为人事局。1984年1月,县人事局、县劳动局合并为劳动人事局。1990年3月,撤销市劳动人事局,分别成立市人事局、市劳动局。市人事局内设办公室、综合计划与军官转业安置股、专业技术人员管理股(加挂职改办牌子)、干部管理股、工资福利股、考核奖惩股、退休干部管理股。此后,随着人事管理制度改革的深化和管理职能的加强,内设机构作相应调整。至2008年,下设办公室、工资股、福利退管股、公务员管理股、专业技术人员管理股(加挂职改办牌子)、规划仲裁股、人才中心、信息中心、任免奖惩股、幼儿园。

第二节 公务员管理

1995年始,汨罗市推行国家公务员制度。至1996年,首批37个市直机关单位完成过渡工作,设置职位884个,过渡844人,空出职位40个。与此同时,乡镇机关的推公(即推行国家公务员制度)工作和党群机关的参照工作相继展开。

1997年,市人事局从乡镇、市直管理岗位上工作的447名工人中择优录用305人为国家公务员;第一批28家行政机关、14家事业单位推行国家公务员制度,742人过渡为国家公务员。

1998年,完成乡镇政府系列推公和行使行政职能的事业单位推公工作中的“三定”职位设置及制定职位说明书等有关工作。乡镇政府系列设置职位418个,上报过渡326人,节余职位92个;已报事业单位7个,设置职位96个,上报过渡77人,节余职位19个。

1997年,大专院校并轨。1999年取消大中专毕业生分配,完善机关事业单位凡进必考的进人机制,国家公务员严格实行按职位面向社会公开招考招聘。是年，汨罗市第一次面向社会公开招聘人民警察2人。

2003年，全面加快推公过渡工作。全市确定推公单位94个，其中市直单位29个，乡镇、办事处32个，参照单位18个，全额拨款事业单位15个；确定推公对象2333人，其中市直政府系列884人，参照系列460人。

2004年，在94个推公单位中确定推公对象2270人，并对其进行培训；6月20日组织304人参加岳阳公务员过渡考试；通过笔试、面试、体检、公示，从全市65名应届高校毕业生和乡镇计划生育工作人员中录用公务员12人，其中乡镇计划生育专干8人，人民警察4人；全市91个单位、1944人按程序过渡为国家公务员，其中通过考试录用计划生育专干5人。

2005年6月，2807名工作人员过渡录用为国家公务员。市人事局于6月20日前完成“公务员证”颁发工作。

2006年1月1日，《中华人民共和国公务员法》颁布实施。原《国家公务员暂行条例》废止。是年12月，第一批七大类机关73个单位、1742人登记为公务员。

2007年，加快推进公务员登记扫尾工作。七大类、73个单位均完成登记工作；有行政编制1742名，政法专项编制80名；机关内设机构事业编制360名，实有人数2617人，其中登记公务员1738人，暂缓登记4人；实际配备县处级领导44人；核定乡科级领导职数565人，实际配备752人；实际配备县处级非领导职数24人；按比例可核定乡科级非领导职务数283人，实际配备337人；申报第一批具备法律法规授权履行公共事务管理职能的参公(即参与公共事务)管理事业单位24个。

汨罗市2008年公务员队伍情况表

表9-3-29　　　　单位：人

单位	总人数	性别		中共党员	学历					年龄						
		男	女		研究生	本科	大专	中专	高中以下	35岁以下	36岁至40岁	41岁至45岁	46岁至50岁	51岁至55岁	56岁至59岁	60岁以上
政府系列	1080	808	272	950	1	332	535	133	78	343	199	261	185	85	6	–
党群系列	1547	1266	281	1337	2	480	811	193	62	269	204	256	210	213	396	–
合计	2627	2074	553	2287	3	812	1346	326	140	612	403	517	395	298	402	–

第三节　工资福利

一、工资

工资改革

继1952年7月第一次工资改革和1956年4月第二次工资改革之后，1985年进行第三次工资改革。其基本指导思想是革除平均主义和其他不合理因素，贯彻按劳分配的原则，把工作人员的工资同本人的工作职务、责任、劳绩联系起来，使其工资普遍有所增加。工改内容分为基础工资、职务工资、工龄工资、奖励工资4个部分;基础工资一律40元;职务工资按职务高低设3～6档;工龄工资每年0.5元,上限40年;中小学教师、护士,实行教、护龄津贴;奖励工资不平均发放。第三次工改,全县有6451人参加,月增加工资额为12.4299万元。

1993年10月1日起,对机关事业单位工作人员现行工资制度进行第四次改革。改革后,机关实行职务工资、级别工资、基础工资、工龄工资。全市共有11200人参加,机关单位5300人,事业单位5900人,人平增资138元。

2006年7月1日起,对在册的正式工作人员进行第五次工资改革。全市参加套改人数共16876人,其中机关干部、职工8616人,事业单位8260人;人平增加工资158元。

工资调整

1978年11月,再次对全民所有制单位中工作成绩优异、贡献较大和提职后工作表现好而工资偏低的工作人员进行调资,调整面控制在2%以内。

1979年,重点调整国家机关和全民事业单位部分干职工工资,调整面为40%;汨罗4908名干职工中,调资的有4756人,按升级人数人均每月增加工资6元。

1981～1982年,重点调整教育、卫生、体育、国家机关、党派团体及企、事业单位工作人员的工资。该次调资,采取先补、后靠、再升级的办法进行。受处分的人员,未参加调资。进入调资的单位97个,党派团体63个,参加人员2492人,月平均增资6.35元。进入调资范围而未予升级的65人,其中违犯计划生育的48人,受其他处分的9人,属三种人(即:在党内,“三种人”即追随“江青反革命集团”造反起家的人,帮派思想严重的人,打砸抢分子。造反起家的人,指紧跟“江青反革命集团”,造反夺权,升了官,干了坏事,情节严重的人;帮派思想严重的人,指竭力宣扬“江青反革命集团”的反动思想,拉帮结派干坏事,粉碎“四人帮”后,明里暗里进行帮派活动的人;打砸抢分子,指诬陷迫害干部、群众,刑讯逼供,摧残人身,情节严重的人,砸机关、抢档案、破坏公私财物的主要分子和幕后策划者,策划、组织、指挥武斗造成严重后果的分子)的8人。

1986年,为解决部分工作人员工资仍然偏低的问题,对679名参加工作时间长的行政领导、教学人员、科技工作者的工资进行调整。

1987年,调整国家机关、事业单位人员工资等级。分别是乡镇122人;教育881人;其他国家机关、事业单位1640人。

1988年,部分中年专业技术人员工资升级:其中教委系统2292人、乡镇337人、事业单位2007人;中小学教师工资提高10%。

1989年,护士工资提高10%。同时,对党政机关、事业单位人员工资实行普调。有10906人调整工资。在普调一级的基础上,再升一级的有7231人。

1993年第一次调整工资,基础工资人均由90元提高至110元;1999年第二次调资,人均由110元提高至180元。事业单位中,中级职务一档由219元调至312元。活的部分(即岗位津贴),全额单位人均增资40元。

2006年第五次工资改革后,2007年又进行工资调整。

工资水平

改革开放后,国家机关、事业单位工作人员的工资水平稳步上升。

1993年工资制度改革：一是晋升职务工资档次；二是晋升职务工资、级别工资和增加工龄工资；三是调整工资标准。到2006年第五次工改后，人均年工资上升到10800元。

二、福利

改革开放后，干部、职工的福利不断改善。至1985年，行政机关、事业单位实行工龄津贴，人年均0.5元，洗理费每月2元，书报费每月3元，女同志卫生费每月0.5元。1995年，机关和事业单位设立养老保险，从职工工资中提取1%交社保站，待职工退休后按月支付给个人作养老金。

休假

1986～1987年，各级党政机关制定年休假制度：工龄不满10年的，年休假10天；10年以上不满20年的，年休假15天；20年以上不满30年的，年休假20天；30年以上的，年休假25天。1991年调整为满5年不满10年的，年休假7天；满10年不满20年的，年休假10天；20年以上的，年休假14天。1995年5月1日始，工作人员实行双休日制度。1999年国庆节始，国家推出黄金周休假制度。

数次改动婚、丧、探亲、产假：1981年未婚者探望父母的，每年给假20天；已婚者探望配偶的，每年给假30天，工资照发，路费报销；事假两天以内的，工资照发；病假不论患病时间长短，供给和津贴照发。婚假：1982年由3天增加至12天；父母公婆亡故，丧假3天。产假：90天，其中产前15天，产后75天；小产15～42天。1989年规定：对领取独生子女证的女工作人员，增加产假一个月。产假期间工资照发，分娩后的检查费、接生费、住院医药费均在单位医疗费内开支。

伤残待遇

1978年前，国家对伤残人员的医疗费、去外地就医的路费、因公患血吸虫的治疗费、生活费、退休费等作出一系列明确规定。1994～1999年，先后三次提高伤残人员保健金额和退休退职待遇。1996年，岳阳市制定《伤残鉴定暂行办法》，将机关事业单位工作人员工（公）伤、职业病、血吸虫病致残程度规定为四等六级，即特等，一等，二等甲级、二等乙级，三等甲级、三等乙级。并分别发给每人160～600元一年的伤残保健金。其中，特等伤残人员每月护理费110元，退休费比例提高15%；一等伤残人员每月护理费88元，退休费比例提高5%；1999年1月1日始，特等、一等伤残人员每年保健金提高至750～1000元。

死亡待遇

工作人员和职工死亡丧葬费和家属抚恤费，不同时期有不同的标准：1981年丧葬费提高到300元，因公死亡400元，一次性发给抚恤金；病故的，发给本人10个月基本工资；因公的，发20个月基本工资；烈士，发40个月基本工资。1994年规定：正常死亡的，发10个月工资；因公死亡的，发20个月工资。1996年，对立功获得荣誉的警察，死亡后，增发5%～35%的一次抚恤金。1997年标准提高：因公死亡者，每人1300元；病故的，每人900元；费用由所在单位承担，并且提高遗属生活困难补助标准。

2005年7月1日始，丧葬费标准调整为：凡病故的工作人员，其丧葬费标准由1500元调整至4000元；凡因工（公）死亡的工作人员，其丧葬费标准由2000元调整至5000元。同时规定：死亡殓葬费包干使用（包括火化、服装、骨灰盒等费用）；费用由各单位自行解决，财政预算不另安排该项开支；建有火葬场的地、市、县和与之毗邻的地、市、县工作人员死亡后，凡不实行火葬的，其遗属不得享受丧葬补助或困难补助；没有实行劳动保险条例的事业单位，可参照规定执行；道路交通事故死亡人员丧葬费，每具按省统计局公布的全省上年度职工平均工资6个月的标准执行。

计发基数:国家机关在职工作人员死亡,一次性抚恤金按本人生前最后1个月基本工资为基数计发;事业单位在职人员死亡一次性抚恤金计发基数,为本人生前最后1个月基本工资,即岗位工资与薪级工资之和;国家机关、事业单位离退休人员死亡,一次性抚恤金按本人生前最后1个月享受的国家规定的基本离退休费为基数计发;驻外使领馆工作人员、驻外非外交人员和港澳地区内派人员中的机关工作人员死亡,一次性抚恤金按本人国内(内地)基本工资为基数计发。

计发标准:批准为烈士的,为本人生前80个月基本工资或基本离退休费;因工(公)死亡的,为本人生前20个月基本工资或基本离退休费;非正常死亡(不包括因政治、经济问题而畏罪自杀者),可比照病故的标准按其20个月工资计发。

遗属(死者生前供养的直系亲属)生活困难补助费条件:父(包括养父)、夫年满60岁或者完全丧失劳动能力的;母(包括养母、供养继母)、妻未从事有固定报酬的工作的(系指下列三种情况之一的:年满45岁,丧失劳动能力,无收入或虽有收入但不能维持本人基本生活的城镇居民);子女(包括遗腹子女、养子女、前妻或者前夫所生子、非婚生子女)未满18岁或虽满18岁但完全丧失劳动能力的;弟妹(包括同父异母、同母异父弟妹)未满18岁或者虽满18岁但完全丧失劳动能力的;工作人员自幼依靠他人抚养长大,抚养人男年满60岁或者完全丧失劳动能力、女未从事有固定报酬工作的;死者配偶另行结婚,其未失去享受补助条件的子女(若死者的子女送给别人为养子、养女的,则不再给予补助);男到女家落户,必须靠其供养的岳父母;工作人员死亡时,其尚在普通中学、技工学校、中等专业学校和普通高等学校学习的子女,他们之中,如享有助学金或各种生活补贴的,应相应抵减其遗属生活困难补助费;离休、退休人员死亡后,其符合补助条件的遗属。

遗属补助标准:遗属系非农业人口,居住在本省其他地区城市1人者,每人每月补助费由180元调整为210～285元,2人或2人以上者,每人每月补助费由现行160元调整为190～260元。遗属系农业人口,1人者,每人每月补助费标准由现行140元调整为170～225元;2人或2人以上者,每人每月补助费标准由现行120元调整为150～190元。

退休、退职人员待遇

1993年始,退休人员实行职级工资制,包括退休工资、工龄工资、职务工资与级别工资;工龄在15～35年的,发70%～95%。事业单位退休者,工龄满15～35年的,按月工资与津贴之和,发70%～95%。同时,对从教30年以上、从事血防工作20年以上的,增发5%的退休费。1994年始,工龄20年以下人员的比例改为:实行职级工资制,工龄满10年不满20年的,基础工资和工龄工资全额发给,职务工资和级别工资按60%发;不满10年的工作人员,除上述两项全发外,职务工资和级别工资发40%;事业单位和机关工作人员工龄满20年的,按本人原工资的70%发。

1995年,湖南省人力资源和社会保障厅文件规定:1949年1月1日至9月30日参加工作者,按本人基本工资100%发给;中华人民共和国成立后参加工作、工龄15年以上的,退休费、退休生活补助按下表计发:

汨罗市1995年退休费和退休生活补助标准表

表9－3－30　　单位:%

工作年限	计发比例	工作年限	计发比例	工作年限	计发比例
满35年以上	90	满28年	83	满21年	76
满34年以上	89	满27年	82	满20年	75

续表 9-3-30　　单位:%

工作年限	计发比例	工作年限	计发比例	工作年限	计发比例
满 33 年以上	88	满 26 年	81	满 19 年	74
满 32 年以上	87	满 25 年	80	满 18 年	73
满 31 年以上	86	满 24 年	79	满 17 年	72
满 30 年以上	85	满 23 年	78	满 16 年	71
满 29 年以上	84	满 22 年	77	满 15 年	70

2006 年第五次工资改革后,增加离退休人员的退休生活费、退休费。行政管理人员:厅局级正职 1220 元,副职 940 元;县处级正职 670 元,副职 490 元,乡科级正职以下职务 350 元。专业技术人员:教授及相当职务 990 元,副职 540 元,讲师以下 350 元。退休人员增加生活费办法:行政人员厅局级 750 元,县处级 450 元,乡科级 275 元,科员及办事员 180 元。专业技术人员:教授及相当职务 700 元,副职 400 元,助教以下职务 180 元,技师 275 元,高级工以下及普通工 180 元。国家还规定:退职人员,按每人每月 160 元增加退职生活费。

对规定享受原工资 100% 的人员,按下列标准增加退休费:离退休人员退休费发放标准:厅局级 890 元,县处级 480 元,乡科级 330 元,老工人 330 元,教授级 870 元,副教授 510 元,讲师级 330 元。

凡 2006 年 7 月 1 日后离退休、退职的,其生活费规定如下:离休,按本人离休前工资全额计发;其他人员,按本人退休工资比例计发。

公务员退休生活费发放比例标准:工作年限满 35 年的,按 90% 发放;满 30 年不满 35 年的,按 85% 发放;满 20 年不满 30 年的,按 80% 发放;满 10 年不满 20 年的,按 70% 发放;不满 10 年的,按 50% 发放。

事业单位工作人员退休生活费发放标准:工作年限满 35 年的,按 90% 发放;满 30 年不满 35 年的,按 85% 发放;满 20 年不满 30 年的,按 80% 发放;满 10 年不满 20 年的,按 70% 发放。

机关工人、普通工人退休生活费发放标准:工作年限满 35 年的,按 90% 发放;工作满 30 年不满 35 年的,按 85% 发放;工作满 20 年不满 30 年的,按 80% 发放;工作满 10 年不满 20 年的,按 70% 发放。

事业单位和机关工人的退职生活费,同样按本人退职前工资的比例计发:

工作年限满 20 年的,按 70% 计发。工作年限满 10 年不满 20 年的,按 60% 计发。工作年限不满 10 年的,按 50% 计发。

退休人员优异待遇

在岗为国家做过特殊贡献的工作人员,获得部级、省级劳模,战斗英雄称号或在艰苦地方工作的工作人员,其退休费可提高一定的比例发放。具体如表 9-3-31:

汨罗市 2006 年退休人员享受优异待遇规定表

表 9-3-31　　单位:%

享受优异待遇的条件	提高比例	文件依据
全国劳动模范、中央军委授予的战斗英雄	15	湘政发〔1983〕19 号
省、部级劳动模范,军以上单位授予的战斗英雄	10	湘劳人险〔1981〕165 号
获国务院统一颁发的各种奖励的高级专家	15	国办发〔1982〕36 号

续表9－3－31

享受优异待遇的条件	提高比例	文件依据
获省或中央、国家机关各部委奖励的高级专家	10	国发〔1981〕76号
曾在西藏海拔3500米以上的地区工作累计满15年的	5	国发〔1983〕68号
在三线艰苦地区、三类区工作累计满20年,退休后就地安置的	10	湘人险〔1989〕129号
从沿海内地支援边远地区工作满20年,退休后仍留在边远地区的科技人员	5	湖南省计划生育条例
1970年后在县(市)、区、乡、(镇)街道办事处的计划生育部门连续从事计划生育工作满15年的计划生育专干	5	湘发〔1993〕4号
有生育能力,但自愿只生一个孩子,并领取"独生子女证"的职工	5	湘发〔1993〕5号
连续从事血防工作20年以上的	5	—
从事教育工作三十以上的中、小学教师	5	—

说明:享受优异待遇的人员,其退休费连同退休补助费及优异待遇,最高不得超过本人原标准工资的100%。

第四节　人才引进与交流

1986年,人事部门启动人才支乡工程。是年,乡镇企业与国内80个厂矿、37个大中专学校、29个科研单位取得联系,有5个乡镇企业与国外有关单位建立联系,引进各级各类人才987人。

20世纪80年代,汨罗县(市)人事局千方百计开辟引才渠道:从各单位、各部门挖潜,组织专业技术人员支援企业,为乡镇企业培训各种技术人员932人;从工人、社会闲散科技人员中录用一批有专业特长的技术人员为国家干部,支援乡镇企业;1986～1990年,引进各类技术人才121人;1981～1990年,先后选送到大、中专院校脱产学习的干部、职工1600多人。

1996～2008年,共向外地输出人才345人,引进各类人才15人,开发乡土人才8人,协助相关单位招聘记者、讲解员、教师和驻京办等招才引智联络员501人。

第五节　专业技术职称评定

1984年,成立汨罗县职称评定工作领导小组,县委组织部、县委宣传部、县经委所属各局各指定1名负责人定时参加研究有关科技人员的职称评定工作。县直各部、委、办、局、站和公司均有一名负责人兼管。

1985年6月,成立汨罗县地方技术职称评审领导小组,负责对全县农村从事农业、建筑、医疗卫生、财会职业的人员和乡镇企业中的科技人员的考试考核和职称评定。

1991年年底,专业技术职务评聘工作进入经常化评聘阶段:在岗位职数分配上,坚持向教育、科技、工业、农业、卫生等系列倾斜,向中青年人才密集的单位倾斜,向基层一线倾斜;在评审条件上,坚持重水平,重能力、重业绩,不唯学历、资历。1988～2006年,全市专业技术职称评聘达23个系列,其中高级582人,中级5912人,初级14635人。

汨罗市1988～2006年专业技术职称评聘统计表

表9－3－32　　　　单位:人

年度	级＼系列	党校	中专	中学	小学	编辑	出版	群文	艺术	美术	文博	图书	档案	卫生	政工	律师	工程	农业	林业	畜牧	经济	会计	统计	审计	合计
1988	高	–	4	70	–	–	–	1	1	–	–	–	–	5	–	–	2	11	–	–	–	–	–	–	94
	中	–	14	119	276	–	–	3	12	–	–	2	2	92	–	–	38	29	–	–	9	11	–	–	607
	初	5	–	553	849	–	–	–	–	–	–	–	5	530	–	–	345	177	–	–	24	120	19	–	2627
1989	高	–	–	–	–	–	–	–	–	–	–	–	–	–	–	–	1	1	–	–	1	–	–	–	3
	中	–	–	–	–	–	–	–	–	–	–	–	–	–	–	–	42	77	–	–	59	25	11	–	214
	初	–	–	101	113	–	–	–	–	–	–	–	12	36	–	–	140	51	–	–	423	399	132	–	1407
1992	高	–	1	14	–	–	–	1	–	–	–	–	–	8	–	–	2	–	–	–	–	–	–	–	26
	中	–	–	60	75	–	–	–	3	–	–	–	–	16	–	–	11	3	–	–	–	1	–	–	169
	初	–	–	421	528	–	–	–	1	–	–	3	–	137	–	2	144	53	–	3	38	78	4	–	1412
1993	高	–	2	10	–	–	–	–	1	–	–	–	1	1　2	–	–	1	2	–	–	–	–	–	–	20
	中	–	1	49	104	1	–	–	1	–	–	–	2	6	–	–	9	1	–	–	4	–	–	–	178
	初	–	–	245	376	–	–	–	3	–	1	–	1	141	–	–	96	15	–	–	19	5	38	–	940
1994	高	–	1	13	–	–	–	–	–	–	–	1	–	1　3	–	–	1	–	–	–	–	–	–	–	20
	中	–	–	56	122	–	–	–	–	–	–	–	–	5	–	–	13	1	–	–	7 –	11	–	9	224
	初	–	–	216	335	–	–	–	–	–	–	–	–	116	–	–	52	11	–	–	9	1	–	–	740
1995	高	–	–	11	–	–	–	–	1	–	–	–	–	2	–	–	1	–	–	–	–	–	–	–	15
	中	–	1	74	152	–	–	–	1	–	–	–	–	5	–	–	9	1	–	–	3	–	3	6	273
	初	–	–	268	431	–	–	–	2	–	–	–	4	195	–	–	39	8	–	–	9	–	5	12	987
1996	高	–	1	10	–	–	–	–	–	–	–	–	–	–	–	–	–	–	–	–	–	1	–	–	12
	中	–	–	96	178	–	–	–	–	–	–	–	–	26	–	–	7	1	–	–	–	–	–	–	308
	初	–	–	167	304	1	–	–	7	–	–	–	2	171	–	–	83	3	–	–	–	2	–	–	268
1997	高	–	–	10	–	–	–	–	–	–	–	–	–	1　2	–	–	1	–	–	–	–	–	–	–	14
	中	–	1	222	230	–	–	–	2	–	–	–	–	26	–	–	28	–	–	–	1	8	–	–	518
	初	–	–	239	390	–	–	–	8	–	–	–	5	145	–	–	110	19	–	–	5	35	–	–	956
1998	高	–	1	18	–	–	–	–	–	–	–	–	–	1　4	–	–	–	1	–	–	–	–	–	–	25
	中	–	1	174	191	–	–	–	1	–	–	–	–	8	1	1	15	1	–	–	4	–	1	5	402
	初	–	–	295	528	–	–	–	8	–	–	–	3	175	–	–	50	–	–	–	–	–	1	1	1061
1999	高	–	–	10	–	–	–	–	–	–	1	–	–	1	–	–	–	–	–	–	–	–	–	–	12
	中	1	–	167	155	–	–	–	–	–	–	–	–	11	–	–	10	1	–	–	–	12	–	1	356
	初	–	–	244	230	–	–	–	3	–	–	–	2	–	–	–	48	1	–	–	–	18	–	–	546

续表 9－3－32

年度	系列 级	党校	中专	中学	小学	编辑	出版	群文	艺术	美术	文博	图书	档案	卫生	政工	律师	工程	农业	林业	畜牧	经济	会计	统计	审计	合计
2000	高	–	–	17	–	–	–	–	1	–	–	–	–	–	–	–	–	–	–	–	–	–	–	–	18
	中	1	–	151	175	–	–	2	1	1	–	–	–	8	–	–	14	2	–	–	5	9	1	5	325
	初	–	–	234	229	–	–	–	1	–	–	–	–	219	–	–	68	–	–	–	–	19	–	–	770
2001	高	–	1	29	–	–	–	–	1	–	–	–	–	2	–	–	5	2	–	–	–	–	–	–	40
	中	–	–	153	113	–	–	3	3	–	2	–	–	116	42	–	39	9	–	–	16	1	–	–	497
	初	–	–	226	277	–	–	–	10	–	–	–	6	426	–	–	67	–	–	–	–	–	–	–	1012
2002	高	–	–	39	–	–	–	–	–	–	–	–	–	–	1	–	4	–	–	–	–	–	–	–	44
	中	–	–	143	95	–	–	–	–	–	–	–	–	41	12	–	17	18	–	–	–	–	–	–	326
	初	–	–	215	192	–	–	–	–	–	–	–	3	45	–	–	43	19	–	–	–	–	–	–	517
2003	高	–	–	45	–	–	1	–	1	–	–	–	–	2	–	–	–	–	–	–	–	–	–	–	49
	中	–	–	119	123	–	–	–	4	–	–	–	–	35	–	–	82	8	–	–	–	19	–	–	390
	初	–	–	168	144	–	–	–	–	–	–	–	2	51	–	–	56	–	–	–	–	7	–	–	428
2004	高	–	–	53	–	–	–	–	–	–	–	–	–	4	–	–	–	–	–	–	–	–	–	–	57
	中	–	–	129	124	–	–	–	3	–	–	–	–	38	–	–	124	3	–	–	4	–	–	–	425
	初	2	–	128	122	–	–	–	15	–	–	–	–	5 7	–	–	56	–	–	–	–	–	–	–	380
2005	高	–	–	53	–	–	–	–	–	–	–	–	–	13	–	5	–	–	–	–	–	–	–	–	62
	中	–	–	202	133	–	–	3	6	–	–	–	–	17	–	–	42	15	–	–	–	–	–	–	418
	初	–	–	131	77	–	–	–	3	–	3	–	–	63	–	–	21	16	–	–	–	–	–	–	314
2006	高	–	–	65	–	–	–	–	1	–	–	–	–	3	–	–	–	–	2	–	–	–	–	–	71
	中	1	–	225	183	–	–	2	3	–	–	–	–	–	4	–	52	4	–	–	6	–	–	–	480
	初	–	–	161	49	–	–	–	14	–	8	–	–	–	–	–	38	–	–	–	–	–	–	–	270

说明：高级职称栏数字一般为副高数字；卫生系列栏目出现一栏两个数字，前为正高数字，后为副高数字。

汨罗市国有事业单位2008年在职专业技术人才基本情况表

表9－3－33　　　　单位：人

项目	合计	性别		民族		政治面貌		学历				年龄			
		男	女	汉	少数民族	中共党员	其他	本科以上	大专	中专	高中以下	35岁以下	36～45岁	46～54岁	55岁以上
总计	8698	4823	3875	8691	7	2607	6091	1840	3610	2564	683	3447	3132	1676	443
在岗位工作的	1157	999	158	1156	1	854	303	247	504	337	79	239	568	1337	63
具有职业资格	6384	3455	2929	6378	6	1685	4699	1655	2876	1654	199	2431	2262	1344	347

续表 9－3－33

项目		合计	性别		民族		政治面貌		学历				年龄			
			男	女	汉	少数民族	中共党员	其他	本科以上	大专	中专	高中以下	35岁以下	36～45岁	46～54岁	55岁以上
专业技术职务	高级	245	200	45	242	3	168	77	210	33	2	–	10	138	73	24
	正高	1	1	–	1	–	1	–	1	–	–	–	–	–	1	–
	中级	3635	2100	1535	3631	4	1382	2253	965	1640	913	117	616	1648	1071	300
	初级	4525	2325	2200	4525	–	975	3550	643	1856	1556	470	2653	1280	490	120
未聘任职称		293	198	95	293	–	82	211	22	81	93	93	168	66	42	17

第六节　考核奖惩

一、考核

从1979年始，实行德、能、勤、绩、廉（后勤）考核。县委、县政府成立岗位责任制工作领导小组，制定考核、记分、评分、奖励办法，颁发《岗位责任制考核手册》，并纳入全市两个文明建设目标管理，考核结果为单位评先、个人评优依据。

2003年，机关事业单位工作人员和其他机关工作人员考核按公务员考核规定执行。2006年《中华人民共和国公务员法》施行后，考核内容规定为德、能、勤、绩、廉五个方面，重点考核工作实绩，考核结果作为调整公务员职务、级别、工资及奖励、培训、辞退的依据。

汨罗市1994～2008年部分年度目标管理考核情况表

表 9－3－34　　单位：人

年度	参加人数	优秀	称职	基本称职	不称职
1994～1996	35206	5297	29870	–	39
1998	8002	1056	6925	9	12
2000	14700	1403	13278	7	12
2001	14700	1496	13193	4	7
2002	13984	1466	12509	–	9
2003	13470	1751	11709	3	7
2004	13791	1789	11993	2	7
2005	13791	1789	11989	4	9
2006	13791	1787	11993	4	7
2007	13760	1789	11962	2	7
2008	13680	1622	12058	–	–
合计	168875	21245	147479	35	116

二、奖励

1978年后,中共汨罗县委、县人民政府恢复年度国家干部总结评奖工作,根据贡献大小,分别给予晋升一级工资、记大功、记功和授予先进工作者的奖励,并发给奖金。1985年,对工作中做出突出成绩的单位,在年终评奖中给予表彰;获得先进单位的干部职工每人都可得到一定的物质奖励。1986年,对90分以上的单位发给奖金。38个乡镇场发放奖金8.8万元,人均92元。县直副局级以上机关单位中,22个先进单位人均奖金30元,14个成绩显著单位人均奖金20元,38个90分以上单位人均奖金15元,分别计发奖金23160元、7760元、10260元。1987年,31个乡镇场1070人发放奖金8.8万元,人均82元。县直副局级以上单位评出先进单位38个,创一流工作成绩单位5个,达标单位56个,分别按人均30元、25元、20元标准发放奖金48040元。1988年,各乡镇场经评比验收,按成绩大小发给先进单位人均50元、40元、30元奖金,发奖金46600元。除年终评奖外,还采取不同形式奖励有突出贡献的干部。

1989年,全面实行岗位责任制。至1993年,年均岗位责任制评比获奖人数占干部总数的15%。1994～1996年,在乡镇场和市直副局级以上机关事业单位的35206人次中,评出一等功奖励的2人次、二等功奖励的136人次、三等功奖励的506人次、嘉奖2710人次;市属企业干部工人中,获一等功奖励的2人次、二等功奖励的30人次、三等功奖励的420人次。1998年,220个考评单位中,评出两个文明建设先进单位72个;在机关事业单位1231人优秀等次中,记二等功22人、三等功414人、嘉奖790人、获特殊贡献奖5人;企业职工评出记三等功人员123人。2000年,170个副科级以上单位评出红旗单位18个、先进单位62个;干部职工记二等功21人、三等功212人、嘉奖916人;市属企业干部职工记三等功134人;临时机构记三等功29人、嘉奖91人。2001年,评出红旗单位17个、先进单位53个;干部职工记一等功2人、二等功23人、三等功390人、嘉奖1081人。2002年,评出红旗单位18个、先进单位72个;干部职工记一等功1人、二等功41人、三等功390人、嘉奖1094人。2004年,评出红旗单位22个、先进单位67个;干部职工记二等功16人、三等功480人、嘉奖1284人。

2006年,表彰三个文明建设先进集体107个,其中红旗单位16个,突出贡献单位16个,先进单位45个,八项重要经济工作承办先进单位10个,引进工业企业项目先进乡镇10个,优质服务单位10个;先进个人439人,其中突出贡献人员10人,记二等功人员19人,记三等功人员381人,招商引资先进个人29人。2007年,有13802参加考评,其中评为优秀的1798人,称职的11993人,基本称职的4人,不称职的7人;记二等功16人,记三等功492人,嘉奖1290人;评选有突出贡献的单位16个、有突出贡献的人物10个。2008年,评选突出贡献人员24人,记三等功185人,嘉奖1100多人,发放奖金11.65万元。

三、惩戒

1978～1979年,汨罗县继续执行国务院颁发的《国家行政机关工作人员奖惩规定》,惩戒工作由组织部门负责管理。1980年后,改由人事部门负责。1984年,根据省劳动人事厅《关于国家行政机关工作人员奖惩工作中几个具体问题的补充规定》,人事部门肃清"左"的错误思想影响,按照"事实清楚,证据确凿,定性明确,处理恰当,手续完备,经得起历史检验"的原则,对犯错误干部给予慎重处理。1989年,国家行政机关工作人员的惩戒工作改由监察部门主管,人事部门协助。1992～1995年,行政处分仍为警告、记过、记大过、降级、降职、撤职、开除留用、开除8种。1993年11月25日,市委召开反腐败工作汇报暨公开处理大会，宣布给予党纪政纪处分和法律制裁的党员、干部、职工19人，其中科级干部4人，一般干部2人，职工13人；有6人依法判刑，3人受留党察看、行政撤职处分，1人党内严重警告、行政记大过。1996年，行政处分改为警告、记过、记大过、降级、撤职、开除6种。2006年，《中华人民共和国公务员法》施行，明确界定公务员应受惩戒的违纪行为，主要包括政治纪律、工作纪律、廉政纪律、遵守社会公德纪律四个方面。确定处分的法律后果：公务员在受处分期间不得晋升职务和级别；其中受记过、记大过、降级、撤职处分的，不得晋升工资档次。确定处分影响期为警告6个月，记过12个月，记大过18个月，降级、撤职24个月。对公务员处分的原则是事实清楚，证据确凿，定性准确，处理恰当，程序合法，手续完备。

根据上级关于惩戒的条例和规定，1979～2000年，汨罗共对犯错误的359人次给予行政处分。

汨罗市（县）1979～2000年部分年份行政处分情况统计表

表9－3－35 单位：人次

年度	警告	记过	记大过	降级	降职	撤职	开除留用	开除	小计
1979～1989	9	12	28	1	1	16	123	134	324
1998	1	3	2	1	–	3	–	1	11
1999	–	2	6	2	–	–	3	3	16
2000	1	–	5	2	–	–	–	–	8
合计	11	17	41	6	1	19	126	138	359

四、落实政策

中共十一届三中全会后，中共汨罗县委成立落实干部政策领导小组，全面开展平反冤假错案，对“文化大革命”期间案件进行复查。至1987年10月，共复查10254人，查出应纠正而已纠正的6760人，维持原议的2530人，不属于落实政策范围的964人；其中“文化大革命”时期的案件复查3617人，纠正3095人，维持原结论的522人；“四清”（即清政治、清经济、清组织、清思想）运动时期的案件复查1623人，纠正741人，维持原结论882人；反右派时期的案件复查442人，纠正442人；历史老案复查4561人，纠正2471人，维持原结论1126人，不属落实政策范围的964人；反右倾时期的案件复查11人，纠正11人。

第七节 人事制度改革

改革开放后，全市干部人事制度改革逐步开展，遵照中央颁布的《党政领导干部选拔任用工作暂行条例》，实行干部队伍革命化、年轻化、知识化、专业化的方针，废除领导职务终身制；下放干部管理权限；建立公务员制度。推进以“扩大民主，完善考核，推进交流，加强监督”为主要内容的党政干部制度改革。

一、乡镇干部选聘合同制

1984年4月，根据省委组织部，省劳动人事厅联合下发《关于乡镇干部实行选聘合同制的意见》，汨罗县委组织部、县劳动人事局、财政局联合发出《关于从农村选聘人员到乡镇工作的通知》,决定从各乡镇基层选聘2名优秀人员到乡镇机关工作。被选聘人员必须具有两年以上基层工作经验,年龄在35岁以下,具有高中以上文化程度,聘用期限一定3年,任职期间的政治、生活待遇按乡镇国家干部同等对待。是年,共选聘121名乡镇干部。至1988年,选聘乡镇合同制干部188名,其中8人担任乡镇党委副书记或副乡长,5人担任乡镇党委委员,9人担任乡镇财政所长,98人转为国家干部。

二、干部岗位轮换分流制度

1997年,全面实施干部岗位轮换制度,全市81个机关单位,有77个进行内部岗位轮换,占单位总数的95%,参加优化组合的人数2489人,组聘2433人,有57人落聘。1998年,人事局进一步深化机关单位人事制度改革,实行人员分流制度。汨罗市应分流人员1236人,其中乡镇531人,市直单位705人,实际分流1130人,占应分流总人数92%。

1999年,成立汨罗市分流协调领导小组。继续开展乡镇及机关事业单位的人员分流工作。从2545个干部职位中分流796人,其中机关分流282人,占30%;事业单位分流514人,占32%;清退临时工878人,其中机关13人,事业单位57人,代课教师808人。通过分流,减轻乡一级财政负担636.8万元。

2000年,根据文件精神,按现有在岗人员编制数分流20%,全市分流1914人,占应分流总人数的97%。分流人员中,从事农、林、水开发或个人承包田、土、山、水搞种养殖开发的90人,兴办实体的126人,外出打工的85人,到村任职的25人,到中小学任教的205人,从事第三产业的694人。

2001年,人事局根据文件精神,出台30条鼓励干部分流的优惠政策。全市乡镇机关事业单位有干部职工3389人,其中乡镇机关1751人,分流358人,占20.5%,乡镇事业单位1638人,分流492人,占30.2%,合计分流850人。

2002年2月,根据文件精神,市直党政工作部门由原来37个调整为33个,减少4个,精简11%。市直行政编制由改革前的615个压缩为471个,减少144个,精简23.4%;乡镇行政编制从714个压缩为626个,减少88个,精简22%。市直部门领导职数由285个调整为193个,减少92个,精简32%,全市中层领导职数从原来的322个调整为256个,减少66个。全市共分流350人,市乡两级清退临时雇用人员138人,编内精简254人,累计减轻财政负担800万元。

2005年3月,中共汨罗市委、市人民政府出台《关于乡镇场机关事业单位人员轮换分流的决定》。全市乡镇1830名财政供养人员轮换分流889人,占48.5%,其中轮换分流党政负责干部105人,占乡镇场负责干部总人数25%,为财政减少支出近900万元。是年,《新华社内参》对此进行专题报道。

三、竞聘上岗制度

2003年,中共汨罗市委、市人民政府制定《市直单位内设机构和乡镇站所负责人竞聘上岗的实施意见》。随后有30多家机关事业单位推行中层骨干竞聘上岗制度。其中,财政局15个股室一律实行竞聘上岗,有6名股所长因业绩平庸而落聘,有6名年轻公务员任股所长。公安局留出4个股所岗位,面向全局竞聘,4名30岁以下的年轻干警竞聘为股所长。

第四章　机构编制

第一节　机构编制管理

1980年3月,成立汨罗县编制委员会(简称县编委)。1983年始,县编委列为县委、县政府的直属机构,归口县委组织部管理。1983年,县直党政群机关机构52个,工作人员1314人;政法部门工作人员307人;基层行政单位机构30个,工作人员613人;事业单位机构553个,工作人员4278人。1986年,对行政机关、政法部门、基层行政单位以及事业单位设置机构数和编制人数。1986年,汨罗市直党政群机关机构52个,编制603人,工作人员599人。政法部门共有编制310人,工作人员357人。基层行政单位机构数32个,编制672人,工作人员716人。

1993年2月,汨罗市进行市级机关机构改革试点。按照湖南省、岳阳市关于县(市)党政机构改革统一部署,进一步完善机构设置,规范工作职能,核定人员编制。中共汨罗市委、市人民政府工作部门共设置38个(不含按规定设置的不占限额的纪委和信访办公室)。市委工作部门7个,政府工作部门31个。1995年,针对市直党政群机关、市人大、市政协机关以及具有行政职能的其他机构进行"三定"(即定职能职责、定内设机构、定人员编制)。市直党政机关内设机构186个,比改革前的233个减少47个,减少20.17%,核定工作职能371条。机关行政编制数为655人,后勤事业编制数为66人。"三定"前,机关实有人数1041人,"三定"后,实际在岗人数744人,减少28.53%。"三定"中还对领导职数进行核定,共配置领导职数119名,内设机构负责人职数186名。1996年年底,市党政群机关和乡镇机关行政编制人数分别均为673人,两项合计实有人数1346人,比上年同期减少5人,节余行政编制40人;事业单位共有机构719个(含股级单位680个),事业编制9952名,实有人数10154人,比上年度增加275人,增长率为2.77%,控制在3%以内。是年,市委、市政府下发《关于加强机构编制管理的意见》。至年底,各类事业单位共接受统招统分大中专毕业生342人;安置城镇退伍战士,转业志愿兵和军转干部及家属125人。

1997年,冻结机构编制。1999年,全面实行"机构编制管理证"制度。完成市直机关发证工作任务。对党政群机关和事业单位的编制,人员配备和领导职数、经费来源渠道进行重新核定,清退吃"空饷"人员。严格把住行政、事业单位增人关口,坚持凡进必考的原则。对卫生系统等事业单位实行人事代理制,对一些特殊情况要求进人的,明确征收一定数量的调节金。2000年,继续抓紧对各乡镇场机关及事业单位的机构编制、人员配备、领导职数、经费渠道的清理审核,境内85个党政群机关(市56个、乡29个)和市、乡两级875个事业单位全部核发"机构编制管理证"。对城镇复退战士安置采取查阅个人档案的措施,杜绝编外"挤车"的现象。

2002年,机构改革与"三定"工作同时进行。列入市直机关机构改革范围的54个单位,均制定本部门的"三定"规定。至2005年,全面冻结机关事业单位编制。并启动机关事业单位编制"实名制"工作,全市机关事业单位人员共1.3万余人,全部按"实名制"上榜公布,使"五位一体"的机构编制管理体系进一步完善。即完善机关事业单位机构编制管理证、人员编制管理卡、人员异动登记台账、人员编制半年度审核、机构编制电脑软件管理。是年,市直五所高中急需引进教师42人,市编委与组织、人事、教育、纪委监察联合举行公开选聘。至2008年,完成公安局机关和乡镇机构改革任务。

第二节　事业单位登记管理

1996年4月,设事业单位登记管理办公室,开展事业单位登记管理工作。6月月底,应登记的事业单位837个,实登记发证835个,2个单位因负责人未确定而暂缓登记。对835个单位进行登记发证,并及时登报公布。

1997年,汨罗市首次进行事业单位年检。是年年初,事业单位登记管理办公室下发《关于做好1997年度事业单位年度检验工作的通知》,印发《湖南省事业单位年度检验实施意见》,在《汨罗报》上刊登事业单位年检公告。应检单位837个,实际年检单位802个,年检率达95.8%。1998年5月,汨罗市事业单位登记管理办公室被省编办评为事业单位登记管理工作先进单位。

2001年,全市334个单位核发全国统一的"事业单位法人证书"。事业单位登记管理工作进入制度化、规范化,对事业单位法人上年工作业绩、资产负债等情况认真审查,凡报告不规范的一律责成重报,证件不全的一律补全,对《机关代码证》内容不全的,要求技术监督部门补发,确保年检质量;实行单位法人定级管理,全市350个事业单位法人,经年检定为A级单位326个,定B级16个,不予通过的2个,注销登记6个;推进非法人事业单位向事业单位法人过渡,事业单位"非转法"与年检工作一起安排,境内245个应过渡的事业单位有238个及时过渡为事业单位法人,有5个单位因特殊原因未办理过渡,过渡率达97.10%,事业单位法人582个;实施事业单位法人代表离任审计制度,法人代表因各种原因卸任离岗,由事业单位登记管理办公室会同市纪委、市审计局进行离任审计。至2008年,应年检事业单位法人443家,已年检442家,注销事业单位法人1家,年检合格442家,年检率99.9%,合格率100%。

第十篇　经济综述

1978年后，汨罗市（县）经济体制改革逐步推进，经济事业持续发展。国民生产总值由1978年的1.85亿元，增至2008年的102.82亿元，增长54.58倍；人均国内生产总值由1978年的348元，增至2008年的16765元，增长47.18倍，初步实现由温饱型向总体小康型转变；财政收入由1978年的1754万元，增至2008年的8.0003亿元，增长44.63倍。国民经济三次产业结构由1978年的42.7:32.43:24.87转变为2008年的22:57:21，产业所占比重顺序由“一、二、三”转变为“二、一、三”，工业、商贸服务业发展速度明显快于农业，综合经济实力进入湖南省“经济强县市”行列。

第一章　国民经济发展

第一节　第一产业

一、发展概况

1978年，第一产业即农业（农林牧渔业），在汨罗县国内生产总值中所占比重为42.7%，1980年为43.98%，1985年上升至46.88%，为历史最高点。1986年后，由于工业和其他行业的快速发展，第一产业比重逐年下降。1988年，工业产值比重首次超过农业产值。1991～1994年，第一产业比重回升，处于相对稳定时期，比重基本维持在45%左右。1994年后，宏观经济政策进一步放宽，市场经济体制基本确立，工业格局初步形成，二、三产业比重不断增加，第一产业比重下降。1995年降至30.99%，1999年占25.56%。至2008年，受工业经济强势增长的影响，第一产业比重降至22%。同时，农业内部结构出现新变化。全年实现农业总产值35.57亿元，比上年增长9.6%。在农业总产值中，农业产值比上年增长2.1%，其中粮食总产量达33.99万吨，比上年同期增长1.9%；林业产值减少13.6%；畜牧业产值增长20%，其中出栏生猪、牛、羊分别比上年增长18.7%、9.2%、8.7%；出笼家禽比上年增长6.5%；渔业增长10.7%，其中水产品增长11.9%；农牧渔服务业增长14.5%，全市农产品加工企业达130多家，农民专业合作组织160多个、3.2万户。

二、产业转型

由单一的种植业走向多业并举。1978年，在农业总产值中，农业占77.6%、林业占2.16%、畜牧业占16.4%、渔业占1.54%。至2008年，各业比重分别是：农业37.34%、林业1.98%、畜牧业50.99%、渔业

8.64%。与1978年相比,农业下降40.26%、林业下降0.22%、畜牧业上升34.59%、渔业上升7.1%。

由数量型走向效益型。1978年,早稻用种量一季稻需650万～750万公斤,用种量占早稻产量的3%～5%左右。改革开放后,普遍推行地膜育秧、软盘育秧、早稻杂交稻等先进技术。至2008年,早稻用种量比1978年下降6～7倍,而亩均产量却上升200～300公斤,亩均用种量仅占早稻产量的0.5%～0.8%;生猪良种普及和配合饲料的推广,使生猪育肥期由一年多缩短至3～4个月,人均饲养量1.67头,比1998年人均增加0.93头。

由资源型走向商品型。改革开放前,农业不但产量低,而且商品率也低。1978年,粮、猪、鱼三种主要农产品的商品率分别为19.9%、74%、12%。至2008年,商品率分别升至30.9%、85%、73.1%,商品量大幅度增加,粮食增加2.6倍,生猪增加9.9倍;水产品增加105倍。精制米、饲料、薯粉、家具等农副产品,进入国内外市场,商品价值进一步提升。

第二节　第二产业

一、工业

1978年,汨罗县完成工业总产值1.02亿元(含汨纺),占国内生产总值的32.43%。较第一产业低10.27%,较第三产业高7.56%。1979年后,工业经济快速增长,所占比重增加。至1988年,工业总产值首次超过农业总产值,达6.18亿元,占工农业总产值的57.9%。1989年始,工业效益下降。1990年,工业企业加大改革力度,调整产业结构,加快技术改造,提高产品科技含量,逐步扭转效益下滑的局面。1993年,实现工业总产值13.15亿元,占工农业总产值的73.1%。其中乡办以上工业企业实现产值6.58亿元,工业增加值2.34亿元,完成利税总额3247万元;国有工业企业实现利润875万元,亏损面比1990年下降16%,亏损额减少49.6%。

20世纪80年代至90年代,乡镇工业稳步发展。至1998年,乡镇企业达29872个,从业人员15.42万人,分别是1978年的38倍、12倍,乡镇企业总产值占国民生产总值的68%,上缴税收占财政收入的58%,占农民人均纯收入的69%。

1998年,建立和完善现代企业制度,国有、集体工业全面实施“两个置换”,工业经济逐步转向民营化,规模化。2002年后,随着工业园区建设和工业企业体制改革的推进,工业经济实现跨越式发展。第二产业在三次产业中的比重大幅增加。至2008年,实现工业增加值54.67亿元,比上年增长27.3%。三次产业结构调整为22:57:21。第二产业占GDP的比重较上年提高7个百分点,工业对GDP的贡献率升至53.17%。

二、建筑业

1978年,汨罗县建筑行业实现建安产值1100万元。1981～1987年,全县38家建安企业年均创利33.61万元。受建安行业带动,农村建筑材料产值,由1986年的6299.88万元增至1989年的7562.21万元,占乡镇企业产值的14%。1993年,完成建筑安装总产值2.14亿元,占第二产业总产值的16.29%。20世纪90年代中后期,建筑业平稳增长。至2001年,全市完成建筑业总产值4.03亿元。其中房屋建筑施工面积74.56万平方米，比上年增长13.5%；房屋建筑竣工面积56.63万平方米，增长36.1%；建筑企业效益明显好转，资质等级四级及四级以上建筑企业实现利税5227万元，增长44.6%。2002年始，随着全社会固定资产投资的大幅增加，建筑业产值高速增长，至2008年，建筑业实现总产值9.2亿元，比1978年增长82.6倍；完成建筑业增加值3.75亿元，比上年增长15.2%。

第三节　第三产业

一、交通、邮电通信、旅游

交通　1978年，汨罗县国、省、县、乡四道仅有235.03公里。1981年，国道107线县境段建成通车。1982年后，陆续修通各乡镇至国道107线的公路连接线。至1993年，市境公路总里程1031.5公里，实现村村通公路。1996~2002年，拓宽改造省道1809线汨罗城区至新市、城区至湘阴县界的公路线，在城区中心、新市、白水、长乐、李家塅等地建成客运汽车站（场）6个。2002年11月，京珠高速公路汨罗段竣工；新建市中心汽车站投入运营。全市形成以公路运输为主、铁路和水路运输为辅的交通运输体系。2006年始，启动武广高速铁路汨罗段筹建工作，改造升级乡村主干公路。至2008年，全市国、省、县、乡四道总里程3398公里，基本形成乡村公路与国道、省道、县道相连，城乡村组相通的交通网络；道路运输经营业发展到1561户，从业人员3528人，营运客车达到290台，运量282万人次，客运周转量16303万人公里，比上年同期增长14.4%；公路运输货物周转量164804.4万吨公里，增长14.7%。

邮电通信　1978年始，汨罗县内安装使用自动电话机。1981年，陆续开办集邮、邮政快件、邮政储蓄等新业务，邮电业务收入223万元。1992年5月至1993年6月，相继开通2000门数字程控电话和万门程控电话，并实现市境邮件运输自办。至1999年，境内形成程控电话、无线寻呼、移动通信、数字传输等现代通信网络。2000年后，电子信息化、邮电通信与交通运输同步发展。至2008年，全市完成邮电业务总量4222万元；固定电话61773户，其中住宅电话58472户。移动用户（含联通）21500户，全市平均万人拥有电话数（含联通）3200部。

旅游　1998年后，汨罗市旅游业进入全面发展阶段。至2000年年底，全市完成旅游景区、景点开发建设投资928万元。2001年，汨罗成为全省40个旅游重点建设县（市）之一。是年，全市启动旅游开发项目12个，融资5590万元。2003年，旅游业纳入各级政府的年度工作规划，全市发展农家乐40家。2005年始，汨罗连续四年成功举办汨罗江国际龙舟节。至2008年，全市实现旅游综合收入7900万元。

二、商贸服务

1978年后，商品贸易逐步取消统购包销体制，实行多种流通渠道、多种经营方式、多种经济成分，减少中间环节新的流通体制。国有商业垄断经营的格局不断被打破，个体私营商贸服务业不断发展。至1993年，全市有国营、集体商业机构、网点1061个，人员5145个；个体私营商业服务业8065户，从业人员15457人；全市每万人中有商业人员336人，实现社会商品零售总额4.02亿元。1994年，国营、集体商业体制改革进一步深化，10家企业依法破产，5家企业实行股份制改造，商贸流通呈现多元化、市场化。2000年，全面取消粮食定购任务，国有粮食企业完全走向市场。2000~2004年，先后新建汨罗大市场、天恒量贩超市、心连心购物广场,改造升级中心集贸市场,发展乡村两级农家店186家。至2008年,除烟草、盐业、石油实行专卖专营外,其余国有商业、供销、物资、外贸等流通企业全面转向国有民营或资产经营。市场体系格局基本形成,新型连锁批发经营、物流配送、电子商务等现代物流业初具规模。全市实现社会消费品零售总额22.95亿元,比上年增长22.1%,是1978年的44倍。

三、社会服务

1978年,科技对社会经济增长的贡献率不足10%,1995年提高到35%,2006年达47%。至2008年,全市科技经费投入771万元,比上年增长68.7%;科研机构增至40个,完成省、岳阳、汨罗市级计划项目47个,科技成果推广26个,重大项目开发8个;专利申报56个,专利授权20个,专利实施13个。

1978年后,教育事业优先发展。1986～1992年,累计投入8486万元,改善办学条件。1993年,全市教育经费投入2401万元。1998年,增至4288万元。2008年达1.8298亿元,是1993年的7.62倍,教育事业取得长足发展;推行素质教育取得经验,并在全国推介;金融事业蓬勃发展;房地产、保险、证券、拍卖、典当等新型服务业从无到有,音像、印刷、图书、电影、网络等文化业从弱到强,2008年经营额超过1.5亿元规模;公共卫生和社会福利体系进一步完善;电视网络数字化工程进展顺利,广播电视覆盖率达100%,城乡一体化步伐明显加快。

汨罗市(县)1985～2008年地区生产总值统计表

表10－1－36　　(按当年价格计算)　　单位:万元

年度	地区生产总值	第一产业	第二产业			第三产业					
			合计	工业	建筑业	合计	交通运输仓储邮电业	批发零售贸易餐饮业	金融保险业	房地产业	其他服务
1985	34741	15810	11683	8569	3114	7248	1438	2771	926	1173	940
1986	38087	17230	13095	10489	2606	7762	1555	3106	1000	1213	898
1987	42069	17701	15579	13390	2389	8589	1547	3255	1044	886	1857
1988	49083	20442	18571	15701	2870	10070	1660	4024	1241	891	2254
1989	58803	27152	18526	17142	1384	13125	2656	4968	1139	926	3436
1990	63115	32791	16340	14695	1645	13984	2908	4871	1186	1004	4015
1991	67370	35123	17626	15961	1665	14621	3112	4927	1209	1142	4231
1992	77639	37553	20429	18649	1780	19657	3514	5447	1251	1283	8162
1993	88168	39039	24608	22684	1924	24521	4194	6899	1346	1481	10601
1994	109978	51140	28667	26399	2268	30171	6253	9542	1715	3831	8830
1995	183732	90929	52350	48522	3828	40453	7735	14487	1751	7332	9148
1996	199721	91858	68186	62793	5393	37677	7544	11646	2867	3378	12242
1997	213902	100125	72403	65544	6859	41374	9568	11586	1981	7479	10760

续表 10-1-36

年度	地区生产总值	第一产业	第二产业			第三产业					
			合计	工业	建筑业	合计	交通运输仓储邮电业	批发零售贸易餐饮业	金融保险业	房地产业	其他服务
1998	239987	103429	89117	81072	8045	47441	11094	13306	2155	8267	12259
1999	259148	102882	102697	93464	9233	53569	13306	14224	2346	10291	13402
2000	287518	110598	114691	104294	10397	62229	16510	15656	2636	12518	14909
2001	324015	120102	129998	118082	11916	73915	20459	17917	2967	14416	18156
2002	381555	129909	158377	142636	15741	93269	25752	22643	3442	17723	23709
2003	412266	130360	167868	147817	20051	114038	28816	25128	3519	18451	38124
2004	471126	158115	185915	163629	22286	127096	24660	28470	3879	20942	49145
2005	545889	164985	240599	215004	25595	140305	27222	31429	4556	23118	53980
2006	647308	175639	341460	283002	58458	160209	18237	30139	5236	24480	82117
2007	784201	169504	425438	392900	32538	189259	21062	34738	5767	28613	93637
2008	1028192	226756	583212	546674	36538	218224	23866	41346	6371	33836	106248

第二章　经济结构与经济效益

第一节　产业结构

1978~2008年，汨罗市（县）国内生产总值中，农业比重逐年下降，工业、服务业增加值占比逐年上升，三次产业结构比例由1978年的42.7∶32.43∶24.87，转变为2008年的22∶57∶21。

农业　1978年，农业在国内生产总值中占42.7%，至1985年，升至46.88%，为历史最高点。1999年，农业比重降至25.56%，为历史最低点。2000~2008年，农业比重除2001年突破30%以外，其余年份均维持在29%左右。2008年，农业比重降至22%，比1978年下降20.7个百分点。

工业　1978年，工业在国内生产总中所占比重为32.43%。1999年升至51.51%，为历史最高点。2000~2007年，工业比重年均维持在45%左右。至2008年工业占比升至57%，比1978年上升24.57个百分点。

服务业　1978年，服务业在国内生产总值中所占比重为24.87%，1985年降至19.79%，为历史最低点。1994年升至28.30%，为历史最高点。2008年，服务业比重为22%，比1978年下降2.87个百分点，但由于地区生产总值比1978年增长54.94倍，服务业经济总量相应增长近46倍。

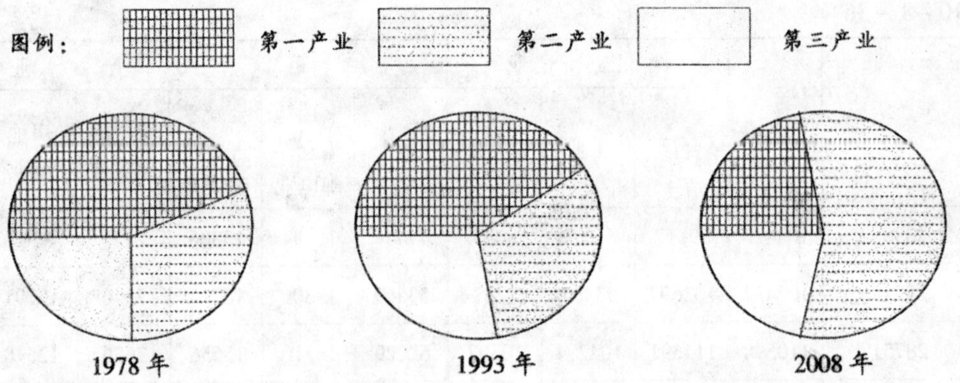

图 3 汨罗市(县)1978、1993、2008 年产业结构变化示意图

第二节 所有制结构

一、全民所有制

1978 年，县域经济以国有工商业为主体，构成全民所有制，即公有制经济体制。其生产经营要素均由国家行政部门按计划配置。1981 年后，逐步发展有计划的商品经济，计划管理手段淡化，市场要素增多。公有制经济结构逐步转向多元并存、并进一步转向非公有制经济格局。1993 年始，在全部工业经济构成中，国有经济成分逐年减少，非公有制成分逐年增多。商业服务业亦发生重大变化，至 2008 年，市场经济体系基本确立，国有工、商业除极少数关系国家安全和国计民生的重要行业(如金融、民爆产品、烟草、石油、盐业等)维持全民所有制或由国家控股经营外，其余均已进入置换产权和改变国有成分的范围。

二、集体所有制

1978 年，农村实行单一的集体所有制，即队为基础，三级(公社、生产大队、生产队)所有。1981 年始，推行家庭联产承包责任制，土地实行集体所有，个人承包经营。1983 年后，改革人民公社管理体制，恢复乡(镇)人民政府和村级自治组织，宣布“土地承包期 15 年以上，果树、林木、荒山荒地等生产周期长的开发性项目承包期 50 年不变”的政策，农民在承包土地经营过程中，生产自主权扩大。至 1993 年，约占农村劳力 40% 的农民走出家门，从事专业或半专业性的运输、加工、建安业以及经商办企业。至 2008 年，农村单一的集体所有制经济结构完全被打破，形成多元化经济格局。

三、非公有制

1978 年后，以承包生产经营为突破口，非公有制成分逐年增多。1985 年，国家取消粮、棉、油、猪的统派购任务，农业生产自主经营，市场导向作用进一步加大。1993 年始，全面实行社会主义市场经济体制，私营经济正式成为社会主义市场经济的重要组成部分。1994 年后，市委、市政府出台多项政策和措施，鼓励、支持、引导非公有制经济的发展。国有、集体经济部门同时引入个体私营承包机制，推进民营经济、民间投资、民办事业的快速发展，农、工、商、运、建、服等行业逐步向市场化、商品化方向转变。至 2008 年，非公有制经济成为推动经济社会事业发展的重要因素。

第三节　劳动力结构

1978年后，引入市场竞争机制，城乡劳动力联系显著增强。1984年，改革人民公社体制，突破“统购统销”的计划经济管理模式。1993年，实行社会主义市场经济体制，城乡社会经济事业快速发展。至2008年，城乡劳动力结构发生深刻变化。

一、城镇单位劳动力结构

1985年，城镇劳动力20888人。其中，工业从业人员9075人，占46.89%；交通运输、仓储、邮电和信息传输业从业人员754人，占3.6%；科研技术服务业从业人员41人，仅占0.2%。至2008年，城镇劳动力36197人，较1985年上升73.29%。其中，工业从业人员4341人，较1985年减少52.17%；交通运输、仓储、邮电和信息传输业人员1595人，增长1.12倍；科研技术服务业人员908人，增长21.15倍。

二、农村劳动力结构

1985年，农村劳动力209298人。其中，农业从业人员174045人，占83.16%；工业从业人员11610人，占5.5%；建筑业从业人员11292人，占5.4%；交通运输及邮政、批发零售、住宿和餐饮，以及其他行业从业人员共12351人，占5.9%。至2008年，农村劳动力286500人，较1985年增长36.89%。其中农业从业人员减少14.96%，工业从业人员增长3.15倍，建筑业从业人员增长加1.46倍，交通运输及邮政、批发零售、住宿和餐饮，以及其他行业从业人员增长近3倍。

汨罗市(县)1980～2008年部分年份城镇劳动力结构状况表

表10-2-37　　　　单位：人

年度	城镇劳动力	性别		从业人员(按国民经济行业分布)										
		男	女	农、林、牧、渔、水利业	工业	建筑业	交通运输、仓储、邮电和信息传输业	批发和零售、贸易、餐饮业	房地产、社会服务业	卫生、体育和社会福利业	教育、文化、艺术和广播业	科研和技术服务业	金融、保险业	党政机关和社会团体
1980	17281	10879	6402	1022	5890	-	231	1954	-	369	2701	39	196	1879
1985	20888	12574	8314	978	9075	385	754	2738	153	649	3330	41	305	2480
1990	26360	15432	10928	1451	12360	102	885	3401	127	865	4097	24	402	3295
1995	49267	29731	19536	831	11934	463	713	4519	120	748	5707	57	440	4853
2000	32253	19012	13241	1486	8004	1109	1843	4674	792	1684	6413	197	966	4742
2001	29016	17274	11742	1816	5572	530	1841	4229	917	1695	6682	200	936	4598
2002	28394	17014	11380	319	5106	1464	882	2251	743	1024	6859	149	634	4620
2003	24377	15797	8580	188	1565	2425	2101	1970	440	1757	6550	1149	984	4898

续表 10－2－37

年度	城镇劳动力	性别		从业人员(按国民经济行业分布)										
		男	女	农、林、牧、渔、水利业	工业	建筑业	交通运输、仓储、邮电和信息传输业	批发和零售、贸易、餐饮业	房地产、社会服务业	卫生、体育和社会福利业	教育、文化、艺术和广播业	科研和技术服务业	金融、保险业	党政机关和社会团体
2004	24195	15987	8208	286	1206	2436	1121	880	460	1277	6485	138	507	5101
2005	23973	15397	8576	200	1241	2754	1064	855	496	1914	7040	788	300	6550
2006	23855	15335	8520	100	1089	3033	1012	995	812	1834	6693	770	967	6550
2007	35738	25303	10435	4	3642	11704	1383	1204	775	1924	6720	881	850	6639
2008	36197	24939	11258	2	4341	10399	1595	1313	946	2052	8624	908	808	7108

汨罗市(县)1980～2008年部分年份农村劳动力结构状况表

表 10－2－38　　单位:人

年度	乡村劳动力资源数	性别		从业人员(按国民经济行业分布)						
		男	女	农业	工业	建筑业	交通运输及邮政业	批发零售业	住宿和餐饮业	其他
1980	192415	119615	72800	165939	16329	745	215	851	201	2680
1985	209298	132517	76781	174045	11610	11292	2505	2741	2163	4942
1990	233081	138492	94589	187846	16621	11672	3970	3551	3071	6350
1995	259227	148416	110811	183030	25043	18200	4952	6817	4840	16345
2000	259800	156700	103100	183600	20600	17400	5100	7200	7850	18050
2001	277911	171466	106445	165407	28794	20810	6451	11670	8230	15028
2002	280114	164021	116093	148264	42761	25056	9522	14331	9320	13618
2003	280500	163400	117100	147175	42638	24818	9936	13218	10415	16700
2004	281500	164400	117100	148144	42488	25144	10066	13494	10471	17193
2005	282700	164200	118500	149200	45500	26800	10200	14500	11000	10800
2006	281500	163400	118100	148144	42483	25144	10071	13494	10471	17193
2007	282400	149700	119300	149000	45700	26800	10300	14600	12000	10600
2008	286500	149900	123100	148000	48200	27800	10300	15600	13600	9500

第四节　固定资产投资结构

1981年后,基本建设投资、全民所有制单位更新改造投资统称为固定资产投资,涵盖全民、集体所有制和私人固定资产投资。投资结构经历三个阶段的变化。

1981~1987年,基础设施建设全面加强。全县建成全民所有制工业企业26家,服务性企业6452个,水库2481座,公路824公里,学校483所,医院34所,文化设施36个,各类综合性场所140个。1987年,全社会完成固定资产投资4897万元,其中国有投资1896万元,占当年投资总额的38.73%,比1981年增长4.33倍;集体投资313万元,增长2.33倍,个体投资2688万元,首次超过国有和集体投资规模。

1988~1995年,固定资产投资稳定提升。累计完成固定资产投资8.26亿元。其中1991~1992年,完成投资项目616个,投资1.16亿元。1993年,固定资产投资总额首次突破亿元关口,达1.4452亿元,其中国有投资4043万元,集体投资559万元,个体投资9852万元,分别占全社会投资总额的27.97%、3.87%、68.16%。1995年,固定资产投资2.8166亿元,其中个体投资达1.82亿元,比国有和集体投资总额超出9865万元,所占比重升至64.85%。

1996~2008年,固定资产投资大幅增长。1999年,全市完成投资总额4.82亿元,比1989年增长15.97倍;2004年后,一大批重点工程相继开工建设,仅城镇固定资产投资就有8.8亿元。2008年,固定资产投资54.8215亿元,比上年增长62.6%。其中,城镇以上投资40.3248亿元,增长69.9%;农村固定资产投资14.4967亿元,增长57.2%。在城镇以上固定资产投资中,第一产业完成投资4000万元,增长21.4%;第二产业完成投资34.4299亿元,增长51.1%;第三产业完成投资4.6557亿元,增长9.8%,年内开工项目166个。在城镇以上投资中,全部工业完成投资34.1709亿元,增长53.2%。其中食品加工、有色金属冶炼及压延加工业完成投资8.21亿元,增长41.1%。房地产开发投资完成8400万元,增长54.8%。其中住宅投资5512万元,占全部房地产开发投资的66.3%。

汨罗县1978~1980年基本建设投资结构表

表10-2-39　　单位:万元、%

年度	完成投资总额	其中			
		生产性建设	所占比例	非生产性建设	所占比例
1978	461	398	86.33	63	13.67
1979	285	249	87.37	36	12.63
1980	379	339	89.45	40	10.55

汨罗市(县)1981~2004年基本建设投资结构表

表10-2-40　　单位:万元、%

年度	全社会投资	其中					
		全　民	所占比例	集　体	所占比例	私人建房	所占比例
1981	450	356	79.11	94	20.89	-	-
1982	383	339	88.51	44	11.49	-	-
1983	539	423	78.48	116	21.52	-	-
1984	1450	805	55.52	186	12.83	459	31.66
1985	3782	1472	38.92	340	8.99	1970	52.09
1986	3297	1089	33.03	358	10.86	1850	56.11
1987	4897	1896	38.72	313	6.39	2688	54.89

续表 10－2－40

年度	全社会投资	其中					
		全 民	所占比例	集 体	所占比例	私人建房	所占比例
1988	5163	3112	60.28	1040	20.14	1011	19.58
1989	2841	1090	38.37	30	1.06	1721	60.58
1990	4576	1614	35.27	79	1.73	2883	63.00
1991	4126	1954	47.36	25	0.61	2147	52.04
1992	7518	2390	31.79	443	5.89	4685	62.32
1993	14454	4043	27.97	559	3.87	9852	68.16
1994	15832	5096	32.18	2936	18.55	7800	49.27
1995	28066	7541	26.87	2324	8.28	18201	64.85
1996	28545	5977	20.94	4043	14.16	18525	64.90
1997	30716	5550	18.07	4788	15.59	20378	66.34
1998	42245	10896	25.79	7703	18.23	23646	55.97
1999	48217	14845	30.79	8539	17.71	24833	51.50
2000	64265	28774	44.77	9856	15.34	25635	39.89
2001	77955	31036	39.81	16934	21.72	29985	38.47
2002	91182	46803	51.33	20316	22.28	24063	26.39
2003	157536	106385	67.53	17932	11.38	33219	21.09
2004	143474	87983	61.32	19342	13.48	36149	25.28

汨罗市 2005～2008 年固定资产投资表

表 10－2－41　　单位:亿元

年度	全社会固定资产投资	其中	
		城镇固定资产投资	农村固定资产投资
2005	19.6	11.5	8.1
2006	22.8	15.7	7.1
2007	34.6	23.3	10.0
2008	54.8	40.3	14.5

第五节　国民经济效益

一、农业经济效益

1979 年,农村改变计划经济体制和传统农耕种植方式,农业经济效益逐步提高。1980 年,农业劳动力人均产值 674 元,产粮 1408 公斤,交售农副产品价值 417 元,人均纯收入 83.10 元。1985 年始,取消统派购任务,农民生产自主权扩大,产业结构得到调整和优化,种养业比重增加,农户收入增多。至 1993 年,农业劳动力人均产值2162元，为1980年的3.2倍，产粮1112公斤，交售农副产品价值1174元，为1980年的2.82倍。1995年后，非农产业进一步发展，大批农村劳动力离土不离乡或离土离乡，大办工商业，带动农业产业转移，经济效益提高。至2008年，实现农业总产值35.67亿元，比上年增长9.6%，占地区生产总值的35.0%，比1978年增长29.74倍；农民人均纯收入5134元，比上年增加778元，比1980年增长61倍。

二、工业经济效益

1980年，汨罗县有国营独立核算工业企业19家，创利税1495万元，资金利税率32%，产值利税率12%。1988年，工业总产值首次超过农业总产值，为6.18亿元，占工农业总产值的57.9%。1993年，完成工业总产值13.15亿元，占工农业总产值的73.16%，为1988年的2.13倍，完成利税总额3247万元，亏损面比1990年下降16%，亏损额减少49.6%。1994年后，工业企业深化改革，转换经营机制，加大扭亏增盈力度。至1998年，实现工业总产值52.67亿元(不变价)，比1988年增长7.52倍。其中乡镇企业实现产值占全市国民生产总值的68%，实缴税金为1978年的45倍，占市财政收入的58%，占农民人均纯收入的69%。1999年，工业企业向民营化，规模化转变，经济效益稳步提升。至2007年，实现工业总产值98亿元，实现税收3.1亿元，分别比1998年增长86%和408%。工业税收占全市财政收入的51%，其中规模工业实现税收2.6亿元，占财政收入的42%。工业、建筑业GDP的比重提高3.6个百分点，对全市GDP的贡献率达43.7%。

三、国内生产总值分配

1978年，汨罗县国内生产总值1.85亿元，人均348元；财政总收入1754万元，占国内生产总值的9.48%，人均33元。在国内生产总值中总投资(积累)461万元，仅占2.49%。1985年始，调整产业结构，实施招商引资，加快工业发展，国民经济综合实力不断增强。至1993年，全市完成国内生产总值88168万元，为1978年的4.77倍。在国内生产总值中，总投资14454万元，占16.39%，比1978年提高6.91个百分点。

2000年后，实施富民强市战略，大力发展循环经济。至2008年，实现地区生产总值102.82亿元，比上年增长17%，人均GDP 16765元，增长20.1%，比1978年增长47倍。地区生产总值和增长速度，均列岳阳市辖各县(市)、区第一位；全社会固定资产投资54.82亿元，比上年增长58.44%；全市城镇居民人均可支配收入13515元，增长27.4%；农村居民人均纯收入5134元，增长20%。

第三章　经济体制改革

第一节　农村经济体制改革

一、农村土地使用制度改革

1981年3月，县委、县政府统一部署推行农业生产责任制。至5月月底，境内包产到户、联产到劳的生产队占60%。11月,县委下发《关于完善农业生产责任制的意见》。1982年2月,县委、县政府下派427个工作组,帮助完善家庭经营承包责任制。1984年,进一步完善土地承包合同,明确规定:“土地承包期为15年以上,果树、林木、荒山、荒地等生产周期长的开发性项目承包期50年不变。”

1995年,实行农村集体土地二轮承包:“土地承包期为30年以上,果树、林木、荒山、荒地等生产周期长的开发性项目承包期70年不变。”至2002年,共落实二轮承包耕地面积3.13万公顷,签订“土地承包合同书”与发放“土地经营权证”14.6万份;通过转出、转让、转包、租赁和入股,流转土地2163.73公顷,参与流转的农户达12310户。随后,经过三次全面清理完善,土地承包合同签字率、土地承包经营权证到户率、承包合同建档建卡率均达到98%以上。2003年,汨罗农村土地二轮承包工作成为岳阳市示范样板,并得到全国人大常委会、农业部土地承包执法检查组的充分肯定。2004年6月,农村土地二轮承包工作顺利通过上级验收。

二、农村税费改革

1998年11月,市委、市政府成立农村费改税试点工作领导小组和办公室,从各单位抽调20多名干部,选择李家塅镇、黄柏镇、新塘乡进行试点。12月,岳阳市委、市政府将汨罗定为岳阳市农村费改税试点县(市)。1999年3月,市政府印发《汨罗市开征地方农业税试行办法》,部署在3个试点乡镇实施。6月月底前,试点乡镇将地方农业税层层分解落实到农户:李家塅镇地方农业税163.6万元,人均78.33元,为1997年人均纯收入的3.73%,比1998年统筹提留人均负担减少16元;黄柏镇254.8万元,人均86.78元,为1997年人均纯收入的4.7%,比1998年人均负担减少19.8元;新塘乡129.2万元,人均81.56元,为1997年人均纯收入的4.78%,比1998年人均负担减少13.8元。1999年8月月底,就基本完成地方农业税征收任务。《中国改革报》《湖南日报》等新闻媒体报道,对汨罗农村费改税试点工作,给予高度评价。

2002年4月,省委、省政府发出《关于全面推行农村税费改革的通知》《湖南省农村税费改革实施方案》。汨罗成立农村税费改革领导小组及办事机构,全面开展农村税费改革工作。至2002年年底,全市农民人平税费负担为85元,比2001年人均134元减少49元,减少36.6%。同时推进配套改革措施,分流乡镇干部475人,撤并乡镇所属站、所120个,撤并学校35所,清退代课教师265人,年均减少财政开支500多万元。

2002年9月月初,省长张云川到汨罗检查工作,对农村税费改革给予充分肯定。9月8日,《湖南日报》头版头条以《汨罗农村税费改革成效显著》为题予以报道。2004年,境内取消农业特产税,将农业税税率由7%降至4%,农业税征税额由上年的2480万元减至1692万元;农业税附加由上年的496万元减至282万元;加上取消的农业特产税(2003年征收210万元),共减轻农民负担1212万元。至2005年,全面取消农业税及附加。

第二节　工业经济体制改革

一、厂长负责制

1978年,中共中央发布《关于加快工业发展若干问题的决定》,国有工业恢复党组织领导下的厂长负责制。1980年始，执行以计划经济为主、市场经济为辅的方针，企业经营自主权逐步扩大。1981年，县政府发出《关于工商企业全面实行经济责任制的通知》。1982年始，国有工业实行"党委政治领导、厂长行政指挥、职工民主管理"的厂长负责制；对车间、班组推行经营承包制，进一步扩大企业在内部机构设置、劳动人事、生产经营、资金使用、产品开发等方面的自主权。1987年，国有工业企业的厂长(经理)与经委签订责权利相结合的经济目标责任书，时间为四年，实行厂部、车间、班组三级管理，工厂、车间两级核算，对盈利者奖、亏损者罚。

二、经营承包制

1988年，国有工业企业与财政主管部门签订经济承包合同书，主要内容为产值、销售收入、实现利润、上缴利税、流动资金占用等指标。实行包死基数、递增上交、多收自留、少收自补；内部实行分级核算、指标分解、费用包干、工资浮动、联利计酬、超利分成。至1989年，26家国有工业企业中，实行"双保一挂"(即保生产和销售任务，工资与效益挂钩)的1家，上缴利润递增包干的8家，上缴利润包干、超收分成的2家，利润包干或减亏包干的6家，租赁和承包的2家。二轻工业企业实行包产量、包质量、包成本、包工资的承包方式，并推行全员参股经营，入股职工1626人，占职工总人数的90%，股金61.08万元。

三、股份制

1993年，汨罗市直国有工业企业在省内率先进行股份制试点。1996年后，市属工业企业实施依法破产重组，并区别不同情况，采取不同办法改制。市直工业企业中实施股份制改造的有宏达铝材公司、汨江砂轮公司、飞越仪表公司、冶金机械公司、通海制泵公司5家；对债务包袱重又未破产的企业，则由企业职工入股成立新公司，由新公司租赁原企业的生产场地和设备进行生产经营；对破产后无法启动的企业，按特点划小单位，成立有限公司，实行分路突围。轧钢厂分别成立飞正轧钢、蓝天钢窗、三菱轧钢、振兴橡塑4家公司；成建制转让后实行股份制改造的有酿酒总厂，成立湖南湘华屈原酒业有限公司。钢管厂、镀锌钢管厂成建制转让给湖南三九总利实业发展公司，组建湖南三九总利汨罗制管总厂。1998年，通过招商引资，水泥厂成建制被岳阳骏业木器制品有限公司兼并，成立岳阳骏业水泥实业公司；通海泵业公司与长沙水泵厂合股成立长沙通大集团汨罗制泵公司；龙舟动力机械厂由法人牵头，个人参股成立三维交通设施有限公司；运达橡塑厂由三九湖南橡胶厂兼并。

四、"两个置换"改制

2002年，市属34家国营、二轻工业企业，完成"两个置换"的有一鞋厂、二鞋厂、钢制家具厂、保安设备厂、二轻供销公司、橡胶制品厂、印刷厂、木器厂、电扇厂、氮肥厂10家，置换职工2337人。市氮肥厂依法破产，甩掉债务包袱1.26亿元，公开拍卖变现资产1830万元，安置职工1042人。下年，对已改制的一鞋厂、二鞋厂、钢制家具厂等7家二轻集体企业的994名原未被纳入社保的置换集体职工，由市财政拨付160万元，重新进入社保，解决养老问题。之后，对工业企业区别不同情况，逐年实施"两个置换"，先后对龙舟动力机械厂、湘华屈原酒酿造公司、黄金公司、镀锌钢管厂、轧钢厂、国营供销公司、再生胶厂、金刚石厂、钢管厂、塑料公司等12家工业企业进行整体置换。至2008年，市属工业企业破产卸债4.3亿元，拍卖变现资产7132万元，共置换职工4401人，汨江砂轮公司、水泥厂、包装厂、宏达铝材公司、冶金机械公司、宇航棉厂、裕丰公司、汨罗制泵公司、金湘磁材9家工业企业和工业职校，尚在改制过程中。

第三节 流通体制改革

一、国营商业体制改革

1987年7月，县政府成立商业体制改革领导小组，批转县商业局《关于深化商业企业改革的请示》，坚持以公有制为基础和所有权与经营权分离的原则，实行多种管理形式和经营方式的改革，对系统内各核算单位全面实行经营责任制，先后实行"三定一包""场、店承包经营""资产抵押承包""工资总额与经济效益挂钩"等多项内部改革。1992年4月，市政府发出《关于国合商业企业全面实行四放开改革的通知》，推行经营、价格、分配、用工四放开。1995年，全系统224个柜组、1797人实行"资金自筹、人员自组、盈亏自负、包干上缴"的国有民营制。1996～1997年，先后对资不抵债的市肉联厂、市友谊华侨物资供应公司实行依法破产，共清偿债务2260万元。肉联厂职工以量化安置、资产重组的方式分为6家股份制企业，友谊华侨物资供应公司整体重组为友华物资贸易中心。2000年后，对肉联厂的6家股份企业、友华物资贸易中心实行整体置换，并对部分乡镇肉食站和部分公司职工进行两个置换。至2008年，市五金交电化工公司整体改制，共量化资产680万元，处置资产1580万元，安置职工757人。

二、供销体制改革

1983年1月至1984年8月，县政府以白水供销社为改革试点，恢复供销社在组织上的群众性、管理上的民主性和经营上的灵活性。县委、县政府发出《关于积极稳妥地搞好供销社和信用社体制改革的通知》，成立体改领导小组，派驻体改工作组，在全县供销系统清理原有社员股金，选举产生理、监事会，成立县供销合作社联合社，完成供销合作社"全民"改"集体"、"官办"改"民办"的转体，恢复供销社的合作商业性质。1992年4月，供销系统推行大包干的社有民营责任制，继而实行联购分销、农商联营、租赁经营等多种形式的经营责任制。1997年，市委、市政府作出《关于深化供销合作社改革的决定》，供销系统围绕服务"三农"总目标，除继续稳住农资、棉花、烟花爆竹、废旧物资经营外，逐步转向资产经营，发展专业市场。先后将罗城区社、长乐中转站、新市中转站转让，由客商投资建成汨罗大市场；日用品公司和客商联营建成"心连心"购物广场；鑫隆再生资源公司和客商联合开发建成城西农贸市场。2000年后，实施"两个置换"，农资、食杂、生活、再生资源、工业品、日杂用品、地产、共创农贸等8家公司和城关、长乐、白水、李家、新市、桃林6家地区社相继依法破产，销债6334万元。贸易公司、地方产品公司、罗城地区供销社、长乐地区供销社、棉麻茧公司5家企业进行整体置换，变现资产2900万元，安置职工1251人。

三、粮食流通体制改革

1997年4月，对粮食收储企业与附营企业实行"三统三分"（即统一领导、统一国有资产管理、统一财务管理，业务分开、人员分流、财务分账）的改革。至1998年，中共十五届三中全会作出《关于粮食流通体制改革的决定》，国务院发布粮食敞开收购、顺价销售、收购资金封闭运行三项政策，境内粮食流通体制改革深入展开，在实行粮食收储企业与附营企业分设、业务分开、资金分离、人员分流的同时，建立粮油批发交易市场。2001～2004年，逐步实施"两个置换"。1445名职工与企业解除劳动关系，注销17家国有粮食企业。另组建11家国有资产参股的粮食购销有限责任公司，其中7家为国有控股的粮食购销公司、4家为国有参股的粮食附营企业。至2007年，217名内退职工进行"两个置换"，解除劳动关系，448名退休人员全部移交劳动社保部门发放退休金。

四、物资流通体制改革

1979年后，物资流通突破单一的计划调拨供应体制，实行计划与市场调节相结合的"双轨制"，企业内部打破行业分工，开始主供品种交叉经营；至1984年，全面推行物资购销、上缴利税和管理费三项指标为考核内容的经营承包责任制；1986年，省物资系统取消"两统"管理体制，财务、业务支配权下放到县。随后，县物资局实行政企分离，人、财、物管理支配权下放到公司，形成总公司、公司两级法人体制。1990～1995年，有偿接收长乐保险柜厂（个体合股企业）为物资总公司部门企业；开办玻璃厂、塑料制品厂、珲春物资公司（位于吉林省图门江），先后推行"购销业务费用包干""全员风险金抵押承包经营"、集约经营等改革。1996年，内贸部确定汨罗物资总公司为全国6个改革重点联系单位之一。1998年，解除"集约经营"，除保留金属、机电、轻化建材、金属回收、燃料和保险柜厂外，其余的公司、厂机构撤并。2000年，将部分仓库改建为物资市场，引进服装、小百货等商家，建营业门面112个、经营摊位60个、大型仓储场3个，安置下岗职工52人。2002年，金属材料公司置换职工44人。2004年，总公司依法破产，销债2500多万元，注销物资总公司，保留物资行业管理办。2006～2008年，燃料公司、保险柜厂相继实施"两个置换"，变现资产550万元，安置职工166人。

五、外贸体制改革

1986年，县外贸公司建立岗位责任制，推行承包经营，收购、销售、上缴等经济指标分解到部门，与工资、奖金发放直接挂钩。

1988年后，国家逐步取消外贸政策性补贴，县级外贸实行独立核算，自主经营，自负盈亏。随后，外贸企业全面实行工资总额与经济效益挂钩。打破大锅饭，搬走铁交椅，实行负责干部聘用制。同时兴办食品厂，绣服厂，设立驻天津、海口贸易办事处。1996年，外贸总公司获得自营进出口权。随后，组织自营出口13批次、盈利3.5万元。2001年，推进产权制度改革，转让部分仓库、门店，支持汨罗大市场建设。2004年，挂牌出让外贸鸡场，转让资产安置职工，解除1984年后参加工作的77名合同工的劳动合同关系。2006年，外贸总公司依法破产，销债970万元。至2008年，共置换职工身份81人。

第四节　宏观经济体制改革

一、计划管理体制改革

1981年，国家计委下发《关于改进计划体制的若干暂行规定》。计划管理由单一的指令性计划，逐步转向指导性计划为主、指令性计划与市场调节相结合。1985年,全县农业生产计划除粮食、棉花、油料作物外,其余均实行指导性计划。工业生产除县属重点产品纳入指令性计划外,其他非重点产品按市场需求生产,实行市场调节。1986～1993年,计划管理体制改革进一步深化。农业全面放开粮、棉、油指令性计划管理,主要依靠“合同定购”“三挂钩”等政策性措施,以及信息引导和市场机制进行调节;工业不另增指令性计划,指导性产品逐年削减。1993年,计划内分配物资由19个品种减至9个。1994年,全面取消计划物资分配,实行市场调节。1994～2008年,建立以间接指导为主的宏观调控体系,计划管理范围进一步缩小。计划工作重点突出改革和发展,加强计划执行监测和项目监管,提升参谋、决策水准,促进社会经济科学发展。

二、物价管理改革

1979年后,境内物价管理由单一的计划价转变为计划价、议购议销价、工商协商价、集市贸易价4种价格形式。1982～1985年,先后7次进行价格体系改革,涉及农产品、工业消费品、工农业生产资料和运输价格等方面。1987～1988年,实行管、调、放相结合的价格政策;贯彻《中华人民共和国价格管理条例》。1989～1997年,实施经济治理,重点调控化肥、农药、农用地膜、种子、农电5类涉农商品价格,按照“减少环节、打紧费用、保本微利”的原则制定全市统一价格30余项。1998年后,对农村实行限额到户电价,改“全市一价”为分乡、分村计价;工业用电实行峰谷分时电价;城乡电话月租费,实行以近补远、以城补农。至2008年,完善促农增收价格措施,完善城乡价格监督网络体系和价费公示制度,清理整顿涉农收费部门16个,检查审核价格收费许可证131个,停止、取消收费项目62个。

三、财政体制改革

1978～1984年,实行“定收定支、收支挂钩、总额分成、一年一变”的财政体制。县对公社财政实行“定收定支、收入上缴、支出下拨、超收分成、结余留用、一年一定”的管理制度。1985年始,省对县财政直接包干,实行“定额上缴、递增包干、超收全留、一定五年”的办法。1990～1992年,由于汨纺、屈原地区短收,汨罗连续三年出现巨额财政赤字。省财政将汨罗市上解递增比例下调为7%,1992年年底再调减为4%。1994年后,对乡镇实行“收支包干”,对市直单位实行“经费包干”,并实行税收任务目标管理,增强财源后劲。1995年,启动预算外资金由财政统一征收管理工作。2002年,累计进入财政专户的预算外资金达9800万元。

1998～2008年,逐步取消农业税,实施退耕还林、粮食直补、农机具购置补贴、库区移民后期扶持等惠农财政政策;加大预算外资金管理和集中统筹力度,推进综合财政预算管理工作;改革工资发放办法,实行财政统发工资制度,规范公务员津贴发放办法;推行政府采购制度,提高财政资金使用效益;全面推行农村税费改革;推行机关事业单位会计集中核算制度,杜绝多头开户,规范收支行为,堵塞管理漏洞,财政体制由保运转的“吃饭型”财政向经济社会发展的“公共型”财政转变。

四、税务征管体制改革

1979～1983年,取消对合作商店加成征收所得税的规定;恢复征收肉类集市贸易税;征收国家交通重点建设基金;试行增值税;开征建筑税;完成国营企业第一步利改税工作,国营企业上缴利润改为所得税。1984年,财政、税务机构分设。实行第二步利改税,全面征收国营企业所得税,对盈利多的大、中型企业再加征国营企业调节税,税后利润由企业自行支配;将工商税按性质分解为产品税、增值税、营业税、盐税等;将工商所得税改为集体企业所得税。1985～1989年,相继开征奖金税、国营企业工资调节税、城市维护建设税;恢复车船使用牌照税、城市房地产税;按产品税、增值税、营业税额开征1%的教育附加费;开征耕地占用税;实行以工商税为主,包括所得税、特定税目等多环节、多税种、多层次的复合税制。开征税目增至35个。

1994年9月,分设国税局和地税局。1995年后,实行以流转税和所得税为主要类目,以增值税为主体税种的税制改革。工商税由32个减至18个,消费税由2个增至11个,营业税设9个税目。国营企业取消承包制,改按33%的税率征收企业所得税,取消对国有企业税后利润征收国家能源交通重点建设基金和国家预算调节基金;取消集贸市场税收税务分成;固定资产投资方向调节税减半征收;取消除烟叶外的农业特产税,农业税率总体降低3个百分点。至2005年,全面免征农业税。

五、金融体制改革

1978年,人行汨罗县支行实行高度集中的金融管理体制。1979年,成立建行汨罗县支行,为管理固定资产投资的专业银行。1980年,人行汨罗县支行分设农行汨罗县支行,26家农村信用社由农行和地方党政实行双重领导。人行汨罗县支行业务范围以城镇为主。城关镇(含汨罗纺织厂)的国营工商业、机关团体的存、贷、汇业务和现金流通管理,及城镇居民储蓄由人行汨罗县支行经营,同时负责管理货币发行基金,代理财政金库及金银管理业务。

1983～1996年,各类金融机构增至127家。经营业务扩展到房地产、信托、证券、咨询、拆借、贴现等领域。银行业内部经营管理机制全面转向商业化运作。农村信用社与农行汨罗市支行正式脱离行政隶属关系,自成体系,自主经营,成为具有独立法人资格的合作金融企业。农发行汨罗市支行自营分设,负责粮棉油收购等信贷业务,成为境内首家政策性银行。1998年,省、岳阳市、汨罗市成立农金体改办,负责行业管理、农村信用社改革和日常管理工作。由此,对农村信用社形成由人民银行监管,农金体改办、信用联社、社员代表大会民主管理的"四位一体"的管理体制。是年11月18日,中国保险监督管理委员会成立,履行行政管理职能。

2004年3月,成立岳阳市银监分局汨罗办事处。2007年,机构撤销,监管职能上收岳阳市银监分局;农村信用社改由岳阳市银监分局监管。至2008年,境内有银行业9家、保险业18家、证券业1家。

第四章　个体私营经济

第一节　发展概况

1980年,新市公社合心大队社员郑述桃,在县内率先领取第一家个体工商户营业执照,从事废品收购,生意越做越大。1984年,被县委、县政府命名为“农民企业家”,并出席湖南省劳模大会。附近农民见其收购废旧物资有利可图,纷纷效仿。至2002年,新市成为中南地区最大的再生资源交易市场。2005年,汨罗成为全国再生资源集散市场循环经济试点单位。至2008年,汨新路和国道107线汨罗段两侧从事废品收购、加工的个体私营企业达243家,年吞吐废料超过100万吨。

1988年6月12日,《中华人民共和国私营企业暂行条例》公布施行。9月18日,桃林寺镇黄浩林创办肉类加工厂,领取第一家私营企业营业执照,主营生猪收购加工,兼营禽蛋、水产品,注册资金13万元,雇工22人。至1988年年底,全市私营企业领取营业执照的有75家。

1989年,全市个体工商户增至9845家,从业人员17076人;私营企业248家,从业人员9841人。1991年,个体私营企业减至6685户、10330人,为历史最低。1995年,经过治理整顿,规范管理,个体工商户回升至18430家,从业人员42721人;私营企业350家,从业人员6992人,注册资金达3.8亿元,为1989年的3倍。1996年始,受经济结构调整、市场需求变化、城区拆除临街摊棚、国道107线实行封闭式管理、京珠高速公路通车等影响,至1997年年底,个体工商户降至8112户、12780人。至2006年,户数、人数仍未恢复到1995年的水平,但注册资金、销售总额均创历史新高。2008年,全市个体工商户达9504家、从业人员14301人,资金数额12.51亿元,其中城镇6529家、8655人,资金数额11.81亿元,分别占全市个体工商户总数额的68.7%、91.9%和94.36%。

第二节 行业结构

1980年后,个体私营经济以饮食服务、南杂副食经营、旅社、修理业等行业为主。1984年,境内个体工商户有1924家。其中,从事服务行业1777家,占92.36%;从事工业交通行业38家,占1.98%。1989年,个体工商户增至9845家。其中从事商贸服务业6882家,占个体户总数的69.9%,较1984年下降22.46%;工业交通行业2205家,占总户数的22.4%,上升20.42%。1991年,个体私营企业中的工业、交通、建筑行业总户数所占比例升至25.7%,人数占46%。1994~1998年,个体私营经济以竹木加工,麻石、毛笔、刺绣、编制等行业为主体。

2000~2008年,经济体制改革不断深化,个体、民营工商业发展成为市域经济的主流行业:以新市镇、城郊乡为中心的废品收购加工业;以市湘北铜材有限公司、市长江铜业有限公司、市衡联铜材有限公司为龙头的再生铜加工业;以长乐镇为重点的银行保安设备制造业;以湖南中天龙舟农机有限公司为支柱的农机制造业;以湖南音品电子有限公司、市金一科技有限公司、市飘风电气有限公司为龙头的电子电气制造业;以湖南天子家具股份有限公司、湖南光明家具有限公司为支柱的家具制造业;以市协盛石材有限公司、市兰天实业有限公司、市西北麻石除尘设备厂为龙头的花岗石开采加工业;以湖南加华生物科技发展有限公司、市蓉泰薯类淀粉厂为主体的食品加工业;以市汨江纸业有限公司、市环宇纸业有限公司为龙头的再生纸加工业;以市新东方环氧树脂有限公司、市金成实业有限公司、市松菊精化科技有限公司为支柱的精细化工业等,构成新型的行业格局。

汨罗市2008年个体工商业行业情况表

表10－4－42　　单位：户、人、万元

行业分类	合计			其中：城镇			其中：本期开业			本期注销	
	户数	从业人员	资金数额	户数	从业人员	资金数额	户数	从业人员	资金数额	合计	其中：城镇
合计	9504	14301	125106	6529	8655	118056	798	798	3090	465	225
农、林、牧、渔业	7	9	21	4	4	13	1	1	10	－	－
采矿业	25	106	385	13	63	212	6	6	103	－	－
制造业	567	1500	2956	354	700	1605	33	33	248	23	10
电力、燃气及水的生产和供应业	1	3	20	1	2	20	－	－	－	－	－
建筑业	20	105	84	19	57	83	5	5	39	－	－
交通运输、仓储和邮政业	562	622	1726	334	350	1075	71	71	203	10	6
信息传输、计算机服务和软件业	24	29	66	14	19	52	－	－	－	－	－
批发和零售业	7004	9081	116525	4837	5821	112412	566	566	2024	350	168
住宿和餐饮业	332	1318	917	257	565	751	37	37	182	20	8
租赁和商务服务业	232	324	771	134	206	397	4	4	40	16	－
广告业	3	5	7	2	3	6	－	－	－	－	－
居民服务业和其他服务业	710	1134	1398	544	805	1200	72	72	215	42	31
卫生、社会保障和社会福利业	1	2	5	1	2	5	1	1	3	－	－
体育和娱乐业	16	44	206	15	40	205	2	2	23	3	2
其他	3	24	26	2	21	26	－	－	－	－	－

第三节　个体劳动者私营企业协会

1983年10月，成立汨罗县个体工商业劳动者协会（简称个协）筹备小组；12月，召开首届个体工商业劳动者代表大会，出席会议的代表81人，代表全县9个分会、41个个协小组、1800多名个体劳动者，选举产生县个协及会长、秘书长。办公地点设县工商局。1986年、1988年，相继召开第二届个体劳动者代表大会和第三届个体劳动者私营企业代表大会。

1992年12月，市委、市政府召开全市发展个体私营经济动员大会，各乡镇、部门、个体私营企业代表共350多人参加，宣布成立市个体私营经济领导小组，领导小组与个协合署办公。1996年，经个协推荐，市政府通报表彰全市十强私营企业和百户文明经营户。

1998～2008年，个协每年均举行迎春座谈会，市委、市政府、各相关部门负责人及时听取各方面对发展个体私营经济的意见和建议，出台相关政策措施，倡导推行“税费一卡”制度，决定每年3月10日为“民营经济日”，并由市电视台作《光彩之路》系列专题报道，突出宣传个体私营企业对国家和市域经济的贡献。全市私营企业有10家被评为岳阳市职业道德规范先进单位，28家被评为诚信企业，4家被推荐进入全省民营企业500强行列。

第十一篇　综合经济管理

第一章　计　划

1984年，汨罗县计委在年度计划中，首次提出调整农业内部结构，大力发展养殖业；1986年，提出“在强化国营经济主导作用的同时，大力发展集体工业，特别是乡镇工业”，推动乡镇工业的发展。1988年，计划工作突出战略规划和宏观调控。在编制《汨罗市1988～2000年经济科技和社会发展规划》中，提出“依托两市三路，拓展南北流通，突出工业建设，发展双向经济”的战略举措，对汨罗经济发展产生深远影响。1993年开始实施以工代赈项目建设，发展饲料工业，抓好项目投资的基础工作。至1998年，累计完成各类投资项目96个，其中直接由计划部门下达投资1.1亿元。2000年后，制订新世纪首个五年计划（2001～2005年“十五”计划），确立汨罗“争创全省综合实力前十强”的战略构想。2006～2008年，相继完成编制新五年产业规划和库区发展规划。

第一节　机　构

1978年，汨罗县革委会设计划委员会（简称计委），主管计划、科技、物价、劳动、统计、城建等工作。1980年，更名为县计委，科技、物价、劳动、统计等部门相继析出，单独设置或并入其他部门。1984年，增设县经济技术协作办（1986年，划为县政府办内设机构；1997年，其职能划入计划局）。1985年，县计委内设计划、基建、物资3个组。1988年，增设经济信息中心、矿产资源管理办。1991年，增设饲料工业管理办、以工代赈管理办。1993年，市计委与市统计局合并成立计划统计委员会（简称市计统委），内设办公室、统计科、饲料工业科、矿产管理科、计划组、基建组、经济信息中心、第三产业管理办。1995年1月，撤销市计统委，恢复市计划局、市统计局。2001年，更名为市计划发展局，内设办公室、固定资产投资计划组、综合社会计划组、经济信息中心、以工代赈办、招标投标管理办、重点项目稽查办、饲料工业办、第三产业办。2006年，市计划发展局更名为市发展和改革局。至2008年，内设机构、管理职能基本未变。

第二节　计划编制与实施

一、年度计划

1978～2008年，共编制年度计划31个。主要内容涵盖全市（县）国民经济和社会事业各个门类，包括综合、工业、农业、商品流转、交通运输、外贸、物资、城建、财政、金融、文化、科技、教育、卫生、体育、人口与计划生育等众多行业。每年的计划内容和目标，都根据国家的方针政策和汨罗实际，统筹安排，做到有所调整、有所侧重，保证计划实施的连续性。

1984年，年度计划首次提出"改善农业生产结构，逐步增加养殖业在农业中的比重"。是年计划安排养殖业产值4600万元，占农业总产值的25%。计划下达后，全县兴起"养殖热"高潮，至年底全县完成养殖业产值4625万元，比上年增长8.2%，占农业总产值的25.7%。1986年，提出"在强化国营经济主导作用的同时，大力发展集体工业，特别是乡镇工业"。1989年，年度计划大幅增加棉花种植面积，提高经济作物在农业中的比重。1992年，提出以市场为导向，调整生产结构，开发新型产品，安排重点投资项目的要求。1993年，着重研究和解决关系经济全局的重大问题：农业内部结构调整；工业转换经营机制，推进技术改造和技术进步；改善交通、能源、通信设施等。1994年始，突出"计划指导、市场调节"的原则，逐步建立社会主义市场经济新的发展模式。至2008年，通过调整，农业计划保留"农业总产值""总收入""纯收入"，以及粮食、棉花、油料、生猪等重要指导性指标；工业指标保留"总产值""主要产品"和"产量"。除国土开发利用、农业税收、贸易粮油定购等少量指标属指令性计划外，其余均属于指导性计划。实施年度计划，则分年初、年中、年末三个时段进行。年初落实项目，年中检查，要求时间进度双过半，适时修改计划，年末进行年度总结，为制定下年计划作准备，同时也为市委、市政府考核、奖惩基层和部门工作提供客观依据，确保年度计划如期如质完成。

二、中期计划

1978～2008年，共制定"五五"至"十一五"七个五年计划。1975年编制（1976～1980年）"五五"计划，贯彻农业"八字宪法"，狠抓科学种田。至1980年年底，除粮食作物外，其余项目均完成计划指标。1981年编制（1981～1985年）"六五"计划，主要是贯彻"以粮为纲、全面发展"的方针。1983年，计划实施重点是调整农业内部结构，抓好工业技术改造，加快产品更新换代。至1985年，"六五"计划任务基本完成。1984年编制（1986～1990年）"七五"计划，从偏重数量增长转向技术进步、提高经济效益和市民生活水平。1990年编制（1991～1995年）"八五"计划，系统提出全市国民经济和社会发展的指导思想、原则、任务、目标、产业结构和产业布局，确保汨罗经济跻身于全省县级先进行列。1994年编制（1996～2000年）"九五"计划，确定汨新路拓改、二水厂、窑州变电站、电讯扩容、平垸行洪、移民建镇、新世源三星级宾馆等重点建设项目。城建、教育、文化、卫生、广电等社会基础设施得到进一步改善。2000年编制（2001～2005年）"十五"计划，确立"争创全省综合实力前十强"的战略构想。2001～2005年，汨罗GDP年均增长13.4%，工业成为经济增长的主动力，农村市场建设被列入全国"万村千乡市场"试点工程。2005年，成功举办首届国际龙舟节，向上争取和申报任弼时纪念馆、乡村公路、城市防洪、天恒量贩超市等项目共149个，城乡面貌进一步改观。2005年编制（2006～2010年）"十一五"经济和社会发展规划，历时三年，九易其稿，为有史以来规划体系最为完整的中期计划，其中投资5000万元以上并进入岳阳市"十一五"规划的项目105个；进入省"十一五"规划的重大项目13个，居全省各县（市）之首。汨罗再生资源回收利用市场、加工基地建设，进入国家"十一五"发展规划。

2007年，编制新五年产业规划（2008～2012年），完成《汨罗市产业发展规划纲要》，涵盖再生资源、农业、工业、商贸服务等20多个部门行业，收集各类产业项目139个。同时修编库区发展规划，确立汨罗库区基础设施建设与经济发展规划,向上申报库区及安置区项目达200多个。

三、长期规划

1974～1975年,编制《汨罗县1976～1985年远景规划》。其重点是巩固和发展人民公社集体经济,加强农用水利建设,加快农业机械化步伐,增强工业生产能力,加快企业技术改造。该规划因1979年后推行家庭联产承包责任制,农业计划目标未能全部兑现。1988年,编写《汨罗市1988～2000年经济、科技和社会发展规划》,制定具有汨罗特色、适合汨罗长远发展的战略构想。即"依托两市(即长沙、岳阳)、三路(即京广铁路、国道107线、省道308线),拓宽南北流通,突出工业建设,发展'双向经济'(即内外双向经济环流)"。该规划编制各类专项报告93份,收集各类数据62万组,建立各类数学模型近100个,开发各类项目327个,共110多万字。经省著名专家教授鉴定,省社会科学院终审并认定,该规划在全省同类型规划编制中处领先地位。1988年,经市五届人大会议审议通过,为汨罗建市后12年的经济社会发展和编制"八五""九五"计划及各年度计划起导向作用,为全市经济和社会发展确立总的指导思想。

汨罗市2008年国民经济与社会发展指标完成统计表

表11－1－43　　　　单位:亿元、%

指标名称	年完成额	比上年增长
国内生产总值	102.8192	17.0
一产业增加值	22.6756	5.0
二产业增加值	58.3212	25.2
其中,工业增加值	54.6674	27.3
三产业增加值	21.8224	11.3
财政总收入	8.0003	30.8
其中,地方固定收入	4.9079	33.8
全社会固定资产投资	54.8200	62.6
其中,城镇固定资产投资	40.3248	69.9
社会商品零售额	22.9492	22.1
城镇居民年人均可支配收入	13515.0000	27.4
乡镇农民人均纯收入	5105.0000	18.0

第三节　固定资产投资

1979～1987年,汨罗县完成固定资产投资1.4923亿元,建成全民所有制工业企业26家、服务性企业6452个,建水库2481座、公路824公里、学校483所、医院34所、文化设施336个、各类综合性场地140个。1988～1995年,完成固定资产投资8.26亿元,年均1.03亿元;1996～2008年,完成固定资产投资123.24亿元。主要项目:蓝家洞水库及配套灌渠,汨新大道,沿江大道,自来水一、二厂,农村电网改造,新市220千伏变电站，窑州、汨罗110千伏变电站，友谊河综合治理，汨罗工业园，加华科技有限公司牛肉加工生产线，汨罗大市场，烟草、国土、信用联社大楼，城市有线电视，程控电话，移动通讯，电脑宽带，白水粮库，任弼时纪念馆，屈原纪念馆，团山再生资源市场，循环经济科技园，汨罗江大桥，武广铁路汨罗站，再生资源二期工程，以及教育、文化、卫生等一批重点工程。

2002年始，坚持在项目策划、立项、申报、审批等方面严格把关，控制新上高能耗和资源消耗大的建设项目，优化投资结构，提高投资效益和发展质量。至2004年，城镇固定资产投资总额8.21亿元，比上年下降10.5%，但投资质量优于上年。中天科技、松菊油漆、加华牛业二期工程、再生资源市场、汨罗江大桥、城市垃圾消纳场等重点工程先后被审批立项。2007年，编制年度固定资产投资项目库，收集项目152个，总投资148.5亿元。同时调整建设内容和投资规模项目81个，为后三年向上争取项目奠定基础。2008年是岳阳市政府“项目建设和项目服务年”，发改局全程参与“抓工业、促发展、增税收”的产业项目大会战，开发和包装项目332个，总投资54.82亿元。涉及农业、水利、工业、能源、交通、电信、城建、社会事业、移民后扶等领域。

第二章 国土资源管理

第一节 机 构

1978年，汨罗县革委生产指挥组管理土地资源；1980年12月，改由县计委管理；1981年2月，改属城建局城建股管理。1985年10月，成立土地征收拆迁办公室，隶县城建环保局。1985年12月，成立土地管理委员会。1986年8月，撤销城建局征地拆迁办，成立土地管理办公室，与农业区划办合署办公。1987年4月，成立县国土局，加挂农业区划委员会办公室牌子，内设4股1室1队，定编11名。1989年10月，各乡、镇(场)建国土管理所。1992年9月，市国土局、市房产局、市规划局(办)合并，成立市国土房产规划管理局，1995年1月撤销，恢复市国土局。内设办公室、人事股、计财股、法规监察股、地政地籍股、国土区划股、建设用地股、测绘队、土地估价事务所等机构，定编46名。1999年，乡镇国土所收归市国土局管辖。

2002年4月，汨罗市国土局、矿产资源开发管理办公室合并组建市国土资源局。内设办公室(加挂机关后勤管理股)、财务审计股、耕地保护股(加挂规划股)、建设用地股、地籍地政股(加挂土地纠纷调解办)、地产管理股、土地租赁管理办公室、矿产管理股、地质环境股、测绘行业管理股(加挂市测绘行业管理办)、政策法规股、人事教育股(加挂老干股)、土地执法监察大队(加挂土地公安联合执勤室)、测绘队、直属所、地质环境监测站、地价评估事务所、土地储备中心、地理信息中心(加挂国土资源档案馆)、土地开发整理中心、土地租赁管理办等机构。各乡镇国土所更名为国土资源所。未设所的玉池、八景、磊石乡及范家园茶场，国土资源工作由乡政府托管，原种场国土资源工作划归白水国土所管理。2008年，共有编制177名。

第二节 土地资源管理

一、耕地保护

1979～1980年,汨罗县农业区划委先后收集、编制上报《汨罗县农业区划报告集》《汨罗县农业区划数据集》《汨罗县农业区划图集》《汨罗县农业区划档案》等耕地数据资料。其中报告集、数据集和图集获国家农业科技成果一等奖,农业区划档案获岳阳地区科技成果进步奖。1981年后,农村推行家庭联产承包责任制,耕地管理和使用权下放给农户。1985年始,农业区划办增编《汨罗县农业自然灾害年鉴》,获岳阳市科技成果三等奖。

1989～1990年,汨罗市国土局开展土地利用现状调查,将土地分为耕地、园地、林地、牧草地、城镇村及工矿用地、道路交通用地、水域和未利用地八大类、44个细类,其中耕地总面积3.42万公顷,全市人均耕地0.84亩。同时完成4.27万公顷土地的面积量算和市(县)界的接边和市(县)、乡、村的定界工作,完善土地权属文书1759份。另编制全市《土地利用总体规划》(1990～2020)、《土地利用部门规划》《土地利用专题研究》《土地利用规划图》,确认境内土地面积总体格局为"四山二水二分半田,一分半道路和庄园"。1992年10月始,建立和完善耕地保护行政首长负责制。市、乡(镇)、村三级层层签订耕地保护目标责任状,严格实施土地用途管制和耕地"占一补一"制度。

1995年,开展基本农田发证工作,将耕地分为三个等级,共划定基本农田保护总面积3.5万公顷,其中一级农田保护面积3.07万公顷,二级农田保护面积0.43万公顷。1997～1998年,编制《汨罗市土地利用总体规划》(1997～2010);2002年编制《汨罗市土地开发整理规划》(2001～2010)、《汨罗市城区及建制镇建设用地规模控制图》。2004年,完善基本农田划定工作的基础资料,并投资30万元在基本农田保护区新建永久性保护标志牌30块。是年,境内基本农田保护面积达3.23万公顷,保护率87%;由国家投资的土地整理基础达337.39公顷规模,并通过国土资源部验收,新增耕地206.02公顷,获岳阳市耕地保护第一名。2005年,启动基本农田数据建库前期准备和土地利用总体规划(2006～2020年)工作。至2008年,完成"汨罗市土地利用总体规划修编大纲",并通过省土地利用规划修编领导小组验收。

二、建设用地管理

1978年,城区各单位按建设规划划定地址,向所属社队征收建设用地。对农村社员宅基地实行"尽可能利用闲散地、不占用耕地""一律不收地价"的规定。1982年,省、县政府作出规定,凡建设用地一律实行统一规划、统一征地、统一安排、分户办理;各类建房用地的最高限量,采取先申请后审批、现场放样、竣工验收的管理办法,使多占土地现象逐年减少。1987年1月,国家颁布施行《中华人民共和国土地管理法》,至1993年,境内审批建设用地668.13公顷。其中,涉及国营单位用地240宗、集体用地117宗、居(村)民1.4738万户。1994～1996年,为各单位办理用地手续297宗,面积100.53公顷,土地复垦面积1066.6公顷,其中耕地205.2公顷。

1998～2008年,做好建设用地的前期论证和项目用地选址工作,严格土地审查、报批、补偿、拆迁、安置等运作程序,主要工程项目:1998～2004年,临(湘)长(沙)高速公路建设工程,途经大荆、古仑、长乐、天井、新市、李家塅6个乡镇,全长27.24公里,征用土地167.14公顷;1998~2001年,1809线拓宽改造工程,全长6.1公里,征地36.95公顷;2001~2004年,友谊河沿江大道综合治理工程,全长10公里,征用土地57.47公顷;2003年,汨罗工业园入驻企业30多家,征用土地116.7246公顷;2005~2006年,省黑麋峰抽水蓄能电站工程,选址于望城县与高家坊镇交界处,征收高家坊镇永安村集体土地13.9099公顷,其中耕地6.2167公顷;2006年始,武广高速铁路工程,途经火天、范家园、黄市、红花、新市、沙溪、黄柏、李家塅、弼时9个乡镇、33个村,长52.3公里,征地面积234.3553公顷,拆迁房屋500多栋;2007~2008年,汨罗江大桥项目用地19.55公顷,岳汨公路汨罗段工程用地31.33公顷,城市污水处理厂用地4.66公顷,垃圾无害化处理厂用地4.89公顷,岳(阳)长(沙)高速公路汨罗段用地120.09公顷。

第三节　地籍管理

一、地籍调查

1987年,汨罗县国土局设地籍地证股,承接地籍地证管理职能。开展土地资源调查,实施土地权属确认、登记、发证和权属纠纷调解等工作。是年,县政府组织260余人开展非农用地调查,调查单位2209个,乡镇场37个,农村居民12.29万户。1988年1月,国土部门开展土地后备资源调查,编制《汨罗市后备土地资源调查报告集》《汨罗市后备土地资源调查数据集》《汨罗市后备土地资源分布及开发规划图》,组建21卷土地后备资源调查档案。1988~1991年,组织126人,开展全国性的土地利用现状调查(土地详查),其中开展待开发土地资源调查3173.33公顷。1993年,启动城区地籍调查工作。1994年、1995年,汨罗城区地籍调查成果连续两年获省一等奖、国家土地管理局二等奖。1997年,组织对“外业”地块进行补充调查,并对“内业”土地资料全面清理成册,建立台账,完成土地初始登记管理工作。2002年,建立“数字国土工程”体系,涵盖土地学、测量学、制图学、计算机技术,为国土资源信息化奠定基础。是年,地籍地政管理工作处岳阳市前列,并获全国地籍管理先进单位。2005~2006年,土地权属争议调处办公室与地籍地证股合署办公,地籍管理工作进一步规范化。2007年,启动全国性第二次土地调查工作,至2008年全面铺开。

二、土地权属登记发证

1981年,为国营、乡镇村专业场及水电站、机埠、水泵站、修防会、渠道、堤垸、水库等发证679份,占地1.05万公顷。1988年始,颁发城镇、乡村居民点建设用地,国家行政事业、企业单位用地,以及集体企、事业单位用地使用证。1991~1993年,启动土地使用变更登记和更换土地使用权证书工作,开展土地登记,完成农村居民宅基地、铁路用地登记发证任务,共发证14万份。土地登记、发证工作成为国土资源管理部门的一项规范化的日常工作。2000年后,加强城镇国有土地初始登记、变更登记,以及“四房”(即房改房、商品房、安居房、集资房)发证工作。至2008年,共办理土地登记业务6874宗,其中代审发放村民个人建房用地许可证2700份,发放国有土地使用证467份,集体土地使用证3682份,土地他项权证25份。

第四节 土地开发、监管与储备

一、土地开发

1988年,汨罗市国土局编制近期、中期、长期土地利用整体规划,建立土地开发管理程序,完善责任、约束、保障、激励等管理机制,初步形成土地开发市场化、产业化。1991年,汨罗被授予“全国土地开发先进县(市)”称号。2000年始,筹建土地开发整理项目库,编写土地开发整理项目申报资料。形成国家级、省级和一般土地开发重点项目库。其中国家级重点项目库开发面积626.67公顷,新增耕地420公顷;省级土地重点项目库开发面积86.67公顷,新增耕地66.67公顷;一般项目库主要用于国家建设、集体建设和村民建房占用耕地的占补平衡,开发面积为1000公顷,新增耕地面积666.67公顷。

二、用地监管

1987～1991年,查处违法占地案件1415起,拆除违章建筑5989平方米,恢复耕地6.61公顷,补罚款76.28万元。1992年,市政府组织市国土局、市房产局、市财政局对城区划拨土地出租情况进行清理整顿,并组建国有土地隐形市场管理办公室,召开国有土地使用制度改革动员大会,贯彻落实国务院关于国有土地管理55号令,使土地使用权有偿使用工作步入正轨。1993年,组织30多人进行城区土地分等定级工作。将境内土地商业类分为五级,住宅类分为三级,工业用地类分为二级。是年,市政府出台《汨罗市城镇国有土地使用权出让暂行办法》,为境内土地市场管理的首个规范性文件。1995年,成立土地估价事务所,为第一制鞋厂企业改制进行地价评估。1996～1997年,企业改制及土地资产处置全面铺开。国土局增设地产管理股,负责土地市场管理工作。2001年,市政府下发《汨罗市国有土地资产管理》文件,收回城区9个工程指挥部的供地权。

1999～2003年,全市开展“四无”(即无违法批地、无违法用地、无违法管地、无违法采矿)乡镇的创建活动。2002年,开展重点打击非法占地活动,各类违法用地案件较上年下降60%,汨罗被评为湖南省国土资源执法模范县(市)。

2002～2004年,市政府启动城区基准地价更新工作,对土地市场进行清理整顿。出台《汨罗市国有土地使用权招标拍卖挂牌出让办法》。2005～2006年,由主管副市长挂帅,国土资源、纪检监察、政府办、财政、规划、物价等部门组成汨罗市国有土地市场招标拍卖挂牌委员会,成立市国土局土地交易中心,对经营性用地和工业用地一律实行“招、拍、挂”。随后土地价格上扬,城区最高价每平方米达1.3万元。2007～2008年,出让土地成交总价1.61亿元,征收土地出让金7125万元。其中,通过招、拍、挂出让土地46宗、面积19.7公顷,成交额7981万元。

三、土地储备

2002年始,市国土资源局土地储备中心按照“规划、征收、开发、管理、出让”五统一的原则,先后为沿江大道、友谊河治理、工业园、建设东路片区等重点建设项目办理供地储备事项。其中,建设东路片区首期出让商业用地6.67公顷。2003年,市政府成立土地储备委员会,下设土地储备中心,行使决策、协调、监控等职能。2004年后，市政府出台《汨罗市土地储备出让细则》，具体规范土地储备出让行为。至2008年年底，共收储土地43宗、171.8公顷，出让土地73宗、120.5公顷。

第五节　土地测绘

一、行业管理

1988年，市国土局成立测绘队。1990年，城建、规划、水利等部门亦成立测绘队。各测绘队均获上级颁发的"测绘资格证书"，承担工程测量、地籍测绘、矿山测量、CPS测量、水利水电勘测等任务。1996年，撤销设在水利水电局的市测绘管理办公室，成立国土局测绘管理股，加挂市测绘管理办牌子，开展测量标志普查，编制基础地理信息规划和测量标志维护方案，规范测绘市场管理。2002年，国土局增设测绘行业管理股，负责测绘行业管理、测量标志普查以及测绘项目和测绘市场的监督管理等工作。2007～2008年，统一制定并实行测绘成果汇支制度，实现测绘资源共享，避免重复测绘。

二、基础测绘

20世纪80年代初，城建主管部门委托湖南省冶金勘探水文队在城区测制1:1000地形图，面积约15平方公里。1990年，市城市规划管理办公室在新市补测1:1000地形图，约5平方公里。1993年，市国土房产规划局首次采用独立坐标系。1997年，完成沿江大道、友谊河改造、国家级土地开发整理和汨罗江生态工业园等多项工程测绘任务，总测绘面积达80平方公里，编制测绘成果图1万余幅，汨罗被评为湖南省测绘管理先进单位。2006年，市政府成立基础测绘规划编制工作领导小组，并委托省测绘科技研究所编制。至2008年年底，完成测绘面积5.5平方公里，创历史新高。《汨罗市基础测绘规划(2006～2007)》任务基本完成，进入评审阶段。

第六节　矿产资源管理

一、机构设置

1978～1987年，矿产资源由县、乡(镇)政府管理。1988年3月，成立汨罗市矿产资源开发管理办公室(简称矿管办)，定编5名，为副科级事业单位，归口市计委管理。是年12月，市交通局砂石管理处划归矿管办，更名为砂石管理所，定编6名，1996年撤销，其职能并入市矿管办。2002年，市矿管办并入市国土资源局。

二、矿业秩序整顿

1988年，对境内67家矿山企业补办"采矿许可证"手续；开征矿产资源管理费。1989年，查处长乐镇水合村毁坏耕地非法开采黄金案；1994年，查处长沙县黎托乡易某在湘江非法开采砂石案，在湖南矿业界引起强烈反响，境内矿业秩序明显好转。

1992年下半年,汨罗江个体非法采金活动猖獗,至1993年8月,个体非法采金船达300多条。1993年9月,市委、市政府抽调250多人组成9个工作组,对非法采金进行集中整治,共摧毁棚架130个,查封柴油机240多台,拆除挖斗2000多个,强制解体非法采金船20多条;收容审查18人,劳教2人,判处有期徒刑1人。1995～1999年,市委、市政府对非法采矿先后进行5次集中整治,黄金、砂石资源等矿业开采秩序全面好转。1996年,市政府、楚塘乡分别被评为湖南省和岳阳市矿业秩序治理整顿工作先进单位。

1999年9月,市政府办牵头,公安、矿管、水利、航监、港务等职能部门组建汨罗江河道综合治理办公室,对采挖船实行统一领导、管理、发证和征收税费。2006年,根据国务院《关于全面整顿和规范矿产资源开发秩序的通知》,汨罗市成立治理整顿领导小组,抽调200多名政法干警、工作人员组成工作队,以花岗岩、砖瓦用黏土及建筑用砂石为重点,开展矿业秩序治理整顿,共取缔非法采矿船41条,吊销采矿许可证3个,立案侦查破坏矿产资源犯罪嫌疑人4人。2008年,对55家矿山企业全面排查,对存在安全隐患的企业一律予以关闭或停产整顿,并要求公安部门停止火工产品供应。其中,关闭国道107线汨罗段两侧可视范围内的采矿点3家,关闭处在地灾隐患点上的采矿企业4家,取缔无证开采石英矿山企业2家,并对6家乱采滥挖花岗岩企业下达停采通知。

三、规范采矿权证管理

2000年,为汨罗市内109家有开采场地的矿山企业换发全国统一的采矿许可证。2001年,市委、市政府决定将湘江汨罗段26.7公里、水域面积18平方公里范围内的砂砾石采矿权公开拍卖,设采矿权12个,拍卖成交8个,总价款690万元,率先敲响岳阳市矿产资源采矿权拍卖第一槌。2002年,全面启动汨罗江砂石资源采矿权招标拍卖工作、汨罗市矿产资源规划编制工作。2006年,市委、市政府在汨罗江赵公桥至磊石段设置34个采矿权,全部挂牌出让,成交价款134万元,全年总价款达1165万元。至2008年,经过拍卖、挂牌出让,全市发放采矿权许可证238个,注销、吊销采矿许可证183个,调处矿业权属纠纷37起,查处违法案件32起,准确率、结案率均达100%。

第三章　工商行政管理

第一节　机　构

1978年12月,汨罗县革委会撤销工商行政管理办公室,成立工商局。1980年,改为县工商局。1993年2月,市工商局与市物价管理局合并为市工商物价管理局。1995年,分设市工商局、市物价局。2000年4月,县级工商行政管理机构实行垂直管理,人员定岗分流(分流人员另行组建市场建设管理服务中心,划归市财贸办管辖),精减内设机构,撤并公平交易股、市场管理股、合同管理股、注册登记股、经检大队、督查室;成立公平交易、市场规范管理、注册登记3个直属分局。内设8股9所;市消费者委员会、市个体劳动者私营企业协会挂靠市工商局并受其指导,定编186名。2002年始,内设机构和人员略有调整。

至2008年,市工商局下设3个分局,10个工商所,即城关、城郊、罗城、新市、李家塅、白水、桃林、大荆、长乐、专业市场管理所,干部职工226人,其中在岗178人,离、退休48人。

第二节　企业登记

一、国有、集体企业登记

1979年,恢复工商企业登记制度。至1980年,全县注册登记的各类企业1044家,从业人员52168人,注册资金30383万元。其中全民企业416家、27393人,集体企业628家、24775人,尚无私营企业。

1984年,换发全国统一的营业执照,贯彻中央1号文件和省工商局《关于放宽集体商业的经营范围,办活集体企业的通知》,对工商企业实行"六个允许"和"两个鼓励"(即允许企业灵活购销、开展竞争,允许一业为主、多业兼营,允许增加网点、下伸机构,允许代购代销、联产联销,允许多设批发、批零兼营,允许内联外调、一次经营,鼓励企业办理注册商标、鼓励创新名牌产品)。是年,国营企业户数比上年年末增长7%,集体企业户数增长17%。

1987年,县工商局支持兴办乡镇企业,允许边筹建边经营,边办营业执照;随时为变更名称增加注册资金的企业办理手续;对符合升级条件的企业及时办理冠名手续。是年,新办乡镇企业155家,新增从业人员2017人。

1988~1989年,贯彻中共中央《关于清理整顿公司的决定》,对1986年下半年全市党政机关开办的34家公司进行清理,注销21家,转入群众团体9家,变更"营业执照"、改为承包租赁经营4家。原在公司任职的63名党政机关干部,除2人被留职停薪继续办企业外,其余回机关工作。机关投入的650万元资金全部收回。

1989~1990年,少数厂家生产假、劣农药销往江西,造成大面积水稻严重减产。中央有关部门派员到汨罗查办。查出1978年后,新办农药厂家19家,生产品种17个、产量36460吨,销往18个省(市)、131个县(市),其中部分假劣农药销往江西,质量低劣,达不到杀虫效果。经两年整顿,对其中18家进行经济处罚,吊销营业执照。相关责任人员受到法律、纪律处罚。挂靠湖南农药厂的城郊农药分厂保留、改造,变更执照,继续生产。

1992~1997年,办理开业登记手续的法人企业逐年增加,其中乡镇企业增加140家,制造业发展到572家。新增"天子""光明""现代"等8家规模家具厂。

1998年始,国有、集体企业(含分支机构)体制转型,由承租经营转入产权转让。至2002年,全市注册登记的企业1047家,注册资金(资本)总额91144万元。2003年后,建立和完善"经济户口"制度,清理不规范、有安全隐患的行业,按"守信、警示、失信,严重失信"四类,对企业信用进行监管。2008年,全市注册内资企业26家。

二、个体、私营企业登记

1978年、1982年,两次对个体工商户进行检查整顿,取缔无照商贩83户,处罚经营作风不正的21户。

1985年始,确定每年1~4月对个体工商户进行年检验照,对私营企业进行年度检验。至1987年,以经营作风为重点,检查个体工商户4017户,其中纠正经营作风问题186户,查处96户,吊销营业执照8户,罚款上缴国库2469元。

1991~2001年,查处无照经营、超范围经营、经营作风不正588户,合格率达95.3%;开展取缔无照经营的"红盾飓风"专项行动,补办营业执照468户。

2002年,开展网吧专项整治行动,取缔无证无照或证照不全的网吧16家。是年年底,全市个体工商户注册登记6500户,私营企业注册登记196家,分别比上年同期增长7.4%、13%。

2004年后,个体工商户总数回升至9433户,从业11455人,私营企业增至585家,从业9319人,总注册资金达6.6017亿元。至2006年,实行个体工商户分层分类监管,无前置审批权的个体工商户注册登记权下放到各工商所。

2007年始,推行上门年检、集中办公制度,引导和发展个体私营经济。至2008年,个体工商户总数达9504户,从业人员14301人;私营企业1417家,从业人员22869人,总注册资金19.7549亿元。

第三节 市场监督

一、集贸市场管理

1978年后,贯彻"管而不死、活而不乱"的方针,集贸市场得到迅速恢复和发展。1983年,国家放宽政策,商品交易允许私人长途贩运,允许多渠道流通,集市贸易日趋活跃。1988~1989年,集中整治集贸市场秩序,实行"放而有度、活而有序、管而有法"的方针。1990~1997年,兴建、改建各类综合、专业集贸市场17个,其中农村市场9个,城区8个,年成交额2.5亿元,日上市人数约7万人次,上市品种达2000多个。每年元旦、春节、端午节,组织开展市场专项整顿活动,不断规范市场秩序。

2000年4月,市场管理实行"管办分离",即市工商局负责市场监管执法,市场建设管理中心负责自办市场及物业管理。2001年,查获过期霉变食品3580公斤,注水猪肉875公斤,假、劣酒类858瓶。2003年,针对禽流感发生,进行重点防治工作。对副食品、肉类、蔬菜水果市场进行大清理,开展质量监管达100多次。2008年6月,查获传销窝点3个,遣返外地传销人员累计130人次;查缴不合格食品1400公斤、不合格农药10余吨;查处不正当竞争案件23起、查处假冒商标及仿冒知名商标、包装、装潢案件6起,案值200余万元。9月,三鹿婴幼儿奶粉事情曝光,市工商局及时查处、下架不符合质量标准的奶粉1200袋(听)、液态奶315杯,问题奶粉查封率达100%。

二、市场巡查监管

1997年10月,汨罗市工商局成立市场巡查大队。1998~2000年,对生产、生活资料市场巡查120余次。2002~2004年,巡查大队全程参与改制企业资产拍卖活动,成交11次。2005年,集中培训"市场经纪人"126人。2007~2008年,成立阳光收费领导小组,组建局所两级巡查机构,加强集贸市场巡查监管,发现问题及时处理,另安排20多人次参加岳阳市工商系统食品安全快速检测和操作技能竞赛活动,获集体奖2个,单项优胜奖2个。

第四节 经济检查监督

1978～1986年，汨罗县工商局先后集中培训经检专案人员50多人次，重点查处投机倒把案件244起，案值4100万元。

1987年始，打击走私贩私、制假贩假，立案364起，查处307起。1988年，查实江苏省某运输公司将国家批准进口的4辆“三菱”牌大客车，转手加价卖给云南省某旅游公司的案件，处以罚金33000元；1990年，查处境内某农药厂生产劣质“钾胺磷”264.16吨、短斤少两包装成品173.88吨，查处农药生产单位或个人销售农药生产原料，货值83.85万元。2000年，查处假、劣农药19吨、劣质化肥78吨、假种子1650公斤、掺杂鱼粉169吨、假冒烟花鞭炮7138盘。

2001～2003年，集中整治非法传销活动，教育遣返一般参与传销活动的173人，成功解救3名受胁迫参与者，3名骨干成员被移送公安机关处理。2004年，江苏某企业在境内销售劣质商品“瑞禾牌抛秧一次净”，被工商部门全部没收。是年，该案被列入湖南省农资打假十大典型案例之一，《湖南日报》作相关报道。

2007～2008年，查办经济违法案件312件，受理消费者咨询286人次，开展流通环节食品安全专项整顿，被国家工商行政总局和湖南省工商局评为工商系统专项整顿工作先进单位。

第五节 商标广告管理

一、商标管理

1979年10月，新市日用化工厂生产的“茶花”牌系列化妆品，经国家商标局核准注册，开境内商标注册之先河。1986～1988年，办理注册商标的有县电扇厂生产的“汨江牌”电风扇，县酒厂生产的“屈原牌”白酒。1989年“正虹”商标核准注册，创建为全国驰名商标。2001～2008年，先后有“天子”家具、“银宝”保险柜、“马圣”鞋楦、“文宝”金库门、“鹤泉”金属板条支架、“豪宝”保险柜、“松菊”油漆、“龙舟”收割机、“加华”肉类产品、“圣正元”服装、“九喜”蚊香、“万磊”保险柜、“现代美”家具、“正仁”箱板纸、白板纸、“蓉泰”食用淀粉等产品被评为湖南省著名商标。“中天龙舟”收割机、旋耕机、柴油机被评为全国驰名商标。

1979年，对127家工业企业的125种产品进行商标检查，发现已登记但未注册的有15种。1983年始，全面实施《中华人民共和国商标法》。至1986年，对城关地区4家公司、2家商场、1家购销站、12家批发部的9000多种商品进行检查，发现未注册、无合格证的有73种。县人民鞋厂两次从浙江苍南地下印刷厂，购进云南玉溪市第二鞋厂“九龙”牌注册商标标识1.6万张，用作自产皮鞋标识。被工商机关依法没收尚存的“九龙”商标标识9000张，并处罚款1200元，成为《中华人民共和国商标法》颁布后境内处理商标侵权的第一案。2005～2008年，市工商局共查处商标侵权案330多起。2006年5月，商标股长陈长林被评为湖南省商标先进工作者（全省仅3人）。

二、广告管理

1996 年 3 月,汨罗市内第一家经审查批准的广告经营单位——嘶风广告公司成立。1997 年,“大地”“燎原”“盛世家园”“世纪风”等广告公司或经营部相继成立。

1996～1999 年,市工商局共查处非法经营广告业务和虚假广告案 33 起。2000 年 4 月,查处某局服务部在全国近 100 种报纸杂志上刊登“送您一条致富路”的虚假广告案;2004 年 12 月,查处某房地产开发公司未经批准在建设中路发布“金色地标、税收优惠、工商费全免”等内容的路灯彩绘广告牌 98 幅;2006 年,市场上销售的深圳惠特普化工有限公司生产的“奥涂”牌油漆涂料,外包装标有该产品具有抗黄变功效。工商执法人员依据国家涂料质量监测中心提供的“产品黄变现象因无相应试验方法和标准而无法检测”的证明,认定当事人在无法提供相应技术资料的情况下对其产品作误导性广告宣传属虚假广告。除责令停止广告宣传外,另处罚款 5 万元。

第六节　经济合同管理

1980 年 5 月,汨罗县工商局组织培训经济合同管理、供销业务人员 2700 多人次,核准、颁发企业“法定代表人委托证”“法人资格证”3900 多份。1981 年,监证经济合同 47 份,调解合同纠纷 4 起。1982 年,县工商局与人民法院联合举办《中华人民共和国经济合同法》讲座,100 多家工商企业派员参加学习。1984 年,设县经济合同仲裁委员会。1986 年,对全县 47 个部门、860 个企业所签合同进行检查,共检查各类经济合同 13.6125 万份,到期的 13.0846 万份,实际履行的 10.1124 万份,未履行的 2.9722 万份,无效的 2.8215 万份,违约的 1471 份,违法的 4 份。

1987 年,开展“重合同、守信用”活动,评出先进单位 56 个。1988～1992 年,调解经济合同纠纷 134 起。1993 年,监证经济合同 93 份,检查合同 2428 份,确认无效合同 8 份,查处违法合同 2 起,仲裁经济合同 2 起,为企业挽回经济损失 120 万元。1998～2008 年,共评选出“重合同、守信用”单位 795 家次。其中汨罗市级 561 家次,岳阳市级 212 家次,湖南省级 22 家次。湖南省银行工具设备有限公司被评为全国重合同、守信用单位。监证经济合同 768 份,检查合同 24736 份,确认无效合同 275 份,仲裁合同 87 份,查处违法合同案 34 起,为企业和个体工商户挽回经济损失 840 余万元;引导 2 家企业进入湖南省百强企业。

第七节　消费者权益保护

1993 年 3 月,成立汨罗市消费者委员会(简称市消委),由分管工商工作的副市长兼任名誉主任,市工商局副局长兼主任。内设投诉咨询、质监检验、物价监督、食品卫生、新闻舆论监督 5 部,下辖城关、城郊、罗城、李家塅、白水、新市、长乐、桃林等 8 个分会和 21 个基层投诉咨询站。

1993 年 10 月,《中华人民共和国消费者权益保护法》颁布实施。下年 3 月,组织开展“3.15”国际消费者权益保护月活动。工商、物价、卫生、烟草等单位在城区各主要街道设立咨询台,接受消费者咨询，并举办假劣商品展览，提高消费者识别真假商品的能力。1994～2008年，每年均组织开展“3.15”维护消费者权益活动，并相继开展“消费安全年”“食品安全年”“医疗药品安全年”“家用电器安全年”等活动，受理消费者投诉5153起，解决5053起，解决率98.06%，为消费者挽回损失378万元；接受消费咨询6845人次；向消费者提供各类商品信息260条。与50多家生产销售企业建立联系档案，发布消费警示信息30条。推荐企业为湖南省、岳阳市、汨罗市消费者信得过单位328家次；37种产品为消费者信得过产品。

第四章　物价管理

第一节　机　构

1978年，汨罗县革委会恢复物价办，隶属于县计委。1981年9月，恢复县物价委员会，下设办公室，为物价工作的常设机构。1984年，撤销县物价委，成立县物价局。内设1室4股，辖价格事务所、物价检查所。1985年，成立物价、计量监督检查站。1989年，建立桃林、白水物价检查站。1992年，增设医药价格检查站。1993年，成立公路运输行业价格监督检查站。1993年，市物价局、市工商局合并为市工商物价管理局。1995年，市物价局、市工商局分设。2008年，市物价局内设办公室、人事股、财务股、收费管理股、商品价格管理股、价格成本检测队、价格认证中心、价格调节基金办、检查所等机构。

第二节　价格管理与价格认证

一、价格管理

1979年后，物价管理部门逐步提高主要农产品收购价格和煤炭出厂价格，调高八种主要副食品的销售价格，放开三类农副产品、工业品中的小商品和允许在完成收购任务之外上市的一类、二类农副产品价格，实行市场调节价。1982年，国务院发布和实施《物价管理暂行条例》。1985年，放开除粮、棉、油等少数农产品以外的其他农副产品价格。同时对生产资料实行计划内、外两种价格形式。随后，经过七次较大范围的价格调整，形成国家定价、国家指导价和市场调节价三种价格管理形式。至1986年，全县社会商品零售总额中，国家定价占12%，国家指导价占35%，市场调节价占53%。

1987年9月，《中华人民共和国价格管理条例》颁布实施，物价管理实行“管、放、调”相结合的办法。1993～1996年，物价涨幅逐年回落。1995年社会商品零售物价指数比1994年下降7.6%，1996年又比1995年下降11.1%。

汨罗市1994～1996年物价指数表

表11－4－44

年＼月	1	2	3	4	5	6	7	8	9	10	11	12	全年合计
1994	122.4	121.5	119.6	119.2	118.8	121.8	121.9	123.2	127.7	130.2	131.9	130.9	124.1
1995	131.8	127.5	123.9	123.3	120.6	119.6	117.3	114.2	108.9	105.0	103.3	102.2	116.5
1996	107.0	107.7	107.2	105.7	105.8	104.0	103.3	105.1	105.1	104.2	105.4	104.5	105.4

1997年,对化肥、农药、农膜、种子、农电五大类农资商品制定全市统一价。除农电因国家政策调高外,其余农资价格均低于上年价格水平。1998年,《中华人民共和国价格法》颁布实施,再次调低农资产品价格,境内平均降幅达10.3%。是年,取消限电企业、非生产性单位超计划用电加收电费,调整超计划用水加价标准,降低居民电话初装费标准,允许流通企业按进价加运杂费和规定差率,制定中准价格,在10%的幅度内上下浮动。

2000～2003年,农村用电实行城乡同网同价。采取限价到位、网改竣工村基价到位等措施,降低农户电价,除极少数偏远山区外,限价到位率达100%,年均为农民减负1000余万元。同时调整乡镇村工业电价,实行峰谷分时定价,降低企业生产成本。

2000年始,全面推行收费价格公示制度,对进入政府政务中心的所有窗口单位收费严格管理。市直机关单位、各乡、镇、场、村均开辟涉农收费公示专栏,对生猪、棉花、油料等大宗农产品加强价格监督。2002年3月,国家计委进行涉农收费项目检查,汨罗市受到好评。2005～2007年,建立乡镇物价监督站28个、社区物价监督站10个。2008年,"实行监督关口前移、全面推行价费公示"的管理经验得到省物价局肯定。局长周卫被评为全省物价系统先进个人。

二、价格认证

1989年,成立价格事务所。1994年,省检察院、省法院、省公安厅、省司法厅、省交通厅、省工商局、省财政厅、省物价局等部门联合发布《湖南省赃物、罚没款、过期无主物、纠纷财物(简称四物)估价办法》,规定各级物价部门是所辖行政区域内"四物"估价的主管部门,具备估价资质的价格事务所具体负责承办估价鉴定工作。1997～2002年,市价格事务所受法院委托,接受办理"四物"评估案件531起,鉴定总金额1932万元。成功鉴定发生事故车辆110台,鉴定金额55万余元,调解部门与企业、企业与企业、用户与用户之间的矛盾、纠纷30多起,并成功主持体育巷8个门面、天子家具厂的拍卖评估,成交额1000余万元。2003年,成立价格认证中心,取代价格事务所。2005～2008年,受理车损及财产损失案46起,评估金额120余万元。

第三节　行政事业收费

一、收费项目

交通运输价费　1978～1986年,汽车客货运输执行国家规定的牌价。1986年始,调整二级公路普通客运价格，由每人公里0.0255元（含保险费2%）调为0.029325元（含保险费2%）。至1990年，汽车货运价格中一级、二级线路不分山区、平原，长途运输整车每吨公里最高不超过0.28元，其他线路普通整车货物每吨公里不超过0.35元。1991年9月始，提高公路客运附加费标准；1992年1月，春运票价上浮；1993年，再次提高公路客运附加费征收标准；1995年，调整公路养路费征收标准；1999年，规范公路客运附加费。至2006年，公路客运价格与成品油价格实行联动，向旅客收取燃油附加费。

邮电通讯价费　1983年始，调升国内普通电报资费、国内新闻电报收费价格。1986～1988年，邮电资费、城区电话单机维护费收取保持平稳状态。1997年，对本地网电话收费严格管理权限：本地网电话资费由省物价局会同邮电管理局管理，电话信息服务费（160、168、968等电话信息收费）实行全省统一标准。2001年，调整电信资费结构，降低国内、国际及港澳台电话资费，改革计费单元；降低出租电话资费，调整固定（本地）电话资费，降低互联网业务资费，取消所有附加在电信业务基本资费中的附加费；放开部分电信业务资费，实行市场调节价；试行光纤、管道和其他网络元素出租业务；取消电话话机代维（护）费、区外线路建设费、月租费。2006～2008年，调整邮政基本资费，信函资费首重100克以内，每重20克本埠由0.6元调至0.8元，外埠由0.8元调至1.2元；100克以上续重资费维持每重100克本埠1.2元、外埠2元不变，明信片资费由每件0.3元调至0.8元。

医疗服务价费　1988年，提高注射费、诊费等五大类、25项收费标准。1997年，对医疗服务收费进行改革，调整收费项目结构，医院医药费总收入实行总量控制，各级医疗机构全面实行收费许可证制度，医疗收费统一使用财政部门印制的收费票据。2000年，医疗服务价格实行政府指导价、市场调节价两种价格管理形式，取消政府定价。非营利性医疗机构实行政府指导价，营利性医疗机构实行市场调节价。至2002年，医疗收费全面实行明码标价，建立住院病人服务清单、内部价格管理、成本价格报告、内部价格监督检查等制度。2005～2008年，针对婴幼儿奶粉事件，及时介入建立价格应急监测制度。并对部分医疗服务项目内容、药品价格进行修订，降低部分药品零售价格，缓解群众看病难、看病贵的现状。

二、收费清理

1978～1986年，行政事业收费由各部门自行收取。1987年，县财政局、县税务局、县物价局、县审计局联合发文，清理整顿行政事业性收费，实行"凭证收费""统一收款收据"和年审年检制度。

1993年9月始，全市换发由省物价局统一印制的"收费许可证"，编印"个体工商户收费负担卡"，逐步取消部分收费项目，至1999年，省财政厅、省物价局公布明令取消、降低和规范的各项收费达300多项，涉及国土管理、公安、广播电视、卫生、交通、林业、农业、农经、乡镇企业、邮电、文化、无线电、工商、劳动、人事、铁道、金融、民航、司法、民政、建设、电力、教育等部门。2005年，省财政厅、省物价局公布取消162项行政事业性收费项目，转入4项经营服务性收费项目。2006年，物价部门换发到期的"收费许可证"48个、"服务价格登记证"16个，调整、变更收费标准64项，检查审核"收费许可证"79个、"服务价格登记证"61个。查处价费收费单位70个，清退600万元。2008年，对行政事业性收费进行年审年检，共检审收费许可证131个，停止和取消收费项目62个，变更收费项目2个。

第四节　物价监督检查

1978～1982年，对城区216个经营单位、个人进行全面检查。涉及标签标价、商品价格共33534个件,纠正错价328个件;检查标签标价34068个,其中无标签或内容不全的900个件。

1983～1993年,以春节、国庆、元旦等节日为重点,开展物价检查。检查内容涵盖副食品、日用消费品、农业生产资料、中小学校学杂费、电力行业收费、医疗药品、运输价格等方面,检查发现违纪行为3026起,收缴非法收入570.1万元,责令清退给用户304.33万元,收缴入库163.85万元。

1994～1996年,对行政事业性收费和经营服务性收费以及涉农、涉企收费实施专项检查整顿。检查收费项目456大项、1647小项,检查单位219个、中小学校126所。查处各类违价案件115起,其中重大违价案件15起,查处违价金额326万元。1997年,市物价检查所被国家计委、省物价所定为基层联系点;1998年,被国家计委评为全国首批规范化物价检查所。

2000～2003年,开展涉农收费公示活动,制作物价公示牌700余块。对教育、医疗收费和"非典"期间医药用品价格开展专项检查,清理自1993年后上级宣布取消的行政事业性收费项目500余项。

2004～2008年,物价检查以规范市场价格秩序、落实价格举报制度为目标,实行教育收费"一费制";与集贸市场120家个体经营户签订"价格诚信承诺书";制作价格举报电话宣传牌400多块,举报电话:12358。受理价格举报296起,落实和答复296起;查处乱涨价、乱收费及群众举报案件63起,查处违价金额1300万元;对教育、国土、医疗、卫生、工商、电力等收费进行专项检查,将承诺书、收费标准、工作人员职务职责、办事业务流程、投诉举报电话等在物价局政务公开大厅张榜公布,接受群众的投诉和监督。

第五章 审 计

第一节 机 构

1984年1月,成立汨罗县审计局,定编6名。1987年,增编至12名,内设办公室、行政事业审计股、工业商业审计股。1988年,设审计咨询站,1989年更名为审计事务所。1990年,增设基本建设投资审计股。1999年,审计事务所与市审计局脱钩。2005年,因基建投资业务扩大,基建投资审计股由1个增至3个。至2008年,市审计局在编65人,下设办公室、法制股、计算机管理股、商贸审计股、财金审计股、行政事业审计股、工交审计股、经责审计室、农林水审计股、基建审计室等股室。

第二节 国家审计

一、财政金融审计

财政审计 1984～1993年,对全市(县)财政金融、行政事业单位、各工商企业的财务收支进行审计,共371项,查处违纪金额2564.61万元,其中收缴财政4791.77万元,调账处理179.05万元,其他处理1905.79万元。1988～1989年,审计部门开始对一级政府的财政和税务部门同时进行审计,分别对财政和税务部门下达审计通知书,作出审计结论,使财政决算审计工作进入新的层次。1995年始,市审计局对同级财政预算情况进行审计监督。至2006年,共查出违纪金额4835万元,增加财政收入605万元,核减财政支出392万元,增加财政节余243万元。2007～2008年,对财政负债、项目开发、城建投资进行审计,查处违纪金额1535万元,督促财政拨付资金102.65万元。

金融审计　1985年,县审计局从上年12月最后一张凭证入手,查出农行县支行转出利润15万元进入信托投资公司的违规问题。1986年后,审计部门多次组织对工行县支行、农行县支行、建行县支行、中行县支行、人民保险公司等单位实施金融审计。1993年,开展信贷资金审计和跟踪检查,延伸审计各级信托投资公司、证券公司、城市信用社和各类经营公司10多家。查出1992年至1993年上半年违规拆借资金385万元,违规从事房地产业务资金262万元,银行自办经济实体违规金额562万元。1994年后,专业银行机构由审计署直接审计,地方审计机关负责对各专业银行的技术改造专项贷款、粮食收购资金贷款、系统信贷资金计划执行等项目进行审计调查。至1998年,市审计局先后两次对农发行市支行、农行市支行的粮食收购资金贷款、棉花专项贷款进行审计调查。2006年,对市信用联社桃林信用社2005年度资产、负债、损益情况进行审计,查出该单位下属三个站共计挪用客户存款47.39万元,随后将案件移交市公安局进行追赃处理。

二、固定资产投资审计

1984年始,县审计局对基本建设的概(预)算执行、决算及资金来源和资金使用情况进行审计监督,涉及各行业、部门和单位。第一个审计项目是县建筑公司驻长岭炼油厂第二工程队财务收支审计,查出该单位隐瞒长炼宾馆装修工程款30万元。

1995年,对市石油公司办公楼、加油站等建设项目进行预、决算审计,核减工程造价30万元。1997年,对市氮肥厂技改项目进行审计,核减工程造价150万元。1998～2003年,参与京珠高速公路、省道308线、岳阳步行街、南湖广场等重点工程的审计,审计核减步行街工程投资金额900万元;审计任弼时纪念馆建设工程,审计金额1600万元,核减造价312万元;审计友谊河综合治理工程,采取抽点测量、分标段审计,审核金额495.2万元,核减工程造价88.4万元。

2007～2008年,审计和调查建设项目、建筑安装企业、房地产开发企业、城市公用企事业单位644个,审计总金额48亿多元;完成开工前审计鉴证建设项目1352个,总投资17亿多元。查出各类违规行为金额1.7亿元,应上缴财政860万元,核减工程投资3.8亿元,为工业园4家建设单位128项工程项目,核减工程造价1070万元。

三、工业交通审计

1984～1985年,县审计局对公路养路费开展专项资金审计,查出违纪违规金额385万元。1986年后,对工业企业财务收支、资产负债、损益情况进行审计,审计项目85个,查出违纪违规金额3546万元。1994年,对市氮肥厂持续8年之久的资金、负债、损益和技改项目进行清理审计,查出技改土建工程承包人高估冒算及漏交工程水电费和材料款等122.6万元,为国家挽回经济损失169.9万元。

1995～2004年,完成工业交通审计项目136个,其中专项调查项目34个、行业审计项目10个、“三大检查”(财务、物价、金融)项目34个,查出违纪违规金额9261万元。

四、商贸审计

1998年6月,市审计局参与益阳市资阳区粮食系统1992～1998年财务挂账等占用贷款情况的全面审计。在该区自查核减3625.2万元的基础上,审计、核减粮食财务挂账837万元,被岳阳市审计局评为年度粮食财务挂账审计工作先进单位。

1999年后,对境内粮食、供销、商业、物资、外贸等20家商贸企业进行财务清查审计。至2004年,共审计项目132个,查出违纪问题20个、金额1365万元,协助企业收回欠款562万元。2004～2008年,协助企业制定"两个置换方案"20个。

五、专项资金审计

1989～2001年,市审计局先后对农业专项资金审计53次,涉及农、林、水、国土、乡镇企事业单位820家次,审计资金总额2.6亿元,查出挤占挪用、截留转移等违纪违规金额4326万元。

2002～2005年,对转移支付、平院行洪、移民建镇、农业综合开发、农网改造、三峡移民、农业直补、农村合作医疗、水利建设、退耕还林等项目进行专项资金审计,审计查证单位30多家,查出挪用、挤占抵扣、截留专项资金1200万元。

2007年,完成企业职工养老保险、事业单位养老保险、医疗保险基金、失业保险基金等审计项目94个,归还原渠道资金895万元;审计国土资金使用项目及单位164个,查出违纪违规资金2367万元。并对国土补偿中侵占农民利益问题严肃处理,责令有关部门对应予补偿的部分如数退还给农户。2008年,完成农村合作医疗、农村低保、国有农场税费改革、血防、农村业务教育、教育"普九"债务、粮食直补、移民八大项专项资金的审计。查出各类违纪违规资金952.3万元,调账归还原资金渠道672万元。

六、行政事业审计

1985～1991年,审计部门推行定期报送审计制度,共报送审计单位620个次,查出违纪金额1.3亿元,收缴财政1654万元,追回资金985万元;审计民政经费、科技经费、卫生行业、公检法司系统、医院等项目及单位413个次,查出违纪金额5420万元。1996年,协助市纪委、市监察局、市民政局等对救灾款发放进行检查监督,涉及30个乡镇(场)、78个村、186户。2002年,审计教育经费、查处"三乱"(即乱收费、乱摊派、乱罚款)问题。是年,对城关地区学校财务收支情况进行审计,发现某校违规自立项目,账外向学生收取水电费、补课费、课本费、考试费等共计35万元,直接用于发放教师福利奖金和招待送礼等开支。对此,市审计局作出严肃处理,责令如数退还上述款项给学生。

七、经济责任审计

1999～2008年,市审计局共完成领导干部经济责任审计项目125个,审计领导干部126人,查处各项违规行为金额4687万元,其中领导干部应负直接责任金额3021万元,应负主管责任金额1666万元。通过经济责任审计,为组织部门考察提拔重用干部提供依据。全市先后提升14人,平调25人,降职5人。

第三节　社会审计

1988年，汨罗市成立审计服务咨询站，下年更名为社会审计事务所，实行有偿服务，自收自支，独立核算。1993年，更名为市审计师事务所。1998年，事务所按照上级有关审计体制改革的文件精神清理整顿，成为独立的社会中介组织，配备注册会计师7人，基建预算员4人，向社会承接基建预决算、财务收支、资产评估、经济案件鉴证、验资等审计业务。至1999年，该所完成审计项目521个。其中，验资年检项目341个，核减虚假注册资金932万元；基建预决算审计项目72个，核减高估冒算等预决算资金432万元；财务收支审计项目108个，为委托单位挽回损失183万元，促进社会经济效益提高68万元。1999年，审计事务所与市审计局脱钩，更名为岳阳中信会计师事务所，成为民间具备法定审计资格的独立审计机构，依法承担审计业务，其工作接受国家审计机关的监督。2001年，再更名为湖南恒兴联合会计师事务所，常年聘请会计师4～5人，审计业务挂靠岳阳市会计师（审计师）事务所。至2008年，年均接受社会审计业务20～30宗。

第四节　内部审计

1984年，县审计局对下属单位较多的行业主管局、部分中型企业进行内审机构或内审人员配备的试点工作。1986年，全面开展内部审计活动。工业、教育、商业、粮食、供销、物资、卫生等部门及企业共建立内审机构20个，配备专（兼）职审计员50多人。1996年始，全市60%以上的内审机构开展经济效益审计，至2006年，共审计项目967个，查出损失浪费金额1045万元，取得经济效益962万元。其中工业系统开展内部审计，挽回经济损失876万元，减少和纠正违规金额462万元。

1993年，市粮食局作出规定，凡10万元以上的基建、技改、装饰工程，必须“先审计、后动工，先审计，后付款”。该单位实行内部基建预决算审计制度历时15年，共核减投资1674万元。2007～2008年，市属各单位内部审计查出损失、浪费金额3034万元，提高经济效益5952万元，纠正违纪违规金额1243万元。

汨罗市（县）1984～2008年审计项目、成果统计表

表11－5－45　　单位：个、万元、篇

年度	完成审计任务			审计单位	查出违纪金额	应上缴财政金额	已入库金额	提交审计报告审计信息	被采用的报告信息动态
	合计	审计项目	调查项目						
1984	10	10	－	12	316	12	12	10	－
1985	12	12	－	12	327	22	22	12	－
1986	18	18	－	21	423	34	34	18	－
1987	26	26	－	30	465	36	36	26	－
1988	30	30	－	41	612	40	39	30	－
1989	37	35	2	45	694	39	35	35	－

续表11－5－45

年度	完成审计任务			审计单位	查出违纪金额	应上缴财政金额	已入库金额	提交审计报告审计信息	被采用的报告信息动态
	合计	审计项目	调查项目						
1990	38	38	－	56	763	41	36	38	－
1991	42	42	－	68	812	53	51	42	－
1992	53	49	4	65	795	49	45	49	－
1993	55	55	－	75	839	51	47	55	－
1994	62	62	－	89	825	50	48	62	－
1995	62	61	1	91	996	52	52	63	1
1996	68	68	－	82	2092	62	61	75	3
1997	53	53	－	102	2390	94	92	66	4
1998	40	40	－	78	2294	54	51	45	2
1999	60	58	2	65	3827	104	94	67	3
2000	69	69	－	78	4904	113	105	76	1
2001	54	54	－	60	5734	143	102	69	3
2002	81	78	3	85	2869	137	129	95	10
2003	81	79	2	98	8623	214	203	103	12
2004	85	84	1	105	9367	254	196	112	14
2005	76	76	－	101	11829	265	256	96	15
2006	97	97	－	126	9736	278	276	117	19
2007	98	98	－	115	8086	308	308	110	20
2008	88	88	18	105	8021	450	450	105	20
合计	1395	1380	33	1805	87639	2955	2780	1576	127

第六章　统　计

1978～2008年，统计职能由单一的提供信息转变为信息、咨询、服务三大职能；统计调查方法由单纯依靠全面报表，向以周期性普查为基础，经常性抽样调查为主体，以必要的统计报表、重点调查、科学推算为补充的多种方法综合运用转变；统计信息化建设由微机数据处理，向数据库和省、市联网或信息全球共享发展；统计管理由单纯依靠行政干预向规范化、制度化、法制化方向转变。统计工作围绕“快、精、准”，不断完善国民经济核算体系，统计数据质量不断提高。

第一节　机　构

1978年，县革委会计委管理统计工作。1980年7月，成立县统计科。1981年5月，更名为县统计局。内设农村抽样调查组，定为副科级单位，承接农产量抽样调查及农村住户调查工作。1983年，农调组更名为农村抽样调查队（简称农调队）。1984年，农调队升格为正科级单位，隶属于省农调队。1988年后，各乡镇配备兼职统计员，各村由会计员负责统计工作。1991年，各乡镇均设统计机构，配专职统计员，各企、事业单位根据工作任务需要设统计机构，指定统计负责人。1989年，农调队更名为农村社会经济调查队。1993年撤销市统计局，与市计委合并为市计划统计委员会。1995年，撤销市计统委，恢复市统计局。内设办公室、业务股、法规股、经济信息中心。2007年，撤销农村社会经济调查队，成立国家统计局汨罗调查队。至2008年统计局有工作人员21人，其中统计师2人，经济师1人，助理统计师2人；乡镇、部门、单位共有统计工作人员1200人，其中统计师15人、助理统计师20人、持有统计岗位资格证书的960人。

第二节　统计调查

一、普查工作

第三次全国人口普查　1982年，进行第三次全国人口普查。普查项目29个，普查对象是有中华人民共和国国籍并在中华人民共和国境内居住的人。以户为单位进行登记。

第二次全国工业普查　1985年，进行第二次全国工业普查。普查内容为全部工业企业基本情况，主要指标有工业总产值、主要产品产量、工业设备、主要产品生产能力、原材料、燃料、动力消耗、劳动工资、财务指标。

第四次全国人口普查　1990年，进行第四次全国人口普查。普查对象是具有中华人民共和国国籍并在中华人民共和国境内居住的人。以户为单位进行登记，分为家庭户和集体户。

第一次全国第三产业普查　1993年，进行第一次全国第三产业普查。普查范围是境内所有第三产业企业、事业、行政单位、社会团体，普查内容主要是反映第三产业发展规模、生产经营活动成果、实物资产等情况。

第三次全国工业普查　1995年，进行第三次全国工业普查。普查对象为全部工业企业和工业个体户，普查目的是摸清“八五”末期全市工业家底，反映全市工业进程与水平，为制定中长期发展规划，调整产业结构，提高工业经济效益提供决策依据。

第一次全国基本单位普查　1996年，进行第一次全国基本单位普查。普查对象为境内所有从事社会经济活动的法人单位和产业活动单位。普查第一次全面查清市内各类单位的数量等基本情况，建立较完整、规范的全社会基本单位名录库，为各项统计调查提供抽样框。

第一次全国农业普查　1997年，进行第一次全国农业普查。普查对象是境内各种类型的农业生产单位、农村住房、乡镇企业、行政村和乡镇。普查内容涉及农村生产经营单位、从业人员等38个项目，共

687个指标,首次采用光电录入技术代替手工录入。该次普查摸清全市农业和农村的家底,为矫正某些失实的农业统计数据提供科学依据。

第五次全国人口普查　2000年,进行第五次全国人口普查。该次人口普查第一次将居民住房情况纳入普查内容,首次采用长、短表的方法,采用光电录入技术。

第二次全国基本单位普查　2001年,进行第二次全国基本单位普查。普查标准时间为2001年12月31日,调查年度为2001年,普查采用"以块为主、条块结合"的原则,以直接发表调查与有关部门的行政登记资料相结合的方式进行。

第二次全国第三产业普查　2002年,进行第二次全国第三产业普查,普查对象是全市行政区域规划范围内所有法人单位及法人单位所属的产业活动单位,内容为各单位的基本标识、主要属性、基本状态和主要总量指标。

第一次全国经济普查　2004年,进行第一次全国经济普查。普查对象为境内从事第二、三产业的全部法人单位、产业活动单位和个体经营户。普查主要内容包括基本属性、就业人员、财务状况、生产经营情况、生产能力、原材料和能源消耗、科技活动情况等。

第二次全国农业普查　2007年,进行第二次全国农业普查。普查对象为境内所有农村住户,包括农村农业生产经营户和其他住户、城镇农业生产经营户、农业生产经营单位、村委会、乡镇政府。普查内容包括农业生产条件、农业生产经营活动、农业土地利用、农村劳动力及就业、农业基础设施、农村社会服务、农民生活以及乡镇、村委会和社区环境等情况。

二、经济调查

1984年,汨罗县被定为国家统计局农村抽样调查点,承担农产量抽样调查和农民纯收入调查任务。1985～1996年,农调部门接受上级和有关部门委托,年均开展专项调查26次。涉及国家、省、市重大国情调查和重点抽样调查等方面,完成任务达100%。1997～2006年,先后开展农作物产量、畜牧业生产、农村其他社会经济、农村重大信息等九项专业调查活动。年均发表农村经济调查重大信息52篇,编发调研资料24期,先后58次在全省调查系统专业考核评比中获奖。

2006～2008年,组织开展农民工城市生活质量、外出劳动力、土地专项、农村居民旅游、社会商品零售等调查活动。收集、撰写农村经济信息"统计分析"93篇,被国家统计局、省调查队采用37篇,市委、市政府采用40篇;开展社会信息调查120次,采集重大调查信息180多条。通过筛选,编发《汨罗调查》80期上报省调查总队,被总队采用上报48条,采用率达60%。

第三节　统计报表与核算

一、统计报表

1978年,汨罗县统计报表种类有工业、农业、基本建设、财贸、物价五大专业,各项统计年报78张,各项月报、季报31张。1992年,新的国民经济核算体系开始运行。1993年,改革统计指标体系,原统计报表体系被分解细划为国内生产总值核算统计、农村社会经济统计、农村社会总产值、农村经济总收入统计、农村固定资产统计、农村劳动力统计、农村住房抽样调查统计、工业统计、投资和建筑业统计、国内贸易统计、人口与劳动统计、价格统计、企业调查、社会统计、科技统计15项专业统计。2004年，增加招商统计和省定十件、岳阳市定十件实事考核等项目。2005～2008年，将城市调查纳入市级统计范围；试行农业统计以外的所有专业统计一套表改革，全面反映境内社会、经济和科技发展情况，减少主要统计指标的重复填报。

二、统计核算

国内生产总值核算　1998年，启动国内生产总值核算试算工作。1999年，采用市级核算资料，接受上级统计部门对地区总产值数据质量评估控制。2005年，市统计局向上级按时提供分季和年度核算资料，实行国民经济核算下管一级的制度。

农业统计　随着农村经济由单一的农业经济向农业、工业、商业、建筑业、运输业、服务业全面发展，农业统计拓展为农村社会经济统计，增加统计指标，实行农业经济核算。

农村住户抽样调查　2006年后，全市确定每个乡镇抽取6个村、30户为样本，每天记录家庭收支、生产、财产状况，以此推算全市农民人均纯收入。

工业统计　2002年前，采用不变价格的计算方法计算工业发展速度。但不变价方法与现行经济体制不相适应。2002年，启用价格指数缩减法计算工业发展速度。

固定资产投资统计　1993年，房地产开发统计分组被纳入固定资产投资统计。1999年，将城镇私营、个体投资纳入全社会投资统计范围。至2008年，建立、实行固定资产投资统计制度。

第四节　统计服务与统计信息化

一、统计资料

1978年后，统计工作以经济建设为中心，不断拓展统计服务范围、方式和领域，形成对各级党政领导、社会公众定期发布的统计资料，包括月度、季度及年度国民经济运行情况报告。1981年始，定期编写《统计快报》；1986年始，每年编辑出版《汨罗统计年鉴》；2002～2008年，每季编发《汨罗市经济运行情况通报》，同时撰写“统计资料”（统计分析文章）年均20期以上，被省级以上刊物采用年均约30篇。

二、统计分析

1978年后，统计人员深入农村、厂矿、市场等基层单位开展统计调查，并依据所掌握的统计报表和资料信息进行研究分析、归纳成绩、发现问题、查找原因、提出建议，形成书面材料，供各级党政领导参考决策。1985年，撰写《党的十一届三中全会以来我县农业发展速度加快》被编入省统计局《统计分析与技巧》一书；1996年，撰写《汨罗市成为中南地区最大的再生资源市场》，被载入《湖南经济报》；1999年，《对汨罗市十年来农业发展的回顾与思考》一文获首届全国统计论文二等奖；2004年，撰写《汨罗市党政领导重视统计实打实》，被载入《中国信息报》。2008年，组织撰写和编发经济分析咨询报告、调查报告28篇，为汨罗市委、市政府提供决策参考依据。

三、统计信息化

1978 年前,统计部门采用传统的手工方式对统计数据进行加工、处理和储存。主要工具有算盘、计算尺等。1982 年,开展全国第三次人口普查,县统计局引进首台按键式计算器;1987 年,在境内率先购置 M24 微型计算机,淘汰传统的数据处理方式。1988 年后,微机被广泛应用于大型普查、专项调查、统计年报和定期报表数据的处理程序,工作效率成倍提高。1990 年,统计信息化事业迅速发展,汨罗市"计算机站"改为"统计信息处理中心",工作重点进一步转向"以应用、促发展"上来。2002 ~ 2008 年,湖南省统计局、汨罗市政府分别调拨 4 台微机,支持汨罗统计信息中心建设,并增置乡镇统计站微机、打印机 35 台。

2004 ~ 2008 年,开通"汨罗市统计信息网"。并逐步建成统计局局域网,全部数据上报,采取 Windows 操作系统下的 FTP 方式,以大型普查应用光电录入为标志,实现高速、便利、准确的数据传输。

第五节　统计执法

1987 年,汨罗县统计局增设质监股,加强统计质量监督管理工作。1989 年,质监股更名为法规股。配备常年执法人员 3 人至 5 人,开展法制检查和行政执法培训活动。1990 ~ 2000 年,统计法规部门对各部门单位开展年度统计执法检查 126 次。2001 ~ 2008 年,统计执法人员增至 8 人,分组、分区域开展执法检查,共检查单位 763 个次,立案查处严重违反统计法律法规的单位 16 个;开展统计普法学习活动 20 期,每期学习时间 10 天至 20 天,全市累计参加普法学习 1564 人次。

1996 年 2 月、2001 年 5 月、2006 年 3 月,汨罗市统计局 3 次获湖南省统计局"统计法制宣传"先进单位。

第七章　质量技术监督

1978 年,计量工作以度量衡器的检修与管理为主。1980 年后,标准工作纳入计量部门的工作范围。1985 ~ 1994 年,《中华人民共和国计量法》《中华人民共和国标准化法》《中华人民共和国产品质量法》相继颁布实施,质量技术监督工作由行政管理模式逐步转向法制化轨道。但市场无序竞争、粗制滥造、生产和销售假冒伪劣产品的现象也时有发生。质量监督管理部门坚持依法实施计量检定,促进计量量值标准的统一和准确可靠。并以服务公众、维护经济秩序为重点,严格规范市场计量器具的检测和鉴定,定期开展打击假冒伪劣产品的专项行动,维护人民群众的切身利益和生命财产安全。至 2008 年,质监工作总体水平提高,多次被评为湖南省质监系统先进集体和法制工作先进单位。

第一节　机　构

1978年,标准计量管理所隶属于县科委。1980年12月,更名为县标准计量管理所。1985年3月,升格为副科级单位。1986年4月,改隶县经委。1988年8月,成立汨罗市标准计量管理局。1993年2月,改隶汨罗市工商物价局管理。1995年1月,升格为正科级单位,更名为汨罗市技术监督局。1999年10月,改为省直管单位。2000年7月,更名为汨罗市质量技术监督局(简称市质监局),隶属于岳阳市质量技术监督局。内设办公室、财会股、技术管理股、监督股、稽查队、测试所、产检所、纪检室等股室(所)。2001~2003年,先后增设政工人事、标准质量、计量、锅特等股室,稽查队增至3个。2006年,增设食品安全监督股。

第二节　计量管理

一、推行法定计量单位

1980年,县标准计量管理所、县物价局、县工商局联合对商贸单位的度量衡器和部分计量包装商品进行检查:杆秤合格率81%,直尺合格率78%,量提具合格率65%,包装商品合格率63%。1981~1985年,检校单相电度表16万只,部分医疗器具及血压计同时被检定。

1984年2月,国务院发布《关于在我国统一实行法定计量单位的命令》。10月,县政府下发《关于推行法定计量单位的通知》。1987年9月,县政府再次下发《关于认真推行国家法定计量单位的通知》。1989年12月,岳阳市推行法定计量单位领导小组对汨罗市检查验收,共查验单位33个,总成绩91分,顺利完成过渡。至1990年3月,汨罗市取得推行法定计量单位验收合格证书。

二、计量标准与计量检定

计量标准　1978~1981年,先后增加量块、百分表检定器、标准压力表、标准血压计、单相电度表校验台等五项检验标准。1986年,根据《中华人民共和国计量法》(简称《计量法》),岳阳市计量局首次对汨罗县计量所的计量标准及部门、企事业单位的最高计量标准考核发证。境内13个社会公用计量标准,19个部门、企事业单位的最高计量标准获得使用证书。1993年,增建检定计量加油机标准装置;1997年,撤销量块、百分表检定器;2000年,投资22万元,建单相电能表检定装置、三相电能表检定装置,原有的0.5级的电工式单相电度表校验台被0.2级电脑(电子)校验装置所取代。2006年5月,首家出租车公司(中创)成立,市质监局随即建出租车计价器检定装置新标准,首轮强检出租车200台。

计量检定　1986年,计量器具的检定按《计量法》进行,县政府印发《汨罗县实行强制检定的工作计量器具管理办法》,境内检定计量器具分为14类、34种,即尺(竹木直尺、布尺、折尺、钢卷尺、木水平尺、木直角尺)、秤(杆、案、台、地、字盘、数字、邮件、体重、婴儿秤等)、液体量提(油、酱油、醋、啤酒等量提)、天平(分析、架盘、单盘等天平)、砝码、定量包装机、食用油售油机、压力表、血压计、酸度计、比色计、液体流量计、油罐、油罐车、电度表。2006~2008年,竹直尺、木直尺、折尺、木水平尺、木直角尺、液体量提、食用油售油机、液体流量计等9种计量器具消失或停用。另增加22种新的强制检定工量器具,包括电子天

图4　周氏秤铺的最后传人周明善

平、度盘秤、轨道衡、电子计价秤、定量灌装机、水表、燃油加油机、出租车计价器、焦度机、验光机、验光镜片箱、脑电图机、心电图机、心电监护仪等医疗计量器具。共检定加油机163台次,衡器545台次,压力表490只次,天平32台次,血压计124台次,电能表1.9万只次,受检率、合格率均达100%。

三、计量器具与个体秤工管理

计量器具制造　1979年,标准计量所实验厂生产衡器零配件78650件,产值46064元;古培公社4家小型工厂生产曲尺(90°木角尺)、水平尺、木折尺、竹木直尺等计量器具,不仅保证境内需要,还推销到中南5省、11个县市。1980～1985年,沙溪机电厂生产定量铊、砝码,白水利华仪表厂生产DD15型单相电度表。1986年,沙溪机电厂、古培月星量具厂等5家计量器具厂通过省级验收,取得计量器具生产许可证。2003年市电力局兴办湖南湘能金一电器有限公司,生产0.2级、0.2S级套管电流互感器,取得省质监局颁发的制造计量器具许可证。

个体秤工管理　1978～1986年,汨罗县内有个体秤工38人。县计量所除每年组织秤工学习《计量法》和《杆秤检定规程》外,还对秤工使用的标准砝码进行编号,按周期执行检定。经考核合格,发给"制造计量器具许可证""修理计量器具许可证"的有22人。1992年,取得许可证的增至31人。1993年后,广泛使用度盘秤、电子秤、电子计价和定量包装等现代化计量器具,个体秤工逐年减少。至2008年,全市个体秤工仅剩3人。

四、工业企业计量定级升级

1985年始,按计量定级的要求,在国营、二轻和部门工商企业及乡镇企业设置计量管理机构,增添计量器具,建立规章制度,绘制工艺流程计量测试网络图,全面规范计量管理工作。至1994年,全市有44家工业企业通过计量定级升级验收或计量合格标准验收。

汨罗市(县)1985～1994年工业企业计量定级升级统计表

表11－7－46

计量工作级别	所属系统	获证企业名称
二级计量合格	工业局	氮肥厂
三级计量合格	工业局	开关厂、通用机械厂、铝材厂、轧钢厂、冶金机械厂、水泥厂、利华仪表厂、印刷厂、棉织厂、酒厂、磨料磨具厂、矿石公司、石油公司
	二轻局	钢管厂、镀锌管厂、电扇厂、服装厂、制鞋厂、轻工机械厂
	部门企业	自来水公司、肉联厂、一米厂、二米厂
	乡镇企业	沙溪电线厂、制冷阀门厂、长沙水泵汨罗分厂、川山油泵油咀厂、川山毛笔厂、月星量具厂、岳峰综合厂、农药厂、新市铝楦厂、培塘制尺厂
计量合格	部门企业	三米厂
	乡镇企业	汨罗淀粉厂、长乐保安工具设备厂、汨罗鞋楦厂、铜盆纸制品厂、第四建筑工程公司、弼时棉织厂、高频焊管厂、新市纸箱厂、古培小五金工具厂

五、商业计量管理

1984年10月，制定《汨罗县商业计量管理实施办法》，在各商店（场）、门市严格执行计量器具的周期检定，大型商场及农贸市场设立“公平尺”“公平秤”，进行监督管理。1985～1987年，与县物价局配合，开展“物价计量信得过”竞赛活动，年均进行度量衡器大检查7～8次，受检商场、门市1480家次。1988～1996年，在商业、供销系统设立义务计量监督站，给义务计量监督员颁发证书，配备不锈钢四等砝码，对421家商店、批发部的710把杆秤、520个量提、172把米尺进行强制检定，对少数单位短斤少两行为处以罚金，限期整改到位。2000～2008年，在城区各个超市、生产厂家建立计量管理平台，推进大型衡器检定市场化管理，维护消费者权益。

第三节　标准化管理

一、企业标准化管理

1979年，实施国家《标准化管理条例》，标准计量部门调查工业企业18家，其中执行各级标准的产品有35种（国家标准7种，部颁标准28种）。1980年，县革委会发布《关于加强标准计量工作的通知》，督促企业单位严格执行计量标准，提高产品质量。至1985年，共收集企业产品标准6个（窗钢、铝型材、油泵、油咀、长石、石英砂），同时制定“彩色石子”“仿毛雪花呢”“铝型材”3个企业标准。1986年，举办25家企业参加的标准化管理及产品质量座谈会，收集企业标准30个。其中农机、磨料磨具、电器、保险柜、皮鞋、食品、饮料、饲料等产品被抽样检验，合格率71%。对抽查的不合格产品的生产企业，限期整顿的有2家，查封产品12个。在查封产品中，有农药产品9个、700吨，其中销毁250吨。

1988～1991年，举办乡镇企业“标准化函授班”，41家企业的49名学员参加培训，人均考核成绩90.7分。向企业赠送《中华人民共和国标准化法》单行本200多册，为企业制定A类防盗保险柜、金属柜、防盗安全门等产品的“企业标准”“一般规定”“工艺装配”“工艺文件编号方法的规定”等多个标准，完成农药厂企业标准上等级工作。1997年，组织乡镇企业开展“消灭无标准生产”活动，发放宣传资料和产品调查表363份。

1999年，市政府发出《关于进一步开展消灭无标准生产活动的通知》，市技术监督局定期检查153家企业、21种产品、199批次；不定期抽查市场计量器具75家、780件。监检单位超计划30%。2000年12月15日，经省质监局检查验收，汨罗市获“消灭无标准生产县（市）验收合格证书”。

2003年后，汨罗市循环经济试点的优势不断显现，市质监局先后为再生塑料、有色金属等行业建立相关技术标准，开展对PVC再生塑料地方标准申报工作，得到省质监局标准化处的初步认可。至2008年，年检组织机构代码880多家，重建电子档案，清理老数据2000多个，扫描数据4000多个，完成率90%以上；发展商品条码系统成员4家，续展2家；新备案标准的企业产品3个，完成企业产品标准时效年审63家，换发“湖南省产品标准实施证书”54套，审查食品标签、饲料标签11个；建立农业标准化档案，确立湖南加华生物科技股份有限公司为农业标准化试点单位。

二、机关、企事业单位统一代码标识制度

1989年，国务院75号文件要求“用三年或更长一点时间在全国范围内全面实行企业、事业单位和社

会团体统一代码标识制度”。下年,省政府对该项工作作出全面部署。1993年始,为落实市政府《关于建立机关企事业单位和社会团体统一代码标识制度的通知》,市标准计量管理局购置微机及辅助设备,给每个机关、企业、事业单位、社会团体颁发一个在全国范围内唯一的、始终不变的法定代码标识证书(俗称“单位身份证”),共发放代码证书920个。1995年后,逐年新办、清理更换代码。至2008年,汨罗代码数据库有效数据达1739条,分别由866个企业法人、26个社团、211个企业非法人、94个机关法人、253个事业法人、218个个体工商户构成,重名重码率为0。

第四节 质量监督

1978～1984年,质量监督管理仅在计量器具生产厂家进行。1985年后,取消驻厂检定,采取产品质量抽样送检(岳阳、长沙)、协助厂方开展质量管理及参与产品质量鉴定等方式,扩大质量监管范围。1987年,对18家农药厂进行现场检查和产品抽样检验,发现有16家生产设施及产品有效成分均不符合标准要求。引起县委、县政府高度重视。县政府办以文件形式全文转发质检报告,组织实施农药生产专项整顿,限令12家企业停产,6家整顿合格企业补办生产许可证手续。并举办全县质量管理培训班,32个部门单位,53名质检、计量管理人员参加培训。1988年始,对城关地区的国营商店、集体门市、批发部个体摊贩包装商品进行大检查,查处伪劣商品13类、31种、208个。1990年,对40家保险柜厂进行摸底调查,按产品质量实行优胜劣汰,促使保险柜生产发生质量不断提高。

1992年,成立产品质量监督所。1993年,经省计量局考核,取得计量认证合格证书,可检项目有食品、饲料、化工产品、小五金、五金工具等。1995年,新增预应力混凝土空心板检验项目,结束汨罗建县后产品质量只能送检的历史。1996～2005年,对120家企业产品进行现场检查,处理不合格企业19家,没收或扣押不合格模具(非“中南标准”)48套;陆续编制完成《质量管理手册》一、二、三册,全部通过省质监局委托岳阳市质监局组织的计量认证和标准化审查认可验收。2006～2008年,成立质量技术协会,发展会员158人,协同参与产品质量监督管理,全市定期监检计划完成率100%,委托检验、企业产品检验到位率90%;加大不合格产品后处理力度,后处理率、整改合格率均达100%。

汨罗市1998～2006年部分年份产品质量检验情况统计表

表11－7－47　　　　单位:个

年　度	委检样品数	监检样品数	监检合格数	监检合格率
1998	137	167	100	59.9%
1999	83	172	108	62.8%
2000	34	150	125	83.3%
2001	44	149	136	91.3%
2004	51	73	70	95.8%
2005	51	155	124	80%
2006	19	136	114	83.8%

第五节 特种设备安全监察

一、特种设备管理

1978年后,境内使用的特种设备有锅炉、压力容器、压力管道等类型。1985~1994年,逐步增加电梯、起重机械、客运索道、大型游乐设施、场(厂)内机动车辆等8个种类。

2000年7月,特种设备安全监察职能由市劳动局划归市质监局。2002年,市质监局对128台锅炉、184台压力容器、68台电梯等特种设备实行重点安全监察,下发"安全监察意见书"48份,其中停止使用12台,销毁土锅炉5台。

2003~2004年,实施国务院《特种设备安全监察条例》,市质监局举办压力容器管理及操作人员培训班、特种设备作业人员操作资格及职业资格考核学习班,参训48人,全部考核合格。2005年,开展"质监安民进学校"活动,对学校使用的生活锅炉开展重点检查检验,确保师生生命财产安全。2006年,以生产领域为重点,开展业务摸底建档工作。全市有锅炉142台,压力容器191台,行车74台,电梯51台(其中客梯31台,扶梯8台,人行道梯4台、货梯5台、杂物梯2台、观光电梯1台)。2007~2008年,对在用的45台电梯、起重设备集中申报检验。并延伸到在用的106台锅炉,全部进行外部检验,受检率100%,持证上岗率98%。帮助使用单位更换锅炉7台,报废土锅炉2台。2008年5月28日,依法关闭市城区冷库(其特种设备年久失修、带病运行),消除一大安全隐患。

二、液化气钢瓶检验与更新

1999年,成立液化气钢瓶检验站,由私人承包经营,建设部门主管。2002年,划入特种设备监管职能,市质监局以25万元收购钢瓶检验站,加强安全生产质量管理。2003~2008年,先后对该站投资15.6万元,改造喷塑机、烤箱、抛丸去锈机,增加专用设备"焚烧炉";并取得省质监局颁发的试验印证—"湘X121",工作人员取得检验上岗证。使检验站完全达到省局对钢瓶检验更新的要求。同时对所有气站加强安全监管,对液化气钢瓶强制检验,对违规气站加大安全整治力度。报废超期使用钢瓶300多个。

第六节 技术监督

一、生产许可证

1980年,国务院批转国家一机部《关于整顿低压电器产品质量、试行颁发工业产品生产许可证的报告》,由此对低压电器,民用电度表产品试行生产许可证的制度化管理。1984年,国务院颁发《工业产品生产许可证试行条例》;2002年,国家质监总局发布《工业产品生产许可证管理办法》;2005年,《工业产品生产许可证管理条例》发布实施,凡涉及公共安全、人体健康、人民生命财产安全、通信质量及金融安全的工业品必须取得生产许可证方可生产。2002~2008年,共为30多家工业企业办理和发放生产许可证

50多份,涵盖水泥、保险柜、导火索、化肥、柴油机、砂轮等产品和全部食品加工业。

二、技术监督稽查检查

1995年,成立技术监督稽查队,对产品技术质量实施定期跟踪管理和不定期抽查。至2002年,稽查队对轧钢行业及其联销门店进行检查,其中2家轧钢厂因质量低劣被勒令关停,13家门店中有10家经销劣质螺纹钢,货值达7万元,依法扣押28吨,封存5吨,并依法处以罚款1万元。

2004~2008年,对食品、饲料包装物和其标签所标注的内容、格式等进行专项检查,合格产品发给“标签审查备案号码”“湖南省食品、饲料标签印制证明”,全部实行产品标签公开标注。在迎奥运食品专项整治行动中,对64所学校使用食品情况进行登记,对城关2家规模较大的米粉生产企业开展上门咨询服务,促其生产场地、生产状况、生产设备符合申证条件,并将米粉生产企业调整为城区3家,农村4家,申办QS认证,限区域销售,其余的一律关停。

附 案例摘要

查处销售不合格水泥 1996年8月,汨罗市技术监督局在执法检查中,质疑白水镇粮贸中心销售的怀化大江口水泥厂425#水泥质量有问题。当即抽样送检,确定为不合格产品。但该批60吨水泥已全部销售。为确保人民生命财产安全,经向主管副市长汇报后,会同市安全办、市建设局质监站、白水镇政府,对7家建房户、1家预制场进行现场调查。随后找到水泥厂代表核实调查情况,在白水镇现场办公。如按建房户要求把整栋房屋拆掉重建,厂方赔偿将不少于70万元。质监管理人员根据现场勘查情况,经过反复协商,终于做好所有用户的工作,采取加固补救措施,由厂方向8家用户赔偿5.2万元。大江口水泥厂认为市技术监督局秉持公正立场,没有地方保护主义,愿意接受处罚。根据《中华人民共和国产品质量法》第49条的规定,考虑到厂方已向用户赔偿损失,最终给予该厂罚款3万元的行政处罚。

查处电信乱收费行为 2001年7月5日,根据群众举报,汨罗市技术监督局依法对电信部门6月收费情况实施计量监督检查。经查实,该部门6月使用合格的ZDJD13计费系统,因人为操作使用错误的参数文件,导致错收区内6800家用户话费,多收话费99444元。根据《中华人民共和国计量法》第51条的规定,市质监局责令电信部门于7月20日前,按查实的错误用户详单退赔99444元;给予行政处罚4万元。

查处“黑心棉”生产窝点 2002年11月7日,汨罗市质监局稽查队与岳阳市纤检所联合对汨新路某棉絮加工点实施突击检查,现场发现该店使用工业用脚料废棉、棉短绒加工制作“黑心棉”被1500床,销售181床,库存1319床,每床销售价13元,违法所得2353元。现场尚有下脚料废棉4160公斤、棉短绒1520公斤。违反《中华人民共和国产品质量法》第5条、第13条、第26条规定。根据《中华人民共和国产品质量法》第50条规定,责令其停止生产、销售“黑心棉”;没收违法所得2353元;没收“黑心棉”被1319床、工业用废棉4160公斤、棉短绒1520公斤;罚款15647元。

第八章　安全生产

1978~1992年，安全管理部门对企业新建、改建、扩建工程实行安全防护设施与主体工程同时设计、同时施工、同时验收使用的“三同时”审批制度。并负责指导、协调管理工商企业的生产安全工作。1993年，市劳动局主管安全生产工作。1995年始，市政府安全办与劳动安全部门综合管理安全事务。

2004年后，市安监局承接安全生产管理日常工作，监督、协调市政府有关部门、乡镇场政府安全生产；组织安全生产大检查、安全生产行政执法、安全生产事故调查处理、安全培训、安全评价和安全管理员、特种作业人员的资格考试考核工作；负责生产、经营单位“安全许可证”的核准、认证和新建、改建、扩建工程安全设施“三同时”审批工作；监管烟花爆竹、非煤矿山、危险化学品、建筑、交通、消防、食品等安全生产。

第一节　机　构

1978年，汨罗县革委会设安全交通科和安全监察科。1980年，成立县安全生产委员会（简称县安委）。1981年，成立县政府安全管理办公室（简称县安全办）。1983年，县劳动人事局设安全监察股。1993年，市劳动局综合管理安全生产工作。1995年，市安全办与市劳动局安全监察股合署办公。2004年，成立市安全生产管理局，加挂市委办公室牌子。内设办公室、安一股、安二股、执法大队、安培中心、法规股等机构。

第二节　矿山安全监管

1978~1985年，境内矿山企业均设安全科（股），配备专（兼）职安全监察员；政府职能部门统一组织开展“安全月”活动，对各类矿山清理整顿，进行劳动保护和安全生产的政策、法规及安全知识的宣传教育，推行企业员工、安全管理员、企业负责人三级安全教育制度，自下至上建立以岗位安全责任制为中心内容的安全生产操作规程，消除安全事故隐患。1988年，市劳动人事局对乡镇露天矿山企业进行全面督查，对符合安全生产条件的150家企业换发“安全生产合格证”。

1992年，《中华人民共和国矿山安全法》（简称《矿山安全法》）颁布实施。1993~1995年，市安全办坚持每年开展“安全周”活动。1996年，开展“全省安全年”活动，对境内的黄金、花岗岩石、高岭土、长石、砂石等采矿业进行拉网式安全生产大检查；召开安全生产会议108次，播放安全生产新闻录像、领导电视讲话10多次，印发文件6个、1200份，翻印宣传资料3000册。

2000年始，汨罗市政府成立由主管副市长任组长，市安监办、市公安局、市环保局、市国土局、市工商局等部门为成员单位的专项整治领导小组，以剥离、爆破、运输、安全教育、机构建设、建章建制为重点，全面加强矿山安全监管工作。全市投入安全设施整改资金726万元，建立矿山安全机构41个，停产整顿矿洞112个，关闭严重不符合安全生产条件的矿洞25个。至2008年，矿山企业全部实施行政许可制度，共办理安全生产许可证41家。

第三节 综合安全监管

一、宣传教育与培训

1978～1981年,安全管理部门以二轻工业局为宣教示范点,组织500多幅宣传教育图片,先后在城关、长乐、黄柏等地开展巡回宣传。1985～1990年,每年5月开展"安全生产月"活动。1991年,市安委、市劳动局、市公安局、市保险公司等部门联合举办"安全在我心中"的演讲比赛活动,评选出12名优秀演讲者,在岳阳市企业巡回演讲,听众达5万人次。1992年,开展安全知识竞赛,全市有4.5万名职工参加。1991～1995年,每年5月开展"安全周"活动;1996年始,每年6月开展"安全月"活动。2002年,实施《中华人民共和国安全法》,市安全办组织安全法规知识竞赛,参加人员达12万多人次。

1978～2008年,共举办厂长、经理安全培训25期,培训553人;举办安全专干培训40期、培训1803人;举办特种行业培训310期,培训电工、焊工、起重工、司炉工、建筑登高架设工、爆破员等特种作业人员3800多人次。

二、安全生产检查

1978年始,县安委、县劳动人事局每年组织安全生产大检查3～4次,查思想、查制度、查管理、查隐患、查设施、查事故处理,做到边查边改。1985～2003年,结合"安全月""安全周"活动,开展安全生产大检查,查处事故隐患年均5000多起。1990年,抽调18650人参加,检查3524个单位,查处隐患9192处,消除隐患8710处,列入整改计划398处,限时督办隐患3处。1994年12月,市政府历时一个月,以公共场所防火防暴为重点,开展安全大检查,120家消防重点单位的火灾隐患得到及时整改。2002年始,实行安全隐患督办制度,对短期内难以整改的单位,按照"谁检查、谁负责"的原则,下达整改指令书,责任到人,限期整改。对难度较大的安全隐患,将责任明确到单位"一把手",由市安全生产委员会主任下发整改令,先后促成新市危桥、屈子祠名山渡口、原种场中学危房等19项老大难安全隐患得到有效整改。2008年,开展安全生产"隐患治理年"活动,市、乡两级主动抓安全政策措施到位和安全责任落实,全年发生安全事故125起,死亡33人,受伤124人,直接经济损失71.8万元,分别比上年下降8.8%、10.8%、44.4%、1.2%。

三、安全生产责任制

1988年,对各乡镇政府、市直各行业主管部门制定安全生产责任制,实行目标管理。规定各乡镇场、部门行政"一把手"是本地区、本部门安全生产的第一责任人,分管副职是直接责任人。1994年始,市政府每年年初与各乡镇场、各部门、各相关单位签订安全生产责任状。由各单位呈送上报,年终考核兑现。

2001年始,建立安全事故行政责任追究制度。至2005年,市委、市政府将安全生产纳入"物质文明和精神文明"建设目标管理年度考评内容,对实现安全生产目标的单位、个人给予通报表彰,反之则"一票否决"。2004～2008年,汨罗市连续五年被岳阳市政府评为安全生产目标管理先进单位。李家坝镇被湖南省人民政府命名为首批省安全生产示范乡镇。

第十二篇　农业与农村经济

中共十一届三中全会后，中共汨罗县委、县人民政府认真贯彻中共中央有关农业与农村经济的方针政策，积极推进农村体制改革。1979～2002年，探索、完善农村家庭联合承包责任制，完成一轮、二轮土地承包延期发证工作，建立土地流转机制，促进农村经济发展。农民人平纯收入由1975年的130.8元升至2008年的5134元。

1981～1982年，组织专业人员开展农业区划调查，总结"失误在山、失误在水、失误在丘岗地"的经验教训，制定一整套科学发展规划，先后实施"东水西调"（引铁山水库、蓝家洞水库的水灌溉汨罗江北地区）、荒山绿化、退耕还林、退田还湖、平垸行洪等一系列重大农业工程。

20世纪80年代，逐步发展商品经济，大力兴办乡镇企业，促进农村劳动力的有序转移，涌现出大批"种瓜状元"、养殖大户、企业明星。1984～2008年，汨罗的生猪养殖、商品粮开发、丘岗旱地玉米种植、吨粮田开发、无公害西（甜）瓜种植、高效林业、水稻机械化推广、乡镇企业、农业和农村现代化建设等项目先后进入全省、全国先进行列。

第一章　农业综述

第一节　机　构

汨罗市农业局　1976年年末，恢复农业局。1993年，转体为农业服务总公司，与农业局合署办公，内设办公室、财会股、人事股、植保植检站、信息站和粮油、科教、土壤肥料、经济作物4个工作站，下辖优质农产品开发中心、农业技术经营服务站、种子公司、农科所及5个中心农技站。至2008年，先后有8名农技干部到美、日等国留学与工作。多次获省部级科技进步奖、丰收奖、先进单位奖等。

汨罗市林业局　1973年，设林业局。1979年，设花桥、狮形山、神鼎山、红花竹木检查站。1980年，下设杉木林基地管理站（1983年，被撤）、县竹木检查站（1985年后，被撤）及城关、长乐、弼时、白水、桃林林业站。1984年，县林业局内设病虫害防治站。是年，蓝水林场的高华、三联、山阳、智峰、大同5个村、53个村民小组划归八景乡；蓝水林场更名为蓝家洞林场，仍属于市林业局管辖。1993年，市林业局转体为林业总公司，内设综合办、计财科、生产科、林政资源科，下辖桃林、白水、新市、长乐4个林业站和天井、花桥、狮形山3个竹木检查站。1996年，恢复市林业局。1999年4月，林业派出所升格为森林公安分局（副科级),局机关设办公室、刑治股、森林消防股;下辖城关、白水、长乐、桃林4个警务站。有护林组织达100个,配护林员1989人。2001年,增设林地股。9月,筹建林业科技示范园。2002年,设基地办。2003年,林业科学研究所与科技示范园合署办公。2005年,分设资源站。至2008年,先后完成林业科研项目36项;获省、国家级奖励18次,干部职工获省、国家级奖励17人次。

汨罗市畜牧水产局 1980年5月,畜牧水产股从县农业局析出,成立县畜牧水产局。1993年,畜牧水产局转体为畜牧水产服务总公司。2008年,内设办公室、财会股、畜牧站、水产站、兽医卫生监督所、兽药监察检验所、动物检疫站,下辖种畜场、渔政站、水产良种场、兽药厂。干部职工获省、国家级奖励共9人次。

汨罗市水利局 1979年,供电公司从县水利电力局析出,内设办公室(含无线电台)及人事、水利、电力、管理股。下辖水电工程队、梓木洞电站、蓝家洞水库管理所、汨罗水库管理所。1988年1月,更名为汨罗市水利水电局,内设办公室及水利、计财、人事股和水利管理、机电管理站。下辖水电工程队、蓝家洞管理所、汨罗水库管理所、梓木洞电站、桃林铁山分干渠管理所。2001年,更名为市水利局,内设办公室、人事、水利、计财股。

汨罗市农机局 1973年4月,成立汨罗县农机社队企业管理局,下辖公社农机企业管理站29个。是年,成立农机安全监理站、农机公司。1984年年初,撤局改农机安全监理站,代公安部门管理拖拉机年检、发照、驾驶员培训考试、考核和安全事故处理。是年7月14日,启用县农机安全监理站公章,10月,恢复县农机局。1993年年末,成立农业机械服务总公司,内设办公室、管修股、监理站、推广所。下辖农机公司、新市农机中心服务站和31个乡镇农机管理站。机电排灌由乡镇水电管理站管理。1978～2008年,该局集体获省、部级奖励16次,个人获省、部级奖励8人次。

汨罗市农业综合开发办公室 1993年3月成立,简称农综办。2008年3月28日,机构撤销,归口市财政局管理。

汨罗市农村经营管理局 1978年前,称汨罗县农业经营管理站(科)。1987年,成立汨罗市减轻农民负担工作领导小组办公室,与经管科合署办公。1997年1月,撤科设局。2008年,29个乡镇均设经管站,原种场、范家园茶场各配经管员。

汨罗市乡镇企业局 1977年,汨罗县社队企业局从县农机社队企业局析出,各公社相应设立社队企业办公室。1984年,更名为县乡镇企业局。1988年1月,更名为市乡镇企业委员会。1993年2月,内设生产科技办、管理办、综合办、总公司。2004年,内设办公室、生产办、科技法规办。2005年10月,并入市工业局,对外保留市乡镇企业局牌子,部分工作职能划归市农业局、市畜牧水产局。2007年,市乡镇企业局撤销,其农业产业化管理、农业产业服务管理职能并入市农业局;10月1日,25名工作人员并入市农业局工作。

汨罗市气象局 1980年12月,汨罗县革委会气象站更名为县气象站。1984年8月,更名为县气象局。1988年1月,更名为市气象局。1993年1月,市气象局改为国家辅助站。2003年1月,改为国家一般气象站。2007年1月,改为国家二级站。

1980年10月,行政属地管理,业务属于省、地气象局垂直领导。1992年12月,实施中央和地方同级国民经济和社会发展计划及财务预算的财务体系。

第二节　农业结构调整

一、决策规划

组建班子　1984年,成立汨罗县消灭荒山领导小组。1986年8月,成立汨罗县商品粮基地建设领导小组。1990年,成立汨罗市粮食生产集团承包领导小组和吨粮田开发指挥部。1995年,成立汨罗市玉米生产领导小组。

确定目标　1993年,在科学分析本地猪源、饲料、防疫、饲养环境等基本条件后,确定1994年"生猪过百万头"奋斗目标。各乡镇按照市政府分配指标层层抓落实,年年保稳定,使生猪生产连年夺魁。

试点推广　1984年,在大荆乡桂花村试种稻田西瓜,成功后逐步推广、普及。1993年始,在范家园、火天、桃林、新塘试种杂交玉米,后向面上推广。

区域布局　2000年,汨罗市制定四大板块的区域化布局,即以国道107线沿线9个乡镇为主,形成净种面积1.33公顷、复种面积2.67万公顷的时鲜瓜菜种植板块;以汨罗江下游9个乡镇为重点的2万公顷玉米及牧草种植板块,达到年饲养菜牛10万头、肉牛2万头的目标;以东洞庭湖区4个乡镇为重点的333.33公顷河蟹、青虾等特种水产养殖板块;以汨罗江北5个山丘区乡镇为重点的6666.67公顷落地水果种植板块。

二、产业调整

1984年,大荆乡率先进行西瓜(辣椒)搭配双季晚稻的生产示范,获得成功。1994~1995年,市农业局在新市镇新栗村蹲点,取得西瓜、晚稻两熟制的成功经验。2002年,在红花乡石仑村构建现代农业高科技示范园;是年,投资300万元,完成1.5万平方米地智能连栋大棚、300个普通钢架大棚及水电路等配套设施建设,引进一批国内外名特优新品种;是年,接待到汨罗市调研指导工作的中央、省、市领导41批次、720余人。2003年7月31日,国务院副总理回良玉在汨罗市考察时对此给予高度评价。他说:"特色+品牌+规模+效益的模式很好,值得推广。"2003年10月2日,国家主席胡锦涛在考察大荆基地时对此给予充分肯定。2005年,进行优质稻产业化开发,组建汨罗市优质米开发协会,建立无公害优质米生产基地,采取订单农业的办法,形成风险共担、利益均沾的联合体。农业局肖冬根等在沙溪镇、弼时镇、新塘乡进行"早稻+晚稻""双杂优""双常优"试验,均获得成功。

农业种植业内部调整

杂交稻推广　1974年,试种杂交晚稻600公顷。1978年,晚稻杂交面积达1.23万公顷,占是年晚稻面积的47.04%。1985年,试种杂交早稻3亩。至2008年,杂交早、中、晚稻占境内稻谷种植面积80%~90%。

杂交玉米推广　20世纪80年代中后期始,推广杂交玉米种植,面积仅6.67公顷。至2008年,种植面积达10.8万亩,亩平单产达495公斤。

蔬菜瓜果推广　20世纪90年代中后期,推广瓜果蔬菜种植,建立沿107国道长63公里的高效生态经济走廊,净种面积达20万亩,复种面积达40万亩。

2000年,国家大型农业产业——加华牛业在汨罗市内落户。为发展肉牛生产,汨罗江北地区推广牧草种植,面积最多时达5万亩。

农业产品的调整

林业 1984年,中共汨罗县委作出“三年绿化宜林荒山”的决定。截至1987年3月,共消灭荒山2.06万公顷。汨罗成为湖南省消灭荒山第一县(市)。2001～2005年,共争取国家扶植的退耕还林项目6866.67公顷、扶助资金1.5448亿元。2008年,退耕还林970公顷,争取国家扶助资金1627万元。

畜牧业 1978年,生猪存栏17.15万头,1980年为19.40万头,1986年为29.30万头,1990年为47.5万头,1994年为103.2万头,2000年为127.8万头,2005年为145万头,2006年为147万头。2008年为62.5万头。

水产 1978年,汨罗县内3.25万公顷水面,放养面积仅4533.33公顷,其中精养面积不足666公顷,水产品产量达1492吨。2005年,放养水面扩大至6666.67公顷,其中精养面积增至5733.33公顷。2008年,汨罗市水产品产量达2.95万吨,是1978年的18.77倍。此外,河蟹、虾、龟、鳖及精品鱼类养殖面积3333.33公顷,特种水产品年产量达万吨。

农业与乡镇企业间的调整与发展

1978年,乡镇企业306个,从业人员1.1万人,产值2981万元。1987年,发展到16927家,从业人员70479人,总产值达3.2亿元。至2005年,乡镇企业达37581个,从业人员185475人,年劳动报酬18.732亿元,上缴国家税金3.4亿元,固定资产达34.7亿元。

三、成果效益

稳定粮食生产 改革开放后,尽管因国家基础设施建设征地导致境内粮食种植面积持续下降,但由于及时调整结构、推广种植杂交水稻和杂交玉米,粮食产量却一直稳中有升。2006年,汨罗市内粮食作物播种(复种)面积比1978年减少15533.3公顷,但产量却增加15.83万吨,增幅为62.89%。2008年,粮食作物复种面积95333.3公顷,其中水稻面积5.97万公顷,总产量45万吨;仅水稻产量就比1978年增加近一倍。

汨罗市(县)1978～2008年粮食产量增长情况表

表12－1－48 单位:公顷、万吨

时　间	1978年	1980年	1985年	1990年	1995年	2000年	2006年	2008年
播种面积	82133	80886	79900	76313	55000	56933	66600	95333
总　产	25.17	27.10	33.75	34.49	30.58	37.04	41.0	45

供应周边城市 1994年后,每年向广州、深圳、香港供应生猪70万头以上。磊石、屈子祠、大荆、黄市、新市等乡镇蔬菜瓜果基地,每年向长沙、岳阳等城市供应优质瓜菜20万吨。三江、长乐、古仑、大荆、沙溪、李家塅等乡镇果类基地,年产柑橘5000吨、板栗1000吨、棉花1000吨、家禽400万羽、水产品2万吨,牛羊3万头,除满足汨罗市场销售外,部分产品销往周边城市。

畜牧业、林业夺冠 1994年,生猪生产过百万头,汨罗市跨入全国百强县(市)行列,并被定为湖南省瘦肉型猪出口基地。1987年,汨罗县被评为湖南省绿化荒山第一县(市)。2002年2月,汨罗市被评为全国经济林建设先进单位。其造林育苗、新品种引进试种推广、生态园建设、城市绿化等，均居全省前列。

农业机械普及　1978 年，有各类农机 5609 台、5.78 万千瓦，亩均农机总动力 130 瓦。2008 年，农机总动力 76018 台，49.7315 万千瓦，亩均农机总动力 1970 瓦；机械台数比 1978 年增长 12.55 倍，亩均动力比 1978 年增加 14.15 倍；机耕水平发展到 92%，实现"以机代牛"。此外，机械排灌、机械收获、农机运输、机械加工等亦同步发展，农机化综合水平达 61.2%。

图 5　古老的灌溉工具——水车

第三节　农业综合开发

1994 年，实施农业综合开发。1995 年，汨罗市被列入洞庭湖区（11 个县、区、场）第一期国家农业综合开发项目县（市）之一。

1994 年，汨罗市农业综合开发被评为省级优良项目工程。1995 ~ 1996 年，汨罗市农业综合开发连续两年荣获省级二等奖。1997 年，为岳阳市唯一免检的项目市（县）。1998 年，在岳阳市 8 个项目县（市）、区、场中，唯一被评为省级一等奖。1999 年，在岳阳市 8 个项目县（市）、区、场中，唯一被评为全省农业综合开发先进单位，并再次夺得项目建设省级一等奖。2001 ~ 2006 年，连续 6 年获湖南省、岳阳市农业综合开发项目建设一等奖。

一、中低产田改造

开沟治浸　为改良 1 万公顷潜育化、次生潜育化稻田土壤，提高产量，1980 ~ 1989 年，汨罗县（市）农业局先后派出干部到川山、新市、古培等（社）乡镇办开沟治潜示范点，按照统一规划、集中连片、样板引路、综合改良的原则，采取开"四沟"、排"四水"（即开好撇洪沟，排除山洪水；开好导浸沟〈宽 1 米、深 1 ~ 1.5 米〉，降低地下水；建好灌渠排水沟，防止大水串灌、漫灌；开好丰产沟，排干田面水）的办法，根治渍害，使之洪水撇得开，明水排得出，浸水降得下，要水灌得进。共改造低产田 46.73 公顷，亩均增产 131 ~ 340 公斤。1990 年后，投入低改资金 70.3 万元，在 12 个乡镇、14 个村、45 条垅完成工程低改 290.27 公顷，开挖明沟 90 条，94760 米，其中混凝土护砌 3040 米；埋设排渍导浸暗沟 212 条、1750 米；配套修建桥、涵、管、闸等附属设施 1072 处，移动土石方 19.03 万立方米，投工 13.24 万个。

生物低改　结合农业产业结构调整，对地下水位比较低的田，实行西瓜（蔬菜）、稻、双季稻、油菜（蔬菜）等水旱作物轮作，改善土壤的通气状况，促进微团粒结构的形成和水稻的生长发育；对地下水位高的沼泽型田，则发展水生作物，如莲藕；或改造成鱼池，发展养殖业。

综合治理　1997 ~ 2008 年，共投入农业综合开发资金 5733 万元，在 23 个乡镇 120 多个村集中连片改造中低产田 2.2 万公顷，改良土壤 7866.67 公顷，新建、维修各类水利基础设施 1278 处，修建乡村机耕路 74 公里，新增和改善排涝面积 1000 公顷，新增和改善灌溉面积 9066.67 公顷，建立良种基地 333.33 公顷，发展特种水产养殖 1666.67 公顷，开辟经济作物和蔬菜种植基地 366.67 公顷，建立苗圃园地 8 公顷，实行水源涵养造林366.67公顷,示范推广优质稻和病虫防治1066.67公顷。

二、农田基础设施建设

1994～1996年,以大荆镇农业综合开发为重点;1997年,以增强防洪抗旱保收能力为重点;1998年,以优化农业环境为重点;2000年,以汨罗、古培、城郊3个乡镇土地治理为重点;2004年,以汨罗江流域和长乐镇土地治理项目为重点;2005年,以白塘乡及屈子祠镇牛栏湖土地治理为重点;2006年,以白水镇越江村和城郊乡百丈村土地治理为重点;2008年,以抗击雨雪冰灾为重点,先后投入资金6920万元,开挖、疏浚和高衬砌渠道1153.74公里,维修加固和扩建小水库125座、山塘855处,维修和兴建机埠51座,架设输变电线路26.9公里,修建机耕路34.5公里及"久安工程"标准大堤80公里,实现旱涝保收面积1.73万公顷。

三、农村能源建设

沼气　1978年,有沼气池5200口。1980年,各类沼气池达10120口。新闻媒体以汨罗县沼气为题材,拍成科教片,编成科教书,向外宣传推介。汨罗县亦制成沼气生产利用模型,在北京农展馆展览。1982年,以汨罗酒厂酒糟做发酵原料,日产沼气2000多立方米,供应城区1600户居民用气。

1996年,汨罗市被列入湖南农村能源综合建设试点县。1999年,汨罗市参加农业部在广西桂林召开的"九五"农村能源综合建设南方地区经验交流会。至2002年,由国家和省颁发证件的沼气技术员达126人,其中国家级78人。李家塅镇农科村,城关镇归义村,大荆镇长联村、桂花村的沼气建设,进入岳阳市先进行列。境内沼气池达2250口,全部为上流式,其中20立方米的大池4口。

2004～2008年,汨罗市共获得国债资金1134.6万元,累计建池达67279口,建立沼气生态农业示范村46个,建成以沼气为纽带的小康型庭院经济户1.2万户。30个乡镇、139个村有建池任务,建池最多的乡镇达600个,建池最多的村达190个。

薪柴　汨罗市内5.8万公顷森林,国家承认的生态林为1.39万公顷,其余4.41万公顷森林,按10%左右的取薪系数,每年薪柴开发量达7万吨。改革开放以来,16万农户中,昔日100%使用薪柴,如今完全使用煤、液化气、沼气、太阳能和电的约5万户,占总数的31%;剩下的10余万农户,部分使用其他能源。

作物秸秆　常年农作物播种面积达6.67万公顷(含复种),每年农作物秸秆约40万吨。除40%还田外,用作饲料、造纸的占10%,用作柴烧的占50%。

小水电　水能理论蕴藏量达40123千瓦,可开发利用的23处,10457千瓦;至2008年,共建成电站16座,装机26台,容量为4507千瓦,占可开发利用的43.10%;小水电站建成后,解决高坊、川山、玉池、弼时、智峰等乡镇的生活用能问题。

太阳能　20世纪80年代,太阳能主要用于早稻育秧。塑料薄膜、地膜育秧推广后,烂秧问题得到彻底解决。早稻年用种量由20世纪70年代的650万公斤下降到75万～125万公斤,每年节约种谷500多万公斤。用于蔬菜种植。阳光塑料棚最多面积达66.67公顷,个别大棚实现水、温调节智能化。用于居民家庭。至2008年,城乡太阳能热水器具用户约3000余户。

人畜粪便　1994年,生猪出栏过100万头。至2008年,共有养猪农户11万户,约占总农户的69%;

共建成沼气池2.1万口，其中20～50立方米的示范大池4口；分布在2万农户家庭，解决8万农村人口的生活用能问题。

汨罗市(县)1978～2008年沼气池建设情况表

表12－1－49　　单位：口

年度	共建沼气池	其中上流式	年度	共建沼气池	其中上流式
1978	5200	－	1994	900	900
1979	7500	－	1995	1000	1000
1980	10120	－	1996	1100	1100
1981	10000	－	1997	1100	1100
1982	3000	100	1998	1200	1200
1983	400	300	1999	1200	1200
1984	400	300	2000	1250	1250
1985	400	300	2001	1250	1250
1986	400	300	2002	2250	2250
1987	400	300	2003	3270	3270
1988	600	500	2004	8200	8200
1989	800	800	2005	15000	15000
1990	800	800	2006	18000	18000
1991	800	800	2007	21000	21000
1992	800	800	2008	5079	5079
1993	900	900	－	－	－

第四节　农产品流通

一、流通体制

20世纪80年代，逐步取消统购包销政策，实行多种经济成分、多种经营形式、多种流通渠道并存的体制；打破地区、行业界限，开展横向经济联合；鼓励个体私营工商业发展，鼓励农民进城经商办企业，鼓励长途贩运产销直接见面。20世纪90年代，以城乡统筹、服务“三农”为宗旨，加快小城镇建设步伐，兴建各类集贸市场，创建跨行业、全方位、内外贸并举、行商、坐商、总代理、总经销相结合的经营格局；21世纪，进一步发挥区位、交通、资源、品牌优势，编制《汨罗市物流业发展规划》，整合现有物流企业，组建物流集团，打造汨罗农产品流通的“物流航母”。

发挥主渠道优势

1998年，汨罗市96个国营商业网点，完成商品销售1.2亿元，完成屠宰税83万元。供销系统建立各种承包柜组759个，开商品交流会、展销会20多场次，完成商品销售1.576亿元。粮食系统贯彻国家粮食流通体制改革政策，敞开收购余粮，及时缓解“卖粮难”矛盾，有效保护农民利益。同时，根据汨罗市内饲料生产迅速发展需求，及时搞好产销服务工作。全年共收购粮食2620万公斤，购进玉米、豆粕、菜粕、棉粕、麦麸等饲料原料5000万公斤。

2008年，商品流通网络逐步完善，建立“万村千乡”连锁超市362家，全市社会消费品零售总额22.4亿元，出口总额3855万美元，生猪定点屠宰26548头。在是年特大冰灾期间，不仅保证汨罗城镇居民“米袋子”“菜篮子”供应工作，还调拨国家储备猪肉30吨供应广东市场。供销系统组建农资协会、商贸协会，兴办专业合作社2个、综合服务社6个、竹木加工企业1个，全年完成商品购进2.2亿元，实现商品销售2.3亿元。粮食系统深入29个乡、镇、场开展粮食生产调查，及时提出合理化建议，为市委、市政府统筹粮食生产、流通、消费各个环节，加强全市粮食宏观调控和粮食安全生产决策提供科学依据。

发挥中介组织作用

20世纪90年代初，汨罗市内生猪大发展，农民苦于“卖猪难”。新塘、白塘农民率先自发成立生猪协会（农民叫“生猪办”），会员达320多户，有汽车近百台，年贩运生猪约30万～50万头。至2008年，各类农民专业合作经济组织达2014个，会员达33200人，服务农户1.6万户。

加工转化升值

1998年，全市碾米业4个，产值1114万元（现行价）；食用植物油加工业3个，产值29万元；糕点业8个，产值430万元；肉类加工业1个，产值3871万元；蔬菜加工业1个，产值1万元；白酒制造业2个，产值566万元；制茶业3个，产值203万元；饲料业1个，产值356万元。

2004年，桃林寺镇引进创办的蓉泰薯类淀粉厂，年加工红薯近万吨，年产品销售额5000万元，加工转化升值100%～150%。2008年，全市上规模的农副食品加工业9个，主营业务收入6.96亿元；饮料制造业6个，主营业务收入7294.9万元；木材加工及木、竹、藤、棕、草制品业3个，主营业务收入1.31亿元；年产鲜冷藏冻肉5698吨，年产配混合饲料14890吨，年产饮料酒925千升。

创建优质品牌

2000年后，形成磊石大白菜、冯大哥干菜、西瓜、龙舟茶等品牌产品，有20个产品在湖南省第1届至第7届农博会上夺得金、银奖及最畅销产品奖，12家企业获全国无公害农产品标志证书。

汨罗市（县）1978～2008年部分年份主要农产品商品情况统计表

表12－1－50　　　　单位：万头、万吨、%

年度	粮食			油料			茶叶			生猪			水产品		
	生产量	商品量	商品率	生产量	商品量	商品率	生产量	商品量	商品率	生产量	商品量	商品率	生产量	商品量	商品率
1978	25.17	4.999	19.9	0.06	0.033	54.3	0.11	0.097	88.9	17.15	12.80	74.6	0.15	0.018	12.0
1980	27.10	7.75	28.6	0.048	0.03	63.7	0.12	0.09	74.3	19.4	15.01	77.4	0.11	0.013	12.2
1985	33.75	10.15	30.0	0.118	0.050	49.2	0.13	0.076	57.5	29.3	21.19	72.3	0.21	0.081	38.9
1995	30.58	10.03	32.8	0.05	0.017	34.0	0.12	0.08	66.7	121.19	98.17	81.0	0.65	0.33	50.8
2005	38.57	11.2	29.04	0.045	0.013	28.0	0.08	0.057	71.3	145.0	120.0	82.8	2.45	1.5	61.2
2008	45	13.9	30.9	0.769	0.271	35.2	0.27	0.194	71.9	110	－	－	2.96	－	－

二、产品流通

粮食　改革开放前，粮食由国家按任务统购，多余部分由国家加价（1979年始，超购部分加价50%）

收购。1985年始,粮食统购改为合同订购,按"三七"比例计价(每收购50公斤粮食,30%按原统购价计算,70%按超购价计算),并将平价柴油、化肥指标和预购金"三挂钩"到户。1987年,国家对粮食管理实行(购、销、调与议转平差价)包干政策。1989年,稻谷每50公斤由17.09元提至22.10元。1990年,建立国家专项储备粮食制度,国家出资收购余粮,将合同订购改为国家订购(1992年10月,取消定量粮油平价供应,各种粮油票证停止流通)。1993年,改为经济合同。1995年,粮食每50公斤提至40元。2004~2008年,国家对种粮农民进行补贴:种粮面积每亩补11元,良种每亩补10~15元;粮价由每50公斤40元提至90多元,余粮由国家敞开收购。取消定购后,国家粮食收购量年均在3万~8万吨。

粮食市场开放后,个人收购与粮食加工厂猛增。1993年,国家粮价每50公斤21~31.5元,而市场粮价达40元。是年,产粮32.43万吨,按30%的商品率计,应有9.7万吨余粮。该类余粮,均通过其他流通渠道进入市场。

油料 改革开放前,由国家收购;非农村人口用油,由国家分配。1979年,产油1176吨,共收购840吨,商品率71%。是年,国家将非农业人口食油从每月200克增至250克。1983年始,食用油改为平、议双轨经营。1985年,粮油产品市场放开经营,允许农民完成定购任务后的多余粮油进入市场经营。

茶叶 1985年前,茶叶为国家二类农副产品,实行派购,由供销社统一经营,不准进入自由市场。1985年后,取消派购,实行合同订购。1987年后,市场放开,个人、集体、企业、茶场均可经营。2001~2003年,"龙舟"牌茶和"天井峰"牌茶同被湖南省农博会评为金奖和最畅销产品,国营范家园茶叶示范场被定为湖南省茶叶出口基地。2008年,除少数国营集体大茶场尚在经营外,原社队茶场及生产队茶园均已解散,茶园多荒芜或改为他用,茶叶产量逐年下降。

生猪 1985年前,每家农户均有生猪派购任务,生猪由供销社统一经营。1985年后,实行合同订购,议购议销,同时对非农业人口实行肉价补贴。1988年后,完全进行市场经营,取消非农业人口补贴。此后,由于良种生猪普及,饲料与饲养方法改革,市场拉动,生猪生产大幅增长,出现从事生猪流通的长途贩运大户。1993年,有贩运大户320户,年贩销生猪50万头以上。

水产品 改革开放前,由水产公司统一经营,并对专业渔民的鲜鱼生产实行派购和鱼粮挂钩补助。20世纪80年代初,水产品放开经营,水产品产量迅速上升:1978年,产量1500吨;2005年,达2.95万吨,比1978年增长18.67倍。

蔬菜 20世纪70年代,在城关附近组建3个菜村,实行派购或粮菜挂钩,以解决城市居民吃菜问题。20世纪80年代后期,在楚塘、磊石建立二线蔬菜基地120公顷。2000年,实行农业产业结构调整,在107国道沿线扩建时鲜瓜菜基地达1.33万公顷。2004年,确定大荆、黄市、磊石为"湖南省无公害蔬菜基地",面积为1300公顷,其中磊石大白菜、大荆冯大哥干菜为公认的两个品牌。

瓜类 主要为西瓜。1985年前,只有部分旱土零星种植。1985年,大荆稻田西瓜种植成功。境内种植面积迅速扩大至6666.67公顷。现常年种植约2000公顷,年产量在8万吨左右。

果类 主要为柑橘,并有部分栗、梨、葡萄等。1978年,共有果树面积332.87公顷,其中柑橘160.13公顷,年产量在100~400吨之间,其中60%以上为柑橘。1991年,由于历史上罕见的冰灾侵袭,黄柏、沙溪、红花等大橘园果树均被冻死,后改种落叶果木。至2008年,各类果园面积333.33公顷,年产量300吨左右。

第五节　农村扶贫

2002年5月,成立汨罗市扶贫开发领导小组,下设办公室。是月,玉池乡安乐、安山、玉池村,三江镇湘平、洪源村,川山坪镇联山村,八景乡山阳村,黄市乡翁桥村,高家坊镇永安村,智峰乡青峰村7个乡镇的10个村被列入第一轮省定扶贫工作重点村;2005年4月,磊石乡汨岳村,新塘乡范塘、栏江村,屈子祠镇枫树、金沙、狄湖村,白塘乡高联和木屯村,范家园镇青龙、道冲村,桃林寺镇兰林村,火天乡高丰、石浒村,汨罗镇蟠龙桥村,古培镇新合村,弼时镇东影村,川山坪镇石桥村,黄市乡翁桥、黄市、石堰村,天井乡车田村,李家塅镇西影村,八景乡三联村,玉池乡大丰、望塔村,沙溪镇双江村,红花乡南寿村,白水镇群玉村,古仑乡黄道村19个乡镇的29个村,被列入第二轮省定扶贫开发工作重点村。

2008年,突出抓好39个省定扶贫村的基础设施建设和产业发展。玉池乡望塔村硬化通村公路1.5公里,造林6.67公顷,建设100头以上规模养殖场1个;川山坪镇石桥村硬化村级公路4公里,全村农电完成整改;火天乡石浒村抓好水库护坡,兴建3座机埠,种植金银花6.67公顷等。

一、扶贫政策

2000年1月8日至2002年2月9日,国务院及有关部门先后出台《扶贫贷款财政贴息办法(暂行)》《财政扶贫资金管理办法(试行)》《财政扶贫项目管理费管理办法(试行)》《财政农业专项资金调整和改革方案》《扶贫贴息贷款管理实施办法》《中国农村扶贫开发纲要(2001～2010年)》《关于〈农村残疾人扶贫开发计划(2001～2010)〉》《国家扶贫开发工作重点县管理办法》。2002年4月15日,市政府下发《关于印发〈汨罗市2002～2004年农村扶贫开发规划〉的通知》,确定把扶贫开发列入三农工作重要议事日程,并认真组织实施。

二、扶贫项目

基础设施工程　2001～2008年,汨罗市累计投入基础设施建设资金1000余万元,用于农网改造工程、道路维修、农户住房维修、人畜饮水工程、中小型水库除险加固工程、低产田改造、高标准衬砌渠道、垃圾池建设。

基础素质工程(科教建设项目)　2007～2008年,按照培训一人、转移一人、脱贫一家、带动一片的要求,转移培训农村劳动力约100人,为100户贫困户子女提供学习专业技术场所,并负责毕业后安置。参与市职教中心建设,提供职业技术教育,成立专业技术学会,办好农民学堂。

扶贫开发产业　重点开发水稻、玉米、红薯、杂粮、药材、瓜菜、油茶、楠竹、生猪、肉牛、家禽等种植养殖项目。至2008年,种植金银花等药材66.67公顷,开发油茶、楠木1533.33公顷。

三、资金管理

汨罗市人民政府将扶贫开发资金列入财政年度预算,向贫困地区、贫困村倾斜,要求做到专款专用。即用于修建乡村道路,农田基本建设,兴修农田水利,兴建人畜饮水工程,改造环境设施,发展种养业,开展科技推广、培训等。2002～2008年,用于贫困地区贫困村扶贫开发建设资金达553万元,其中省级财政投入资金483万元,市级财政配套资金70万元。

四、扶贫成果

2000~2008年,汨罗市内解决近5万人行路难的问题;兴建多项水利电力设施及饮水工程,解决1.2万户群众生产生活用电问题和近4万人的饮水难题;资助50多户无房户建住房,使80%贫困农户住房条件得到明显改善;贫困人口由9万人减至4万人,下降55%;贫困村农民纯收入由2000年的690元增至2008年的920元,增长33%。

第六节　农田地力建设

1979年12月,集中172名农技人员,分成绘图、化验、技术辅导3个业务组与8个野外考察分队、32个小组,开展第二次土壤普查,共挖土壤剖面11542个,采集各种化验分析样本11975个,分成5个土类、11个亚类、37个土属、103个土种。1981年,县土壤普查办对土壤资源进行分类,整理汇编资料,编制土壤分布图、现状图、改良利用图、土壤养分图,化验大批土样,初步查出障碍因素,提出土壤改良利用意见。

一、施用有机肥料

1972年,种植紫云英2.34万公顷,为历史最高峰。同时,人畜粪的积、制、管、用也很完善。责任制到户后,由于冬季劳力外出,化肥数量增加,人们对有机肥认识淡薄,导致出现“绿(绿肥)的不种、黄(城镇人畜粪尿)的不要、黑(土杂肥)的不积”局面。1987年,汨罗县人民政府动员群众大搞冬季农业,强调冬季田间作物覆盖率达90%以上,冬种绿肥逐渐回升。1988年,冬播绿肥达1.2万公顷。农业局土肥站在长乐镇繁殖的良种湘肥3号,被定为湖南省绿肥留种品种。1988~1989年,稻草还田面积1.33万公顷以上。进入21世纪后,农村沼气事业经国家扶持大力发展,农田有机肥来源相应增加。

二、测土配方施肥

1994年,市农业局建立配肥站,配方制肥,供应农民。1996~1997年,该肥被省农业厅、省工商局评为首届“湖南农民满意肥”。1997年,使用面6666.66公顷,增产200万公斤,增效近200万元。2003年,作物专用配方肥使用面积突破23333.33公顷。2005年,配肥站改为岳阳汨丰农化有限公司。2006年,测土配方施肥被列入全国测土配方施肥补贴资金项目市(县),推广测土配方施肥技术2.67万公顷。在开展测土配方施肥技术的同时,还进行微量元素锌肥、稀土的试验研究与生产示范,进行磷酸二氧钾及“花神里”综合氨基酸与翠竹牌植物生长添加剂的试验示范,均取得一定的经济效益。

三、改进施肥技术

1982年,县农业局土肥站进行碳铵深、中、面施与全层施对比试验。早稻产量分别为441.7公斤、440.1公斤、425公斤、447.6公斤;晚稻产量分别为338.6公斤、343公斤、323公斤、353.3公斤。1984年,县农业局将调氮增磷钾新技术作重点推广,根据不同类型化肥的理化性状,向农民传播不同肥料的施用技术。同时,农业部门对农作物的施肥用量、最佳比例、最佳施用时期与方式进行试验,掌握科学数据,及时为农民提供科技咨询服务。

第二章　农村经济经营管理

第一节　农村村级财务管理

会计培训　为提高农村会计人员的业务水平,每年组织农村会计人员培训3～5天,聘请高级会计师、司法局律师及检察院、市纪委讲授会计法规、条例和违纪违规教训。1978～2008年,共举办村会计业务培训班90期,培训4312人次。150名村会计被评定为农村会计师,80人被评为助理会计师,有80%的村会计评定职称。

账务设置　农村会计设置总分类账和明细分类账,同时还设置记账符号和手册,大体设置27个总账和明细分类账目。为使设置的账务规范,一般2～3年进行一次赛账。如2006年赛账评定:一类4个乡镇,二类2个乡镇,三类1个乡镇,四类3个乡镇,五类1个乡镇,其他都存在一定的问题。

财务审计　1999年,对31个乡镇、场进行审计,发现经济问题10.24万元,其中2000元至3.5万元的4个乡镇;有贪污问题的5人,金额达22300多元。1979～2008年,共对农村财务进行67次重点审计,审出经济问题达93.43万元,牵涉人员82人,移送司法机关7人,开除党籍9人,撤职处分13人,追回金额80多万元;进行离任审计1126起,使离任者清白,接任者放心。

村务公开　至2008年,在交通方便、人口集中的地方共制作固定公开栏458块,将是年该村财务收支情况公布于众;把是年收、支情况印出来,发至代表手中,亮家底、亮开支、亮监督;建立村级民主理财小组392个,每年对村级财务进行清查,对一些重大项目进行监督,对群众反映的问题逐一核查,并将结果公布,使村民心里有底。

第二节　农村土地承包管理

1980年1月,中共汨罗县委指定县经营管理科在川山公社石桥大队搞完善承包责任制试点,从各单位抽调20名干部组成试点工作组。该大队20个生产队,有水田104公顷,由生产队发包,分45个作业组承包;水田按上、中、下搭配,分组作业、联产计酬,包工、包产、包成本,是年承包后增产18万公斤,亩平增产115公斤。

1980年11月8日,中共汨罗县委下发《关于完善农业生产责任制的意见》(讨论稿),制定水稻、旱土、林业、养殖、副业、社队企业等各种责任制完善办法。1981年1月,县经营管理科牵头组织20人在范家园公社范家大队进行为期一个月的完善农业生产责任制试点工作。1981年3月至1985年3月,进行第一轮规模较大的完善承包责任制工作。中共汨罗县委成立完善农业生产责任制领导小组,组织县、社、队、组干部7175人,深入38个社镇场、393个大队、6015个组,开展农业生产责任制完善工作。13.4万户承包农户(除“五保户”外)、788个乡村企业、265个新经济联合体,按照一定五年不变的原则,全面完善水稻生产责任制、旱土作物生产责任制、养殖业生产责任制、社队工业生产责任制、零星小宗及特殊项目生产责任制。共承包水田2.8万公顷、旱土5266.67公顷、山林2.8万公顷、水面3866.67公顷(10826处)。

1985年,中共汨罗县委决定开展第一轮土地承包延期发证工作。经营管理局(科)负责印制土地承包合同书15万份、合同书和合同表5万份、专业承包合同书2万份,发至每个承包农户填写,确定承包期限15年不变,规定承包户土地使用权限。

1995~2001年,开展第二轮土地承包延期发证工作(承包期限由15年延长到一定30年不变)。38个乡、镇、场都印发"土地承包经营证书",并组织专业班子做好承包合同书的续签、监证、发证工作。

2002年,中共汨罗市委、市人民政府下文规定,在坚持耕地承包30年不变的前提下,按照"增人不增地,减人不减地""大稳定、小调整"等6条原则和22条办法,对土地流转机制有关问题进行处理,做到"三个百分之百到户"(即承包面积、地块百分之百落实到户,为期30年的承包合同百分之百签订到户,"农村土地承包经营权证"百分之百发放到户)和"三个建立健全"(即建立健全市乡两级承包合同管理机构、承包合同档案和土地经营权流转机制)。2002年至2008年,共有土地流转户11.56万户,其中转出户6.5万户,转入户5.06万户,办理土地流转手续3800户,土地流转面积2.37万公顷。

第三节　农民负担监督管理

1986年,汨罗县成立减轻农民负担领导小组(后改为农民负担监督管理领导小组),办公室设经管局(科),一个机构、两块牌子,沿系至今。《国务院农民承担费用和劳务管理条例》《关于切实减轻农民负担的决定》等中央文件出台,减轻农民负担工作得到规范化和法制化。1998年,汨罗市全面实行减轻农民负担领导负责制和部门工作责任制;2000年,减负工作纳入双文明建设目标管理、三个文明建设目标管理,并实行一票否决;2003年,实行涉农恶性案件、事件责任追究制。1986~2008年,未发生一起涉农群体性事件和涉农恶性案件,每年减负工作均被评为全省十佳单位或岳阳市先进单位。

一、"五统三提"(1985~2001年)

统筹项目　农民向国家缴纳农业税,向乡、镇(场)政府上缴教育附加、计划生育、民兵训练、优抚及乡村道路建设费(即"五统"),向村委会上缴公积金、公益金和管理费(即"三提")。此外,农村劳动力每年还要承担一定数量的农村义务工和劳动积累工。

提留标准　除农业税外,其他向乡镇(场)政府和村委会上缴的统筹提留费用不得超过上年农民人均纯收入的5%。此外,每个农村劳动力每年要承担义务工5~10个和劳动积累工10~20个(即"两工")。

二、农村税费改革(2002~2007年)

主要改革内容:"三个取消,一个逐步取消,两个调整和一项改革"。即取消屠宰税,取消乡镇统筹款,取消教

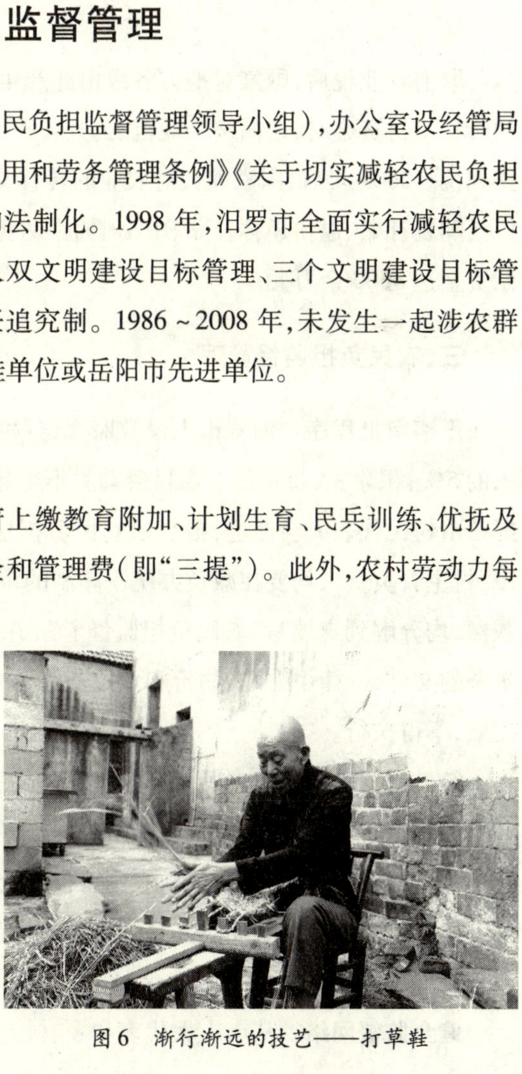

图6　渐行渐远的技艺——打草鞋

育集资等专门面向农民征收的行政事业性收费和政府性基金;逐步减少并全部取消全市统一规定的劳动积累工和义务工;调整农业税政策、调整农业特产税征收办法,规定新农业税税率上限为7%;改革村提留征收和使用方法,以农业税额的20%为上限征收农村附加税,替代原来的村提留(农村税费改革第一步,2001~2004年);取消"五统三提"及"两工",重新核定农业税,实行一事一议、筹资筹劳。

取消"五统三提"后,原由乡统筹费开支的两级九年制义务教育、计划生育、优抚和民兵训练支出,由市乡两级政府通过财政预算予以安排;修建乡村道路所需资金不再固定向农民收取,乡级道路建设资金由乡政府负责安排;村级道路建设资金采取一事一议的方式由村民代表大会民主协商解决;农村医疗事业逐步实行有偿服务,乡镇政府适当补助;中小学危房改造资金由各级财政预算安排。

取消"两工"后,市乡两级政府和部门安排的公路建设、农业综合开发、水利建设等基本建设,按照"谁建设、谁拿钱"的原则进行,一般没有动用农村劳动力;确实动用了的,也坚持自愿有偿的原则。

农村税费改革后,农民负担明显减轻:2001年人均负担88.1元,2002年为78.3元,2003年为56.5元,2004年为41.5元,至2008年为12元。古培、弼时、磊石、三江等部分乡镇全额取消农民负担,达到村村减负、组组减负、户户减负的目标。

农村税费改革第二步(2004~2008年),取消农业税,改暗补为明补。2004年,将税改后的农业税及附加费整体降低3%,并取消农业特产税。2005年,全市取消农业税项目。仅此一项,农民年人均减负68元。

取消农业税后,国家对地方各级由此产生的资金缺口安排转移支付资金。汨罗市在安排岳阳市分配的转移支付资金时,遵循统一规范、公开公正、兼顾负担的三个原则,每年财政均对转移支付资金分项安排到位。2005年后,国家加大对农业的转移支付力度,先后出台粮食直补、良种补贴、农资综合补贴、农机具购置补贴、退耕还林补贴、中小学生"两免一补"等多项惠农补贴政策。2007年,汨罗市各项惠农补贴资金达8000余万元。

三、农民负担监督管理

严格审批程序 汨罗市人民政府规定:村提留、乡统筹以收益年报计算,总额不得超过上年人均纯收入的5%;积累工,每年每个农村劳动力不得超过20个;义务工,每年每个农村劳动力不得超过10个;村提留由村民代表大会通过,报乡镇农民负担监督管理部门审批;乡镇统筹由乡镇人民代表大会通过,乡镇、村主管负责人均要在减负办统一印制的审批表上签字,再报减负办审批备案;凡经批准的统筹项目和数额,均分解到户填写"农民负担监督卡",并按农业部"十不准"的要求进行审核。凡涉及向农民收费、集资的文件,一律由财政、物价和农民负担监督管理部门会签和联合发文;未经会签和联合发文的,一律无效,不得执行。

统一票据管理 市农民负担监督管理部门统一印制统筹提留的专用收据。凡向农村集体经济组织和农民收费,都必须统一使用该往来收据;未使用该收据而向农村集体经济组织和农民收费的,均视为不合理负担,乡、镇政府有权抵制,农民有权拒交。

建立审计制度 定期对乡镇统筹、村提留和涉负部门的收费项目进行专项审计,促进农民负担监督管理制度化、规范化、法制化。

健全监督网络 从市人大代表和乡、村老骨干中聘请一批有一定政策水平、敢于讲真话、原则性强的同志担任市农民负担业务监督员，并颁发农民负担监督员证。

开展专项清理　市直有关收费部门就减轻农民负担问题积极进行自查自纠。对涉负部门的文件清理，由物价局牵头，逐部门、逐单位进行督查。共取消各类收费项目26项，规范收费项目48项，查处违规金额820万元，退还给农民或上缴财政430万元。清查工作完成后，将所有确认的涉农收费项目和标准制成公示牌1200块，保证每个行政村2块以上。

建立农民负担监督卡　减负办将省监察厅、省减负办监制的“农民负担监督卡”发放到各乡镇场，各乡镇场依据市减负办审批的农民承担费用和劳务方案将任务分解填入负担卡，并及时发放到户，农户依卡承担费用和劳务。通过调查和检查，每年减负卡入户率98%。省减负办就汨罗减负卡的发放执行情况给予通报表扬。

处理来信来访　1986～2008年，汨罗市减负办共收到群众和有关领导及部门转发的信件、提案63件。针对信件和提案反映的问题，减负办组织力量认真调查，将调查和处理意见及时反馈。

查处典型案件　1986～2008年，市纪委、市监察局牵头查处的涉及农民负担的案件24起，收审判刑5人，开除党籍3人，撤职免职6人，清退挽回经济损失1313万元。农民负担减轻后，人均纯收入逐年提高，乡、镇、村人平统筹提留占上年纯收入的比例逐年减少，农民负担均未超过上年人均纯收入的5%。

汨罗市(县)1985～2008年农民减负情况统计表

表12－2－51　　单位:万人、万元、元、%

年度	人口	统筹提留	人均纯收入	统提人均	占上年人均纯收入
1985	54	333	336	6.16	–
1986	54	387	383	7.17	2.73
1987	54	358.7	424	6.64	1.73
1988	54	572	450	9.48	2.23
1989	54	915	492	16.9	3.76
1990	54	1103	915	20.42	4.5
1991	54	1406	587.21	27.05	2.95
1992	54	1475	647	17.31	4.65
1993	55	1322	739.7	24	3.3
1994	55	1880	1036	34.18	4.6
1995	55	2475	1296	45	4.3
1996	55	2702	1515	49	3.79
1997	54	3500	1798	64.8	4.28
1998	54	4205	1816	77.87	4.33
1999	54	4152	1872	76	4.23
2000	54	4338	2244	80.3	4.29
2001	54	4054	2524	88.1	3.93
2002	46	3600	2942	78.3	3.11
2003	46	2600	3222	56.5	1.92

续表 12－2－51

年　度	人　口	统 筹 提 留	人均纯收入	统 提 人 均	占上年人均纯收入
2004	46	1909	3411	41.5	1.29
2005	46	1000	3502	21.7	0.64
2006	46	900	3697	19.5	0.56
2007	54.74	–	4272	–	0.41
2008	54.85	658.2	4672	12	0.28

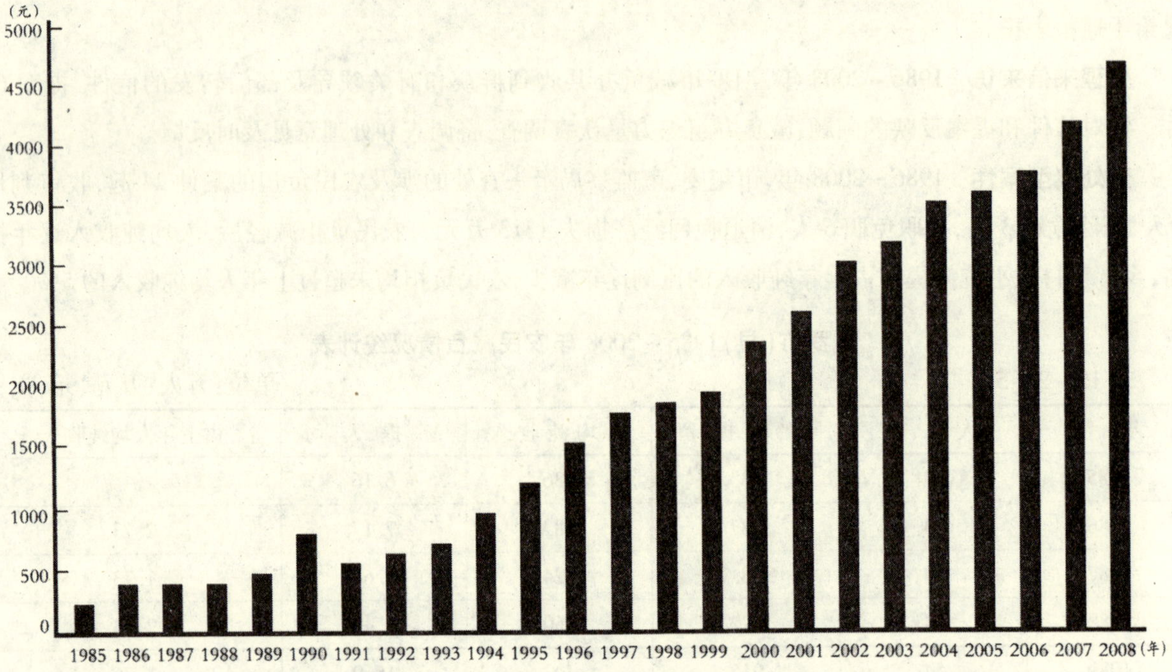

图7　汨罗市(县)1985～2008 年农民人均纯收入年度统计图

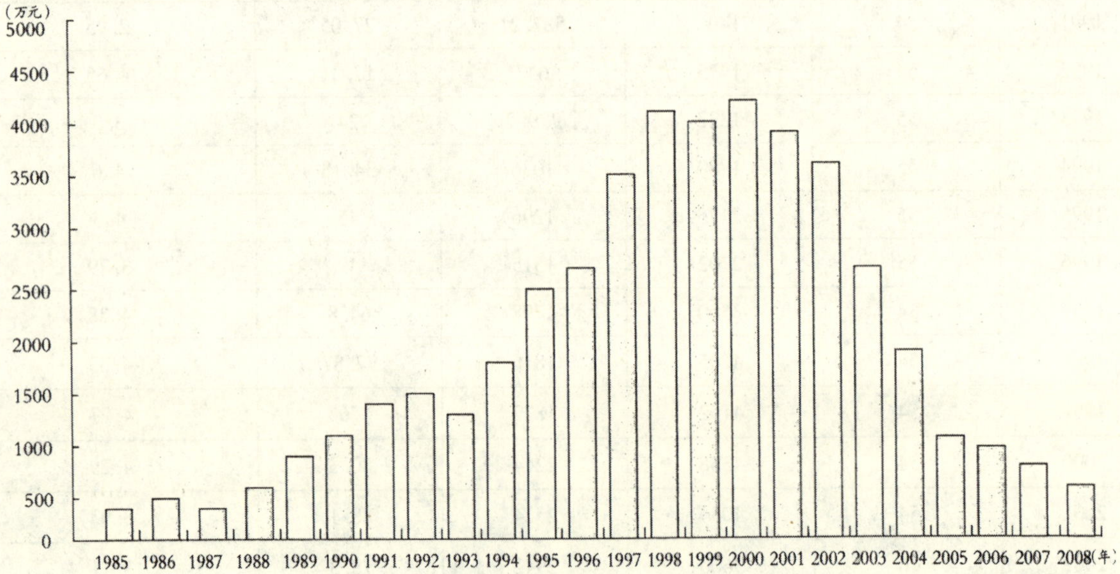

图 8　汨罗市(县)1985～2008 年农民负担年度统计图

第四节　农村合作基金会

1993年3月28日,大荆镇开始农村合作基金会(简称农金会)试点。1997年,具备法人资格的农金会36个,其中汨罗市农村合作基金联合会(简称市联会)1个,乡镇级农金会35个(其中乡级村办7个);村级代办站286个,从业人员456人。市联会下设业务室、4个服务部,共有工作人员24人(含兼职人员)。1999年4月8日,农金会开始关门清理整顿,全市融资总额达1.84亿元,其中会员股金1.4495亿元,代管资金2822万元。融资1000万元以上,有黄柏、白水、弼时3个乡镇;800万~1000万元,有桃林、长乐等4个乡镇;600万~800万元,有川山等5个乡镇;400万~600万元,有楚塘等5个乡镇;其余18个基金会,均在100万元以下。农金会共积累资金549万元,其中公积金52.9万元,公益金58.1万元,实收资本170万元,呆账准备金121万元,坏账准备金98万元,其他资金49万元。总值584.4万元。有19个乡镇农金会新建办公、食宿大楼。

放款　放款额达1.4017亿元,其中农户放款1.0313亿元,占放款额的73.58%;农业服务组织放款807.6万元,占放款额的6.2%;村、乡放款299.36万元,占2.14%;乡镇企业放款578.5万元,占4.13%;其他放款1954.87万元,占13.95%。放款总额中,逾期放款3510万元,占放款总额的25.04%;其中呆账放款618万元,占放款总额的4.41%。

收支　1995~1999年,收入2150万元,支出1860万元,纯利290万元。

税费　共缴纳国家税金157.2万元,其中1997年缴纳52.9万元。联会累计从乡镇农金会收取管理费(业务费)42.8万元,用于会、站人员培训及支付会议、文印、小车、管理人员工资。

考核　联会根据年初下达的经济指标,结合融资规模、实现利润、全年累计投放成本率、费用率、年末放款回收率、缴纳管理费情况、完成联会交办的各项任务、日常工作等情况进行考核,35个乡镇级农金会28家盈利,7家出现亏损。

停业　1999年3月,根据国务院有关整顿农村合作基金会的指示精神,汨罗农金会立即清理整顿、清盘,全面停办一切结算手续,认真搞好清户核资,按照"谁办会,谁了难;谁审批,谁负责;谁担保,谁收回;谁欠债,谁还钱"的原则,积极清收放款,做到"风险自担、责任自负、稳定自保"。市委、市政府成立农村合作基金会临时兑付指挥部,下设纪律督查组、资金调度组、维护稳定组,负责具体兑付工作。从是年10月12日至19日,所有存户统一到农金会、代办站兑付全部存款。

第五节　农民专业经济合作组织

1982年,汨罗县内农民自发组织达67个,1988年发展到332个,1989年为413个,2002年为1309个,2008年为2014个。参与专业合作经济组织的会员3.32万人,共服务农户6.5万户。

共有乡镇级产调公司40家,吸纳股金1360万元。2001年,40家产调公司均盈利,共完成销售收入5000多万元,实现利润1500多万元。农民产调公司的模式如下:

股份制产调公司　种类有:干部股、农民股;国家股、单位法人股、个人股;现金股、固定资产股、技术股、资源股。黄市乡惠民优质农产品开发有限公司注册资金55万元,按每股1000元计算股份数额,国家股 17 万元,计 170 股,占 31%;单位法人股 3000 元,计 3 股,占 1%;干部、个人股 37.7 万元,计 377 股,占 68%。在个人股中,干部入股现金 29.7 万元,84 个农民联户入股 8 万元(其中 4 个农民现金入股 2 万元),农民联户土地作价入股(200 亩土地,每亩按出租使用权作价 300 元)6 万元。

高科技产调公司 林业局牵头创办的林业科技服务有限公司,依靠高科技走林业产业化道路,已争取湖南省绝大部分林木新品种培育权,经营 42 个品种,其中引进三倍体毛白杨 55 万株,占全省引进总数的 86.2%。该品种一年成树,三年成林,五年成材,经济效益相当可观。

项目多样的产调公司 有的经营农业种子和种苗、产品加销售,有的经营花卉苗木,有的经营五金建材,有的经营饮食业服务业等行业。大荆镇是全市组建的第一家股份制产调公司,以高标准蔬菜基地为依托,开展全方位服务。桃林寺镇投资成立农产品综合开发有限公司,下辖江北农林开发有限公司、章志凯联合木器厂、塅中联合木材加工厂、申科联合皮鞋厂、油脂加工厂、双墩粉丝联合加工营运公司、双墩白酒联合购销公司、屠业联合公司 8 个子公司,主要经营木材、粉丝、白酒、鞋类、油脂等产品,先后在广东、深圳、湖北、浙江、上海、江苏等地设立 26 家销售窗口。

龙头企业 以诚信公司为龙头,带动 2 万公顷蔬菜加工与流通;以加华牛业公司为龙头,带动 10 万头菜牛养殖;以伟业公司为龙头,带动生猪生产和加工;以天子家私、湖南现代家具有限公司为龙头,带动竹木加工;以营林纸业公司为龙头,带动 6666.67 公顷速生用材林生产加工。2008 年,农产品加工企业发展到 1284 家。

第六节　农村经济调查

一、统计调查

1978～2008 年,每年以农业年报为主进行一次调查,主要内容包括:农村合作经济组织基本情况,粮食(各种)产量,全年(各业)总收入,(各项)财务收支情况,村级经济组织资金来源、资金占用等情况,汇总后报农牧渔业部。

二、抽样调查

即十户农户调查。1985 年始,每村在收入水平上、中、下和人口、劳动、农业技术上、中、下的农户中抽上等户 3 户、中等户 4 户、下等户 3 户,以各户每天的支出、收入(包括各业收入和其他收入)、产量为依据,计算出农户全年的经济收入。各户记账情况,于每年 12 月 15 日报村委会。村会计根据十户农户的记账情况,取平均数推算全村的各项收入、支出和人均纯收入。

三、固定观察调查

(一)国务院农村固定观察点调查

1984 年,中共中央农村政策研究室在全国农村选择 310 个固定观察点开展农村经济社会典型调查。汨罗县固定观察点定在弼时镇的农科、上任、莲花 3 个村。1985～1986 年,三个村初设记账农户 90 户,进行统一跟踪调查;运行两年后,由于情况相当复杂,记账农户减至 60 户;1993～2001 年,更改为 50 户记账农户。

50户记账农户调查情况：

粮食单产增加。1985年，粮食播种面积30.37公顷，总产18.816万公斤，亩产413公斤。2006年，播种面积15.87公顷，总产98507公斤，亩产414公斤。播种面积减少47.76%，但单产并未减少。

农户收入增加。1986年，人均纯收入398元。2006年，50户农户全年纯收入57.487万元，人均3176元。

外出劳务收入增加。1985年，50户剩余劳力外出劳务收入为7332元，人均27.5元，占纯收入6.9%。2006年，外出劳务收入猛增到31535元，人均1742元，占纯收入的54.9%。

家庭消费增加。据50户农户调查统计：有34户新建楼房，新购彩电51台，添置音响28套、摩托车42台、电话18部、手机44部、洗衣机21台、空调12台、冰箱13台。对此，农民归纳为四句话：土房变楼房，单车换摩托，彩电已普及，通信设备齐。

农民负担减轻。2004年，国家统一发放种粮补贴，亩均27元。2005年，取消农业税及附加费后，人均负担仅20元。2006年，种粮补贴亩均增加至44元；母猪每头补助50元。此外，乱收费、乱摊派行为得到有效遏制。

1984～2008年，根据农村固定观察点调查情况，撰写各类调查材料213篇，其中在国家级刊物上发表5篇，被省级刊物部分采用38篇，被岳阳市经管局采用15篇，被汨罗采用14篇。记账户反映的耕牛越冬问题、学校收费问题、供销社磷肥短斤少两问题、易家湾农药厂分量不足问题、白水生资公司磷肥的问题均得到及时解决，有关重要数据分析和建议，被领导及时采纳。

弼时镇固定观察点先后被中央政研室、国务院农村发展研究中心、农业部评为先进固定观察点，并且每年都被评为全省先进集体。

（二）全国农民负担固定观察点调查

2004年，国务院农民负担监督管理领导小组办公室确定一批县（市）为全国农民负担固定观察点，汨罗属于湖南4个县（市）观察点之一。根据要求，汨罗市确定在弼时镇和白塘乡各选3个村共30个农户为常年跟踪记账的村和农户，每年按上半年和年度两次在电脑网上传递记账报表资料。该项工作开展以来，汨罗连年被评为省观察点先进单位。

汨罗市1990～2008年部分农村经济主要指标统计表

表12－2－54　　单位：万元、元、%

年度	各业总收入	各业总支出	净收入	人均纯收入	农民负担占人均纯收入
1990	65733	36025	29708	915	4.5
1991	93644	55902	37742	587.21	2.95
1992	118692	77376	41398	647	4.65
1993	119022	83654	47249	739.7	3.3
1994	321055	128977	76239	1036	4.6
1995	450349	165789	101300	1296	4.3
1996	718822	625013	93857	1515	3.79
2003	987262	845474	141768	3222	1.92

续表 12 - 2 - 54

年度	各业总收入	各业总支出	净收入	人均纯收入	农民负担占人均纯收入
2004	1001457	841573	159884	3411	1.29
2005	1004680	844652	160028	3502	0.64
2006	1013623	847176	166477	3697	0.56
2007	1129010	942939	186071	4272	0.41
2008	1226901	1017752	209149	4672	0.28

第三章　种植业

汨罗市是个农业县(市),种植业一直是农村经济的支柱产业。全市45.6万亩水田,适宜水稻种植的占70.2%;6800公顷旱地,适宜种植经济作物的占81.8%;丘岗山林地2.07万公顷,可作为耕地与发展经济作物的后备资源。

1978年,汨罗县被定为全国茶叶生产基地县。1989年,被定为全国商品粮基地县(市)、中国南方丘岗旱地玉米示范县(市)、吨粮田开发示范县(市)、无公害西(甜)瓜生产示范基地县(市)。2000年,被定为全省农业和农村现代化建设试点县(市)。至2008年,种植业产值达13.32亿元,比1979年的2.9亿元增加10.42亿元,增长3.59倍。

第一节　粮食作物

一、水稻

汨罗市水稻生产历史悠久,素称"鱼米之乡"。按种植季节分为早稻、晚稻、中稻和一季稻,按米质分为籼稻、粳稻、糯稻、优质稻。早稻品种有六十早、红毛苏、广解9号、60—44、湘矮3号及7号、原丰早、二九青、广陆矮4号、浙辐802等;中稻品种有粒谷、再生稻、长稻谷、红壳糯、万粒籼、胜利籼、重阳糯等;晚稻品种有红米冬粘、百花粘等;按阶段分:1973年前,早、中、晚稻以传统品种为主;1973年后,杂交稻、优质稻占绝对优势。

(一)杂交稻

1974年5月试种。1976～1982年,连种7年,6年增产,1年减产。杂交晚稻年均亩产326公斤,比常规晚稻增产42公斤,增收14.79%。白塘公社种植杂交晚稻南优6号380公顷,亩均485公斤,成为湖南杂交晚稻的高产公社。

1978年前,杂交稻种实行"县繁社制"。1975～1988年,汨罗农技人员8次赴海南、广西、湛江搞冬季繁殖制种,再回汨罗进行春季、秋季制种。1989 年后,实行省提(提纯复壮恢复系)省繁(繁殖不育系)省制(集中连片制种),统一供种。

(二)优质稻

1978 年试种。先后引进的优质稻品种有余赤 231—8、岳农 2 号(粳型),湘晚籼 2 号、3 号、8 号、9 号、11 号、12 号、13 号及嘉优 948,湘早籼 15 号、18 号、31 号、早优 143 等。

20 世纪 90 年代,汨罗市被定为全省十个优质稻生产基地建设重点县市之一。至 2005 年,优质稻种植面积达 3.34 万公顷,占水稻播种面积的 61.2%,面积比上年增加 1.8 万公顷;优质稻万亩示范片 3 个,千亩示范片 21 个。

(三)水稻规范化基地建设

为发展粮食生产,1986 年 8 月,汨罗县商品粮基地建设领导小组成立,组织 23 个乡镇开展 6666.67 公顷早稻和 8000 公顷杂交晚稻大会战,早稻亩均 403 公斤,比 1985 年增产 26.0 公斤。1987 年,红花乡石仑村被定为汨罗县吨粮田开发点;是年,获岳阳市第一名和省吨粮田开发领导小组颁发的"丰收杯"奖。1989 ~ 1990 年,学习河北省保定地区实行小麦生产集团承包的经验,开展粮食生产集团承包;市乡 9410 人参与承包,在白塘、长乐等 10 个乡镇开发吨粮田 1 万公顷,其中 8 个乡镇 6666.67 公顷过吨粮;市乡领导办样板田 1133.33 公顷,开发吨粮田 6000 公顷。1990 年,水稻总产达 34.49 万吨,创历史最高水平。同年冬,引进日本水稻旱育秧稀植栽培技术。1997 年,旱育秧技术在境内普及推广。

二、旱粮作物

主要有薯类、麦类、豆类、玉米、高粱等,推广示范的品种达 96 个。

(一)玉米

分普通玉米、糯玉米、甜玉米等。主要品种有金皇后、马牙齿、苏玉 1 号、联玉 1 号、73 单交、555、临奥 1 号、黑霸王等。1983 年,试种 103.33 公顷,亩产 246 公斤。1995 年,发展到 2266.67 公顷,亩产 383 公斤。同年 7 月 2 日,全国南方八省玉米生产会议代表到火天乡和桃林寺镇参观。农业部领导说:"在汨罗,我们看到了发展南方玉米的希望。"此后,每年玉米种植面积以 666.67 公顷递增。1999 年,纯种面积突破 5333.33 公顷,单产突破 400 公斤。2000 年,玉米种植达 9553.33 公顷,总产达 54200 吨。汨罗江北 9 个乡镇被定为玉米生产基地,形成火天—桃林—新塘 2000 公顷玉米种植带;汨罗江以南有古培—白水玉米种植带。玉米纯种一熟制、玉米旱粮多熟制、经作间种玉米制、稻田玉米栽培制等先进技术得到迅速推广,火天乡熊金枝、范家园镇周佩炎等一批玉米种植典型相继涌现。市农业局在紧凑型玉米栽培技术推广中获 2000 年全国农牧渔业丰收奖三等奖,刘美文、熊耀春、邓学礼被评为"全国先进个人"。

2000 ~ 2008 年,年玉米套种(红薯、蔬菜)面积 2000 公顷左右;品种以临奥 1 号为主。同时,种植鲜食型"黑霸王"黑玉米供应市场。2008 年,境内玉米种植 7200 公顷,亩均单产 495 公斤。

(二)薯类

主要指红薯(俗称苗它)、马铃薯等,为传统旱粮作物。夏红薯,夏种秋收;秋红薯一般留作种用。马铃薯分春、秋两季切块种植。红薯品种有邵阳薯、广安南薯、胜利百号、湘农黄皮、南苕 88、华北 48 等。

20 世纪 70 年代至 80 年代,推广红薯薄膜覆盖温床育苗技术,比常规育苗提早 10 ~ 15 天剪苗,红薯单产明显提高。2000年,科协从衡东县引进工业用薯豫薯868,在桃林寺、古仑、火天等乡镇试种与示范,取得较高效益。2002年,从长沙金薯公司引进湘辐1号10万株在古仑乡盘石村种植,后发展至20多个特色红薯品种。2003年,汨罗市人民政府成立特色红薯生产领导小组及办公室,先后引进创办蓉泰薯类淀粉加工厂、红薯淀粉加工厂,组建汨罗市桃林特色红薯生产加工合作社,编印《特色红薯优质高产栽培技术》,聘请湖南农大教授担任红薯生产加工技术顾问,在屈子祠镇进行春玉米间套红薯示范。2006年,红薯种植面积2453.33公顷。其中,特色红薯种植面积1333.33公顷,单产由1～1.5吨提至2～2.5吨,高产丘块达4吨。特色红薯与鲜食特色红薯蓉泰淀粉制品分别获中国湖南第八届(国际)农博会最受欢迎产品银奖、鲜食红薯金奖、红薯淀粉制品金奖。

(三)其他旱粮作物

麦类。包括小麦、大麦、荞麦,均为零星种植。小麦品种有湘麦10号、11号、绵阳85—1号、友谊麦等;大麦品种有浙皮1号、沪麦6号、早熟3号等。种植方式:一年一熟制和"稻稻麦"三熟制。1993年,境内种植小麦580公顷、大麦53.33公顷、荞麦4.27公顷。2003年,小麦种植110公顷,产量达244吨。

豆类。分四类,种植不多,产量不大。黄豆类:三月黄、六月暴、十月青、黑皮豆、矮脚早、湘春豆、78—141、78—233等;蚕豆类:大粒、小粒、启豆1号;豌豆类:保豌1号;绿豆类:中绿1号。主要栽培方式:套种、间种、点播、移栽等。1980年,豆类种植面积506.67公顷,产量588吨。2008年,豆类种植面积1000公顷,产量2248吨。

高粱。少量种植。主要品种:满天星、晋杂5号、忻杂3号等。20世纪80年代,种植面积约6.67公顷。

第二节　经济作物

汨罗市内有适宜种植经济作物的旱土6800公顷和坡度在15度以内的一类林地2.07万公顷。1978年前,主要经济作物有棉花、土烟、麻类、蚕桑、茶叶、水果等。1990年后,因受国家农作物区域化标准化种植规划限制,棉花、烤烟被调出汨罗市种植计划,余下主要经济作物为西(甜)瓜、蔬菜、水果、茶叶等。2001年后,火天乡、桃林寺镇利用丘岗山地种植金银花及吴茱萸,创造及时春名牌产品,均成为岳阳市级农业产业化龙头企业。

一、茶叶

汨罗市系湖南重点产茶区之一。据《湖南茶事试验刊物之十》载,"产茶以白水为中心,次要为汨罗、南渡及其他山乡各处"。民国8年(1919年),即有茶叶出口至英、俄、美、法等国。主要品种:大叶茶、牛屎茶、柳叶茶、鱼鳞茶、小叶茶、云南大叶茶、福鼎大白、东湘早、江南苦茶、槠尔齐、水仙、湘波绿、长波绿、毛蟹、高桥早等。

1978年,汨罗县、(公)社、(大)队三级茶场325个,面积3893.73公顷;种茶生产队2529个,面积1672.2公顷;茶园总面积5565.93公顷,年产值达3000万元。是年,汨罗县被定为全国百个产茶基地县。

1981年,各社队茶场均实行定权发证,茶园面积为4078.87公顷。1983年,茶叶生产按集体统一承包、合伙承包、大户承包、下放到户等形式承包经营。承包后,由于多数茶场只包上交纯利,不包茶园培管,导致强采不培、丢荒不管、毁茶改种、面积减少、产量下降。特别是1993~1995年,因市场萎缩,承包人退包,致使夏秋茶无人采,茶园无人耕,虫害无人治。至1996年,茶园面积减至1458.8公顷,比1981年减少64.2%;茶叶产量1180吨,比1978年的1750吨减少32.5%。2008年,茶园面积640公顷,产量2656吨。主要茶场有汨罗市茶叶示范场(即国营范家园茶场)、天井乡茶场,两场茶园面积共261.33公顷,"汨罗龙舟"系列名优茶、"天井峰"茶均为湖南省名优产品。

二、油料作物

主要油料作物:油菜、花生、芝麻。

(一)油菜

属传统经济作物,水田、旱土均有种植。主要优良品种:中油821,华双4号,湘油4号、5号、6号,湘杂油7、188、753、631,秦油7号,湘研10号。在栽培技术上,实行"五改",即改白菜型品种为甘蓝型品种,改直播为育苗移栽,改稀丛密植为双株合理密植,改偏施氮肥为氮磷钾合理搭配加施硼肥,改不治虫为防病治虫。

1978年下半年,汨罗县参加湖南省组织的油菜高产单位长沙会战片竞赛。是年,种植油菜8000多公顷,比1977年的3066.67公顷增加1.6倍,其中稻稻油6666.67公顷。1980~1984年,参加岳阳地区区试、省预试,推广种植油菜2666公顷左右。2006年,油菜种植面积2691.73公顷,比1978年减少面积5308.27公顷。2008年,油菜种植面积6460公顷,比2006年增加3768.27公顷。

(二)花生

主要品种:芙蓉、新城早、红梅早、粤油151、红花1号、80—9号等。

汨罗市花生种植起步较晚,面积不大。1985年,红花乡联力村进行花生、晚稻栽培试验,4月播种、8月收,亩产180.5公斤。1993年,全市种植花生266.67公顷,产量442吨。至2006年,种植花生7681亩,产量达1275吨,单产166公斤(此后无统计)。

(三)芝麻

属传统经济作物。主要品种:霸王鞭、中芝8号。1980年,种植4000公顷,总产1388吨。1989年,总产达576吨。1993年,种植芝麻360公顷,总产320吨。2006年,种植芝麻147.07公顷,总产358吨,单产162公斤(此后无统计)。

三、棉、麻、桑蚕

(一)棉花

属于传统经济作物,汨罗江北,尤其是长乐镇一带习惯种植。主要品种:洞庭1号、鄂光棉、湘—70、岱红岱、湘柳棉、埃及棉、32系、沪棉44、鲁棉1号、柯315、湘无74、鄂荆1号、4108等。1980年,种植棉花1713.33公顷,产量1093吨。1993年,种植棉花1196.67公顷,总产1512吨,是年获国家贴息贷款1200万元。1998年9月后,因国家推行农作物区域化标准化种植规划,棉花种植计划调出,相关优惠政策取消,种植面积随之减少,仅原有产棉区农户自种自给。至2008年,棉花种植面积973.33公顷,总产1273吨,总产值2231.2万元。

(二)麻类

分黄红麻、苎麻。苎麻主要用于麻袋、地毯、蟹毯、桌垫编制及丝棉混纺。主要品种:印度长角、广丰长果、园角、黄壳早、白脚麻、鸡骨麻。

汨罗市麻类种植历史悠久,原为农户分散种植,后为集体种植。种植数量、产量随市场变化而反复波动。1978年,黄红麻种植面积38.87公顷。1985年,新扩红麻面积259.13公顷。1986年,麻价下跌,种植面积随之下降。1989年,种植面积仅20公顷。

1983年,苎麻面积徘徊在百亩之间。1984年,因国际市场出现麻纺热,苎麻收购价由每公斤1.8元涨至10元左右,农民种麻积极性陡涨,立即压棉种麻。1987年,苎麻种植面积达1533.33公顷。1988年始,苎麻价格下跌,农民毁麻改种其他经济作物。1989年,只有10多个乡镇栽种苎麻,面积减至200公顷。1999年,麻类种植面积5.8公顷,总产17吨;其中苎麻面积5.13公顷,总产16吨。至2001年,仅苎麻种植面积0.67公顷,总产量2吨。

(三)桑蚕

1977年,川山、黄柏公社有集体桑场2个。1978年,湖南省蚕茧所确定磊石垸为蚕桑基地,从闽浙调入桑苗20万株,并提供湘晖芙蓉、朝霞群芳、苏红东34等蚕种。1983年,植桑面积283.67公顷,桑树达227万株。1989年,有桑园146.67公顷,产蚕茧33.9吨。后因技术、价格等因素,产量下降。1993年,仅磊石垸有桑园9.2公顷,产蚕茧1.5吨。2000年,桑园面积仅存0.73公顷。

四、瓜果

(一)西(甜)瓜

1978年前,零星种植自食。1981年,磊石垸采用草罐营养钵育苗移栽取得成功。1983年,黄柏、红花等地试种无籽西瓜。1984年,大荆农民尝试稻田种植西瓜获成功。冯绪军0.16公顷瓜田,亩均产瓜3223公斤,收入768元。1985年、1988年,推广电热恒温西瓜催芽技术和整套栽培技术。1992年,推广种植优质西瓜与无籽西瓜。水田、旱土共种西瓜2000公顷,其中无籽瓜333.33公顷,西瓜总产5.62万吨,亩均1873公斤,总产值1461万元。与此同时,多次举办西瓜品评会,评选“西瓜状元”,开拓西瓜销售市场,提高西瓜的知名度。汨罗市西瓜生产先后获湖南省、岳阳市科技进步奖5项。21世纪初,开始种植“礼品西瓜”。2002年,汨罗市被定为西(甜)瓜生产基地县(市),“汨丰”牌无公害西瓜通过评审。2006年,西(甜)瓜种植面积12593.33公顷,亩产3106公斤,总产12.08万吨,产值6200多万元。

(二)果类

主要品种:柑橘、梨、桃、梅、李、枣、杏、石榴、枇杷、板栗、葡萄、草莓等。原为零星种植,后推广普及。1978年,各类果园332.87公顷,其中柑橘221.6公顷。1983年11月,发展家庭小橘园5000个,面积200公顷。1985年7月普查,实有各类果树474公顷、34.7万株,人均0.67株。其中,乡村办果场16个,面积126.67公顷;农户种果树5.5万株。是年下半年,红花、古仑、黄柏、沙溪等地引进浙江橘农带资入园承包,树势得到恢复,产量有所上升。1989～1991年,由政府出资,县多种经营办从浏阳、长沙调进大批良种桔苗,分送各乡镇种植。1992年,栽种水果2000公顷,其中集中成片1206.67公顷。21世纪初,农业局在新塘、桃林建立集体梨园3个,面积达66公顷,后又发展桃、李、葡萄3.33公顷。2008年,果园面积650公顷,比1978年增长0.95倍。

五、蔬菜

1978年前，城关镇设蔬菜大队，组织蔬菜生产，定点供应城关居民。1983年，推行"按亩定产、以销定购、粮菜挂钩、分队核算、分户送菜、月终结算"的蔬菜承包责任制，调动菜农的生产积极性，丰富城市居民的菜篮子。1985年后，因城区规模扩大，蔬菜大队面积减少，蔬菜种植区域扩大到城郊、汨罗、红花、新市等近城乡镇，种植品种达30多个。1989年，大荆乡农技干部王安华推广早熟辣椒"湘研一号"获成功。此后，早熟辣椒种植范围扩展至18个乡镇，面积达130多公顷，总产达3500吨，产值210多万元。后来发展迟熟辣椒，延迟到是年12月月底至下年1月上旬上市。随着海南蔬菜进入汨罗市场，迟熟辣椒栽培迅速减少并终止。1991年，市农业局组建集科研、试验、示范、新科技推广于一体的瓜菜种子公司，成功引进短叶13早熟萝卜、之豇系春秋豆豇王、湘研系列辣椒与宁椒5号优良辣椒品种13个，引进韩国春白玉萝卜、台湾美香辣椒等120多个品种，累计调入种子20多吨、价值300多万元。进入21世纪后，蔬菜生产作为产业调整的重点项目，栽培技术逐步走向集约化、标准化、规范化道路。农业发展有限公司放心菜园生产的菠菜、韭菜、芹菜、大白菜、萝卜、豇豆、蕹菜、辣椒、茄子及大白菜、"冯大哥"干菜系列均取得无公害生产认证，并有"原E味"牌的排菜、包菜、蕹菜、小白菜、辣椒、茄子6个品种取得"绿色食品"认证，产品销往省内外大、中城市。2008年，重点发展大白菜、天然野菜、时鲜无公害蔬菜生产。蔬菜种植面积8500公顷，单产1966公斤，总产达25万多公斤。

六、烟草

又称烟叶、菸叶、晒菸。主要产地长乐，其余零星种植，均为自产自销。1977年，收购烟叶52吨。1993年，种植烟叶380公顷，产量291吨。1998年9月，国家推行农作物区域化标准化种植，烟草种植计划调出，烟草种植随之减少。2003年，烟叶种植157公顷，总产283吨。2008年，烟叶种植49公顷，总产112吨。

第三节　植物保护

一、主要病虫害

稻飞虱　1981年前，年均危害晚稻1.12公顷，占晚稻面积的42.5%。其中，1980年达1.99万公顷，危害严重的3000公顷，损失稻谷2800吨。

稻纵卷叶螟　年均危害早晚稻1.28万公顷，占双季稻面积的25.1%，一般卷叶率为8.07%。1980年，发生面积达2.58万公顷，占双季晚稻面积的51.4%。全年损失稻谷1035吨。

三化螟　1979年，早稻受害1.2万公顷，晚稻危害2800公顷，全年损失稻谷2170吨。

纹枯病　1980年，早稻发病7713.33公顷，其中烂秆倒伏1293.33公顷，损失稻谷6950吨。

鼠害　1983年，在汨罗县原种场对鼠害跟踪调查统计：褐家鼠占总数的81%，黄胸鼠占7.2%，黑线姬鼠占7.4%，小家鼠占4.4%。水田旱地鼠的盗洞率45%～65%，夜均百夹鼠率5.67%～6.1%，最多的平均每百亩有害鼠27.3只。早晚稻秧田鼠害面积2066.67公顷,损失种谷135吨;早、晚稻大田鼠害面积1.13万公顷,损失稻谷1683吨,占全年病虫鼠害损失的50.6%。

杂草 1988年6～9月,植保植检站普查统计:境内有杂草68科、121种,其中早稻15科、18种,晚稻田15科、21种,棉地8科、12种,红薯地11科、22种,橘园10科、18种,茶园9科、30种。

二、病虫测报

1981年,预测预报准确率一般在80%以上。测报的主要手段是用煤气灯诱集害虫。21世纪后,采用自动虫情观测灯、孢子捕捉仪、田间小气候观测仪等先进设备,做出防治预报。此外,按时、直接下田调查害虫发育情况,发布防治预报。

2006年,国家优质粮食产业工程投资建立汨罗市农业有害生物预警与控制区域站。

三、综合防治

农业防治 重点是选用抗病品种,合理施肥,科学管水,培育无病壮秧,搞好越冬期间与夏收抢插期间的防治工作。其他作物病虫害的农业防治大同小异。

化学防治 20世纪70年代,70%农村采用有机氯制剂防治害虫。20世纪80年代,该剂被甲胺磷、速灭威、叶蝉散等高效有机磷制剂取代;经济作物,使用呋喃丹颗粒剂防治棉蚜,用敌杀死、速灭杀丁防治茶毛虫、茶尺蠖,用克螨特防治茶叶瘿螨等。1984年,植保站撰写的《科学使用化学农药》的技术资料,对化学防治病虫害起指导作用。20世纪90年代后,甲胺磷、久效磷、甲拌磷、对硫磷、基对硫磷、氧化乐果等高效、高毒、高残留农药禁止使用,高效低毒低残留的有机磷制剂三唑磷、毒死蜱、吡虫啉、氟虫腈等取而代之;1985年,化学除草面积达3400公顷;1986年,化学除草达7900公顷;1989年,水田化学除草面积2.17万公顷。1990～2008年,农田(含旱土)化学除草基本普及。

农田灭鼠 1983年10月,植保植检站在原种场进行试验。1984年春,开展灭鼠活动,出动劳力近20万人,灭鼠83.2万只,是年早稻秧田、本田、晚稻秧田的鼠害面积由1983年的6866.67公顷降至1056公顷,稻谷损失由850吨降至140吨,损失减少83.3%。1986年,春、秋两季灭鼠效果平均为87%,灭鼠180万只,挽回稻谷损失750吨。1988年,开展灭鼠3次。1989年,春、夏、秋三季灭鼠1080万只,早晚稻防治面积1.16万公顷。20世纪90年代后,城区灭鼠工作划归爱卫会管理,农村灭鼠工作仍归植保植检站管理。21世纪后,推广新型灭鼠药剂,同时查处危害人畜安全的"毒鼠强"剧毒药。

其他防治 在蔬菜西瓜生产基地,采用覆盖塑料薄膜、遮阳网、防虫网避雨、遮阳和防虫,减轻病虫害;安装频振式杀虫灯诱蛾和黄板诱杀蚜虫;减少化学农药的施用量,促进无公害食品、绿色食品及有机食品的生产。

第四节 农技推广

一、农技网络建设

20世纪80年代初,以自负盈亏为主的新的四级推广体系(即县农技推广中心、乡镇农技站、大队农技员、生产队农技示范户)产生,以技物结合的形式,搞好经营促推广,搞好服务扩经营。1988年,全部建立健全乡镇农技站。1989年年末,以乡镇农技站站长为主的乡镇农技人员纳入养老保险范畴。2002年始,乡农技站站长工资正式被纳入乡财政预算,乡镇农技站其他技术人员工资在有偿服务和经营服务费中解决。是年,30个乡镇场农技站有干部职工120人,其中技术人员86人;技术有偿服务与经营服务的经营额2900万元,实现经营收入160万元;新建站房等设施面积400平方米,新增固定资产25万元。

二、农业技术培训

20世纪70年代,农业技术培训主要由汨罗县人民政府出面,县农业局具体组织实施,负责编写培训教材与讲授。

20世纪80年代,培训的目标是"五个一"。即一个产业一个样板点,一个村一个农技员,一个组一个示范户,一个户一个明白人,一项技术一张明白纸。省、地种子、农药、化肥企业实行小包装到户到丘,并将说明书印在包装上,使用户一看就懂。

20世纪90年代后,实施绿色证书工程、绿色电波入户工程、跨世纪农民培训工程与阳光培训工程。

绿色证书工程

1992年启动。1993年,汨罗市被定为全省实施绿色证书工程试点县(市),并在大荆镇试点。中共汨罗市委、市人民政府提出的要求是"培训一项技术,扶持一批大户,带动一项产业,致富一方农民",实现培养7000农户、带动12万人的目标。1994年,绿色证书工程扩展至汨罗、古培、高家坊、李家塅、天井、长乐、火天、黄市、桃林9个乡镇,培训3000人以上。1994年,省农业厅在汨罗召开全省实施绿色证书工作现场会。1993年、1994年,汨罗市农业局易益军先后两次参加全国绿色证书工作经验交流会和培训会,被农业部评为农民技术教育先进工作者。1996年,重点扶持7000个种养大户,培训村组骨干、种养加大户5000个,发放绿色证书2000~3000个,村均培养8个农民技术骨干、每个"绿证"学员辐射40~50个农户。至2002年,通过理论考试与实践技能考核,发放绿色证书4980人。

绿色电波入户工程

1992年始,汨罗市电视台开辟绿色电波专栏,每天播放农业信息1分钟,周末播放实用新技术5分钟。市电信局开辟"农业咨询"热线电话,随时解答农民提出的各种生产技术难题。

跨世纪青年农民培训工程

1999年下半年启动,汨罗市被列入全国首批50个试点县(市)之一。至2002年,共培训青年农民3108人;经农业部、财政部、团中央三部委验收,全部达标。

阳光工程

2004年始实施。至2008年,共培训并输送青年农民10500人,其中80%到沿海城镇就业,20%在境内城镇就业。通过阳光工程职业技能培训,大多数人达到初级或中级职业技术水平,实现6个月以上的稳定就业。

第五节　农业行政执法

1994年4月,组建汨罗市法院农业行政法规执行室,行政、人事属于市农业局,业务关系属于市人民法院。2003年1月6日,成立农业行政执法大队。2005年,汨罗市被定为农业部放心农资下乡进村试点县(市)。2006年4月,该室被省依法治农领导小组评为湖南省依法办事文明窗口单位。是年12月,省农业法制工作会议在汨罗市召开,向全省推介汨罗市经验。

一、植物检疫

1984年,汨罗县政府成立农作物病虫害综合防治指挥部。1986年,对调入的17.63万公斤杂交稻种子、180公斤新品种、11万公斤黄豆开出检疫要求书;对调出的4.6万公斤杂交稻种子、6500公斤常规稻种子开出产地检疫证书。2005年5月,豚草防治工作全面启动;7月21日,岳阳市水稻象甲控防工作会议在汨罗召开。通过广泛宣传,分阶段系统防治,统一督查验收,外来生物入侵防治率达80%以上。

二、规范农资市场

1994年至1995年,在30个乡镇场开展农资市场整顿,共查处种子、农药、化肥案件114起,其中种子案件96起;查处非法贩卖、滥制杂交水稻种子7.3万公斤,其中假劣种子2.28万公斤。2002年,对157个种子销售网点、13个蔬菜种子经营网点、36个委托代销点、108个小包装经营网点,逐个进行考察,并全部办理农作物种子经营许可证;共受理各类质量纠纷、民事纠纷20起,为群众挽回经济损失30万元。2004年,进一步加大农业行政执法力度,查处违法农资案件56起,立案23起,为农民挽回经济损失500多万元。开展"毒鼠强"专项整治行动,牵头查处3起非法经营剧毒鼠药案件,完成鼠药经营单位的资料审查工作。2005年,农业部放心农资进村入户工程在汨罗市试点。市农业局建立"四位一体"放心农资进村入户推广体系。汨罗市四级直供体系达600多人,农资连锁经营量占全市需求量的80%以上。是年,抽检肥料样品13个、农药样品21个、种子样品16个,共查处违法违规案件26起,其中立案11起,为农民挽回经济损失2000多元。2008年春、夏两季,开展护农打假行动,全面整治种子、农药、化肥市场,查处涉农案件25起。农产品质量安全检测共抽样786个,集贸市场抽样6500个,合格率为97.1%。

三、农业环境保护

执行《湖南省农业环境保护条例》,开展无公害农产品产地认定、产品认证工作;推行无公害农产品规范化栽培种植,逐步完善三大体系(即无公害农产品标准和生产技术规程、无公害农产品管理体系、无公害农产品质量监测检测体系)建设;成立无公害西甜瓜生产领导小组,制订《汨罗市无公害西甜瓜实施方案》及产品标准与技术规程,申报无公害"汨丰"牌系列西甜瓜品牌,并获全省唯一的无公害西甜瓜标志使用权。2003~2006年,市农业局被省农业厅评为农业环保先进单位。

第四章　林　业

第一节　森林资源

汨罗市属于亚热带常绿阔叶林区，植物资源丰富：蕨类植物共15科、25种，裸子植物有7科、13种，被子植物有94科、383种，其中有实用推广价值的达180余种。

森林植物以乔、灌木为主，人工林占74.2%，天然林占25.8%。乡土树种和引种栽培的珍稀树种79科、425种，其中属于国家和省级保护的珍稀树种11种。山区以杉木、楠竹、马尾松和天然阔叶混交林及次生灌木林为主，丘陵以国外松、马尾松、速阔和茶叶、油茶、板栗、柑橘等经果林为主，平原与湖区以意杨、三杉、苏柳和107杨等速生用材林树种为主。

林地　土地改革前，湘阴县（今汨罗市）地主、富农和寺庙占林地70%左右。土地改革后，大片山林由区乡代管，小片林地分给农户，由县人民政府随同耕地一并颁发土地证。1958年，所有林地归公社所有。20世纪80年代，贯彻国家有关山林权属的文件，全面“三定”，稳定林权，发展林业生产。至1993年，全市山林面积为58333公顷。

2004年，全市土地总面积153050公顷，林业用地57846公顷，占37.8%。有林地44215.6公顷，占林业用地面积的76.4%；灌木林地5460.9公顷，占9.4%；疏林地1308.4公顷，占2.3%；未成林造林地4390.3公顷，占7.6%；苗圃地73.1公顷，占0.1%；无立木林地1035.3公顷，占1.8%；辅助生产林地3.4公顷，占0.1%；宜林地1359.0公顷，占2.3%。

2008年，林业用地面积64963.9公顷，占土地总面积的42.45%。有林地面积50876公顷，占林业用地面积的78.31%；疏林地面积824.8公顷，占林业用地面积的1.27%；灌木林面积3865.4公顷，占林业用地面积5.95%；未成林造林地面积5135公顷，占林业用地面积的7.91%；无立木林地面积1825公顷，占林业用地面积的2.81%；苗圃地面积57.5公顷，占林业用地面积的0.09%；宜林地面积2377.9公顷，占林业用地面积的3.66%。

树种　汨罗市属于亚热带常绿阔叶林区，植物资源十分丰富。1965年至1981年，以杉树为主，国外松为辅。1974年，桃林林场建立林木良种基地。1981年，始有苗木专业户。1985年，达600户，产苗1200多万株，育苗以国外松为主。20世纪90年代，以楠竹、马尾松、刺槐、油茶、油桐、油橄榄、乌桕、国外松等树种为主。

2004年，森林资源二类调查数据显示，全市蕨类植物共15科、25种，裸子植物有7科、13种，被子植物有94科、383种，有实用推广价值的达180余种，属国家保护的有水杉、银杏、杜仲等。有乡土树种和引种栽培的珍稀树种79科、425种，其中属于国家和省级保护的珍稀树种有水杉、伯乐树、鹅掌楸、香果树、杜仲、银杏、水松、厚朴、银鹊树、桢楠和山拐枣等11种。山区树种分布以杉木、楠竹、马尾松和天然阔叶混交林及次生灌木林为主；丘陵区树种分布以国外松、马尾松、速阔和茶叶、油茶、板栗、柑橘等经果林为主；平湖区树种分布以意杨、三杉、苏柳和107杨等速生用材林树种为主。可转让的立木资源22000公顷,其中马尾松16666.66公顷,国外松8666.66公顷,杉木3333.33公顷,杨树333.33公顷。

附　古树名木

至2008年,25个乡镇有古树名木168株,其中百年以上124株,300年以上的44株。古树较多的乡镇:高家坊镇8株,八景乡及屈子祠镇各11株,智峰乡15株,弼时镇18株,大荆镇36株。

最大胸径是红花乡联胜村古角神樟树,胸径1.75米,高22.5米,蓄积19.7立方米。

最古老的桂花树有4株:范家园乡金山村程家冲金桂、银桂各1株,程氏谱牒记载为明万历四十一年(1613年)植,树龄达440余年;屈子祠内两株桂花树,已有200余年树龄。

珍贵树种为银杏。李家塅镇西隐居山、沙溪镇飘峰山、高家坊镇凤形山各存1株。

主要用材树种有杉木、国外松、毛竹、马尾松、杨树等,其中杉木6533.33公顷,国外松12933.33公顷,毛竹3400公顷,马尾松22866.66公顷,杨树1000公顷。

经济树种有茶树、油茶、油桐、棕榈等。

食用树种有柑橘、桃、梨、李、猕猴桃、枣、石榴等。

野生药用树种有马尾松、侧柏、铁红莲、紫玉兰、厚朴、杜仲、八角、茴香、五味子、栀子等。

化工原料树种有板栗、核桃、枫杨、杨梅等。

农用树种有苦楝、银杏、雷公藤、闹羊花、山乌柏等。

观赏树种有樟树、雪松、枫香、广玉兰、桂花树、梅树、木芙蓉、常春藤、金银花等。

林种　1975年,全市造林5844.66公顷,其中用材林4906.66公顷,经济林380公顷,防护林146.66公顷,其他413.33公顷。1980年,全市造林1593.33公顷,其中用材林1000公顷,经济林593.33公顷。1985年,全市造林5846.66公顷,其中用材林4946.66公顷,经济林780公顷。1989年,全市造林1786.66公顷,其中用材林1386.66公顷。1993年,无新造林面积,只有残林改造。

2004年,全市有乔木林总面积40825.5公顷,占全市林业用地总面积的70.6%。用材林面积27967.6公顷,经济林面积3063公顷,生态公益林(地)总面积20072公顷(包括长防林和退耕还林的生态林),国家重点防护林和特种用途林总面积14647.1公顷。

2008年,全市有林业用地面积64963.9公顷,有林地面积53522.2公顷。其中乔木林面积47316.1公顷,竹林地面积3559.9公顷,灌木林经济林地面积2646.2公顷。经济林面积2655.9公顷,其中果树林面积335.1公顷,食用原料林面积2269.1公顷,林化工业原料林面积31.4公顷,药用林面积20.3公顷。公益林(地)面积19102.8公顷,其中国家重点公益林面积16068.7公顷,省级公益林面积2866.7公顷。

林木蓄积　20世纪80年代,先后建立人工林基地8个。1993年,境内人工造林共92420公顷。

20世纪末,先后实施世行贷款造林、长防工程造林、兴林抑螺工程造林、退耕还林工程造林和高效林业开发及岳纸造林六大工程项目,改造马尾松、杉木、油茶、茶叶等低产林和疏林,营造国外松、意杨、楠竹、桤木、107杨和板栗等速生丰产林,良种油茶等经果林共计1.3万公顷。

至2004年,全市活立木总蓄积量1640876立方米。2008年,活立木总蓄积2036826立方米,楠竹总立竹株数1015.44万株,活立木总生长量139665立方米。

汨罗市2008年林种统计表

表12-4-55

单位：公顷、百株、立方米

林种	亚林种	总面积	活立木总蓄积量	有林地																		疏林		灌木林		
				合计		乔木林地												竹林				面积	蓄积	小计	国家规定灌木林	其他灌木林
						小计		幼龄林		中龄林		近熟林		成熟林		过熟林										
				面积	蓄积	面积	蓄积	面积	蓄积	面积	蓄积	面积	蓄积	面积	蓄积	面积	蓄积	面积	株数	毛竹	杂竹			面积	面积	面积
	-	55100.5	1818479	50410.3	1802907	46850.4	1802907	10033.2	31625	21084.8	978111	12834.8	629575	2818.2	156815	79.4	6781	3559.9	101544	101544	-	824.8	14607	3865.4	3380.3	485.1
	水源涵养林	10210.9	502912	9910.5	500981	9623.0	500981	1059.6	7153	3236.0	210670	3968.8	204544	1346.5	77933	12.1	681	287.5	8598	8598	-	70.0	1050	230.4	153.8	76.6
	水土保持林	4940.1	95455	4386.4	94608	2859.3	94608	553.5	6094	1558.9	55289	639.2	23414	71.8	5714	35.9	4097	1527.1	40963	40963	-	72.9	847	480.8	425.4	55.4
	护岸林	0.8	95	0.8	95	0.8	95	-	-	-	-	0.8	95	-	-	-	-	-	-	-	-	-	-	-	-	-
	护路林	1337.6	45129	1218.7	44505	1212.2	44505	201.2	371	599.7	21763	383.9	20709	26.3	1628	1.1	34	6.5	102	-	102	33.5	624	85.4	77.0	8.4
	其他防护林	3.3	-	-	-	-	-	-	-	-	-	-	-	-	-	-	-	-	-	-	-	-	-	3.3		3.3
	实验林	44.7	2856	44.7	2856	43.9	2856	4.2	11	3.6	209	36.1	2636	-	-	-	-	0.8	44	44	-	-	-	-	-	-
	母树林	81.7	3814	81.7	3814	81.7	3814	-	-	16.9	-	-	-	64.8	3814	-	-	-	-	-	-	-	-	-	-	-
	环境保护林	1.3	-	1.3	-	1.3		1.3	-	-	-	-	-	-	-	-	-	-	-	-	-	-	-	-	-	
	风景林	197.8	5469	191.4	5361	170.9	5361	16.0	80	94.8	2839	60.1	2442	-	-	-	-	20.5	156	156		3.6	78	2.8	2.8	-
	短轮伐用材林	322.5	13036	322.5	13036	311.2	13036	171.0	6557	140.2	6479	-	-	-	-	-	-	11.3	369	369	-	-	-	-	-	-
	速生丰产用材林	3777.9	125	3777.9	125	3777.2	125	3761.6	67	15.6	58	-	-	-	-	-	-	0.7	14	14	-	-	-	-	-	-
	一般用材林	30757.8	1144805	30084.7	1132785	28379.2	1132785	3952.2	11163	15342.0	676192	7745.9	375735	1308.8	67726	30.3	1969	1705.5	51298	51298	-	644.8	12008	28.3	6.8	21.5
	薪炭林	761.8	4464	383.3	4464	383.3	4464	312.6	129	70.7	4335	-	-	-	-	-	-	-	-	-	-	-	-	378.5	58.6	319.9
	经济林	5.5	-	-	-	-	-	-	-	-	-	-	-	-	-	-	-	-	-	-	-	-	-	-	5.5	5.5
	果树林	335.1	-	-	-	-	-	-	-	-	-	-	-	-	-	-	-	-	-	-	-	-	-	-	335.1	335.1
	食用原料林	2263.6	1	-	-	-	-	-	-	-	-	-	-	-	-	-	-	-	-	-	-	-	-	2263.6	2263.6	-
	林化工业原料体	31.4	-	-	-	-	-	-	-	-	-	-	-	-	-	-	-	-	-	-	-	-	-	31.4	31.4	-
	药用林	20.3	-	-	-	-	-	-	-	-	-	-	-	-	-	-	-	-	-	-	-	-	-	20.3	20.3	-
防护林	-	16492.7	643591	15516.4	640189	13695.3	640189	1814.3	13618	5394.6	287722	4992.7	248762	1444.6	85275	49.1	4812	1821.1	49663	49663		176.4	2521	799.9	656.2	143.7
	水源涵养林	10210.9	502912	9910.5	500981	9623.0	500981	1059.6	7153	3236.0	210670	3968.8	204544	1346.5	77933	12.1	681	287.5	8598	8598	-	70.0	1050	230.4	153.8	76.6
	水土保持林	4940.1	95455	4386.4	94608	2859.3	94608	553.5	6094	1558.9	55289	639.2	23414	71.8	5714	35.9	4097	1527.1	40963	40963	-	72.9	847	480.8	425.4	55.4
	护岸林	0.8	95	0.8	95	0.8	95					0.8	95	-	-	-	-	-	-	-	-	-	-	-	-	-
	护路林	1337.6	45129	1218.7	44505	1212.2	44505	201.2	371	599.7	21763	383.9	20709	26.3	1628	1.1	34	6.5	102	102	-	33.5	624	85.4	77.0	8.4
	其他防护林	3.3	-	-	-	-	-	-	-	-	-	-	-	-	-	-	-	-	-	-	-	-	-	3.3	-	3.3
特种用材林	-	325.5	12139	319.1	12031	297.8	12031	21.5	91	115.3	3048	96.2	5078	64.8	3814	-	-	21.3	200	200	-	3.6	78	2.8	2.8	-

续表 12－4－55

林种	亚林种	总面积	活立木总蓄积量	有林地 合计 面积	合计 蓄积	乔木林地 小计 面积	小计 蓄积	幼龄林 面积	幼龄林 蓄积	中龄林 面积	中龄林 蓄积	近熟林 面积	近熟林 蓄积	成熟林 面积	成熟林 蓄积	过熟林 面积	过熟林 蓄积	竹林 面积	竹林 株数	竹林 毛竹	竹林 杂竹	疏林 面积	疏林 蓄积	灌木林 小计 面积	国家规定灌木林 面积	其他灌木林 面积
	实验林	44.7	2856	44.7	2856	43.9	2856	4.2	11	3.6	209	36.1	2636	–	–	–	–	0.8	44	44	–	–	–	–	–	–
	母树林	81.7	3814	81.7	3814	81.7	3814	–	–	16.9	–	–	–	64.8	3814	–	–	–	–	–	–	–	–	–	–	
	环境保护林	1.3	–	1.3	–	1.3	–	1.3	–	–	–	–	–	–	–	–	–	–	–	–	–	–	–	–	–	–
	风景林	197.8	5469	191.4	5361	170.9	5361	16.0	80	94.8	2839	60.1	2442	–	–	–		20.5	156	156	–	3.6	78	2.8	2.8	–
用材林	–	34858.2	1157966	34185.1	1145946	32467.6	1145946	7884.8	17787	15497.8	682729	7745.9	375735	1308.8	67726	30.3	1969	1717.5	51681	51681	–	644.8	12008	28.3	6.8	21.5
	短轮伐用材林	322.5	13036	322.5	13036	311.2	13036	171.0	6557	140.2	6479	–	–	–	–	–	–	11.3	369	369	–	–	–	–	–	–
	速生丰产用材林	3777.9	125	3777.9	125	3777.2	125	3761.6	67	15.6	58	–	–	–	–	–	–	0.7	14	14	–	–	–	–	–	–
	一般用材林	30757.8	1144805	30084.7	1132785	28379.2	1132785	3952.2	11163	15342.0	676192	7745.9	375735	1308.8	67726	30.3	1969	1705.5	51298	51298	–	644.8	12008	28.3	6.8	21.5
薪炭林	–	761.8	4464	383.3	4464	383.3	4464	312.6	129	70.7	4335	–	–	–	–	–	–	–	–	–	–	–	–	378.5	58.6	319.9
	薪炭林	761.8	4464	383.3	4464	383.3	4464	312.6	129	70.7	4335	–	–	–	–	–	–	–	–	–	–	–	–	378.5	58.6	319.9
经济林	–	2655.9	1	–	–	–	–	–	–	–	–	–	–	–	–	–	–	–	–	–	–	–	–	2655.9	2655.9	–
	经济林	5.5	–	–	–	–	–	–	–	–	–	–	–	–	–	–	–	–	–	–	–	–	–	5.5	5.5	–
	果树林	335.1	–	–	–	–	–	–	–	–	–	–	–	–	–	–	–	–	–	–	–	–	–	335.1	335.1	–
	食用原料林	2263.6	1	–	–	–	–	–	–	–	–	–	–	–	–	–	–	–	–	–	–	–	–	2263.6	2263.6	–
	林化工业原料体	31.4	–	–	–	–	–	–	–	–	–	–	–	–	–	–	–	–	–	–	–	–	–	31.4	31.4	–
	药用林	20.3	–	–	–	–	–	–	–	–	–	–	–	–	–	–	–	–	–	–	–	–	–	20.3	20.3	–

汨罗市2008年各类森林、林木面积蓄积统计表

表 12－4－56

单位：公顷、立方米、百株、%

林木使用权	活立木总蓄积量	有林地 面积合计	乔木林地 小计 面积	小计 蓄积	纯林 面积	纯林 蓄积	混交林 面积	混交林 蓄积	竹林 面积	竹林 株数	疏林 面积	疏林 蓄积	四旁树 株数	四旁树 蓄积	散生木 株数	散生木 蓄积
	2036826	50876.0	47316.1	1802907	39492.9	1478679	7823.2	324228	3559.9	101544	824.8	14607	54109	207249	–	12063
国有	60135	1085.0	1025.8	59895	909.8	53823	116.0	6072	59.2	1740	0.4	6	29.0	153	–	81
集体	639364	14319.3	14030.2	634825	9919.1	466945	4111.1	167880	289.1	9800	115.6	2942	121.0	636	–	961
个人	1336562	35210.3	31998.7	1107422	28421.6	957233	3577.1	150189	3211.6	90004	708.8	11659	53959	206460	–	11021
其他	765	261.4	261.4	765	242.4	678	19.0	87	–	–	–	–	–	–	–	–

第二节　林政管理

一、林地管理

2001年，汨罗市林业局增设林地管理股。2007年，审核征用林地7宗，面积8公顷，收取森林植被恢复费35.53万元；审核武广铁路客运专线占用林地63宗，面积53公顷，应收植被费117.865万元，已收98.165万元；批准临时用地9宗，面积1.67公顷，收取恢复费6.25万元。至2008年，全市办理征、占用林地审核手续57起，征用林地面积194.6公顷，征收森林植被恢复费515.7万元，征占用林业审核率由2000年的59.0%上升到95.6%以上。

二、资源管理

2001年，成立汨罗市林业科技示范园，2006年12月，通过省林业厅专家评审，成为全省第一家省级科技示范园。同年，该园已建成面积316.67公顷，累计开展科研项目36项，引进林木新品种42个。2007年，完成国家重点公益林数据库的录制和省级公益林区界划定工作。同时，引进和开展试验项目12个，建造示范基地136.6公顷，培育优良苗木1.06公顷，产苗31.3万株，并投资100多万元建茶林休闲基地。2008年，培育油茶优良无系嫁接苗100万株、金银花组培苗20000株，推广油茶低改和造林666.67公顷，开展楠竹低改和扩鞭培育133公顷，推广金银花种植80公顷，引进林木新品种3个，拓展园区面积13.3公顷。

三、林政执法

每年根据林业工作部署，重点宣传《中华人民共和国森林法》《森林法实施条例》《湖南省林业条例》和新《中华人民共和国刑法》中对林地保护的有关法律条文，提高市民对林业“三大”效益的认识，形成爱林、护林、依法治林的良好氛围。

在各重点林区建立护林网络，查处盗伐、滥伐林木违法行为，并动员社会监督，实行举报有奖。开展有针对性的上路检查，对无证运输木材的违法人员严肃查处，坚持把好“限额采伐”“木材运输”“木材市场管理”三关。1989～2008年，共查处各类林业行政案件2848起，其中盗伐、滥伐、收购无证木材、无证运输木材的林业行政案件2400起，非法收购野生动物案件100起，非法占有林地案件40起，林业刑事案件308起；治安拘留179人，刑事拘留174人，逮捕83人，判刑44人；为国家挽回经济损失714万元。

2006年始，林政专管员进驻竹木加工企业，加强竹木经营及加工市场管理，实行原材料及其制品进出仓台账登记管理制度。至2008年，竹木加工企业达114家，其中取缔乱收乱购、非法加工企业31家。

四、森林防火

1981年10月下旬，汨罗县、社两级均成立森林防火指挥部。汨罗县成立森林火灾快速反应扑救队,有队员60人,配备森林防火专用指挥车1台,风力灭火机4台。汨罗县人武部成立森林火灾民兵应急分队,及时处理重特大森林火灾。各社镇、大队成立森林火灾扑救队伍,每支队伍由30～40人组成,并配备砍刀、手电、水壶等工具。推行领导包干责任制,加强对重点对象、重点时间、重点地段、重点林区的看守,特别是对痴、呆、傻、精神病人及小孩的监管。护林防火人员坚持巡山,管住火源。森林公安部门在重点林区、重点部位铺设防火林带40公里。1998年,成立汨罗市公安局森林分局,设立森林防火指挥部和办公室,建立市、乡、村三级护林防火网络,配备专(兼)职护林人员,形成森林资源管理体系。

2005～2008年,共抓获涉火肇事者151人,其中治安拘留39人,刑事拘留49人,逮捕33人,判处有期徒刑30人。

2004～2007年,汨罗市森林防火办均被评为全国森林防火工作先进单位。

第三节　造林绿化

一、采种

1974年,建桃林林场湿地松种子园。1989年,首次采种175公斤;2001年,采种3000公斤;2006年,采种6000公斤。采集的种子,除省种苗站保价收购外,还能满足汨罗市内造林育苗需要。

二、育苗

1978～1985年,有育苗专业户600户,育苗面积占总数的53%;累计产苗1200多万株,占总产苗量的59%。1985～2008年,育苗以国外松为主,杉木为辅;累计培育各类苗木8800万株,为境内世行工程造林、长防工程造林、退耕还林工程造林提供种苗保障。

三、造林

“四旁”植树　1978～2006年,累计“四旁”(即村旁、宅旁、路旁、水旁)植树3762万株,折合面积21033.33公顷。到2008年年底,基本完成“四旁”绿化任务。

大面造林　1978～1987年,累计造林2.06万公顷,投入资金500多万元,投工360万个。1988～2008年,面上造林累计7866.67公顷。其中,1995～1998年,发展庭院高效林业时营造各类经果林3330公顷,受益农户3万多户。2001年,汨罗市被国家林业局授予“全国经济林建设先进县(市)”称号。

工程造林　主要有世行贷款造林,兴林抑螺造林,退耕还林工程造林,长防林工程造林。1991年,开始借用世行贷款造林,建设期限为4年;至1994年,累计世行造林2570公顷,投资327.25万元。1996年,开展兴林抑螺造林始,建设期限为6年;至2008年,累计抑螺造林2733.33公顷,争取各级投资165.3万元。退耕还林工程造林始于2002年。至2008年,累计完成国家计划1.25万公顷。争取国家投资8871万元,受益农户21667户,受益人口17.6683万人。1999年,实施长防林工程;至2004年,累计人工造林1366.67公顷,国家投资186万元。

四、封山育林

1978～1998年，封山育林面积3.33万公顷，占林地面积的57.75%。1999～2008年，新增封山育林面积1640公顷。

第四节　森林保护

一、森林植物检疫

1981年，汨罗县内有害虫384种，病害37种，主要病虫12种。1985年，县林业局森保站配备专职检疫员，购置仪器设备，负责森林植物检疫。至2008年，除外来入侵生物豚草、空心莲子草等外，没有发现其他检疫病害。

二、病虫害防治

化学防治　1982年前，采用六六六、滴滴涕（DDT）等药物治杀。1982～1993年，人工施药3.42万公顷。1983年、1989年，分别发生松毛虫危害3.16万公顷和3.33万公顷，有虫株率达85%～100%，虫口密度每株40～350条，松林成片枯死。为此，飞机两年喷洒晶体敌百虫1.25吨、溴氧菊酯1236公斤，防治效果达90%～98.9%。1985～1989年，玉池乡发生竹蝗330公顷，用尿粉合剂锈杀，效果为30%～85%。1990年后，松毛虫危害程度逐年下降，呈小面积发生，用药物溴氰菊酯喷杀，效果达98%。

生物防治　1982年，红花、黄市公社施放白僵菌293.33公顷。下年，在桃林林场及邻县施放白僵菌泡12700个，撒粉剂5吨。1983～1989年，使用赤眼蜂卡5938张，防治1606.7公顷，平均寄生率达35%～77%。1990年后，每年从郴州市安仁县林科所调进白僵菌2吨，分发使用，防治效果较好。2007年，使用白僵菌、赤眼蜂等生物农药防治松毛虫，采用生物、仿生制剂、人工物理方法防治杨树病虫，均收到较好效果。是年，汨罗被省林业厅列为杨树无公害防控示范县（市）。

人工捕杀　1979～1987年，黄市、新市、范家园乡发动群众摘除松毛虫茧卵面积113.33公顷。2006年，市农委、市农业局组织107国道沿线乡、镇群众铲除豚草，消灭外来入侵生物。

综合防治　1981年，潇湘电影制片厂在汨罗县拍摄科教片《杉天牛和它的天敌》。1985年，桃林林场场长邵立超负责的"粗鞘双条杉天牛发生发展和防治技术"科研课题通过国家级技术鉴定。1986年，该项目获省科技成果四等奖。

1984～1985年，在汨罗江北岗地直播栎类树种165吨，折合造林3000公顷。同时，统一封山育林，以利森林害虫天敌繁衍。1986～1987年，在纯松树林内补植10多个品种的阔叶树苗85.5万株，直播刺槐种500公斤。2000年，引进四川桤木、台湾桤木、邓恩桉等阔叶树种，形成针阔混交林，逐步改良生态环境，对抑制松毛虫害及防治其他病害起到一定作用。

第五节　林业科技

1973年5月，在桃林林场成立县林业科学研究所。1993年12月，市林业科技推广站成立。1997年，全市29个乡镇场成立乡镇林业科技推广站,与林业站合署办公,一个机构、两块牌子。2001年9月,在红花乡境内筹建汨罗市林业科技示范园。2003年1月,市林业科学研究所从桃林迁至红花与其合署办公。2006年12月,林业科技示范园被评为全省第一家省级林业科技示范园。

引进优良树种 2000年,引进三倍体毛白杨。2001年,开始造林试验,因气候不合、病虫害多、不耐干旱等原因,试验没有成功。同年,引进台湾桤木。下年,在红花、八景等地造林试验。该树种耐干旱,生长快,4龄树胸径20厘米,树高15米。2002年,在营田河滩上造苏柳2.67公顷。至2005年,其成活率达85%,平均胸径16厘米,树高13米。2002年,引进速生丰产林品种赤桉、邓恩桉、柳桉,在林业科技园造林2公顷。2003年冬,赤桉全部冻死,邓恩桉和柳桉生长良好。到2006年,邓恩桉平均胸径16.8厘米,树高14米。2006年,在黄市乡营造40亩桉种源试验树林,引进桉树品系62个;林业科技园引进杨树转基因品种32个,年底育苗试验获得成功,苗高4.1米,胸径2.4厘米。2007年春,在磊石乡造林2.67公顷,以此试验适合境内湖州造林丰产树种。

林业科技示范园 位于红花乡境内,规划面积666.67公顷,分园林绿化苗木区、引种栽培试验区、林木良种繁育区、高效林业示范区、植物园区、科技辐射区六个大区。至2008年,园区面积达290公顷,其中林木良种繁育区面积68公顷,林木新品种试验区面积85.33公顷,林木新品种栽培示范区面积136.67公顷。1999~2006年,中国林科院、北京林大、省林科院等在该园开展36项科研试验,试验树种282种,试验面积达57.2公顷,项目负责人100人次,引进林木新品种42个。初步筛选出适宜境内栽植的高产高效林木新品种有台湾桤木、杨树优良品系、苏柳、邓恩桉等。科技示范园先后引进林业工程项目2个,推广新品种造林2660公顷。

第六节 林业经营

1978年后,汨罗县林产品业初步形成“山上办基地,山下搞加工,山外建市场”的新格局。至2008年,竹木制品200多种,林产品企业150家,规模林产品加工企业12家,年产值1000万元以上的6家,林产品总产值达4232.1万元。

汨罗市2008年林产品加工企业统计表

表12-4-57

产品	规格、性能及用途	生产单位	地址	负责人
宾馆办公系列	宾馆办公用	现代家具装饰公司	新市镇	杨文辉
宾馆家具	宾馆、民用	超世家具装饰公司	黄柏镇团山村	陈森林
家具、办公	办公、民用	金天家具厂	弼时镇	欧昆金
松木胶合板	建筑用	兴达胶合板厂	李家塅镇	丁保雄
宾馆办公	宾馆办公用	湖南省天子家具厂	李家塅镇	陈俊贤
宾馆办公	宾馆办公用	华雅家具公司	黄柏镇	苏文胜
宾馆	宾馆用	光明家具有限公司	黄柏镇	陆　明
竹胶板	建筑用	星晨竹木胶板有限公司	智峰乡双春村	于　建

表 12－4－57

产品	规格、性能及用途	生产单位	地址	负责人
木椅沙发	民用	天江木椅厂	大荆镇	邓勇军
办公、家具	民用、办公用	名洋家具厂	李家塅镇	刘铁军
刨花板	装饰、家具用	宏达木业	白水镇	余山林
胶合板	建筑用	鹏成胶合板厂	黄市乡	黎　志

附　企业简介

湖南省天子家具厂　1985 年创建，有近 1 万平方米的产品展销场所和 4.6 万平方米的生产区域，是一家专门生产高档木制、雕刻、真皮、布艺家具的大型制造企业。其“天子山”牌系列家具在 20 世纪 90 年代曾获全国家具工业博览会金奖、湖南省家具产品质量评比第一名、湖南省乡镇企业科技产品博览会金质奖、消费者信得过绿色消费品等，并通过Ⅰ型环境标志产品认证。2004 年，“天子山”牌商标再次被定为湖南省著名商标。该厂被评为湖南省重合同守信用企业、中国农业银行湖南省分行 AAA 级信用单位、湖南省家具行业第一强。

光明家具有限公司　1993 年成立，系全省 500 强民营企业，省、市明星企业、十佳企业、依法纳税突出贡献奖企业。厂区占地面积 2.53 公顷，有 1.5 万平方米的标准生产车间和 3800 平方米的家具展销大楼，固定资产总值达 3000 万元。主要生产各种高档客房家具、办公家具、娱乐餐饮家具和民用家具。2003 年，公司总经理陆明当选为省人大代表，并被评为湖南省优秀乡镇企业家。

现代家具装饰公司　1988 年创建，占地面积近 2 万平方米，建筑面积 2.6 万平方米；自有资产 4460 万元，其中固定资产 2055 万元。拥有实木、板式、软体、真皮家具和油漆喷涂 5 条生产线，主要生产办公家具、宾馆酒店家具、民用家具，年生产能力 3500 多万元。产品均通过 ISO 9001 国际质量管理体系认证和 ISO 4001 环境管理体系认证。该厂被评为明星企业、明星私营企业、纳税先进企业、产业化龙头企业，荣获省消费者信得过产品、绿色环保产品、无公害产品称号。

第七节　退耕还林

2002 年始，汨罗市实施退耕还林工程。至 2008 年，累计完成国家计划 1.26 万公顷，其中退耕造林 5266.67 公顷，还草 78.15 公顷，封山育林 400 公顷，配套荒山造林 6866.66 公顷。

自 2002 年以来，全市 35 个乡镇场、382 个村、3900 多个村民小组实施退耕还林工程。至 2007 年，经 6 次省检、2 次国检，均达国家合格标准。退耕还林受益农户 21667 户，受益人口 17.6683 万人。

专记　消灭荒山第一市

汨罗市山地总面积为 278.91 平方公里，占全市总面积的 17.86%；一般海拔在 250 米以上，相对高差 200～550 米，坡度大于 25°；气候温和，土地肥沃，雨水丰富，阳光充足，荒山绿化潜力较大。至 1983 年年底,汨罗县内5.83万公顷山地,还有"鸟无落脚树,人无遮阴处"的荒山2万公顷,森林覆盖率仅26.5%,水土流失占总面积的29.8%,林木蓄积量22.2万立方米,亩均蓄积0.25立方米;全市林业产值仅311万元,只占农业总产值的1.8%;亩均山林收入仅3.55元。

1984年4月,中共汨罗县委、县人民政府组织林业调查队,跑遍全县300多个村,实地勘察100多个较大的山头,掌握一手资料;同时,县委、县政府组织部分领导成员去河南、广东一些造林绿化县参观,进一步认识到发展林业是促使农民致富、增强农业后劲、改善生态环境的重要工程,作出三年消灭宜林荒山规划:1984年始,每年造林6666.66公顷,大干三年,消灭全县宜林荒山。并决定:实行山林"定权发证",制定荒山绿化激励机制;组织领导上,实行谁管辖,谁负责;垦荒造林上,自留山、责任山,谁造林,谁受益;对权属不明的山,寻找业主,确定权属,明确造林责任;对边远山、插花山,实行承包造林,收益按比例分成。县林业局负责制订绿化实施方案,方案明确规定每座荒山的整地方式,栽植树种,由林业局负责规划,再由乡村将任务落实到户;并规定穴垦80～100立方厘米,带垦切面70×80厘米,造林成活率保证85%以上;整地,夏季完成80%任务,秋季完成20%任务。

1984年5月,汨罗县人大常委会副主任彭乐生和县林业局局长刘德真率先在天井乡群英村办"灭荒"示范点,高标准整地30公顷。18名县级领导每人包一个乡镇,共办示范点37个,整地造林406.66公顷;加上乡村的样板山,全县三级干部共树立"灭荒"样板山2000公顷。同年6月,中共汨罗县委、县人民政府在范家园乡金山村召开全县造林现场会,该乡党委书记伏斌池作典型发言,县委副书记陈德辉作《振奋精神,振兴林业,苦战一冬春,实现造林10万亩》的总结报告。9月1日,中共汨罗县委、县人民政府在天井乡召开乡(镇)书记和有关部门领导参加的现场会,该乡党委书记甘功良作典型发言。是年10月、12月,县委、县政府在全县组织两次检查验收。1985年4月13日,汨罗县飞播指挥部组织两架飞机在玉池大山飞播造林,飞播面积2300公顷。1985年10月,县委书记彭亮根退任后担任县委顾问,自告奋勇担负造林绿化重任。1986年11月下旬,汨罗县人大常委会决定对全县12个乡(镇)的林业工作进行视察、检查。

通过三年艰苦奋战,共投工320万个,投资540万元,育苗300公顷,造林2.0133万公顷,其中荒山造林1.96万公顷,迹地更新533.33公顷;四旁植树1192万株,义务植树711.4万株,实现消灭宜林荒山的预期目标。

1987年植树节,中共汨罗县委、县人民政府召开林业表彰大会,表彰、奖励50个先进单位、150名先进个人;10名成绩特别突出者,被评为林业劳动模范。

1989年3月,湖南省绿化委员会第六次全体(扩大)会议在汨罗市召开。全会通过《关于授予汨罗市"湖南省消灭荒山第一市"称号的决定》。省绿化委主任、副省长卓康宁为"湖南省消灭荒山第一市"的纪念碑揭幕,省人大常委会副主任谢新颖给汨罗市颁发荣誉证书。

第五章　畜牧水产

第一节　畜牧业

1978～2008年，畜牧水产业结构经过大力调整，出现六畜兴旺的局面：年发展肉猪由38.51万头增至276.6万头，增加近6.18倍；年出栏肉猪由17.15万头增至147万头，增加7.6倍；年发展牛由2.74万头增至14.8万头，增长4.8倍；年家禽由69万羽增至851.1万羽，增长11.33倍；特种养殖从零起步。1985年，汨罗县被定为湖南商品瘦肉型猪基地县（市）；1995年，以生猪为主的大宗肉类总产量居全国百强县（市）第二十二位；1994～2004年，连续十年生猪出栏过百万头，年年被评为省、岳阳市养殖业先进县（市）；2005～2006年，汨罗被定为湖南省草食牲畜生产基地县（市）、无公害肉牛生产基地县（市）。

一、家畜饲养

生猪

品种。经历了脂肪型、脂肉兼用型、肉脂兼用型、瘦肉型四个发展阶段。猪种原为本地土种猪，黑色的占80%；余为脂肪型花猪，增重慢，瘦肉少，效益低。20世纪80年代，高家坊镇仔猪颇有名气。母猪以大围仔猪种为主，1989年，发展到4708头，占能繁母猪的16.5%；年产仔猪近10万头，每年外销湖北省及岳阳市境8万余头。1990年后，其仔猪因品种问题销量有所下降。其后，根据市场需求，大力改良生猪品种，先后建立5个生猪品改站，年冷配母猪4万多头，淘汰更新劣种公猪，大力发展大约克夏、长白、杜洛克等瘦肉型三元杂交猪。1985年，汨罗县列为湖南省瘦肉型猪基地县（市），瘦肉型猪占出栏肥猪80%以上。

饲养。多用室内猪圈喂养，即建联结式、单列式、双列式猪舍养猪。滨湖地区有野外敞放饲养的习惯。1978年前，普遍采用熟食掺水潲的传统方法喂养。母猪怀孕期，喂潲前粗后精；哺乳期则以精料为主，青粗料为辅；仔猪以精料为主，少食多餐，敞栏活动；育肥前期“吊架”，以青粗料为主，至50公斤左右增添米糠、红薯、大米等“催膘”。1978年后，逐步推广新法养猪：改熟食为生食，改少餐为多餐，改前吊后催为匀速喂养，改任意用料为科学配料，改栏内踩肥为栏外积肥。

随着饲养方法的改进，生猪发展速度、规模也不断加快和扩大，养猪场、养殖大户、专业村、组不断涌现。城关镇归义村、汨罗镇大坪李村、大荆镇桂花村等均为远近闻名的专业养猪村，人均出栏肥猪10多头。大荆、弼时、黄柏等镇引进外资兴办的规模猪场，古培原种扩繁场、桃林原种种猪场、黄市生态养殖场、磊石渔场出栏肥猪健康养殖场均颇有名气。桃林猪场年出栏种猪达1.2万头，出栏肥猪1万头。1994年，生猪出栏超过百万头，人均出栏肥猪数列湖南省首位，以后连续十年生猪出栏过百万头，成为湖南省、岳阳市养殖业先进县（市）。1995年，以生猪为主的大宗肉类总产量居全国百强县（市）第二十二位。至2008年，发展生猪267.6万头，出栏肥猪147万头。

牛

品种。汨罗市内役用牛种为体型较小的湖南黄牛和体型大、役力强的滨湖水牛。1979年，先后在桃林、大荆、火天、黄柏、川山5个公社推广耕牛人工授精技术，采用短角牛、摩拉牛为主的国外良种牛冷冻精液给本地母牛配种。1981年，母牛受胎率29%，成活率81.5%。1993年，人工授精配种1346头次，生产杂交牛525头，其中黄牛182头；能繁母牛15500头。2000～2008年，投资2.0165亿元(含加华牛业公司)，先后在24个乡镇建立种牛品改站，在屈子祠镇、黄市乡、红花乡、大荆镇建立养牛基地，征地274.4公顷，建立牛舍9000平方米，引进良种公牛4920头，良种母牛32200头，冷配牛13949头。

饲养。1978年前，以放牧为主，农忙役用时节，添喂米饭、米糠、食盐、酒槽等精饲料。

2000年，汨罗市被列为湖南省农业和农村现代化试点县(市)、全国秸秆氨化养牛项目示范县(市)，利用秸秆氨化养殖肉牛项目被列入省农业综合开发经营项目。是年11月30日，年加工分割6万头肉牛的湖南加华生物科技发展公司(简称加华牛业)在汨罗注册成立。2005年，汨罗市被定为湖南省草食动物生产基地县(市)。

1978～1998年，牛饲养量由2.76万头增加到12.78万头，增长3.66倍。2000～2008年，发展肉牛104.56万头，其中出栏24.51万头，牛饲养量比1998年增长7.18倍。

羊

品种。主要为湘东黑山羊、成都麻羊。

饲养。1978年前，山羊多由农户分散饲养，且多分布于山区和湖区。2000年，汨罗市被定为湖南草食动物生产基地县(市)。2006年，黄市乡瑞灵村兴办第一家羊业公司，投资50多万元，发展种羊600多只，带动周边农户养羊1000多只。1994～1999年，养羊4.73万只，年平养羊7883只。2000～2008年，养羊23.89万只，年均养羊2.65万只。

二、家禽养殖

品种。历来饲养的鸡、鸭、鹅均为本地品种。1978年后，品种逐渐改良，先后引进和推广养殖的良种鸡：湘黄鸡、红康尼什肉鸡、来杭蛋鸡、AA鸡、白洛克、芦花、白科尼、海佩斯、红布罗、星布罗、海星、西赛斯、星杂288、罗斯、洛岛红、宝星、澳洲星、海赛克、乌骨鸡19个品种。引进的鸭有北京鸭、绍兴鸭、樱桃谷鸭。鹅有康贝尔鹅、清源鹅。

饲养。家禽历来为散养，产蛋时加喂稻谷、米糠。20世纪80年代后，饲料工业上市，规模养殖大户发展，饲养方法由分散放养改为舍养和棚养。1978～2008年，发展养鸡、养鸭大户1350户，家禽饲养量由69万羽增加到470.5万羽，增长5.82倍。

三、特种养殖

1991年，古培、城关、新市等地开始发展美国王鸽、蛇、山鸡、鹌鹑、珍珠鸡等特种养殖，养殖方法为笼养。1993年，全市出笼王鸽4700对，存笼2100对，产值12万元；出售活蛇12吨，存蛇2吨，产值50.4万元；出笼七彩山鸡3600羽，存笼150羽，产值15万元；出笼珍珠鸡200羽，存笼120羽，产值2.9万元。

第二节 水产业

一、资源

水域 1978年，水域面积3.25万公顷，其中外湖天然水面2.72万公顷，内陆可养水面5300公顷。至2008年，水域面积拓展至3.3万公顷，其中外湖天然水面2.72万公顷，内陆养殖水面5800公顷。

生物种类 1978年，小水产有虾、蟹、螺、贝、龟、鳖等。1980年，水域内有淡水鱼90种，隶20科。20世纪80年代末，淡水小龙虾养殖开始出现。1996年，淡水小龙虾大量繁殖。1997年，引进工程鲫。2000年，引进白鲫。至2008年，共有淡水鱼92种，隶20科；水兽类2种；两栖类5种；水禽类20余种；鸟类9种；植物60余种。

二、渔业生产

天然捕捞 1978年，汨罗县内有渔民50户，小型木质非机动渔船52艘。1993年，有汨罗籍渔民90户、380人，渔船110艘；外籍渔民30户，渔船32艘。2008年，有汨罗籍渔民157户、623人，渔船167艘；外籍渔民35户，渔船38艘。

渔具 1990年，网具有14种，钓具有6种，箔筌具有4种，杂具有10种。1990年后，部分渔民采用非法工具从事捕捞，主要有迷魂阵。1999年，因淡水小龙虾迅速发展，渔民增添虾笼子、虾拖。21世纪后，钓鱼休闲业盛行。县城渔具店10多家，钓具数十种。

捕捞方式 一是分散捕捞；二是对龙潭实行秋禁冬开，集中捕捞。1999～2006年，每年的7～9月是淡水小龙虾的捕捞季节。渔民采取两种形式捕捞：一是7月上、中旬，集中用虾拖捕捞；二是用虾笼分散捕捞。

捕捞产量 1978～1990年，单船年均产量一般在1.5吨左右。1990～1996年，部分渔民采用非法工具捕捞。刚开始，捕捞产量高，单船年均产量达2.8吨；1996年7月，单船日均产量达500公斤。1996～2000年，因非法滥捕、酷捕，渔业资源锐减，单船年均产量下降40%。2002年始，实行春季禁渔制度，加大资源保护力度。此外，1999年开始大规模捕捞龙虾。至2005年，龙虾总捕捞量达50吨。2006年，出现历史罕见的低水位，龙虾产量下降90%。

人工养殖 1978年，家鱼人工繁殖场14个，年孵苗2700万尾。1982年，年孵苗达1.05亿尾。2006年，规模办证繁殖场数量减至2个（即黄柏渔场和汨罗水库渔场），年孵苗近1亿尾；其中汨罗水库人工孵化南方大口鲶，年孵苗量达2000万尾。

成鱼生产 1979年，70%的水面是人放天养，成鱼产量不高，水产品人均占有量仅1.4公斤。1986年，各类水面，特别是大、中型水面实行开放式经营，承包到户。1993年，养鱼专业户2850户，共产鱼1500吨。1998年，水产品人均占有量达16.9公斤，比1979年增长11.07倍。2004年，对国有水面和无权属争议的水库、湖泊发放水域滩涂养殖证，进一步落实承包责任制。与此同时，休闲渔业蓬勃发展。2006年，年水产品总产量达2.6万吨，各类钓场发展到76家，年钓鱼量达40吨。2008年，水产品产量达2.95万吨，其中名优特产品产量1.35万吨。

特种水产 1990年前,无特种水产养殖。1991年,城郊、大荆、新市等乡镇开始养殖甲鱼、牛蛙等特种水产。1993年,发展甲鱼养殖户42户,面积4.67公顷,产值700万元;牛蛙养殖户950户,面积70公顷,产值300万元;河蟹养殖户2户,面积233.33公顷,产值24万元。到1998年,河蟹养殖增到666.67公顷,而甲鱼养殖户仅10户,牛蛙养殖基本是空白,河虾养殖面积降至266.67公顷。2000年开始,扩大四乡一场(即磊石乡、新塘乡、汨罗镇、磊石渔场)河蟹养殖面积1420公顷,调整湖区部分水田还水养蟹面积333.33公顷,是年产蟹280吨,产值3000多万元。

2000～2001年,虾蟹产量190吨,贝类产量609吨,泥鳅、黄鳝、牛蛙、龟、鳖等产量1302吨。2002～2008年,甲壳类产值1.3512亿元,贝类产值656.07万元,其他类产值2.6157亿元。

三、渔场

国营渔场

磊石渔场。1978年创建,原为汨罗县鱼苗鱼种场,年产鱼苗500万尾,成鱼350吨。1981年10月,由中央、省、县三级水产部门投资110万元进行扩建,成为全国27个联营国营渔场之一和全省十一大(2000年为十大)专业渔场之一。全场总面积266.66公顷,其中耕地30公顷,水域面积146.66公顷,精养鱼池93.33公顷,大湖面积53.33公顷。职工92人,固定资产210万元。1997年,产鱼苗2000万尾,成鱼500吨。2006年,成鱼200吨,湘莲100吨。2007年,生产总值620万元,其中水产品产值440万元。2008年,生产总值700万元,其中水产品产值450万元。

蓝家洞水库渔场。1978年,将东方红水库渔场合并为蓝家洞水库渔场,有鱼种池1.6公顷,水库养殖水面353.33公顷。1993年,渔场职工230人,固定资产80万元,产鱼苗300万尾,成鱼12吨。

集体渔场

1980年,公社、大队渔场分别为582.67公顷、140公顷,产成鱼分别为77.3吨、18.6吨。1993年,乡镇渔场24个,水面493.33公顷,年产鱼苗5500万尾,成鱼210吨。2006年,乡镇渔场保持24个,年产鱼苗7000万尾,成鱼308吨。

第三节 疫病防治

一、动物疫病

鱼疫病 常见鱼病:出血、白皮、打印、烂鳃、赤皮、肠炎、白头白嘴、气泡、弯体、寄生虫病等。

猪疫病 主要有猪瘟、猪口蹄疫、猪传染性水泡病、猪弓形体病、猪溶血性链球菌病、猪流行性腹泻、猪蓝耳病等。1978年,因猪瘟死猪1.2万头,其中红花公社的红花、红卫大队死猪1300多头。2006年,因高热综合征死猪2万头。

牛疫病 主要是牛出血性败血症、牛口蹄疫病、五号病、牛焦虫病、牛流行性感冒等。1993年,因口蹄疫捕杀牛近百头。1997年,川山坪镇芭蕉村5头牛患焦虫病,1头死亡。2003年,白塘乡、屈子祠镇21头牛感染焦虫病。

禽疫病 主要是新城疫(鸡瘟)、禽霍乱、鸡马立克氏病、鸡痘等。1988年,家养鸡因新城疫死亡

26.95 万羽。2004 年，因流感捕杀鸡鸭 2 万羽。

二、防疫检疫

1978～1980 年，动物防疫检疫站隶县农业局。1980 年，成立县畜牧业水产局，动物防疫检疫工作由畜牧兽医工作站承担。1985 年，成立城关检疫站，负责城关畜禽检疫工作；29 个乡镇配专（兼）职检疫员 47 人，负责乡镇畜禽检疫。1993 年，畜牧兽医工作站更名为汨罗市动物检疫站。2001 年，根据农业部冷链体系建设规划要求，境内每个乡镇配备冰柜等设备。2002 年，市动物检疫站更名为动物防疫监督站。是年，为控制 107 国道沿线县市的动物疫病，汨罗被列为无规定动物疫病区，统一建立无规定动物疫病区实验室。2005 年，配防疫员 87 人，检疫员 26 人。2007～2008 年，重点做好畜禽防检，控制疫苗流行。共注射猪瘟疫苗 510 万头份，猪、牛五号病疫苗 500 万头份，点、刺鸡瘟疫苗 1640 万羽；猪、牛、禽死亡率分别控制在 1.8%、0.5%～0.6%、2.4%～2.5%，免疫率 100%。在新市建立第一个乡镇屠宰场，填补农村定点屠宰空白。

鱼病防治　2000 年前，主要用敌百虫、漂白粉、生石灰、食盐、磺胺胍、土霉素及中草药防治鱼病。2001 年始，使用生物鱼肥及鱼药。2005 年，投资 140 万元，建立水生动物疫病防治站。

第四节　兽药·饲料

一、兽药

1986 年，成立县畜牧兽医联站。1993 年，成立市畜牧水产服务公司。2003 年，动物防疫站更名为药政管理所。2004 年，成立市养殖业协会，为汨罗市内提供兽医诊疗、饲料、兽药、种苗销售等服务。

1978 年，兽药以中草药为主，西药为辅。1980 年后，改西药为主，中草药为辅。1978 年，有兽药店 29 家，年营业额 5 万～6 万元；1988 年，有兽药店 35 家，年销售兽药 10 万～120 万元。1989 年，建汨罗市兽药厂（2004 年停产），年产兽药 120 万～150 万元，营销全国各地。1990～2006 年，兽药店最多 110 家，年销售额 523 万元；最少 48 家，年销售额 150 万元。2008 年，兽药店 56 家，年销售额 380 万元。

二、饲料

1986 年，成立县饲料工业办公室，由县计委统管。2005 年，成立市饲料工业办，隶畜牧水产局管理。

1978 年，生猪主要饲料：饭潲水、糠、薯藤、菜叶等。后改干潲喂养。1981 年，发展饲料生产。主要生产配（混）合饲料、浓缩料、预粉料。

1982 年始，推广配合饲料、新法养猪和改熟食为生食、改少餐为多餐的自繁自育技术。

1985 年，汨罗县建立第一家配合饲料厂。1992 年，更名汨罗市饲料二厂，年产饲料 2000～4000 吨（1996 年停产）。1988 年，建汨罗市畜牧水产局饲料厂、汨罗市江南饲料厂，年产饲料 8000 吨。1985～2005 年，先后建饲料厂 48 家，年产饲料最少 2000 吨，最多达 21 万吨；饲料经营店 318 家，年销饲料最少 4500 吨，最多达 9.8 万吨。至 2006 年，有饲料厂 8 家，年产饲料 2.38 万吨，主销湖南、湖北、江西、广东、广西；有饲料经营店 295 家，年销饲料 7.5 万吨。

第五节 良草·良种

一、良草种植

1981年,草场面积3.65万公顷,其中成片草场65处、5346.67公顷。2000年,推广种植皇竹草、矮象草、桂牧一号、冬牧70、黑麦草、高丹草等良种牧草。2003年,实施退耕还草工程666.67公顷。2004年,农业部在境内实施天然草场工程,共围栏1133.33公顷,人工种草666.67公顷。

二、良种推广

1981年,桃林寺公社首设生猪人工授精站。至1993年,共有生猪人工授精站(点)37个,人工授精配种4万头次。1988年,种畜场、农林茶场及部分家户开始饲养二元和三元杂交瘦肉型猪。2006年,三元杂交瘦肉型猪饲养覆盖率达71.3%。

1979年,推广耕牛人工授精技术,用西门塔尔、短角、安格斯、夏洛来、摩拉等国外良种牛冷冻精液给本地母牛配种。2000年,开始从河南、山东等地引进南阳牛、鲁西牛等作为母本推广。2004年,共有牛人工授精站(点)30个。2006年,人工授精配种牛1.1万头次。

1985年,引进绍兴鸭10万羽。1991年始,推广养殖艾维因肉鸡、湘黄鸡、柳州麻鸡、海沙克斯鸡、樱桃谷鸭。1995年,推广洋鸡散养技术。是年,饲养洋鸡20万羽。1998年,推广秸秆氨化(微贮)青贮养牛(羊)技术。2001年,引进湖南加华生物技术发展有限公司,先后成立楚天牧业、黄市牧业、黄市瑞灵村羊业兴农有限公司,推广肉牛养殖技术。1991年,古培、城关等地开始发展王鸽、蛇、山鸡、鹌鹑、珍珠鸡等特种养殖。

第六节 渔 政

1978～1983年,渔政管理由汨罗县财政税务局湖州湖泊管理所代管,配工作人员2人,配10马力木质工具船1艘。1984年,成立县渔政管理站,隶属属于县畜牧水产局,配渔政人员8人,有20马力木质工作船1艘。1985年,配10马力钢板船1艘。1990年,建渔政办公楼1栋,计400平方米。1992年,核定差额拨款编制17人。

一、管理与执法

汨罗县内所辖天然水域2.72万公顷(含龙潭与碗子潭)。1978～1983年,汨罗县渔政管理站未成立前,主要负责收取湖管费、维护生产秩序、调处渔业纠纷。1983年,有捕捞渔船70艘;1991年达143艘;2006年,达363艘。1990年,迷魂阵及电、毒、炸(鱼)等违法捕捞方法相继流入境内。1991年,加强渔业执法,大力保护渔业资源。2003年11月20日,渔政站放生中华鲟1条。2006年10月12日,救治并放生中华鲟1条;是年12月,救治并放生江豚1条。1990～2006年,查处各类渔业案件721起,烧毁迷魂阵、布围子2.08万米,收缴电鱼船电机42台,没收丝网等捕鱼工具90件,治安拘留3人。

二、禁渔工作

禁渔，分冬季和春季两种。冬季禁渔指的是秋禁冬开，每年10～12月，俗称“禁潭”。汨罗县内规模较大的“禁潭”有三次，分别为1986年、1998年和2004年。春季禁渔时间为每年的4月1日中午12点到6月30日中午12点。春禁范围：2.72万公顷天然水域。禁渔期内，要求做到“江中无渔船，岸边无网具，市场无湖鱼”“人上岸、证集中、船进港、网入库”。2003～2008年，春季禁渔期内共组织大规模清湖行动16次，查处违法案件80起，烧毁各类网具2800米、钓具1900米，收缴电鱼船电机等捕捞设备26件，放生各类水生动物1900公斤。没有发生一起违禁下湖捕鱼事件。

汨罗市（县）1978～2008年部分年份养殖生产情况统计表

表12－5－58　　单位：万头、万羽、公顷、吨、只

年度	生猪			牛			家禽出笼	鲜蛋产量	羊	水产		
	发展数	出栏数	年末能繁母猪	年末数	其中					养殖水面	产量	其中鲜鱼
					役牛	母牛						
1978	38.51	17.15	1.48	2.76	2.25	0.68	69	947	–	4533	1492	1460
1980	41.75	19.40	1.01	2.79	2.30	0.71	75	1662	–	4533	1052	1014
1985	59.08	29.30	2.43	3.32	2.85	1.10	134	1370	–	5000	2076	1923
1990	82.22	43.84	3.00	3.85	3.33	1.38	120	2224	–	5000	2355	1921
1995	108.86	65.06	4.61	3.98	3.25	1.43	132	2352	2600	5200	5006	4614
2000	190.30	127.8	6.3	4.89	3.6	1.43	162	4200	11694	5733	14000	10996
2005	207.60	164	5.9	10.07	6.12	5.8	452	5877	23000	5733	24300	20512
2006	215.00	165.8	7.1	14.8	9.1	7.00	523	6816	31000	5733	26000	24437
2007	217.4	148.5	7.6	15.2	9.25	7.1	450	6900	39000	5733	28500	26800
2008	267.6	181.5	8.92	16.3	9.4	7.2	470.5	6980	44000	5733	29500	27500

附　企业选介

湖南加华生物科技发展有限公司

2000年11月30日成立。至2007年，注册资本由7188万元增至8688万元（含国家财产参股1500万元）。有员工355人，其中大专以上文化程度121人，中、高级技术职称87人；博士20人。行业涵盖品改、育肥、饲料、屠宰、加工、生物制药、皮革、物流等。主要商业模式为肉牛品改繁育、屠宰分割、深加工、生物制药等。公司建有屠宰、加工、分割6万头肉牛的机械化生产线，日单班屠宰加工200头肉牛、生产优质牛肉45吨；建有可存栏5000头的高标准育肥场和承担国家发改委高科技项目的南方肉牛品种改良中心；建有设备先进的牛肉加工厂，具有年产中类罐头、休闲、酱卤、干锅类等5万吨牛肉食品的生产能力。

公司获ISO 9001：2000质量管理体系认证证书、HACCP认证证书、中国伊斯兰协会清真认证证书、

无公害农产品和安全食品认证;通过出口卫生注册,获得马来西亚官方和伊斯兰双重注册资格。经输港活牛养殖场的商检验收,定为中国南方第一家输港活牛养殖基地。公司生产的牛肉产品被批准为全国第五届城市运动会唯一指定的运动员牛肉食品。“加华”牌被评为全省著名商标。公司先后与韩国、马来西亚等国家和中国香港地区签订来料加工和牛肉出口合同。2005 年 6 月,与韩资企业香港鲜亿乐集团有限公司签订年加工出口牛肉硬罐头 1 万吨的合同,与马来西亚 10 多家企业达成出口牛肉的意向性协议。

2003 年 7 月 31 日,中共中央政治局委员、国务院副总理回良玉到公司考察。是年 10 月 2 日,中共中央总书记、国家主席胡锦涛在省委、省政府领导陪同下到该公司考察。2005 年,中共中央政治局常委、全国政协主席贾庆林,中共中央政治局委员、湖北省委书记俞正声,全国人大常委会副委员长韩启德等在省委、省政府领导陪同下到该公司考察。

磊石渔场

(参见 P621－622 页)。

第六章　水　利

第一节　重点工程建设

一、河堤工程

周家垅拓宽工程　1998 年 6 月 16 日,湖南省委书记杨正午在汨罗市现场指挥防汛时,对 1958 年屈原农场围垦后形成的周家垅卡口的历史遗留问题给予高度关注,并在华容会议上“拍板”解决工程所需资金。此后,省长储波、省委副书记胡彪、省政法委书记李贻衡、省政协副主席石玉珍,岳阳市委书记张昌平、市长周昌贡、市委副书记陈志刚等领导多次亲临现场办公。在湖南省委、省政府的高度重视和省水电厅的大力支持下,从根本上解决卡口滞洪问题。

该工程设计总任务:将周家垅卡口 1150 米河段由原来的 240 米拓宽至 310 米,河床由原来的 25.5 米降低至 22.5 米;工程分期实施。1998 年,将卡口段开挖至 28.0 高程,共完成土方 100 万立方米,其中汨罗市 72.8 万立方米,屈原农场 27.2 万立方米。预算工程投资 1400 万元。

周家垅拓卡工程的绝大部分土方,被用来加高加固白塘乡松柏垸的防洪大堤。该工程于 1998 年 10 月月底开工,4 支施工队伍参建,共出动施工机械 140 多台套,日完成土方量 1.1 万立方米。

周家垅卡口拓宽后,在没有洞庭湖水顶托的情况下,可降低上游水位 0.8～1.0 米;即是在洞庭湖高洪水位顶托的情况下,仍可降低上游水位 0.3 米;有利于卡口上游京广铁路、汨罗市区和全市 6 个万亩堤垸及屈原农场的防洪保安。

堤防建设　汨罗市内有湘江(段)以及流长 4 公里、流域面积 6.5 平方公里以上河流 44 条,有罗江、松柏、楚塘(今屈子祠镇)、湖溪、双河坝、磊石等 666.66 公顷以上堤垸 6 处,有双龙河堤、双合河堤、松山河堤、三汊坝、脚公桥、梅家桥、丁家垄、河内屋、新算坪、桥墩、朱山坝、珠砂桥、瑞林堤、寺冲、狮子垸、斗仑湖、朱家港、金沙洲、战备垸、李家坝、赤马垸、长乐垸、水合垸、吴家山、坝咀上、石鼓垸、石仑垸、南寿垸、红花垸、幸福垸等湖、河汊31处;防洪大堤101.2公里,其中一线防洪大堤56.2公里,人口9.5万人,保护耕地面积11.65万公顷。

1996~2008年,汨罗市内一线防洪大堤面宽均由4~6米加宽到8~12米。磊石垸利用国家河湖疏浚专项资金1300万元,全线吹筑压浸平台,加固磊石大堤,共投劳5万多个,历时3个多月;松柏垸利用周家垅拓卡弃土,加固一线防洪大堤5公里,并对营田1.6公里大堤加固维修,护坡1.28万平方米;加固罗江出口至罗滨桥段大堤4.5公里,并结合龙舟看台工程,为罗江垸红花大桥至廖家段护坡4.3万平方米;罗江垸廖家渡口至罗江出口段2公里大堤整治达标,护坡5万平方米。

二、水库整险

至2008年,汨罗市内有中型水库3座,有效库容7741万立方米,灌溉面积7333公顷;小(1)型水库37座,有效库容5986万立方米,灌溉面积6333.33公顷;小(2)型水库251座,库容4497万立方米,灌溉面积768.67公顷。上述水库分别建于20世纪50年代至70年代,时间久,问题多。尤其是蓝家洞、向家洞、汨罗3座大水库,隐患重重,危险性更大。为此,水利部门投入巨资,对其进行重点整险加固。

2002年5月,蓝家洞水库大坝除险加固工程动工,总投资1545万元,争取国债资金800万元。主要内容包括:坝体高喷灌浆,坝基、两岸山体帷幕灌浆,主坝上游坡作土工膜防渗;大坝临水面砼预制块护坡;拆除主坝原棱体重砌,处理向蓝隧洞渗漏,并对尾水渠进行护砌;全面改造水库管理所危房,大坝背水坡美化亮化。除险加固后,每年可新增发电量31万千瓦时,新增供水900万立方米,新增灌溉面积800公顷。

2005年11月,启动向家洞水库除险加固工程,完成土石方63000立方米,浆砌石9500立方米,干砌石1395立方米,砼与钢筋砼3500立方米,高喷灌浆2492米,帷幕灌浆4095米;总投资1370万元,其中国债补助资金680万元。是年,汨罗市被评为全国农田水利建设先进县(市),并连续两年获岳阳市"芙蓉杯"水利建设先进单位。

2006年4月,历时3年的汨罗水库除险加固工程全面完工。项目包括大坝灌浆、大坝内外护坡、溢洪道除险加固、新建防汛公路、危房改造等。工程总投资1858万元,其中国债930万元。

至2008年,共整治各类病险水库120座,其中列入岳阳财政支持的有8座水库,列入汨罗财政支持的有43座水库。

三、平垸行洪 退田还湖

1999年冬,实施平垸行洪移民建镇工程。先后迁移的有白塘乡13个村,新塘乡6个村,屈子祠镇4个村,磊石乡马厅村,红花乡石仑村,新市镇团山村及城关镇、城郊乡部分居民。到2004年年底,基本完成拆迁建镇工作,国家投资达1亿元。

与此同时,实施红花乡石仑垸,屈子祠镇斗仑垸、洞坑垸、肖家岗垸,白塘乡双坝垸的退田还湖工程,出动翻斗车、铲运机90台套,刨堤总长1730米,刨堤土方18.8万立方米,退田还湖300公顷,增加汛期调蓄水量900万立方米。

四、城市防洪工程

2001～2003年,完成汨罗江沿江大道和友谊河综合治理两大防洪工程。汨罗江沿江大道城市防洪工程,东起107国道,西至友谊河出口,全长11公里,设计路面高程37.2～38.2米,道路土基路面宽42米,行车道砼路面宽28米,两侧行人道宽各2米,绿化带各5米,路堤坡面立体绿化,干道南侧为15～20米宽的绿化带,北侧70米宽全部绿化。友谊河城市防洪工程,按抵御20年一遇洪水标准设防,南起鲁师坝,北抵友谊河汨罗江出口,全长5.2公里,东西纵深60～120米,增设城市污水专用箱涵,并在上游鲁师坝建六孔闸楼一座,汛期开闸泄洪,旱季关闸蓄水。

2005年8月,启动城市防洪排渍工程。总体规划:配套完善城西、朱家垅、戴家垅、城东4大排水渠系和6处外排机埠建设,形成"三区六点"的城市总体排水格局,总投资1380万元。同年10月,城西排水渠兴建工程、戴家垅和朱家垅排水渠改造工程动工,总投资480万元。

五、渠系工程

汨罗市内有干、支渠1200条,约2500公里,其中主干渠540公里,初步形成以塘坝为基础、水库为骨干、渠道为网络的长藤结瓜式的水利体系。

汨罗水库渠系　有东、西干渠和引水渠3条,长20.11公里;支渠7条,长11.09公里;附属建筑物343处;灌溉大众、城郊、汨罗、古培、新市5个乡镇农田1666.67公顷。

向蓝灌区渠系　开通东、北、南干渠3条、长100公里,支渠23条、长125公里,凿通隧洞55处、长6524米,架设渡槽10处(其中钢筋混凝土排架式大荆渡槽1处),铺设倒虹吸管6处、长1400米,其他建筑物620处,灌溉天井、长乐、古仑、智峰、三江、大荆、红花、黄市8个乡镇水田4520公顷。

铁山灌区汨罗渠系　建成岳汨分干渠1条,长22.75公里,流量每秒9.12立方米;新塘、马厅、拦河、白塘、范楚、灰山、包山分干渠7条,长90公里;斗渠、毛渠47条、135公里;大型附属建筑物45处,其中隧洞16处,渡槽4处,倒虹吸管4处,大型涵洞16处,埋管5处;小型附设建筑工程1419处。累计投资848万元,投工583万个,移动土石方504万立方米,完成混凝土21870立方米,灌溉桃林地区7个乡镇的5266.67公顷水田。

六、小型农田水利建设

2005年,"民办公助"小型农田水利工程设施建设在黄柏镇团山舒村、川山坪镇常公村、新市镇合心村和丛羊村试点,总投资670万元。是年,完成山塘清淤和防渗护坡25处,河坝改造9处,兴建泵站1处,维修改造泵站5处,渠道防渗护砌58.87公里。

2008年,在古培、新市、黄柏、川山坪、白水、白塘6个乡镇、7个村、64个组实施小型农田水利建设试点项目,投资335万元,完成山塘清淤和防渗护坡6口,河坝改造2处,维修改造机埠2处,渠道防渗护砌35.48公里。

七、农村集镇饮水工程

1993年,建成新市自来水公司,2000年改造升级,修建泵站和净化设施,共铺管道80多公里,日供水

2 万多吨，解决新市镇居民、新市工业园区企业饮用水问题。

2001 年，兴建弼时、川山、火天 3 处乡镇供水工程，日供水 1 万吨，解决 1.2 万人的饮水问题。

2008 年，投资 630 万元，建成饮水工程 102 处，解决新市、磊石、川山坪、高家坊、三江、玉池、白塘、白水等乡镇 3.88 万人的饮水安全问题。高家坊镇集中供水工程，日供水能力 2000 吨，铺设管网 11 公里，并供水到户，解决该镇居民及高家坊职校师生近 8000 人的饮水问题。

第二节　水政管理

一、水利管理

（一）跨行政区域的水利水电工程管理

1978 年前，汨罗水库灌区管理所、向蓝水库灌区管理所为县级水行政主管部门常设机构，负责灌区内配套、用水管理和工程日常维护。1986 年 1 月，成立铁山灌区汨罗管理所，负责铁山灌区汨罗县境内用水管理、工程维护等工作。

（二）乡镇水利水电管理

1974 年，汨罗县率先在全国建立第一个公社水电管理站——弼时公社水管站。1975 年后，各社镇相继建立水电管理站。1984 年 3 月，汨罗县人民政府发文规定："在机构改革中，应保留健全和巩固乡镇水管站。"1986 年 9 月 22 日，汨罗县水电局长彭建国在全省水利工作会议上作《汨罗县乡镇水电管理站走向稳定发展道路》典型发言。是年 12 月，《湖南水利》发表《汨罗县稳步建设乡镇水利管理站》的文章，《中国水利》全文转载。1988 年 4 月，长乐镇水管站评为全省水利管理先进单位；12 月，出席全国先进区乡水保管理站、区乡优秀水利水保员表彰大会，获水利部荣誉证书。1989 年 5 月，全市 162 名乡镇水管员转为全民合同工。

（三）机电排灌管理

1982 年，汨罗县水利电力局设机电排灌站，负责电力机埠及小水电的建设和管理工作。乡镇水管站负责运行及维修管理，垸区电排站由当地修防会管理。农村小型电力排灌站管理方式：凡受益跨村的，由乡一级水电站管理；受益范围在一个村组的，由村组派人管理，业务上接受乡水电站的指导。2003 年，成立城区电排中心站，负责城北、百丈口、涂家套、小桥湖、朱砂桥 5 处机埠和友谊河鲁师闸、出口橡皮坝的管理及城区排渍工作。

（四）堤防管理

1978 年，磊石、松柏、双河坝、双楚、湖溪、罗江 6 个万亩大垸均设立堤垸修防会，负责大堤的加固、岁修与维护。

（五）工程管理

重点工程建设管理。较大的水利工程建设，均设指挥部，汨罗县（市）属工程和跨乡（社）工程均由副县（市）级负责人任指挥、政委。指挥部下设办公、财务、工程技术、安全保卫、后勤供应等机构。每年秋冬，县（市）均设秋冬水利建设指挥部，组织指导开展较大规模的水利建设会战。水库工程管理。小（1）型以上水库，除建立专门机构、配备专管人员外，重点抓管理范围的划定。1981 年，汨罗县人民政府发出

《关于认真搞好水利工程定权发证的通知》,并组织400多人,划定库区淹没、安全保护、经营管理3个范围,埋标定界,办理公证手续,协商处理各类问题784个,解决库区移民统销粮指标47.34万公斤、经费31800元,定权发证436份。水电部《水利简报》和《中国农民报》均先后刊载汨罗水利工程定权发证的通讯。

(六)灌溉管理

山平塘、小(2)型水库,归村组集体所有,按塘跟田走的原则,由受益村组自行管理,并实行“一把锄头”管水;小(1)型水库属乡(镇)政府所有,委托当地水电站管理;中型水库属县(市)政府所有,归县(市)水利局管理。

20世纪70年代后期,推广涟源县白马水库“集中领导,集中水权,流量、维修包段,基本水费加按方收费”的用水经验。20世纪80年代,坚持统一管水用水:凡小(1)型以上水库,均实行基本水费加按方收费。1987年6月,汨罗县人民政府颁布《蓝家洞、汨罗水库、铁山灌区汨罗分灌区3个骨干工程的灌区管理章程》,并推介长乐镇“管理机构统一领导、灌溉用水统一调度、工程修建统一安排、群众负担统一调剂、水费电灌费统一收集”的“五统一”办法。1988年12月,长乐水管站出席全国水利管理会议并介绍经验。1989~1993年,农村普遍推广长乐镇管水经验。

二、水政管理

1988年前,水利(水电)局的水利、机电股分别承担水利、机电纠纷的调解和水事案件的处理。1989年,增设洪道管理站,负责洪道管理工作。1997年,成立水政监察大队,为全额拨款事业单位,负责河道、水土保持和水资源管理。

(一)河道管理

20世纪80年代后,汨罗县内河道无证采砂、非法淘金,屡禁不止,导致尾堆林立、堤防崩塌、行洪受阻。2003年,开展“保卫汨罗江、保护母亲河”的专项整治行动,共取缔非法淘金、无证作业船只90条,其中解体上岸船只63条,整体变卖船只13条,自动停止作业船只14条,其余49条有证采砂船只均办齐相关手续。2004年,开展湘江流域汨罗段采砂专项整治行动。水政执法人员先后20多次上船宣传《中华人民共和国水法》和《中华人民共和国河道管理条例》,对8条非法船只分别下达“责令停止水事违法行为通知书”“行政处罚及听证告知书”“行政处罚决定书”;先后召开5次水行政听证会,开展6次集中打击取缔行动;发布湘江汨罗段砂石开采禁采公告,划定开采区,标示禁采区,明确禁采期。

2004~2005年,汨罗市水电局就湘江汨罗河段的防洪补偿采砂管理费一事三次公开竞标,有12条船只取得采砂权。汨罗市人民政府成立湘江汨罗河段采砂管理领导小组,由主管市长任组长,相关单位负责人为成员,领导小组下设办公室,负责处理日常工作。并设立湘江汨罗河段水政监察中队,配备专门的执法设备,建立一船一档案资料。2008年,先后在汨罗江河道、湘江汨罗段开展整治行动,处置违规采砂船只34条,取缔无证采砂船1条,联合平江水政部门打击取缔共管河段非法采砂船6条,并对汨罗江、罗江沿岸违规排污企业进行查处。

(二)水土保持管理

1993年,对山区的崩岗区域进行现场录像,并将资料汇编存档,为治理恢复提供科学依据。至2006年,31个新建开发项目均发放“水土保持方案报告表”,其中审批31份,竣工的项目27个,验收合格的24

个，限期整改的3个，受到处罚的1个。是年，依法查处沙溪、川山、高坊、八景、新市5个乡镇的水保案件。2008年，开展水土保持专项整治年行动，对76个开发建设项目进行摸底建档，发出整改书45份，整改验收合格率90%；责令4处整治不到位的采石场停产整改；督促各采石场修建挡土墙500米，开挖导流渠300米，恢复植被6000多平方米；新开发项目水保方案编报率达100%，崩岸区域治理达70%。

（三）水资源管理

1993～2008年，对利用水工程或机械提水设施直接从江河、湖泊或地下取水的单位和个人依法办理取水许可证，分行业、分类型、分等级单独立卷存档。同时，对取水许可单位实行年审制度，并将每年3月定为年检月。对各取水点全面核实、评估，制定年度取水计划和月用水计划，建立取水、用水台账，制定水功能三级区划规划方案。

（四）水费征收

1987年4月，汨罗县人民政府发布《汨罗县水利工程水费收缴和使用管理办法》，要求各水管单位认真收取水费。同年，收取水费104.5万元，比1978年前增加3.6倍。20世纪90年代后，乡镇截留水费和农民拖欠水费较多。至2004年，蓝家洞水库灌区所辖乡镇拖欠水费55.75万元，汨罗水库灌区所辖乡镇拖欠水费14.9万元。

2003年7月1日，《湖南省取水许可和水资源费征收管理办法》出台后，全市水资源规费征收以每年30%的幅度提升：自来水公司水资源费征收率70%，发电用水、乡镇及所属部门单位供水征收率达100%，乡镇企业、厂矿水资源费征收率80%。

第三节　防汛抗旱

一、防汛

1978～2008年，汨罗市（县）设有固定的防汛抗旱指挥部，指挥部成员每年调整一次。一般由（县）市长任指挥长，主管农业的副（县）市长任常务副指挥长，成员由水利、交通、邮电、商业、供销、物资等部门负责人组成。乡镇及垸区成立临时防汛指挥机构，由乡镇长负责指挥。并设巡查队、技术队、抢险队。

每年汛前，（县）市乡层层召开防汛动员会议，发动干群做好防汛工作，提出防汛抗旱工作的具体意见和做法。

（一）防汛物资

主要有木材、麻袋、编织袋、铁丝、钢管（材）、柴油、汽油及砂卵石、块石等。每年防汛器材，由防汛指挥部门统一标准，由乡镇政府或工程管理单位下发计划文件，限期备足并运到指定地点。所有防汛物资均“建立专账，专库贮存，分类保管，专材专用”。

汛前，先由工程管理单位和垸区、乡镇组织自查，写出自检书面报告。然后由市（县）防汛指挥部门复查，写出汛前检查综合情况，向上级防汛指挥部汇报，并接受地省（岳阳）领导专项督查。

（二）防汛抢险措施

防汛抢险措施主要有挖导浸沟以导堤身散浸；筑透水压浸平台，治内脱坡；堵塞堤外漏洞；带土围堰、外帮、打包围，治跌窝；用砂卵石导浸压浸，治管涌；抢修子堤；用柳枕、木排、湖草排、防浪排护堤；用芦柴、块石、沙袋、土袋护坡；内帮、外帮，防堤岸崩塌。

(三)防汛调度

水库防汛水位调度。水库达到汛限水位，即开始泄洪。蓝家洞水库汛限水位为105.5米，向家洞水库汛限水位103.3米，汨罗水库汛限水位57.18米，病险水库蓄水控制在设计蓄水的70%以下。

垸区防汛水位调度。在磊石垸、双河坝(垸)、松柏垸、双楚垸、湖溪垸、罗江垸六大垸设定。2004年前，分防汛水位、警戒水位、危险水位三级设防。1998年特大汛后，国家、地方加大堤防建设力度，堤防抵御自然灾害能力大幅提高。2004年，岳阳市下达汨罗市磊石垸、湖溪垸实行新的设防标准，其余4个堤垸参照执行。新的设防标准由三级调整为两级(警戒水位、保证水位)：磊石垸为33.5米、35.5米；双河坝为34.5米、36.0米；松柏垸为34.5米、36.0米；双楚垸为34.5米、36.0米；湖溪垸为35.0米、36.5米；罗江垸为35.0米、36.0米。

二、抗旱

每遇干旱，汨罗(县)市、乡镇均成立抗旱指挥机构，全权处理抗旱中的有关事宜。同时，动员电力、农机、石油部门为抗旱服务；下派工作组，帮助乡镇灌区管水、用水，处理水事纠纷，组织农民抗旱。

1981年6月月底至10月月初，干旱96天。8月中旬，小(1)、小(2)型水库分别干涸79%和66.1%，塘坝干涸80%。其间，汨罗县委、县政府多次研究部署抗旱，抽调负责干部42人帮助群众排忧解难；县财政拨款23万元，帮助困难社队购买抗旱机具；压缩城镇工业用电支援抗旱，减少灾害损失。

三、防汛抗洪

1980年7月，汨罗江遭遇罕见的68天特大洪水，磊石垸低排闸裂缝，松柏垸汤家坝大堤断面滑坡。8月4日，防汛指挥部从县直单位组织132名干部、26名技术人员指挥抢险，动员数千劳力突击3个至4个昼夜排除险情。投劳力1.59万人，投工220.12万个，经40多个日夜奋战，大小堤垸无一溃决。1983年7月上旬，遭特大暴雨袭击。7～9日，向家洞站3天降雨334.8毫米。8日，汨罗江水位陡涨7.38米，城关地区总水流量约10.5亿立方米，沿江27处河汊、3处堤垸全部溃决。长乐至南渡桥约200平方公里河段及两岸农田均被洪水淹没。驻县黄金部队全力抢救被困群众。9日早晨7时，驻省舟桥部队一营官兵赶到汨罗抢险。9日9时，湖南省委书记毛致用、省人大常委会副主任齐寿良、副省长杨汇泉、地委书记张月桂、行署专员李满全等到汨罗县南渡铁路桥等处，指挥防汛抢险。汨罗县10名县委常委、4名副县长率800余名干部、12个工作组、3个医疗队，深入受灾最严重的9个社、3个镇开展救灾，堵口排渍382处，整修水库173座、塘坝1199处、渠道1408处、机埠87处，保住铁路大桥，取得抗灾救灾的胜利。

图9　1983年，驻省舟桥部队官兵在汨罗县城郊乡抢救灾民

1990年，连续90天大旱，7月2日至9月30日，仅降雨42.7毫米。汨罗市31个乡(镇)场、4160个

村民组的2.74万公顷农作物受旱。汨罗市委、市政府及早抓蓄水保水。至雨季结束时,共蓄水2.85亿立方米,占应蓄水的92.2%。各地加强对灌区渠道维修及放水管理。市级领导深入电力、石油、农机等部门现场办公,督促做好抗旱后勤服务工作。

1993年,遭特大洪灾。至9月月底,累计降雨1557.8毫米,超年均降雨量207.8毫米;3个集镇被淹,市区三分之一的房屋进水,汽车站、火车站水深1.2米;沿汨罗江堤垸连续出现超警戒水位,其中罗江垸高峰水位达34.97米,超警戒水位0.47米;农村受灾面积达420个村、32.6万人,死亡4人,倒塌房屋4829间,农作物受灾面积2.17万公顷。全市层层建立防汛岗位责任制,确保政令畅通。市水电局认真搞好技术指导,市防汛办24小时值班。

1996年7月中旬,湘、资、沅、澧,四水泛滥,洞庭湖水位持续上涨。7月14～17日,普降暴雨105毫米,平均降雨量达294毫米。汨罗江洪水上压下堵,沿江大小堤垸告急。7月21日23时,磊石长山水位达35.96米,超历史最高水位1.07米;7月17日～26日,连续10天处于历史最高洪水位34.89米之上。7月19日7时50分,被迫掘口保大堤。8月13日,汨罗江沿线堤垸全部退出防汛水位。该次受灾人口达27.3万人,因灾死7人,倒塌房屋1725栋、16938间,受灾早稻面积1.93万公顷;共漫溃大小堤垸11个,损坏小(1)型水库3座、小(2)型水库43座,破坏堤防242处、61公里,堤防决口5处、10.6公里,直接经济损失9.64亿元。在抗灾中,共动用砂卵石10万吨、木材227立方米、编织袋90万条、彩条布万余米、车辆3000台次、船只1500多艘次,调用劳力10多万人、机关干部4000多人。36个防汛责任单位和15个包垸市级领导全部到岗到位,组织抢险救灾。

1998年,湘、资、沅、澧四水普降特大暴雨,并与长江洪峰叠加,发生特大洪涝灾害。主要表现在:

雨量集中。6月下旬连降三次特大暴雨,降雨量均在500毫米以上,其中弼时镇高达752毫米,高家坊720毫米,比往年同期多3～5倍。

水位高。双楚垸、松柏垸、双河坝均超过历史最高水位,分别达36.26米、35.97米、35.97米。

持续时间长。磊石垸从6月16日进入防汛水位至9月14日退出警戒水位,历时88天,其中在危险水位上持续72天。

险情多。共出现大小险情1460处,其中较大险情136处,重大险情48处,8处引起湖南省、岳阳市领导高度关注。

灾情重。全市35个乡镇场、397个行政村、55万人不同程度受灾,其中重灾人口20万人,遭洪水围困4万人,紧急转移2.5万人。早、晚稻受灾面积达6.12万公顷,其中绝收1.6万公顷。倒塌房屋2.52万间,因灾死亡10人,水利工程被毁1280处,直接经济损失1.28亿元。在抗洪抢险战斗中,共出动市直机关干部2000多人次,投入抢险1.4万多人次,耗用砂卵石7.8万吨、块石2.5万吨、编织袋123万条、彩条布16.4万平方米、木材41立方米、稻谷700吨、钢材3吨多,组织车船4500多次。7月24日、29日,驻湖南耒阳53702部队、武警8733部队5000多名官兵赶到汨罗支援抢险。经3个多月奋战,取得未垮一库、未溃一垸的战绩。

1999年6月22～25日,全市遭受特大暴风雨袭击,洪涝成灾,高坊镇公路被山洪冲毁,31个乡镇场全部遭灾,5500人被洪水围困,19人死亡,倒塌和损坏房屋2.11万余间,冲毁早稻19333公顷,冲毁各类水利设施3469处,140多家工商企业被迫停产停业,直接经济损失2.27亿元。

2002年,汨罗市降雨达1467.5毫米,比历年同期偏多847.1毫米。8月11～20日,洞庭湖出现第四次高洪水位。8月17日,6个万亩大垸受其顶托,相继进入警戒水位。磊石垸长山站从16日开始,水位节节上升,日涨幅0.4米至0.6米;23日晚,达35.28米,距历史最高水位仅差0.66米。防汛期间,共组织抢运砂卵石3万立方米、编织袋100万条、彩条布10万立方米、油料20吨,紧急动员机关干部2000人,出动车辆500台次、各类船只400余艘次,组建抢险专业队6个、2000人;每公里大堤配30名巡查员,坚持24小时不间断巡逻,成功处置磊石垸江南堤闸室浑水外渗险情;受到湖南省委书记杨正午、岳阳市委书记于来山的表扬。毛致用、杨正午、郑治栋、胡彪等中央和省级领导专程赴磊石垸督察指导防汛工作。

2008年,汨罗市遭遇连续第五个干旱年。13座水库、近9500口山塘干涸,80%以上的山塘、60%以上的小型水库靠提水灌溉;受旱耕地1.47万公顷,其中脱水1.27万公顷。汨罗市水利局联合气象部门在107国道沿线、中型灌区、山丘区乡镇实施人工降雨5次,发射增雨炮弹25发,平均增雨110毫米。

第四节　水利经营

一、综合经营

1978年前,湖南省先后出台《灌溉工程管理暂行办法(草案)》《湖南省水利工程管理试行办法》,鼓励水利部门开展综合经营。1979年,水电部、水产总局、财政部在广东省东莞县召开水库养鱼及综合经营会议,后国务院批转会议报告,明确水库养鱼由水利水电部门主管。1981年,汨罗县内水利工程实行定权发证,先后收回水库养鱼水面14处、面积446.67公顷。1979～1983年,国家陆续安排汨罗县水利部门渔业投资款39万元、贷款15万元,帮助新建渔场房屋8栋、标准鱼池28公顷,配套添置一批捕捞网具及其他生产设施。至1983年,水库成鱼平均亩产176公斤,在1978年的基础上翻番。

1985年后,汨罗县内大部分水管单位的经济状况有所好转。至1990年,汨罗市内水利经营总值突破1000万元,比1978年的51.6万元增加948.4万元;人均产值20488元,比1978年的1129元增加19319元。

2000年后,蓝家洞水库、汨罗水库、磊石乡内夹湖、火天乡向阳花水库、汨罗镇九雁水库等近20处水面,引进江西等养殖专业户承包,或对外招标承包。

二、水利企业

桥坪电站　位于高家坊镇沙河上游,坝址地面高程227.5米,天然落差140米。至2006年,电站装机5台、1200千瓦,年均发电量400万千瓦时。2007年冬,国家投资195万元,桥坪电站发电尾水经净化处理,供高坊集镇及一职中使用,设计日供水能力5000吨。

新市自来水公司　位于新市镇梅家桥,始建于1993年,以汨江深层取水为水源,渗透过滤、一级提水。2000年前,日均供水约1500吨。2000年,升级改造,在石子岭兴建二级供水泵站,置5000吨净化设备一套。2007年,投资180万元,在原泵房上游建20000吨泵站1处,并新增5000吨净化设施一套。至此,铺各类管道80多公里,其中直径100毫米主管30多公里,日供水能力达2万吨以上。至2008年,水厂固定资产上千万元,员工43人。

水利水电建设安装工程公司　1975年组建,1994年更名为水电建设安装工程处,2001年9月更名为水电建设安装工程公司。至2008年年底,有注册资金626万元,有8个工程施工队、1个挖船队、1个设计室。公司先后完成水利、电力、工业与民用建筑、铁路、公路桥梁、吊装、装饰等工程1000余项。完成的水利水电工程主要有铁山灌区岳阳分干主体、蓝家洞灌区主体、大荆渡槽、京广铁路高家坊渡槽、刘富湾跨线渡槽、毛田电站、桥坪电站、梓木洞电站、望塔电站、磊石中型电排站、鹤巢湖板滩大闸、茶木大闸、磊石垸低排闸、江南堤闸、友谊河鲁师坝泄洪闸等。

第七章　农业机械

1978年后,汨罗县(市)农机事业从小到大,从弱到强,实现历史性跨越:传统落后的生产工具和“面朝黄土背朝天”的劳动方式,正在被机械化生产所代替;“耕地不用牛,收割不弯腰”,在汨罗县(市)成为现实。至2008年,全市农业机械总动力达76018台、497315千瓦,亩均拥有农机动力1970瓦,是1978年的4.2倍,其中,各类拖拉机4088台、57013千瓦,比1978年增长8倍;收割机、耕整机、旋耕机、机耕船21029台(艘),机耕面积达65.4千公顷,机耕水平达92%;机械化收获面积63.2千公顷,机收水平达85%;农业机械原值达2.15亿元;乡村各类农机维修、供应网点达273个,从业人员8700人。

1985~2008年,汨罗市农机局(含农机站)先后获部级奖励2次,获省农机局先进单位奖励14次,获岳阳市级先进单位奖励6次;该局干部职工获部级奖励1人,获省级奖励7人,获岳阳市级奖励的3人。1995年、1996年,汨罗市被农业部评为全国水稻机械化第一市、机械化节本增效示范市。

第一节　农机推广

一、机具推广

喷雾器　1976年,推广苏州产工农36型喷雾器,至1979年,该类喷雾器达155台。1996~2000年,机动、手动喷雾(粉)器分别达4710台、87225台。2003年,手动喷雾(粉)器被淘汰。

收割机　1978年,引进推广无锡割晒机、小型收割机。1996年,拥有人力打稻机45924台、动力打稻机13613台。2000年后,人力打稻机逐渐被淘汰。2003年后,重点推广收割机。2006年12月,拥有收割机551台、14855千瓦,机收面积39870公顷。2007年,有联合收割机701台。早晚稻收割期间,4个机收队出动30台联合收割机,为平江、湘阴、益阳等周边县市服务,创作业面积1000公顷、作业收入80万元的历史纪录。2008年,全市新增收割机173台,收割机保有量661台,机收水平达83%。

配合饲料机组　1978年,重点推广300型配合饲料机组。20世纪80年代,饲料加工机械逐步现代化。燎家山饲料厂引进提升机、电子秤、计算机等先进设备。

其他农业机械　1980年,推广稻草还田轧滚、谷物烘干设备,试制湘汨－F3型手拖底盘。1981年,重点研制湘汨－F3型手扶底盘犁。1983年,县农业机械研究所研制的GZ－3型水田耕整机通过省农机局、省农机鉴定站的鉴定。是年,重点推广手压真空泵。1983～1985年,打手压真空泵井16.96万口。推广小型烘干机,因气候原因未取得成效。1987年,推广磁化节油器83个。1991年,在白水镇推广化肥深施器,完成深施4.33公顷,比面施碳铵节约30%。1997年,推广90型柴油机低温起动器。

二、技术推广

1983年,重点推广节油技术。至1985年,节油124吨,节省经费7万余元。1990年,在红花乡推广2PCY—800型破胸催芽室,共破胸催芽5场次,平均破芽率达96%。1993年,推广池塘养鱼机械化增产技术,是年,创直接经济效益181.7万元、社会效益27.45万元。是年10月,汨罗市制定"以机代牛"实施规划。1994年,在长乐镇推广棉花生产机械化综合增产技术,推广1万公顷;推广计量加油装置节油技术。

三、项目推广

1993年,投资40万元推广机械化优质精质米加工项目,年产量12万吨,年产值1996.7万元。1994年,实施第一个丰收计划。同年,在楚塘建立精麻加工推广项目。2001～2002年,推广站购置5台收割机,成立机收承包服务公司。2005～2008年,组织实施国家优质粮食工程现代农机装备推进项目,争取项目资金352万元,补贴、补助资金571万元,机具721台(套);项目带动农民投入1188万元。

四、示范推广

1983年10月,湖南省农机局、省农机鉴定站在汨罗县召开G2—3型水田耕整机鉴定会。1995年7月7日,在白水镇组织6个厂家的10台收割机进行秸秆机械化还田作业演示,实现秸秆还田面积2.47万公顷。1996年,从湘潭引进2BD—TB型人力点播机10台和省鉴定站改装的撒播机5台,确立2BD—TB型人力点播面积140公顷,建立12F—20、2F—25、2F—45型化肥深施示范点3个、示范作业面积350公顷,建立抛秧技术示范点1个、示范面积26.67公顷。1999年7月14日,在红花乡东冲村一组召开水稻机械收割演示会,推广联合收割机26台。2001年7月14日,在红花乡东冲村举办机收及秸秆还田现场演示会,佛山金浪、浙江台州、河南临颍、株洲九一八等厂8台收割机现场示范。

第二节　农机监理

一、农机牌证管理

1984年,首次换发农机用拖拉机牌照。1990年1月1日始,全省统一启用新的机动车驾驶证编号代码和机动车行车执照及号牌的编码。1994年4月20日,开始拖拉机第二次换证工作。1998年6～11月,换发农用拖拉机驾驶员驾驶证。驾驶员新档案编号采用十位阿拉伯数字,即"43508×××××"。2000年,换发全国统一的"反光"牌照,代码为"湖南F～BA×××"。

二、农用车辆安全管理

1987年8月至9月月底,第一次对拖拉机进行技术检测,共检测机车1000台。1989年,购进一套先进的电子测功仪,是年,检测485台,测功285台,调修252台。1993年,监理所与市农业机械化学校(简称农机学校)联合办公,负责拖拉机驾驶员培训工作。是年5月1日,开展农用机动车辆尾气检测工作。1999年,开始代征拖拉机(含大型、中型盘式、手扶拖拉机)车船使用税、营业税、个人所得税、城市(维护)建设税、教育附加费、防洪保安基金。2001年,汨罗市农机局被农业部农机监理总站、岳阳市农机局评为先进单位。2008年,监理移交公安局,实现监理转型管理:移交原监理工作人员11人,农用运输车1142台,三轮汽车547台,J证驾驶员1135人,L证驾驶员669人,余下29人,均列入监理编制和农机编制,全部纳入财政预算。共有大型拖拉机1233台、31318千瓦;小型及手扶拖拉机2855台、25695千瓦;农用三轮车1278台、14062千瓦;农用汽车1573台、82980千瓦;机动运输船166艘、2156千瓦。检验拖拉机105台,办理拖拉机注册登记187台,核发拖拉机驾驶证113本;办理联合收割机登记注册173台;开展田检路查700余次,检查各类农业机构1100台次,处理纠正各类违章730余起。

第三节　农机培训

1978年3月,在白水牛口塅农业技术学校开办蒲滚船机手师资训练班,50多人参加。是年6月,在县招待所举办机滚船机手训练班2期,200余人接受培训。1980年3~6月,柴油机手定级考试,首次发证3000余个。1982年,培训费用由事业性开支改为机手自付费用。1983年7月,汨罗县农机学校成立。1986年,县农机学校开始函授培训,第一期培训40余人。1987年10月,开始对从事10年以上修理工进行考核发证;是年,添置1台Z—10型手扶拖拉机作为解剖机具,并建立1个实习室;培训大、中型拖拉机驾驶员22人,手扶拖拉机驾驶员336人,内燃机、耕整机等其他操作人员133人。1989年3月,农机学校在白水、铜盆、黄柏、大众、汨罗等乡镇举办耕田机手培训班,培训学员314人;5月,统一换发农机维修合格证、等级证。1993年,首次举办收割机驾驶员培训班。2004年,拖拉机驾驶培训开始实行社会化办学。

附　市农机公司

1978年前,汨罗县农机供应站从物资站析出,更名为县农业机械公司。1978~1984年,农民购买农机具享受政府财政补贴,公司处于政策性亏损阶段。1985年,公司首次扭亏为盈,实现盈利6.7万元。是年,农机站自筹26.5万元,添置油罐98只,贮油能力达643吨,专业供油人员达52人,农用柴油管供销"一条龙"服务。公司被评为湖南省农用柴油管理先进单位、岳阳地区先进单位。1986年,扩大营业场地600平方米,营业面积达1200平方米,实现由高封闭式经营向产业型服务经营转变。1987年12月,征收水田0.09公顷,投资3万元,筹办铜盆农机供应点。是年,首次供应与粮油挂钩的农用柴油。1990年11月10日,公司财务开始实行独立核算,有干部职工50人,下设2个门市、1个供应点(铜盆),自有流动资金33万元,固定资产86万元,年销售额540万元左右,实现利税15万元。1993年,销售收入646.9万元,达历史最高水平。1995年,成立农机贸易公司、农机加油站。1997年,农机产品供过于求,公司让利销售41.2万元。1999年,公司将农副、配件两个门市部实行承包。2000~2001年,公司进行财产盘底清查,实行经济体制改革。2003年1月24日,公司申请实行"两个置换";4月14日,农机公司委托正平拍卖公司拍卖固定资产;11月9日,公司正式与拍卖商汨罗正峰科贸有限公司签订地产拍卖合同。2004年

9月24日,农机公司原有人员68人移交城关镇广场社区管理,移交管理经费2万元。

汨罗市(县)1979～2008年部分年份农业机械设备使用情况统计表

表12－7－59　　单位:台、辆、艘、部、吨、千瓦

年度	农业机械总动力	拖拉机				农用运输机械								农用水泵	耕整地机械					植保机械			收获机械				
		大中型拖拉机		小型及手扶拖拉机		农用汽车		农用三轮车		机动运输船		农用木船			耕整机	旋耕机	机耕(滚)船	机引犁	机引耙	机动喷雾(粉)器		手动喷雾(粉)器	人力打稻机	动力打稻机	机动脱粒机	联合收割机	
	千瓦	台	千瓦	台	千瓦	辆	千瓦	辆	千瓦	艘	千瓦	艘	吨	台	台	部	艘	台	台	部	千瓦	部	台	台	台	台	千瓦
1979	61864	212	5623	786	5866	32	1955	－	－	12	232	113	363	2098	－	612	500	178	239	126	274	18335	9983	2358	353	－	－
1983	92010	263	6848	1091	82362	149	8579	－	－	39	334	140	226	3156	128	556	252	89	95	144	305	38842	19866	3329	129	－	－
1987	115123	191	4873	2359	19652	331	19979	109	1591	92	1026	－	－	4597	1309	412	136	123	30	77	185	48423	29235	3218	50	－	－
1990	140205	189	5047	2814	24043	372	21660	246	3483	81	480	－	－	5873	2545	292	119	140	18	22	60	70537	52645	4310	21	－	－
1996	228708	157	5870	2964	26568	1549	55323	379	3587	285	2816	－	－	11192	7923	187	187	278	185	39	89	82215	45924	13613	－	1	4
2000	374693	224	9422	3898	36664	1162	67302	519	6074	162	2522	－	－	20918	15049	583	1233	6029	5535	4710	－	87225	－	－	16106	27	932
2003	470309	214	8867	4111	38914	1288	76244	811	10627	167	2565	－	－	20008	17838	771	792	6580	5664	282	634	－	－	－	17318	303	7187
2006	459792	212	5638	4342	42224	1346	78667	1235	13193	168	2581	－	－	20898	18373	775	793	6607	5683	282	634	－	－	－	17326	551	14855
2007	464326	209	5483	3442	38422	1437	80778	1253	13787	166	2156	－	－	20901	18307	770	790	6007	5368	248	494	－	－	－	17032	701	19412
2008	497315	1233	31318	2855	25695	1573	82980	1278	14062	－	－	－	－	20941	18650	829	798	6010	5452	298	796	－	－	－	17713	910	25500

第八章　乡镇企业

汨罗市区位适中,交通方便,资源丰富,传统商业和手工业发达,具有发展乡镇企业的独特优势。早在1954年1月,湘阴县大众农业生产合作社(今汨罗市古培镇)就开始组织富余劳力烧窑、榨油、做蓑衣、织袜子,并得到中华人民共和国主席毛泽东的亲自批示(1956年11月16日为《中国农村社会主义高潮》一书撰写按语时对《湘阴县解决了剩余劳动力出路问题》的批示)。1991年3月14日下午,中共中央总书记江泽民考察黄柏乡神鼎村新铺组农民刘再田的家庭塑料厂。2003年10月2日下午,中共中央总书记胡锦涛深入大荆镇、红花乡考察农业产业结构调整、加华肉牛养殖及晚稻收割情况。

1978～2008年,汨罗市乡镇企业从发展壮大到二次创业,实现从"配角"向"主角"、由"辅力"向"主力"、由"副业"向"主业"的转变,成为汨罗经济的"半壁江山"。至2006年,乡镇企业达38695个,从业人员202185人,劳动者报酬196080万元,增加值474340万元,上缴税金45400万元,利润71500万元,固定资产原值438700万元,固定资产净值394830万元。1996～2006年,汨罗市连续11年被评为全省发展乡镇企业先进县(市)。

第一节　所有制形式

1978 年前,汨罗县社队企业从属于所在社队行政机构,性质均以集体所有制为主。企业挂靠行政,虽“树大好遮阴”,但也存在人事大权、生产大权、财务大权管理混乱的问题。

1986 年,276 个乡镇企业实行“定任务、定提留、定利润、定上缴和超利润按比例分成奖励”的经营责任制。1989 年,349 个企业实行经营承包责任制,124 个企业实行全员风险抵押承包、五定一奖罚、租赁等责任制。

1993 年,在 1157 家乡村集体企业中,有 425 家实行股份合作制,256 家实行租赁和拍卖。是年年底,乡村亏损企业剩 12 家,比上年下降 20%。1997 年,企业改制 480 家,其中集体企业 95 家,联合个体私营企业 380 多家。1998 年,建立股份制合作企业 117 家;在 927 家乡村集体企业中,股份合作制 692 家,拍卖 45 家,租赁 99 家,大包干 32 家,改制面达 93.6%。至 1999 年,乡村集体企业改制面达 95%。其中,股份制占 35%,租赁制占 40%,拍卖占 10%,其他形式占 10%。2000 年,汨罗市政府印发《关于乡镇企业体制改革中有关问题的意见》。市委、市政府成立体改工作小组,深入乡镇企业,帮助开展体制改革工作。汨罗乡镇企业连续 5 年进入全省“十强县(市)”行列。至 2001 年年底,未改制乡镇企业仅剩 33 家。2002 年,33 家未改企业中,实行股份制的 5 家,盘活资产 1000 万元;买断 18 家,买断资产 800 万元,盘活资产 3000 万元;先租赁经营、分期付款后买断的 10 家。2006 年,开展企业改制“攻坚战”:推进汨驷建集团的改制,完成龙舟茶厂、铜盆铝材厂改制,解决市乡镇企业局原下属企业改制遗留问题。2007 年,原乡镇企业局撤销,农业产业化管理和农业三产业服务管理职能并入农业局,还有 25 人从 10 月 1 日起正式并入农业局工作。

第二节　主要行业

1978 年前,汨罗县乡镇企业主要以农业企业为主,兼有小作坊式的农机修配和农副产品加工企业。1978 年后,发展步伐加快,结构不断调整,集体、私营、个体、联合体、股份制等各显神通,工业、农业、交通运输、建筑安装、商品流通、饮食服务等行业并驾齐驱。仅工业方面就有冶金、机械、电器仪表、金属制造、机械制造、化工、纺织、家私、造纸、纸制品、矿产建材等几十个生产门类,产品达 2000 余种,其中优质产品达 20 余种,拳头产品达 30 余种。

一、工业企业

包括矿产、冶炼、制造、化工、印刷、造纸、轻纺、建材、手工工艺、食品等 10 个行业,多数分布在汨罗江以南乡镇。1989 年,乡镇工业企业总产值(按 1980 年不变价计算)达 2.3594 亿元,其中乡办工业产值 7874 万元,村办工业产值 7165 万元,合作经营工业产值 2343 万元,个体工业产值 6212 万元。33 个乡镇场企业情况:工业产值 1000 多万元的乡镇 5 个(汨罗、古培、铜盆、弼时、沙溪),2000 多万元的乡镇 2 个(川山、高坊),5000 多万元的乡镇 1 个(城郊)。1993 年,乡镇工业企业 9660 个,从业人员 46258 人。其中,矿产业 13 个,从业人员 930 人;制造业 299 个,从业人员 15183 人;化工业 35 个,从业人员 1174 人;印刷业4个,从业人员119人;造纸业23个,从业人员1266人;轻纺业261个,从业人员8071人;建材业101个,从业人员3490人;食品业56个,从业人员454人;冶炼业16个,从业人员634人;手工工艺8852个,从业人员14937人。是年,饲料工业发展到22家,涌现出希望、天盛等名牌产品,年销售总量30.43万吨,产值5233.6万元。年末,乡镇企业总收入18.72亿元,主要经济指标进入全省先进行列;长乐、汨罗等10个乡镇企业产值过亿元,其中城郊乡突破3亿元;村办企业产值过1000万元的20个,其中乡镇工业企业产值过千万元的17家。

1999年,汨罗内500万元以下非国有工业企业有:乡镇工业7549个,工业总产值78.1684亿元,上缴税金609.6万元,自有资金7568万元,年末从业人员63542人;村组工业5768个,工业总产值33.5412亿元,上缴税金64.8万元,自有资金1325.4万元,年末从业人员19417人;街道工业890个,工业总产值1.7773亿元,上缴税金25.4万元,自有资金329万元,年末从业人员4422人。2003年,乡镇工业分别占全市工业总产值的78%,占规模工业总产值的80%,占工商各税的80%,占农民人均收入中新增部分的70%。2006年,500万元以上乡镇街道工业68个,工业总产值32.0604亿元。

在乡镇工业中,碳素业后来居上。20世纪80年代,汨罗县内碳素厂仅磊石乡1家,且以生产碳素再生棒为主,产品单一,销售面窄。至2008年,碳素企业发展到30家,分布在磊石、黄市、桃林、弼时等17个乡镇,产品畅销全国20多个省,并出口日本、美国、东南亚等地,年总产值12亿多元,上缴国地两税5000万元,从业人员2000余人,发放工资3600万元以上。成立汨罗市碳素行业协会,自主研发增碳剂项目、开发石墨异型材先进产品,拥有振动成形石坩埚先进技术,开始向冶金、化工、医疗、电子、航天航空等尖端领域和大宗业务发展。

汨罗市1993年乡镇企业总产值过亿元乡镇一览表

表12－8－60　　单位:个、人、万元

单位	企业数量	从业人员	总产值	利税总额	固定资产原值
城郊乡	2019	8906	31737	3055	4993
汨罗镇	956	3250	10850	592	933
新市镇	1395	4132	10894	1418	1444
古培镇	788	2792	11528	845	1592
白水镇	994	6401	10660	1015	1500
高家坊镇	3005	9099	11537	663	639
铜盆乡	880	4267	10341	436	1669
城关镇	1766	3975	11328	1009	1170
长乐镇	1206	3361	13958	983	1651
川山坪镇	1417	10690	10726	1213	1648

二、农业企业

1978年,全县农业企业340个,从业人员4009人,年总产值260万元。1980年,有各类种养企业673个,面积1.18万公顷,年总产值638.89万元。1984年后,乡、村农业企业实行承包,数量减少。至1993年,全市农业企业281个,占乡镇企业的1.1%;从业人员2348人,占总人数的2.6%。白水镇瓜子加工厂达30多个，从业人员2500余人，月销售瓜子3000多吨，产品销往国内30多个省市及俄罗斯、缅甸、越南等国。

1999年，投资2000万元用于农副产品开发加工，初步形成大荆镇蔬菜加工、白塘乡优质糯高粱生产加工、李家塅镇肉食加工、白水镇精制食用调味油加工、红花乡蛋禽加工、长乐镇甜酒加工等生产基地，共带动农户5000户，新增农产品加工企业近300户。大荆镇"冯大哥"脱水蔬菜等12项产品畅销湖南、广东等省，带动近1000家农户种植业发展。

2000年，投入农副产品生产开发资金2100万元，完成产值1.41亿元，较上年增长28%。光明家具行业有限公司投入500万元开展技术改造，新建1000平方米的现代化生产车间。现代家私厂投入800多万元，在新市工业小区征地32亩，生产现代家具。新增火天乡向阳花食品有限公司、白塘乡汨罗春实业有限公司等一批农副产品加工企业。

2001年，农产品加工业快速发展。年产值50万元以上的企业158家，总产值3.83亿元，增加值1.40亿元，发放工资2724万元，比上年分别增长47.3%、45%、41.4%。全年新上农副产品加工项目38个，投入100万元以上的3个，开发新产品3个，湘康芝麻油、长乐甜酒获省农博会名优新产品奖。投资150万元建成的天键红米厂，是年，产值300万元，利税53万元。谊信大荆分公司大力发展外向型农业。向香港、新加坡出口乳猪20多万头，创汇70多万美元，带动农户800多户。

2003年，农产品产值50万元以上的企业107家，从业人员7225人，实现增加值3.4亿元，发放工资5084万元。加华牛业、弼时镇立新养鹿场、黄市湘宏造纸厂等企业先后投产，蓉泰科技淀粉厂、八景金刚炭厂、智峰星辰竹板厂等企业投资，开拓农产品加工新领域。智峰星辰竹板厂总投资400万元，年加工楠竹300万公斤，生产竹胶板8000立方米，年创产值300万元，并带动汨罗、岳阳、平江三县(市)邻近6个乡镇的楠竹生产。三江米业集团辖15家大米加工厂，年加工稻谷225万公斤，产品畅销长沙、广东。火天乡开展金银花种植加工，建立基地3个，面积达66.67公顷。

2006年，农产品加工企业达172个，从业人员9243人，年销售收入21.3904亿元，利润1.0073亿元；农产品加工规模企业38个，从业人员5966人，年销售收入16.7953亿元，利润5.4373亿元；省级农业产业化龙头企业2个，从业人员765人，年销售收入1754万元，利润4.3811亿元。

三、交通运输企业

1980年始，乡、村两级装饰运输业迅速发展。1989年，有交通运输企业40个，其中乡镇办22个，从业人员1396人；村组办18个，从业人员1102人。乡镇共有机动车305台，其中汽车275台，拖拉机30台，帆船19艘。1993年，乡镇企业中，交通运输企业4796个，从业人员6932人；其中个体交通运输户4626个，占96.46%；从业人员5335人，占77%。到2002年，乡镇村有民营货车576台，载重1546.5吨，货运量44.37万吨，货物周转量10200万吨公里。民营客运从1992年长乐镇陈沛林首台客运车开始，至2002年年底，乡镇村个体客运车辆158台，计座位2995个，经营线路39条，日开班次316次，年客运量422.90万人，周转量7942万人公里；道路出租车业主108户，座位615个，年完成客运量49万人次，旅客周转量5500万人公里。至2007年，各乡镇共有民间渡口25处(汨罗江上22个，水库内3个)，渡船32艘、180.2吨、99千瓦，渡工39人。

四、建筑企业

汨罗市内建筑业发达,素称“建筑之乡”。1978年前,高坊、川山等社办建筑队在岳阳市均可承建100万元以上的建筑项目。1982年,城郊、川山、黄柏、高坊、白水、弼时6个社办基建队被列入湖南省249个年收入过100万元的先进社队企业行列。乡镇基建队有25个,年总产值6108万元。1993年,乡镇建筑企业发展到1541个,从业人员19426人,年总产值3.8507亿元;其中个体企业1378个,从业人员6867人,年总产值1.2888亿元,分别占全市建筑企业的89.4%、35.3%、33.5%。1999年,乡镇建筑业从业人员19141人,建筑总产值3.2858亿元;其中19个乡镇建筑企业总产值2.9207亿元,单位工程施工165个,单位竣工工程119个,优良单位工程38个。2006年,乡镇建筑业从业人员25144人;其中乡镇总承包和专业承包的建筑企业8个,从业人数6560人,施工项目102个,建筑业总产值4.4927亿元。

五、商业企业

1978年前,汨罗县有全民、集体商业网点184个,从业人员2012人。1978年,黄柏公社创办全县第一家社办商店,年营业额20万元。至1993年,全市乡镇商业企业6648个,从业人员10695人。1998年,企业新增个体工商户5386户,私营企业49家,从业人员8342人,分别比上年增长65.5%、86.6%、43.3%;个体私营经济税收达6889万元,占全市工商各税的75%、占财政收入的47%。2003年,乡镇从事批发零售商业者13218人,占乡村从业人员总数的4.99%。2006年,乡镇从事批发零售业的从业人员共13494人,占乡村从业人员总数的5.05%。

六、饮食、服务及其他行业

1978年,楚塘公社开办第一家社队饮食店,年营业额8万元。至1993年,全市乡镇企业有饮食店1109个,从业人员2186人,年总收入6271万元。1978年后,个体服务业迅速兴起。至1993年,全市乡镇企业有服务企业1016个,从业人员1366人,年总收入达1980万元。2003年,全市乡镇住宿、餐饮从业人员10415人,其他从业人员16700人,分别占乡村从业人员总数的3.93%、6.3%。2006年,全市乡镇从事住宿和餐饮业人员为10471人,其中古培镇达2734人;其他从业人员达17193人,其中1000人左右的乡镇5个,2100人以上的乡镇2个。

第三节　企业管理

一、行业规划

1978年前,汨罗县革委会提出社队企业“立足本地资源,因地制宜,就地取材,全面规划,综合利用,在不与国家争原材料的原则下,兴办一些力所能及的小厂,为当地农业生产和人民生活需要服务”。按该规划,社队企业坚持向“小、土、群”方向发展。1984年,汨罗县乡镇企业局制定乡镇工业“七五”发展规划,把发展工业企业的重点放在轻纺工业、食品制造和饲料加工方面。1985年,对乡镇企业中的五业结构(即农、工、运、建、服)做出规划。根据各地资源优势,划为4个作业区:长乐地区以种植棉花、油料作物和开发保险柜产品为主;桃林地区以种茶、制茶、酿酒、烧制砖瓦业为主;城关地区重点发展建材、化工、机电和第三产业;弼时地区重点发展轻纺、冶金、交通运输业。1993年,成立乡镇企业行业管理办公室;成立鞋楦鞋模集团公司、省保安设备工具总公司、小五金工具总公司3个乡镇企业集团。

二、质量管理

1983年,汨罗县社队企业局将内设的生产股改为生产技术股,负责社队企业的生产技术指导和管理。1988年,农牧渔业部、监察部派员检查境内8个乡镇、19家农药厂的生产经营状况,查出生产销售假劣农药问题。县政府成立整顿小组,进行全面整顿。除城郊乡农药厂产品质量符合国家标准、允许继续生产外,其余18家农药厂一律查封停产,并对有关单位和厂家12名负责人分别给予党纪、政纪处分。此后,乡镇企业认真吸取教训,普遍建立QC小组,监督、检查生产程序和产品质量,坚持做到产品达标方能出厂。1996年后,树立管理样板企业15家,通过ISO系列国际质量认证的企业8家。至2002年,乡镇有较规范的股份合作企业534家,有限责任公司2家,股份有限公司1家;有视野开阔、精于管理的全国乡镇企业家2人,省乡镇企业家10人。

三、安全管理

各乡镇企业均成立安全领导小组,购置必备的安全生产设备。乡镇企业委员会每年对所属企业(单位)进行3~4次专项(如防爆等)、专类(如锅炉、炸药库)安全检查,消除安全隐患,杜绝重大事故发生。

四、财务管理

财务制度　1978年前,汨罗县社队企业局设财计股,各社队企业办公室配备专职会计、统计,进行财经核算。1986年,普遍建立固定资产的保管、使用、保养、维修、检查制度,原材料采购、验收保管、使用及流动资金管理制度,企业收入和利润分配管理制度。职工工资采用计时与计件的双含工资制,利润分配兼顾国家、集体与个人三者利益。管理费比例:工业企业不超过收入总额的1%,农业和饮食业为0.5%,商业为0.3%,建筑安装为0.5%~1%;管理费总额的75%留给乡(镇)企业办公室,17%上缴乡镇企业委,5%上缴地(市)级乡镇企业局,3%上缴省乡镇企业局。

财务监督　1978年后,乡镇企业的财务监督正规化,实行行政监督与法律监督相结合,乡镇企业办公室的统计员执行统计监督和检查。

财务审计　1984年,乡镇企业财务开始接受审计。1991年,乡镇企业委设置审计股,32个乡镇场建立乡镇企业内部审查站,20个企业配专职审计员84人。是年,对126个企业开展审计,查处违纪金额28.2万元,违纪人员21人。此后,每年对企业财务定期进行审计。

会计培训　1983~1993年,乡镇企业委共培训财会人员1085人次;通过考核,有117人获得职称,其中会计师11人,会计员106人。

第四节　产业扶持

一、政策扶持

1980年5月,汨罗县委、县政府作出《在调整中发展社队企业的决定》。1984年,县乡镇企业局制定《1985～2000年乡镇企业发展规划》。1990～2006年,汨罗市委、市政府每年都制定一系列优惠政策,鼓励全市各单位为之引进项目、资金、人才、技术,并让投资者有利可图。1993年,汨罗市委、市政府制定《关于促进乡镇企业登台阶增效益的有关规定》。1999年,汨罗市委、市政府提出"二次创业"口号,作出《关于加快乡镇工业小区建设的决定》。2000年,出台《关于加快乡镇企业科技进步的决定》。2001年,出台《关于进一步加快乡镇企业改革与发展的实施意见》《汨罗市2002年乡镇企业工作奖罚方案》。

二、目标考核

20世纪90年代后,市委、市政府坚持把乡镇企业发展情况纳入全市"双文明"建设年度考核内容,两项各定100分,合并计算,评出名次;对连续两年排位前两名的乡镇领导奖票子、给位子、发旗子;对完不成乡镇企业发展任务的,不提拔、不评先、不调动;对连续两年排名居后三位的3名乡镇负责人(书记、镇长、分管领导)实行诫勉。2003年,对乡镇企业工作滑坡、排名后三位、没有完成任务的3名乡镇党政主要负责干部实行降职、降级处分。同时,市委、市政府设立乡镇企业目标管理奖、明星企业奖、农产品加工奖、名优新产品奖、出口创汇奖、优秀厂长经理奖,对获奖对象个数和获奖的项数均不作限制,只要符合条件,有多少奖多少。2003年4月,市财政拿出30万元对36个乡镇企业先进单位、先进个人进行奖励。各乡镇配套拿出75.3万元用于奖励优秀乡镇企业和有功人员。其中,城关镇就发放奖金15万元。

三、待遇保障

2003年,汨罗市委、市政府将31个乡镇企业办定为正股级法人事业单位,核准编制103人,企业办人员社保正式由社保站转入社保办。在28个乡镇场成立乡镇劳动保障站,专为乡镇企业职工劳动保障服务。

四、部门支持

汨罗市纪委、监察、优化办等单位结合党风廉政建设,把优化环境、减轻企业负担当作头等大事来抓,不仅明令禁止任何人、任何单位巧立名目向企业搞摊派、拉赞助,而且还经常深入企业调查走访,认真查处违纪违规行为。优化办和乡镇企业局每年都要组织乡镇企业厂长、经理、人大代表和政协委员对全市37个行政执法单位和重要执收执法单位的二级机构进行4次行风评议和挂牌动态管理,建立环境预警机制。公检法等单位坚持为乡镇企业保驾护航,打击经济犯罪,打击邪恶势力,并在重点企业建立公安值勤室,帮助维护企业生产秩序。计委、招商局热情帮助乡镇企业搞好计划立项和招商引资。

1979年，汨罗县税务局对乡镇企业新上技改项目、贫困乡（镇）村企业实行免税或减税1～2年的政策，对乡镇企业的所得税按30%的标准计征。1987年，湖南省政府无偿投资50万元，岳阳市政府提供贴息贷款13.5万元，汨罗县政府提供贴息贷款5万元。至1993年，国家扶持汨罗市乡镇企业资金达134.1万元。

1977年，银行对乡镇企业贷款152.69万元。1978年后，逐年增加。1983年为435.59万元，1993年达1688万元。2003年，开展以“诚实互信”为基础的新型银企关系建设活动，银行等金融机构为乡镇企业融资5000万元。

五、民间支持

1987年，各乡村采取以劳代资、群众集资的办法筹集资金295.5万元，使乡镇企业130个技改和新上项目如期完成。1986年，磊石、新塘通过股份集资筹集乡镇企业发展资金122万元。1989年、1993年，乡镇企业技改和新上项目中，乡镇群众以劳代资、集资1.2325亿元。1993年，在449个投资项目中，有425个项目系集体、个体合股投资建成。2003年，乡镇企业投资总额4.6亿元，其中民间资金达1.9亿元，占投入总额的43%。民间投资中，智峰星辰竹板厂达300万元，圣正元服饰厂达800万元。

第十三篇　工业经济

1978年，汨罗县内有机械制造、化工、轻工、建材、纺织等工业企业131家，实现工业总产值1.0216亿元（含汨纺），占工农业总产值的46.82%。但整体工业态势仍以服务地方农业为主，生产规模小，技术水平相对落后。1980年后，工业企业逐步扩大企业自主权，加快内部管理机制改革的步伐，优化产业结构，重点开发资源型产业。至1994年，全市兴办饲料、花岗石、高岭土、黄金、家具、金属制品加工和建筑材料等企业30多家。基本形成以机械、冶金、化工、纺织、建材、食品、饲料为支柱，门类较齐全的工业体系。经济效益逐年提升。2002年后，加快工业园区建设，大力发展循环经济。至2008年，工业企业发展到3544家，实现工业增加值54.6674亿元。在推进新型工业化考核中，汨罗被评为岳阳市第一名、湖南省第十名。

第一章　工业管理

第一节　机　构

1978年1月，汨罗县革委会设工交办公室、工业局、二轻工业局（与社队企业管理局合署办公）等工业管理机构。6月，撤销县革委会二轻工业局。1979年3月，撤销县革委会工交办，成立县经委。1981年7月，工业局并入县经委。9月，撤销工交各局，由县经委直接管理工业企业。县经委内设6科1室1会1公司。是年12月，恢复工交各局。1982年，恢复县二轻工业局、县手工业生产合作联合社。4月，县二轻工业局更名为县轻工业局。1984年3月，恢复为县二轻工业局。1990年3月，恢复市工业局，与市经委合署办公。1993年，市工业局更名为工业服务总公司，保留市工业局牌子，市二轻工业局更名为二轻工业总公司。1995年，市工业局与市经委合并。市经委内设办公室、人事、财务、生产技术、企业管理、安全保卫等科室。1997年12月，市二轻总公司并入市经委。至此，市经委直属单位达33个。即市氮肥厂、市龙舟动力机械厂、市宏大铝材有限公司、市铝业公司、市冶金备件公司、市汨江砂轮公司、市佳日印刷公司、市飞越仪表公司、市金湘磁材厂、湖南橡胶厂再生胶分厂、市金刚石厂、市宇航棉厂、市工业供销公司、市腾飞轧钢公司、市三菱轧钢公司、市亨达金属结构有限公司、市振新橡塑公司、市包装厂、市裕丰公司、市骏业水泥公司、市湘华屈原酒业公司、市湘北磁材公司、市工业职校、湖南通海制泵有限公司、湖南三九制管总厂、市木器厂、市服装厂、市铜管厂、湖南保安设备厂、市橡胶制品厂、市塑料工业公司、市轻工供销公司、市电扇厂。其中市氮肥厂是国家中型一档企业。

2002 年，市经委更名为市工业局，内设办公室、纪检监察、人事、财税、安全保卫、经济运行、企业管理、体改招商、计划生育、工会等 15 个科室。2005 年 10 月，市乡镇企业局并入市工业局，对外保留乡镇企业局牌子，部分工作职能划入市农业局和市畜牧水产局。

第二节　生产营销管理

1978 年后，县属国有工业企业完善内部劳动组织，健全各项规章管理制度，恢复车间、班组各工种的劳动定额，完善工艺流程各环节的原始记录、计量、登统工作，生产管理程序逐步趋向正规化。县氮肥厂、县农机厂等企业开始恢复国有工业企业党组织领导下的厂长负责制。

1980 年后，贯彻执行以计划经济为主，市场调节为辅的方针，逐步扩大企业在生产、劳动用工、工资分配等方面的自主权，调动企业的“两个积极性”（企业和职工），经济效益逐步回升。县氮肥厂被化工部评为全国小氮肥“百面红旗单位”。1982 年，中共中央、国务院作出用三年时间搞好国营企业全面整顿的部署。国有工业经过企业整顿，全面实行“党委政治领导、厂长行政指挥、职工民主管理”的厂长负责制。企业生产计划的制定、产品质量的检验、职工工资奖金发放等各项决策均由厂长负责。同时由厂长为首的行政班子对车间、班组实行“任务、成本、报酬”三项指标承包。是年，电扇厂实行经济承包，职工月均出勤率由 70% 提高到 97%，产品合格率达 98%。原做一台电扇机需 6.5 个工日，承包后只需 2.48 个工日，降低成本 6.8%，年内盈利增加 3 万多元。

1984 年，按照政企分开、所有权与经营权适当分离的原则，工业系统进一步扩大企业在内部机构设置、劳动人事、生产营销、资金调度使用、产品开发等方面的自主权。县农机厂自创“表格式”生产调度方式，时间与进度呈“宝塔型”逐层分解到车间、科室，上半年完成产值 121.71 万元，比上年同期增长 86%。工业系统通过职工大会，共收集职工提案 150 多条，改进劳动人事、生产调度、产品质量等管理方式，完善工业管理规章 70 余项，使企业管理水平与生产效率同步提高。1985 年年初，全省工业企业整顿验收，汨罗县工业系统获得“1000 分制考核”的 900 分，14 个工业企业全部验收合格。

1985 年始，实行工业生产目标管理责任制，由各厂厂长分别与县经委签订责、权、利相结合的目标责任书。企业内部实行厂部、车间、班组三级管理，工厂、车间两级核算，工资浮动，联岗联责联酬，盈利者奖，亏损者罚，保障生产营销任务完成。1988 年，工业企业改革以产值、销售收入、实现利润、上缴利税、流动资金占用率五项指标为主要考核内容，企业与市财政签订承包合同，包死基数、递增上缴、多收自留、少收自补；内部则分级核算、指标分解、费用包干、工资浮动、联利计酬、超利分成。1989 年，再次调整和完善经济责任制内容，26 家国有工业企业中，实行“双保一挂”（保生产和销售任务，工资与效益挂钩）的 1 家，上缴利润递增包干的 8 家，上缴利润包干，超收分成的 2 家，利润包干或减亏包干的 6 家，其他企业实行租赁或承包经营。

1993 年，市直国有工业进行股份制改革试点，先后创办市华诚纺织有限公司、市凯华铝业有限公司、市众和植物油脂有限公司。同时，改革产权制度，对原第一织布厂实行破产，产权转让和职工成建制转移给深圳南灏责任有限公司。至 1995 年，按照有利于优势产品开发、有利于企业稳定、有利于职工安置的原则，实行“一厂一策，因厂制宜”管理。先后对再生胶厂、包装厂租赁经营，对市印刷厂实行分块承包，对市砂轮厂、市利华仪表厂等 9 个严重资不抵债的企业依法破产。同时健全内部约束机制，改革劳动用工、工资分配、生产责任制以及风险抵押承包等方面的制度,使企业在改制和整合过程中平稳过渡。1995～1996年,工业企业先后开展以节能降耗为主要内容的成本管理;以盘活存量、用好增量、加快周转的营销管理;以精简机构为突破口的岗位目标管理,加快企业转轨变型。1997年,国有工业完成产值2.072亿元,比上年增长5%,扭亏增盈工作跨入岳阳市前列。9月,岳阳市扭亏增盈工作经验交流会在汨罗召开,汨罗市工业生产目标管理列岳阳市第一名。

1998年,市经委将"两个确保、两个突破"(即确保政治稳定、确保经济增长,在招商引资上实现量的突破、在转机建制上实现质的突破)列入重要议事日程。全市二轻工业实现产值6349万元,销售4000万元、税收230万元。汨罗作为湖南省两个先进县(市)之一,出席全国第四次二轻集体联社社员代表大会。市水泵厂正式更名为"湖南通海制泵有限公司",严格按《中华人民共和国公司法》运作,完成产值7000万元,实现利税128万元。市钢管厂、市镀锌管厂成建制转让给湖南三九总利汨罗制管总厂,重新安置职工就业346人。1999年,经委将市直工业企业划分为12个责任区,由党政负责人联点包干负责,扩大招商引资成果,促进生产发展。市龙舟动力机械厂引资173万元,开发生产高速公路护栏设施,实现销售1400万元;市冶金机械厂开发路灯产品9个系列、60多个品种,产值、销售均比1998年翻一番。市裕丰公司、市水泥厂、市服装厂等6家停产企业重新启动生产,安置下岗职工1400人。是年下半年,市水泥厂在兼并过程中,生产无序,管理较混乱,得到市经委的重点关注和扶持,动员职工自筹资金100万元,于11月13日点火恢复生产,月产水泥6000吨,创建厂后的最高纪录。

2001年后,市直工业资金匮缺、成本增加、竞争乏力。市工业局及时引进资金2000万元,使氮肥、冶金机械、水泵、镀锌管等一批优质产品维持正常生产。至2002年,实现产值16.3亿元,利税6500万元,连续七年获岳阳市政府"工业生产目标管理"一等奖。2003～2008年,汨罗市加速推进工业园区建设。工业系统围绕"改革、发展、稳定、建设"的主题,落实市委、市政府新型工业化目标任务。与园区各部门密切配合,做好系统服务和生产导向工作。引导发展再生资源工业企业86家,形成年加工铜7万吨、铝9万吨的生产能力。其中再生铝加工生产集聚规模以上企业18家。结合传统的保安设备、碳素加工、电子电气、家具制造、建筑建材、轻工造纸、麻石加工、食品加工等特色产业,挖掘乡镇工业潜力,引导中小民营工业企业发展到3000多家。

第三节　质量管理

1978年,实施国家《标准化管理条例》,县属工交企业及主管部门与标准计量所组成专门班子,调查工业企业18家,归集各类标准生产的产品35种。其中国家标准7种,部颁标准28种。1980年,县革委会下发《关于加强标准计量工作的通知》。至1983年,工业企业共归集窗钢、铝型材、油泵油咀、长石、石英砂等6个产品质量标准。同时根据中共中央《关于加快工业发展若干问题的决定》,加强工交企业的技术改造、产品优化升级和质量监督管理工作,在全县工业企业中持续开展产品质量竞赛活动。长乐农具厂对老式冲天炉进行技术改造,制成冷热风冲天炉,以离心机替代罗茨风机,提高铁水温度,年节约焦炭50吨,降低生产成本6000元。

1984年,县工业局提出"以质量取信誉、求生存、保发展"的要求。改进经营管理,健全产品出厂检验制度,对氮肥、农机、制鞋、服装、木制家具、机制纸、电风扇、铝制品、水泥、白酒等生产全面开展质量达标和产品升级活动。在省级年度工业产品质量考核中，16 个主要产品合格率均达 100%，稳定提高率达 86%，比岳阳地区下达的指标高出 1%。其中 175F－5 马力柴油机、绿色碳化硅、吊风扇、铝鞋楦、屈原酒等创省优产品。是年 10 月，轧钢厂与上海新沪钢厂联合开发生产的 32 型实腹钢窗料，各项技术指标达到国家标准。

1986 年，县工业局、县质监局对工业企业全面进行产品质量检查，共收集产品质量标准 30 个，主要产品有农机、磨料磨具、电器、保险柜、皮鞋、食品、饲料、农药等。通过抽样检验，产品合格率 71%。2 家生产不合格产品的工业企业被查封，勒令停业整顿，被查封产品 12 个。1987 年，对 18 家农药厂进行产品质量抽样检查，其中 16 家生产设施和产品有效成分与标准不符。县政府办下达整改措施，限令其中 12 家企业停产整顿。通过整顿，有 6 家合格企业补办生产许可证手续。是年，县工业局从航天工业部引进 DC－3 钢窗处理液技术，可同时完成除油、除锈、磷化、钝化等四项工艺流程，产品质量达到国内同行业先进水平。1989 年，由制冷阀门厂、通用机械厂开发生产的 B40－3 型直角氟氨止阀门、FK425 汽车空调阀，双桥式起重机被评为省优产品。

1992 年，国家全面开展"质量、品种、效益年"活动，汨罗市新增技改项目投入 6235 万元，集中开发工业新产品 300 多个。1994 年 6 月，市氮肥厂历时 8 年、投资近 6000 万元的碳铵技改工程一次性开车成功；铝材厂新上 880 美吨挤压机项目，达到设计生产能力。10 月，全国饲料工业暨动物保健新产品、新技术、新设备博览会在汨罗召开。至 1998 年，工业系统已拥有铝材生产、金刚砂冶炼炉、水泥、柴油机、磁材、镀锌管、水泵等生产线，产品质量稳步提升。汨江牌碳酸氢铵被评为部优产品；R425 水泥、绿色碳化硅、165F 柴油机、铝型材等产品被评为省优；铁锚、古铜色铝材、精干麻、棉麻混纺布、屈原酒相继进入国际市场；汨罗电力实业公司开发的专利产品套管 SRTW－110 千伏干式户外电流互感器填补国内空白。1999 年，工业企业完成定期监督检验产品 18 个。针对市宏达铝材有限公司产品质量问题，限其停产整顿，健全管理制度，严格奖罚措施，使所有产品质量达标。2000 年 12 月，经省质监局检查验收，汨罗市获得"消灭无标准生产县（市）"验收合格证书。2001 年，"圣正元"服饰系列产品通过 ISO 9002 质量认证，被中国质量万里行（湖南）定为指定产品。"圣正元"被评为湖南省著名商标。

2002～2004 年，工业企业以"节能、减排、降耗"为重点，实施《国家产品质量认证条例》，共有 10 家工业企业获得生产许可证。产品种类涵盖水泥、柴油机、保险柜、化肥、砂轮等。

2008 年，新增民营科技型企业 6 家，新增省级高新技术企业 5 家，高新技术产品增加值占工业增加值的 7.7%；工业企业化学需氧量、二氧化硫排放总量削减率分别为 59%、30%；万元规模工业增加值能耗降低率达 8.6%。15 家造纸企业通过环评，2 家正式投产，11 家试生产。汨江纸业有限公司成为全省第一家治污达标造纸企业。

第四节　安全管理

1978 年后，各工交管理部门协同县安委、县劳动局对工业企业定期开展安全大检查。工业主管部门成立安全生产领导小组，由主任兼任组长，主管副职专抓。各厂矿企业设安全科（股）、配备专（兼）职安全监察员，形成生产安全监管网络。每年初召开安全工作专题会议，定期发布安全生产隐患排查月报表，以自查自纠为主。

1980年,安全管理部门以县二轻工业局为宣教示范点,组织宣传教育图片500多幅在城关、长乐、黄柏等地巡回宣传。1981～1990年,每年5月开展“安全生产月”活动;1996～2008年,每年6月开展“安全生产月”活动。

1982年始,结合工业企业整顿和产品升级达标活动,工业系统进一步强化安全生产管理,各企业安全负责人全部由兼职改为专职,安全管理机构由部门合署办公改为独立设置。投入专项整改资金近100万元,购置消防安全设备,培训安全器具使用人员。由县经委牵头,每年组织开展3～4次专项(防火防爆)专类(锅炉、油库)安全大检查,消除安全隐患,杜绝重大事故发生。1988年,工业企业完善安全生产责任制,在企业经济目标管理中,明确厂长、经理为安全生产第一责任人。1990—1993年,市经委系统实施“织网筑墙”工程,开展综合治理,各单位抽调安全员、消防专业人员90多人次参加全市安监管理、消防专业培训活动,掌握专项技能,增强防患意识。1994年,市经委与所属各企业单位签订安全生产责任状,实行责任到厂(公司)、到车间、到岗、到人。

1996年4月6日,市氮肥厂变换工程饱和热水塔突然发生物理性爆炸,造成2人死亡、4人轻伤,直接经济损失46万元。市安全办、市经委、市劳动局、市总工会、市公安局、市检察院、岳阳市经委、岳阳市化工办、岳阳市锅检所等部门联合成立事故调查组。经过周密调查分析,认定事故原因主要是设备严重腐蚀,强度降低,承受不了正常生产过程的压力所致突发物理性爆炸。10日,市经委开展安全大检查,市氮肥厂全体干部职工沉着应对,社会各界鼎力相助,仅用12天就恢复正常生产秩序,如期完成全年各项经济指标任务。

1996～1997年,市黄金公司发生两起工作人员水上死亡事故。1998年,公司建立三级安全网络;对新职工进行安全教育,培训上岗;野外、水上作业人员填写《自愿上岗登记表》,让职工家属共同参与督促安全生产。公司每月对机械设备进行一次安全检查,对防汛期间的高压电杆危险地段悬挂安全警示牌。是年5月7日,由于退水时期落差大,公司2号船搁浅,导致船体倾斜,公司当即制定处险方案,顺利排除险情,恢复采金船的正常生产。

1998～2002年,工业企业全面建立现代企业制度。先后有市宏达铝材有限公司、市利华仪表厂、市氮肥厂等企业启动破产、重组。市工业局成立安全维稳工作领导小组,将安全管理工作纳入年度工作考评,实行“一票否决”。增派人员,加大巡视和检查工作力度,发现问题,及时排查、整改。2002年,《中华人民共和国安全法》颁布实施,工业企业及时开展安全专干培训,组织参加市安委培训班40期,参训人员800多人次;开展特种行业培训19期,培训电工、焊工、起重工、司炉工等特种作业人员2000多人次。

2003～2008年,市工业局对安全生产坚持每季度全面检查,重大节日不定期抽查,共发放安全整改书98份,消除事故隐患133起。

第二章　工业行业

第一节　机械制造与金属加工

1978年,汨罗县有机械制造工业企业21家。县农机厂生产165F柴油机,年生产能力达1.5万台,成为全省五大生产同类产品的厂家之一;县木器厂电扇车间生产的汨江牌1400毫米吊扇,是全省电风扇六大优质产品之一,年产量3000台。1981年,川山农机厂投资生产油泵油咀总成。1983年,县水泵厂生产S型水泵泵体、泵轴、叶轮等部件,专销长沙水泵厂。1985年,机械制造工业初步形成以全民企业为骨干,以乡镇企业为基础的生产格局。主要产品有多功能小马力柴油机、双桥式起重机、制冷阀门、油泵油咀总成、水泵、茶叶复干机、101型拖车、塑料机、喷雾器、仪表、电扇、电器电线等。其中有8个品种、15个规格的产品获部优、省优产品称号。至1993年,乡及乡以上有普通机械制造企业16家、专用设备制造企业9家、交通运输设备制造企业4家、电器电线厂4家、仪器仪表及文化办公机械制造企业3家,年产值9638.7万元。

1995年,以金属制品(保险柜、铝鞋楦、镀锌管)、机械、仪表电器电线等制造业为龙头,乡镇企业发展到2.5万家,从业人员近10万人,完成工业产品2000多个,总产值43.1亿元。优质产品有双玻璃丝电线,银宝牌保险柜、防盗金库门、直角截止阀、铝鞋楦等。2002年,长乐保安行业电子锁、遥控车门,飘峰电气有限公司的氧化膜铝带,二轻部门的高频焊管,物资部门的金库门投入批量生产。

图10　正在打铁的匠人

1993～1998年,汨罗市宏达铝材有限公司、冶金机械厂、三菱轧钢有限公司、腾飞轧钢有限公司、飞越仪表有限公司等企业,科技水平提高,产品质量改善。165F柴油机、3201～3205型材以及热轧钢窗料多次被评为省优产品。2003～2008年,汨罗市规模以上机械制造业(黑色、有色金属冶炼压延加工、金属制品、通用设备制造、交通运输设备、电气机械、通信设备等)发展到45家,年主营业务收入增至28.97亿元。湖南中天龙舟农机有限公司主产收割机、柴油机、旋耕机三大系列产品,形成年产柴油机30万台的能力。龙舟旋耕机具有自主知识产权,“龙舟”牌收割机和柴油机获省农博会金奖,“中天龙舟”被评为全国驰名商标。

第二节　化工工业

一、化肥

1978年前后,汨罗县氮肥厂生产碳酸氢铵。1989年始,生产复合肥料。1993年,产值达4002万元。1995年,改造厂房设备,生产液氨、碳酸氢铵、甲醇等产品,其中“汨江”牌碳酸氢铵被评为省优产品。2002年,该厂由汨罗市金成实业有限责任公司整体收购。至2008年,生产合成氨10.8649万吨,农用氮、磷、钾化肥(折纯)14.3761万吨。

二、农药

1978～1982年,境内有农药厂4家,生产粉剂农药。1986年,农药厂增至15家。下年,发展到19

家。其中10家生产销售粉剂农药1.57万吨,乳剂3646.7吨,共17个品种,销往湘、鄂、粤、桂、川等18个省(区)、131个县(市)。1993年,市农药厂完成产值1374万元。1995年后,农药生产经过企业整顿,技术提高,由传统生产型向高效低毒型发展。2002年,金惠农药有限公司开发省级新产品4个,新产品产值在新增产值中占37%。至2008年,境内工业企业生产化学农药原药(杀虫剂原药)492吨。

三、塑料

1978年,各社镇开办塑料工业企业36家。1985年,县二轻工业局成立塑料公司,生产塑料桶、盆及其他塑料制品。1988年,该公司由镀锌钢管厂兼并。至1993年,境内有塑料制品企业13家,年产值2535.3万元。1995年后,新市团山逐步形成再生资源加工市场,集聚一批加工企业。其中,平桂制塑实业公司专业生产"平桂"牌PVC—U系列型材、高档豪华免漆门系列产品以及高档塑钢门窗,年生产能力达7.5万吨。2008年,全市工业企业生产塑料板、片及类似型材16199吨。

四、橡胶

1980年前后,新市橡胶制品厂生产橡胶管、橡胶三角带、鞋底等产品。1992年,城郊高岭土精制总厂与湖南橡胶厂联营,转产再生橡胶制品,年产值约500万元。至1993年,乡及乡以上有橡胶制品企业2家,年产值783.4万元。2002年,城郊再生胶厂破产、改制。至2008年,境内规模以上橡胶制品厂仅1家,生产橡胶靴鞋(胶鞋)42万双。

五、炸药、导火索

1978年,汨罗县化工厂(新市)以棉纱、专用纸、硝酸钾为原料生产导火索、炸药等产品。1982年,改进工艺流程,采用机械碾料、配料,用自动恒温取代人工配料、烘烤等旧方法,改变生产不安全状况。1984年,新上黑火药生产线一条。1985年,化工厂被兵器工业部定为民用爆破器材生产厂。1987年,新增铝银粉生产线一条。1988～2008年,该厂并入省南岭化工厂,定名为湖南南岭化工厂汨罗分厂,即9625工厂汨罗分厂。

六、石墨及碳素制品

1978～1990年,汨罗市(县)内尚无石墨及碳素制品业。1991年,磊石乡开办碳素厂,年产值不足10万元。1992年,境内有石墨及碳素制品业2家,年产值75万元。1997年始,振湘碳素制品厂(磊石)生产各种规格的石墨电极、石墨制品、石墨组件、石墨胶、石墨乳、石墨强化处理剂等产品。2002年,产值达300万元,利润30万元。至2008年,境内有石墨生产厂12家,其中汨罗镇4家,磊石乡2家,黄市乡2家,黄柏、沙溪、新塘、新市等乡镇各1家。共生产石墨及碳素制品4555吨。

第三节　矿产冶炼与加工

一、沙金开采

1987年,成立汨罗县黄金公司,与省黄金公司合资开采汨罗江沙金。首期工程投资300万元,购置

53.125 公斤/100 升、93.75 公斤/200 升采金船各一艘，兴建黄金精选厂，年产黄金能力 261.65 公斤，开采细沙、中沙、精沙砾，分别为 20.2 万立方米、10.2 万立方米、13.7 万立方米。1993 年，公司厂区面积扩至 1.8 万平方米，机械总动力 524 千瓦，固定资产 1198.34 万元，年产黄金 73950 克，产值 378.9 万元，销售收入 378.3 万元，利润 87.58 万元。1996 年，产值突破 1000 万元，在省内 23 个金矿中位列第四。2001 年，黄金公司完成产值 882 万元。2002 年，因资源枯竭，汨罗江内河仅剩下归义河段和长乐河段少量沙体，黄金公司被迫停产。

二、土砂石开采

1978 年，全县有沙(矿)石场、厂 9 家，主要分布在湘江汨罗段沿岸及城郊、白水、高坊、川山、长乐、古仑、磊石等地。在湘江汨罗段开采砂沙石，除县航运公司为地方国营企业外，其余均为社队小型和个体采矿企业。1985 年，古培乡开办高岭土精选厂。1987 年，城郊乡兴办高岭土精选总厂，建车间 3 个，机械动力 620 千瓦，年处理能力为 10 万吨。1989 年，高岭土厂精选成本增加，市场销价下降，技术难关未攻破，陷入停产状态。至 2002 年依法破产。2006 年，古培镇先后引进湖南湘莹高岭土责任有限公司、江西湘赣高岭土责任有限公司，在关山村、大兴村开采高岭土 15 万吨。

2000 年，以汨罗江河段为主，从事沙砾石生产 238 家，年产值约 5000 万元。2003 ~ 2004 年，汨罗市开展湘江流域汨罗段综合治理专项行动，先后三次面向社会启动沙石开采经营权挂牌招标，有 11 条挖沙船依法中标。同时由矿管部门划定开采区，明确禁采区，实行定位作业，规范河道采砂行为。

至 2008 年，全市已开发利用的矿种除砂金、花岗石、沙砾石、高岭土外，还有耐火黏土、砖瓦黏土、水泥配料用土、地下水、矿泉水等品种。共发现矿床、矿点、矿化点 40 多处，建有各类开采和加工企业 287 家，从业 1.3 万余人，年开采量约 500 万吨，实现产值 5.6 亿元，利税 3000 多万元。

三、矿石加工

麻石　1978 年，高家坊、川山坪等乡镇开办麻石厂 3 家，均为出口创汇企业。1981 年，高家坊镇成立麻石制品总厂，生产、销售各种除尘器和花岗石装饰材料。1985 年，向日本出口花岗石荒料 500 立方米。1986 年，经省外贸局与日本雅马尤石机株式会社签订补偿贸易合同，引进精加工设备，组建花岗石精制厂，生产精制花岗石板材。1984 年，川山坪镇建麻石厂、花岗石总厂。1993 年，全市花岗石开采厂增至 12 家，分布在高家坊、川山坪、黄柏、玉池等地，其中新华麻石厂、西北麻石厂、风云麻石厂等在国内同行业中小有名气，从业人员达 2000 多人，年产值 1200 万元。主要产品有精制板、除尘器、石狮、石像、方石、条石等，销往国内 25 个省、区。人民大会堂、南京侵华日军大屠杀纪念馆、湘南起义纪念塔等著名建筑物均采用汨罗花岗石材料；花岗石水膜除尘器被国家环保局定为合格产品，除尘效率达 95% 以上。

1994 年，组建麻石集团总公司、环保设备总厂、高坊花岗岩总厂等矿业集团，从业人员达 3000 余人，主要加工水膜除尘器、防腐地面沟槽、麻石工艺品、精磨装饰用磨石，年产值达 5000 万元。川山麻石除尘器厂成为国家环保局定点生产厂，年产值达 2000 万元。1995 ~ 1998 年，高家坊镇先后创办蓝天环保实业公司、湘北石材制品有限公司，总投资 1870 万元，开采面积达 2 万平方米。拥有国内最先进的 DF—G1214 型反击式破碎机，有 122 平方米的配电房以及通往场内 13 公里的电力专线，可满足正常生产。

2000年始,麻石水膜除尘器逐渐被静电除尘器取代,花岗岩生产下滑,麻石加工企业改产板材。2002年,川山石材厂建成投产,年产值1300多万元;协盛石材装饰有限公司成立,生产各式罗马柱、马路边石、石雕、石刻等产品。至2008年,全市有规模以上麻石加工企业3家,资产总值2140万元,生产花岗石建筑板材11万平方米,主营业务收入2.79亿元。

石英砂、磁材 1978年,矿石公司(白水)主产甲、乙长石、石英石、独居石、云母片等产品。矿区主要分布于弼时、长乐、古仑、三江等乡镇,配置球磨机、破碎机等设备,共加工石英砂2万余吨。1991年,因矿石资源枯竭,公司新上永磁铁氧体项目,更名为市金湘磁材厂,生产各种型号的永磁铁产品,用于音响和电视机配件。1994～2000年,该厂整体租赁给岳阳湘北磁材有限公司(台商)经营,2005年停产。2007年,厂区内仍有少数个体户从事石英砂微量加工。1999年,矿石公司帮助古仑乡建石英粉厂,配备职工27人。至2002年,因资源枯竭,该厂停产关闭。

四、磨具加工

1978年,县砂轮厂采用石油焦、石英砂和镁生产金刚砂做原料,经过成型、高温烧制各种型号的砂轮。至1984年,该厂改造冶炼炉6座,并添置配套设施,生产绿色碳化硅(磨料),被评为省优产品。1986年,更名为磨料磨具总厂。1988年,改造8吨冶炼炉,每吨金刚砂耗电量从1.17万千瓦时降至9131千瓦时,下降21.96%。主要设备有圆窑、冶炼炉、平面磨、液压机等,改设金刚砂、微粉、砂轮3个分厂。成为机械工业部和中国磨料磨具工业总公司的定点厂,也是中南地区最大的磨料磨具工业企业之一。至1993年,生产GC磨料120吨(其中微粉105吨)、30～500毫米120个品种的磨具(即砂轮)330吨,采用氯化镁、金刚砂等原料生产8种型号的磨头60吨、副产品脱氧剂53吨,产品销往18个省、自治区,年产值921万元。1995年后,该厂改组为砂轮有限责任公司,但生产一直处于半产半停状态。至2005年,公司破产,停业。

第四节　建 材 业

一、水泥及其制品

水泥 1978年,境内水泥生产仅有县水泥厂一家,年设计生产能力1万吨。1979年始,县水泥厂逐步改造成品、生产、烘干烧成等车间,提高产量。至1985年,年产量提升至2.2万吨。1988年,投资10万元改造球磨机及其附属设备。设生产车间4个、水泥预制构件分厂4个,管理科室7个,并与县物资局开展水泥包销联营。1988年,生产普通硅酸盐水泥获省优质产品称号。1993年,生产普通425#水泥1.03万吨、早强425#水泥7万吨,年产值733万元。1995年,投资500万元,进行设备维修和技术改造,年生产能力达15万吨。1996年,产水泥7万吨,实现利税100万元。1998年5月,水泥厂由广东老板兼并成立市骏业有限公司。2004年,水泥厂收回产权。2006年,重组华氏水泥有限公司。2008年,生产水泥30860吨。

水泥制品 1978年,县航运公司设劳动服务公司,批量生产水泥构件,包括水泥预制板、栋瓦等品种。其后,汨罗、城郊、新市、白水、古培等乡镇相继开办水泥构件制品厂。至1993年,境内有乡及乡以上水泥制品厂6家,年产值500万元。1997年,天井建材厂投资108万元,征地6.67公顷,建成200平方米的生产厂房。至2002年,年均产值150万元,安置农村闲散劳力40人。2008年,境内20多个乡镇建有预制构件厂,产值约5000万元。

二、砖瓦

境内烧制青砖瓦历史悠久。至1978年,白水、火天、新塘、桃林、新市、大荆、黄市、沙溪、城郊、白塘、智峰、汨罗、红花、古培、川山等地相继开设砖瓦厂,生产机制红砖、瓦。1980年后,汨罗镇机瓦厂陆续投资改造,添置砖机、瓦机、36门轮窑、150千伏安变压器、压瓦凉间,固定资产近200万元。1993年,砖瓦产值1200万元。1995年,白塘乡拦河村村民许普成开办红砖厂,年产红砖500万块,固定资产达100万元,安置劳力30多人,年均纯利润80万元。1996年后,压缩基建投资规模,砖瓦窑生产下滑。加之农民建房大部分采用自制自烧砖瓦,乡镇砖瓦厂生产与销售年畅年滞。至2008年,各乡镇组建和承包生产的砖瓦厂有13家,年产值2200万元。

第五节 食品、饮料业

1978年,国营、供销合作商业兴办糕点、肉类加工业;粮食部门开办粮油加工业。1984年,汨罗镇淀粉厂投产。1985年,白水米厂投产。至1993年,全市食品加工企业达15家,年产值3188万元。1994年后,商业、供销合作社的食品加工业改制重组,变为民营企业。至2008年,全市有食品加工业47家。其中,湖南加华生物科技发展有限公司、汨罗市生活园农业发展有限公司、湖南蓉泰薯业科技有限公司,已形成产业规模。

一、大米加工

1978~1993年,乡及乡以上单位有粮油生产企业4家。城关米厂年生产能力达2万吨,生产的“晚稻标一米”,1985年、1986年被评为湖南省名优特新食品“芙蓉奖”和“群众最喜爱食品”。1988年、1989年,“早稻标一米”被评为省粮油行业优质产品。1996~1998年,生产特二大米9357吨,被省粮油进出口公司指定为出口大米,发运到张家港市。1986年,白水米厂将原一砻一机出白改为一砻两机出白,班产标一米由18吨提高到26吨。1988年,长乐米厂改建、更新设备,年产大米4630吨,产值155.38万元,为历史最高水平。

1994年后,粮食部门先后兴办桃林、李家塅、新市、屈原等28家米厂,均为一砻二机组合型米机。1997~1999年,共加工生产大米23018吨。2002年后,粮食加工企业改制、停产。

二、油料加工

1978年,境内有社办榨油厂11家,机械总动力2.58千瓦。粮食部门的城关、长乐米厂先采用自制土锅炉榨油,后更新榨油机,提高出油率。1983~1992年,粮食加工企业共产菜籽油942吨。1993年后,榨油加工企业逐步实行承包经营,生产效率提高,产量增加。至1999年,城关米厂产毛糠油3052吨;长乐米厂产油416.3吨;白水米厂产油604吨。2004年7月,中意油脂有限公司落户汨罗工业园区。2005年正式投产,资产总额1296万元,生产棉油、菜油以及棉粕等附属产品,完成产品销售收入1309万元。2006年更名为湖南省金一科技有限公司,2008年完成销售收入2300万元,利税90万元。

三、糕点、糖果

1978年,县商业局糖酒副食品公司、县供销联社食杂果品公司开办副食品加工厂,年产糖果80吨,糕点350吨。1981年,副食品公司引进饼干生产线,生产各式饼干。1985年,生产中秋月饼30吨。1986年后,城关地区出现前店后厂的私营副食品加工作坊20多家,生产新鲜蛋糕、各式面包等,日产量达2吨以上。1995年后,副食品加工行业竞争激烈,国营、集体加工厂生产规模逐年缩小,部分资产、设备变卖或出租。至2000年,集体加工业基本停产。2006年,最后一家由职工承包经营的副食品加工厂关门停产。

四、肉类加工

1978年,县商业局肉类联合加工厂投资42万元,建300吨容量的冷库,采用收购、屠宰、分割、检测、急冻、包装、综合利用等生产线,生产分割肉300吨。1986年,投资40万元,改造腊味车间,生产"汨江"牌广式香肠,获"省优产品"称号。是年,该厂向东欧地区出口分割肉2700吨,1991年增至3030吨,年产值3000万元。1996年,因市场变化,企业亏损,肉联厂依法破产。

1995～2008年,城关地区建生猪定点屠宰场,上市食用生猪全部实行统一宰杀、集中检疫、分散销售。年均屠宰生猪2万多头。

2001年,湖南加华生物科技发展有限公司在红花乡投资兴建。集牧草种植、品种改良、肉牛育肥、屠宰加工、牛肉食品、生物制药于一体。至2008年,公司有职工148人,年产值近2亿元,拥有屠宰加工、分割6万头肉牛的机械化生产线。产品质量和安全卫生获出口卫生注册、农业部无公害认证和HACCP认证。

五、调味品加工

1978年,长乐、桃林、李家塅供销社食品厂兼产酱油、豆豉等调味品。1980年,蔬菜公司开办酱制品加工厂,采用黄豆、黑豆、面粉做原料,生产酱油、酱菜、豆制品。1998年,与浏阳老板联营,生产豆豉,销路看好,年产量达110吨。2001年,因旧城改造的需要,酱制品厂停产拆建,场地转让给百利宝商城。

六、薯类加工

境内盛产红薯,手工加工红薯粉、丝历史悠久。2003年,湖南蓉泰薯业科技有限公司落户桃林,总资产3200万元,占地面积10535平方米,厂房面积4762平方米。至2008年,该厂有员工513人,年产值5000余万元。生产纯天然特色红薯精白淀粉、手工皮粉、水晶粉丝,获中国湖南省国际农业博览会金奖。产品畅销深圳、广州、内蒙古、江西等省、自治区。

七、酿酒、饮料

酿酒 1978年,汨罗县酒厂产白酒500吨。1981年,该厂建成年产2000吨啤酒生产线,配备糖化锅、灌装机、电光分析天平、光电分度仪、包谱仪等设备。下年，改产“屈原”酒，酒色透明，窖香浓郁。1980~1983年，境内产白酒、啤酒、果露酒12500吨。桃林、范家园、火天等乡镇农户酿造的谷酒销往江西、湖北等省。1984年，城关地区供销社兴办啤酒厂，利用啤酒花、糖精、香精、麦芽糖、柠檬酸生产啤露、汽水14.74万瓶，1985年停产。1986年，县副食品加工厂引进汽水生产线，生产“宝橙”汽水，被评为省优产品。1985~1991年，“屈原”酒先后获省轻工业厅优质产品银杯奖、省政府芙蓉奖、省优质产品奖。1999年，白塘乡建酒厂生产“汨罗春”酒100吨，以湘糯一号高粱为原料，采用先进技术酿造而成，颇具地方特色。是年9月，汨罗酒厂在大曲车间的基础上组建酿酒总厂（原酒厂于1996年2月依法破产。1997年，由湖南湘华屈原醇酿造有限公司整体收购）。2008年，全市工业企业生产白酒814千升。

甜酒酿造　长乐甜酒历史悠久。2005年，长乐镇业主胡建创建甜酒饮料有限公司，占地0.67公顷，厂房面积150平方米，注册资金369万元，有中小型设备10多台（套），生产“长乐情”系列产品。产品质量、卫生、环保均通过认证。至2008年，境内有小手工甜酒作坊105家，从业人员300人，年产甜酒500吨。

制茶　境内多岗丘，气候湿润盛产茶。1978年，黄柏茶厂精制一级毛尖。1981年，供销社农副公司办精制茶厂。1984年，境内产红茶156.9吨，绿茶181.7吨。1987年，天井、黄柏乡出口茶叶31吨，创汇25万元。1993年，乡及乡以上共有精制茶加工企业5家。1999~2000年，市茶叶示范场（范家园）生产的“龙舟”毛尖连续两届获省农博会金奖，成为湖南省优质品牌茶出口基地，并通过农业部无公害农产品认证、国际质量体系认证、国家QS认证。2002年，该场茶叶产量600吨。2006年，茶场所属龙舟茶业有限公司产值达1820万元，实现利润328万元。

位于天井乡境内的天井峰茶叶有限公司，前身系天井茶场。始建于1965年，拥有1.2万平方米的生产厂房和初制、精制加工成套设备，生产各类名优茶、红碎茶、工夫茶。2002年，产值达190万元。2003~2008年，“天井峰”毛尖茶获湖南省农博会金奖，进入岳阳市十大名茶之列。

玉池山桂花蜜　在玉池乡的玉山、安山、安乐、大峰、梓洞等7个村海拔700米的落叶阔叶林中，长年生长着10万株以上山桂花。其中，柃木桂花是一种稀有中草药。山桂花系山茶科柃属，常绿灌木或小乔木状，高1~4米，生于向阳山坡的灌木丛中。树皮灰绿色；单叶互生，多集于小枝先端；近革质；叶片椭圆形、椭圆状披针形至倒披针形，长5~10厘米，宽1.5~2.5厘米，上面绿色或带紫色，下面白绿色，全缘。山桂花性味微甘涩，性温。树皮：滋补强壮，舒筋散血，治跌打损伤。根、叶：活血解毒，治乳痈。山桂花的化学成分：树皮含三萜类化合物、茶皂甙元、短萼海桐皂甙元、齐墩果酸、常春藤皂甙元。玉池山一带群众习惯用山桂花养蜜，产量颇高。山桂花蜜属稀有蜜种，亦叫柃蜜，别称山桂花蜜、野桂花蜜。采自深山老林冬天开花泌蜜的山桂花蜜，香气馥郁温馨、清纯优雅，味道清爽鲜洁，甜而不腻，色泽水白透明，结晶细腻，被誉为“蜜中之王”。古代，曾是皇宫的贡品。

第六节　再生资源产业

2000年始，汨罗市着手规范市场，夯实平台，为再生资源产业发展提供一系列优惠政策和经济扶持。至2005年，再生资源集散市场成为全国最大的再生铜、铝、不锈钢、塑料等原材料供应地之一。2006年，生产再生铜5.7万吨，铝6.8万吨，不锈钢3.1万吨、塑料28万吨。再生资源产业完成工业产值50亿元，

图11　湖南省团山再生资源交易中心市场

占全市工业总产值的51%，比2000年增长62.8倍；实现工业增加值17亿元，占全市工业增加值的60%，比2000年增长65倍；实现税收2.69亿元，比2000年增长165倍。2007年，再生资源市场完成交易量130万吨，实现交易额120亿元，再生资源加工企业发展到112家，年加工能力达61万吨，占再生资源回收总量的49%。至2008年，再生资源产业已发展成为境内工业的主流行业。

第七节　其他工业

一、饲料

1978年，城关、长乐米厂附产统糠、细糠、糠饼等饲料。1982年，省、县政府投资21万元，始办县粮食局配合饲料厂，生产配合饲料39吨，产值12.2万元。1988年，市畜牧局开办种畜饲料厂，以玉米、麦麸、糠饼、豆饼、稻谷、鱼粉、棉饼及微量元素为原料，生产配合饲料300吨。1990年12月，市粮食局瞭家山饲料厂建成投产。主产猪用浓缩饲料、全价颗粒饲料、鸡鸭全价颗粒料、仔猪添加料和鱼用颗粒料等；长乐和白水米厂的饲料分厂相继建成投产。1991年，成立市饲料工业管理办公室(简称饲料办)，隶属于市计划局管理(2005年，划归市畜牧水产局)。1992年8月，市饲料工业管理办创办八达饲料厂，12月移交建筑四公司经营，更名为天盛饲料厂。至1993年，境内有饲料工业企业15家，主产禽畜饲料四大系列24个品种，总产量3.04万吨，总产值5233.5万元。1996年，饲料工业发展到42家，年加工能力达30万吨。其中年产3000吨以上的骨干企业6家，完成饲料总产量13.4万吨，为1993年的4.4倍，年均递增77.3%。1997年后，饲料工业实行整合、兼并和重组，全面转入股份制运作。至2008年，境内有饲料工业企业8家，年产配混合饲料14890吨。

二、纺织

1978年，县棉织厂投资40万元，添置自动化织布机、纱发布提花织布机等120余台(套)，对原有设备更新换代，棉布年产量上升到1800万米。1985年，投资80万元，增建5000纱锭的纺纱车间。1986年，因原材料缺乏，纱锭规模小，技术质量不过关而停产。1994年，企业依法破产，由深圳南灏公司收购，恢复生产。1997年，因市场销路不畅和原材料紧张，停产歇业。

1978年后，各乡镇先后开办化纤针织、精干麻等纺织企业5家。至1994年，总产值达1373.8万元。1991年，市棉织厂纺纱车间改建为宇航棉厂，厂区面积2公顷，有职工219人，主要从事纺纱和宇航棉生产。但因棉花系国家控制的一类物资，该厂得不到计划配额，仅生产一年即告停产。1993年，该厂重上宇航棉项目，仅维持半年又告停产。1996年，新上卫生巾生产项目仍无转机，再告停产。

三、服装

1978年，汨罗老街建境内第一家服装厂，专事来料加工订制各种服装。随后，承接百纺公司成批量的成衣订单和加工业务。至1993年,该厂产值达294万元。1994年停产。1981～2008年,境内先后建有各类服装企业4家,年均产值997.8万元。规模较大的市圣正元服饰有限公司,建于1999年,主产亚麻布服装、衬衣、裤、工作服、套服、针织服装、成品衣、皮衣(服装)等。2008年,该厂有员工180多人,销售收入900万元。

四、制鞋

1978～1985年,牛皮加工制作业分布于汨罗老街、长乐、新市等地。均采用石灰浸皮、烟熏、晒干等工序,生产"土烟皮"用于制鞋面料,加工皮鞋、油鞋、油靴、木屐。其中有手工制作、集体组织生产牛皮鞋的新市制鞋合作社,1979年更名为汨罗县第一制鞋厂,员工305人,固定资产300万元,主产皮鞋、油鞋,产品远销长沙、武汉、北京、天津、上海、广州等大中城市。1995年停产。

1983年,开办县第二制鞋厂(长乐镇)。至1993年,境内有制鞋企业6家,年产值1324.2万元。1996年后,制鞋业由集体经营全面转向个体私营,产品质量提高,价格随行就市,品种多达上百个。2008年,各地城镇主要街道均设有皮革加工制作坊,实行前店后厂,自产自销。全市共生产胶鞋42万双。

五、造纸及纸制品

1978～1993年,城郊、川山、智峰、三江、新市、新塘等地共开办造纸厂7家,采用废纸、废布、稻草、芦苇、竹绒、黄篾等为原料,生产瓦楞纸、白板纸、卫生纸等品种,年均产值约2000万元。1993年,新建三江乡福利造纸厂,1999年改为民营企业,实现产值400万元。2002年,该厂新增四缸四网"1575"生产线,日产纸20吨,年产瓦楞纸2800吨,产值500万元。

1998年,新市造纸厂改制,组建汨罗市纸业有限公司。投资100万元,添置"1575"生产线、卫生纸生产线4条,生产各种黄板纸、白纸和高级卫生纸、双面灰板纸。2002年,智峰乡盛宇造纸厂由个体老板投资创办,日产成品滚筒纸150吨,折合产值2.4万元。2008年,境内生产机制纸及纸板38340吨,纸制品12899吨、瓦楞纸9675吨。

六、印刷

1978年,境内印刷业以县印刷厂为龙头,有职工278人,固定资产158万元。1985年,县印刷厂产值120万元,利税18.32万元。1987年,该厂投资20万元添置双色印刷机,开发新产品,承印平江白玉扇扇页,产品被评为农牧渔业部优质产品。1988年投资13万元,置单色胶印机。1989年,分设活版、机印、胶印、装订、维修等车间。1993年,产值达500万元,销售收入211万元,但经营亏损34.91万元。1994年,该厂一分为四,分块承包。1997年,实行股份制,更名为市佳日印刷有限公司。至2003年,该公司整体拍卖。

1978年,新市镇开办公私合营印刷厂;1981年,白水镇开办白水印刷厂;1988年,教育局开办教育印刷厂。2000年,境内有小型印刷厂16家。至2008年,全市印刷行业年产值约3000万元。

七、竹木农具、家具

1980年,境内有竹木农具、家具加工小型企业、作坊100多家,生产中小农具107万件。至1996年,中型竹木、家具生产企业发展到11家,主产凉席、车木、家具、办公桌椅等产品,总产值5409万元。其中,天子家具厂生产仿古、豪华、新潮3个类型的普通木质家具,红木纯藤家具、真皮沙发、席梦思等产品,年产值达3000万元,利税500万元。2002年,该厂由镇办企业改制为民营企业。至2008年,该厂固定资产达1200多万元,生产的"天子山"牌家具被评为省著名商标。1995年,黄柏镇创办光明、现代、江南、汇宇、天宇等8家家具生产企业,年产值达5000万元。2000年后,黄柏、李家段、新市、城郊、古培、汨罗、大荆等地家具厂发展到31家。2005年,市现代家具装饰公司落户汨罗工业园区,年产值达3000多万元。至2008年,境内生产各式家具20.06万件,行销湖南、湖北、广东、广西、江西等10多个省、市。

八、船舶

1978年,县航运公司造船厂建造自重80吨、载重120吨,每小时挖砂80吨的水泥挖砂船1艘。1983年,生产29.4千瓦、载重80～120吨机动驳船4艘。1993年,境内独此一家船舶厂,年产值达36万元。2001年,对3艘80年代建造的挖砂船,加长船身,增加斗架,更换国产动力,提高水深采挖能力。2002～2008年,对运输船和工程船全部更新改造,提高运输生产能力。

九、毛笔

1979年,川山毛笔总厂下辖17家分厂。1979～1983年,该厂生产毛笔17个大类、240多个品种、1000万支,畅销国内近20个省、市和13个国家及地区。1983年生产的"艺字牌"毛笔被评为省优产品;1984年,获农林渔业部颁发的优质产品奖,并作为精制礼品赠送外宾。1993年,毛笔生产总值达42万元。2000年后,私人毛笔厂兴起,对工艺制作更加精益求精,毛笔行业先后加入中国国际商会湖南商会和中国国际贸易促进会湖南分会,被岳阳市旅游局定为旅游商品定点生产行业。2008年,川山境内有私人毛笔厂约25家。

十、陶瓷玻璃品

1978年,县瓷厂设有流水生产线3条及磨压机、滚压机、球磨机等设备。从醴陵调入原材料瓷泥,生产汉盅、罗汤等日用瓷器及低压电瓷产品。因技术不过关,于1980年改设玻璃车间,生产壁灯、彩灯、挂灯等。1981年7月,瓷厂倒闭。至1993年,境内有古培陶瓷厂、铜盆陶器厂,年产值80万元。1996年后,陶瓷行业转入个体经营。

十一、光学仪器

1978年,川山仪器厂生产磨制放大镜。1987年,该厂更名为县光学仪器厂,主产科技扩大镜片、教学镜片、幻灯镜片、显微镜片等22个品种。1993年,市光学仪器厂、玉林光学仪器厂、高坊光学仪器厂3家企业,年产值532万元。高坊仪器厂生产销售30～40厘米的各类放大镜、聚光镜、光学镜片,规格齐全,产品全部出口。2000～2008年,川山坪镇有光学镜片加工企业8家,从业人员113人。各厂均购置裁坯机,淘汰红炉烘坯,实行一条龙作业,生产直柄、活柄、双K、方形、圆形、盒式等各类产品,畅销全国各地。

十二、药材、药剂

1978年,县药材公司在高泉南路18号建中药饮片加工厂,主产凉茶、中药片等。1993年,境内有药材饮片、药剂加工企业2家，年产值800万元。1999年前后，国营药材加工厂相继停业，转由个体业者经营。

汨罗市2008年规模以上工业企业主要经济指标完成情况表

表13-2-61　　　　单位：家、万元

指标名称	企业单位数	亏损企业	资产合计	主营业务收入	主营业务成本	主营业务税金及附加	利润总额
总　计	176	36	367287	1624012	1440185	11140	20933
总计中：国有控股企业	6	2	7096	4583	3757	70	-165
总计中：轻工业	54	9	119495	321714	278568	1919	7821
重工业	122	27	247792	1302298	1161617	9221	13113
中型企业	2	0	34037	35258	30591	100	4086
小型企业	174	36	333250	1588754	1409594	11130	16847
总计中：按隶属关系分组省	1	0	4967	11686	9247	56	2057
县	10	3	23996	20392	18728	144	-226
镇	18	1	25596	120820	98788	1669	4389
乡	1	0	560	3930	3051	22	89
村民委员会	1	0	650	9720	6500	0	150
其他	145	32	311518	1457463	1303871	9249	14474
总计中：按登记注册类型分组内资企业	175	36	366697	1618882	1436765	11004	20647
国有企业	4	2	4031	1866	1627	48	-229
集体企业	13	0	10715	69686	52830	1028	2073
股份合作企业	5	1	7857	30767	24691	157	720
联营企业	1	0	850	1009	785	12	60
国有联营企业	1	0	850	1009	785	12	60
有限责任公司	8	2	49225	111983	111670	453	-3457
其他有限责任公司	8	2	49225	111983	111670	453	-3457
股份有限公司	7	1	13664	55864	48009	360	3873
私营企业	137	30	280356	1347706	1197153	8946	17607
私营独资企业	46	4	62395	303486	243876	3958	7331
私营合伙企业	7	0	14790	38218	30797	193	1280
私营有限责任公司	79	25	194383	962753	880556	4400	8596
私营股份有限公司	5	1	8788	43249	41924	395	401
港、澳、台商投资企业	1	0	590	5130	3420	136	286
港、澳、台商独资经营企业	1	0	590	5130	3420	136	286

第三章 工业构成

第一节 市(县)属工业

一、国有工业

1978年,境内有县属国有工业企业11家,实现产值2882.45万元。1981年,新建电扇厂正式投产。1985～1987年,新建县冶金机械厂、县铝材厂。1989年,新建市棉织厂纺部,全市工业企业增至14家。1992年,引进湖南省南岭化工厂,新建厂房、车间。至1993年,国有工业企业有市轧钢厂、市铝材厂、市冶金机械厂、市通用机械厂、市磨料磨具总厂、市仪表厂、市氮肥厂、市矿石公司、市第一织布厂、市宇航棉厂、市酒厂、市印刷厂、市水泵厂、市包装厂、市再生胶厂15家,实现工业产值1.4284亿元,占全市工业总产值的10.86%。1993年,国有工业实行股份制改革,创办市华诚有限公司、市凯华铝业有限公司、市众和植物有限公司3家股份制企业。1994年后,对部分优势尚存的企业实行先分立、后破产的有市酒厂、市通用机械厂、市铝材厂、市磨料磨具厂;实行整体依法破产,职工一次性安置的有市一制鞋厂;整体依法破产后,创建股份制企业的有市轧钢厂、市第一织布厂。1998年,先后创建市宏达铝材有限公司、市汨江砂轮有限公司、市飞越仪表有限公司、市冶金机械有限公司、湖南通海制泵有限公司、市佳日印刷有限公司、市腾飞轧钢有限公司、市蓝天轧钢公司、市三菱轧钢公司、市振兴橡塑公司、市湘华屈原酒业公司、市骏业水泥公司、市三维交通设备厂10多家股份制企业。至2002年,工业企业完成"两个置换"的有市一制鞋厂、市二鞋厂、市钢制家具厂、市保安设备厂、市二轻供销公司、市橡胶制品厂、市印刷厂、市木器厂、市电扇厂、市氮肥厂等10家企业,共置换职工2373人。其中,境内规模最大的市氮肥厂依法破产。市龙舟动力机械厂、市湘华屈原酒业公司、市黄金公司、市镀锌钢管厂、市塑料公司等12家企业进行整体置换。

至2008年,34家市属工业企业共破产卸债4.3亿元,拍卖资产7192万元,安置职工4401人。市汨江砂轮有限公司、市水泥厂、市包装厂、市宏达铝材公司、市冶金机械公司、市宇航棉厂、市裕丰公司、市汨江制泵公司、市金湘磁材有限公司9家企业和工业职校进入改制程序。

二、二轻工业

1978年,二轻工业主要分布在城郊、城关、新市、长乐、白水等社镇,其前身系股份制手工业合作社。1980年后,二轻工业不断更新设备,扩展经营范围,逐步发展壮大为现代工业企业。1985年,二轻工业中新建钢管厂(由五金厂改建)、镀锌钢管厂。至1993年,二轻工业企业增至13家,即市钢管厂、市水泵厂、市制鞋厂、市木器厂、市金属管材厂、市镀锌钢管厂、市钢制家具厂、市电扇厂、市服装厂、市橡胶制品厂、市保安设备厂、市第二制鞋厂、市塑料公司,共实现工业产值5007万元,占全市工业总产值的3.8%。1994年后,市电扇厂、市一制鞋厂、市二鞋厂、市钢制家具厂先后依法破产。1995年,全市二轻工业完成工业总产值6820万元,实现销售收入6700万元,利税80万元。1997年8月,市水泵厂改制为湖南通海制泵有限公司，完成年产值7000万元，实现利税128万元。市钢管厂、市镀锌钢管厂整体转让给湖南三九总利汨罗制管总厂。

1997年12月，二轻工业并入市经委管理。

三、部门工业

1978年，部门工业以电力、城建、交通、商业、粮食、供销、农业、教育、医药等行业为主体，完成工业产值1125万元。1985年，粮食部门兴建白水米厂（中型）以及桃林、李家塅、新市等小型米厂和饲料厂。商业、供销、外贸等部门扩建或增办肉类、食品调料、农副产品加工、绣品等厂。1987年，县政府财贸办设商办工业办公室，协调管理商贸流通部门兴办的食品、肉类、粮油加工等部门工业。1990年，市物资局开办保险柜厂、塑料厂、再生玻璃厂；市交通局创办客运汽修厂；市教育局开办印刷厂、仪表厂等；市畜牧局开办兽药厂等。1993年，市粮食局引资创建境内首家股份合作制企业——希望饲料有限公司。至1994年年底，全市部门工业企业达42家，完成工业总产值5020万元，占全市工业总产值3.8%。

1994～1996年，以食品加工、饲料加工、轧花、农业机械、金属制品等行业为起点，部门工业发展到47家，产值由6158万元增至9643万元。市供销社棉麻茧公司兴办轧花厂，年产值达1200万元；李家塅地区供销社建农机厂，生产拖车、耕套机、动力座架等产品，年产值216万元；农资公司混配肥料厂产混配肥1600吨。1995年，供销社系统完成工业产值1585万元，实现利润81万元。1996年，粮食部门兴建盛望饲料有限公司，年产量突破2万吨。1996～1998年，部门工业因市场竞争激烈，原材料供应紧张和资金短缺，锐减至10家，工业产值降至2591万元。肉类联合加工厂依法破产。1998年后，城关米厂、白水米厂、长乐米厂等加工企业，进入人员分流和资产重组阶段。2005年，物资部门最后一家工业企业金垒安防设备制造厂（原保险柜厂）整体拍卖，实行“两个置换”。至2008年，全市有规模以上部门工业企业3家，完成工业总产值2.0718亿元。

第二节　乡（社）镇、村工业

1980年5月，县委、县政府作出《在调整中发展社队企业的决定》。1984年，中央4号文件将社队企业更名为乡镇企业，并决定放宽政策，加快改革和发展步伐。是年，县乡镇企业局制定《1985～2000年乡镇企业发展规划》。1987年，县政府运用银行贷款、社会集资向乡镇企业投入897.5万元，支持发展乡镇企业。是年，全县乡镇企业发展到16927家，从业人员70479人，固定资产原值达8908万元，总产值达3.2558亿元。上缴利润2903万元，税金1185万元。乡镇企业数、从业人员、总产值分别是1976年的16.9倍、3.9倍和11.6倍。至1993年，乡镇企业增至25496家，从业人员89760人，总产值18.72亿元，创利税1.68亿元。汨罗乡镇企业进入“全省十强”县市之列。1996年，全市有乡及乡以上工业企业261家，完成工业产值15.0656亿元；农村合作经营企业349家，完成工业产值3.0277亿元；村办工业413家，完成产值6.9267亿元；个体私营工业6546家，完成产值20.0630亿元。在市域产业经济中，乡镇企业完成国民生产总值的比重，从1994年的44.7%升至1995年的46.3%，1996年达50%。其中产值过亿元的有湖南保安设备工具集团公司、黄柏实业总公司。1996年年底，省委、省政府授予“汨罗市全省乡镇企业综合实力十强县市”称号。城郊、古培、长乐、川山坪4个乡镇被岳阳市委、市政府授予岳阳市乡镇企业综合实力十强乡镇,市建四公司、湖南保安设备工具集团公司被评为岳阳市十佳乡镇企业。1997年,乡镇企业中规模企业发展到6家,即保安设备集团公司、黄柏实业总公司、万物开发集团、希望饲料有限公司、环保设备集团公司、金枫集团,职工总人数5871人,实现工业总产值8.7947亿元,实现利税9710.7万元。

2000年,汨罗市成立由市长挂帅的科技创新工作领导小组,加快乡镇企业科技创新步伐,与工业园、小城镇建设相结合,大力发展农副产品加工业,同时加大招商引资工作力度,乡镇企业增至34655家,其中集体企业698家、私有企业11039家、个体企业22918家,共有从业人员16.9618万人,实现总产值增加值50.1742亿元,上缴税金1.1108亿元。乡镇企业进入全省综合实力"十强县",市乡镇企业局被评为全国乡镇企业系统"有为有位"先进单位。至2002年,乡镇规模企业42家,比上年增加4家;招商引资100万以上的项目达41个;5家规模企业实行股份制运作;新上农产品加工项目12个,加工农产品产值50万元以上的企业98家;培育规模科技型企业2家;直接出口产品1.19亿元,其中自营出口8731万元,比上年增长20.7%。乡镇企业第七次跻身"全省十强"。

2004年,汨罗市被评为全省发展乡镇企业先进县(市)。市乡镇企业局局长李雄飞被评为全国优秀乡镇企业局长。2006年,乡镇企业并入工业局管理,乡镇企业增至38695家,完成增加值47.4340亿元,上缴税金4.54亿元。至2008年,境内规模以上工业中农村工业企业达118家,完成工业总产值88.76亿元。

第三节　个体、民营工业

1978年后,境内私营工业得到逐步恢复和发展。至1989年,全市有个体私营工业企业4049家,产值1.2850亿元,占工业总产值的19.47%。1993年,个体私营工业企业增至8749家,总产值达3.6811亿元,占工业总产值的27.98%。1997年后,汨罗实施兴工强市战略,个体、民营企业进一步发展壮大。至2002年,全市引进项目501个,到位资金6.4亿元,民营企业发展到1409家,其中年缴税金50万元以上的企业有76家。2002年,13家市属工业、37家部门工业、26家乡镇工业改制为民营工业。2003年始,建立湖南汨罗工业园,推进再生资源集散市场循环经济试点,以个体收购加工为特色的再生铜行业发展成为全国再生铜材加工基地,100多家民营企业落户工业园区。市衡联铜材有限公司、市长江铜业有限公司、市湘北铜业有限公司、市金龙铜业有限公司、市钱江铜业有限公司、市天达有色金属有限公司、市远东有色金属有限公司、市奥力克铜业有限公司、市永泰铝业有限公司以及市光明家具厂列规模企业前十名,总产值44.7亿元,占全市工业总产值的42.5%,成为规模工业的主流产业。

2007～2008年,民营企业湖南中天龙舟农机有限公司在新加坡成功上市,实现汨罗市企业上市和全省企业国外上市零的突破。全市规模以上民营企业达176家,新增39家,实现规模工业年产值165.79亿元。

第四章　企业选介

汨罗市氮肥厂

1970年，建成投产，年产合成氨3000吨，折合碳酸氢铵1.2万吨。至1993年，累计投资782万元，经3次改造扩建，形成年产碳铵10万吨、实现利税500万元的规模。该厂厂区占地面积16.67公顷，职工1042人，固定资产8076万元。先后设立氮肥、编织袋、电器开关、炉渣砖等分厂，以及劳动服务公司。产品有复合肥、编织袋、电器开关柜、调速器、炉渣砖等，均具有一定的生产能力。1980年，被化工部评为全国小氮肥百面红旗先进单位（部级）；1983年，被评为“无泄露工厂”和“清洁文明厂”（省级）；1987年，碳酸氢铵被评为省优质产品；1988年，被评为化工部优质产品；1996年，被评为湖南省百万用户抽样调查信得过产品。至2001年，累计上缴利税9300万元，上缴各项管理费220万元。2002年4月，因新上项目投资见效慢，加之电、煤价格上升，人员包袱重，导致资金短缺，负债过多，该厂依法破产。是年11月，整体改制，其资产由市金成实业有限公司收购。

汨罗市龙舟动力机械总厂

1966年4月，从湘阴县农机厂分迁部分设备，在汨罗城区高泉南路9号地段（今为工农路1号）征地建县农业机械厂。承担境内农机修配任务，同时生产少量手扶拖拉机车厢、400型碾米机、耕田机等。1971年，扩建厂房，试制165F—3马力柴油机；1972年，试制成功并进行批量生产。至1973年，已基本具备年产1万台的生产能力，进入国家计划定点生产厂家行列。1982年10月，投入资金新建金工、型铸、锻压、冷作、发电、起重机等车间，添置精密机床设备和检测仪器仪表，装备成机体、曲轴、缸头、缸套、锻压、热处理、总测试、试运行等生产线，生产规模由原来年产1万台提高到3万台，同时生产5～30吨、4个系列的双桥式起重机。产品行销黑龙江、大庆油田、胜利油田、湘阴等地。1982年，175F—5马力柴油机获省优质产品奖。1986年5月，县农业机械厂分设为县通用机械厂和县铝材厂。1996年3月，成立市龙舟动力机械总厂。至2002年，企业改制。

汨罗市水泥厂

建于1970年1月。位于城区泉水巷11号，生产区面积35000平方米。1971年投产，初期年产能力为1万吨。1978～1983年，逐步改造成品、生产、烘干、烧成等车间。1986年，产量上升至44000吨。1987年，汨江牌普通425#（含425R型）获“湖南省优质产品”称号。1988年，改造球磨机。1993年，生产普通425#水泥1万吨、早强425#水泥7万吨，年产值733万元。1995年，生产能力达到15万吨。1996年，在册职工314人，固定资产原值1348万元，生产水泥7万吨，实现利税100万元。1998年5月，市水泥厂由广东老板兼并成立骏业有限公司。经营一年后，公司放弃经营权。1999年10月至2003年，该厂先后两次实行租赁经营。至2004年，该厂依法收回产权。2006年，依法破产，解除债务2500万元。2007年，完成改制任务。

汨罗市轧钢厂

位于城区劳动南路80号。占地36000平方米，建筑面积12000平方米。由1969年所建的拖拉机站和1970年所建的农机修配厂合并而成。1976年,更名为汨罗县轧钢厂,采用方钢坯和旧船板,轧制成直径为10毫米、12毫米、14毫米的圆钢和螺纹钢。1980年,开始轧钢窗料。1984年,与上海新沪钢厂联营开发32型实腹钢窗料,各项技术指标达到国家标准。1987年,从航天工业部引进DC—3钢窗处理新技术,可同时完成除锈、磷化、钝化等四项工艺流程,技术指标达到国内同行业先进水平。1987年7月,投资70万元,扩建钢窗车间和改造轧一车间设备。1988年,开发3201、3202、3203、3204、3205五种型材和2507b热轧钢窗框,被评为湖南省优质产品。主要设备有轧纲、冲床、对焊机、碰焊机、克角机、铆榫机等,设置轧一、轧二、钢窗加工等车间。1988年,产钢窗料1万吨,成窗10万平方米,生产圆钢、异型钢、螺纹钢等钢材达5000吨。其中钢窗料和钢窗是湖南省定点生产产品。1993年,在册职工420人,机械总动力2000千瓦,产值1761万元,利税245万元。1994年,生产下滑;1995年,依法破产。企业改制、重组为腾飞轧钢、振兴橡塑、享达轧钢、三菱轧钢四家股份制公司。2004年,经市政府批准,对原轧钢厂资产进行拍卖变现,完成改制任务。

中国希望集团汨罗希望饲料有限公司

1993年5月,汨罗市饲料厂(市粮食局管辖)与四川希望有限公司合资组建中国希望集团汨罗希望饲料有限公司。合作期限50年,股份制企业。注册资金700万元,投资总额1333万元。其中四川希望有限公司投资933.1万元(资金投入593.825万元,技术、商标等折价投入333.275万元)。占投资总额的68.5%;汨罗市饲料厂以设备、房屋所有权、土地权等折价投入400万元,占投资总额的31.5%。另提供市粮油总公司(火车站专用线)3个货位和相应的站台所有权给合资公司。公司主营畜禽饲料、原料、添加剂、畜药、药械等产品;兼营养殖种禽、食品加工等,年生产量达5万吨。该公司由5人组成董事会。董事长刘永好(全国政协委员),副董事长由合资双方各1人担任。公司组建后,聘用汨罗饲料厂职工34人(合同制),试用期为3个月。1993年,生产饲料1.4万吨、产值1800万元,创利税150万元。2002～2008年,总产量1.4385亿吨、总产值2.9亿元,上缴国家税收750万元。

湖南银宝科技发展限公司(省保安工具设备厂)

建于1971年,以农机修配为主。1976年始生产保险柜。至1987年,生产五级档案柜、文件柜、多节柜、枪支柜、弹药柜、浴室柜、矿山蒸汽柜、信报群、多节密集架、金库房、金库门等20多个品种。1987年12月,经省公安厅、省农业银行、省建设银行鉴定,获产品合格证书。1995年,被中国农业银行、中国工商银行、中国农村信用合作社、中国建设银行、国家公安部、中国邮政和省档案厅、中国移动通讯等多家部门列为金融保安设备定点生产厂。"银宝"商标成功注册为省著名商标。1991年,被评为省级预备企业,并经省技术监督局质量认证。1993年,该厂组建为省保安工具集团公司。2002年,改制为省银宝科技发展有限公司。2008年,注册资金达3000万元,固定资产1500万元,机器设备90台(套),职工100余人。

汨罗市飘峰电气有限公司(电线厂)

建于1986年。落址于沙溪镇境内,固定资产3200余万元,中、高级技术人员42人。占地面积3.66万平方米。主产玻璃丝包线、纸包线、薄包线、裸线、氧化铝带、无氧铜杆、塑胶电线八大类产品,年生产能力达6000吨;1999年,通过北京华信公司ISO 9001:2000国际质量体系认证,产品畅销全国各地,同时配套出口日本、韩国、东南亚、非洲等国际市场。2007年,该厂改制,组建市飘峰电气有限公司,先后注入资金1000余万元,新建厂房3栋,占地面积2.66万平方米,共有生产线13条。2008年,实现产值8000余万元,上缴税收300万元。

湖南中天龙舟农机有限公司

2001年8月,民营企业家王术平租赁市龙舟动力机械厂,创建民营高科技企业——湖南中天科技有限公司。是年,实现产值1600万元。2003年6月,该公司在汨罗工业园投资1亿元,建成年产1万台收割机的龙舟收割机厂;2004年2月,该公司收购湖南滨湖柴油机股份有限公司,一举整合湖南省柴油机生产经营。2003~2005年,连续三年企业产值翻番。至2007年年初,公司相继建成龙舟收割机厂、龙舟柴油机厂、湖南新滨湖发动机有限公司、龙舟铝业有限公司、中天房地产开发有限公司5个实体。主要产品有收割机、柴油机、旋耕机三大系列,可年产柴油机30万台。是年,该公司投资1.2亿元在汨罗工业园开发再生铝项目。2007年2月,该公司更名为湖南中天龙舟农机有限公司,在新加坡成功挂牌上市(上市名称为中国农业机械有限公司)成为全国第一家在国外上市的农机制造公司。2008年,产值达4亿元,实现销售收入3.8亿元,创利税5000万元。"中天龙舟"农机系列产品被评为全国驰名商标。

汨罗市长江铜业有限公司

建于2003年12月。总体计划投资8000万元,主产铜杆和漆包线。一期工程投入2700万元,于2005年3月正式投产,当年实现产值4.8亿元,完成税收2320万元。二期工程建拉丝车间,于2005年年底正式投产。2007年,全部投产后,年生产直径8毫米低氧铜杆达3万吨,漆包线15000吨,安排就业300余人,实现产值14亿元,税收8000万元。

汨罗市平桂制塑实业有限公司

2003年8月成立,位于工业园区,占地面积5.33公顷,员工170人。首期投资6500万元,建有PVC、PP、SPS板3条生产线,年生产能力1万吨,是湖南省生产PVC—V硬板、软板和PPR管材、管件的大型专业厂家。主要产品PVC系列板材具有不结垢、不生锈、防火、防腐、防酸、保温性能好,耐温、耐压、使用寿命长等特点,广泛应用于化工、环保、电力通讯、建筑、民用等领域。产品符合国家和地方塑料产品质量监督检测中心的质监标准,并获得认证。2005年,启动第二期工程建设,主产高档塑钢门窗型材,设计年产3万吨,安装生产线11条。2008年,产值过1亿元,完成税收800万元。

湖南鑫盛铝塑实业有限公司

2005年组建,首期投资8000万元。主产铝塑复合板,附塑料加工、造粒等产品。公司占地面积19880平方米,员工200多人,各类专业中高级技术管理人员60多人。已获得ISO 9001:2000国际质量体系认证和绿化环保认证。产品经国家建材测试中心检测,质量性能指标均达到并超过国家标准,畅销全国各地,并成功打入东南亚等国际市场。2007年,获湖南省政府授予的"重合同、守信用"优秀企业称号。并多次被评为十佳明星企业、纳税先进单位。2008年,从韩国引进具有国际先进水平的铝塑复合板生产设备,生产多种型号的铝塑复合板,年产1600万平方米,广泛运用于建筑幕墙、机场、车站、会所、宾馆、大型体育场所、天桥走廊等装饰领域。是年,实现工业产值8500万元,税收362万元。

汨罗市(县)1983~2008年工业企业(部分)名优产品表

表13-4-62

产品名称	生产单位	获奖时间	名优称号
J4BF/19直角截止阀	汨罗县制冷阀门厂	1984年	省优质产品
165F柴油机	汨罗县通用机械厂	1986年	省优质产品

续表13－4－62

产 品 名 称	生 产 单 位	获奖时间	名 优 称 号
汨江牌绿色碳化硅	汨罗县磨料磨具厂	1984年	省优质产品
晶体管在线测试仪	汨罗县利华仪表厂	1986年	省优新产品
艺字牌毛笔	汨罗县川山毛笔总厂	1983年 1984年	省优质产品 农牧渔业部优质产品称号，铜牌奖
汨江牌吊扇	汨罗县电扇厂	1986年	中南五省商检优质产品
B40－3型直角氟氨止阀门	汨罗市制冷阀门厂	1988年	省优质产品
FK_4/25汽车空调阀	汨罗市制冷阀门厂	1988年 1989年	省优秀新产品 省科技进步一等奖
双桥式起重机	汨罗市通用机械厂	1989年	省优质产品
184型茶叶机	汨罗市轻纺机械厂	1989年	省优质产品
S型水泵	汨罗市轻纺机械厂	1989年	省优质产品
川山牌165F油泵油咀总成	汨罗县川山农机厂	1986年12月	省优质产品
汨江牌碳酸氢铵	汨罗市氮肥厂	1987年 1989年	省优质产品 农牧渔业部优质产品
“马圣”鞋楦	汨罗市(县)鞋楦有限公司	1983～1984年 2002年	省优质产品 湖南省著名商标和湖南省乡镇企业名牌产品
汨江牌425普通硅酸盐水泥(含425R)	汨罗市水泥厂	1988年	省优质产品
杜英牌3201～3205型材及2507热轧窗框钢	汨罗市轧钢厂	1988年	省优质产品
广式香肠	汨罗市肉联厂	1988年	省优质产品
淮山米粉	汨罗市新市光明食品厂	1988年	省优质产品
出口分割肉	汨罗市肉类联合加工厂	1989年	省优质产品
“鹤泉”铝材	汨罗市铜盆铝材厂	1991年	湖南省“名牌产品” 湖南省“著名商标”
“圣正元”服饰	汨罗市圣正元服饰有限公司	2006年	省著名商标
“文宝”安防产品	汨罗市文宝银行设备有限公司	2003年	省著名商标
“加华牛肉”	湖南加华生物科技发展有限公司	2005年	省著名商标
飘峰牌双玻璃丝电线	汨罗市电线厂	1987年 1988年12月 1989年	省委科技进步奖 省优质产品称号 农牧渔业部优质产品奖

续表 13－4－62

产品名称	生产单位	获奖时间	名优称号
“天子山”家具	湖南天子家具厂	2001 年 2006 年	省著名商标 省产品质量金奖 全国家具工业博览会金奖 省乡镇企业科技产品博览会金质奖 消费者信得过绿色消费品 湖南名牌产品
“龙舟”收割机 “龙舟”柴油机	湖南中天龙舟农机有限公司	2005 年 2006 年 2007 年	省著名商标 湖南名牌产品 中国湖南第四、五届(国际)农博会金奖
“银宝”安防产品	湖南保安工具设备厂	2001 年 2004 年	省著名商标 岳阳市名牌产品
“松菊”油漆	汨罗市松菊精华科技有限公司	2005 年	省著名商标 省科技创新金奖
“九喜”蚊香	湖南九喜日化有限公司	2005 年	省著名商标
衡联铜材	汨罗市衡联铜材有限公司	2005 年	铜材行业定为中南五省优质产品(国际)
“中天龙舟”收割机、旋耕机、柴油机	湖南中天龙舟农机有限公司	2008 年	全国驰名商标
“万磊”保险柜系列产品	湖南万磊安防科技发展有限公司	2008 年	省著名商标
“现代美”家具系列产品	湖南现代家具装饰有限公司	2008 年	省著名商标
“正仁”箱板纸、白板纸	汨罗市正仁再生纸业科技开发有限公司	2008 年	省著名商标
“蓉泰”食用淀粉	湖南蓉泰薯业科技有限公司	2008 年	省著名商标

第十四篇　商贸服务

1978年后,商品贸易逐步取消"统购统销",实行"三多一少"(即多种经济成分、多种经营形式、多种流通渠道并存,减少中间环节)的流通体制。国有、集体商业加速转轨变型:企业承包经营;机关转变职能;职工进入市场。与此同时,个体私营商贸服务业异军突起,商贸平台逐年增多。烟草、盐业、石油等行业受国家政策性保护,实行系统归口专营。

1994~2000年,各商贸部门相继引资兴建、扩建中心集贸市场、汨罗大市场等大型商贸平台,城区商贸布局逐步完善。2000年,全面取消粮食合同定购任务,国有粮食企业彻底走向市场。商业、供销、物资、外贸企业"两个置换"改制稳步推进。通过化解严重亏损企业的债权债务,整合商机,盘活资产,商贸整体规模扩大,行业管理加强,个体商贸业得到进一步发展。至2008年,汨罗市共建立股份制商贸企业15家;新型连锁经营、物流配送、电子商务等现代物流业达到新规模;各类超市、专卖店、零售网点遍布城乡;全市社会消费品零售总额达22.95亿元,为1978年的44倍。

第一章　商务管理

20世纪80年代初,县委、县政府不断深化商贸流通体制改革,倡导解放思想,鼓励和引导农民进城入镇经商办企业,开拓农副产品市场。同时倡导干部下海经商,牵头创办商贸服务实体。至1993年,全市国营、集体、个体私营商业、服务业发展到8095家,从业人员达2万余人,实现社会商品零售总额3.4亿元。1993年后,全市建成大、中型集贸市场82个,商贸网点6500多个,初步形成商贸服务市场化格局。进入21世纪,商务部门加快推进"菜篮子"工程、"放心食品"工程建设,加强生猪定点屠宰管理和蔬菜质量监测,实施"万村千乡市场工程",推动内外贸易和国际经济合作,商务工作呈现持续、健康发展的局面。

第一节　机　构

1978年,汨罗县革委会设财贸办公室。1980年12月,更名为县政府财贸办。1983年12月,撤销县财贸办,在县政府办内设财贸组,至1984年3月被撤销,恢复县财贸办。1987年11月,县财贸办更名为市财贸委。内设社会商业、业务、商办工业等科室,并协调管理商业、供销、粮食、外贸、烟草、财税、工商、金融、保险、财贸职校等15个部门单位的工作。1992年,市蔬菜办并入。

1993年,财贸委与对外经贸委合并为市财经贸易委员会。1994年,外事办、食品管理办并入,市财经贸委更名为市外经财贸办。1996年1月,加挂市招商局牌子,6月,招商局析置。1997年,撤销市外经财贸办,恢复市财贸办。2003年,市财贸办更名为市内贸办。2005年12月,撤销市内贸办,组建市商务局,为市政府主管内外贸易和国际经济合作的工作部门。原属市工业局管理的酒类产销管理办划归市商务局。至此,市商务局下辖市场建设管理服务中心、财贸职校、蔬菜监测中心,生猪定点屠宰管理办、金融证券办、酒类管理办、煤炭稽查队,行业监管单位有岳阳正平拍卖公司;内设办公室、财务、政工人事、市场运行调节、外贸管理、市场体系建设等股室;负责对商业、供销、粮食、物资、外贸等流通部门的归口管理以及金融、财税、工商、烟草等主管部门的协调服务。

第二节 市场建设管理与市场运行监测

一、市场建设管理

1978年后,商业、供销、粮食、物资、外贸等部门先后投资1700多万元,在城区建设路兴建迎宾、汨江、德丰、龙昉、国商、百货、副食、生资、粮贸、物贸、汨贸等大型商场。并在长乐、新市、白水、铜盆、黄柏、高家坊、川山坪、桃林寺等乡镇扩建、改建、新建中型综合商场和物资供应站。至1984年,财贸系统形成国营、合作商业为主体,多种经济成分并存、多渠道、多网点的管理格局。

1985年,国家取消统派购任务。财贸部门在倡导开放市场的同时,稳妥推进流通体制改革。商贸企业以破除主渠道不畅、中间环节多、周转慢、效益差为目标,推进经理任期目标责任制和经营承包责任制。财税、工商、物价等经济监管部门把长期依赖行政手段管理经济,转变为按经济规律管理和市场调控上来,先后出台"开放市场""流通体制改革""价格调控""税费收缴"以及打击欺行霸市,禁止违规经营等政策和规定,不断规范和完善市场管理体制。

1988年,市委、市政府针对市场"皮包"公司盛行、假冒伪劣农药、化肥屡禁不止等问题,组织开展经济秩序整顿,撤并公司20家,查收非法利润93万元,清理不合法占用资金4314万元。明确规定各经营公司和基层供销社、站的经营范围,配合相关部门收缴违法收购的有色金属1万多公斤,取缔无证经营18户。并继续对粮、棉、糖等产品实行专业归口经营,对化肥、农药、农膜以及烟花鞭炮、废旧金属、民爆产品等实行专营或指定经营。至1989年,全市完成商贸流通销售收入4.22亿元,为1978年的13.6倍;市场商业网点发展到410个,比1978年增加212个;集体、个体服务业营业总额占社会商品零售总额的40%左右;商办工业企业发展到30多家,工业产品销售额占商贸流通总额的30%。

1992~1993年,粮食、商业、物资、外贸等局成建制转为总公司,实行两级(总公司、公司)法人、三级(总公司、公司、门市或站店)核算,由行政管理型转变为经营管理型。财贸系统共精简机关内设股室22个,减少机关工作人员51人。1993年7月,外经财贸委员会承接原财贸委工作职能,并负责对外招商引进、外经协作和外贸管理。1995年,增加外事和旅游管理职能。1996年始,财贸管理及协调服务范围扩大到23个局、行、社、司、校。至1998年,形成国有商业、社会商业、集贸市场等多元组合的市场格局,市场管理机制亟待完善。市财贸办牵头组织建立财税管理、流通体制改制、创安(金融安全)和维稳(维护企业稳定)等多个专项工作机构,统筹规划、协调管理市场建设工作。

1999～2000年,全省工商行政管理体制改革,实行“管”“办”分离。即市(县)工商局直属省工商局垂直管理,负责市场监管执法;另从市工商局分流组建市场建设管理服务中心(简称市管中心),隶属于市政府财贸办管理,为副科级事业单位,主要负责自办市场的物业管理、市场规划、开发和维修、市场治安、消防等日常工作;为客户提供交易场所和服务设施,开展代储、代运和信息咨询,并按规定收取有偿服务和交易费。2003年,市管中心自筹资金60万元,开发建成大众南路集贸市场,设立门店、货台60多个。2005年,市管中心设家顺物业管理公司,负责汨罗大市场、城西建材、百利宝商城、西城农贸、大众集贸、桥头等市场的物业管理,总面积20多万平方米。

2005年始,市商务局负责内外贸易、国际经济合作、循环经济市场体系建设、农产品进出口计划组织实施、酒类产销、煤炭稽查等管理工作。至2008年,商贸经济运行、流通网络建设取得新成效,全市完成社会消费品零售总额22.95亿元,实现进出口总额6255万美元,分别比上年增长22.19%、12.24%。市商务局被评为省商务系统先进单位。

附　市场选介

中心集贸市场　位于劳动北路与建设中路交汇处。1991年,由市工商局、市商业局共同投资兴建集贸市场,占地面积4895平方米,年成交额5000万元。1994年,以集贸市场为基础,市商业局、市供销社联手扩建中心集贸市场。2007～2008年,供销、商业两家再次联手对中心集贸市场进行“农改超”改造,将集贸市场与商业广场连成一体。成为市城区农产品交易、品牌服饰经营、南杂百货批发等大型商贸市场。主要经营肉、禽、水产、卤腊、冷冻食品,以及豆类制品、粮油、蔬菜等农副产品。有经营门面345个、简易货棚40个、摊位100余个,总营业面积2.1万平方米,年销售额4.1亿元。

汨罗大市场　位于建设中路繁华地段。2000年,由市政府引资开发建设。建筑面积6.22万平方米,各类门面300余个,经营品种有五金电器、服饰、百货南杂、日用品等项目,年成交额3亿元左右,是城区面积最大的综合型商品交易市场。

天恒量贩超市　2000年,由市商业总公司引资开发建设。2002年7月至2004年,落址于原百纺一商场二楼,为境内首家大型现代化生活超市。2005年7月,迁址高泉南路,由市商业总公司副食品公司提供经营场地,营业面积4100平方米,休闲广场面积600平方米。主楼分为2层,一楼主营副食南杂、粮油、蔬菜等食品,二楼主营服饰、百货、日用品。年营业额3.6亿元。

心连心购物广场　位于建设中路。2004年,由市供销社日杂公司、市物资总公司提供场地,个体老板引资开发建设,营业面积8000多平方米,休闲广场面积1000平方米。建有3层营业大楼,一楼设生活超市,二楼设服饰、床上用品超市,三楼经营家具用具,共分为8个功能区,3500多个经营品种。2008年,商品成交额达1.2亿元。

中大建材市场　位于劳动南路。1998年,由市物资总公司金属公司引进岳阳中大实业公司开发建设。有门面110个,总营业面积1.5万余平方米,内设金属制品、建筑装饰材料、五金电器、石材、铝塑材料及制品等经营区,年成交额1.5亿元。

二、市场运行监测

2003年6月，成立市蔬菜质量监测管理中心，隶属于市内贸办，定编5名，为副科级事业单位。是年，该中心配置上海产RP508农药残毒速测仪等现代化检测设备，定期对各大集贸市场、饮食服务场所、厂矿企业、学校食堂进行蔬菜质量检测，共查处并禁止销售超标蔬菜20多批次。2004~2008年，采取划分区域、责任到人的做法，重点监测43家超市、市场、宾馆、学校、幼儿园、企事业单位食堂以及国际龙舟节、高考和冰灾期间的蔬菜质量，先后建检测网点7个，接受委托送检单位34家。

2005年5月，商务部办公厅下发《关于加强农村市场监测工作》的文件通知，决定在全国建立百县农村市场监测系统，汨罗市被列入其中。2005年6月1日，汨罗市商务局正式登录商务部网站。担负起重点监测境内市场发展和农民生活密切相关的社会消费品零售总额、农村居民消费结构、重要农产品和主要农用生产资料价格等指标的任务。至2008年，市商务局连续四年获湖南省商务厅市场运行监测工作先进单位。

第三节　蔬菜与屠宰业管理

一、蔬菜管理

1988年，成立汨罗市蔬菜管理办公室，为正科级事业单位。配备工作人员7人，担负全市蔬菜产、供、销管理工作。20世纪80年代末至90年代初，境内启动“菜篮子”工程建设。至1994年，建成城北、黄兴、廖家段3个一线蔬菜基地，面积达60余公顷；另建成磊石、大荆、新市等二线蔬菜基地，面积733.33公顷。1996年，普遍推广科技种菜，蔬菜大棚发展到1200个。1997年，新品种、新农药、新肥料被广泛使用，蔬菜增产增收。1999年，岳阳市政府确定汨罗市大荆镇为“无公害蔬菜基地”，种菜面积13.33公顷，同时兴办蔬菜加工厂，建成300吨级速冻菜冷库。

2003年，全市蔬菜大棚发展到3000多个，107国道沿线无公害蔬菜基地扩大到2000余公顷。2004年，罗江无公害蔬菜基地（涵盖新市、大荆、红花、黄市等乡镇）总面积1300公顷，被省农业厅认定为湖南省无公害农产品基地。至2005年，新市绿色无公害蔬菜生活园建成，面积5.33公顷。汨罗市初步形成由近郊、远郊、园区组成的“三位一体”的蔬菜生产格局。且市场新鲜菜货源增多，全市蔬菜批发市场发展到11个。

二、屠宰业管理

1995年5月，汨罗市政府发布《关于加强生猪定点屠宰及肉食品销售管理的通告》。由市财贸办牵头，在城关地区范围内实行生猪定点屠宰。按照部门工作职责，肉食水产公司负责定点屠宰，畜牧局负责集中检疫，工商局负责市场稽查。是年，完成生猪定点屠宰22409头，实现税费101.84万元。1997年，集中屠宰生猪25418头，比上年增长35.6%，实现税费127.11万元，增长38.5%。1999年，市财贸办针对社会上出现的“五号病”谣传，加大对定点屠宰工作的领导和管理。投资改造屠场设施，新购专用稽查车，开展猪肉市场的跟踪监管和定期稽查。

2000年始,全市肉食品市场稽查主要由市场管理中心负责,配备专人专车,随时进入市场,杜绝未经检验检疫的猪肉上市。2002～2005年,在抗击"非典"疫情和重大节日期间开展集中惩治行动达50多次,涉及各宾馆、饭店、学校和食堂,查处病死猪肉230公斤,收缴注水猪肉160公斤。2007年,成立生猪定点屠宰稽查队,整治私屠窝点3个,收缴私屠滥宰猪肉800多公斤。2008年,新建新市生猪定点屠宰场,并启动乡镇生猪定点屠宰工作。

第四节　酒类产销与再生资源回收管理

一、酒类产销管理

2002年8月,湖南省人民政府发布实施《湖南省酒类管理办法》。下年1月18日,汨罗市成立以市长挂帅的酒类产销管理领导小组,下设酒类产销管理办公室(简称酒管办),归口市工业局管辖,与成品油管理办、墙体材料改革办合署办公。2005年12月,酒管办从市工业局析出,划归市商务局管辖。

2005～2006年,经酒管办核准发放的酒类经营许可证共34家,查处假冒"茅台"、"五粮液"酒案共30起,罚没收入2万元。2006年3月,《湖南省酒类管理条例》颁布实施。市酒管办对酒类管理稽查力度进一步加大。稽查重点是流通领域的批发经营,稽查范围是进入批发环节和零售货柜的食用酒类。2008年,酒管办邀请名优酒厂专业打假人员参与打假,查处无证批发案件5起,查处无"酒类流通随附单"且标识混贴、误导消费案2起,查处非法商家20户,假冒伪劣酒类事件比上年下降30%。

二、再生资源回收管理

2006年,汨罗市实施再生资源回收市场体系建设。由市商务局具体负责再生资源市场建设和回收利用体系建设。经市商务局引导、组建、扩展,全市废品回收个体户增至3500家,城区建立回收站8个、农村建立村级回收点200个。同时发展境外回收网点1800个。至2008年,该体系吸纳城乡从业人员4万余人。2008年11月26日,全国再生资源回收体系工作会议召开,汨罗市的做法被作为经验推介。

附　拍卖典当

一、拍卖

2000年5月,成立岳阳昌廉拍卖有限公司汨罗办事处,先后受理城关及长乐供销社、白水中心粮站、黄金公司、氮肥厂等单位的公物拍卖,总值5000万元。2002年,根据国家拍卖协会关于各地拍卖公司不得设立分支机构的规定,撤销该办事处。

2003年1月,成立岳阳市正平拍卖有限公司,为市政府指定的公物拍卖机构,其行业管理监督权属于市政府财贸办(商务局),机构和人事配备属于市管中心。主营房地产、机械设备、抵税物品、金融抵贷资产的拍卖;并将企业股权、采矿权、冠名权、知识产权等无形资产的拍卖纳入公司后续业务范围。公司具有拍卖资格的业务人员8人,其中国家注册拍卖师1人。2003～2006年,市政府授予正平拍卖公司

“守合同、重信用”单位;2004～2007年,该公司连续四年被评为支持企业体改先进单位;并被岳阳市中级人民法院认定为“对外委托司法鉴定机构注册单位”;2004～2008年,连续五年被选为湖南省拍卖行业协会常任理事单位,并被授予湖南省先进拍卖企业。

2007～2008年,正平拍卖公司共受理委托单位标的150多起,总成交额2.8亿元,为委托单位增值6000万元,盘活国有资产1.9亿元,为改制企业实现资产变现,用于置换和安置职工3万余人。

二、典当

2007年1月,成立岳阳市国信典当有限公司,成为新中国成立后境内首家具有正规资质的典当企业。公司注册资金500万元,主营动产质押典当业务、房地产抵押典当、限额内典当物品的变卖;鉴定评估及咨询服务;以及国家商务部门依法批准的其他典当业务。2008年,完成营业收入121.8万元,完成营业税6.7万元。

汨罗市1990～2008年社会消费品零售总额统计表

表14－1－63　　单位:万元、%

年度	社会消费品零售总额	比上年±%	年度	社会消费品零售总额	比上年±%
1990	20606	－16.2	2000	83561	16.5
1991	23445	13.88	2001	93054	11.38
1992	27612	17.77	2002	103383	11.1
1993	34289	24.18	2003	113768	10
1994	51024	48.81	2004	124666	9.58
1995	64717	26.83	2005	140623	12.8
1996	64641	－0.1	2006	158340	12.6
1997	64265	－0.6	2007	188108	18.8
1998	71702	11.57	2008	229492	22
1999	71723	－	－	－	－

第二章　国营商业经营

1979年后,煤炭、石油、盐业、烟草、药材等专业性公司(行业),先后从县商业局析出,实行自营分设或归口专营,商业成为全开放的竞争性行业。1982年,商业系统构建联营代批、批零兼营的城乡一体化商业网络,改总店核算为集体经营,国营企业实行经理负责制与经营管理目标责任制。1985年,投资兴建服务大楼、国商大厦、食品大楼、副食品大楼、五交化综合商场。1987年,国营商业试行站(店)承包经营、资产抵押承包、工资总额与经济效益挂钩等内部改革。1990年,全面推行经营、价格、分配、用工的“四放开”改革,商品销售突破1亿元。1992年始,商业局转体为国营商业总公司,由行政管理型变为经营服务型。至1996年,所属200多个柜组实行零售“抽资”承包,企业经营变活,效益回升。上缴税金连续四年跃居市级商贸企业前列。

1998～2008年,引资开发天恒量贩、白云电器城、百利宝商场等大型经营项目,新增各类连锁店、精品店、品牌专卖店达80多家,并成功改造中心集贸市场。下属企业除五金公司整体改制外,其余公司全面转向资产经营。同时,随着龙舟国际商业街通程电器、华龙华天大酒店等工程的全面竣工,以及帝豪国际商业大楼的开张营业,境内商业总体规模进一步扩大。

第一节 机 构

1978年,县商业局与县供销社实行“一个机构、两块牌子”,分开核算。1978年12月,两家机构分设,恢复县商业局。辖百货、五金、副食品、石油煤建、肉食水产、蔬菜、服务、汨纺商店8个公司、店。1981年,煤炭经营划归县物资局管理。1984年,增设食品工业公司、国营商业贸易中心总公司。1985年,划出石油公司,上收省石油公司管理。1986年,增设友谊华侨物资供应公司。1988年,市肉食水产公司更名为市食品公司。1990年2月,市肉类联合加工厂从食品公司析出,成为独立核算的商办工业企业。1993年,成立市商业总公司(保留商业局牌子),内设3部2室1会,下辖8个公司(厂)。1995年,市肉联厂破产重组(2001年,以资产量化的形式分公司买断,移交社区管理);1997年4月,友谊华侨物资公司破产,是年8月,重组为友华物资贸易中心,2006年完成整体改制。

2001年3月,成立商业行业管理办公室,挂靠市商业总公司。至2008年,市商业总公司下设百纺、蔬菜、食品、副食品、饮食服务、五金6个公司,内设办公室、体改办、综治办、政工人事、财会、保卫、计划生育、纪检监察8个股室及工会。

第二节 日用百货与纺织品经营

1978年,县商业局百货纺织品公司仅有一个一楼营业、二楼住宿的百货商场(俗称一商场),百货、针纺各设1个批发部、4栋批发仓库,实行三级批发专业,职工总人数110多人。负责境内日用百货、纺织品的采购、仓储、运输、批发供应和城关地区的零售业务,农村地区零售业务由基层供销社承担。公司主营大小百货、针棉纺织、鞋帽日化、五金、交电、化工产品。除少量地方产品外,其余商品全部由省二级站划拨供应。其中,钟表、缝纫机、自行车、肥皂、火柴、灯泡、元钉等按计划供应,棉布凭布票供应,少数商品由业务主管负责人批条供应,供需矛盾十分突出。逢年过节,商场内顾客如潮。1978年3月8日,县商业局投资19万元,建成百货二商场开张营业。是年,公司销售1143万元,较上年增长14.1%。

1979年,县商业局组建五金交电化工原材料公司。百纺公司不再经营五金、交电、化工业务。1980～1983年,商贸经济改革逐步推进,流通领域出现国营、集体、个体多种经济成分并存的新局面。据此,公司在购进方面实行“多渠道、少环节”,零售方面则采取摆摊设贩和召开商品展销会、成立零售商场批发部等措施,使销售额上升至1768万元。1984～1989年,百货纺织品经营实行“外引内联”,即对境内有经营规模的零售单位提供商品铺底,月底结账、让利优惠;对外则建立起品优价廉的购货渠道,先后与25个省(市)、453个厂(库),建立联营业务关系,进货品种达9800余个。内部管理取消固定工资制,实行联销联利计酬。1989年,公司销售2648万元,实现利润55.7万元,创历史最好水平。是年,公司收购市财政局门面成立百纺三商场,有偿接收汨罗纺织印染厂商店,改建针纺和百文批发部,置百文、四鞋(即皮鞋、布鞋、胶鞋、塑料鞋)、小百货、针织、纺织、家电6个批发部、3个商场和汨纺商店等10个独立核算单位。固定资产升至500万元,有干部、职工374人。

1990年始,受全球金融危机和个体经营的冲击,百纺公司批发业务萎缩,零售商场出现经营亏损,银行负债900多万元,迫使公司将全部房产向银行抵押。1992年9月,百纺一、二商场实行职工自由组合竞争承包;1993年,零售商场实行柜组包干;1996年,5个批发部整合重组,成立百纺批发分公司,实行集体承包,年收入仅69万元,不到一年即行解散,职工全部下岗。1997年,各批发部、门店、仓库空闲,仅有零售承包收入,公司入不敷出,积欠银行贷款970万元,下岗职工增至200人。是年,公司从挖潜增效入手,将空闲的仓库、经营场地全部向外出租。至1998年,公司资产收入达98万元,较上年增净26万元。1999年,引资100万元将百文批发部仓库改建成星河不夜城,年资产收入达106万元;2000年,引进岳阳钧华房地产公司投资600万元,将百货一商场拆建开发成汨罗百纺商厦,三层主楼营业面积6400平方米,其中一楼为公司自有产权,面积2000平方米;2002年,引进长沙天恒量贩百货批发公司,投资1000万元,开办境内首家大型现代化商业超市——天恒量贩超市。主营百货纺织、日用品、生活食品等。公司40名下岗职工安置到超市上班。至2003年,公司资产经营收入增至188万元。

2004年,公司引进资金200万元,将百货二商场重新装修改造成新世纪广场,专营服装、鞋帽等商品,年末资产收入达208万元,上缴税金45万元。2006年始,商业经营场地税金改由承租商直接向税务部门缴纳,公司只收取承包金和场地租金。2008年,引资150万元,完成百纺服装市场的升级改造任务。并以公司为龙头企业,规范210家农家店的商品配送和商品运营。

第三节　五金交电化工原材料经营

1979年5月,县商业局设五金交电化工原材料公司(简称五交化公司),原属于县百纺公司经营的五金、交电业务划归县五交化公司经营,从业员工42人,营业场地150平方米,年销售额258万元。至1989年,单一的五金、交电经营变为五金、交电、家电、化工等多种经营,经营品种1500余个。

1984年,"韶峰"(14寸)黑白电视机陆续上市。是年,全县城镇居民电视机、半导体收音机保有量均约占40%。台扇占66%,录音机占20%,自行车占80%,洗衣机占2%;农村电视机保有量仅占11%,收音机占82%,台扇占11%,录音机占9%,自行车占93%,洗衣机为0。

1985年,县五交化公司购买县政府招待所临街楼房一处,改建五交化经营门市,扩大网点规模。1989年,公司各项经济指标均达到或超过省颁布的"国营五交化行业企业升级标准"(四),受到省政府嘉奖。至1992年,五交化产品经销网点增至65家,从业人员增至315人,经营品种达6000多个,零售总额6300万元。

1993年,市五交化公司根据行业特点,采取一步到位,一司多制的办法,将亏损金额大、扭亏无望的五金、化工产品批发部实行国有民营,对零售门店改为职工自营。精简行政编制,充实一线经营力量,继续发挥总代理、总代销的优势。

1994年后,市场竞争激烈,城关地区逐渐形成10多家五交化商品专业市场。除市五交化公司专业市场外,城区劳动南路门面(自建设路接口至中医院)出现“五金交电一条街”的经营态势。1998年,市五交化公司再筹资金,拆除城东批发部,兴建物华综合商业大厦,建筑面积4000平方米,先后引进超市、酒店、中西餐厅、宾馆、建材、艺术学校等商家经营,年销售2000万元以上,上缴税收30万元。2000年后,白云电器城生意兴旺,城区各超市、汨罗大市场专辟五金电器商品经营区,经销品种3000余个。化工产品及化工原料亦转向各建材市场经营。至2008年,市五交化公司全面启动企业改制工作。

第四节　副食品、糖酒经营

一、副食品经营

1978年,县商业局糖酒副食品公司(简称副食品公司)与各基层供销社共同经营副食品业务。副食品公司在汨罗城区设副食一、二门市,主营批发零售食糖、卷烟、酒类、食盐、南杂、干鲜果及其他副食等。货源除省糖酒副食品公司按计划调拨外,还从外省各地采购。其中糖果、糕点开办自产作坊,主产蛋糕、麻花、鸡扎、花片、胡椒饼、月饼、果酱饼、法饼等。是年,食糖货源紧缺,一律凭票供应。特殊情况如产妇、婴儿、病人以及居民逢年过节用糖实行凭户口定量供应。笋干、粉丝、云耳等南杂食品,凭主管部门批条供应。

1980年后,副食品经营品种增多,货源增加,专营公司逐步开放供应。1983年,副食品公司在白水、长乐、新市、汨纺设批发站,从业员工40多人,经营品种300多个。1985年,烟草、盐业从副食品公司析出,实行归口专营。

1985年始,国家取消统、派购任务。乡村集镇个体供应摊点日渐增多。1993年,副食品公司全面实行柜组承包经营。1995年,城区兴罗门副食批发市场建成开业,并出现“天成”“步步高”等超市。自老火车站至屈原桥头的40多家临街门面以及兴罗门市场、高泉南路门店,都以经营副食品为主业,兼营小百货业务。其中兴罗门副食品批发业务辐射到平江、湘阴、屈原农场等地。

1996年始,市副食品公司采取“四自、三保、二定”的方式(即资金自筹、经营自主、人员自选、工资福利自理,保档案工资调升、保连续工龄计算、保国家职工待遇,定人员编制、定上缴税利),对一门市实行整体大包干,二门市按柜台承包,糕点生产厂实行大包干,其他临街门店按自然门面定人包干,公司下属4个网点亦全部实行包干。1997年,市副食品公司对整体承包的零售一门市,实行以柜组为单位承包。门市按自然门店分开,取消零售经营。

1998年始,配合市城区旧城改造,副食品公司调整经营布局,至2004年,通过招商引资与湖南天恒商贸有限公司达成合作开发协议,由市副食品公司拆除高泉南路临街平房,提供用地4100平方米,其中临街600平方米为广场,其后部分3500平方米为建筑用地。基础建筑共分两层,临广场前半部分为三层,由天恒公司全额投资兴建,建成后房屋产权属副食品公司,“天恒”以租赁形式向副食品公司承租,其中一层以上免缴租金15年。2005年7月,天恒超市正式开业,成为境内最大的购物中心。紧邻超市,副食品公司在自有场地内筹资兴建2栋商场,其门面除公司职工承租外,还对外承租,汇聚人流、物流。至2008年,市副食品公司所属产权范围内的商场、网点经营年销售额突破1亿元。

二、副食品加工

1978年,县副食品公司、县供销联社食杂果品公司分别开设副食品加工厂,年产销糖果80多吨、糕点350吨,产品畅销县内外。同时开办酱菜加工业务,制作杂菜、酱萝卜等品种投入市场。1981年,副食品公司引进饼干生产线,生产香草饼干、奶油饼干、儿童饼干、动物饼干等品种,日产量达2吨以上。1982年,生产的中秋月饼销往荣家湾、望城、湘阴六塘等地,销量达30吨。1986年后,个体私营业主进入糖果糕点生产行业,国营副食产销量逐渐萎缩。至1996年,城关地区出现10多家现做现卖、前店后厂的糖果糕点生产作坊,制作新鲜,生意兴旺。品种有罗生蛋糕,西式面包等。1993年,国营副食加工业引入个体机制实行承包经营,但因企业经营成本增加,管理方式陈旧,生产不断下滑。2006年,市副食品公司最后一家由职工承包的糕点生产加工厂关门停业。

三、食糖经营

1978年,城镇、农村人口用糖仍凭票定量供应。1982年,县副食品公司销售食糖(以白糖、红糖为主)3744吨,为历史最高纪录。1988年,食糖不再由副食品公司专营。至1992年,食糖改为副食品公司、蔬菜公司、供销社日用杂品公司三家经营。1995年后,国营商业企业体制转轨,食糖全部转向个体私营,品种增加。2003～2008年,食糖归入各大超市和农村商贸网点经营。

四、酒类经营

1978年,县酒厂产白酒500吨,由县副食品公司、基层供销社(站)经销。1979年,酒类经营放开,销售渠道拓宽。1980～1989年,境内调入自产白酒、啤酒、果露酒等12500吨。其中"屈原"酒、"汨罗春"酒销往国内10多个省、市。桃林、范家园、火天等乡镇农户酿造的谷酒销往长沙、株洲、湘潭等市。1990年后,"白沙液""屈原醇"销量增加。1995年,兴罗门市场"五粮液""湘泉"和"新华""青岛""燕京"啤酒等出现总经销、总代理商。1998年后,"长乐甜酒"畅销。2000年后,酒类产品全部由个体私营,品种繁多,流通网络遍及全国各地。2003年,市酒类产销管理办公室统一管理酒类产销经营,至2008年,共为经销商核发酒类经营许可证60多家。

第五节 肉食水产经营

1978～1984年,肉食水产品由县商业局肉食水产公司经营。公司下辖桃林、白水、长乐、城关4个中心站(管辖26个肉食站)、营田站、冷库及零售商店。1985年,取消生猪派购任务,猪肉逐步放开经营。1988年,市肉食水产公司更名为市食品公司,定为副科级单位,与市肉类联合加工厂分设。1989年,两家机构重新合并。1990年,再度分设。1993年始,肉食水产市场全面开放,各肉食站实行承包经营。公司仅留用少数业务骨干与行管人员负责日常管理工作。

一、生猪及猪肉购销

1979年,县商业局投资79万元,在26个公社(镇)建立肉食站,隶属于各中心站管理,形成县域国营肉食品经销网络。是年,收购生猪13.87万头,销售7.44万头,出口2.12万头。1980年,县肉食水产公司、外贸公司扶植10个社(镇)生猪基地生产,发展养猪专业户30家。并实行平价,议价兼收生猪。猪肉零售价由每500克0.77元调升至1.00元。居民买肉实行凭票限量供应。

1985年,国家全面取消生猪派购任务,放开收购价,停止生猪奖售粮指标供应,实行合同定购,议购议销。是年4月,市场猪肉敞开供应,价格放开。城关集贸市场专辟猪肉经营区,由屠商自行经营。对城镇居民、非农业户口实行猪肉差价补贴。是年,市肉食水产公司收购生猪21.19万头,比上年增加3.39万头。至1988年,农村个体屠商进城贩肉,生猪全面转向多渠道购销。桃林、白塘、新塘等乡镇少数个体户将生猪贩运至广州、深圳,然后转销香港、澳门地区。1993年,境内长途贩运生猪者320户。出栏肥猪65.06万头,其中销往境外50万头。

1988年后,市肉食水产公司零售门市部相继改为楚源宾馆、食品大楼,实行租赁经营。1994年,公司及21个乡镇肉食站停止生猪收购和猪肉销售,部分职工转入生猪长途贩运或承包经营。1995年,城关地区实行生猪定点屠宰,集中检疫,市肉食水产公司屠宰场改为定点屠宰场,共屠宰生猪2.24万头。2000～2008年,市商务局(财办)、市管中心、市工商局、畜牧局、市商业总公司集中整治肉食市场达500余次,收缴私屠滥宰猪肉2600多公斤。

二、肉类加工

1978年后,肉类加工主要依托县肉类联合加工厂。1978～1991年,该厂冷库库容从300吨扩大到5000吨,年屠宰生猪从3万头增至15万头,冷冻肉从2100吨增至14000吨。1986年,出口分割肉2700吨。1991年,增至3030吨,年产值3000万元。分割肉远销东欧5国,在湖南省同行业中经济效益名列前茅。1986年,被评为湖南省先进企业。1989年,出口分割肉被国家商业部、商检局评为优质产品三等奖。

1985年,肉食市场放开。县肉联厂自收生猪13万头,其中外调活猪55572头,加工生猪66100头。1989年,生猪价格直线上升,购销价格严重倒挂,市场极度疲软。至1990年,该厂加工销售量降至4.2万头。1992年,市肉联厂累计亏损200多万元。1993年,企业整改,将大厂分为7个小厂。1994年,实行股份制改造。1996年,市肉联厂依法破产。

三、禽蛋

1978～1984年,县肉食水产公司和外贸部门,面向农村市场投放苗鸭、良种鸡苗30万羽,扶植发展禽蛋生产。1979～1984年,农户养殖鸡鸭数量激增,禽蛋货源充足,市场价格逐步回升。1985年,国家取消禽蛋派购任务,市场敞开经营。县肉食水产公司收购家禽31.98万羽,鲜蛋180吨,销售82吨,其余出口外调。1992年,外贸部门外销苗鸡5.12万羽,创收8.74万元。1993～2008年,市食品公司停止禽蛋收购,禽蛋全面转向个体私营。集贸市场出现禽蛋专供区,各大超市专辟禽蛋销售货架,经销10余个品种。

四、水产品

1978年后,水产品逐步开放经营,价格上扬,境内养鱼、养蟹、养虾等专业户和个体鱼贩猛增。水产品种类增加,购销量增大。1987年,肉食水产部门收购水产品1731担,销售859担。1993年,水产品市场全面开放，国营水产门市水产品收购量降至1259担。1994～2008年，市食品公司及下属21个乡镇站（点）停止水产品经营，全面转向个体私营。

第六节　蔬菜供应

1978～1980年，县蔬菜公司在劳动南路、劳动北路设立2个蔬菜门市部。城关镇菜一、二、三队（1984年改称村）专业种植蔬菜，交由蔬菜公司销售，年均约1.5万担。

1981年后，劳动北路形成蔬菜集贸市场，县工商局、县商业局、城关镇分工负责市场管理，实行“管而不死、活而不乱”的方针。是年8月，县蔬菜公司将蔬菜经营权移交给三个菜队，由菜农自产自销。1985年，蔬菜取消派购，放开经营。至1990年，城区人口不断增多，蔬菜需求量增大，市工商局、市商业局共同投资在蔬菜市场兴建城区中心集贸市场。市蔬菜公司从长沙、岳阳等地调入各种时鲜蔬菜，调剂市场供需，市政府每年给蔬菜公司安排财政补贴资金3万元，平抑市场物价，保障市民需要。

1994年，市商业局、市供销社联手扩大中心集贸市场规模，市蔬菜公司停止集体经营，将公司门面、仓库全部纳入中心集贸市场统一管理。1995年，集贸市场建成门店150个、固定和流动摊位480个、交易大棚5个，安排下岗职工、农村剩余劳力720人，年成交额9800万元；是年，市蔬菜公司开办酱制品加工厂，生产酱油、豆豉两大产品，年产值120万元。2000年后，市城区增（扩）建桥头、新月街（2006年，搬迁至城西铁路旁）、大众南路三处集贸市场。新市、长乐、白水、桃林、李家塅（铜盆）、弼时等乡镇均建立蔬菜集贸市场。各类蔬菜品种繁多，任市民挑选购买。2005年，新市绿色无公害蔬菜生活园建成，境内蔬菜批发市场增至11个。

2007～2008年，市商业总公司、市供销社联手投资2000万元，对城关中心集贸市场实行“农改超”改造。市蔬菜公司负责所属产权范围内的门面、摊位的承租管理工作，同时负责市场物业管理，为经营者提供相关服务。

第三章　供销合作贸易

1978年，汨罗县供销社系统适应农副产品购销政策放宽的新形势，加强对农副产品的培植和收购，改善为农服务系列化措施，扩大农资产品购销业务。至1982年，县供销社系统销售收入首次突破4000万元。

1983年春，由副县长任森带队，以白水供销社为试点，推进供销社体制改革，完成供销合作社“全民”改“集体”、“官办”改“民办”的步骤，恢复供销合作社的合作商业性质。同时推行“大包干”经营责任制。1986年后，县供销社加强对农业的“产前、产中、产后”系列化服务，实行文明经商。其成功经验先后三次被全国供销社作典型推介。1989～1998年，加强化肥、农药、农膜等专营品种的经营管理，稳住棉花、烟花爆竹、废旧物资经营。2000年后，引进客商投资共建汨罗大市场，安置下岗职工再就业100余人。2002

年,市供销社由企业性质恢复为事业单位性质。2007 年,汨罗市供销联社被人事部、全国供销合作总社评为先进集体。

第一节 机 构

1979 年 1 月,县供销社与县商业局机构再次分设。县供销社内设 6 个股 1 个室、工会、驻长沙办事处。机关工作人员 25 人。下辖农业生产资料、农副产品采购、食杂果品 3 个公司和城关、白水、长乐、桃林 4 个购销站。1981 年,财贸学校划归县供销社管理,更名为县供销社职工学校,内部增设监察股、统计股。1983 年,供销社恢复合作商业性质,增设李家塅(铜盆)、新市 2 个购销站。各基层供销社召开社员大会,选举产生理事会、监事会。是年 12 月,县供销社更名为供销合作社联合社(简称县供销联社),内设 8 个股 2 个室 1 个会,辖农资、茶叶、棉麻茧、食杂果品、日用杂品、土产废旧物资回收、综合购销 7 个公司。1984 年,成立再生资源总公司。1985 年,成立生活资料公司、增设屈原工农产品贸易公司(驻深圳)、商办工业股,茶叶公司与棉麻茧公司合并成立农副产品购销公司。1988 年,增设地方产品购销公司。1990 年,市供销联社精简机构,定编 45 名。下辖 7 个公司、6 个地区(经济区)基层供销社,并代管新市镇利群、长乐镇长征 2 个合作商店。1992 年,市供销联社撤销理、监事会,成立管理委员会,内设 4 个科 1 个室,定编 30 名。

1994 年 9 月,成立市日用品总公司。1996 年 8 月,组建农业生产资料(集团)有限公司。1997 年 8 月,食杂果品公司更名为永丰食杂果品有限公司;再生资源总公司更名为金龙再生资源有限公司,2001 年,更名为鑫龙再生资源有限公司。1999 年 1 月,组建棉花总公司;2005 年,更名为腾飞农副产品购销有限公司,至 2008 年,机构注销。2002 年 5 月,日用品总公司更名为民安日用品有限公司;8 月,市工业品总公司更名为迎宾工业品有限公司;市生活资料公司更名为商源生活资料有限公司。

1996 年 9 月,桃林地区供销合作社更名为兴桃地区供销社,辖桃林、范家园、火天、新塘、白塘、磊石供销分社;1997 年 1 月,白水地区合作社更名为越江地区供销社,辖白水、川山、高坊、玉池供销分社;2002 年 3 月,李家塅地区供销社更名为弼时地区供销社,辖弼时、铜盆、沙溪、黄柏供销分社;2003 年 1 月,新市地区基层供销社更名为新城地区供销社,辖新市、大荆、红花、黄市供销分社。至 2008 年,市供销联社下辖工业品、日用品、农资、再生资源、生活资料、食杂果品 6 个公司和兴桃、越江、新城、弼时 4 个地区供销社。

第二节 农业生产资料经营

1978 年,县供销社农业生产资料公司(简称县农资公司)主营化肥、农药、农副机具、农药器械、中小农具等农资商品,全县 27 个基层供销社、78 个农村购销点,相继增设农资供销门市或专柜,经营农业生产资料。1980 年,县农资公司在城区增设农资供销门市。全县农资商品供销网点增至 126 个,从业员工 558 人。1981 年后,农村推行家庭联产承包责任制,农资商品由集体成批购买变为千家万户零星购买,需求量大增。为保障供应,县农资公司从上海、天津等地组织货源,实行联购分销(由各地区购销站统一进货,各基层社、点分销),按计划价格与市场价格双轨制运行、并实行代储代销。至 1993 年,供销社系统完成农资商品销售2791万元，比1978年增长56%。其中销售化肥64685吨、农药512吨、农副机具42万件。

1993年后，国家对农资商品实行"一主两辅"（即农资商品以供销社经营为主，农业部门以推广新肥、新药为辅），农业部门参与农资市场竞争，个体经营亦加入竞争行列。1995年，国家恢复粮、油、菜等"挂钩肥"计划，供销社印发票证，凭票供应。是年，上级下达化肥计划指标1.26万吨。供销社采取"四专"（即专肥、专账、专柜、专人）、"三公开"（即公开数量、价格、供应方式）、"一监督"（即加强群众监督）等措施保障供应，供销系统让利62万元，供应救灾肥1100多吨，按调进价销售，倒贴运杂费加损耗10多万元。

1996年始，农资市场逐步放开。市农资公司为摆脱困境，实行股份制改造，成立农业生产资料（集团）有限公司。各基层供销社相继实行企业改制或重组，但经营业务仍以农资商品购销为主。部分乡镇农技站走"农技服务"与"农资供应"相结合的路子，增加农村销售网点。2000～2006年，供销社系统先后扶持、建立农资配送供应站12个、乡村级农资连锁配送点350个。2008年，组织开展"三湘农资产品质量安全行"活动，层层签订责任状，杜绝假冒伪劣商品，推进农资市场的健康发展。是年，全市完成农资商品销售额3454万元，其中销售氮肥7.02万吨、磷肥3.25万吨、钾肥2918吨。

第三节　生活资料经营

一、供销系统经营

主营商品　1978年，供销系统主营生活资料有针棉、百货、五金交电、日杂、食杂等。其中，针棉百货有棉布、毛巾、纱线袜、卫生衫裤、汗衫背心、胶鞋、肥皂、热水瓶、搪瓷器皿等；五金交电有元钉、铁丝、自行车、收音机、灯泡、收录机、电视机、电风扇、洗衣机等；日杂、食杂有锅、碗、瓢、盆、烟花、鞭炮、糖、烟、酒、盐、纸、干鲜果菜等。

供应方式　1978年，毛巾、袜子、汗衫背心、棉布等主要棉织品凭布票供应，糕点、熟食、食糖、卷烟、胶鞋、肥皂等商品凭粮票、糖票等票证供应。1981年后，供销门市销售规模增大，出现大型零售商场、大型批发部、商品展销会等供应形式。1982年，供销系统举办生活资料商品展销会85场次，成交额151.83万元，从门面向街道外延的摊点多达630处，营业额51.52万元；全系统出动货郎担、货郎车（板车）404副（部），销售额37.81万元。1983年，国家对棉布以及针棉织品如汗衫、背心、床单等取消计划供应，其他商品也逐步取消票证发放供应。但高档卷烟、自行车、缝纫机等紧俏商品供应仍实行"平、议"两种价格（平价为计划价，议价为市场价），逢年过节，卷烟按平价凭票供应。是年，供销系统举办各类展销会138场次，展销金额863万元。至1988年，供销系统销售总额达10198万元。

进货渠道　1978年后，供销系统除保持从长沙市各国营专业公司进货外，还另辟省内外其他国营商业部门的进货渠道。1983年，省政府发出《关于改进日用工业品购销工作的通知》，各地区供销社和县级公司工业品进货不受批发层次和地区的限制，可直接从生产厂家进货。1986年，县供销社改进联购分销进货办法，成立办公室，组织优秀采购员到产地、工厂进货，所进货物不经批发环节，直发联购单位（从中收取6‰的手续费作为联购分销费用开支），先后与25个省市、347家工厂、公司签订合同432份，联购品种1720个,联购额2400万元。1990年,联购分销业务移交工业品公司承办,下年又改为联社业务股承办。至1994年,供销系统全面实行“经营、价格、用工、分配”四放开,联购分销体制遂告改体。

汨罗市(县)供销社系统1978～1990年部分年份生活资料销售统计表(一)

表14－3－64　　单位:百米、百条、百双、吨、百件

年度	棉布(百米)	化纤布(百米)	呢绒(百米)	绸缎(百米)	毛巾(百条)	罗布巾(百条)	纱线袜(百双)	毛线(吨)	汗衫背心(百件)	棉毛衫裤(百件)	卫生衫裤(百件)
1978	20866	631	–	–	2294	399	2135	11	1104	159	193
1981	22146	3579	–	–	2385	294	1759	26	2002	889	328
1983	12187	5401	–	–	2961	277	374	57	2153	1221	221
1985	17055	8773	722	960	3970	–	–	75	3181	1795	237
1988	18199	6160	300	1386	5918	–	–	92	3599	2505	268
1990	6857	2804	160	420	2935	–	–	34	1510	711	95

汨罗市(县)供销社系统1978～1990年部分年份生活资料销售统计表(二)

表14－3－65　　单位:辆、台、百个、吨

年度	自行车(辆)	收音机(台)	录音机(台)	电视台(台)	彩电(台)	电风扇(台)	洗衣机(台)	电冰箱(台)	灯泡(百个)	元钉(吨)	铁丝(吨)
1978	744	389	–	–	–	–	–	–	479	30	20
1981	1338	3611	–	5	–	9	–	–	977	97	94
1983	9653	6807	–	59	–	767	–	–	2796	172	122
1985	17511	4322	198	1693	–	4879	879	2	3436	66	66
1988	22318	827	3056	5370	–	14275	1238	217	5171	79	64
1990	6219	105	1394	3498	–	8114	180	15	5238	55	55

汨罗市(县)供销社系统1978～1990年部分年份生活资料销售统计表(三)

表14－3－66　　单位:吨、箱、件

年度	食糖(吨)	卷烟(箱)	酒(吨)	食盐(吨)	火柴(件)	煤油(吨)	生活用煤(吨)	糖果(吨)	糕点(吨)	茶叶(吨)
1978	38	52	25	165	8238	752	23391	165	534	109
1981	56	79	20	197	10627	826	21897	180	764	52
1983	77	127	32	153	18463	813	–	292	1019	56
1985	113	124	33	156	13176	661	2431	414	1166	93
1988	75	78	35	101	–	–	–	–	–	–
1990	1131	9878	354	1736	5892	878	123	–	–	108

二、市场经营

20世纪90年代中后期，境内大型集贸市场发展到17个，年成交额2.5亿元，日上市人数约7万人次，经营品种2000多个。1996年，汨罗城区有中心集贸市场、兴罗门、天成购物、步步高等购物商场。1998～2005年，天恒量贩、心连心购物广场、家润多等大、中型超市，相继引资开发建设并投入市场运营。另有家家旺、白云、零点等10多家中型超市和近百家小型超市分布在城乡各地，经营各类生活资料。2003年后，供销系统陆续引资组建生活资料超市27家。另投资2000多万元，与市商业局联手对中心集贸市场进行"农改超"改造，成为境内功能最全、规模最大的综合型购物市场。至2008年，城区有大型集贸市场3个、大型超市2家、各类生活用品经销店2480家。

1984～1993年，各类生活资料名优产品陆续进入市场。大中型商场逐步形成名优品牌专柜。至90年代中期，城区商贸服务业布局包括中型商场、门店，均已门类齐全。1997年后，中型商场由大间小，承包给内部职工经营，采用"五自一包"或"四自一包"的方法，扩大承包人的自主权，涌现日用品、服装、金银首饰等多种专卖店。少数承包商将门店扩大。1998年，基本形成专业化营销特色。建设中路经营"劲霸""忘不了""米雪儿""步森""麒麟""雅戈尔"等40～50个服装品牌。至2008年，龙舟国际商业街以龙舟文化旅游产品、房地产、国际商务、饮食服务等行业为重点，形成多元消费的商业特色。

第四节　农副产品购销

一、棉花

1978～1983年，民用棉花统一由基层供销社收购，经农副产品公司加工后按计划、凭票证供应。境内收购的棉花还直销汨罗纺织印染厂，年均1000吨左右。县供销社为棉农生产提供产前、产中、产后系列化服务，棉花产量逐年上升。1984年，棉花统购改为合同定购，实行正四六比例加价（定购数内60%按国家牌价收购，40%在牌价基础上加价30%）。除调拨纱厂用棉外，民用棉市场逐步开放。1985年，粮食部门取消对棉农奖售返销粮，种棉农户减少，棉花产量下降。至1989年，供销系统仅收购皮棉114吨。1990年，国家提高棉花收购价，棉花种植面积扩大至1266.67公顷。至1993年，供销社棉花收购量增至1350吨。1994年，国务院重申"三不放开"（即不放开棉花经营、不放开棉花市场、不放开棉花价格）的政策。市政府两次下文强调棉花归口供销社收购。至1995年，棉花收购量达1720吨，比上年增长23.53%。1996年后，物价部门不再统一规范棉花收购价格，改由购销双方按市场价格协商确定。1999年，市供销社将棉麻茶茧总公司按主、副业务经营范围分离成立市棉花总公司、市农资有限公司。是年，市棉花总公司入库新棉800吨。2000年后，棉花零售放开，价格随行就市，棉花收购、加工、经营须持经营许可证方可从业。2005～2008年，市棉花总公司改制重组，城关地区及新市、白水、长乐、桃林等主要集镇的棉织品加工、销售全部由个体业者经营。

二、茶叶

1978年，县供销社茶叶公司和基层供销社、点收购的茶叶（以绿毛茶为主，含红茶、花茶），分级内、级外两个标准,对茶农奖售粮食和化肥,收购茶叶350吨。1981～1984年,各专业茶场实行承包经营,发展茶叶生产。供销部门茶叶收购量年均达900吨。1984年后,内销和出口茶实行议购议销,购销业务年畅年滞。至1987年,收购茶叶1472吨。1989年,茶叶收购量下降至200吨。1991年,出现多渠道流通,少数茶商到农户直接收购茶叶,按质论价,当即付款。供销部门收购量降至100吨左右。1993年后,茶叶由生产厂家、个体茶商按市场供求规律自行购销,各集贸市场、超市均设有茶叶销售门店。市供销社加强茶叶行业管理,物价部门按市场价值设立合理空间,扶持茶叶示范基地建设。1998～2008年,市茶叶示范场(范家园茶场)所属龙舟茶厂、神农茶厂和天井乡所属天井峰茶叶有限公司生产的各种银针、湘波绿毛尖茶、名优茶、红碎茶,畅销全国各地。

三、麻类及其他

黄红麻 1978年,黄红麻被列入国家二类农副产品,收购价上扬。境内黄红麻种植面积上升至38.87公顷,总产429吨。1984年,市场出现麻产品"购销热"。供销系统收购黄红麻329吨。1985～1988年,年均收购400吨。1990年,市场供过于求,麻价下跌,种植面积减少。1993年,供销社系统收购黄红麻254吨。1996年后,麻类产品除收购权以外,零售市场放开。棉织厂、供销社系统少数职工因企业改制,自谋职业,转入经销麻产品行列,但经营范围须经省发改委批准,报工商部门注册、备案。

苎麻 又名青麻、山麻。1978年,境内苎麻种植面积不足2公顷。至1983年,苎麻面积仍徘徊在2公顷至7公顷之间。1984年,麻类产品打开国际市场销路,收购价格陡涨,农民种麻积极性增强。市供销社从外地组织种苗,从沅江请来3名技师帮助农民扩种苎麻,切芽繁殖1.67公顷。1985年,苎麻价格猛涨,境内出现种麻热。县供销社、县农业局组织14个苎麻生产乡镇、24人赴沅江学习苎麻生产技术,订购苎麻种150公斤,新扩苎麻65.73公顷。1986年,市供销社收购苎麻104吨。1988年始,苎麻价格下跌,农民毁麻改种其他经济作物。至1993年,市供销社系统收购苎麻160吨。1994年后,供销系统停止苎麻购销。至2008年,麻类产品由个体业主按工商部门统一规定,自行经营。

蚕桑 1978年,省棉麻茧公司无偿投资18万元,支持磊石垸蚕茧基地建设;县农副产品公司帮助基地从浙江、华容、醴陵等地调回桑苗20万株,建烘烤房600平方米,宿舍400平方米,植桑65.73公顷。1979年,由基地提供,县农副公司收购鲜茧1397公斤,均价3.72元,产值5197元。1980年,收购鲜茧1893公斤。1985年,全县蚕茧收购35吨,创历史最好纪录。1986年后,因市场疲软,桑农毁桑栽麻,全县收购鲜茧仅7吨。1993年,全市收购蚕茧18.4吨。1994年后,供销系统停止蚕茧收购。2007年,供销社筹建"磊石蚕桑示范基地"。2008年,上报岳阳市政府批准、授牌。

第五节　土产日杂经营

一、土产

汨罗市土产品资源丰富,品种繁多,除棉花、茶叶、麻类、蚕茧外,另有烤烟、南橘、土纸、毛笔、木材、楠竹、棕片、生姜、黄花菜、百合干、木炭、蜂蜜等。1978～1989年,手工艺加工制作的地方土特传统产品由县(市)供销社土产公司、各基层供销社经销。其中购销篾丝箩(箩筐)年均达2000多副;销售毛笔由20

世纪70年代中期的30余种、80万支、7万元增至176种、300万支、60万元；销售土纸由100多吨增至1980吨。至1995年，土产品销售额增至8800万元。1996年后，因市场全面开放，市土产公司全面实行个人承包经营，自行购销。2000～2008年，汨罗大市场、车站北路、各集镇农贸市场均有土特产品专供区。市场货源充足，购销两旺。

二、日杂

1984～1989年，县(市)供销社日用杂品公司、各地基层供销社共销售铁锅75.17万口、日用瓷器3191.65万件、日用陶器580.26万件。1993年，市日用杂品公司成交额2960万元，供销社系统日杂品零售额3184万元。1994年后，除烟花鞭炮外，日用杂品全面放开经营。2000年，汨罗城区以"大市场"为主体，形成塑料制品、日用杂品市场，经营规模逐步趋向专业化。2001年，市供销社投资80万元，将日用品公司闲置仓库开发成门面、摊位70多个，与市物资总公司联手建成成衣市场。2004年，成衣市场与公司所属的建设路临街门面全部租赁给心连心购物广场。至此，公司停止土产、日杂用品经营，进入资产经营阶段。

1978～1995年，烟花鞭炮由供销社日杂购销经理部、日用杂品公司、各基层供销社经营，年均销售额300万元左右。1996年3月，市政府发布《关于在市区主要街道禁止燃放烟花鞭炮的通告》，旋即城区内除春节允许居民家户燃放烟花鞭炮外，其余时期均禁止燃放。2000年3月，国务院办公厅下发《关于烟花爆竹生产经营安全监督和清理整顿的紧急通知》，明确由供销社负责烟花爆竹的经营管理。2004年，市供销社会同市公安局、市安监局成立稽查队，统一管理烟花鞭炮市场。并由市供销社组建烟花鞭炮批发公司。至2008年，全市有烟花鞭炮配送公司1家、生产企业2家、专业仓库4栋，面积3000平方米，连锁配送网点91个，完成烟花鞭炮销售5850万元。是年10月15日，市建设局成立市城区严禁烟花鞭炮燃放管理办公室，加强烟花鞭炮市场管理。

附　万村千乡市场工程

2005年6月，汨罗市成为国家"万村千乡市场工程"首批试点县(市)。以市供销社、市商业总公司为主体，以百货纺织品公司、家家旺超市有限公司、佳旺物资经营有限公司为促推试点的龙头企业。历时两年，从人力、物力、财力等方面，投入、发展乡村两级农家店共186家。其中乡镇级店8家，村级店178家，保障和规范农村生活资料的供应。2007年，岳阳市商务局分配汨罗市"万村千乡"市场工程标准化农家店建设任务92家，其中市商业总公司百纺公司布建47家，市供销社生活资料公司布建45家。所有农家店均通过省、岳阳市验收，并投入正常运营。2008年，境内16个社区续建小型便民店、便民超市38家。

第四章　物资经营

1978年后，汨罗县物资局调拨供应的主要物资有金属材料、煤炭、生铁、机电产品、汽车、化工、轻工、建筑材料等40多类。实行"计划供应与市场调节相结合"的方针。1986年始,取消物资"两统"管理体制,财务、业务支配权下放到县,物资企业经营变活、经济效益提升。至1988年,物资销售总额由1985年的1934万元增至6438万元,夺得全省物资系统"销售登台阶"活动县级乙组第一名。

1991年始,国家全面取消物资计划供应。市物资局率先在全省推行物资购销费用包干、全员风险金抵押承包、物资集约经营。1995年6月18日,内贸部副部长陆江在省物资厅厅长谭照华的陪同下,考察汨罗市物资集团总公司,对汨罗物资流通体制改革取得的成效给予肯定。1996年5月,汨罗市物资总公司被定为内贸部6个物资流通体制改革重点联系单位之一。是年,受宏观经济调控和市场疲软的影响,物资经营出现全行业滑坡。物资系统解除集约经营,转入资产经营和市场开发。至2004年,市物资总公司依法破产。除民爆公司外,其余公司退出市场经营,全面进入"两个置换"改制程序。

第一节　机　构

1978年,汨罗县革委会设物资局。1980年,改为县物资局,内设3个股1个室1个会,辖金属化建、机电设备和生产服务公司以及白水、长乐、桃林、铜盆、新市5个物资供应站,干部职工66人。1981年,增设物资网点管理站;煤炭由县商业局划归县物资局经营,增设燃料公司,析置轻化建材公司。1984年1月,县物资局改为县物资管理站,是年10月撤销,恢复县物资局。1985年,成立金属回收公司、经济贸易公司。1989年,组建物资贸易中心,兼管5个物资供应站。1990年,接收长乐保险柜厂为市物资局下属企业。1992年10月,成立市物资总公司,保留市物资局牌子。1994年,更名为市物资集团总公司,内设1个室、2个部和内部银行,下设金属材料、机电设备、轻化建材、金属回收、燃料、物贸中心、经贸、供销、供应、晖春(驻吉林省图们江地区10个公司及保险柜厂、从业员工381人。1996年,增设市物资行业管理办公室(简称物资行办),挂靠市物资集团总公司。2000年,撤销市物资集团总公司,恢复市物资总公司。2001年,保险柜厂更名为湖南省金垒安防设备制造厂。2002年,市编委行文明确市物资行办为事业单位,定编5名。下属机构中,增设民用爆破物品专营公司(简称民爆公司),与轻化建材公司实行一个机构、两块牌子。2004年,市物资总公司依法破产。2007年,金垒安防设备厂(保险柜厂)资产公开拍卖变现,置换全部正式职工。至2008年,市物资行办下属单位有民爆(轻化建材)、机电设备、金属回收、燃料4个公司,在编干部、职工227人,其中在岗28人。

第二节　金属材料经营

1978年,县金属化建公司(简称金属公司)主营金属材料。将"以收抵支、收支平衡",改为"合理计费、合理盈利"。1978～1980年,金属公司销售钢材7195吨、生铁2945吨、有色金属109吨,为1966年建县至1977年的总和。1981年,计内钢材较上年减少30%,计外钢材进入市场议购议销。县金属公司组织计划外钢材(型材500吨、薄板200吨、生铁150吨)保障境内生产打稻机、蒲滚船、柴油机、杀青机的需要。1982～1985年,县金属公司年均调入计外钢材1500吨,重点供应生产企业。1985年始,公司由物资大院搬迁至劳动南路铁路货场附近(今为中大建材市场),每年为用户节省短途运输费用5万元。

1986年后,国营、二轻工业、乡镇企业陆续组建物资经销公司,主营金属材料。个体私营业者亦经营建筑用钢材,金属公司市场份额逐年下降。1991年,金属材料市场全面开放,公司依托计划经济时期建立的购销渠道,采取费用包干、分块承包等方式,销售钢材15341吨,创历史最好纪录。1994年始,金属材料价格下降,公司销售滑坡。至1996年,经营亏损70万元。为突破困境,公司采取库存物资降价销售、收回陈欠、人员分流等办法维持运转。1998年11月,市金属公司引进岳阳中大实业公司,拆除门面、仓库,出让土地,由中大公司投资,共同开发中大建材市场,开发成功后整体转让产权给中大建材市场。2001年始,市金属公司全面启动企业改制。至2005年,基本完成"两个置换"。境内金属材料全面转入个体业主经营。至2008年,劳动南路沿街两侧(自轧钢厂至城关加油站),以原金属公司经营布局为基础,形成金属材料市场,经营门店达60多个,年销售金属材料约2万吨。

第三节　化工、轻工产品经营

1978年,化工、轻工产品由县金属公司经营。主营品种有轮胎、纯碱、烧碱、电石、炸药、橡胶及橡胶制品等25个,年销售额近200万元。1981年,从金属公司析置轻化建材公司(简称轻化公司),配备干部、职工21人。经销物资增加硫酸、盐酸、硝酸、酒精等品种,共计50多个。1986年,县物资局统一筹划,将建设路临街门面拆建成物资综合大楼,由轻化公司、机电公司经营(一楼营业,二楼至六楼为办公和住宿场地)。1988年,轻化公司实现销售1200万元,创历史最好纪录。

1990～1993年,轻、化产品完全取消计划供应,市场规模不断扩大。集体、个体经销户增至180多家。市轻化公司凭借铁路货场(轻化仓库)专线直达和民爆产品专营等优势,销售连续三年保持在800万元左右。至1994年,公司停止"三酸两碱"经营。1996年,受物资行业性滑坡的影响,公司除保留经营民爆产品外,其余产品退出经营。

2002年,正式成立市民用爆破物品专营公司,与轻化公司实行"一个机构、两块牌子",配干部、职工12人。主营炸药、雷管、导火索等火工产品。2004年,存放雷管、炸药长达30年之久的民爆器材仓库(310)由新市镇新书村迁至红花乡红花村。至2008年,销售炸药837吨。

第四节　废旧金属和报废汽车回收

1978年,县金属公司设金属回收组,与县供销社土产公司、各基层供销社共同收购废旧金属(物资部门以收购生产性废钢为主,供销系统以收购生活性废钢为主)。是年,收购生产性废钢320吨。1983年,增至1040吨,经过挑选、加工向农村铁铺销售和上交钢厂共1019吨。

1985年,成立县金属回收公司。1987年,金属回收公司由物资局大院整体搬迁至罗城路办公,更名为物资再生利用公司(对外仍称回收公司)。1986～1989年,废钢铁市场出现多头收购和多渠道销售,市物资局、市供销社,配合市政府办、市工商局、市物价局、市公安局多次开展市场整顿,发放市政府《整顿废钢铁市场通告》600多份,清查167户,收缴废金属120吨,其中废有色金属6.87吨。1986年11月28日,省计委、省经委下达《关于改革废钢铁计划管理体制的通知》。1987年始,取消回收上交废钢铁指令性收购计划,开放废钢铁市场。市金属回收公司采取正规钢材与废钢铁回收串换供应的办法扩大收购,使回收量上升至1118吨,报废汽车回收23台,废铜、铝回收400多公斤。1990年,供销系统收购废旧金属719吨。

1978～1989年,市(县)金属回收公司共计回收废钢铁11684吨,自销和上交省钢厂11055吨,收购报废汽车87台。1993年,供销社系统收购废钢2450吨。1994～1995年,市金属回收公司废钢铁回收分别达到4891吨、4938吨。1996年,受物资行业性亏损的影响,市金属回收公司收购量降至1763吨。1997年,市物资再生利用公司改制为金属回收责任有限公司,实行股份制运作,职工自由组合,按回收场地分块包干,自主经营,年收购总量升至1800吨。

2002年,报废汽车回收拆解权上收,报废汽车由市金属回收公司收购后送交岳阳市金属回收公司拆解。2003～2007年,市金属回收公司共收购废钢铁4000吨,代收报废汽车28台。2008年,成立汨罗市废钢材市场管理办公室,加强废旧金属购销行业管理工作。

第五节　机电设备经营

1978年,县机电设备公司(简称机电公司),加挂生产服务公司牌子,主营1100多个机电品种,并开展代购、代销、代储运、代修理和调剂市场物资余缺等业务。1979年后,县机电公司对机电产品用户进行社会普查,建立供销档案19个,清理社会超储积压产品价值60万元,其中报废产品14.4万元。1981年,县机电公司开办境内第一家氧气供应站,销售氧气13771瓶。1983年,建立缺货登记制度,开展机电产品预约、承包供应,价值800多万元。1986年始,大宗机电产品由仓库搬运至物资综合大楼门市展销,实行客货直接见面,用户看货、开票、收款、提货“一条龙”服务,产品销售量稳步提升。至1989年,机电公司累计销售电动机10044台/77298千瓦,变压器775台/66362千伏安,导线1297.5吨,布电线14412公里,轴承45.68万套,电焊条711吨,为用户代购物资336万元、代销物资362万元,代运输879吨,代修理价值10600元,调剂物资余缺价值160万元。

1993年,除汽车仍由市机电公司指定经营外,其余机电产品均向市场开放。市城区劳动南路经销门店多达60多家,涵盖物资、农机、交通、运输、工业、乡镇企业等行业经营。面对激烈竞争,物资部门开办境内首家旧机动车辆交易市场(先期由物贸中心主营,后移交机电公司)。同时发挥汽车指定经营的优势,销售汽车323台,旧车交易超过50台次。1996年始,物资行业性滑坡,机电产品滞销,汽车销售逐年下滑。至1998年,市机电公司已无力组织大批量购进,遂集中处理库存遗留和报废物资,累计收回残值20多万元。2002年,旧机动车辆交易管理权上收岳阳市旧车交易中心。2004年后,市机电公司退出集体经营,门面、仓库全部出租,仅留岗4人,负责企业改制及资产评估工作。汨罗市内机电设备产品全面进入市场经营。

第六节　燃料经营

1978年,煤炭由县商业局石油煤建公司和基层供销社凭计划指标定量供应。1980年3月,煤建、石油分设公司。1981年,煤建公司由县商业局划归县物资局管辖,更名为燃料公司,主供城关地区生产、生活用煤。农村生活用煤仍由基层供销社代销。是年,境内销售煤炭10万吨。

1981～1984年，农村“买煤难”问题突出。县人大代表联名提案要求尽快解决。县物资局、县燃料公司共投资300万元，先后在白水、川山、高坊、桃林、新市、城东等地新建煤站12个。并添置载重汽车和装载机，对氮肥、轧钢、水泥厂等用煤大户直达供应优质煤1.8万吨。1982年，县政府成立由孙凌云副县长任组长的煤炭调运办公室，从县计委、县物资局、县燃料公司抽调12人，集中财力，分线采购，带车自运，先后出动100多车次，调回煤炭32044吨，保障工农业生产和人民生活的需要。

1985年，计划分配煤炭急剧减少，湘永、马田等优质煤供应时紧时松。县燃料公司共完成煤炭供应量95618吨。1986年，公司投资30万元在城关煤站兴建粉煤和藕煤生产线，年产优质粉煤5000吨，为岳阳市辖六县(市)中第二条自动化粉煤生产线。1987年，县燃料公司对露天煤库实行“田园化”管理，降低库存损耗30%，其经验被省燃料公司在全省推广。1991年始，公司筹资50万元，将仅有的一栋四层办公楼改建成“燎原宾馆”，引进餐饮、住宿、娱乐等商家经营，每年为公司创收15万元。

1993年年底，国家全面取消煤炭计划供应。1995年，受宏观调控、压缩基建规模的影响，砖瓦窑生产用煤减少，公司销售降至1.75万吨。1996年12月1日，国家颁布实施《中华人民共和国煤炭法》，工商、物资等部门对煤炭市场进行依法监管和稽查。至1998年，全市煤炭经销户由100多家减至30多家，年销1万吨以上的有市燃料公司、市氮肥厂、市供销社生资公司。1999年始，耒阳煤矿利用湘北地区往广州送猪车辆的空车返载，频繁出入境内，向用户直达供煤，且交付灵活，手续简便。市燃料公司市场份额急剧下降。至1999年，高坊、川山、新市、长乐、白水、桃林煤站相继关停。2002年，经营规模最大的城关煤站停止购销。至此，市燃料公司全面转向资产经营，城北煤站改造为城北市场，与汨罗大市场连成一片；推山嘴、双塘、新市、长乐煤站资产转让。至2008年，城关、白水、高坊、桃林等10多个煤站和燎原宾馆公开拍卖。燃料公司进入“两个置换”改制时期。

第七节　建筑材料经营

1978～1980年，县金属公司主营建筑材料。1981年，轻化建材公司析置，实行金属材料与建材业务分营，全年销售水泥11124吨、平板玻璃1899标箱、油毡3995卷。1984年，境内出现“建房热”，建筑材料供不应求。县建材公司从江西、贵州等地开辟6条进货渠道，调进水泥2.4万吨。1986年始，县建材公司与县水泥厂联营，由公司提供周转资金10万元、优质煤4000吨和维修钢材(计内价格)30吨给厂方，每年包销水泥1.6万吨。至1988年，全省物资系统开展“销售登台阶”活动，市建材公司销售水泥29196吨、油毡3839卷、玻璃35840平方米，创历史最好水平。

1993～1995年，境内建筑材料个体经销商户逐年增多，公司市场份额日渐萎缩。为发挥自身优势，建材公司利用车站货场铁路专线大型仓储设施扩大水泥经营，年销售额连续三年保持在800万元的水平。1996年，公司销售额降至332万元。除保留经营水泥外，其余建材产品陆续退出经营。2001年，建筑材料形成劳动南路市场，其中新建的中大建材市场规模最大，营业规模突破5000万元。2004年，屈原南路建材市场建成开业，经营建筑材料及其附属产品达2万多个品种，成为境内经营规模最大的建材市场。至此，县建材公司全面转向资产经营，拆除物资市场内的28个建材门面、仓库，大部分场地租赁给心连心购物广场。2002～2008年，市轻化建材公司与市民爆公司实行“一个机构、两块牌子”，专营民爆器材。

汨罗市1994年主要原材料消费与库存情况表

表14－4－67　　　　　　　　　　　　　　　　单位:吨、平方米

	年初库存量	全年消费量					年末库存量			
		合计	工业企业	其中		运输邮电企业	合计	工业企业	建筑企业	工业产品库存
				工业生产用	建筑企业					
生　铁	193	2257	2246	2246	－	11	27	27	－	－
钢材合计	2689	18308	16775	16486	1309	224	4027	2127	2	1898
普通大型钢材	13	19	19	19	－	－	3	3	－	－
普通中型钢材	56	225	205	205	20	－	53	53	－	－
普通小型钢材	1452	1869	1354	1352	515	－	883	530	－	354
钢　带	34	5742	5635	5635	107	－	1102	1100	－	－
线　材	171	751	250	190	278	223	46	44	2	－
特厚钢板	3	335	4	4	331	－	1	1	－	－
中厚钢板	57	207	202	184	5	－	78	78	－	－
薄钢板	185	6322	6322	6310	－	－	126	126	－	－
优质钢材	48	115	115	115	－	－	49	49	－	－
无缝钢管	40	132	115	89	16	1	57	57	－	－
焊接钢管	628	2591	2554	2383	37	－	1310	84	－	1226
铜	165	114	114	114	－	－	147	2	－	145
铝	146	1449	1148	1448	1	－	25	25	－	－
铅	3	4	4	4	－	－	3	3	－	－
铜　材	59	13	12	12	－	1	42	2	－	40
铝　材	107	116	101	101	－	15	63	1	－	62
硫　酸	1	28	28	28	－	1	63	1	－	62
烧　碱	－	115	115	115	－	－	17	17	－	－
纯　碱	1	13	13	13	－	－	1	1	－	－
天然橡胶	6	4	4	4	－	－	3	3	－	－
合成橡胶	－	60	60	60	－	－	2	2	－	－
水　泥	133	9839	2404	1779	6265	1170	99	94	5	－
平板玻璃	80	349	34	16	287	28	103	103	－	－

第五章 粮油经营

1978年,粮油购销业务统一由县粮食局管理和经营,并逐步恢复粮食议价收购。至1984年,粮食部门完成征、超购粮10万吨,创历史最好纪录。1985年始,粮食统购改为“合同定购”;1990年,又改为“国家定购”;1993年,实行“经济合同”收购;1998年,国家按保护价敞开收购粮食。至2000年,粮食部门年均收购粮食42561吨;发展购销网点100个、门店340个、供应品种20多个;年加工粮油能力达50万吨,饲料工业年产值1.52亿元;粮食仓库由简易式为主改造为钢筋混凝土结构为主,总仓容量达15.61万吨;粮食储备长期保持“四无”(即无虫害、无霉变、无鼠雀、无事故)标准。

1999年,国家取消对南方的早稻合同定购任务;2000年,又相继取消晚稻合同定购任务。2001年始,粮食总公司启动“两个置换”为主要内容的体制改革,所属17家粮食企业全部注销营业执照。2005年3月,高南、粮油贸易等13家粮油企业依法破产。以原有企业为基础,另组建12家股份制民营企业。新办粮食收购企业和个体粮食收购许可证19家,国有粮食企业全面进入市场,粮油购销价格随行就市。

第一节 机 构

1978年,汨罗县革委会设粮食局。1980年,更名为县粮食局,下辖城关、白水、弼时、长乐、桃林、汨罗6个地区粮站、47个购销点(库),内设4个股1个室,机关定编39名。全局干部、职工518人。1989年,城关中心粮站更名为直属仓库,辖城郊、汨罗、大众粮站。1990年,粮食局内设办公室、监察室、中心化验室、人事股、业务股、计统股、财务基建股、储运股、保卫股、工会、粮食职工学校、工业饲料公司、粮油议购议销公司、劳动服务公司,定编54名。全局干部、职工1177人。

1991年,市粮食局下属中心(地区)粮站增至7个,辖27个乡镇粮站、14个购销点、12个劳动服务站、3个厂(食品、面条、印刷)、2个粮贸商场、1个饮食店、3个建筑小分队、5个油米车间、3个粮油供应分店,恢复城关中心粮站。

1993年3月,成立市粮食总公司,与市粮食局实行“一个机构、两块牌子”。局机关劳动服务公司更名为粮油综合经营公司(2001年更名为罗城实业公司);粮油议购议销公司更名为粮油贸易公司(2004年更名为康华有限公司,2005年合并高南粮油综合经营公司)。至1997年,在编干部、职工1730人。1998年,市粮食总公司直属仓库被省粮食局定为国家粮食储备库,桃林、白水中心粮站定为省粮食储备库。城关、白水、李家塅、长乐、新市、桃林、屈原7个中心粮站统称为粮食收购有限公司(简称收储公司)。2002年3月,组建湖南省汨罗市白水国家粮食储备库,2005年11月划转中储粮湖南分公司岳阳直属库白水粮库管辖。

2004年10月,成立市粮食购销有限公司,2006年与市粮食局合署办公,定编42人。原高南综合经营有限公司合并城关一米厂;李家塅、新市、桃林、长乐、城关、白水6个粮食收储公司统改为粮油购销有限公司,直属仓库改为鑫隆粮油购销有限公司。2005年3月,高南、粮油贸易、粮油综合等13家企业依法破产。2006～2008年,相继组建股份制企业12家。

第二节　粮油购销

一、粮食收购

1978年12月,恢复粮食议价收购业务。在提高征购价20%,超购价50%的前提下,收购粮食47295吨,比上年增收405吨。1984年,征、超购粮完成10.15万吨,创历史最高纪录。1985年,粮食统购改为合同定购,按倒"三七"比例计价(即每收购50公斤,30%按原统购价,70%按超购价计算),并实行平价柴油、化肥指标和预购粮定金"三挂钩"到户。1987年,国家对粮食管理实行购、销、调包干和议转平差价款包干。1989年,粮食收购价格每50公斤提高5.01元,境内收购合同定购粮56800吨。1990年9月,"合同定购"改为"国家定购"。1993年,又改为"经济合同定购",由粮食部门与农户签订合同,取消"三挂钩",实行价外补贴。是年,放开粮食收购价格,市场粮价徒涨至每50公斤40元,农民"卖粮难"变为政府"收粮难",境内仅收购29830吨(为近30年最低收购量)。1994年7月,省政府规定粮食定购必须交售实物,不得折收代金,同时恢复粮食收购统一定价,全省分三个价区,汨罗市属一价区,除国有粮食部门外,其他任何单位和个人不得直接到乡、村、农户收购粮食。1995年,国务院、省政府对粮食实行分级管理,分级负责,并实行"三包一放"(即粮食定购、销售和调拨包干,财务下放),列入国家预算管理的政策。1996年,取消粮食价外补贴,提高收购价格,即早籼稻每50公斤65元,中籼稻每50公斤68元,晚籼优质稻每50公斤78元。1998年,国务院颁布实施"粮食收购条例",粮食部门按保护价格敞开收购,采取户交户结,钱粮两清、均衡入库等措施,收购定购粮24510吨。2001～2003年,按保护价敞开收购农户余粮,取消向农民下达粮食定购任务。粮食部门按照"购得进,销得出,有利润"的原则,合理确定保护价。2003年,早籼稻每50公斤46元,晚籼稻每50公斤54元。是年,收购粮食33031吨。2004年增至55509吨。2005年6月,为粮食收购企业办理粮食收购许可证19家,其中国有独资企业1家,国有控股8家,集体2家,个体7家,股份制1家。2007～2008年,粮食局全面构建粮食安全保障体系,开展粮食生产、收支情况调查,为政府调控粮食生产、流通和消费提供依据。

汨罗市(县)粮食局1985～2000年定购粮收购表

表14－5－68　　　　单位:吨、%

年度	任务	完成	占比	年度	任务	完成	占比
1985	54000	54300	100.6	1993	51500	29830	58.11
1986	56840	56490	99.38	1994	55900	53281	95.31
1987	55495	55485	99.98	1995	55762	49660	89.05
1988	50215	53330	106.2	1996	56562	54378	96.13
1989	55315	56800	102.7	1997	40000	40001	100
1990	55090	56575	102.7	1998	41000	24510	59.8
1991	56840	84105	147.96	1999	40000	41420	103.55
1992	55870	61020	109.21	2000	40000	45767	114.41

二、粮食销售

城镇居民口粮供应 1978年,粮食供应实行"依人定量,凭证发票,剪票售粮,验票发货,票完作废"的供应办法。1989年年末,境内有城镇非农业人口61900人,供应口粮8179吨,月人均13.75公斤。1992年10月,取消定量粮油平价供应,各种粮油票证不再流通。1994年9月始,每人每月供应10公斤大米指标,至1995年8月,降至每人每月保有量7.5公斤。1999年,取消城镇居民口粮供应政策。至2001年5月1日,停止办理各类人口异动的城镇粮食转移证、农村粮食转移证、居民粮本等粮食关系手续,粮籍管理工作即行终止。

工商行业用粮 食品业用粮:1978~1992年,共销售15778吨,1992年年底停止供应。工业、手工业用粮:1978至1984年,供应7595吨,1985年,改为议价供应,允许厂家自购。副食酿造用粮:主要用于豆腐、豆豉、粉丝、酱油等项加工,由国营供销合作社加工,居民凭票上市选购。1978~1991年,该类用粮5847吨;1992年,停止供应。

专项用粮 事业用粮,包括军工用粮:1978~1998年,共销售1022吨。1996年4月1日始,人武部归入军队建制,纳入军粮供应系统。是年,军粮按统销价供应,其差价款由中央、省财政负担。差价补贴标准为大米、面粉每公斤1元,大豆每公斤1.6元。奖售粮:1980年始,奖售粮食指标由31个品种降至6个,即生猪、鸭蛋、茶叶、菜、桐油、主要药材,其他品种终止。1984年始,奖售粮政策取消。1985年5月,生猪奖售改为粮换生猪,至1986年销售2580吨。民工外助工粮:1982年,铁山水库灌区南干渠新修支渠105公里;1983年,磊石大堤加固工程,共补助口粮指标2390吨。对公路民工建勤、油茶垦复等动用的民工,国家给予口粮补助,1978~1984年,共销售2900吨。退耕还林粮:1985年4月1日始,由国家议价购进后,转为平价销售,其平、议差价由省负担85%,县负担15%;1987~1990年,岳阳市核准汨罗年销售量为930吨。市政府为减少国家财政支出,从紧安排此项用粮。1986年,分配抚育油菜、南竹每亩补助稻谷指标25公斤,退耕还林每亩补助125公斤,抚育杉木、油菜种子园每亩补助15公斤;其价格按购价每50公斤稻谷12.71元销售。2002年始,退耕还林每亩补助(原粮)150公斤,农户凭卡到所属粮站领粮。亦工亦农人口粮食供应:1978~1979年,商业、供销合作社等单位招收亦工亦农人员32人,实销该类粮60吨,1980年后终止供应。

市镇饲料用粮 主要用粮单位是商业局肉食水产公司,次为农业系统的种畜场及科研单位。包括运输途中饲料、存栏待运、待宰牲畜饲料和科研、种畜饲料。在供应时,以节约主粮、供应杂粮为主。1986年,以供应配(混)合饲料为主,1978~1991年,实销该类用粮1650吨。

菜农人口粮食供应 1978年,境内有菜农539户、2281人,常年定销粮440吨,人均193公斤。1979年,城镇菜农人口增加,定销粮增至600吨。1983年,专供白水、川山、高家坊、营田蔬菜基地定销粮176吨。1989年,菜农人口增至6827人,安排定销粮1230吨。1992年11月,终止菜农定销粮供应。

其他粮食供应 1982~1984年,粮食部门收购、调入的粮油种子以品种兑换方式供应。1985年后,种子经营由平价改为议价供应,取消种子粮销售。1994年,种子粮由种子公司经营。1995年,全市收购早、晚稻常规、杂交种子粮列抵粮食定购任务845吨。1997年,终止该类粮食供应。

议价粮销售 1978~1998年,境内销售议价粮(贸易粮)13.33万吨,其中对省外销售51451吨,占38.6%。1982~1989年,调出(贸易粮)37440吨,其中调出省外13380吨,专(岳阳市)外17550吨,县外

6510 吨,分别占 35.74%、46.88%、17.38%。1991 年,就地议转平 8750 吨。1992 年,代省议转平 3.5 万吨,代岳阳地区议转平 8750 吨。至 1999 年,实行粮食平议同价销售。

汨罗市 1999～2006 年国有粮食购销企业、附营企业粮食销售表

表 14－5－69　　　　　　　　　　　　　　　　　　　　　　单位:吨

年度	总销售数	国有粮食购销企业									附营企业			
		小计	其中定购粮	销售出向							小计	销售出向		
				纯销售	收贮企业		退耕还林	附营企业	其他批发零售贸易			纯销售	其他批发零售贸易	
					小计	其中省外			小计	其中省外			小计	其中省外
1999	27865	22473	19380	1071	4405	–	–	2972	14025	–	5392	739	4653	4653
2000	60411	54804	49663	12727	5937	–	–	10971	25169	–	5607	1084	4523	–
2001	21906	20916	11285	2562	1717	–	–	863	15774	–	990	351	639	–
2002	24809	24130	12156	7914	2321	274	–	–	13895	13895	679	86	593	472
2003	49493	49493	12646	7242	–	–	2835	–	39416	6684	–	–	–	–
2004	46339	46339	3881	24486	18010	–	–	–	3843	2630	–	–	–	–
2005	9718	9718	–	978	–	–	–	–	–	–	–	–	–	–
2006	17217	17217	–	17217	–	–	–	–	–	–	–	–	–	–

三、食油销售

1979 年,城乡定量人口食油由每人每月 200 克调为 250 克。国庆、春节增加定量食油 500 克。1980 年 10 月,食油供应按统购价加费用每 500 克为 1.15 元。对食品业、工业生产用油采取年度计划、分季安排、按月供应。奖售用油(主要是奖售收购农副产品用油)自 1978 年实行,至 1984 年终止。事业用油包括公安部门、兵役生活用油、在押犯人和民政部门收容遣送的流浪人员生活用油。1985 年后,粮食部门对该类用油每年控制指标为 2.5 吨左右。

1983 年,平价油按计划供应,议价油敞开销售。1985 年后,粮食部门实行粮油调拨包干制度,食油供应由省、岳阳市控制分配,除定量人口每人每月供应 250 克和节日补助用油外,其他用油一律改为议价供应。1993 年 1 月,食用植物用油价格放开,随行就市销售。至 2004 年,粮食部门共销售食用植物油 7622.9 吨,其中议价销售 1257 吨,占 16.49%,销往外省 33.5 吨,占 0.44%。

第三节　粮油加工

一、大米加工

城关米厂　1995 年,更名为一米厂。自 1958 年建厂至 1990 年,该厂先后扩建改造 26 次,改建项目

51个,年生产能力达2万吨。1983年,生产大米22706吨,创产值753万元,上缴利税58万元。1985年,该厂生产的晚稻标一米,在湖南省名优特新食品"芙蓉奖"评比中被评为"群众最喜爱食品"。1989年,早稻标一米被评为省优质产品。1996~1998年,加工特二大米9357.5吨,全部出口到张家港市。2003年,粮食体制改革,该厂更名为汨江米业有限公司;2006年后,关门停产。

白水米厂 1985年投产,年产大米7566吨。1986年,班产标一米由18吨增至26吨(每班为8小时)。1987年9月,统糠车间因粉碎机摩擦起火,引发火灾,烧毁厂房、设备,直接经济损失6.85万元。下年改为饲料分厂,年生产能力达15万吨。2004年,实行"两个置换"改制,转让全部产权。

长乐米厂 1973年,由商业附营转为国营企业。1980年,该厂生产大米2808吨。1981年后,进行技术更新改造,至1988年,生产能力提高到4360吨。1990年,完成利税12.11万元,被评为全省粮食系统财税工作先进单位。1992年后,划入长乐中心粮站管理。2004年改制。

其他米厂 1988~1991年,先后兴建桃林、李家塅、新市、市粮食局机关经营部等28个小型米厂,分别采取集体承包、股份制、租赁承包等经营方式。1997年,全市组合型米机加工企业增至32家,从业员工334人。1997~1999年,共加工生产大米23018.8吨。

二、食油加工

毛糠油加工 1978年始,城关、白水、长乐三个米厂,先用自制土锅炉榨油,后更新榨油机,提高出油率,产量逐年增加。1978~1999年,城关米厂生产毛糠油3052吨;1978~1992年,长乐米厂生产毛糠油416.3吨。1985~1999年,白水米厂生产毛糠油604吨。

菜籽油加工 1980年,粮食部门向农户下达食油加工定购任务6000吨,同时实行油、籽兼收,但因当时市场价格与国家定购价相差较大,粮食部门收购较为困难。1983年,长乐中心粮站建榨油厂。至1992年,共加工菜籽油698.5吨;出油率30.3%。1988年,李家塅中心粮站榨油厂建成投产。至1992年,共加工菜籽油244吨,1993年后停办。

第四节 粮食储运

一、仓储设施

1970~1979年,汨罗县内新建粮食仓库82栋,总容量48610吨。1981年后,粮食产量增加,仓储容量不足。1985年,粮食部门共投资836.8万元,新建仓库6栋,扩大仓容量5230吨。1990~1999年,累计投资8773.6万元,建仓库49栋,增加仓容量39880吨。至2008年,境内有粮食仓库207栋,总仓容量15.64万吨。

白水国家储备库 至2002年,建成仓库5栋,占地面积4.13公顷,总仓容量2.5万吨。2005年11月,市政府、市粮食局与中储粮湖南分公司、中储粮岳阳直属库达成协议,白水国家粮食储备库正式划转接收为中储粮湖南分公司岳阳直属库白水分库。

汨罗市2000年国家粮食仓库分布表

表14－5－70　　单位:吨、平方米

单位	购销企业			附营企业			其中		
	栋数	面积	容量	栋数	面积	容量	工业	粮贸	其他
国家储备库	17	22313	38700	5	6284	10510	4900	1420	1490
城关	14	6109	11460	5	1328	2780	1080	1700	–
白水	29	19453	36540	2	2966	5400	–	5400	–
李家	31	8870	14560	2	420	720	–	720	–
新市	23	8573	15570	5	1086	3570	–	2410	1160
桃林	35	13303	24610	5	216	2170	800	1370	–
长乐	21	4688	7100	1	1780	300	–	300	–
屈原	12	4666	8300	–	–	–	–	–	–
合计	182	87975	156640	25	14080	25450	6780	13320	5350

二、粮食储备

1978～1989年,汨罗县年均库存粮食75986吨。1990～1992年,年均库存14.08万吨。其中国家专储粮67388吨,比前12年平均库存增长85.3%。1993～2006年,期末库存粮食49108吨,比前三年平均库存减少91737吨。

1979年,粮食储备采用单管散热器防止虫类,经岳阳市全面普查,汨罗首次成为粮食保管“四无”(即无虫害、无霉变、无鼠雀、无事故)县。1986年始,推行磷化铝包外加温施药法和存气箱机械通风储粮新技术,每年冬、春两季,对储存粮食进行普查。至1999年,市粮食局对所属8个收储公司、33个乡镇粮站(库)的43处、158栋仓库开展全面清查,共查验粮食40065吨,其中因灾损失、保管自然损失亏损粮食1869吨。

2005年5月,粮食部门对7个收购公司、27个乡镇粮站、38个收购点(库)的库存粮食(41200吨),进行“四无”普查,粮温均在标准温度20℃以下,粮食质价相符。保持“四无”标准。2008年8月,粮食局开展清仓查库活动,督促各粮食收储公司还清专项贷款1000多万元。

三、粮食调运

1978年后,境内逐步形成公路网,群众送公粮、卖余粮由人力、畜力运输改为拖拉机或汽车运输,少数交通不便的山区,仍以肩挑为主,先集中在各公社粮仓,再运至城关、白水、桃林等粮仓集中,最后由县粮食局统一组织调运,经铁路、公路运出。1978～1999年,汨罗市(县)调出贸易粮634740吨,调入贸易粮131245吨。

1986～1988年,境内跨界交粮32810吨,年均10937吨,比1978年增加5311吨。节约运输费用1.8万元。2001年后,粮食实行边收边调,跨界交粮,集中调运粮食工作终止。

第六章　盐　业

第一节　机　构

1978～1984，县商业局副食品公司设盐业批发站。1985 年，成立汨罗县盐业公司，为正科级单位。1986 年，成立汨罗县盐务管理局，与盐业公司合署办公，负责市境及屈原行政区盐品调拨供应和盐政执法管理。至 2008 年，市盐务局（公司）有干部职工 20 人。下设办公室（人秘股）、盐政股、运销股、财务股和多种经营部等机构。

第二节　盐品购销

1978～1984 年，境内食盐由县商业局糖酒副食品公司、各基层供销社经营，国家定价每公斤 0.34 元。各相关经营站、店、门市敞开供应粗盐。

1985 年，县盐业公司专营食盐调入和批发业务，精制盐逐步取代粗盐。并实行加碘供应。1989 年，工业、农业、渔业用盐与食盐同价销售。至 1993 年，食盐每公斤价为 0.78 元，全市销售 3479 吨。

1994 年，完成食盐购进 4226 吨；1995 年，完成购进 5553 吨；1996 年，达 7900 吨。汨罗盐业公司连续三年被评为岳阳市盐业系统“双文明”建设和目标管理先进单位。

1988 年，社会上谣传食盐大涨价，引发市场食盐抢购风，市盐业公司立即从新疆、青海、天津市紧急调运食盐 3200 吨，投入市场供应，平息“盐风”。2003 年 2 月，全国爆发“非典”疫情，社会上谣传病因是食盐缺碘所致，再次引起食盐抢购风，导致食盐供应紧张。市盐业公司从天津市紧急调入食盐、工业盐 2800 吨，及时平息“盐风”。

2005～2006 年，复合膜包装上市与小包盐新旧交替，市场销售饱和，社会库存量加大，加之饲料行业滑坡，影响盐品销售。市盐业公司选择 38 家诚实守信的南杂店为食盐特许经营点，签订销售合同，保障合理库存和市场正常供应。至 2008 年，完成各类盐品调进 8500 吨；完成盐品销售 8200 吨（其中小包盐 2920 吨）；实现利润 100 万元，完成国、地两税 150 万元。

至 2008 年，市（县）盐业公司累计完成调运计划 17.45 万吨，其中工业用盐 4.8 万吨，食盐 12.65 万吨。完成批发销售 16.4 万吨，其中食盐 12 万吨，工业用盐 4.4 万吨。

第三节　盐业执法

1990 年后，国家《盐业管理条例》《食盐加碘消除碘缺乏管理条例》《食盐专营办法》等法规相继颁布施行。市盐务局出动宣传车 3000 多台次，行程 51 万公里，发放各类宣传资料 6.8 万份。每年“3·15”消费者权益保护日和“5·15”碘缺乏病宣传日，均设立顾客咨询台，加大宣传力度。

1994年始,盐务管理实行凭证供应和年检年审制度,严禁无证经营和非法生产加工用盐。至2006年,盐业部门共换发、核发"食盐零售许可证"15300本、"工业盐供应证"2316本。

1998年,成立盐务检察室、公安执勤室。盐务部门拨出专项经费40万元,与市检察院、市公安局配合打击非法盐贩。各乡、镇、场,屈原行政区及铁路、公路、水运和市界地域均设瞭望哨所、举报联络点,及时发现、查处违法犯罪活动。1999～2008年,盐务、工商、公安、检察部门集中开展食盐专项整治活动150余次,查处各类违法案件1200多起。其中大案要案60起,查获各类违法私盐2000余吨,没收假冒伪劣私盐400吨、假冒仿制"雪天"牌小塑料袋13万个,并由公安、检察部门对违法当事人罚款60余万元,传唤违法当事人127人,行政拘留11人,捣毁私盐加工窝点15处。

第七章　烟草业

20世纪70年代末至80年代初,县内烟草由商业局糖酒副食品公司经营;卷烟零售由各地基层供销社代销点经营,实行独立核算,自负盈亏。1979年,全县烟草经营户达1784户。1985年3月,烟草由县烟草局管理、县烟草公司经营,经营管理逐步由封闭型向市场型、由数量规模型向经济效益型转变。至2008年,市烟草分公司(专卖局)实现电脑办公、网上配货、电子结算、现代物流,烟草购进、销售、上缴税收同步增长。同时重点查处假冒商标卷烟的生产、贩运和销售等违法行为,不断净化和维护烟草市场秩序。

第一节　机　构

1978年,县商业局糖酒副食品公司设烟草批发站。1985年2月12日,成立县烟草专卖局、中国烟草湖南省公司汨罗县公司,实行"一个机构、两块牌子"。内设办公室、专卖股、销售股、财计股、人教股,定编34名。2004年10月,取消县级公司法人资格,汨罗市烟草公司更名为湖南省烟草总公司岳阳市公司汨罗营销部。2007年,更名为岳阳市烟草公司汨罗分公司。至2008年,内设办公室、专卖股、配送分部、客户服务分部、综合股、安监股,从业员工127人。其中正式员工88人,临时聘请39人。

第二节　烟叶生产

1988年10月,市烟草公司引进晒黄烟生产及制作管理技术,在新塘乡拦江村和磊石乡闸北村试种2.25公顷。至1989年9月,收购烟叶81.4担,产品合格率95%。1993年,调整农业产业结构,新塘、白塘、楚塘、桃林寺、磊石、红花、火天7个乡镇共种烟300公顷。但由于前期低温阴雨,苗架发育不全,后段多雨寡照,加之大面积种植带来技术跟踪配套服务跟不上,导致烟叶质量低劣,年收购量仅4360担。

1998年,境内晒黄烟经送达中国烟草研究所(山东青州)化验,各项生物指标均符合优良品种标准。

2002 年，调整思路，采取“总量控制、稳中求进，自愿种植、优质创效”的方针，使烟户得到实惠。新塘、白塘、屈子祠等乡镇种植晒黄烟 100 公顷，收烟 3785 担，农户创收 138.4 万元。2006 年后，按照省烟草专卖局有关规定，汨罗不再生产烟叶。

第三节　卷烟购销

一、购进

1978～1983 年，境内卷烟按省、地调拨计划组织购进。1984 年始，卷烟购进改为计划调拨和多渠道进货相结合。1985 年，县烟草公司被定为三级站，允许从境外（省内）烟厂进货。1986 年后，卷烟需求量增大，靠计划调拨不能保障供应。1993 年 9 月 21 日，汨罗市烟草公司被定为二级批发站。取得从全国各烟厂进货和面向全国销售卷烟的经营权。2000 年，卷烟购进由过去从省内购进为主改为自主购进、省内省外并行、按市场需求组织货源为主。2001 年始，烟草行业撤销二级站，改变“经营满天飞”的做法，县级公司货源由岳阳市烟草公司统一组织，按辖区人口匡算销售，送货至县，再分送至各经营户；财务管理实行报账制，全面实现由数量效益型向资源整合型和质量档次型的转变。至 2008 年，共购进卷烟 2200 万箱。

二、销售

批发　1985 年，城关地区分设 5 个烟草批发站，31 个乡镇供销社设卷烟委托批发站。1986 年，乡镇委批站增至 37 个。1987 年，县烟草公司被省公司评为卷烟批发网点建设红旗单位。1990 年后，因经营混乱，委批站减至 6 个，至 1994 年，全部撤销。下年，烟草公司在城关地区自建卷烟批发部 2 个，在长乐建自有产权批发部 1 个。1994～1998 年，批发销售卷烟 21.98 万箱，销售金额 8.09 亿元，实现利税 2877.6 万元，分别比前五年增长 76.8%、117.7%、24%，名列湖南省县级同行业前列。2002 年，汨罗市烟草公司率先在全省取消批发部，实行“以访订送，访送分离，城乡一体，专销结合”的网建营销策略，取得成效。是年，省烟草公司在汨罗市召开平原地区网络建设现场会，其做法被作为典型经验在全省推介。至 2008 年，汨罗市烟草公司（专卖局）共获得省、市各种荣誉称号 140 多项。

零售　1978 年，卷烟零售由各基层供销社代销点经营。1979 年，取消代销点，发展个体经营户 1784 户。是年，烟草经营改变过去单渠道、多环节的调拨体制和封闭式供货方式，实行多渠道、少环节和开放式经营。至 1984 年，年均销售量达 11.0449 万箱。1985 年，烟草实行专卖专营。1986 年，经营户增至 2378 户，其中城关地区 317 户。2000 年后，烟草行业引入竞争机制，强化网络建设，完善服务措施。至 2008 年，境内发展被代送户 55 户，被代取户 409 户（卷烟零售经营户），占市场份额的 17.7%，全部为远离城镇、居住偏僻、车辆出入难的农村地域。

省外销售　1985 年，县烟草公司与 6 个省、22 个县建立业务往来关系，实现外销卷烟 1 万箱，金额 1325 万元，占年销售总量的 31.1%。1987 年，向东北、华南 5 个省、22 个县销售卷烟 42 种，比上年新增 18 种。1993 年，外销卷烟达 18200 箱，占年销总量的 52.6%。汨罗市烟草公司被湖南省烟草专卖局授予“开拓经营十佳县”称号。2002 年，国家烟草专卖局禁止卷烟“体外循环”，外销业务终止。2004 年，取消县级烟草法人资格。2006～2008年,卷烟经营实行电话订货、网上配货、电子结算、现代物流。

汨罗市(县)烟草公司(1985～2008年)部分年度主要经济指标完成情况表

表14－7－71　　单位:箱、万元

年度	销售量	销售金额	上缴税收	服务地方社会资金
1985	14878	977	8.1	－
1995	53000	14100	234.66	13.52
2005	22852	19528	654.54	31.04
2006	24168	26576.98	918.31	38.08
2007	－	27153.56	2103	－
2008	－	30626	－	－

第四节　烟草专卖管理

一、依法监管

1983年9月23日,国务院发布《烟草专卖条例》。1984年9月,国家烟草专卖局发布《烟草专卖实施细则》。1991年6月29日,七届全国人民代表大会常务委员会第十二次会议通过《中华人民共和国烟草专卖法》(以下简称《烟草专卖法》)。1997年,汨罗市政府下发《关于加强烟草专卖管理的通告》。汨罗市烟草专卖局对生产企业许可证、批发企业许可证、零售许可证、特种烟草专卖许可证等相关证件的发证、换证实行严格监管。并利用宣传车、电视、广播、《汨罗报》进行为期15天的烟草专卖法宣传。2004年1月1日,国家取消特种烟草专卖许可证发放,县级烟草专卖管理中原有的零售环节"两证管理"调整为"一证管理"。至2008年,全市共进行7次烟草专卖许可证审核换发工作。基本保证每个行政村至少有1个零售许可证。

二、烟草稽查

1985年,重点查处手工卷烟和假冒商标卷烟的生产、贩运和销售冒牌烟、无证经营、无证批发、无证运输、易地经营以及经营霉变卷烟、非法烟草制品等违法行为。至1995年,共查处各类违法案件2943起,没收销毁各类假冒卷烟3721件,处以罚没款222.83万元。

1987年,新市镇石龙村出现制作销售手工冒牌卷烟私厂,县烟草专卖局及时会同县公安局、县法院、县检察院立案查处并捣毁制假窝点,在新市镇先后两次集中焚烧假烟。1997～1998年,烟草稽查以集中整治烟草市场为重点,对省烟草专卖局责令限期整改的兴罗门批发市场非法经营行为予以重点打击。查获各类违法卷烟1600多件,罚没收入12.6万元。2001年后,烟草稽查实行"阳光政策",凡属内部员工索、拿、卡、要,虚拟客户和违章收购等,均列入查处范围。2004年始,市烟草专卖局成立烟草专卖稽查大队,负责烟草市场管理和案件查处工作。至2006年,共查处违法案件59起,查获违法卷烟321.6万支,罚没款6.5万元,刑拘、判刑烟贩10人。

2007年8月21日,在新市镇一废弃纸箱内查获因停产而藏匿于此的YJ14—23型自动卷烟机一台

(套)、烟丝3000公斤,成品卷烟278件和一批装箱的原(辅)材料,批捕涉案嫌疑人10人,其中7人被判刑,是岳阳市烟草专卖局成立后查处的第一起卷烟机械制假案。2008年下半年,组织开展"卷烟打假双百会战"行动,查处违法案件76起,涉案金额27.15万元。

第八章　石油经营

1978年,县内石油产品由商业局石油煤建公司(简称石油公司)经营。1981年后,个体、集体机动车辆猛增,汽油、柴油供不应求。县石油公司除按计划调进油料凭票供应外,还从计划外调进批量石油,缓解市场供求矛盾。1985年始,全省石油系统实行人、财、物垂直管理。1992年,石油市场开放。至1993年,境内加油站增至27个,进货渠道以石油公司为主。是年,市石油公司销售汽油7575吨、柴油8445吨、煤油811吨、润滑油209吨。

1992~1998年,市石油公司推行目标管理,连续七年利润超百万元,获省石油系统目标管理一等奖。1984~2001年,开展成品油市场整顿,并在新火车站出口处建大型加油站,增强市场调控能力。

2001年后,实行内部人员分流,"买断"员工19人,并实行经济效益与工资挂钩,加快城关油库安全整改,全面提升企业管理水平。至2008年,市石油公司各库、站全部实行电脑付油;零售网点服务体系进一步完善。油品销售较1980年增长近7倍。

第一节　机　构

1978年,汨罗县商业局设石油煤建公司。1980年3月,石油、煤建分设公司,县石油公司搬迁至劳动南路31号办公、营业,定编36名。1985年,石油公司从县商业局析出,成立湖南省石油总公司汨罗县石油公司,人、财、物由省公司垂直管理。2000年5月,省石油公司改制重组,成立中国石油化工股份有限公司湖南汨罗市石油支公司,定编75名。下设油库、加油站、门市部等15个经营机构。2008年,石油公司有员工86人,加油站12家,水上加油船1艘,联营加油站1家。

第二节　计划经营

1978年,石油经营实行计划定量包干,按农、轻、重次序配油供应。1981年,农用车、手扶拖拉机等机动车辆猛增,石油供不应求。县石油公司除按计划调进石油凭票供应外,另调进议价汽油1019吨、柴油1059吨,缓解供需矛盾。1984年,县政府对石油计划分配作出具体规定:柴油由县农机局安排到乡镇,实行统配定量、分季安排,凭票供应、跨季作废;汽油由县计委直接按吨位、马力安排到车,重点单位货车全年每吨位供油1.2吨,一般单位每吨位供油0.7吨,所有货车每吨位统配高价油0.4吨,机关小车每台按全年1.5吨、1.2吨、1吨三种标准供油,新增车辆及过路车只供高价油;煤油供应采取压城镇、保农村,压生产、保生活,压有电、保无电,凭票证供应发放到户;润滑油脂由供销社经营,实行按比例交旧换新,对不按比例交售废油的不供应新油。

1981年后,位于火车站货场附近的800米长铁路石油专用线建成营运。1984年11月,城关加油站竣工验收,交付使用。1986年,县石油公司油库扩建至6000立方米储量,为国家二级油库,并全部实行机械化汲卸。

1989年,中国石化公司作出“严禁其他单位和个人经营石油”的规定,省工商局发出《关于进一步加强对重要生产生活资料市场管理》的通知,规定农村生活用煤油、柴油、润滑油由供销社经营,同时规定石油等29种商品,无经营权的单位和个人,必须立即停止进货或签订购销合同,有经营权的单位不得为无经营权的单位和个人提供货源,严禁内外勾结、扰乱市场秩序。1990年后,逐步放开计划管理。1992年年底,石油产品全面进入市场经营。

第三节　自主经营

1985年,国内石油经营业务划归中国石化总公司经营。下年,中国石化总公司允许各地石油公司在正常渠道外,自采高价油,多渠道进货。1987年,县石油公司以长岭炼油厂为基地,从国内8个省、自治区20多个地、市,调入自采油11578吨投放市场,创利税近200万元。

1992年,随着石油市场的逐步放开,107国道(汨罗段)等主干公路旁加油站发展到27家。市石油公司扩大外销渠道,销售汽油7775吨、柴油8445吨。至1998年,公司连续七年实现利润超百万元。1999年,市场竞争加剧,铁路运输紧张。市石油公司成立水上运输队,抢运1000吨油料销往云贵地区,获利10万元。是年,外销石油8000吨,扩大销售7000万元,为财政创收17万元。市石油公司连续第八年获省、岳阳市经营目标管理一等奖。

2002年始,市石油公司投资300万元,对城关油库进行设备改造,拆除老式油罐3个、各1000立方米,解决因设备老化带来的安全隐患问题。至2008年,市石油公司拥有加油站12家、水上加油船1艘、联营加油站1家,固定资产总值达2800万元。初步形成由市区、国道、省道加油站及农村零售点组成的石油营销网络。2008年,公司销售油料31139吨,其中零售24128吨,直销和批发7011吨。在零售油料品种中,汽油7869吨、柴油16259吨;IC卡销售895张,充值金额1372万元。

第四节　油品市场整顿

1984年后,汨罗县人民政府成立成品油市场整顿领导小组,严格控制加油站建设规模,凡新建站须报经省经委批准。1992年,石油市场放开,公路边上的加油站迅速发展。1995年,市政府、市工商局、市质监局、市石油公司联合开展石油市场整顿,对46家经营站、店进行系统清理,重新规划和布局,关闭违规站6家、查处经销劣质油油站3家。1998年始,市石油公司成功收购城西、兰天等20多家社会加油站,规范成品油市场经营秩序,成为省二级批发单位,进货渠道由厂家购进改向岳阳市石油公司购进,各零售站进货渠道统一归口石油公司。1999年,市石油公司抽调12名干部、职工参加全市成品油市场整顿,协助市工商局、市质监局查获外地运送劣质油车28台。

2000年后，市石油公司基本掌控境内加油站的建设规模，并成功堵塞市外进货渠道，社会加油站从市公司进货量每年以20%的速度递增，成品油市场秩序趋向稳定。至2008年，境内共有加油站44家，其中，中石化系统12家（国有控股）；农机系统27家（个体私营）；中石油系统5家（国营）。

第九章 外 贸

第一节 机 构

1980年3月，汨罗县革委会设立对外贸易局（简称县外贸局），内设4个股、1个室。1981年，县外贸局增设工会、粮油食品、工矿土畜股。1984年1月，县外贸局更名为县对外贸易公司。1986年，撤销县外贸公司，恢复县外贸局，内设粮油、土畜、工矿、培植4个部，下辖城关、白水、长乐、桃林收购站，外贸鸡场，驻长沙、岳阳调运站。有干部、职工67人。1987年，恢复县对外贸易公司。1989年，加挂市外贸局牌子，内设人秘股、办公室、政工股、财计股、粮油食品土畜公司、工矿公司、工会。1993年3月，更名为市对外经济贸易总公司（简称市外贸总公司），增设驻深圳、海口办事处（分公司）。内设2个股，1个室，1个会。2008年，市外贸总公司在编133人，其中离、退休53人。

第二节 对外贸易

1978年，境内出口商品按省、地外贸主管部门下达的计划任务完成。县外贸公司在城关、白水、长乐、桃林寺等地设立收购站，各基层供销社定为代购代收点，并在白水苗圃、桃林林场、县农科站、范家园茶场、磊石渔场、汨罗和红花公社扶植建立生猪生产基地9个，良种鸡场1个，出口土畜、工矿、轻纺类商品达96种。1979年，县外贸公司从外地引进良种猪814头，下拨引种费3.2万元扶持发展生猪。1984～1987年，向各生猪基地投放化肥1896吨、玉米180吨、鱼粉490吨、木材25立方米、楠竹3万余根。各基地共提供外销活大猪23800头，其中良种瘦肉型猪8074头。省、市外贸部门下拨资金12.3万元，为汨罗外贸鸡场改造养鸡设备300平方米，兴建电孵房4间，引进良种鸡842羽，良种鸡苗74200羽，种蛋4480个，共繁殖苗鸡46.98万羽，全部投放给农户饲养。至1988年，全市形成年出口肥鸡1万羽的能力。

1978～1990年，汨罗肉联厂成为岳阳市外贸局分割肉生产专厂；汨罗五金厂被省五金矿产品进出口公司定为铅水箱生产基地；川山坪婵娟绣服厂被定为省纺织品出口生产基地。境内产毛笔、藤席、疏筛板、油石、油灰刀、棉织品、高岭土等产品相继打入国际市场。至1991年，形成粮油食品、土畜产品、工矿轻纺产品等六个类型、130多个出口品种的货源基地和专厂（场）。其中，粮油食品类有生猪、分割肉、大米、美国王鸽、泥蛙、家禽、蛋制品、腊味等；土畜产品类有盐渍藠头、壳粒湘莲、土豆、猪鬃、牛皮等；工矿化工产品类有铅水箱、氧化铅、油灰刀、放大镜、电线、钢丝刷、水准尺、高岭土等；纺织品类有麻棉布、绣服、文化衫、童服、包装袋等；工艺品类有川山毛笔；茶叶类有绿茶、红茶等。1991～1993年，累计出口商品5640万元，创汇50万美元。

1989年,县级外贸下放到地方管理,实行自主经营,自负盈亏,对外贸易由收购制转向代理制。同时,进出口经营逐步放开,各工矿企业及乡镇的出口产品可直接经省外贸专营公司收购出口。1993年,国家全面取消出口商品指令性计划,对外贸易出现多家竞争的局面。1993～1996年,为市工具厂、沙溪电线厂、弼时棉织厂、川山仪器厂、高坊绣服厂、裕丰公司等20多家企业代理出口贸易,市外贸总公司增设对外贸易部,并成立驻深圳、海口、武汉代理出口贸易办事处,代办出口业务价值800万美元。1997年,市外贸总公司完成出口收购额2595.4万元,其中工业产品300万元;直接或间接经外贸总公司出口创汇170.02万美元。

2001年,中国加入世界贸易组织,对外贸易面临新的挑战和机遇。是年,境内通过外贸代理和自营出口达600万美元。2004年,新的《中华人民共和国对外贸易法》颁布实施,自7月1日始全面放开进出口经营权。2005年12月,市政府机构改革,外经外贸管理职能由市商务局承接。至2008年,受人民币对美元汇率持续走高、世界金融危机等不利因素影响,境内传统出口贸易下降,但加工出口贸易增多,其中音品电子有限公司实现出口比上年同期增长3倍;龙舟铝业公司出口318万美元。全市进出口总额完成6255万美元,同比增长12.2%;其中进口总额2400万美元,出口总额3855万美元。

第三节 进出口经营权

1993年,成立岳阳市外贸公司汨罗分公司。1995年,汨罗市外贸收购额达1.2亿元,外贸出口国别和地区增至32个。1996年4月,市政府、市外贸总公司分别向省经贸委作专项报告,要求赋予汨罗市外贸进出口经营权。是年6月,汨罗市外贸总公司取得进出口经营权。经营范围为自营和代理国家政策允许经营的商品及技术进出口业务;承办中外合资经营、合作生产业务;经营"三来一补"(即来料加工、来件装配、来样定制,补偿贸易)业务及对外贸易和转口贸易。1996年6月17日,市外贸总公司获得对外贸易部颁发的进出口企业资格证书,代码为4300190160741,并在工商、税务、商检、海关、外汇等部门注册备案,成为境内唯一享有综合性进出口经营权的单位,结束汨罗建县后长期依靠省公司开展对外贸易的历史。

1997年,市外贸总公司派员到长沙、岳阳外贸部门学习海关自主报关、财务结算、英语等专业知识,申报办理自营进出口业务的各项手续,取得海关报关证、出口退税许可证、工商注册和商检登记备案等资质。至1997年6月,市外贸总公司与香港客户做成首笔自主报关、送检的氯化钡产品交易业务。7月,又做成出口40吨高锰酸钾业务。10月,自营出口业务扩展到10多个国家和地区,成为岳阳市县级外贸企业中,唯一运用进出口经营权并取得成效的单位。

1996～2000年,经对外经贸部批准,川山宏图绣品厂等5个乡镇企业先后享有国家自营进出口权,可直接收购、生产和出口毛笔、棉布、绣服、大米、油灰刀等品种。其中出口大米366吨,折合3.6万美元;出口油灰刀,折合164.9万美元;出口棉布、毛笔等折合211.7万美元。川山坪镇宏图绣品厂年出口成交额达1800万美元,成为省内同类产品中最大的出口基地,产品远销东南亚和欧美地区。2004年,全面放开进出口经营权。至2008年,全市完成外贸进出口总值5150万美元,其中出口3150万美元,进口2000万美元。完成自营出口509万美元,比上年增长15.6%。

第十章　服务业

第一节　旅馆业·餐饮业

一、旅馆业

1978年后，境内服务行业实行“改革、搞活”“以业养业”的方针，自主经营，自负盈亏。宾馆业逐步由国营转向集体和个体经营。进入20世纪80年代，除县政府招待所、商业招待所外，国商、汨罗、楚源、罗城、燎原等宾馆相继建成开业。1993年，境内有旅社、宾馆293家，从业人员705人，其中个体200家，从业人员420人，分别占68.26%和59.57%。是年，市政府招待所有客房270间，床位510个，且大多数房间配备卫生间、彩色电视机和空调设备，并设大小会议室4间，可容纳1000多人就餐的大餐厅1个，小餐厅5个，全年营业额达300万元。

1994～2008年，城区宾馆业布局更趋合理，档次提高。按四星级标准建造的有汨罗江大酒店(原政府招待所)，达到三星级标准的有慧友、中信、新世源、金碧华府，另有裕丰楼、鑫源、天成、蓝盾、劳动、燎原、东盛、东方明珠等宾馆，规模较大、档次较高。农村集镇宾馆业逐步向名胜风景区和旅游景点延伸，屈子祠、八景洞、玉池山等地建有高规格的避暑山庄，2008年，全市共有宾馆旅社310家，年接待旅客80多万人次。

二、餐饮业

1978年后，各类酒店、客栈、宵夜、小吃食品店迅速恢复和发展。1980年，楚塘公社开办第一家社队饮食店，县商业局饮食服务公司开办鼎新楼饮食店，在城乡各具特色。1986年后，小城镇建设步伐加快，各种“湘菜馆”“土鸡店”发展到100多家。加上农民入城进镇摆摊设店，饮食业经营花样增多。至1993年，乡镇饮食服务企业达1060家，从业人员1366人；城关镇有商业饮食场所20多家，经营品种有酒宴、熟食、面食、油货、包点、特色风味小吃等。1995年后，各类宾馆均开设餐厅和包厢，多的可同时容纳1000人就餐，少的也有10～20桌。汨罗江、金碧华府、中信、慧友、新世源等酒店，经营各种婚宴、寿宴、升学宴、乔迁宴，少则几十桌，多达100多桌，生意久盛不衰。20世纪末至21世纪初，城区人民路从市委南门至中医院，夜宵业颇具规模，以食龙虾为主，杂以油炸鲜鱼、臭豆腐等。2004年，河南小笼包子、烤饼、新疆羊肉串进入城关小吃市场。至2008年，境内共有食品经营企业(场所)2961家，其中食品经营2519家，食品加工47家，餐饮业395家，从业者中厨师和服务人员3689人。

三、冷饮业

1978年，汨罗县城区仅有数家冰棒小卖部。20世纪80年代初，城区冷饮店发展到37家。生产鲜果冻、冰淇淋、果露等冷饮食品。1981～1985年，各种豆制雪糕、冰糕、奶油、咖啡、牛奶、酸梅汤等陆续进入冷饮市场，年均销售额约30万元。1990～2000年，个体私营冷饮业分布城乡各地，品种、质量和卫生标准不断提升。2008年，境内共有冷饮业186家，从业人员680人。

第二节 理发业·洗浴业

一、美容美发业

1978年,汨罗县城区仅有2家国营理发店,从业人员28人,归县商业局饮食服务公司管理。由于受“文化大革命”的影响,人们理发以剃平头、光头、运动头为主。服务项目有剪、剃、洗,前去理发店理发的人都要排队等候,部分厂矿、企业还实行内部职工发票免费理发。少数传统理发师,手提木制工具箱,走村串户,上门为民众理发。1980年始,理发业逐步开放,国营理发店实行承包经营,个体理发业迅速发展,西式烫发、染发人数逐年增多。20世纪90年代初,城关地区出现丽人、大上海、温州名剪等理发店,颇具规模。1999～2003年,丽人理发店开办境内首家“美容美发培训中心”。每年开办两期,每期招收学员100余人,师资力量从江浙、怀化等地聘请。境内和湘阴、平江、营田等地共有30多个乡镇的从业人员大多数从这里培训。该校校长连续四年被岳阳市个体协会评为先进工作者。1994～2004年,美容美发业遍布城关大街小巷和农村集镇。城关地区的丽人、大上海、温州、京都、刘记绿意、华仔沙龙等理发店,常年配备员工8人至10人,且经营项目不断翻新。有剪发、染发、吹洗、烫发、面膜、护肤、纹眉、植眉、漂唇、离子植发、新郎新娘化妆等,兼有保健按摩,有的还兼营足浴。2004～2006年,丽人美容美发店连续三年获广州天鹰、丽景美容学宛颁发的“中国大陆优秀美容宛”和“纹绣大赛奖”。至2008年,境内理发店增至180家,其中城区56家,从业人员1800余人。

二、洗浴业

1998年,市招待所购进首台桑拿机具,由个体老板承包经营。下年,各大宾馆陆续开办洗浴桑拿业务,以健身、防病为主。但档次不高,卫生管理欠规范。1990～2008年,城区大众南路休闲娱乐业渐成规模。服务内容有推拿、推油、按摩、足浴等。其中“水上人间”和“拉斯维加”两家洗浴场颇具规模和特色。游泳场仅有市体校1家。经营足浴时间较长的有“新大陆”洗浴场和各主要宾馆的足浴部,共有从业人员972人。

第三节 摄影业

1978年,县商业局饮食服务公司统一经营照相业,城关、白水、长乐等集镇各设有一家照相馆,经营黑白照相、放大、手工加洗彩色照等业务。1980年,照相器具进入普通民众家庭,部分教师、职工从事业余摄影。1985年,国营照相馆由个人承包经营,彩色照相开始普及。各照相馆备有民族服饰、新婚礼服、艺术布景,供照相者自行选照。1993年,境内有照相馆46家,从业人员68人。

20世纪90年代末,大幅婚纱照、“全家福”开始流行。至2000年,数码摄影技术迅速推广,一个数码256卡可拍寸照900多张,约为同等规格彩色胶卷照相的30倍。2002年,城区蓝天摄影、汨罗照相、完美新娘和台北新娘影楼经营规模扩大,档次提高,除经营普通摄像外,还专营男女婚照、新娘化妆及婚庆礼仪服务,包括婚庆厅堂布设、婚礼主持、婚车扎花、摄像、录像、制碟等。至2008年,境内共有照相馆约50家、从业人员600多人。

第四节　其他服务业

一、歌厅舞厅

1988年，汨罗市城区建设路红叶歌厅开业。1990年，城关地区首家舞厅在人民路开业。1991年，歌厅、舞厅增至9家。经营时间较长的有红叶、红太阳、工人俱乐部、南江等。1994年1月，首家激光大歌厅在高泉路开业。1995年，月亮岛歌厅开业。2002年，大型迪斯高舞厅航空母舰开业。至2008年，9家歌厅中营业时间最长的为同一首歌KTV歌厅，规模最大的有春江花月夜（大众路）、汨罗江、慧友、金碧华府、金色港湾等歌舞厅。

二、茶座

1994年后，汨罗市城区茶饮业悄然兴起。以大众路、人民路东段布店较多，至1998年，各式茶楼增至41家。进入21世纪，巴黎之春、天狼、欧典和金犀牛角茶楼规模较大，经营项目有茶饮、棋牌乐、足浴、小型歌舞厅等。茶楼内设小包厢、双人座、多人座等服务项目，每天经营时间长达10~20小时，备有各种绿茶、乌龙茶、毛尖茶、红碎茶等品牌供顾客享用，收费标准10~50元不等。

三、修理业

1980年，汨罗市城区出现"补胎打气"及自行车修理门店。1981年后，由交通、客运、农机等部门和厂矿企业开办的汽修厂30多家。20世纪90年代中期，家用电器增多，城乡家电维修业应运而生。修理范围从自行车、钟表、电风扇扩大到电视机、热水器、空调设备等多个门类。2000年后，小车维修服务业迅速发展。至2008年，境内有各种修理厂（场）约300家，从业人员1500人。

四、计算机应用服务业

1988年，汨罗市城区出现计算机应用服务及维修门店，电脑打字开始取代传统的手工打字机。电脑打印行业中，购置先进的数码相机，即拍即成，方便市民办证。1993年后，体育巷个体户相继采用计算机进行图章雕刻、招牌制作、广告创意设计等多种业务。1996年，境内各种宣传标幅均运用计算机绘制。2003年，中山技术服务部更名为汨罗中心办公设备专店，经销东芝复印机、传真机、数码冲印设备等，连续几年成为东芝复印机的先进经销商，并先后培训近50名电脑技术人员。2005年后，喷绘、扫描、写真等现代技术广泛应用于广告行业，服务范围不断扩大。2008年，全市有计算机应用服务业18家，从业人员56人。

五、珠宝行业

1992年8月，老天宝首饰店开业；1994年，获岳阳市人民银行核准发证。2002年，老天宝珠宝金行在国家工商局注册；2004年，被评为湖南省"诚信守法"500强企业，成为初具规模的地方品牌，经销品种多达10余大项，注册资金达30多万元。至2008年，城关地区有珠宝业6家，从业人员80多人。

第十五篇　旅游·招商

第一章　旅　游

汨罗市内旅游资源丰富，共有文物保护单位210处，各种景点329处。其中国际级、国家级4处，省级14处，资源总量居湖南省前列。旅游诸要素中有屈子祠、任弼时纪念馆、玉池山、八景洞、红花山、神鼎山六大景区；有新世源、中信、慧友3家三星级酒店和按四星级标准兴建的汨罗江大酒店；有其他宾馆、招待所、旅馆200多家；有各类休闲、娱乐场所100多家；有华侨、龙舟2家旅行社，配备导游、讲解员100多人；有旅游购物单位1家；多来米腊八豆、屈原酒、长乐甜酒、加华牛肉、楚塘粽子、川山毛笔、屈原铁画、绣品等特色商品享誉三湘；湘、鄂、川、粤等风味小吃店遍布城乡。至2008年，全市接待国内外游客198.2万人次，实现旅游综合收入7900万元，分别比上年增长41%、42.3%，旅游业作为汨罗的一大朝阳产业，新的经济增长点的作用正日益显现。

第一节　旅游资源

一、旅游景区

屈子祠汨罗江风景名胜区　国家重点风景名胜区之一，是“岳阳楼洞庭湖风景名胜区”的重要组成部分，是省旅游局重点推介的湖南省八条旅游精品线——楚湘文化线上的重要景点，并被评为湖南“新潇湘八景”。屈子祠、屈原墓是全国重点文物保护单位。1988年，屈子祠所在地——玉笥山被公布为国家级风景名胜区，并被评为国家一级景点。屈子祠系湖南省爱国主义教育基地。玉笥山有屈原遗迹15处，现存或恢复的有屈子祠、独醒亭、招屈亭、骚坛等。1990年，新建屈原碑林。2001年，在汨罗江南侧修建沿江大道，综合整治友谊河。2005年，修建龙舟竞渡中心。

任弼时纪念馆　系全国重点文物保护单位，是湖南省爱国主义教育基地，湖南省青年志愿者学雷锋活动基地。1978年，修复后对外开放。1998年3月，根据中共中央、国务院下达的建馆批文，市委、市政府筹资4000万元，在故居旁新征土地5.35公顷，建主馆、铜像广场、牌门楼、连廊、停车场、馆区绿化带等10余项工程，总建筑面积11360平方米。2003年4月26日，任弼时纪念馆正式对外预展。2004年4月25日，成功举办任弼时同志诞辰百年庆典及开馆仪式。至2008年，纪念馆接待国内外游客300多万人次，其中中外名人500余人次。

玉池山风景名胜区　位于汨罗市南端。1993年，被岳阳市政府定为县(市)级风景名胜区。玉池山海拔777.5米,总面积41.8平方公里。有"三山十洞八平湖"之称,人文景观遗迹甚多。石、洞、泉、湖、亭、寺、观和历史名人别墅遍布山岭。其中著名自然景观有龙山头、黄石滩、窄公桥瀑布、弥陀石、蛤蟆石、白鹤泉、燕子岩、白龙将军洞等。人文景观有玉池古刹、景泰亭、翠岚亭、钟石寺、仙人桥、青坑水库拱形坝;有陶真人修道炼丹及五代右散骑常侍邓匡时、宋代直阁大学士邓忠臣所建白鹤别墅遗址,有清代两江总督陶澍、兵部侍郎及首任驻英法公使郭嵩焘、军机大臣左宗棠的住所、山庄、书屋遗址,还有湘阴县抗日民主政府驻地等景点近百处。2001年年底,通往该景区的团玉(团山至玉池)公路竣工通车。玉池古刹景点中的南岳行宫和大佛殿全面开放。是年,游客增至3万人次。

八景洞风景名胜区 位于汨罗市东北边陲,面积54.7平方公里。域内峰峦叠嶂,自然和人文景点极多。1993年,经岳阳市政府批准为县(市)级风景区。区内的蓝家洞、八景洞、向家洞3座水库总蓄水量达1亿立方米。山林面积6666.67公顷,森林覆盖率96.4%,有木本植物1100余种,国家保护动物30余种,是一个生态系统完整的天然野生动、植物园。始建于唐文德元年(888)的佛果寺,年接待香客万余人。2004年10月,投资500万元的智八(智丰至八景)线沙改砼工程竣工通车。景区内公路、通讯、供电、供水等基础建设初具规模。是年,新建避暑度假村和知名作家韩少功别墅——梓园,修复吴咏湘烈士故居和烈士陵园。2005~2008年,年均接待游客近5万人。

红花山生态旅游观光园 位于红花乡、天井乡境内,由红花山、牛栏山等几十座山峦构成,占地268公顷,山上的崇善寺创建于明末清初年间,为境内最具影响的合法宗教活动场所之一,每年到寺修行的信众达2万多人次。园内有红花水库、石仑水库等小(2)型水库4座。园区山清水秀,山上植被覆盖率达100%,水面清澈见底,秋季常有白鹭在此栖息觅食,山上还有麂子、野猪等野生动物出没。该园为汨罗市生态农业科技园的重要组成部分。2002年11月,生态农业科技园通过省科技厅专家组评审,被评为省级高科技生态农业示范园。

神鼎山休闲山庄 神鼎山位于汨罗市东南部,因中华远祖黄帝采首山铜在此铸鼎而得名。该山属东南大山脉,年降水量1351.45毫米,平均气温17.5℃,平均海拔200米以上,最高峰岳峰尖海拔464.3米,是汨罗第二高峰。山涧林壑优美,自然景色秀丽,是历代先贤游历之地。宋大中祥符七年(1014)在神鼎山建资圣寺,宋仁宗御笔亲题"资圣禅林"。据明朝《神鼎山志》载,神鼎山的景点有祖印池、罗汉洞(又称罗汉崖)、千峰顶(又称岳神峰)、万松岭、双虹桥、仙足石(又称仙迹石)、七星园、豢龙洞、猴子石、烟霞岭(又称烟霞仑)、钵盂峰、调狮岫、白云坞、金澜田等。此外,还有万人床、千人锅、石炉等古迹。2000年后,修建神鼎山盘山公路,浏览观光车辆可由107国道直通神鼎山顶。神鼎山资圣寺建成各类景点11处,常年香客如云。山内建有中(2)型水库1座,电力设施齐全。神鼎山休闲山庄餐饮、住宿、疗养、休闲、娱乐设施完善,年接待省内外游客3万多人次。

二、风景　园林

屈子公园 位于汨罗市城区建设路西侧。1992年筹建。1996年,通过省园林建设总公司总体规划设计。公园总面积88.16公顷,其中水面55.08公顷,陆地33.08公顷,分为青少年活动、老年活动、安静休闲、水上乐园以及生活和管理六大景区。至2005年,建成公园门楼、外广场、龙舟看台、沿湖路、凉亭、玉带桥、花架和清风亭岛等基础设施和景点。投入使用的项目有快乐林、快乐大本营、碰碰车、蹦蹦床、大花桥、金龙滑车、登月箭、浪转珍珠等。园内硬化路面240米,栽植广玉兰、紫薇、红叶李、水杉以及名贵大树400多株。2006年,由台湾邓女士捐资,在园内建忠善寺。至2008年,该寺尚在建设中。

汨罗江沿江大道风光带 全长9公里,集防洪、交通、景观功能于一体。2003年10月,沿江大道首期工程告竣。江边文化广场、游路、凉亭,共栽植各种名贵树木180万株,铺种花草34000平方米。形成屈原历史文化、现代园艺、自然风光三大主题风光区,占地面积77公顷。

三、宗教寺庙

红花山崇善古寺 建于明末清初。1624年重建。清光绪二十年(1894),再次重建。1966年,崇善古寺建山门,挖掘出彩色琉璃佛珠数十颗,经考古专家鉴定,有300多年历史。1991年,古寺再次重修,颇具规模。至1996年,增建专修净土法门念佛堂,占地0.47公顷。寺内常住修行四众弟子50多人。该寺紧靠107国道,交通便利,每年到此修行信众达2万多人次。

神鼎山资圣寺 宋大中祥符七年(1014)建寺。寺前有五山环护,后人称之为“五龙捧圣”。宋仁宗御题“资圣禅林”。历经元、明、清三个朝代,多次修葺扩建,资圣寺愈加宏伟富丽,楼台亭阁结构精细,常年梵音不绝,香烟缭绕,寺内藏经书万卷,住寺100余僧。自宋代从衡岳来的第一代洪湮禅师至今已传40余代。其中,宏觉禅师系清世祖敕封。寺内佛章严谨,是湘北地区(包括长沙开福寺)僧人集会、诵经的中心。

普德大庙 位于范家园镇永青村,始建于清康熙七年(1668)。庙内供奉佛神、佛祖和唐、宋以来的爱国忠臣良将,以唐安史之乱时坚守河南睢阳为国尽忠、壮烈捐躯后封荣禄大夫的睢阳太守许远为主神,至今有300多年的历史。1994年,由地方群众捐资修复,名辖神殿。1997年5月,正式命名为大通寺。1998年,经市政府宗教主管部门批准对外开放,更名为普德观。是年,由中国台湾地区商人陈之迈筹资,兴修万佛塔、三祖殿。万佛塔高39米,直径3.63米,为湘北地区第一高塔。2003年,普德观更名为普德大庙,成为境内宗教旅游重点景区。2006年,引资100多万元,建莲花塔,与万佛塔齐高,两者矗立于五岳行宫左右两侧,直冲云霄。至2008年,普德大庙有一宫、二塔、七大殿。即五岳行宫,万佛塔、莲花塔,观音殿、辖神殿、财神殿、关圣殿、三清殿、玉皇殿、三祖殿。

永青庙 位于范家园镇永青村,是省内“长沙—屈子祠—岳阳楼”湘楚文化黄金旅游线上的重要景区。20世纪90年代开始筹建,至2008年,建成普德观、清境山观、宝缘寺3处景点,大小庙宇10余座,佛塔2座,建筑面积2800平方米,总投资近2000万元。庙宇地理位置优越,山清水秀、绿树环抱,庙内殿阁相连,名人书法碑廊林立,集佛教、道教文化与旅游于一体。

第二节 旅游开发

一、新建屈原碑林

1990年10月,湖南省屈原碑林筹建委员会汨罗筹建领导小组成立,开始向海内外募集资金。1991年10月,中国湖南汨罗江屈原碑林建设委员会成立,负责碑林建设的具体工作。1991年12月21日,中共中央政治局委员、国务委员、国家教委主任李铁映参观屈子祠。下年4月,批示国家文物局为建设“离骚阁”和“离骚碑”资助20万元。省、岳阳市政府分别为碑林建设拨款30万元和15万元。至1993年12

月,共募集海内外捐资300余万元,并收到薄一波、杨得志、张爱萍、楚图南、赵朴初等知名人士和著名书法家沈鹏、李铎、王遐举等书法作品300多幅。1992年6月4日,屈原碑林主碑——离骚阁落成揭幕。1993年年底,离骚阁、天问坛、九歌台、九章馆、招魂堂五项主体工程竣工。整个碑林的碑廊长200米,共刊碑文238块。

1996年10月,屈原碑林全面竣工,正式向游人开放。1998年,屈原纪念馆在祠西建立"楚园",占地2000多平方米,内设"九歌洞",引进湖北省随州市编钟展演团的钟、磬复制品,设演厅于屈原碑林区思贤楼上,配以古筝,由少女着古装演奏。是年,完成《屈子祠玉笥山景点开发可行性分析报告》,撰写《岳阳十景——玉笥吟骚》的介绍文稿和导游词,并从上级相关部门争取40万元,用于文物维修和完善旅游设施。

二、新建任弼时纪念馆

1998年3月18日,中央批复同意汨罗市新建任弼时纪念馆。9月30日,湖南省、岳阳市有关领导就任弼时纪念馆的选址和建设的时间、规模、资金等相关事项到现场办公。汨罗市委成立任弼时纪念馆建设领导小组和筹建办公室。至2000年4月28日,任弼时纪念馆正式动工兴建,并在故居附近的月形山举行隆重的奠基典礼。任弼时儿媳娄惠平代表陈琮英(任弼时夫人)向纪念馆捐赠"任弼时同志诞辰90周年"的书画作品235件。2004年4月25日,新建任弼时纪念馆落成并举行新馆开馆仪式。

三、开发建设其他旅游设施

2000年,投资2000万元,完善八景洞风景区的公路、通信、供电、用水、影视等基础设施,新建避暑村、韩少功作家楼,修复吴咏湘故居和烈士陵园;投资500多万元将新世源宾馆改造为国家三星级宾馆,实现汨罗市涉外宾馆零的突破。2001年,团玉公路竣工通车,玉池山风景区大佛殿、南岳行宫正式对外开放;红花山生态旅游观光园进入省高科技汨罗生态农业示范区建设范畴;千秋福园、神鼎山资圣寺、隐居山宏济寺、普德观等一批新建景点正式成为宗教旅游亮点。是年,汨罗市被省政府定为全省40个旅游重点县(市)之一。2003~2005年,沿江大道绿化工程、汨罗江龙舟竞渡中心等一批重点旅游建设项目相继竣工。2007年,全面启动各大景区开发建设,先后完成屈子祠汨罗江核心景区建设前期准备工作、范家园保缘寺建设等项目。

第三节　旅游管理与服务

一、旅游管理

1978年后,旅游管理工作先后由市(县)政府经协办、外经财贸办、市招商局负责。1999年9月,市委、市政府成立旅游开发工作领导小组,由分管文教卫的市委副书记任组长,下设办公室,由文化局长兼任办公室主任。2000年6月,成立市旅游局。2002年,市旅游局与市招商局合并为市招商旅游局,旅游业正式纳入各级政府年度工作规划。2006年,恢复市旅游局,下设办公室、市场开发股、行业管理股。2007年,市旅游局编制《汨罗市旅游发展总体规划》,并组织"龙舟文化寻根游"活动,推动旅游业快速发展。至2008年,汨罗市接待国内外游客198.2万人次,比上年增加41%,实现旅游综合收入7900万元,比上年增长42.3%。

二、旅游服务

1978年后,境内旅游一般由单位、团体或个人自主进行。1990年始,全市旅游服务项目增多,环境改善,服务质量提高。至2008年,各类旅游服务设施初具规模。

吃 有高、中档饭店18家,一般餐馆600余家。特色餐饮有海鲜楼、幸福鱼、苏大姐火锅、博林小肥羊、桂林人小吃等。

住 有3家三星级宾馆,1家待评的四星级酒店,上规模宾馆15家,拥有客房520间,床位1300多个。另有个体旅社80余家,床位600余个。

行 京广铁路由北至南途经境内11个乡镇,京珠高速公路穿经境内4个乡镇,国道107线经境内9个乡镇,省道308线由西至东经境内5个乡镇,湘慧线经境内4个镇。境内建有通往各乡镇的市道15条、乡村道380余条,基本达到村村通公路。湘江航道自营田至岳界28公里设标航道,有码头9处、港口11个。营田港年均吞吐量60万吨,旅客发送量15万人次。2004年,新火车站、汽车站竣工,汨罗江跨江公路大桥建设纳入"魅力岳阳"九大实事之一,工程可行性研究报告通过专家评审;沿江大道和友谊河综合治理工程全面竣工,为旅游业提供新通道。

购 特色旅游商品有川山毛笔、婵娟绣服、湘绣、竹雕工艺品、屈原酒、汨罗春酒、长乐甜酒、"正粽"香粽、多来米腊八豆、白鹤洞矿泉水、天井峰茶、龙舟茶、仙人石名茶、八景野味、野干菜、小笋干、手工布鞋等。城区各类商场、专卖店、精品店和超市逐年增多。其中天恒量贩超市、中心集贸市场、龙舟商业街、心连心购物广场、汨罗大市场、兴罗门市场等成为旅游购物的最佳场所。

娱 高、中档旅游宾馆、酒店均配备相应的娱乐设施,是旅游业六要素发展最快的要素之一。茶饮、KTV、足浴等一大批娱乐项目相继上马,黄金海岸、步步高、大中华、汨罗江等一批专业娱乐城相继开业。传统花鼓戏、长乐"高故事"具有鲜明的民族特色和地方特色,成为重大旅游节庆活动中的必备项目。至2008年,全市"农家乐"发展到40多家,其中黄柏镇神鼎山生态度假山庄、大荆镇静恝源山庄、林业科技示范园(红花山植物园)、松菊休闲农庄、汨罗镇裕丰休闲山庄特色鲜明。

附　星级宾馆、旅行社简介

汨罗江大酒店 前身系市政府招待所,按四星级标准改造建成。主营项目有餐饮、住宿、酒吧、语茶、健身、KTV娱乐、美容美发,占地面积2.6万平方米,固定资产1500万元,员工220人;客房119间(套),床位259个,餐饮宴会大厅及一楼特色餐厅设有餐位1500多个;二楼设有风格各异的包厢,会议中心设有260多个座位。各大营业区设备齐全,功能完备,环境优雅。该酒店于2004年4月正式营业,是大中型会务、商务、新闻发布会议的首选场所,也是市委、市政府主要的接待服务场地和展示汨罗对外形象的重要窗口。

新世源宾馆 位于城区汨新路24号。1999年,由汨驷建集团兴建,是岳阳市第一家被评为三星级的县级宾馆。2006年,经企业改制,由金成实业公司并购,成立新世源宾馆有限公司。宾馆以园林特色和龙舟文化为底蕴，集餐饮、娱乐、客房于一体。宴会厅可同时接纳600人就餐，有豪华餐饮包厢12个、客房58间、行政套间6套，可接纳住客110人，并设有豪华服务车、车（机）票预订、订餐、洗浴、钟点叫醒等服务。有大小会议室3个，大会议室可容纳200人与会；小会议室每个可容纳50人与会；可承揽大中型会务、商务、新闻发布会等业务。娱乐部设KTV包厢、棋牌中心、足浴城、桑拿中心及垂钓中心。

中信大酒店　三星级旅游酒店，2002年10月建成开业。员工150人。2005年、2006年连续两年被岳阳市旅游局评为最佳星级酒店。该酒店位于建设西路商业中心地段。住宿、餐饮、娱乐休闲区装饰典雅。分主楼、东辅楼、西辅楼。主楼高16层。一楼大堂设大堂吧台、精品屋、商务中心、寄存中心、出租车服务和手机超市；二楼右裙楼为中式宴会厅和豪华厢房，主营湘菜，兼营生猛海鲜；二楼左裙楼设西餐厅，配有西式大餐、自助餐，格调高雅；十一楼至十四楼是商务办公楼；十五楼设会议中心，有大、中、小会议室3个；十六楼是豪华休闲语茶中心。东辅楼一楼至三楼设有商业门面、KTV和舞厅、桑拿城、美容美发足浴城；四楼至五楼设VIP客房、休闲茶楼、网球健身中心。

慧友大酒店　2003年7月，建成开业。由台湾慧友电子股份有限公司总经理曹慧明投资兴办，总投资71万美元，经营场地6000余平方米，是集客房、餐饮、娱乐、休闲于一体的三星级豪华商务酒店。该酒店位处建设中路繁华地段，员工近100人，年均营业收入近1000万元，创税50多万元。酒店主楼分上下六层，分别设有中西餐厅、茶艺厅、足浴休闲中心、客房部和KTV名人会所，均由专业技师助理。

华侨旅行社有限责任公司　2000年8月成立后，共组团接待游客5万多人次，其中组织市政府考察活动、重阳节“金色老人逛京城”活动、夏令营“相约清华北大、聚焦科技文化”等活动，颇具特色。2001～2004年，公司连续4年被评为“消费者信得过单位”；2005～2008年，连续4年获“岳阳市最佳旅行社”称号。

龙舟旅行社有限责任公司　2007年6月成立，落址迎宾路一号，主要承接国内旅游观光、考察学习、会议接待、票务代理等业务。公司拥有国内旅游资源精品和常规旅游线路以及特色专列旅游产品、节假日特别休闲旅游套餐等服务项目。

第四节　屈子祠与龙舟名城

一、屈子祠

屈子祠位于汨罗江尾闾玉笥山，东南距汨罗市城区10公里。战国时期，楚国左徒屈原遭谗被逐，曾在汨罗江畔的南阳里、玉笥山一带居住，公元前278年夏历五月五日投汨罗江以身殉节。屈原投江后，楚人先后在其故居南阳里、玉笥山立祠祀之。唐天宝七年（748），玄宗下敕重建，名汨罗庙。后更名昭灵侯庙、忠洁侯庙、清烈公庙。明嘉靖年间迁至玉笥山，其后多次修葺。现存屈子祠建于清乾隆十九年（1754）。

自汉代长沙太傅贾谊凭吊屈原和司马迁在《史记》中撰写《屈原列传》后，屈原受到历朝皇帝的追封，屈子祠成为历代名人向往、凭吊的圣地。1953年，屈原被世界和平理事会评选为“世界四大文化名人”，声名远播。是年，省政府、湘阴县政府拨款修葺屈子祠。1956年，列为省级文物保护单位。1980年，省政府再度拨款修葺屈子祠，并对外开放。此后相继修复祠周围名胜古迹。1988年，经国务院审定，列为“岳阳楼洞庭湖风景名胜区”一级景点;2001年,屈子祠及屈原墓“十二疑冢”被国务院列为全国重点文物保护单位。

屈子祠占地1530平方米,花岗岩柱基,砖木结构。厅、檐有56根木柱支撑,青砖铺地,水青瓦屋面,琉璃花板屋脊,回纹栏杆,雕花隔门,厅、堂、池、廊浑然一体,结构严谨,工艺精细。祠前花岗岩石宽阔平坦,往南有199级石阶梯通向汨罗江边,往西侧与公路紧邻。祠周围建有屈原碑林、桃花洞、屈原墓、屈原大庙等景点,常年树木葱茏,鸟语花香。

“十二疑冢”位于距玉笥山10公里的汨罗山。“故楚三闾大夫之墓”墓碑为清同治、光绪年间先后刊立。其他相关景点有独醒亭、骚坛、濯缨桥、招屈亭、桃花洞等,相关遗址还有屈原故宅、饮马塘、寿星台、藏骚阁、望爷墩、绣花墩、剪刀池、女媭祠、河泊潭、晒尸墩、凤凰山屈原庙等。

至2008年,域内开发的景点有屈子祠、屈原碑林、桃花洞、屈原墓、屈原大庙、汨罗江国际龙舟竞渡中心等。至2008年,屈子祠每年均接待中外游人10万～30万人次。

二、龙舟名城

汨罗市是端午节的发源地。汨罗江流域端午节习俗繁多,除赛龙舟、吃粽子外,还有悬挂菖蒲、艾草,饮雄黄酒,浴兰草水,佩饰香包等。改革开放后,境内端午节味渐浓,龙舟竞渡活动强势回归。

1980年端午节,湖南省外事办、岳阳行署、汨罗县人民政府联合在汨罗江归义河段举办龙舟赛,参赛龙舟10艘,观众10万余人。国内外知名人士、港澳台胞200余人观光。省电视台拍摄《五月龙舟》新闻片。1981年端午龙舟赛,参赛龙舟16艘,省滑水队、划艇队进行表演,中日合拍《长江》电视片制作组拍摄竞赛实况。1984年端午节,县政府、楚塘乡政府在汨罗江名山河段举行较大规模的龙舟竞赛活动,副省长陈邦柱陪同160多名日本客人及一批国内知名人士观光,观众10万人。1987年,汨罗首次组队参加岳阳市首届“屈原杯”龙舟赛,获男子1000米直道竞速第二名。1988年始,岳阳市举行的国际、国内重大龙舟竞渡活动,均到屈子祠朝庙。1994年后,市郊归义成为汨罗龙舟竞渡中心。2003年,归义至新市大桥的汨罗江沿江大道工程全面竣工,结束龙舟竞渡交通落后的历史。

2005年,“汨罗江畔端午节”被国务院定为国家级非物质文化遗产,汨罗市举办中国岳阳汨罗江国际龙舟赛。市委、市政府筹资1800多万元,在归义建成汨罗江国际龙舟竞渡中心。市旅游局推出“龙船文化寻根游”活动,并印制汨罗旅游画册5000份、龙舟节流程简介2000份。是年6月11日,数十万民众汇集在汨罗江两岸,举行端午“祭屈大典”。在阵阵古乐声中,一艘来自湖北秭归屈原出生地的古朴木船,带着沿途各地民众祭奠屈原的粽子和诗文出现在龙舟竞渡中心,台湾著名诗人余光中诵读并焚烧为端午“祭屈”所作的新诗《汨罗江神》,数百名中学生身着宫装,手持艾叶花篮将各地民众捎送的粽子投入江中。来自新加坡、澳大利亚、菲律宾及国内各省、市20支龙舟队在汨罗江中擂鼓竞渡。至2008年,汨罗市连续成功举办四届汨罗江龙舟节,历届都有来自国内外的20多支龙舟队参加竞赛,同时参与龙舟赛报道的海内外新闻媒体有100多家,新闻记者300多人。湖南卫视、中央电视台先后对2006年、2008年两届国际龙舟节开幕式进行现场直播。

2006年6月,全国首个龙舟月活动在汨罗启动,汨罗市举办第二届中国粽子文化节,来自全国各地100多家粽子生产企业的代表云集罗城,缅怀屈子英灵,共商振兴粽子产业大计。2008年举办“我们的节日·端午节”主题文化活动和北京奥运火炬汨罗传递活动。作为端午节被定为法定假日的第一年,中宣部、中央文明办、国家体育总局、中国文联在汨罗联合举办"我们的节日·端午节"主题活动启动暨第三届中国汨罗江国际龙舟邀请赛、端午祭屈活动、"走进端午源头"汨罗江畔民俗表演、中华经典诵读会、端午文化论坛五大主题活动。汨罗市被国家体育总局、中国龙舟协会授予"中国龙舟名城"称号。

附 汨罗龙舟起源与制作

起源 相传公元前278年的端午日屈原投汨罗江殉国那天,两岸数百条渔船在汨罗江争相打捞尸首,直到十五方捞上岸。此后,每年人们用龙舟竞渡的形式为屈原招魂,形成龙舟文化内涵的竞渡运动,流传至今已近2300年。

习俗 汨罗龙舟竞渡形成的独特习俗,主要有偷神木、雕龙头、关头、亮舟、下水、赞龙舟、回赞、朝庙、竞渡。

相关物品(作品) 有龙舟、大鼓、大锣、号旗、令旗、祭器、乐器、贡果、祭品、红绸、斗桶、墨斗、斧头、粽叶、五彩丝、栀子花、艾叶、菖蒲、雄黄、祭文、唱词等。

技术标准

船体主要参数及质量要求一览表

表15-1-72

参数名称		总长(cm)	舟长(cm)	舟宽(cm)	型深(cm)	总重(kg)	排水量(t)	对称度	挠度	残留变形值
Ⅱ型龙舟	数量	1860	1560	110	45	≥	–	–	–	–
	允许偏差	–	–	–	–	5	–	≤	≤	≤
Ⅲ型龙舟	数量	12.60	12.60	100	42	≥	–	–	–	–
	允许偏差	–	–	–	–	3	–	≤	≤	≤

龙舟的主要性能要求表

表15-1-73

无缺口冲击强度	吸水率(24h)	舟体浮力(舱内注满水)
Kj/m²	%	N
>250	≤0.15	≥1960

表15-1-74

名称	挠度	残留变形值
舵桨	≤55	≤2
划桨	≤40	≤1

安全标准 龙舟灌满水(与水面持平)能浮在水上不沉;所有登舟人员(规定限制登舟的人数),坐在龙舟上,将龙舟各舱灌满水后,龙舟下沉位置确保水面不超过运动员颈部。龙舟安全排水量经验计算公式:安全排水量=1/2舟长×1/2(舟宽+舟尾宽度)×1/2(型深+舟尾高度)×lt/m³;1/8L×(舟宽+舟尾宽度)×(型深+舟尾高度)×lt/m³;要求安全排水量>登舟队员总重量。

材料要求 汨罗龙舟制造的主要原材料为杉木、樟木、杂木、绿叶树脂、固化剂、船钉、油漆等。

主要原材料质量必须符合下列质量要求:略(具体参见屈子龙舟制造中心企业标准:Q/JRJE001—2010)。

第五节　汨罗红色旅游

一、组织“红色大合唱”

任弼时纪念馆是全国100个红色旅游经典景区之一。1978～1996年，任弼时故居接待国内外游客156万人次，其中中外名人近90批、360多人次。

1997年年初，任弼时纪念馆被市委、市政府定为党员培训基地、中小学校爱国主义教育基地。4月，任弼时故居开辟录像室，播放《任弼时》《永恒的怀念》等大型音乐艺术专题片。10月31日，汨罗市委六届一次全会在该处召开。是年12月17日，原湖南革命大学部分校友、亲属、工作人员一行21人从长沙到弼时故居瞻仰，并赠送题诗。2004年，任弼时纪念馆以“领袖故里、革命摇篮”为主题，以全国“红色旅游”为背景。精心策划“红色旅游”。2005年3月4日，由广东省八大新闻媒体、中共岳阳市委、任弼时纪念馆联合组织的“激情跨越湖南——红色旅游启动仪式”在任弼时故里正式拉开帷幕。是年5月，开展推介任弼时纪念馆红色景区为主题的潇湘百景签名售书活动；6月，组织潇湘假日活动；9月，开展以任弼时故里为主题的长沙红色旅游交易会活动；10月，开展“岳阳乡里人家”、“农家乐”联谊活动。

2006～2008年，推出“红色小品”。组织青少年参加“打一双草鞋、纺一段棉纱、看一场红色录像”“三个一”革命传统体验活动；利用党团活动日、传统节日、重大历史事件纪念日等特殊日子，推出“提供一个宣誓场地、免费听一场讲解、免费看一场电影、上一堂党课、推荐看一本《任弼时青少年作品赏析》”的“五个一”思想道德教育实践活动；与长沙市、岳阳市、汨罗市43所大、中、小学共同创办馆校共建活动。

二、构建“红色大本营”

2005年，在任弼时故居、任弼时纪念馆的基础上，编制并通过《汨罗市任弼时故居景点建设可行性研究报告》。该项目由景区基础设施建设、景区旅游公路、文物维修及陈列三部分、13个子项目构成；项目总投资3485万元。是年8月，国家正式批复，同意建设。2007年8月17日，成立工程建设指挥部。2008年，启动《任弼时生平业绩陈列》改(版)陈(列)、“任弼时故居复原陈列”“任弼时纪念馆馆藏纪念任弼时诞辰90周年、100周年部分书画作品展”“国防教育兵器展”、任弼时母校同德小学遗址修缮陈列、桃花洞戏台遗址修缮陈列、任弼时父亲墓地及故居后山任氏家族古墓修缮等工作。另修建8.1公里长的景区旅游公路、5公里长的景区步行小道，进行环境整治、供电供水系统改造、污水垃圾处理，完善旅游卫生设施建设。

第二章　招商引资

1978年后，汨罗市(县)以“开放兴市(县)、招商富民”为主导，做到“内商外商一齐招，内资外资一齐引”。至1996年，累计完成内引外联项目88个，投资总规模18781万元。其中合同引资16741万元，到位资金5446万元。1997年始，市委、市政府出台各项优惠政策，加快水、电、路、城等基础建设，进一步扩大招商引资成果。2003年，开展“招商引资年”活动，倡导“大力招商引进，推动‘五化’（即农村机械化、农村工业化、农业产业化、市民知识化、服务社会化）进程，实现市域经济的跨越式发展”。2005～2008年，连续四年成功举办汨罗江国际龙舟节。全市形成“大招商、大发展”的工作态势。通过招商引进，加快工业园区建设和“循环经济试点”进程，市域综合经济实力进一步增强。

第一节　机　构

1983年，汨罗县人民政府设对外经济流通办公室（临时机构）。1985年，正式成立汨罗县对外经济协作办公室（简称经协办）。1988年，经协办升格为正科级单位。1989年，成立市外经委。1993年，市外经委并入市外经财贸办，内设招商办公室。1996年6月，招商办析置，更名为招商局。1998年3月定为正科级行政单位。2002年，市招商局与市旅游局合并为市招商旅游局。2006年，恢复市招商局。2008年，市招商局内设办公室、项目办、外联办等机构。

第二节　招商网络

1987～1995年，汨罗市人民政府先后在北京、长沙、齐齐哈尔市设办事处，逐步建立对外招商网络。各乡镇及部门单位采取“走出去、请进来”等方式，加强联络联谊工作。1994年，招商部门从招商项目资料中收集整理有开发价值的项目22个，编制项目可行性分析报告15份。先后向北京市招商局项目信息交流部、省招商局报送项目9个，向岳阳市外经委信息联网报送项目18个。是年，招商办联络、接待客商25批次、92人。1995年，接待客商28批次，其中外商、外商代理人11批、33人次。是年4月，川山坪镇在广州市东山宾馆召开招商引资联谊会，沿海地区的川山籍科处级以上干部56人应邀参加，引进项目4个、资金60多万元。至1996年，全市接待客商43批次、80余人，洽谈意向项目10个。

1996年7～8月，市委、市政府主要领导牵头组织联络，在广州、深圳、株洲等市汨罗籍乡友中开展赈灾募捐活动，以市政府名义向汨罗籍在外工作人员发出募捐信，募集救灾款100多万元。

1998年1月，市招商局分别派人到北京、广州、深圳、长沙等大、中城市开展联谊活动，1000余名汨罗籍在外人士、关心支持汨罗建设的中央部、办、委、局负责人及外地一些公司的老总应邀出席。联谊会期间成立汨罗同乡经济促进会，选举各地同乡会的负责人。活动结束后，市招商局编印《汨罗籍在外人士名录》1200多册，供各部门单位、乡镇场开展对外联络交流。

1999年12月8日，市委、市政府举行1999汨罗经贸洽谈会暨汨新公路拓改工程通车庆典活动，副省长贺同兴致贺词，与会的中央、省、岳阳市各级领导521人，随行人员612人和市民共10万人参加活动。2000年始，市委、市政府主要负责人组团到外地招商引资，建立新的招商网络。2006年3月，市长白维国率团前往浙江宁波、温州、上海、深圳等沿海城市上门招商，达成合作意向项目12个，总投资规模3.85亿元。

2004～2008年，市级领导利用春节、端午节、国庆节等节日，慰问知名乡友100多人，接待回乡探亲乡友1500多人次,寄送慰问信1.2万多封,发送新年贺信(短信)3万多条,外联网络由10多个省、市扩大到全国各地。2005～2008年,汨罗市连续举办四届端午龙舟节,应邀回乡参加观摩活动的乡友达1200多人;境内到外地参加各类招商节会122次,洽谈客商3529人次,洽谈项目743个,并分别与浙江、上海、深圳、武汉、广州等20多个城市和地区的商务中介机构建立合作关系,聘请特约招商员50人。

2007年3月,汨罗市网上招商局网站正式开通,并投入使用。网站设立网上局长室、网上办公室、网上招商分局局长室等机构。具有网上办公、政策咨询、信息发布、随身邮复、QQ工作群、商家客户QQ群等功能。至年底,制作完成"走进汨罗"、"招商项目"、"招商动态"、"招商论坛"等11个主页和300多个子页,网上发布项目262个,洽谈项目21个。至2008年,网上招商新增视频对接、网上论坛、网上洽谈等功能。

第三节　招商举措

1983年始,对外经济流通办负责对外经济交流,引进外地的先进技术和管理经验。1986年,组织乡镇"一把手"到江浙一带参观学习。1987年,组织各部门、厂矿负责干部到温州参观乡镇企业。1988年,制定《汨罗市1988～2000年经济、科技和社会发展规划》,提出依托两市、三路,拓宽南北流通,突出工业建设、发展"双向经济"的战略举措。

1997年,市委、市政府加快水、电、路、城建设步伐,优化投资环境,推动对外招商引进工作。6月初,成立市优化投资环境领导小组和办公室(简称优化办),并出台《汨罗市关于招商引资开放搞活的若干规定》。1999年3月,市委作出《加快发展民营经济的决定》。市招商局利用岳阳骏业公司奠基庆典、湖南三九汨罗实业发展公司开业仪式、湘华屈原酒上市新闻发布会、湖南谊信公司的挂牌庆典等活动,邀请128位中央、省、市领导人及人民日报社、新华社、南方周末报社、湖南电视台等新闻单位的记者、商界人士共700余人参加,为民营经济的发展创造良好氛围。

1999年,受全球金融危机的影响,境内招商引资工作出现小幅滑坡。3月,市政府成立招商引进领导小组,由市级领导和25个相关部门单位负责人组成。通过专题会议和现场办公,为骏业水泥有限公司、水泵厂、澳大利亚纯种牛羊养殖项目排忧解难,使客商顺利投入生产和经营。5月,市政府招商项目联合审批办公室正式挂牌办公。召集34个部门单位的主管负责人,对汨罗江大酒店项目集中审批,减免有关规费,简化审批程序,为商家加快工期40天。

2000年,对百货一商场、旧城改造等6个项目实行联合办公审批制度,共召开大型办公会议4次,减免各项规费幅度达60%～90%;对各大投资项目分别成立工程项目指挥部,由市级领导挂帅,协调、拍板处理项目实施中的各种问题。是年,市政府召开招商引进工作市长办公会议12次,下发会议纪要文件8份,解决招商工作中遇到的重大困难和问题15个;市招商局、市优化办选择20家内、外资企业和个体工商户进行民主测评,对排名在前、后3名的单位分别予以表彰和批评,对连续3次受到批评的单位,其主要负责人就地免职;市纪委、市监察局对破坏经济环境的部门单位、个人进行严厉查处,有3个单位被通报批评,4名干部职工被立案侦查,受到党纪政纪处分;公安司法部门对娱乐、建筑、运输市场中扰乱滋事、强买强卖、敲诈勒索的不法行为给予重点打击,执行市政府下发的交办令2份,督办令1份;处理有关环境案件15起,拘捕不法分子2人。

2001年3月，市委、市政府下发《汨罗市委关于切实转变干部作风的若干规定》，规范机关服务行为，优化招商环境。6月，市政府根据国家对再生资源收购单位税收政策的重大调整，作出对一般纳税人加工企业，基数以上税收实行"征四奖六"的优惠政策，奖励资金用于扩大再生产，鼓励再生资源加工企业的发展。是年，市优化办受理环境投诉案件83起，调处招商环境问题20个。

2002年是市政府"经济发展环境治理年"，也是市政协"招商引资年"。2003年，被市委、市政府定为"招商引资年"。年初召开全市经济工作大会，"大力招商引进，推动'五化'进程"成为大会主题。是年3月，市政府发布《关于进一步鼓励兴办工业企业项目的若干规定》。市委、市政府把招商引资当作"一把手"工程和"第一菜单"来落实，提出要把汨罗打造成为全省乃至全国投资环境最好的县市之一。市级主要领导每年参加招商洽谈、接待活动均达30次以上。2006年，市委书记樊进军为争取"中冶炼钢"项目、"三一重工"项目，多次到北京、长沙与中冶集团、三一重工高层负责人洽谈，促成"三一重工新材料项目"入园和"中冶项目"签约。市委副书记李明主赴河南省巩义招商，引进"湘北铜材"等项目。

2006年1月11日，市委、市政府召开大办工业、招商引资工作总结动员大会，对76个招商引资先进单位、14名先进个人予以表彰奖励，发放奖金200万元。并发布《湖南汨罗工业园招商引资优惠政策》，就土地出让、规费减免、水电保障、财政支持、服务承诺等作出规定，全文刊载于《汨罗招商指南》。

2007～2008年，创新招商方式，拓宽招商领域：瞄准"三好"（即质量好、效益好、潜力好）目标，实现科学招商；坚持"三创"（即创新招商方式、创浓节会招商氛围、创优招商环境）措施，开辟多途招商；树立"三让"招商理念（即让老板发财、让老百姓得实惠，让乡友满意），实现合作共赢。对投资者、民营企业主实行"绿色通行卡"制度，通过"只纠章，不罚款"的管理方式，为项目物流运输开通绿色通道，为奥力克铜材、湘北铜材等28个项目办理相关手续、解决具体问题21个。

第四节　招商成果

1978～1996年，汨罗市（县）外引内联项目88个，投资总规模1.8781亿元，合同引资1.6741亿元，实际到位资金5446万元。其中外资项目13个，合同利用外资691.7万美元；内资项目75个，合同利用域外资金1.0999亿元。1984年，县铝材厂从台湾引进具有世界先进水平的铝型材生产线，形成年产5000吨优质铝型材能力。

1993年1月，市粮食局与中国希望集团合资兴办中国希望集团汨罗希望饲料有限公司，为境内首家公私合营企业。公司于屈原南路征地1.92公顷，扩建厂房、增添设备，从业员工120人。至年底，其设计规模年产达10万吨，总投资1400万元，其中希望集团控股68.5%。是年，公司生产希望饲料系列产品1.4万吨，创产值1800万元，利税150万元。

1996年后，以优化农业产业结构、促进工商企业改制、加快旧城改造和城市提质扩容为重点，扩大招商成果。至2001年，全市引进域外项目379个，总投资规模24.0047亿元，合同引资17.5327亿元，到位资金6.0471亿元，到位资金年均递增率达36%。

1997～2000年，汨罗市连续四年被岳阳市政府评为外资引进工作先进单位和经济技术协作工作先进单位。1999年，汨罗市作为岳阳市县（市）区场的唯一代表和湖南省10个经协工作有突出成绩的县（市）之一，出席省经协工作会议，受到表彰和奖励。2000年，引进的主要项目有投资3000万元的新市团山再生资源市场建设项目,投资3000万元的汨罗大市场建设项目,投资600万元的一百货公司改造项目,投资500万元的新世纪游乐场项目。

2002年,引进域外项目146个,合同引资2亿元,实际到位资金3.1922亿元,引进企业实现税费1980万元,占全市财政收入的8%,安排就业人员4200人。2003年,引进湖南加华生物科技发展有限公司,首期工程如期竣工,二期工程启动投资5000万元。另有16个工程项目先后入驻汨罗工业园,总投资10.58亿元。各部门单位引进万达商业广场、森隆环保设备有限公司、天恒量贩超市、国家粮食储备库、百利宝商城等项目,总投资达11.175亿元。2003～2007年,汨罗市共引进项目699个,合同引进内资138.3亿元,到位资金61.38亿元,合同引进外资7800万美元,到位资金4628万美元。2008年,引进项目94个,总投资规模54.82亿元,到位资金19亿元。主要项目有鑫茂铜业、海鑫塑业、再生资源二期市场工程等;引进外资1100万美元,其中天立橡塑项目为首家落户工业园区的外资企业,总投资规模440万美元。

第十六篇　交通·通信·电力

第一章　交　通

改革开放后，汨罗县交通快速发展，由“道塞山河旧”变为“路通天地新”，形成公路(含京珠高速)、铁路(含武广高铁)、水路四通八达的崭新格局。至2008年，汨罗市内国道、省道、县道、乡道四道1814条，计3397.9031公里(京广、武广铁路2条，合268公里除外)，比1978年的235.03公里增长13.46倍；按全境1562平方公里面积计算，每平方公里公路为2.175公里；村组公路从零起步，处处贯通，长2357.37公里；道路运输经营业户1561户，从业者3538人；营运客车290台，营运线路90条，客运量282万人次，旅客周转量16303万人公里；公路运输货物周转量16480.4万吨公里。

第一节　交通建设

一、公路建设

总体布局：以国道、省道、县道为骨架，形成“三纵三横”格局，村道、县道、省道、国道四级联网，城乡村组处处贯通。

1978年，汨罗县内国道、省道、县道、乡道共235.03公里，比1966年增加82公里。1980～1985年，均为482.9公里；1990年，为504.9公里；1995年，为500.7公里；2000年，为500.7公里；2002年，为533.86公里；2007年，为1040.5331公里。

至2008年，汨罗市内有国道2条(京珠高速公路、107国道)，省道3条(308线、307线、201线)，县道19条，乡道127条，村组道1663条，合计1814条，里程3397.9031公里。按全境1562平方公里面积计算，每平方公里面积有公路2.175公里。

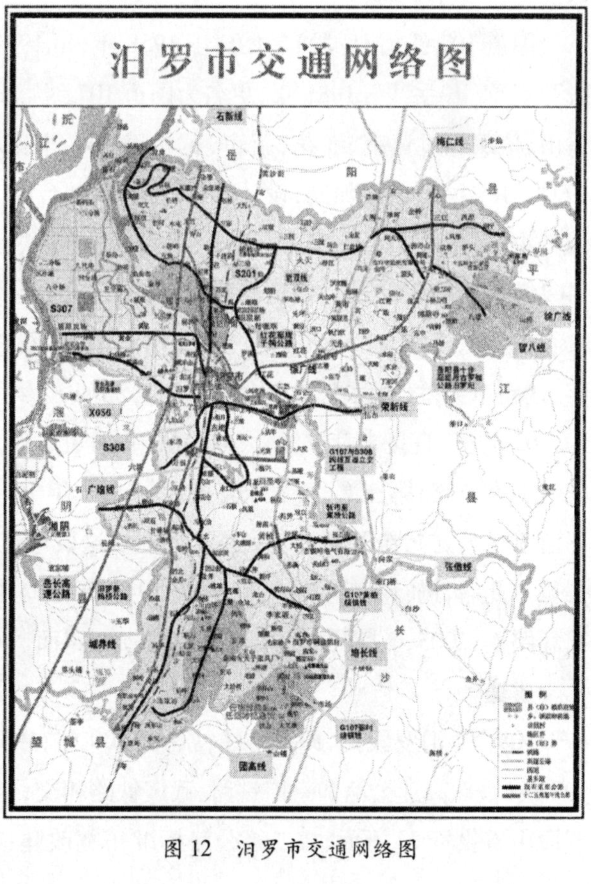

图12　汨罗市交通网络图

汨罗市2008年各级公路情况表

表16－1－75　　　　单位:公里、米

公路级别	条数	合计里程	路面宽度	路面等级				
				一级	二级	三级	四级	五级
国道	2	90.8951	12～28	22.991	67.904	－	－	－
省道	3	53.303	12～26～60	7	45.302	－	－	－
县道	19	334.598	6.5～9.5～11.5	－	56.08	278.518	－	－
乡道	127	562.737	3.5～4.5	－	5.86	553.877	－	－
村组道	1663	2357.37	3.5～4.5	－	－	－	775.598	1559.772
合计	1814	3397.9031	－	29.991	113.206	61.94	1607.993	1559.772

说明:1、国道、省道、县道分线统计附表如后。2、乡道、村道路只统计条数、里程总数。3、乡村道于2007年8月2日由公路所核实。

国道

京珠高速公路(汨罗段)。1998年10月,成立汨罗市临长高速公路建设领导小组和汨罗市临长高速公路指挥部,启动征地拆迁工作。2000年5月,进行施工;2002年11月,竣工通车。京珠高速公路汨罗段总投资6亿元,自北向南穿过6个乡镇、21个村、118个组,主干线长22.991公里,主干线和连接线共28.041公里,境内沿线桥、涵、管、道共258处。此外,大荆镇与国道107线衔接处设互通立交桥,在长乐镇江背村设停车场。

国道107线(汨罗段)。始建于1958年,至1991年10月全部改造修建竣工,历时33年。始称"临长线",又称"长岳线",1981年,更名为国道107线。北起汨罗市大荆镇界碑山(接岳阳县),南至长沙县剑头山,依次经过黄市、红花、新市、黄柏、沙溪、李家塅、弼时8个乡镇,段内长62.854公里;初为油路,1993～1994年,改水泥路;设计日车流量6000台次。线内有:中小桥梁21座,涵洞320个,天桥12座,纵坡134个,弯道116处,路桥64个;指路标志35块,示警标志55块,限载标志27块,地名牌9块,示警桩1462根,里程碑61块。该道修建以来,曾三次变更境内走向:第一次,从汨罗江窑洲过渡,经天井、长乐、古仑、智峰、三江与岳阳步仙桥接界,单车道、砂石路,境内长90.26公里;第二次,拓宽取直改造。1971年,建新市大桥(现称老新市大桥),废窑洲河人力汽车墩船渡,绕过天井、长乐、古仑、智峰、三江大弯道40.262公里,直接走京古塘、大荆去岳阳,缩短里程23.06公里。同时,将境内全钱67.2公里砂石路改为三级沥青公路;第三次,拓宽取直提级。1991年10月,建国道107线新市公路新大桥(新市老公路大桥下游500米处),绕开新市老大桥至铁门坎这段弯道,缩短里程4.34公里。三次修建拓改,缩短里程27.4公里。此后,进行大修:2003年,投资1942万元,对损伤严重路段进行修复;2004年,投资580万元,补修损坏路面;2005年,投资930万元,续修损坏路面。

省道

308线(汨罗段)。即平益线,原称1809线,1958年3月,开始修建;东起平江,西至益阳,中与国道107线、京珠高速公路和京广铁路、武广铁路相交;途经汨罗市5个乡镇,段内长22.37公里。1985年,汨罗段由省投资72万元,按二级公路标准拓宽改建:在汨罗县城南段修建长3.1公里、宽24米的过境公路，在京广复线相交处兴建一座宽18米、净跨16米的立交桥，避开闹市，确保交通安全。1985~1987年，裁弯改直弃旧道，降坡劈山建新路。共建新路5处，长3.8公里，填土石方24.1万立方米；路基加宽至15米，路面拓宽7~9米；最大纵坡降至5%，最小平曲线半径为110米。1996年3月，汨罗市委、市政府决定将汨罗城区至新市镇7公里路段拓宽改直，总投资7939万元；路基宽60米，净面宽40米，路面层厚度30厘米；中间以3米宽花带隔离，双向6车道，两边各配置非动机车道、绿化带、人行道、标准路灯；沿途建有5米以上桥梁4座、涵洞33处、转盘4个；双塘广场设喷泉、雕塑。2001~2002年，对城东双塘广场至城西燎家山广场3公里路段和燎家山至湘阴县交界处的12.51公里路段继续拓改，共投资1210万元。2003年，投资20万元，将燎家山到湘阴交界处地段全部油面铺装。

307线（汨罗段）。又称汨~营线。南起汨罗城西燎家山金三角，西北至屈原管理区蚕场，境内长4.42公里。属新、改结合工程，定为二级标准水泥路。其中，汨罗公路局负责修建1公里，屈原行政区负责修建3.42公里。2002年，全线拓改完工。

201线（汨罗段）。属汨罗"十一五"规划重点工程，系连接长沙、汨罗、岳阳三个市、县的旅游线路。该线南起长沙市望城县杨桥镇，沿京广线北上，经市境高坊、川山、白水、古培、汨罗镇，过汨罗江大桥，连通汨罗江北8个乡镇，与岳阳县相接，境内长75公里。省交通局立项。2008年9月29日举行开工典礼，正式施工。

汨罗市2008年境内国道省道线路情况表

表16-1-76　　单位：公里、米、辆/日

公路地址	线路名称	起讫地点	起止桩号	里程	路基宽度	技术等级	车道	路面铺筑	管养单位
汨罗境内	京珠高速	大荆镇—天井乡	–	22.991	28	一级	4	水泥 沥青	岳阳市公路局
	–	连接线三条①	–	5.05	–	–	–	–	–
合计	–	–	–	28.041	–	–	–	–	–
汨罗市纵向腹中	国道107线	大荆镇—弼时镇	–	62.854	12	二级	2	水泥	107国道新市管理所
汨罗市横向腹中	省道308线	平江武新桥—湘阴界牌楼峰	–	22.37	60	一级	6	沥青砼	汨罗市公路局
汨罗市城西纵北线	省道307线	屈原农场—汨罗市城	–	17.933	26	二级	2	沥青砼	汨罗市公路局
汨罗市城西北沿铁路	省道201线	岳阳黄秀乡渔场过坪桥河—范家园汨罗江大桥北连接线	–	12	12	二级	2	沥青砼	汨罗市公路局
合计	–	–	–	143.198	–	–	–	–	–

注①：连接线：a、新市镇1.47公里；b、李家墩镇2.82公里；c、大荆互通道0.76公里。

县道

1956年，建白水至农校公路。20世纪60年代，修建县道7条，计124.1公里。20世纪70年代，修建

县道3条,计25.5公里。20世纪80年代,修建县道5条,计125.3公里。20世纪90年代,新建八景乡公路,新市至屈子祠公路铺油。至2000年,汨罗市内共有县道18条,计324.969公里,路面宽度5～6.5米,路面技术等级为三级、四级、等外3个级。其中油路49.565公里,油、砂路53.28公里,沥青、砂石路43.042公里,沥青路4.9759公里,砂石路126.764公里,泥沙路47.337公里。

2003年6月,湖南省人民政府《关于加强县际及县到乡镇公路建设有关问题的通知》规定:路基,由当地乡镇自主投工投劳建设;路面,由中央、省、市、县四级财政给予补助。即每修建一公里路,由国家补助30万元,省政府补助7万元,岳阳市政府补助2万元,汨罗市政府补助1万元,合计每公里补助40万元。同时,税务、国土、林业、水利、文化五个部门免收一切税费,确保县通乡公路在五年内全部硬化达标。

2003年8月,汨罗市通乡公路路基拓改硬化、路面拓改升级工作相继展开。至2008年,共有19条、334.598公里通乡公路按时、按标准完成任务。其中,水泥混凝土路面94.691公里,沥青路面169.904公里,砂石路面6.32公里,泥结构路面36.683公里。

汨罗市2008年县道线路情况表

表16－1－77　　单位:公里、米、辆/日

公路地址	线路名称	起讫地点	起止桩号	里程	路基宽度	路面等级	路面结构	年平均日交通量
古培、白水	杨闵线	杨梅铺——闵家巷	0+000－4+428	4.82	11	四级	砂石	未定
白水、原种场	培长线	培基桥——苗　圃	0+000－27+820	27.82	11.5	三级	沥青	1356.1
沙溪、黄柏	张傲线	张公庙——傲家屋	0+000－12+260	12.26	10.3	四级	沥青	554.8
玉池	团玉线	团　山——玉　池	0+000－10+250	10.25	9.8	四级	水泥砼	328.9
川山	袁芭线	石板吴——芭基桥	8+408－18+047	9.64	9.5	四级	水泥砼	545.4
智峰、长乐、红花	大渡线	岐石界——长　乐	17+289－34+000	16.711	10	四级	沥青	698.2
三江、智峰	大渡线	长　乐——渡　口	34+000－57+550	23.55	10.8	四级	沥青	698.2
黄市	新白线	红　花——白沙坳	15+000－23+804	8.804	10.3	三级	沥青	477.2
黄市	新白线	新塘铺——红　花	0+000－15+000	15	10.3	三级	沥青	477.2
桃林、火天、	新石线	新　塘——桃　林	0+000－13+000	13	9.8	四级	沥青	477.2
新塘	新石线	桃　林——石　堰	13+000－25+763	12.763	10.8	四级	沥青	477.2
白塘	桃白线	桃　林——白　塘	0+000－13+020	13.02	10.2	四级	沥青	730.6
公路局管养合计	－	－	－	167.638	－	－	－	－
三　　江	梅仁线	甘塘坳——花桥村	37+650－45+038	7.38	－	四级	泥　结	1403.2
大　　荆	梅仁线	花桥村——江大桥	45+038－53+028	8	－	四级	水泥砼	1403.2
楚塘、白塘	荣新线	青境——楚塘三岔口	23+337－27+940	4.603	－	四级	泥　结	1307.6
楚塘、白塘	荣新线	楚塘三岔口——白塘	27+940－28+740	0.8	－	三级	水泥砼	1307.6
楚塘、白塘	荣新线	白塘——楚塘三岔口	28+740－61+736	32.996	－	四级	沥　青	1307.6
范　家　园	岩双线	岩家坡——双　墩	0+000－8+550	8.55	－	四级	泥　结	574
城关、古培、白水、川山、高家坊	城界线	城　关——职　中	0+000－12+500	12.5	－	三级	水泥砼	1507.4

续表16-1-77　　　单位:公里、米、辆/日

公路地址	线路名称	起讫地点	起止桩号	里程	路基宽度	路面等级	路面结构	年平均日交通量
高家坊	城界线	职中——职中	12+500-15+000	2.5	-	三级	水泥砼	1507.4
高家坊	城界线	职中——界碑山	15+000-43+728	28.728	-	四级	水泥砼	1507.4
玉池	团高线	供销社——关山	10+250-21+802	11.552	-	四级	泥结	434
大荆	徐广线	徐家屋——天岭	0+000-4+600	4.6	-	四级	泥结	582
古仑	徐广线	天岭——广联	4+600-7+992	3.392	-	四级	水泥砼	582
智峰	智八线	智峰——中学	0+000-8+800	8.8	-	四级	水泥砼	513
八景	智八线	中学——八景水库	8+800-10+300	1.5	-	四级	粒料加固土	513
新塘	转磊线	转盘——磊石	0+000-5+105	5.105	-	四级	水泥砼	969.4
汨罗镇	汨营线	城关——K8+97	0+000-4+976	4.976	-	三级	水泥	2270.4
磊石、楚塘	磊楚线	磊石——楚塘三岔口	0+000-20-980	20.98	-	四级	沥青	未定
公路所管养合计	-	-	-	166.96	-	-	-	-
全市县道总合计	-	-	-	334.6	-	-	-	-

乡道

20世纪60年代后,农村依靠集体力量,陆续修通乡与乡之间的简易公路,一般宽4~5米,或5~7米。1993年,全市通机动车辆的乡(村)道共380条,长668公里(首部《汨罗市志》,乡道、村道合为一目,数据未分开)。至2000年,列入养护的主要乡道15条,长87.6公里,路面宽4~6米,均为砂石路面。至2005年,列入养护的乡道127条、计562.737公里,其中四级路322.414公里,等外路240.323公里。社会主义新农村建设开始后,乡道建设步伐加快。至2008年,127条主干乡道路面,均分期分批进行升级改造。在连接多个乡镇的主干乡道改造中:改铺水泥混凝土的51条,计185.211公里;铺设沥青路面的1条,计2.812公里;泥结(级配)碎、砾石路面75条,计374.714公里。按路面技术等级分:三级路5.86公里,四级路556.877公里。

村道

20世纪60年代后,农村发动群众,陆续修建简易的村级机耕路,一般宽4~5米。至1993年,全市通机动车辆的乡村公路380条,长660公里(首部《汨罗市志》,乡道、村道合为一目,数据未分开)。至2000年,共有村组道路1663条,2214.015公里,其中,主干村道592条、1586.86万公里。路宽普遍3米,少数4米,均为泥沙路,路况差。

社会主义新农村建设开始后,在592条主干村道中,将与村民生产、生活密切相关的292条、775.598公里主干村道纳入湖南省通乡村公路建设规划,以利争取上级经费支持,加快建设速度;2005年,另300条村道由交通局和地方公路管理所负责,分期分批,定路拓改。至2008年,共投资3592.1万元,其中国家投资2136.5万元,自筹资金1455.6万元;已铺好水泥路118条,计358.4公里。其余纳入湖南省通乡规划的417.198公里主干村道,于2008年分批拓改。

汨罗市2008年乡镇主干村道拓改情况表

表16－1－78　　　　单位:个、条、公里、米、万元

乡镇名称	村委会	进入省通村公路规划		路面宽度	已铺水泥		投资	
		数量	里程		数量	里程	国家	自筹
汨罗镇	17	10	30.738	3.5～5.0	12	37.7	200	170
城郊乡	13	10	15.166	3.5～5.0	8	12.7	77	50
红花乡	11	11	27.032	3.5～5.0	6	12.7	77	50
沙溪镇	13	5	12.1	3.5～5.0	5	10.1	60	40
大荆镇	12	6	20.745	3.5～5.0	4	13.9	80	60
新市镇	12	7	20.803	3.5～5.0	6	19.4	110	80
古培镇	22	14	69.08	3.5～5.0	7	25.9	150	110
屈子祠镇	16	13	29.447	3.5～5.0	8	23.9	140	100
长乐镇	16	8	20.187	3.5～5.0	12	31.6	170	150
川山坪镇	18	12	29.687	3.5～5.0	5	10.4	70	40
高家坊镇	20	14	53.026	3.5～5.0	4	13.3	80	50
智峰乡	6	5	9.102	3.5～5.0	4	9.2	60	35
新塘乡	13	9	29.159	3.5～5.0	4	15.9	90	70
磊石乡	12	6	10.587	3.5～5.0	2	3.6	30	10
白塘乡	14	5	10.869	3.5～5.0	3	7.2	45	30
黄柏镇	16	13	35.458	3.5～5.0	3	12.4	77	50
范家园茶场	4	1	1.8	3.5～5.0	1	2	14.5	5.5
八景乡	5	2	10.8	3.5～5.0	2	13.4	80	60
玉池乡	15	10	40.977	3.5～5.0	1	6.5	40	20.5
范家园镇	13	9	26.136	3.5～5.0	3	11.4	70	40
弼时镇	18	13	34.793	3.5～5.0	2	5.8	40	20
桃林寺镇	18	11	29.58	3.5～5.0	4	12.9	80	50
李家塅镇	16	11	30.275	3.5～5.0	1	3.7	20	17
三江镇	10	7	16.79	3.5～5.0	2	4.9	30	20
天井乡	9	6	18.197	3.5～5.0	1	3	20	10
火天乡	12	12	38.546	3.5～5.0	3	10.6	70	30.6
黄市乡	10	9	30.253	3.5～5.0	1	8	50	30
白水镇	21	14	40.346	3.5～5.0	1	7.7	50	27
原种场	4	4	4.656	3.5～5.0	2	2.6	16	10
古仑乡	8	7	28.972	3.5～5.0	1	6	40	20
城关镇	7	–	–	3.5～5.0	–	–	–	–
玉池林场	–	–	–	3.5～5.0	–	–	–	–
磊石渔场	–	–	–	3.5～5.0	–	–	–	–
合计	407	264	775.307	–	118	358.4	2136.5	1455.6

二、铁路建设

京广铁路　原为粤汉铁路。民国3年(1914)7月,动工修建;民国25年(1936)9月1日,全线贯通。自北向南穿越汨罗市内10个乡镇,铁路营运里程108公里。

京广复线　与京广线平行。1958年,开始兴建;1978年12月,全线通车,双线运行,南北对开,经汨罗市内10个乡镇,过境里程108公里。

武广高速铁路(汨罗段)　2006年4月,开始筹建,北起火天乡,南至弼时镇,途经9个乡镇,段内长52.035公里。共征地212.77公顷,拆迁民屋492栋(户),补偿拆迁费3164.332万元。

汨罗火车站　始建于民国6年(1917),原为京广线上的一个小站,后扩展为管辖汨罗段内8个小站的中心站。1977年,升为中心火车站,负责管辖汨罗市内北至桃林、南至高家坊诸站。1978年7月1日,撤销汨罗中心站,改为汨罗火车站,统归岳阳荣家湾车务段管辖。1995年,有股道11股、6458米,最大换算客车线分别为24辆和19辆;有站台7处,天桥2座,站房、仓库、宿舍等34栋、1.7万立方米,属三等站。1999年后,直快仍停靠汨罗,但慢车减少一列(原为早、中、晚共3次)。郑州至广州域内,可在汨罗上车;去北京者,须在长沙、岳阳上车。

1999年5月,汨罗火车站改旧站建新站,站址由铁路东边迁往铁路西边。2002年年底,改建工程完工,全部交付使用。主要项目:站房建设;月台改造;路轨延伸;天桥;雨棚;过铁涵洞;牵引变电站等。片区配套建设项目:站前广场,新区路段,综合市场,农贸市场,人民花园,铁路职工宿舍,新站片区住宅小楼。共征地30.67公顷,投资2亿多元;其中,铁路部门投资4500万元,其余经费由地方财政自筹。

武广铁路汨罗火车站　位于新市镇合兴村七组,站房占地面积6000平方米,计划投资5400万元,武广铁路、汨罗地方政府各投资2700万元。

三、桥梁建设

1978年,建跨桃林寺铁路桥1座;1979年,建跨罗滨、群玉公路桥2座;1980年,建跨川山坪铁路桥1座;1983年,建跨罗滨老河桥1座;1985~2002年,相继建大中型公路桥梁12座。至2008年,境内共有大中型公路桥梁32座(含在建的省道201线汨罗江大桥),其中跨京广铁路线桥2座,跨梓木洞桥平水库堤坝桥1座,跨汨罗江、罗水、湄江、白沙河、白水江、沙河及蓝家洞水库桥29座。

汨罗市2008年大中型公路桥梁情况表

表16-1-79　　单位:米、吨

属何线路	桥名	所在地址	结构		孔数/孔径	长度	宽度	荷载		建成年份
			上部	下部				汽车	挂车	
京大线	黄板桥	长乐镇	拱桥	重力型	1/14	22	7	13	60	1959
京大线	毛家桥	红花乡	拱桥	重力型	3/2×7.3+8.8	30.2	4.8	13	60	1959
京大线	花桥	三江镇	拱桥	重力型	5/5×6	35	4.5	13	60	1959
107线	铁门坎桥	黄市乡	双曲桥	重力型	4/25	100.5	7	13	60	1965
京大线	狮形山桥	古仑乡	铭丁果	铭墩台	8/8.7	80	5	13	60	1966

续表16－1－79

属何线路	桥名	所在地址	结构		孔数/孔径	长度	宽度	荷载		建成年份
			上部	下部				汽车	挂车	
107线	胜利桥	黄市乡	双曲拱	石墩台	5/14.3	76.5	5	13	60	1968
傲南线	沙溪桥	沙溪镇	梁桥	重力型	5/5×5.7	42	7.9	15	80	1968
团白线	关山水库桥	玉池乡	平板桥	重力型	5/5	82.0	3.5	13	60	1970
原107线	新市老大桥	新市镇	双曲拱	重力型	6/16×40	284.4	7.5	15	80	1971
新磊线	王家桥	红花乡	T型梁	轻型	4/2×6＋2/5.3	25.67	4.5	10	50	1972
新磊线	双河坝桥	白塘乡	空腹板拱	重力型	2/4	16.5	6.5	13	60	1973
城界线	石皮桥	川山坪镇	石板拱	重力型	1/5	8.1	4.6	15	80	1973
梅仁线	十全桥	三江镇	空腹式双拱	重力型	1/5	51.2	7	15	80	1976
梅仁线	仁盘桥	大荆镇	片石拱	重力型	1/5	6	4.5	13	60	1976
石磊线	跨铁路桥	桃林镇	双曲拱	重力型	1/17	39	7	15	80	1978
新磊线	罗滨大桥	红花乡	铪双曲拱	轻型	6/4×20＋2×5	101.5	5.5	15	80	1979
城界线	群玉桥	白水镇	石板拱	重力型	2/7.2＋7.5	19.3	4	10	50	1979
袁芭线	跨铁路桥	川山坪镇	梁桥	重力型	1/16	39	7	15	80	1980
新磊线	罗滨老河桥	红花乡	铪钜形板式	轻型	1/7.42	8.15	6.5	15	80	1983
城界线	桥北桥	高坊镇	实板拱	重力型	1/5.3	5.8	7	10	50	1985
汨营线	围家山桥	汨罗镇	石板拱	重力型	1/6	7.3	7	15	80	1986
城界线	石家湾桥	高坊镇	城腹拱	重力型	1/5.5	6.8	6.8	15	80	1986
新磊线	罗滨小桥	红花乡	空腹板拱	轻型	2/4.4	11.7	6.5	13	60	1987
S308线	罗城桥	汨罗城区	板梁式	重力型	2/16＋7.4	55.9	20.0	20	100	1987
建设路	屈原桥	汨罗城区	梁桥	轻型	13/24	312.0	18.5	20	100	1990
新107线	新市新大桥	新市镇	T型平板	重力型	6/6×40	303.0	7.7	20	100	1990
长乐—平江	长乐汨水桥	长乐镇	平板型	轻型	8/21.5	173.0	4.5	2	10	1995
大渡线	红花大桥	红花乡	双曲拱	重力型	14/14	354.2	15.5	20	100	1998
京珠路	金河大桥	古仑乡	箱梁空心	桩基	5/25	134	29.5	20	120	2002
京珠路	湄江大桥	新市镇	箱梁空心	桩基	7/16	132	12	20	120	2002
京珠路	汨水大桥	天井乡	箱梁空心	桩基	6×30＋14×16	460	31	20	120	2002
S201线	汨罗江大桥	城关镇	–	–	–	876	15.5	–	–	–

汨罗江公路大桥 位于京广铁路西侧，南渡桥下游，属省道201线跨汨罗江重点工程。桥长876米，两岸线长7200米，桥宽15.5米，路基宽12米，两岸征地(含拆迁)19.55公顷，总投资1.09亿元。2008年9月29日，举行汨罗江大桥建设开工典礼。

南渡铁路大桥(一桥)　民国3年(1914)7月,与粤汉铁路同建;为8孔单跨50米的穿架式桥梁,总长363.31米,海拔36.80米;设计抗洪能力的水流量为每秒8250立方米,流速每秒3.2米。抗日战争和解放战争时期,曾被日军和国民党军两度炸毁。1983年7月8日汨罗江洪水达36.8米,超过1954年最高洪峰0.65米。1987年8月,广州铁路局大修公司将其抬高到39.36米的高程,并相应抬高路基,设活动吊篮,按7级地震烈度设桥梁支撑及连接板,荷载120吨。

京广复线铁路二桥　位于老铁路大桥下游500米处。1958年,与京广复线同时修建,1978年12月竣工通车;桥长398.2米,8跨10墩,钢筋混凝土桥墩,钢梁架设结构。

四、航道·港口码头·渡口

汨罗市地处江湖与丘陵之间,河流密布,水域面积325平方公里,大小河流(含溪流)115条,总长度654.9公里;其中4公里以上河流44条,流域面积超过100平方公里以上河流10条;现可通航的有5条(含蓝家洞水库),其中因河道淤塞断航的有4条。

(一)航道

湘江航道(汨罗段)。南接湘阴县蜈蚣庙,北抵磊石农场(今屈原行政区)3分场西口,注入洞庭湖,汨罗市内流长22公里。属于设标航道,有白标14座,红标13座,码头9处,港口11个。洪水季节,磊石河河面宽200米;枯水季节,河面宽100米,营田宽150米。20世纪50年代始,经多次疏浚,通航能力不断加强,至2008年,洪水期、中水期、枯水期可通航的分别为200吨级、500吨级和1000吨级。

汨罗江航道。由汨江和罗江汇合而成,属湘江内河上游支流的季节性航道,自大洲湾至磊石入洞庭湖,长20公里,有码头6个,可通航8~50吨机帆船。1958年,汨罗江裁弯改道,因周家垅洪道未达设计标准,且河床每年以3.9厘米的速度抬高,致使枯水季节无法通航。

汨水航道。自长乐芦箭河至大洲湾,长27公里,有汨罗港及码头35个,洪水期水面宽300米左右。清末民初,载重40吨的船可由此直抵平江县城。洪水期可通12~30吨机动木帆船。1959年,平江县栗山乡在汨水青冲口拦河筑坝建水电站,从此,上下船只交通中断。

罗水航道。自黄谷市至大洲湾13公里,每年3~6月涨水季节,可通航2~7吨小船。

蓝家洞水库航道。自大坝至花桥徐水库内航道8公里,1968年,水库修成通航,库内客货多从此出入。21世纪后,随着八景自然风光区开发,游客纷至,水上运输更加繁忙。

(二)港口码头

1993年年末,汨罗市内有港口码头44个,其中湘江汨罗段9个,汨罗江航道35个,主要码头6个。

营田港码头。系湘江航道汨罗段内水运上下重要港口码头。西邻洞庭湖,南接湘资沅澧四水,北通长沙,东邻屈原管理区,距汨罗市区19.7公里,是汨罗、平江、屈原行政区物资集散之地。民谣云:"营田对青山,房屋一千间,朝有千人至,夜点灯万盏。"该港港岸线长3公里,水域面积6.66万平方米,陆域面积4.95万平方米;港岸码头3个,最大靠舶能力300吨;简易堆场3处、2.5万平方米;客运设施200平方米,其中候轮室1个;港内设舶位6个,其中300吨位4个,400吨位2个。1970年港口吞吐量25万吨。1985年,配装卸机械6台。1993年,营田港新建100吨级和300吨级码头各1个,最大靠舶能力1000吨,年吞吐量60万吨,为湘、资、沅、澧四水船舶靠岸、货物起运装卸提供方便。1994年1月1日,在原砂石码头处动工新建年吞吐量60万吨以上的上下起运码头。1995年年底竣工,下年投入使用。新码头长200

米,宽30米,水泥混凝土结构,麻石护坡;总面积3250平方米,投资460万元;码头级别为100~300吨级舶位各一个,最大靠舶能力1000吨。2006年8月,自筹资金5万元,清除码头淤泥,提高靠舶能力。该码头由汨罗市港口航务管理所管理,归汨罗市航运公司使用。

推山咀码头。1960年兴建,长150米,宽20米,水泥混凝土结构,2个舶位,最大靠舶能力为800吨。码头位于屈原管理区,船运起讫服务,以该区为主。

汨罗纺织印染厂码头。建于1969年,隶港口航务所管理。码头长100米,宽25米,水泥混凝土结构,2个舶位,最大靠舶能力1000吨。2006年8月,该厂自筹资金5万元,清除码头淤泥,提高靠舶能力。

磊石长山码头。1976年兴建,长200米,宽30米,属湘江河边自然码头。主要为磊石乡和磊石渔场服务。该码头被列入交通部拓建规划,具体投资施工时间待定。

高台码头。位于磊石乡高台村,紧靠湘江航道,属于自然砂石码头。长100米,宽10米,停靠中小运输船只。洪水季节,码头全淹。2003年,交通部门拨款20万元给磊石乡,由该乡负责码头修缮和路面水泥硬化。

杨泗庙码头。又称汨罗港,建于1951年。位于汨罗城北,系水陆联运码头和木材贮运专用码头,可供20吨船只停舶,年货物吞吐量10万吨。

早期物资转运,全靠人扛、板车拖。1966年,汨罗县搬运社实行技术革新,在汨罗火车站货场至杨泗庙码头之间建一条小火车轨道,并增加机车动力。从此,动力运输取代人力运输。1986~1988年,因环城山塘路修建和拓建,小火车轨道被撤除,杨泗庙码头由竹木贮运转为砂石经营。

(三)渡口

1966年析县,有渡口11处。1993年年末,有渡口25处,共有渡船32艘、180.2吨、99千瓦,渡工39人。

汨罗江汽车渡口

楚塘渡口。位于屈子祠镇西,始建于1972年。北岸码头长150米,南岸码头长60米,南北码头宽均为6米,为汨罗市西南乡镇和屈原管理区过往车辆要道。起初,配趸船1只、木划3只、渡工4人,日夜营业,人力牵引。1980年,增加66.2千瓦、36.8千瓦木质拖轮各1艘,并配连船钢质跳板,日渡车30~40次、约100~150台。是年,投资5万元,重建南北引道,(长200米,宽7米)于下年改成浆砌片石混凝土面层的漫水路面。在洪水、中水、枯水期间,该处水面宽度和深度分别为890米、600米、100米和14米、12米、6米。

窑洲河渡口。位于汨罗市城郊乡与红花乡之间,为老国道107线汨罗段来往车辆必经之处。1959年始设,配双车渡船1艘,趸渡工3人。1965年,改用长450米、直径20毫米的钢缆牵引过渡。1991年,市交通局投资购置动力,改人力牵引过渡为板轮车载过渡。1995年10月,红花大桥建成通车,该渡即终止营运。

民间渡口

共25个,其中汨罗江22个,水库内3个;属主要交通渡口10个。

汨罗江境内,上至平江青冲电站,下至磊石山出口,沿河有民间渡口11个,主要渡载工具为木制平型板船和小划子两种。渡工由当地群众确定,报酬由沿江两岸村民摊费。除长乐、新市、红花3个渡口因大

汨罗市 2008 年农村公路渡口情况表

表 16－1－80　　　　单位：米、天、万吨、万辆、万人次、人

渡口名称	所在乡镇名称	所在线路情况							经营管养单位	所跨河流情况		所在库湖区	设立时间	全年大风洪水停渡天数	是否机动渡口	渡运能力			舶位长度	码头情况		结构型式	发证渡工人数
		线路名称	线路编码	行政等级	技术等级	路基宽度	路面宽度	路面类型		河流名称	常水位宽度					货物	客运	汽车		枯水位码头长度	码头路面类型		
南渡	屈子祠	楚南渡口—龙山桥	C295	村道	等外	7	5	砂石	楚南村	汨罗江	500	–	67.1	10	是	–	8.943	–	130	560	水泥	斜坡道	1
名山	屈子祠	青境—新市大桥	X052	县道	四级	7	5	水泥	乡企办	汨罗江	800	–	60.7	10	是	53.98	18.615	35.98	240	620	水泥	斜坡道	9
蓝家洞	八景	智峰—八景	X088	县道	三级	8	5.5	水泥	八景政府	–	2500	八景水库	81.4	10	是	–	2.847	–	130	460	砂石	自然坡岸	1
周家垅	屈子祠	三叉路—周家垅渡口	Y064	乡道	四级	7	5	水泥	周家垅	汨罗江	1200	–	62.2	10	是	–	8.687	–	30	575	水泥	自然坡岸	1
江南堤	磊石	青境—新市大桥	X052	县道	四级	7	5	沥青	江南堤村	汨罗江	1200	–	58.4	10	是	–	6.716	–	40	680	砂石	自然坡岸	1
买米墩	天井	天井街—双合杨家屋	Y634	乡道	等外	7	5	砂石	嵩山村	汨罗江	300	–	98.4	10	是	–	1.789	–	50	660	砂石	自然坡岸	1
新河口	红花	胥家屋—油埠滩	Y641	乡道	等外	7	5	砂石	廖家村	汨罗江	1000	–	98.4	10	是	–	10.767	–	66	580	砂石	自然坡岸	1
牛巷口	屈子祠	罗公桥—大屋场	C296	村道	等外	5	3.5	砂石	楚塘村	汨罗江	300	–	64.8	10	是	–	4.271	–	40	564	砂石	自然坡岸	1
汨桥	城郊	杨泗庙—铁路桥	C005	村道	等外	4.1	26	砂石	归义村	汨罗江	1000	–	95.5	10	是	–	8.468	–	55	586	砂石	自然坡岸	1
上坝	八景	八景政府—山阳村	Y799	乡道	四级	6	4	砂石	八景政府	–	600	八景水库	81.4	10	是	–	2.847	–	130	698	砂石	自然坡岸	1
向家洞	智峰	程家坝—东方红水库	Y628	乡道	等外	5	3.5	砂石	桥头村	–	400	东方红水库	66.5	10	是	–	1.496	–	125	562	砂石	自然坡岸	1
狮子口	屈子祠	农科名山—南阳街	Y670	乡道	等外	6	4	砂石	金钩村	汨罗江	300		49.2	10	是	–	1.876	–	120	590	砂石	自然坡岸	1
乌家咀	屈子祠	龙山线—双桥村	C306	村道	等外	5	3.5	砂石	双桥村	汨罗江	300	–	32.4	10	是	–	1..241	–	130	560	砂石	自然坡岸	1
金沙	屈子祠	周公塘—金汉新村	C300	村道	等外	6	4	砂石	金沙村	汨罗江	500	–	61.7	10	是	–	3.03	–	30	580	砂石	自然坡岸	1
清泉	屈子祠	洞坑—清泉渡口	C301	村道	等外	7	5	砂石	渔街市	汨罗江	2000	–	62.2	10	是	–	2.92	–	40	670	砂石	自然坡岸	1
杨家仓	天井	天井街—双合杨家屋	Y634	乡道	等外	7	5	砂石	松华村	汨罗江	300	–	35.3	10	否	–	2.044	–	65	680	砂石	自然坡岸	1
杨柳河	天井	天井街—双合杨家屋	Y634	乡道	等外	7	5	砂石	崇山村	汨罗江	300	–	96.7	10	是	–	2.774	–	50	590	砂石	自然坡岸	1
丁家河	天井	杨家园—李公咀	C214	村道	等外	2.5	3.8	砂石	双龙村	汨罗江	300	–	48.7	10	是	–	0.328	–	42	680	砂石	自然坡岸	1
马桥	长乐	长乐镇—大仙庙	Y631	乡道	等外	5	3.5	砂石	马桥村	汨罗江	300	–	49.1	10	否	–	0.292	–	40	590	砂石	自然坡岸	1
南寿河	红花	祠堂湾—黄家里	C037	村道	等外	4.5	3	砂石	南寿村	汨罗江	300		52.3	10	否	–	0.335	–	45	640	砂石	自然坡岸	1
白塘湖	白塘	移风中学—赶洲	Y667	乡道	等外	6	4	砂石	白塘村	汨罗江	500	–	63.5	10	否	–	0.295	–	48	670	砂石	自然坡岸	1
涂家河	红花	相思桥—石鼓吴	C035	村道	等外	4.5	3	砂石	石鼓村	汨罗江	300	–	67.3	10	否	–	0.301	–	40	650	砂石	自然坡岸	1
伏家河	长乐	–	–	–	–	–	–	–	双旗村	汨罗江	–	–	–	–	否	–	0.300	–	–	–	砂石	自然坡岸	1
涂家河	红花	–	–	–	–	–	–	–	石鼓村	汨罗江	–	–	–	–	否	–	0.298	–	–	–	砂石	自然坡岸	1
杨泗庙	红花	–	–	–	–	–	–	–	京街村	汨罗江	–	–	–	–	否		0.210	–	–	–	砂石	自然坡岸	1

桥建成通车而停业外,其余渡口至今仍照常运行。人员管理属所在乡镇,交通部门负责渡工培训发证,安全监督检查。

八景洞水库机渡船只,船工由该乡负责,业务培训、渡船执照、船员驾证、安全检查由交通部门负责。

第二节　交通运输

一、公路客运

1993年前,汨罗市公路客运(包括货运)由客运公司承担。此后,随着运输市场放开,公路客运一分为二:市区内到各乡镇的短途客运,由民营客运(个体)负责;长途客运,仍由客运公司承担(国营)。

(一)客运公司(国营客运企业)

位于城区中心车站路58号,是汨罗市唯一的国有道路客运企业。1966年,成立"湘运34车队";1967年,更名为"湘运52连";1968年,更名为"湘运75车队",担负全县客货运输任务。1980年,更名为湘运224车队,隶岳阳市汽车中心站。1983年,组建汨罗县汽运分公司,下设站、队、厂二级机构,有干部职工183人,营运客车32台,货车25台。1985年,更名为汨罗县汽运公司。1994年12月,岳阳市汽车运输公司解体,机构下放当地,同时划分客运、货运两个公司,均属于市交通局管辖。是年,客运公司负债210万元,34台客车中有16台到报废期限,日短途线路班次不到40个。2004年4月15日,公司投资800万元,征地1.33公顷,新建汨罗中心汽车站;开通长沙、常德、益阳、浏阳、湘潭、株洲、湘阴等9条跨地、市、县客运线路,日班次升至71个。同年10月,中巴站从搬运公司迁至汨罗市汽车站,44台客运中巴车、10条乡镇场客运线路,均统一在该处发班调配。2005年2月7日,停开近3年的汨罗至广东(东莞)的跨省客运班车恢复营运,并投资140万元更换豪华空调车,线路由东莞延伸至蛇口。2005年10月25日,该公司与长乐镇政府达成协议,决定征地0.67公顷,投资110万元,将长乐汽车站搬迁新建。2006年11月28日,投资120万元,占地1.22公顷的白水农村客运站建成。同年年底,公司筹资500万元从福建、河南购回客车15台。至2008年,客运公司共有干部职工442人,总资产2586万元,净资产2365万元;下辖汨罗汽车站、汨罗中心汽车站、汽车保养厂、白水汽车站、长乐汽车站和224车队;共有运营客车122台,2868个座位,其中高档客车56台、701个座位;经营省、地、县客运线路57条,客运量123.4万人次,旅客周转量16303.4万人公里。

(二)民营客运(个体)

民营中巴道路客运。1992年,仅长乐镇一辆中巴参运。1993年,达31台;1994年,达65台;1995年,达145台。乡镇客运市场被个体中巴客运占据后,客运公司从中退出,转为全市个体中巴客运车辆调度及到站发班业务管理。至2002年年底,个体客运车辆共158台,2995个座位;经营线路39条,日开班次316个,是年完成客运量422.9万人,客运周转量7942万人公里。

道路出租车客运。1995年3月始,至2002年,共有出租车业主108户,即108台车,615个座位,是年完成客运量49万人次,旅客周转量5500万人公里。2007年,共有出租车业主19户,即19台车、101个座位,是年完成客运量0.58万人次,旅客周转量65万人公里。2008年,道路出租车客运全部被取消。

汨罗市1992～2008年私营汽车(中巴)客运情况表

表16－1－81　　单位:台、个、万人　万人公里

年度	客车数	座位数	客运量	旅客周转量
1992	1	38	4.85	97
1993	31	609	63.95	1278
1994	65	1235	129.68	2593
1995	145	2755	293.37	5868
1996	162	3078	315.91	6318
1997	159	2862	378.25	7565
1998	173	3187	388.41	7768
1999	169	3182	423.63	8472
2000	177	3333	427.56	8550
2001	175	3298	418.11	8721
2002	158	2995	422.90	7942
2003	226	2891	120	8032
2004	200	2647	108	8041
2005	159	2663	110	8120
2006	135	2414	121	8203
2007	135	2414	120	8203
2008	126	2253	112	8056

汨罗市1995～2008年私营道路出租车客运情况表

表16－1－82　　单位:户、台、个、万人次、万人公里

年度	业户数	运力数	座位数	客运量	旅客周转量
1995	72	72	365	30	3200
1996	57	57	285	24	2500
1997	45	45	230	19	2100
1998	49	49	231	10	1100
1999	28	28	120	10	1100
2000	28	28	125	10	1100
2001	108	108	615	49	5500
2002	108	108	615	49	5500
2003	108	108	540	0.48	648
2004	82	82	296	4.92	492
2005	41	41	312	2.46	246
2006	19	19	101	1.14	114
2007	19	19	101	0.58	65
2008	被取消	－	－	－	－

汨罗市(县)1980～2008年国营、个体客运班车情况统计表

表16－1－83　　　　单位:条、台、个、万人次、万人公里

年度	线路	车台数	座位	客运量	旅客周转量
1980	8	17	585	40.95	2046
1985	10	40	1557	151.00	4070
1990	10	34	1360	132.32	3536
1995	61	186	4272	424.10	15716
1996	74	208	4690	452.75	16265
1997	76	214	4645	512.13	18115
1998	81	237	5750	503.40	17476
1999	83	250	5355	547.25	18661
2000	85	257	5466	547.34	18231
2001	84	253	5487	584.57	22843
2002	83	273	5474	589.36	24012
2003	92	275	5713	251	16302
2004	92	266	5421	255	16338
2005	92	266	5417	258	16702
2006	90	262	5210	259	16858
2007	90	262	5225	260	16928
2008	90	295	5629	282	18963

说明:1979年前,汨罗县客运公司为湘运75车队,隶属于省公路运输局,故1978年、1979年无客运数据,未列入。

二、公路货运

1982年3月至1997年,全市公路汽车货运构成与分工:货运公司,以全市工农业生产和生活物资运输为主;装卸运输公司,以城区工农业生产和生活物资运输为主;联运公司,以汨罗县外地少部分物资联运为主;大型厂矿企业自组车队(如市氮肥厂、市水泥厂、市矿石粉厂),以本厂物资运输为主。

汨罗市汽车货运公司　1987年前,系湖南省汽车运输管理局75车队;1987年下放归岳阳汽车运输总公司管理,更名为233车队;1994年年底,车队成建制下放到市交通局管理,更名为汽车货运公司,有干部职工110人,货车21台。该公司下放时分摊债务沉重,1997年,车辆陈旧,全部报废,货运车队消失;后改行搞汽车修配和驾驶员培训,又因个体汽车修配业竞争激烈,公司业务滑坡,故停止汽配,转办驾校。2004年3月26日,经市政府批准,企业解体买断,房屋土地资产共变卖560.6万元,全部用于还债和职工安置。

汨罗市装卸运输公司　1983年,县搬运社更名为装卸搬运公司;1985年,更名为装卸运输公司,业务分汽车货运和汽车客运两个方面。

汽车货运队　1983年,成立汨罗县汽车货运队,投资200万元,购进东风货车和自卸翻斗车29台、挂车13台,共197吨位,承担湘阴、平江、屈原农场、汨罗火车站上下物资转运,以及汨罗氮肥厂和城区其他

厂矿部分货物运输。至1993年，有职工376人，货车20台、载重140吨，装载机5台，翻斗车8台、载重40吨，机械化程度达60%。至1997年，公司共完成货运量243.24万吨，货物周转量6857.12万吨公里，总产值1730.52万元。后因运输市场放开、厂矿自组货运车队、个体货运兴起、火车站货场解散，公司业务滑坡，生存困难，至2004年，公司负债140万元。是年3月26日，经市交通局报请市政府批准，决定将该公司解体买断，资产处理，人员分流安置。房屋土地处置总资产794万元，其中用于职工安置544万元，还债140万元，改制成本支出110万元。退休137人，进社保77人，另行安置289人。

汨罗市联合运输公司　1986年8月，从交通、装运、水运、铁路4家抽调17人组成联运公司，下设一室两股，对外称县联运公司，对内称县联运办，隶县交通局和岳阳市联运办。主要经营铁、公、水路联营业务，代办湘阴、汨罗、平江、屈原管理区火车托运业务。其收入分配比例：铁路55%；地方45%。至1995年，联运公司共完成产值192万元。是年，联运公司撤销，人员均回原单位安排。

私有民营汽车货运　1980年，全市有货运汽车仅21台，载重63吨，货运量1.71万吨，货物周转量189万吨公里；至2002年年底，全市共有民营货车576台，载重1546.5吨，货运量44.37万吨，货物周转量10200万吨公里。至2008年，全市共有民营货运车1402台，载重2413吨，货运量52.74万吨，货物周转量16480.4万吨公里。

汨罗市（县）1980～2008年私有民营汽车货运情况表

表16-1-84　　单位：台、吨、万吨、万吨公里

年度	台数	吨位	货运量	货物周转量	年度	台数	吨位	货运量	货物周转量
1980	21	63	1.71	189	1995	714	2043	59.85	13309
1981	21	63	1.74	189	1996	682	2045	58.97	13202
1982	25	75	2.09	225	1997	649	1927	55.28	12425
1983	28	86	2.38	258	1998	621	2132.5	61.08	14422
1984	36	110	3.06	322	1999	654	2117.5	61.26	14765
1985	89	270	7.05	911	2000	638	1831	52.33	11810
1986	132	405	11.5	2075	2001	576	1546.5	44.37	10200
1987	256	760	20.96	3998	2002	576	1546.5	44.37	10200
1988	373	1115	31.28	5192	2003	货车422 农车601	1434.7	43.04	6456
1989	496	1488	42.79	7010	2004	货414 农693	1126.8	33.8	5070
1990	550	1650	47.72	9630	2005	货394 农693	1615.64	48.47	7270.5
1991	620	1861	52.39	11825	2006	货317 农821	1769	53.07	7960.5
1992	706	2118	61.69	14445	2007	货304 农821	1758	52.74	7911
1993	725	2165	62.23	14995	2008	货农 总数 1402	2413	52.74	16480.4
1994	761	2263	65.04	15212	-	-	-	-	-

三、水路运输

由汨罗县(市)航运公司独家承担。该公司位于营田古镇,紧靠湘江,是一个以水上采挖业为主、水上运输和岸上商贸为辅的综合企业。至2008年,公司下设6部,在岗干部职工470人,退休人员534人,固定资产4680万元。

1980年至1983年6月,先后投入资金280余万元,淘汰所有木质船,添置钢质机动船50艘,新增运力3000余吨。1986年,投资164万元,将18艘旧船加长、增宽,扩大船舱容积。2001年,投资181万元,由沅江船舶厂对3艘旧挖砂工程船进行改造,加长船身,增加斗架,更换国产“康明斯”“斯太尔”大功率动力,提高深水采矿挖石能力。投资145万元,从安徽、江苏购进大型吸砂式工程船2条。2005年1月投资650万元,在沅江船厂新造吸砂泵工程船1艘。2007年1月,投资700万元,在沅江船厂新造链斗式挖砂船1艘。2008年,投入989万元进行基础设施改造。技改后,货运业务延至湖南、湖北、江西、江苏等省,单纯的水上运输转为挖砂清淤、疏浚河道和防汛抢险。至2008年,共产值17856.7万元,其中1993年、1996年、1997年高达852.2万元、827.2万元和837.5万元,分别比1978年增长7.97倍、7.71倍、7.82倍。

汨罗市(县)1978～2008年航运公司货运情况统计表

表16－1－85　　单位:万吨、万吨公里

年度	货运量	货物周转量	年度	货运量	货物周转量
1978	12.48	2.246	2000	85.7	8.570
1979	15.60	3.276	2001	82.3	8.23
1980	29.54	4.477	2002	78.9	7.89
1985	42.28	3.382	2003	44.35	10.2
1990	52.0	5.20	2004	41.0	10.14
1995	75.0	7.50	2005	35.9	8.257
1996	101.5	10.15	2006	25.63	5.894
1997	83.0	8.30	2007	20.5	4.622
1998	79.4	7.964	2008	18.6	3.984
1999	79.6	7.960	－	－	－

说明:1980～1985年,是五年一统计;1995年以后是一年一统计。

四、铁路运输

京广铁路汨罗段沿线10个乡镇,设8个火车站,担负本地及邻近县区客货运输任务。至2008年,汨罗火车站每昼夜停靠客车22列,货车18列。

汨罗火车站 1980～2006 年客、货运输统计表

表 16－1－86　　单位：万人次、万人公里、万吨、万吨公里

年度	客运		货运	
	客运量	旅客周转量	货运量	货物周转量
1980	137.86	27572	46.95	9390
1985	185.09	37018	66.98	13396
1990	141.12	28224	62.95	18885
1995	103.37	20674	58.58	17574
1996	102.56	20512	47.44	14232
1997	102.14	20428	42.57	12771
1998	101.23	20246	33.13	11595
1999	101.85	20370	24.96	8736
2000	99.97	19994	14.39	7195
2001	88.17	17634	16.85	8425
2002	69.75	13950	10.65	5325
2003	70.93	14186	9.8	4900
2004	83.47	16694	13.35	6675
2005	65.97	13194	7.5	3750
2006	61.17	13434	6.9	3450

说明：1. 1978 年、1979 年，数据单位丢失，故未列入。2. 1980～1995 年，是五年一统计；1996 年以后，一年一统计。

第三节　交通管理

一、机构

（一）汨罗市交通局

1981 年，撤销汨罗县交通局，在汨罗县经委内设交通运输科。1982 年，恢复汨罗县交通局。1992 年，更名为汨罗市交委会。1995 年 2 月，更名为汨罗市交通局。至 2008 年，有直管单位 7 个，归口管理单位 2 个。

（二）汨罗市公路局

1970 年，设汨罗县公路段，定员 65 人。1978 年，增至 85 人，下设 17 个养路工班，管养 235.03 公里路段。1996 年 1 月，汨罗市公路段改为汨罗市公路局，下设 10 个公路站，管养境内省道和部分县道。至 2008 年，共有干部职工 176 人（含原神仙塘收费站），下设 11 个养路站。

（三）交通管理二级机构

汨罗市地方公路管理所。1978～1986 年，为汨罗县交通局交建股。1987 年 8 月，成立县公路管理站。2001 年 10 月，更名为汨罗市地方公路管理所。2006 年 9 月 29 日所机关从交通局迁至汨营南路燎

家山综合办公大楼。至2008年年底,有干部职工23人,内设办公、财务、技术、路改、养护等室;下设14个养路工班,有养护人员145人。

国道107线新市管理所。位于汨罗市新市镇新市大桥东侧,1992年3月成立,有干职工107人,内设人秘股、财务股、工务股、机务股、工会,下辖新市公路站、大荆收费站。

汨罗市公路局路桥公司。位于城关双塘广场,1999年1月成立,有高、中、初级技术人员47人,有主要施工机械及车辆30台,固定资产150万元。是交通部门新建、改建各级公路、桥梁的专业技术施工队伍,可承接二级以内公路及中小桥梁建设业务。至2008年,共承建公路47条、计244.14公里,共建桥梁4座,完成产值1.1403亿元,完成利润1072万元,上缴税收13.8万元。

汨罗市交通公路工程建设有限责任公司。1993年2月,在原公路站的基础上组建,内设办公室、财计股、安全股,共有干部职工22人,各种机械设备28件(套),固定资产净值486.4万元。至2008年,完成公路建设(含高速公路、弼时红色旅游线路)和湘江河道码头建设、汨罗江大桥建设任务20大项,总计价值1.6573亿元。

二、路政管理

(一)管理机构

汨罗市公路局。1969年前,汨罗县没有公路管理机构。1970年,成立汨罗公路段,共65人。1978年,增至85人。段下设17个养路工班,管养汨罗境内235.03公里公路。1996年1月,汨罗市公路段改为汨罗市公路局,下设11个公路站,属全民职工,管养境内省道和部分县道。至2007年,共有干部职工176人(含神仙塘收费站);下设11个养路站,共有养护人员64人。管养省道2条、40.303公里;管养县道9条、167.638公里。除沥青洒布机、铲草机、回砂器外,共有挖土机、铲车、吊车、压路机、沥青砼拌和机、推土机、洒水车、东风翻斗车、交通工具车、小车、养路机械、发电机组34台套,基本具备高等级公路和中型桥梁施工条件。机械化程度提高后,劳动效率、养路成本、养护质量都有明显改进,昔日"汨罗到,车起跳"的状况彻底改观。公路局连续8年荣获"省、市双文明建设单位""红旗党组织""三强班子"等称号。公路站亦被评为全国职工之家。

汨罗市地方公路管理所。1978～1986年,为汨罗县交通局交建股。1987年,成立汨罗县公路管理站。2001年8月,汨罗市公路管理站改为汨罗市地方公路管理所。至2008年,辖14个养路工班,共有养路人员145人。汨罗市公路管理所管养县道10条,计166.962公里,乡道127条、562.737公里(含道路两侧绿化管理)。担任1663条村组道路(2357.3公里)路面改造的技术指导。负责264条主干村道(775.307公里)的硬化施工和技术管理。至2007年年底,407个村中,已被纳入省通公路规划的主干村道有264条、775.307公里;其中,水泥硬化路面的118条、358.4公里,硬化路面的宽度3.5～4.5米;余下部分,纳入2008年工作规划;共投资3592.1万元,其中,国家投资2136.5万元,村民自筹1455.6万元。

107国道新市管理所。1992年3月成立。至2007年,共有干部职工107人,其中养路工98人,负责路桥收费9人。主要负责国道107线汨罗境内路段常年修护管养,疏通水沟,培植花木,扫除路障,维护路产路权,确保路畅车安;负责路桥收费。

(二)养护分工

京珠高速公路汨罗段,由岳阳市公路局负责养护。

国道107线汨罗段,由107国道新市管理所负责养护。

省道307线、308线、在建的201线,9条县道、167.638公里,由汨罗市公路局负责管养。

县道10条、计166.962公里,乡道562.737公里、729.699公里,由汨罗市地方公路管理所14个养路工班管养。

(三)标志、标线

京珠高速汨罗段的标志标线,按交通部统一规定标准制作,并与公路工程一次性配套设置齐全。

国道107线的标志标线,按交通部规定,设里程碑,弯道、大坡、桥梁警示牌,及县界、交叉、加油站等标志牌。

省道308线、307线汨罗的标志标线,均按交通部标准,设置里程碑。在路口交叉、弯道、急坡等处,竖立永久性警示标志。

县道全部设置里程碑。弯道、坡道均竖立警示标志。

乡道,至2007年年底,仅有6条道路设里程碑,计36公里。

(四)公路绿化

京珠高速公路汨罗段,2000年5月施工,2002年11月竣工,公路绿化由岳阳市临长高速公路指挥部按国家高速公路绿化标准实施,两侧沿线及路中设置花带,统一植常青树。

国道107线汨罗段沿线两侧绿化,1991年10月改造工程完工时,按统一标准一次完成,至2008年,90%路段绿化成荫。

省道308线境内道路两侧,均绿化成荫。1999年,新市到城中7公里道路拓宽改造后,路中设置花格带,两侧重新植树,已基本成荫。省道307线道路两侧,已遍植常青树。

至2008年,属市公路局管养的167.638公里县道,绿化率达81.9%。

至2008年,属公路所管养的729.699公里乡道,绿化247.249公里,绿化率47%。

(五)护路宣传

每年年初,将爱路护路工作纳入汨罗市委、市政府三级干部大会议程,统一部署,齐抓共管。各乡镇、学校及养路工班配合开展“人民公路人民爱,人民公路人民管”的宣传教育。1991~1996年,每年均由市政府牵头,组织交通、公路、公安、法院、林业、国土、水利等部门上路宣传,确保畅通。

三、运政管理

(一)管理机构

1989年前,为交通运输管理办公室,系交通局内设机构。1989年1月22日,成立交通运输管理所(简称运管所),全民副科级事业单位。至2008年,共有干部职工146人,内设办公室、综合业务股、财计股、市场监管中队、稽查中队、摩托车中队,辖城关站、白水站、李家站、长乐一站、二站、桃林站、劳动服务站。该所共完成运管费征集3653.3万元,代收其他费税2893万元,收取各类养路费2782.1万元。

(二)客运站场管理

业务由客运公司负责,运输行政管理由运管所负责。下辖客运站4个,其中城区、乡镇各2个。

汨罗汽车站。建于1986年1月,站场面积1.14公顷,为城区客运公司和个体客运发班归点的集中站场和重点安全防患之所。客运公司:长途线路发班1条,客车2台,日往返班车1次;跨地县及市内短途线路发班25条,客车67辆,日往返班车150次。个体客运:短途线路发班29条,客车127台,日往返班车164次。开往全市乡镇和毗邻县区的短途车辆均在该处发班归点。

汨罗中心汽车站。位于城西求索路北侧,与新火车站毗邻,始建于2004年4月,站场面积1公顷。以长途及中长线路客运为主。长途日班线路1条,客车1辆,日往返班车1次;短途线路8条,开往地市客车49台,日往返班车92次。

白水汽车分站。位于白水镇,短途线路5条,客车19台,日往返班车39次。

长乐汽车站。征地0.67公顷,正在筹建中。

汨罗市客运公司2008年汽车站站场情况表

表16－1－87　　单位:亩、条、万元

站名	站址(乡、镇)	站场面积	日班线路		建站年月	征地	投资			现有固定资产
			长途	短途			合计	其中		
								上拨	自筹	
汨罗汽车站	汨罗市车站北路	17.03	1	25	1986.01	25.59	110	110	－	20
汨罗中心汽车站	汨罗市求索路	15	1	8	2004.04	17.5	798	535	263	527
白水汽车站	白水镇	10.5	－	5	2006.11	18.3	110	12	98	120
长乐汽车站	长乐镇	10	－	－	2007	10	34	5	29	－

(三)运管所下属站场管理

交管站。1989年,市运管所在各乡镇设立交通运输管理常驻机构,简称“交管站”。至2008年,共设3队、7站。即稽查中队、市场监管中队、摩托车规费征收稽查中队;城关站、白水站、李家塅站、长乐一站、二站、桃林站、劳动服务站。主要负责所辖区域内的客货运输车辆行政管理和规费征收;农用车及摩托车养路费征收;违禁物品及超载车辆查处。

客运站。1989年,市运管所按照分工,汨罗汽车站、汨罗中心汽车站、白水客运汽车分站、长乐客运汽车分站的客运业务归汨罗市客运公司主管,运政秩序归汨罗市运管所管理。城区汨罗汽车站和汨罗中心汽车站,由监管中队负责;白水客运汽车分站、长乐客运汽车分站,由所在地交管站负责。主要是及时督促全市个体客运车辆人归点、车进站,使之不乱停乱靠,保障道路运输安全。查处违禁物品及违章超载、抢班插运等违规行为,确保旅客人身安全。

四、交通稽查及安全管理

(一)交通稽查

交通运政稽查。始于1988年9月,由汨罗市运管所运政稽查中队主管。主要督促全市客货运输车辆遵守交通法规,及时办理运输手续及证件,进行合法客货运输;督促全市客运车辆遵守行规,按线行驶,按时发车,不越线,不抢班,做到和谐有序运行;督促少数证照不齐和欠缴规费的司机,按时补办手续,交纳规费;督促客货运输司机认真保养车辆及时年检,做到车容整洁,车况良好,四季平安。

车辆征费稽查。由征稽所负责。该所始建于1984年,原为湖南省汨罗县公路养路费征收站。1988

年9月，养路费征收站与市交通局车辆购置附加费征收站合并为汨罗市交通稽查征收所。1991年3月，分别成立市交通稽查所、养路费征收站。1994年3月，两家再次合并，成立市交通规费征稽所，正科级事业单位，属市交通局和岳阳市征稽处双重领导。下设办公室、征费股、财计股、处罚办、稽查中队，有干部职工19人。主要负责征收全市各种机动车辆养路费、客货运附加费、新车交通建设费（详见规费征收）。

（二）安全管理

道路运输安全管理。市交通局、市公路局、107国道新市管理所，均设立常设安全股室，配备3～4人，经常深入国、省、县乡公路巡查，进行爱路护路宣传教育。每年两次开展公路桥梁、渡口安全检查。1993年始，由市政府牵头，成立107国道汨罗段文明路办公室，每年派人上路扫障，治理“三乱”（即乱设站卡、乱罚款、乱收费），整顿马路市场，消除违章建筑，排除路面障碍（乱栓耕牛、乱晒稻谷、乱倒垃圾、乱竖招牌等），确保行车安全。此后，治理“三乱”工作，由107国道延伸至国、省、县、乡道和水运，一套人马，一室两办，齐头并进。在公路沿线乡镇，每年张贴一次治理“三乱”公告，散发爱车护路传单。对各级公路、水运、渡口、车站，每年开展两次安全检查。公路局、107国道新市管理所、汨罗地方公路管理所下设的专业养路工班，划段包干，坚持经常养护，坚持春夏暴雨季节重点养护，确保道路畅通。公路管理部门，按交通部统一规定，在省、县、乡道旁，设立弯道、坡度、桥梁、县界等永久性安全警示标志。每年春运期间，交通局会同职能部门，天天派人参加车站码头值班，严查危禁物品，杜绝安全隐患。

水路船舶安全管理。1978～2003年，由汨罗航管站（后改为港航监督所）负责。2004年，归汨罗市地方海事处负责（简称海事处）。海事处位于营田老街，属事业单位，共有干部职工8人。主要负责境内水域停舶、作业船只的安全检查，航次签证，水上水下施工作业项目审批，海损事故调查处理，船民之间纠纷调解，乡镇渡口和水库渡口船只安全检查。

（三）安全事故调处

公路事故调处。1987年3月前，归县交通局交通监理所负责。1987年4月，公路事故调处权移交交警大队。交通局安全机构和运输管理机构，主要负责司乘人员安全教育，车辆技术等级评定和“从业资格证”核发、危禁物品检查。

海损事故调处。由市海事处负责。1978～2008年（其中1978年、1979年、2004年为安全无事故年），境内共发生海损事故97起，死亡37人，失踪3人，经济损失112.19万元。

五、规费征收

车辆养路费。1985年开征，由汨罗县公路养路费征收站和汨罗县交通稽查征收所共同负责收取。至1993年，共收养路费3037.76万元，重点工程建设费382.66万元，货物附加费126万元。1994年，收费站与征稽所合并，养路费由征稽所统收。至2007年，共征收车辆养路费17.3883亿元。

新车购置附加费　1988年始，由征稽所征收。至2002年年底，共征收816.3756万元。

从2003年1月起，车辆购置附加费改税，由国税局直接征收。

道路运输管理费。1980年始，由汨罗县交通运输管理所按机动车辆种类、吨位、标准收取。至2008年，共收取运管费3965.3万元。1995年始，至2006年，共代收营业税2297.9万元。1995年始，至2008年，共代收工商费451.6万元。1997年始，至2006年，代收防洪基金181.2万元。

拖拉机、摩托车养路费。由汨罗县交通局委托运管所征收。1984年始，征收拖拉机养路费，至2008

年,共征收拖拉机养路费1526.66万元。1993年始,征收摩托车养路费,至2008年,共征收摩托车养路费1548.4万元。

107国道新市管理所路桥收费。1992年开始征收。收费站始设107国道新市新大桥南端,2005年4月迁大荆镇107国道南端。1992～2008年,共收路桥费29326.4163万元。

汨罗建设路屈原桥与罗城桥收费。1990年,市政府自筹资金,修建跨铁路屈原大桥。为收费还贷,经省交通厅批准,临时设汨罗市屈原桥与罗城桥收费站,由市交通局、市建设局抽调30余人参与收费。1992年3月开征,1995年5月机构撤销,共征收车辆过桥费250多万元。

省道平益线汨罗段神仙塘收费站。1996年3月,市委、市政府决定对省道308线(原1809线)新市至城区7公里路段拓宽改直。设计路基60米,双向6车道,路街结合,路灯、管道、绿化同步完成,共投资7939万元(其中贷款1780万元,其余费用自筹)。1999年年底建成通车。为收费还贷,经上级交通部门批准,2001年3月,设神仙塘收费站,是年9月6日开始收费,至2009年5月1日撤销,共收费1914.5948万元。

水上运管费和货物港物费。1987年始,由港航所对湘江航道汨罗水域境内通行运输和作业的各种机动船只收取运输管理费和货物港务费。至2008年,共收水路运管费105.4万元。1994年始,收取货物港务费,至2008年,共收取货物港务费2858.8万元。

第四节　交通服务

一、驾校培训

汨罗交通驾校。1996年3月创建,国营全民企业,为市交通局二级机构。旧址位于城关高泉南路20号百货公司院内,2004年6月迁至107国道原新市汽车站,占地0.47公顷,投资40万元。有管理人员11人,聘请教练8人;下设办公室、财务股、教练股;教练车20辆,教学仪器和教具配套齐全,固定资产总值70万元。至2008年,共培训学员8435人,培训收入1407万元。

长风驾校。位于罗城路,2005年11月建校,民营股份制企业,隶属于市运管所。租用场地面积1138平方米,年租金5000元。有教练大货车5台,小车7台,固定资产160万元。至2006年年底,共培训学员900人,培训收入40万元。

二、汽车修配

国营汽车维修起步早,规模大。1970～1995年,有5家汽车修配厂,即货运公司汽车修配厂、客运公司内部汽修厂、航运公司汨罗汽修厂、装卸运输公司汽修厂、联运公司汽修厂。1995年,联运公司汽修厂和装卸运输公司汽修厂因公司解体与经营承包而先后关停。至2002年,只有客运、货运、航运三家汽修厂维持经营。至2007年,三家仅剩一家。航运公司汽修厂和货运公司汽修厂因实行租赁承包和企业解体,转为私营。

货运公司汽车修配厂。系国营汽车维修厂。1970年,与湖南省汽车运输管理局第75车队同时建立,1987年,下放到岳阳市运输处;1989年,更名为湘运汨罗汽车大修厂,实行独立核算。因汽修厂内部维修业务有限，运转艰难，故1991年岳阳总公司将其并入货运公司。2001年，转向小车修配，包括客货大车及各种小车改装换貌，整旧翻新。是年2月，被市政府定为政府采购小车维修定点厂。2004年3月宣布，解体买断。

客运公司汽修厂。系国营汽修厂，创建于1996年，原系湘运34车队保养厂。建厂之初，仅一间车间，设备简易，只能维修一般故障。至2002年，该厂投资20万元，在汨新路上马村湘运加油站侧征地0.53公顷，建大型汽车维修厂，面向社会车辆修配。凡客车电器、机件、动力、油漆、拆散整装、动力3级以上保养业务，均能承接。至2008年，有高工、技工及管理人员11人，有固定资产30万元，年产值50万元，年纯利润2万元，年税收4000元。

航运公司汽修厂。系国营汽修厂，系省交通厅认可的车辆二类维护厂家。1980年4月，建于城郊乡窑洲村；1982年，整体搬迁至汨罗城关建设东路6号。是年，有干部职工21人，固定资产150万元，年上缴税金1万元。主营客货大车维修改装、发动机维修与配件业务。2002年，有从业人员35人，固定资产216万元，年上缴利税6万元。2003年始，汽修厂实行租赁承包，自负盈亏。

新市镇进口汽车维修中心。系集体汽车维修厂，2002年1月开业，有技工6人，固定资产80万元，主营大型客车、货车及小车维修业务。

1980年7月，兴起社会个体汽修厂。新市日升汽修厂第一个挂牌营业。至2008年，全市共有个体汽修厂16家。

第二章　邮　政

汨罗市系历代邮传驿道之一。中华人民共和国成立后，汨罗邮电事业大力发展。1950年，各乡镇均通电话。1951年7月，邮、电合一，汨罗为湘阴县内四等邮电局。1966年3月，汨罗县邮电局成立，辖支局5个、邮电所8个。1971年，邮政局从交通邮政局析出。1973年秋，与电信局合并。1978年12月20日，汨罗县率先安装自动电话交换机，甩掉“摇把子”。1992年5月24日，汨罗市在全省首家开通2000门数字程控电话。1999年，全市基本形成程控电话、无线寻呼、移动通信、数据通信、数字传输等现代通信网络。至2008年，邮路线长2056公里，市话总容量21408门，农话总容量22599门；通信电缆总长1944皮长/公里，光缆472皮长/公里；固定电话用户61773户，移动用户(含联通)21.5万户，全市平均万人拥有电话3200部；邮政储蓄网点20个，邮政储蓄总额达8.8763亿元。

第一节　邮政机构、网络

一、机构

1973年9月3日，邮政电信再次并为邮电局。是年12月，收归岳阳专区邮电局、省邮电局管理。

1984年4月,局机关内设5个组、1个室,下设9个生产班组、8个邮电分局、9个邮电所。1988年1月,汨罗县邮电局更名为汨罗市邮电局。1993年年末,内设7个股,下辖8个支局、8个邮电所、4个农村代办所、36个农村邮票代售点、495个农村信报站,设信筒信箱87处。1998年7月15日,邮电再次分设,成立市邮政局、市电信局。

二、邮政投递网络

1979年,以27个公社为区域调整邮路,配乡邮员27人,邮路总长2465公里。1984年,学衡东县邮电局经验,在农村建立村邮站和信报捎转站,利用社会力量,进行农村投递。1987年,三江、智峰、八景、古仑、玉池5条投递邮路实行委办制度。

1989年,农村投递路线62条,总长1968公里;其中,单车线路58条,配单车29辆;步班4条。投递频次分别:31个乡镇,周六班的29个,周三班的2个;385个行政村,周六班的128个,周三班的257个;5942个村民小组,周六班的240个,周三班的1829个,周二班的55个。境内实现村村通邮

1991年,城乡投递路线达68条,其中农村63条;总长度1913公里,其中自行车班1793公里,玉池、八景步班120公里。1993年,农村投递线路达57条,总长1913公里,周递3班,自办邮运。城区投递线路6条,长52公里,周递7班,日均投递信函1.1万件、报刊1.2万份。在全省同行业中,汨罗市第一家实现自办邮件运输,结束邮件靠客运汽车委办的历史。1997年,63条农村投递邮路全部实行委办,配委办乡邮员63人。1998年,市区7条投递邮路重新调整为11条,全部实行委办。至2002年,共建村邮捎转站346个,建站率95%;其中,达标村邮站76个,优秀村邮站36个;建立城关社区邮政服务站26个。至2006年,建成三农服务站346个,社区服务站30个。

第二节　邮政设备

20世纪70～80年代,各支局、所相继修建砖木结构房屋。到20世纪90年代,汨罗市邮电局建起邮电综合大楼,各邮电支局、所相继新建2～3层邮电楼。1999年,邮政生产用房达10771平方米。

1974年,邮局有自行车51辆,三轮摩托车1辆,结束板车接送邮件的历史。1990年,有自行车69台,邮运汽车2台。1999年,邮政汽车6台,邮资机3部,过戳机1台,计算机28部,手工劳动逐步转向机械化、自动化。至2008年,有邮政汽车5台,摩托车64台,办公、邮政储蓄、特快信息登记、报刊发行,全部实行电脑微机作业。邮政总资产1167万元,其中,固定资产1017万元。

第三节　邮政业务

20世纪80年代,邮政业务主要种类有函件、包件、汇兑、报刊发行、机要、集邮、邮政储蓄、特快专递等。"八五"期间,按1990年不变单价计算,邮政业务总量分别为1990年,74.02万元;1993年,26.09万元;1995年,504.52万元。"九五"期间,邮政业务总量:1996年,600.64万元;1998年,568.12万元;1999年,434.6万元;2000年,1065.6万元。

进入21世纪后,尽管市场竞争激烈,但邮政部门凭借自身技术、资金优势,仍年年超额完成任务。

2001年，邮政业务收入651万元，比上年增加93万元；2002年，业务收入801.6万元，比上年增加149万元；2003年，业务收入889.91万元，比上年增加88.31万元；2004年，业务收入1024.73万元，比上年增加134.82万元；2005年，业务收入1218万元，比上年增加193.27万元；2006年，业务收入1551万元，比上年增加333万元；2007年，业务收入2000.9万元，比上年增加449.9万元；是年，跻身湖南省邮政局先进县（市）局行列。2008年，业务收入1921万元，比上年减少79.9万元。

一、函件

1980年，出口函件99.2万件；1985年，为146万件；1989年，为153.6万件。20世纪90年代后，随着电信通信崛起，函件相应减少。1992年春节首发中国邮政贺年（有奖）明信片1万多张。是年，函件92.42万件。1993年，93.2万件；1995年，73.1万件；1998年，51.8万件。1999年，新辟商函广告业务，销售教育宣传明信片、军队宣传明信片、企业宣传明信片5万张，其他明信片3万张，全年函件再度突破100万件。2000～2008年，出口函件65万件，年均7.2万件。

二、包件

1976年，出口包件1.48万件。1986年，出口包裹1.53万件。20世纪90年代，职工多渠道揽收商包，扩大业务。1990年，3.2万件，其中商包1.8万件。范家园邮电所营业员柳少球拖着板车到酒曲厂揽收包裹1047件，重达6.12吨。1993年，包件出口升至8.7万件，商包占7.6万件。1994年2月和4月，《湖南邮电报》与《人民邮电报》均以《三条妙策占三分天下》为题，介绍汨罗邮局揽包的经验。1995年，突破10万件，商包占82%。1999年，出口包件13.48万件，商包占91.6%。2008年，出口包件1.2万件，商包占35%。

三、汇兑

1980年，放开汇兑限制，邮电局可承办公有单位汇款。1981年始，私人汇款每张汇票最高限额由300元提至5000元；超过最高限额的，可分张开发普通汇票和电报汇票。是年，共开发汇票3.2万张。1988年5月1日起，增办快件汇款业务，开发汇票增至4.2万张。1996年6月17日起，省邮电局将汇票最高限额放宽到1万元。是年，开发汇票5.7万张。

此后，由于高科技发展，金融系统与邮政储蓄实行联网，全国大中城市开办通存通取业务，故邮政汇兑业务相应减少。1997年，开发汇票5.8万张，1998年，减至4.4万张，1999年，降至2.8万张，2000年，仅2.47万张。2001～2008年，开发汇票140万张，年均开发汇票17.5万张。

四、报刊发行

1980年，报纸累计发行611.3万份，杂志累计发行40.8万份，流转额21.3万元。1990年，报纸累计发行694.4万份，杂志累计发行37.5万份，流转额121.9万元。“九五”期间，由于不少报社自办发行，故邮发报刊业务随之下降。1997年，报纸期发数8.1万份，杂志期发数4.8万份。1998年，报纸期发数9万份，杂志期发数5.7万份。1999年，报纸期发数5.6万份，杂志期发数8700份。2000年，报刊期发数分别为4.14万份和2.32万份。2007～2008年，报纸期发数81万份，杂志期发数24万份。

五、机要通信

1979～1989年,年出口机要业务量在500件左右徘徊。1991年后,机要业务量逐年减少:1992年303件,1996年263件,1998年167件,1999年59件。2000～2008年,共199件,年均接送机要文件99件。

六、邮政储蓄

1987年1月20日,全国邮政部门恢复邮储业务。是年,境内储户246户,收储10.2万元。1988年6月,湖南省发行首届有奖有息邮政定期储蓄,汨罗发行1.25万张,计25万元。年内储户达30114户,邮储余额125.06万元。是年6月26日,营田邮政储蓄所开业。是年12月,发行实物有奖邮政储蓄;年底,储户增至47217户,邮储余额163.5万元。其后,高坊、白水、川山、长乐、桃林、古培邮电支局(所)相继开办邮储业务。1990年,邮储余额过千万元。是年,因前两期有奖储蓄到期兑取,储户减少至2750户。1991年,全市开办邮储点10个,年末余额1698.6万元,收入56.4万元。是年,储蓄网点增至共20个。1994年,邮储余额突破5000万元,储户1.2万户。1999年,储户2.8万户,年末余额突破1亿元大关,储蓄业务收入205.3万元。2007年,全市邮储网点20个,邮政储蓄总额达7.2843亿元。2008年,邮政储户达59.3万户,邮政储蓄8.8764亿元。

七、集邮

1985年10月,汨罗县首办集邮业务,设专职集邮营业员1人,由于知名度低,集邮范围小,是年,收入仅2818元。1988年,该局职工集邮者增加,并向社会扩大宣传,是年,集邮收入1.9万元。1989年,集邮收入增加到4.06万元。1990年5月,集邮协会成立,相关领导及会员500多人参加会议。是年,邮协会员250人,集邮预订户350户,销售邮票7.5万枚,收入5.6万元。1993年,改革集邮经营机制,调整管理与营销人员,实行经济责任制,年内销售邮票32.1万元,收入14.5万元。1994年春,开展销售邮册(带票)竞赛,销售邮册3400本。是年9月18～21日,举办汨罗市第一届邮票展览和珍邮拍卖,有12人送展邮票88框,参展人员1500多人;集邮预订户达560户,销售邮票103.4万枚,收入47.9万元。其后,结合国际龙舟节,开发屈原纪念册、龙舟竞赛纪念封、任弼时纪念馆纪念邮戳等邮品。1997年5月,成立集邮信托部,使集邮业务保持较好态势。1999年,销售邮票376万枚,收入535.8万元。2000～2008年,全市销售邮票12万枚,销售总额达9.6万元。

八、特快专递

1992年,邮电局开办邮政快件专递业务。是年,收寄特快邮件257件。1993年,为汨罗市在外务工人员办理特快专递收发业务。是年,收寄特快专递邮件4844件。1994年,突破1万件;1995年,升至1.9万件;1998年,达2.2万件。1999年,因务工人员回乡较多,出口特快邮件减至1.63万件。2000年,升至2.2506万件,其中,国际特快专递4850件。2008年,特快专递达6.6万件。

第三章　电　信

汨罗县电信局前身系汨罗县邮电局。1969 年 12 月 1 日,邮电分家,分别成立邮政局、电信局。1973 年 9 月 3 日,邮电重新合并为县革委会邮电局。1978 年 12 月,恢复大荆邮电所。1984 年,该局设五组一室,内分 9 个生产班组,外有 8 个邮电支局和 9 个邮电所。1988 年 1 月 1 日,汨罗县邮电局更名为汨罗市邮电局。1990 年 4 月,局生产班组精简至 8 个,撤销线务组,市机组改为市话组,载波组、电力组合并为载电组。1993 年 10 月,增设客房服务部、电信设备维修中心。1995 年,局管理股室增至 11 个,生产班组调整为 14 个。其中电信方面的有电信营业班、话务班、报务班、程控交换班、装机公司、移动电话公司、工程公司、载电班。1998 年 7 月 15 日,邮电再次分家,单独设局。1999 年,移动通信业务与电信局分开经营,另设移动通信汨罗营业处,隶属于湖南移动通信岳阳分公司管辖。2008 年,该局获"全国模范职工之家"称号。

第一节　电信业务

一、电报业务

1980 年始,报务员日夜值班,城区 22: 30 前随到随投。1986 年始用五单位自动发报机,1988 年,设电报转报机,1989 年,安装中文译码机。1993 年,全市有长途电报线路 3 条,其中,电缆载波自动转报、有线电缆人工转报线路各 1 条,无线电报线路 1 条。

电报业务种类调整　1984 年 12 月 1 日起,国内电报由 11 种调整为 8 种。即天气、水情、公益、政务、新闻、普通、汇款电报和公电。国内电报特别业务调整为特急、加急和邮送 3 种。军政电报改称政务电报。废除事故电报。凡涉及处理国家财产、人民生命安全的事故电报,均纳入公益电报。1990 年,特设礼仪电报和真迹传真电报业务。

电报资费调整　1983 年 12 月 1 日始,国内电报资费由每字 0. 03 元调至 0. 07 元;特色或加急加倍。汇款电报由每份 0. 5 元调整为 1 元;电报挂号费由一年收 10 元调整为 30 元。1984 年 12 月 1 日电报业务种类调整后,专送电报按投程远近收取劳务费:每份最低 0. 5 元,最高 1. 3 元。是年,去报达 5. 1 万份。1988 年,升至 10. 7 万份。1990 年,开办礼仪电报新业务。除电报费外,每份收取特别业务费(包括折卡费和业务处理手续费)2 元。1992 年 12 月 20 日起,公众电报资费调价:基础资费,每字由 0. 07 元调至 0. 13 元;新闻电报,每字由 0. 02 元调至 0. 05 元;汇款电报,每份由 1 元调至 2 元;电报挂号费,年费由 30 元调至 60 元。是年,去报 13 万份。1993 年,去报达 13. 68 万份,创历史最高纪录。

电报业务量　1988 年,去报 10. 7261 万份。1991 年,去报 11. 3121 万份。1992 年,13. 0937 万份。1993 年,13. 6816 万份。是年,由于住宅电话增多,长话有权直拨普号,电报业务相应下降:1994 年,去报

7.2万份;1995年,去报5.3万份;1997年,去报2.1万份;1999年,降至1.3万份。2001~2008年,去报共计1800份,年均200份。

二、长话业务

1978年12月,市话400门纵横制自动电话开通后,汨罗首开半自动电话业务,市内用户长途电话直拨即通。1979年,长话去话增至6.5万张;1980年,去话7万张;1983年,达7.9万张。

1984年12月1日始,国内长途电话种类调整为代号电话,特种电话,紧急调度电话,政务电话,普通电话,公务,业务电话。1985年始,汨罗县可与中国香港澳门地区及国际通话。是年,长话去话升至10.2万张。1989年,北京至广州1800路中同轴电缆铺设竣工。汨罗市内自大荆界碑、经黄市、新市、黄柏、白水、川山至湘阴县界,长75公里;其中,12路分支自新市经城郊至市局12公里,设A、B端机各2部,开通至湘阴、岳阳载波电话。1990年,长话去话上升至16.9万张。1992年5月,市局程控电话开通后,长途电话实现国内外直拨。1993年年末,市内有长途电话线196路,其中自动线188路。是年,国内长途去话78.90万张,去港澳话537张,去国际话323张。至1996年,自动电话普及全市。是年,长话去话计费292.2万次。1998年为354.9万次。1999年,移动通信分营,长话业务稍有下降,去话达205.8万次,其中,港澳台3870次,12060分钟。至2008年,全市去话达2123万次,其中,中国香港澳门台湾地区2153次,国际话437次。

三、市话业务

1978年12月,安装400门纵横制自动电话交换机,市话业务实现自动化。1979年年末,市话用户达308户。1981年10月,市话扩容到800门以后,汨罗市话由四级局升为三级局,并按标准收取单机月租费13元、副机4.5元。1985年,市话用户增至470户。

1988年3月1日,全国统一实行《市话业务规程》。市话业务种类有普通电话、电话副机、同线电话、合同电话、临时电话、公用电话、无绳电话、用户交换机、分机、中断线、专线、复用设备、租杆挂线、租用管道、代维设备15种。根据新规程要求,市话营业区域调整为东城区,以友谊河为界,延伸到汨新路;西城区,以铁路为界,延伸到屈原路。1989年,市局有单机645部,杆程37.2公里,电缆24.4皮长公里。1990年,市话发展到775户。1991年5月,电信综合大楼基建开工。是年5月,购进S1240型数字程控交换机。

1992年5月24日零时,市话改制扩容,汨罗市率先在全省县(市)中开通2000门全数字程控电话,实现国内外长途直拨,年内用户达1702户,其中住宅电话792户。是年,筹措资金1800多万元,市话扩容8000门。1993年6月开通万门程控电话,进入国际国内直拨网。年内用户达3903户,其中住宅电话2385户。所有长话、市话、农话,均可联网直拨。是年,移动电话开通。市局设立客运服务站,专门接受和处理用户咨询、投诉疑难问题。开通“112”市话障碍自动受理系统。1994年6月26日,开通语言信息系统。11月24日,该局营业厅安装第一台磁卡电话。年内市话超过8000户。1995年10月15日,开通“117”报时台和“167”话费查询系统。年内市话用户突破1万户。

1996年4月,开发话费收缴微机系统,缩短用户交费时间。至1998年10月,先后开通信息咨询台,“113”“114”“117”“118”服务台与岳阳市联网。是年,市话用户增至16672户。1999年10月,参与全省百万电话大行动竞赛活动,两个月净增用户1671户。是年,市话用户达19721户,其中住宿电话18089户,201卡电话190部,公用电话979部(磁卡电话7部、IC卡公用电话43部),市话业务收入880.6万元。2000年,市话用户达26052户,其中住宅电话24420部。2008年,市话用户达61773户,其中住宅电话58742部。

四、无线寻呼业务

1980年,汨罗县水电局始用无线移动式对讲机18台。1987年,汨罗县公安局置用调频移动通信设备,有H_6型手执通讯机15台,通话半径37公里。1989年年末,全市有10个单位置无线通话设备156台。1992年6月,汨罗市邮电局开通"126"人工无线寻呼台。1993年10月,开通"127"数字汉字兼容自动寻呼台。初期,因机价和服务费等因素,业务发展缓慢,至年底,无线寻呼用户仅750户。1994年,通过宣传和优惠价格,业务发展很快,用户达2526户。1995年,增至4863户。1996年,广开寻呼机进货渠道,价格下调;5月,汨罗市取消寻呼机服务费(每月25元,汉字机30元);6月,并入岳阳市本地网;12月,进入全省无线寻呼大网,年底用户达6444户。1997年6月,无线寻呼业务与电信分离,成立寻呼公司汨罗营业处,单独经营寻呼业务。至年末,用户达9295户,业务收入达121.07万元。1998年7月,汨罗市邮电分营;是年8月,无线寻呼业务从电信局分营,成立岳阳无线寻呼分公司汨罗营业处,实行无线寻呼机专业营销。是年无线寻呼用户突破万户大关,达10129户。1999年,达14239户。2000年,达1.5万多户,其中,新蓉园15470户。2001年,无线寻呼业务并入联通公司。

五、农话业务

1980年,全县有中继线路35路、2019杆程/公里,明线2336线对/公里,交换机实占1036门,;农话用户196户,去话29.09万张。1989年,乡镇有交换机31台,容量1908户,实占1240门;载波电路终端机6部,中继线44路。11个乡镇可与市局直接通话;385个村中,有375个开通电话;杆线长1152杆程/公里,明线长1369线对/公里;用户129户,去话85.12万张。

1992年5月,市话程控电话开通后,各乡镇场(除桃林)均安装程控电话,农话业务量大增。1994年,农话用户增至3011户,去话89.02万次。1996年,全市实现电话程控化,光缆到乡,普缆到村,自动电话普及全市。年内,农话用户达8238户,通话达439.6996万次。1997年,农话用户突破1万户。1999年10月,参与全省百万电话大行动竞赛活动,两个月内,农户装机净增2940户。是年,农村电话达22599户,年末去话达1919.721万次,业务总量1015.33万元,业务收入1463.76万元。2000年,农话用户达40554户,年末去话达1345.2689万次。至2008年,农话用户达61773户,年末去话达2123.7971万次。

汨罗市(县)电信局1978~2008年农村电话业务量统计表

表16-3-88　　单位:户、万张

年度	年末到达户数		年末去话张数	
	合计	其中计费户	合计	其中计费张
1978	183	145	21.4271	18.9197
1979	185	164	23.633	20.9148
1980	196	178	29.0214	26.287

续表 16－3－88

年度	年末到达户数		年末去话张数	
	合计	其中计费户	合计	其中计费张
1981	200	191	28.3351	27.2082
1982	208	177	29.1155	28.1894
1983	218	188	28.2438	26.6909
1984	241	210	28.3904	26.4882
1985	255	225	29.7084	27.6515
1986	264	232	28.5126	25.81
1987	284	248	28.8192	25.5045
1988	320	285	32.1902	28.7525
1989	369	332	36.9605	32.3685
1990	486	449	43.0845	39.1512
1991	586	549	50.5409	45.3975
1992	867	829	76.0746	69.1996
1993	1129	1089	85.1202	78.6343
1994	3011	2971	89.0265	86.5481
1995	6035	5995	222.7263	215.2829
1996	8238	8198	439.6996	431.4317
1997	10945	10905	556.7726	547.6753
1998	16287	16235	558.099	546.7413
1999	22599	22558	1919.721	1843.0416
2000	40554	40514	1345.2689	126.859
2001	43135	43104	1525.4791	1430.5615
2002	45763	45668	1611.7098	1533.0974
2003	48107	48093	1801.9734	1706.5913
2004	51004	51001	2633.1584	2573.1479
2005	53671	53661	1924.5678	1876.7413
2006	56124	56117	1935.0913	1833.561
2007	58774	58763	2015.4918	1930.849
2008	61773	61572	2123.7971	2039.5609

第二节　电信设备

一、电报设备

1980年,有电报线路4条:汨罗至长沙、岳阳有线各1条,汨罗城区至岳阳无线2条。1986年,开始使用五单位自动发报机。1988年,增设电报转报机。1989年3月,安装第一台汉字译码机和电子电传机。

20世纪90年代,随着程控电话的发展和普及,电报设备逐步向智能型转化,电传向真迹传真转变。至1999年,原有电报设备基本更新。使用设备:YD1000型智能终端机主备用各1套,BEP一四路插报机1台。

二、长话设备

1978年12月,安装400门纵横制自动电话交换机,长话实现半自动拨号。1981年,京汉广1800路中同轴电缆载波工程动工,经大荆、黄市、新市、黄柏、白水、川山(公社)通湘阴(县),全程75公里。1983年7月,汨罗分支12路载波工程动工,经新书、合心、丛羊、团山、上马、窑洲、双塘、城东(大队),全长12公里(1984年竣工)。安装两套至岳阳(市)、湘阴(县)的12路载波电路。1988年9月5日,汨罗城区至湘潭(市)直达长话电路开通。下年5月15日,开通汨罗城区至益阳(市)直达电路。1990年,长话总机60门,业务话路26路。1991年12月,局内安装100米微波塔1座。1992年5月,安装2000门数字程控交换机,实现国内外长途电话直拨。1995年6月7日,汨罗市内京汉广埋式光缆工程竣工,汨罗城区至新市7.5公里通信配套工程同步竣工。是年,长话业务达185路。1997年,国家图像通信网落成,市网通信能力随之提高。

三、市话设备

1978年12月20日,安装H976型400门纵横制市内自动电话交换机,并于同日投入使用,市区人工手摇电话报停。1981年10月,市话800门扩容工程竣工,市话明线减至26杆程/公里,主干电缆增至8.4皮长公里。

1988年1月,市邮电局向市政府、省邮电局呈送《关于迅速改变市内通信紧张状况,加快市内通信建设的报告》。2月16日,市政府批转该报告,决定在城关集资60万元,支持市话改制工程。下年8月23日,省邮电局下达汨罗电信楼改造(2700平方米)和市话扩容(200门)计划,总投资230万元。是年12月25日,电信大楼破土动工。1992年3月1日,上海贝尔S1240型2000门全数字程控电话主机运抵汨罗,5月24日开通使用,国内、外长途电话直拨即通。1993年6月,市话扩容8000门,程控电话增至1万门。市局线路相应进行改造,市话电缆增至45.7皮长公里。1994年9月26日,市话112障碍测量台开通服务。1995年6月25日,该市电话号码由6位升至7位,同时进入岳阳市本地网。

“九五”期间,人民群众使用电话需求量增加,市话总机容量逐年扩容。至1999年,市话总容量达21408门,出局线37880对,市话电缆总长度1944皮长公里,光缆96皮长公里。

至2008年,市话交换机总容量141656门,杆路总长度3728.46公里,电缆总长6151.03皮长公里,其中光缆1241.46皮长公里。

汨罗市(县)电信局1978～2008年市话设备统计表

表16－3－89　　　　单位:门、公里、皮长公里

年度	交换机总容量	杆路总长度	电缆总长度	其中:光缆
1978	400	44	5.99	–
1979	400	46	6	–
1980	400	25	6.88	–
1981	800	26	8.4	–
1982	800	29	9.6	–
1983	800	30	9.8	–
1984	800	26.6	10.6	–
1985	800	26.6	10.6	–
1986	800	26.6	11.6	–
1987	800	30	15.4	–
1988	800	31	17.6	–
1989	800	31	17.6	–
1990	800	37	25.7	–
1991	800	37	25.7	–
1992	2000	40	35.7	–
1993	10000	40	45.7	–
1994	10000	80	89.8	–
1995	11024	210	158.5	–
1996	15912	390	207.6	–
1997	16384	690	307.6	82
1998	21408	950	443.7	96
1999	21408	1020	1944	96
2000	29776	1600	819	35
2001	33912	2066	3260	540
2002	48408	2130	3940	820
2003	86812	2720	4640	839
2004	126484	2840	5246	905
2005	148024	3240	5833	916
2006	152912	3580	6002.3	932.04
2007	149288	3620.2	6032.1	1120.5
2008	141656	3728.46	6151.03	1241.46

四、农话设备

1978年12月市话400门纵横制自动电话开通后，农话中心交换点（邮电支局）至县局实现半自动拨号。1980年，交换机总容量1570门，杆路2019公里，其中属邮电局的590门、283公里（其中水泥杆路125公里）。1990年，交换点39个（29个乡镇，屈原农场、汨罗纺织印染厂及8个邮电支局），总容量2408门，杆路总长度1258杆程/公里；其中属邮电局的1258门、298杆程/公里，电缆16.8皮长公里。1992年5月，农话进入岳阳市本地网，有22个乡镇进入长途自动网直拨。至1999年，全市基本建成程控电话、无线寻呼、移动通信、数据通信、数字传输等现代通信网络。

无线寻呼　1992年10月，汨罗市内开通数字、汉字兼容的无线寻呼系统，年底放号121户。1994年6月，开发自动无线寻呼系统。年底，与湖南邮电国信公司下属三星公司签订168语音信息系统，同步改造无线寻呼系统，采用统一的"126""127"特服号。是年8月至1995年1月，先后在李家塅、川山、长乐、营田、桃林建起一频点差转台。1996年12月，汨罗无线寻呼并入岳阳市无线寻呼大网。年内在川山、桃林、李家、长乐建立二、三、八、九频点差转台，覆盖29个乡镇，实现全省联网。境内使用"126""127""128""1251"四种特服号，占用5个频点。至1998年，共有6个发射点、27台发射机。

数据通信　1994年10月，汨罗始建数据通信网，下年5月完工。1997年8月，建立国家图像通信网。汇接局建DDN网端口24个，分组端口12个。至2000年5月，扩容DDN端口到36个，增加数字解码（MPEG—2）设备1套（可影像回转），使全市通信网能力大提高。

数字传输　1993年5月，架设汨罗城区经白水至李家塅的第一条光缆，全长47皮长公里。1995年，光缆达174皮长公里，普缆由1991年的23皮长公里增至473.9皮长公里（明线已不复存在）。1999年，农话光缆达376皮长公里，普缆达1738皮长公里。至2008年，农话光缆达874.28皮长公里，普缆达4530.06皮长公里。

第三节　电信管理

一、行政管理

电信行业：业务调度归岳阳市电信局和湖南省电信局管理，党团组织属地管理；对内，实行局长负责制，一级管一级，分级考核；所有员工实行双向选择，自愿组合，竞聘上岗；年终，按优秀、良好、称职、不称职4个档次，逐人评定，与工资挂钩；业务上，一直实行"三全"管理（即全员、全过程、全企业）。市邮电局多次评为岳阳市文明标兵单位、行业十佳消费者信得过单位、全国模范职工之家、全民文明礼貌活动月先进单位、质量杯奖优胜单位、监督检查先进单位、劳动用工信得过单位、汨罗市两个文明建设目标管理先进单位。不少职工亦被评为星级营业员、优质服务先进个人、十佳技术能手、岳阳电信十佳青年、省电信劳模。

二、电信资费

分中央和地方两种，长期实行一价政策：长话、市话资费由国家制定，农村电话资费由省制定。1983

年、1986年、1990年,省物价局、省邮电局3次对农资话费予以调整:从1983年8月1日始,区内固定电话费由每月6元调至8元,计次话费由每次0.15元调至0.25元;从1986年4月10日始,计次话费由每次0.25元调整为0.35元;从1990年8月1日始,交换区内农话,分二级计收月租费;交换区间电话,分二级、从3分钟起算计时费。1997年始,每部电话初装费为3500元,后多次下调。至2002年,取消初装费,只收材料费。

三、电信服务

根据行业特点,深入开展用户至上,用心服务活动。从服务达标、纠正行风到统一文明礼貌服务用语,以及规定外线工人上户服务装、拆、移和障碍修复的时限要求,使服务内容不断完善和规范。同时,增加投入,配齐、配足营业厅的各项服务设施,为员工和用户营造良好的服务环境。并增设客户服务部,随时听取客户意见,改进工作;推行首问责任制,实行星级服务,不断提高服务质量。

专记　湖南第一个万门程控电话市(县)

1978年12月20日,400门纵横制自动电话交换机落户罗城,并于零点割接成功。从此,汨罗城区电话甩掉了“摇把子”,进入自动化。1988年2月16日,汨罗市政府批转邮电局《关于迅速改变市内通信紧张状况,加快市内通信建设的报告》,决定在城关各用户中集资60万元,援建市话改制工程。1989年,省邮电局投资230万元,用于兴建汨罗市电信大楼和2000门市话扩容。1990年,营田邮电支局500门自动电话开通。1991年5月3日,汨罗市政府召开办公会议,专题研究程控电话问题。会议决定:根据国家、地方一起办邮电的方针,按500万元工程投资计划,汨罗市政府和邮电部门各自承担250万元;鉴于财政困难,参照外地做法,汨罗市政府承担的建设资金,主要采取收取电话改制费、电话电报附加费、电话初装费的办法筹集;成立由分管副市长为指挥长的工程建设指挥部,具体组织实施。会后,工程迅速上马。1992年5月24日,汨罗市率先在全省县(市)中首家开通2000门数字程控电话。是年12月20日,长乐支局在全省乡镇中第一个开通500门程控电话。接着又采取筹集、借贷等办法,投入资金1800多万元,扩容8000门,于1993年6月开通万门程控电话,进入国际国内直拨网。1993～1996年,高坊支局、李家塅支局、营田支局、川山支局、白水支局、大荆支局、桃林支局的程控电话相继开通。至1997年8月,29个乡镇全部实现电话程控化。

第四章　移动·铁通·联通

第一节　移动通信

1998年7月15日,分设邮政局和电信局。1999年7月3日,移动通信业务与电信局分营,成立移动通信汨罗市营业处,隶属于湖南移动通信岳阳分公司,主要经营“135”“136”“137”“138”“139”网全球通和模拟移动通信业务。

1999 年,完成业务收入 1440 万元,超目标 22%,名列岳阳地区前茅,跨入全省先进行列。2000 年,业务量比前 4 年移动收入总和还要多,创历史最高纪录,全年完成收入 2850 万元,超计划 12.93%,比 1999 年增长 97.92%。2001 年,业务收入 3000 多万元,2002 年业务收入 5400 万元,2003 年业务收入 5800 万元,2004 年业务收入 8400 多万元,2005 年业务收入 8200 万元,2006 年业务收入突破 1.02 亿元大关,连续 6 年居岳阳地区同行榜首,连续 8 年被评为汨罗市双文明建设先进单位和岳阳、省邮电系统先进单位、全国模范职工之家(2002 年)。2007 年,累计完成网上净增用户 3.8 万户,期末网上用户达 17 万多户,收入达 1.2 亿元。2008 年,完成网上净增用户 2.8 万户,期末网上用户达 16 万多户,收入 1.3 亿多元。

一、网络建设

1993 年 7 月,开始汨罗市移动通信网络建设。在技术上,由模拟网络向数字网络转变,形成数模两网并存,覆盖全市,联通国内外的新格局。至 1999 年 7 月,与电信分离,移动通信用户不断增多,业务种类不断增加,通信网络不断拓宽。是年,全市开通主叫显示、语音信箱、短消息、传真通信、数据通信业务,新建 28 个基站、近 1000 个信息频道,通信覆盖率 98%,接通率 99.78%。在防汛紧急时刻,9 天内开通高坊、屈原农场三分场、智峰 3 个基站,从岳阳紧急调用一个微蜂窝基站,及时保障防汛通信。2000 年,完成三江、古仑、天井、河市 9 个基站建设任务。发展移动代办网点 47 个,其中市区 28 个,乡镇 19 个。开办移动电话放号、代收移动电话话费业务。2001 ~ 2002 年,完成 CSM6 期扩容扫尾工程和 7 期扩容工程,基站总数达 41 个,提高无线接通率。2003 ~ 2006 年,新建基站 7 个,改专项基站 2 个,搬迁基站 7 个,增加直放站 5 个,建成 11B、12A、12B 基站 10 多个,扩大网络覆盖面。2007 ~ 2008 年,新建基站 46 个,累计基站达 146 个,网络达到无缝覆盖。

二、业务发展

1999 年 7 月,移动通信独立分营。是年,发展用户 5661 户,比 1998 年增长 1 倍;年末,移动用户达 11292 户,其中数字机 6566 户,模拟机 1487 户(含本地通 911 户)。2000 年,发展用户 15859 户,超计划 103%,较 1999 年期末户数翻一番。2001 年,大力开发农村市场,相继开放“全球通”短信服务、IP 电话、移动秘书、资讯通等业务。2002 年,继续发展农村市场和低消费市场,是年发展用户 1.2 万多户。2003 年,网上净增用户 10267 户,年末,突破 5 万户大关。2004 年,发展用户 1.8 万户。2005 年,网上净增用户 1.2 万多户。年末,突破 8 万户大关。2006 年,网上净增用户 2 万多户,年末,突破 10 万户大关,收入突破 1 亿元大关,创历史最高纪录。2007 ~ 2008 年,网上净增用户 6.6 万户,期末网上用户达 16 万多户,收入达 1.3 亿多元。

第二节　铁　通

2002 年 6 月,中国铁通岳阳分公司汨罗市经营部正式挂牌营业,在汨罗城区设 4 个网点收费服务,负责汨罗市的铁通固定电话和互联网等业务的发展。共安装 1 万多台固定电话,近 2000 门宽带。2004 年,实现收入 300 万元,2005 年和 2006 年各收入 400 万元,连续两年被评为汨罗市计量先进单位。2007 年年底,机构撤销,并入移动。

第三节　联　通

2000 年,成立岳阳联通汨罗市分公司,进驻汨罗市场。2001 年,联通话费收入 280 万元,联通电话用户 5530 户,代办营销网点 27 个,建立 CDMA 基站 26 个,GSM 基站 26 个。2005 年,联通话费收入 1625 万元,联通电话用户达 2.6 万户,代办营销网点 28 个,建立 CDMA 基站 40 个,GSM 基站 40 个。是年,公司被评为湖南省十大诚信企业。至 2008 年,联通话费收入达 3000 万元,联通电话用户达 5 万户,代办营销网点 60 个,建立 GSM 基站 85 个。

第五章　电　力

1979 年 6 月,汨罗县供电公司上收岳阳电业局管理,更名为汨罗县供电所。1983 年 10 月,更名为汨罗县电力局,隶属于岳阳电业局。至 2008 年,有在职职工 157 人,退休职工 64 人;其中党员 85 人,团员 33 人,高级职称 2 人,中级职称 24 人;农电职工 325 人,三产业集体工 24 人;下设 7 个部室、14 个班站和 7 个农村供电所。

1978 ~ 2008 年,汨罗市电力事业经历小水电与自备发电、大电网建设、电力大发展、城乡电网建设与改造阶段。小水电建设:先后建成桥坪、白鹤洞、梓木洞、玉池、望塔、蓝家洞、粥时青坑 7 座小水电站,有 373 个单位利用柴油机、汽油机和工厂余热自备发电,自力更生解决电力短缺问题。大电网建设:先后兴建 110 千伏变电站 1 座、35 千伏变电站 6 座,增加主变容量 55660 千伏安。电力大发展:先后投资 4320 万元,统一改造农村低压线路 800 多公里,兴建配电间 215 座,安装计量屏 215 块,装设低压触电保安器 357 台;兴建铜盆、川山、磊石、伏宁桥、白水等 35 千伏变电站 5 个,增容扩建汨罗 110 千伏变电站 1 个;村通电率 100%,农户通电率 98%;1984 年 12 月,汨罗县率先进入全省农电先进县和电气化试点县行列。1987 年,汨罗县告别无电村,实现村村通电。城乡电网建设改造:相继制定《汨罗市 2000 ~ 2003 年城乡电网建设与改造规划》《汨罗市电力局城乡电网建设与改造实施方案》;投资 1.366 亿元,兴建与改造输变电项目 11 个。至 2008 年,全市系统供电区域有 220 千伏变电站 1 座,主变 2 台,容量 24 万千伏安;110 千伏变电站 3 座,主变 5 台,容量 14.6 万千伏安;35 千伏变电站 9 座,主变 16 台,容量 57500 千伏安。220 千伏线路 1 条,计 70 公里;110 千伏线路 5 条,计 63.6 公里;35 千伏线路 12 条,计 175 公里;10 千伏主干线路 71 条,计 3215 公里;全市电力用户达 19 万户,完成供电量 6.12 亿千瓦时,售电量 5.52 亿千瓦时,拥有固定资产 2.02 亿元。

1983 年、1985 年,汨罗县电力局两次被省政府授予"三电工作先进单位"称号;1986 年 3 月,被水电部华中电管局授予"双文明建设先进单位"称号;是年 10 月,被水电部和全国水电工会授予"全国供电系统优质服务先进单位"称号;1998 年,被国家电力部评为电力三为达标单位;2008 年,被评为湖南省文明单位。

1984年12月、1987年9月，大荆乡农电站职工杜建兵分别被水利水电部授予“全国水利电力系统劳动模范”及“全国优秀农村电工”称号。2002年、2005年，副局长兼三产业公司经理苏仲衡先后获全国“五一劳动奖章”及“全国劳动模范奖励”称号。

第一节　小水电与自备发电

一、小水电

境内除湘江干流外，尚有流域长4公里、流域面积在8平方公里以上的大小河(溪)45条，控制流域面积6008平方公里，水能资源的理论蕴藏量40120.3千瓦。其中汨罗江(境内)15540千瓦，罗江流域11800千瓦，湄江流域8558.3千瓦，其他溪流4222千瓦。

1978年前，建成小型水力发电站5处。1978年后，有小型水电站14处。至2008年年底，尚在运行的电站有14处，装机30台、总容量6355千瓦。总发电量年均1200万千瓦时左右，川山、蓝家洞、李家塅、弼时镇、桥坪5处电站总装机5000千瓦以上，平均发电量920万千瓦时左右。

1988年后，为调剂丰、枯水期间发电、供电、用电矛盾，各电站相继与系统电网联网，互相支援。2003年，实行“厂网分离”：水电站负责发电，供电区移交电力部门，电费收入直接与电力部门结算。丰水期上网电价每千瓦时0.106元，枯水期0.171元；2005年，丰水期每千瓦时0.24元，枯水期0.33元。

汨罗市小水电站2003年供发电情况表

表16－5－90　　单位：千瓦时、人、户、元

	川山电站	蓝家洞电站	李家塅电站	弼时电站	桥坪电站	合计
总装机容量	600千瓦(2台)	1885千瓦(7台)	600千瓦(2台)	500千瓦(2台)	600千瓦2台(一级) 1200千瓦5台(二级)	5385千瓦
体改前年发电量	120	180	140	100	380	920
体改前外购电量	700	60	360	250	345	1715
体改前总供电量	820	240	500	350	725	2635
体改前人数	19	39	36	30	89	213
体改后人数	8	40	18	21	62	149
体改前网区用户	5400	3(企业)	6600	8000	12000	32003
体改前销售均价	0.54	0.62	0.62	0.55	0.53	-

汨罗市小水电站2008年基本情况表

表16－5－91　　单位：米、立方米/秒、台、千瓦

电站名称	建设地点		水头	取水方式	引用流量	装机		始建年
	乡镇名称	村名				数量	功率	
梓洞一级	玉池	关山	159	坝后引水	0.4	2	600	1976
梓洞二级	高坊	桥坪	146	-	1.0	2	600	1971
白鹤洞	李家	龙山	95	-	0.5	2	600	1971

续表 16－5－91

电站名称	建设地点		水头	取水方式	引用流量	装机		始建年
	乡镇名称	村名				数量	功率	
青　坑	弼时	平塘	242	－	0.36	2	500	1979－1994
望　塔	川山	玉麓	150	－	0.6	2	600	1979－1996
石滩二级	玉池	鹤泉	102	径流	0.1	1	75	1978
石滩三级	玉池	鹤源	53	－	2.37	2	115	1980
越　江	白水	越江	4.5	－	4.0	2	200	1983
湘　平	三江	湘平	6	－	1.58	1	55	1996
向家洞	智峰	桥头	26	坝后引水	2.0	2	250	1973
蓝家洞一级	八景	高华	22	－	8.5	3	1460	1980
蓝家洞一级	智峰	清华	10	－	2	2	250	1998
咀上游	长乐	广联	2.8	径流	13　1.0	3	330	1978－1991
八景洞	八景	智峰	25	坝后	1.0	1	120	1972－2007
合　计	14	－	－	－	－	30	6355	－

二、自备发电

1966～1979年,汨罗县内部分国营工业以柴油机、汽油机配置发电机作为备用电源。至1980年,全县31个乡(镇)有29个单位自办电力,共有柴油机38台,容量2724千瓦;汽油发电机55台,容量175千瓦;用于社队工业的43台,容量3044千瓦;用于放映的55台,容量175千瓦。1980年后,大批兴建扩建工业企业相继上马,电力负荷猛增,电力矛盾突出。各企事业单位和各乡镇,自备发电设施,以解燃眉之急。到1991年年底,全市有373个单位自办电力,共有机组516台,容量19794千瓦,年发电量1614.99万千瓦时;其中属乡(镇)单位自办发电的有340个,发电机组409台,容量9175千瓦,年发电量979.26万千瓦时;属企事业单位自办发电的有33个,发电机组107台,容量10619千瓦,年发电量达635.73万千瓦时。1999年,国家电力正常供应,自备发电停止。

1986年,汨罗县氮肥厂开始利用余热发电。该厂有锅炉3台,总容量30吨小时,除供造气车间生产外,尚有余热可供利用。是年,投资35万元筹建自备中温中压汽轮发电机组,配有沸腾炉3台,背压式汽轮1台,发电机1台,功率750千瓦,发电电压440伏,所发电直接并入该厂低压线网。1987年3月,投入使用,年发电时间90%。1991年,发电量21.4万千瓦时,占全厂年总用电量的5.3%。

第二节　电网建设

一、变电站

(一)220千伏新市变电站

1985年前,汨罗、湘阴、平江、岳阳四县境内有4座110千伏变电站,主变容量达11.3万/千伏安,由

220 千伏巴陵变的 110 千伏巴乔线供电。该线截面仅 150 平方毫米，无法满足 4 县的用电需要。同时，装机 70 万千瓦的华能岳阳电厂预计 1990 年年底投产，而湘北与湘中电网仅由一条 220 千伏巴塱线连接，不能解决华能岳阳电厂发电上网南送的问题。汨罗县抓住这一机遇，多次向省电力设计院、省电力工业局、华中电力设计院和华中电网局汇报，建议在地理位置适中的汨罗新市新建 220 千伏变电站，并为之提供优惠条件。1985 年 5 月，华南电力设计院在《岳阳电厂扩建两台 35 万千瓦机组可行性研究报告》中提出：在汨罗县内兴建 1 座 220 千伏变电站，由华能岳阳电厂供电，经该变电站输电长沙河西地区。1985 年 9 月，水电部批复：同意兴建 220 千伏汨罗县新市变电站。

1987 年 4 月 25 日，华能岳阳分公司正式将其列入本厂配套输变电工程。1988 年 10 月，省电力工业局在汨罗召开 220 千伏新市变的初步设计审查会议，基本同意省电力勘测设计院提出的设计方案。1988 年，汨罗市政府成立 220 千伏新市变工程指挥部，并会同省水电安装公司开展征地、平整等工作。

1989 年 7 月 8 日，岳阳市政府主持召开 220 千伏新市变和岳阳 220 千伏输电线路工程建设协调会。7 月 10 日，岳阳市政府办下发《关于岳阳至汨罗 220 千伏变电工程建设协调会议纪要的通知》。10 月 28 日，破土动工。1990 年 3 月，全线架通华能岳阳电厂至汨罗新市变的 220 千伏一回路、二回路。是年 6 月 20 日，新市变土建完工。8 月，室内设备大部分安装调试完毕。1991 年 11 月 30 日建成投运，由岳阳电业局负责运行管理。该变电站占地面积 3927 平方米，是湘北、湘中电网 220 千伏联网的中间站。

(二)110 千伏变电站

汨罗变电站。1974 年 8 月 6 日，建成投产，总投资 60 万元，安装 110 千伏主变一台，容量 15000 千伏安。1978 年，增加 8000 千伏安主变一台。1981 年年初，岳阳电业局组织第二期工程施工，是年 12 月，竣工投产。1990 年 2 月，市政府先后两次召开议电会，会议决定：要抓住新市 220 千伏变电站建成后电力负荷增加的机遇，扩大汨罗 110 千伏变容量；将 110 千伏变电站主变容量在原有基础上扩建安装 31.5 千伏安变压器 1 台；10 千伏出线由 10 回增至 20 回，第一期工程增加 6 回；工程计划投资 340 万元，汨罗自筹 120 万元，其余费用请省电力局立项解决；以分管工交电力的副市长为工程建设指挥部指挥长，具体组织实施。在省电力局支持下，该项工程于是年内全部完工。至此，该站有主变 3 台，容量为 61500 千伏安。

窑洲变电站。1998 年 2 月，分管副市长召集电力、计划、财政、国土等单位负责人专题研究新建窑洲变电站问题，计划首期工程投资 1800 万元。是年 5 月 4 日，汨罗市政府常务会议作出 4 项决定：变电站地址确定在窑洲高岭土厂区内；建设资金由电力部门和市政府分担，汨罗市政府划拨建设用地 1.33 公顷，列抵投资；涉及的工程税费，能减免的尽量减免；成立工程建设指挥部。该项工程 12 月 15 日由省计委批准立项，12 月 28 日奠基，下年竣工。

(三)35 千伏变电站

屈原变电站。1964 年兴建，1965 年 6 月竣工投入运行，1966 年 10 月 11 日，移交汨罗县供电公司管理。1981 年后，屈原变专为屈原农场供电，最高负荷 3850 千瓦，一般为 2000 千瓦。1989 年 9 月 29 日，屈原变财产作价 30 万元(固定资产净值 20 万元、生活设施 10 万元)，转让给屈原农场管理。

城关变电站。1968 年 3 月建成投入运行，该站原有出线 5 回，分别向城关及周边 11 个公社供电，最高负荷为 1400 千瓦，一般负荷在 1000 千瓦左右。1974 年 8 月 6 日，110 千伏汨罗变电站投入运行后，原城关变供电线路与负荷改由 110 千伏汨罗变直供，主变及控制屏等主要设备调往 35 千伏狮形山变电站，35 千伏城关变全部拆除。

狮形山变电站。1972年,向家洞水电站建成发电后开始配套筹建,1973年11月破土施工,1975年12月建成投入运行。1979年年底,蓝家洞水电站将其10千伏出线与狮蓝线并网。该站有10千伏出线6条,最高负荷1700千瓦,一般负荷700千瓦左右。1988年10月,狮形山变电站改造:将撤换的1800千伏安主变调往铜盆变电站,换装从桃林变电站调来的3150千伏安主变1台,加装35千伏多油开关1台,改10千伏手动操作为电动操作,改反时限交流保护为定时限直流保护,增加对三江、长乐、黄金开采工地10千伏出线间隔和控制设备,并对原10千伏配电间进行改造。

桃林变电站。1974～1975年,汨罗、岳阳水电局多次向省水电厅呈送《兴建35千伏桃林变电站的报告》《桃林35千伏变电站设计任务书》《汨罗县桃林35千伏输变电工程设计成果报告》。1977年8月23日,县农田基本建设指挥部向供电公司下达《桃林35千伏输变电工程施工任务的通知》。该站的测量、设计、施工、35千伏线路架设、10千伏线路改造规划及变电站内的土建工程、设备安装等,均由汨罗县供电公司承担。该站初期安装3150千伏安的主变压器1台,由110千伏汨罗变原35千伏410开关供电,并由桃林变35千伏单母线延伸至磊石长山电排站。1988年1月11日,该站进行技术改造,将10千伏开关由手动操作改为直流220伏电动操作。10月,拆下原3150千伏安主变调往狮形山变电站,新装5000千伏安主变1台,投入运行。桃林变电站现有10千伏出线6回。

铜盆变电站。曾称弼时变电站。1984年12月开始兴建,1985年投入运行。该变电站初期安装主变1台,容量2500千伏安。站内35千伏进线安装35千伏直降变1台,容量50千伏安。供电范围:铜盆、沙溪、黄柏、玉池、弼时五个乡镇,以及玉池林场、岳阳电视台玉池达摩岭中级微波调频传播台。最高负荷2400千瓦,一般负荷1800千瓦,控制负荷500～600千瓦。为解决高峰负荷时容量不足的问题,1988年12月,增加2号主变1台,1800千伏安。铜盆变电站总投资88万元,其中省电力工业局投资55万元,岳阳电业局投资5万元,市自筹28万元。1985年11月20日,铜盆变工程指挥部将固定资产无偿移交汨罗电力局。

川山变电站。1986年10月,开始筹建。1988年2月12日,投入运行。川山变35千伏线路T接于汨铜线105号杆,共立杆37基,线路长度为6.56公里。安装SL7型主变1台,容量为4000千伏安,10千伏出线5回,负责白水、川山坪、高家坊3个镇的工农业生产及生活用电。工程耗资89.8万元,其中国家拨款37.21万元,自筹52.59万元。

磊石微型变电站。1987年,根据农村电气化布点规划,决定兴建。1990年6月4日,正式投入运行。该站安装S7型主变1台,容量1600千伏安;安装35千伏站用直降变一台,容量50千伏安;利用长山微波站原有接线10千伏总出线作进线,长0.5公里,分别供电磊石乡及新塘乡拦江、丁园、新龙、新湖四村;10千伏线路计长31.24公里,配变2990千伏安/40台;磊石微型变与35千伏桃林变的58号～64号耐张段解开为分界点。

宁桥微型变电站。1990年1月1日,动工兴建,仅用30天时间(其中只有3个晴天),突击完成土建、设备安装调试和35千伏线路的任务。是年2月4日,投入运行。该站主变设计2台,第一期工程安装2000千伏安的变压器1台,500千伏安重合器2台,20千伏安10千伏站用变压器1台和10千伏电压互感器1台。全站采用无线三摇控制设备和三摇功能(控、测、信)设备,共用经费50万元,其中市政府和新市镇共同筹资10万元,省电力局、岳阳电业局解决40万元。宁桥变投产后,全国各大网局,20多个省、市、县电力局的110多人前去参观。

白水微型变电站。1992年,岳阳电业局批准同意兴建,1993年9月11日投入运行。主变设计2台,容量为2×2000千伏安。第一期上一台S7型的开关,分6条10千伏出线。站内安装有S7型100千伏安站用变压器一台,10千伏电压互感器一台,0.2级干式电流互感器2台。建站共用资金70万元,其中白水镇自筹20万元,汨罗市政府投资10万元,其余40万元由省电力局和岳阳电业局解决。

二、线路

从1962年8月桥坪水电站建成供电到1974年汨罗110千伏变电站建成投产,并长藤结瓜建成狮形山、桃林、铜盆、川山等35千伏变电站,再到1989年新市220千伏变电站建成,汨罗电力连上数级台阶,一个以220千伏变电站为中心的强大的输变电工程网络已在该供电区内形成。至2008年,汨罗供电区共有220千伏输电线路6条,长193.332公里;110千伏输电线路5条,长63.6公里;35千伏输电线路12条,长175公里;10千伏主干线路71条,长3215公里。

220千伏输电线路

巴塱线。汨罗市内长53.65公里,杆塔总数171基。1983年5月,投入运行。

巴树线。汨罗市内长54.81公里,杆塔总数180基。

岳新Ⅰ回(岳阳华能电厂至新市变电站)。境内长21.403公里,杆基67基。

岳新Ⅱ回。汨罗市内长21.487公里,杆塔67基。

新天Ⅰ回(新市变电站至长沙河西天顶山变电站)。汨罗市内长21.028公里,杆塔64基。

新天Ⅱ回。汨罗市内长20.954公里,杆塔63基。

110千伏输电线路

巴汨线。1980年2月,岳阳枫树坡110千伏变电站投运,汨罗变电站与其接通,称枫汨线,电杆共296基,全长73.2公里。1983年,220千伏巴陵变电站投运后,从巴陵变电站新架电杆6基接通并向汨罗变电站供电,枫汨线改为巴汨线,电杆282基,长71.5公里;境内电杆82基,长21.69公里。

新汨线。新市变电站至汨罗变电站,长7公里,杆塔34基。

汨湘线。新市变电站至湘阴变电站,境内长15.759公里,杆塔63基。

新氮线。新市变电站至氮肥厂变电站,长6.4公里,杆塔34基,其中铁塔5基。

35千伏输电线路

汨纺线。汨罗变电站至汨罗纺织印染厂,属自备线路,电杆114基,全长21公里,1974年8月架设。

汨氮线。汨罗变电站至汨罗市氮肥厂,属自备线路,电杆29基,长2.7公里,1974年8月架设。

汨屈线。汨罗变电站至35千伏屈原变电站,电杆112基,长21.6公里,1984年8月架设。

汨狮线。汨罗变电站至35千伏狮形山变电站,电杆170基,长27.49公里,1975年12月架设。

汨磊线。汨罗变电站至35千伏磊石变电站,电杆150基,长28公里,1978年5月架设。属用户自管。

汨桃线。汨罗变电站至35千伏桃林变电站,电杆125基,长18.49公里,1979年9月架设。

桃磊线。汨桃线延伸至长山电排站,电杆87基,长12公里,1979年9月架设。

汨铜线。汨罗变电站至35千伏铜盆变电站,电杆164基,长26.64公里。1985年2月架设。

川山线。35千伏汨铜线至35千伏川山变电站,电杆37基,长6.56公里。1988年2月架设。

宁桥线。汨平线(35千伏线路)至新市宁桥变电站,1991年2月架设。

湘汨线。1968年3月架设,35千伏湘阴变电站至原汨罗35千伏城关变电站,电杆175基,长27.6公里。1974年,改为联络线,作为汨罗变电站预试检修电源。

地震台线。汨狮线86号杆至地震台,长1.8公里,属自管线路。

砂轮厂线。汨狮线1号杆至砂轮厂,长0.5公里,属自管线路。

10千伏主干线路

至2008年,汨罗供电区共有10千伏主干线路71条,计3215公里。分别是1978年前16条;1979年6条;1985年6条;1988年5条;1990年1条;1991～2008年37条。

用电线路

1978年,用电线路1574.35公里,电杆39142基,其中380伏线路728.08公里,电杆17826基。1991年年末,用电线路3634.28公里,电杆88284基,比1978年分别增加138%和125%;其中,380伏线路1638.58公里,电杆39946基,分别占总用电线路的45.1%和46%。在用电线路中,城区电杆6479基,线路长264.92公里;其中,380伏电杆2911基,线路长12.060公里。至2008年年末,汨罗用电线路共计3453.6公里,比1978年增加1879公里。

汨罗供电区1987～2008年用电线路统计表

表16－5－92　　单位:公里

乡镇名称	1987年年末				1991年年末				2008年		
	长度	杆基	其中:380伏		长度	杆基	其中:380伏		长度	其中:380伏	
			长度	杆基			长度	杆基		长度	杆基
汨罗镇	38.50	620	21.50	537	92.56	1438	253.00	1002	177.821	123.121	3287
城郊乡	64.10	1601	31.30	780	127.42	3042	162.80	1446	160.622	117.926	684
城关镇	63.50	1587	33.65	841	137.5	3437	57.80	1465	95	31.352	1200
大众乡	35.50	891	15.31	382	76.90	1910	137.50	925	–	–	–
古培乡	47.20	1002	21.30	520	99.23	2075	137.71	915	390.497	298.314	989
白水镇	118.10	2910	68.90	1720	281.10	6975	245.30	3635	359.768	292.884	749
川山坪镇	27.10	675	16.50	412	66.20	1634	28.73	718	305.581	233.411	932
高家坊镇	81.00	2617	29.60	740	185.70	4637	165.30	1567	349.8	257.64	957
玉池乡	9.45	194	5.50	133	39.66	697	12.41	222	146.044	107.520	473
黄柏乡	101.10	2513	69.30	1630	223.50	5677	126.8	3170	290.088	220.659	653
沙溪乡	65.50	1641	13.78	343	160.14	3719	32.74	808	188.802	149.318	487
铜盆乡	110.00	2750	93.55	2320	250.00	6110	210.00	5130	234.951	181.050	640
弼时镇	73.00	1850	11.70	285	163.20	4075	234.50	855	261.343	194.464	741
新市乡	73.10	1687	31.61	790	131.34	3055	82.25	1288	240.71	168.404	1099
红花乡	36.40	907	11.35	284	81.04	2002	3064	756	156.642	103.553	594
黄市乡	34.20	847	9.50	237	76.90	1905	29.90	739	131.664	86.264	518

续表 16－5－92

乡镇名称	1987年年末				1991年年末				2008年		
	长度	杆基	其中:380伏		长度	杆基	其中:380伏		长度	其中:380伏	
			长度	杆基			长度	杆基		长度	杆基
天井乡	44.20	1091	15.30	152	100.75	2486	38.35	947	134.121	95.506	407
长乐镇	65.10	1627	46.50	1160	150.00	3773	112.00	2791	144.995	96.204	565
智峰乡	37.80	947	8.60	215	99.50	2380	21.50	520	68.631	38.540	353
古仑乡	38.80	956	12.10	302	92.2	2282	36.60	901	117.719	85.829	342
八景乡	19.20	465	2.50	62	47.8	1196	10.50	263	45.21	28.775	125
三江乡	64.30	1601	31.30	781	153.70	3819	125.70	1876	122.596	87.356	334
大荆乡	89.30	2325	26.50	662	217.60	5403	136.60	2148	176.94	132.882	433
火天乡	58.10	1449	18.70	465	144.70	3595	46.60	1154	167.921	114.986	528
桃林寺镇	29.80	747	11.78	291	65.40	1646	73.50	584	156.615	139.425	141
范家园乡	36.50	665	16.35	406	63.40	1688	54.40	859	230.375	175.207	616
楚塘乡	38.00	860	14.95	371	86.00	2137	37.00	925	149.818	112.906	412
白塘乡	41.30	1025	15.80	395	106.15	2646	3650	913	142.414	88.039	2607
新塘乡	28.20	701	13.85	341	76.00	1905	33.75	844	138.235	98.115	435
磊石乡	15.50	391	950	261	38.69	970	23.15	579	59.755	39.090	232
合计	1574.35	39142	728.08	17826	3634.28	88284	2638.58	39946	–	–	–

三、变压器

1962年,桥坪电站建成投产,始有10千伏电力变压器。1965年,35千伏变压器投运。1989年,出现220千伏变压器。至2008年,汨罗供电区共有220千伏主变1台,12千伏安;110千伏主变5台,14.6万/千伏安;35千伏主变16台,5.75万千伏安;10千伏配电变压器1227台,15.5778万/千伏安。

汨罗供电区1965～2008年主变情况统计表

表16－5－93　　单位:千伏、千伏安

站名	电压等级	主变							
		号	型号	容量	生产厂家	序号	出厂年月	投产年月	产权
新市变	220	1	–	12万	挪威	–	–	1991.4	岳阳电力局
汨罗变	110	1	$STSL_3$	15000	衡阴	75581	1975.7	1981	岳阳电力局
		2	SFSL	15000	保定	8627－11	1972.9	1974	岳阳电力局
		3	SFZ_7	31500	衡阳	5860807	1988.8	1989	岳阳电力局

续表16－5－93

站名	电压等级	主变							
		号	型号	容量	生产厂家	序号	出厂年月	投产年月	产权
氮肥厂	110	1	SLJ	20000	－	－	－	1993	厂
桃林变	35	1	SL_7	5000	衡阳	881321	1981	1982	汨罗电力局
狮形山变	35	1	SL	3150	常德	773	1978	1979	汨罗电力局
铜盆变	35	1	SL_4	2500	衡阳	82239	1983	1984	汨罗电力局
	35	2	ST_1	1800	衡阳	6617	1967.3	1984	汨罗电力局
川山变	35	1	ST_7	4000	衡阳	8789	1987.3	1988	汨罗电力局
磊石微型变	35	1	S_7	1600	湘阴	89004	1989	1990	汨罗电力局
宁桥微型变	35	1	S_7	2500	湘阴	91001	1991	1991	汨罗电力局
砂轮厂	35	1	S	3460	浙江	－	1973	1977	厂
地震台	35	1	SJ	50万	衡阳	－	－	－	台
屈原变	35	1	SJ	1800	衡阳	－	1963	1965	屈原农场
	35	2	STJ	3200	湘阴	－	1981	1982	屈原农场
汨纺变	35	1	－	3200	衡阳	－	－	－	汨罗纺织厂
	35	2	－	3200	衡阳	－	－	－	汨罗纺织厂
	35	3	－	600万	衡阳	－	－	－	汨罗纺织厂
汨罗磊石电排	35	1	LS_2	1000	湘阴	001	1978	1979	磊石乡
	35	2	STL	1000	湘阴	79627	1979	1979	磊石乡
屈原农场电排	35	1	SJ	3200	衡阳	－	－	－	屈原农场
氮肥厂	35	1	SLJ	560万	常德	520	1978.6	1979	厂
	35	2	ST	1800	长沙	784720	1978.12	1979	厂
	35	3	ST_3	560万	衡阳	74274	1974	1975	厂
	35	4	SLJ_2	1800	衡阳	77348	1977	1977	厂
	35	5	ST_3	320万	衡阳	731661	1973	1977	厂
	35	6	－	100万	衡阳	812096	1981	1981	厂
白水变	35	1	S_7	2000	株洲	92001	1992.12	1993	汨罗电力局
	35	2	S_7	2000	株洲	93074	1993	1993	汨罗电力局
合　计	－	30台	－	25.19万	株洲	－	－	－	－

汨罗供电区2008年10千伏配电变压器统计表

表16－5－94　　　　单位:千伏安

站名	线路名称	配变		站名	线路名称	配变	
		台	容量			台	容量
汨罗110千伏安	汨红	47	3185	桃林变	桃镇	1	100
	汨瓦	59	5665	磊石变	磊闸	26	200
	汨联	21	1544	宁镇变	宁镇	14	970
	汨大	20	2090	屈原农场	－	206	28400
	汨自	2	325	铜盆变	铜沙	26	1165
	汨冷	6	1460		铜玉	13	850
	汨古	34	1860		铜黄	30	2335
	汨新	50	3725		铜微	2	130
	汨铁	6	530		铜弼	33	2105
	汨砂	1	400		铜盆	31	2055
	汨水	2	860	狮形山变	狮蓝	2	360
	汨金	6	680		狮天	35	1980
	汨团	6	780		狮大	22	1150
	城Ⅰ	31	8070		狮黄	28	3190
	城Ⅱ	18	2350		狮长	30	2155
	城Ⅲ	16	2420		狮三	22	1200
	城Ⅵ	19	2690	川山变	川白	58	4913
桃林变	桃新	61	4385		川工	6	880
	桃白	58	4190		川麻	11	1000
	桃范	35	2880		川桥	19	5640
	桃楚	32	3015		川山	33	3755
	桃火	50	3305	合计	－	1227	15.5778万
	桃场	4	180				

第三节　电业管理

一、用电管理

汨罗供电区内用电管理，主要包括汨罗市、汨罗纺织印染厂、屈原行政区三大块。其业务管理，由汨罗电力局用电股负责。

(一)用电量

1979年,汨罗供电区用电总户94561户,总容量99739千瓦。至1991年年末,汨罗供电区的计费用户有16.9735万户,用电装机容量19.3018万千瓦。1998年完成供电量2.5065亿千瓦时,比1979年增加2.52倍;完成售电量23310千瓦,售电均价完成304.1元千瓦时。到2008年,年供电量达6.12亿千瓦,比1998年增加1.44倍。用电客户19.8809万户。

国营工业用电量。1979年,工业用电量4411万千瓦时,占是年社会用电总量的67.54%。1991年,工业用电量增至1.0644亿千瓦时,占是年用电量的63.59%,比1979年增长2.41倍。2008年,工业用电量1.37亿千瓦时,比1991年增长0.29倍。

农业用电量。1979年,农业生产用电量为1349.79万千瓦时,占是年农业用电量的85.6%,占是年社会用电总量的20.67%。1986年,农业生产用电701.16万千瓦时,仅为是年农业用电量的38.83%,占是年社会用电量的4.9%。2008年,农业用电量达14801.27万千瓦时,占是年用电量的26.8%。

农副产品加工用电量。1979年为227万千瓦时,占是年农业用电量的14.4%。1987年,突破1000万千瓦时。1991年,用电2144.2万千瓦时,占全年用电量的13.46%。2008年,为3981.54万千瓦时,占是年用电量的7.21%。

农村生活照明用电量。1979年为143.96万千瓦时,占是年农业用电量的8.37%。1991年,为698.12万千瓦时,占是年农业用电量24.56%。2008年,为6425.58万千瓦时,占是年用电量的11.64%。

乡镇企业用电量。1979年,乡镇企业用电量为312万千瓦时,占是年社会用电总量的4.78%。1984年后,年均在1000万千瓦时以上。1991年,乡镇企业用电量为1949.78万千瓦时,占是年社会用电量的12.24%。2008年,乡镇企业用电量为1.3579亿千瓦时,占是年社会用电量的24.6%。

城区生活用电量。1979年,用电量为87万千瓦时,占是年社会用电总量的1.33%。1989年,为721.76万千瓦时,占是年社会用电总量的4.86%,比1979年增长7.3倍。2008年,为1.8182亿千瓦时,占是年社会用电总量的32.9%。

(二)营业报装

1978年前,归口汨罗县供电公司管理。1979年,县电力局单设用电股专门管理。凡新装、增装电力或照明用电、临时用电、自备电源并网及双电源用电、改变供电方式或进线位置、迁移杆线等业务扩装,不论用电性质、电压等级、容量大小,均需填写用电申请书,到供电部门办理用电手续;凡要求过户、移表、拆表、验表、减容用电、暂停用电、迁移用电、变更名户和用户配电系统更新改造等一般业务,均需到供电部门办理手续,由供电部门根据申请进行现场查勘、审批、设计、施工,验收合格,方可供电,并跟踪进行用电监察,设备检校,电费收取。

(三)电价电费

1976年,汨罗供电区内执行的仍是1960年国家颁发的《湘北电网电热价格》。1985年后,煤炭加倍,铁路运输涨价,电力生产成本有所提高。省电网根据省计委文件相应作调整:网内所有用户,扣除生活照明用电和农业生产用电,均负担煤炭加价和铁路运输加价,是年执行并逐年增加。至1990年,每千瓦时加价0.05元。

1985年始,推行峰谷分时电价:每天8～12时为第一高峰;14～17时为第二高峰;19～22时为第三高峰;23时至次日7时为低谷时段。高峰期:大工业用电,按正常电价的150%加收电费;非工业和普通工业用电,则按正常电价的160%加收电费。低谷时期,大工业用电,按正常电价的50%收取电费;非工业和普通用电,按40%收取电费。平时,按正常电价收取电费。有关照明电价、农业电价、大宗工业电价、优待电价、小水电上网电价及城市公共事业附加费、滞纳金、电力建设资金等均按均相关文件规定执行。

(四)三电管理

1974年2月,汨罗县成立"三电"(即计划用电、节约用电、安全用电)办公室(简称"三电办")。1979年,"三电"办从县政府院内迁至经委院内。1984年,组成线管会,负责巡查线路上所有用户的用电情况,监督实施三电办的用电计划。1990年,共有线管会员580人,其中电力局63人,乡(镇)农电站132人,村电工385人。

计划用电。1981年12月,岳阳地区三电办在汨罗供电区内开展"查清用电情况,实行定电力、定电量、定用电单耗、定用电"的"一查四定"工作。1982年5月11日,国务院批转水利电力部《关于按省、市、自治区实行计划用电包干的管理办法》。12月13日,省政府颁发《湖南省实行计划用电包干暂行管理办法实施细则》。1983年3月1日始,岳阳地区对各县(市)和1000千瓦及以上的用户实行年度用电大包干,分月下达电力、电量、负荷率指标,进行日考核;坚持择优供电、保证重点、兼顾一般,实行谁超限谁、超用扣还、节约归己的奖罚制度。对超用电量指标2%以上的用户,实行次日、下月扣还;负荷率达不到规定指标者,视情况扣减下月用电指标。1987年,岳阳市计划用电指标实行"保重点企业用电,余下按比例分配"的"先保后分"政策,对电力、电量、负荷率、拉闸限电4项指标进行考核。是年10月,对企业超单耗多用的电量,每千瓦时加价0.05元。同时,取消享受优待用电户的优待电价。"三电"办收取的超计划、超单耗加价款或罚款,设立专门账号,在当地交纳产品税后,实行三级分成:40%留县"三电"办;地(市)、省"三电"办各上缴30%。1989年1月,省经委在《计划用电责任制》和《电力分配补充规定》中提出:实行"先保后分,核定基数,比例分电,切块包干"的十六字方针。市"三电"办制定全年用电规划,做好短期用电安排,做到避高峰,填低谷。对砂轮厂用电大户,安排丰水期多用电,枯水期冶炼炉停产;对轧钢厂、大米厂用电大户,安排零点班生产;农村抗旱排渍用电,每两天安排一次负荷;重大节日负荷进行临时调整,使用电有章可循;并将负荷指标逐厂矿、线路分解下达,调度室当值调度员按此依事,严格控制。

监督用电。1989年年末,汨罗市电力局在市氮肥厂、市水泥厂、市大米厂、市铝材厂、市冶金机械厂、市磨料磨具厂、市电扇厂、市棉织厂、市通用机械厂、市肉联厂、市印刷厂、市钢管厂、市酒厂、市高岭土厂、市高频焊管厂、市镀锌钢管厂、市电线厂17家大宗工业用电户安装电力定量器21台。1984年至1990年,供电部门用自有资金从华中电网购买计划外用电5070.8万千瓦时,其中1990年1247万千瓦时。同时,动员工业用户积极认购省网计划外的加工电。

节约用电。经过查清各用户用电设备的容量、安全状况以及高能耗、无功损耗、大马拉小车等设备不配套情况,淘汰高能耗电动机213台,容量3143千瓦;改造高能耗电动机103台,容量1998.5千瓦;更换陈旧高耗能变压器5台,容量350千伏安;改造大马拉小车设备78件。

电耗考核。1988年始,市"三电"办对全市61个用电企业、33种产品,对塑料、木器加工、印刷等12个行业、21个单位的无定型产品,实行电耗考核。1991年,汨罗供电区供电量1.7119亿千瓦时,比1990年净增561.2万千瓦时,增长率为3.4%;全年售电量1.5934亿千瓦时,比1990年净增637.9万千瓦时,增长率为4.1%。以地区分类,全市售电量1.1102亿千瓦时,屈原农场售电量1823.2万千瓦时,汨纺售电量为 2765.02 万千瓦时。全供电区年均负荷率 93.7%,最高月份负荷率为 108.8%。1991 年,汨罗市计划电量 9358.52 万千瓦时,实际完成电量为计划用电量的 119%。1991 年,全市工业总产值为 8.2798 亿元,全年综合电耗为每万元 2033.63 千瓦时,比上年的 2278.3 千瓦时下降 244.67 千瓦时。全年节电 961.78 万千瓦时,超过全年节电计划 250 万千瓦时的 2.85 倍。

安全用电。电力安全生产亦与计划用电、节约用电同步进行。抓制度、抓检查、抓整改,一丝不苟,持之以恒,杜绝人身触电伤亡事故,确保年年用电生产安全。

(五)变电线路管理

变电运行管理。1978 ~ 2008 年,汨罗市供电系统建立严格的值班制度、交接班制度、巡回检查制度、设备及缺陷管理制度。所有变电运行人员,坚守岗位、自觉遵守,确保用电生产安全。

线路巡视管理。1991 年,35 千伏线,由电力局负责。巡视时间及方式有正常巡视、特殊巡视、夜间巡视、故障巡视、登杆塔巡查。巡视内容有沿线情况,杆塔与拉线,导线与避雷线,绝缘子与瓷横担,防雷设施,接地装置等。巡视方法有正常巡视(由 1 ~ 2 人进行),特殊巡视、夜间巡视、故障巡视、登塔杆巡查(由 2 人以上进行)。巡视员随带配件,发现问题,及时修复。汨罗市电网输配电线路,由于线路工人的经常巡视和维护,年年安全运行,没有出现线路事故。

二、农电管理

1992 年 8 月,成立汨罗市农电总站,下设大荆、李家、桃林、长乐、川山、汨罗、新市、郊区、白水、黄市等 10 个供电所。1996 年,汨罗市"三为"(为农业、为农民、为农村经济)服务达标,通过电力部验收。2003 年,完成弼时、李家、川山、高坊、八景、玉池 6 个乡镇的小水电体改工作,实现发(电)、供(电)分离。2006 年 11 月,成立市农电服务有限责任公司。2007 年,农电员由 1300 余人精减至 345 人,并全部签订劳动合同,办理养老、医疗和工伤保险。

争创星级供电所。2003 年,市电力局开展"星级供电所"创造活动。是年,大荆供电所实现"三星级"挂牌,汨罗、黄柏、白塘、桃林、白水和郊区 6 个供电所达"一星级"标准。2004 年,白水、郊区、黄市 3 个供电所申报星级供电所。

实行农网改造。1998 年始,申报汨罗一期、二期农村配网改造工程,1999 年 1 月开工。按照"两改一同"价(即农电管理体制改革、农村电网改造,城乡用电同网同价)的要求,规范运行,确保质量,实现全市乡村同价,最高生活用电每千瓦时降至 0.65 元。至 2007 年 10 月,全市实际农网改造 374 个村、1104 个村网台区,共完成项目投资 22.2225 亿元。

新农村电气化建设。2007 年 10 月,成立以主管副市长任组长的新农村电气化建设领导小组,各乡镇成立领导小组和用电协调组。楚塘乡(今屈子祠镇)金沙村、天井乡嵩山村和汨罗镇李家坪村,被定为电气化示点村。共新架 10 千伏线路 4.67 公里,新增配变 6 台;改造低压线路 18.184 公里,其中三相四线 12.447 公里,单相 5.737 公里;完成户表改造 1312 户。

整顿用电市场。2008 年,汨罗市委书记白维国、市长周金龙主持召开全市电力工作会议,由市委政法委牵头,成立 3 个工作组,清理历史遗留欠账,强力整顿大路村、罗家洞小水电 5 个乡镇近区的窃电、拒交电费问题。

第十七篇　城乡建设与环境保护

汨罗城市建设，始于1966年建县。1981年始，先后6次修编和调整汨罗城市总体规划，制定、完善城市园林绿化规划、城市道路交通规划、《汨罗市工业污染源排放物2000年达标排放计划》、新农村建设规划；配套兴建路、街、巷、桥、供水、排污、公交、环卫、路灯、燃气、住房等城市基础设施和文化、学校、医院、广播电视等公共服务设施；成立城建管理机构，制定城市管理规章制度，开展文明城市创建活动。至2008年，全市有建制镇17个，乡属集镇、其他小镇14个，其中定为国家、省、岳阳市重点集镇5个；集镇区面积70多平方公里，城镇人口26.3万人，城镇化率达40.35%；城区建成面积15.7平方公里，比1978年前增加13平方公里；路、街、巷81条，比1978年前增加76条；城区人口17.5万人，比1978年前增加15.5万人；城区房屋建筑面积470.46万平方米，比1978年前增加469万平方米；其中，住宅建筑面积437.3万平方米，人均居住面积由1983年的8.06平方米增至25.1平方米；平房、泥砖房、一字长廊房均被淘汰；城市公交线路从零发展到11条，共有公交车54台，日营运里程11400公里，日客运量11600人次；城市烟尘控制区建成面积9.43平方公里，覆盖率100%；全年空气质量良好，汨罗江水质、市区噪声均值符合国家规定标准，天更蓝、水更碧、山更青成为现实。

第一章　城乡规划

第一节　城市总体规划

1981年，汨罗县建委勘测规划设计室在1966年3月第一次县城规划的基础上进行第二次修编，1983年7月完成《汨罗县城总体规划》修编任务。规划县城东起城郊双塘商店，西至石油库，再往南横跨京广铁路至城南路口，再沿屈原路向北，经种子公司、铁六处、老街至南渡桥，再往东至汨罗江上游窑洲渡口，再向南至双塘商店。城区规划总面积8.5平方公里。同年12月，经省城乡建设环境保护厅批准实施。

1988年1月，汨罗城市总体规划进行第三次修编。城区近期规划范围：包括城关、新市、汨罗、屈原4个镇及近郊农村，设高泉、新市、獭塘、营田4个区，规划城区总面积18平方公里。城区中期规划范围（至2000年）：高泉区，为市级党政机关所在地，全市中心，人口8万人，面积8.5平方公里；新市区，主要发展对汨罗江河水污染少的工业企业，逐步向高泉区靠拢，人口3万人，面积3.5平方公里；营田区，发展以港口码头为主的航运业、纺织业、食品加工业，人口4.6万人，面积5平方公里；獭塘区，用地条件好，邻近铁路，规划建成以化工、建材、食品为主的工业区，人口3.5万人，面积4.5平方公里。城区总面积21.5平方公里,城区人口19.1万人。1989年9月,《汨罗市城市总体规划》经省政府批准实施。

1996年,委托岳阳市规划勘测设计院对汨罗城市总体规划进行第四次修编。各区规划范围:营田区,包括屈原镇,屈原农场一、六、七分场;高泉区,包括城关镇,城郊乡,汨罗镇,范家园乡永青村,红花乡罗滨、双红、京街、汨江、汨东、联利7个村,古培镇明月、三港、课功、栗桥4个村;新市区,新市镇所辖范围。规划结构形式为"一个中心,两个组团"。即以高泉路为中心,以新市区、营田区为组团,至2005年,城区人口规模23万人,城区用地规模22.99平方公里。其中高泉区人口规模14万人,用地规模14.10平方公里;新市区人口规模4万人,用地规模3.97平方公里;营田区人口规模5万人,用地规模4.92平方公里。1997年6月17日,此规划得到省建设厅认定。

2001年,为促进中心城市"扩容提质",再次调整汨罗城市总体规划,单独编制汨罗市城镇体系规划。调整后的城市布局分为"五大功能区"。即以综合服务为主的高泉区,以团山工业区为依托的新市区,以农业产业开发为主的红花区,以农副产品深度加工为主的营田区,以屈子祠为龙头的楚文化风景旅游区。围绕"三名"(即名人屈原、名祠屈子祠、名江汨罗江)、"四水"(即汨水、罗水、汨罗江、友谊河)、"五山"(即高泉山、玉笥山、红花山、团螺山、范家山)做文章,确定"以汨罗江为轴心,以湘楚文化为底蕴,东扩北上"的城市发展战略。其奋斗目标:至2020年,城区人口发展到30万人,城市建设用地31.5平方公里,城市规划控制面积130平方公里。城市性质定位:长沙至岳阳中部地区重要物资集散地,岳阳市域的次级中心城市;以发展风景旅游业和轻型加工业为主,具有浓厚湘楚文化特色的中等城市。规划到2020年,全市以中心集镇为重点,以交通干线为依托,形成等级分明、规模适当、功能明确、布局合理的城镇体系,全市城镇人口达44.8万人,城镇化率达56%。2004年2月6日,该规划经省政府批准实施。

2007年,首次对城区及工业园区50平方公里的地形进行勘测,建立国家统一坐标系统和高程系统;邀请湖南大学设计研究院对园区内近20平方公里范围进行总体规划及控制性详细规划;完成建设东路配套工程、屈原南北路改造、改制企业土地处置、工业园详细规划与配套工程、垃圾站二期建设工程等项目的勘测和规划设计工作。

2008年,根据长株潭一体化的发展要求,聘请长沙天府规划勘察设计院对汨罗城市发展总体规划进行修编,已完成基础资料调查、上一轮城市总体规划评估及修改论证报告、规划修改纲要及专题研究报告任务,形成总体规划修改的补充方案;完成商业网点设施布局规划、城市排水管网规划、天然气管网规划、省道201线及汨罗江大桥、城市污水处理厂、友谊河续建、滨江新区一期、武广高速铁路汨罗火车东站、大操坪旧城改造、工业园二期市场建设等重点工程的详细规划;同时,修编《汨罗旅游发展规划》。

第二节 村镇规划

1984年1月,县城乡建设环保局增设乡村建设股,主管境内村镇规划工作。1984年4月,村镇规划全面铺开。部分乡镇相应制定《村镇建设用地条例》。1987年,按照"依地就势、因地成形、格式随意、珍惜用地"的原则,有6个建制镇完成总体规划,17个乡完成乡域总体规划和集镇规划,并全部编写规划说明书,绘制总体规划图、村镇现状图、管线综合图,制定用地平衡表、道路规划表、建设项目表。

1987年年底,乡村建设股撤销,村镇规划工作中断。1990年4月,市建委设村镇管理办公室,重新加强对村镇的规划及建设管理。

1992年，设市城市规划管理局，隶属于市城乡建设、环境委员会；1992年9月，市规划、市国土、市房产局合并为国土房产规划局，各乡镇国土管理所仍配有专干，负责村镇规划管理。1995年，市规划局、市国土局分开，村镇规划与城市规划仍归口市建设局管理。1995～2000年，城乡规划办对各乡镇总体规划进行修编，对建制镇和申报国家、省、岳阳市级重点镇进行第二、第三次规划修编。其总体规划方案，已经专家评审，报市政府批准实施。2003年，长乐镇被列入国家重点镇；2005年，新市镇、弼时镇被列入省级重点镇；李家塅镇(2003年)、白水镇(2005年)相继被列入岳阳市级重点镇。

第三节　城市园林绿化规划

1990年，制定《汨罗市园林绿化长远规划》。1997年，制定《汨罗市城市绿化规划》。规划2020年城市绿地面积445.2公顷，人均14.8平方米；其中绿地面积352公顷，人均11.7平方米。

城市生态绿地系统：由市郊基本农田和蔬菜基地、汨罗江沿江绿地、屈子祠风景名胜区绿地、南北郊区连绵生态林地构成。

城市园林绿地系统由“两带”(即汨罗江两岸布置绿化带、沿江形成风光带)、“四轴”(即友谊河绿化风光轴，建设路、汨新路、沿江大道绿化景观轴)、“五园”(即窑洲生态公园、屈子公园、新市公园、红花公园及营田区的橘颂公园)、“六场”(即窑洲广场、求索广场、红花广场、新市文化广场、楚风广场、营田广场)构成。

第四节　城市道路交通规划

一、城市对外交通规划(2001－2012)

修建汨罗江公路桥2座，减轻城市内部道路交通压力。公路入城处，每个方向规划2条通道。修建外环穿铁路隧道1处。各分区间，规划有2条道路联系。

汨罗铁路新客站，按国家二级站标准规划建设。新客站西面，规划建长途客运站及公交总站，作为整个市区的换乘枢纽。远景考虑将铁路货运站迁至古培塘。

汨罗江按三级航道整治，规划在营田、磊石长山修建500吨、300吨水运码头。

二、城市内部交通规划(2001－2012)

道路网络规划

结合城市土地利用、城市总体规划布局，完善道路系统，引导和控制土地开发，构筑城市交通大骨架；针对老城区道路密度低、支路少、干道不畅的情况，有计划地进行改造，保证干道畅通，街坊可达性好；增加支路网络密度，形成快速便捷的道路网络，改善老城区环境；新城区和开发区以城市总体规划布局为基础，建立快速有效的交通体系，方便市民生活。

路网布局

总体布局。在城市原有道路网基础上，综合考虑城市各功能区之间的联系、城市对外交通系统、交通效率等结构因素,建成“三横五纵”城区道路系统。“三横”是汨新大道,沿江大道,石濑路;“五纵”城西路,大众路,双塘路,团山路,新市路。

主干路。设计车速为每小时40～60公里,道路红线宽度为32～60米,并尽量利用平等道路,为主干路“机非分流、人车分流及快慢分流”创造条件。主干路线型力求平直畅快,为快速集散交通及增加城市景观创造条件。

次干路。设计车速为每小时25～40公里,道路红线宽度为18～30米,断面形式以一块板为主,机动车道与非机动车道采用画线形式分流。次干路两端设置大量车流、人流的公共建筑出入口。

支路。设计车速为每小时10～25公里,道路红线宽度为12～15米,车行道一般要求不小于7米。规划汨罗城区支路路网密度为每平方公里3～4公里。

老城区道路整治。基本原则:发挥现有道路功能,合理组织机动车与非机动车交通,适当设置单向交通。主要措施:打通瓶颈,改善道路断面,整治局部路网,完善交通设施等。主要内容有强制拉通规划次干路,拉通部分支路。

交叉口。根据城市道路网的功能和等级划分,城市交叉口规划形式参照下表。

汨罗市2008年城市道路交叉口规划表

表17－1－95

相交道路	主干路	次干路	支路
主干路	A、B	B、C	B、D
次干路	-	C、D	C、D
支路	-	-	D、E

说明:表内A为立体交叉口,B为展宽式信号灯管理平面交叉口,C为环形交叉口,D为信号灯管理平面交叉口,E为简单平面交叉口。

广场。分公共游憩广场、交通集散广场两类。规划设置城市广场10处,其中交通广场2处,游憩广场8处。同时,拟在各大型人流集结的公共设施处设置500～2000平方米的公共广场。

公共交通规划

客运高峰时,为保证95%的居民单程出行不超过30分钟,规划配置定线公共汽车200台,城市出租汽车300台;对外交通枢纽和人流活动频繁地区,实行营业站定点服务。

第二章　城市建设

第一节　街道建设

1979～1986年,汨罗县城内先后建成建设路、高泉路、车站路、人民路、劳动路、迎宾路、屈原路、友谊河路、工农路、山塘路、货场路、小江路、大众路、汨新路、归义路15条街道。1988年后,兴建罗城路、荣家路和归义广场;改建汨新路、大众路、归义路;扩建高泉路、劳动北路、车站南路;重修友谊河路、山塘路、劳动南路、工农路等12条街道。1992年,兴建建设西路、城西大道、新月街、芳草街、狄平路、八弓园路等主次干道7条。1996年,接通人民路(友谊河至小汨新路段),拓建大众中路、大众南路、大众北路,兴建财源街、发达街、荷术塘路。

1997年,兴建火车站,配套建起站前广场、站前路、新站路、前进路、求索路。1998年,拓建省道308线汨新段,长8.7公里,宽60米。2004年,进行友谊河整治,河床拓宽至20米,河堤增高至37.21米(黄海高程),河堤长3.6公里;拓建沿江大道,长8.7公里,硬化2828米。

2003~2006年,兴建建设东路,长1.3公里,宽34米。兴建龙舟路,长5.6公里,宽50米。2001~2004年,硬化劳动路(原沥青路),改造高泉路、交警广场、油库广场、燎家山广场。2004年,硬化背街小巷18条,面积1.7万平方米。2005年,续建罗城路(交警广场—双塘广场)、大众北路、大众南路;改建荣家路、车站路、工农路、山塘路;兴建山塘东路,实施城市内环线建设。2006年,拓建省道308线京珠连接线、罗城路(交警广场—罗城桥)、城西南路。省道308线、沿江大道、建设东路、工业园等建成后,基本实现城市建设"东靠北上"的战略,构建东部城市道路骨架。

2007年,先后完成建设西路(非机动车道改造)、建设路(友谊河桥路面维修)、省道308线(垃圾场进出道路改造)、屈原北路(中信段改造)、屈原南路(一中段改造)等市内11条道路路面破损维修任务,拉通、硬化友谊河西侧人民路至罗城路路段,总投资近300万元。

至2008年,汨罗城区共有街道、路、巷81条,总长度近64公里。

汨罗市2008年城区街道一览表

表17-2-96 单位:米

道路名称	起止地点	始建年代	改建年代	街道性质	路面结构	长	宽
建设路	沿江大道—归义广场	2003	-	东西主干道	水泥砼	1370	34
	归义广场—屈原桥	1966	1998		水泥砼	1300	32
	屈原桥—红旗水库	1992	-		水泥砼	783	32
高泉路	罗城路—荣家路	1967	2002	南北主干道	沥青砼	350	18
	荣家路—建设路	1967	2002		沥青砼	706	31
	建设路—山塘路	1967	2002		沥青砼	745	31
劳动路	砂轮厂—罗城路	1972	2001	南北次干道	水泥砼	300	18
	罗城路—建设路	1972	2003		水泥砼	1020	18
	建设路—山塘路	1972	2003		水泥砼	745	18
	山塘路—城北派出所	1999	-	一般道路	水泥砼	290	18
车站路	工农路—老火车站	1975	2005	南北次干道	水泥砼	1454	18
人民路	车站路—高泉路	1975	2000	东西北干道	水泥砼	520	18
	高泉路—小汨新路	1994	-		水泥砼	960	18
屈原路	燎家山广场—中信广场	1976	1998	南北次干道	水泥砼	1169	18
	中信广场—前进路	1976	-		水泥砼	610	18

续表17－2－96

道路名称	起止地点	始建年代	改建年代	街道性质	路面结构	长	宽
山塘路	大众北路—友谊河	2005	–	东西北干道	水泥砼	293	18
	友谊河—高泉路	1986	2005		水泥砼	451	7
	高泉路—车站路	1986	1993		水泥砼	640	18
工农路	车站路—劳动路	1976	2005	一般道路	水泥砼	234	18
迎宾路	建设路—自来水公司	1975	2003	一般道路	沥青砼	216	18
友谊河路	鲁师坝—罗城路	2003	–	一般道路	水泥砼	3600	6
	罗城路—山塘路	1971	2003				
大众路	交警广场往南	2002	2005	南北主干道	水泥砼	540	40
	交警广场—建设路	1994	–		水泥砼	1085	40
	建设路—山塘路	1996	2005		水泥砼	910	40
归义路	归义广场—沿江大道	1988	–	一般道路	水泥砼	1010	18
荣家路	小汨新路—高泉路	1987	2005	东西次干道	沥青砼	910	18
罗城路	双塘广场—交警广场	1987	2005	东西主干道	水泥砼	700	50
	交警广场—罗城桥	1987	2006		水泥砼	1483	42
	罗城桥—燎家山广场	1987	2006		水泥砼	500	24
小汨新路	双塘广场—归义广场	1990	–	东西次干道	水泥砼	1267	18
S308线	双塘广场—107国道	1999	–	东西主干道	水泥砼	6700	60
城西路	站前路—燎家山广场	1994	–	南北主干道	水泥砼	2123	38
	燎家山广场以南	–	2006		水泥砼	800	38
汨营南路	燎家山广场—光荣院	–	2006	东西次干道	水泥砼	535	33
新月街	建设西路—屈原北路	1993	–	次干道	水泥砼	315	15
芳草街	建设西路—稻香街	1993	–	次干道	水泥砼	261	15
稻香街	八弓园路—芳草街	1993	–	次干道	水泥砼	246	18
公园路	屈原南路—屈子公园	1993	–	次干道	水泥砼	410	18
荷术塘路	大众南路—教委	2005	–	次干道	水泥砼	303	15
二中路	荣家路—罗城路	2002	–	次干道	水泥砼	370	13
三小路	荣家路—罗城路	2003	–	次干道	水泥砼	370	13
站前路	车站广场—城西路	1998	–	东西次干道	水泥砼	505	50

续表 17－2－96　　单位:米

道路名称	起止地点	始建年代	改建年代	街道性质	路面结构	长	宽
前进路	屈原北路—城西路	1998	–	次干道	水泥砼	607	18
新站南路	车站广场—前进路	1998	–	次干道	水泥砼	1120	30
求索北路	前进路—站前路	1998	–	次干道	水泥砼	144	18
弘扬街	–	1998	–	次干道	水泥砼	213	15
沿江大道	友谊河—107国道	2001	–	东西主干道	水泥砼	8700	60
龙舟路	沿江大道—水库	2003	–	南北次干道	水泥砼	5620	50
财源街	大众南路—发达街	1995	–	次干道	水泥砼	125	15
发达街	罗城路—财源街	1995	–	次干道	水泥砼	300	15

汨罗市 2008 年城区道路街巷一览表

表 17－2－97

名称	起点	终点
建设路	东起红花大桥	西至屈子公园
高泉路	南起罗城路	北至山塘路
人民路	东起汨新路	西至车站南路
劳动路	南起镀锌钢管厂	北至山塘路
车站路	南起工农路	北至车站东巷
山塘路	东起谊河北路	西至车站北路
迎宾路	南起建设中路	北至自来水公司
屈原路	南起燎家山广场	北至老街
环湖南路	北起屈子公园	南至在建
友谊河路	南起鲁师坝	北至沿江大道
归义路	南起建设中路	北至归义街
工农路	东起劳动南路	西至车站南路
城西南路	北起政府边广场	南至燎家山广场
城西北路	南起政府边广场	北至营田方向
罗城路	东起双塘广场	西至燎家山广场
汨营路	东起燎家山广场	西至营田方向
湘汨路	北起燎家山广场	西至湘阴方向
岭北路	南起山塘路	北至城北村
大众路	南起原大众乡方向	北至沿江大道
汨新路	西起归义广场	东至双塘广场

续表 17－2－97

名称	起点	终点
二中路	北起荣家路	南至罗城路
财源路	西起大众南路	东至城郊幼儿园
前进路	东起屈原北路	西至城西北路
求索路	南起芳草街	北至站前路
站前路	东起新火车站	西至城西北路
新站路	北起新火车站	西至屈原北路
杨塘路	西起城西南路	东至新站路
狄坪路	东起城西南路	西至环湖南路
公园路	东起屈原南路	西至狄家坪
育才路	南起建设西路	北至稻香街
新村路	北起建设西路	南至狄坪路
汨新大道	东起新市107国道	西至双塘广场
沿江大道	东起新市大桥107国道	西至友谊河北路
荷花塘路	西起大众南路	东至昌盛街
桂花路	西起屈原南路	东至京广铁路
裕兴路	东起京铁路	西至屈原南路
归义街	东起文昌阁	北至贮木场
老街	南起屈原北路	北至新火车站
新月街	南起建设西路	北至屈原北路
芳草街	南起建设西路	北至稻香街
稻香街	东起芳草街与求索路口	西至七星街
发达街	北起荣家路	南至罗城路
七星街	南起建设西路	北至稻香街
福星街	南起建设西路	北至稻香街
昌盛街	南起荷花塘路	北至罗城路
站东巷	东起救助站	西至东站北路
体育巷	东起高泉路	北至建设中路
张家巷	东起燎原宾馆	西至车站北路
高南巷	东起劳动北路	西至车站北路
谢家巷	东起劳动南路	西至车站南路
道垅巷	东起车站南路	西至京广铁路
泉水巷	南起建设中路	北至水泥厂
高寿桥巷	南起建设中路	北至建工管理站

续表 17－2－97

名称	起点	终点
方家坪巷	南起人民东路	北至建设中路
大路口巷	西至站东巷	北至城北村
黄家垅巷	西至劳动北路	转北至山塘路
钟家巷	南起铁西小区	西北至屈原桥
燎家巷	东起城西南路	西至汨营路
幸福巷	东起燎家巷	西至汨营路
平安巷	东起城西南路	西至汨营路
自强巷	北起汨营路	转西至特殊学校
上坪巷	北起汨营路	至燎家山二组
张家巷	东起大众中路	西至二中路
司命塘巷	南起居民区	北至归义街
文昌阁巷	南起居民区	北至归义街
河巷口	东起沿江大道	西至归义街
马　巷	南起归义路	北至归义街
蚂蟥塘巷	南起建设东路	北至归义街
小桥坝巷	南起归义路	北至龙舟社区
紫东巷	东起京广铁路	西至屈原南路
伟岭朱巷	北起荣家路	南至罗城路
进修巷	北起人民路	南至荣家路
天都巷	北起建设西路	西至狄坪路
城南巷	东起京广铁路	西至屈原南路
谢家巷	荣家路至城郊中心小学	东至汨新路
土地坪巷	东起汨新路	南转至荣家路
卫东巷	东起汨新路	西至大众中路
灵官坪巷	东起大众中路	西至灵官坪
黄金巷	东起大众中路	西至原玻璃厂
彭家巷	东起大众中路	西至居民区
荣家巷	东起汨新路	西至高泉南路

第二节　房屋建设

1966 年，汨罗城区房屋建设开始纳入规划。房屋多数为砖木结构，系一层平房和一字长廊的单间布局。20 世纪 70 年代，砖混、框架、半框架结构取代砖木结构，平顶屋面取代双坡屋面，长廊单间式布局改为短廊双间带厨房布局。80年代，住房分解成单元式，每单元1梯2户或3户，每户2室1厅或3室1厅，均带厨厕。20世纪末，房屋结构为3室2厅、4室2厅、楼中楼、花园别墅。

1992年，城区建起第一幢7层高的建设银行大楼。至2008年，市区8～19层建筑8栋。即市烟草局大楼13层、市中信大厦14层、市国土大厦16层、市素质教育中心14层、市电力服务中心12层、市广播电视大楼9层、市帝豪国际影城17层、市中天家园19层。

2002年始，大批轻钢结构建筑技术引进汨罗，为大跨度空间建筑提供方便。鑫益电器有限公司、龙舟铝业有限公司的大型工业厂房，就是这一先进技术的结晶。二中体育馆的钢网架结构，龙舟竞渡中心的钢骨膜结构，技术更先进。

结合旧城改建发展安居工程。1995～2005年，汨罗旧城改建依次展开。一些单位、个人及房产开发商抓住机遇，成片集中兴建住宅，既解决内部人员住房问题，又为进城农民工购买住房提供方便。城区住宅竣工面积21万平方米，其中单位建设住宅9.4万平方米，开发商品住宅房3.1万平方米，拆除旧房（8.2万平方米）建新房（935套）面积达8.5万平方米，安置住房困难户850户。至2008年，市区共有住宅面积257万平方米，其中新建住宅面积95万平方米，安置城镇低保户1100户；是年，城区居民住宅总面积达470.46万平方米，比1966年的12070平方米增加469万平方米。

第三节　市政建设

一、园林绿化建设

（一）街道绿化

1977年，城区园林经费被列入城市维护费用计划，用于采购苗木、绿化街道。1981年，汨罗县绿化委（后改为市绿委会），号召人人种树，户户养花，绿化城市，美化环境。至1986年年底，建设路、高泉路、劳动路、人民路、车站路、友谊河路6条街道植树2400多棵，道路绿化覆盖面积19公顷，建成区绿化覆盖率4.7%。1988年8月，成立市园林绿化管理站，负责城区绿化苗木的培育、栽植、治虫、修剪工作。至1989年，共完成街道植树1300株，长度6公里；同时更换城区10条主要街道的行道树木，将法国梧桐全部换成香樟。至2006年，共绿化街道18条，植行道树11万多株，种植绿篱2100米，修建街道花坛12个。即市政府广场花坛、三塘路南北花坛（2个）、中信广场花坛、罗城广场花坛、归义广场花坛、大众路交警广场花坛、屈原桥西广场花坛、火车站广场花坛、双塘广场花坛、神仙塘广场花坛、新市广场花坛。

2007年，先后完成站前路、中信广场、屈原南路、龙舟南路的绿化任务，新增城区绿化面积1万多平方米，启动屈子公园二期工程建设。

2008年，完成友谊河西侧3000多平方米的绿化任务。

（二）庭院绿化

1986年兴起，1988年大力推动。1989年后，在创建全省、全国卫生城市竞赛活动中，汨罗市绿化委结合部署开展文明卫生单位、园林绿化先进单位、花园式单位创建活动。1993年，全市机关、学校、企业庭院园林达标单位38个。至2006年，市教育局等16个单位进入全省文明卫生先进单位行列，汨罗一中、城关一小、市建筑四公司、市烟草局、市地税局、市卫生局、市委、市政府两院、市国税局、市自来水公司、市检察院、汨罗天子家私厂12个单位被授予“湖南省园林绿化先进单位”和“花园式单位“称号。

(三)重点地段园林绿化

沿江大道风光带绿化。2001年,完成规划设计,长9公里,面积77公顷,集防洪、交通、景观于一体。该设计以绿和水为基本构成元素,将蓝天、碧水、沙滩、绿地糅合一起,重现月光渔曲胜景,使之成为滨江亲水游憩观光带。沿路分“屈原历史文化”“现代园林艺术”“滨江自然风光”3个主题风景区,连通4个街心广场,打造新的城市景观。2001年5月20日,沿江大道工程开工,2003年10月竣工,总投资1.3亿元;共完成土方160万立方米,建涵闸等附属工程30处,建高标准排水渠1万米;全线双向8车道,28米宽砼路面均硬化,2公里标准路段全部绿化、亮化、美化;同时,修建江边文化广场、游路、凉亭,栽植苗木180万株,铺草皮3.4万平方米。

友谊河风光带绿化。集城市防洪、美化于一体,南起鲁师坝,北入汨罗江口,全长3600米,东西宽60~120米,预算投资1.2亿元。2001年4月28日,罗城路—鲁师坝段首期改造工程开工。全长940米,东西宽76米,其中河道宽20米,两侧河堤各宽28米;河堤中,有2米宽的清水平台,3米宽的草皮,8米宽的绿化带;花带按夜景标准设计,游路、休闲广场、园林小品、雕塑,点缀其中;60多种乔木、灌木搭配栽植;观光桥、交通桥,造型别致,实用美观。2003年5月,鲁师坝首期改造工程完工后,友谊河全线改造和绿化均照样进行。全线共完成土方48万立方米,浆砌55.5万立方米,排污渠3600米,混凝土1.5万立方米,六方块铺设5万平方米,铺设草皮1.9万平方米,共植树木118万株,总共绿化面积6万平方米,架设路灯190盏。

屈子公园绿化。1992年筹建;1994年立项;1995年,被确定为屈子公园;1996年3月,由湖南省园林建设总公司规划设计,总面积88.16公顷,其中水面55.08公顷,陆地面积33.08公顷。园内分青少年活动区、老年活动区、休息区、管理区、生活区、水上乐园区。已投资1800万元,征地8.13公顷,建成门楼、外广场、龙舟看台、沿湖路、凉亭、玉带桥、儿童城堡、组合休息亭(一、二)、花架、清风亭岛等基础设施、景点。2002年2月12日,该园首次对外开放。

二、供排水建设

(一)公用供水

1981年前,城区没有统一供水设施,单位居民,各自为战,自掘水井,自建水塔。城关境内共掘大型水井186口,耗资约400万元。

1981年5月,县长办公会议决定集资123.7万元建自来水厂。1983年10月,一号水井竣工投产,是年向城区部分居民试供水51.2万吨。1986年,根据省建委、省财政厅《关于城市供水企业实行“以水养水”的办法》规定,汨罗县政府决定走“以水养水、以水建水”之路,将每吨水加价0.05元(生活用水每吨0.15元,生产用水每吨0.20元),筹措资金,扩大生产。是年,建起加压站、蓄水池、水质化验室。1988年和1991年,再建2号、3号水井,装机共192千瓦。至1993年,年供水673万吨,自来水普及率98%,人均日用水量215升。1997年,筹建自来水二厂,设计日供水90000吨,预算投资2600万元。至2001年,设备安装、取水泵房、投药车间、取水头部、输水管道均完工,是年8月10日,向市民供水。

2007年,争取国债资金200万元,完成屈原南路、建设东路、金城路、东风路、工业园安置区5条供水管网的铺设,铺设外径100厘米以上供水主管3200米。2008年,完成9000米供水管道(外径同上)铺设和改造。

(二)自备供水

至2006年年末,市区内有4家单位自备供水,共装机1142千瓦,铺设供水管道4.26公里,年供水1180万吨。

汨罗氮肥厂。1970年,在汨罗江边自建水厂,有3个水泵房,装机容量1017千瓦,铺设管道1.8公里,总投资25万元,年供生产用水1125万吨。1973年,投资19.27万元,装机容量50千瓦,铺设管道1.65公里,年供水量10万吨。除供应六处职工413户(1429人)的生活用水外,余水以每吨1.2元供应附近居民,年售水约21万吨,水费收入24万元。2002年始,生产用水仍然自备,但居民生活用水则由自来水公司供应。

汨罗水泥厂。1975年,投资5万元打井建塔,装机容量39千瓦,铺设供水管道0.8公里,年供水量2.9万吨。1991年始,居民开始使用自来水,生产用水仍自备。

汨罗粮食局大米加工厂。1983年1月,投资5万元打井建塔,装机容量36千瓦,铺供水管道1公里,年供水量2.9万吨。

(三)城区排水

1978年,城区排污沟渠总长度约25公里左右。至2006年,城区共有下水道55条,全长83.14公里。

2007～2008年,先后完成归义路、建设东路下水道维修改造和胥家垅、戴家垅排污渠整治任务。城市污水厂建设被列入省城镇污水处理设施建设三年行动计划,2008年6月开始筹备,9月22日动工兴建工业园区第一期主管铺设工程,规划2009年年底全部完工。

城东水系。由朱家垅、戴家垅排污渠组成,其中以朱家垅排水渠为主要排渍排污渠道。该渠从罗城路至友谊河,全长1200米,宽2米,高1.4米;片石砌墙,混凝土底板,铁路水泥枕轨盖面。次要排渍排污渠道为戴家垅排水渠。该渠由市酒厂至涂家套排水闸,长550米,砖砌板盖。

城南水系。系地下暗渠。南起道垅,北至老火车站,经山塘路口与城西排水沟汇合流入友谊河;全长2200米,宽2.2米,深2米;片石筑砌,钢筋混凝土盖板。

城西水系。南起砂轮厂,沿铁路线西侧至老火车站,经山塘路岔口与城南排污渠汇合,下通友谊河,全长4800米。

石子坡排污渠。从高泉路影剧院下水道开始,向北穿过建设路,经食杂果品公司、百货公司宿舍,出石子坡,与城南排水渠合流。

城西开发区水系。以城西南北路排污渠为总干渠,汇合各路污水、雨水,从罗城广场往北,流入杨塘坪水沟。

三、城区桥梁建设

1966～1973年,汨罗县城区相继建起高泉山桥(山塘路跨友谊河)和友谊河桥(建设路跨友谊河)。1978～2008年,城区共建桥梁9座。罗城桥,1987年建,罗城路跨京广铁路。片石钢筋混凝土混合结构。桥长50米,宽20米,高6.7米,2跨,设计荷载汽车20吨,拖100吨。“T”型简支梁桥面,片石桥墩。大路桥,罗城路跨友谊河,1989年3月动工,1990年2月竣工。桥长35.44米,宽20米,高6米;设计荷载汽车20吨,拖100吨;桥跨3孔,河心孔跨13米,两侧孔跨各10米。屈原大桥,建设路跨京广路,1990年元月动工,1992 年竣工。桥长 312 米,宽 18 米,主桥高 6.75 米;桥跨 13 孔;荷载汽车 20 吨,拖 100 吨。友谊河二桥,人民路跨友谊河,1993 年建成,桥长 24 米,宽 13 米,2 跨 3 墩,钢筋混凝土结构。荣家桥,荣家路跨友谊河,1996 年建,钢筋混凝土结构。红花大桥,跨汨罗江,是城区通向湘岳公路的主桥。1996 年 5 月 1 日动工,1998 年元月竣工。长 570 米,宽 15.5 米,14 跨,钢筋水泥结构,为双柱直墩平铺桥,投资 1200 万元。友谊河三桥,公路局跨财校,钢筋混凝土结构,2004 年建成。鲁师坝桥,人行小桥,跨友谊河,钢筋混凝土结构,2004 年建成。人行小桥,鲁师坝下游 300 米处,钢筋混凝土结构,2004 年建成。

四、公用照明设施建设

1997 年前,城区街道路灯由电力局安装管理;1998 年后,归口市路灯管理所。

1977 年,多功能水泥电杆取代临时楠竹、杉木电杆。1980 年,路灯建设与城市建设同步发展,单一的白炽灯换成汞灯、钠灯,短臂灯换成长臂灯,马路弯灯换成双挑式多组高杆照明灯。至 1998 年,城区路灯线路 18 条,长 11.99 公里;安装自控路灯 312 盏,其中白炽灯 30 盏、汞灯 30 盏、钠灯 252 盏,负荷 63.78 千瓦,年耗电量 22.96 万千瓦时。

2004 年,城区 47 条主要街道及街心花园、背街小巷,均安装路灯,显要地方还安装景观灯、喷泉灯。3 年内(2002—2004 年),共计增设路灯 1404 基,路灯灯杆高度由 6 米增至 9 米、12 米、14 米,路灯架设由城区延伸到新市工业园区、京珠高速公路连接线。2006 年,城区照明路灯由 1978 年的 210 基增至 1716 基(3328 盏),总功率 751.21 千瓦,线路长度由 1978 年的 10.3 公里增至 85.4 公里。

2007 年,投资 20 万元,完成荷术塘、老街、新站路、前进路、求索路、芳草街、发达街、卫校侧巷、铁西路、黄金街 10 条背街小巷的亮化工程,共安装路灯 90 基。同时投入 20 多万元,维修城区路灯。城区亮灯率达 98%。2008 年,完成汨营南线、建设东路、高泉路、小汨新路、劳动南路、友谊河西侧共计 137 基路灯安装更换,更换城区路灯控制箱 18 个,确保路灯亮灯率达 98% 以上。

五、环卫设施建设

(一)环卫车辆

1981 年前,环卫工人的主要生产工具为扁担、粪桶、人力板车。1982 年,添置南京 130 汽车、旧消防车(改洒水车用)各 1 台。1986 年,新置"解放"牌洒水车 1 台。1993 年,有专用垃圾清运车 5 台,洒水车 1 台,人力保洁翻斗车 18 台。至 2008 年,共有机动车 20 台,其中垃圾清运车 11 台,洒水车 3 台,其他机动车 6 台,并配有板车 20 多台,年清运垃圾 6.5 万吨,街道清扫面积 76.08 万平方米。

(二)垃圾容器

2001 年 5 月,由市直机关单位、乡镇筹资 80 多万元,在古培镇石牛村租用山地 3.33 公顷,兴建垃圾消纳场 1 个;在城区兴建地下垃圾站 10 座,添置果皮筒 50 个,彻底解决城区垃圾常年暴露问题。2004 年至 2005 年,投资 100 多万元,在人民路、建设路、友谊河、新火车站等主要地段修建 9 座集公厕和垃圾中转站于一体的综合环卫设施;采取财政投资、社会捐资、自筹资金的办法,在城区主次干道安装果皮箱,解决沿街居民倒垃圾问题。至 2008 年,城区共有金属垃圾箱 168 只、垃圾桶 15 只、果皮箱(筒)634 个、金属翻斗垃圾板车 80 台,高台垃圾站 22 个、垃圾屋 3 座、公共厕所 22 幢。

(三)垃圾消纳场

1990 年,征地 0.76 公顷,在城关镇菜二村建起第一个垃圾场。1998 年,投资 20 万元,征地 0.67 公顷,进行扩建。2004年,再次投资150万元,扩征土地2.08公顷,专用于处理城区基建渣土。

垃圾处理工厂。2003年,在新市镇新桥村动工兴建。该厂占地10.33公顷,总投资5728.34万元,设专用通道1条,长4公里,宽6米;所有垃圾均实行机械清运,日处理垃圾400吨,服务年限25年。2004年1月1日,第一期工程投入使用2007～2008年,投资1100万元,完成新桥垃圾厂二期工程设计,完成垃圾厂一库区的土方工程、地下水渗漏液导排管网铺设、防渗系统、进库道路及垃圾坝等工程建设。

六、公共交通设施建设与管理

(一)城市公交

1978～1987年,城区的客货运输业务,由湘运汽车公司、搬运公司、汨罗纺织印染厂、屈原农场4家经营。1988年,成立市公共汽车公司,由市政公司代管,配有大客车1台,司乘人员3人。营运线路:归义广场至火车站。

1990年,由市建设局投资45万元,新购大客车5台,中巴车2台,相继开通汨罗到营田南北线路和汨罗到新市线路。1992年,成立市城市公共汽车公司,隶市建委,正式挂牌经营市城市公交。至1993年,拥有大客车8台、中巴车12台,职工73人,其中司乘人员58人。开辟汨罗至月新(古培)、营田、张公庙(沙溪)、弼时故居、新市、屈子祠、环城(双塘)7条营运专线,营运里程154公里,年客运量120万人次。

1996年,汨罗市政府拨款在罗城路购地0.48公顷给城市公共汽车公司作经营办公场地。是年6月,由市建设局牵头,城市公共汽车公司筹集资金186万元,购进中巴车31台。原开通的市内公交线路重新调整:1路,市交警大队至火车站;2路,窑洲渡口至屈原蚕场;3路,归义广场至汨罗镇;4路,市政务公开中心至火车站;6路,鼎新楼至汨罗镇黄家坪;12路,归义街至汨罗镇龙塘屋;9路(大型客车),由政务中心经罗城路、城西路、建设路外循环。

2003年10月,城市公共汽车公司筹资107.2万元,将岳阳中大公司投资的9路公交车经营权及车辆产权收回经营。2004年,市城市公共汽车公司筹资160万元,将2路、4路旧车报废,新购双开门、7.2米长的豪华中型客车。2005年5月,城市公共汽车公司筹资185万元,开通8路内循环经营线路:从市电力局经荣家路、大众南北路、山塘路、站前路、人民路到市电力局。2006年11月,市城市公共汽车公司筹资76万元,开通11路公交线,营运线路由市氮肥厂至市殡仪馆。

至2008年,市城市公交公司共有公交车57台(新市线除外),有A驾司机61人,共有司乘人员123人;开通10条(1路、2路、3路、4路、6路、7路、8路、9路、11路、12路)公交线路,在城区修建候车棚22个;日营运里程11400公里,日客运量1.16万人次。

(二)城区客运三轮车管理

城区客运三轮车,有人力三轮车、机动三轮车,俗称“踩士”,又称“慢慢游”。20世纪80年代兴起,业务归口市建委管理。1995年,汨罗市政府牵头对三轮车进行整顿,确定三轮车运输数量为291台,并将管理权移交给市公安局交警大队。1999年,城区客运三轮车重新登记挂牌:上汨城管理号牌591台,汨城残管理号牌36台,合计627台。

2005年3月始,市建设局即派人赴临湘、华容、浏阳、湘阴、平江、武冈、宁乡等地考察学习,制定具体实施方案。2006年4月,汨罗市政府组织集中取缔三轮车。是年4月12日、16日,汨罗市委、市政府相继发布《关于取缔城区营运“踩士”“面的”和“摩的”的通告》、《汨罗市取缔城区营运“踩士”“面的”“摩的”和城区新上“的士”实施方案》的通知、《关于对取缔城区营运“踩士”“面的”“摩的”工作实行责任追究制的有关规定》。4月17日，汨罗市委、市政府召开整治城关地区交通秩序动员大会，层层成立整治城区交通秩序领导小组，市级领导、市直单位副科实职干部、有关乡镇领导均确定包车任务，市交警、市公安、市建设、市运管等执法单位共抽调300名干警，日夜值勤，巡逻稽查。至4月30日，627台“踩士”、37台“面的”平稳退出客运市场，60台“的士”投入营运。

（三）城市出租车

2006年前，城区出租车主要是人力三轮车和机动三轮车。2006年4月，城区“踩士”“面的”“摩的”取消后，即成立汨罗市中创出租汽车有限公司，配有“捷达”牌小轿车169台，隶城市客运管理所管理。

第三章　城市管理

汨罗城区管理机构主要有市政府城镇办、市建设局。

城镇办　1984年年初，设立政府办城镇组；1988年年初，改名为市人民政府城镇工作办公室。2002年，城镇办明确为正科级机构，协调处理有关城市建设事宜。

建设局　始建于1977年9月，始称基本建设管理办公室，隶县计委。1981年，更名为汨罗县基本建设委员会。1984年，更名为汨罗县城乡建设环境保护局。1987年，更名为汨罗县建设委员会。1992年，更名为汨罗市建设环境保护委员会。1995年，更名为汨罗市建设局，下辖18个单位，主要负责城市规划、城镇建设、环境保护、风景园林、城市市容、建筑市场、公共交通、市政设施。

第一节　城市规划管理

1981年前，汨罗县城建设规划由基建办管理。1981年后，城建办负责规划设计、土地征用与规划审批。1984年，由勘测规划设计室具体执行规划管理、土地管理。1985年，设征地拆迁办、城建办，分别负责征地、拆迁和建房审批，发放建房用地许可证。1988年9月，制定《汨罗市城市规划管理暂行规定》。是年，拆除违章建筑3栋。1990年，设城市规划管理办公室。1992年，设城市规划管理局，城市规划被纳入法制管理，实行“一书两证”制度（即建设工程选址意见书，建设用地规划许可证，建设工程规划许可证）。1991年，省人大、省建设厅组织对城市规划管理检查，汨罗获全省县（市）级评比第一名。1992年，成立国土房产规划管理局。1993年，由主管城市建设的副市长牵头，成立城市规划管理委员会，加强执行城市规划的管理与协调工作。是年，汨罗市政府发布加强城市重点控制区规划管理的通告。1995年，规划与国土、房产分设，单设市城乡规划管理办公室，隶属于市建设局。

第二节　城市环境卫生管理

1990年前，城区环卫工作由城关镇环卫所负责，为小集体事业单位，有环卫工11人。1990年6月，环卫所更名为市环境卫生管理处(简称市环卫处),为全民事业单位,定编73名,隶属于市建委。1991年9月,发布《汨罗市市区环境卫生管理办法》。1993年,环卫队伍发展到93人,内设垃圾清运公司、市容清洁公司,42名清扫保洁员,日均清扫面积19.6万平方米,日清扫垃圾73.4万吨。城市脏、乱、差得到改变。是年,市环卫处被评为岳阳市双文明建设先进单位,并应邀出席中南6省环卫行业经验交流会。1995年,该处升格为副科级单位,定编7人;职工115人。2001年,汨罗市政府颁发《汨罗市城市综合管理细则》。2004年,清扫方式及清扫区域重新改变和调整:城区主要街道由市环卫处负责,将每日一次清扫、两次保洁改为早晚两次清扫、三次保洁,清扫面积达56万平方米;背街小巷、居民住宅小区,由所在街道居委会及居民小组负责清扫,清扫面积达20.8万平方米。

第三节　城区建筑工程管理

队伍管理　1979年,成立建筑施工管理站,制定《建筑施工管理规定》:凡进入汨罗市区承包建筑工程的外地施工队伍,不论国营集体单位,都要服从建筑工程管理部门的安排,未经审查批准私自承包工程者,责令停建,并给予相应的经济制裁;市直任何单位和个人一律不得乱拉、乱雇施工队伍,发包施工业务,其施工队伍一律由建管部门统一指定安排;建管部门负责职业技术培训、安全生产教育及企业资质等级审查初定工作;组织开拓建筑市场,协调处理各类纠纷问题,监督承包合同执行,跟踪监督建筑施工质量,检查竣工项目。

市场整顿　1986年后,先后两次召开建筑市场整顿动员大会,并成立汨罗市整顿建筑市场领导小组,共查出无证设计12项、无证施工10项、越级承包5项、出卖证照2项、工程质量事故3起。

1990年,成立城建档案馆,配备专人及档案设备,系统收集全市城市建设、民用建设档案8000卷、底图1200张,对外提供服务6000多人次。

2007年,查处不报建、规避招投标等违法违规建筑项目4个,查处超面积投资项目4个,下达催办、停工通知书10份。全年共招标项目18个,其中公开招标5个,招投率100%。2008年,全市房屋建筑和市政基础设施工程报建项目11个,总投资5742.98万元,应招标率达100%;共查处质量安全隐患60多处,发出"隐患整改通知书""停工整改通知书"40多份。

第四节　城市燃气管理

1990年,少数条件较好的机关单位自备钢瓶、车辆专程到岳阳购买液化气。1991年,归义气站、罗城气站相继建成,开始向城区销售瓶装液化气。至2008年,境内有大小液化气站18家,购气近400吨,城区居民住户液化气使用率达80%。

1997年7月,成立汨罗市燃气管理办公室,隶属于市建设局。2003年,天然气入市工程启动,项目用地面积3.51公顷,供气规模为每年5726万立方米,项目总投资1.2082亿元。该工程由湖南化工医药设计院规划设计,经岳阳市发展和改革委员会批准立项,由汨罗市政府批复市建设局实施。2008年,通过天然气入户项目申请、环评、立项报批,与中石油天然气股份有限公司签订合同,由武汉天然气热力规划设计院进行选址、测绘。

第五节　城管执法

1988年11月,汨罗市成立市城市管理监察队,定员30人,归口市建委管理。1991年,更名为市城建管理监察队;2000年,更名为市城建管理监察大队(简称城管大队)。城管队成立后,对占道货棚、临街建筑围墙、凉棚摊点等违章建筑进行清理,扭转市容市貌脏、乱、差局面。针对城区夜市经营、烟花管理、环境卫生、门前“三包”(包秩序、包绿化、包卫生)、户外广告等问题,制定管理方案。按有固定摊位经营与无固定场所流动经营、白天经营与夜市经营情况,将城区划分8个地段,实行定员、定时、定位管理;坚持每月开展1~2次小整顿,每年进行2~3次大整顿。1988~2008年,城区共落实门前“三包”责任制单位89个,确定门前“三包”员170人;清理占道基建残渣工地960个,拆除临时简易基建工棚1050处,拆除乱搭雨阳棚2182个,清除乱砌的临街踏步832个;督促有关破道施工单位恢复原貌520处,230公里;查处损坏路灯、环卫供排水设施及行道树等事例800起;处罚、劝阻燃放烟花爆竹事例1100余起;取缔流动摊位255个,规范经营摊贩1200个和夜宵摊贩470余个;清除违章户外广告牌608块,清除城市“牛皮癣”(即户外乱贴之标语、广告)5.1万处。

第四章　村镇建设

第一节　集镇建设

1978年,汨罗县内建制镇有城关、新市、长乐3个,镇区面积约4平方公里,人口约40000人。1984年,弼时、汨罗、高家坊、川山坪、白水、桃林寺等乡相继撤乡建镇。

1988年,在第三次城市发展规划修编时,汨罗市委、市政府制定“重点发展市区,积极发展现有建制镇,合理发展新的建制镇,协调发展一般乡镇”的小城镇建设发展方针,本着成熟一个、发展一个的指导思想,相继将黄柏、大荆、古培、李家塅、范家园、三江、屈子祠、沙溪8个乡改为建制镇。至2008年,全市共设建制镇17个,其中定为国家、省、岳阳重点中心镇6个(长乐、弼时、新市、大荆、李家塅、白水);另有乡属集镇和其他小集镇14个;全市集镇区面积70平方公里,其中市区面积21平方公里(含工业园),城镇人口26.3万,(其中市区人口17.5万人),城镇化水平达40.35%。

第二节　乡村清洁工程

2006年始,结合社会主义新农村建设,同步实施乡村清洁工程。是年,汨罗市委、市政府作出《关于加强乡村清洁工程示范村建设的决定》,制定《汨罗市乡村清洁生产管理办法》。各示范村相应制定《村民卫生公约》和《村民美德公约》,并开展评比创优活动。汨罗电视台开辟“乡村清洁工程建设”专栏,跟踪报道,推介典型。

2006年,3个重点示范村“五改”(改厨、改水、改厕、改圈、改庭院)率达34.8%;其中完成改水395户,占总户数(1226户)的32.2%;完成通村公路6.8公里,通户公路8.2公里,占任务的45%;改厨370户,占30.2%;改厕440户,占总户数的35.9%;改圈380户,占总户数的31%。

2007~2008年,突出抓好以“清洁家园”行动为主要内容的农家庭院、农户住房的绿化、美化工作。全市办好13个重点示范村,各乡镇办好1~2个乡级示范村。全市硬化通乡公路12公里,建成通村公路87条、265公里;兴建三格式化粪池厕所6123个;改造乡卫生院14所、村卫生室310余个;农村新型合作医疗覆盖率达80%;“五保之家”5所;通讯、广播电视“村村通”工程全面推进,覆盖率达100%。

第三节 新农村建设

2006年2月,汨罗市委常委召开扩大会议,学习落实《中共中央、国务院关于推进社会主义新农村建设若干意见》,研究部署全市社会主义新农村建设工作,成立由市委、市政府主要领导挂帅,30个市直部门单位“一把手”为成员的领导小组,并安排专人、专项经费。

社会主义新农村建设的任务:“十一五”期间,按照“生产发展、生活宽裕、乡风文明、村容整洁、管理民主”的社会主义新农村建设要求,在全市选择31个村作为试点,其中确定新市镇新书村、屈子祠镇金沙村、汨罗镇李家坪村、白水镇白水村、弼时镇弼时村、桃林寺镇双墩村、沙溪镇清溪村、长乐镇长南村、大荆镇桂花村、川山坪镇芭蕉村、红花乡石仑村为重点示范村。

全市计划经过5年的努力,示范村和重点村建设基本达标,40%的建制村完成村庄规划、编修任务,30%左右建制村的村容村貌得到治理;示范村形成1~2个有特色的主导产业,其产值占该村经济总量的60%以上;村级经济增长幅度达80%以上,农产品商品率在70%以上,人均纯收入达到或超过7000元;80%以上劳力通过职业技能培训,90%以上农户有了新的致富门路,其稳定收入占年度收入的70%以上;80%以上的农户住上符合村庄规划要求的经济适用美观住房,且人均面积在50平方米以上。公共绿化面积人均10平方米以上;合作医疗、养老保险、“五保户”供养、适龄儿童入学、九年义务制教育、村级班子建设、社会治安工作,项项落实到位;“十一五”期间,集体经济积蓄比2005年增长10%~40%。

至2007年1月5日:全市共有112个部门单位志愿帮扶新农村建设,其中岳阳市直单位直接帮扶的17个;参与社会主义新农村建设的各级专职人员达千余人,志愿者308人;30家民营企业共为新农村建设捐款捐物390万元。

2008年,全市13个示范村累计硬化公路36公里,通村公路全面硬化;农网改造全面完成;解决400户农村人口饮水问题;新建村级活动场所3个,基本实现村村有村级活动场所;新市镇新书村等4个村新建、改造敬老院,有2个村对“五保户”实行集中供养,325人享受农村低保;新型农村医疗参合率达91%;新市镇新书村被评为省级新农村建设示范村,沙溪镇清联村被评为岳阳市新农村建设示范村。

第五章　房地产管理与开发

1975年，成立房地产管理所，定编6名，隶属于财政局。1985年5月，房地产管理所归口城乡建设环境保护局。1988年1月，成立房地产管理办公室，属副科级单位；下设房地产管理所、房地产交易所、房地产开发公司。1989年5月，成立房地产管理局。1994年12月，房地产管理局定为正科级事业单位。同时，成立房地产管理局党组。2003年12月，在双塘征地0.67公顷，投资500多万元，建成3857.11平方米的多功能、现代化办公大楼。至2008年12月，该局共有工作人员173人，下属二级单位23个，其中行管股室4个，业务股室13个，乡镇房地产管理所5个，开发公司1个。

第一节　直管公房管理

一、公产状况

汨罗县直管公房，1966年，由湘阴县移交过来的有162栋，建筑面积18935平方米。

1975～1983年，汨罗房产部门在城区投资新建居民住宅楼9幢、159套，建筑面积9970平方米，居民点人均住房用地22平方米，人均住房面积8.06平方米。

汨罗县1975～1987年城区居民点公房建设情况表

表17－5－98　　单位：幢、套、平方米

居民点名称	住宅幢数	住宅套数	建筑总面积	占地面积	建设起止时间
迎宾路居民点	3	67	3265	2625	1975－1980
友谊河居民点	4	68	4905	3036	1980－1987
友谊河老干所	2	42	1800	1600	1983
合计	9	177	9970	7261	－

1986年，县政府决定将新市、长乐的公产房移交当地镇政府管理。但在实际执行中，长乐镇一直没有移交，仍坚持归房管所管理。新市镇政府接管的公房，先后被作价出售的78套，计面积5200平方米。

二、公产经营

汨罗建县初期，公房出租面积不足1万平方米，租金不分档次，无论住宅、生产、营业用房，都一个价，每月每平方米0.1元。

1975年，公房出租面积增加到18900平方米，租金入库率提高近一倍。1981年，公房租金首次调价，

住宅租金由原来的每月每平方0.1元增加到0.12元。是年,公房租金每月增收2000余元。1988年1月,第二次调整住宅租金,出租公房按等级定价。1984~1993年,共收房租46.64万元,契税19.86万元,签证费18.1万元,租赁管理费10.9万元。1988~1993年,共办理公、租房交易425户,建筑面积6.63万平方米,成交金额1041.94万元。

三、落实私房政策

1975年,中共湖南省委《关于认真落实城镇私房政策几个问题》和《关于落实私改遗留问题的意见》等文件相继下发。1986年8月,汨罗县落实私房政策领导小组成立,坚持维护私房改造成果,实事求是纠正错改问题。至1994年,全市共落实私改遗留问题案件200多起,计退原房建筑面积2.13万平方米,折价补偿金额23.16万元。

第二节 产权产籍管理

一、“三产”普查与房屋普查

1984年4月,汨罗县成立“三产”(即产权、产籍、产业)普查领导小组,对城关、新市、长乐3个镇的所有私房逐户逐房丈量核算,登记汇总。至年底,全县共清查房主1139户,房间6772间,建筑面积13.3557万平方米。其中城关镇592户,房间3732间,占地面积85657平方米,建筑面积(含居住面积与辅房面积,下同)65057平方米;新市镇300户,房间1680间,占地面积29876平方米,建筑面积37412平方米;长乐镇247户,房间1360间,占地面积2790平方米,建筑面积31087平方米。

1985年5月,全县开展房屋普查,由分管副县长牵头,确定18名领导小组成员,聘请48名退休干部、教师及城镇待业青年为普查员,分成14个房屋普查小组,分别对三镇一厂(即城关、新市、长乐镇、汨罗纺织印染厂)的312个单位的自管公房、2016户私建房以及由房管部门直管的276户公房进行丈量、登记、制图、填表、记录汇总和装订建档;共普查7446户,普查房屋4642栋,面积达151.7706万平方米;其中,住宅面积69.8341万平方米,占总面积的46.01%。

二、房屋产权登记、发证

1988年3月,汨罗市城镇房屋核发权证领导小组成立。9月,城关、新市、长乐3镇的房屋产权登记发证工作结束,计269个单位、2506户私户,核发权证5336户,建筑面积172.287万平方米。

1989年3月,新建制镇桃林、白水、高坊、川山及屈原镇的房屋产权登记发证工作相继铺开。1990年后,扩大到所有建制镇和农、林、茶、渔场。全市换发新“房屋所有权证”1万本,整理房屋产权产籍档案7000多卷。

2002~2006年,有20个乡镇开展农村房屋产权登记发证工作。农村房屋发证4982本,建制镇核发房屋产权证1854本;至年底,共核发房屋产权证3.46万本;登记面积115.6万平方米,城镇房屋发证率85%以上。

2007~2008年,共核发房屋所有权证2400多本,发证面积28.5万平方米。

三、房地产测绘、建档

2001年4~7月，结合房屋产权发证工作，该局派出11人对汨罗城区6.5平方公里内的房屋进行测量，绘制出1:500分幅图120张。至2006年年底，全市共测绘房屋面积32万平方米。

房地产档案。1986年始，市房产局配备专职档案员，及时收集房屋产权、产籍资料，收集房屋所有权个人、单位地契及其转让、交易、赠予等文字实物，收集“三产”普查、核发权证的资料，分类整理建档。至2006年年底，共收集各类档案资料8000份，整理卷宗5600卷，投入档案建设经费30万元。经省局验收，该局档案馆已由二级升为一级。

2007~2008年，整理产权户籍、抵押档案资料800多卷，为社会各界和业务股室提供查阅服务1500卷次。

第三节　房地产市场管理

一、房地产交易管理

1988年3月，房地产交易管理所成立。1997年8月，房地产价格评估所成立，负责审批、监督公私房的买卖、转让、赠予、继承、抵押、典当、交换、价格评估等工作。至2002年，全市共办理房地产交易648起，成交面积69765平方米；房地产抵押177起，抵押额2000万元。

2003年，制定房地产转让、抵押、租赁、典当、评估、商品房预售等方案。是年，房地产交易面积62705平方米，交易额1631.28万元，为国家增加税收500万元。

2007年，共办理房地产转让手续486宗，交易总额7609万元，交易面积5.37万平方米；房地产抵押登记162宗，抵押贷款过亿元；新增房屋租赁备案登记145宗，非住宅租赁备案登记率达95%。2008年，共办理房地产转让手续240宗，交易总额2276万元；房地产抵押登记535宗，抵押贷款1.13亿元。

二、租赁市场管理

1988年4月，汨罗市工商局、物价局、税务局、房产局联合发文规定：凡市区内租赁私房的单位与个人，均须到房管部门办理手续、签订合同。下年，联合对城区所有出租私房进行清理整顿，统一建档立卡。

1998年，房产局与国土局联合行动，统一清理城区范围内的土地隐形市场。共清理房主4000户，督促办理手续102起，面积2.1万平方米，交易款520万元；办理抵押贷款114起，贷款额410万元；配合1809线工程建设，共鉴定拆迁房屋179栋，面积7.3万平方米。

2001年2月，对全市租赁市场进行清理，共规范租赁门面2884个。至2008年，全市公有出租经营性房屋的备案登记率达95%，私人出租经营性房屋备案登记率达60%。

第四节　住房公积金管理

1996年8月，成立汨罗市住房公积金管理中心，建立住房公积金制度。至2008年11月31日，全市共有186个行政、企事业单位缴纳住房公积金,1万多名职工享受住房公积金补贴;公积金额1.2879亿元,余额1.1236亿元;共向1858户家庭发放住房贷款6456万元,累计收回个人贷款本金3470.6万元,个人贷款余额2985.4万元;共为职工办理政策性住房公积金支取1643万元、1300户;其中资助干部、职工建房178人、327万元,占总额19.9%;离、退休职工支取681人、777万元,占支取额47.29%;职工因死亡、调出及其他原因支取539万元,占支取总额32.81%。

1996年,管理中心为团山花园、政务中心、友谊河治理、大众北路改造等重点工程投入启动资金300多万元。派出懂经济、会管理、经营的专业骨干,参加市政府重点工程建设。引进浙江客商成立天盛铜材厂,帮助厂方搞好服务。

2006年10月,管理中心在建设西路投资1000万元,建“人和楼”。引进上市公司碧波尔有限公司,开设吉祥食府、人和宾馆,安置下岗人员364人。筹措资金近300余万元,购置住房公积金大楼一栋,面积达1600平方米。

2007年,成立蓝天种养植业有限责任公司,帮助农民征地、种植意大利杨树42.67公顷,承包草地5.33公顷,鱼塘水面6.67公顷。

1996～2008年,汨罗市9大工程拆迁住房3187幢,近70万平方米,该中心共向216户发放政策性住房贷款1296万元,共向教育部门发放安居工程贷款179户、1074万元。

第五节　物业管理与白蚁防治

一、物业管理

2004年,成立家园物业公司,对紫薇花园住宅小区实行市场化专业管理:聘请专人值班,负责门卫、治安、公共卫生区域清扫,停放车辆管理;物业费每户每月5～10元不等,由门卫按时收缴抵工资(管理员每月每人600～800元)。各开发小区相继效仿,招聘组建物业公司,统一管理住宅小区。2006～2008年,共有物业管理公司8家,装饰装修企业3家。开发商、物业公司与业主的关系进一步理顺,物业管理和房屋装饰装修管理进一步规范,高寿桥小区、食杂小区相关物业遗留问题得到妥善解决。家顺物业公司管理的大市场商住小区被评为岳阳市优秀住宅小区。

二、白蚁防治

汨罗市地处长江以南,洞庭湖以东,气候温暖,雨水充足,适合白蚁滋生繁殖。主要蚁种:台湾乳白蚁,黄翅大白蚁,堤坝散白蚁,广泛危害房屋、家具、堤坝、森林。

1997年,成立白蚁防治所,为房产局二级机构,具有白蚁防治单位三级资格证。

1998年,汨罗市委、市政府针对白蚁防治,专门下发37号文件。2004年,汨罗市新建房屋的白蚁防治手续,均统一归口政务中心办理。至2008年,完成预防白蚁面积179.93万平方米,完成灭治白蚁面积12万平方米,城区预防达98%以上,为全市挽回直接、间接经济损失1000多万元。

第六节　房地产开发

1988年4月，成立房地产开发公司，结合城镇建设、住宅建设，实行整体成片开发，控制零星分散建设。

1990年，在食杂小区开发建设住宅6000平方米。1992～1995年，全市共开发房地产土地面积100公顷，开发房屋建设面积86.3万平方米，总投资1.73亿元，为国家提供税费2000万元。1996年，投资1020万元，成片开发大众北路住宅（长960米，宽40米），共建住宅180套，计建筑面积2.5万平方米。2000年，投资80万元，在市氮肥厂兴建12套商品房住宅，面积2000平方米；投资800万元，拆除旧百货商场（6000平方米）建新百货商场；接着又在南江市场、新火车站、谢家塘、屈原路、电影公司兴建住宅小区5个，面积达9万平方米，总投资4170万元。

2007年，房地产开发投资1.05亿元，在建房地产开发项目9个，商品房竣工面积8万多平方米。中天家园、东方置业小区开发规模均在5万平方米以上，分别完成竣工面积3万多平方米；拨付廉租住房租赁补贴1.52万元，直接发放到40户最低收入家庭。

2008年，共有房地产开发企业9家，房屋装饰企业3家。全市完成房地产开发投资1.5亿元，在建房地产开发项目有东方置业小区、中天家园二期、昌宏花苑、石泉山小区、金桂园、银桂园、建宏大厦、华龙华天、中心集贸市场、鸿园小区、俊秀花园、帝豪国际、廉租房一期工程13个，竣工面积25.16万平方米。划拨和新征廉租房建设用地0.74公顷，动工兴建54套、2700平方米的廉租住房。并争取国家廉租住房建设补贴资金357万元，租赁补贴资金145.2万元，发给550户保障对象。

汨罗市房地产1999～2008年开发情况统计表

表17－5－99　　单位：平方米、万元

项目名称	开工时间	竣工时间	建筑面积	投资额
大市场	1999年	2000年	32000	5000
万达广场	2002年	2002年	9800	1500
森隆小区	2002年	2003年	12000	1200
中达建材	2002年	2002年	6000	500
百利宝商城	2003年	2003年	10000	1500
鼎盛商厦	2000年	2000年	8000	800
新百货商厦	2000年	2000年	6000	1500
紫微花园	2003年	2004年	15000	1600
竣秀花园	2004年	2005年	27000	3000
中天一期	2005年	2008年	46000	6200
建设东路一期	2006年	2008年	50000	7500

第六章 建筑业

第一节 勘察设计

1978年,汨罗县建筑设计室成立。1982年,定为J级设计单位;1993年,升格为丙级设计单位。1998年1月,更名为汨罗市建筑勘察设计院,归口市建委管理。至2008年,有各类技术人员21人,共完成设计项目1110个,累计建筑面积180万平方米。

20世纪80年代,住宅设计均为单元式,多为1梯2户,2室1厅或3室1厅,独厨独厕,面积50~70平方米。至20世纪90年代,住宅推行开间定型法、套间定型法、基本间定型法,功能齐全,面积80~120平方米。进入21世纪后,单户住宅面积一般为90~150平方米,多的达200平方米。欧式建筑、花园别墅式建筑、仿古建筑,随处可见。

机关办公大楼及宾馆设计风格多样。中信大酒店集办公、住宿、餐饮、购物、娱乐于一体,共13层,高55.4米,总建筑面积8246平方米,总投资1438万元,是20世纪90年代汨罗城区亮点之一。市检察院办公楼,建筑面积6860平方米,建筑总高29.7米,欧式建筑,别具一格。

第二节 施工技术与建筑材料

一、施工技术

房屋基础施工　20世纪80年代前,房屋基础以砖砌条型为主,辅以三合土垫层,夯实;部分弱质土层,用钢筋砖带或砖拱基础加固。20世纪80年代后,房屋向砖混结构发展,砖基础改为片石基础、毛石砼基础。20世纪80年代后,房屋建筑推行框架结构,层数不断加高,上部结构荷载加大,故基础设计相应加强。除浇铸钢筋砼整板基础外,另用构造柱加固,以增加其承载力。土层结构复杂的基础,则单独打桩,特别加固。

墙体施工　墙体施工工艺,按受压程度,分为承重墙和非承重墙;按门类分,有空心墙、实心墙;按建筑材料分,有土砖墙、石墙、板条抹灰墙、砼砌块、大板等;按施工方法分,有无眼空斗墙和有眼空斗墙,砖砌清水,勾墙勾缝;按组砌方式分,有三顺一丁和五顺一丁砌法。

屋面施工　1980年前,部分采用"√"型拆瓦,小梁拱板,薄壳砖拱,落地双曲砖拱屋面;多数为平顶柔性防水和刚性防水,架空小板隔热。1980年后,有现浇钢筋混凝土防水屋面,轻质纤维隔热的大板屋面,三毡三油防水、水泥珍珠岩隔热屋面等。进入21世纪后,屋面工程有斜屋面、二坡屋面、四坡屋面。

外墙装饰　20世纪70~80年代,外墙普遍采用粗砂灰、水刷石、干粘石、马赛克等工艺材料;内墙以各色涂料、纤维板、石膏板、塑料墙布、玻璃纤维布等新工艺材料铺面;门窗多为钢、铝合金,胶合板制作。

90年代后，外墙装饰多为瓷砖、玻璃幕墙、石材、石漆、涂料等；室内装饰有仿瓷、乳胶漆、塑料扣板、夹板木格漏花吊顶，地面贴瓷砖、大理石、木地板；另配豪华门窗、灯具、家私、窗帘、空调。

二、建筑材料

20世纪70年代，房屋建筑发展为砖混结构。20世纪80年代后，房屋建筑为钢筋混凝土结构。其建筑材料有：

墙体填充材料。黏土砖，空心砖，轻质板材，用于剪力墙的钢筋砼板材。

装饰材料。屋面为黏土瓦、水泥瓦、铝压延薄型瓦、聚氯乙烯彩色瓦，以及专用于构筑物的钢网架屋面。门、窗、幕墙材料，普遍为铝合金、镀膜玻璃、塑钢等。

砼材料。在现浇钢筋混凝土整块板材时，以带肋钢筋代替圆钢和螺纹钢，以钢模板代替木模板，用"满堂红"钢管架支撑代替竹木架支撑。此外，在砼内掺入减水剂、早强剂、缓凝剂、防水抗震剂、膨胀剂等化学材料，以增加浇制件的结构力。

第三节　建筑企业

（一）建筑队伍

1978年后，建筑业成为支柱产业，汨罗县被湖南省建委誉为"建筑之乡"。1979年，汨罗县建筑队率先升格，成为境内首家专业建筑公司。1992年，汨罗县第二建筑公司成立，负责管理全县各乡镇建筑队伍。1985年，高家坊、弼时、白水、川山坪4个乡镇建筑队升格为建筑工程公司。1988年，古培、城郊、沙溪、黄柏、大众、城关、汨罗7个乡镇，分别成立建筑工程公司。其他技术力量稍弱者，也以乡镇为单位，成立建筑队，或挂靠，或独立经营。至1989年，全市共有三级企业12家，四级企业14家，固定职工总人数11162人。

（二）企业升级、改制

1978年前，技术力量薄弱，机械设备缺乏，大部分建筑队只能承建5层左右的楼房。至1988年，所有升格的建筑公司均能承建12层以下、跨度24米、高度50米的构筑物，并同时具备承建园林、雕塑、仿古建筑的技术能力。1992年，撤销第二建筑公司，成立建筑总公司，辖4个分公司，企业资质同时由三级升为二级，具有承建30层以内、30米跨度的工业民用大型构筑物的技术能力。1995年，建筑六公司升格为二级企业。1998年，汨驷建企业集团公司升格为一级施工企业。2001年后，汨驷建企业集团公司率先改为股份制。建筑三公司通过改制成为金峰建筑工程有限责任公司，并升格为二级建筑企业。城市建设开发公司同时兼并大荆基建队和汨罗镇建筑公司，改制为汨罗市楚天建筑工程有限公司。至2003年，全市注销或兼并的建筑企业19家。通过改制，21家建筑公司成为股份制总承包或专业承包企业。

至2006年年底，全市21家建筑企业，实现专业总承包3家，总承包18家；其中一级企业1家，二级企业2家，三级企业18家。共有从业人员1.8万人，其中高级技术人员84人，中级技术人员699人，初级技术人员1112人，分布在全国24个大中城市作业；共有施工机械设备5788台(件)，计固定资产原值29232万元，净值21011万元。2006年，创建安产值8亿元，创利税8000万元。

2001～2006年,全市共创省市优质工程33个。2007年,建筑施工队伍遍布广东、广西、江苏、安徽、湖北、浙江、深圳7个省市,全市建安总值完成近7亿元。其中,城区报建开工项目15个,建筑总面积2.15万平方米,报建造价9800万元;受监工程15个,建筑面积2.15万平方米;上报省文明工地2个,上报市优质工程项目2个。2008年,全市房屋建筑和市政基础设施工程报建项目11个,投资总额5742.98万元。

汨罗市建筑企业2001～2007年获省市优质工程明细表

表17－6－100　　单位:平方米

年度	工程名称	建设单位	施工单位	建筑面积
2001	岳阳防汛抗旱指挥部	岳阳水电局	汨驷建集团公司	
	恒泰小区1#住宅	岳阳纸业集团恒泰房地产物业发展有限公司	汨罗市第五建筑公司	2780
	培训中心综合楼	汨罗市农校	第七建筑公司	2550
	教师宿舍楼	第一中学	广厦建筑公司	1111
	新市办公楼	地税局	东区建筑公司	2146
	4#宿舍楼	火车站	建筑总公司	
	1#2#宿舍楼	火车站建设工程指挥部	汨驷建集团公司	2717
	学生食堂	二中	广厦建筑公司	5200
	教工宿舍	五　中	广厦建筑公司	3300
	营业办公大楼	农发行汨罗支行	建筑安装公司	3400
	宿舍楼	汨罗市法院	直属建筑公司	3460
	急诊楼	汨罗市中医院	建筑总公司	4300
2002	住宅楼4#	岳阳市第二人民医院	第五建筑公司	2717
	综合楼	岳阳市振兴公路经济开发总公司	弼时建筑公司	5200
	综合楼	汨罗市职业中专	高坊建筑公司	3300
	教学楼	汨罗市四中	广厦建筑公司	3400
2003	办公楼	汨罗市邮电局	汨驷建集团公司	5200
	科教楼	汨罗一中	广厦建筑公司	3400
	综合楼	汨罗市畜牧局	直属建筑公司	2200
	办公楼	汨罗市政务公开中心	汨驷建集团公司	4900
	鼎盛商城	湘阴县石塘建筑公司	建筑总公司	5100
	启明星花园电信小区10#楼	岳阳市启明星房地产开发有限公司	建筑总公司	4768
	白水国家粮食储备库2#、4#	汨罗市粮食局	汨驷建集团公司	2200

续表 17－6－100

年度	工程名称	建设单位	施工单位	建筑面积
2003	综合楼	汨罗市计生委	建筑总公司	2600
	办公楼	汨罗市检察院	宏大建筑总公司	6278
	综合楼	汨罗市农机局	红盾建筑公司	2988
	办公楼	汨罗市公安局弼时派出所	弼时建筑公司	2064
	办公楼	汨罗市政协	直属建筑公司	1111
	办公楼	汨驷建集团公司	移动公司	2146
2005	企改安置小区宿舍楼	汨罗市粮食局	高南建筑公司	9700
	宿舍楼	汨罗市粮食局	高南建筑公司	5000
2006	办公楼	汨罗市国税局	建筑总公司	5020
	综合大楼	汨罗市广播电视局	建筑安装公司	4800
2007	汨罗市人民法院审判大楼	汨罗市法院	湖南省第六工程公司	7797

汨罗市 2008 年建筑施工企业一览表

表 17－6－101　　单位：人

名称	地址	企业等级	企业性质	成立时间	隶属关系	在册人数	技术人员		
							高级	中级	初级
1998 年起为湖南省汨驷建企业（集团）有限公司	长沙星沙开发区	1	有限责任	1998	城郊乡	408	41	123	106
汨罗市建筑总公司	建设路 1 号	2	国有	1992	市建设局	188	4	46	102
汨罗市直属建筑工程公司	建设路 10 号	2	集体	1998	城关镇政府	172	4	57	89
汨罗市金峰建筑工程有限责任公司	高寿桥 8 号	2	有限责任	2001	古培镇	206	4	30	168
汨罗市第六建筑安装工程公司	岳阳建湘路康乐花园	2	集体	1995	黄柏镇政府	171	10	35	122
汨罗市东区建筑工程公司	新市黄金街	3	集体	1989	新市镇政府	55	2	19	32
汨罗市弼时镇建筑工程公司	岳阳南湖中诚乐园	3	集体	1994	弼时镇政府	151	4	25	110
汨罗市广厦建筑工程公司	高泉南路	3	集体	1994	市教育局	52		29	17
汨罗市第五建筑工程公司	岳阳新路口三辉商住楼	3	集体	1972	沙溪镇政府	96	3	26	62
汨罗市高南建筑工程公司	山塘路 47 号	3	国有	1996	市粮食局	55	1	8	12
汨罗市建筑安装公司	大众北路 10 号	3	国有	1992	市建设局	68	－	39	29
汨罗市楚天建筑工程有限公司	中天建材市场	3	有限责任	2001	市建设局	65	－	22	39
汨罗市铜盆建筑工程有限公司 1998 年	李家塅镇	3	集体	1969	李家塅镇政府	56	1	23	18
汨罗市大众建筑工程有限公司	高寿桥 15 号	3	有限责任	2001	古培镇	60	－	15	36

续表 17－6－101

名称	地址	企业等级	企业性质	成立时间	隶属关系	在册人数	技术人员		
							高级	中级	初级
汨罗市高坊建筑工程有限公司	高家坊镇	3	集体	1965	高家坊镇政府	64	–	26	28
汨罗市宏大建筑工程有限公司	红花桥头	3	有限责任	1998	红花乡	66	–	33	32
汨罗市环宇建筑工程公司	汨新路	3	集体	1997	长乐镇	76	–	26	40
汨罗市市政工程公司	人民路	2	国有	1990	市建设局	102	6	59	30
汨罗市公路桥梁工程有限公司	泉水巷 7 号	3	有限责任	1999	市公路局	56	1	17	12
汨罗市水电建设安装工程公司	高泉北路 15 号	3	国有	1994	市水电局	67	3	29	21
汨罗市交通公路工程建设有限责任公司	高泉北路 12 号	3	有限责任	1993	市交通局	52	–	12	–

第四节　建筑业管理

一、管理机构

(一)材料检测

1985 年 5 月,汨罗县建筑工程质量监督站成立,内设建筑材料实验室。1991 年,汨罗市建筑材料试验室成立;1997 年 4 月,更名为建设工程质量实验检测所;2003 年,更名为立业建设工程质量试验检测有限公司。主要从事工程质量试验与检测。

(二)工程监理

2002 年 7 月,汨罗市建工工程建设监理有限公司成立,丙级资质,主要从事三等房屋建筑工程、道路、市政公用工程建设监理。

(三)工程交易

2000 年 5 月,汨罗市建设工程交易中心成立。主要提供工程交易活动场所,提供相关信息服务,发布招标投标信息,促使建设工程交易有序开展。

(四)造价咨询

2000 年 4 月,汨罗市建设工程造价编审中心成立,丙级资质。承接业务:建设项目工程造价的编制和审核,工程标底编制,工程结算,工程造价鉴定。

(五)招标代理

2003 年 5 月,岳阳市建设工程招标代理有限公司汨罗代理部成立,依法承担工程招标代理业务,帮助建设方编制资格预审及招标文件,并组织开标、评标和定标。

(六)图纸审查

2002 年 8 月,平江县建筑施工图纸审查中心成立(行业管理区域含汨罗)。同年 9 月,汨罗市建设局制定《汨罗市建设科技设计管理工作暂行规定》。该中心主要服务内容:接受汨罗市建设科技设计管理机构的委托,审查结构设计,监督强制性标准设计,检查项目规范执行情况。

二、业务管理

（一）建筑市场管理

1981 年，设汨罗县建筑工程管理组，负责执行基建计划、安排施工队伍、审批签订的施工合同、检查施工质量和竣工验收、组织集体建筑施工队伍的业务培训。1982 年，汨罗县政府发出《关于基本建设若干规定的通知》，规定县属各行政、企事业单位的基本建设计划，统一归口县计委审批，否则不予办理土地征收手续，建工组不得安排施工队伍，建设银行拒绝扶持拨款。所有施工项目，由建工组统一安排队伍，建设单位不得自找施工队伍；实行开工报告制度，建工组负责监督承包合同的执行，协调处理双方经济纠纷和施工单位的偷工减料及违章事件；对工期、质量、施工技术、安全生产等实行监督。1988 年，组织整顿建筑市场，清理索要回扣、业务费、行贿受贿等问题，查处无证（照）施工、超越施工和无计划、超计划施工等行为。

（二）定额管理

1953 年，开始执行中南财经委员会颁布的《工程预算定额及取费标准》，其后，执行国家建委颁布布的《1956 年建筑安装工程统一施工定额》、省建委颁布的《1956 年建筑安装工程补充定额》和国家建筑工程部、劳动部联合颁发的《1962 年建筑安装工程统一劳动定额》。20 世纪 70 ~ 80 年代，建安定额不断修改补充。1990 年，执行湖南省建委颁布的《1990 年湖南省建筑工程预算定额》；建筑工程材料预算价格，由岳阳市定额管理站根据市场物价变化，每季度调整一次，建筑企业按照调价的通知执行。管理费收取标准，根据湖南省建委、省建行 1990 年颁发的《湖南省施工企业取费标准》的通知执行。

（三）工程质量监督

1985 年，汨罗县建筑工程质量监督站成立。凡属新建、改建、扩建的房屋建筑、构筑物、市政工程和预制构件的生产与施工，均办理质监手续，接受监督。对竣工的项目，未经质监证检查验收并核发等级认定证书的，不得交付使用；实行奖优罚劣，强化工程质量监督。1985 ~ 1993 年，受监工程项目 529 个，受监面积 65.5 万平方米，其中竣工 385 个，建筑面积 37.81 万平方米，工程合格率 100%，优良率 23.3%。1982 ~ 1993 年，获地区科技推广奖 2 项（市工程公司施工的岳阳氮肥厂预应力 21 米跨单 T 大板和长岭炼油厂抗震加固施工技术）、省样板工程 2 项（市建四公司施工的汨罗市建设银行综合楼、市红花建筑公司施工的汨罗市工商局综合楼）、省优质工程 1 项（市建四公司施工的屈原大桥）、地（市）优质工程 68 项。1993 年，汨罗市建管站被湖南省建委评为先进管理单位。

第七章　环境保护

第一节　环境状况

一、大气环境状况

（一）总体质量状况

2005 年，监测结果表明，城区空气质量指数在 71 ~ 80 之间（从是年起开始计算空气污染指数 API），空气质量达到国家二级标准,空气质量为良好。

(二)环境空气质量标准及评价方法

《环境空气质量标准》(GB 3095—1996)及其修改单中,各污染物浓度限值二级标准为总悬浮颗粒物(TSP)日均值0.30 mg/m^3;可吸入颗粒物(PM10)年均值0.120 mg/m^3;二氧化硫年均值0.06 mg/m^3;氮氧化物年均值0.05 mg/m^3;二氧化氮年均值0.08 mg/m^3。1991～2004年,以污染物年日均值浓度为评价;2005年以环境空气污染指数API评价(API在51～100之间为良好)。

(三)监测情况说明

1991～1993年,监测点位为老监测站楼顶(现自来水公司东北侧,属工业区)、旧政协办公楼楼顶(清洁区)、老建设局办公楼顶(生活区),监测项目为总悬浮颗粒物、二氧化硫、氮氧化物。监测时间为每季连续五天,一天采样四次,因采样时间不够,不计算环境空气污染指数API。

1994～1995年,监测点位为市政府招待所楼顶(属工业区)、新监测站楼顶(清洁区)、老建设局办公楼顶(生活区),监测项目为总悬浮颗粒物、二氧化硫、氮氧化物。监测时间为每季连续五天,一天采样四次,因采样时间不够,不计算环境空气污染指数API。

1996～2004年,监测点位为市自来水公司楼顶(属工业区)、新监测站楼顶(清洁区)、老建设局办公楼顶(生活区),监测项目为总悬浮颗粒物、二氧化硫、氮氧化物。监测时间为每季连续五天。一天采样四次,每次1～3小时,因采样时间不够,不计算环境空气污染指数API。

2005年起监测点位为市自来水公司楼顶、环保局楼顶、政务公开中心,监测项目为可吸入颗粒物、二氧化硫、二氧化氮。监测时间为每月连续12天。24小时连续采样。

(四)大气污染指标状况

根据汨罗市城区空气污染物监测数据,1991～2004年,全市各测站大气环境中污染程度由高到低排列依次为工业区＞生活区＞清洁区;2005～2008年,各测站大气环境中污染程度由高到低排列依次为政务公开中心＞自来水公司＞环保局。影响城市空气质量的主要污染物是总悬浮颗粒物(TSP)或可吸入颗粒物(PM10)。三个项目污染负荷依次为总悬浮颗粒物(TSP)或可吸入颗粒物(PM10)＞二氧化硫＞二氧化氮。

1991～2004年,大气环境中污染程度由高到低排列依次为1998年＞1996年＞2001年＞1997＝2000年＝2002年＞2003年＝1992年＞1995年＞2004年＞1994年＝1999＞1991年＝1993年;2005～2008年,环境空气污染指数API大小依次为2006年＞2005年2008年＞2007年。各点位的年、日均值均未超过《环境空气质量标准》(GB 3095—1996)及其修改单中二级标准。

全市TSP悬浮微粒总量或PM10可吸入颗粒物的日均浓度变化随季节变化的基本特征为一年之中一、四季度浓度比二、三季度稍高,各点位1991年到2004年中工业区、生活区TSP每年春、秋季都出现超标现象,主要是受水泥厂、氮肥厂生产影响,其他各项目年日均值均未超过《环境空气质量标准》中二级标准。

全市二氧化硫年日均值浓度大小1991～2004年依次为工业区＞生活区＞清洁区,二氧化硫偏高现象主要是受燃煤影响;2005～2008年,依次为政务公开中心＞自来水公司＞环保局,均达到国家二级标准。

全市氮氧化物年日均值浓度大小依次为工业区＞生活区＞清洁区,全市二氧化氮年日均值浓度大小依次为政务公开中心 > 自来水公司 > 环保局，一年之中一、四季度浓度比二、三季度稍高。但不是太明显，均达到国家二级标准。

汨罗市主要的大气污染物是颗粒物、二氧化硫、二氧化氮、降尘和一氧化碳等。除降尘主要来自地面扬尘外，其他大气污染物均来源于市内工业废气和居民生活废气的排放。大量的机动车是全市的流动污染源。

一般在雨后监测污染物浓度较低，这说明天气变化对大气监测结果的影响较大，另一方面，地面扬尘与烟尘也是影响监测结果的主要原因。

汨罗市 1991 ~ 2008 年城区空气污染物年际监测结果统计表

表 17 - 7 - 102　　单位：mg/m^3

指标 年度	总悬浮颗粒物(TSP)	可吸入颗粒物(PM10)	二氧化硫	氮氧化物	二氧化氮	API
1991	0.18	–	0.033	0.008	–	–
1992	0.25	–	0.041	0.008	–	–
1993	0.18	–	0.031	0.0010	–	–
1994	0.21	–	0.040	0.014	–	–
1995	0.24	–	0.046	0.022	–	–
1996	0.28	–	0.038	0.029	–	–
1997	0.26	–	0.040	0.025	–	–
1998	0.29	–	0.046	0.024	–	–
1999	0.21	–	0.038	0.027	–	–
2000	0.26	–	0.033	0.026	–	–
2001	0.27	–	0.034	0.035	–	–
2002	0.26	–	0.038	0.027	–	–
2003	0.25	–	0.033	0.021	–	–
2004	0.23	–	0.032	0.024	–	–
2005	–	0.108	0.021	0.014	–	79
2006	–	0.109	0.021	–	0.019	80
2007	–	0.097	0.019	–	0.017	74
2008	–	0.099	0.019	–	0.018	75

二、水环境状况

汨罗市内主要河流为汨罗江，境内流域面积为 965 平方公里和流长为 61.5 公里。汨罗江具有饮用、工农业生产、航运等多种功能，全市水环境的污染源主要是直接或间接排入水体的工业废水、生活污水、地表径流和大气降水等，其中工业废水是影响全市地表水质量的主要污染源。市环境监测站历年来对汨罗江进行常规监测，1991 至 2005 年，监测断面为窑洲断面、南渡断面，监测项目为水温、酸碱度、溶解氧、高锰酸盐指数、氨氮共计 5 项；2006 年起，地表水常规水质监测断面为新市断面、南渡断面，监测项目为水温、酸碱度、溶解氧、化学需氧量、高锰酸盐指数、五日生化需氧量、氨氮、总磷、铜、锌、氟化物、硒、砷、汞、镉、六价格、铅、氰化物、挥发酚、石油类、阴离子表面活性剂、硫化物、粪大肠菌群,共计 23 项;集中式饮用源地水质监测断面为窑洲断面,监测项目为水温、酸碱度、溶解氧、化学需氧量、高锰酸盐指数、五日生化需氧量、氨氮、总磷、铜、锌、氟化物、挥发酚、硒、砷、汞、镉、六价铬、铅、氰化物、阴离子表面活性剂、硫化物、铁、锰、硝酸盐氮、硫酸盐、氯化物、石油类、粪大肠菌群,共计 28 项。

监测数据表明,全市主要污染物为 NH3 - N,主要是汨罗市金成实业有限公司外排废水和生活污废水所至。水质状况见 1991 ~ 2008 年汨罗江水质状况表。由表中数据可知,汨罗江新市、窑州断面水质符合《地表水环境质量标准》中Ⅱ类标准;南渡断面除 1991、1992. 1997 年部分月份超过Ⅲ类标准外,其他年代断面水质符合《地表水环境质量标准》Ⅲ类标准。

三、声环境状况

汨罗市环境监测站每年对噪声进行春、秋季常规监测。各测点数见 1991 ~ 2008 年汨罗市城市噪声等效声级统计表,根据监测数据,区域环境噪声平均值 1999 年因故未测外,1991 年、1995 年、2002 年、2003 年超过国家标准 55 分贝(A),其他年代在国家标准范围内;交通干线噪声加权平均值除 1991 年、1994 年、1996 年 ~ 2002 年超过国家标准 70 分贝(A)外,其他年代在国家标准范围内。各项噪声值由高到低排列依次为交通干线 > 工业区 > 混合区 > 典型居民区。

汨罗市 1991 ~ 2008 年城市噪声等效声级统计表

表 17 - 7 - 103

指标 年度	区域环境噪声		交通干线噪声		
	测点数(个)	平均值 dB(A)	测点数(个)	总路长(米)	加权平均值 dB(A)
1991	68	57.9	7	2030	68.6
1992	68	54.2	14	5610	71.5
1993	68	50.5	14	5610	68.3
1994	68	53.4	30	9470	72.2
1995	68	57.4	32	10120	69.2
1996	70	53.1	37	10870	70.6
1997	70	54.2	37	10870	71.0
1998	70	53.2	37	10970	72.2
1999	-	-	36	10850	70.7
2000	70	53.5	36	10850	71.6
2001	70	51.5	36	10850	71.2
2002	70	60.9	36	10850	73.5
2003	70	55.6	36	10850	67.5
2004	70	55.0	36	10850	67.3
2005	110	54.7	34	13420	68.3
2006	110	52.3	34	13420	62.9
2007	110	54.5	34	13890	67.2
2008	110	54.6	34	13890	67.5

综上所述，汨罗市空气质量达到国家二级标准，地表水偶有氨氮超标现象，区域环境噪声、交通干线噪声也有超标现象，但从2003年起随着水泥厂的停产、氮肥厂生产的不景气、城区锅炉的减少和由煤转气，环境质量有所好转。

汨罗江1991～2008年水质状况表

表17－7－104

地点		数据 项目 \ 年份	1991	1992	1993	1994	1995	1996	1997	1998	1999	2000	2001	2002	2003	2004	2005	2006	2007	2008
汨罗江	新市断面	执行水质标准	–	–	–	–	–	–	–	–	–	–	–	–	–	–	–	Ⅱ	Ⅱ	Ⅱ
		水质类别	–	–	–	–	–	–	–	–	–	–	–	–	–	–	–	优	优	优
		主要污染物	–	–	–	–	–	–	–	–	–	–	–	–	–	–	–	–	–	–
		超标月份	–	–	–	–	–	–	–	–	–	–	–	–	–	–	–	–	–	–
	南渡断面	执行水质标准	Ⅲ	Ⅲ	Ⅲ	Ⅲ	Ⅲ	Ⅲ	Ⅲ	Ⅲ	Ⅲ	Ⅲ	Ⅲ	Ⅲ	Ⅲ	Ⅲ	Ⅲ	Ⅲ	Ⅲ	Ⅲ
		水质类别	劣	劣	良	良	良	良	良	良	良	良	良	良	良	良	良	优	劣	优
		主要污染物	NH_3－N	NH_3－N	–	–	–	–	–	–	–	–	–	–	–	–	–	–	NH_3－N	–
		超标月份	6、10	3、6、9、10	–	–	–	–	–	–	–	–	–	–	–	–	–	–	6－8、11、12	–
	窑州断面	执行水质标准	Ⅱ	Ⅱ	Ⅱ	Ⅱ	Ⅱ	Ⅱ	Ⅱ	Ⅱ	Ⅱ	Ⅱ	Ⅱ	Ⅱ	Ⅱ	Ⅱ	Ⅱ	Ⅱ	Ⅱ	Ⅱ
		水质类别	优	优	优	优	优	优	优	优	优	优	优	优	优	优	优	优	良	优
		主要污染物	–	–	–	–	–	–	–	–	–	–	–	–	–	–	–	–	–	–
		超标月份	–	–	–	–	–	–	–	–	–	–	–	–	–	–	–	–	–	–

第二节 环境质量监测

1985年，汨罗县环境监测站成立，配备工作人员10人，有各类监测仪器36台(套)，主要承担水、废水、空气、废气、固废、噪声、烟尘气等96个参数的环境监测义务。1990～2006年，通过对140多家企事业单位的技术监测，取得有效环保数据5万多个。

2007年，投资80多万元，添置环保监测执法车辆4台、电脑5台、监测仪器15台，加强对汨罗江水质、城区空气质量的监测；实行每月一报制度；枯水期，对汨罗江窑洲和南渡两个断面的水质每周采样监测一次；共提供常规监测数据1044个，及时掌握城市饮用水水质状况；对20家重点排污企业进行30次跟踪监测，为61家企业开展环评监测，为110家企业开展服务性监测；共提供监测数据8042个，监测报告131份，实现监测收费67万元。

2008年，对全市1410家普查对象进行清查登记，并通过岳阳市验收；新建生物学指标试验室，新开展氟化物、重金属监测项目分析；在汨罗江饮用水源保护区设立8块规范的水源保护标示牌，全面清查了这一区域内的26家企业，强化水质监测，及时了解水质情况；市内重点污染企业、饮用水源的环境监管责任分解到岗,落实到人,实行环境监管人员与排污企业"一对一"的监管,并实行责任追究制度;开通"12369"热线投诉电话,24 小时受理群众投诉。全年共受理环境投诉 234 起,调处 223 起,调处率 95.3%。空气污染指数 API 值为 80,首要污染物为聚甲基丙烯酸甲酯 10。全市空气质量良好。新市断面水质各项目均符合《地表水环境质量标准》(GB3828—2002)Ⅱ类水质标准;南渡断面水质、饮用水源水质各项目均符合《地表水环境质量标准》(GB3828—2002)Ⅱ类水质标准。市区噪声均值为 52.3 分贝(A);交通干线噪声加权平均值为 62.9 分贝(A)。

汨罗市 2008 年环境空气监测结果统计表

表 17－7－105　　单位:毫克/立方米

项目	点位	月季日均值												年均值
		1月	2月	3月	4月	5月	6月	7月	8月	9月	10月	11月	12月	
氧化硫	市环保局	0.027	0.022	0.021	0.025	0.022	0.022	0.017	0.011	0.012	0.012	0.021	0.020	0.019
	市自来水公司	0.034	0.029	0.025	0.027	0.025	0.024	0.018	0.012	0.013	0.013	0.023	0.022	0.022
	市政务公开中心	0.033	0.027	0.026	0.029	0.027	0.026	0.020	0.013	0.014	0.016	0.026	0.025	0.021
	均值	0.032	0.026	0.024	0.027	0.025	0.024	0.018	0.012	0.013	0.014	0.023	0.022	0.021
氧化氮	市环保局	0.020	0.018	0.019	0.019	0.017	0.017	0.015	0.015	0.016	0.017	0.018	0.018	0.017
	市自来水公司	0.023	0.022	0.021	0.020	0.020	0.018	0.017	0.016	0.018	0.019	0.019	0.020	0.019
	市政务公开中心	0.025	0.021	0.022	0.022	0.020	0.020	0.018	0.018	0.018	0.020	0.021	0.021	0.020
	均值	0.023	0.020	0.021	0.020	0.019	0.018	0.017	0.016	0.017	0.019	0.019	0.020	0.019
聚甲基丙烯酸甲酯	市环保局	0.111	0.111	0.108	0.103	0.103	0.099	0.101	0.093	0.096	0.096	0.118	0.124	0.105
	市自来水公司	0.118	0.114	0.116	0.110	0.107	0.100	0.103	0.099	0.104	0.103	0.122	0.126	0.110
	市政务公开中心	0.122	0.120	0.120	0.115	0.107	0.101	0.104	0.100	0.107	0.105	0.122	0.126	0.112
	均值	0.117	0.115	0.114	0.109	0.106	0.100	0.102	0.097	0.102	0.102	0.121	0.125	0.109

汨罗市 2008 年汨罗江水质监测结果表

表 17－7－106　　单位:度、毫克/升、个/升

监测项目	监测结果					
	新市			南渡		
	南	北	均值	南	北	均值
水温	31.6	31.2	31.4	32.0	31.2	31.6
pH 值	7.58	7.76	7.67	8.12	8.34	8.23
溶解氧	8.67	8.68	8.68	8.74	8.70	8.72
高锰酸盐指数	2.08	2.22	2.15	2.31	2.42	2.37
化学需氧量	2.50	2.50	2.20	9.57	2.50	6.03
五日生化需氧量	1.37	1.40	1.38	1.41	1.47	1.44
氨氮	0.145	0.212	0.178	0.239	0.218	0.228

续表 17－7－106

监测项目	监测结果					
	新市			南渡		
	南	北	均值	南	北	均值
总磷	0.382	0.347	0.364	0.423	0.433	0.428
铜	0.010	0.010	0.010	0.010	0.010	0.010
锌	0.010	0.010	0.010	0.010	0.010	0.010
氟化物	0.160	0.15	0.155	0.160	0.160	0.160
硒	0.001	0.001	0.001	0.001	0.001	0.001
砷	0.003	0.004	0.004	0.002	0.001	0.002
汞	0.00001	0.00001	0.00001	0.00001	0.00001	0.00001
镉	0.0001	0.0001	0.0001	0.0001	0.0001	0.0001
铬(六价)	0.002	0.002	0.002	0.002	0.002	0.002
铅	0.003	0.003	0.003	0.003	0.003	0.003
氰化物	0.002	0.002	0.002	0.002	0.002	0.002
挥发酚	0.001	0.001	0.001	0.001	0.001	0.001
石油类	0.010	0.010	0.010	0.010	0.010	0.010
阴离子表面活性剂	0.010	0.010	0.010	0.010	0.010	0.010
硫化物	0.002	0.002	0.002	0.002	0.002	0.002
粪大肠菌群	24000	110	1620	2400	24000	7590

说明：部分项目送检岳阳环境监测中心。

第三节　环境污染治理

一、污染控制

（一）环境现状调查

1980年5～10月，汨罗县环保办走访国营、集体企业25家，乡镇企业516家，调查“三废”（即废水、废气、废弃物）排放企业的设备、工艺、操作、管理等方面的问题。1982年，组织全县生态环境调查，取得有关工业污染、水土流失、农药化肥影响环境等数据2000余个，编写《汨罗县环境调查概要》。1986年3～10月，联合组织全县工业污染源调查，详查企业7个，普查42个，掌握工业污染的“三废”排放量数据，进行环境评估，提出改善环境对策。1989年5～12月，组织全市工业污染源调查，调查乡、村工矿企业339个，调查面49.5%。1990年，对10家造纸厂进行全面调查，写出专题调查报告，提出造纸废水治理方案。1993年，对70多家生产、加工麻石水膜除尘器工厂进行重点调查，并帮助处理花岗岩尾渣。此后，每隔4～5年全面普查一次，掌握信息，建立档案，跟踪监督。

(二)建设项目管理

1981～1986年,环保部门对建设项目的管理,主要限于“三同时”(即同时设计、同时施工、同时使用)监督实施。1987年,凡新建项目,从立项、环境影响评估到现场施工,环保部门都要责任到位。1998年11月,国务院颁布《建设项目环境保卫管理条例》。1982～2006年,环保部门共审批立项、验收合格的各类建设项目300个。

2007年,严格环境准入手续,认真落实环评制度,把好“三同时”执行关,着力推动环境管理向深层次发展。对建设项目,严格做到:不符合环保法律、法规和产业政策的不批,不符合功能区划分要求的不批,环评未通过的不批,环境污染严重、治理进度慢的区域新增污染项目不批,从源头上减少污染的产生。全年共审批建设项目89个,环评率100%,“三同时”执行率100%,执行合格率67.3%;否决不符合环保政策的高污染、高排放项目17个。

2008年,强化建设项目管理,坚持做到环保优先。对82个新、扩、改建项目进行环境影响评价,环评率100%;对15家企业进行环保验收,验收率90%,验收率合格80%;新上的82个项目全部缴纳“三同时”保证金;对符合环保产业政策或通过整改可以达到有关要求的企业给予贷款支持,全年共批准同意支持贷款企业30多家,涉及贷款金额8500万元。

汨罗市环保局1994～2008年部分年度建设项目审批登记表

表17－7－107　　单位:万元、%

年度	项目数	总投资	环保投资	占总投资
1994	10	1264	40	3.16
1995	10	1654	16	0.97
1996	8	740	12	1.62
2000	11	1036	13	1.25
2001	13	2270	31	1.37
2002	9	1405	47	3.35
2003	27	3500	26	0.74
2004	33	15419	826	5.36
2005	25	22500	1684	7.48
2006	27	3190	156	4.89
2007	89	44373	1641	3.70
2008	82	72180.38	2382	3.30

(三)烟尘、噪声控制区建设

1989年,结合城市环境综合整治定量考核,开展烟尘控制达标区及噪声达标区创建活动,在城区建成1平方公里的烟尘控制达标区和噪声达标区。1994年,城区建成烟尘控制达标区4.1平方公里。至2002年,随着市轧钢厂破产、磨料磨具厂部分停产,城关范围内再无超标排污的炉窑、烟尘。城区烟尘控制达标面积100%。

汨罗市1994～2008年部分年度城区烟尘控制区建设情况表

表17－7－108　　　　　　　　　　　　　　　　　　　　　　　　　　单位:平方公里、%

<table>
<tr><th rowspan="2">年度</th><th colspan="3">烟控达标区面积</th><th rowspan="2">建成区面积</th><th rowspan="2">覆盖率</th></tr>
<tr><th>城东区</th><th>城北区</th><th>总　计</th></tr>
<tr><td>1994</td><td>2.7</td><td>1.4</td><td>4.1</td><td>5</td><td>82</td></tr>
<tr><td>1996</td><td>3.6</td><td>2.4</td><td>6</td><td>6.7</td><td>89.55</td></tr>
<tr><td>1998</td><td>3.6</td><td>2.4</td><td>6</td><td>6.7</td><td>89.55</td></tr>
<tr><td>2000</td><td colspan="2" rowspan="6">城关烟控区</td><td>6.5</td><td>7.3</td><td>89.04</td></tr>
<tr><td>2002</td><td>8.1</td><td>8.1</td><td>100</td></tr>
<tr><td>2004</td><td>8.73</td><td>8.73</td><td>100</td></tr>
<tr><td>2006</td><td>9.43</td><td>9.43</td><td>100</td></tr>
<tr><td>2007</td><td>9.7</td><td>9.7</td><td>100</td></tr>
<tr><td>2008</td><td>10.3</td><td>10.3</td><td>100</td></tr>
</table>

推行环境保护目标责任制。1990年,汨罗市环保局首次与11家国营、二轻重点排污企业签订“环境保护目标责任书”,年底考核验收。1991年,增加到14家;1992年,为21家。1994年,列入环境保护目标管理考核的企业达40多家,其排污量占辖区内排污企业总量的80%以上。1999年,制定《汨罗市工业污染源排放物2000年达标排放计划》,确定重点监控企业的治理项目和达标期限。2001年,通过岳阳市检查验收。2006年,市政府决定将环保指标纳入全市“三个文明”建设考核。

2007～2008年,加快环境监察监测标准化建设进程,编制《汨罗市环境事件应急预案》,建立健全环境应急指挥系统,从制度上规范应急监测、应急处置、信息发布等各项应急措施。

二、污染源治理

20世纪70年代始,随着工业企业的发展,尤其是乡镇企业的兴起,废水、废气、废渣及噪声排入环境,环境质量随之下降。1982年,城区内有31个工业企业的废水直接流入汨罗江。汨罗江沿岸有污染工业企业144家,年排废水1496万吨,占全市工业废水排放总量的81.9%。1993年,全市排放废气10.4968亿立方米。1984年,城区日对开客货火车57.5对,汽车流量每小时160台次以上;白天环境噪声等效声级为55.7～81分贝,最高时声级达88分贝,超过国家规定标准15分贝。1987年,固定废弃物渣达4.93万吨,是1980年的2.4倍。

(一)废气治理

1980年始,汨罗县水泥厂、氮肥厂、砂轮厂、棉织厂、轧钢厂、钢制家具厂、酒厂等骨干企业治理废气。氮肥厂系重点化工企业、重点排污大户,其排污量占境内排污总量的50%。1981～2000年,该厂先后投资900多万元,建起麻石水膜除尘器,添加硫黄回收装置,安装尾气、弛放气回收系统和两水闭路循环系统,终于使排污大户成为清洁工厂。该厂年处理废气1.4亿标/立方米,回收可燃气体3万立方米,烟尘去除率当年达98%。水泥厂粉尘回收率达80%,车间空气粉尘含量降至3.09毫克/立方米。砂轮厂建起制粒除尘器,年处理废气1800万标/立方米,回收碳化硅微粒150吨。轧钢厂年处理废气1200万标/立方米,烟尘去除率70%。新市工业园区坚持环保先行原则,排除“一个炉子、一个企业”的小作坊模式,杜绝重污染、高耗能企业入园,鼓励企业从清洁生产和零污染抓起,使“三废”和粉尘的排放量严格控制在国家规定标准之内。

2007～2008年,对城区2吨以下的燃煤锅炉停止审批,督促一家企业改用清洁燃料,2家改用环保锅炉;督促5家大型宾馆配套添置除油烟设施;责令5家焚烧橡胶、塑料的砖瓦厂限期整改;制止乱焚烧垃圾25起,立案4起。

(二)废水治理

1981年,汨罗县氮肥厂建起废水循环系统,年处理废水和节约用水各149万吨。1983年,汨罗肉联厂兴建屠宰废水处理池5个,有效降低废水中化学需氧量和悬浮物含量。汨罗酒厂废糟成山,废液呛人。1982～1988年,沼科所与该厂联合进行技术开发,日处理废液100多吨,并为城区300多户居民提供沼气。20世纪80年代末,镀锌钢管厂迁出居民区另建,配套建成电镀废水离子交模系统,年处理废水7万吨。至1996年,全市19家小电镀厂,除3家规模较大、均安装了废水处理系统而予保留外,其余均因废水排放不达标而予关闭。2000年,配合全国环保行动,市环保局对全市造纸企业下发“限期达标整改任务书”,并逐个检查验收。2004～2006年,对三江、智峰两地24家小造纸厂全面停产整顿,促其排放达标。

2007年,全市停产整治42家废纸造纸企业,关停25家企业,废水排放量由1100多万吨减少至150万吨左右,削减化学需氧量3272吨。2008年,对上年整治的15家造纸企业进行验收,削减二氧化硫224.5吨、化学需氧量1162吨,削减率分别达10%、39%。制定《汨罗市湘江流域水污染整治工作实施方案》,对61家企业分别实行关闭、限期治理、停产治理。

(三)噪声治理

1984年,督促装卸运输公司淘汰噪声大、泄露严重的柴油机三轮装卸车。1987年,修通友谊河北路、山塘路、车站南路,并与铁路新货站连接,新辟河沙、石灰、煤炭车辆行驰线路,禁止手扶拖拉机进入城市中心区。1990年,修通罗城路,平江、湘阴、营田等处的过境车辆改线行驶,城区交通噪声明显下降。市氮肥厂、市铝材厂、市塑料厂,采取修建隔声墙、安装消声器的办法消除噪声,噪声下降10～25分贝,达到国家控制标准。2007年,对2家娱乐场所采取噪声防治措施。

(四)废弃物治理

1985年,氮肥厂建起炉渣砖生产车间,年处理废渣12000吨,产砖350万块。1987年1月,扩大垃圾消纳场达1.25公顷,四周筑砌隔离坝,城区所有基建垃圾均由市环卫处统一运送至此填埋。1992年,城东荣家坪炉渣砖厂投产,年产砖120万块。至1993年,城区废弃物处理达100%。其他金属、橡胶、塑料等废弃物,由金属回收公司和团山再生资源集散市场回收处理。至2005年,汨罗市收购网点达1600多个,覆盖全国30多个省市。是年,废旧物资回收量达83万吨,交易额68亿元。再生资源加工规模企业65家,年工业增加值过20亿元,从事再生资源生产就业人员3万多人。

三、自然生态保护

高坊、川山、玉池是麻石开采和环保的重点乡镇。环保部门主动与矿产、工商部门和当地政府配合,对采石单位和个体采石户逐厂逐项调查登记，帮助制定水土保持、植被恢复等具体措施，加强生态环境保护。

为减少农药、化肥对生态环境的负面危害，环保部门与农业、科研部门多次呼吁：保护益虫益鸟，扩大生物防治；禁止使用高残留剧毒农药，倡导使用高效低毒低残留农药。

1986年始，环保部门先后在古培、红花、长乐办点示范，探索生态农业之路。其"鸡—猪—沼气—鱼—稻—果蔬"的循环模式和"猪—沼—果蔬"的良性循环的庭院经济模式，很受农户欢迎。

第四节　环保管理与执法

一、管理机构

1979年9月，汨罗县环境保护办公室成立，归口县计委管理。1981年，重组县基本建设委员会，环保办并入。1984年，县城乡建设环境保护局成立。1988年，市建委下设市环境保护办公室；1989年3月，升格为市环境保护局。1992年，城乡建设环境保护委员会成立，内设环保办，对外仍用环保局公章。1995年2月，市环保局再次单设，辖市监理站、市环境监测站。

二、环保宣传

至2008年，共发放各类宣传资料4.5万份，书写宣传标语、大型横幅、宣传画、固定广告宣传牌等3300多张(条)，举办环保学习班3期，连续开辟环保世纪行电视讲座15天，聘请兼职环保监察员32人。在各级新闻媒体刊发播放汨罗市环保重大执法行动、重要会议新闻和环保专题50多次，创建汨罗一中、桃林中学2所省级绿色学校。

三、环保执法

1994~2006年，多次与汨罗市公安、法院、工商局、电力等局联合，依法对全市各类企业进行清理整顿，共查处关闭污染严重的土法炼铅、炼铝、炼油、炼钒企业45家；关停查封废渣、废气、废水及噪声严重超标的市冶炼厂、市电镀厂、市红砖厂、市蓄电池厂、市橡胶厂、市玻璃厂、市复合肥厂和生活锅炉43家(只)；对55家造纸厂、再生铝厂进行限期整顿，对4家治理不达标的造纸厂分别处以4万元罚款；查处乱采滥挖、非法淘金、拖欠拒交排污费的违法案件44起。

2007年，取缔7家"十五小"企业(即小造纸、小制革、小染料、小土焦、小土硫黄、小电镀、小漂染、小农药、小选金、小炼油、小炼铅、小石棉、小放射、小炼汞、小炼砷)和4家威胁饮用水安全的非法排污企业，对工业园区43家企业进行清查，对其中2家超标排污企业实施限期治理，对5家企业补办环评和其他环保手续；立案查处各类环境违法案件48件。2008年，受理环境信访投诉234件，立案查处各类环境违法案件24件；取缔非法炼油、炼铅等"十五小"企业23家；为110家企业提供监测服务，监测收入突破80万元。

四、环保绩效考核管理

1989年始，市环保局抓住汨罗城区参与全国城市爱国卫生竞赛评比活动的机遇，建议汨罗市委、市政府,将城市环境质量指标、管理指标纳入活动考核。

汨罗市1990～2006年城市爱国卫生检查评比部分环保指标统计表

表17－7－109　　单位:毫克/立方米、毫克/升、%

检查项目(年)	1990	1991	1992	1993	1994	1995	1996	1997	1998	1999	2000	2001	2002	2003	2004	2005	2006
大气总悬浮微粒年日平均值	0.185	0.184	0.25	0.18	0.18	0.21	0.24	0.28	0.25	0.29	0.26	0.25	0.21	0.20	0.23	0.108	0.109
二氧化硫日平均值	0.030	0.033	0.042	0.032	0.032	0.040	0.046	0.037	0.040	0.047	0.033	0.033	0.030	0.033	0.032	0.021	0.021
烟尘控制区覆盖率	25.00	47.00	87.23	82	82	88.24	89.6	89.6	89.6	89.6	–	89	100	100	100	100	
汽车尾气达标单	–	–	54.4	73.4	73.4	72	71	71.6	67.2	67.3	–	63	68.7	80.1	89.2	89.2	91.4
饮用水源水质达标率	–	–	100	100	100	100	100	100	100	100	–	100	100	100	100	100	–
工业废水处理率	76.20	79.69	81.2	96.69	96.69	98.47	99.47	99.53	–	–	–	–	–	–	–	–	–
工业废话水达标率	–	–	–	–	–	–	–	–	74.36	88.67	–	67	90.02	90.5	67.71	72.52	–
城市污水处理率	–	–	0	0	0	0	0	0	0	0	–	0	0	–	–	–	–
城市地面水COD平均值	2.20	3.22	2.72	3.33	3.33	3.37	2.93	2.75	–	–	3.12	–	–	–	–	–	–
区域环境噪声平均值dB(A)	55.3	57.9	54.2	52.6	52.6	53.4	57.4	53.1	54.1	53.2	53.5	53.5	55.8	55.6	55	54.7	52.3
城市交通噪声平均值dB(A)	74.1	68.6	71.5	71.0	71.0	72	–	–	–	–	71.6	–	–	–	–	–	62.9
工业固体废物综合利用率	94.26	94.86	94.32	92.1	92.1	94.64	72.19	90.45	95.55	–	–	91.09	100	100	–	–	–
绿化覆盖率	–	–	–	–	–	–	–	–	27.6	27.8	–	32	40.2	40.3	40.3	40.4	–

五、排污收费

1981年始,环保部门依法向全市环境排放污染物的企事业单位征收排污费。至2008年,全市排污费征收达2594.48万元。

汨罗市(县)环保局1981～2008年排污费征收情况表

表17－7－110　　单位:个、万元

年度	收费单位	收费额	拨回治理	结存收费
1981	4	8	4	4
1982	4	7.1	6.1	1
1983	7	9.8	11.44	－1.64
1984	11	15.45	8.02	7.43
1985	10	24.66	9.8	14.86
1986	17	24.48	25.45	－0.94
1987	21	30.23	5.72	24.51
1988	29	39.06	35.86	3.2

续表 17－7－110

年度	收费单位	收费额	拨回治理	结存收费
1989	31	41.38	25	16.38
1990	35	64.86	28.1	36.76
1991	45	80.34	42.5	37.84
1992	90	83.62	66.46	17.16
1993	95	85.75	36.4	49.35
1994	137	101.7	64.7	37
1995	138	110.05	42.7	67.35
1996	460	110	52.5	57.5
1997	660	110	53.58	56.42
1998	640	110	70.62	39.38
1999	670	120	-	120
2000	654	125	-	125
2001	672	131	-	131
2002	680	140	-	140
2003	685	142	-	142
2004	650	120	-	120
2005	690	140	-	140
2006	740	180	-	180
2007	800	200	-	200
2008	960	240	-	240
合计	9635	2594.48	588.95	2005.56

六、提案办理与污染纠纷调处

1980～2008 年，共办理汨罗市人大、汨罗市政府有关环境保护批示、提案、建议 103 件，答复 38 件，接受并调处污染投诉纠纷 836 件，调处率 100％。

第十八篇　财政·税务

第一章　财　政

1978年，汨罗县革委会设财政税务局。1980年11月，改为县财政税务局。1984年1月，分设县财政局、县税务局。1988年1月，县财政局更名为市财政局。至2008年，市财政局设办公室、人事股、经建股、社保股、采控办、企业股、预算国库股、会管股；所属管理工作单位有行政政法股、工资统发中心、函授站、非税局、财监法规信息、乡财局、国资办、农业股；基层机构有罗城财政所、团山财政所、范家园茶叶示范场、原种场和29个乡镇财政所。

1978～2008年，汨罗市财政完成预算内收入456251万元，其中，农业税18469万元，占预算内收入的7.48%；工商税8751万元，占预算内收入的3.45%；营业税99985万元，占预算内收入的15.85%；增值税50069万元，占预算内收入的13.35%；企业所得税10778万元，占预算内收入的4.22%；城市维护建设税14631万元，占预算内收入的4.15%；屠宰税3710万元，占预算内收入的1.5%；个人所得税9857万元，占预算内收入的3.43%；行政性收费收入81940万元，占预算内收入的27.03%；国有企业上缴利润2308万元，占预算内收入的0.93%；国有企业亏损补贴－774万元，占预算内收入的－0.31%；罚没收入25551万元，占预算内收入的6.59%；其他收入共18项3080万元，占预算内收入的12.24%。

1978～2008年，汨罗市财政完成预算内支出456288万元，其中，支出64265万元；工业交通等支出事业费29223万元；教育支出123558万元；科学支出2666万元；文体广播事业支出12008万元；医疗卫生支出21688万元；抚恤和社会救济21955万元；行政事业单位及离退休支出14458万元；社会保障补助支出45315万元；行政管理费61746万元；公检司法支出17997万元；城市维护费13282万元；政策性补贴支出3692万元；支援不发达地区支出2270万元；海域开发建设费5万元；车辆税费支出1221万元；专项支出5589万元；简易建筑费420万元；社会保险基金301万元；地质勘探费8万元；流通部门事业费178万元；其他部门事业费8011万元；基本建设费126万元；企业挖潜改造资金2716万元；科技三项费用3590万元。

第一节　财政收入

1977年，汨罗县财政经济状况好转，工农业总产值比上年增长17.2%，财政收入比上年增长9.9%。1978年，汨罗市对国营工业企业实行企业基金制度，对乡镇实行工商税超收分成的办法，调动乡镇对企业理财的积极性，财政实现收支平衡、略有节余。

1979年，中共十一届三中全会召开后，在经济工作中贯彻执行“调整、改革、整顿、提高”的方针，财政工作出现好的势头，省对县财政体制按“总额分成与增收分成”两个比例的办法，实行收支挂钩。

1980年始，汨罗财政部门按照“保证重点，兼顾一般”的原则，合理调整支出结构，压缩生产建设性支出，增加人民物质文化生活方面的开支，逐步解决“文化大革命”中遗留下来的问题，使支出结构逐步趋于合理。财政工作先后对国营工、商企业实行盈、亏包干和多种形式的生产、经营责任制；对行政事业单位实行“节余留用，超支不补”、支出指标包干的办法；对乡镇继续实行工商税超收分成的办法。1983～1984年，全县对国营企业普遍实行第一步“利改税”和第二步“利改税”，使国家与企业的分配关系通过税收形式固定下来。

1979年，县供电企业收入改由省上收。1983年，汨罗遭受严重水灾，农业减产，以及工商税率调整等因素影响，财政收入没有完成计划。省政府拨给汨罗救灾款364万元，同时因灾减产核减农业税上交任务稻谷401万公斤。1984年起烟草实行专卖，其收入由省上收。随后，市石油企业上收。

1985年始，省财政厅对汨罗实行“递增上缴，超收全留”的大包干财政体制(执行五年)。汨罗对国营企业的上缴利润和乡镇财政的工商税收全面实行超收全奖、短收全赔的办法，打破企业吃国家“大锅饭”、乡财政吃县财政“大锅饭”的局面。1986年，县对乡镇工商税收任务改超收五五分成、短收三七分担(县七乡三)的办法；对部分国营企业实行“盈利包干、递增上缴”。1987年始，对国营企业全面实行盈利递增上缴、亏损定额补贴的包干办法，调动企业、乡镇的积极性。1988年始，市政府在高坊、三江两个经济试验区办财政收支包干试点，在铜盆、火天办财政收支改革试点。1989年，对27个乡镇实行“收入递增，超收分成”的办法。1985～1989年，全市实现工农业总产值270456万元，财政收入17207万元，财政支出13670万元，净上解支出(包括中央借款)3702万元，与前五年相比分别增长79.3%、70.7%、107.4%、-8.02%。乡镇得实惠近400万元。

1978～2004年，受财政体制调整变化的影响，原财政收入中的农业税，共完成收入18469万元，占财政收入的9.26%；2005～2006年，国家对农村实行税费改革，农业税暂行停止。农业特产税从1989年起至2003年共征收2243万元；工商税从1978～1984年共完成收入8751万元，占财政收入的64.5%。

1990～1992年，汨纺、屈原地区财政短收影响到汨罗市连续三年发生财政赤字达1917万元。1990年、1991年，市委、市政府积极争取省财政将汨罗市体制上解递增比例下调为7%，1991年体制上解额为1680万元，1992年、1993年调减为4%，1992年、1993年实际上解分别为1487万元、1234万元，为汨罗市1996年彻底消灭赤字创造条件。

2004年，省财政实施“财政收入打假工程”，汨罗市进行自查自纠，挤干财政收入水分，是年全口径财政收入计划为36133万元，决算完成28131万元，较年初预算短收8002万元，较2003年完成32338万元减收4207万元。

1978～2008年，汨罗市完成财政总收入38.8422亿元。

1978～2008年，汨罗市(县)预算内财政总收入为456251万元，分别：市本级预算收入247239万元，上级补助收入194007万元，其中，税收返还52414万元，专项补助54313万元，一般转移支付7919万元，税收转移支付12347万元，取消农特税补助6410万元，工资转移支付30004万元，其他补助30541万元。

汨罗市(县)1978～2008年一般预算收入分类表

表18－1－111　　　　单位:万元

项目 \ 年度	1978～1987年(10年)	1988～1997年(10年)	1998～2008年(10年)	合计(30年)
预算内收入合计	22447	54253	311722	388422
农业税	2298	6541	9630	18469
工商税	8751	－	－	8751
契税	－	93	3661	3755
专项收入	66	1072	3000	4138
其他收入	18	668	5722	6408
产品税	2934	1689	－	4623
增值税	1530	14187	17358	50069
营业税	1877	10520	37588	99985
企业所得税	3026	3839	3913	10778
资金税等其他税	219	200	－	419
个人所得税	167	1915	7775	9857
资源税	－	99	104	203
国有资产投资方面调节税	－	571	375	946
城市维护建设税	204	2441	19986	14631
房产税	61	1101	2904	4066
印花税	－	176	1070	1246
城镇土地使用税	－	533	770	1303
土地增值税	－	26	133	159
车船使用和牌照税	13	213	465	691
屠宰税	131	1703	1876	3710
农林特产税	－	676	1567	2243
耕地占用税	－	677	4742	5419
烟叶税	－	－	182	182
国有企业计划亏损补贴	－156	－618	－	－774
行政性收费收入	－	1873	80067	81940
罚没收入	100	3667	21784	25551
海域场地矿区使用费收入	－	－	15	15
国有企业上缴利润	1207	－	1101	2308
社会保险基金	－	391	30168	30559
国有资产经营收益	－	－	14208	14208

汨罗市(县)1978～2006年预算内财政总收入统计表

表18－1－112　　　　单位:万元

年度	收入	上级补助收入								国债转贷社保基金收入	上年结余收入	调入资金	总收入
		合计	税收返还	专项补助	一般转移支付	税收转移支付	取消农特税补助	工资转移支付	其他补助				
1978	1754	163	–	50	–	–	–	–	113	–	–	23	1940
1979	1645	40	–	–	–	–	–	–	40	–	62	25	1772
1980	1873	312	–	34	–	–	–	–	278	–	33	24	2242
1981	2008	310	–	–	–	–	–	–	310	–	–25	28	2321
1982	2086	424	–	403	–	–	–	–	21	–	17	–	2527
1983	1928	1002	–	–	–	–	–	–	1002	–	29	–	2959
1984	2184	464	–	435	–	–	–	–	29	–	84	9	2741
1985	2645	372	–	247	–	–	–	–	125	–	54	9	3080
1986	2985	640	–	400	–	–	–	83	157	–	54	14	3693
1987	3338	762	–	694	–	–	–	–	68	–	148	10	4258
1988	3798	1128	–	838	–	–	–	–	290	–	117	10	5053
1989	4441	856	–	773	–	–	–	–	83	–	53	12	5362
1990	3801	1230	18	859	–	–	–	–	352	–	77	35	5143
1991	4144	1791	–	841	–	–	–	–	950	–	–580	30	5385
1992	4224	1789	–	953	–	–	–	–	836	551	–1136	30	5458
1993	6716	1945	–	900	–	–	–	–	1045	1087	–1804	16	7960
1994	4432	4368	2306	1036	–	–	–	–	1026	–	–1604	–	7196
1995	6380	6107	3421	1512	–	–	–	–	1174	–	–1205	–	11282
1996	8080	6377	3425	1715	–	–	–	–	1237	2069	–856	–	15670
1997	9338	5908	3425	1381	–	–	–	–	1102	1962	314	70	17592
1998	11030	6849	3425	1928	–	–	–	–	1496	398	190	26	18493
1999	12878	7792	3405	2373	–	–	–	564	1450	60	497	–	21227
2000	14215	8882	3404	2669	150	–	–	1125	1534	–	321	172	23590
2001	17676	12295	3390	3074	460	232	–	2886	2253	–	893	385	31249
2002	20508	17068	4540	3935	566	2423	–	3894	1710	–	1567	15	39158
2003	25455	19162	4977	4138	970	2423	–	4341	2313	435	1462	22	46536
2004	19763	21976	5180	4783	1365	2423	1244	4788	1993	–	2337	–	44076
2005	21119	26337	5544	6629	1467	2423	2583	4788	2903	284	3026	–	50766
2006	26795	37658	5953	11573	2941	2423	2583	7535	4650	539	2530	–	67522
合计	247239	194007	52414	54373	7919	12347	6410	30004	30540	7385	6655	965	456251

2001年后,市委、市政府出台一系列优惠政策,先后投入巨资在新市的新书、团山一带建再生资源交易市场和再生资源工业园,吸引大量外省企业和民间资本来汨罗交易和投资。2002年,汨罗再生资源交易市场被全国供销总社命名为“中南再生资源大市场”。2005年10月,国家发改委、国家环保总局、科技部、商务部、统计局等六部委联合下发《关于组织开展循环经济试点(第一批)工作的通知》,将汨罗再生资源集散市场列为国家循环经济试点重点领域——再生资源回收利用体系建设的试点单位。2006年,汨罗再生资源年交易达101万吨,为2002年交易的43.9倍,年均增长87.2%。2001～2006年,共实现税收45278万元,其中国税42203万元,地税3075万元,剔除福利企业退库后国税净入库23478万元,其中原基数收入每年162万元,共972万元,增量收入22506万元。地方实得8100万元,中央(省)财政所得财力(净上划收入)为14406万元。

2001～2008年,市财政按照该行业国税入库存额23478万元计算,共奖励投入企业8938万元,与国税收入财政所得总额9072万元相比,财政仅得134万元,与增量收入财政实得财力8100万元相比,财政净亏838万元。

第二节 财政支出

一、上解支出

1978～1987年,汨罗县财政体制上解10702万元,专项上解249万元,共上解10951万元。1988～1997年,汨罗市财政体制上解13932万元,专项上解5548万元,共上解19480万元。1998～2006年,汨罗市财政体制上解11556万元,专项上解12222万元,共上解23778万元,比1978年至1987年增长117%,比1988年至1997年增长22%。1978～2006年,汨罗市财政体制上解36190万元,专项上解18019万元,共上解国家财政54209万元。1994～2006年,上划两税(主要是增值税)66634万元,上划所得税9026万元,共上划75660万元,税收返还52413万元,实际上划国家财政23247万元。两项总计上解国家财政77458万元,年均上解2671万元。

二、预算支出

1978～2008年,汨罗市(县)财政预算支出583871万元。其中1978～1987年预算支出15759万元,只占30年预算支出的4.1%。1988～1997年预算支出67303万元,占30年预算支出的17.6%。1998～2008年预算支出232608万元,占前20年预算支出的78.2%,比1978～1987年增长13.76倍,比1988～1997年增长2.46倍。

经济建设费 1978～2008年,预算支出92227万元,占同期财政预算总支出的18.5%。1998～2006年,预算支出48380万元,是1978～1987年的9.97倍,涵盖建设支出、企业挖潜改造资金、科技三项费用、简易建筑费、流动资金、工业交通等部门事业费、流通部门事业费、地质勘探费、其他部门事业费、城市维护费、农业支出、林业支出、水利和气象支出。改革开放后,汨罗城市建设日新月异,城市维护费1978～2008年支出13282万元,占同期经济建设费支出的12.3%。1998～2008年,城市维护费支出6190万元,比1978～1987年支出增加28.6倍。中共十五大召开后,中央和地方财政大力支持“三农”,汨罗市在农业、林业、水利等方面的事业费也逐年增加，其中农业支出1978～2008年支出52658万元，占同期经济建设费支出的46.1%。1998～2008年，农业支出42793万元，比1978～1987年支出增加20倍。

文教科学卫生事业费　1978～2008年，预算支出65565万元，占同期财政预算总支出的27.5%。1998～2008年，各项事业支出增加。其中，1978～2006年，教育支出82.357万元，占同期财政预算总支出的21.6%；1998～2006年，教育支出56357万元，比1978～1987年支出增加10.7倍。1978～2008年，文体广播事业支出12008万元，科学支出2666万元，医疗卫生支出21686万元。

抚恤和社会福利救济费　1978～2008年，预算支出36912万元，占同期财政预算总支出的8.9%，其中1998～2006年支出28814万元，比1978～1987年支出增加22倍，比1988～1997年增加6.5倍，主要用于逐年提高优抚金标准，增加城市居民最低生活保障、基本养老基金、医疗保险基金、残疾人事业、就业补助、农村社会救济、自然灾害救济等支出。

行政管理费　1978～2008年，预算支出94209万元，占同期财政预算总支出的17.4%，其中1998～2006年支出54602万元，比1978～1987年支出增加23倍，比1988～1997年增加4倍。

其他支出　1978～2008年，预算支出124159万元，占同期财政预算总支出27.3%，其中政策性补贴支出3692万元；支援不发达地区支出2270万元；车辆税费支出1221万元；专项支出5639万元；此外，还有补助村民委员会支出、中小企业发展专项资金、行政事业单位收费支出、税务结算分成、办案费及征收奖励等。

汨罗市（县）1978～2008年一般预算支出分类表

表18－1－113　　单位：万元

项　目	1978～1987年	1988～1997年	1998～2008年	合计
经济建设费	4.409	17.897	48.380	70.686
基本建设支出	464	148	648	1260
企业挖潜改造资金	260	1404	1052	2716
科技三项费用	62	225	3303	3590
流动资金	110	－	－	110
工业交通等部门事业费	53	235	1020	1308
流通部门事业费	2	3	176	181
地质勘探费	－	－	8	8
其他部门事业费	340	1770	5901	8011
城市维护费	209	2350	6190	8749
农业支出	1080	8785	22724	32589
林业支出	244	1009	3000	4253
水利和气象支出	1434	1601	4319	7354
简易建筑费	151	367	39	557
文教科学卫生事业费	6793	26607	71437	104837
文体广播事业费	567	1896	7161	9624

续表 18－1－113

项　目	1978～1987 年	1988～1997 年	1998～2008 年	合计
教育支出	4781	21219	56357	82357
科学支出	52	171	610	833
医疗卫生支出	1393	3321	7309	12023
抚恤和社会福利救济费	1248	3822	28814	33884
抚恤和社会福利救济	1200	3480	14247	18927
社会保障补助支出	48	41	14567	14656
社会保障险基金	–	301	–	301
行政管理费	2267	10727	54602	67596
行政管理费	1778	6644	26719	35141
公检法司支出	489	4083	13425	17997
行政事业单位离退休支出	–	–	14458	14458
其他支出	1042	8250	94768	104060
政策性补贴支出	383	1636	1673	3692
支援不发达地区支出	5	504	1761	2270
海域开发建设	–	–	5	5
车辆税费支出	–	–	1221	1221
专项支出	66	1158	4415	5639
其他支出	588	4952	85693	91233
合　　计	15759	67303	298001	381036

说明:简易建筑费于 1999 年被取消。

第三节　财政监督

1978 年 7 月,中央财政部恢复监督司,省财政厅恢复监察处,要求各地、市、县尽快恢复财政监察机构,配备人员,开展财政监察业务。12 月,省财政厅再次明确财政监察工作的范围:监督、检查国家机关、团体、企业、事业单位执行国家财政方针、政策、法令、制度、纪律情况;同一切贪污、盗窃、挥霍浪费侵占国家财产、破坏社会主义经济的行为作坚决斗争;受理检举揭发的有关违反财经纪律的重大案件;对财政、财务人员的违法失职行为进行检查;开展维护国家财经纪律、增强法制观念的宣传教育。是年,县财政税务局对国家行政、事业单位的财务收支情况进行联审互查,对揭露出的 10 余人贪污盗窃挪用公款 4000 多元,实施财政监察职能。1979 年后,汨罗的财政监察机构贯彻执行调整、改革、整顿、提高方针,在县委、县政府的指导下开展工作。

1980 年,县财政监察工作围绕增收节支,配合有关部门共查处县级部分单位违反财经纪律金额

189005元,依据有关政策及时作处理。同年4月,县政府从财政税务等部门抽调23人组成财务检查班子,分成5个组,重点检查粮食局、农业局、水电局、农机局、卫生局、林业局、工业局、民政局、商业局、科委、物资局、县供销社、基建办、酒厂、氮肥厂、蔬菜公司、印刷厂、农机厂、农副公司、副食品公司、生资公司21个单位,查出未批基建和超计划基建330036元;滥发奖金和津贴12000元;请客送礼招待费用3725元;违反控制社会集团购买力7个单位,物品151件,金额33888元;扩大劳动费用4521元;挤占成本49300元;乱发纪念品3个单位,金额1121元;不合理开支2个单位,金额4707元。针对上述问题,依据有关政策规定及时作严肃的处理。此后,每年都有财务大检查。1981年,根据省财政厅关于开展财经纪律检查的精神,上半年对国家机关、企事业单位进行一次检查,查出违纪金额84.7万元,并揭露贪污分子1人,金额2700余元。

1984年1月,县财政局成立监察股,配备专职监察人员3名。是年3月,全县统一布置对行政、事业、企业单位开展清查"小钱柜"工作,共检查78个单位,其中私设"小钱柜"的有32个单位,查出账外资金16万多元,已支出13.4万元,占83.6%。通过检查,绝大部分单位吸取教训,主动取消"小钱柜",建立健全规章制度,加强资金管理。4月,对县卫生防疫站、农机局、农业局、畜牧水产局、公安局、检察院、法院、邮电局、卫生局、新华书店文具店10个单位进行检查,查出滥发资金、津贴、实物等违纪问题,金额29265元,依照政策分别进行处理。10月,县政府成立财经政策纪律检查领导小组,组织110人,分五个大组,对全县行政企事业单位进行财经纪律大检查,先后抽查48个单位,共查出各种违纪金额101.94万元,并及时做好调账、入库等处理工作。

1985年,财政监督逐步转向部门监督。县对乡镇财政所各配备兼职财政监察员1名,形成财政监督通讯网。是年,对城郊乡、长乐乡、长乐镇、川山坪镇等财政所的财务收支执行情况进行清查,共查出违纪金额68.7万元,截至是年12月15日,共收回39.3万元,其中收回单位往来欠款30万元、职工欠款85000元,清退超发奖金7450元。同时开展税收、财务大检查,县政府组建税收、财务大检查领导小组,明确税收、财务大检查的范围和时限,强调各乡镇、各单位都要有一名领导负责这项工作。从9月开始至年底结束,全县应自查单位95个,全部进行自查,自查违纪金额117万元;对53个单位进行抽查,查出违纪金额72万元,两项合计189万元,应缴入库82万元,已全部入库,其他作调账等处理。

1986年,调整税收、财务、物价大检查领导小组,下设"税收、财务、物价"大检查办公室,纳入正式编制,成为常设机构。是年,全县应检查单位787户,已自查单位756户,自查面96%,自查查出违纪金额58.2万元,重点抽查单位200个,抽查面25.4%,抽查查出违纪金额71.6万元。配合农村整党,清理违纪金额209.5万元,收回149.4万元,重点检查三江乡、新市乡、新市镇、白水镇4个乡镇的财政情况,查出违纪金额45.7万元,收回19.94万元。1987年,共查出违纪金额129万元。除按政策调账等以外,共应补交入库78万元,至12月24已全部上缴入库。1988年查出违纪金额309.61万元,其中国营企业达159.38万元;应补交入库金额141.26万元,其中国营企业68.8万元;已补交入库93.61万元,其中国营企业51.47万元。

1987年,财政监察股对古培、磊石、桃林、铜盆四个乡镇的财政进行检查,共查出各种违纪问题金额42.73万元,应处理收回19.67万元,已收回11.26万元。同年9月,根据群众来信反映,对长乐乡财政所总会计(招聘干部)何××的会计账目进行清查,历时三个多月,共清理出何××利用工作之便,以隐瞒收入、虚列支出等手段贪污挪用公款41400元，其中，贪污29709元、挪用公款11690.1元。该案送交人民检察院立案查处。1988年，对城关、天井、范家园、弼时4个乡镇的财政及市沼气科研所、市磨料磨具厂2个企事业单位进行检查，查出违纪问题金额204149元，挽回损失56727元。

1989年3月，全省财政监察工作会议在汨罗召开，省财政厅厅长瞿宝元等出席会议。3月下旬，对系统内部的楚塘、黄柏、大荆、大众四个乡财政所进行重点检查，共查出各种违纪金额328083元，应收回90535元，已处理收回61040元。7月，对市国土局等单位进行重点检查，共查出违纪问题金额35098元，应收回35098元已全部收回，其中应上缴财政11243元全额上缴。8月下旬，配合市税务局、工商局对罗城农药厂进行检查，共查出违纪问题金额270936元，应收回270936元，已收回124968元。10～11月，又配合市监察、审计、物价等部门，对铁山灌区桃林管理所的财务进行全面检查，共查出违纪问题金额19.58万元，揭露出该所负责人贪污受贿4100元的犯罪事实，并移交司法机关立案查处。9月22日起至12月31日，对全市行政、企事业单位、集体单位、个体户进行全面清理，共查出各种违纪问题金额711.94万元，其中，偷税漏税391.98万元；任意扩大消费基金、挥霍浪费96000元；违反控制社会集团购买力规定26.5万元；违反国家物价法规的收入196.1万元；截留、挪用、私分罚没收入24.6万元；其他违纪金额63.16万元。以上问题，通过调账及职能部门按有关政策处理，实际应入库402.65万元，已补交入库354.31万元，入库率87.99%。是年11月，举办一期有53人参加的乡镇财政监察员学习班。同时，按照省人民政府的指示精神，汨罗市组成148人的“三查”队伍。是年，汨罗市被评为省财政监察工作先进单位，原监察室主任周正南被评为省财政系统劳动模范。

1991年，全市“三查”工作共查出违纪金额187.3万元，应入库129.3万元，已入库57.5万元。1992年，通过自查和重点检查共查出各类违纪金额345万元，应入库272万元，已入库250万元，入库率91.9%。其中财政监督查处违纪金额86.6万元，已入库24万元。1993年，共组织检查125个单位，发现涉及“三乱”问题的有110个单位，查出“三乱”违纪金额676万元，收缴财政55万元。1994年，共查出各类违纪金额1068万元，收缴入库952.36万元。1995年，全市组织658人成立152个检查组，对2665个单位进行重点检查，共查出违纪问题单位2011个，违纪金额271.11万元，已入库197.63万元。1997年，共检查640个单位(户)，查出违纪金额74万元，已入库41万元，占应入库金额55.4%。1998年，全市共查出违规金额700万元，应入库658万元，已入库480万元。

2001年，积极配合市纪委对市运管所上年以来的财务进行检查，查处该单位截留规费收入25万元、违控购车金27.5万元、假发票报账列支等严重违反财经纪律的问题，共收缴违纪金额10.5万元，违控处以罚款15000元。2003年，对行政事业单位的财务及收支两条线执行情况开展监督检查，共收缴违纪金额51000元。2004年，配合开展“税收、医保、住房公积金”专项检查，共查处违纪金额24万元，已全额入库。2005年，督促乡镇搞好“现金货币化”改革工作，共检查出“小金库”5个，立案5起，查处违纪资金88.5万元，收缴违纪资金25.9万元，给予党纪处分3人，政纪处分1人，另有4人被立案调查。2006年，对全市128个行政事业单位的预算外资金进行检查，共收缴违纪金额及消费调控资金153万元。2007年，组织开展预算外资金专项检查，检查121个单位，收缴违纪资金及消费调节基金71.8万元。2008年，执法检查突出凭证审核，全年共拒付支出单据636张，金额102万元；拒付非税票据943张，金额53.2万元。

第四节　财政管理

一、预决算管理

1977～1979 年，汨罗县财政预算执行结余近 100 万元。1980 年始，县财政对所属财政、事业单位试行“预算拨款包干”，对全额管理单位由原来年初核定预算、年终结余收回改为预算包干、结余留用；对差额补助单位实行定收支、定补助结余留用的办法；特殊原因，追加追减。1981 年始，财政预算安排及执行结果提交人民代表大会审议。1985 年，县财政预算在“量入为出，收支平衡”的原则下，对乡镇实行收支包干，对国营企业实行递增上交办法。1985～1989 年，全市工农业总产值为 270456 万元，财政收入 17207 万元，财政支出 13670 万元，净上解支出（包括中央借款）3702 万元。与前五年（1980～1984 年）相比，分别增长 79.3%、70.7%、0.74%、-8.2%。乡镇实行超收分成和财政大包干体制后得实惠 366.4 万元。

二、行政事业财务管理

1983 年 12 月，全省行政事业财务会议召开，会议的主题是改进和完善行政事业单位的预算包干办法，对原包干基数重新审定，克服“苦乐不均”“鞭打快牛”的弊端，把增收节支奖金的发放与岗位责任制挂钩，但奖金总额不得超过本单位增收节支额的 60%，全年人均奖金不得超过 60 元。1985 年 6 月，省人民政府发布《关于节减行政经费的通知》，要求各行政事业单位控制人员编制，压缩设备购置费、会议费、旅差费，节减行政经费。1988 年，市财政局采取会议费包干、超支财政不补、节余归单位留用的办法，市委、市政府带头执行，是年，全年会议费开支 26.2 万元，比上年减少 7.1%。但以后由于多方面的原因，会议费不仅没有减少，而且逐年增大。

三、企业财务管理

1985 年 6 月，汨罗县调查核实国营工业企业财务管理情况，共核销流动资金损失 114 万元。1989 年，国营工业企业的流动资金增至 280.9 万元，产值达 6036 万元，提供税利 579 万元。1989 年，全部流动资金平均占用由 1966 年的 254 万元增至 2806 万元，商品销售总额由 1966 年的 1089 万元上升到 14266 万元，资金周转天数 1966 年为 84 天，1989 年 67 天，最好的 1980 年为 46 天；企业成本费用管理，1975 年 12 月，规定企业三废造成损失的赔偿费计入生产成本。1980 年 1 月始，职工福利基金和奖金统一改在利润留成内开支，不再列入成本。1984 年 3 月，建立成本管理责任制，逐月检查，按季按年考核。但因市场、物价、管理等因素，企业效益下降。

四、利润分配

1980～1982 年，对国营工业企业实行利润留成和盈亏包干的办法。1984 年，实行“利改税”，把国家与企业之间的分配关系用税法形式固定下来。1985 年，对盈利企业实行“分配任务，超收全奖、短收全赔”的办法；对亏损企业实行“定额补贴，多亏不补，减亏全留”的办法。1987 年始，对国营企业全部实行递增上交和定额补贴包干的办法，四年不变。1989 年，汨罗市在确保递增上交的前提下，将部分不稳定、不正常的收入及非结转下年使用支出作“往来”。

五、控制社会集团购买力

1982 年 10 月,县财政局对行政事业单位进行检查,查出 15 个单位违控金额 4. 33 万元。1984 年,取消指标控制,专控商品减至 14 种。1987 年,改为省批 4 种,地(市)批 7 种,县(市)批 7 种。1989 年始,全省征收专项控制商品附加费。是年,全市征收附加费 14. 3 万元。1992 年,省、市、县(市)专控商品共 29 种。1993 年 5 月 1 日始,减至 8 种,是年,全市征收控购调节基金 47. 34 万元。

六、非税收入管理

2004 年 5 月 31 日,省人大常委会审议通过《湖南省非税收入管理条例》(简称《条例》),同年 9 月 1 日,该《条例》正式实施。全市主要以动员会、电视广告、宣传横幅、会议材料等形式在全社会广泛宣传《条例》。是年,征收非税收入 13397 万元。此后,汨罗市编委批复设立“汨罗市非税收入管理局”,为副科级行政支持类事业单位。2006 年 6 月,成立汨罗市非税收入征收管理局,核定为全额拨款事业单位,编制 8 名。

2005 年,全市共完成非税收入 21745 万元,其中行政性收费 4066 万元,事业性收费 10489 万元,政府性基金 355 万元,罚没收入 2488 万元,国有资产资源收益 4347 万元,是年综合预算用非税收入安排支出 3019 万元。2005 年,将国有资产和国有资源收益管理作为重点,拍卖湘江汨罗段的采砂权,入库收入 470 万元。下年,拍卖城市出租车经营权,入库收入 1200 万元。2005 年,全市非税收入征收额达 14386 万元。财政局、物价局、政务公开中心联合对全市所有收费单位的所有收费项目重新审核:调整收费标准 31 项,纠正收费性质 16 项,更改收费依据 28 项,依法重新明确执收单位 11 个,取消人民教育基金、扶贫帮困资金等收费 15 项,确保收费项目、收费范围、收费标准依法依规收取;严格依法依规审批收费项目、核定收费标准,对上级批准的收费项目,由财政会同物价部门发文公布,不越权审批任何性质的收费项目;各种征收行为和方式严格依法进行,属于省级的非税收入,确因特殊原因需要缓缴、减缴、免缴的,由市政府召集有关单位专门研究后确定。确需实行委托征收的收费,由政府审查受托单位资格,由财政部门审查委托协议,由委托单位实施监督;完善大厅集中征缴,提高效率,方便群众。把一些涉及群众多、办事复杂的单位集中到政务公开中心,如民政、公安、建设、国土、房产、广播等近 30 个单位,将收费项目及标准公示,从收款到办证“一站式”完成;全面实行公示制度。在市区及 29 个乡镇政府所在地、国道和铁路沿线、13 个新农村建设示范村、24 个农调户、12 个社区、70 多所中学和中心学校、30 多所医院卫生院均悬挂公示牌,让群众了解每项收费的范围、标准和有关政策。

2006 年 1 月 1 日始,在岳阳市各县(市)区中,汨罗市率先开启非税收入征管系统,全部启用新版的湖南省非税收入票据及其他财政票据,实现执收单位与银行及财政计算机联网,电脑打印票据,杜绝非法使用票据及收入不解缴或不及时解缴的违法行为,使全市非税收入征管走上法制化、信息化轨道。是年,归集入库的非税收入达 14992 万元,其中难点、热点的罚没收入入库 3112 万元,同比增加 1000 万元,增长 49%。

七、预算外资金管理

1979 年,县财政管理的预算外资金主要包括工商税附加、农业税附加、公用事业附加、农林场站收入、小型水电站收入、水库水费及副业收入等。1986年开始逐步对预算外收入实行“专户储存”，包括行政事业性收费收入、各项基金收入(专项资金、集资等)。1986年4月，县财政局成立综合计划股，负责编制综合财政信贷计划，对预算外资金实行计划管理和引导使用。至1989年，每年做到专户储存，逐年扩大，按制度提取，按规定支用，年初有计划，执行有检查，年终有决算。1994年，各部门、各单位按规定编制预算外资金收支计划，财政对预算内拨款和预算外收入统一综合预算，在计划内征收政府统筹资金的基础上，实行“短收自负，超收分成”。1996年，全面清理预算外资金，对所有行政事业性收费、未纳入预算管理的各项基金收入、附加收入等实行全额上缴财政专户，“收支两条线”管理；统一收费票据管理和资金收支计划管理。1998年，实施财政“两项改革”，即收费征管体制改革和综合财政预算改革，严格控制预算外收入规模，按规定取消第一批、第二批行政事业性收费和各种基金(附加收费)，加强乱收费的治理。1999～2004年，对收费票据和收费资金进行清理整顿并进一步规范管理。2004～2008年，明确规定行政性收费、事业性收费、政府性基金(附加)、罚没收入、国有资产和国有资源收益的范围，其他非税收入纳入非税收入，严格按《湖南省非税收入管理条例》，加强财政对非税收入的管理。

汨罗市1994～2008年行政、事业单位预算外资金支出情况表

表18－1－114　　单位：元

年度	行政支出	事业支出	年度	行政支出	事业支出
1994	4405445	10279369	2002	32792498	76515829
1995	10706473	24981768	2003	37439045	87357772
1996	13914567	32467323	2004	39942677	93199579
1997	6369041	14861095	2005	42627562	99464309
1998	6335214	14782166	2006	44950558	104884637
1999	23364864	54518014	2007	12323000	77665000
2000	26564726	61984361	2008	14290000	98530000
2001	27639338	64491789	－	－	－

第五节　会计管理

1978年，国务院颁发《会计人员职权条例》，规定会计人员的职责、权限和技术职称及任免奖惩等办法。1985年，实施《中华人民共和国会计法》(以下简称《会计法》)，县人民政府加强领导，明确专门机构。在县第二职业学校开设会计专科班。1987年9月，成立市财政会计学会和珠算协会，同年县财政局设立会计事务管理股。1988年，汨罗市中华会计函授站成立，至1989年连续办中等专业班7期，学员共481人。

1990年始，市财政局加强会计管理，至1993年，全市175个企事业单位完成会计工作达标验收，5个单位完成会计升级验收，同时对40个单位进行业务辅导，帮助建立健全各项规章制度，发动各单位征订《会计人员业务学习丛书》2365套，印发考试资料940份，组织财会人员培训班4期，参考人员945人，合格发证681人，合格率72.1%。至1993年年底，全市共办会计人员专业技术职称资格考试培训、新会计制度培训、核算员培训、会计上岗培训等培训班45期，参加人数4610人次。

1990年3月,汨罗市会计师事务所成立。1993年7月,开始实施《企业会计准则》及行业会计制度。1997年,举办第三期"电算会计证"的考试。1998年1月,推行《行政单位会计制度》和《事业单位会计制度》,会计记账方法改为"借贷"法,资金平衡表改为资产负债表,以适应市场经济及与国际接轨的需要。2000年7月1日,实施修订后的《会计法》;2001年9月,市财政局对部分行政事业单位实行会计委派制试点;2002年5月,市财政局成立会计核算中心,全体会计核算人员均驻市政府政务公开中心办公。2004年12月,换发财政部统一制订的"会计从业资格证",取代"会计证"和"电算会计证"。2005年11月,成立汨罗市广大代理记账服务所和汨罗市财智会计咨询服务有限公司。至2006年,全市取得"会计从业资格证"的1966人,获得初级职称的487人、中级职称的244人、高级职称的1人,有注册会计师8人。

第六节 国有资产管理

一、清产核资

2007年4月,对全市行政、事业单位2006年年底以前的国有资产清产核资,全市92个行政单位资产总额为17683.59万元,161个事业单位资产总额为58076.22万元,核实行政、事业单位房屋建筑面积为102.74万平方米,各项设备147.49/万台、件、套、册。

二、企业改制

20世纪90年代,汨罗市国有工商企业发展到50家,国有工商企业从90年代后期进入企业改制,有36家企业申请破产保护,解除债务33840.57万元。粮食局6家收储公司,于2003年政策性亏损清理挂账18473万元,商业局8家企业于2005年一次性打包买断债务2138万元。三项合计解除债务54451.57万元。两个置换23家工商企业,部分置换11家工商企业,共有职工7393人(不含离退休人员),已置换4440人,基本实现再就业。

三、国有资产处置

1996~2006年,共评估123个项目,评估前账面净值13076.34万元,评估核准14445.02万元,拍卖收入19182.99万元,平均升值46.71%。

专记 城市建设投融资

2002年,汨罗市城市建设投资开发有限公司(简称市城投公司)成立,注册资本8800万元,属于国有独资企业。公司具有运营城建国有资本、拓展城建融资渠道、促进城建快速发展的职能,负责经营城市建设资金、国有资产项目、城市建设投资项目及资金使用、国家开发项目投资管理、国有土地和市政公用设施拍卖及咨询服务等业务。

公司每年成立专门工作班子,对土地经营实行全程服务,规范土地交易程序,依法经营土地;有效控制土地市场,不断提升用土价值。其中用于工业企业用地300亩,出让商居用地2万平方米,土地经营步入管理轨道。2004 年，实施背街小巷建设项目，投资 26 万余元，硬化道路 4 条，共计 1 公里。完成城市基础设施建设投资 3000 万元，逐步完善新城区绿化、美化工程。完成城区绿化面积 4 万平方米，全面绿化 S308 线，使城区成为一道亮丽的风景线。

2002～2003 年，公司共筹集资金 7900 万元，其中国家开发银行湖南分行贷款 5000 万元，市工商银行贷款 2900 万元，投入到沿江大道工程、工业园基础设施建设、S308 线汨新路续建和旧城改造项目中。2004 年，国家宏观政策调整，压缩银行贷款，公司争取中国银行 1000 万元的承兑款，开发建设东路引进资金 1000 万元，拆借社会资金 1500 万元，争取国家开发银行县域经济试点贷款 2300 万元。共融资 5800 万元。同时与国内外资本市场接触，与多家融资机构进行洽谈，了解国内外资本市场运作方式、主要行情，为以后开辟融资新渠道打牢基础。2007 年，公司共向国家银行申请贷款 1.4 亿元，新增贷款 7000 万元，有效缓解汨罗城市建设资金的压力；归还银行贷款本金 2160 万元，支付利息 1500 万元，得到国家银行特别是国家开发银行湖南省分行的认可。2007 年，汨罗被列为开行湖南省分行新农村建设支持的 4 个县市之一，率先在全省成立开发性金融合作领导小组办公室，融资平台通过开行的融资达标体系检查验收。汨罗城建投资模式得到开行总行的认可，"汨罗经验"作为典型在全国推广。

第二章　税　务

第一节　国　税

一、机构

1984 年 1 月，由汨罗县财政税务局分设汨罗县税务局。内设 6 个股、3 个室、1 个队（即税政股、行政股、征管股、人事教育股、计划会计统计股、监察股和办公室、促产办公室、税志办公室以及稽查队），下辖城关、城郊、新市、李家塅、长乐、屈原、桃林、白水 8 个税务所。共有干部职工 206 人。1989 年 12 月，城关税务所分为城关税务一所、城关税务二所。1994 年，汨罗市税务局分设为汨罗市国税局、汨罗市地税局。市国税局设计财股、税征股、征管股、人事教育股、办公室、纪检监察室、城关税务所、桃林税务所、白水税务所、李家塅税务所、新市税务所、长乐税务所、城郊税务所、屈原税务所、工会、稽查局。1995 年，8 个税务所全部被撤销，重新组建城关一、城关二、新市、李家塅、长乐、桃林、屈原 7 个征收分局；7 个征收分局及原有机关股室、稽查局一并升格为副科级单位。1997 年，设立城关税务厅。2001 年，撤销白水分局、城关分局，成立税源管理一科；7 个征收分局收缩为 4 个所，分别是长乐、李家、新市、桃林税务所。2005 年撤销新市税务所和桃林税务所，成立税源管理二科；税政科和征管科合并为综合业务科。

二、税种

增值税　对商品增值额按比例征收的一个税种。在中华人民共和国境内销售货物或者提供加工、修配劳务以及进口货物的单位和个人，为增值税的纳税义务人。

消费税　对一些需要调节的消费品征收的一个税种。征收范围仅限于高尔夫球及球具、高档手表、游艇、木制一次性筷子、实木地板、烟、酒及酒精、化妆品、贵重首饰、鞭炮、焰火、成品油、汽车轮胎、摩托车、小汽车15种产品。

企业所得税 国家对企业生产经营所得和其他所得征收的一个税种。

储蓄存款利息所得个人所得税 对在中国境内存储人民币、外币取得的利息所得征收的个人所得税。

车辆购置税 在中华人民共和国境内购置应税车辆的单位和个人,为车辆购置税的纳税人。所称购置,包括购买、进口、自产、受赠、获奖或者以其他方式取得并自用应税车辆的行为。

海洋石油企业资源税 对在中国境内开采应税资源的矿产品或者产盐的单位和个人征收的一种税。海洋石油企业的资源税由国家税务局负责征收管理,其他资源税由地方税务局负责征收。

三、税款征收

1978年,全县共组织税收收入1342万元。1979年,共组织税收收入1297万元。1980年,共组织税收收入1384万元。1981年,共组织税收收入1446万元。1982年,共组织税收收入1677万元。1983年,共组织税收收入1658万元。1984年,共组织税收收入1603万元。1985年,共组织税收收入2208万元。1986年,共组织税收收入2512万元。1987年,共组织税收收入3011万元。1988年,汨罗市共组织税收收入3487万元。1989年,共组织税收收入4013万元。1990年,共组织税收收入4213万元。1991年,共组织税收收入5596万元。1992年,共组织税收收入6317万元。1993年,共组织税收收入7663.6万元。1994年,国税、地税分设,国税共组织税收收入7592.79万元。1995年,共组织税收收入6181.6万元。1996年,共组织税收收入6213.8万元。1997年,共组织税收收入6135万元。1998年,共组织税收收入6223.35万元。1999年,共组织税收收入6032.93万元。2000年,共组织税收收入6181.75万元。2001年,共组织税收收入5969.67万元。2002年,共组织税收收入6262.11万元。2003年,共组织税收收入8056.72万元。2004年,共组织税收收入10796.89万元。2005年,共组织税收收入14257.81万元。2006年,共组织税收收入20743.48万元。2007年,共组织税收收入32425.40万元。2008年,共组织税收收入40459.60万元。

四、税务稽查

1975年始,税务稽查成为一项经常性工作。1987年至1993年年底,全市在组织税收、财务、物价大检查中,税收自查19133家,金额254.38万元;专项检查8174户,金额607.56万元;查补税额861.94万元,入库744.78万元。1994至2008年,在税收、财务、物价大检查中,税收自查33830户,金额8375164万元;专项检查21638户,金额7075163元;查补税额1700.5万元,入库1635.0327万元。

1986年4月,成立县税务稽查队。下年,县人民检察院设税务检查室。1987年至1993年年底,全市查处案件190起,共补税额426万元。1994～2008年,全市查处案件804起,共补税额1700万元。

五、税收宣传

1994年,汨罗市国税局强化税收宣传活动,以每年的4月作为常规税收宣传月,集中开展税收宣传,在街道、集市、超市设立税收咨询台,巡回宣传,解答纳税人提出的问题;各分局(税源管理科)到学校上好一堂税法宣传课；联合市地税局、市出租车公司及公交公司，在出租车和公交车车身上粘贴税法宣传标语；在局机关、税务分局办公大楼以及市区、乡镇主要街道悬挂税收宣传横幅、张贴税收宣传标语；加强与当地党政联系，要求在各级党政"一把手"案头见到《中华人民共和国税收征管法》《中华人民共和国所得税法》等税收宣传资料，国税局每年安排一名领导在市委中心学习小组会上讲一堂税收知识课；各税源管理单位每年召开一次有当地政府领导、税务人员、纳税人参加的"政、税、企"座谈会；每年组织对纳税人开展问卷答卷和民意调查活动。

第二节　地　税

一、机构

1994年9月，汨罗市地方税务局（简称地税局）成立，内设办公室、监审、人事教育、征管、税收、计财6个股室，下设稽查局、城关一所、城郊二所、新市所、李家所、长乐所、桃林所7个下设机构。1997年4月，市地税局下设机构调整，设城关、城郊、李家塅、长乐、桃林5个征收分局（简称为市地税局第一、第二、第三、第四、第五征收分局）。2004年7月，下设征收分局更名为税务分局，共设立4个税务分局，撤销第五征收分局，并入第二税务分局。2006年10月，设办税服务厅。

二、税种

汨罗市地税主要税种为营业税、个人及企业所得税、屠宰税、城建税、房产税。随着汨罗市经济总体规模的不断扩大，地税各税种亦不断变化，第三产业、个人独资及合伙企业营业税、个人所得税逐年增长，营业税等税种附征的房产税快速增长。2002年后，随着企业体制改革的不断深化，企业向独资及合伙企业转型及国家税收政策的改变（2002年1月1日后成立的企业由国税局征收），企业所得税逐渐呈下降态势。

三、税制改革

1979年1月，取消对合作商店加成征收所得税的规定。1982年4月，开征燃油特别税，6月恢复征收肉类集市贸易税。1983年1月始，征收国家交通重点建设基金，并从1月1日起，对生产农机具、机器机械的企业和缝纫机、自行车、电风扇三种产品试行增值税；10月开征建筑税。1983年10月，对国营企业实行第一步利改税，试行国营企业上缴利润改为所得税。1984年10月，实行第二步利改税，对工商税制进行全面改革，恢复和开征一些新税种，全面征收国营企业所得税，对部分盈利多的大中型企业再加征国营企业调节税，税后利润由企业自行支配；将原工商税按性质分解为产品税、增值税、营业税、盐税等；将原工商所得税改为集体企业所得税，并相继开征其他税种。1985年，相继开征奖金税、国营企业工资调节税、城市维护建设税等国家统一的税种共计25个。汨罗开征的税种有产品税、增值税、营业税、工商所得税、屠宰税、城市维护建设税、盐税、国营企业所得税、国营企业调节税、个体收入调节税、建筑税、国营企业奖励税、契税、印花税、农业税（由财政部门征收）、国家能源交通重点建设基金、房产税、车船使用税、土地使用税等。1986年7月，恢复车船使用牌照税、城市房地产税；按产品税、增值税、营业税额开征

1%的教育附加费。1987年,汨罗开征耕地占用税,税率按人均占用耕地面积确定每平方米1～10元。1988年,开征农林特产税,税率为5%。1989年,开征国家预算调节基金,计征率10%。至1989年年底,汨罗先后开征19个税种。1993年始,取消国家预算调节基金,市内开征税种共59个,其中工商税类29种;流转税类7种,收益税类8种,财产行为税类6种,特种目的税类9种。

四、税款征收

汨罗市1996～2008年地税收入情况表

表18－2－115　　　　单位:元、%

年度	组织收入	环比增长率	年度	组织收入	环比增长率
1996	41194618	–	2003	66964913	－4.91
1997	41731437	1.30	2004	63674023	－4.91
1998	53878593	29.11	2005	75781114	19.01
1999	58225222	8.07	2006	88039324	16.18
2000	60870270	4.54	2007	105836000	18.10
2001	69060647	13.46	2008	130153000	20.21
2002	70425342	1.98	–	–	–

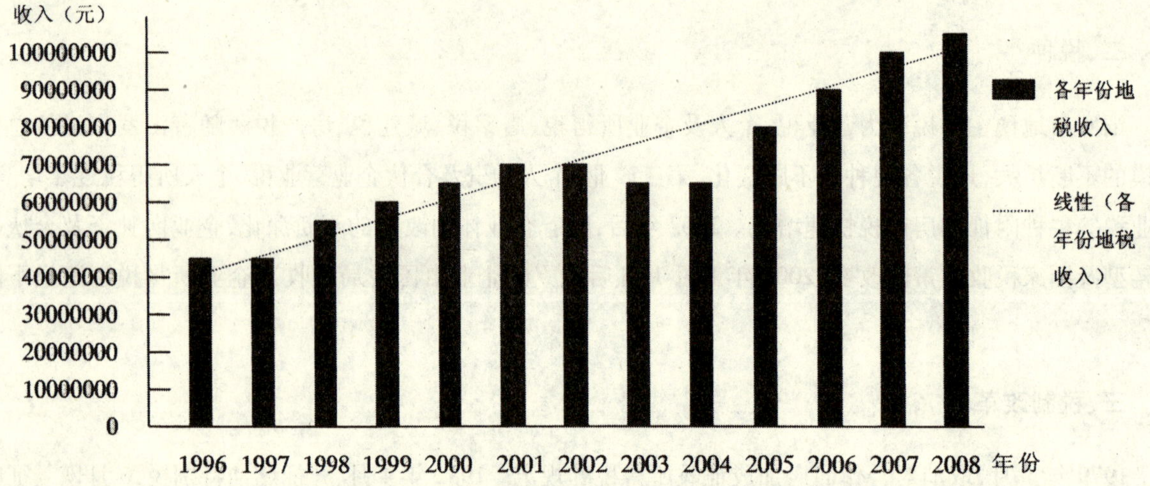

图13　汨罗市1996～2008年地方收入柱状表

汨罗市1996～2008年地方各税种入库表

表18－2－116　　　　单位:万元

年度	1996	1997	1998	1999	2000	2001	2002	2003	2004	2005	2006	2007	2008
营业税	11660	12170	2535	2879	3219	2785	3586	3323	3178	3848	4160	55682	66310
个人所得税	211	349	570	765	795	1425	1478	1478	1479	1478	1306	18005	20041
城建税	491	484	593	620	450	544	849	721	720	1014	1617	21285	24466
车船税	33	30	37	33	41	34	36	18	32	40	31	520	1101
房产税	240	211	267	215	258	181	186	255	279	332	200	2848	4462
土地使用税	99	103	86	110	117	76	95	119	77	91	115	2111	3537

续表 18－2－116

年　度	1996	1997	1998	1999	2000	2001	2002	2003	2004	2005	2006	2007	2008
印 花 税	26	34	40	60	42	32	48	64	49	66	67	1658	4362
资产调节税	126	75	102	263	10	–	–	–	–	–	–	–	–
屠 宰 税	536	390	401	217	457	800	–	–	–	–	–	–	–
资 源 税	35	24	30	9	21	33	19	5	5	11	41	–	–
土地增值税	20	24	22	0.2	10	–	–	1.6	2	2	9	278	1691
企业所得税	643	268	654	579	558	883	564	490	263	304	320	2709	3141

五、税务稽查

1994 年后，汨罗市地税局与交警、保险部门联合，采取“先税后险、先税合检、网络支撑、联合控管”的方式，与国土、建设、房产等部门建立联合协税机制，采取“政务中心把关设卡、职能部门联合控管、地税专人征收”的办法；对集贸市场采取“主动申报、简化手续、联合督办、依法征收”的措施，实现“国、地、财”三家部门之间的联合征管。与工业园区管委会、国税等部门定期召开联席会议，实现部门之间征管协作，有效规范工业园的税收征管。1999 年始，按照“以信息化带动各项工作上水平”的工作思路，制定信息化建设的整体规划，逐年推进税收信息化建设，确保征管信息化持续、快速发展，加速各类征管软件和办公软件的应用。2008 年，3 套税收征管软件和 2 套办公软件在全局范围内应用良好。随着改革开放的不断深入，作为政府对外的一个执法窗口，市地税局落实办税公开制、首接责任制、承诺服务制和社会监督制，严厉打击各项涉税违法行为，为纳税人营造公平、公正的税收环境。

六、税收宣传

1994～2008 年，市地税局不断增强全民纳税意识，普及税法知识，营造依法治税、诚信纳税的良好社会氛围，始终突出“税收·发展·民生”的主题，充分运用主流媒体，宣传地税工作重点，解读经济税收热点，解析民生关注焦点，服务税收工作大局，并精心组织有影响、有效果、有特色的重点宣传活动，确保税收宣传活动取得实效。

常规宣传　1994 年后，每年 4 月开展“税收宣传月”活动，共计出动宣传车 112 余台次，悬挂税宣横幅 700 余条，张贴税宣标语 1400 余条，利用“税法咨询日”活动共计发放税法资料 2.38 万份，扩大税收宣传的影响力。

媒体宣传　1994 年后，在汨罗市电视台举行个人所得税、房地产税收、私房出租、下岗职工再就业税收优惠等专题讲解栏目 6 个，发布阳光征收行动、阳光定税、典型稽查案例等通告共 63 期，播放催报催缴飞字广告累计 140 天；在《汨罗报》《汨罗周刊》上发表各类信息调研、经验典型文章 12 篇，信息报道 18 篇，发布通告 16 次，形成有效的媒体宣传攻势。

上门宣传　1994 年后，积极开展“税企携手渡难关，真情帮扶促发展”“帮扶企业产业升级”等活动，深入企业调研走访，送政策、问需求，走访企业 320 余次，涉及企业 280 家；税管员利用下户巡查向纳税人免费发放《地税政策信息快报》6 万多份。

第十九篇　金　融

1978年后，汨罗县内相继组建各专业银行，恢复保险公司。银行管理职能和经营方式不断向商业化转变。1984～1998年，农村信用体制改革稳步推进；邮政储蓄起步发展；中央银行监管职能全面加强。银行业内部改革结算方式，信贷资金实存实贷，存贷利率灵活调整；同时放开商业信用和资金市场，规范金融监管；开办信托投资业务；金融效益全面提升。随后，金融领域推行电子化管理，信用卡和自动取款机被广泛使用；房地产信贷、拆借、贴现、咨询等新型业务应运而生；存、贷、汇等传统业务进一步拓展。1998年11月，中国保险监督管理委员会成立，履行行政管理职能。2000年始，金融部门凸显融资功能，不断为工商企业提供金融支撑。保险部门扩大险种，及时理赔，为社会安定发挥特殊功效。至2008年，境内形成金融机构为主体，银行、非银行机构齐全，金融、保险、证券分业经营、分业监管的金融工作格局。

第一章　金融机构

第一节　银行机构

一、中国人民银行汨罗市支行

1975年，恢复中国人民银行汨罗县支行（简称人行县支行）。1980年1月，从人行县支行分设中国农业银行汨罗县支行（简称农行县支行），县以下农村金融机构和人员全部划归农行县支行管理。人行县支行辖城关储蓄所、汨纺分理处，内设计划、信贷、储蓄、会计出纳、人事、工会、办公室及营业部等股室（部）。1981年，增设保险处（股）。

1984年1月，从人行县支行分设中国工商银行汨罗县支行（简称工行县支行），与人行县支行实行“一个机构、两块牌子”。1985年1月，人行县支行与工行县支行机构分设，更名为人行汨罗支行，履行地方中央银行职能，辖管汨罗、湘阴两县及屈原农场。1990年7月，成立中国人民银行湘阴县支行，撤销人行汨罗支行，恢复中国人民银行汨罗市支行（简称人行市支行）。1991年，成立汨罗市城市信用社，隶人行市支行管理，1998年10月改属汨罗市农村信用合作联合社。

2003年12月，人行市支行撤销金融机构监管股，监管职能移交银监组。2004年，成立中国银行业监督管理委员会岳阳监管分局汨罗办事处；2007年，该机构上收中国人民银行岳阳市分行管辖。至此，人行市支行内设办公室、货币信贷股、会计国库发行股、保卫股。共有干部职工36人。

二、中国工商银行股份有限公司汨罗支行

1984年1月,工行县支行成立,与人行县支行实行“一个机构、两块牌子”。1985年1月,工行县支行与人行县支行机构分设,人行县支行办理的工商信贷、城镇居民储蓄业务由工行县支行承接。内设人事、计划、信贷、储蓄、会计、出纳、办公室等股室。1988年1月,工行市支行增设稽核监察科、行政科。至1990年,有员工128人,分设9个科(股)1个室、8个营业网点。1995年5月,新市分理处迁址,更名为城西分理处;2002年6月,汨纺分理处更名为营田分理处;10月,撤销城南、鼎新楼储蓄所;2003年8月,撤销城北储蓄所;2004年8月,撤销汨纺储蓄所;2005年6月,城关储蓄所更名为工行市支行营业部。10月,撤销城东储蓄所。2006年10月,工行汨罗支行更名为中国工商银行股份有限公司汨罗支行,内设业务营销部、综合业务部、保卫行政部、办公室。下辖营业网点3个(支行营业部、营田分理处、城西分理处),员工57人(其中代理用工12人)。

三、中国农业银行汨罗市支行

1980年1月,农行县支行成立,内设社队信贷、企业信贷、信用合作、人事、办公室5个股室。城关、白水、桃林、长乐、屈原5个农村营业所及新市、白水等29个信用社改隶农行县支行。是年,恢复李家营业所,成立新市营业所。1982年2月,增设河市营业所。1988年1月,成立中国农业银行屈原农场办事处(隶岳阳中心支行),屈原、河市营业所及屈原农场营田、凤凰山、黄金、横港储蓄所划归该办事处管理。1989~1996年,农行市支行内设9个股2个室1个部、5个营业所和11个储蓄所,管理33个农村信用社、14个信用分社、378个信用站。1996年12月,从农行汨罗支行分设中国农业发展银行汨罗市支行(简称农发行市支行),粮棉油信贷业务划转给农发行市支行;农行汨罗支行与市农村信用社脱钩。1997年始精减网点,至2002年6月,撤销全部储蓄所。2003年11月,撤销李家营业所。2005年7月,撤销白水、长乐营业所。2008年,农行汨罗支行下设营业部、城关和建设路分理处、新市营业所。内设综合、客户、业务、风险资产经营、监察保卫5部。在编129人,其中在岗67人。在编人数比1980年减少70人。

四、中国建设银行股份有限公司汨罗支行

1979年7月,撤销中国建设银行汨罗工作组,成立中国建设银行汨罗县支行(简称建行县支行),为局级企业单位,受上级行和当地政府双重领导,以上级行管理为主。1987年,建行县支行设支行营业部、会计、业务和综合等股室。至1993年,建行汨罗支行内设4个科1个室,并设桥东分理处和第一、第二、第三、迎宾路4个储蓄所。1996年,建行汨罗支行更名为建行市支行。2004年,再更名为中国建设银行股份有限公司汨罗支行,撤销立交桥储蓄所、车站分理处、高泉储蓄所,保留支行营业部、罗城、开发分理处。至2008年,共有职员49人。

五、中国银行股份有限公司汨罗支行

1988年10月,中国银行汨罗市支行(简称中行市支行)成立,选址建设路51号,有员工8人,下设营业部。1989年,增设建设路、高泉、汨江、桥东4个分理处。1992年10月,中行市支行迁址劳动南路13号。2002年,桥东分理处迁至屈原行政区营田镇,更名为屈原分理处,主管正虹科技和双汇、正虹两大企

业的存、贷款结算业务。2003 年始,中行市支行内设办公室、业务管理股、业务发展股、会计股、保卫股,在编 47 人。2004 年,中行市支行更名为中国银行股份有限公司汨罗支行,内设综合管理部、业务发展部,以及营业网点 3 个(支行营业部、建设路和高泉分理处),员工 33 人。

六、中国农业发展银行汨罗市支行

1996 年 12 月,农发行市支行成立,内设办公室、财务会计部、计划信贷部,定员 20 人。1997 年 1 月,农发行市支行营业部正式对外营业,5 月,落址大众南路。2007 年,农发行市支行计划信贷部改为客户服务部,职员增至 22 人。农发行市支行营业部设综合业务、大小额支付、账户管理、信息管理、电子公文等窗口。

七、汨罗市农村信用合作联社

1978 年,汨罗县有农村信用社 26 个,干部职工 66 人。1979 年,增设原种场信用社;1980 年 1 月,增设大众信用社;7 月,信用社业务、财务和人事归入农行县支行管理,改变由公社、银行双重管理的体制。1981 年 5 月,增设城郊信用社,12 月增设蓝家洞信用社(后更名为八景、蓝水信用社)。

1984 年 9 月,召开汨罗县农村信用合作联合社第一届一次社员代表大会,正式成立汨罗县农村信用合作联合社(简称县信用联社),选举产生联合社理事会成员 7 人,隶农行汨罗县支行。是年,县信用联社 146 名固定职工全部纳入县城镇集体劳动计划管理,转城镇户口。1987 年 3 月,成立县信用联社营业部。6 月,选址车站北路 38 号建县信用联社办公、住宿综合楼。

1996 年 12 月,市信用联社与农行市支行脱钩,改隶人行市支行。内设办公室、计划信贷、稽核审计、财务会计、科技电脑、资产保全、安全保卫、人事教育等部室。1998 年 5 月,汨罗市农村信用合作联合社二届一次社员代表大会通过新的信用联合社章程,选举理事会 13 人,监事会 7 人。9 月,城市信用社并入市信用联社。1999 年 4 月,对 36 个农村合作基金会(简称农金会)、325 个代办站进行清理整顿,封存账簿,收缴印鉴。新市、城东等 17 个农金会并入当地信用社。

2000 年,市信用联社营业部自车站北路迁址中信大楼东附楼营业,原址改为金源信用分社。城市信用社更名为城西信用社。2001 年 1 月,成立金星信用社,城关、城郊、汨罗、大众、古培 5 个信用社降为分社,市信用联社营业部的全部贷款业务,以及原属 5 个社 1 个部的信达、宗源、大众路、建设路、荣家路、新村等 6 个分社和城西储蓄所,全部归并金星信用社管理;古仑信用社降为分社,归并长乐信用社管理;磊石信用社降为分社归并新塘信用社管理。6 月,汨罗市农村信用合作联合社举行第三届社员代表大会,选举理事会成员 11 人、监事会成员 5 人。

2002 年,市信用联社下属机构调整为 47 个,其中信用社 24 个、信用分社 18 个、储蓄所 5 个。2006 年 5 月始,市信用联社进行"统一法人"的体制改革,至 2007 年 9 月,成立汨罗市农村信用合作联社,由此,境内信用社各为法人的管理模式改为信用合作联社统一法人管理。下辖机构:营业部和金星、城西等 14 个基层信用社;信达、屈原 2 个储蓄所;城关、信发、古培、汨罗、大众路、新村、罗城、红花、黄市、团山、湘泉、玉池、高坊、新潘、沙溪、冷水、天井、长乐中心、智峰、白塘、火天 21 个信用分社;内设办公室、业务、财务和科技电脑 4 个部室。2008 年,市信用合作联社下辖营业网点 33 个,其中营业部 1 个,信用社 13 个、信用分社 19 个。共有员工 260 人。

八、汨罗市城市信用社

1991年9月，城市信用社（简称城信社）成立，建立理事会和监事会，隶人行汨罗支行。1998年9月，城信社与人行汨罗支行脱钩，划归市信用联社管理。10月，人行工作组对城信社清产核资，至2000年10月结束。2001年1月，城信社更名为市城西农村信用社。

九、汨罗市信用发展股份有限公司

1993年9月，汨罗市信用发展股份有限公司成立。设址建设路劳动大厦。为境内第一家股份制金融机构。股金来源于城关、城郊、弼时、铜盆、黄柏、高坊、白水、川山、长乐、沙溪、新市、桃林、范家园13个农村信用合作社。隶市信用联社。1997年12月机构撤销，公司营业部更名为市信用联社信发分社，公司宗源分理处更名为农村信用联社宗源分社。机构、人员、财产、资产负债由股份制转变为农村信用合作制。

十、中国邮政储蓄银行汨罗支行

1986年12月，汨罗县邮电局开设中心邮政储蓄所。1988年6月，营田邮电支局开办邮政储蓄业务。1991年，高家坊、白水、川山坪、长乐、桃林、古培6个邮电储蓄服务网点相继开业。至1999年，全市邮储网点增至20个，其中农村网点16个。2008年4月，中国邮政储蓄银行汨罗市支行成立，在编职员43人。内设综合管理、会计核算、综合业务、信贷业务4部，辖建设中路、白水镇邮储支行2个一类支行，桃林、长乐、川山坪、高家坊、李家塅、弼时、黄柏镇7个二类支行。

十一、岳阳市商业银行汨罗支行

2008年11月，岳阳市商业银行汨罗支行成立。设址高泉南路10号。内设支行营业部、客户经理部、办公室等部室，定职员15人。

第二节　保险机构

一、中国人民财产保险股份有限公司汨罗支公司

1981年4月，汨罗县恢复中断22年的保险业务，在人行县支行内设保险代理处。1982年2月，保险处改为保险股。1983年1月，成立中国人民保险公司汨罗县支公司（简称保险公司县支公司）。隶县人民银行领导，对内仍为人行县支行保险股。1984年5月，保险公司县支公司升格为县政府直属局级单位，受上级公司和当地政府双重领导，同时接受人行县支行的协调指导和监督检查。内设管理股室4个，并置白水、高坊保险代理所。1986～1987年，先后建立乡镇保险代办站27个。1988年始，实行人事管理改革，公司经理由任命制改为聘任制，职工实行招聘制。1996年10月，人寿保险与财产保险机构分设，成立中保财产保险有限公司汨罗市支公司（简称市财保公司），下设屈原营业所、财产保险科、综合科、财务科，正式员工16人。1999年4月，市财保公司更名为中国人民保险公司汨罗市支公司；同时，中国平安

保险岳阳分公司汨罗办事处停办财产保险业务。2003年10月,财保公司市支公司改制为中国人民财产保险股份有限公司汨罗支公司(仍简称市财保公司),下设网点、营销、屈原、兼代、团险、客服、综合共7个行管和业务科室,城关、长乐、桃林、白水、黄柏、新市6个营销服务部,27个保险站。2008年,有正式员工7人,其中正副经理3人。

二、中国人寿保险股份有限公司汨罗支公司

1996年10月,产、寿保险分业经营,成立中国人寿保险公司汨罗市支公司,专营人寿保险业务。1998年,更名为中国人寿保险公司汨罗市支公司(简称市人保公司)。内设综合科、计财科、业务科、营销部、屈原所。1997年始,增设桃林、白水、高坊、长乐、新市、城关、国商、屈原营销服务部。2003年,市人保公司更名为中国人寿保险股份有限公司汨罗支公司。内设客户服务部、个险服务部、团险销售部、中介销售部。2008年,公司正式员工28人。

三、中国平安保险公司汨罗支公司

1996年7月,中国平安保险公司汨罗办事处挂牌营业,设址人民路总工会内。1997年1月,平安保险公司汨罗市支公司成立,迁址建设东路忠蓉大厦,内设业务科室8个,定正式员工5人,社会临聘100余人。

四、中华联合财产保险公司汨罗支公司

2005年10月22日,中华联合财产保险公司汨罗市支公司挂牌营业,设址罗城路196号。

五、其他保险机构

1991年始,先后有泰康人寿保险、太平洋人寿保险、渤海财产保险等公司,在境内开设分支机构。至2008年,全市有其他保险机构14家。

汨罗市2008年其他保险机构概况表

表19－1－117

公司名称	办公地点
泰康人寿保险公司汨罗支公司	汨新路
中国人民人寿保险股份有限公司汨罗服务部	建设路九号
嘉禾人寿股份有限公司汨罗营销服务部	振兴大楼四楼
太平洋人寿保险公司汨罗营销服务部	天狼清吧四楼
新华人寿保险公司汨罗营销服务部	天成大酒店五楼
合众人寿保险公司汨罗营销服务部	建设银行三楼
渤海财产保险股份有限公司汨罗支公司	罗城路67号
太平洋财产保险股份有限公司汨罗支公司	高泉南路
平安财产保险股份有限公司汨罗支公司	建设银行四楼
中国大地财产保险汨罗营销服务部	房产局办公大楼一楼

续表 19－1－117

公司名称	办公地点
阳光财产保险股份有限公司汨罗营销服务部	九歌广场
安邦财产保险股份有限公司汨罗营销服务部	九歌广场
湖南泛华保险代理有限公司汨罗营销服务部	开发大楼五楼
湖南华康保险代理有限公司汨罗营销服务部	心连心超市四楼

第二章　金融业务

第一节　银行业金融业务

一、工商贷款

1979年始，工商贷款由供给型转向效益型，银行信贷领域拓宽。1984年信贷资金失控，1985年紧缩，1986年放松，1987年收紧，1988年初又放宽。至1989年，年末余额1.9899亿元。1990～1993年，进行宏观调控。至1993年年底，余额达4.2513亿元，比1989年增长1.1倍。

1994～2003年，工行市支行贷款余额高峰时期接近6亿元。因市场和管理原因，不良贷款余额占74%，银行年均亏损1000万元以上。在境内78户不良贷款企业中，汨罗纺织印染厂、市氮肥厂、南岭化工厂等企业困难最大。2001年5月，汨纺依法破产，银行不良贷款本息累计近1.2268亿元。工行市支行通过全面调查、审核，向中国工商银行申报全部贷款核销资料，获审查通过。2002年，市氮肥厂因生产经营陷入困境，累计亏损1.3380亿元，积欠银行贷款本息5602万元。5月，该厂依法破产，清偿率为0.6‰，工行市支行受偿额仅6万元。至2004年，工行市支行共核销和剥离企业不良贷款3亿余元，使大部分企业甩掉包袱，改制重组。

2003～2008年，健全贷款营销规模、质量、费用与个人收入挂钩的激励机制，为信贷调查、项目上报、手续办理、资金到位等环节创造“绿色通道”。先后为正虹公司、中天科技、光明家具、汨驷建集团、团山花园、加华牛业等优质客户和民营企业贷款5.5亿元，占投放额的80%，余额达1.506亿元，占贷款总额的66.4%。

二、涉农信贷

（一）农行贷款

1980年始，农行县支行统一管理支农资金，领导农村信用社发展农村金融事业，扶助农民发展经济。至1982年，农村集镇个体贷款户达111户，金额25万元。1983年7月，为支援各乡镇抗洪救灾，发放口粮无息贷款130万元，生产贷款218万元。1984年，对议价收购粮油分别核算计息，支持粮食部门开展多种经营，粮食预购定金达1700万元。1988年，农行岳阳市支行将信贷管理权下放到县，农行市支行是年增加各项支农贷款规模800万元。1991～1992年，农行市支行组织对18个乡镇、800多农户进行生产资金情况调查,共筹划安排农贷户10.5万户、资金8600万元。1993～1994年,为防止向农民打“白条”收购现象发生,发放粮食收购、化肥调储和农副产品收购贷款7350万元,发放夏粮收购资金贷款4051万元,棉花收购资金贷款200万元。1996年,进行金融体制改革,划出粮油贷款2.1亿元给农发行市支行,与市信用联社实行业务分离,划转市信用联社存款准备金4830万元。2006年,重点为加华牛业、金成实业等9家农产品加工和农资生产企业累放贷款2.852亿元,转移安置农村剩余劳力5000余人。2008年年初,推出为农民量身定做的特色产品——金穗惠农卡,扩大为农服务的覆盖面。

(二)政策性融资

1996年始,中国农业发展银行汨罗市支行承接粮棉收购贷款和粮食储备贷款业务。1998年4月,将承担的农业综合开发贷款1280万元划归农行屈原支行管理;将棉花加工企业贷款1300万元、粮油加工企业贷款2200万元、扶贫贷款50万元、农业基本建设贷款25万元、农业综合贷款80万元划归农行市支行管理。农发行市支行集中主要精力做好粮棉收购资金的供应与管理。2003年始,信贷业务向粮、棉、油产业化龙头企业拓展。至2005年,发放粮棉收购贷款1.6843亿元。2006年,提出“中国农业发展银行·建设新农村银行”的目标,业务范围进一步扩大到农、林、牧、副、渔产业化龙头企业及农业基础设施贷款等方面。

1999～2008年,农发行市支行累计发放粮食收购贷款11.02亿元,支持8家粮食企业收购粮食58.02万吨;累计发放棉花收购贷款2.0241亿元,帮助棉花总公司收购皮棉28.1381万担。2008年,加强贷款到期清收工作,在年初调控贷款余额5032万元的基础上,采取各项措施催收。至年末,收回3922万元,占应收回调控粮贷款的77.8%。

(三)农村信用合作

1979年后,汨罗县信用联社储蓄存款逐年增长,至1987年,各项存款3398.7万元,比1978年增长5倍,其中个人存款增长25倍。1988年,因物价上涨,个别地方发生“抢购风”,储户大量提取存款,部分农村信用社支付难保,各项存款年末余额降至2764.5万元。1989年,国家提高存款利率,对三年以上定期储蓄进行保值,并开展定活两便储蓄,储蓄存款开始回升,但农村集体提留减少,生产资金由集体筹措转向农户自筹,集体存款减少,个人存款增加。年末存款余额3534.9万元,比上年增加770万元。1991年始,信用社存款持续上升。至1992年3月突破1亿元;至1994年6月又突破2亿元。1997年年底,再次攀升,突破4亿元关口。1998年,对部分信用社(站)高息揽储紧急刹车,并对未予兑付的高息存款一律按国家规定利率支付。下年,存款下滑,年末余额降至3.8362亿元。2000～2003年,取缔农金会,规范利率,存款形势逐渐好转,出现连年增长态势,累计净增1.4亿元。2003年,年末余额达5.2382亿元。2004年,进行产权机制改革,扩股增资7149万元。2005～2007年,各项存款净增2亿元。2008年,年末存款余额9.9134亿元,比1980年增长73.4倍。弼时信用社存款总额过亿元,成为境内第一个存款过亿元的基层网点。

1978～1985年,信用社贷款由重点支持社队集体经济转变为支持“三户”(即承包户、重点户、专业户)发展经济;春放秋收转变为按期限管理,常放常收,并实行浮动利率和逾期加罚息制度。1986～1988年,为乡镇企业累放贷款1.3875亿元,年均4625万元,占各项贷款总额的58%。1987年,信用社贷款超历史最高水平,达1.013亿元。1988年下半年,国家实行宏观调控,但年内仍发放贷款7561万元。加上对新增项目评估预测缺少科学论证,致使部分信贷资金呆滞。1989年,经过治理整顿,紧缩银根,贷款余额降至1986年的水平,资金形势逐步好转。1990年始,信用社推行贷款"五公开"(即贷户、用途、金额、利率、期限公开)、一监督(即张榜公布接受群众监督)制度,以"二高"(即高效、高产)为重点,坚持"一严"(即严格控制非生产性贷款)、"三优先"(即农业生产贷款优先,特色高效农业贷款优先,产品质量和市场销路好的传统产品优先)的贷款发放原则。至1996年,贷款余额达2.6亿元。1997~2001年,重点支持桃林高效玉米基地,大荆西瓜、大棚菜基地,铜盆、新市油菜基地,黄柏、铜盆等8个乡镇养猪基地,扶持5600户个体户经营,支持500户贫困户脱贫致富,累放贷款12.2亿元。2002年,推广小额农贷业务,建设信用村镇,由各乡镇行政村委、社员代表组成农户资信评估小组,调查掌握农户经济状况,合理评估信用等级,对授信农户及时办理"贷款证"。至2005年年末,共办证7.6万户,小额农贷余额550万元;创建信用镇1个,信用村57个,发放贷款967万元。2006年始,在加大对农业经济投入的同时,压缩不良贷款6370万元。至2008年年末,各项贷款年末余额6.2139亿元,比1980年增加144.93倍。

汨罗市(县)农村信用合作联社1980~2008年各项存、贷款年末余额表

表19-2-118　　单位:万元、%

年度	存款			贷款年末余额
	年末余额	市辖金融系统余额	占系统份额	
1980	1337.6	1853	62	536
1981	1412.5	2064	68	525
1982	1489.5	2230	67	675
1983	1665.2	2422	68	727
1984	1857	2969	68	888
1985	2162.3	3361	64	1027
1986	2619.4	4362	60	1873
1987	3398.7	7104	48	2591
1988	2764.5	5397	51	2782
1989	3534.9	6903	51	3108
1990	5871	8890	66	4229
1991	8095.4	19700	41	6520
1992	11108	24900	44	8644
1993	15187	34288	44	11297
1994	22702	60907	37	15797
1995	30163	70552	42	22189
1996	36201	85643	42	26002
1997	43955	97753	45	32139
1998	40547	106271	38	32956

续表 19－2－118

年度	存款			贷款 年末余额
	年末余额	市辖金融系统余额	占系统份额	
1999	38362	107195	36	34344
2000	39684	163879	24	33010
2001	44989	163467	28	33980
2002	50883	186617	27	36571
2003	52382	204877	26	39134
2004	46255	212861	22	42268
2005	49120	250662	20	34011
2006	64895	314638	20	30249
2007	79213	397763	20	46767
2008	99134	－	－	62139

三、支持重点工程建设

1979年后，建行汨罗县支行以城市开发、住房改革为重点，向上申报和争取贷款资金13多亿元，支持地方经济建设和社会事业的发展。1979～1984年，支持重点工程项目33个，发放贷款1787万元。1985～1988年，支持芦苇场、磊石电排、蓝家洞水库等9个单位拨改贷11笔、231.5万元，收回5万元，豁免207.5万元，余额19万元；为砂轮厂、通用机械厂、酒厂等工业技改工程、建筑系统的基建工程，累计贷款1390万元；1989～1990年，支持修建铁路立交桥(屈原桥)，扶持建安、林业、水利建设等工程贷款2735万元。1994～1996年，累计放贷1.06亿元，支持罗城路、大众路、京珠高速公路连接线等重点工程建设项目。2000～2008年，支持友谊河改造工程贷款1500余万元，向财政贷款1400万元，用于城市配套工程建设；为一中、人民医院、中医院贷款3300万元，扶持其基础建设和设备更新；并为湘北铜业、金渊铜业等工业园区优质企业申报以法人为借款人的个人投资经营贷款1330万元。

四、外汇存贷业务

1989年始，中行汨罗市支行负责统一经营国家外汇储备、办理国家外汇收支、代理国家筹集资金；经营外汇业务和人民币业务，主要包括办理贸易和非贸易国际结算、办理人民币存款、贷款、结算业务、办理票据贴现、代理发行金融债券，代理发行、兑付、销售、买卖政府债券，代理收付款项及代理保险、基金业务，以及外汇存款、外汇贷款、外汇汇款、外币兑换等业务。1991年，该行各货币折合人民币存款突破2000万元，其中储蓄存款占86.59%。1993年，上升至96.28%。1996年，率先推出公开服务承诺，先后开办上门收送款、免费输出大小票面兑换等优质服务项目，各项存款达6660.7万元，其中公存款246.97万元，长城卡62万元，储蓄存款6413.7万元；各项贷款1148.4万元，其中外贸企业贷款702万元，收购、生产出口产品价值475万元，质押贷款329万元，贴现贷款50万元。2002年，各项存款21343.17万元，各项贷款余额10786.43万元，贷款优良率达99.52%，实现盈利372万元，信贷资产质量和经营效益居湖南省县级中行前列，被评为中国银行总行精神文明建设先进单位和湖南省中行系统先进单位。2004年始，坚持“植根地方经济求发展”，支持外向型企业和医疗卫生、教育、广播电视等部门及居民个人住房、商铺、汽车消费事业的发展。至2008年年底，各项存款余额34697万元，各项贷款余额11409万元。

中国银行汨罗支行1989～2008年各项存、贷款业务情况表

表19－2－119　单位：万元

年度	存款			贷款
	公司存款	储蓄存款	各货币折人民币存款	
1989	103.17	503.63	633.8	1148.3
1990	178.07	1256.16	1434.23	1860.4
1991	294.06	1899.42	2193.48	2130.17
1992	105.74	2540.45	2646.19	2420.25
1993	151.73	3933.61	4085.34	1693
1994	202.11	4495.87	4697.98	2578.81
1995	219.47	5715.17	5934.64	2595.05
1996	246.97	6413.73	6660.7	1148.44
1997	267.19	6940.76	7207.95	1762.54
1998	439.24	7652.26	8673	2954.74
1999	137.85	8612.47	9582.42	4646.24
2000	3292.62	10875.19	14167.81	7747.23
2001	6620.97	12063.21	18684.18	19702.35
2002	6533.43	14809.75	21343.17	10786.43
2003	4107.09	17587.34	21694.42	15835.69
2004	4891.65	18529.96	23421.61	13008.79
2005	3747.19	18483.84	22231.03	7951.35
2006	6873.75	20462.42	27336.18	7613.78
2007	6021.18	23452.86	29474.04	7733.76
2008	6987	27710	34697	11409

五、邮政储蓄

1986年12月，汨罗县邮电局设中心邮政储蓄所，开办活期储蓄、整存整取、零存整取、汇兑转存等业务，利率标准按人民银行的规定执行。实行委托代办制，并由人民银行拨给铺底资金，按余额2.2%的比例付给手续费和实际支出的利息。是年，发展储户246户，收储10.2万元。下年6月，湖南省发行首届有奖有息邮政定期储蓄,境内发行1.25万张,余额25万元。1988年后,营田、高家坊、白水、川山坪、长乐、桃林、古培等集镇邮电支局(所)相继开办邮储业务。至1990年年底,邮政储蓄余额突破1000万元。1991年,全市开办城镇邮政储蓄服务网点10个,年末余额1698.6万元,实现邮储收入56.4万元,成为邮政系统的支柱业务之一。1994年,邮政储户发展到12000户,邮储余额突破5000万元。1998年,邮政、电信业务分营,邮政部门开始在农村网点开办邮政储蓄。至1999年,共拓展农村邮储网点16个。期末余额首次突破亿元关口。2001～2004年,邮储总额以年均5000万元的额度递增。至2008年,邮储入账汇款1.8466亿元,比上年增长133.9%;汇兑短信21173条,增长237.6%;绿卡短信7234条,增长139.8%;绿卡发放29316张,增长7.95%,年度余额7.28亿元,净增1.5亿元。

第二节　非银行业金融业务

一、财产保险

营销　1983～1993年,汨罗市(县)财产保险公司累计完成保费收入2391.3万元;支付和给付各类赔款1944.2万元。其中1984年赔付1.2万元,1985年赔付31.7万元,1993年赔付944.7万元。1994～1996年,完成各类财产保险费收入2034万元,年均递增16%。1996年,市财保公司、市人寿公司业务分营,市财保公司占境内财产保险市场份额的90%,经营80多个险种,全年支付各类财产保险赔款达2242万元,被岳阳市财保公司评为先进县支公司。1999年,市财保公司支付各类赔偿681起、435.73万元,社会贡献率达50.52%。2001年,完成各类赔付案件757起,赔付金额533.7万元。其中为外地出入境内的车辆事故现场勘定损失286件。2003～2008年,市财保公司集中力量拓展分散型业务,增建5个农村服务网点,提升保险服务功能。同时控制赔付率,提高社会贡献率。年均保费收入增至1500万元,上缴税收60万元。公司连续五年被评为消费者信得过单位、岳阳市精神文明建设先进单位。

险种　1983年后,财保险种逐年增多。至1993年,扩展到企业财产、变压器、机器设备损坏、普通家财、团体家财、家庭财产两全、自行车盗窃、船舶、机动车辆、水路、铁路、公路货物运输、耕牛、养猪(1987年停办)、养鸡、养鱼、水稻、油菜、杂交稻制种、西瓜种植、森林火灾、产品质量信誉和高档商品销售综合保险等20多个险种。1994年,市财保公司承接人保公司经营的除人寿保险以外的所有保险业务,开办财产保险、责任保险、信用保险、农业保险等四大项目、80多个险种。2000年始,公司稳定原有险种,优化险种结构,拓展意外险和家财险,扩大市场生存空间,巩固公司经营基石。至2008年,各项险种达89个,完成保费收入1516.14万元,比上年增长50%。

二、人寿保险

营销　1983年,汨罗县保险公司恢复团体人身及意外伤害保险。县氮肥厂、县农机厂等企业投保305人,收入保费1086元,并附加意外伤害医疗保险,由单位统一造具花名册办理投保手续。至1990年,全市大部分机关团体、企事业单位办理该项保险,累收保费131.4万元。1996年,市人寿保险公司率先实行与国际接轨的寿险营销模式，经营方式由直销向市场营销转变，保费收入突破500万元，被评为岳阳市超额完成保费任务先进单位。1997～2000年，保费收入年均增长30%以上，占汨罗市寿险市场份额的80%。1999～2004年，在城区增设3个营销分部，农村增设8个营销部，并与工行市支行、农行市支行、中行市支行、建行市支行4家银行和邮政储蓄代销点结成覆盖城乡的分销网络。2008年，寿险保费收入达1.3165亿元。较上年增长25.3%。

险种　1996年前，境内人身保险业务只限于少量的团体人身险和团体意外伤害险，保费低廉，险种单一。1996年后，人寿保险变为多功能险种。至2000年，开发形成保障、教育、养老、储蓄等多元产品格局。2001年，投资理财分红保险险种开发上市，保险类型开始向多功能、宽领域投资理财与客户保障相结合的方向转变，实现与国际全面接轨。至2008年，人寿保险在境内形成五大系列、30多个险种类型。其中意外保险系列有人身意外综合保险、团体人身、团体意外保险、建筑工程意外保险、学生平安保险、女性安康保险、计划生育系列保险等；保险类保险系列有简易人身保险、康宁系列保险、英才少儿保险等；分红类保险系列有鸿鑫保险、金彩明天保险等；养老类保险系列有美满一生保险、金色夕阳养老保险、个人养老保险等；银行销售类保险系列有鸿丰保险、鸿泰保险、安享一生保险等。

理赔　1996年，汨罗市人保公司支付理赔款54万元，满期给付保险金82.7万元，分别占是年保费收入的10.8%和16.5%。1998年，对重大案例实行上门理赔，送赔款到户。全年累计赔款156.6万元，其中意外短期保险102.1万元，健康保险28.5万元，寿险25.5万元，养老年金保险0.5万元。2003～2004年，推行"现场理赔"，争取更多客户，投保各类人寿保险达84万人次，公司处理赔案4200起，给付金额268万元；满期给付356万元；退保102万元。2005年始，全市分3个区域、由专人分管负责理赔，所有案件从报案到现场查勘赔付3天内完成，重大案件实行现场理赔。至2008年，共处理赔付案2130起，其中意外险给付102万元，寿险给付262万元，分别占全年保费收入5760万元的1.77%和4.55%。

三、平安保险

1997～2008年，平安保险公司汨罗市支公司客户由50多家增至2万多家，保费收入由100多万元增至2000多万元，业务量位处岳阳市平安保险县级机构前列。

2002～2006年，平安保险公司市支公司2次向市特殊学校捐款捐物，共值5300元。2003～2007年，对客户保单利益回馈：生存领取金543.8万元；红利分配134.6万元，理赔金额407.2万元，对1万余家客户分批次服务答谢，举办健康家庭理财知识讲座200多场。2007年年初，境内发生特大冰灾，公司配合相关部门为受灾客户送达保障理赔金51.23万元。

四、中华联合保险

2006～2008年，中华联合财产保险公司汨罗市支公司累计完成保费收入1968.1万元。其中政策性农业水稻保险费完成1419万元；车险保险费完成335万元，非车险保险费完成214.1万元。各项经营指标在湖南省（系统）县级机构中列第一位，连续三年被省、岳阳市公司评为先进支公司。

五、证券交易

2001 年 1 月,“湘财证券汨罗服务部”成立,为境内首家具有正规资质的证券交易场所。至 2008 年,该部拥有交易场地 200 多平方米,现场交易电脑 30 台套,常年配有相关服务人员 3～5 人,能容纳近 100 名顾客同时参与网上交易活动。服务范围包括代理深沪 A、B 股证券账户开户业务和基金开户业务;提供现场客户网上交易服务;提供有关证券业务咨询服务;与工行市支行、农行市支行、中行市支行、建行市支行等专业银行办理银证转账三方存管开户业务。2001～2008 年,该部共开户 1.9 万户,客户资产 1.5 亿元。客户网上交易额达 3 亿多元。

第三章　金融服务与管理

第一节　金融服务

1978 年后,人行汨罗县支行围绕经济建设中心,广泛组织储蓄存款,向上争取建设项目配套资金,为基础设施建设、工农业生产和商贸事业“输血供氧”。至 1988 年年末,各项贷款发放(累计)额 5.069 亿元。1987 年,人行县支行与工行县支行、农行县支行、建行县支行、县信用联社联合发出《关于汨罗县信用合作联社参加同城结算业务的联合通知》。5 月,汨罗银行同城票据清缴所成立,金融系统同城票据清缴工作走向常态化、规范化。1989 年 4 月始,实行备付金制度,各专业银行按存款的 3%～5% 存入人行市支行,主要用于各专业银行清算和人行市支行集中办理大额汇划业务。

1990 年 4 月,金融系统全面恢复异地托收承付结算业务。1994 年 6 月,人行汨罗市支行在全省人行系统县级支行中第一个实行电脑微机联网。7 月,又在全省人行系统第一个创建“模范职工之家”。1996 年,人行汨罗市支行被评为全国金融先进单位,行长戴志明被授予“全国金融劳动模范”称号。是年 12 月 3 日,中国人民银行行长戴相龙考察人行汨罗市支行,对该行工作给予高度评价。至 1997 年,新的中央银行会计核算系统正式运行,全市金融系统实行电子联行模拟和双机运作。

2000 年 5 月,组织开展《人民币管理条例》系列宣传活动。对白水镇老龄协会所属 8 个村老龄协会储金会非法融资,进行清理、取缔。放出的 32 万元资金全部收回,31 万多元存款完成兑付。7 月,人行市支行印发《乡镇企业贷款工作指导意见》,为各乡镇提供融资服务指南。

2002 年 6 月,人行汨罗市支行牵头组织开展反假币、整治社会信用环境和社会信用知识宣传三大活动,先后有 200 多名工作人员参与,共发放宣传资料 3 万多份,为群众提供咨询服务达 2 万多人次。

2006 年,策划并举办“共建诚信长城——诚信建设进校园千人签名活动”和国库工作“示范年”活动。人行市支行电视监控和门禁系统顺利通过省、岳阳市分行验收;信贷管理系统升级和数据切换成功;境内开通 CA 认证系统。

2007～2008 年,创新金融服务方式,克服世界金融危机带来的消极影响,引导全市金融机构支持汨罗循环经济发展,发放再生资源行业贷款年均净增 9000 万元;引导省开发银行、浦东发展银行等金融实体向汨罗投资3.22亿元。

汨罗市(县)金融机构1978～2008年存贷款统计表

表19－3－120　　单位:万元

年度	各项存款		各项贷款	年度	各项存款		各项贷款
	余额	其中储蓄存款			余额	其中储蓄存款	
1978	1072	187	1034	1994	60907	45969	75209
1979	1385	250	1108	1995	70552	57083	87659
1980	1853	373	1604	1996	85643	68986	101674
1981	2064	485	1839	1997	97753	80000	111498
1982	2230	668	2101	1998	106271	81091	109057
1983	2422	879	2407	1999	107195	84643	111530
1984	2969	1289	3185	2000	163879	108917	125668
1985	3361	1976	3673	2001	163467	127344	143241
1986	4362	3208	6326	2002	186617	148296	162823
1987	7104	4014	6010	2003	204877	165624	171598
1988	5397	3827	7153	2004	212861	175170	166166
1989	6903	5739	9040	2005	250662	204136	162693
1990	8890	8359	11403	2006	314638	252139	162198
1991	19700	17842	39999	2007	397763	330099	164784
1992	24900	23821	57090	2008	472799	371324	209337
1993	34288	30916	63793	–	–	–	–

第二节　金融监管

一、营运监管

1978年后,人行汨罗县支行以利率政策执行为重点,严格监管金融业务运作。1985年,紧缩银行贷款规模。1989年,针对基建投资和货币投放过多,导致通货膨胀而出现的资金紧张局面,金融系统加强营运监管,清理整顿企业开户,理顺划转账户60户到原开户银行,划转存款195万元、贷款123万元。同时整顿结算纪律,疏理结算渠道,遏制现金“体外循环”,促进资金回笼,实现回差1454万元;纠正利率违规,清理“三角债”,收回各类拖欠款1887万元。

1994～1995年,人行汨罗市支行制定下发《违反银行结算制度处罚规定》《银行账户管理办法》《修订异地托收承付结算办法》等文件,组织利率常规检查和突击检查,查处违规业务300多笔、金额160余万元,对5家违规金融机构罚款9万多元。1998年,牵头成立利率监管网络,形成人行市支行、各金融机构、社会监督“三位一体”的监管格局。2000年,人行市支行召开金融债权管理行长联席会议,审议通过实施联合制裁的三类企业名单,并发制裁通报。26家企业受到联合制裁,其中逃废债企业18家,不守信用企业8家。

1999～2002年,人行汨罗市支行对辖内金融机构进行全面检查19次,专项检查64次,年均下发整改通知书24份,对19家金融机构、24名负责人的违规行为作出处理。市信用联社通过检查、整改,不良贷款比例由1999年的93%降至2002年的10.9%。2002年1月30日,铜盆信用社发生群众冲击事件。起因是该社信用站会计收存不入账,挪用存款124万元,事发后潜逃。人行市支行主要负责人立即赶往现场处理。市政府抽调干部30多人协助调处。并从市财政拿出80多万元兑付,使风波平息。是年9月,涉嫌挪用群众存款的原铜盆信用社群合二站会计陈××,被公安局刑警大队从银川押解回汨罗,接受司法机关处置。

2003年年底,国务院调整人民银行的职能。2004年1月,中国银行业监督管理委员会岳阳监管分局汨罗办事处成立并开始运作,监管职能转移到该办事处。2007年8月,市政府、市法院、人行市支行联合开展清收国家公务人员拖欠银行贷款专项整治行动,收回欠贷300万元;为配合市政府抓好融资平台建设,人行市支行引导和调节金融机构向境内循环经济投资3亿多元。

二、市场监管

1978年后,随着金融事业的迅速发展,社会金融机构自定存、贷利率,争夺金融市场,金融单位亦增设揽储机构,使市场监管流于形式。至1996年,人行市支行设立2个监管股室,实行分类分块监管。

1988年,国家紧缩银根,社会资金紧缺,民间高利贷现象随之发生。汨罗、白水、川山、智峰等乡镇共有178户从事民间借贷,借贷资金356万元,年利率在15%以下。1989年,市氮肥厂为筹措技改资金,发放企业债券500万元。1990年,人行市支行调查10家建筑企业,资金来源共6439万元,其中集资总额1268万元,占资金来源总额的19.69%。1992年后,境内基金合作组织主要有农金会和供销社股金办。1993年3月28日,农金会从大荆乡发起,至1997年年末,全市乡镇农金会达26个,村级农金会7个,共吸收股金1.7亿元。实行股金保息分红、周转自定利率、高进高出办理存贷业务,严重扰乱金融秩序。

1988年始,市政府与金融部门不断加强对金融市场的管理。1989年下半年开展清超储积压、清往来拖欠、清挤占挪用、清拖欠公款、清延压税款、清利率的"六清"活动;1993年,开展整顿金融秩序活动;1997年,逐家进行清理整顿社会乱办金融机构的活动。1999年,市政府、人行市支行对农金会进行清理整顿,采取清产核资,落实债权债务,大力收贷收欠,多方筹措资金,全面兑付到期股金等措施。22个资能抵债的农金会并入当地信用社。是年10月,人行岳阳市分行发出批复文件,对境内上报的未并入信用社的种养业农户贷款1078.8万元,由当地信用社收购;对不够条件并入当地信用社的20个农金会,一律予以解散,遗留的部分资产负债关系由当地政府和主管部门承担了结。至此,境内农金会不复存在。

1994年后,人行汨罗市支行先后发表《农村合作基金会亟待规范》《怎样看待农金会》和《只有规范运作,才能稳健经营》等调查报告。市委、市政府于1994年4月、1996年7月、1997年9月三次发文规范农金会管理。1996年5月,人行市支行针对某信用公司以拆借资金名义违规吸收市供销联社股金320万元、月息15.3%的严重违规行为,依法责令划缴违规存款50万元,无息缴存人行市支行,迫使股金办找市政府、人行市支行帮助解决其库存股金的消化问题。6月,市政府、人行市支行、供销社党委对股金办的经营行为进行严格规范,使股金办主动纠正违规行为。人行市支行及时呈报《从加强对金融机构的监管入手规范社会信用》的调查报告,得到省人民银行的高度重视,并以文件形式予以转发。2004年,人行市支行监管职能转变后，仍坚持对金融市场开展调查研究。至2008年，共撰写各类调研报告252篇。其中被中央级刊物采用12篇，省级刊物采用96篇。

三、保险管理

财产保险管理　1982年，保险管理范围主要有企业财产保险、人寿保险、农业保险等方面。1984年，县财产保险公司实行自营分设、独立核算。人行县支行对保险业务的管理职能从直接管理变为间接管理。1996年，市财保公司确立“以人为本，效益为先”的经营理念，优化内部结构调整，推进人事、劳动用工和分配三项制度改革，企业管理走向制度化，规范化。至1999年，公司在保险市场的占有率由上年的40%升至50.52%。2001～2008年，公司管理重点转向为民营经济服务，正副经理分片负责，及时处理各种赔付案件757起。

人寿保险管理　2003～2008年，市人寿保险公司完善内部管理机制，将营销部分成5个营销组，业务人员与公司签订“个人代理人保险代理合同书”，个人收入与完成任务直接挂钩，按所收保费提成。新聘员工到岗后，分区域考核个人业绩，严格兑现到人，并实行奖优罚劣制度。

其他保险管理　平安保险、中华联合财产保险等市支公司注重保障员工医疗金、疾病残疾金和意外伤害等福利，解除员工后顾之忧，使企业形成团结拼搏、共创佳绩的工作氛围。至2008年，市平安保险公司连续五年被评为岳阳市系统创诚争优先进单位。

汨罗市2008年保险业务统计表

表19－3－121　　单位：万元

保险公司	保险业务情况	赔款支出
中国人寿保险	8787.7	1201
中国人民财产保险	900.5	554.4
太平洋人寿保险	590.8	26.5
大地保险	400	344
泰康人寿保险	906	15
新华人寿保险	1300	54
嘉禾人寿保险	280	6
安邦财产保险	114.8	44.2
阳光财产保险	249.7	252.8
太平洋财产保险	650	515

第二十篇 开发区(园)·乡镇场

湖南汨罗工业园

1994年,罗城经济开发区内设工业园。2003年3月,正式启动工业园建设。2006年,经湖南省人民政府批准,罗城经济开发区连同工业园一起更名为湖南汨罗工业园(以下简称工业园)。9月,成立工业园管理委员会,为副处级单位。内设办公室、经济发展局、国土规划建设局、综合执法局、循环经济管理办公室;另设财政分局、公安分局等机构。工作人员88人。2008年3月,工业园升格为正处级单位。

一、规划建设

2002年始,中共汨罗市委、市人民政府筹建汨罗江生态工业园,规划建设面积为15平方千米。2003年,成立以市委副书记郑可仗为指挥长的工业园建设指挥部,正式启动工业园区建设。至2004年,共投资5亿元,完成园区主干道(龙舟路1.5千米,东风路1.2千米,金成路1千米)建设的土建工程、路面硬化工程以及美化、绿化、亮化工程,拆迁房屋150栋,征地111.13公顷,移动土、石方160万立方米,架设万伏双回路输电线路,铺设自来水主输水管,建成4个拆迁户安置区,完成主排水渠改建工程,改造和移动15条影响园区内规划建设的各类管线。逐步形成"三横四纵"的园区交通网络和较为完善的水电专供体系。同时在园区高标准修建省道308线汨新段、汨罗江大道、再生资源大市场等基础设施,科学规划产业功能,增强园区物流、人流、资金流、信息流聚散能力和市场承载能力。2005年,投资7500万元,延伸园区主干道4千米,扩展园区面积12平方千米。2006年始,加速园区道路和污水处理系统建设,推进水、电、路、气、通信和再生资源二期工程建设,土地规划建设总面积增至18平方千米。相继建成废旧物资处理工场、产品交易中心、研发中心、电子商务中心、给排水工程、污水收集管道、固定垃圾处理系统等基础配套工程。至2008年,成立循环经济试点工作组,推进循环经济示范基地建设,完成征地75.73公顷及拆迁、评估、砍青、安置等前期工作。

图14 湖南汨罗工业园区

二、投资环境

2003年始,中共汨罗市委、市人民政府按照"高起点规划、高质量建设、高标准管理、高效益经营"的建园理念,为园区建设营造优良的投资环境:对所有入园项目,实行限时办结制度、服务承诺制度和跟踪服务制度;对职能部门提出"四不"(即对待投资商只准服务,不准处罚;只准支持,不准敲扛;只准维护,不准抬扛;只准优惠,不准加码)的要求;对所有项目从立项、审批、注册到税务登记等实行代办制,推行窗口式办公、"一条龙"服务。并遵循收费从低、速度从快、手续从简的原则,帮助企业尽快建成投产。同时,对入园企业严格执行"五不准"(即严重污染项目不准入、高能耗项目不准入、产能相对过剩的项目不准入、投资强度达不到要求的不准入、技术含量未达标的不准入)原则。对新上项目,坚持环保设施与主体工程建设同步进行,杜绝"先污染、后治理"的现象。2005～2008年,引导、扶持回收网点向清洁化、集约化、规模化、产业化方向发展。组织近100人开展园区专项整治行动,对强揽工程、无理取闹行为进行严厉打击,集中收集、解决园区工作中的矛盾和问题,使投资环境进一步改善。

三、发展现状

至2007年,汨罗工业园区企业发展到132家,完成工业产值70亿元,比上年增长30%;实现工业增加值23亿元,增长30%;为财政增加可用财力6000万元。再生资源市场完成交易量130万吨,实现交易额120亿元,年加工能力达61万吨,占再生资源回收总量的49%。2008年,7个新建项目正式投产,2个续建项目完成设备安装、投入试产。园区建成再生资源集散市场、再生资源产业加工区、高新技术产业区。

专记　汨罗再生资源集散市场循环经济试点

1995年9月,中共汨罗市委、市人民政府决定在新市团山建再生资源市场,出台优惠政策,规范管理,培育产业。至2001年,累计筹资5000万元,建成占地5万平方米的交易市场,并成立再生资源行业财税服务所,将废品回收企业和个体户划行归市,扶持收购大户做大做强。2003年,该市场被国家供销合作总社批准命名为中南再生资源交易大市场。

2005年6月,市委、市政府专题研究再生资源产业园申报国家循环经济试点问题。决定成立争取国家循环经济试点工作领导小组。8月,市政府编制《汨罗市再生资源产业园发展规划》。10月,国家发展和改革委员会、国家环境保护总局、科学技术部、财政部、商务部、国家统计局联合发出《关于组织开展循环经济试点(第一批)工作的通知》,汨罗被定为全国82个试点单位之一。12月,在北京展览馆举办2005建设节约型社会展览会。市委、市政府派副市长周群开负责汨罗展台介绍。12月21日,党和国家领导人胡锦涛、吴邦国、曾庆红、吴官正、王兆国、曾培炎、陈至立、贺国强、刘云山等考察湖南展厅,观看汨罗再生资源产业园模型。中共中央总书记胡锦涛在听完湖南展厅汨罗再生资源产业园发展现状汇报后指出:"这个园区,我前年到汨罗的时候,他们给我说过。这里把回收的废旧资源进行再加工利用,并取得比较好的效益,这个路子好。"他询问园区再生资源加工过程的污染问题怎么解决,周群开汇报园区已规划污水和垃圾处理措施。总书记强调:"一定要把治理搞好,不要把漂亮的汨罗江污染了。"全国人大常委会委员长吴邦国询问园区回收和加工哪些产品后指出:"一定要注意回收和加工带来的污染问题,保护好环境。"该次参展后,汨罗再生资源产业的影响迅速扩大。

2006年3月17日,《人民日报》发表的《中华人民共和国国民经济和社会发展第十一个五年规划纲要》第六篇第二十二章第五节"专栏11"中明确提出:"再生资源回收利用　建设湖南汨罗等再生资源回收利用市场和加工示范基地。”汨罗再生资源产业正式被列入国家发展规划。2006年4月,汨罗被商务部批准列入全国24个再生资源回收体系建设试点城市之一,成为湖南省唯一的试点城市和全国2个县级试点城市之一。

2007年3月,国家发改委批准汨罗市再生资源集散市场循环经济试点实施方案。市政府委托湖南大学规划设计研究院编制以再生资源产业为特色产业和主导产业的《湖南汨罗工业园区总体规划》。6月,市委、市政府组织召开有省、岳阳市规划、科技、环保方面的专家以及汨罗市级领导、市直有关部门负责人和专业技术人员参加的规划评审会议。9月,省政府办公厅发出《关于支持汨罗循环经济试点有关政策措施的通知》,从明确发展思路,支持基础设施建设,促进加工工业发展,加强金融信贷支持和融资平台建设,加大财税支持力度,加大科技扶持力度,推进技术创新,加强土地管理,支持园区建设等方面提出18项优惠扶持的政策措施。

2008年年初,汨罗市实施“一二三四五”工程(即建好一个再生资源市场;新增报废汽车拆解、电子废弃物拆解两大平台;培育三十家规模企业;建设四个科研中心;发展五十家回收公司)。11月26日,全国再生资源回收体系工作会议推介汨罗经验。年底,再生资源市场集聚回收企业、个体经营户达3500家,收购网点1800多个。全市再生资源回收品种接近300种,其中铜、铝、不锈钢收购量达30万吨,占各类再生资源回收的50%;园区加工企业达70家,生产加工铜棒、铜杆、铜排、阳极板、铜管、漆包线等品种,规模企业生产总值达38亿元,实现税收3亿元。

罗城经济开发区

1992年4月,中共汨罗市委、市人民政府决定建罗城经济开发区,并上报湖南省经济体制改革委员会审批。1993年,成立罗城经济开发区管理委员会,隶市政府,对开发区实行统一领导和管理。内设办公室、规划基建科、国土拆迁科、粮户管理科。下辖罗城房地产开发公司、贸易公司等企业。区内相关入户手续办理由各职能部门抽调人员、组成专门班子联合办公,实行“一条龙”服务,一支笔审批,一个窗口对外。1994年,经湖南省政府批准,罗城经济开发区为省级经济开发区。该区整体规划为3个小区,即城西开发区(建成面积2平方千米,以居住商务、餐饮业为主)、新火车站小区(规划面积1.5平方千米,集客运、商居为一体)、新市工业园区(规划面积5平方千米)。各小区自成体系,各具特色。是年,市政府颁布《关于加速罗城经济开发区建设的若干规定》,制定优惠政策,创造宽松环境。采取办理自理粮户、公开招标出让土地等方式筹资2000万元,组织、规划“四通一平”(即通水、电、路、通信线路,平地基)等基础设施建设。2002年,成立市城市建设投资开发有限公司(简称市城投公司)。2003年,罗城开发区管委会定为正科级事业单位,与市城投公司实行“一个机构、两块牌子”。下设办公室、财务部、工程建设部、经营管理部、罗城房地产开发公司、财税服务所、城西社区等机构。2006年,罗城经济开发区更名为湖南汨罗工业园。

一、基础建设

开发建设城西新区 1992年5月,城西开发区建设奠基动工。1993～1998年,征地37.33公顷,拆迁房屋14503平方米。建成长1000米、宽38米的建设西路;长2000米、宽38米的城西路;宽15～18米的新月街、芳草街、稻香街、狄坪路、八弓园路;并相继投资建设供电、供排水、通讯、环卫等基础设施和罗城学校、罗城医院、屈子公园、兴罗门市场等配套设施。市政府、市民政局、市邮电局、市烟草局、市盐务局、市信用联社、市移动公司、市人寿保险公司等先后迁建新区。开办民营企业和个体商贸服务门店2000多家,规范建设居民新村3个,建成商品房5万多平方米。使汨罗市区铁路东西两侧得到协调发展,城区面积扩大1平方千米以上,城市人口增加1万余人。

拓宽改造省道1809线汨新路段　1998年3月,根据市工程指挥部下达的任务,开发区负责该路段西部2.3千米长的基础路段的组织和建设。至年底超额完成拉通土路基2.3公里,硬化1千米的任务,完成土方41万立方米,比设计计划超过30万立方米,其中挖方19万立方米,填方22万立方米;完成主车道路面硬化1.4千米,累计完成投资1400万元。组织各项收入318万元。其中国土收入270万元,粮户收入7.1万元,其他收入40.9万元。收回历年欠款150万元;组织税收入库148万元;直属企业罗城房产公司创利税65.8万元。

开发建设东路　系2003年境内重点工程之一。工程自建设路向东延伸,西起归义广场,东接红花大桥,全长1137米,宽34米。工程集商贸、居住、休闲于一体,总投资4900万元。2003年3月7日,市城投公司与长沙绿亚景观有限公司签订开发建设东路合同,完成规划设计,并按城市整体发展布局,对规划设计进行评审,完成全部征地工作。其中征地面积16.67公顷,控制面积26.67公顷,涉及征地的村组11个。完成全线6个标段的招标任务,引进资金1000万元,保证工程建设顺利进行。

建设汨罗江生态工业园　由市城投公司负责承建。2003年5月28日,正式开工建设,至2006年年底,完成建设面积3平方千米,并完成沿江大道(2千米)、龙舟路(1.47千米)、金城路(0.7千米)、东风路(1.137千米)道路硬化、绿化、亮化工程。投资总额3500万元。

二、招商引资

1993年,罗城开发区与20多家外商签订项目15个,引进企事业单位和个体工商户50多家,完成基本建设投资4500万元。1994~1996年,引进社会投资项目500多个,投资额2.1亿元。其中工业项目8个,投资1500万元;房地产项目1个,投资1600万元;行政事业性项目10个,投资1200万元;金融保险项目5个,投资500万元;商贸和专业市场项目4个,投资200万元;文化设施项目3个,投资800万元;境外企业6家,投资600万元;个体居住、经商户400户,投资6000万元。

2001年,根据市政府有关罗城开发区管辖范围(沿1809线,西起双塘广场,东至国道107线,北抵汨罗江,并以1809线为基准向南延伸1千米)的土地由开发区征用和审批的规定,为促进沿线繁荣,先后引进市检察院、市人大、市计生局等机关单位落户1809线两侧。2001年3月,与湖南省新湘公司签订1809线汨新段出让路权的合同,9月6日,正式设神仙塘收费站(2009年撤销),对过往车辆进行收费。是年,共完成税收304.8万元。其中国税38万元,地税189万元,契税7.8万元,上缴财政70万元,被评为汨罗市财税完成先进单位。

2002年始,市城投公司运用国家开发项目投资、国有土地和市政公用设施拍卖及咨询服务等业务,扩大融资规模。至2004年,公司筹资7900万元,其中土地储备50.47公顷,市场价值6000万元。2005年,引进高新技术产业,新增入园企业14家,助推入园企业竣工投产12家,完成工业总产值8.7亿元,实现税收4168万元。2007年,汨罗市被列为国家开发银行湖南省分行新农村建设支持的4个县市之一,并率先在全省成立开发性金融合作领导小组办公室,融资平台顺利通过开发银行的融资达标体系检查验收,汨罗模式得到开发银行总行的高度认可。

三、软件建设

1994年后,开发区坚持一个窗口对外,相关手续办理实行"一条龙"服务;坚持执法从严、服务从优,国土征收需要一处,报批一处,土地利用率提高到95%以上;坚持国家、集体和群众利益并重,在开发区新建三条安置街,让250多户拆迁户放手经商办企业;坚持平等竞争,做到工作程序公开、收费标准公开、安置定位公开、工程招标公开、财务管理公开、办事结果公开;坚持艰苦创业,使开发区建设事业始终保持健康、持续、快速发展。2000年始,规范新一、二、三村门牌号码,设置3个地埋式垃圾站,建立居民最低生活保障线,支持罗城学校扩建征地2.55公顷。2002年3月,成立罗城开发区市场管理委员会,从市公安局、市工商局、市供销社、市建设局、市环保局、市检察院、市国土局,以及新市、城郊、古培等部门和乡镇抽调23人,组成联合办公室,实施划行规市、综合执法等工作。2003年,正式接管团山花园,更名为"中南再生资源交易大市场"。并成立市场管理办公室、公安执勤室,健全市场管理制度,规范经营行为,收回被侵占国有土地0.33公顷,整顿市场秩序,清算债权债务,市场环境得到全面优化。

城关镇

城关镇东接城郊乡,西连汨罗镇,北依汨罗江,南临古培镇。因位处市城区中心而得名。镇政府驻城区建设中路。

沿革·区划·概况 清咸丰五年(1855),属归义局归义团(部分)、薰化(部分)团。民国时期属归上乡。1949年,设在汨罗火车站附近的汨罗镇隶归中乡。1950年,定为乡级镇。1956年,改为乡属镇,隶归义乡。1958年,隶属于汨罗公社。1961年,复为区属镇,隶属于汨罗区。1966年,汨罗县析置后,汨罗镇改为城关镇,辖蔬菜一、二、三大队和一、二、三居委会。1969年,析汨罗公社百丈、汨罗2个大队,归义公社归义、大路、城南、城北、城东、荣家坪6个大队入城关镇。1981年,上述8个大队析出。1984年,大队改为村。1997年,辖石泉山、老街、梅花堆、广场、中岭、道垅、大路、友谊河、高泉山、归义街10个居委会和蔬菜一、二、三村。2005年,10个居委会、3个菜村调整为7个社区,即老街、高塘、山塘、广场、友谊河、高泉、归义。2008年,土地总面积7平方千米,总人口59635人。镇区个体工商户2480户,专业市场12个,年销售收入5亿余元;完成地区生产总值2.43亿元,财政总收入345万元,居民人均纯收入7750元,比上年增长19%。

产业经济 1978年后,镇办企业生产的环保设备、小五金工具、禽畜饲料、无氧铜管、包装材料等大批量销往全国各地,小五金工具远销国外,镇基建工程队亦承建境内多项重点工程。至1986年,各类企业达425家。其中镇办12家,村(居)办89家,组办17家,个体经营307家。工业总产值1106.94万元。实现利润27万元。1987年后,采取高薪聘请、解决城镇户口、优先安排宅基地等优惠措施,扩大招商引资成果。至1996年,乡镇企业总产值达5.34亿元,各类企业达3000余家。其中编织厂年产塑料袋1000万条,创产值2000多万元,利税100多万元,成为湘北地区塑料编织业大户。工具厂年产值800多万元,利税80多万元,被评为岳阳市十佳企业、湖南省进出口商品质量保证先进企业。该厂生产的水平尺、油灰刀畅销东南亚及欧美20多个国家和地区。1997年,镇属企业实施资产重组和股份制改造。至2000年,相继组建湘工五金、直属建筑、环保科技3家规模企业。2007年,引进华龙华天大酒店等工商项目,全镇工业总产值突破1.5亿元,创利税600多万元。

旧城改造　1998年后,镇区旧城改造工程加快推进。"街宽、屋矮、围墙多"的城镇面貌荡然无存。镇政府配合市直部门单位引资1亿多元,先后拆除原汽车站和供销、外贸系统的部分经营场地,兴建大市场;拆除原蔬菜市场,兴建中心集贸生活资料超市;拆除原农机公司,兴建华龙华天大酒店;调整优化劳动南路五金电器市场;改造高泉南路等,使镇区环境不断美化。新增电力设施10多处,保证居民生活、生产用电的需要。2000年,菜三村耗资85万元,建成600多平方米的大型宗教活动场所——慈云庵大殿,开发宗教旅游事业。投资30多万元,改造电路,硬化背街小巷1400米,兴建和改造下水道700多米。

镇区教育　1986年,创立城北中学。1994年,该校被定为岳阳市一级学校;2000年,被定为湖南省教学改革实验示范学校;2005年,被定为省现代化教育技术学校。是年,城南中学并入城北中学。2006年,城北中学更名为城关中学,设班级24个,学生1200多人。至2008年,该校有5位教师被评为全国、全省优秀教师,有56人次获岳阳市以上教学竞赛奖励,升学率稳居汨罗市首位。

城关小学是汨罗市窗口学校之一。1978～2006年,城关小学先后被评为全国中小学整体改革实验学校、省德育工作先进单位,有特级教师1人,省级先进教师2人,省优秀辅导员2人。至2008年,城关镇有九年一贯制学校1所,完全小学2所,在校学生3088人,教职员工120人。

1991年9月,创办城关中心幼儿园,常年招收幼儿300多人,设大、中、小班5个,有幼师、职工20人。1992～2008年,该园多次被评为汨罗市先进单位。

城郊乡

城郊乡东与红花乡相依,西与汨罗镇接壤,南与古培镇交界,北与范家园镇、屈子祠镇相邻。因位处汨罗市城区四周而得名。乡政府驻地汨新路11号。

沿革·区划·概况　清咸丰五年(1855),属于归义局归义(部分)、杨柳、东仁、敦义、薰化(部分)5个团。民国时期属归上乡。1950年,设窑厂、石梅、西坪3个乡。1956年撤区并乡,汨滨(现属红花乡)、高泉、双托、罗仁(大部分)合并为归义乡。1958年,属于汨罗公社。1961年,缩小规模,调整为归义公社。1969年,划入城关镇。1981年,析城关镇城南、汨罗、百丈、城北、归义、城东、荣家坪、大路大队,大众公社窑洲、上马、双塘、双托大队,加上城南大队析出2个生产队设城郊大队,建立城郊公社。1982年,地名普查,改双塘大队为霍桥大队。1984年,更名为城郊乡,大队改为村。1997年年末,辖13个村和荣家路居委会。2002年始并村,建立社区。2008年,辖上马、双塘、城北、双托、百丈5个村,南江、荣家坪、车站、汨新、窑洲、罗城、龙舟、大路铺8个社区,土地总面积28平方千米,其中水田884.93公顷;总人口30069人;财政收入200万元,农民人均纯收入6768元,比上年增长18.3%。

工业经济　1981年始,开办乡镇企业38家,产值723万元。1989年,各类企业增至1597家,从业人员7249人,总产值1.0354亿元,实现利税1199万元,固定资产1764万元。第一个成为岳阳市辖六县(市)中乡镇企业产值过亿元的乡镇。1991年,上马鞋楦厂生产的鞋楦获全国首届鞋文化博览会金奖,成为解放军总后勤部首家村办企业定点生产厂。上马村被岳阳市授予入库税金超百万元和省政府授予的

“村民自治先进村委会”称号;汨驷建集团公司承建跨铁路屈原大桥,创下首个优良样板工程,被中宣部评为“全国文明乡镇企业”称号;公司经理杨社会被评为全国优秀企业家;农药厂从上海购进美国杜邦公司发明的“灭多威”产品技术,年生产能力达1000吨,产值3400万元;高频焊管厂年产值达4.2853亿元,进入农业部全国乡镇企业200强行列。1994年,该乡企业总产值突破3亿元,进入全国500百强乡镇。1995年始,所属企业转换经营方式,17家集体企业有9家改制为租赁经营或股份制运作,2家依法破产,6家关停歇业。其经验在1996年3月7日《岳阳晚报》头版头条《不在育铺新摊子,重在内涵做文章》刊载,《湖南日报》4月月初予以转载。1997年,先后引进食品、汽贸、铜材、不锈钢、碳素生产项目,投资总额达2亿多元。其中市长江铜业有限公司落址上马村,购地8.27公顷,建筑面积2.8万平方米,拥有从德国进口的先进设备,各项技术指标居省内同行业前列,生产国际8毫米低氧铜杆等系列产品,为省内最大的废铜加工企业,列岳阳市十大民营企业之首。至2008年,全乡有企业2156家,完成工业总产值11.638亿元,创税收2200万元。

农业综合开发 1989年,转移安排农村剩余劳力7249人,获报酬1275万元,分别比1980年增长2.3倍、6.6倍;2007年,农村务工人员达11935人,报酬1.3208亿元,分别比1989年增长64.64%、9.36倍。

1995年,全乡产粮7993吨,出栏生猪4.17万头,饲养家禽44690羽,产禽蛋72吨、鲜鱼20.4吨。除供应市区居民生活外,还远销广东等地。其他农副产品主要有柑橘、茶叶、西瓜等。流经该乡的汨罗江中有藏量丰富的砂砾石,通过乡、村、组联户联合开采,年产值达7000余万元。2000年后,加快实施农业综合开发,全乡种植高产优质双季稻近533.33公顷,如期完成百丈、汨罗、城北、归义等村农田水利建设工程。2002年,协调开发建设东路(龙舟商业街)北线和南线工程,居民户拆迁工作顺利进行。

计生工作 2003年始,城郊乡流动人口增多,但计划生育工作却无一例漏查、瞒报现象出现。计划生育率、村为主率、群众满意率等多项指标年年达标。至2008年,人口出生率控制在10‰以内,计划生育率达98%,性别比控制在110:100以内,计生工作继续保持市级先进。

教育事业 1994年,初中、小学相继建成现代化教学大楼,教育工作获“湖南省先进教育乡镇”称号。总体教育质量处汨罗市前五名。至2008年,有初级中学1所,全日制小学7所,教职员工200人,在校学生5000余人。

汨罗镇

汨罗镇位于汨罗城区西侧,东接市城区和城郊乡,南抵古培镇,西与湘阴县毗连,北与屈原行政区接壤。因汨罗江而得名。镇政府驻地周家山。

沿革·区划·概况 清咸丰五年(1855),领石子局夹城、正风团,归义局仁德、六合(部分)、薰化(部分)等5个团。民国38年(1949年),属于第五区归义中乡、显庆乡。1950年,设茶北、西坪、夹城、蟠龙等乡。1956年,撤区并乡,茶东、茶北、汴塘、蟠龙、百丈、西平、夹城7个乡合并为汨罗乡。1958年,建汨罗公社(与归义乡合并),辖9个大队、89个生产队。1961年,析出九雁公社。1966年,九雁公社并入汨罗公社。1982年,多数大队改名:向阳改夹城、红卫改茶木垅、新建改蟠龙桥、雁南改雁塘、先锋改九龙山、胜利改汴塘、东风改甘坪、前进改童家塘、汨南改龙塘、农科改瞭家山、汨中改鱼腮塘,汨江改李家坪,汨水改眠羊山。1984年,复称汨罗乡。12月,撤乡建镇。1991年,瞭家山改为居委会,夹城居委会改村,槎树坪居委会改合童家村。2003年,瞭家山改社区。2008年,辖夹城、甘坪、鱼腮、汴塘、茶木、黄家坪、童家、北托、南托、蟠龙、李家、龙塘、雁塘、大坪、九龙、眠羊16个行政村及瞭家山社区。土地总面积35平方千米,其中水田1226.67公顷,总人口25083人,完成财政收入144万元,农民人均纯收入4600元,比上年增长14.5%。

农业经济　该镇土地肥沃,水域广阔,主产稻谷,适合养殖。1989年,出栏肥猪18423头;1995年,升至9.39万头,被评为岳阳市生猪品种改良示范基地和生猪发展十强乡镇。2004年,成功引进大米收购加工企业,带动600余公顷优质稻种植。至2008年,粮食亩产800公斤,相当于新中国成立初期的4.5倍。

工业经济　1980年始,乡镇(社队)企业以建材、建筑、饲料加工、造纸、机械制造、塑料加工等行业为主。先后开办机瓦厂、造纸厂、塑料厂、淀粉厂、农机厂、化工厂、精麻厂、机砖厂和建筑队。至1989年,企业资金达506.5万元,从业人员885人。1991年,个体私营企业增至214家,从业1.56万人。1992年,岳阳市政府授予该镇"企业发展明星乡镇"称号;1996年,乡镇工业产值突破5亿元,产品远销东南亚、全国各地,砖瓦业占汨罗市建筑市场份额60%以上。2007年,全镇10家龙窑砖厂和14家预制厂,实现产值4500万元,税收近30万元;引进市千鑫有色金属公司、市稻香米业有限公司、市碳素铝业有限公司等6家民营企业,到位资金1000余万元。

教育事业　1979年,汨罗镇被评为岳阳地区高考先进单位(升学率56%)。1984年,获岳阳市教育工作先进单位、汨罗市"千分竞赛"第一名。2008年,有九年制中学1所,完全小学7所,教职员工208人,在校学生2408人。

医疗卫生　2006年,镇卫生院开设门诊、住院部,下设4个门诊点,各村设医疗点,率先启动新型合作医疗制度。至2008年,参加新型合作医疗人数占全镇总人口的96%。

人民生活　1978年后,经济快速发展,群众生活水平逐年提高。至2008年,95%以上的村、组新建红砖水泥结构的小楼房,人均居住面积达50平方米;村民用电总容量13080千伏安;程控电话装机2000台,私家小汽车20多辆;彩电、冰箱、洗衣机、空调入户率达70%以上。

计生工作　1989年,出生人口395人,超生35人。1998年后,人口出生率一直控制在11‰以下,人口自然增长率控制在5.7‰以下。2007年,计生工作被评为全市"红旗单位"。

开展学哲学活动　1956年,汨罗镇开始学习毛泽东哲学著作。1970年9月,东风大队党支部书记何培亮等人应邀到北京作《汨罗人民学哲学》的讲用报告,受到毛泽东主席的接见,在全国引起轰动。随后,各地到访和参观学习者络绎不绝。

文物古迹　境内有"夹城"古遗址,位于夹城村曲尺塘,北与古罗城相距6公里,隋唐时置湘阴县治,1981年,被定为县级文物保护单位,至2008年,城垣遗址仍依稀可辨。

新市镇

新市镇位于汨罗城区东侧,东与平江县相望,北抵汨罗江,西接城郊乡,西南与古培镇相邻,南与黄柏镇、沙溪镇接壤。因新市坊而得名。镇政府驻地宁家垅。

沿革·区划·概况　北宋元丰年间(1078~1085),设新市坊。清雍正十一年(1733),置新市镇,下年设新市巡检司。咸丰五年(1855),设新市局,辖豫筹、涂藻、梅家、仁厚团,归义局的上下甘棠团,武昌局同乐、栗江、它子、新桥、祝家、杨树、八里、团螺14个团。民国元年(1912)年底,改局为新市乡。民国36年(1947)领7个保65个甲。1949年,恢复新市镇,下年升格为乡级镇。1950年,设新里、万乐、新书3个乡。1956年,东城、丛洋、新书、新里、团螺5个小乡合并为团螺乡。1958年,新市镇与团螺乡合建星火公社,后更名为新市公社,新市镇为公社级,同隶汨罗区。1966年,新市镇改隶新市公社。1982年,该镇新利大队改为新栗大队,团山大队更名为坡子街大队;镇属一、二、三居委会更名为上市街、十字街、下市街居委会。1984年3月,新市镇升格为县属镇,且废社建新市乡。1992年10月,乡、镇合并为新市镇。1997年年末,辖新书、合心、八里、新桥、新栗、团螺、元宵、丛羊、坡子街、福兴、菜村11个村和上市街、下市街、十字街、黄金街4个居委会。2002年后,菜村和4个居委会合并为老街居委会。2005年,该镇被确定为省级重点镇。2008年,辖10个村和老街社区,总人口26529人,土地总面积56平方千米,其中水田920多公顷。实现财政收入221万元,居民人均纯收入5960元。比上年增长17.8%。

基础设施建设 新市镇自古水运繁忙,店铺林立,商贾云集,素称"小南京"。1995年后,加快基础设施建设,按省一级标准拓宽、硬化省道1809线新市段1千米;搬迁政府机关;新建新市中学综合楼和跨世纪农民培训基地,建设团山再生资源大市场;实施团山移民建镇工程;新建汽车站、地税分局、卫生院门诊大楼;扩建自来水公司,使日供水量达到2000吨;并兴建环卫站、城管站、液化气站、煤站、粮贸中心、幼儿园、电影院、溜冰场、歌舞厅。2003年始,随着汨罗工业园建设的推进,域内逐步形成循环经济产业集群,消化劳动力资源、吸纳外来务工创业人员达2万多人。

教育事业 1986年6月,新市镇普及初等教育,经上级验收合格。1992年6月,长沙海关关长张明捐资180万元兴建新市完全小学。1994年7月,"两基"教育验收合格。1996年5月,省委书记王茂林、省长杨正午及副省长郑培民考察中心小学。5月11日,中共中央政治局委员、国务院副总理李岚清在省委书记王茂林、省长杨正午陪同下考察中心小学,听取教师李东执教的活动课《花》。是年9月,新市中学从新市街搬迁至黄金街。下年6月,教育部副总督王德珍到新市中心小学考察,并为学校题词——"让孩子们生动活泼、主动发展"。2002年12月12日,全国人大教科文卫委员会主任、教育部原部长朱开轩到中心小学考察,观看孩子们演出。2006年4月,国务委员陈至立在省委书记张春贤、省长周强陪同下,考察新市镇,观看文艺演出。是年8月,新市中学、新栗小学经市级验收,定为一级学校。

医疗卫生 2001年,新市卫生院择址黄金街并动工兴建,总投资1000万元。2002年6月,正式营业。该院占地6000多平方米,开设病床50张,配备医师、护士80余人。惠及全镇及平江县部分乡镇。

该镇团山村民间老中医郑庭辉,1978年始坚持为"五保"户、困难户患者提供医疗救助,全免诊处费,并为弱势群体、乡村建校修路捐资5万多元。其感人事迹多次被人民日报社、湖南电视台采访报道。1998年,被卫生部授予"优秀乡村医生"称号,并连续五届当选市政协委员。

老龄工作 2002年后,新市镇成立以老龄委为中心的老年人协会13个,村村设立老年人活动场地。老年人均参加医疗保险。八里村张积云、元宵村袁青松,十几年坚持逢年过节为本村"五保"老人慰问100~200元,从未间断。1999年,新书村被评为湖南省敬老先进村。2001年,新市镇被评为湖南省敬老先进单位。2006年,合心村被评为全国敬老模范村。

新农村建设 新市镇新书村是岳阳市社会主义新农村建设试点重点村。2006~2008年,依托工业园区自谋发展,突出秀美村庄建设,首批完成农户整改任务180户,建垃圾池40个,植风景林1425株,房前屋后绿化5000多平方米,水泥硬化路面全部到村、户。

红花乡

红花乡位于汨罗市北部,东与天井乡接壤,南、东南与平江伍市镇、新市镇、城郊乡相邻,西与楚塘乡、范家园镇毗连,北与黄市乡相望。因红花山而得名。乡政府驻东冲村。

沿革·区划·概况　清咸丰五年(1855),辖黄谷局里仁、由义、敦厚、为美、小江、戴花团,新市局寓农、兰苕8个团。民国元年(1912)年底,改局为乡,隶黄谷、新市乡。1950年,建关山、青陵、晨仁、红花、汨滨5个乡。1956年,里仁、石仑、红花、乌龙4个乡并入红花乡,汨滨乡并入归义乡。1958年,红花乡与黄市乡合并建立钢铁公社,后更名为红花公社。1961年3月,析置红花、黄市公社。1966年2月,又合并为黄市公社。1969年年底,调整区划,析黄市公社罗滨、联力、红旗、红花、红卫、联合、联胜7个大队和归义公社京街、双红、汨江、汨东4个大队,设红花公社。1982年,部分大队改名:联胜改南寿、联力改石仑、联合改石鼓、双红改廖家塅、汨江改叶家冲、汨东改刘花洲、红卫改东冲、红旗改垉塘。1984年,废社复乡。1997年,辖东冲、南寿、石仑、石鼓、刘花洲、叶家冲、京街、廖家塅、罗滨、垉塘、红花11个村。2008年,土地总面积58.1平方千米,其中耕地面积2304.27公顷,山林2066.4公顷,总人口25757人。完成财政收入210万元,农民人均纯收入5166元,比上年增长18%。

工业经济　1980年后,逐步发展建筑业、建材、农产品加工、造纸,再生资源回收加工等工业生产。至1995年,乡办、村办、联办股份制企业及个体私营企业达1039家,从业3600余人,年产值近1亿元,创利税200多万元。2001年4月,湖南加华生物科技发展有限公司落户境内。项目总投资1.98亿元。2004~2008年,引进市吉平铜业有限公司、市龙腾铜材公司、市沃劲电源有限公司、福建砖厂等10家规模企业。2008年,财税收入比上年增长4倍。

农业经济　该乡是汨罗市的主要产粮区之一。稻谷、红薯、玉米、大豆、油菜、花生、西瓜及生猪是主要产品。70年代末,双季稻面积增多,晚稻由籼稻改为粳稻,后又改种杂交稻,旱地改种高油玉米、花生和豆类作物。杂交芝麻、油菜亦在部分农户中开始种植。进入21世纪,依靠自办农职校,开展农技培训活动,推广软盘育秧、玉米移栽、化肥深施、秸秆还田、病虫防治、肉牛养殖等现代技术。至2008年,该乡有各种货运车51台,客运车7台,大中型拖拉机7台,挖机9台,手扶拖拉机68台,三轮车59台,打稻机650部,耕种机190台,碾米、榨油、揉菜及饲料粉碎机具共1200台件。

治理水患　乡域濒临汨罗江中段,历史上洪涝灾害多发。1970年为治理水患,将四清、六洞、廖马、京街4个小垸合并为罗江垸。罗江裁弯改道,沿河筑堤扩建保护面积13.68平方千米。其中耕地面积999.73公顷。垸内7个村,总人口15680人,防洪大堤全长16.33千米,堤顶高程37米。2005~2008年,防洪大堤从汨罗江大桥至罗江出口堤面砼硬化和外坡砼护坡分别达到2.8公里;红花大闸更新启闭机,撇洪排渍机埠增至3处,装机7台、825千瓦,增强抗洪能力。

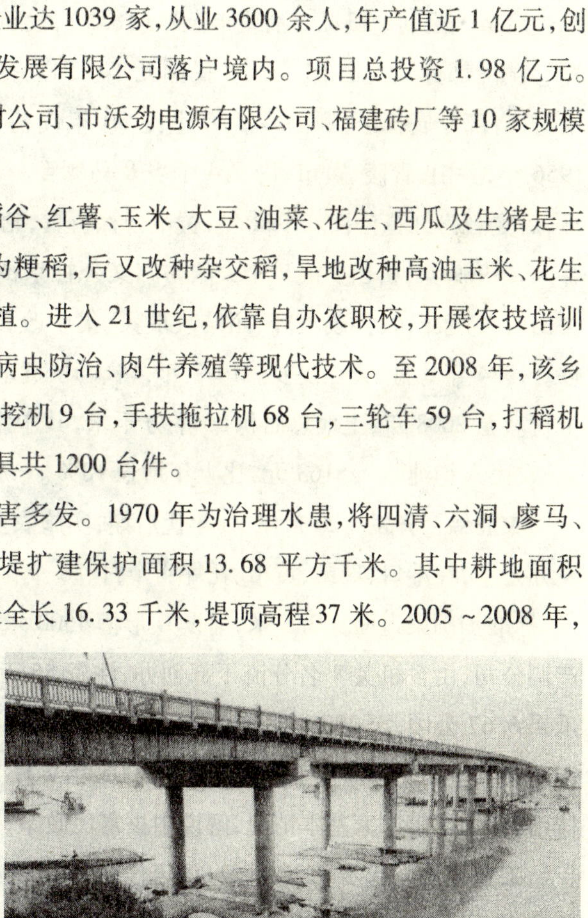

图15　汨罗江红花大桥

兴建汨罗江大桥　1996年5月,动工兴建汨罗江大桥。桥长570米,宽15.5米,共14跨,每跨25米,主桥长354.2米。为钢筋水泥结构的双柱直墩平铺桥,总投资1200万元。省水利厅第二工程公司、湘水基础工程公司、葛洲坝集团公司、省煤田地质勘测局4个工程队参加施工,乡境民工协助,各方捐资近300万元,其中群众捐资170万元,大桥于1998年6月8日竣工通车。创下以乡党委书记周益祥为首的两岸人民自力更生修建大桥的壮举。

教育事业 1997年,红花乡12所中小学全部达省二级学校标准。1998～1999年,小学教育质量由市级排名第二十四位上升至第十位,目标管理由第十九位上升至第十五位。2000年始,小学生入学率、巩固率达100%;初中教育入学率99.2%,毕业率94.2%;小学毕业班语数科抽查,总体成绩列汨罗市第八位。2004年,小学教育质量总体评价跻身汨罗市先进行列。2006年,湖南卫视对该乡中小学开展荣辱观教育情况进行专题报道。

园林建设 红花山生态旅游观光园,规划面积666.67公顷,分为园林绿化苗木区、引种栽培试验区、林木良种繁育区、高效林业示范区、植物园区、科技辐射区。2002年,该园被定为省级高科技生态农业示范园。红花山崇善寺,建于明末清初,是汨罗境内最具影响的合法宗教场所之一。

黄市乡

黄市乡位于汨罗市北部,东与古仑乡、长乐镇接壤,南与红花乡、天井乡毗邻,西与范家园镇交界,北与火天乡、大荆镇相连。因黄谷市而得名。乡政府驻地金塘湾。

沿革·区划·概况 清咸丰五年(1855),设黄谷局,领龙山、大坪、山里、河竹、高山、瑞灵、敦上、托坪、大桥(部分)、关山10个团。民国元年(1912)年底,改为黄谷乡,民国36年(1947)辖12个保130个甲,且有部分属长乐、荆浒乡。20世纪50年代初,属尚义、关山、青平、大仑、黄市、青陵、托坪7个乡。1956年,关山、青陵、黄市、尚义4个乡及马嘶乡一部分合并为黄市乡。1958年,与红花乡合并建钢铁公社,后更名为红花公社。1961年,黄市公社析置,辖16个大队、158个生产队。1966年2月,红花公社又并入。1969年,析出罗滨7个大队与归义公社京街等4个大队组建红花公社。1982年,部分大队改名:关山改关山冲、农科改大坪、团结改瑞灵、集中改黄市、革命改港品、胜利改干桥、东风改翁桥、向阳改托坪。1984年3月,废社复乡。1997年,辖瑞灵、黄市、港口、托坪、大坪、关山冲、石堰、划塘、翁桥、干桥10个村。至2008年,土地总面积56平方千米,其中水田886.7公顷。总人口16279人。财政收入557万元,农民人均纯收入5163元,比上年增长18%。

农业综合开发 20世纪90年代后期,实施农业综合开发,调整产业结构。1997年,成立农业综合开发办公室,在港口、瑞灵、黄市、托坪4个村、28个村民小组投入劳动工日20万个,移动土石方32万立方米,标准护砌渠道面宽2.5米,铺设U形槽4500米,改造中低产田433.33公顷。2000年12月,成立农业产调公司,由乡机关8名分流干部创办,注资55万元,并在港口村征地13.33公顷,其中种植大棚蔬菜、瓜果6.67公顷,至2001年,产值达350万元,创利税39.8万元。2001年3月14日,中共湖南省委副书记胡彪到港口村考察农业产调工作。2005年7月17日,全国政协主席贾庆林到黄市看望干桥村村民宋桂山,详细了解宋家基本情况,解说中央富民政策,并就稻谷收购价格落实情况作调研。

工业经济 起步于20世纪80年代初,首办一家电瓶厂,规模较大,兴盛时期仅供销员就有50人。1991年后,加速发展乡办企业。至1996年,有乡办企业569家,联办10家,户办533家。企业总产值7780万元,创税54万元。固定资产原值103.6万元。主要产品有蓄电池、阴阳极片、建材、保险柜、塑料半成品等。1999年,引进市碳素厂、市建材厂、中南汽车仪表厂、市竹木加工厂、市花炮厂、市石油公司加油站。2001年,市石油公司兴建远大加油城;市电力局兴建黄市微变电站,结束该乡近20年来由“三线”供电受制于人的历史。2003年始,加大招商引资力度,逐步形成碳素制品、稀土冶炼、竹木加工、纸制品、建筑材料等主流工业和黑山羊、礼品西瓜、肉牛养殖等农产品种养加工业。其中碳素制品和稀土冶炼,聚集市福利碳素厂、市恒锋新材料厂、市新达稀土有限公司、岳阳三鑫等实力型企业6家。稀土冶炼成为中南地区最大的稀土废渣利用和深加工集团,产品畅销全国各地。2008年,新增工业企业投资3380万元,到位资金1630万元,工业产值突破1亿元,创税600多万元。

教育事业　2002年后,加强学校思想政治建设,增强师生法纪法规观念,全乡1所中学、3所小学、110名教职工无一人参与“买码”赌博活动,无一起违法犯罪事例。中学教师学历合格率达100%,教学质量稳定提升。2007~2008年,中小学教育质量获全市第三名,考入普通高等院校人数创历史纪录。

老龄工作　1999年10月,创办黄市敬老院。2003年4月,国内防治“非典”疫情,该院改为市防治“非典”医院。随后,敬老院搬迁至麻岭,建筑面积1.48万平方米。是年,建敬老院碳素福利厂,年产值400万元。至2007年,累计投资敬老院500余万元,建成住宿楼、门卫室,并完成路面硬化和环境绿化,供养老人43人,成为集供养、办公、娱乐、休闲于一体的花园式敬老院。

古培镇

古培镇位于汨罗市南部,东与新市镇、黄柏乡交界,南与白水镇相连,西与汨罗镇、湘阴县六塘乡接壤。因古培塘而得名。镇政府驻地明月村沙皮湾。

沿革·区划·概况　清咸丰五年(1855),领归义局金鸡、石牛、旷公、栗桥、乌梅团,武昌局上下夹石、审间、水庙团、白水局古培、周景、关山(大部分)、梅义(小部分)13个团。民国元年(1912)年底改局为乡,属白水乡、武昌乡、归义上乡和归义中乡所辖。1950年,设清水、金义、水口、金福、泉源、大义6个乡。1956年,明月、课功、万福、古培、群乐、杨柳等小乡合并为大众乡。1958年,与三星、白水两乡合并为大众公社,辖12个大队、132个生产队。1961年,析为古培、大众、三星公社。1965年,大众公社并入古培公社,1980年,又分设大众公社。1981年,大众公社析出上马、双塘、双托、窑洲4个大队入城郊公社。1982年,古培公社大同大队更名为黄花仑大队、农科大队更名为于临大队。1984年,恢复古培乡、大众乡。1996年1月,合并为古培镇,辖22个村。2008年,辖明月、大众、石牛、课功、黄塘、雨坛、大兴、杨柳、三港、月星、水口、三合、关山、新合、培塘、大同、于临、古培、万福、东港、栗桥、喻家22个村。土地总面积78平方千米,其中耕地面积30485亩,山林面积25312亩。总人口34211人,完成财政总收入310万元,农民人均纯收入达5137元。比上年增长18.0%。

工业经济　古培素称“小五金”之乡。1957年,创办成衣厂。1969年,开办塑料厂,生产喷雾器、塑料盆、桶。1973年,建古培陶器厂,职工最多时达200多人,分大、小货车间,生产缸、罐、涵管等产品。1978年,开办罗城农药厂。1983年,建高岭土厂。1985年,岳峰福利厂自月星迁至古培陶器厂,生产角尺、水平尺、油飞刀、钢丝刷、剧柄、车木等品种。1996年,乡镇企业达1438家,企业总产值2.3亿元,固定资产原值1974.19万元,净值1624.38万元,创税收380万元,被评为岳阳市十强企业乡镇。2000年后,黄塘村、杨柳村有废品收购加工企业10家;个体私营企业加工生产的油灰刀等五金产品畅销邵东、广州等地;

棕叶加工市场从业人员近1000人。2008年,以市腾远铜材有限公司、市霞友铜业有限公司、市新东方环氧树脂有限公司等规模企业为主体,形成以京广铁路为中线的工业小区,占地18平方千米,工业产值近10亿元。

农业经济 境内农产品主要有水稻、玉米、薯类,经济作物有柑橘、板栗、桃、梨、茶叶、生姜、辣椒、西瓜等,野生动物有野兔、野鸡、野猪等10余种。1996年,农业总产值6078万元,粮食总产量26240吨,单产430公斤,农民人均纯收入1520元。是年,出栏生猪5万头;出笼自宰家禽6万羽,产肉71吨、产蛋72吨。2000年后,各类瓜果蔬菜种植业迅速发展,先后建蔬菜大棚20个,发展千头猪场4家,生猪养殖大户100户,黑山羊养殖户30户。汨罗水库、关山水库大水面精养开发,年创利润100万元。推广养殖南方大口鲶鱼,在明月建基地,成为汨罗市的流动现场典型。2002年,岳峰山林场造林80公顷,其中完成"岳纸"造林20公顷,退耕还林13.33公顷。2007年,召开3次护林工作专题会议,安排15名专业护林人员,工资待遇由镇财政统发,确保护林工作到位。

基础设施建设 2001年,城界线古培段拓宽并铺设沥青路面;2004年,全面铺设水泥路面。2005年,镇政府出资修建荠米塘、古培塘2处铁路涵洞及相关配套工程。2007年,完成通村公路水泥硬化近30千米,并完成港培线(三港至古培塘)二期工程和古培塘铁路涵洞连接线路面改造工程。

教育事业 至2008年,古培镇有初级中学2所,小学16所,在校学生2560人,中、小学教师258人。小学、初中入学率、巩固率全面达标。秋冬两季免教材费学生721人,金额10万元。补助寄宿生生活费41人,金额1万元。

园林·古迹 园林风景区和文化古迹主要有岳峰山、慈济禅院、杨梅铺驿站、仇鳌墓、明月台等。

白水镇

白水镇位于汨罗市南部,东抵黄柏镇,北接古培镇,西邻湘阴县六塘镇、长康镇,南与川山坪镇相连。因白水江而得名。镇政府驻地越江火车站东侧。

沿革·区划·概况 清咸丰五年(1855),设白水局,隶19个都,领熨斗、高桥、关山(小部分)、乌衣、梅义(大部分)、唐马吴、胥龙江团、丰仓汤家8个团。民国元年(1912)年底,改为白水乡,民国36年(1947)领13保143甲。50年代初,属白水乡和三神乡。1956年,西华、黄石、泉源、高冲、两桥5乡合并为三星乡,行健、新霞、水口、关北、月江、岳峰6乡合并为白水乡。1958年,三星乡、白水乡与大众乡合并建立大众公社。1961年3月,白水、三星公社从大众公社析置。1966年2月,三星公社并入白水公社,辖24个大队、339个生产队。1978年,析出大华、华中2个大队入原种场。1982年,建新大队更名为闵家巷大队,大塘大队更名为大塘山大队。1984年3月,废社复乡,6月撤乡建镇。1997年年末,辖白水、越江、行健、群裕、大塘山、邓家坊、关北、石板、毛岭、藕花、高冲、石云、清明、西长、双石、王家坪、闵家巷、唐山、白米、双桥(落马桥)20个行政村,及江东、双路、九牛3个居委会。2003年,三个居委会合并为一。2008年,仍辖20个行政村,1个居委会,土地总面积72平方千米。其中水田1551.67公顷,旱土105.67公顷;总人口36196人;实现财政收入146万元,农民人均纯收入4405元,比上年增长14.7%。

集镇建设 白水镇历来为湘北知名集镇。1978年前,商业、供销、物资、粮食等部门均在该镇设经营批发站,湘阴县在此设物资中转站。1978年后,先后兴建3个大型农贸市场,商品流通量逐年增加。2000

年,投资5000多万元,改善镇区环境,硬化东街,配套完善第二集贸市场,架设跨铁路大桥,硬化兔子岭通道,平整越江路街道。2001年,国家在该镇建大型粮食储备库。2005年,被确定为岳阳市重点集镇。至2008年,集镇建成面积3平方千米,人口1万余人,拥有装备先进的电信大楼、信用大楼,11万伏变电站。

农业经济　1978年后,白水镇主要农产品产量逐年上升。至20世纪90年代中期,粮食年产量1.8万吨,生猪出栏年均5.8万头。1998年后,除主要农产品继续增收外,密岩山林场及12个村办林场,经济林面积达200余公顷,林木收入突破100万元;养猪专户增至6934户,其中重点户19户,年出栏生猪7万余头。白水、王家坪渔场等30多个养鱼专场(户)年产鲜鱼1.25万公斤,其他副业收入约120万元。

工业经济　1978年后,农机制造、机床铸件、仪表、搬运、建材、高岭土、大米、铜材、雨衣等工业产值逐年增长。至1996年,乡镇企业总产值登上亿元台阶。其中铜铝材加工、铸钢机械制造、茶业、搬运、基建、炒瓜子、麻绳、牛角加工、预制构件等产业具有一定规模。尤其是白米、唐山村一带的瓜子加工产品畅销国内外。1998年,经岳阳市政府批准,成立"工业小区"。集聚工业企业300余家。2008年,镇、村工业企业达1753家,从业9780人,年产值8.7亿元。

文化事业　1985年,设文化中心。建有825个座位的影剧院和1250册的图书阅览室,配备半脱产业余剧团和全脱产文化辅导员。并组建录像队、电影发行站、摄影室、音像销售店和图书销售店。1993年,兴建有线电视站。1998年,组建农民管弦乐队。2000年,成立夕阳红老人秧歌队。至2008年,全镇有网吧、摄影馆、电脑打字复印、书店等40家。

教育事业　白水镇有全日制高级中学(汨罗市四中)、初级中学、完全小学各1所。2008年,在校学生1200多人,教职员工90人。教学质量整体评为市级先进单位,小学教育、幼儿教育、教师队伍建设等7个单项工作均进入全市先进行列。

医疗卫生　1984年,恢复个体行医,先后创建个体卫生室22个。1989年始,白水中心卫生院完善基础设施建设,1996年,被卫生部定为"一甲医院"。2008年,该镇卫生防疫率、住院分娩率均达100%。

人民生活　2008年,全镇人均纯收入较1989年提高4倍多,农村居民食品消费人均750元左右,且品种多,色、香、味和营养成分合理搭配,主粮减少,副食品增加。是年,全镇每100户有摩托车98台,彩电99台、冰箱30台、洗衣机80台。共有大小私车500多台,80%的农户生活水平与市内城镇居民相等。

名山・古迹　域内风景小区及古迹众多。密岩山为汨罗南部名山,山顶有仰圣寺,建于清同治元年(1862)。位处白水江下游的张公桥,历经百余年,桥墩基脚牢固,建工精致。

川山坪镇

川山坪镇位于汨罗市南部,东与黄柏镇、玉池乡接壤,南与高家坊镇相邻,西至湖鼻山峰,北与白水镇相依。因川山圳和枫树坪而得名。镇政府驻地镇东街。

沿革・区划・概况　清咸丰五年(1855),南有申明局西南(部分)、东南(部分)、西北、东北(梅林)4个团,北有丰仓局的城墙、道观、芭蕉、郑家、上下虞公、白竹6个团。民国元年(1912)年底,改为申明乡,民国27年(1938),与高坊乡合并为高明乡。1950年,建西北、新力、玉池、玉麓、湖鼻5个乡。1956年,茅岭、湖鼻、新力、芭蕉、望塔、西北、川山7个乡合并为川山乡。1958年,川山乡与三姊乡、高坊乡合并建七一公社,后改川山公社。1961年,析出川山公社,辖21个大队、292个生产队。1982年,农科大队更名为梅林大队。1984年3月,废社复乡,6月撤乡建镇。1997年,辖川山、联山、石桥、石皮、湖鼻、清泉、万家、西北、金井、梅林、天井、盐井、常公、城墙、金华、玉麓、芭蕉17个村和东街、西街2个居委会。2003年,2个居委会合并为社区。2008年,辖制未变,土地总面积60平方千米,其中耕地1554.2公顷,水田1520.67公顷,山地2403.27公顷。总人口27974人,完成财政收入148万元,农民人平纯收入5310元,比上年增长18%。

工业经济 1978年后,创建砂石、毛笔、红砖、水泵、油膏、精制麻石、塑料、皮鞋、木工、化纤等工业企业19家。1995年,建科技工业园。1996年,引进宏图绣品厂;2001年,引进协盛石材厂,新上圆盘铅、圆弧锯等大型先进机械4台。规模以上花岗石加工厂增至5家,另有水泵厂、电子厂各1家。至2008年,民营企业发展到165家,仪器加工专户118家,绣品加工、毛笔制作专户4家,从业人员共3114人。

川山有四大传统产业。川山毛笔。为国家赠送外宾的精制礼品,1982年被评为省优产品。1983年,获世界博览会金奖,并加入“国际文房四宝”协会。至2008年,毛笔年产值达100万元。

花岗石制品及雕刻艺术。1994年,承建中国黄帝陵石雕刻建筑;1996年,中宣部、江西省有关领导和专家选定川山麻石厂为安源纪念馆雕刻毛泽东、刘少奇、李立三三尊伟人巨型石像。水磨麻石消烟除尘器被国家环保总局列为全国定点生产厂家,产品畅销国内外。2002年后,花岗石厂增至47家,从事石品雕刻艺人近3000人,产品工艺精益求精。岳阳楼风光壁画中的“岳阳古城”、湖北赤壁百龙百亭百氏大观园人物雕像的楚国圣贤李耳、赤壁人物雕像鲁肃、北京人民大会堂湖南厅、炎帝陵改建工程等,均采用川山精麻石板装饰。

川山绣品。20世纪90年代中期,成为省湘绣骨干基地之一。千家万户制绣品,从业者万余人,被外商冠以“刺绣之乡”。龙头企业绣品工艺厂,实行“公司＋农户”的运作方式,产品远销中国香港、台湾地区和法国、意大利、澳大利亚等国家。

光学仪器。1972年创办,生产各种系列的放大镜片、幻灯镜片、显微镜片、舞台灯光镜片、高倍率集散镜片等。1987年始,生产厂家不断涌现,至2008年,有光学仪器生产厂8家,镜片加工专业户遍布各村、组。产品外表美观,型号各异,畅销全国各地。

水利建设 川山坪镇麻石多,丘岗也多,利于修筑塘坝。1978年前,即修筑水库18座。1980年后,塘坝水库得到加高加固。至2004年,共有山塘255口、水库19座、蓄水池1座,总库容量907万立方米。

小(1)型水库望塔水库,坐落在玉池山腰。1970年动工兴建,1979年竣工。库坝由花岗岩石和水泥砂浆筑成。1979年12月,该库兴建水力发电站,装机2台,总容量400万千瓦,年发电145万千瓦时。2005年,更换发电机组,总容量提升至600万千瓦,可供10个村居民生产生活用电。

文化事业 1981年,建文化活动中心。2000年,组建农民管弦乐队。2002年,吴善先《蔺轩吟草》付梓,收集诗、词、联300余首,文化部党委委员王莲芬为之题笺,汨罗市委副书记郑可仗为其题词,海南省文联主席、现代著名作家韩少功为其作序。2003年,该镇青年农民作者肖石磊创作长篇小说《村官村事》出版发行。至2008年,立档在册的业余文艺创作者有46人。

教育·卫生 1978年,川山中学迁址于川山坪集镇。至2008年,川山中学、中心小学有教师84人,其中本科学历44人、专科学历40人,教学质量居汨罗市前列。

1989年,川山坪卫生院被卫生部定为“一甲医院”。至2008年,儿童“四病”(即肺炎、腹泻、佝偻病,缺铁性贫血)防治建卡率、接种率均达100%。

高家坊镇

高家坊镇位于汨罗市最南端,东与玉池乡交界,西与湘阴县玉华乡相连,南接长沙县、望城县,北抵川山坪镇。因高坊庙而得名。镇政府驻地周坊村罗家山。

沿革·区划·概况　清咸丰五年(1855),设高坊局。领尚义、九名、仁义、纯厚、顺风、新化、纯风、沙仙、望江、登龙团,申明局西南团(部分),东南团(部分)12个团。民国元年(1912)年底,改高坊局为高坊乡,民国27年(1938)与申明乡合并称高明乡,民国36年(1947)辖16保、168甲。1950年,设沙河、青江、达仁、高华4个乡。1956年,高坊、麓峰、九峰、永峰、沙河5个乡合并为高坊乡,联山、船山、高华、达仁、三姊、梓洞6个乡合并为三姊乡。1958年秋,高坊乡、三姊乡与川山乡合并建七一公社,后更名为三姊公社。1961年,分为高坊、三姊、川山公社。1966年,三姊公社并入高坊公社。1982年,部分大队更名:凤形改凤形山、农科改高坊、建新改万岭、红旗改仁家。1984年3月,废社复乡设村,6月撤乡建镇,高坊村更名为一居委会。1997年,辖杨桥、燕塘、周坊、万岭、狮岭、青江、三姊、松阳、高华、船山、仁家、新华、达仁、沙河、凤形山、鹿峰、永峰、永安、桥坪19个村和南街、北街居委会。2008年,土地总面积76平方千米,其中粮食作物面积2551.27公顷。总人口28200人。财政收入82万元,农民人均纯收入4150元,比上年增长14%。

农业经济　1982年始,推广杂交水稻。至1996年,粮食单产达860公斤。2000年后,普种优质杂交稻,山场耕地全部由村民承包管理,农作物总面积3090.33公顷,其中粮食作物面积2770.33公顷。2006年,退耕还林277.33公顷,林木总面积增至320公顷。2006~2008年,年均出口木材1200立方米,其中自营材600立方米,占50%。该镇还有繁养母猪的传统。至2008年,仔猪年产量达10万余头。且生长快、易饲养、肉质好。

工业经济　高家坊亦称"麻石之乡"。1988年,花岗岩石制品环保设备、除尘器进入鼎盛发展时期,其质地优、销量大。2000年后,加快民营工业发展。至2008年,建筑工程、麻石制品、光学仪器、河砂等工业产值达2.5亿元;规模以下工业产值1.73亿元。固定资产投资6100多万元。生产的优质花岗岩碎石、湿式高效脱硫除尘器、干式除尘器、污水处理器、防腐蚀板、槽、池等建筑装饰材料远销海内外。

水利建设　1960年,动工修建桥坪水库;1962年,竣工蓄水,积雨面积8.9平方千米。是年,湖南省首个160米高水头发电站——桥坪水力发电站竣工发电。为确保下游的桥坪、凤形、沙河、达仁、三姊、青江、新华等村近万亩农田灌溉,还配套建总干渠4条,其中隧洞长340米,暗渠长580米,明渠长5700米。1972年,修建镇村公路,由高坊车站北端起步,蜿蜒曲折、翻山越岭,延伸至梓木洞水库,全长10多公里,为桥坪、梓木洞两大水库防汛和物资出入开辟通道。1974年,动工修建引水渡槽,1977年竣工引水,横跨京广铁路和沙河,自东边山脚延伸至西边山脚,全程矗立花岗岩石墩34个,最高石墩47米,连接桥坪电站至三姊村全长2500米渠道,是该镇"东水西调"的重点工程。施工中,有2000多名干部、群众奋战三年,搬砌石料600立方米,开凿隧道360米。水利专家、高级工程师李良之,冲头屋、仁家湾村两位农民在一次事故中不幸遇难,为工程建设献出宝贵的生命。

文化名人　高家坊亦是"文化之乡",历史上人才辈出。清代有兵部尚书、两江总督李星沅;有"湘中七子"之一的周锡溥;有孙中山先生的挚友任鹤年;有军事理论家瞿寿禔;有泥木工人领袖任树德及知名学者周铁山、周正江、黄绍琼、周秉钧等。

教育事业 至1999年,镇内有初中2所,完小11所,村小14所。2000年后,调整教学布局,至2008年,完小减至10所,教师学历合格率达100%。

落址于该镇的省级重点职业中专学校——汨罗市第一职业中专学校,系首批国家级重点职业中专学校。其前身为私立青江中学,始建于1928年。开设农技、园艺、服装、工艺美术、家电维修、电子电器、工民建,机械磨具等20多个专业课程。2005～2008年,相继被评为全国职业教育先进单位、全国科技兴农先进单位、全国德育工作实验基地学校。

文物古迹 主要文物古迹有明末清初建造的高坊庙,系当地"任、周、高、彭、吴、李"六姓所建。

玉池乡

玉池乡位于汨罗市南部,东靠弼时镇,南邻长沙县,西依高家坊镇,北接黄柏镇。因玉池山而得名。乡政府驻地白鹤洞。

沿革·区划·概况 清咸丰五年(1855),乡境有高坊局达仁团、塾塘局北团(部分)、西团(小部分),界都局白鹤团、丰仓局望塔、双狮团6个团。民国元年(1912)年底,有关各团分隶高坊、塾塘、源塘、三申6个乡。1950年,属玉麓、达仁、白鹤、毛塘、平华、双枫等乡。1958年,将三姊的梓洞乡,川山的望塔乡,明月的双狮、白鹤、鹤源乡,毛塘的安乐乡分别析出,建立玉池农林垦殖场,旋即更名为万宝公社,后更名为玉池公社,辖7个大队、96个生产队。1961年,调整为19个大队、168个生产队,隶白水区。1984年,建玉池乡。1997年,辖鹤泉、高龙、鹤源、鹤龙、明华、双狮、玉明、望塔、大峰、梓洞、避暑、安山、安乐、大龙、玉池15个村。2008年,土地总面积41平方千米,其中耕地面积489.73公顷,总人口9367人。财政收入88万元,农民人均纯收入3480万元,比上年增长16.3%。

农业开发 玉池乡素有"三山、十洞、八平湖"之称。土壤多系水稻土、沙土,可耕面积仅占乡域面积的1/6,其余丘岗地均系林地。1978年后,水稻种植实行单季改双季,常规品种改杂交品种,并广泛使用化肥、农药、除草剂,推广科学种田。同时发展养猪、养鱼和传统手工业。至1996年,农业总产值1416万元,粮食总产量3444吨,生猪出栏6380头,牛、羊、鸡、鸭、鱼养殖专业户200多户。蔬菜、西瓜、玉米、高粱、油菜播种面积由1986年的20公顷增至80公顷。1998年后,农用工具由传统的牛、犁、耙更新为6马力柴油机260台,铁牛12台,蒲滚船1台。一部分农民离土经商,农民收入增加,产业结构进一步优化。但境内仍处于粗放型经营阶段,农业效益低,经济发展缓慢,人民生活水平相对于其他乡镇仍属典型的贫困地区。

林业生产 1981年,以种植杉木为主,国外松为辅,苗木专业户发展到12户。至1984年,育苗面积2.3公顷,产苗15.7万株。人工造林533.33公顷,育林抚林采取全封、轮封、半封方式,推行目标责任制,健全封山禁伐制度。产油桐子1万公斤,产值7000余元,油茶子1万公斤,获利5000元。1988年,竹木专业户增至206户,主要产品有凉席、竹木沙发、椅子、床头柜、竹床、篓、箩、家具等。1994年,依靠科技兴竹,对1233.33公顷竹林施用硼锌复合肥,促进竹笋早育快发。至1996年,每亩竹笋由150株发展到300多株,所产竹笋白净肉嫩,无药物污染,炒吃、炖吃口感清爽。1996年,竹笋丰产,全乡有750吨竹笋上市销售。4月20日,3车、24吨竹笋发运北京,进入王府井、西单、东单等菜市场,仅几小时就销售一空。

1997年后，引资兴办竹器公司。至2008年，林业总产值达500余万元，楠竹成为汨罗市主要产地之一。

工业经济　1980年，组建开发冶炼、农机、沙发、藤椅、建筑等产业。1984年后，逐年增加投入，调优产业结构。1986年，企业总产值达298万元，较1980年增长46%；创利税16.9万元，增长105%。1996年，重组家具及藤木加工厂8家，凉席厂3家、麻石厂20家，矿泉水厂1家，企业产值升至3290万元。2000年后，先后组建矿泉水开发公司、竹筷厂、麻石加工有限公司。2008年，企业总产值突破7000万元，创利税50万元。

电力开发　1978年6月，黄石滩二级发电站投产发电，装机容量为75千瓦时，供应4个村和乡政府机关部门的用电。是年，扩建三级发电站，1980年竣工发电。1985年，架通玉池至铜盆变电站的高压线路与大电网联通，小水电站与大电网并网发电，结束用电紧张的历史。2004年，架通由外乡管理的用电村高压线路和8个村的低压网改。2005年，遭遇百年罕见的冰灾，6个村的供电设施受到不同程度的破坏。乡党委、政府带领群众共同抗击冰灾，历时60天，全面恢复6个村的用电。至2008年，用电量比冰灾前增加4倍多。

玉池山泉　经玉池山自然磁场滋润和岩层过滤，含有26种微量元素，偏硅酸和锌达到天然矿泉水界定标准。名泉白鹤泉，位于白鹤观侧面，井上建有麻石亭，井口六方形，泉水清澈如镜，冬温夏凉，素有"君山茶，白鹤泉"之称。晋陶澹曾于该地隐居炼丹，清末左宗棠亦曾建庐读书避暑。左为官后，将白鹤泉水荐于宫庭。居于万亩竹林间的山民得山水之益，延年益寿，至2008年，全乡60岁以上老人1999人，占总人口的21.34%。

革命老区　玉池系革命老根据地。1945年5月，王震、王首道率领的三五九旅南下支队在白鹤洞白鹤观建立湘阴县抗日民主政府，率领山区人民浴血奋战，开展抗日游击战争。

文化古迹　众多古迹中有南岳行宫，建于清代嘉庆年间。达摩山佛庙建于清朝同治年间。现代武侠小说中描述的达摩祖师、达摩剑法以及达摩武术等精典文化源于该庙。另有天龙庙、鹤泉庙、关帝庙、白鹤观庙、周氏宗祠、白鹤井、翠岗亭、景泰亭、垂钟石、玉山庙等古迹。

弼时镇

弼时镇是开国元勋任弼时的故里。位于汨罗市最南端，介于长沙市、汨罗市之间。镇政府驻地莲花塘。

沿革·区划·概况　清咸丰五年(1855)，设塾塘局，辖东、南、西(大部分)、北(部分)4个团。民国元年(1912)年底，析局为塾塘乡，民国36年(1947)辖12保、117甲。1950年，设平华、新民、毛塘、安良4个乡，隶三区。1956年，安乐、高塘、栗桥、大田、毛塘、玉龙6个乡并入毛塘乡，新民、大东、大安、石源4个乡合并为新安乡。1958年，废毛塘与新安、铜盆、明月等乡，建弼时公社。1961年，调整为弼时、毛塘、铜盆3个公社，隶弼时区。1966年2月，毛塘公社并入弼时公社。1982年，少数大队更名：立新改大里塘、新建改福寿山、上游改毛家坊、大华改大田。1984年3月废社，设立弼时乡，6月撤乡建镇。1997年，辖汉山、大里塘、莲花、大陆、弼时、农科、东隐、桃花、上任、福寿山、毛家坊、大田、坪塘、共荣、尖塘、毛塘、大松桥、唐家桥18个村和东园、莲花塘2个居委会(2003年，改为莲花塘社区)。2008年，镇域土地总面积64平方千米，其中耕地面积666.8公顷，总人口30198人，其中镇区常住人口8128人。财政收入265万元。

农民人均纯收入5450元，比上年增长18.5%。

工业经济 1979年，创建弼时棉织厂。1984年，生产"2×2"鞋里布，年产值242万元。1986年，开办弼时织带厂，生产各种线带，畅销武汉、邵东等地。至1988年，有镇办企业6家，村办20家，私营企业107家。1990年，个体私营企业增至200家。1992年，引进独资企业金天家俬厂。1997年，引进中南加油中心、粉末冶金厂。2001年，兴建弼时大市场，引进长沙天登实业有限公司、湘东京加油城等工商企业55家。2003年后，市天华大酒店、长沙星辰塑材有限公司、万家惠超市、市泰和实业有限公司等企业落户镇区。2004年，产值达1600万元，上缴税金16万元，从业人员120多人。2008年，全镇工业总产值比上年增长16%。

农业综合开发 2000年，成立农业科技开发有限公司，主营农作物、禽畜种苗、农产品、浓缩饲料加工、生产和销售，以及农业技术服务。公司租赁耕地7.46公顷，其中用于生产示范和农业科技实验达5.47公顷，种植"黄宝石"西瓜、高档大果型礼品瓜、无籽礼品瓜等品种。公司采取"公司＋农户"的经营方式，向韩国销售白玉春萝卜420吨，获利4万元；为农民提供技术服务，培训1.1万人次。2008年，重点开发畜牧水产业，扩大生猪饲养、淡水鱼养殖、反季节蔬菜的种植。全镇新增生猪养殖户201户，出栏肥猪2.7万头。

综合建设 至2008年，集镇面积扩至3平方千米，成为玉池、长沙县北山等毗邻乡镇的物资集散中心。教育事业总体评价位居市级前列。计划生育工作获"模范乡镇"称号。

居民储蓄 1994年，该镇信用社各项存款余额达3498万元，占汨罗市35个信用社同期存款总额的11%，人均收储500万元，被誉为"汨江南北第一社"。至2008年，该信用社成为市境首个存款过亿元的乡镇信用社。

社会综治工作 2000年年初，汉山村少数村民要求减轻农民负担，镇党委采取提前进行村委换届选举、干部长期驻村蹲点理顺群众思想情绪以及相关组织措施，至2001年5月，汉山社会政治趋向稳定和谐。

重点文物古迹 1978年，任弼时纪念馆修复并对外开放。1988年1月，任弼时故居被国务院定为全国重点文物保护单位。1998年，修建主馆、铜像广场、牌门楼、连廊等建筑。2005年，国家旅游局将其列为国家AAAA级景区。是年11月，中宣部将其列为全国爱国主义教育基地。其他古迹和风景名胜有三国时刘备、关羽宿营的汉家山及昭烈寺遗址，以及隐居山、桃花洞等。

李家塅镇

李家塅镇位于汨罗市南部，东与长沙开慧乡接壤，南邻弼时镇，西连玉池乡，北界黄柏镇。因李家塅而得名。镇政府驻地新潘村。

沿革·区划·概况 清咸丰五年(1855)，设铜盆局，辖铜盆、笃敬、清溪、南仑、高燕、礼嘉、三圣团，界都局潘家、义合、鱼桥等团。民国元年(1912)年底，改局为乡，民国18年(1929)称清溪乡，民国36年(1947)辖9保、89甲。1950年，设望麓、礼嘉、铜南、白鹤4个乡。1956年，望麓、礼嘉、铜盆、南仑4个乡并为铜盆乡、明月乡。1958年，撤销铜盆、明月与新安、毛塘等乡，建立弼时公社。1961年，析置铜盆公社，辖19个大队、275个生产队。1984年3月，复称铜盆乡。1996年12月，铜盆乡更名为李家塅镇，辖西隐、南垅、群合、高燕、铜盆、松江、李家、农科、打鼓、画眉、明月山、龙山、清溪、新荣、望麓15个村,新潘、路口2个居委会。2003年,新潘、路口居委会合并为新潘村。2008年,土地总面积55平方千米,其中水田1266.67公顷。总人口22207人;财政收入252万元,农民人均纯收入5465元,比上年增长20.0%。

农业经济　1981年,发展"一优两高"(即优质、高产、高效)农业;1987年,消灭荒山;1990年,推广杂交早稻。1997年,首次开展农业普查,整合生产资源,优化产业结构。至2008年,全镇推广种植早晚两季优质稻杂交水稻1053.33公顷,占水稻总面积的88.5%,粮食总产14419吨,亩均(单季)466.7公斤。出栏生猪20289头;耕牛、肉牛1517头;鸡、鸭、鹅等禽类42.04万羽;水产量2180吨。农业机械总动力达5780万千瓦,平均每2.8亩耕地1千瓦;森林覆盖率86.3%,农业总产值6.2亿元。

工业经济　1983年,创办家具厂、铝材厂、螺钉厂、制带厂、纸品厂、陶器厂、建筑公司及电站8家集体企业,职工总人数970人,被称为企业之乡、家具之乡。1993年始,实施工业企业体制改革,民营企业发展迅速。农产品加工、工业、商贸、建筑等领域成为投资热点。至2001年,各类企业增至680家,从业人员3297人。总产值突破1亿元,利税总额436万元。2002年,天子家私厂、铜盆铝材厂转型为民营企业;建筑公司改为个人承包经营;其余企业实行租赁经营。至2008年,全镇有规模企业5家,实现工业总产值2.3亿元。引进资金2713万元,工业企业总产值比1978年增长92倍,比1993年增长4.3倍。

集镇建设　1978年后,境内逐步开发形成南、北两个集贸市场,南有铜盆寺,北有李家塅。1980年始,以国道107线和路湘线交汇的"十"字路方圆一公里的小城镇区域快速形成,成为镇政治、经济、文化的中心。2000年,先后建公房14栋、1700平方米,私人建房170栋、21800平方米,"十"字路街四面延伸,总长度达5300米。并配套建设大型农贸市场,占地3000平方米,设摊位74个,供排水、电、有线电视等基础设施俱全。2003年,该镇进入岳阳市重点集镇行列。

电力开发　至1993年,白鹤洞水电站发电量达143.7万千瓦时。2006年,增至203万千瓦时。2008年,全镇有10千伏高压线路9条、57公里,安装大小变压器44台、3585千伏安,低压线路87.7公里,大小电排机埠18处,装机容量达270千瓦。

文化宣传　1985年,建政府大礼堂,电影队由露天放映变为礼堂放映。1997年,建有线电视站。2008年,开通有线电视用户400余户,拥有彩色、黑白电视机6078台,电视普及率99%。

教育事业　1981年,铜盆二中更名为李家塅中学。1983年,撤销铜盆一中。至2008年,全镇有学前班6个,办班率、适龄儿童入学率达100%。有完小5所,初小1所,在校学生1351人,学龄儿童入学率、小学巩固率、毕业率均达99%。

医疗卫生　1980年,乡(镇)卫生院迁至"十"字路中心地段;1988年,升格为李家塅中心卫生院。2001年始,新建、改建医院门诊和住院大楼4幢,开设内科、外科、骨科、五官科、妇产科、中医科等科室,至2008年,有医护人员38人。

名山·古迹　镇境有隐居山,相传晋陶澹曾隐居于此,故得名。山上建有宏济寺,寺碑记载为三国时鲁肃所建。

黄柏镇

黄柏镇位于汨罗市东南部,东邻沙溪镇、李家塅镇,南接玉池乡,西连川山坪镇、白水镇、古培镇,北靠新市镇。因黄柏塅而得名。镇政府驻地四方山。

沿革·区划·概况 清光绪六年(1880)辖丰仓局上下枫头、上中下丰仓等团、界都局新开、上下苏溪、大义、双石、上下黄柏等5个团、武昌局武昌、上下神鼎等5个团。民国元年(1912)年底改局为乡,民国18年(1929)属源塘乡、武昌乡,民国36年(1947)分别辖16保、154甲,14保、171甲。1950年,设丰仓、双枫、神鼎、新溪4个乡。1956年,万乐、栗江、神鼎、双江4个乡合并为神鼎乡,丰仓、黄柏、双枫、沙丰、新溪5个乡并入黄柏乡。1958年,撤销神鼎、黄柏、沙溪乡,建五星公社,后更名为神鼎公社。1961年3月,析出黄柏公社、神鼎公社、沙溪公社,同隶弼时区。1966年2月,神鼎公社并入黄柏公社。1982年,少数大队更名:农科改云山神、团山改团山舒、双水改冷水井、上游改大塘源、新民改先锋岭。1984年,建黄柏乡。1993年11月,撤乡建镇。1997年,辖云山神、黄柏、先锋岭、新溪、新开、冷水井、双峰、团山舒、树冲、沙峰、丰仓、凤凰、英桥、神鼎、新龙、大塘源16个村和黄柏塅、学堂岭居委会(2003年合称社区)。2008年,土地总面积72平方千米,耕地面积1655.6公顷,其中水田1518.47公顷;总人口31370人;完成财政收入226万元,农民人均纯收入5400元,比上年增长18.1%。

经济综合 1990年始,镇党委、政府在镇北东侧推进房地产开发,至1991年,建成1500米长街,主营竹器和餐、饮业。农民企业家刘再田创办的湖南省神鼎山矿泉水公司生产的矿泉水被指定为岳阳市国际龙舟节专用饮料。1991年3月14日下午,中共中央总书记江泽民到该司考察。1996年,拓宽改造白沙路、丰仓公路,扩建梁家坳至丰仓通道;2004年,交通主干线白沙路硬化工程全线竣工。2004年后,主干公路两侧的工商企业迅速发展。至2008年,个体工商户发展到1252家。其中,从事运输、铲挖、搅拌的大中型车辆有320多台,中、小巴士75台,大、小拖拉机420台,私人购置小轿车200多台;年产值超过100万元的企业增至27家,年生产总值2.6亿元,税收总额1840万元。

教育事业 1988年后,黄柏中学先后多次被评为岳阳、汨罗市先进单位,有58人次被评为岳阳市优秀教师。教师黄景松被授予"部级劳动模范"称号,教师刘昔东被授予"湖南省劳模"称号。1995年,黄柏中心小学先后获得"岳阳市教育教学改革示范学校""中国特色学校""岳阳市级规范小学"等殊荣。1996年,国家总督学主任柳斌、省委书记储波,其他省部级领导人于芳、朱开轩、游铭均等先后考察该校。柳斌主任题词"朝气蓬勃地走向未来"。2002年,省委副书记吴向东到黄柏中学考察并题词"素质教育、德育为先"。2003年,副省长唐之享考察黄柏中学,并题词"明德博学、求学致远"。2008年,全镇有初级中学2所、农职校1所、完小6所、初小4所、中心幼儿园1所,共有教师264人,在校初中生1015人,小学生1587人,幼儿园入园儿童358人。

医疗卫生·计生 2000年后,黄柏卫生院兴建门诊和住院部大楼,并逐步添置医疗器械,完善13个村级卫生室的医疗设施。至2008年,有医护人员68人,其中专科以上36人。计划生育工作坚持做到宣传教育为主、避孕节育为主、经常性工作为主,思想教育与利益导向相结合,增强人民群众自觉实行计划生育的意识。2008年,计划生育工作再次被评为市红旗单位。

宗教寺庙 神鼎山资圣寺建于宋大中祥符七年(1014),宋仁宗题额。明清两代多次修葺。寺内曾藏书万卷,兴盛时僧侣达百余人。该寺自古为湘北地区僧人集会、受诫、诵经之所,亦为旅游、避暑、休闲胜地。2005～2008年,神鼎山扩建寺庙3栋,并配套建造旅游服务及"农家乐"设施。

沙溪镇

沙溪镇位于汨罗市东南部,东与平江县向家镇接壤,东南与长沙县开慧乡为邻,南连李家塅镇,北接新市镇、东北与平江县伍市镇隔江相望。因沙溪市而得名。镇政府驻地滩上屋。

沿革·区划·概况　清光绪六年(1880)有界都局沙溪、大桥、画石、画栗、界都、西水团,武昌局蓝溪、芭蕉、读书、黎头、卢坡、枬木团12个团。民国元年(1912)年底改局为乡,设清溪乡。民国36年(1947),辖9、保89甲,隶第三区。1950年,设画眉、双江、大沙、泰安4个乡。1956年,泰安、画眉、大沙、划江、关山5个乡并为沙溪乡。1958年,撤销沙溪、神鼎、黄柏3个乡,建立五星公社,后更名为神鼎公社。1961年,又划为3个公社。沙溪公社辖15个大队、180个生产队,隶弼时区(1966年撤)。1984年3月,复称沙溪乡。2001年,撤乡建镇,辖划江、划力、关山口、蓝溪、清联、双龙山、双楠、双江、沙溪、大桥、苏溪、金鹅、农科13个村和1个林场。至2008年,土地总面积56平方千米,其中耕地面积1218.67公顷;总人口19182人;财政收入179万元,农民人均纯收入5460元,比上年增长20%。

农业综合开发　20世纪70年代,兴建小(1)型水库1座,小(2)型水库11座,渠道2.3万米,基本实现水利灌溉自流化。至1994年,粮食总产1.36万吨。1995年,虽遭受百年不遇的洪涝灾害,但粮食产量仍稳定在上年的水平。1997年始,种植西瓜40公顷,但因缺乏科学管理技术,导致产销不畅。2000年后,以苏溪村为试点,种植西瓜、辣椒、豆类、玉米共13.33公顷。定期举办农民科技培训班,辅导浸种育秧,水稻栽培,西瓜、柑橘种植,生猪养殖等技术,确保稳定增收。2007年,从省农业厅争取到万亩优质稻推广项目,种植面积1666.67公顷,亩均增收200元。采用新型生态技术,发展高效农业,先后创办苏溪、关山橘园花卉基地2个,种植53.33公顷;发展黑山羊养殖户600余户,养殖2000多头;发展麻鸭养殖200户,养鸭1万羽。2008年,成立沙溪镇养殖协会,发展千头猪场1个,百头猪场58个,百头牛场1个。

境内飘峰山,蕴藏丰富的麻石资源,山上林木丰茂,覆盖面积达100%,且以杉木林为主。1996年始,推行10年轮伐制度,每年可伐用材约1200立方米。

湄江河砂含量丰富,对发展经济十分有利。1970年设收购点,为矿石公司收购石英石、绿柱石。后因收购点撤销而停止开采。2004年恢复试探性采掘。

工业经济　1978~1985年,全乡有集体林场6个、茶场14个、橘园1个,总面积213.33公顷。工业企业有农机、冶炼、五金等厂和基建队(后升格为汨罗市第五建筑公司)。1986年,在农机厂的基础上组建市电线厂。至1996年,乡镇企业产值达2亿元,生产项目涵盖电线、五金、汽配、鞭炮、印刷、石膏装饰、家具制造等。2000年后,乡办企业改制稳步推进。至2008年,年产值500万元以上的民营企业有飘峰电气有限公司、湘华塑料编制有限公司、金马焊机厂、飘峰焊机厂、华博电线有限公司、鼓风机厂、精麻石厂、花炮厂等。其中飘峰电气有限公司系由市电线厂改制而成,2008年进入省部级先进企业行列。

医疗卫生·计生　2006年,再度开办合作医疗,村民"参合"率85%。2008年,人口出生率控制在7.2‰以内,计划生育率、节育措施落实率均达100%。计划生育工作获岳阳市乡镇第一名、被评为汨罗市红旗单位。

教育事业　2001年始,大力推进素质教育,改善办学条件,夯实教育发展基础。至2008年,有村级小学9所,中心小学、初级中学各1所,在校学生1621人,在职教师90人。沙溪中学在市级整体评估中位列第三名,升学率达90%。

人民生活 2000年后,人们日常生活开始讲究质量,衣服穿着赶时髦,讲品牌,食物讲究营养和养生,90%的农户盖起小楼房,更换大彩电,80%的家庭有摩托车,85%以上的家户安装程控电话,70%的青壮年持有手机。改造厨房、厕所、饮水等基本生活条件,一半以上的家庭不烧柴,20%的农户用上沼气,小车入户21台。

长乐镇

长乐镇位于汨罗市东北部,汨罗江从东到西绕镇而过,东依智峰山,东南与平江县相邻,西连天井乡、黄市乡,北与智峰乡、古仑乡接壤。因长乐街而得名。镇政府驻地长乐街。

沿革·区划·概况 北宋元丰(1078～1085)年间,设长乐乡。清咸丰五年(1855),属长乐局仁义团。民国元年(1912)年底,改局为乡,设长乐乡,民国36年(1947)辖20保、242甲。1950年,设长新、双合2个乡和长乐镇(其中,1961～1966年、1984～1988年,为县属镇)。1956年,青狮、扶风、长新、水浒、江背、马嘶(一半)6个乡合并为长新乡。1958年,废长新、天井2个乡,建先进公社,后更名为长乐公社,辖10个大队、76个生产队。1961年,又析为长乐(辖16个大队、202个生产队)、天井两公社。1982年,少数大队更名:农科改赤马、大垅改佑圣、团山改隘口、新建改白沙、双塘改水合。1984年3月,恢复长乐乡;4月,长乐镇升为县属镇。1988年1月,长乐镇与长乐乡合并为长乐镇。1997年,辖长新、赤马、马桥、智源、青狮、佑圣、长南、隘口、江背、广联、白沙、水源、水府、水合、双旗15个村和三岳寺、回龙门2个居委会(2003年,改称社区)。2003年,被国务院六部委定为全国重点建设镇。至2008年,土地总面积56.7平方千米,其中耕地面积1258.47公顷;总人口30759人;财政收入280万元;农民人均纯收入4985元,比上年增长18%。

工商企业 1978年后,镇区(老街)有各类小商贩、手工业作坊100余家,主营棉布、百货、南货、中药材、日杂、烟酒、餐饮、旅店、五金加工制作、书纸、刻字、印刷等业务。1980年,建县第二制鞋厂。1999年,被评为湖南省星火科技示范镇、经济百强镇。2002年,市第一机械厂改制为湖南省银宝科技发展有限公司,生产保险柜、密集架、金库门等20多个品种。是中国农业银行、中国工商银行、公安部、金融保安设备定点生产厂。2007年,“银宝”“文宝”“豪宝”三个品牌被评为湖南省著名商标。是年,市电子板分离厂、市银密保安设备厂入驻境内,并正式投产。

农业综合开发 2000年后,推广优质稻,开发美香辣椒种植基地,饲养山黄鸡、野鸡,培植种养大户50户,年产值达30万元。2006年,全镇产稻谷14367吨,棉花430.5吨,菜油182.2吨,出栏生猪7088头。2008年,全镇先后成立长乐甜酒产销专业合作社、裕康油菜合作社、泰峰红薯合作社,以“合作社＋农户”的形式发展种植业,糯稻种植面积1200公顷,油菜种植面积800公顷、红薯面积200公顷,为合作农户每户增收2000元。

长乐甜酒 以大米为原料的长乐甜酒历史悠久,制作精细。2004年,中央军委原副主席张震到湘考察,指定要喝长乐甜酒,并将长乐甜酒推荐给国家副主席曾庆红。是年春节,曾庆红委托省政府有关单位订购长乐甜酒1000桶,慰问在京老红军、老解放军战士和离退休老同志。由此,长乐甜酒名传京城。

基础设施建设 1991～1995年,投资修建汨水大桥(又称时丰大桥),自回龙门外直跨汨水,连接平江县伍市镇普义村。大桥分为主桥和辅桥两部分。主桥直达江心河洲,长173米,宽5米,桥梁跨度22米。辅桥为单墩独柱漫水桥、桥面宽4.2米。2007年,大桥被列入省交通维修改造项目。2008年,全镇15个村铺开村级道路建设,水泥硬化路面达48千米。

水管工作　境内有水库及其他水利设施1296处。1989年后,实行管水机构、用水调度、工程修建、群众负担、水费电费收缴的五统一,被评为全国水管工作先进单位。水电站站长周树堂被评为全国水管工作先进个人,受到水利部表彰。至2008年,各类水利设施功能进一步增强。

文化事业　长乐故事会源于隋唐,盛于明清。1978年后重放异彩。其类目有地故事、地台故事、高彩故事、高跷故事等项,辅以会旗、彩旗、横竖牌匾、彩灯、油筒、威风锣鼓、乐队等。2004年,引用现代高科技手段,与玩龙舞狮、采莲船等相配套,深受群众喜爱。每年从正月初起至元宵节,分成上市街和下市街两个团体,民众自发举办故事会竞赛,场面热烈壮观,内容诙谐滑稽。2008年,被列入湖南省非物质文化遗产名录,湖南卫视、湖南经视台曾多次报道其活动盛况。山歌亦是该镇民间艺术形式之一。长乐诗词同样名声远播。2008年,被湖南省有关部门授予"诗词之乡"称号。

教育事业　1987年,长乐中学被评为岳阳市级文明学校。1994年,该校获国家级"小星火杯"先进单位称号,科技部为其颁奖。1995年,经岳阳市评估验收为一级学校;2006年,获国家级"十一五"重点科研课题先进单位。至2008年,境内有高级中学1所、初级中学1所、完全小学7所,共有在校学生2010人。

文物古迹　长乐镇古迹有回龙门,建于唐朝,2003年被列为市级文物保护单位;文昌阁,建于清代,是供奉文昌帝君的文人集会之所;都总祠,又称城隍祠、莲花寺。南朝梁陈时,长乐为县治所在地,即建城隍祠,供奉城隍爷汉纪信,该祠重建于明嘉靖年间,历440余年,新中国成立后,于1956年、1999年重建该祠,2002年,增建佛殿,更名为莲花寺。长乐街旧有北门、正阳、青阳、启明、钟灵、毓秀、挹秀、迎秀、照碧、回龙十门;另有普庆、同庆、吉庆、北庆、永庆五街;还有鲁家、东巷、西巷、照壁、梁家、榨子、陈家、三角、二岳九巷。

图16　位于汨罗市长乐镇的文物古迹——回龙门

天井乡

天井乡位于汨罗市东北部,东与长乐镇接壤,西与红花乡相邻,北连黄市乡,南隔汨罗江与平江县伍市镇相望。因天井山而得名。乡政府驻地庙神塘。

沿革·区划·概况　清咸丰五年(1855),属长乐局仁义团。民国元年(1912)年底,改局为乡,隶长乐乡。1950年设天井乡、车田乡。1956年,天井、嵩山、双合、车田4个乡合并为天井乡。1958年,与长新乡并入先进公社,后更名为长乐公社。1961年,析置天井公社,辖17个大队、145个生产队。1982年,合并为10个大队。1984年3月废社,设天井乡。1997年,辖双龙、双合、嵩山、嵩华、天岭、长岭、白马、车田、群英9个村。至2008年,土地总面积44平方千米,其中耕地787.6公顷,总人口15606人,财政收入126万元,农民人均纯收入4215元,比上年增长15.2%。

农业综合开发 1985年，乡境2494.33公顷山林全部绿化，并建成杉木林基地266.67公顷，国外松基地273.33公顷，成为“汨罗市消灭荒山第一乡”。1990年后，发展高效林业，开发果木林136.67公顷，其中梨20公顷，板栗76.67公顷，桃树、橘树20公顷。1994年，被省林业厅定为高效林业开发试点乡。1998年后，农业综合生产能力提高，粮食产量持续增长。至2008年，粮食总产量达6800吨，比上年增加500吨。特色农业经济同时发展，栽种优质红薯50.67公顷，美香辣椒5.33公顷，发展养牛大户65户，实现畜牧业生产总值1010万元。

工业经济 1996年，建成加油站、修配厂、石膏板厂等企业，总产值6889万元，利税400多万元。1998年，成立天井峰茶叶有限公司。2002年始，生产天井峰毛尖茶，先后获中国湖南省第五届(国际)农博会金奖，岳阳市优质名茶；2005年，公司被评为岳阳市十佳茶叶企业、岳阳市农业产业化龙头企业。2005年年初，引进泰和实业公司，投资1000万元，为武广高速铁路生产碎石原材料。2005年9月，引进湖南省新能源科技有限公司。首期工程投资3000万元，建成年产2万吨生物燃料和生物柴油的生产线，2007年正式投产。生产技术获国家专利。年产值达3500万元。至2008年，乡办企业达36家，村办企业12家。

教育事业 1998年，嵩山小学被洪水浸倒，被定为“水毁学校”，由省教育厅拨专款和共青团广东省委捐款重建。2005年，兴建天井集镇六年制完全小学。至2008年，该乡小学生适龄儿童入学率，在校学生年度巩固率，小学生毕业合格率均达100%。

人民生活·基础建设 2003年后，农民人均纯收入逐年增加。彩电、摩托、洗衣机、冰箱入户率达90%。至2008年，车田村3.4公里通村公路水泥硬化工程告竣，松华、群英、白马等6个村通组公路全部硬化，农田打井30口，兴修机埠4座，维修渠道3500多米，维修水库、山塘11座，嵩山新农村电化工程全面完成。

名山名寺 乡境名胜天井山，于唐开元年间建有南岳行宫庙宇一处，成为文人讲学、佛子修道之所。1940年后，庙堂成为中共地下党组织的秘密联络交通站，屡遭地方反动分子破坏，庙堂旧倡列位不复存在。“文化大革命”期间又遭破坏。2006年，地方筹款，居士捐资，新建天井山百鹊寺。

大荆镇

大荆镇位于汨罗市东北部，东接三江镇、古仑乡，南与黄市乡接壤，西接火天乡，北靠岳阳县。因大荆街而得名。镇政府驻地大荆街。

沿革·区划·概况 明洪武三年(1370)修建大荆街。明成化六年(1470)设大荆驿。清乾隆十五年(1750)，裁撤驿丞改设巡检司。清咸丰五年(1855)，领大荆局的荆山、仗福、守望、升平、安稳、永顺、正化、仗义、一心、乐善、尚义(部分)11个团。民国元年(1912)底，改局为乡，属荆浒乡；民国36年(1947)，辖16保、159甲。1950年设大荆、折桥乡。1956年，大荆、甘棠、折桥3个乡合并为大荆乡。1958年，与三江乡合并建红星公社，后更名为三江公社。1961年，析置大荆公社，辖14个大队、129个生产队。1984年，恢复大荆乡。1994年，撤乡建镇，辖新塘、乌龙、折桥、新联、桂花、墩河、大仙、塅塘、界碑、金星、长联、大荆12个村和荆山居委会。2008年，土地总面积47平方千米，其中耕地面积766.67公顷；总人口12887人；实现财政收入241万元；农民人均纯收入5335元，比上年增长18%。

特色农业　西瓜种植。1982年,部分群众将有籽西瓜种植在能栽水稻的滂田里,获较好收成。1984年春,聘岳阳农艺师入境推广稻田种西瓜和果树栽培技术,培训1.2万人次。同时,将每年农历正月初八定为"科技日",并设西瓜研究会,推广科学技术。是年,种西瓜100公顷,亩产达2500~3000公斤。1987年7月,参加岳阳市首届西瓜评比大会,大荆无籽西瓜与杂交一代西瓜双双夺冠。1990年7月,参加由省农科院举办的汨罗首届西瓜大赛,获优质奖;8月,参加(吉首)南方八省西瓜会议,大荆西瓜获得好评。1995年,种瓜面积增至533.33公顷,占农田水稻面积的67%。2006年,全镇种瓜1500户,面积466.67公顷,亩产3500公斤,总产值200多万元。年收入3万元的有15户,2万元的有30户,最少的户也有1万元,被称为"瓜果之乡"。

柑橘栽培。1986年,在长联村创办柑橘栽培试点,派送30名骨干到省农科院学习栽培技术。是年,移栽优质早熟蜜橘"国庆一号"1万多棵。至1999年,亩产达1000公斤,产值1000元。2007年,长联村的荒山全部栽种柑橘,且品种换代,产量提高,果农收入年逾2万元的有5户。由此延伸发展的农家乐项目——"岳阳人游岳阳"亦多次被刊载于《湖南日报》《岳阳晚报》。

大棚蔬菜。1990年,兴办大棚蔬菜生产,引进湘研早熟辣椒,利用"双拱地膜"育苗成功。1991年,从岳阳县广兴洲迁入菜农28户,建蔬菜基地6.67公顷。1992年始,生产大棚反时令蔬菜。培育原有的田、塘藕。1990~2006年,年均种菜66.67公顷、产值达200万元。

产业结构调整　2000年始,岳阳市委组织部确定大荆镇为产业结构调整试点,成立镇科技开发有限公司,开发15个瓜菜新品种,建大棚33公顷。2002年,投资兴建6.67公顷钢架大棚和一座连栋温室,引进东升南瓜、金美人系列礼品西瓜等12个新品种,申报注册"大荆"牌瓜菜商标。2007~2008年,发展肉牛养殖户35户。引进长沙老板苗建英兴建静恕源农庄,种植各类花草林木33.33公顷。

2000年,大荆镇党委分别被省委、中组部评为全省先进基层党组织、全国先进基层党组织。2003年10月2日15时10分,中共中央总书记胡锦涛一行到大荆镇农业产调示范基地调研。产调期间,还先后有彭珮云、毛致用、回良玉等国家领导人前去考察指导工作。

工业经济　1994年,创办制冷阀门厂、汽车配件厂。1995年,开办铜棒厂、饲料厂、复混肥厂、精茶厂、木材木器加工厂、水泥预制板厂、红砖厂和基建公司。是年,个体私营企业增至530家。1996年,镇办企业总产值达1.9亿元,被岳阳市政府评为企业翻番乡镇。1997~1999年,私营企业增至618家,从业人员1624人,占农业人口的14.6%。1999年,创建冯氏蔬菜加工厂。2000年,谊信公司成为汨罗市第一家蔬菜出口创汇公司。2001年,引进珩缝工艺织品厂。2005~2008年,引进市盈田米业有限公司、市瑞立特钢公司等企业15家。

教育事业　1993年,大荆镇被汨罗市政府授予"保学控流一面旗帜"称号,其成功经验多次被湖南教育电视台、中央电视台采访报道。周边县市、江西景德镇教育界同仁100余人次到该镇参观学习。2006年,大荆中学参加全国航模竞赛获国家级一等奖。

计生工作　1995~1997年,计划生育工作连续三年被评为市红旗单位。镇计划生育服务所被评为岳阳市甲级服务所。1998年,获"全国计划生育工作先进集体"称号。1999年,顺利通过省计划生育甲级服务所验收。新联村计划生育专干林良英被评为全省十大计划生育标兵(岳阳市唯一)。2004~2008年,计生工作连续五年被评为岳阳市一类乡镇。

古仑乡

古仑乡位于汨罗市东北部,东与智峰乡接壤,南连长乐镇,东北与三江镇相邻,西北接大荆镇,西南邻黄市乡。因杨古岭而得名。乡政府驻地大园坡。

沿革·区划·概况 清咸丰五年(1855),领长乐局绍升(部分)、尚义团,大荆局仗义、永顺、正化(部分)5个团。民国元年(1912)年底,改局为乡,属长乐乡。1950年,设汉峰(部分)、剑滩乡。1956年,古仑、仰山、广联、剑滩4个乡合并为古仑乡。1958年,与智峰乡合建东风公社,后更名为智峰公社。1961年,析出古仑公社。辖14个大队、194个生产队。1984年3月,恢复古仑乡。1997年,辖古仑、硃砂、金河、仰山、盘石、农科、渡头、黄道8个村。至2008年,土地总面积34.6平方千米,其中水田541.07公顷,旱土77.13公顷;总人口13402人;财政收入179万元,农民人均纯收入4190元,比上年增长16.9%。

农业经济 古仑是典型的丘岗乡,罗水两岸盛产粮棉。90年代,年均产粮1800万公斤,棉花1500担,烟叶1000担。有小(2)型水库9座,山塘490口。但由于地域较偏僻,水利基础设施较薄弱,致使蓄水能力不足,是汨罗市唯一用商品水进行农田灌溉的乡,上万亩农田靠蓝家洞水库中、南干渠放水灌溉,正常丰水年用水约700万立方米,干旱年用水约1350万立方米。1996～1997年,乡党委、政府自筹资金,调动劳力开辟引水渠4条、8千米,水泥护砌山塘85口、水库8座、渠道20千米,连续两年被评为市水利建设十面红旗单位。1998年6月,连降暴雨,罗江两岸水位陡涨,大片良田被淹,120公顷西瓜受淹受渍,40公顷棉花被水淹沙压,33公顷烟叶倒伏不起,公路冲毁,渠道断裂,乡境遭受近30年来最严重损失。

2000年后,调整农业产业结构,开发丘岗山林,推广科学种养,逐步形成种植优质稻266.67公顷、玉米166.67公顷、特色红薯166.67公顷、西瓜13.33公顷的规模。畜牧业同时发展,扶持种养户300户,发展良种肉牛3000头,改良种猪900头,生猪出栏2万头。2000～2004年,筹集资金150万元,对大部分水库、山塘、渠道深挖加固、护坡扩容;完成小(2)型水库整险2座,高标准水泥衬砌山塘25口,渠道600米。2006年,对4800米长的南山堰避洪渠按底宽2.5米、高2.5米的标准实施改造。农田水利基本达到旱涝保收。

工业经济 1994年始,利用矿产资源发展乡镇企业,形成以小型玻璃纤维厂、石英砂厂、化工厂、造纸厂、红砖厂为骨干的乡镇工业规模。石英砂厂成为市同行业中的“大哥大”。造纸厂生产质优价廉产品,畅销江浙等地。1996年,乡镇企业总产值达8146万元。2000年,组建精制石英砂厂;2002年,兴办木材加工厂,新增2家砂石场。2003年后,兴办皮粉厂、镀锌厂、麻石场、大米加工厂、塑料加工厂以及机械加工和硬质合金厂等骨干企业;引进岳阳纸业集团公司开发建设200公顷造林基地。2007～2008年,引进株洲精五环硬质合金有限公司,征地0.8公顷,投资1500万元,创建江联硬质合金有限公司。生产用于矿山开采、隧道工程的特殊合金系列产品,年产值达1500万元。

教育事业 2004年始,连续三年教学质量稳居市先进行列。2005年、2006年,初中升学率跃居全市第一名。2008年,初中入学率达100%,巩固率达99%,毕业率达96%,初中毕业生进入高级中学学习近200人,获汨罗市教育质量腾飞奖。

基础设施建设 2001年,投资65万元建造金渡大桥。桥长5600米,宽8米,有效路面6.5米,将乡域主要交通干线连接成网。2004年,广徐(广联至古仑粮站)路段路基工程竣工,下年投资150万元,完成砂改砼。

文化古迹 境内女子桥,位于黄道村罗水支流蓝向河上,为三孔石拱桥,建于明万历三十七年(1609)。2005年5月23日,被公布为省重点文物保护单位。

智峰乡

智峰乡位于智峰山西麓,北与三江镇相连,东与平江县、八景乡相邻,南与长乐镇接壤,西与古仑乡毗连。因智峰山而得名。乡政府驻地王家坊。

沿革·区划·概况 清咸丰五年(1855),隶长乐局。领合义、保合、绍升(部分)3个团。民国元年(1912)年底,改局为乡属长乐乡。1950年,设智峰乡、汉峰乡(部分)。1956年,八景、马站、智峰、宏山、福源、汉峰6个乡合并为智峰乡。1958年,与古仑乡合并建东风公社,后更名为智峰公社。1961年,析置智峰公社,辖14个大队、114个生产队。1982年,双合、广联大队更名为汉峰、剪刀冲大队。1984年3月,恢复智峰乡。1997年,辖汉峰、桥头、双春、青峰、广联、新浦6个村。2008年,土地总面积35.3平方千米,其中水田448.33公顷,山林近2000公顷;总人口10142人;实现财政收入209万元,农民人均纯收入4660元,比上年增长16.7%。

水利建设 乡境有两条河流,又称蓝向水。一支发源于八景洞的焦家源,另一支源自平江县岑川镇雷峰岭,于女子桥附近两水相汇,经黄市、红花乡境(下游称罗水),与汨水汇合。乡境流长12公里。新中国成立后,先后修建蓝家洞、向家洞、东方红3座水库。至1990年,有小(2)型水库4座,山塘水坝244口,蓄水面积达31公顷。2000年,开始大力整险加固,水渠四通八达,基本实现灌溉自流化。

农业经济 农业以水稻、红薯、油菜为主,辅以棉花、芝麻、豆类等。经济作物有油茶、山桐、茶叶、山麻等。林业以杉木、国外松为主,辅以楠竹、杂木(主供烧制木炭),还有多种中草药和野果。畜牧业以猪、牛、鸡、鸭为主。20世纪50年代,深山老林中,常有野生动物出没,不乏虎、豹、豺、狼、野猪、獐、鹿,至20世纪60年代中期大部分难觅其踪,唯见野猪、飞禽等。1996年,该乡农业总产值达1467万元,财政收入首次突破100万元,农民人均纯收入达1220元。2001年,实施"优种工程",淘汰劣质品种,推广优质稻266.67公顷、两季杂交稻133.33公顷、西瓜133.33公顷、玉米100公顷。全乡产粮13273吨,产棉1392担,出栏生猪52280头。至2008年,以竹胶板生产基地、生猪养殖大户为龙头,带动种植养殖业。全乡出栏生猪2.6万头,竹胶板产值达500余万元。林木产品主要有木材、楠竹。

1980年前,木材多以扎排捆绑方式乘山涧水流直下,经汨罗江出洞庭湖,销往外地。1984年后,贯彻《中华人民共和国森林法》,成立林业管理站,加强森林资源管理。1986年,森林覆盖面积达1986.53公顷。其中乡办林场302.2公顷,村办林场141.13公顷,个人经营林地1543.2公顷。1987年始,全面封山育林。成形树木有杉树、国外松、马尾松、杂木以及楠竹等。1999年,桥头村造板栗林13.33公顷。黄家洞、东方红、团结、桥头村、门家冲等林场多次间伐杉木林,更新国外松133.33公顷,按每亩18元的租赁费移交岳阳纸业集团公司管理。至2008年,该集团公司利用乡村林场改造面积149.63公顷。

工业经济 1978年,创办灵官堰造纸厂。1985年后,相继建成素菜厂、石英粉厂、橡胶厂、吊丝窑红砖厂等企业。石英粉年产3000吨,砖厂年产值120万元。1995年后,造纸厂增至13家。其中规模较大的有环宇再生纸业、正仁再生纸业、天宝造纸等公司。2003年,兴建星辰竹木胶版有限公司,年产值逾

500万元。至2008年年底,累计实现利税350万元,安排农村剩余劳力近200人。生产的竹胶板就地取材,年均需竹量约20万吨。该公司采取“公司＋基地＋农户”的运作模式,带动该乡经济发展,激活周边乡镇、平江县岑川乡等地8000多农户的楠竹产业。

招商引资 2003年,引资100万元建希望小学;2005年,引资40万元建智峰敬老院。2006～2008年,引资建福润木业厂和汉峰娱乐中心;并引进桉树造林项目投资400万元。

基础设施建设 1978年后,智峰人民着力改变山区落后面貌。至1991年,修建从桥头村至湘岳公路的村级机耕路4.7千米。1999年,湘岳公路实行砂改油。2004年,龚蓝线(龚家塅至蓝家洞)完成水泥硬化。2006～2008年,乡域5个村实现村级路面硬化16千米。新建沼气池50个,掘水井102口。村民购置小车25台,货车61台,摩托车110辆,程控电话和手机3000部。

教育 至2008年,全乡有初级中学1所,小学、中心小学共3所,在校学生1146人,教职员工85人。中学巩固率达100%。

卫生 2007年始,全面推行新型农村合作医疗制度。至2008年,参合人数占全乡总人口的80%。

文物古迹 境内有毛家桥和望京坑。毛家桥即余石桥,位于双春村南端,长岳公路横跨其上。桥长31米,宽5.1米。建于明万历年间,桥身三孔均为花岗石砌成。1985年,被列为汨罗市文物重点保护单位。望京坑位于磨珠尖西侧,海拔约500米。西侧原有一古刹,遗址尚存。相传清乾隆帝南巡,经磨珠尖(古为岳州至长沙要道),夜宿于古刹,晨起,翘首北望京城,故名望京坑。

三江镇

三江镇位于汨罗市东北部,东与平江县交界,南抵智峰乡,西接大荆镇,北与岳阳县接壤。因三江口而得名。镇政府驻地花桥镇。

沿革·区划·概况 清咸丰五年(1855),领长乐局贞吉、安善、五美,大荆局安稳、正化(部分)5个团。民国元年(1912)年底,改局为乡,隶长乐乡、荆浒乡。1950年,设洪源乡、三江乡。1956年,太平、洪源、三江3个乡合并为三江乡。1958年,与大荆乡合并建立红星公社,后更名为三江公社。1961年,析置三江公社,辖19个大队、124个生产队。1982年,部分大队更名:太平改官仲、农科改花桥、跃马改落马、花桥改隘口湖。1984年3月,恢复三江乡。2000年,撤乡建镇,辖凤形、湘平、洪源、隘口胡、齐心、花桥、官仲、落马、十全、金桥10个村。2008年,土地总面积42平方千米,其中水田767.9公顷,山林面积2400公顷。总人口16189人。财政收入104万元,农民人均纯收入4680元,比上年增长17.8%。

农业综合开发 1978年,三江乡以水稻种植为主,辅以蔬菜、棉花、小麦、玉米等。林业以杉树、松树、油茶居多。1989年后,推广杂交稻。1992年,离休老干部杨驹到湘平村办点,请来技术人员,推广种植板栗100余公顷,农民人均增收30元。1995年,以反季节蔬菜为重点,推广大棚蔬菜种植20公顷,增收300余万元。2000年后,板栗种植面积增至333.33公顷。2008年,销售板栗2000吨,农业总产值比上年增长13%。镇域山林面积占七成,大部分农田属高岸干旱田,历史上旱涝灾害频发。

1998年,遭遇特大山洪,湘平、洪源村一带冲倒民房5栋,冲毁稻田400公顷。另外,每年的枯水季节,部分农田极易遭受干旱影响,尤以落马、隘口及十全村为甚。2003年,投资130余万元,建花桥高架引水渡槽,最高架点离地面29.3米,从蓝家洞水库引水入境,抗旱能力大幅增强。同时增加水田面积1.6

公顷。2007年年初,遭遇五十年一遇的特大冰冻灾害。镇党委、政府及时组织救灾扶困,先后为受灾群众送慰问金5万多元、棉被60多床,组织200多人次到京珠高速公路向家段铲冰1.5千米。

镇村工业　1990年始,先后开办小型木材加工厂30家,向外地贩运杉木、松木材料。1996年,制砖、铸钢、铸铁、造纸等产业形成一定规模。是年,因京珠高速公路修建的需要,开办石场5个,开采硬青石,增收800万元。2002年,外地老板入境开采白瓷泥,为农民增收500万元。2005年,招商引资办工业。其中有大米加工厂10家,年加工10万吨左右。2008年,福利造纸厂、兴盛铸造厂引进生产线,提高生产能力近一倍,排污达省级排放标准;成功引进食品加工有限公司。乡镇工业总产值达7595万元,比上年增长8%。全镇劳务输出6000人次,增长6%。

集镇综合建设　20世纪90年代中期,由市城建部门统一规划花桥集镇"十"字街建设。至2008年,沿街数百栋经营门店、旅馆、修理店等,鳞次栉比,生意兴隆。集镇区与三江大桥连为一体。南北长1.5千米,东西宽0.5千米,总面积1平方千米,常住人口5200多人。集镇道路水泥硬化率85%,供电、供水、通信设施齐全。从镇区通往长沙、株洲、广州、岳阳、平江、汨罗城区的大小车辆日流量约300台次。建有停车场、集贸市场,建材、成衣、百纺、五金、竹木等门市。学校、幼儿园、电影院、歌舞厅、医疗网点、有线电视一应俱全。2008年,小学生入学率100%,小学巩固率99%,初中巩固率95%。

革命老区　三江系革命老区。大革命时期至抗美援朝时期,先后有184位烈士为革命事业捐躯。其中的杰出代表聂次荫,1930年任湘阴县第一区苏维埃政府主席。

八景乡

八景乡位于汨罗市东部,东、南与平江县交界,西与长乐镇相邻,北与智峰乡接壤。因八景洞而得名。乡政府驻地牛形咀。

沿革·区划·概况　清咸丰五年(1855),隶长乐局。有上下宏山团。民国元年(1912)年底,改局为乡,属长乐乡。1950年,属智峰乡。1958年,属智峰公社。1981年,建蓝家洞林场,辖4个大队。1984年,撤林场建八景乡。1997年,辖大同、三联、高华山、智峰、山阳5个村。2008年,土地总面积54平方千米,其中水田76.6公顷、山林4274.4公顷。总人口4052人,财政收入103万元,农民人均纯收入4180元,比上年增长18.1%。

特色产业　1985~1990年,营造速生丰产杉木林1333.33公顷,改造楠竹666.67公顷、油茶533.33公顷。至1996年,形成用材林、楠竹、竹笋、油菜、生姜、板栗、天然药材、蜂蜜、黑山羊、鲢鱼十大特色产业。林木蓄积量达10万立方米,每年可伐木材1000立方米,生产油茶15吨。2001年后,完成油茶品改、楠竹低改、林木垦复等任务。2008年,森林覆盖率达96.6%。

工业经济　1988年前,乡境几乎没有工商企业。1988年后,创办汨罗市第二福利造纸厂和八景峰纸厂。1996年,引进年产值200万元的瓦楞纸厂和年产值100万元的石英粉厂,工业产值2998万元。1998~2000年,第二福利造纸厂、八景峰纸厂改制重组,成立三兴再生纸业有限公司。

景区景点建设　八景主地八景洞,自唐代得名,沿用至今。福果寺、八丈石瀑布等八大景点流传千载,风貌依存。1993年,经岳阳市政府批准为县(市)级风景区。蓝家洞、八景洞水库,湖光山色交相辉映。气候冬暖夏凉,四季如春,有利于发展旅游事业。1996~2006年,以"林果富民"为举措,开发旅游事业,相继建成智八(智峰至八景)线沙改砼工程;完善配套景区公路、通讯、供电、供水等基础设施;新建避暑度假村、知名作家韩少功别墅(梓园)、修复吴咏湘烈士故居和烈士陵园等。2007年,引进项目5个,其中投资100万元以上的龙形沙滩工程建设基本竣工;投资3370万元的中南林业科技大学实习基地项目,完成前期规划勘测工作,进入实质性运作。

医疗卫生 1996年后,新建乡卫生院,添置相关设备、仪器。加强医护人员业务培训,医疗技术水平不断提高。2006年,全乡分设2个医疗点启动新型农村合作医疗,参合率达99%,是汨罗市唯一的重复设点乡镇。

教育 1999年,以原有中学为基础,扩建1所九年一贯制学校。2007年,共取录汨罗市一中、二中33人。

革命老区 八景乡系革命老区。1929年3月,中共湘阴县委从平江岑川移驻蓝家洞,陈耀华、聂次荫先后任书记。1930年5月,湘阴县革命委员会在蓝家洞建第一区苏维埃政府。7月,彭德怀率红三军团攻克岳阳后回师平江,该乡有百名青年志愿入伍,10月,湘北游击大队在蓝家洞成立。12月,编入中国工农红军第三军团第十六军湘北独立团。1931年年初,随主力红军转移。从第一次国内革命战争至解放战争时期,该乡先后有800多名英雄儿女投身革命。新中国成立后,共有87人被追认为革命烈士。

屈子祠镇

屈子祠镇位于汨罗江下游。东与红花乡、范家园镇接壤,西、南与屈原农场交界,北与白塘乡相邻。因境内屈子祠而得名。镇政府驻地欧阳家墩。

沿革·区划·概况 清咸丰五年(1855),辖凤凰局栗团、清平、周公、楚塘、文家、白水、六桂(部分)团,归义局仁义、保安、聚贤10个团。民国元年(1912)年底,改局为乡,属祇园乡。1950年,设汨水、凤水、楚塘3个乡。1956年,凤水、新义、汨水、汨北、渔街市、公乐(小部分)6个乡合并为汨水乡。1958年,与范家园乡合并为屈原公社,后更名为范家园公社。1961年,析置楚塘公社,辖17个大队、209个生产队。1982年,部分大队更名:屈原改栏湖和荻湖、创新改金钩、白水改白水塅、双桥改翁家桥、渔街改周家垅、双水改屈子祠、清泉改渔街市。1984年3月废社,恢复楚塘乡。2001年,楚塘乡更名为屈子祠镇。辖屈子祠、楚南、楚塘、翁家桥、金钩、农科、朱山、枫树、白水塅、金沙、渔街市、周家垅、栏湖、屈原、荻湖、黄星16个村。2006年,设社区1个,镇政府驻欧阳家墩。2008年,土地总面积36平方千米,其中水田819.53公顷,旱土467.9公顷。总人口22614人;财政收入200万元,农民人均纯收入4730元,比上年增长15.0%。

农业经济 农业以稻谷、薯类为主。水产、油菜、茶叶、烟草、生猪、家禽、玉米、棉花等各具特色。1996年,粮食总产达2000万公斤,出栏肥猪10万余头。丘岗山地经多年开发,逐步形成规模,万亩油菜、千亩棉,年年丰收。86.67公顷大棚反季节蔬菜,品种齐全,是汨罗市主要蔬菜基地之一。2004年,"玉薯868"试种成功、水稻"两优"系列、玉米套种红薯、沼气能源与种植业的循环经济模式被广泛推行,肉牛养殖大户发展到12户、养殖专业户73户。2008年,农业总产值达5500万元。

工业经济 1978～1993年,乡镇企业有农机厂、饮食店、茶场、牛场、林场及渡口等生产经营项目。1994～1996年,开办饲料厂1家、精干麻厂4家、大型砂石场4家、联户和私营企业53家。乡基建队主要承建仿古建筑。1999年后,茶叶、精麻、鞭炮、砂卵石成为主营业务,总产值近8000万元。2002年始,兴建10余条旅游线路,打造龙舟文化品牌。其中龙舟俱乐部的龙舟制造,楚塘茶厂精制茶、珠绣等传统产业,年创利税190万元。2008年,引进资金和技术,开发特色产业,经济总量突破3000万元。

旅游事业　1990年,该镇经岳阳市规划为旅游镇。建有世界四大文化名人广场、天问坛、桃花洞、水上游乐场、娱乐场、植物园、休闲垂钓基地、寿仙台、汨罗书院、战国墓古窑遗址、楚风一条街等旅游景点和设施,并开辟龙舟竞赛表演基地,年观光旅游者达10万人次。2003年9月13日,中国湖南旅游节·岳阳汨罗江屈原文化旅游节在该镇举办。省人大常委会副主任唐之享等领导出席开幕典礼。中央电视台、新华社、香港凤凰卫视等30家新闻媒体跟踪报道,日本旅行商团等国内外近40家旅行社全程参与,近6万群众观看活动。

教育　至2008年,全镇有幼儿园4所,小学5所、中学3所,在校学生2375人,教职员工141人。

龙舟文化　1978年前,龙舟竞渡以姓氏、宗祠组队参赛,为争输赢,偶或发生斗殴事件。1980年后,端午龙舟竞渡最具文化特色。流行"宁肯种输一年田,不可轻输一届船"的说法。从造龙舟至下水竞渡,整个过程十分讲究。

新中国成立前,龙舟建造多以姓氏宗祠为主体。新中国成立后,改由行政自然村造龙舟的居多。20世纪60年代末至70年代初,龙舟底部的木头——龙筋木以偷窃为主。人们相信,用偷来的龙筋木造船,在竞渡时船速最快。丢失方发现被盗木头做成龙舟,一般也不予追究。1990年后,该类造船方式逐渐改变,由木匠和厂方自购木材加工造船,以每条1.2万元的价格对外出售。

2000年后,由当地政府引导,注入精神文明活动内容,龙舟协会具体指导,为争输赢的比赛激情渐趋消退。2003~2008年,青年划手或进城打工,或组队参加市级以上竞赛,地方竞渡多以表演为主。

境内造舟行业的典型人物许桂生、李建军等,擅长龙舟制作。1962年,屈原农场河市龙舟竞渡,共有22条龙舟参赛,其中获得第一名的即为许父所造,获"独占鳌头"锦旗。1989年,屈子祠镇设计制造国际龙舟赛船6条,参加1990年岳阳国际龙舟赛,受到岳阳市龙舟办肯定。被指定成批加工制作20条,由中国龙舟协会裁判验收,其长度误差仅为2毫米,宽度误差1毫米,为龙舟精品。1999年,受国际资深裁判周立传、岳阳市木材总公司家具厂的邀请,境内创办岳阳子龙龙舟发展有限公司,年产龙舟30条,专销北京市第六届民运会、上海世界三龙邀请赛和第四届世界龙舟锦标赛。1998年,俄罗斯海参崴市慕名邀请该镇人员赴俄制造龙舟,并愿出10万元高价购买龙舟设计图纸,俄方盛意被谢绝。2000年,德国电视台在岳阳市政协副主席、龙舟办书记刘鄂的陪同下到公司现场采访,称赞该公司为"中国第一家有规模的龙舟制造厂"。2005年,境内创建的汨罗市九子龙屈原龙舟厂,在国家工商总局注册"九子龙"商标。该镇人员为龙舟文化做出的贡献先后被湖南卫视、湖南经视、央视一套、四套、十套多次采访和报道。

范家园镇

范家园镇位于汨罗江北岸,东与黄市乡接壤,南与城关镇隔江相望,西临屈子祠镇,北与桃林寺镇相邻。因范家园而得名。镇政府驻地范家村。

沿革·区划·概况　清咸丰五年(1855),属凤凰局,辖凤凰局的枫树、青龙、徽山3个团。民国元年(1912)年底改局为乡,属袛园乡。1950年,设青龙、徽山2个乡。1956年,徽山、楚塘、楚南、青龙、罗滨、罗仁(部分)等乡合并为范家园乡。1958年,与汨水乡合并建屈原公社,后更名为范家园公社。1961年,析出楚塘公社,辖15个大队、158个生产队。1984年,废社复乡。2000年,撤乡建镇,辖范家、程林、傅家、青龙、金山、吕仙、划船、花桥、月形、道冲、永青、农科、烟墩13个村及牛形山社区。2008年,土地总面积48.4平方千米,其中水田864.33公顷,山林2000公顷;总人口20650人;财政收入154万元,农民人均纯收入5020元,比上年增长19.0%。

农业经济 境内盛产稻谷、玉米、红薯、油菜、黄豆、茶叶等农产品。1998年始,推广两系杂交稻333.33公顷,种植玉米502.66公顷,开发豫薯(868)28公顷,形成以优质玉米为重点,油菜、豫薯、瓜果等经济作物为特色的农业格局。2006年,为岳阳纸厂造林186.67公顷。退耕还林超额完成任务80公顷,并经林业部门验收,争取国家专项补助69.8万元,加上林木收入,每年为农民增收120万元。至2008年,粮食总产量15638吨,出栏生猪39138头,出笼各类家禽10万羽,各类水产品448吨。

工业经济 20世纪70年代初,开办建筑材料厂,生产龙窑红砖等建筑材料;开办酒粬厂生产酒粬,远销省内外。1978年后,开办拖拉机维修、小型饲料加工、金属冶炼等工业项目。1996年,乡办、村办和个体企业203家,总产值5268万元。2001年,成立农贸实业有限公司,主营农作物种苗、禽畜种苗、苗木种植、农产品生产加工,实现销售收入235万元,创利税41万元。2002年,屈原铁画厂投入150万元,改造厂房和设备,生产各种山水、人物、花鸟、楼台亭阁等工艺品,产品远销全国各地。2008年,招商引资,兴办圆明合金材料有限公司、嘉诚废品回收公司、博大新材料有限公司等骨干企业,年产值达2500万元。月形村徽山黄大屋场是徽山黄酒粬的发源地。其制作原料以大米为主,添加巴豆、细辛、山药、桂枝等。至2008年,形成产业规模,从业农户100余户,年产300余吨,远销全国各地。

教育·计生·卫生 2004~2006年,筹资140万元,新建中心小学综合大楼和中学寄宿部大楼,教育质量稳中有升。2008年,升入市一中、二中人数达36人,教育工作目标管理连续20年位居市级前列;计划生育以“保先进、争红旗”为目标,人口出生率严格控制在3.98‰以内,被评为岳阳市进步单位和汨罗市先进单位。2006年,重建镇卫生院,年接待门诊病人万余人次,住院病人500多人次。至2008年,全镇医疗保险参保率达74%。

人民生活 随着经济社会事业不断发展,村民生活水平开始向城市靠近;大多数农户肉、禽、蛋等食品拥有量达到城市平均水平。衣着穿戴以成衣市场购买为主,西装、夹克、连衣裙等品种繁多;居住条件由小楼房代替普通砖瓦平房,客厅、卧室装修标准越来越高,内部设施更加讲究,彩电、空调、冰箱、热水器开始普及,小汽车入农户达36辆。

重点文物保护 1952年,省政府拨款整修屈原墓。1956年,被列入省级重点文物保护单位。1976年,在该处立碑。1988年,列入岳阳楼洞庭湖风景名胜区。依区域归属,墓地分别由屈子祠镇和范家园镇进行日常保护及管理。2002年,台湾著名宗教人士陈之迈到屈原墓旁的普德观弘善布道,先后为该镇引资3000万元,用于建设屈原文化古城、扩建普德观,以及范家园中学、小学的危房改造,硬化永青村村级公路,使汨罗成为全球华人凭吊屈原的旅游胜地,并结缘引资120万元对屈原墓进行修缮。

火天乡

火天乡位于汨罗市北部,东与大荆镇接壤,南与范家园镇为邻,西连桃林寺镇,北界岳阳县域。因火天张而得名。乡政府驻地徐家屋场。

沿革·区划·概况　清咸丰五年(1855),属浒田局和桃林局,辖浒田局垦扬、双江、义和、四美、上下纯凤团,桃林局天字、和字、仁和、麻塘、人字11个团。民国元年(1912)年底,改局为乡,属桃林乡。1950年,设石浒、麻塘、天仁3个乡。1956年,石浒、浒田、麻塘、九华、天仁、天和6个乡合并为麻塘乡。1958年,麻塘乡与桃林乡合并建奋斗公社,后改为桃林公社。1961年,析置火天公社,辖17个大队、251个生产队。1984年3月,设火天乡。1997年,辖四塘、高峰、三桥、石浒、三垅、周公、静江、杨家、包山、火天农科、西塘、园业场12个村。2008年,土地总面积59.6平方千米,其中水田921.07公顷;总人口20013人;财政收入156万元,农民人均纯收入4540元,比上年增长13.4%。

农业综合开发　火天乡是典型的农业乡。20世纪90年代初,发展"两高一优"(即高产、高效、优质)农业,开发玉米、优质稻两大基地。种植"湘早"优质稻346.67公顷,高油玉米213.33公顷。以饲养肉鸽为龙头,先后兴办乡级1000对种鸽场2个,个体50对种鸽场32个;至1996年,农业总产值达2831万元,粮食产量16400吨。省农业厅、省种子公司将该乡定为省实用技术培训基地,省新品种、新组合示范基地、省美国王鸽原种繁殖场。三垅村熊乾坤被评为省级玉米种植大户。2000年后,创办金银花示范园,组建向阳花食品有限公司,实行"公司+农户"的运作模式,种植金银花133.33公顷,年产值400万元。2008年,金银花种植面积扩大到266.67公顷,初步形成从生产、加工到销售的产业链条。

工商经济　1991年始,先后兴办饲料厂、恒达塑料厂、烟花鞭炮厂、刹车油厂、石浒机瓦厂、高峰红砖厂、湘北酒厂等20多家小型企业。1996年,企业总产值达6600万元,完成利税600万元。饲料、食品袋、白酒等产品畅销省内外。1998年,随着交通事业迅速发展,单一的工业产品结构逐步向农产品加工、商贸服务等领域延伸。玉粒大米加工厂、及时春金银花保健品有限公司,被定为岳阳市农业龙头企业。2000年后,工业重点企业有保松烟花厂、高峰红砖厂。从事交通运输的有210人。从事商贸服务业达280户,分别经营南杂、废品回收、摩托、汽车修配、饭店、面条加工、农资、理发、家具、电器维修、电器超市、服装店、皮革和副食品加工等项目,年创收1000万元左右。2000年始,引进公路建设、农网改造和社会资金共1300万元,同时投入财政专项资金500万元,用于交通、电网、水利、教育、卫生、文化等社会事业。2008年,企业总产值达13200万元,比1996年翻一番。年输出劳务6000余人,以白酒贩运、货物运输、物流业为主导,农民人均纯收入比1996年增长3倍。

教育　1984年,普及初等教育。1994年,扫除青壮年文盲。至2008年,该乡有1所中学、5所小学、3所幼儿园。教职员工128人。适龄儿童入学率、小学年度巩固率均达100%,初中入学率达99%,初中教育完成率达100%,九年义务教育完成率达95%。中考成绩排位进入汨罗市先进行列。

计生　2006~2008年,计划生育率分别为90.79%、92.19%、95.36%,节育措施落实及时率分别为89.54%、90.4%、91.15%,人口出生率分别为12‰、9‰、10‰。

卫生　2005年始,实施农村合作医疗保险制度。至2008年,参保率达76.1%。

人民生活　20世纪80年代初,大部分农民住的是泥房。1990年,始建红砖房。至2008年,全乡建楼房5800栋,安装程控电话2500门,购买手机7000部,户均彩电、摩托车各1台。有20%的农户购买冰箱、空调,拥有私家小车120台。

宗祠·古迹　境内有张氏宗祠、镇江寺等古迹。张氏宗祠位于周公村少尉塅,建于清嘉庆十八年(1813),扩建于清道光二十四年(1844),为三开三进古典式砖木结构建筑,建筑面积7000平方米。门栋在“文化大革命”中被红卫兵强行拆除,劫后余生尚存有中进大厅和三进祭祀厅。

磊石乡

磊石乡位于汨罗市西北部,东靠新塘乡,南接白塘乡,西与屈原农场、湘江航道相连,北与岳阳县毗邻。因磊石山而得名。乡政府驻地长山村。

沿革·区划·概况 清咸丰五年(1855),设磊石局,领兴源、马厅等团。民国元年(1912)年底,改局为乡,属九穆乡。1950年,属高联、兴林乡。1958年,隶解放公社,后隶白塘公社。1978年围垦成磊石垸。1981年,划入马厅大队,建立磊石公社,辖12个大队、112个生产队。1984年,建磊石乡。1997年,辖长山、马厅、江南堤渔业、内夹、高台、闸南、闸北、长湖、二沟、沙洲、汨岳11个村。2002年,增设闸桃村。2008年,辖12个村。土地总面积18平方千米,其中水田154.07公顷;总人口6126人;财政收入82万元,农民人均纯收入4880元,比上年增长13.3%。

农业综合开发 乡域土质肥沃,地势平坦,沟渠纵横,有利于发展高效农业。1980年后,随着农副产品种类增多,产量增大,该乡发展成为湖南省二线菜蔬基地、栽种意大利杨树基地。20世纪90年代,粮食耕种面积达1040公顷,大湖水面333.33公顷,精养鱼池146.67公顷,年产粮3250吨,产棉1万担、蔬菜2500万公斤、油菜33万公斤、鲜鱼100万公斤。农产量、商品率、投入产出率等经济指标,在汨罗市名列前茅。2001年,完成岳阳纸业集团公司造林任务187.07公顷。2002年、2003年,分别签订218.07公顷、68公顷造林合同。蔬菜是磊石的拳头产业。2003年,种植大白菜685.73公顷,产成品蔬菜5万吨,产值1500万元,其中10亩以上的种植大户有300户,每户年收入均超过1万元。2004年5月,被省农业厅定为无公害蔬菜基地,磊石牌大白菜通过农业部质量检测中心的无害认证。但由于大白菜属季节性蔬菜,价格受市场影响较大,农民收入并不稳定。为发挥优势,增强抗击市场风险能力,2007年5月,经市、乡政府努力,成功取得湖南省万亩无公害蔬菜基地的立项,为后续基地建设注入新的动力。

工业经济 1976年始,开办机务队、红砖厂。机务队有各种型号的轮式拖拉机10台,由各村选送驾驶员集中培训、专业操作,负责全垸耕地的翻耕。红砖厂土法上马,年产手模红砖300万块,专供移民户、政府部门建房用砖。1989年,有砂石场、大湖养鱼场、食品加工厂、榨油厂、蔬菜加工厂、基建队、蚕桑场、砖瓦厂、碳素厂等12家小型企业,实现年产值438万元。2000年,筹资兴建南鑫碳素制品厂、鑫祥碳素制品有限公司、春和废旧物资回收有限公司。至2007年,企业总产值3618万元,上缴税收80万元,解决剩余劳力300人。振湘碳素制品厂年产值2000多万元。主要产品为石墨电极、石墨异型制品、石墨化焦粒增碳剂。产品远销国内28个省市,并出口韩国、美国、以色列等国家和台湾地区。

抗洪救灾 1976～1977年,毗邻的岳阳县中洲垸连续两次溃堤,致磊石垸受渍。1983年,因中洲垸高撇洪渠填方段决口,使垸内受渍面积达90%。1996年,防洪水位最高达35.96米,受灾面积758.67公顷,经济损失2626万元。1998年主汛期,乡境降雨量达1538.2毫米,比历史上年均降雨多523.7毫米,防洪水位高达35.94米(仅次于1996年),超警戒水位延续81天,超危险水位延续65天。受灾面积763.33公顷,经济损失4368万元。1998年7月1日凌晨,磊石垸长湖村出现特大管涌,流量达每秒0.2立方米/秒,严重威胁大堤安全。发现险情后,市防汛指挥部紧急组织劳力300多人投入抢险,其中200多民兵在38℃的高温下,抢运砂砾石300多立方米,装袋2万条,筑起占地140平方米、高2米的压浸平台。经过24小时的搏斗,险情终于得到控制。省委副书记储波到现场督察,称该次管涌为“岳阳第一险”。

计生工作　1987~1992年,计划生育工作连续五年被评为市级先进。1997年,被评为岳阳市红旗单位。2000年,人口总数较1996年减少1388人。人口出生率降至9.19‰,自然增长率为3.5‰。2004年,人口出生率回升至9.8‰,自然增长率升至4.1‰。为全力扭转被动局面,乡政府挑选精兵良将,加大经费投入,将政策宣传和利益导向相结合,至2008年,共落实各种节育措施75例,顺利通过汨罗市年度检查。

教育事业　1978年10月,为解决移民定居后1040名学龄儿童急需入学的难题,组建磊石中学;并从白塘乡划入马厅、江南堤学校;1982年,改闸北小学为中心小学;1988年,磊石农校挂牌招生。2001年3月,磊石乡七校合一,创办九年一贯制寄宿学校长山联校。

桃林寺镇

桃林寺镇东靠火天乡,南临范家园茶场,西接白塘乡、新塘乡,北界岳阳县。因桃林寺而得名。镇政府驻地咀上郭。

沿革·区划·概况　清咸丰五年(1855),设桃林局,领地字、椰山、狮子团,穆屯局亦仁、赞公、周礼(部分)、仁合(部分)7个团。民国元年(1912)年底,改局为乡,属桃林(民国36年,辖10保、96甲)、祇园和九穆等乡。1950年设仁义、五柱、义合、京仁4个乡。1956年,赞桥、东塘、五柱、豹山、丰厚、亦仁6个乡合并为桃林乡。1958年,与麻塘乡合并为奋斗公社,后更名为桃林公社。1961年,析置桃林寺公社,辖18个大队、195个生产队。1966年,更名为桃林公社。1982年,复称桃林寺公社。部分大队更名:奋斗改五柱、新胜改杨爷庙、新华改十龙桥、新和改东塘、双合改三彩。1984年3月,复称桃林乡;6月,建桃林寺镇。1997年,辖亦仁、来龙、青山、三彩、古塘、赞桥、唐坊、大托、南林、五柱、塅中、杨爷庙、东塘、三塘、十龙桥、双墩、双发17个村和新街、老街2个居委会。2003年后,十龙桥改为新华村、三彩改为双合村,2个居委会合并为社区,其余未变。2008年,镇域土地总面积62平方千米,其中水田1012.4公顷;总人口27531人,实现财政收入151万元,人均纯收入4640元,比上年增长13.2%。

农业综合开发　1997~1999年,生猪养殖业达到高峰,年均出栏肥猪5万头以上。20世纪90年代中期,旱粮作物由红薯改种玉米,至2004年,玉米种植面积达266.67公顷,几乎覆盖所有的旱土面积。

桃林红薯　桃林寺镇特产之一,其结薯集中,果实个大,口感好,易加工,营养、药用等综合价值高。2002年,薯类淀粉厂落户桃林,村民开始恢复种植红薯这一被冷落的传统产业。各村组陆续种植从美国引进的SL-9和湘辐1号高产工业用薯,替代种植多年的豫薯品种。2004年,红薯种植面积增至266.67公顷,为薯类淀粉厂提供工业用薯2800吨,用来加工淀粉、粉条。2005年,薯类淀粉厂联合该镇及周边乡镇100多个种薯大户为股东,成立桃林红薯生产加工合作社,实行综合开发和产、供、销一条龙服务。并与市科技局合作开发红薯脱毒种苗快繁基地,培育出24个脱毒品种,成为岳阳市唯一的脱毒种苗快繁基地,春、夏薯分别达7000公斤/亩、3500公斤/亩,年产红薯达8000吨。2006年,合作社种植的湘黄一号鲜食保健薯,获第八届全国农业博览会金奖。单株重达44公斤的美国SL-9工业薯获银奖,创湖南省薯业之最,获“中华薯王”称号。湖南卫视、湖南经视、《长沙晚报》《岳阳晚报》均予以报道。2008年,村民黄细和种植的一蔸重达67.5公斤的淀粉型红薯,再次刷新单株最重记录。

工商企业 1996年,镇办企业发展到5家,村办及联办企业21家。其中砖瓦厂、基建队是开办较早的乡镇骨干企业,年产值达400多万元。2001年,引进薯类淀粉厂,年生产能力达3万多吨。生产的红薯精白淀粉、水晶精细粉丝、粉条,先后通过"无公害农产品"和绿色食品认证,是汨罗市第一个被评为湖南省名牌的农产品。薯业类淀粉厂形成产业集群,东连平江县,西接屈原行政区,北贯岳阳县、辐射临湘市,为产区农民增收达1亿元以上。2002年,创建江北农林开发公司,加工木材半成品,并利用废木料进行粗加工,为岳阳纸业集团提供造纸原料。2004年,从沅江市引资兴办汨沅科技发展有限公司,种植中药材吴茱萸73.33公顷,是岳阳市农业产业化龙头企业。境内还建有江北冷冻保鲜市场、"九龙人"大型超市、大米加工厂、榨油厂、太阳能热水器厂、艺术围栏厂、砖厂、预制构件厂、环保节能瓦厂等工商企业28家,年总产值2100万元。

集镇建设 20世纪80年代初,桃林寺镇集镇面积仅1平方千米。1998年后,投资650万元,开凿修通京广铁路涵洞,一条长1000米、宽39米的江北大道从东到西畅通无阻,结束大型客、货汽车不能穿越铁路的历史。与老街同步发展,新的商贸集市亦形成规模。至2008年,镇区面积扩大到3.15平方公里,镇区人口增至6700人,商铺增至351家。饮食、服装、百货、南杂、建材、医药、电器、家私、文化娱乐一应俱全。颇具盛名的薯类等粉丝一条街生意火爆,各地客商云集,年销售量突破1万吨。成为汨罗江北地区的物资集散重地。

教育·计生卫生 至2008年,全镇有高级中学、初级中学各1所、小学3所,教学质量居市级前列。小学生获得教育部和省、市奖励的有200多人次,小学毕业率100%;初中毕业率99.8%;中、小学教师学历合格率均为100%。计划生育工作位居汨罗市先进类第一名;农村合作医疗保障参保率高达90%以上;桃林中心医院新建1600平方米的门诊大楼亦全面竣工。

文物古迹 桃林寺镇历史悠久,古迹众多。远古时代有五柱村阿普山新石器时代村落遗址,东塘村的狮子山、双墩村的潘家坊新石器时代遗址、晋代建筑遗址石崇桥、唐代建筑遗址桃林寺(灵济寺)、杨爷庙,宋代建筑穆屯观,元代遗址营盘园,明代遗址楠树坡。还有位于屈原凤凰山的桃林吴氏家族宋、元、明、清时代的古墓葬群以及抗日战争时期留下的遗迹。

新塘乡

新塘乡位于洞庭湖南岸、汨罗江以北。东、北与岳阳县毗连,西与磊石乡接壤,南与北塘乡、桃林寺镇交界。因新塘湖而得名。乡政府驻地新塘吴。

沿革·区划·概况 清咸丰五年(1855),属磊石局书林、一甲、三甲、三保、八甲、天竺、大义(部分)7个团。民国元年(1912)年底,改局为乡,属九穆乡。1950年设裕后、光前、兴林3个乡。1956年,兴林、范塘、光前、裕后、丁家园5个乡合并为新塘乡。1958年,与白塘乡合并建解放公社,后更名为白塘公社。1961年,析置新塘公社,辖19个大队、200个生产队。1982年,部分大队更名:赤卫析为裕后、徐塘、新寮,农科改栏江,兴隆改玉龙,飞跃改光前,东风改东灌冲。1984年,废社复乡。1997年,辖拦江、丁家园、磊石、玉龙、范塘、徐塘、裕后、新寮、划林、光前、长塘、书林、东灌冲13个村。2008年,土地总面积35平方千米,其中水田5956公顷;总人口17294人;财政收入96万元,农民人均纯收入4280元,比上年增长14%。

农业综合开发　20世纪80年代初期，群众温饱问题尚未完全解决，90年代初仍是境内唯一的省级贫困乡。1989年，新塘被定为市烟叶生产基地。以玉龙村为生产示范村，亩产晒黄烟125公斤。至1996年，累计种植烟叶1300公顷，产烟2.85万担，产值1380万元，年人均纯收入增加500元，产量、效益居岳阳市第一位。1997年后，调整农业产业结构，种植玉米533.33公顷，亩产250公斤；种植西瓜100公顷，亩均纯收入2000多元。2008年，种植杂交水稻早、晚稻1160公顷，杂交玉米333.33公顷，红薯193.33公顷，开发湘莲、大闸蟹基地33.33公顷，生猪存栏1.5万头，能繁母猪1980头。随着生产效率的不断提高，剩余劳力逐年增多，新塘人从肩挑步担贩白酒、打豆腐开始，发展到跑客运、开店铺、办企业。2003～2008年，每年输出劳力6000多人，挣回收入7000万元。2008年，全乡经商2300人，从事客运1700人，办企业580人，进企业打工3400人，另有680人连家带眷进城入镇。农民人均纯收入比1978年增长30倍。

工业经济　1993年，乡办企业发展到4家，村办、联办及个体企业160家，从业人员4800人，固定资产1200万元。新塘造纸厂、红砖厂是乡办骨干企业，产品销往长沙、岳阳等地。1995年，开办打火机厂，规模较大。木材加工业远近闻名。至1996年，全乡企业总产值达1.0926亿元。丁元村个体老板朱成宝，开办洞庭精密铸造厂，建起一条专门为广西柳州五菱微型汽车制动毂从毛坯到成品的生产线。年销售收入300万元。2001年，他率先创建该乡第一家民营企业——金成实业有限责任公司，投资800万元承包汨罗城区友谊河综合治理工程。2002年11月，竞买汨罗市氮肥厂中标。2004年，乡政府引资成立新城高新果业有限公司，开发荒废果园40公顷，栽种葡萄、奈李、红叶李、盆景、橘苗3.5万株。2008年，相继开办红薯淀粉厂、竹艺编制厂。另有小型预制构件厂6家，大米厂1家，家庭酿酒坊130多家。年均为地方财政增收10万元。

教育事业　1981年，试办玉龙中心小学。1984年，基本实现班班有校舍，校校无危房。1985年，普及初等教育复查，学前班全部开班。1987年，建成首栋中学教学楼。1996年始，农民职业技术学校与农技部门联合举办农技函授教学。连续6年创办《绿野》简报，累计编印72期，发行8300份，其经验在汨罗市各乡镇推广。2001年，该乡中学生参加全国数学、物理奥赛，有3人获岳阳市一等奖。2005年，乡中心小学被评为市一级中学。2006年，新塘中学被岳阳市教育局授予“文明安全校园”称号，并列入全国传统文化教学试验学校。

计生工作　1996年，创建计划生育服务所，是岳阳市甲级服务所。2002年，服务所所长任落星被评为湖南省十佳服务所长，2003年，获“省计划生育示范服务所”“全国人口和计划生育科技工作先进集体”称号。2008年，全乡人口自然增长率控制在0.18‰以内，计划生育率达97%。

文物古迹　境内有七胜殿、南岳宫、陈八庙、太子庙4座古庙遗址。其中七胜殿又名武穆祠，专为纪念南宋抗金民族英雄岳飞所建，气势宏伟、独特。

白塘乡

白塘乡位于汨罗市西北部，东靠桃林寺镇，南临屈子祠镇，西接屈原管理区，北连磊石、新塘乡。因白塘湖而得名。乡政府驻地渡头湾。

沿革·区划·概况　清咸丰五年(1855)，属凤凰局和穆屯局。辖凤凰局图头、五常、大缘、清江、六柱(部分)团，穆屯局习礼(部分)、仁合(部分)团，磊石局大义(部分)8个团。民国元年(1912)年底，改局为乡,属祗园乡和九穆乡。1950年设移风、白塘、高联3个乡。1956年,裘鸣、高明、白塘、穆屯、高联、移风6个乡合并为白塘乡。1958年,与新塘乡合并为解放公社,后更名为白塘公社。1961年,析出新塘公社后,白塘公社辖16个大队、149个生产队。1984年,废社复乡。1997年,辖白塘、赶洲、双义、高联、万红、穆屯、栏河、裘鸣、五塘、移风、曹家、大塘神、仁义、松塘14个村。2008年,土地总面积44平方千米,其中水田649.19公顷;总人口20517人;财政收入254万元,农民人均纯收入4200元,比上年增长13.5%。

农业经济 白塘乡是典型的垸区乡,由松柏垸和双河坝垸构成。90年代中期,农业经济逐步形成优质稻、良种猪、淡水鱼、河蟹、玉米、油菜、芝麻七大商品基地。1996年,农业总产值2576万元,粮食总产量8700吨,鲜鱼8000吨,河蟹500公斤。活猪不仅畅销省内,而且成立4个外销运输车队,在广州、深圳设生猪外销窗口,年出栏肥猪4万头,实现人均纯收入867元。2000年后,除大面积种植优质稻外,其余水利条件差的改种经济作物,旱土改种玉米、西瓜、烟叶、芝麻,荒地、荒山垦复种水果。2008年,生产粮食16610吨,出栏生猪6.5万头,养殖泥蛙、蟹、黄鳝、龙虾等水产品870吨。

工业经济 乡镇企业以饲料、机制砖、榨油、水泥预制板、酿酒、建筑业等为主要项目。1980年,开办农机厂,加工汽车大梁。下年,开办草帽编制厂、副食品加工厂、井岗霉素厂。因资金和管理问题,经营均不到两年,相继倒闭。20世纪90年代后期,乡、村、个体企业发展到130多家,固定资产达1100多万元,从业人员3500余人,年产值2000多万元。进军饲料厂成为乡办骨干企业,年产值160万元,生产的"进军"牌饲料畅销省内外。仁义榨油、机制砖市场销路好。1999年3月,由乡政府投资,市科协扶持,与外商合股开办汨罗春酒业公司,以湘糯1号高粱为原料,采用先进技术,生产高、中、低档3个系列的白酒。产品独具地方特色,品味纯正绵长,投放市场后颇受广大消费者喜爱。至1999年年底,投产3个月,总产值50多万元,创利税3万元。2002年,该厂全面改制,转入外地老板经营。2007年,投资100万元,新上一条生产线,生产各类星级汨罗春系列产品,年销量突破1000吨。

集镇建设 1992年后,白塘集镇街道两侧店铺增多,各地商客络绎不绝,成为汨罗江北的商品集散地,年商品成交额3000万元。1996年,分阶段筹措资金,先后兴建曹家、仁义、松塘、白塘、赶洲5个移民新村,选址地理条件优越,规划合理,集商贸、教育、娱乐、社保于一体,解决因洪涝灾害无家可归灾民的居住问题,并推动集镇建设发展。

教育事业 2006年始,德育工作、教育质量连续三年被评为市先进单位。2007年,参加汨罗市艺术节表演,获总分第一名。教师着力提高教学科研水平,每年在市级以上获奖的教学论文达30多篇。2007年,获国家级教学论文奖2篇。是年5月,白塘中学湛正宏所撰写的《传统文化与语文教学》,获国家级三等奖。至2008年,有初级中学1所,完全小学4所,教职工218人。

血防工作 白塘乡曾是血吸虫病的重点疫区,有螺面积上万亩。20世纪50年代中期,在白塘村渡头建血吸虫防治站,组织群众打灭螺歼灭战,开展血吸虫病普查、预防和治疗,治愈病人上万人,有螺面积缩至1702平方米,晚期病人为零,新感染病人仅为0.2%。至20世纪末,农村厕所全部采用封闭式管理,杜绝血吸虫病传播。2007年,全乡实行新型农村合作医疗制度,至2008年,"参合率"达80%。

庙宇宗祠 境内庙宇宗祠众多。除各族氏分祠外,还有黑神宫、木屯观、二泗庙、杨四庙、阳司庙、成功庙等遗址。庙宇旁尚存百年以上古树木3棵。名谓冬青树、槎树和樟树,常年枝繁叶茂,树干粗壮过抱。

营田办事处

营田办事处位于汨罗江与湘江航道交汇处,紧临屈原管理区。

沿革·建制　清咸丰五年(1855)后,属营田局。民国27年(1938)时,属武穆乡。1950年,属武穆乡。1958年,隶先锋公社,11月后,隶汨罗江农场。1992年2月,设置营田办事处,为乡级行政管理机构,负责管理汨罗市驻营田、屈原农场的有关机构。1996年,芦苇场从市农委划入办事处管理。2003年始,对汨罗市驻营田13个企事业单位实行统一管理。

基础设施建设　1993年,动工兴建营田码头。共投资380万元,其中省计委投资170万元,市财政投资170万元,营田办事处自筹40万元。1996年,首期工程竣工。90年代中期,市政府、屈原农场各出资50%,重修营田老街街道。营田街自古为兵家必争之地,又是洞庭湖的物资集散中心之一。原有街面由麻石条石铺设而成,颇具整洁典雅之风。60年代初,麻石被挖掘一空。致使街面晴天尘土飞扬,雨天污泥满地,居民普遍要求重修营田街。1996年,由政府出资,各方参与,办事处牵头,修建起一条长460米,宽6.2米的用混凝土硬化的街道;市政府拨款40万元,营田办事处在芦苇场机关院内新建综合办公楼,建筑面积850平方米。办事处结束居无定所的历史。2004年4月,投资150万元,进行电网改造,新增变压器1台,更新2台,容量增至715千伏安,使企业生产和居民生活用电得以正常供应。

抗洪救灾　1996年,洞庭湖区遭受百年不遇的洪涝灾害。7月15日开始涨水,至8月25日退水,历时42天。7月22日水位高达36.54米,比1954年高出1.46米,洪水泛滥,整个营田一片汪洋,倒塌房屋208间,受灾367户。芦苇场因水灾减产60%,经济损失700余万元。灾情出现后,市委、市政府迅速组织抗洪救灾,办事处紧密配合,募捐17万元,大米4吨,蔬菜1000公斤,解决居民生活困难和灾后重建家园的需要。1998年6月13日至9月30日,洪水再次袭击洞庭湖区,营田最高水位达36.21米。6月25日,洪水破堤而入,芦苇场被淹没,延续100多天,经济损失400余万元。市委、市政府及各主管单位的负责人迅速赶赴灾区,转移疏散灾民,带领群众奋起抗灾,并募捐22万元,解决灾民生活困难。1998年10月,汨罗市人民政府决定兴建营田防洪大堤,成立防洪大堤指挥部,共投资280万元,由水利局负责测量设计,水电工程队承修。防洪大堤西起与湘阴县交界处的营田闸,东至虎形山水运公司油库,全长880米,工程标准为堤顶高38米,面宽6米,外坡1∶2.5,内坡1∶3,共用土石20.5万立方米。

芦苇场工作　1999～2002年,芦苇场体制转型,办事处帮助建立新的领导班子,完善内部管理制度,理顺财务账目,收回欠款,工作重入正轨。2005年,芦苇场与各承包户签订为期10年的承包经营合同,加强湖洲建设和管理。至2008年,芦苇面积扩大到800公顷。

磊石渔场

磊石渔场位于汨罗江与湘江航道交汇处,紧连磊石乡。

机构·概况　1978年,建立县鱼苗鱼种场,年鱼苗产值500万元,成鱼350吨。1981年10月,中央、省、县三级水产部门投资110万元进行扩建,成为全国27个联营国营渔场之一和全省十一大专业渔场之一(2000年,为十大专业渔场之一)。属正科级单位,隶属于县农办。定行政编5名,设书记、场长各1人,内设办公室、宣传组、组织组、政法组、计生组、财务组,下辖全民、集体村各1个,渔业生产队5个。总人口625人,在职员工(农牧工)116人。有精养鱼池93.33公顷,大湖水面53.33公顷。2008年,水产量达800吨,生产总值620多万元,被农业部确定为健康养殖示范场;出栏生猪1500头,存栏生猪1000头;种植苞谷、油菜、大白菜、芝麻等经济作物30公顷,年收入10万多元;有场办企业8家,个体企业7家,民营企业2家,主要产品有碳素、植物油、纤维半成品、红砖、饲料、鱼药、服装、粉丝等。

基础设置建设 建场初期,职工大多数为县境内山区移民,对洞庭湖水系环境很不适应。住的芦苇棚,点的煤油灯,喝的“酱油水”(芦根腐烂所致),走的烂泥路。1978年12月,投资10万元,建场部1栋、住房19间,面积800平方米。至1980年,共建职工宿舍60栋,安排住户88户。1987年,投资3万多元,改建场部房屋,增加厨房和卫生间,改善居住环境。1988年始,投资10万元修建主干道路3条,防汛路1条,支干路15条,总长14千米,投工5.2万个,移动土石方10万立方米。投资20万元安装变压器4台,架设电线线路4条,长9公里,排灌总动力180千瓦,做到池池通电,增氧方便。投资50多万元,修建精养鱼池、鱼苗池各88口,孵化池3口,青鱼池1口,甲鱼池1口,移动土石140万立方米。投资4万元,兴建独山大桥;投资60万元,修建主渠道3条,排灌渠4条,总长16公里,投工1万多个,移动土石方2万多立方米。1994～1996年,对平房进行改造,建楼房12栋。至2008年,场内路通、电通、水通,春不怕淹,夏不怕干。

招商引资 1998年始,加大招商引资,先后建大湖细鳞鱼精养渔场,引进日本白鲤、美国胭脂鱼、工程鲫、南方大口鲶、加州鲈鱼、湘云鲤、杂交鲤、乌鳢、黄鳝、湘莲等名、优、特、新产品及四大家鱼。2002年,湖北老板投资30万元养殖河蟹;投资350万元,建甲鱼养殖基地2个,调进种鳖1500只。甲鱼、河蟹等特种水产养殖面积达66.67公顷,年完成特产税6万多元。

职工安置 1983年,增编69名,解决内部“农转非”合同工的安置问题。1984年6月,为82名合同工办理农牧工转正手续。2006年始,实施农村新型合作医疗制度,至2008年,职工“参合率”达99%。

范家园茶场

范家园茶场位于汨罗市北部,东、北与范家园镇相邻,南界红花乡、西与屈子祠镇接壤。

沿革·区划·概况 民国22年(1933),属祇园乡。20世纪50年代初,先后隶徽山、青龙、楚南乡。1956年,属范家园乡。1957年,建湘阴县茶叶示范场,辖新湖、新范大队。1966年,隶属于汨罗县。1984年,改大队为村。1997年年末,辖新湖、新范村。至2008年,辖村、分场、茶厂各2个,共29个村民小组,总人口2600余人,其中专业茶业职工760人,退休农牧职工118人。总面积7.8平方公里,其中茶园面积199.87公顷,年产干茶1500吨,是湖南省八大示范茶场之一。茶场所属“湖南省龙舟茶业有限公司”,前身为龙舟茶厂,始建于1957年。融生产、加工、销售于一体,具有自营出口权,年加工能力5000吨。主产龙舟毛尖、绿茶、红碎茶、功夫茶、花茶、绿碎茶等。公司注册资金560万元,自有茶园200公顷,从业人员235人,其中专业技术人员35人。2006年,被定为岳阳市农业产业化龙头企业,产品远销欧美、俄罗斯等国际市场。2008年,完成产值1820万元,为茶农创收1300万元。茶场骨干企业——神农茶业有限公司,占地面积80公顷,职工220人,建筑面积3万平方米。是省茶叶总公司的优质品牌出口基地和省外贸三利有限公司的优质品牌茶出口基地。公司年产干茶4500吨,主要产品有神农饮之王毛尖、白茶、黑茶等。2008年,获"中国中西部地区最畅销农产品"和"岳阳市十大名茶"称号。

产业经济　20世纪90年代初,茶园开发仍较落后,茶叶销路不畅。至1999年,库存积压茶叶达2000担,部分茶农弃茶经商或外出打工,导致茶园荒芜。2000年后,市政府拨专款引进茶叶良种百毫早、碧香早、桃园大叶种、槠叶齐4个品牌,开辟2公顷良种母本园,对历年落后近似衰亡的品种进行改造。引进2条名优茶生产线,生产毛尖茶"龙舟毛尖""神龙饮之王"等品种。采用机采、机耕、机防等全套机械化作业,降低生产成本,全场增效250万元。2001年,茶场被定为湖南省茶叶总公司优质品牌茶生产基地,生产的红碎茶全部由公司包销,年销量600担。2004年,茶场与上海、广东等几家茶叶公司建立互惠合作关系,产品供不应求。2005年,"龙舟毛尖"被农业部定为无公害产品。2006年,茶场消赤减债,偿还历年各项欠款50万元,总收入突破100万元,为300多名职工办理养老保险支出20万元。

原种场

原种场位于汨罗市西部,东临白水镇,西与湘阴县接壤。

沿革·区划·概况　清咸丰五年(1855),属白水局仁里团和三峰局上归政团。民国年间(1911~1949)属白水乡12保、云静乡4保。1950年冬,建湘阴县第一农场。1956年,更名为湘阴县良种繁殖场。1958年,分隶大众公社唐山大队和长仑公社高山大队。良种场改名为农业技术学校(简称农校)。1966年,划进湘阴县石塘公社新龙大队的6个生产队,农校更名为汨罗县五七干校。1971年,更名为农业科学研究所。1978年,白水公社的大华、华中两大队并入,撤销五七干校与农科所,置原种场。1982年,所辖4个大队全部更名:全民改原种、前进改郑家塘、华中改张公桥、大华改大花。1984年,改大队为村。2001年,恢复大华、华中、前进、全民4个行政村名,场部驻牛口段四方园。2008年,总人口3488人;土地总面积9平方公里,其中水田244.93公顷,旱土554亩;农民人均纯收入3845元,比上年增长15%。

农业经济　农业生产以水稻、玉米、红薯、油菜为主,辅以小麦、豆类等。畜牧业以猪、鸡为主,辅以牛、渔、鸭等。1980年始,成立良种科研组,每年提供早晚稻优质品种15万公斤。1985年,在大华村制杂交晚稻种子获得成功。1986年,引进"早稻80265",1988年大面积推广,亩产400~500公斤。1990年,早稻中熟品种87—247在场内试种,亩产达510公斤。

1988~1989年,对优良油菜品种"甘蓝型""泰油2号"大面积推行育苗移栽技术,亩产达200公斤;推广晚稻杂交"双两大""多效唑"技术,平均亩产500公斤。1997年10月,成立农技站,推广新种子、新化肥、新农药。2001年始,调整优质稻品种面积233.33公顷。2006年,完成农业综合开发任务。2007年,场内遭遇特大干旱,粮食亩产仍达1000公斤。2008年,粮食亩产1020公斤,出栏生猪9500头,耕牛180头。向国家提供商品粮50万公斤,繁殖水稻原种50万公斤。

工业经济 1983 年,组建建筑工程队。1985 年,开办服装厂、禽畜饲料加工厂。1988 年,创办汽车修配厂和硫酸铜厂。1994 年,兴建红砖厂。1996 年,建陶瓷厂。2001 年,创建天健红米王有限责任公司,实行"公司＋农户＋基地"的运作模式,连片建成红米生产基地 186.67 公顷,年产精米 300 吨,优质品种精加工 157 吨。2006～2008 年,公司拓宽销售渠道,增加投入,年均增效 20 万元。

教育 2006 年,初级中学并入白水镇三星中学。2008 年,有小学、中心小学各 1 所,有教、职员工 37 人,常年在校学生近 500 人。学前教育率、儿童入学率、中学巩固率均达 100%。

卫生·计生 1995 年,兴建卫生院,配置医务人员、村医 13 人。倡导饮水卫生,拥有干净卫生水井 800 余口。落实新型合作医疗制度,全场参保人数占总人口的 85%。人口出生率 13‰,自然增长率 3.5‰,计划生育率 97%,节育率 92%。

文物古迹 境内张公桥,建于清乾隆四年(1739),坐落在白水江下游的华中村。桥长 85 米,宽 8 米,高 11 米,呈拱形。乾隆二十年(1755),湘阴县知县陈钟理为张公桥作《张公德政碑记》。1985 年 5 月,被定为县级重点保护文物。1996 年,因遭受特大洪水灾害,张公桥东岸桥墩被冲垮,场部拨专资修复原貌。

白水苗圃

白水苗圃位于白水镇境内,紧邻越江村。

建制·概况 建于 1954 年,以育苗为主。1985 年前,苗圃职工按月领取工资。1986 年,将土地分散承包到户,职工按产品数量、质量获取报酬。1995 年,实行大包干经营管理体制,圃部按经营面积和土地等级,每年每亩向承包户收取 20～85 元的土地使用费,职工享有种植和销售权,苗木收入除完成上交任务外,其余归承包者所有。至 2008 年,经营面积 142 公顷;人口 230 人,实现社会总产值 230 万元,其中林业产值 160 万元;人均纯收入 4800 元。

苗木生产 至 2008 年,大苗生产面积 20 公顷,小苗 6.67 公顷。1985 年,由省林业厅确定、省林科院扶持,苗圃火炬松种子园生产项目正式启动,造林 80 公顷,1986 年春嫁接,1998 年开始采种。2001 年,国家林业局将白水火炬松种子园列入国家良种开发国债项目。至 2004 年,国家投资 60 万元用于园区首期生产建设,种子产量由 1999 年的 20 公斤增至 150 公斤。2006 年,国家林业局启动种子园续建项目,投资 45 万元,面积增至 24 公顷。

苗木销售 1999 年,苗木销售以市场为导向,开始承接绿化业务。2000～2002 年,为 1809 线新市段、电力局、楚塘移民建镇、人行市支行绿化等工程项目提供优质苗木。除自产自销苗木外,还从外地调入苗木。2003 年始,定期发布网络信息,与湖北、江西、江苏、浙江、上海、广东、云南等省、市客户建立供需合作关系,苗木逐步进入国内市场。2008 年,承包境内外绿化工程 5 个,销售绿化大苗 8500 株,销售苏荻、国外松、杉苗等小苗 162 万株,销售总收入 96 万元。

基础设施建设 1978～2002 年,累计架设电力线路 4.8 公里,建移动通信基站 1 个。2008 年,完成湘白(湘阴至白水)公路线至苗圃主干道拓改工程,按路宽 4.5 米的标准硬化,彻底打破苗木运输瓶颈,苗木外运畅通无阻。

玉池林场

玉池林场位于汨罗市南部,由玉池山、神鼎山两部分组成。东靠玉池乡、西南、西北与高家坊镇、川山坪镇相连。场部驻地田垄里。

建制·概况　1958年,建玉池农林垦殖场,1961年停办。1964年,重建国营玉池林场。分为玉池山、神鼎山2处,辖11个村民小组。1994~2008年,辖一、二、三分场和神鼎分场。场部驻地田垄里。2008年,林场总面积786.67公顷,其中水田9.6公顷,旱土1.33公顷;总人口564人;林业总产值300多万元,场部总收入70万元。

林木生产　林场乔林树种以人工杉木为主,辅以马尾松、湿地松、火炬松、楠竹等。1978年,开始间伐受益;1980年,进入采伐利用期。至2008年,全场共完成造林635公顷,其中完成退耕还林38.4公顷。活立木蓄积量33201立方米,其中用材林29772立方米,占89.64%,防护林3429立方米,占10.32%。

林场管理　1999年前,林场实行统一核算。1999年后,以分场单独核算、自收自支、自主管理、自求平衡。营林生产由场部统一规划设计,采伐、抚育、造林、护林及林道维修、公路建设等事项由分场承担,费用统一包干;资金使用先收后支,由场部统一收取木材款后返回40%,用于支付各分场营林生产及各类建设费用,退休职工生活费由场部统一发放,经营管理由各分场负责,场部起指导、协调和监督作用。2000年始,扩大分场自主权,产业结构全面优化。一分场发展胡柚3.33公顷,高标准建设6.07公顷杉木种子园。二分场、神鼎分场种植良种油茶10公顷,还在红花乡境107国道旁租赁山地6.67公顷,投入144.5万元,建成集科研、观光、休闲、苗木于一体的良种花卉苗木基地。基地分为精品区、苗木区、移栽区、培育区。有桂花、茶花、铁树等各类苗木品种100多个,累计培育苗木100多万株。2002年后,先后承建加华牛业、友谊河改造、市民政局庭院、李氏家具公司等绿化项目17个,签约资金39万元,获经济效益12万元。在适宜楠竹栽植的主伐迹地及坡耕地内新造38.67公顷楠竹,使竹林面积占总面积的10%以上,楠竹成活率达92%。2005年年初,林场遭受特大冰灾,受损面积达86.67公顷。蓄积3000多立方的木材不能如期采伐出山。4月,省林业厅、岳阳市、汨罗市相关部门领导多次深入林区察看灾情,实地指导生产自救,并下拨专项资金维修和恢复毁坏的公路和林道。场部及时制定自救方案:增设采伐点,分级承包,雇劳力运转,加大监控力度,至年底按质按量完成采伐任务,确保林木资源受灾不受损。

重建名寺　2001~2008年,林场引进省佛教协会投资,重建千古名寺——资圣寺。完成大佛殿、天王殿、居士楼等建设,依托神鼎水库等自然风光,发展以垂钓为主的农家乐休闲产业。

桃林林场

桃林林场位于桃林寺镇境内,紧临京广线桃林火车站。场部驻地牛力塘。

建制·概况　建于1957年10月。1958年,隶属于白塘公社。1960年,扩建为农林垦殖场。9月,恢复桃林林场。1963年,更名为木本粮油试验场。1967年,复为国营桃林林场,辖5个生产队。1996年,1

队和林科所改为一工区,2 队改为二工区,3～5 队、园艺场改为三工区。2008 年,共辖 3 个工区、289 人,土地面积 386.07 公顷,其中林地 340 公顷,水田 27 公顷,水面 2.2 公顷。市林业科学研究所设于场内。公路、电力、通讯、供水等基础设施完备。主要树种有国外松、火炬松、池松;经济林树种有油茶、桃、笋用竹;绿化树种有樟树、杜英、石楠、马褂木、广玉兰、白玉兰、铁尖杉、油茅油杉、红豆杉、樱花等。成为集林木种苗、种子、林业科研、林业示范、林业技术推广于一体的国有科研林场,固定资产 96 万元,年林木产值 650 万元,人均纯收入 5400 元。

经营管理 1979 年,建国家级湿地松种子园(国外松),面积 7.33 公顷。改造低产油茶面积 45.33 公顷,建高产油茶采穗圃 3.8 公顷,林木种苗良繁 25.67 公顷。1981 年,被国家林业局列为全国重点林木良种繁育基地。1979～2005 年,累计投资 450 万元,建林木良种繁育面积 136.4 公顷,林木良种项目 6 个,其中国外松种子园 75.33 公顷。1986 年开始产种。至 2006 年,国外松种子产量 6150 公斤,基本满足省内乃至中南地区造林绿化用种需要,结束该地区湿地松种子依赖高价进口的历史。2008 年,林木良种基地面积达 124.67 公顷,其中 1.5 代湿地松种子基地 73.33 公顷、马尾松种子园 20 公顷、高级油茶采穗圃 3.47 公顷,阔叶树良种基地 21.2 公顷、落叶小水果良繁 3.67 公顷;笋用竹引种 3 公顷。基地建设全面完成,80% 以上场地投入运营。6 月,湖南武陵园公司与桃林林场签订油茶产业合作开发项目,合作建立油茶采穗圃 40 公顷。

重要会议 2007 年 12 月,国家林业局油茶产业专题调研会议在桃林林场召开,副省长庞道沐及岳阳市、汨罗市林业主管负责人等 100 余人参加会议。

第二十一篇　教　育

1978年5月，汨罗县政府贯彻《全国幼儿工作会议纪要》精神，提出幼儿教育“两条腿”走路的方针；9月，撤销学校革委会和革命领导小组，实行党支部领导下的校长负责制；同时，成立落实政策办公室，着手平反冤假错案，落实知识分子的政治、经济待遇；通过调整学校布局，优化资源配置，增加经费投入，实行招商引资，全市286所小学达“一无六有三配套”标准、147所中小学达花园式学校标准；通过全面贯彻教育方针，推行素质教育，开展部门办学、扶贫助学、爱心助学，巩固“普九”成果，适龄儿童、残疾儿童、留守儿童、进城农民工子弟均能就近入学，安心就读。1984年后，汨罗县相继成为岳阳地区普及初等教育第一县、湖南普及初等教育第二县，湖南“两基”先进市，全国“普九”“双高”县（市）。通过控制重复教育，推行素质教育，开展成人教育、职业教育、特殊教育，各类人才脱颖而出：1977～1999年，高中升大学者16985人，录取率40.34%；2000～2008年，高中升大学者24299人，录取率73.79%；1992～1993年，汨罗一中“两年三榜首，一届五清华”，高考上线率为三湘各县属高中之首；2000～2007年，成人高考录取1713人，录取率为58.1%；1997～2006年，成人自学考试毕业者1837人，其中本科800人。1996年5月11日、2006年11月19日，国务院副总理李岚清和国务委员陈至立先后到汨罗市考察素质教育工作，对汨罗市素质教育经验给予充分肯定。1996～1998年，国家教委、湖南各级党政、教育部门先后10多次在汨罗市召开现场会，全国20多家新闻单位到汨罗采访报道，全国各省市先后有1350个代表团、3400批次、13万多人到汨罗市考察，汨罗市教育局应邀派出10多个代表团到16个省市讲学。

第一章　普通教育

第一节　学前教育

1978年5月，汨罗县政府贯彻《全国幼儿工作会议纪要》精神，提出幼儿教育“两条腿”走路的方针，在汨罗、城关、火天试办常年幼儿园38个，农村托儿所20个。筹资18.2万元兴建县幼儿园，安排幼师、职工22人，收幼儿100人，分4个班，开设语言、常识、计算、体育、美术、音乐6门课程。是年，全县幼儿工作实行政府牵头，教育部门主管，乡（局）村（或工厂）两级办园三级管理和园长负责制。1978～2002年，全市共开办幼儿园1059所，开设学前班7539个，入园幼儿266042人，教职工11246人。2007年，全市幼儿园46所，共有教职工405人，开设幼儿班271个，在园幼儿7491人。2008年，全市有幼儿园70所，开设幼儿班366个，在园学生12815人；共有专任教师525人。

第二节　小学教育

一、学校布局、规模

1979 年,调整、整顿小学。1980 年,小学调整、合并为 394 所,比 1966 年减少 195 所。1981 年,建立以各公社中心小学为骨干的小学教育体系。1982 年,各公社中心小学负责管理本社小学教育,中心小学配校长、副校长、教导主任、总务主任。1983 年,普及初等教育。1984 年,经省、地联合检查验收,全县小学入学率 99.74%、巩固率 99.36%、毕业率 95.60%、12 ~ 15 周岁少年受初等教育的普及率为 97.48%,均达到或超过教育部颁布的标准。同时,出现一批规范化小学。是年,汨罗县成为岳阳地区普及初等教育第一县、湖南省普及初等教育第二县。1993 年,全市共有小学 386 所,在校学生 98343 人,学龄儿童入学率 99.8%。此后,通过全面贯彻教育方针,推行素质教育;实行"保学控流",开展"扶贫助学""爱心助学"活动,进一步巩固"普九"成果;加大教育投入力度,积极改善办学条件,努力争创"合格小学""花园式学校";通过"惩恶""扫黄",建设平安校园,城乡学校面貌焕然一新。适龄儿童、残疾儿童、留守儿童、农民工子弟入学问题得到妥善解决;学校对学生的吸引力、凝聚力大大加强,家长积极送读,学生安心就读,学生的个性特长得到充分发挥,一度令人头痛的学生辍学、流失问题迎刃而解。至 2008 年,全市共有小学 168 所,占地面积 120 万平方米,建筑面积 26.76 万平方米;共有教学班级 1012 个,在校学生 38086 人,年招生 7733 人,年毕业学生 6037 人。历年小学适龄儿童入学率、校外少年初等教育普及率、在校学生巩固率、小学学生毕业合格率均达最高纪录。1991 年,在校小学生 6800 人,流失 90 人,辍学总数第一次控制在两位数内;1995 年,依法"控流",全市 72398 名在校小学生,因病流失 8 人,流失率约等于万分之一。2002 年,在校学生 55588 人,流失学生 3 人;2000 ~ 2008 年(2002 年除外),共有在校学生 37.8216 万人,8 年内无一个学生流失。

1996 年 5 月 11 日,中共中央政治局委员、国务院副总理李岚清考察汨罗市素质教育,在新市中心小学听李乐老师上活动课"花"。2000 年、2001 年,李岚清两次指示,要总结推介汨罗市的素质教育经验。2006 年 11 月 19 日,国务委员陈至立到汨罗市考察教育。

2001 年,汨罗市被评为湖南省"两基"(基本普及九年制义务教育、基本扫除青壮年文盲)工作先进市,被教育部、民政部、全国残联评为特殊教育先进市(县)。2004 年,汨罗市被评为全国"普九""双高"县(市)和湖南省"普九"先进县(市)。2007 年 4 月 25 日,汨罗市接受"两基"国检;教育部副部长陈小娅考察汨罗教育,对汨罗市巩固提高"两基"成果、全面深化素质教育给予充分肯定。2008 年,义务教育始终保持全国的"双高"水平。汨罗市的素质教育作为新中国教育 60 件大事之一入选《新中国教育纪事》,并被拍成电视片,向中华人民共和国成立 60 周年献礼。

二、学制、课程

1978 年始,小学一律改为秋季始业。1982 年,全日制小学学制恢复为六年制,开设思想品德、语文、数学、体育、音乐、美术、劳动等课程;每周全校统一安排周会(校会或班会)、少先队活动一课时。三年级开设自然课,五、六年级增开历史、地理、农业常识。在教学和假期安排上,全年寒、暑假由 8 周增至 10

周,教学时间改为36周,复习迎考4周,机动2周。每周活动总量为上课时间24～27课时,另有课外活动两课时。

三、教育成果

汨罗市1991～2008年小学教育“三率”统计表

表21－1－122 单位:%

年度	入学率	巩固率	毕业率
1991	－	99.87	－
1992	99.97	－	96.5
1993	99.8	99.96	96.2
1994	100	99.98	95.6
1995	100	99.9	93.3
1996	100	99.9	99.3
1997	100	－	－
1998	100	99.89	96.3
1999	－	99.98	99
2000	100	100	98.2
2001	100	100	99.24
2002	100	99.99	99.5
2003	100	100	99.5
2004	100	100	99.9
2005	100	100	99.9
2006	100	100	99.9
2007	100	100	100
2008	100	100	100

第三节 中学教育

一、学校布局、规模

1978年9月,撤销学校革委会或革命领导小组,实行党支部领导下的校长负责制。1979年,绝大部分社办高中撤销。按照1万人办一所初中、10万人办一所高中的规划,高中调整为12所,初中调整为50所。至1994年,初级中学一直保持近50所的规模。

1981年,全县高中压缩到7所,在校学生3403人;初中51所,在校学生16975人。1983年,压缩高中1所,七中只办初中;二中改为第一职业中学,兼收普通高中生。1985年,七中(即二中前身)开始招收高中生;1986年,四中恢复高中;1987年,县属中学实行校长负责制,党支部发挥保证、监督作用;是年,四中停招初中生。1988年,七中停办初中,改为高级中学。

1984年始,汨罗县政协、汨罗县经委、教委先后筹办屈原、育才、越江(1989年,更名为楚雄)学校。

屈原中学 1984年,汨罗县经委、教委协同筹办,教室借用汨罗瓷厂旧房,是年招高三复读班3个,高一新生班两个,共270人。一年后因经费困难停办,高二学生转入七中就读。

育才学校 1986年,汨罗县政协牵头创办。同年秋,招高三复读生146人。至1993年上学期,共招收高三复读生1620人补习,参加7届高考,被大中专院校录取公费生618人,自费、委培生456人。

越江补习学校 1987年,由市教育工会负责筹办,校址设白水中学内。同年秋,招高三复读生168人。1989年秋,更名为楚雄补习学校,迁城区城南中学内,续招高三复读生230人。

1992年,全市普通高中由6所压缩到5所,四中整体并入二中。

1996年,汨罗六中更名为汨罗市四中。1997年,普通高中开始走特色发展之路:一中、二中以培养文化生为主,三中、四中、五中以培养音乐、体育、美术特长生为主。

1995～2003年,调整办学布局:撤销白水镇王家坪中学和闵家巷中学,兴办白水镇三星中学;弼时镇栗桥中学并入弼时中学;古培镇水口中学并入古培中学;玉池乡梓木洞中学并入白鹤洞中学;火天乡静江中学并入火天中学;城关镇城南中学并入城北中学等。

1998年,在城西开发区创办罗城九年一贯制学校。至2007年秋,发展成拥有55个教学班、3179名学生的窗口学校。是年,市体育学校成立,常年招收小学4～6年级、初中1～3年级体育特长生,专门培养体育尖子。

2000～2002年,八景、磊石、玉池九年一贯制学校相继成立。至2002年,全市初级中学规模(含九年一贯制学校)调整到38所。各初级中学陆续兴办寄宿部。全市专业特色办学已见成效。2003年,一中被正式批准为湖南省重点中学,后为湖南省示范性普通高级中学。2006年,三中、四中、五中被批准为岳阳市示范性普通高级中学。2007年,二中被批准为湖南省示范性普通高级中学。

二、学制、课程

1978年,各中学开设政治、语文、数学、物理、化学、历史、地理、生物、农业基础、生理卫生、体育、美术、音乐,从初中一年级至高中二年级,一律使用全国新编教材。高中毕业生参加全国统一高考,文史类考政治、语文、数学、历史、地理、外语6科;理工农医类考政治、语文、数学、物理、化学、生物、外语7科。1981年,初中改为三年制,高中增设人口理论讲座。1982年始,高中一律改为三年制,中学各科教学均统一使用人民教育出版社出版的六年制中学课本。

附 学校选介

汨罗市第一中学

位于汨罗城区屈原南路。1956年创办,全日制农村普通高级中学,有54个教学班,在校学生3300人;在编教职工231人,其中高级教师64人,一级教师81人,特级教师2人;全国优秀班主任1人,省级优秀教师2人。

校园面积8.64万平方米,其中建筑面积61687平方米。学校图书室藏书8万册、期刊200种、报纸10种。学校实验室、仪器室、劳技室、科技室及其设备均达省示范高中装备标准。学校建有校园网,有计算机 500 台,多媒体教室 5 间,电子阅览室 1 个,办公实现现代化。

汨罗市一中先后获“全国小公民道德建设实验学校”“陶行知实验学校”“湖南省园林单位”“省现代教育技术实验学校”“省体育传统项目优秀学校”“省青少年科技创新示范基地”“岳阳市绿色学校”“岳阳市文明单位”“岳阳市青年文明号”“岳阳市教学先进单位”“汨罗市三个文明建设先进单位”等称号,被国防科技大学、海军工程大学、西北农林科技大学、华中科技大学、湖南大学等多所高校定为优秀生源基地。1992 年,周勇、戴旭尴分获省高考文理科第一名,并获重庆国光集团奖励。1993 年,张维获省高考理科第一名。是年,有 5 人录取清华大学,出现“两年三榜首,一届五清华”的盛况,高考上线率为湖南各县属高中之首。1995 年,唐华平获全国数学奥林匹克竞赛一等奖,并被保送到清华大学。1990 ~ 2007 年,该校考入清华、北大的学生 34 人。

1996 年,《人民教育》第四期以大量篇幅介绍该校推进素质教育的典型经验。1996 年 5 月 11 日,国务院副总理李岚清到汨罗一中考察。2006 年 11 月 19 日,国务委员陈至立及省委书记张春贤、省长周强到校考察。2005 年,晋升为湖南省示范性高中。

汨罗市第二中学

位于汨罗市城区荣家路。1975 年创办。1978 年,由七年制学校(小学到初中)转为九年制学校(小学到高中),正式命名为汨罗县第七中学。1981 年下期,高中部并入一中,一中初中部并入二中,共设 17 个教学班,定为县重点初级中学。1985 年下期,初中逐步停办,恢复高中招生。受县委、县政府委托,接收私立屈原中学的 2 个高中班,更名为汨罗县第二中学。

校园占地面积 55927 平方米,建筑面积 60114 平方米。学校图书馆藏书 7.5 万册,期刊 180 余种,报纸 50 余种。学校实验室、仪器室、劳技室、科技室及其设备,均达省示范高中装备标准。学校建有校园网,有计算机 400 多台,多媒体教室 3 间,基本实现办公现代化。有教学班 48 个,学生 2947 人;在职在岗教职工 226 人,其中专任教师 177 人,高级教师 67 人,特级教师 2 人;专任教师均具有本科学历,其中硕士研究生 3 人;部级劳模 2 人,省级骨干教师 4 人,地(市)级骨干教师 14 人,学校学科带头人 15 人,县(市)级骨干教师 20 人。1978 ~ 2008 年,共培养合格初高中毕业生 18300 余人,中考、高考录取各级各类学校 5480 人。1994 ~ 2006 年,考入清华、北大的学生 8 人。2007 年,被省教育厅确认为省级示范高级中学。

学生的综合素质普遍提高,年度巩固率、会考合格率均为 99%。2006 ~ 2008 年,在各级各类学科竞赛中,有 873 人次获奖,其中国家级奖 18 人次,省级奖 64 人次,岳阳市级奖 212 人次,汨罗市级奖 579 人次。为飞行学院输送飞行员 14 人。2007 年,何思夺得全市高考理科第一名。

汨罗市二中先后成为中国教育学会教育实验基地、中国教育学会“学校管理机制实证研究”实验学校,并被评为湖南省绿化先进单位、省文明卫生单位、省招飞工作先进单位、省艺术教育先进单位、省体育传统学校、省贯彻《学校体育工作条例》优秀学校、岳阳市双文明建设先进单位、岳阳市教育教学改革实验(示范)学校、岳阳市普法工作先进单位、岳阳市绿色学校、岳阳市食品卫生 A 级单位、岳阳市高中教育质量先进学校。1995 ~ 2008 年,市二中年年居汨罗市普通高中教育质量评价和年终目标管理评价的优秀行列,其中 10 次教育质量评价第一、11 次目标管理评价第一。高考质量一直居岳阳市同类学校之首。2002 ~ 2006 年,连续五年评为岳阳市高中教育质量先进学校。其办学经验在《中国教育评价》《中国教育报》《人民教育》《湖南教育》《湖南工人报》、中央电视台、湖南教育电视台、重庆电视台、上海东方电视台等新闻媒体推介。

1998年2月，湖南省政协主席刘正视察二中后题词——“深化改革，敢为人先”。2004年，刘正评价二中是“全省非重点中学的一面旗帜”。

1999年，汨罗市教育局号召全市各级各类学校“管理学二中”。2002年，岳阳市政府授予汨罗市二中为一级A类学校。2007年，省教育厅授予市二中“湖南省示范高中”称号。

汨罗市楚雄学校

1987年，在白水镇白水中学校园内创办越江补习学校，招收高中复读生146人。1989年8月，迁汨罗城区城南中学内，更名为楚雄学校，钟冬良任校长。1991年，再迁至城郊窑洲村(现归义街东路)。2002年，因修建沿江大道，又迁至归义街原电扇厂内，征地54536平方米，投资3500万元建校。并更名为楚雄中学。是年，有教职员工88人，下设教务处、总务处、政教处、办公室；在校学生1428人，设教学班17个。每年招收学生1400多人，其中岳阳、长沙、株洲、平江等外县、市学生800多人。1998～2008年，楚雄学校参加高考学生达14127人，其中，录取本、专科人数12212人。

汨罗市第三中学

位于桃林寺镇。1977年下期，取消五七大学头衔，恢复为县第三中学。学校占地面积3.76万平方米，建筑面积18860平方米；在职在岗教职工96人，教学班26个，学生1498人；共培养初高中合格毕业生7800人，其中3010人考取各级各类学校。

1998～2003年，三中年年被评为汨罗教育教学质量先进单位；1999年、2002年、2003年，被评为岳阳市教学质量先进单位；2001年，被评为省艺术教育先进单位，并被人民日报社推荐为特色办学“百年百校”。在市教育局的教育教学质量评价中，高三年级在1998～2001年连续四年夺得金牌，文科班在1995～2000年中四次夺魁，理科班在1999年、2000年蝉联冠军，2000～2007年连续8年高三年级教学质量评价进入岳阳市65所普高前十强。1998年后，注重音乐特色学生的培养，每年音美专业班学生升入大学本、专科者达97%。2006年，三中晋升为岳阳市农村示范性高中。

汨罗市第四中学

位于白水镇。1956年秋创办；1978年，更名为县第六中学；1999年，再次易名为市第四中学。至2008年，共培养合格初、高中毕业生12300余人，其中3787人被各级各类学校录取，其佼佼者有少将2人，博导、博士各1人。至2008年，有26个教学班，学生1458人；在校教职员工107人，其中高级教师8人，一级教师56人；占地面积57336平方米，建筑面积51237平方米，系岳阳市花园式学校。学校教学设施先进，人人配置便携式电脑，实现信息化教学。学校教学理念先进，教学质量稳步上升，2007届高三教学质量评价进入岳阳市先进行列。体育特色教学成绩显著。2007年，学校田径队首次参加岳阳市运动会，获第二名，在其他各种比赛中也屡获佳绩。至2008年，输送飞行学员40多人。

2006年，晋升为岳阳市示范性高级中学。

汨罗市第五中学

位于长乐镇。是一所以美术特色教育为龙头、音、体、美全面发展的农村普通高中。1956年8月创办，共培养初中毕业生3000余人，高中毕业生5000余人，为各级各类学校输送新生2200余人；其中获得硕士、博士学位的80余人，出国留学40余人。有24个教学班，学生1300余人，其中美术特色班10个，学生500余人。教职工100人，其中市级名师2人，高级教师10人，美术专业教师9人。学校占地面积2.8

万平方米，建筑面积2.4万平方米。基础设施、师资力量跻身农村普高前列。2006年9月，晋升为岳阳市示范性普通高级中学。

汨罗市第六中学

位于汨罗市区劳动南路39号。2005年4月，由民营企业家曹利庆创办。原为汨罗市外语中学（普高），2007年3月，更名汨罗市第六中学。学校占地面积20000平方米，校舍建筑面积2800平方米。学校设施齐备，跑道、操场、球场一应俱全。多媒体室、微机室、实验室、图书室，均已装备达标。校园网络正式开通。学生住宿实现公寓化。

汨罗市罗城学校

位于汨罗市区城西。1997年11月18日动工兴建，1998年9月1日建成开学，校长陶金湘。有6个年级，455名学生，29名教师。实行九年一贯制义务教育，跨初中、小学两个学段，9个年级。2002年，兴办附属幼儿园。至2008年，学校占地面积41668平方米，建筑面积近1.3万平方米，藏书2万余册，固定资产达2700多万元。有55个教学班，中小学生3179人；教职工178人，其中高级教师20人，中级教师113人。学校为城区学生和进城务工农民子弟就读提供方便。《人民日报》《人民教育》等多家媒体采访报道。共接待外省、地、县教育考察团近万人次，并先后被评为湖南省基础教育改革优秀实验学校、岳阳市优秀法人单位、岳阳市双文明单位，岳阳市依法治校示范学校。

第四节　特殊教育

一、启动特殊教育

1990年8月，汨罗市教委转发湖南省教委、残联等联合下发《关于发展我省特殊教育的若干意见》。1992年12月20日，市教委出台《汨罗市残疾少年儿童就学管理的暂行规定》，并以乡镇行政村为单位，由村小学分学年度造具《汨罗市残疾人员名册暨接受义务教育记录表》，逐年做好义务教育记录。

1995年1月9日，汨罗市委、人大、政府、政协联合通过创办“特殊学校”的决议。是年，全市7～15周岁残疾少儿1487人，已入学1197人，入学率80.4%；市教育局完成全市残疾少儿的筛查、鉴定工作。1996年1月15日，出台特殊教育质量评价方案。

1996年9月，特殊学校正式招生、开学。是年，市教育局余志伦编辑《特殊教育问答》一书，供全市教师内部阅读参考。至1999年，全市7～15周岁残疾儿童少年1360人，其中特教学生55人，在普通班就读1126人，入学率达86.8%。2001年，汨罗市被评为全国特殊教育先进市。2007年上半年，经国家“两基”普查验收，全市残疾少年儿童入学率达97.6%，处全国领先水平。

二、成立特殊教育学校

1994年，汨罗市政府决定建立市特殊教育学校。1995年，市教育局成立特殊学校筹建办公室，在城西燎家山征地8000平方米、筹资100万元兴建教学楼及配套工程，1997年6月竣工。是年7月，市特殊教育学校正式成立。调入教职工16人，招收市内聋哑儿童32人。9月1日，正式开学开讲。

至2008年，该校有学生食堂210平方米，教师宿舍楼960平方米，学生劳动实习用房320平方米。

投入18万元,绿化环境;自筹资金46万元建成多媒体教育和教学综合楼;争取国家发改委项目资金50万元,新征土地666.7平方米,改扩建学校操场,新建体育运动场看台及师生健身场地。共有教职工25人,设1～9年级9个教学班,在校学生101人,毕业学生23人;成为一所融文化教育、语言康复、自理能力和生存技能培养于一体的全日制九年寄宿特殊教育学校。学校除文化课外,还开设工艺美术、烹饪、理发、缝纫编制、舞蹈、电脑应用基础职业教育课程。

第二章　成人教育与职业教育

第一节　职业教育

一、公办职业教育

1979年,汨罗县卫生学校在城区高泉南路创办,以短期训练形式提高各社镇在职医务人员业务素质。

1983年5月19日,汨罗县政府决定将县第二中学更名为汨罗县第一职业高级中学,招初中毕业生,学制3年。秋季,首次招收职业高中新生92人。同时,兼招普通高中班。是年,汨罗县五七干校更名为汨罗县农业中等技术学校,招收学生48人(1986年停办);移风、松山、原种场初级中学改为职业初中,学制四年,前三年学文化,第四年学专业技术。1984年上学期停办(续办三年制初级中学)。

1985年,汨罗县教委与财委合办汨罗县第二职业中学(后改为市财贸职业中专)。

1987年,汨罗县教委与经委合办汨罗县第三职业中学(后改为市工业职业中专学校)。是年5月,将卫校改建为市中等中医职业技术学校(2001年该校停止招生)。1989年,铜盆乡李家塅初级中学改为四年制初中。

1989年9月,湖南省政府以汨罗市第一职业高中为现场召开全省职校工作会议。下年3月,市第一职业高中更名为湖南省汨罗市职业中专学校。是年10月,国家教委副主任何东昌率各省主管教育的领导到市属四所中等职业学校参观并指导工作。

1992年5月,汨罗市政府作出《关于大力发展职业技术教育的决定》,规定市、乡两级财政对职业教育费的提供标准。1993年,市职业中专学校受到国家教委、人事部、农业部、科委四部委的联合表彰。2003年,创办汨罗市楚天职业技术学校,首次招生94人。

1996年,汨罗职业中专学校被评为全国首批国家级重点职业学校。6月28日,全国构建督导评估机制推动素质教育汨罗研讨会在该校召开。国家教委副主任柳斌题词——“发展职教事业,建设幸福家园”。1997年,经省政府批准,汨罗市职业中专升格为岳阳市现代农业工程中等专业学校。

2000年,汨罗职业中专通过国家级重点职业学校复评验收。是年7月28日,在全国农村教育工作会上,该校校长龙根深被评为全国职业教育先进个人。2004年、2006年,汨罗市政府连续两年被湖南省政府授予“全省职业教育先进单位”称号。2005年11月11日,职业中专学校获全国职业教育先进单位。2007年1月,汨罗市工业职业中专被评为岳阳市示范中等职业学校;是年,5个项目入围省职业教育“十一五”重点建设项目;2008 年,又有 1 个精品专业和 2 个专业带头人入围省重点项目,成为省重点项目“大满贯”县(市);有 1 个示范性中职学校(财贸职校)、2 个精品项目、3 个精品课程、5 个专业带头人入围岳阳市职业教育“十一五”重点建设项目。

二、民办职业教育

1998 年,创办科贸职业中专学校(后更名为科贸职业技术学校)。2000 年,先后创办兴华职业技术学校、自强电脑学校(后更名为汨罗市自强职业技术学校)。2002 年,创办湘雅电脑学校(后更名为汨罗市湘雅职业技术学校)。2004 年,创办汨罗市蓝天职业技术学校。2005 年,创办新世纪职业学校、鹏翔职业学校。两校因未达中等职业学校办学条件,故 2005～2006 年招生均挂靠汨罗市楚天职业学校,2007 年招生挂靠汨罗市科贸职业学校。1998～2008 年,全市 10 所民办职业学校,共开设 17 个专业班,招生 36219 人,有在校学生 12442 人。2008 年,汨罗市被评为湖南省扶持民办教育先进单位、岳阳市民办教育先进单位,自强职业技术学校被评为省先进单位。

附　学校选介

汨罗市职业中专学校

位于汨罗市高家坊镇。1983 年,在汨罗二中基础上改制创办职校;1996 年,被确定为首批国家级重点职业中专。有教职工 296 人,其中高级教师 58 人,中级教师 112 人;在校学生 5861 人;学校占地面积 17.2 万平方米,建筑面积 7 万平方米。获国家级、省部级科技成果奖 16 项,发表有影响的学术论文 600 余篇。职校系湖南省职业高中德育与就业指导教研学会主持学校、数学教研会主持学校,数控技术应用、电子电器 2 门专业课程,是省级精品专业。

职校教学设施完备,有微机室(拥有计算机 1100 台)、数控机床室、语音室、电子阅览室、多媒体室、家电组装室、机电室、电动缝纫室、形体训练室等基础和专业实验室 30 多个,仪器设备价值 1000 多万元。图书馆藏书 10 万多册。体育设施齐全。校园计算机网络实现全球资源共享。职校创办机械厂、教育建筑公司、科技示范农场等经济实体,年创收 100 万元。

职校先后与日本丰田汽车有限公司、宁波雅戈尔服饰、广东精诚科技等知名企业实行联合办学,开设实用专业课程,定向培养专业人才。学生就业率 100%,对口就业率 90%。

1983～2008 年,先后获得“全国科教兴农先进学校”“全国小公民道德建设先进学校”“全国职业教育先进单位”“全国安全文明校园”“全国德育基地实验学校”等荣誉称号,多次为国家教育工作会议提供会场和参观现场;国家教委领导王明达、何东昌、柳斌、张天保及湖南省党政领导储波、梅克保、许云昭等到职校视察;澳大利亚、日本、马来西亚、泰国专家学者多次考察职校,并给予高度评价;中央电视台、中国教育电视台、《中国教育报》《湖南日报》等新闻媒体曾多次报道职校办学成果。2006 年 11 月 19 日,国务委员陈至立在教育部部长周济、财政部副部长张少春、文化部副部长周和平、省委书记张春贤、省长周强等陪同下考察职校,并题词——“发展职业教育,服务地方经济”。

汨罗市财贸职业学校

位于汨罗市区友谊河北路。系商务局、教体局共管单位,始建于 1982 年,前身为市财贸战线职校,主要负责对内培训教育。1982～1984年,共举办各种培训班228期,培训职工1752人;通过统一考试,有2089人达到初中文化水平,占职工32.6%;有761人达到高中文化水平,占11.9%。

1985年,财贸办牵头组织全系统13家(局、行、社、司)单位,创建市第二职业中学。是年,招收内部职工子弟入学141人。授课教师除5人来自教育战线外,其余均在系统内部调剂产生。教室分别设在市粮食局、市商业局、市供销社职工学校。

1986年1月,财贸系统集资77.7万元,在友谊河北路兴建876平方米的教学大楼,招收3个两年制财会专业班新生150人。1987年1月,省政协主席刘正到该校考察。是年9月26日,省电视台推出《路在他们脚下——汨罗县第二职业中学侧记》专题节目,报道该校的办学经验和成效。

1988年3月,学校升格为市财贸职业中专学校。是年5月,建成全市职业学校中第一个微机室,首次面向全市招生150人。10月,全国燎原计划与农村教育改革试点县会议在汨罗市召开,国家教委副主任何东昌、王明达到财校考察,并题词鼓励。1993年,学校开始向沿海地区推荐毕业生。

1997～1999年,学校逐步开设专业技术培训课程,为社会各界培训实用型人才,包括商务管理、计算机、文秘、公务员培训等。2001～2005年,学校规模扩大,学生增至400人,教学质量稳居全市同行业前列。学校与西安财经学院、湘潭大学、湖南广播电视大学等高院校建立长期联办互助关系。至2005年,校园面积达8500平方米,建筑面积15317平方米;有教职工73人,其中专任教师55人,本科学历占65%,中级、高级教师占70%。

第二节 成人教育

一、农民教育

1982年,汨罗县人民政府制定《汨罗县农民业余教育管理条例》。1983年,各公社办起农民业余学校20所,学员1496人;重点农技校3所,学员84人。是年,岳阳地区农村业余教育现场会在汨罗县召开。

1989年,29个乡镇均办起农民技术学校;经验收合格的乡镇农校22所,在校学生1790人,教职员及教师420人,培训23150人,校舍建筑面积10380平方米。至2008年,29个农职校验收合格,5个农职校命名为示范农民技术学校;共有建筑面积1.4万平方米,有专业教师68人;每年开办中长班及短期培训班180多期,培训1.5万人次。主要培训内容:种植、养殖、服务加工、经营管理、财务会计等。

1987年,汨罗县出席省创合格乡农校经验交流会,并作《努力端正办学指导思想,积极创办合格乡农校》的经验介绍。1989年,汨罗市为全国农村教育改革县及燎原计划示范县会议提供《播种科技之火,促进燎原之势》《三字紧密结合,三教协调发展》等经验总结材料。1994年、1997年,汨罗市被国家教委评为普及九年义务教育和扫除青壮年文盲市(县);1998年,被教育部评为劳动技术教育先进单位;2004年,被省政府评为职业教育与成人教育先进单位。

二、成人业余教育

1979年8月,成立湖南省电大汨罗教学班(后更名为省电大汨罗工作站、汨罗分校)。1980年,成立汨罗县教师进修学校。1998年8月,汨罗电大和教师进修学校合并组建成人教育中心。1987年,汨罗县财办、教育局联合创办财贸中专学校，承担部分成人教育任务。

全市成人教育开设中文、英语、物理、化学、数学、化工、机械、工商管理、电算会计、财务会计、汉语言文学、金融、财税、文秘、教育行政管理、教育学、行干班、网络教育、计算机、法学、税务21个专业。汨罗财校还负责国家公务员培训、大中专学生转正定级培训、下岗职工再就业培训、农村劳动力转移培训和工程培训等。

1979～1998年，电大汨罗分校共培训学员1366人（其中1985年、1986年未招生）。1980～1998年，教师进修学校共培训学员3692人（其中1983年、1985年、1987年未招生）。1999～2007年，成人教育中心共培训学员2411人。1985～2003年，汨罗财校共培训学员9816人（其中1994年、1995年未招生）。

附　汨罗市成人教育中心

位于汨罗城区友谊河南路东侧。1980年3月创办，原为市教师进修学校。1998年8月30日，市教师进修学校与市电视大学合并组成市成人教育中心。学校占地面积14920平方米，固定资产678万元；其中，房屋建筑面积939平方米，造价447万元；仪器设备20万元；图书2万册，价值21万元。

至2008年，通过中函、中电培训及脱产进修，共有2600名小学教师获中师毕业证书，全市小学教师合格率由1981年的28.7%提高到1999年的96.7%；234名中学教师获高函专科毕业文凭，672名小学校长通过培训持证上岗，6029名教师通过计算机培训获各类等级证书，5917名教师通过培训获普通话等级证书。

第三章　教师队伍

第一节　师资结构

1978年，在3728名教师中，高中、初中、小学教师学历合格率不到30%。2006年，教师总数为5487人，高中、初中、小学教师学历合格率分别达95.3%、96.3%、100%；初中和小学教师的学历提升率分别达28.3%、32.6%。1980～2002年，每年补充到教师队伍的大中专毕业生约100～300人左右。2008年，全市教师总数5792人，高中、初中、小学教师合格率分别为93.5%、98.5%、99.8%，初中、小学教师的学历提升率分别达60.5%、62.39%。

第二节　教师待遇

一、政治待遇

1978年，汨罗县委、县教委成立落实政策办公室，对全县教师在历次政治运动中的冤假错案全部平反昭雪。同时，大量吸收符合党员条件的优秀分子加入中国共产党。1980年后，部分中小学教师被选为各级党代表、人大代表和政协委员，黄觉临、胡重光被选为县人大常委会副主任，曾庆萱、陈敬暄、虞车敖被选为汨罗县政协副主席。1983年，李明健、张静宜分别被教育部授予“全国优秀班主任”和“青辅先进工作者”称号。1985年9月9日，汨罗县委、县政府举行第一个教师节庆祝大会，表彰奖励100名优秀教师。1986年，周人凡、杨超群、黄景松被国家教委分别授予“农村体育先进工作者”称号。1988年，杨超群被国家教委授予部级“劳动模范”称号。1989年，陈仲儒、甘雨能、胡松如、蔡春林、范炳南、游惠明、方会云、董十元被国家教委授予“先进教育工作者”称号。1991～1993年，黄泽南、高雪健被授予“全国教育系统劳动模范”称号，邵森林、黄木佳被授予“全国优秀教师”称号。2006年，表彰61名市级名师、10名师德标兵、10名优秀班主任。2007年，进行第二届安贫乐教奖评选，黎功国等40名教师获奖。2008年，3位教师被评为特级教师，一中刘吉伟被评为湖南省模范校长；并召开庆祝第二十四个教师节大会，分别表彰第五届名师、第三届师德标兵、第二届十佳班主任。

汨罗市2000～2006年模范校长、教师、学科带头人、骨干教师一览表

表21－3－123

年度	模范校长	模范教师	学科带头人	骨干教师
2000	周德保	龙雄飞 湛飞跃 戴向红	于有恒　周辉林　汪建群 兰天航　杨曙光　刘鹏飞 吴志贤　李旺　彭美元 晏浪波　周令	汤建明　杨剑　陈良　王沃春 黄汨宇　任美华　李沐春　周永红 黎金玉　徐永奎　余战勇　谢小平 沈娴　刘勇　黄谷良　李美春 易军　周应书　梁胜初　胡应兰 熊尚辉　陈炼军　廖加胜　李美英 彭艳安　钟文硕　王小英　伏淑奇
2002	刘吉伟 龙根深 彭欣群	陆高乔 胡松如 周文轩 龚雄飞 汪建群 周建华 吴旅兴 戴向红 晏浪波	龚永祥　周勇　任卫平 伏俊春　黄汨宇　任其文 蓝天航　黎金玉　黄玲 刘鹏飞　杨曙光　李丽 吴志贤　周令　陈炼宇 梁伟　谢朝辉	薛伯雄　陈良　黎明　饶新政 范仕权　胡建平　黄巨华　黎孟良 杨佳华　何意花　刘昕　余星星 钟琛　湛飞跃　范立元　刘放泉 彭小平　李美春　朱红满　胡应兰 彭美元　廖加胜　杨碧霞　熊兴怀 彭艳安　朱正甫　李颖
2004	周德保 龙根深	张小广 陆高乔 彭俊成	周益民　黄岳辉　汪建群 何中良　吴保明　黄汨宇 周建华　黄乐洋　刘鹏飞 周虹　杨曙光　湛勇 李丽　周令　吴志贤 胡亚德　彭美元　杨平稳	杨建良　任其文　丁政林　于有桓 徐春晖　熊伟　高中和　戴双莲 黄民权　陈艳军　吴族兴　刘昕 湛飞跃　刘卫霞　黎金玉　余占勇 伏喜球　熊擎宇　吴玲香　黄小赛 何意花　陈志豪　杨佳　江文君 周太平　廖加胜　任凌　张琼 谢朝晖　陈伟　梁伟　胡平 彭利娟　陈晓　龙利辉　何平
2006	周德保	周益民 吴勇	李光明　余锋　周玉娥 徐春晖　周众欢　何小艳 杨立新　周建华　刘昕 湛勇　陈志豪　黎孟良 周纯　陈开年　罗加权 彭旺　江文君　刘鑫 周太平　胡平	何中良　熊伟　杨春　任其文 张寒冰　彭常青　冯胜美　杨建良 李铁光　范仕权　李本球　杨岳飞 湛兴和　何意花　熊擎宇　陈正月 曾琼　陈艳军　郑南珍　赵志 吴族兴　刘培　杨佳　周舟 龙卉　向宇　任凌　熊苗 周坤飞　舒畅　刘皎　郑红

二、经济待遇

1979 年 11 月至 1980 年 1 月，汨罗县按照国家规定中小学班主任享受津贴费标准为：中学每月 5～7 元；小学每月 4～6 元。1982 年，全县 96% 的教师提高工资，人均工资由 1979 年的 41.04 元提至 44.10 元。1981 年始，教师与党政干部一道享受年终奖金，每月 60～180 元。1985 年，教师全部参加工资改革，人均月工资增至 60.3 元，增幅为 22.81%。是年，教师除与国家干部一道享受工龄津贴外，还享受每月 3～10 元的教龄津贴。1987 年 10 月始，中小学教师提高工资标准 10%。是年，国家对小学教师实行专业技术职务评聘制度，并实行相应的工资福利待遇，教师工资水平在各行业中处于中等水平。1993 年 10 月，国家推行公务员工资制度，教师按事业单位人员参与工资改革，人均工资达 342.5 元，最高达 606.8 元，特级教师每月津贴由 40 元提至 80 元。1998 年，将合格的民办教师转为国家教师，享受公办教师的同等待遇，全体教师每年正常晋升一级工资。2001 年 10 月，教师基本工资标准进行调整，人均工资提高至 706.2 元，最高达 1322 元；财政与单位人均补助误餐费 60 元，生活补助 145～165 元不等。2006 年 7 月，进行工资改革，教师基本工资人均达 1189 元，最高达 2253 元，薪级工资每年 1 月起晋升一级。

2008 年 4 月 22 日，汨罗市委常委召开专题会议，就建设教育强市、改善教师待遇、建立教师队伍长效补充机制、加快发展职业教育和做好迎接省两项督导评估等问题作出重要决定。9 月 8 日，汨罗市委书记白维国看望慰问教育工作者，并为教育解决实际问题。11 月 30 日，汨罗市委常委召开专门会议，研究解决教师待遇问题：2008 年 12 月始，乡镇教师每人每月发放 210 元的误餐费和生活补贴；2009 年始，全市教师医保金、住房公积金、失业保险金、工伤保险金、生育保险金均列入财政预算。

三、其他待遇

1978～2008 年，全市评定高级教师 455 人，中级教师 5030 人，初级教师 10334 人；国家先进工作者 29 人，省级先进工作者 100 人，岳阳市级先进工作者 375 人，汨罗市级先进教师 15728 人，优秀教师 4412 人；评出特级教师 9 人；获省部级表彰奖励的单位 98 个、个人 135 人；在正式出版的省级以上刊物发表各类作品 135 篇；在教育系统工作的副处级以上干部或工作过后升为副处级以上干部 44 人。

第三节　教师培训

一、学历教育培训

1980～1990 年，教师进修学校共组织 1000 多名小学教师参加中师函授培训，均获中师学历文凭。1985～1990 年，有 500 多名教师参加专业合格考试获专业合格证书。1988～1993 年，485 名教师参加“三沟通”（系社会上对从普通高教自考中衍生出来的学历认定形式。即业大、函授与高教自考“沟通”。其毕业证书加盖省自考委与主办学校公章，并注明“三沟通”字样。“三沟通”文凭外省不承认）培训，近 400 人获“三沟通”毕业证书。1978～2008 年，有 3000 多名教师通过函授、电大和自学考试获得大专和本科文凭。

二、继续教育培训

1993～1998 年,全面开展小学教师四项基本功(即钢笔字、粉笔字、毛笔字和简笔画,又称“三字一画”)培训,95.3%的小学教师获四项基本功达标证书。1990 年 1 月至 1997 年,完成小学教师第一轮继续教育培训 2118 人,2044 人结业,合格率达 96.51%。1997～2007 年,进行小学教师第二周期、中学教师第一周期继续教育培训,教师普通话达标率 97%、计算机达标率 94.2%、高级信息技术达标率 36.5%。2008 年,开展班主任培训和教师远程培训。汨罗成为湖南省全国万名中小学班主任国家级远程培训项目县(市)、中西部农村教师远程教育培训项目县(市)。

三、民办教师转公立教师

1986 年,有民办教师 1600 多人,占总数的 40%。1983～1989 年,由岳阳师范每年定向招收一定数量的民办教师,经学习后转为公立教师。到 1998、1999 年,湖南省政府将全省所剩的民办教师转为公立教师。

第四章　教研教改

第一节　教学研究

1977～1986 年,为汨罗县教研工作复苏和探究期;1987～2001 年,为汨罗市素质教育研究发展期;2002～2008 年,为汨罗市新课程改革试验和推广期。

1978 年 2 月,召开全县教育工作会议,制订 1978～1985 年教育事业发展计划。

1979 年,岳阳地区教育局在汨罗城关完小召开全地区小学教学研究会,并在该校听 5 节公开课。教育股李树球撰写的《根据儿童心理特点改进小学数学教学》,在《湖南教育》1980 年第二期上发表。

1982 年,全县召开各年级各科教学研讨会 70 次,组织各年级各学科研究课 80 堂,上辅导课 61 次,推介城关完小特级教师曾庆萱、七中语文教师李贤良的教学经验。

1984 年,全县推介开放型教学经验,介绍特级教师曾庆萱的“自学辅导法”“谈、议、讲、练”四段教学法,推介外地“尝试法”及外国的“发现法”。10 月,九江、咸宁、岳阳三(地)市教研协作会在汨罗召开,特级教师曾庆萱介绍《注重教学卫生,减轻学生负担》等教学经验。

1985 年,县教育局在城关一小组织语文、算术课 31 节,在七中组织语数外课 14 节,向全县中小学开放,听课教师达 1500 次;推荐论文 211 篇,经过评选,获一等奖 21 篇,二等奖 28 篇,三等奖 52 篇。川山坪镇中心小学创造“自学—讨论—训练”三步教学法。

1986 年,中小学分年级分科目分阶段开展“五课”(即优质课、实验课、移植课、开放课、汇报课)评选活动,开展教学论文、数学、随笔评奖活动,共评选优秀论文 40 篇(其中,30 篇在省以上报刊发表)。

1987 年,汨罗县教委提出“不求人人升学,但求个个成才”的口号,并确定 12 个教研联系点和 4 个教改实验点,多角度探讨提高教育教学质量途径。一中《端正办学思想,为农村建设培养合格人才》、川山坪镇中心小学《探求最佳途径、深化教学研究》等经验在省地会议上印发。城关一小的“注音识字,提前读写”和“赏识法教学”推动该校的整体改革。一中摸索出“五导教学法”。

1990 年,市教委提出“打破应试教育,确立素质教育”。教研教改围绕素质教育全面展开,引进教改项目 7 个,自创项目 2 个。该委课题组撰写的《实行教学质量评价,优化教学管理手段》获岳阳市优秀课题研究成果一等奖。

1992 年,汨罗市教委推出“变苦学为乐学”的“学、思、乐”三字经。赞可夫的“教学与发展”理论、布鲁纳的“发现学习”理论、苏霍姆林斯基重视学生课外活动的经验在境内推介和运用,各种自创的教学方法达 60 多种。

1994 年,汨罗市教委下发《关于颁发汨罗市教育研究管理制度的通知》。一中谭曙光的“四环递进教学”和物理“三环五步教学”(三环:记忆、导练、迁移;五步:知识要点回顾、基础训练、例题讲析、知识延展与思想方法、巩固练习)课题实验被省教育学会确定为全省重点推广科研课题。

1996 年,汨罗市教育局下发《关于认真进行素质教育模式实验研究的通知》。“协同教学”“心理健康教育”“目标教学”“数学自辅法”“愉快教学”等原有课题继续在全市大面积推广进行,活动课研究课题达 160 个。

2001 年,汨罗市教育局确立体现创新课堂教学的三大模式:小学以协同教学为核心,构建全面和谐发展的课堂教学模式;初中以异步教学为核心,构建分层递进的课堂教学模式;高中以创新教育为核心,充分发挥学生主体作用,发展个性开发潜能的课堂教学模式。

2002 年,国家颁布新的《课程计划》。市教育局多次举办新课程讲座。9 月 19 日,分片开展课程实验研讨和教学观摩活动,进行全面的新课程培训。

2003 年,全市中小学开展课程实验。市教育局举办中小学新课程巡回示范教学活动。《湖南教育》和《中小学素质教育》分别发表《与时俱进看汨罗》和《在新的起跑线上》,重点推介汨罗课程实验成果。

2004～2005 年,开展新课程分科建模教学研究和实验活动,举办新课程教学竞赛和新课程实验巡回示范教学活动,组织汨罗市第八届课题评奖,选送 10 个课题参加岳阳市课题评奖,其中获一等奖 4 个、二等奖 4 个、三等奖 2 个。

2006～2007 年,新课改教学研究活动进入深化和细化时期,普通高中启动新课改实验。全市所有基础教育系列的各个学段、各个学校全部参加新课改实验。

2008 年,全面修订并颁发新课程《教学常规》及《幼儿活动常规》,认真开展教学研究,组织汨罗市第十届教研课题的申报立项,共有 46 项课题获得立项。在岳阳市第九届优秀教研教改成果评奖中,汨罗市教育局、一中获得一等奖。组织参加省教科院教育发展研究所举行的教育研究成果评奖,基础教育中心、罗城学校、城郊中学的课题获一等奖。建立小学新课程课堂教学模式,分小学语文、数学、综合三项,汇编 24 个优秀课堂教学模式集,下发到各学校。加强课堂教学研究,共推出竞赛课 120 余堂。

第二节 教学改革

1987 年,汨罗县教育全面实施“54321”(即确立 5 条评价标准,优化 4 支德育队伍,开辟 3 条德育渠道,建设两类德育基地,完善一个德育机制。)德育工程。1991 年 3 月《人民教育》以《这里,德育之树常青》为题报道汨罗市德育工作经验。2002年,实行“法制副校长”制度,汨罗市委、市政府为各校配备一名法制副校长。屈原纪念馆、任弼时故居定为学生德育基地。在全市中小学开展“守法规、讲道德、爱家园”主题教育活动,倡导学生“从现在做起,从我做起,从细微的事做起”“不求人人成圣人,但求个个是好人”。实行德育工作责任制、“一票否决”制、责任追究制。学生思想品德合格率一直保持100%,优秀率90%,在校学生犯罪率一直为0。音乐、体育、美术、劳动、信息、科技、研究性学习等课程开课率达100%。全市中小学生音乐、美术合格率分别达98.9%和97.8%,体育达标率98%。

1996年,制定《汨罗市中小学实施素质教育八要八不准》,严格控制学生用书,控制教学时量,控制考试次数,控制学生课外作业总量。小学取消任何形式的考试,初中取消期中考试,全面推行学生综合素质评价。对乱开课、乱办班、加重学生课业负担的人和事,在汨罗电视台曝光,在教育系统内部通报批评,在目标管理考核中扣分。

20世纪90年代,汨罗市坚持摒弃应试教育下的排队、淘汰法,坚持分类培养,提倡教师学习“根雕艺术”,像什么雕什么,能雕什么就雕什么。同时,把发展学生个性特长纳入年度目标管理评估方案之中,进行定期和不定期的检查、评价。各中小学校均成立音乐、舞蹈、美术、书法、体育、小制作、数学、阅读与写作、演讲等兴趣小组,学生自愿报名参加各种比赛活动。为鼓励学生发展个性特长,在高中招生方案中,还制定特招制度,对“奇才”“怪才”予以破格录取。

2002年,汨罗市成为湖南省首批课改实验县(市)。其重点:抓校长教师观念的转变,建设高素质的新课改实验队伍;抓课堂主阵地,找准课改突破口;抓教研工作的落实,推出“以赛促研”“送课下乡”“校本研究”,使学校成为研究中心,教室成为研究室,教师成为研究者;抓课程资源开发,开设“课程超市”,编写并实施《校本课程纲要》,推出一批有学校和地方特色的校本课程;抓管理评价机制的创新,构建适应新课程的管理评价制度。

2005～2006年,制定《学生综合素质评价手册》,为学生建立成长记录袋,随时记录学生的闪光点。同时,变考试为展示,让学生感到考试不是一件令人害怕的事情。在考试形式上,实行开卷与闭卷相结合;在考试内容上,体现开放性,注重层次性,突出综合性;成绩表现做到等级化。同时对所有初中毕业生实行综合素质评定。高中招生录取坚持多样招生,综合评价,择优录取。普高招生指标70%依学生志愿,综合衡量,30%的指标分配到各初级中学,依志愿择优录取。中考体育、科技设置40分。学生体育技能测试分,既作为综合素质评定的依据,又与学科成绩合并起来,将体育测试得分除以5,再平均计入学生的语、数、外、文综、理综五科成绩。

第五章　学校建设

第一节　基础设施建设

一、改善办学条件

1983年,集资566万元,改善办学条件,实现“校校无危房,班班有教室,人人有(课)桌椅”。是年,汨罗县被评为湖南省“一无两有”先进县。1984年提出“一无六有”的奋斗目标。1998年年底验收,全市有316所中小学达标,占总数的67%。1987年,开展“五创”(即创合格幼儿园(班)、创合格小学、创合格初中、创合格农职校、创教育合格乡镇)活动。1989年7月,教育界人大代表提出“关于建立人民教育基金制度”的提案获人大会议通过;10月1日,成立教育基金会办公室,从全市干部职工工资中提取1%~3%的经费用于学校硬件建设(至2005年年底结束)。全市共收取教育基金1500余万元,其中罗城学校投入350万元;至2005年,286所学校达“一无六有三配套”(即无危房,有教室、桌椅、图书室、仪器室、文体活动室、劳动基地,教学、生活、勤工俭学设施三配套)标准,147所中小学校达花园式学校标准。到1995年,全市共新建、改建校舍39万多平方米,增添教学仪器368万多元,图书320余万册。

1998年,汨罗市遭特大洪涝灾害,学校教舍损毁严重。汨罗市委、市政府及时发出《关于努力改善办学条件,全面开展学校等级评估的通知》,要求各乡镇把改善办学条件纳入抗灾救灾、重建家园的整体规划。是年,全市共新建教学楼23栋、2.66万平方米,新建教师宿舍楼13栋、1.58万平方米,扩建运动场地23处,用于改善办学条件的资金达2960余万元。1999年,投入1200万元,实现电化教育综合实验县(市)达标。2004~2005年,结合农村干部现代远程教育网站建设,引资1030万元,为全市初级中学、中心小学添置电脑5820台。2003~2006年,全市共投入资金5000万元,改造中小学D级危房80000多平方米。汨罗因危改工作被评为全省先进单位。

2007年3月16日,汨罗市委召开常委议教会;3月27日,召开全市教育工作会。汨罗市财政全年解决义务教育保障经费290万元、危改经费145万元、“两免一补”经费42万元、贫困学生救助经费40万元、320余名幼师养老保险专项经费200万元。争取国家中西部农村初中校舍改造项目17个,总投资达1520万元。全市示范性县级职教中心、示范性职业学校、示范性乡镇农职校、精品课程、学科带头人五个项目列入湖南省职业教育“十一五”省级重点建设项目,争取专项建设经费557万元。借助农村义务教育经费保障新机制,争取校舍维修改造项目48个、经费569万元,其中中央资金285万元,省级资金100万元,市(岳阳)县(汨罗)级资金184万元,维修改造校舍面积29186平方米。完善内部设施。改造升级初中实验室48间,中心小学实验室12间,总投入100多万元,全市乡镇初中、中心小学实验室组数基本达到一类标准。

2002~2007年,先后引进办学资金5000多万元,其中台湾台塑集团在王岭、李家新建2所明德小学,中国台湾地区女士邓素珍捐赠2000余万元,在红花、李家、新塘、罗城、高坊等中小学兴建教学大楼13栋,添置教学仪器90多万元。

至2008年,全市168所小学、37所中学、6所普通高中总占地面积274.88万平方米,校舍建筑面积76.6万平方米,体育运动场地71.9万平方米,有计算机5582台、图书210.3万册、电子图书13.04万册,共有固定资产总值4.7975亿元,其中仪器设备总值5670.47万元。

二、调整学校布局

1979年,公社高中大部分撤销。1981年,高中压缩至7所,初中调整到51所。1989年,全面调整小学学校布局,以4000人左右为原则,办好一所完小。1995年8月,市政府成立中小学校布局调整领导小组。1996年3月,市政府办下发《关于进一步搞好中小学校布局调整工作的通知》。1999年后,先后在山区、库区、垸区的八景乡、磊石乡、屈子祠镇建立3所九年一贯制学校,将全乡或几个村的学生集中到一所学校就读。2001年,汨罗市委、市政府制定《关于加快调整农村学校布局的若干意见》。2002年,共调减小学76所。范家园镇、范家园茶场实现跨乡镇学校布局调整。智峰乡耗资200万元,整体搬迁中心小学。全乡五、六年级学生全部集中就读。2003年,撤并28所小学。

2001～2003年,全市共撤并小学123所。至2006年,全市有规范化高中6所,初中由51所调减至38所,小学由400多所调减至196所。

汨罗市(县)财政1978～2008年投入教育经费统计表

表21－5－124　　单位:万元

年　度	财政拨款	年　度	财政拨款
1978	229	1994	2401
1979	245	1995	2769
1980	374	1996	3471
1981	366	1997	3669
1982	424	1998	4288
1983	485	1999	4755
1984	472	2000	4835
1985	657	2001	6250
1986	744	2002	7964
1987	786	2003	8716
1988	967	2004	9845
1989	987	2005	10206
1990	1280	2006	12315
1991	1112	2007	15064
1992	1158	2008	18298
1993	1795	合计	114846

三、配置电教设备

1981年6月,组建汨罗县仪器电教站;2001年1月,更名为市教育技术中心。1986年前,普通中小学仪器设备由国家无偿计划分配,每年在3万～7万元之间。1987年始,按1∶1的比例实行自筹与奖励相结合。1988年始,全市每年收取学生实验、图书仪器费约40万元,由仪电站统一配置仪器。

1992年9月,经湖南省教委检查验收,汨罗市被认定为实验教学普及县(市),至年底,全市配专职实验员87人。是年,高中毕业会考,考生实验操作人均95.7分。1993年,拥有学校实验大楼3栋,实验室313间,仪器室548间,仪器柜3660只,演示讲台284张,实验准备桌284张,理科教学仪器总值298.96万元。所有仪器设备分类配置,中心小学、完小、村小分别属一、二、三类标准。高中、初中、小学演示实验开出率分别达98%、100%、98%,分组实验开出率均为100%。1994年,初中毕业实验操作考查,优秀率

92%,合格率100%。

1995年,汨罗市政府申报创建湖南省电化教育综合实验县(市),至2000年11月,经湖南省教育厅评估验收,全市高中、初中、中心小学“三机一柜一幕”(即电视机、收录机、投影机、电教柜、银幕)到班,完小、村小两机一柜一幕到班,开展电化教育的学校、班级100%。汨罗一中(2000年)、城关一小(2001年)、城郊中心小学(2002年)被定为湖南省教育技术实验学校。2001年,汨罗市被省教育厅评为现代教育技术先进单位。

2003年始,教育技术工作重点转向信息技术建设。相继与华开公司、湘计公司签约合作,采取卖方信贷的形式,为中小学建电脑教室44间,总投资830万元。2003年6月始,实施全国首批农村党员干部和农村中小学现代远程教育试点工程,总投资1200多万元,中央、省补助405.9万元。全市中小学共建远教站点282个。2004年11月,汨罗市作为湖南省代表之一,迎接教育部检查,获好评。至此,全市中、小学天地网合一,实现“校校通”;高中、初中、中心小学、城镇小学,实现“校校开”;并实行和农村党员干部现代远程教育资源共享。2006年,对中小学实验室进行升级改造,共改建升级实验室48间。是年,汨罗市被省教育厅评为湖南省“十五”期间教育技术装备工作先进单位。至2007年,全市中小学共有专职实验员126人,科教楼28栋,实验室295间,仪器室255间,电脑室162间,计算机4650台,多媒体室102间,校园网3个,远教站点186个(因学校撤并部分站点移交村管)。至2008年,全市中小学共有专职实验员30人,科教楼16栋,实验室136间,电脑室67间,计算机5820台,多媒体室118间,校园网5个,实验开出率、电化教育普及率、信息技术开课率均达100%。

第二节 勤工俭学

1978~1981年,各中学开辟茶园、果园、苗圃、小型林场,开展学农、学工活动。

1983年,贯彻落实《全国中小学勤工俭学暂行工作条例》《全国中小学勤工俭学财务管理暂行办法》。1984年,把勤工俭学列入工作目标管理范围。1987年规定:中小学校勤工俭学必须有基地,中学人均3厘(地),小学人均2厘(地);有收入,中学人均5元,小学人均3元;有班子,确定专人管理;有制度,财务制度管理健全。是年,召开全市村支部书记会,强调乡镇、村要支持勤工俭学、扶助校办工厂、划足学农基地。1983年、1984年,分别建立教育维修队及印刷厂。

1987年,汨罗县教委成立勤工俭学管理站,首次提出坚持自力更生,艰苦创业,注重育人,讲究效益,以种养加工为主,发展校办工业,力争五年内实现“一自”(自我服务)、“二有”(有厂、有店)、“三自给”(肉食、蔬菜、瓜果)、“四提供”(为职业技术教育提供实习基地,为改善办学条件提供资金,为改善师生待遇提供方便,为学校维修提供木材)的奋斗目标。1992年,确定“1234”工作思路:把握一个原则(即牢牢把住育人为先、服务为先、重点发展、安全第一、效益第二的原则),建设两个基地(即建设好一中校办工厂、广厦建筑公司、教育印刷厂等龙头企业基地和中小学校生产实习基地),开展三项活动(即勤工俭学论文评奖、学具使用与竞赛、美术学具竞赛),实现四个一工程(即各校种好一园菜、办好一个食堂、开好一个商店、养好一栏猪)。

1989年、1996年、1998年、2000年、2003年、2005年、2008年,勤工俭学工作被评为省先进,2006年被评为岳阳市先进,2005年学具竞赛获“省个人特别奖”“集体组织奖”称号。

汨罗市1990~2008年各学校勤工俭学统计表

表21－5－125　　　　单位:个、人、万元、亩、头

年度			1990	1991	1992	1993	1994	1995	1996	1997	1998
开展活动学校数			452	452	452	452	450	450	450	450	450
参加学生人数			104874	104874	104874	104874	104874	104874	104874	104874	104874
校办工厂		工厂数	3	3	3	3	2	2	2	2	2
		全民工	38	38	38	38	51	51	51	51	51
		集体工	56	56	56	56	56	56	56	56	56
		临时工	552	552	552	552	552	552	552	552	552
		总产值	456	462	470	475	480	485	490	495	504
		纯利润	43	43.9	44	45	45.6	46	46.5	47	48
校办林、农、果、茶场	林场	个数	24	24	24	24	24	24	24	24	24
		面积	1877	1877	1877	1877	1877	1877	1877	1877	1877
	茶园	个数	36	36	36	36	38	38	38	38	38
		面积	645	645	645	645	640	640	640	640	640
	果园	个数	29	29	29	29	29	29	29	29	29
		面积	215	215	215	215	215	215	210	210	210
	农场	个数	20	20	20	20	19	19	19	19	19
		面积	569	569	569	569	564	564	564	564	564
	猪场	个数	241	241	-	241	258	258	258	258	258
		年出栏猪	2500	2500	2412500	2500	2600	2600	2600	2600	2600
	鱼塘	面积	70	70	70	70	60	60	60	60	60
	总产值		408	415	420	426	430	435	440	445	450
	纯利润		102	103	105	106	107	108	110	111	112
全年合计	总产值		864	877	890	901	910	920	930	940	954
	纯利润		145	146.9	149	151	152.6	154	156.5	158	160

续表21－5－125

年度		1999	2000	2001	2002	2003	2004	2005	2006	2007	2008
开展活动学校数		450	450	368	286	276	262	233	205	203	200
参加学生人数		107631	10395	101094	96034	89800	81639	71949	73726	54832	48252
校办工厂	工厂数	2	2	2	2	2	2	2	1	1	1
	全民工	51	51	51	51	51	51	51	51	126	126
	集体工	56	56	56	56	56	56	56	56	37	37
	临时工	552	552	552	552	552	552	552	552	629	629
	总产值	504	554	559	564	568	573	579	585	6945	7284
	纯利润	44	48	49	49.2	49.3	50	50.5	51	383	397

续表 21－5－125

年度			1999	2000	2001	2002	2003	2004	2005	2006	2007	2008
校办林、农、果、茶场	林场	个　数	241	241	24	24	24	24	24	24	24	24
		面　积	872	872	1872	1872	1872	1872	1872	1872	1872	1872
	茶园	个　数	36	36	36	36	36	36	36	36	36	36
		面　积	640	640	640	640	640	640	640	640	640	640
	果园	个　数	29	29	29	29	29	29	29	29	29	29
		面　积	210	210	210	210	210	210	210	210	210	210
	农场	个　数	19	19	19	19	19	19	19	19	19	19
		面　积	564	564	564	564	564	564	564	564	564	564
	猪场	个　数	258	–	258	358	358	358	358	358	344	361
		年出栏猪	2600	2582600	2600	2700	2700	2700	2700	2700	2700	2700
	鱼塘	面　积	50	50	50	50	50	50	50	50	50	50
	总　产　值		467	504	517	538	540	601	654	719	704	721
	纯　利　润		105	113	116	120	121	134	150	161	593	163
合计	总　产　值		971	1058	1076	1102	1108	1174	1233	1304	13545	14523
	纯　利　润		149	161	165	169.2	170.5	184	190.2	212	1436	1545

第六章　教育管理

1981 年 2 月，汨罗县文化局与县教育局机构分设。1986 年 7 月 30 日，撤销汨罗县教育局，成立汨罗县教育委员会。1988 年 1 月，更名为汨罗市教育委员会。1993 年，与汨罗市体委合并，更名为汨罗市教育体育委员会。1996 年 6 月，汨罗市教育体育委员会更名为汨罗市教育局，加挂汨罗市体育局牌子，机构、人员、职能未变。

2008 年，该局内设职能股室 21 个，下辖中小学校 252 所，校园占地总面积 293.14 万平方米，建筑面积 83 万平方米，各级各类学校总资产 3.8125 亿元，在校学生 88886 人，在岗教师 5647 人。

第一节　教学管理

一、学籍管理

1978～1983 年，中小学生学籍均由各乡镇或学校管理。1983～1985 年，中学生学籍由市级统一管理。1990～1992年,小学生学籍由市级统一管理。1994年后,出台《汨罗市高、初中学生学籍管理制度》《关于加强高、初中学生学籍管理的若干问题的补充规定》《汨罗市普通中学学生学籍管理规定》《汨罗市义务教育小学段就学管理规划》。汨罗市学籍管理经验先后在《人民教育》《学校档案》《中小学管理》《湖南教育》等报纸杂志上推介。

二、办学行为管理

1984年,大力实行以克服重复教育为龙头的“三控制”(即控制重复教育,高、初中一律不准招复读生,也不招往届生插班复读;控制留级率,全市中小学学年留级率必须控制在5%以内,高三、初三一律不准留级;控制班级学额,每班学额不得超过55人)改革。1986年,县教委颁发《严禁初中招收复读生的紧急通知》,并在全市清查在校复读生。1987年,制定《汨罗县普通中小学端正教育思想的十条标准》。全县50所初中、6所普通高中均做到“三无”(即无复读班、无插班的复读生,留级率无一校突破5%)。汨罗县控制重复教育的经验在全国初中工作会议上得到推介,省政府及国家教委予以充分肯定与表彰,《湖南日报》《湖南教育》《人民教育》《中国教育报》等报刊多次给予报道。2002年,汨罗市教育局下发《关于坚决禁止乱办班、有偿家教的有关规定》。2007年,颁发《关于加强学校寄宿生管理的有关规定》。

三、招生管理

1978～1988年,小学升初中实行就近入学,凭考试成绩录取。1989年始,小学升初中实行免试入学。

1978～1991年,普高招生采取划线录取的方式,分数作为唯一招生依据。初中毕业生参加毕业会考,凭文化成绩录入高中就读,成绩优异者进入汨罗一中就读。1991～2001年,普高招生实行划块招生,汨罗市教育局按办学水平将招生名额分配到乡镇学校;每年4月,三中、四中、五中3所农村高中组织全市初中音、体、美特长生进行专业考试,自主招生。2001～2008年,普通高中停止划块招生。汨罗市教育局成立综合招生办公室,对普高、职高招生工作进行综合管理。

2005年始,改变以升学考试科目分数简单相加作为唯一招生录取依据的传统做法,实现学业水平考试、综合素质评定、高中招生录取三维框架的改革目标。2007年,普高招生指标的70%依学生志愿,综合衡量,择优录取;30%的指标分配到各初级中学,依志愿择优录取。

四、教学常规管理

1990年1月,颁发《汨罗市中小学校教学工作常规》。1991年,颁发《普通中学学校教学常规》,并根据《汨罗市教师教学工作常规量评价表》进行检查。2002年,全市实施新课程改革。2004年年初,修订《汨罗市中小学工作常规》。

五、德育常规管理

1981年后,先后就小学班主任职务、中小学思想政治、青少年保护、对违犯师德标准内部处理、进一步加强中小学德育工作、在全市中小学实施“54321”(即确立5条评价标准,优化4支德育队伍,开辟3条德育渠道,建设两类德育基地,完善一个德育机制。)德育工程、进一步加强和改进中小学德育工作等问题作出决定,使全市的德育常规管理不断完善和规范。并确定屈子祠、任弼时故居为全市爱国主义教育校外基地。

1982 年后,全市各校结合德育课程,先后组织开展“红领巾读书奖章”活动、“五讲四美三热爱”活动和学雷锋、学张海迪、创三好活动,组织以农民作家甘征文为首的理想、纪律报告团下校巡回演讲活动,开展“唱校歌、忆校史、学曲啸、树理想、爱学校、争贡献”活动,开展“磨难教育”“五心教育”百部爱国主义教育影片汇映及影评征文活动,“迎澳门回归祖国”读书活动、“守法规、讲道德、爱家园”“日行一善、日行一孝,我为父母洗次脚”活动;先后评选出红领巾读书积极分子 52 人,先进集体 3 个;优秀德育教育工作者 75 人,三好学生 1000 人次;五讲四美、为人师表先进个人 761 人,先进集体 7 个;评选出优秀班主任、十佳班主任 32 人。全市学生思想合格率 100%、优秀率 90% 以上,在校学生犯罪率一直为零。

1993 年,《人民教育》第四期对汨罗城郊中学的学生思想品德评价进行全面的报道。胡虎中所写的长篇通讯《这里,德育之树常青》在《人民教育》发表。1996 年,《人民教育》发表《大面积推行素质教育的探索》长篇通讯,详细介绍汨罗的德育工作。

2002 年 5 月,汨罗市委、市政府为各校配备一名法制副校长。2004 ~ 2005 年,先后举办全市中小学校政教主任业务培训会,在城郊、古培、桃林、城关一小等 12 所中小学和新塘中心小学召开德育工作现场办公会,确定在高中、初中、小学三个学段分别选派一人分管德育工作,组织全市中学德育主任在李家塅中学进行业务培训和理论测试,组织普高、职高、民办中专德育主任在汨罗一中进行业务培训。

2007 年,职业中专被教育部定为全国中职教育德育工作实验基地,该校商务英语 2005 级 2 班被教育部授予“全国先进集体”称号。

六、教育质量评价

1978 ~ 1987 年,教育质量主要由各乡镇、学校统一组织评价。评价指标:班级学生的平均分、及格率、优秀率。1988 年,在初级中学开展教育评价,下年在全市小学、普通高中全面展开。1992 年始,包括职业教育在内的各类教育、学段、学科,均进行教育质量评价。1999 年始,市教育局对高中只评价至学校、班级、教研组,将班级和教师个人的评价权下放到学校;对初中,只评价到学校、学科组,班级、学科教师的评价权下放到学校;对小学,只评价到中心小学。2001 年始,对各个层面的评价内容均以形成性评价为主,终结性评价为辅;动态评价为主,静态评价为辅;直接评价为主,间接评价为辅。

七、招生考试管理

1984 年 12 月 10 日,设立汨罗县招生考试办公室、市成人自学考试办公室;2003 年 2 月,更名为汨罗市招生考试中心,专门负责全市招生考试管理。

汨罗市(县)1977 ~ 1999 年高考录取情况表

表 21 - 6 - 126　　单位:人、%

年度	普通高中参加高考						其他考试		合计
	报考人数	录取本科	录取专科	录取中专	小计	录取率	初中升中专	民师招生	
1977	2260	43	37	158	238	10.53	–	–	238
1978	2265	55	47	121	223	9.84	43	–	266
1979	3400	79	72	190	341	10.03	–	–	341

续表 21－6－126

年度	普通高中参加高考						其他考试		合计
	报考人数	录取本科	录取专科	录取中专	小计	录取率	初中升中专	民师招生	
1980	2859	63	54	122	239	9.40	–	72	311
1981	1661	98	85	131	314	18.90	5	43	362
1982	1438	99	85	138	322	22.39	14	46	382
1983	1307	129	82	100	311	23.79	70	51	432
1984	763	128	99	89	316	41.41	66	–	382
1985	1263	140	113	108	361	28.58	77	39	477
1986	1260	119	126	103	348	27.61	168	–	516
1987	1440	129	192	63	384	26.66	221	–	605
1988	1440	129	125	62	316	21.94	173	38	527
1989	1141	83	151	50	284	27.89	136	51	471
1990	1157	130	164	30	324	28	148	43	515
1991	1764	139	142	270	551	31.23	171	50	772
1992	2143	239	340	392	971	45.31	281	41	1293
1993	1995	316	451	400	1167	58.49	304	52	1523
1994	1889	299	424	504	1227	64.95	421	47	1695
1995	1930	316	453	672	1441	74.66	566	70	2077
1996	2097	393	479	669	1541	73.48	993	45	2579
1997	2273	407	507	879	1793	78.88	819	–	2612
1998	2178	362	637	937	1936	88.88	1066	–	3002
1999	2289	660	740	637	2037	88.99	1236	–	3273
合计	42212	4555	5605	6825	16985	40.34	6978	688	24651

汨罗市2000～2008年高考录取情况表

表 21－6－127　　单位：人、%

年度	报考人数			录取人数					录取率
	合计	普通高中	职业高中	合计	普通高中		职业高中		
					本科	专科	本科	专科	
2000	2465	2069	396	1862	813	692	71	286	75.53
2001	2889	2384	505	1948	915	624	52	357	67.42
2002	3402	2911	491	2525	1143	891	72	419	74.22
2003	4114	3584	530	3389	1580	1309	106	394	82.37
2004	4425	3818	607	3616	1461	1588	62	505	81.71

续表 21－6－127

年度	报考人数			录取人数					录取率
	合计	普通高中	职业高中	合计	普通高中		职业高中		
					本科	专科	本科	专科	
2005	4855	4319	536	3753	1798	1477	74	404	77.3
2006	5269	4544	725	3454	1821	1214	54	365	65.55
2007	5524	4730	794	3752	3752	1258	44	454	67.92
2008	5734	4899	840	4880	2432	1781	58	609	85.06
合计	32943	29359	4584	24299	11527	9053	535	3184	73.76

汨罗市 2002～2008 年成人高考录取情况表

表 21－6－128 单位：人

年度	合计		专升本		高升本		高升专		"3+1"		小教免试	
	报考	录取	报考	录取	报考	录取	报考	录取	报考	录取	报考	录取
2002	898	599	364	189	29	7	416	403	－	－	－	－
2003	861	537	199	100	62	20	492	322	86	70	22	22
2004	313	237	123	76	4	2	146	128	40	31	－	－
2005	185	160	50	36	13	5	122	119	－	－	－	－
2006	280	180	88	70	3	0	189	110	－	－	－	－
2007	411	325	177	161	2	2	232	162	－	－	－	－
2008	760	520	214	185	2	1	544	344	－	－	－	－
合计	3708	2558	1215	817	115	37	2141	1578	126	101	22	22

汨罗市 1997～2006 年参加高等教育自学考试基本情况统计表

表 21－6－129 单位：人、%

年度	报考		参考		合格		毕业		
	人数	科次	科次	参考率	科次	合格率	小计	专科	本科
1997	2363	5357	3857	72	1799	47	61	49	12
1998	3049	7099	5411	77	2821	40	88	68	20
1999	4290	10223	8368	82	4665	56	43	35	8
2000	5604	13930	10964	78.7	5505	50.2	185	104	81
2001	5086	11528	10332	89.62	4599	44.51	440	282	158
2002	4846	10427	7655	73.4	3993	52.2	454	253	201
2003	4111	7453	4257	57.12	2288	53.75	125	40	85
2004	2251	4267	2964	69.46	16.71	56.38	196	110	86
2005	1260	2721	2089	76.77	1345	64.38	146	63	83
2006	999	2669	2068	77.67	916	35.04	99	33	66

八、教育科技

1979年6月,成立汨罗县青少年科技活动辅导员协会(简称青辅协会),挂靠教育股,1981年9月后挂靠仪器电教站。20世纪80年代,青少年科技教育以“三小”(即小论文、小制作、小发明)活动为主。20世纪90年代,增加“生特”百项活动。1991年,全国青少年科技协会秘书暨“生特”百项工作会代表参观范家园中心小学、长乐中学、智峰中学科技教育现场。2006年4月7日,岳阳市青少年科技协会第三次代表大会暨推广汨罗市青少年科技教育经验现场会在汨罗一中召开。是年4月8～10日,湖南省第二十七届青少年科技创新大赛首次在汨罗一中举行。2006年11月4日,全市首届青少年科技创新节在罗城学校举行。2007年,汨罗市青辅协会有分会47个,会员152人,各类兴趣小组458个。1987～2003年,有4个青辅协会获省以上集体荣誉奖7次,有14名中心小学生获全国10项小发明奖,65名中学生获省以上奥林匹克竞赛奖。

汨罗市(县)1987～2003年部分年份青辅协会获奖一览表

表21－6－130

获奖时间	获奖单位	获奖项目	奖级
1987年	范家园中心小学	全国青少年科技活动先进集体	中国科协
1989年	范家园中心小学	全国小星火杯先进集体	中国科协
1990年	范家园中心小学	全国小星火杯先进集体	中国科协
1990年	长乐镇中学	全国小星火杯先进集体	中国科协
1993年	汨罗市青辅协会	全国小星火杯先进集体	中国科协
1998年	范家园中心小学	青少年科技教育示范基地	省教育厅、科协
2003年	汨罗市第一中学	青少年科技教育示范基地	省教育厅、科协

汨罗市1989～2007年部分年份中小学生创造发明奖一览表

表21－6－131

获奖时间	获奖单位	获奖项目	学生姓名	辅导教师	奖级
1989年8月	范家园中心小学	小磁铁催猪肥	邹江云	邹沐汉	第四届全国少年科技论文竞赛二等奖
1990年8月	范家园中心小学	仔猪哺乳器	叶中波	邹沐汉	第五届全国青少年创造发明比赛二等奖
1993年8月	范家园中心小学	嫁接救活虫伤柑橘树	郑　丹	郑桂芳	“聂荣臻杯”全国少年科技论文竞赛一等奖
1996年8月	城关一小	21世纪的太空城	高博为	彭中辉	第一届全国少年儿童科幻画展览一等奖
2000年8月	范家园中心小学	犁耙板	吴威力	曹新恒	第十届全国少年儿童科技创新大赛发明创造比赛一等奖
2004年8月	汨罗市第一中学	农村管式井抽水自控安全保护装置	陈　朕	韩志红 卢志球 胡　义	第19届全国青少年科技创新大赛二等奖

续表 21 - 6 - 131

获奖时间	获奖单位	获奖项目	学生姓名	辅导教师	奖级
2005 年 8 月	汨罗市第一中学	激光电子矩阵跳远成绩自测设备	刘 溯 何雅琴 张文娟	周益辉 卢志球 韩志红	第 20 届全国青少年科技创新大赛二等奖
2006 年 8 月	汨罗市第一中学	“海鸥”电动自由飞	许泽昭	韩志红 伏锡伟	“希望杯”全国青少年航空航天模型竞赛中学男子组第一名
2006 年 8 月	汨罗市第二中学	“海鸥”电动自由飞	许艺武	伏锡伟 蔡建伟	“希望杯”全国青少年航空航天模型竞赛中学女子组第一名
2007 年 8 月	汨罗市第一中学	新农村小区自供水中间动态自态自控处理装置	龙超治 王月理 杨克坚	韩志红 卢志球 梁京沙	第 22 届全国青少年科技创新大赛二等奖

第二节 教育督导

1985 年,汨罗县教育局设督导小组。1986 年,成立督导机构室。1995 年,建立汨罗市政府教育督导室。

督学 1985 年始,组织专人到各级各类学校进行督导。1995 年后,对学校的教育目标管理,均由市政府教育督导室负责。教育目标管理坚持形成性评价和终结性评价相结合,并与被评估对象评优选好、晋级晋升直接挂钩,督促学校落实教学常规,规范教学行为,克服重复教育,纠正片面追求升学率的倾向。

督政 1989 年,颁发《汨罗市乡镇教育工作评估指标体系》《汨罗市乡镇教育工作评估试行方案》,对乡镇政府落实教育经费和教师待遇、改善办学条件进行督查。1991 年,市委组织部、市教育局联合下发《汨罗市乡镇(场)教育工作八项指标管理评估方案》,从教育经费、校舍危房、合格学校、中小学生流失、学校德育工作、农科技结合、办好教育联系点等方面对乡镇政府进行综合督导评估。1995 年,市委组织部、市教育局、市政府教育督导室联合发文,由督导室负责组织乡镇党政教育目标管理评估,其结果作为乡镇(场)两个文明建设和乡镇(场)党政主要领导工作实绩考核的主要依据。

专项督导 1987 年,开展“一无两有三配套”督查,督促乡镇、学校改善办学条件。1989 ~ 2008 年,开展保学控流督查,使中、小学校保持极高的巩固率,小学连年辍学率为零。1990 年,开展高中毕业班专项督查。1994 年,开展教师工资到位情况督查。2000 ~ 2008 年,开展依法治校、安全维稳专项督查。

一级学校评估 1995 年,开始一级学校评估。至 2008 年,42 所中小学达汨罗市一级学校标准,7 所达岳阳一级学校标准;一中、二中通过省示范高中复检、复查,三中、四中、五中被认定为岳阳市示范高中。

义务教育监测 2003 年,汨罗被定为全国首批 60 个义务教育监测县(市)之一。至 2007 年,全市义务教育相关数据纳入教育部义务教育监测数据库,作为教育部制定义务教育方针政策的依据之一。

迎接省、市各项教育督导评估 1996 年 5 月,国务院副总理李岚清到汨罗市考察素质教育,对汨罗市教育督导工作在推进教育改革与发展中所发挥的作用给予充分肯定;同年 6 月,全国构建教育督导评估机构,推动实施素质教育现场研讨会在汨罗市召开。2000 年始,每年由市政府教育督导室负责迎检。该室年年获岳阳市先进,2 次被评为全国教育督导工作先进单位。2004 年 10 月,汨罗市参加在沈阳召开的全国中、小学督导评估工作研讨会暨全国构建督导评估机制、推进实施素质教育实验联系县(市、区)会议,并作专题发言。2006年,被评为岳阳市政府教育督导工作先进单位。

汨罗市1995～2006年各类示范学校一览表

表21－6－132

类别	学校	认定时间
湖南省重点中学	汨罗市第一中学、第二中学	2000年
岳阳市一级学校	城北中学、城郊中学、长乐中学、城郊中心小学、黄柏中心小学	1995年
	李家塅中学、沙溪中学	2000年
岳阳市A类学校	一中、二中为一级A类学校,三中、四中、五中为二级A类学校	2006年
岳阳市依法治校示范校	汨罗市第三中学、李家塅初级中学	2006年
岳阳市示范幼儿园	汨罗市幼儿园	2006年
岳阳市示范高中	汨罗市第三中学、第四中学、第五中学	2006年
汨罗市一级学校	黄柏中学、黄柏新民学校、沙溪划栗学校、沙溪兰溪学校、长乐佑圣学校、长乐隘口学校、古仑仰山学校、天井天岭学校(已撤)、天井石头口学校(已撤)、范家园中心小学、白塘赶洲学校、大荆中学、李家塅铜盆学校	2000年
	汨罗镇中心小学、古培镇中心小学、川山坪镇中心小学、沙溪中心小学、弼时镇毛塘小学	2003年
	黄柏镇云山小学、黄柏镇新开小学、川山坪镇中心小学、沙溪镇中心小学、弼时镇毛塘小学	2004年
	城关镇城关一小、古培镇古培小学、李家塅镇明月完小、黄市乡黄市小学、沙溪划江小学、长乐青狮小学、白水关北小学	2005年
	弼时中学、李家塅镇新荣完小、群合完小、城关镇实验小学、大荆街小学、蟠龙桥中学、新塘乡中心小学、白水镇中心小学	2006年

第三节　学生工作

一、学生保健

1994年4月30日,汨罗市中小学卫生保健所正式挂牌成立,主要负责全市中小学生卫生保健、健康检查、健康教育、学生健康监测工作,培养学生的良好卫生习惯,指导督促学校改善卫生环境和教学卫生条件,加强学校食堂、食品卫生安全管理和技术指导,做好传染病和学生常见病的预防和矫治工作,提高学生的健康水平。至2008年,各中小学校均建立卫生保健机构,各乡镇(场)均配备卫生专干,卫生保健工作纳入教育目标管理;学校卫生法律法规知识普及率达95%,学校食品卫生安全年督查面100%,学生健康检查率、建档率均达98%,学生肠道蛔虫服药率达98%,学生传染病免疫接种防疫覆盖率达90%以上。

二、学生资助

2006年9月,汨罗市中小学救助受援捐赠中心成立,主要负责接受社会各界对中小学校和中小学生的救助和捐赠，管理和使用捐赠资金，负责农村义务教育阶段贫困家庭学生“两免一补”（即农村义务教育阶段，免教科书费、免杂费，补助寄宿生生活费）工作。

汨罗市2004～2008年教育局免费提供教科书情况统计表

表21－6－133　　　　单位：人、万元

学年	学期	各年级享受免费教科书人数												特校	金额
		合计	小学							初中					
			小计	一	二	三	四	五	六	小计	一	二	三		
2004	上	－	－	－	－	－	－	－	－	－	－	－	－	－	－
	下	4307	2424	370	382	405	425	408	434	1883	641	615	627	－	28.35
2005	上	18342	9549	1423	1415	1477	1604	1692	1938	8793	2630	3056	3117		99.2267
	下	18342	9425	1765	1424	1431	1491	1614	1700	8819	3100	2647	3072	98	124.15
2006	上	18342	9546	1413	1536	1531	1528	1664	1877	8640	2747	3019	2874	153	99.1193
	下	18342	9546	1473	1514	1514	1512	1651	1885	8640	2672	3025	2943	153	139.2927
2007	上	18342	9549	1473	1514	1514	1512	1651	1885	8640	5672	3025	2943	153	90.282
	下	18342	9549	1429	1634	1530	1589	1605	1762	8640	2504	2912	3224	153	119.96
2008	上	69475	42452	7695	6766	6630	6918	6600	7483	27023	8414	8920	9689	101	429
	下	68579	42926	7130	6749	8090	6834	7095	7028	25546	8151	8498	8897	107	485
合　计		252413	144972	24262	22853	24054	23449	24071	25923	106624	27744	35454	37436	918	1614.38

汨罗市2004～2008年学生“一免一补”资金落实情况统计表

表21－6－134　　　　单位：人、万元、元

学年	学期	免杂费										补助寄宿生生活费										
		享受免杂费人数				资金来源						补助总人数	小学		初中		特教		资金来源			
		小计	小学	初中	特教	小计	中央资金	省级资金	市级资金	本级资金	其他		标准	人数	标准	人数	标准	人数	小计	本级财政拨款	向学生收取帮困资金	其他
2004	上	－	－	－	－	－	－	－	－	－	－	－	－	－	－	－	－	－	－	－	－	－
	下	1190	501	639	50	11.92	－	－	－	8.92	3	－	－	－	－	－	－	－	－	－	－	－
2005	上	－	－	－	－	－	－	－	－	－	－	－	－	－	－	－	－	－	－	－	－	－
	下	1252	585	647	20	31.2	－	－	－	10	21.2	－	－	－	－	－	－	－	－	－	－	－
2006	上	1548	668	845	35	25.4	－	－	－	8.5	16.9	－	－	－	－	－	－	－	－	－	－	－
	下	1707	932	622	153	32	－	－	－	23.5	8.5	200	100	1100	100	747	100	153	20	20	－	－
2007	上	－	－	－	－	－	－	－	－	－	－	2000	100	1100	100	747	100	153	20	20	－	－
	下	71942	38732	33104	106	1870	1122	449	75	224	－	2000	100	1100	100	747	100	153	20	20	－	－
2008	上	71836	38732	33104	101	1153	691	227	46	139	－	1530	250	230	375	1223	310	77	54	8.15	－	45.85
	下	71836	38732	33104	101	1153	691	227	46	139	－	1530	250	230	375	1223	310	77	54	8.15	－	45.85
合　计		221311	118882	102065	566	4276.52	2504	903	167	－	274.92	3109.6	650	560	1080	2546	2861	254	567	76.3	－	91.70

汨罗市2004～2008年贫困学生受援资金情况统计表

表21－6－135　　单位:万元

学年	受援金额	捐赠单位或个人
2004	21	香港义善堂查菊香女士2万元,美国科技基金会1万元,汨罗市再生资源协会2万元,市人大教科学委员会"助学基金会"5万元,团市委筹措善款5万元,市民政局筹措善款6万元
2005	25.9	香港义善堂查菊香女士6万元(含物资),美国科技基金会1万元,市再生资源协会4.1万元,市新华书店1万元,市计生委8000元,深圳汨罗籍同乡会捐款5万元,市财委筹措善款4万元,民政局筹善款4万元
2006	30.42	财政拨款10万元,市电信公司大型义卖活动筹资7.42万元,团市委筹措善款6万元,市民政局慈善办筹措善款5万元,市再生资源协会2万元
2007	41.44	市再生资源协会资助42名学生,每期每人资助1600元;60名学生每期每人1000元;捐助城郊学生王淑妮3万元(白血病);捐助20名大学生7万元;岳阳市教育局2万元;市财政10万元
2008	140.6	城关镇直属公司经理杨修检一中、二中各资助20人,每人6000元,共资助金额24万元。市再生资源协会资助45名学生,共资助21万元。一中同学会资助151人,共资助38万元。市残联资助残疾学生5人,金额1.9万元。市民政局慈善协会资助14名学生,共5.6万元。市总工会资助24名学生,共资助金额5.2万元。教育局资助贫困学生75人,共计7.8万元,其中,贫困大学新生13人,共3.1万元。岳阳市教育局资助2万元,市财政局资助32万元

第四节　教育审计与纪检监察

一、教育审计

1991年3月,汨罗市教育局增设审计股。至2007年,共完成审计项目483个,审计调查56起,审计总额12亿元,挽回直接经济损失56万元,挽回间接经济损失125万元,审计罚款48万元。

1998年、2001年,汨罗市教育局被评为省教育内审先进单位,多名审计人员获省、市表彰奖励。2008年,教育审计工作被评为岳阳市内审工作先进单位;参评的2个审计项目,分获湖南省、岳阳市一等奖。

二、纪检监察

1981年4月,汨罗县教育局增设监察股。1984年,成立纪检组,与监察股实行一个机构、两块牌子,一并运作。1988年,监察股改名监察室,单独办公。1989年,纪检组更名为纪委,与监察室合并办公。

1984～2008年,共查处各类违纪案件214件,处理违纪对象231人;其中,行政记大过、撤职、降级处分58人,开除公职留察一年或二年12人,开除公职5人,开除党籍6人;重点查办奸污、侮辱女生案件22件,处理违纪教师22人;查办招生考试违纪违规失职案件13件,处理违纪对象32人;清退已录取中专学生1名;查处严重违规收费案7件,处理违纪对象7人;受理回复群众来信来访1100余件。

2007年,汨罗市教育局纪委被湖南省教委评为教育监察先进集体、先进纪检监察组织。

第七章 推行素质教育

第一节 素质教育推行背景

1977年后，随着高考制度的恢复，人们渴望读书升学的热情普遍高涨。但教育领域盲目追求升学率，重视升学必考的文化课考试，忽视学生品德和身心健康，重视升学有望的“尖子”学生，忽视多数升学无望的普通学生的现象时有发生。由此导致复读生多、留级率高、班额膨胀三大“顽症”。1983年，汨罗县职业高中首次向全县招生，但填报第一志愿的仅35人，被录取的224人仅有114人报到，有76人到初中复读。1984年，黄泽南任县教育局长。是年，全县4042名初中毕业生中有2030名是复读生，占是年初中毕业生的50%以上；高考考生中，复读生占70%以上；学生中学习成绩中下，无力与复读生抗衡，初中流失率达45%以上。用于中学教育的资金投入，重复教育占16.66%，还占用师资校舍，教学设施，使相当多本应入学的适龄青少年失去继续学习的机会。被升学淘汰下来的学生，不适应社会需要，备受歧视，起步维艰。20世纪80年代初，汨罗县教育系统贯彻中共中央的教育方针，作出《关于纠正片面追求升学率若干问题的规定》(即“十项规定”)，纠正“应试教育”倾向，全面推行“素质教育”。

1986年始，汨罗县变应试教育为素质教育，转变教育观念，完善素质教育的运行机制；建立市、乡主要领导每人联系一所学校，每年召开一次教育工作会议的制度；坚持从教育系统内部选拔懂教育、会管理的专家型领导担任教育局主要负责人；支持教育部门和中小学校推行素质教育的每一项改革举措，帮助排除干扰，化解矛盾。1986~1992年，共筹措8486万元经费用于改善办学条件。1992年通过“湖南省实验教学普及县(市)”验收，316所学校实现“一无两有三配套”，169所学校达到岳阳市“花园式学校”标准。2001~2006年，全市共撤并小学187所，初级中学7所。2008年，投入1200万元，实现电化教育综合实验达省标。投入3000多万元，完成远程教育工程；全市小学、初中教师学历合格率分别达100%、96%，教师四项基本功达标率100%，普通话达标率95%，计算机达标率96%，信息技术高级达标率53.6%。

第二节 素质教育改革举措

一、实行教育改革

1985年始，汨罗县教育局以控制中学阶段重复教育、控制班级学额(每班不超过55人)、控制留级率(年度留级率不超过3%)为突破口，转变教育思想，实行教育改革。是年秋季，全县清退中学阶段复读生1112名。同时制定“三个一百”的惩罚措施。即每招收一个复读生，学校所收复读费全部上交，教育目标管理考核罚扣100分；初中复读生不准报考中专、提高100分录取普通高中；违规校长、乡镇教育办主任各罚款100元，并给予相应的纪律处分。至1987年，汨罗县如期实现“三控制”目标，普通中学没有一个复读生,普通高中留级率仅为1%,义务教育阶段没有留级生,中小学班额均控制在55人以内,学校和教师把注意力转移到"面向每一个学生"上来。

1986年始,发展职业技术教育,"面向每一类教育",构建教育"立交桥"。实行"三管齐下",即控制普通高中招生人数,改革招生制度,把初中毕业生引导到接受职业技术教育的路上来;将县二中(普通高中)改为职业高中,并联合工商企业及主管部门办职校,拓宽职业教育办学路子,在师资、设备、设施、经费方面给予重点扶助。先后创办财贸、中医、工业3所部门办职业高中,并相继成为合格职业高中和省重点职业高中。是年,全县50多名党政领导、教育行政管理干部带头把自己的子女送到职高读书,30多名在各行各业贡献突出的职校毕业生回校现身说法介绍创业成绩,展示职业学校的前途,纠正人们对职业教育的偏见。至1987年秋季,汨罗市初中毕业生填报职高和普高志愿的大体持平。

二、优化教育结构

1985年后,汨罗县教育系统逐步理顺基、职、成三教关系,工作重点向职业教育倾斜,并确定和推进教育目标管理,优化教育结构。县教育局结合全县经济社会发展的实际,编制技能训练和考核纲要,指导学校对学生进行基本技能训练。各职业学校用"技能分解、分步实施、单独考核、逐项过关"的办法,使技能训练的考核"模块化";同时加强实践环节的教学,加大专业技能训练课的比重,拓宽学生就业渠道,实现学校与企业之间零距离接触、"订单式"培养。学生在入校时就与用人单位签订就业合同,做到招生与招干同步,入校同时即是入厂。学校按照企业的要求"量体裁衣",开设相关的专业课程,培养符合企业要求的人才;企业为学校常年提供实习基地和就业机会。

2002～2008年,全市普高招生比和在校生比保持在1∶1,职业高中毕业生就业率为100%,对口就业率85%,共向社会输送职业高中毕业生15085名。

三、合理配置资源

20世纪80年代初,汨罗县停办重点学校,教育经费安排向乡镇薄弱学校倾斜,各类电教媒体、音像图书、文体器材、微机、办公用品优先配备给农村薄弱学校;同时公开公正公平选聘校长,80%以上的中青年骨干教师先后走上学校领导岗位;并规定凡名师、骨干教师、小学高级及中学一级教师必须到农村乡镇工作三年,城区每年严格按比例从农村乡镇选调教师;新招聘的教师全部安排在农村执教,三年的服务期。对农村薄弱学校教师,汨罗市委、市政府在名师评选中给予政策倾斜,在评高级职称时给予优先,建立城区教师轮流支教制度,引导和鼓励城区教师到农村中学任教,设立"安贫乐教奖",重奖在农村乡镇工作、教育教学成绩卓著的教职工,并在调资、晋级、评优等方面给予倾斜;对义务教育阶段的学生,坚持"就近入学,划块招生"的原则,学生编班采取电脑随机编排,在教育质量评价中设立"均衡系数";确定法规性目标和特色目标,鼓励每所学校都办出自己的特色。对于基础教育终结阶段的普高,市教育局亦作出规定,根据学生特长发展需要和各学校条件,确定市一中、二中、三中、四中、五中分别朝理科、文科、音乐、体育、美术特色学校方向发展。2005年,汨罗市人民政府批准创办一所以外语为特色的民办普通高中,2007年正式定名为"汨罗市六中"。实行特色办学后,全市教育资源得到合理整合,各乡镇场学校布局调整面达50%以上。全市10多个边远山区、库区、垸区得到重点扶持。2007～2008年,市教育局建立领导包片,机关干部包乡的工作联系制度,加大对农村学校的指导力度。

四、创优乐学环境

1984年后，汨罗县教育系统严格控制学生流失，从法律、政府行为、管理评价三个方面形成控流合力；多渠道筹措资金近2000万元实施扶贫助学，创设乐学环境，让每一个学生享受平等受教育的权利，重点提高残疾少儿的入学率。至1997年，汨罗市兴建特殊教育学校，全市7～15岁的聋哑学生都集中在特殊教育学校就读；并开展留守学生、单亲家庭学生教育对策的研究。2006年，汨罗市有留守学生21141人，单亲家庭学生2087人。2007年，市教育局成立课题组，深入全市35个乡镇场，开展调查研究，帮助各乡镇、各校加强对留守学生、单亲家庭学生的管理。

五、改进教学方式

加强德育教育 1987年，汨罗县教育系统全面实施德育工程，加强德育工作的针对性、实效性。1993年3月，《人民教育》以《这里，德育之树常青》为题报道汨罗市德育工作经验。2002年，实行"法制副校长"制度。2004年，编发《汨罗市中小学德育工作常规》。全市学生思想品德合格率一直保持在100%，优秀率90%以上。在校学生犯罪率为零。

减轻学生课业负担 1996年，市教育局制定《汨罗市中小学实施素质教育"八要""八不准"》，同时提出实行新的"三控制"，即控制学生用书、控制教学时量、控制考试次数与学生课外作业总量等。

推进课程改革 2001年始，汨罗市教育局按照"先培训，后上岗；不培训，不上岗"的原则，组织校长、教导主任、教研员、新课程任课教师为主要培训对象，共培训教师1700人次。2002年秋季，全市229所小学、40所初中、4所九年一贯制学校的一年级、七年级约580个班级的学科正式启动国家新课程标准和新教材实验，12所中心小学从三年级起开设英语课。是年，岳阳市课改实验工作会在汨罗市召开，湖南省教委课改领导小组负责人两次到汨罗市考察课改工作。2003年3月31日，岳阳市教科所在汨罗市召开新课程实验座谈会，汨罗市课改工作得到与会人员的肯定。

第三节 素质教育彰显成效

1995年后，全市普教、职教、成教、幼教等各级各类教育均衡协调发展。普高、职高比保持在1:1.5以上，市职业中专被评为全国教育系统先进单位。2002年，在岳阳市普通高中教学质量14个评价项目中，汨罗市获11项第一、2项第二、1项第三，5所普高教学质量评价全部进入岳阳市前三分之一区间，市二中夺得非重点学校第一名。2007年，全市高考，二本以上上线人数1558人，有16名理科生跻身岳阳市前30名，有3名考生被清华、北大录取，汨罗连续第18次夺得岳阳市第一；全市5岁幼儿入班（园）率、小学适龄儿童入学率、巩固率稳定在100%，小学毕业生升入初中的比例达到99.5%，初中辍学率控制在千分之八以内，小学、初中毕业生合格率分别为99.9%、95.3%。2006～2007年，有800多人次在上级获奖，其中国家一等奖26人；职业学校学生就业率99%，其中对口就业率85%。职业学校每年毕业的学生为群众增收约4000万元。乡镇农职校通过抓农民培训和职工培训，有34000多人重新找到工作，转移农村剩余劳动力7500人。

1988年，《湖南日报》头版头条发表《构建教育立交桥》的长篇通讯，全面介绍汨罗市发展职业教育情况。1989年10月,国家教委在湖南召开全国“燎原计划”与农村教育综合改革工作会议,与会代表及中央、国家教委领导实地考察汨罗市各类学校。1990年《湖南教育》连续三期以“目标管理采访札记”报道汨罗市实施目标管理的情况。1995年,湖南省政协文教卫体委员冯象钦邀请《人民教育》总编朱世和、《湖南教育》总编唐仲扬、副总编胡宏文等到汨罗市进行为期27天的调查研究,考察三分之二的乡镇和学校,查阅100多公斤重的文字材料,撰写长篇报道《大面积推行素质教育的探索——汨罗市中小学教育改革12年写真》的长篇报道。是年,湖南省政协全会表决通过常委《关于深化基础教育改革,全面推广汨罗经验》向湖南省委、省政府的建议案。湖南省政协主席刘正随即在全国政协会议上,就推广汨罗市经验作大会发言,并向国务院副总理李岚清写信,汇报、推介汨罗市素质教育经验。1996年5月,李岚清考察汨罗市素质教育,明确指示“汨罗市经验要逐步在全国推广”。1997年,湖南省委宣传部课题组以《提高民族素质的基础工程——汨罗市13年推行中小学素质教育的中心和思考》一文发表在《求是》杂志1996年第23期上,获得当年中宣部“五个一”一等奖。2006年6月,中共中央总书记胡锦涛在教育部原部长何东昌反映教育当前存在的一些问题及推介湖南汨罗市、山东招远等教育经验时作出重要批示:“素质教育很重要,……从系统调研入手,寻找解决办法的思路值得考虑。”11月19日,国务委员陈至立、教育部长周济、湖南省委书记张春贤、代省长周强等一行专程到汨罗市考察素质教育,陈至立指示“要继续推介汨罗素质教育”。

第二十二篇　科技·体育

第一章　科　技

中共十一届三中全会后，汨罗县（市）、乡分别成立科技领导小组，配备科技副县（市）长、科技副乡镇长；先后4次召开全市科技工作大会，作出《关于加速科技兴市的决定》《关于切实推进科技进步的决定》；制定“七五”“八五”“九五”“十五”“十一五”科技发展计划和《乡镇科技工作目标管理实施细则》；科技普及步步深入，科技成果不断涌现，科技捷报频频传来。

1994～2006年，汨罗市科技综合实力进入全国百强县（市），先后被评为全国科技工作先进市、全国科技进步考核先进市。市委书记陈四海，市长李国保、白维国，市委副书记李明主，市科技局局长黄光胜分别被评为全国科学技术进步先进个人。

2007年，汨罗市晋升为省知识产权示范创建市，再度跻身全国科技进步先进县（市）行列。

2008年，汨罗市科技工作进入全国先进县（市）行列；知识产权工作进入全省示范创建县（市）行列；科技特派员试点工作被评为省、市先进单位；“民本岳阳”科技工作考核继续稳居岳阳各县（市）第一；科技统计工作、科技宣传工作、知识产权工作被评为岳阳先进单位。

第一节　科技管理

一、机构设置

汨罗市科技局　1978年1月，成立汨罗县科委。1988年1月，汨罗县科委更名为汨罗市科委。1995年，汨罗市科委更名为汨罗市科技局；内设4个股室，下辖科技情报信息研究所、生产力促进中心、地震办、地震台4个全额拨款的事业单位。

汨罗市沼气办公室（简称沼气办）　1978年1月，沼气办从县计委划出，归县科委管理。1984年，更名为农村能源办，股级单位。1996年，归农办管理。

汨罗市标准计量管理所　属股级事业单位。1986年4月，从科委划出，归经委管理。

汨罗市地震台　股级事业单位，行政隶属于科技局，业务属岳阳地震办。1978年，由湖南省计委拨款5万元，在红花公社红花大队建办公场地。2003年，中国地震局将“汨罗地震台搬迁及数字化改造”项目列入计划，总投资60万元。2005年9月28日，地震台整体搬迁到古培镇明月村17组，占地面积0.27公顷，建筑面积276平方米。

汨罗市地震办公室 2002年成立,为行政支持类事业单位,负责辖区内地震监测预报工作。2007年5月,地震办、地震台合并为汨罗市地震办公室。

汨罗市科技情报信息研究所 1978年,县科委内设科技情报资料室。1985年,设科技情报研究所,为纯公益事业单位。2002年,更名为汨罗市科技情报信息研究所,属财政全额拨款事业单位。

汨罗市生产力促进中心 1999年成立。2002年,更名为市科技开发交流中心。2005年,更名为市生产力促进中心,纯公益事业单位,负责全市科技开发、引进、交流及技术咨询、诊断和培训服务。

汨罗市农业科学研究所 1971年成立,1979年春,更名为县原种场。1981年,县农科所与县原种场分设。1982年,县农科所迁汨罗镇南托村。1988年1月,更名为市农科所。共承担科研与推广项目300多项,其中185项取得较好成效,撰写试验报告200多份,并编印《水稻试验数据汇编》。该所选育的"425"双低油菜新品种经岳阳市组织区试后,在全市大面积推广。

汨罗市林业科学研究所 1974年成立。1988年1月,更名为市林业科学研究所(简称林科所)。其科研成果有杉天牛防治、湿地松种子园、油茶新品种扦插繁育、薪炭林研究等科研项目,均由省、岳阳、汨罗科技主管部门组织验收鉴定,并在全市大面积推广,杉天牛防治在全国大面积推广应用。

汨罗市农业机械研究所 1974年成立,1988年1月,更名为市农业机械研究所。

汨罗市沼气科学研究所 1978年成立,1988年1月,更名为市沼气科学研究所。1985年,沼气池转布水发酵工业获国家实用新型专利。1986年,分气柜自动平衡装置获国家适用新型专利。研究的利用酒精废液发酵制取沼气技术在湖南、湖北、江西等10多个省、市推广。2002年,整体拍卖。

汨罗市园艺科学研究所 食用菌研究所,均于1988年建立,1989年后,随着科研体制改革而解散。

厂办科研机构 1985～1988年,先后有10个国营工厂、5个二轻企业建立厂办科研机构(所、室)。20世纪90年代,因企业解体而解散。

二、科技管理

市(县)级科技管理 1985年,汨罗县成立县科技工作领导小组,由县长任组长,主管科技工作的县委副书记、副县长任副组长,相关委、办、局正职为成员。1985年始,市直各相关部门均设立科教股,主管本部门、本系统的科技工作。1990年,市委、市政府作出《关于加速科技兴市的决定》。2007年,市委、市政府作出《关于切实推进科技进步的决定》。1990～2008年,先后四次召开全市科技工作大会,部署科技工作。

乡镇科技管理 1987年,各乡镇设科技专干,主管科技工作。1988年,汨罗、弼时、长乐、城郊四个乡镇设立乡镇科委(试点)。1989～1990年,31个乡镇(场)均先后成立乡镇科委。1989年,市委组织部从市直各部门单位选派优秀干部下乡镇任科技副乡镇长。该举属全省首创,并在全省推广。1991年,成立汨罗市农科教统筹领导小组,办公室设市科委。1992年,各乡镇均成立农科教中心,长乐、天井、黄市、李家、大荆、白塘、三江等乡镇列入省级农科教统筹试点乡镇。省、岳阳、汨罗三级农科教统筹领导小组拨专门经费为长乐、天井、黄市、李家、大荆等乡镇建立农科教中心大楼。1996年,农科教统筹管理工作划归市农办管理。1997年始,乡镇科技副乡镇长从乡镇换届选举中产生,由市委组织部下文明确。是年,各行政村科技主任由村主任兼任。

2008年,制定《乡镇科技工作目标管理实施细则》,年终根据实施细则进行考评。是年,智峰、古培、新市、屈子祠、川山坪、沙溪、范家园茶场7个乡镇场被评为乡镇科技工作目标管理先进单位。

第二节　科技普及

一、科普宣传

（一）科普汇映

1978年，汨罗县科委组织开展各类科普宣传活动538次，其中大型专题活动28次，学术会议9次，科学考察85次，撰写论文520篇。1984年1月28日至5月月底，县科委、县科协组织《普及科学知识、破除封建迷信》大型宣传活动，先后在城关、弼时、黄柏、沙溪、白水、新市、桃林、铜盆、新塘、长乐10个乡镇、12所中心小学进行“清除精神污染、破除封建迷信”图片巡回展览，共展出185场，观众达1.76万人次。1987年，县科委、县科协会同县农业局等8个单位及县电影公司举办农村科教电影汇影活动，历时32天，参映单位129个；调度科教影片130多部，巡回放映2577场，观众达167.12万人次；映后组织座谈272次，参与2611人次，组织科技辅导103次，收集观后感2587篇。

（二）科技讲座

2001～2008年，举办“科技创造未来”“依靠科学，战胜非典”“科技以人为本，全面建设小康”“携手建设创新型国家”等科技周活动。先后在新市、城关、城郊、黄市、黄柏、范家园、桃林寺、弼时、李家塅、白塘等乡镇举办科学技术讲座60次，制作各类科技知识展板1500余块，开展各类科技咨询9000余人次，开展医疗计生服务5000余人次，发放各类科普咨询资料12万多份。其中，2003年，大力宣传依靠科学战胜“非典”，共印发宣传资料2万份，出动宣传车70余台，制作非典防治及有关科普知识宣传展板34块，在31个乡镇开展巡回宣传。

（三）办科普刊

1984年，创办《汨罗科技》半月刊，先后出版167期（不定期），每期1.3万份，共出版发行20.8万份。1992年，改版为《汨罗科技信息》，先后出版120期，每期150份，共出版发行1.8万份。1998年，建立汨罗科技信息港，设立《科普园地》，开辟“实用技术”等专栏，共发布各类科技信息2900条。2002～2003年，在《汨罗报》设立《科普园地》。2003～2006年，由汨罗电视台转播中央电视台《星火科技30分》。1986年，大荆西瓜学会出席全国农村科普工作先进集体和先进个人表彰大会，被授予“全国农村科普工作先进集体”称号。

（四）科技比赛

1984年，岳阳地区在汨罗县举办青少年“小发明、小论文”比赛，汨罗获团体总分第一名。1986年5月，全国农村中小学课外科技活动座谈会在汨罗召开，并摄制《为了明天》的电视专题片在中央台转播。2006年，省青少年科技创新大赛在汨罗市成功举办，全市获4个一等奖、6个二等奖。

二、科技咨询

1983年4月，弼时镇首次创办基层科技咨询服务部。为防治水稻白叶枯病，该部技术人员先后10次出诊和开展技术咨询，为群众挽回损失1.15万元，创收2000元。1984年，28个乡镇相继办起咨询服务部,配备农技员28人。1985年,成立汨罗县科技咨询服务中心部,各学会建立科技咨询分部34个。高坊镇科技咨询服务部协助镇麻石厂与日商签订5.237亿日元的合同,为该厂创收2500万元,安置农村劳力1000人。其经验材料,编入全国科普工作会议资料文集。至1988年,各乡镇建立专业学会38个,专业学组168个、科普小组34个,提供科技咨询20万人次,举办宣传栏470期次,印发各种科技资料178万份,讲座与巡回讲座52期次,听众20000人次,解决科技难题3600个,引进信息390条,其中90条被采用,组织供应良种45万公斤。1992年,成立生产力促进中心,组织各类技术咨询200多次,引进信息5000条,采用600条,解决技术难题110多个,推广新技术45项。2005年8月18日,科技信息互联网,"96318"热线正式开通。至2006年,信息中心共接咨询电话249个,帮助农民解决生产中实际问题154个,提供市场信息31条、科技致富信息29条,推荐专家指导工作出动服务小分队14次,上传省科技资源库信息147条,收集本地资源库信息资料289条。

三、科技培训

1985～1993年,组织各类技术讲座2100多场次,解决难题近2万个。1994年,成立汨罗科技兴市领导小组,建立"议科""办科"制度,在全省率先配备29个科技副乡镇长,形成较完善的四级(科技部门,乡、村、村民小组)科技工作网络。建立7家市直科研机构、11家民办科研机构、18个厂办科研所(组、室)、18个专业学会、112个专业学组、15个农村专业研究会。全市利用乡镇农科教中心、职校、农函大、农民技术夜校、市直专业职校等培训场地,广泛地向市民传授科技知识。1994～1996年,共培训市民达30多万人次,每户最少有1人掌握1～2门实用技术,科技入户率达90%以上。1997年,共举办各类技术培训班300多期,参训人员达5万多人;办各种墙报200多期,印发各种技术资料10万多份。2002年,市委、市政府将科技工作列入全市双文明考核内容,制定"议科"制度。4月,投资12万元,建立汨罗科技信息港,设置科技概况、科普园地、科技法规、科技成果、科技项目等9个栏目;5月,召开全市科技史上规模最大、规格最高的科技工作大会,请省、岳阳、市领导到会讲话、讲课;将5月定为"科技活动月",在全市开展科技宣传和科技培训活动。《汨罗报》、汨罗电视台相继开办《科技园地》和《农村天地》栏目,举办科技知识讲座;印发各种技术培训资料11万多份,赠送技术书刊1万多册。1998～2008年,共举办技术讲座80堂,举办各类技术培训班1020期,印发资料27万份,培训各类技术人才32万多人次。

四、科技示范

1983年,100户科技示范户创办杂交水稻、棉花、茶叶、西瓜、辣椒、柑橘等31个项目。是年4月,召开全县科技示范户大会,县委副书记陈德辉作专题报告,并向全县人民发出倡议。1985年,重点示范户发展到528户。其中,被授予"县科技示范户光荣匾"的100户。1995年,建立红花乡养牛示范基地、磊石大白菜示范基地等10个科技示范基地。

1996年,全市34名市级领导每人抓一项科技项目、扶持一个科技企业,办一个科技示范样板、发展一户科技示范户。2003年,市科技局、市农业局、市林业局在大荆、黄市、红花、新市、弼时5个乡镇共建7个科普示范点,引进科技成果18项,成功推广红薯新品种11个、常规早晚稻新品种4个、豆类作物新品种3个。2003年,引进推广早籼15号、31号和湘晚籼2号、3号等优质水稻新品种及五星枇杷、日本大田椪柑、日本早津蜜橘等水果新品种；在桃林寺镇南林村、塅中村推广种植泰国红薯20公顷，在红花乡推广种植两熟礼品西瓜13.33公顷；选定梅营1号、湘江1号、京薯1号及泰国红、五彩薯等红薯新品种，并送省脱毒提纯，为全市红薯产业化发展打下基础。

第三节　科技计划

1993年，汨罗市科委从北京农业大学引进“高油玉米”新品种，在火天乡试种20公顷。1994年，在磊石、新塘、白塘、桃林、范家园、火天、大荆、黄市等9个乡镇种植1333.33公顷。1995年，汨罗市规模种植玉米1.33万公顷，亩均400公斤，最高亩产750公斤。1995年，该项目列入国家星火计划，1998年，经省科委组织验收，2000年，评为岳阳市科技进步二等奖。

2002年，将大荆、黄市、红花3个乡镇农业产业结构调整统一规划布局，申报列为省级生态农业科技园。生态农业科技园龙头企业湖南加华生物科技发展有限公司承担的“南方肉牛规模化养殖及产业化开发”项目，相继列入湖南省重点科技计划和国家“星火计划”。2004年，国家粮食丰产科技工程被列入国家“十五”重大科技计划，汨罗被列为湖南水稻丰产高效技术集成研究与示范区。是年，在沙溪、黄柏、李家塅、弼时、高坊、川山、白水7个乡镇建立6666.67公顷水稻种植技术示范区，全面开展水稻丰产高效技术集成研究与示范。为深度开发境内红薯产业，汨罗专门成立红薯开发领导小组。2003年，新建蓉泰薯类淀粉加工厂。2005年，成立桃林特色红薯生产加工合作社。市科技局筛选4个优质高产红薯品种，委托省马铃薯脱毒中心进行脱毒。同时，引进特色红薯高淀粉型、鲜食型、保健型、果脯型、蔬菜型五大系列新品种25个，在桃林寺镇双法村特色红薯脱毒快繁基地进行繁殖，并大面积推广。2005年10月，汨罗再生资源市场体系建设列为全国循环经济试点单位。

2006年，汨罗市“特色红薯脱毒技术研究及产业化开发”项目被列入省科技攻关项目。是年，汨罗新东方特种环氧制造有限公司的“多酚型缩水甘油醚特种环氧树脂关键技术研究”项目被列入省级重点科技攻关项目，通过省科技成果鉴定，填补国内生产“四酚型缩水甘油醚型特种环氧树脂技术”空白，达到国内领先水平。是年，汨罗长江铜业有限公司、平桂制塑实业有限公司与株洲清水塘地区企业共同申报省循环经济重大科技专项，汨罗市“区域循环经济关键技术研究与示范”项目通过专家评审，并获省科技厅连续三年的科技专项经费扶持。2008年，有省级高新技术企业11家，岳阳市民营科技型企业44家，形成以电力、机械制造、新材料、精细化工、食品深加工为龙头的高新技术产业集群，高新技术企业年产值达18.53亿元。

1978～2008年，汨罗市(县)科委共承担县级以上科研项目600多个，项目实施率和项目成功率分别达98%、95%以上。同时，相继制订“七五”“八五”“九五“十五”和“十一五”科技发展计划，1988～2005年经济、科技、社会综合发展中长期规划，汨罗江星火技术密集区“九五”规划。

第四节　科技成果

1978～1986年，科技成果分别由省、地、县科技管理部门组织鉴定登记，按等级、标准由行政部门奖励。1986年，设立汨罗县科技进步奖评审委员会，负责评审鉴定科技成果和科技成果奖励。其中申报省、地(市)级奖励项目,由科委初审上报,由县(市)政府颁奖,科委分类建立档案,并管理成果推广。同时办理专利申请,组织专利实施。2002年,汨罗市政府制定《汨罗市科技进步实施细则》。至2008年,全市获奖项目372项,其中国家级4项,省、部级29项,地(市)级112项,市(县)级227项。

历年来研究、引进、推广的主要项目如下。

农业 种植业更新、更换优良品种891个,其中籼稻、粳稻、杂交稻、三系亲本等646个,小麦、红薯、玉米、高粱、黄豆、蚕豆等96个,油菜、芝麻、花生等36个,棉花、黄麻、苎麻、桑等30个,柑橘、西瓜、甜瓜等78个,绿肥2个;新技术有低频率电流、磁化水处理水稻种子、盐(泥)水选稻种、地膜覆盖、合理密植、稻田水浆管理、化学除草、测土配方施肥、病虫综合防治、综合高产栽培、杀虫细菌固体薄层培养、农田鼠害防治、低产田改良等。

林业 杉天牛防治、松毛虫综合防治、油茶嫩梢撕皮嵌接、嫁接换冠改造低产林、土栖白蚁防治、林木花卉良种引进、国外松枯梢病防治、植树造林、封山育林等。其中杉天牛防治由国家林业局召开现场会推广,潇湘电影制片厂录制《杉天牛与它的天敌》科教片在全国放映。

养殖业 家畜家禽良种引进及繁殖、生猪常温精液人工授精、耕牛冷配、配合饲料、饲料添加剂、猪血发酵作动物蛋白饲料、畜禽防疫、黄尾密鲴引种及人工繁殖、鲤鲫杂交、尼罗罗非鱼越冬、河元鲤繁殖、池塘及水库高产养鱼、牛蛙人工驯化等。

农机 165F柴油机、737打稻机、旱土条播机、蒲滚船、金牛3型小手扶拖拉机、汨农13×40—10微型电泵、湘岳Ⅰ型双行化肥深施器、湘岳Ⅰ型粒肥深施器、6NF—6型碾米机、中耕机等。其中通用机械厂链带式茶叶自动烘干机、CS—84型茶叶杀青机、揉茶机3项填补省内空白。

工业 粉煤成型制合成氨原料气——清水煤棒、低压触电保安器、酒糟废液发酵制取沼气、金刚砂冶炼工艺、串香法白酒工艺、灯扇组合联控开关、热挤压铝型材、双玻璃丝包铝线、3205和3207系列热轧窗框钢、花岗岩水膜式除尘器、重大型菱镁混合包装制品、汽车空调压缩机吸排气截止阀、低压造机、绿色碳化硅节能改造工程、小氮肥三气回收、"三低"储粮、松花皮蛋加工工艺等,其中酒糟废液发酵制取沼气工艺技术达国内领先水平,并取得明显的生态环境效益。再生铜、铝加工,碳素加工、制塑等工业技术相继引直。2007年,境内再生铜规模企业18家,总投资过亿元,年产能力15万吨。2008年,湖南平桂制塑实业科技有限公司"抗菌塑料制品新技术"项目获湖南省科技进步一等奖。

医药卫生 先后引进新医药上千种,在医疗方法上,由传统中医药、单方、验方、秘方为主转向中西结合,同步发展。1986～1987年,开展中药资源普查,采制标本1500余份、94种、274属、321个品种,编写《中药资源普查报告集》;肾切除、左半肝叶切除、直肠癌根治,颅脑外科、子宫全切、颈骨折带血管移植等手术和多种疑难病症的检测诊断技术均逐步推广;计划生育手术成功率达99%以上。

其他 双翻斗遥测雨量计、DCH—Ⅰ型电子控制储蓄抽卡机、MHZ—Ⅰ型三镜头幻灯控制器、地震报警器、沼气池型和灯炉具工艺改革、一线多用广播对讲应用研究及青少年课外"十小"科技活动等。

第五节 专利申请

1985年,汨罗县科委明确专人负责专利申请申报工作。2001年,汨罗市科技局设专利管理工作办公室。2003年10月,市科技局内加挂汨罗市知识产权局牌子,为市科技局二级职能机构,具体负责知识产权的宣传、培训及管理工作。2004年，汨罗被列为湖南省专利试点工作市(县)。

一、专利宣传

1978～2008年，先后举办宣传培训班4次，开展送科技下乡活动16次，参加人数达5万多人。同时利用电视台、《汨罗报》等传媒进行宣传。29个乡镇都明确由科技副乡镇长负责日常的专利及知识产权管理保护工作。不少企业能主动实施专利发展战略。

二、专利申请

1985～2008年，全市共申请专利292项，专利授权率95%，实施率37.6%。

三、专利实施

“湘能金一”的电培式电压主仪器、U型户外式干式套管电流主仪器、冷缩整体硅橡胶复合绝缘干式SPLGU系列高压电气产品、中天科技的小型柴油机分厂的绿色碳化硅及其微粉、湖南保安设备厂的IC卡、智能保安门禁等8个专利项目分别获岳阳市科技进步三等奖。历年注册商标218件。2005～2008年，经申报注册被认定的省著名商标共9件。

2005年，湘能金一汨冷缩整体硅橡胶系列专利产品年产值达6000万元，实现利税1500万元。中天科技生产的履带式旋耕机、稻麦收割机、柴油机零部件以塑代钢等11项专利产品，年产值达2.5亿元。

四、专利执法

1986～2008年，知识产权局共出动执法人员1326人次，执法车辆528辆次，清理检查各类经营户7563次，商场超市68家，市场12个，音像制品店45家，打字复印社152家。取缔违法经营音像制品摊点468个，收缴非法音像制品1.3万余张。共查处假冒“鳄鱼”等国外商标商品中600余万元，侵犯“安踏”等国内地名、著名商标商品300余万元。协助湖南九喜日化有限公司远赴邵阳、郴州等地投诉打假，有效维护汨罗市著名商标的合法权益。

第六节　科技扶贫

1994年9月始，汨罗市科技局先后派出11位干部到沙溪、火天、天井、大荆、白塘、范家园茶场办建整扶贫和科技扶贫点，共拨扶贫资金14.2万元，帮驻点单位引进资金18.3万元，调整村班子4个，新建党员活动室5个，改造兴建学校2所，修建公路5000米、水渠2000米，推广种植西瓜、香瓜、豫薯“868”43.33公顷、优良水稻200公顷。

2008年，全市共派出科技扶贫特派员52人，服务范围涉及16个试点乡镇、九大特色农业产业、6个乡镇中心卫生院，共引进推广新技术21项、新品种38个，引进先进医疗器械设备价值25万元。汨罗市被评为全省科技特派员试点工作先进单位。

第七节　气象科技

一、气象卫星接收系统

1999年,汨罗市气象局建成地面气象卫星接收系统。气象资料信息接收全面,数据量多,卫星云图、雷达资料等传递迅速,改变从广播抄收分析、无线传真、拨号局域网络来获取气象资料的落后状态,使天气预报更准确、及时、精细。至2008年,气象卫星接收系统所接收的资料有:欧洲、日本、美国等地的数值预报产品,中国数值预报产品,卫星云图、雷达图,实时气象资料和预报产品等。

二、天气预报自动答询系统

1996年,建立天气预报自动答询系统。为平民百姓及时掌握天气变化情况提供科学依据。至2008年,除短期天气预报外,还开辟旅游天气预报、5～7天天气预报等多项服务项目。

三、人工影响天气指挥系统

1988年,汨罗特大干旱,人工增雨作业,获得成功。2001年,汨罗市人工影响天气办公室成立。是年8月8日,在南部地区再次成功实施人工增雨,取得在炮点上降雨达100多毫米的大暴雨效果。2007年,人工增雨作业,全市平均增雨200多毫米。至2008年,市气象局配有三七高炮1门,车载火箭炮1门,随时可以实施人工增雨作业。

四、天气预报及防雷安全监测

天气预报服务　坚持迅速、准确、及时的服务原则,提供春播、汛期、寒露风、冰冻等长期天气预报,提供暴雨、大风、寒潮、冰冻、雷击等短期灾害性天气预报,提供防汛、抗旱等决策天气预报,每天按时为市民提供气象信息,为工农业、交通运输业、商业、服务业、电力通信、露天作业等行业提供专业气象服务。

防雷安全监测服务　1992年,避雷设施安全检测监督站成立,先后对近100个单位的防雷设施进行安全检测,逐个建立防雷技术档案;对防雷设施坚持定期年检。1999年10月,防雷减灾办公室成立。油站、气站均进行防雷年检,所有新建筑物均按规定进行防雷设计、审核。

第八节　地震监测

汨罗市地震台(办)位于省道308线148公里处,地处东经29°50′09″,北纬113°29′20″,海拔高度45米,是湘北地区重点监测台站。

汨罗属湖南省地震高裂度区(区划中Ⅶ度),地处中强地震构造带上,洞庭湖区的高裂度断裂带及湘北大断裂带,均横穿汨罗市区,存在发生中强破坏性地震的潜在危险。

1978年6月,正式开启65型熏烟地震仪进行测记。1980年,引进“DD—1”短周期地震仪同时监测。

2005年9月,迁至新台址后,由省地震局投资40万元添置一套英国进口的区域数字地震台网仪器,经专家安装调试,于2007年6月正式投入使用。该台年均记录图纸资料近千张,向省地震局速报地震消息数百个,记录地震条目数千个。1991年,高家坊镇发生1.5级线源有感地震,该台及时派出人员实地调查、考察。1999年,高家坊镇铁路工场使用10吨炸药爆破采石,附近群众误以为是发生地震,该台准确识别判断,及时向群众宣传解释。2008年5月四川汶川地震后,该办相继收到多起宏观异常报告,经电话联系和派员现场观测后,排除非震干扰因素,消除群众恐慌心理。是年5月20日20时许,该办(台)值班室多次接到市民电话,询问常德、华容、岳阳将发生7.0级地震消息是否属实。该办(台)立即与岳阳、省地震局联系,核实情况,向市科技局、市应急办汇报,利用新闻媒体向市民澄清谣传;同时通过咨询电话,向群众宣传解释。2007~2008年,举办防震减灾专题知识讲座8场,开办防震减灾图片展览,先后接待观众4000余人。

20世纪80年代初,地震台连续3年被湖南省地震局评为先进集体。2002年,图纸、速报资料评为全省优秀奖。

附:汨罗市1985~1994年地震记录:

1985年1月13日,距汨罗地震台10公里地震,震级1.0级。

1985年7月16日,距汨罗地震台60公里地震,震级1.1级。

1989年2月4日,距汨罗地震台41公里地震,震级1.3级。

1989年2月4日,距汨罗地震台42.7公里地震,震级1.2级。

1989年2月4日,距汨罗地震台42.7公里地震,震级1.4级。

1991年3月26日,距汨罗高家坊附近地震,震级1.5级,有感。

1992年8月16日,跨汨罗地震台30.9公里地震,震级0.9级。

1993年10月29日,距汨罗地震台附近地震,震级1.0级。

1993年12月9日,距汨罗地震台45公里地震,震级0.8级。

1994年2月7日,汨罗地震台附近地震,震级2.3级。

第二章　体　育

改革开放后,学校体育、群众体育蓬勃开展。有18人成为国家级和一级、二级社会体育指导员,10名体育教师获省、部级奖励,初、高中学生获全国体育比赛金牌38枚、银牌24枚、铜牌8枚,汨罗一中、二中、四中、罗城学校、磊石乡、城郊乡、长乐镇、体工办、国税局等单位成为全省体育先进单位。1986~1987年,汨罗县相继被评为全省、全国体育工作先进单位。

第一节 学校体育

一、师资队伍

1979年,学生和体育教师按400:1的要求,为各中学、中心小学足额配备专(兼)职体育教师。每年利用假期定期或不定期地举办体育教师培训班,组织学习体育政策法规、体育教学理论、技能和专门知识。1988年,制定《汨罗市中小学体育教学常规》。2004年,制定《关于加强汨罗市体育教师队伍管理的暂行规定》,对体育教师的管理提出专门要求。另外,所有在岗的体育教师,均要求通过函授或自学考试,进行合格、提升学历培训。2008年,全市有专职体育教师456人,其中高级职称12人;体育注册裁判105人,其中国家一级裁判员16人,国家二级裁判员46人,国家三级裁判员43人。

二、学生体育

1979年,按《国家体育锻炼标准》对学生进行达标检测。1982年,在初中、高中招生考试中加试体育。1994年始,初中毕业生进行体检。1995年,四中被定为体育特色学校,重点培养专业特长生。2000年5月,对大课间体育活动进行试点研究,9月在全市各级各类学校推广,保证中、小学生每天1小时的体育活动时间。初中体育考试以等级形式带入高中招生录取。2007年,初中毕业体育考试分数作为学生的学习潜能成绩平均计入各文化考试科目。是年,开始探索在高中毕业年级进行体育考试。2008年,首次组织普高毕业生进行体育考试,继续在全市中、小学推行大课间体育活动,全面启动中小学阳光体育活动和冬季长跑活动;举办第三十二届普、职高学生篮球赛、第三十七届中小学田径比赛,有4人、3队破汨罗市6项田径纪录,高中组24人次达国家二级运动员标准,初中组38人次达国家三级运动员标准,小学组12人次达国家少年级标准。在湖南省中学生运动会上,汨罗市6名队员获得39分,占岳阳市代表团总分62分的63%。在岳阳市中学生运动会田径比赛中,一中、二中、四中分别取得乙组第一、甲组第二和第四的好成绩;篮球比赛中,一中、二中分别获女子冠、亚军,男子分获第四、第五名。

1993年,汨罗市学校体育工作被岳阳市教育局(委)评为先进单位。1996年12月,四中被定为湖南师范大学体育系长期实习基地,其体育特色班被定为体育系实验学校。1997年3月,《中国学校体育》杂志以《从体育入手全面推行素质教育》为题,对汨罗市学校体育工作经验进行推介。一中被湖南省评为落实《学校体育工作条例》优秀学校。2005年5月,二中、罗城学校被省教育厅评为贯彻《学校体育工作条例》优秀学校。1994～2005年,有10人获省体育优质课教学竞赛奖及省、部级体育教师先进个人奖。

三、学校体育管理与建设

(一)体育目标管理考核

1984年始,体育工作纳入教育系统目标管理范畴,年终评比总结时逐项对照考核。1987年制定《汨罗市中小学校端正教育思想十条标准》。1990年后,将体卫工作从教育目标管理系统中单列出来,并在内容分值和考评办法等方面不断予以改进和完善,使之更易操作实行。

(二)体育基础设施建设

1988年,颁布《汨罗市合格初中校舍及内部设施基本建设要求》《汨罗市规范小学校舍及内部设施建设基本标准》，规定初中、小学体育器材齐全的标准分别为25种、12种。1991年，市教委成立供应体育器材的专门机构。是年，全市中、小学生场地器材均达省颁标准。2004年，全市中心小学以上学校场地器材达《湖南省中学体育设施配备目录》《湖南省小学体育器材设施配备目录》规定的标准。

第二节　群众体育

一、体育项目

（一）农村体育

有的在农闲时进行，如玩龙舞狮等；有的在农忙间歇时进行，如攀腕子、拗扁担、打浮泅（即游泳）等；2000多年来以纪念屈原为主的龙舟竞渡长盛不衰，最具地方特色。汨罗民谚"宁荒一年田，不输五月船"，充分体现群众的参与热情。从古至今，境内习武相沿成习。拳以少林南拳为主，高坊、长乐等地还流行邬家拳；器械以棍为主，附以刀、枪、钯、凳、鞭、锏、锤、流星等。汨罗江北新塘、白塘、楚塘（今屈子祠镇）、桃林等地，素为武术之乡。农闲时，由私人或宗族祠堂设场，传授武术。有的宗族还规定：男子成年前，必须学会几种基本武术套路。1986年，全县参加武术锻炼达5000余人，其中新塘乡有1854人练武，占该乡总人口11.7%。1989年，市武术协会成立。至1993年，经体育行政部门考核发证的一级拳师3人、二级拳师17人、三级拳师63人。竞技体育于20世纪30年代由学校向农村扩展，项目有篮球、跳高、跳远等。20世纪80年代，自行车遍及城乡，自行车竞慢、竞速、负重，成为农民、特别是青年农民喜爱的体育项目。

（二）城镇体育

1978年前，汨罗县机关、企事业单位职工以篮球、排球、乒乓球、羽毛球为主。1978年后，气功、自行车、足球、滑冰、拳击、武术、门球、象棋、信鸽、垂钓、散步、街头舞蹈等项目为城镇居民、职工中不同职业、不同年龄阶段的人所喜爱。1993年，汨罗城区参加武术锻炼的2000余人，参加拳击运动的300多人，老年门球队35支、运动员500多人，夕阳红文工团群众演员600多人，参加气功锻炼的近千人，信鸽发展到2400羽。21世纪，城镇群众健身意识明显增强，活动内容更加丰富。特别是篮球运动蓬勃发展，MLBA俱乐部自2000年起成功举办七届篮球赛。

二、体育组织

1984年，成立汨罗县老年人体育协会。1986年7月，成立汨罗县体育协会，由原县委书记彭亮根任名誉主席。党群、政法、计划、财贸、农业、文教、卫生等部门按系统成立行业体育协会，各局、基层单位成立基层体育协会。1987年，汨罗伤残人体育协会成立，李建求任名誉主席。汨罗县体育协会更名为汨罗市体育总会。县直机关、厂矿、企事业单位均有3～5个项目代表队；年终或节假日、周末，由部门、企业或体育组织举办各种运动会或单项赛；分系统的年度运动会、三八妇女节运动会、重阳节老年门球赛、周末篮球赛和象棋赛形成习惯；群众性晨练活动长盛不衰，大批体育爱好者自选场所，坚持参加太极拳、太极剑、气功、舞蹈、跑步、球类、自行车等项目的锻炼。全市伤残人参加体育运动锻炼的834人。1984年，汨罗县委、县政府下发《中共汨罗县委、县人民政府关于进一步发展我县体育运动的通知》。1987年2月，汨罗县委宣传部制定一级、二级、三级文明村标准,就文明村的文体活动要求作出明确规定。1995年,汨罗市政府制定《汨罗市实施全民健身计划方案》,确定汨罗银鹰体协、市公安局、长乐镇等单位为全民健身试点单位。是年,汨罗市举办"希望杯"龙舟赛。1997年,确定每年的6月为全民健身月。2000年,汨罗市政府组织开展国民体质监测工作。至2008年,全市有国家级社会体育指导员1人,国家一级社会体育指导员5人,国家二级社会体育指导员12人。

三、场地设备

(一)场地建设

1980年,建成四方形田径场。1982年,开始建设城区完整的体育中心。1983年,改建成有3000人看台的椭圆形400米田径场。1984年,建成1个12级、可坐2700名观众的水泥灯光球场。1986年,建成50×25米、并附有更衣室、浴室、厕所的游泳池,实现"两场一池一房"目标。体育中心总面积87516平方米。先后承办全省中学生田径运动会、全国甲篮球分区赛广西对浙江男子篮球赛、岳阳地区第二届运动会等赛事。1993年,一中建成400米标准田径场(后改为塑胶田径场),是年,承办岳阳市第七届中学生田径比赛。城区除体育中心外,市直机关有篮球场57个(其中灯光球场8个)、羽毛球场32个、旱冰场2个、门球场13个、乒乓球台37付;全市学校有篮球场508个,排球场162个,乒乓球台413个,田径跑道总长14400米;乡(镇)、村有篮球场62个,排球场24个,乒乓球台30副。至2008年,有标准400米田径场4个,其中塑胶田径场1个;田径棚5个,其中塑胶3个;体育馆2座;篮球房1个;200米田径场54个,非标准运动场60余个。

(二)场地管理

1986年,制定《游泳池管理条例》《灯光球场和室内训练房管理条例》《田径场管理条例》等,后逐年修订和完善,依法依规对体育场地设施进行管理和维护。

四、运作方式

1985年前,体育活动主要由县体委承办。1985年始,体育面向社会,并逐步形成产业规模。2000年10月,即开型体育彩票在汨罗上市,是年销售280多万元。2001年,电脑体育彩票在汨罗市销售。2005～2006年,按照"政府主导、市场运作、企业支持、部门参与"的办赛模式,成功举办两届汨罗江国际龙舟邀请赛。2007年,举办中国岳阳汨罗江龙舟赛。是年,汨罗市龙舟队分别参加全国龙舟月闭幕式暨中国贵州都匀国际龙舟邀请赛、在广东佛山举行的全国龙舟之乡争霸赛,组织10支汨罗龙舟队参加在岳阳举行的中国湖南旅游节开幕式龙舟表演活动。2008年6月,奥运火炬传递暨中国汨罗江国际龙舟邀请赛获圆满成功。国家体育总局、中国龙舟协会授予"汨罗市中国龙舟名城"称号。

汨罗市(县)1986～2008年群众体育运动获奖情况表

表22－2－136

单位(个人)	时间	获奖事由
汨罗县	1986年12月	省体育先进县
汨罗县	1987年4月	全国首批体育先进县
汨罗市	1990年	全国体育先进县(市)复查合格单位

表22－2－136

单位(个人)	时间	获奖事由
汨罗市	1994年	省1994年度实施“0714”工程组织奖
汨罗市	1995年7月	省第十一届农民体育节龙舟通讯赛二等奖
汨罗市	1996年	全国落实国家体育锻炼标准实施办法先进单位
汨罗市	1997年	省全民健身先进单位
汨罗市	1998年	全国落实国家体育锻炼标准实施办法先进单位
汨罗市	2004年	岳阳首届大众体育运动会团体总分第一名
磊石乡	1989年	省体育先进乡
磊石乡	1990年	全省农民篮球赛第二名
城郊乡	1993年	省体育先进乡
长乐镇	1996年	省亿万农民健身先进乡镇
长乐镇	1998年11月	省群众体育先进单位
长乐镇	1999年	省农村体育工作先进单位
教体局	1994年、1996年、1997年	省群众体育先进单位
市教体育	1995年	全国全民健身宣传周活动先进单位
市教体局	2000年	岳阳市县级体育工作先进单位
市教体局	2003年	省全民健身周活动先进单位
市公安局	2000年	被载入《三湘体育风采录》
市银鹰体协	2000年	被载入《三湘体育风采录》
市体工办	2004年	省群众体育先进单位
市国税局	2004年	省群众体育先进单位
汨罗体育代表团	2004年	岳阳首届大众体育运动会获7枚金牌
汨罗体育代表团	2008年	岳阳市第三届大众体育运动会获团体总分第一名、第二名
彭迪均	1987年	全国农村体育工作积极分子
徐祥禧	1997年	全国群众体育工作先进个人
游建良	1997年	岳阳市学生体育达标工作先进个人
张少元	1997年	岳阳市学生体育达标工作先进个人
游建良	1998年	省群众体育先进个人
张少元	1998年	省群众体育先进个人
郑剑山	1999年	省亿万农民健身活动先进个人
何中良	2004年	省群众体育先进个人
游建良	2004年	全国优秀社会体育指导员

第三节　竞技体育

一、人才培养

1978年前,设汨罗县少年儿童业余体校,配专职教练员2人,从少年儿童中选拔体育苗子,实行业余体校系统训练和学校运动队、体育班长期训练。业余体校初设田径、乒乓球2个班。1985年,乒乓球班停办。1986年,开设游泳班,1988年停办。1989年,业余体校由汨罗市体委、二中联办,教委配备1名专职教师,体委配备1名教练员教学,学生食宿、学习、训练三集中;并确定一所中心小学为基地,从三年级至六年级各选拔6名学生培训,小学毕业后招收到二中,由业余体校训练至高中毕业,建立10年"一条龙"的训练体制。1993年停止联合办学,恢复业余体校,仍有在校学生31人。1998年秋季,一所融学生运动员食宿、学习、训练三集中的义务教育阶段全日制体校正式开办,开创湖南县级业余训练体制改革的先河。1995年6月,市业余体校被省体委授予"省重点业余爱好者体校"称号。2001年,被岳阳市体委批准为市级体育后备人才基地。

1978～2008年,通过体校训练的学生近2000人,向省体工队输送优秀运动员后备人才19人,向各大专院校输送体育专科生41人,向省体校输送学生14人,向教育系统输送体育师资213人。经国家、省、地、县(市)4级考核,获得等级的运动员213人,其中举重、摔跤健将2人,一级田径、拳击3人,二级田径、武术22人,三级田径、武术72人,少年级114人。

二、体育赛事

(一)举办赛事

1982年始,汨罗县每年5月左右举办学生田径运动会,10月左右举办学生"三球"(即篮球、排球、乒乓球)运动会。1985年,举办教职工运动会,7000多人参赛。1986～1993年,各级各类学校举办各种体育比赛3960次,11.7382万人次参赛。

1984年后,汨罗县举办农民篮球、拔河赛15次,共179个代表队参赛;举办象棋赛13次,536人参赛;乡镇每年组织农民运动会1～2次。1987年,弼时镇共荣村农民刘尧武个人耗资2000余元举办全村运动会,设篮球、象棋、乒乓球、拔河4个比赛项目,后被《湖南省体育情况》报道。

1980年后,汨罗县直单位每年举办所属系统职工运动会1～2次。1987～1989年,每年5月至10月,县(市)体育中心举办周末篮球赛2场,象棋赛8台次。1987年5～10月,组织"弼时杯"文体大赛,分农村、机关单位2个赛区;农村赛区设篮球、女子拔河、象棋比赛,机关单位赛区设篮球、排球、乒乓球、羽毛球、象棋、长跑比赛;历时167天,31个乡(镇)、365个村、456个机关单位的1524支代表队参赛,运动员6348人,共比赛5435场;汨罗镇财贸系统获赛区第一名。20世纪90年代后,农村各类运动会和竞赛减少,但城区老年门球赛却形成热潮,各系统内部及全市每年都要举办几次该类比赛。

(二)承办赛事

1994年,承办岳阳市小学生田径赛暨"0714"工程田径测试运动会。1999～2001年,承办岳阳市中小学生田径运动会。2003～2004年,先后承办岳阳市中小学生运动会篮球比赛和乒乓球比赛。

(三)参与赛事

1988 年,4 名农民自行车运动员参加全国首届农民运动会的自行车负重 25 公斤、50 公斤竞速比赛。

三、竞赛成绩

(一)团体成绩

1994 年,汨罗市在岳阳市小学生田径赛暨“0714”工程田径测试运动会上获团体总分第一名。1993 年,获岳阳市第七届中学生田径赛团体总分第二名。2000 年,组队代表岳阳参加全省中学生篮球赛,在 14 个队中,列第七名,并被评为精神文明队。2005 年,在岳阳市第四届运动会上金牌总数排第二位。2007 年,参加岳阳市青少年田径选拔赛,汨罗甲、乙组均获团体总分第一名,丙组获团体总分第二名。

2007 年,一中、二中、四中组队参加岳阳市中学生运动会田径比赛,分别取得甲组第二、第五和乙组第二的好成绩。

(二)个人成绩

1978 ~ 1993 年,县(市)运动员参加地(市)级运动会及单项赛 625 人次,获第一名 152 人次,获第二名 103 人次,获第三名 94 人次,获 4 ~ 6 名 172 人次,破地(市)级纪录 15 人次;参加省级运动会及单项赛 116 人(次),获金牌 31 枚、银牌 18 枚,获 4 ~ 6 名 27 人;参加全国性比赛 21 人,获金牌 6 枚、银牌 4 枚、铜牌 4 枚,获 4 ~ 6 名 9 人。1987 年,戴立平参加世界青年举重比赛,进入前八名,获“国家健将”称号。1997 ~ 1999 年,组织田径、武术队参加湖南省第三届青少年运动会,获金牌 1 枚、银牌 2 枚、铜牌 4 枚,实现境内运动员在省青运会上金牌零的突破。2005 年,参加岳阳市第四届运动会,获金牌 96.5 枚、银牌 52.5 枚、铜牌 29 枚。

汨罗市(县)1978 ~ 2006 年运动员(队)获国家级比赛名次一览表

表 22 - 2 - 137

姓名	年度	赛名	地点	项目及名次
任　凡	1978	全国中学生运动会分区赛	衡阳	110 米栏第四名
宫　晨	1978	全国中学生运动会分区赛	衡阳	铅球第五名,铁饼第六名
欧阳军	1979	全国中学生运动会分区赛	北京	少年组撑竿跳高第一名
戴苏华	1979	全国青少年运动会	岳阳	男子撑竿跳高第二名
毛　东	1984	全国青少年运动会	衡阳	100 米栏第二名
	1985	全国青少年田径分区赛	漯河	110 米栏第一名、200 米跑第一名
	1984	全国青年田径分区	蒲田	4 × 100 米接力跑第四名
吴　斌	1985	全国青少年田径分区赛	漯河	400 米跑第一名
	1986	全国中学生运动会	鞍山	400 米跑第五名
吴乐玲	1984	全国青少年运动会	衡阳	青年女子组 3 公里第二名
李爱明	1984	全国青少年运动会	衡阳	少年女子组 3 公里第二名
戴立平	1987	世界青年举重赛	-	前八名,获“国家健将”称号
杨志忠	1989	全国摔跤锦标赛	北京	48 公斤级第一名
女子龙舟队	1988	全国第四届屈原杯赛	岳阳	600 米第三名、100 米第四名团体总分第四名

续表 22－2－137

姓名	年度	赛名	地点	项目及名次
黄亚飞	1991	全国中学生田径赛	海口	女子四项全能第四名
女子龙舟队	1993	“炎黄杯”世界华侨华人龙舟系列赛	岳阳	800 米第二名、1000 米第二名
吴晓峰	1994	全国中学生田径赛	重庆	5000 米第六名
杨兰妹	1998	全国中学生田径赛 世界学生田径锦标赛	－	800 米第二名、1500 米第一名 800 米第一名
湘华屈原酒龙舟队	1998	岳阳国际龙舟赛	岳阳	500 米、5000 米竞速、5 万米接力赛金牌各一块
余　康	2004	全国青少年跆拳赛	北京	男子第三名
袁　波	2005	全国青少年跆拳赛	北京	男子第五名
杨　琼	2006	全国中学生田径锦标赛	四川绵阳	女子铅球第三名

第四节　体育学校

汨罗市体育学校　创办于 1972 年，前身为市业余体育学校，隶属于市体委。1993 年，更名为市体育学校，隶属于教育局。学校占地面积 33850 平方米，校舍面积 8700 平方米，内有 400 米标准田径场、足球场、室内篮球场、游泳馆、搏击馆、风雨活动室、多媒体教室、学生食堂、学生公寓、教学楼及配套用房等，固定资产 200 多万元，是岳阳市目前唯一一所(湖南省仅 3 所)集学习、生活、训练于一体的青少年业余体育特色学校。学校现有教职工 34 人，其中在编在岗 30 人，离退休教师 4 人，专任教师 28 人，教辅及后勤人员 4 人，中学高级教师 5 人，中学一级教师(含一级教练员)19 人，在校学生常年保持 120～150 人。

1984 年 8 月，体校曾被市教育局授牌体育传统项目学校。1986 年 9 月，被省体委授牌重点业余体校。2001 年 3 月，被岳阳市体委授牌体育后备人才基地。共为国家体委、省体工大队输送体育尖子 200 多人，为大专院校输送专业体育学生 300 余人。体校学生参加岳阳市第二、三、四届运动会、田径运动会，团体总分一直居岳阳市首位。在岳阳市第四届运动会上，体校学生夺金牌 46 枚、银牌 29 枚、铜牌 18 枚；其中 4 人破省、市(岳阳)少年田径、举重纪录。

第二十三篇　卫生·医药

第一章　卫　生

第一节　卫生体制改革

一、管理体制改革

1983年,全县37个医疗卫生单位,有21个单位实行经济承包责任制,5个单位实行浮动工资制,4个单位实行"五定制"(定人员、任务、质量、消耗、奖罚),4个单位实行人员定位、经济包干责任制,3个单位实行传统的行政管理。1988年,推行经济技术承包责任制,调动基层单位和医务人员的积极性,但出现单纯追求经济效益的问题。1991~1995年,医疗卫生系统推行目标管理,将医政、药政、护理、妇幼保健、防疫、财计等内容具体量化,年终逐项考核评分。结合人事改革、用工制度改革和党风廉政建设、文明单位创建工作,先后推出"为文明窗口争光、让病人信得过"活动、"一切以病人为中心"的医疗服务"三不"(即不违规收费、不销售假劣药品、不收受红包、礼品)社会承诺活动,受到社会好评。1999年年初,汨罗市卫生局召开各单位人事、分配制度改革专题会,市直医疗卫生单位及部分卫生院负责人改脱产管理为直管专业、科室,其业绩和奖金与直管科室效益挂钩。各单位双向选择,优化组合,竞聘上岗。2000年,对乡镇卫生院实行分类管理,对防保网络实行分立管理;完善对医疗单位综合目标管理考核办法,在考评指标中,增加两个效益的分值。2003年元月,卫生监督与疾病控制分离。2004年,完善乡镇卫生院"社保"。2006年,组织"守法规、讲道德、爱家园"比赛,组织新党员参观平江起义旧址,组织评选优秀党组织、优秀党员。对38家事业单位法人进行年度审核。2008年,继续开展"以病人为中心,以提高医疗服务质量为主题的"医院管理年活动,改善医患关系,打击"医闹"行为,创建平安医院、甲等医院。

二、人事制度改革

(一)推行院(站、所、校)长负责制

1983年始,全县医疗卫生单位推行承包责任制。1987年,汨罗县卫生局组织直属医疗卫生单位、中心卫生院负责人到昆明、贵州等全国医疗卫生改革试点单位参观学习。下年,全市所属医疗卫生单位推行院(站、所、校)长负责制,实行定岗、定员、定质、定量、定收支、定奖罚管理,确定"掌门人"的地位。37个单位中,25个单位实行技术经济承包责任制,6个单位实行"五定一奖"岗位责任制,6个单位实行岗位责任制加技术承包责任制。

(二)优化劳动组合

1993年年初,汨罗市卫生局制定《关于劳动人事分配制度改革的暂行规定》,确定"条件公开、平等竞争、双向选择、最佳配置”改革方案,逐步实行干部聘任制、工人合同制。在优化组合中,汨罗市直医疗卫生单位落聘24人。对落聘者采取内退、停薪留职和兴办第三产业等办法予以安置,对专业技术人员,执行评聘分开制度。人民医院率先试行低职高聘。

(三)改革大中专毕业生分配方案

1989年始,汨罗市卫生局实行分配原则和分配方案公开、各单位需求名额公开、学生在校各项指标量化(平时成绩占40%,毕业成绩占30%,三好学生每次计5分,优秀干部计3分)评分结果公开办事制度,公开择优分配,杜绝“暗箱”操作。1991年,对汨罗卫校62名集资生及岳阳卫校23名计内自费毕业生工作做妥善安排。2004年,选拔、聘用20名学有专长者充实到基层一线工作,其中本科8人,专科12人;市直单位7人,乡镇卫生院13人。

第二节　卫生防疫

一、公共卫生

(一)学校卫生

1979～1982年,防疫站系统地开展学校教学卫生调查、学生生长发育状况调查及常见病查治等工作。1987年,编印出《汨罗市中、小学生形态发育离差法评价标准》。1996～2008年,学生体检资料保管更趋完善,档案齐全。

汨罗市1996～2008年中小学生体检情况表

表23－1－138　　单位:人、%

类别/年度	体检人数	患病情况													
		总体情况		近视		沙眼		龋齿		眼部其他病患		青春痘		其他疾病	
		患病人数	患病率	患病人数	患病率	患病人数	患病率	患病人数	患病率	患病人数	患病率	患病人数	患病率	患病人数	患病率
1996	13825	1551	11.22	530	3.83	－	－	1015	7.34	－	－	－	－	6	0.04
1997	30109	6037	20.05	1244	4.13	1320	4.38	1542	5.12	240	0.79	－	－	1691	5.62
1998	64007	12507	19.54	3942	6.16	3359	5.25	3720	5.81	401	0.63	－	－	1085	1.69
1999	70000	12068	17.24	3574	5.11	2665	3.81	4091	5.84	416	0.59	－	－	1322	1.89
2000	46000	12303	26.75	2521	5.48	1793	3.89	3500	7.6	627	1.36	－	－	3862	8.39
2001	75773	16052	21.18	7542	9.95	2703	3.57	5427	7.16	219	0.29	－	－	161	0.21
2002	90745	14175	15.62	8366	9.22	1848	2.04	3438	3.79	361	0.39	－	－	162	0.18
2003	98954	19993	20.21	6153	6.2	1691	1.71	6830	6.9	581	0.59	－	－	516	0.52
2004	95990	16901	17.6	10145	10.6	1353	1.41	4164	4.33	532	0.55	－	－	707	0.74
2005	51584	13169	25.5	9215	18	989	1.93	2169	4.23	270	0.53	－	－	526	1.03
2006	79994	25198	31.5	10628	13.3	2688	3.36	7350	9.19	1061	1.33	1509	1.89	1962	2.45
2007	15281	6445	43.2	4685	30.7	728	4.8	386	2.5	152	1.0	－	－	494	3.23
2008	14230	9373	65.87	4829	34.0	933	6.6	3247	22.8	116	8.2	－	－	248	1.74

(二)食品卫生

成立专门机构。1983 年 7 月,汨罗县防疫站设立食品卫生科和食品卫生监督检验所,负责全县食品从业人员健康监督及食品卫生监督。2004 年 6 月 28 日,汨罗市食品药品监督管理局成立;7 月 30 日,汨罗市政府组织成立食品安全委员会,安委会办公室设市食品药品监督管理局。

食品卫生督查检查。1980 年 3 月,城区开展食品卫生大检查,对 37 家冷饮店进行 24 次抽样检验,食品卫生合格率 70%,对不合格者给予罚款并限期整改,全县有 128 家饮食业整修和改善店堂。1983 年 7 月 1 日《中华人民共和国食品卫生法(试行)》实施后,汨罗县政府多次召开有关部门、乡镇负责人专题会议,贯彻落实。1985～1986 年,汨罗县政府 2 次组织食品卫生检查。1983～1988 年,县(市)人大常委会先后 4 次组织人民代表深入基层视察食品卫生。1983～1993 年,全市共体检食品从业人员 2.7146 万人次,查出和调整有碍食品卫生的疾病患者 345 例,检查监督 1.2015 万户次,其中给予警告 1784 户次,罚款 1080 户次,停业整顿 488 户次,销毁变质食品 13.22 万公斤。监测食品 3273 件,合格率为 81.7%。1994～2008 年,食品卫生监督检查进入规范化、经常化轨道,确保全市食品卫生安全;卫生防疫部门坚持每年对自来水、化妆品等进行跟踪监测。

举办培训班。1970～1982 年,城关、城郊、白水、长乐、新市、高坊、川山、铜盆等社镇共举办食品从业人员和卫生监督员食品卫生知识学习班 20 期,培训 1081 人。1983～1993 年,全市培训食品从业人员和食品卫生监督员 1.041 万人次。

汨罗市(县)1983～2008 年食品卫生监督情况统计表

表 23－1－139　　单位:人、户、户次、公斤、件、%

年度	体检人数	患传染病人数	监督	警告	罚款	停业整顿	处理变质食品	监测总件数	合格件数	合格率
1983	1015	15	–	20	25	6	8000	259	136	53
1984	986	10	–	32	35	10	4188	367	247	68
1985	1003	11	217	8	36	1	25645	352	272	77
1986	998	5	71	114	194	24	6941	392	329	85
1987	1428	11	2154	435	217	118	11658	424	361	85
1988	4866	114	2807	248	229	92	8975	236	203	86
1989	4437	62	2511	206	135	73	3076	195	168	86.2
1990	4257	42	2486	297	85	23	4968	183	162	88.5
1991	5289	72	2861	330	172	68	6980	300	275	89.4
1992	6091	38	2874	220	68	44	4605	414	362	87.4
1993	5639	19	3185	304	12	73	2400	379	362	96
1994	53358	69	3565	412	20	17	6470	441	392	88.9
1995	5397	53	3806	201	2	15	4175	595	536	90.1
1996	5527	28	3552	137	11	16	1710	490	437	89.2
1997	5613	29	3226	244	56	14	9030	615	544	88.5
1998	5268	41	3187	202	149	13	4300	939	819	87.2
1999	4849	28	2996	78	25	12	2080	623	556	83.3

续表 23－1－139

年度	体检人数	患传染病人数	监督	警告	罚款	停业整顿	处理变质食品	监测总件数	合格件数	合格率
2000	4066	43	3096	159	30	12	4100	614	508	82.7
2001	5114	19	2942	221	203	43	9562	477	470	98.5
2002	4806	17	2897	213	195	36	7625	852	793	93.1
2003	3280	52	3080	214	214	12	780	546	524	96.9
2004	3039	53	3120	220	220	16	650	491	483	98.4
2005	3687	81	3160	225	225	15	590	580	577	99.5
2006	3951	68	3240	232	232	14	580	456	453	99.3
2007	2960	0	3260	236	236	11	420	1120	1080	－
2008	2801	0	3285	247	247	12	360	1140	1120	－

汨罗市(县)1978～2008 年公共卫生、专项监测情况表

表 23－1－140　　单位:件、%

年度	消毒监测			水样监测			化妆品监测			卫生纸巾		
	采样	合格	合格率	采样	合格	合格率	采样	合格	合格率	采样	合格	合格率
1978	－	－	－	24	24	100	－	－	－	－	－	－
1979	－	－	－	24	24	100	－	－	－	－	－	－
1980	－	－	－	24	24	100	－	－	－	－	－	－
1981	－	－	－	26	26	100	－	－	－	－	－	－
1982	－	－	－	26	26	100	－	－	－	－	－	－
1983	－	－	－	26	26	100	－	－	－	－	－	－
1984	－	－	－	24	24	100	－	－	－	－	－	－
1985	92	62	67.3	24	24	100	－	－	－	－	－	－
1986	107	78	72.5	26	26	100	－	－	－	－	－	－
1987	152	105	68.9	28	28	100	－	－	－	－	－	－
1988	171	133	78	28	28	100	－	－	－	－	－	－
1989	258	167	64.7	30	30	100	－	－	－	－	－	－
1990	83	72	86.7	30	30	100	－	－	－	－	－	－
1991	141	115	81.91	32	32	100	9	9	100	13	13	100
1992	154	127	82.47	26	26	100	7	7	100	26	26	100
1993	148	125	84.46	30	30	100	37	37	100	20	20	100
1994	343	249	72.6	28	28	100	56	56	100	24	24	100
1995	428	361	84.34	34	28	82.4	8	8	100	25	23	92
1996	1132	938	82.9	36	36	100	46	40	86.9	15	12	80
1997	1247	1065	85.4	32	30	93.8	42	42	100	21	21	100
1998	2128	1823	85.67	89	81	91.01	56	56	100	32	24	75

续表 23-1-140

年度	消毒监测			水样监测			化妆品监测			卫生纸巾		
	采样	合格	合格率	采样	合格	合格率	采样	合格	合格率	采样	合格	合格率
1999	1262	1052	83.4	45	45	100	81	81	100	20	20	100
2000	880	806	91.6	89	81	91.01	56	56	100	32	24	75
2001	1245	1040	83.5	75	64	85.3	120	120	100	35	30	85.7
2002	1543	1384	89.7	29	29	100	94	94	100	18	18	100
2003	1849	1603	86.7	54	54	100	100	100	100	15	15	100
2004	1290	1107	85.8	80	80	100	60	60	100	23	23	100
2005	1468	1075	73.2	84	84	100	55	54	98.2	18	18	100
2006	1954	1607	82.2	82	82	100	37	37	100	18	18	100
2007	650	650	100	96	96	100	85	85	100	22	22	100
2008	645	645	100	96	96	100	88	88	100	24	24	100

（三）健康教育

2003 年，在《汨罗报》、汨罗电视台开辟专栏，宣传妇幼保健知识和卫生政策。制作“取缔家庭接生、提倡住院分娩”等宣传标牌 150 块，发放《婚前保健手册》1300 本，开出健康教育处方 2 万张。7 月始，开办为期一年的乡镇卫生院妇产科医生培训班。全年接生率 100%，孕产妇系统管理率 96.8%，住院分娩率 78.23%。2004～2008 年，利用电视台飞字标语，开展《中华人民共和国母婴保健法》滚动式宣传；印发妇女防病、儿童保健宣传册 8 种 10 万册；查处母婴保健违法案件 9 起，取缔非法接生 6 起；结合创建国家卫生城市，悬挂以“控烟有益健康，吸烟有害健康”为主要内容宣传牌 132 块，发放宣传单 1 万份、健康知识 300 份。

（四）改水改厕

至 1984 年，建水井 12271 个，其中插管井 79 个，自流井 194 个，密封井 19 个，大口井 11678 万个，密封大口井 275 个，鸭棚井 24 个，其他井 2 个。1986 年始，筹集改水资金 35.707 万元，在 12 个血吸虫病重点疫区乡镇新建水塔、集中供水点 259 个，打压把井 2929 个，改造大口井和新建小口井 4700 个。1987 年，农村改水共筹资金 35.7 万元，其中群众自筹资金约 30 万元，新建集中式供水点 193 处，打压把井 240 多个，新增受益人口 4.57 万人。2002 年，扩建弼时镇、火天乡自来水清洁工程，使近 4000 人饮上清洁卫生水。新建李家塅镇打鼓村沼气式无害化卫生村，改造卫生厕所 1200 座，其中无害化厕所 530 座。2003 年在大荆镇办沼气式无害化厕所示范点，新建沼气式无害化厕所近 2000 座，新增改厕受益人口 7000 余人，新增自来水受益人口 3200 人。2005 年，完成 10 个乡、3900 家农户改厕任务。2006 年，在全市血吸虫病疫区 16 个村改厕 1936 个。2007 年农村改厕 6123 个，共争取国债资金 186.39 万元，改厕工作顺利通过省卫生厅验收。

专记　创建全国爱国卫生城市

1978 年，汨罗县成立爱国卫生运动委员会，1989 年 8 月，增设宣传、物资、技术、执法、城区、农村诸组。1983年,开展以创建“三化”(即环境美化、绿化、净化)、推行门前“三包”(即包秩序、包绿化、包卫生)为内容的文明卫生城市工作。1988年县改市后,参与创建爱国卫生城市的内容、活动、要求均更规范、经常。1989年在全省24个县级城市卫生竞赛中汨罗市名列第一。1993年,跨入省级卫生城市行列。其后连续5年获全省红旗卫生城市和全国卫生城市称号。2004～2008年,连续5年被评为湖南省县级卫生城市第一名。

一、争创卫生城市

除害灭病 1978年后,每年春秋动物繁殖季节,县(市)爱卫办批量配制高效、低毒、安全的灭鼠毒饵,按计划发至市直各单位及乡镇场,要求在统一规定的时间内定点投放。每年元旦、春节、五一、端阳、国庆等重大节日期间,开展群众性爱国卫生活动,消灭卫生死角,堵死疾病传播通道。至1993年,累计灭蝇面积达14.92万平方米。1994～1995年,连续开展消灭蟑螂活动,发放灭蟑宣传资料2000份,市城区单位确定灭蟑投药员310人。经检查,蟑螂侵害率为2.37%,蟑螂卵荚侵害率为1.11%,符合规定标准。1996年在城区投放杀鼠迷大米毒饵3吨,配制其他特殊毒饵100余公斤,在乡镇投放甘氟稻谷毒饵73万包(18.25吨),鼠密度(粉迹法)由灭鼠前的67.60%降至9.20%。1998年,汨罗市被评为全省灭鼠先进市之一。2005年,市爱卫办组建除“四害”(即老鼠、蟑螂、苍蝇、蚊子)技术指导和灭蝇专业队伍,在城区全面喷药灭蚊蝇、投药灭老鼠。在夏季爱国卫生运动中,评出最清洁单位16个。在秋季爱国卫生运动中,汨罗市市长白维国挂帅,7名市级领导各带一个小组深入11个社区、136个单位督促检查,评出最清洁单位18个。经省城市卫生检查组考核验收,获最高分。2008年3月,与城区各单位签订灭蚊蝇服务合同,每月4次由专业人员进行全面消杀。对屈子公园、龙舟看台进行药物熏杀,投入杀虫烟剂2000余枚,熏杀面积5000平方米,熏杀下水管道1万多米。是年4～8月,在全市统一开展2次灭鼠行动,免费投放溴敌隆鼠药4500公斤,灭蟑药笔1万多只,有效控制城区老鼠、蟑螂密度。开展创文明卫生城市宣传教育9000多人次,发放禁烟宣传资料1万多份,清除卫生死角60多处,清运垃圾40多吨。

市政建设 1983～2008年,汨罗城区先后配套兴建、改建、扩建路、街、巷81条,全部水泥或沥青硬化;建设路、大众路提质改造,拓宽至6车道,全部铺柏油,安装栅栏,成为最美街道;主要街道路口均设置交通标志,安装电子监控设备;同步敷设和更换供水、供电、通信、供气管线;拆掉老火车站,兴建新火车站;按照“人归队、车进站”的交通管理规则,拆掉位于闹市中心的中巴站、汽车站,兴建中心汽车站;兴建环城路、沿江大道、友谊河大道,分流过境车辆,减少城市噪音污染,增强城市防洪排污能力;拆掉位于闹市中心的桥东集贸市场,兴建、改建3处集贸市场;开通13条公交线路,取缔627台客运三轮车(俗称踩士),添置200台捷达出租车;兴建24座水冲式公厕、3处垃圾消纳场和渣土填埋场、1个污水处理厂,添置12台清运车、3台洒水车,沿街均安装各类垃圾箱、桶;兴建自来水厂2个,安装路灯3428盏,兴建屈子公园,栽种和更换街道两旁行道树,城区人均公共绿地面积7.2平方米。

治理脏乱差 1983年,汨罗城区实行周六卫生日制度,由战线牵头,组织干部职工上街大扫除。1985年,以城镇为重点,以清洁整齐、美化环境为目标,以治理脏、乱、差为突破口,开展清运垃圾、粉刷墙壁、平整道路、填平洼地、修整沟渠、植树养花等活动。从行政事业费中挤出106.27万元用于城市爱国卫生基础设施建设。1989年,在城区开展3次大规模的整治行动,共拆除临街人行道上货棚397个,拆除违章建筑700米,搬迁凉棚摊点581个,清运大小垃圾堆500多处。是年,汨罗市在全省24个城市卫生竞赛中,获全省第一名。1990~2008年,坚持开展"春有花、夏有荫、秋有果、冬有青"的文明卫生城市创建活动,有24个单位被评为省级花园式单位。

二、防疫

水灾防疫　1998年6月,汨罗市遭遇特大洪灾。汨罗市卫生局先后7次召开救灾防病紧急会议,编印7期救灾防病简报,下发专题文件,派出医疗队32支、320人次,深入磊石、白塘等7个乡镇防病治病。共免费诊治各类病人1.6万人次,发放药品价值92万元,为抗洪部队官兵接种钩体菌苗970人次,为近3000名抗洪军民和7000名在校学生提供预防药物。

防治"非典"　2003年3月,全国"非典型肺炎"流行(简称"非典")。汨罗市卫生局成立防治"非典"分指挥部。全系统取消双休日、节假日,实行24小时值班。各医疗卫生单位均由一把手负总责,对疫情实行日报告和零(病例)报告。汨罗市卫生局下发《防治非典型肺炎工作纪律》《救灾防病预案》,就防治"非典"型肺炎作专题电视讲座。在《汨罗报》刊发"非典"防治专题20万份,印发防"非典"知识宣传资料5万份。调入39万元消毒药品,对市内公共场所和7万台过往车辆进行免费消毒。各医疗单位建立发热门诊和隔离观察区。4月7~12日,临时调整乡村医生培训课程,安排防治非典专业知识讲座,使近500名乡村医生提前接受培训;对全市卫生技术人员实行统一调配,组建70人突击队,抽调78名医务人员到各监测点协助排查;抽调急救车2台,配备8名专职医务人员;建立防治"非典"定点医院——石景山医院;成立2支防疫机动队、2支流动队,紧急出动42次;在全市主要交通路口设立14个医学监测点,对30.69万人进行排查,对28名定点跟踪人员随访14天;全市未出现一例非典患者和疑似病例。

预防禽流感　2004年2月5日,卫生局召开禽流感预防控制会议,部署做好人禽流感防治工作;成立预防控制指挥小组,制定《应急处理预案》,按照"四到位"(即思想认识、机构队伍、经费物资、技术措施到位)要求,把防治方案落到实处。2006年,修订《人禽流感应急预案》,组建3个防疫机动队,完成内环境检测336人次、外环境检测392份。HIV初筛1200人次,结核病防治病人772例,发现活动性肺结核276例。

第三节　医政、药政管理

一、临床医疗

(一)规范医疗文书

1982年,汨罗县卫生局统一印制《病历书写规范》和病人住院单、医嘱单、病历纸、三测单,并下发各医疗单位。是年1~10月,27个医疗单位统计共收治住院病人4979例,有病历3509例,占70.48%。1988年,"在百日医疗竞赛"中,市卫生局抽查的1100份病历、1900多张处方,均记录详细、字迹恭正,符合书写规范要求。1996年年初,卫生局将病历书写列入《汨罗市医疗质量监督检查办法》,一并发文和考核检查。是年,病历书写合格率达90%,优良率50%,处方合格率90%。经省卫生厅考核检查,市人民医院、市中医院医疗文书合格率达100%,乡镇卫生院合格率达85.4%。

(二)强化医疗质量

加强质量监督 20世纪80年代始,汨罗县(市)卫生局结合各个时期的中心工作,狠抓质量管理。1989年10月10日,召开全体护理人员会议,并对15名敬业爱岗优秀护士给予奖励。1996年,下达《汨罗市医疗质量监督检查办法》,对有关质量控制、三级医生查房、手术审批、三查七对、消毒隔离等环节作出明确规定。是年6月,组织市直医疗单位354人进行"三基"考试,39人分获各专业第一、二、三名奖励。入出院诊断符合率100%,一人一针一管执行率达95%以上,年内未发生重大医疗差错。2004年,对境内医疗卫生单位进行4次医疗质量督查,是年奖励金额6000元,处罚金额8310元。是年5月,全市500多名乡村(个体)医生首次执业注册;6月,审核换发700家医疗机构"执业许可证";7月,全市400名护士注册,并对护理人员进行护理新文书书写规范培训。2007～2008年,完成360名执业医师、38名执业护士、600余名乡村医师注册审核和网上注册工作。

开展创建活动 20世纪80年代始,在全系统深入开展"假如我是一个病人"的讨论和"百日医疗竞赛"活动,各单位共召开专题院委、职工会65场,讲医德课72场,讲业务知识课205场。健全完善病房管理、疑难病人会诊、首诊医生负责、术前讨论、死亡病案讨论等规章制度。全系统没有一起医疗事故,医疗差错、医疗纠纷降至最低水平。白水、铜盆(中心)卫生院获百日医疗质量竞赛优胜单位。1995～2000年,贯彻《湖南省中医管理条例》,开展创建中医工作先进县(市)活动。2000年11月,省卫生厅确定汨罗为农村中医先进市。2007～2008年,在全系统开展医院管理年活动。市直各医院医疗质量服务水平得到提升。市级2家二甲医院顺利通过验收评审。市中医院成为岳阳市唯一的湖南省农村示范中医院。

(三)技术培训

1989年10月,汨罗市医药卫生学会在中医院举行学术讲座,邀请湖南中医学院、湖南医学院附一医院教授熊继柏、罗学宏讲课;1998～2002年,选送162名医护人员到上级医院进修培训;2002～2004年,对600名乡村医护人员进行专业培训,鼓励医务人员参加高考或自学考试(共162人);2005年,对乡镇卫生院管理人员培训。

二、医政管理

(一)质量管理

1982～2008年,全市卫生医疗系统围绕质量管理,先后召开医疗质量管理会议、"三学"(学雷锋、白求恩、焦裕禄)会议、质量讲评会议,教育大家以雷锋、白求恩、焦裕禄为榜样,以身边的先进人物为坐标,对照先进找差距,解剖医疗事故寻对策,牢固树立质量第一意识;先后举办院(站、所、校)长培训管理班、医生护士培训班、医务人员"三基"(即理论、知识、技能)培训班、乡村医生培训班、医疗事故防范处理培训班、乡镇卫生院临床医师脱产培训班、卫生防疫员培训班、乡村保健员培训班、行政诉讼法培训班,系统学习管理学、《医疗差错、纠纷的防范和处理》《生命体征的观察》《国外医学动态》等专业知识,为全面提高医疗质量、减少医疗事故打下了坚实基础;结合质量管理年活动、"三学"活动和文明单位创建活动,组织各卫生单位开展"文明医院建设对手赛""全市护理操作比赛",并开设共青团示范病室;与此同时,卫生局与各医疗卫生单位“一把手”、各单位与内设科室、内设科室与医护人员层层签订医疗质量与医疗安全责任状。

（二）乡村卫生院管理

1979 年，乡镇卫生院党务工作和政治思想工作改为属地管理，人事、财务、业务工作归卫生局管理。1986 年 9 月，主管权改属所在乡、镇，卫生局着重业务管理和技术培训。全县 28 个乡镇卫生院，除城关镇卫生院外，其余均与当地政府办理移交手续。1987 年，开展乡镇卫生院“三管三有”（即管预防保健、医疗、计划生育技术指导，有工作用房、有保健设施，有为病人服务的基本设施）和村卫生室“十有”（有合格的乡村医生、有房子、有药品、有简单的医疗器械、看病有登记册、发药有处方、收费有标准、防保有数据、管理有规章、疫情有登记）的达标创建活动；对 300 余家个体医药机构、350 名卫生技术人员进行考试考核，对 267 家医疗机构实行摸底注册。1988 年，在 31 个乡镇卫生院推行预防保健基金改革，使防疫、妇幼、医政、医教齐头并进。年底经岳阳卫生系统考核，名列岳阳 6 县（市）榜首。1992～1993 年，乡镇卫生院管理权限再次调整，其编制规模、人员调配、技术培训、业务和财务管理仍以卫生局为主；领导班子配备、党团组织建设、思想政治工作和危房改造、设备配备以所在乡镇政府为主。同时，对镇村医务人员进行“三基”知识培训考核。在 1993 年岳阳市首届“三基”知识竞赛中，铜盆卫生院获操作总分第一名。1994～1995 年，组织乡镇卫生院和村级卫生技术人员及个体行医者参加卫生系统的医护基本技能竞赛和农村常见病、多发病防治业务考核。2001 年年初，卫生局制定《汨罗市医疗机构分类管理实施方案》，推行乡村一体化管理，以村卫生室建设和管理为重点，严把人员资格关、办医条件关和规范管理关。核定村卫生室 270 个，27 家医药店被责令整改，71% 的村卫生室与乡镇卫生院签订责任状和协议书。同时，普遍建立完整的乡镇预防保健体系：卫生院组建单独的防保组，村卫生室配备村防疫员，64% 的妇幼保健员系村妇女主任、计育员兼任。2004 年，湖南省委、省政府推出国债建设项目，并将此列入公共卫生体系建设 8 件头事之一。市卫生局抓住机遇，加强卫生院基础设施建设。至 2005 年，完成 15 家卫生院国债项目建设任务，总投资 574.3 万元（其中国债投资 230 万元），新建、扩建房屋面积 5888 平方米，房屋维修改造面积 6007 平方米。

2007 年，黄柏镇、弼时镇卫生院改扩建工程列入全省实事工程项目，共拆除危房 3 栋，新建业务用房 2857 平方米，总投资 240 多万元。同时，落实乡镇卫生院设备调查、申报和装备工作，共新添各类医疗设备 71 台，总价值 200 万元。2008 年，全市有 9 家卫生院被定为国债投资建设单位，总投资 220 万元，新建和维修业务用房 7000 平方米。是年，以康复医院、罗城医院为基础，建立归义、罗城、燎家山、山塘社区卫生服务中心，并按湖南省城区卫生服务中心（站）的建设标准逐项落实，正式挂牌营业。

（三）公费医疗管理

1981～1993 年，公费医疗按照个人、集体、国家三方负担原则，将年人均医疗费 54 元的标准改为：按工龄划档，分档定额，包干使用，定额报销。对离职、二等乙级以上残疾军人、省级以上劳模的医疗费用，以及癌症、工伤、重症精神病、晚期血吸虫病等患者在住院期间的医疗费实报实销。同时建立健全各项规章制度，推行定点医疗，限制处方用药量，明确报销范围。全市公费医疗费比上年减少 27.1 万元，受到省主管部门表彰。1993 年，市公费医疗管理被推为全省的模式，受到省财政厅的表彰和奖励。1996 年，全市公费医疗费用 223.64 万元，人均公费医疗费用 201.5 元。1997 年始，医疗消费水平年增长幅度控制在 20% 以内。

（四）医政执法

1987年9月11日，汨罗市卫生局在城关铁路西侧三角坪举行销毁伪劣药品现场监证会，汨罗市委、人大、政府、公安局、工商局及有关单位负责人参加监证。焚毁假巴戟天228公斤，货值17941元；假瓜蒌皮233公斤，货值4194元；假血竭、假地肤子、假淮药、假沉香、假菟丝子、假枣仁共493公斤。31个乡镇相继建立健全基层药品监督网，监督检查医药单位1260家次，抽查中西药品37.8万种次，有21家医药点（店）被关门整顿，取缔违反《药品管理法实施办法》的城关3家药材批发部，取缔违反《药品管理法》5家个体店。1997年10～11月，开展医疗执法检查，对不符合执法条件的5家卫生院下设点、9家村卫生室、6家个体诊所、32家个体行医作出注销营业执照处理，取缔游医窝点1个，查处无证经营72家，超范围经营10家，没收伪劣药品1121种次。1999年，汨罗市直医疗卫生单位进一步完善药事管理规章制度，大处方、乱检查、滥收费的现象得到有效遏制。是年6月，对医疗市场进行专项整治，对700余家医药点（店）进行检查，覆盖率100%，取缔无证经营药店35家、游医药贩3人。通过检查，中药合格率96%，西药合格率99.2%。2000年，结合《母婴保健法》的贯彻落实，加大执法力度。是年，公共卫生执法、药品监督执法、医疗机构监督执法覆盖率100%，从业人员体检率100%，食品合格率89.9%，公共场所现场监测合格率79.4%，医疗机构消毒监测合格率94.4%，药品合格率93.2%。2003年，结合"三一五"活动，开展化妆品和性保健品专项整治行动，查处不合格产品48种、340多盒，查处无证行医案件6起，超范围执业案10起，非法经营生物制品案4起，撤除户外不当医疗广告牌20多块，责令停播医疗广告15条。2005～2006年，结合龙舟节、粽子节和高考活动，加大卫生执法力度，确保食品安全。共立案查处违法案件317起，没收销毁假劣食品1.5吨，取缔无证生产经营食品20家，取缔无证行医12家，行政处罚结案率90%以上。

2007年，对2360家公共场所、食品生产经营单位进行监督监测，对3842名从业人员进行体检，对50名"五病"（即痢疾、伤寒、病毒性肝炎、活动期肺结核、化脓性或渗出性皮肤病）人员依法实行调离，对233家餐饮单位进行量化评级；共查处各类案件89宗，办理超过10万元的大案1宗。2008年9月22～24日，围绕三聚氰胺奶粉问题，重点检查全市各学校、幼儿园食堂及周边商店的库存奶粉、液态奶和进货台账，严格控制不合格奶粉进入学校。并与各学校和幼托单位签订承诺书112份，面向社会发放宣传单3000余份，筛查幼儿9385例，确诊因食用三聚氰胺奶粉导致泌尿系统结石类患儿109例，住院治疗53例。突出食品安全主线，加强餐饮业、食堂、饮用水、公共场所监管；对1600家食品生产经营者进行2次以上监督，对2789名从业人员进行体检，发出整改意见书2000余份，圆满完成奥运火炬传递、端午节、高考、岳阳市中小学生田径运动会期间的食品安全保障任务。

（五）调处医疗事故纠纷

1978年前，一般医疗差错、技术事故由地方政府协同卫生部门处理，重大医疗责任事故由公安部门处理。1981年实施《湖南省预防和处理医疗事故的暂行规定》。10月，成立汨罗县医疗事故鉴定委员会，县级医院及中心乡镇医院相应成立医疗事故鉴定小组。1999年，全市医疗纠纷22起，比上年减少11起，医疗纠纷发生率下降50%。2000年，全市医疗纠纷13起，比上年减少8起，医疗纠纷发生率下降36.36%。2001年，医疗纠纷11起，比上年减少2起，下降15.38%。2003年，全市医疗纠纷较上年同期下降50%，全年未发生一起重大医疗事故。

20世纪90年代中期，医疗事故、纠纷的处理，难度加大，参与闹事的人数逐渐增多，提出的赔偿要求少则2万~3万元,多则10多万元,比过去增加10~30倍不等。引起各级政府和公安、法院高度关注,医疗单位积极主动协调,使各种医疗事故、纠纷得到妥善处理。2002年,国家新的医疗事故条例出台,医疗事故鉴定权上收岳阳市级医学会,汨罗卫生部门配合上级部门开展调解工作。

第四节 农村合作医疗

1978年,全县成立农村合作医疗组织275个。资金来源一般从大队公益金中按比例提取,每个社员每年交0.5~1.5元,享受范围和标准由各大队自定。至1979年10月19日,在240个合作医疗大队中,不出大队治病报销49%以下的有48个,报销50%以上的192个;出大队治病报销49%的170个,报销50%以上的有70个。赤脚医生的报酬标准、计酬形式(或固定工资制,或工分加补贴)及支付办法,均由各大队与赤脚医生当面议定,其收入不低于当地同等劳动力水平。

1997年,汨罗市政府制定《汨罗市农村合作医疗实施办法》,并确定大荆镇为试点镇。是年3月,汨罗市卫生局组织试点乡(镇)政府及卫生院负责人赴河南开封等地参观学习;5月1日,大荆镇农村合作医疗正式启动,同时成立合作医疗基金管理委员会,实行"镇办镇管、合医合药、补大又补小"的合作医疗保健制度。该镇1.1万人,年人均筹资20元,参合率95%。是年,筹资22万元,参合的农民大病费用由镇合管办补偿。标准:到乡、村两级就诊者,免诊费,药费分别补偿20%、30%;病人在镇卫生院住院补偿50%;在县级及以上医院补偿40%;儿童预防保健、计划免疫接种、妇科病查治免费。此后,大荆镇合作医疗经验在全市推介。2007年1月1日,新型农村合作医疗制度在全市正式实行。全年参合人数31万人,参合率70%;有25806名参合农民住院治疗,共报销医疗费1602.52万元,平均每人次补助621元;其中医疗费用在1万元以上的大病病人871人,达到1.2万元补偿封顶线的9人,兑付特殊病种门诊补偿的636人次。

2008年,全市参合者45.9万人,参合率90%;参合农民47335人住院治疗,共报销医疗费用3618.59万元,平均每人每次补助862.16元;其中医疗费用在1万元以上的大病病人2114人,兑付特殊门诊补偿的412人。

第五节 疾病预防

1978年,汨罗县防疫站内设防疫组、卫生组。2003年3月,汨罗市卫生防疫站更名为市疾病预防控制中心,内设13个科部室。2008年,共有在职人员64人。

一、防疫队伍

1979年前,各公社卫生院设一名防疫人员,专事卫生防疫工作。1980~1984年,25个公社卫生院相继配备、更换防疫人员77人。1985年,各卫生院防疫专干由县卫生局发文任命。各乡镇卫生院相应建立防疫保健组,负责所辖区域的防疫工作。

1982年1月,汨罗县政府发出《关于农村卫生工作管理条例的通知》,规定乡村卫生防疫人员报酬每年在80~140元范围内由大队解决。1986年,实行"防保基金制",在弼时、铜盆、沙溪、楚塘等乡镇率先执行。1988年11月23日,汨罗市政府批转市卫生局《关于实行预防保健基金制度的请示报告》。各乡镇根据“谁集资、谁受益、谁服务、谁得酬”的精神积极落实。1989年,村级卫生室相继成立。

二、计划免疫

1980年前,以防治疟疾为重点,由大队赤脚医生负责。1980年,接种卡统一由公社卫生院管理。1983年,县防疫站制定《汨罗县计划免疫工作制度》,规定儿童的预防接种按年龄排列进行。1985年,卫生部在湘兴建两条“冷链”线,汨罗被列入省内首批“冷链”建设县。是年年底,全县“冷链”装备有7立方米活动冷库1座,冰排速冷器6台,运送疫苗用保温箱35个、95立升冰箱35台、冰背包380个。防疫站为全县村防疫员另配备1毫升注射器20具。各村为村防疫员添置需用器械。是年6月28日,“冷链”首先在铜盆乡运转,12月全县全面运转成功。1986年,4次运转。1987年起,每年6次运转。“冷链”的建设,保证疫苗效价,提接种率。

白喉从1978年始,无病例报告。流脑从1994年始,无病例报告。1982～2008年,脊髓灰质炎仅发1例。1984年、1985年始,百日咳、麻疹发病率均控制在万分之一以下。

三、传染病控制

(一)流行性脑脊髓膜炎

1980年,发病119例,死亡3例。1981年,使用新的冻干A群流脑多糖体提纯菌苗,疫情报告逐年减少。1994～2008年,疫情报告均为零。

(二)麻疹

1985～2008年(除2001、2006年),每年发病率都降至万分之一以下。

(三)百日咳

1982年,发病总数89例。1991～2008年无该病例报告。

(四)副霍乱

1984年9月28日晚,汨罗县防疫站接到磊石乡卫生院病疫情报告;29日,防疫人员沿磊石垸外堤(20千米)及闸内采集水样,经检测均为阳性;屈子祠镇(原楚塘乡)报告相同疫情;10月2日,县防疫站医务人员检测楚塘渡口及屈原村水样亦为阳性,南渡桥、杨泗庙处水样为阴性。采样检测说明:从岳阳、汨罗交界至楚塘渡口约25千米的汨罗江下游水域被污染。为此,成立二号病防治指挥部。磊石居民10天内自建简易水井60多口。对各疫区严密消毒,实行封锁;禁止沿江水上作业;所有渔民预防服药或留观,隔离治疗病人及带菌者。经13天防治,扑灭疫情。

此疫,沿江分布,渔民为主;是年,发病21例,其中外地渔民14例,本县7例;其中重型4例,死亡2例。

2007～2008年,开展以防止霍乱为重点的肠道传染病防控。共采集肠道样品2974个,外环境水样399个,水产品样品2个,经检测均为阴性。

(五)流行性出血热

1978年,首发1例。至1987年,共发病200例,病死18人,病死率9%。1986年后,全县开展大规模的春秋两季灭鼠活动,疫情下降。1988年后,全县该病患者无一死亡。2004～2008年,全市仅发病

11 例。

（六）钩端螺旋体病

1986 年 7 月 8 日至 8 月 11 日，磊石乡 10 个村、4911 人共发病 457 人，占总人数 9.3%。1987 年，全县有 17 个乡镇、94 个村流行此病，共发病 688 例，死亡 12 例。1988 年，下发疫苗 7.5 万毫升。1989 年，下发钩体疫苗 1.6 万毫升，共接种 68930 人份。经预防，该病患人数逐年下降。2002～2008 年，境内无该疫情报告。

（七）疟疾

1978 年，全县发病 117 例。1980～1983 年，略有增加，病人多集中于磊石、新塘、白塘、楚塘等地。1983 年 7～8 月，在磊石陆续开展流行期预防工作，3 次共服药 3006 人。1984 年 4 月，在该乡开展疟疾流行前期根治，共服药 3821 人。经反复防治，有效控制疟疾的发病率。1986～2008 年，除 1988～1995 年发生 6 例外，其余年份均无该疫情报告。1998 年 12 月，经湖南省卫生厅检查验收，确认汨罗达部颁《基本消灭疟疾标准》。

（八）脊髓灰质炎

1982～1991 年，无此病例报告。1992 年，出现 1 例。1993 年 12 月，全市开展消灭脊髓灰质炎的糖丸强化免疫工作。至 2008 年，全市未见此疫情报告。

（九）流行性乙型脑炎（乙脑）

1978～1985 年，全县出现此疫 42 例，死亡 3 例。1988～2004 年，共发生 7 例，其余年份均无此疫情报告。

（十）狂犬病

1978～2008 年，全市狂犬病疫情 90 例，死亡 90 例。

（十一）白喉、破伤风

通过预防接种，至 2008 年，全市无白喉疫情报告；破伤风疫情，2006 年偶见 1 例。

（十二）痢疾

1985 年 9 月 8 日至 11 月 18 日，县三中师生患痢疾者 317 人，占总数 33.7%。经治疗，均痊愈。此后，全市每年仍有散发疫情报告。

（十三）天花

1978 年，全县最后一次普种牛痘，历年接种牛痘 41.85 万人。1980 年 5 月，世界卫生组织宣布全球已消灭天花。1981 年始，境内不再进行牛痘疫苗接种。

（十四）结核病

1978 年，汨罗县被列为全国首次结核病流行病学调查县之一。是年 2 月 20 日至 4 月 4 日，防疫站对黄柏公社 8 个大队、11246 人（1 岁以上）进行胸部 X 光透视，查出肺结核患者 107 人。1985 年，全国第二次结核病流行病学调查中，古仑乡古仑村 986 人通过胸透，查出肺结核患者 5 人。1988 年，汨罗市被列为全省 46 个结核病防治重点县（市）之一。1995 年 3 月，湖南省世界银行贷款结核病控制项目在汨罗市启动，凡结核患者可获免费药物治疗。2001 年 12 月，该项目结束。2002 年 10 月，汨罗市结核病控制卫 X 项目启动。该项目由世界银行贷款、英国政府赠款、市政府专项配套款组成。1995～2006 年，全市门诊接诊结核病人 11880 人次，治疗 3940 人。

(十五)头癣

1979年8月,全县查出各类头癣病人1915人,患病率为0.38‰。经全部治疗,治愈1823人。1981年4月和12月,经岳阳地区卫生局、湖南省卫生厅检查验收,认定汨罗县内已基本消灭头癣病。

(十六)性病

1986年,防疫站接到湘雅医院疫情报告:汨罗县内有2例淋病患者。经查,该2人均有冶游生活史。1990年后,每年都有此疫情报告。2003年3月,境内检出首例艾滋病毒感染者(HTV)。8月,湖南省卫生厅确认汨罗市疾病预防控制中心为艾滋病抗体检测初筛实验室。12月,成立市艾滋病、性病防治领导小组。2004年8月,湖南省卫生厅、省疾控中心确定汨罗市(城区)作为省级CUP(安全套推广)和VCT(对社会人群的自愿咨询检测)两个项目实施市(县)。

2007～2008年,艾滋病防治更注重实战机制的建立和能力培养。继续推进娱乐场所服务人员安全套推广、社会人群艾滋病自愿咨询检测两个项目,对2489例病人进行艾滋病初筛检查,有406人自愿接受咨询检测。

四、地方病、多发病防治

(一)地方性甲状腺肿

(俗称大脖子病)20世纪50年代,智峰、古仑、大荆等地常有甲状腺肿病发生。1978年,汨罗县卫生部门对全县26个公社(镇)、373个大队进行调查,共查出甲状腺肿病人96人,患病率低于1%,属散发性甲状腺肿。1982年,对部分地区的地下水碘含量测定,结果表明在正常范围内,故境内属非流行地区。

(二)流行性腹泻

1968年后,每年春末夏初,部分公社出现流行性腹泻,病程1天至半月,一般7天。1972年,汨罗、三江、川山、沙溪等公社严重流行该类疾病。1980年5月13日至6月9日,城郊中学有158名师生患有流行性腹泻,发病率达53%。是年,汨罗县革委会发出《关于做好流行性腹泻防治工作的通知》,并派出医务人员奔赴病源区医治,对非病原区发放预防药。以后,境内流行性腹泻逐年减少。1984～2008年,汨罗市内未见该类流行病的报告。

(三)肢痛症

1987年1～3月中旬,汨罗县内6所普通高中和一所职业中学学生,普遍流行脚痛症,疼痛部位主要是足趾或足板,少数人痛小腿以下,呈间歇或持续性刺痛或胀痛,局部有红肿或热感,有时兼有头痛、头昏感觉。病程2～30天,一般7天左右。因报告和医治及时,病情很快得到控制。是年4月,患者首例痊愈。至2008年,全市无该类病流行的报告。

第六节　农村初级卫生保健

1991年,市、乡均成立初级卫生保健领导机构,汨罗市委、市政府制定《汨罗市2000年人人享有卫生保健工作规划》,作出《关于实施农村初级卫生保健的决定》。是年4月,成立汨罗市农村改水办公室、健康教育所。1993年,全市卫生事业费278万元,占财政总支出的6.5%,其中30%以上用于乡、村卫生事业。30个乡镇(中心)卫生院全部消灭一级、二级危房,实现"三管三有"。1994年汨罗市七届人大三次会议作出《关于实施初级卫生保健的决定》。

1993年,汨罗市内行政村卫生室覆盖率达100%,其中集体办占74%;甲级村卫生室又占集体办的96.5%;94.5%的村卫生室合理解决卫生技术人员的劳动报酬。中小学健康教育开课率100%。385个行政村均建有健教宣传栏。200个行政村实行合医合药合防保。全市56.79万人饮用清洁卫生水,占总人数92.6%;28.38万人饮用自来水,占总人数46.3%。全市清洁卫生厕所13.38万个,普及率74%;无害化厕所72900个,普及率40.3%。

法定传染病5年下降38.3%,儿童预防建卡率达100%。婴儿死亡:1988年375例,1993年189例,死亡率下降13.05%。孕产妇死亡:1988年9例,1993年4例,五年下降23.38%。新法接生率97.33%,高危孕产妇监护分娩率达100%。0~6岁儿童系统管理率为80.37%,孕产妇系统管理率为96.26%。食品卫生抽检合格率达85.53%,从业人员体检率达100%。五年内共治疗血吸虫病人5111人,血吸虫病患病率由1988年的809.4/10万人降至381.3/10万人。

1994年11月,通过省初保检查团考评,汨罗市被评为初保合格市。1995年6月,通过国家初保复核评审组的复审。1998年,通过第二周期评审验收。

第二章　血　防

1978年前,设血吸虫病防治领导小组办公室(简称血防办)。1988年1月,汨罗市血防办定为副科级事业单位,归口市卫生局管理。1990年6月,升为正科级事业单位,内设5个职能科室,下辖3个站1个院。至2008年,全系统共有工作人员191人,其中退休人员54人、高级专业技术人员22人,中级专业技术人员44人、初级专业技术人员15人、非专业技术人员30人、行政人员26人。

第一节　疫区·疫情

一、疫区

分湖区与丘陵区,其中以湖区为主,丘陵区次之。1980年调查表明:血吸虫病涉及11个公社、102个大队、11.37万人口,占总人口的21.88%;疫区面积460.16平方公里,占总面积29.46%;其中地处洞庭湖东汊、属湖沼型血吸虫病"正型疫区"的有7个公社、85个大队。

(一)疫区钉螺密度

湖洲型地区最高,湖汊型地区次之,沟港型地区较低。其密度分别为每平方市尺86只、6.9只、5.5只。阳性钉螺分布密度则相反。虽然沟港型地区钉螺密度低,但阳性率较高。1988年9月,白水镇越江村石坝港发现钉螺阳性率占1.6%。1993年境内分高、中、低度流行区,计9个乡镇(场)、90个村,总人口12.7182万人;其中高度流行区有航运公司、湖洲会、汨罗镇九龙山村、磊石乡的江南堤村等;中度流行区有50个村,低度流行区有36个村。

(二)灭螺难度及反复性

1978年,汨罗县内钉螺面积消灭98%,成为全国基本消灭钉螺县。1986年,白塘湖中心洲、楚塘狄湖发现有钉螺滋生。

1988年9月,白水镇邓家坊村3名小孩患急性血吸虫病。湖南省、岳阳市、汨罗市三级血防专家深入该镇邓家坊、关北、越江3个村跟踪调查,发现越江村石坝港阳性钉螺密度较高,钉螺疫区长达2600米,宽200米,面积52公顷,受威胁群众万人左右,其中直接受害者4517人。经193平方尺抽样调查,共有钉螺2802只,沿港36棵树上35棵有钉螺,有的钉螺竟爬至3.5米高的树梢上。后经国内外从事血防工作的专家学者多次考察,一致认为白水镇实属高旱丘陵罕见的血吸虫病疫区。

1991年5月,汨罗镇九龙村发现钉螺,面积达26.67公顷,最高密度为176只/平方尺,居民感染率为21.15%。1996年,因洪水泛滥,汨罗镇九龙村钉螺扩散面积达66.67公顷。

至2006年年底,汨罗市内共有10个乡(镇)、90个村流行血吸虫病,疫区人口达23万余人,疫区面积611平方公里,尚有钉螺面积2976.07公顷,其中垸外易感地带533.87公顷,垸内有螺面积42.13公顷。

二、疫情

1979年,新塘、白塘、楚塘(今屈子祠镇)、桃林、范家园、城关、汨罗及航运公司8个疫区,历年血吸虫病人20527例,死亡2329人,病死率11.35%;其中楚塘公社累计血吸虫病人3710例,死亡692人。1974～1978年,境内连续5年无急性血吸虫病人感染发生。1979年,检查疫区耕牛3505头,阳性率5.76%,比1966年下降39%。是年8月,经上级血防部门检查验收,汨罗被确定为基本消灭血吸虫病县。

1986年,血吸虫病开始露头。从白塘湖区到白水山区,从水里到港边的树杈上,都发现有钉螺足迹。至2000年,血吸虫病流行达9个乡(镇)、87个村,钉螺面积达2887公顷,疫区总人口为12.7万人,居民感染率为2.34%。有一类村32个,二类村33个,三类村7个,四类村5个,五类村10个。

至2006年,疫区人口达23万人,疫区面积达611平方公里。磊石、白塘、屈子祠、汨罗、白水5个乡镇12个村垸外阳性钉螺平均密度为0.068只/0.11平方米,居民血吸虫病平均感染率为3.59%,耕牛感染率为2.9%。至2008年,全市共有血吸虫病感染者2万多人,晚期病人200余人。

2007年11月中旬,国务院专家考核组对汨罗市血吸虫病疫情达标工作进行验收,抽查磊石长湖村、屈子祠镇金沟村、红花乡罗滨村,3个村人、畜感染率均控制在5%以下,完全符合疫情控制标准;重点检查2004～2007年查、治病分户登记表,治病、灭螺、灭蚴原始资料,晚血病人个案登记卡,晚血病人名册,疫区乡镇疫情分布图,钉螺分布示意图,四年来查病化疗人员名册等资料。专家组认为汨罗市血防工作扎实,资料完整数据准确,一类、二类疫区68个人群血吸虫病感染率均降至5%以下,符合达标要求。汨罗市血防办被评为全国血吸虫病疫情达标先进单位。

第二节　灭螺·治病

一、灭螺

1978～2006年，汨罗市内灭螺总面积16001.57公顷，其中药物侵杀15775亩，药物喷杀94251亩，药浸筑埂8467亩，矮围种植灭螺面积32937亩，土埋灭螺面积20310亩，机械垦殖灭螺面积62512亩，烧底火灭螺面积4573亩，其他方法灭螺1198亩，投工122.6万个。

2005年端午节期间，为确保龙舟赛水域安全，组织专业人员对汨罗江归义赛区洲滩有螺滋生地带进行查螺灭螺，对赛区地段及上下延伸1000米地段反复检查，共投工34个，调查面积133.33公顷，未发现钉螺。但仍在赛区水域投放缓释球1000公斤，灭蚴面积达300千平方米。6月2～3日，出动灭螺机4台，预防人员20人，对赛区两岸草洲地带进行灭螺，共用氯硝柳胺400公斤，灭螺20万平方米，为国际龙舟节水体安全提供可靠保障。

2007年，共完成查螺1584平方米，占年计划的102.7%；灭螺7108.1平方米，占年计划的100.4%；消灭垸内钉螺118.1千平方米，占年计划的100%；灭蚴3745千平方米，占年计划的100%；家畜查病9685头；家畜化疗9126头；新达疫情控制标准村29个，新达传播控制标准村9个，急性发病得到有效控制，达到血吸虫病疫情控制标准，顺利通过国检验收。先后荣获"全国血吸虫病流行学病调查先进单位""市血吸虫病防治工作第一名""预防控制急性血吸虫病工作第一名""预防控制达标先进单位""查螺灭螺先进单位""查病化疗先进单位"称号。

2008年，以控制传染源为重点，致力于大血防格局建设，加强与农业、水利、卫生、畜牧、能源、林业以及财政、教育等部门单位的沟通、协调与合作，完成沟渠硬化76千平方米，改水11187户，改厕1235户，兴林抑螺1333千平方米；完成查螺15425.6千平方米，占年计划的106%；灭螺6015.1千平方米，占年计划的100%；灭蚴3000千平方米，灭净垸内钉螺183.4千平方米，占年计划的100%；血清化疗31867人次。疫区居民粪检阳性率、家畜粪检阳性率均降至5%以下，顺利通过全省疫情控制达标复核验收，获年度省查螺灭螺先进单位、省查病化疗先进单位。

二、治病

(一)查病

1970年始，对流行地区5岁以上人员每年检查1次血吸虫病，对输入型疫区群众2～3年检查1次。1978年，对非疫区各公社参加过磊石围垦灭螺工程的1.2万农民进行血吸虫病检查，查出感染血吸虫病的114人。全年查治病人49976人次，晚期在册202人次。1979年，汨罗县内累计受检56.6604万人次，查出患者3.3868万人次，其中各型晚期血吸虫病人509人；急性血吸虫病人183人；受检耕牛37557头，发现病牛4080头，平均阳性率10.85%。1978～2008年，全市查病共85.74万人，查出病人40254人，其中属于新发病人2503人，属血吸虫晚期病人360人，急性血吸虫病93人。

(二)治病

1978～2008年，通过药物、手术共化疗、治疗血吸虫病人17.56万人；其中治疗晚期血吸虫病人1493

人,属肝硬化腹水者556人,手术切除脾脏26人。现有血吸虫病专科医院1所,血吸虫病预防控制站3个。

汨罗市(县)血防办1978～2008年灭螺工作情况统计表

表23－2－141　　　　单位:公顷、个

年度	灭螺方式															灭螺	兴林
	灭螺面积	其中								灭净钉螺面积	环改灭螺					工日	抑螺
		矮围种植	药物浸杀	火烧	土埋	药物喷杀	机耕垦殖	药浸筑埂	其他		沟渠硬化	精养鱼池	清淤土埋	建平台隔离河	开新填旧		
1978	1643.4	301	369.6	64	535.8	–	–	373	–	749	–	–	–	–	–	857400	–
1979	2196.2	1841	168.6	–	56.6	130	–	–	–	–	–	–	–	–	–	30000	–
1980	782.4	–	114	–	133	127	270.8	114	23.6	33	–	–	–	–	–	20000	
1981	593.2	–	77	–	66.6	241.6	131	77		20	–	–	–	–	–	9654	–
1982	1398	–	33	–	–	285	1080	–	–	13	–	–	–	–	–	2573	–
1983	987.6	–	10	–	200	277.6	500	–	–	10	–	–	–	–	–	2094	–
1984	958.1	–	114.7	–	133	243.8	466.6	–	–	–	–	–	–	–	–	12895	–
1985	699	–	–	200	223	262	14	–	–	37	–	–	–	–	–	4359	–
1986	434.2	–	8.6	20	–	239	166.6	–	–	22.6	–	–	–	–	–	2202	–
1987	224.6	–	–	–	–	207	–	–	17.6	1.3	–	–	–	–	–	718	–
1988	426.6	–	140	–	–	286.6	–	–	–		–	–	–	–	–	4000	166.6
1989	15.5	–	15.5	–	–	–	–	–	–	8.4	0.75	–	–	–	–	1500	–
1990	422.4	–	–	–	–	78.8	333	–	10.6	2	–	–	–	–	–	394	–
1991	73.8	53	–	20.8	–	–	–	–	–	7.47	–	–	–	–	–	2442	–
1992	357.8	–	–	–	–	357.8	–	–	–	20.5	–	–	–	–	–	139701	–
1993	143	–	–	–	–	117	26	–	–	20	–	–	–	–	–	206	–
1994	151.7	–	–	–	–	151.7	–	–	–	20	–	–	–	–	–	169	–
1995	179	–	–	–	–	179	–	–	–	22	–	–	–	–	–	–	–
1996	105.8	–	–	–	2.2	77	–	–	26.6	–	–	–	–	–	–	130294	–
1997	83	–	–	–	–	83	–	–	–	–	–	–	–	–	–	215	–
1998	143	–	–	–	–	143	–	–	–	–	–	–	–	–	–	520	266.6
1999	173	–	–	–	–	173	–	–	–	–	1.5	–	–	58	8.3	500	33

续表 23－2－141

年度	灭螺方式															灭螺	兴林
	灭螺	其中								灭净钉螺面积	环改灭螺						
	面积	矮围种植	药物浸杀	火烧	土埋	药物喷杀	机耕垦殖	药浸筑埂	其他		沟渠硬化	精养鱼池	清淤土埋	建平台隔离河	开新填旧	工日	抑螺
2000	118.5	–	–	–	–	118.5	–	–	–	24	9.3	300	4.7	–	–	212	100
2001	208.8	–	–	–	2.9	204.6	–	–	1.3	–	1.3	33	3.2	20	12.7	114	66.6
2002	417	–	–	–	–	417	–	–	–	–	–	–	–	–	–	441	–
2003	374	–	–	–	–	374	–	–	–	6.7		13	2.6	6.6	–	436	133
2004	340	–	–	–	–	340	–	–	–	–	–	–	–	–	–	488	–
2005	559.5	–	–	–	–	559.5	–	–	–	3	–	3	–	–	–	863	–
2006	588.5	–	–	–	–	588.5	–	–	–	–	–	–	–	–	–	1167	–
2007	710.81	–	–	–	–	710.81	–	–	–	11.81	–	–	–	–	–	1194	–
2008	601.51	–	–	–	–	601.51	–	–	–	18.34	–	–	–	–	–	1171	–

说明：1 公顷＝15 亩

第三节　血防医药

根据 GB 15977《日本血吸虫病诊断标准和处理标准》规定，全国血吸虫病诊断分为急性血吸虫病、慢性血吸虫病、晚期血吸虫病 3 种类型。

血吸虫病药物，按用途分为两类：治疗血吸虫病人药物；灭螺用药物。治疗血吸虫病临床的主要药物是吡喹酮（片剂）。灭螺药物主要有四种："氯硝柳胺""溴乙酰胺""烟酰苯胺""杀虫丁"。

第三章　药品监督管理

1986～2002 年，汨罗市卫生局药检所负责全市药品监督检验工作。2002 年 6 月，岳阳市药品监督管理局汨罗市分局成立，定为正科级单位，隶省垂直管理，加挂湖南省汨罗市药检所牌子。2004 年 6 月，更名为汨罗市食品药品监督管理局，隶岳阳市食品药品监督管理局；新增食品、保健品、化妆品综合监管职能；内设办公室、药品监督股、稽查股、食品安全综合监督协调股；有高级技师 2 人，主管药师 4 人，药师 3 人，检验师 1 人，经济师 1 人。是年 7 月 30 日，汨罗市食品安全委员会成立。2007 年，汨罗市获湖南省农村药品两网示范县先进集体称号，局长李冬云获"全省十佳基层局长"称号。

第一节　药品市场规范与稽查

一、市场规范

(一)麻醉药品管理

1986年,药检所开展麻醉药品处方检查,检查6个医疗单位、300张处方,合格率仅占28%。经整顿,1987年检查合格率达100%。1989年,国家颁发实施《麻醉药品管理办法》。2002年,检查6个市直医疗单位300张麻醉药品处方,合格率达100%。2003年,境内晚癌病人麻醉卡办理工作移交市人民医院负责。2007年,市药监局与24家麻醉药品、一类精神药品使用单位签订责任状,建立完整的使用台账,并强化年检,组织不定期的监督检查,确保特殊药品质量,防止滥用流失。

(二)中药材市场整治

2003年6月,汨罗市政府听取市药监局关于中药材市场的情况汇报后,组织相关职能部门专题研究,由主管副市长徐德元挂帅,成立整顿中药材市场领导小组,采取疏堵组合的方法,将非法经营全部取缔。

(三)规范医疗机构使用药品行为

2003年3月,汨罗市药监局与市卫生局联合整治,对村卫生室、个体诊所、门诊部120个品种的常用和急救药品逐一登记备案,进行跟踪监督管理。

(四)整顿规范药房建设

根据《中华人民共和国药品管理法》《药品管理法实施条例》和《湖南省医疗机构药品使用监督管理办法》等规定,对29家乡镇卫生院的药品仓库进行全面整顿规范,取缔2家;对具备基本条件者,定为乡镇药品委托代购点,由市药监局直接监管。

2007～2008年,根据乡镇卫生院、村卫生室、个体诊所实际情况,按照示范县有关工作要求,制定规范化药房建设标准,对组织机构、工作制度、人员培训、设施设备及药品的购、验、存、用等环节的具体操作均提出明确要求。经整顿,6家市直医院、29家乡镇卫生院均通过规范化药房检查验收,达标率100%;406家村卫生室、诊所,达标率89%。

(五)市场监督

1996年,汨罗市成立专门执法队伍,联合卫生、技术监督、物价部门,开展药品价格、计量信得过(双信)活动和药品零售企业统一悬挂绿十字标志的经营活动,并严肃查处违法经营。至1999年,共上柜检查238次,抽查品种4400次,检查药品81356种次;查处非正规渠道上柜的生药、原药品种380个,销毁品种44个,重新炮制上柜品种294个;查处非法渠道购进的西成药、中药饮片及禁止上市的中药材179种次,价值40.8万元;全面检查药品经营者576户,查处非法经营者12户,处罚假劣药品经营者95户;先后两次对1428个中、西、成药品种重新核实调价。

二、药品稽查与打假

2002年,共查处药品、医疗器械违法案件1868起,全部结案。其中立案查处323起,当场处罚1545

起,没收假劣药品、医疗器械3万种次,货值280万元;取缔无证经营65家,没收药品货值68万元。至2004年,查处假"美宝"牌湿润烧伤膏2000支,货值4万余元;查处劣药"穿琥宁注射液"5000盒,货值2万余元。

2007年,对全市560家涉药涉械单位逐个登记建档,分人分片管理,全年监督检查覆盖率100%。共完成快检231种次,监督抽样任务28种次,检出不合格药品22种次,查处各类违法违规案件380余起。出动执法人员1396人,对23家食品生产加工企业、191家食品经营企业、17家饭店、5家食堂、3个屠宰场、2个农贸市场(集市)、8个养殖场、36家水产养殖户、46家食品小作坊、175家小摊点进行检查,责令限期整改的12家,提出整改意见22条。确定肉类、乳制品、餐饮业作为信用试点行业。

2008年,共出动监督检查力量540人次,检查涉药单位400家,查处各类违法案件280起。同时,与142家药品企业签订兴奋药剂管理责任书。在全市设立10个药品监督举报点,共收到药品不良反应报告125份。

第二节　药品网络化建设与GSP认证

一、农村药品两网建设

(一)药品监督网络

聘任各乡镇卫生院长担任药品协管员,聘任药品零售企业负责人为药品质量联络员,在各村聘任药品信息员;各乡镇明确一名副职分管,形成"横向到边、纵向到底、上下联动、内外结合"的市、乡、村三级药品监督网络。

(二)药品供应网络

鼓励、支持原医药总公司通过直配制、兼并收购等方式将药品供应延伸到各乡镇;按照"依法依规、代购自愿、费用分摊"的原则,对要求开展委托代购的乡镇卫生院进行规范验收,实行委托代购药品在原村卫生室的基础上,选定375个自然村设立药品专柜,实现乡乡有药店、村村有药柜。

2007年,汨罗市政府申请省农村药品两网示范县创建工作,是年11月,通过省检验收,获全省示范县称号。至2008年,农村药品监管网络覆盖率、药品供应网络覆盖率均达100%,农民群众对农村药品市场秩序满意度达98%,城乡药品同质同价,安全有效。

二、GSP认证

2002年始,对药品经营企业进行《药品经营质量管理规范》(GSP)认证。印发资料1000多份,派人深入中药饮片加工厂、济仁堂大药房、城关中心大药房、百信大药房、中华国药等试点单位进行业务指导。2004年,有31家药品零售企业首次通过认证。2005年,全市有100多家零售药店取得认证资格。

第四章 医药经营

第一节 药材生产

一、药材资源

1986年,汨罗县药材公司、科委、卫生局、林业局、供销社、环保办、统计局、土地管理局等11个单位组成中药资源普查领导小组,由副县长挂帅,抽调9名干部进行普查。通过1年零5个月调查,汨罗县内共有中药材品种329个、122科、282属,并采制标本1500多份。按科属分类:植物性药材96科,256属,294种;动物性药材26科,26种;矿物性药材9种。在普查中发现的新品种12种。其中植物类6种:七叶一枝花、瞿麦、乌头、老鹳草、空心莲子草、海蚌(含珠);矿物类1种:赤石脂;动物类1种:夜明砂;珍贵稀有药物4种:贝母、红花、七叶一枝花、天麻。境内主要野生药材21种,年产量达25万公斤。

汨罗市(县)1986年21种主要野生药材产区及蕴藏量一览表

表23－4－142　　单位:公斤

品名	年产量	主要产区
艾　叶	10000	范家园、桃林、白塘、屈子祠、火天等乡镇
谷精草	50000	红花、黄市、大荆、古仑等乡镇
黄　精	10000	川山、玉池、长乐、智峰等乡镇
栀　子	30000	遍及全市
乌　药	50000	长乐、智峰、三江、玉池等乡镇
夏枯球	50000	遍及全市
石菖蒲	20000	川山、玉池、高家坊、白水、智峰等乡镇
矮地茶	10000	黄柏、李家塅、沙溪、高家坊等乡镇
天花粉	5000	玉池、智峰、新塘、磊石、屈子祠、屈原农场等
益母草	10000	磊石、新塘、白塘、屈原农场等
虎　枝	20000	黄柏、玉池、沙溪、智峰、川山等乡镇
海金沙	3000	长乐、智峰、沙溪、李家塅、黄柏等乡镇
大青叶	50000	大荆、古仑、火天、玉池等乡镇
香附子	50000	长乐、新塘、白塘、红花等乡镇
贯　众	30000	长乐、智峰、玉池、川山等乡镇
麦　冬	5000	屈子祠、范家园、智峰、川山、玉池等乡镇
何首乌	3000	川山、李家塅、磊石、屈原农场等

续表 23－4－142

品名	年产量	主要产区
夜交藤	20000	川山、李家塅、磊石、屈原农场等
半边莲	50000	屈原农场、磊石、新塘、白塘、楚塘、红花等乡镇
苍耳子	20000	屈原农场、白塘、新塘、高家坊、川山、白水等乡镇
白茅根	3000	新塘、白塘、屈子祠、范家园、桃林等乡镇

二、药材培植

1978 年,药材公司配备生产培植员,深入社队,引导农民种植野生药材。全县 25 个药材品种播种面积达 173.73 公顷,3.11 万株,比上年增长 71.2%。1979 年,发展 3.33～6.67 公顷的大队专业药场 7 个;6.67～33.23 公顷以上的专业药场 4 个;境内药材种植总面积达 88.2 公顷;种植药材的生产队 1000 个,专业种药人员 154 人,其中年纯收入在 2000 元以上的生产队 11 个。各地收购药材 2250 公担,总金额为 18.5 万元。

1979 年 9 月 13 日,湖南省商业厅、粮食厅、供销合作总社、医药管理总局对药材供销奖售标准进行调整:黄连由省定每公担奖售稻谷指标 300 公斤调至为全国统一指标 500 公斤。1978～1980 年,汨罗县共为扶植药材生产奖售(励)原粮指标 485 吨、布票 33931 米、胶鞋 104 双、化肥 544 吨。1989 年,汨罗市内家养、家种药材达 81 种,其中植物性药材 69 种,动物性药材 12 种。

三、药材加工

1966 年始,汨罗县药材公司在石泉山建鲜药材加工场,共有 8 个火炕、256 把炕筛,每次可吞吐 700～800 公斤鲜货。同时建有 400 平方米水泥晒场、550 平方米干货仓库、210 平方米的鲜货场、5 个大型加工水池,还有硫黄矿、打包机、涝药灶等配套设施,形成挑选、加工、成捆、打包、进仓、外调“一条龙”作业。

(一)中药饮片加工

1978～1989 年,有药工 19 人,统一加工 261 个中药品种,基本满足汨罗市内中药饮片销售需求;加工总产值 931.5746 万元,其中中药饮片加工产值达 814.3511 万元。

(二)中成药生产

1978～1989 年,6 种传统品种产量共 185.8722 万千克,产值 98.7251 万元,为国家创造利润 54.4660 万元。1982 年,汨罗县药材加工厂被评为岳阳地区饮片质量优胜单位;1984 年,被评为湖南省饮片质量先进单位;1988 年,在全省中药饮片同品种抽样比赛中被评为第三名。

第二节　医药企业管理与改制

一、经营管理

1978 年后,医药市场竞争激烈。汨罗县药材公司充分发挥主渠道作用,及时调整经营策略,以“管好市场,扩大销售,广开门路,扭亏为盈”为重点,采取“四自”(即自主经营、自筹资金、自负盈亏、自理工资福利)、“三保”(即保档案工资调升、保连续工龄计算、保国家职工政治待遇)、“三定”(即定编制、定承包期限、定上缴利润)的经济承包形式,把企业、职工推向市场,从而使企业的销售、利润等经济指标按8%的比例逐年递增。1978年,境内397个药品经营单位,购进中医药品金额252万元,销售中西药品金额293万元。1993年,全市有中西药店557个,共购进中西药品金额922万元,比1978年增加670万元;销售中西药品金额1040万元,比1978年增加747万元。1994年,全市16家国营商业零售网点、2个批发部、1个中药饮片加工厂,销售收入1100万元,实现利税22万元。1996年,销售收入达1010万元,实现利税34万元。2002年,完成销售收入2100万元,比2001年的1500万元增长40%;完成国地两税55万元,比2001年的50万元增长10%;实现经营利润51万元。2003年,共完成销售总额2263万元,比上年增长7.76%;实现国地两税59万元,比上年增长7.27%。2006年,实现销售收入4000万元。

二、企业改制

1978年,汨罗县药材公司拟订《劳动竞赛十条》办法,先在城关药店试行。1979年、1980年,相继制定《经营管理责任制25条》、《经营责任制奖罚条例33条》。1984年,开展全面整顿,通过修改、补充、完善,共制定《经营工作实施细则》《企业职工奖罚条例》《岗位责任制》《经营责任制实施办法》《经营责任制考核标准》等系统管理制度8项、1475条、1202款。是年3月,汨罗县药材公司升格为正科级单位,内设11个股室,另设零售总店,下设10个分店。

1994年,汨罗市药材公司改为市医药总公司。是年,总公司采取“四自”“三保”“三定”的经济承包方式,招标选定公司承包人,职工实行择优聘用,共有35个组、86名职工参加投标竞争,12人落聘。1998年,先后12次召开党组、经理办公会和中层骨干会、老职工座谈会、职代会,广泛听取意见,深入32个门店、250名干职工中进行调研,确定建立零资、批发两个准法人主体的管理办公室,并赋予其人、财、物和责、权、利,充分发挥两条腿走路的优势。2001年,市医药总公司将药品中心批发部、饮片加工厂和城关各大药店组建成股份制经营分公司,将固定资产、隐形资产量化控股,职工人均持股1万元,董事会、监事会成员和部门负责人每人持股2万至5万元,按照风险共担、共同经营、全员管理的原则,实行股份合作制经营。全年共实现销售1380万元,上缴税收31万元,实现利润51万元;零售网点共销售120万元,实现利税45000元。

2005年,城关中心药店、桥东大药房基本处于亏本状态。2006年,医药市场放开,公司累计亏损1100万元,账面负债1400万元,账面资产总额仅960万元,新增亏损60万元。是年4月,公司申请破产还债,进入改制程序;9月,市法院裁定破产终结,内部债务基本处理;11月月初,公司全面改制。

第二十四篇　文化·传媒

汨罗市历史悠久，人文资源丰富。有各类文物保护单位195处，定级文物624件(文管所、任弼时纪念馆珍藏数，未含屈子祠)。屈子祠、任弼时故居同属于国家重点文物保护单位。

1978年后，市域经济快速发展，文化、传媒乘势崛起：群众文化机构逐步健全，社会文化市场初具规模，群众文化活动丰富多彩，文艺创作活跃繁荣，编纂著述成果丰硕，文物古迹得到有效保护利用，广播电影电视普及城乡，图书、戏剧、报刊网络事业发展迅猛，民间艺术异彩纷呈。任弼时故居被列入全国红色旅游规划，"汨罗江畔端午习俗"被列入中国和世界非物质文化遗产名录，每年农历五月定为全国"龙舟月"活动，并在汨罗市龙舟发源地首次启动；长乐故事会及火龙多次在国际龙舟赛开幕式上一展风采；《八品官》成为汨罗市现代花鼓戏的代表作。

第一章　文　化

1981年3月，汨罗县文化科成立。4月，更名为汨罗县文化局。1993年2月，更名为汨罗市文化服务总公司，文联并入。6月，增设广告装潢公司，隶文化服务总公司，后因经营不善，于1996年解散。1995年2月，汨罗市文化服务总公司更名为汨罗市文化局。1998年10月25日，汨罗市文化局加挂市新闻出版局、市版权局牌子。至2008年年底，局内设股室5个，下属文化馆、图书馆、电影公司、花鼓戏剧团、影剧院、社会文化市场管理站、文物管理所、屈原纪念馆(1996年7月，升格为副科级单位)。

第一节　群众文化

一、组织机构

文化馆、站　1971年，恢复汨罗县文化馆及长乐、白水、弼时、汨罗、桃林5个区文化站。下年9月，建立27个社镇文化站，各配文化辅导员1人(即文化专干)，由国家给予误工补贴，要求有三分之一时间从事群众文化工作；1978年下半年，白水、铜盆、古仑、三江、长乐、弼时、楚塘、桃林8个社镇的文化辅导员由半脱产转为全脱产，国家每年每人付600元工资，不足部分由乡镇补给。20世纪80年代，其他社镇的文化辅导员也相继转为全脱产。1983年年底，15名民办公助文化辅导员经考试转为国家干部。1984～

1987年,31个乡镇均建文化站,站长由文化辅导员或宣委担任。

农村文化中心 1982年,白水公社创办第一个文化中心。其标准是“六有”,即有业余剧团或演唱队、有体育场、有宣传窗、有农民夜校、有门类齐全的业余文艺创作组和有科技咨询室。1983年,成立汨罗县农村文化中心建设委员会,副县长徐俊任主任。

二、群众文化活动

农村业余文艺会演 1979年,举行汨罗县第三届农村业余文艺会演。新塘乡文艺宣传队将沉寂20多年的巴陵戏重新搬上舞台,获观众好评。1983年1月,举行第四届农村业余文艺会演,以现代戏为主,多数自编自演。1985年12月,举行汨罗市第五届农村业余文艺会演,先分片初赛,后调三江、白水等8个优胜单位到县城会演。2001年,汨罗市委组织部、宣传部、文化局联合举办第六届农村业余文艺调演活动,各战线45个单位参加演出,演员达600余人,歌舞、小品、器乐、戏剧,同台献艺,其乐融融。

节日文化娱乐活动 1984年春节,长乐、新市、红花、城郊4个乡镇举办大型故事会演出活动,出动高故事400多台,观众达10万多人;湖南电视台作专题报道;汨罗县文化馆与县总工会联合举办元宵灯谜晚会,参与单位达70个,征集花灯191盏,搜集谜语1万多条,观众达2万多人次;1987年,结合“三八”妇女节举办城关地区首次家庭演唱会,25个家庭登台演出。1988年,举办首届现代舞大赛。1989年,举办全市第二届金秋艺术节,开展文艺会演、歌咏比赛、农村40年图书展览、传统故事片汇映、有奖征文、舞蹈比赛。1996年3月,组织市庆10周年大型文艺晚会和游园活动,演出文艺节目15个,出动彩车70台、高故事15台、地故事15台、彩旗乐队25个、长龙50条,参加演出者600多人,观众达10多万人。是年7月1日,与汨罗市委组织部、宣传部联合举办首届卡拉OK歌手大赛,市委常委、市直单位、各乡镇场的主要负责人带头参赛,选手达115名。1997年10月,举办《庆党的生日、迎香港回归》文艺晚会和游园活动。1999年1月,举办纪念中共十一届三中全会20周年暨春节文艺晚会。2001年6月16日,举办庆祝中国共产党成立80周年文艺晚会。2007年1月,举办“和谐之春”文艺晚会;8月28日,举办首场广场文艺晚会;9月29日,举办庆国庆、迎十七大“家园情”文艺晚会。2008年6月2～3日,结合奥运火炬在境内传递和汨罗江国际龙舟节邀请赛,举办“我们的节日·端午节”主题文化活动;10月,举办汨罗市首届花鼓戏艺术节,历时15天,轮番展演《梁祝姻缘》《皮秀英四告》等12台经典剧目。

文艺表演比赛 1984年创作和排练现代戏《再打铜锣》、《审剑》参加岳阳业余文艺调演,《再打铜锣》获一等奖。1985年7月,岳阳地区文化艺术活动会在汨罗召开,与会者专程赴弼时镇观看全县第一支农民管乐队现场表演。1987年元宵节,组织屈子祠镇农民管乐队、县粮食局管乐队赴岳阳参加工农管乐队联谊赛,获优秀演奏奖。1992年,组织文艺队参加湖南省《情系湘土》文艺调演,获演出奖。1995年6月,组织长乐镇火龙队参加岳阳首届国际龙舟节开幕式演出。1997年,创作排练现代小戏《朋友》《回来》参加湖南省群星杯戏曲小品大赛,双获金奖。1999～2006年,先后组织700人参加湖南省一、二、三、五、六届“三湘蒲公英”大赛,13人获省银奖、铜奖,31人获岳阳奖励。2000年6月22日,承办湖南省首届洞庭杯民族器乐大赛岳阳分区赛,其中汨罗市参赛者30人,获奖者9人。是年,排练的现代戏《卖瓜》获湖南省群星杯大赛金奖,并定为湖南省参加全国第十一届群星杯决赛剧目。2001年11月,该戏获全国群星杯决赛金奖。2002年11月23日,再次选调晋京演出,受文化部表彰。2004年6月,承办全国第十届“推新人大赛”,汨罗市参赛选手达200余人。胡淳茜的京剧清唱《野猪林》选段,获全国十佳新人奖。是年9月26日，组织“长乐故事会”“龙舟花灯闹端阳”两个节目参加岳阳市首届民俗文化艺术节，“龙”戏获金奖，市文化局获组织奖。

举办“三杯”比赛　1987年，组织开展“弼时杯”歌咏、戏剧、书法、篮球、象棋、拔河群众文体大赛，历时一年；机关赛区和农村赛区共1524支代表队参赛，参赛者16348人，比赛达5435场。是年5月，与弼时镇共荣村联合举办首届“弼时杯”运动会，参赛运动员1500人。2005～2007年，结合汨罗江国际龙舟节、第三届粽子文化节举办“太子奶”杯、“农机杯”文艺晚会。

赈灾文艺晚会　1996年8月28日，汨罗市赈灾办、团市委、文化局等7家单位联合举办96心手相连抗洪赈灾文艺晚会，100多名业余、专业文艺工作者参加义演，现场募捐救灾款300多万元。1998年10月，举办1998风雨同舟赈灾文艺晚会，现场募集救灾款230多万元。2008年，举办“迎春赈灾文艺晚会”，为抗冰救灾募集善款128万元。

文艺下乡活动　1986年3月，汨罗县文化馆组织文艺轻骑队到30个乡镇巡回演出《回心转意》《县长放生》《柳暗花明》《五更劝夫》。1987年2月，县文化馆组织业余歌舞团到9个乡镇和汨罗纺织厂、屈原农场巡回演出19场，观众达1.2万多人。2008年，花鼓剧团送戏下乡巡回演出200余场。

其他文化活动　召开文艺创作会、座谈会。1981年1月22～25日，召开全县群众文化工作会议，各乡镇文化辅导员、民间艺人、业余剧团负责人、业余作者150人参加会议。1983年9月，文化馆为高坊镇农民作者龙楠林的长篇小说《畸人传》组织专题研讨会。1984年7月8～10日，召开全县文化专业户代表座谈会，来自家庭剧团、个体电影队、农户电视室、个体图书室的代表达40多人。1984年12月、1987年5月，两次召开全县业余文艺创作授奖大会，为近100名作者颁奖。举办展览会。1985年7～8月，为高家坊镇业余作者周厚延举办首届个人书法、雕刻作品展览，展出作品37件，观众1400多人。1998年1月，举办虎年迎春书法展览，历时2个月，展出作品1000余件，评出优秀作品21件。2003年3月，举办首届农家才艺展览，参赛作品40件，评出优秀作品10件。举办专场文艺晚会。2000年9月27日，举办欢迎日本赤平市友好访汨团文艺晚会，中日两市领导一同观看演出。2004年4月，举办庆贺沿江大道竣工庆典文艺晚会，观众达1万多人。

个体自办文化活动　任建云先后策划并承办纪念任弼时同志100周年诞辰全国诗联大赛及全市青少年诗文书画大赛、纪念抗日战争胜利60周年全市诗歌大赛、纪念屈原2350周年诞辰全球华人诗联大赛、汨罗市申报国家级中华诗词之乡等活动。

雷宪和策划并实施30平方米“龙”字国际龙舟节开幕式现场表演，组织参加省书协长沙三亩地书法作品展在内的20余次书画展览。

第二节　文艺创作

一、创作队伍

汨罗市文艺创作队伍人数众多，涉及戏剧、文学、书法、美术、摄影、音乐、舞蹈。20世纪60年代中期，原长乐、桃林、汨罗、弼时、白水五个区就有比较活跃的业余文艺创作队伍，业余作者甘征文、彭新亮在省内小有名气。20世纪70年代初，县文化馆恢复，《汨罗文艺》创刊，创作队伍得到恢复和发展，总人数在200人以上。其中下放知青韩少功、贺大田等从汨罗起步走向专业文艺创作道路。20世纪80年代,各乡镇均建文化站,乡镇业余作者逐渐增多。骚坛诗社作者发展到100多人。长乐回龙门文学社作者达30余人,业余摄影作者达40余人。1988年年底,成立汨罗市文联,下设戏剧、文学、书法美术、摄影、音乐舞蹈协会5个。1993年,业余文艺创作队伍达400余人,其中有成就者80人,加入省级协会及中国戏剧家协会者17人。20世纪90年代后,现代歌舞、流行音乐盛行,业余音乐、舞蹈爱好者大批涌现。同时,一大批离退休干部、教师热衷于诗词书画创作,仅骚坛诗联会员个人诗文集内部出版就达70多部。熊洪颐先后创作发表诗词500余首、歌曲1600多首、杂感1300余篇、剧本8个、小说51部,日记《目余心逸录》17本。

二、报刊

图17　1993年7月1日,《汨罗报》创刊大会

《汨罗文艺》　1971年,由汨罗县文化馆创办,每年4期。1984年,更名为《汨罗江》,每年4期,每期印刷700～750份。1988年停办。

《骚坛诗刊》　1983年,由汨罗县骚坛诗社创办,主要发表市内老年作者创作的旧体诗词、楹联等。20世纪90年代,汨罗骚坛诗联学会成立,《骚坛诗刊》更名为《骚坛诗联》,不定期出版。

《汨罗报》　1993年7月1日创刊,汨罗市委机关报,周二刊,4开4版;四版为副刊版,专发文艺作品。2004年停刊。

《汨罗周刊》　2008年12月24日创刊,汨罗市委机关内部刊物,一周一期,开辟副刊,专发文艺作品。

汨罗市(县)1978～2008年部分作者省级以上刊物发表的文艺作品存目

表24－1－143

姓名	作品名称	类别	出版时间	出版单位或刊物
胡锡龙	祭礼	诗歌	－	湘江文学
	巡 堤 人	诗歌	－	湘江文学
周笃文	隐居书屋吟稿	诗集	－	－
伏家芬	伏家芬诗文集	诗集	－	－
任国瑞	心灵的籁响	诗集	2008	珠海出版社
任伯傅	歌唱韶山	诗歌	2003.12	北京《当代诗人》冰心杯奖
林建中	盛世放歌	诗集	2005	银河出版社
张志民	百树山翁诗联选	诗集	2008	岳麓书社
胡　欣	秋之咏	诗集	－	北京出版社
熊育群	第三只眼睛	诗集	－	花城出版社

续表 24－1－143

姓名	作品名称	类别	出版时间	出版单位或刊物
马志宇	秧(与胡锡龙合作)	诗歌	1981.9.13	湖南日报
	跑片(与胡锡龙合作)	诗歌	1981.5.3	湖南日报
	欢乐的山乡·组诗(与胡锡龙合作)	诗歌	1982.7	湖南文艺生活
	味精的联想(与胡锡龙合作)	诗歌	1982.9	湘江文学
	爬壁藤	诗歌	1984.3	湘江文学
	保险丝	诗歌	1986.11.9	工人日报
韩新平	青春寄语(15首)	诗歌	1994.7	中国华龄出版社
胡锡龙	喜庆对联	对联专著	1989年	湖南科技出版社
	现代农村实用对联	对联专著	–	湖南美术出版社
	新编实用对联	对联专著	–	湖南科技出版社
	只管攀登　云路有阶通绝顶 不须炫耀　山溪无语入平湖	岳阳大云山征联	–	–
曾维纲	喜庆对联	专著	1989年	湖南科技出版社
姚敏钦	方弱冠即心许黔黎　鹏翼扫三山云路奋飞卅载从无忘白屋 倘延年而身逢文革　驼肩扛九鼎狂澜力挽万民或可免红羊	对联	2004年任弼时百年诞辰全国诗联大赛二等奖	–
任伯傅	壬申大任伸大志　人人进取 九二新旭亘新春　日日升平	对联	1992年《人民日报》世界华人征联奖	–
吴德梅	道塞山河旧　路通天地新	对联	1994年全国交通系统征联一等奖	–
任建云	述时代沧桑　秉春秋史笔 览江苏风物　扬华夏文明	对联	《江苏年鉴》征联一等奖第一名	–
王自成	岳阳楹联集成	专著	–	–
龙举高	古今名联	专著	–	–
刘新煌	热血奇勇	长篇小说	–	–
龙楠林	名城血火	长篇小说	–	–
唐正宣	人之初	长篇小说	2006.12	珠海出版社
肖石磊	村官村事	长篇小说	–	上海文艺出版社
廖宗亮	柴进办银行	长篇小说	–	–
	大富豪刘邦	长篇小说	–	–
马　刚	打开另一扇门	长篇小说	2004.12	吉林文史出版社
曾维纲	白痴	长篇译著	–	–
	往事与沉思	长篇译著	–	–
	非洲民间故事	长篇译著	–	–

续表 24－1－143

姓名	作品名称	类别	出版时间	出版单位或刊物
周爱群	抓间谍者	长篇译著	1988 年	－
	外国名将轶事	长篇译著	－	－
	杜卡基斯传	长篇译著	－	－
甘征文	小城故事	中篇小说	－	－
霍东华	财税入库	中篇小说	2008 年	《芙蓉》丛刊
李光辉	危险的遗产	中篇小说	－	－
	荒郊无冤魂	中篇小说	－	－
	如此母爱铺就刑场路	中篇小说	－	－
胡厚春	回龙滩	短篇小说集	－	－
蒋人瑞	黑皮	短篇小说	－	－
	五爷	短篇小说	－	－
	长乐甜酒	短篇小说	－	－
	迁徙	短篇小说	－	－
黎玉怀	耕余走笔	小说、散文集	2008 年	中国文联出版社
胡锡龙	村夫野语	散文、随笔专集	1998 年	湖南人民出版社
	村夫杂语	散文、随笔专集	2007.11	中国文化出版社
任伯傅	端阳前夕故乡行	散文	1992 年	《人民日报》
	端午话龙舟	散文	1992 年	《人民日报》、中央人民广播电台、福建前线广播电台刊播
	龙舟故里	散文	1993 年	香港《文汇报》
胡厚春	悠远的依恋	散文集	2005	青海出版社
	我欲乘风	散文集	1999	中国文联出版社
廖宗亮	走出青青山	散文集	－	－
魏建华	典型的妙用	杂文	－	－
	机关气象预报	杂文	－	－
韩新平	人生感悟	杂文	1993.8	工人日报
	夫妻茶	杂文	1995	工人日报
	青春语录	杂文	1997.6	湖南日报
	论平凡	杂文	2003.11.30	图书市场报
甘征文	荒唐梦	戏剧	－	－
	朋友	戏剧	－	－
	乡长本姓赵	电影剧本	－	－
	安乐茶饭	电视剧本	－	－
	李长水	电视剧本	－	－

续表 24－1－143

姓名	作品名称	类别	出版时间	出版单位或刊物
曹宪成	巫花翎	戏剧	–	–
	巫山神女	戏剧	–	–
	回来	戏剧	–	–
	情歌	戏剧	–	–
	今上岳阳楼	戏剧	–	–
	大足	戏剧	–	–
	楚庄王	戏剧	–	–
	这方水土	电影剧本	–	–
	心愿	电视剧本	–	–
	少年邓小平	电视剧本	–	–
	珍珠塔新传	电视剧本	–	–
黄达伟	追书记	戏剧	–	–
	烛光之歌	戏剧	–	–
	买瓜	戏剧	–	–
	新风赞	戏剧	–	–
彭新亮	二婶的心事	曲艺	–	–
舒文治	难忘的痛苦和思想的荒原 ——韩少功创作心态和哲学思维散论	文艺评论	–	–
	奇诡玄巧源于道——新武侠小说生成的文化背景	文艺评论	–	–
胡锡龙	但写真情与实境	文艺评论	–	–
	于无深处更伤情	文艺评论	–	–
熊六良	感性生命与理性文明	文艺评论	1996.12	中国文学研究
周笃文	全宋词评注	文艺评论	–	–
宋克顺	屈原和汨罗江	民间文学	–	湖南人民出版社
宋克顺	怀念任弼时	传记文学	–	–
	布衣尚书夏元吉	传记文学	2008	花城出版社
任建云	汨罗江端午习俗	民间文学	–	–
	汨罗逸闻	民间文学	2007.11	中国文化出版社
任建云	晰逐集	–	2005	名家
	志牒文辑	–	–	中国文化
	汨罗风景名胜诗联选	–	2003	天马
	露润新苗(与张延兵)	–	2004	天马
	汨江烽火吟(与陈剑湘)	–	2004	天马
	汨罗诗联选(与陈剑湘)	–	2008	中国文化
	汨罗诗联三十年作品选(与陈剑湘)	–	–	中国湘楚
	屈原的故事(与彭千红)	–	2008	中国文化

续表24－1－143

姓名	作品名称	类别	出版时间	出版单位或刊物
郑述南	飞来的女婿	报告文学	1983	广东《黄金时代》
	千夫指	报告文学	1983	广东《黄金时代》
	狐仙恨	报告文学	1983	天津《八小时以外》
	孤女怨	报告文学	1983	上海《青年一代》
	法网无情	报告文学	1983	《主人翁》
	恨绵绵	报告文学	1983	《年轻人》
	疯人生活	报告文学	1983.2	上海《文汇报》
	三进危房	报告文学	1983.5	湖南日报
	洞房泪	报告文学	1983.5	中国法制报
	汨罗好法官	报告文学	1983.12	中国法制报
	汨罗江畔新风	报告文学	1984.12	《八小时以外》
	瞧这一家子	报告文学	1984.6	人民日报
	特殊家庭	报告文学	1984.12	《黄金时代》
	电磁巨人的腾飞	报告文学	1987	北京《企业天地》
	在人民最需要的时刻	报告文学	1987	湖南人民出版社
陈军良	这就是侯希贵	纪实文学	2000.8	湖南人民出版社
金海军	一枝独秀耀洞庭	纪实文学	2001.11.6	中国国防报
韩新平	衔得香泥筑金巢	报告文学	2000.1	人民日报出版社
聂武炎	高炮射云降甘霖	纪实文学	2001.11	民兵生活
马　刚	走近陈少湘	长篇报告文学	2008.9	中国文联出版社
甘征文	万家忧乐在心头	报告文学	－	－
	生命的辉煌	报告文学	－	－
马志宇	并非将军梦	报告文学	1989	人民日报出版社
	“杨氏公式”及改革进行曲	报告文学	1992.10	中国工人出版社
	从未上过赛场的“健将”	报告文学	1991.10	北京科技文献出版社
	任弼时一家的几个小故事	故事	2004.4	湘潮
	任作民的寻人广告与陈独秀失踪之谜	故事	2007.11	中国文化出版社
	杨宗胜争取“左”部起义纪事	传记文学	2008.12	湖南人民出版社
何桃君	《何桃君国画作品集》	中国画	2006	－
杨进怡	荣归	美术	－	－
	屈子行吟图	美术	－	－
	贵妃出浴图	美术	－	－
	北京的心声	美术	－	参加全省美展

续表 24－1－143

姓名	作品名称	类别	出版时间	出版单位或刊物
杨进怡	百废俱兴	美术	－	参加全国美展
	任弼时	美术	－	－
	碑魂	美术	－	－
	人民骆驼	美术	－	－
柳家展	男儿十八九	水粉画	－	－
	波光	木刻	－	－
	海盗案始末	连环画	－	－
刘勉怡	寄语山乡	油画	20 世纪 70 年代	参加省美展
毛浦先	免疫	国画	20 世纪 70 年代	参加省美展
曾　腊	育雏图	中国画	1996.10	入编《96 全国美术教师优秀作品选》
	滚滚长江	行草	1996.10	入编《96 全国美术教师优秀作品选》
	古哲老子	中国画	1999.5	获全国第二届画圣吴道子书画大赛奖
	怒发冲冠	行草	1999.5	获全国第二届画圣吴道子书画大赛奖
	论艺诗四首	书法	1999.6	入编《中国书画精品集》
	文天祥正气歌	书法	1999.8	入编《国际现代书画精品集》
	大江东去	隶书	1999.12	获中华当代书画大赛金奖
仇敬芬(女)	(见本志 P788)	－	－	－
巢善宝	长寿诗社书画印选	美术专集	－	－
	蔚翁新书画印选	美术专集	－	－
湛　懿	湛懿书画集	美术专集	－	有多件作品参加国内外展览
罗芷生	国画入门	美术教材	－	－
	中外美术作品欣赏	美术教材	－	－
雷宪和	－	书法	－	2004 年在湖湘艺术月中举办“雷宪和书法展”，展出作品 65 幅。
康　耘	《登泰山记》(楷书)	书法	1985.3	被省博物馆收藏
	钢笔书法《石鼓歌》	书法	1986.1	在中国美术馆参加《全国首届硬笔书法展》
	《岳阳楼记》《滕王阁序》(两件)	书法	1988.9	在日本参加展览
	朱熹七绝诗等(七件)	书法	1990.7	李湘岳率团访日，带去作为礼物
	《岳阳楼记》等行书、楷书(数件)	书法	1990.8	北京亚运会接收为赠品
熊　戈	今日农家欢乐多	音乐	－	－
	湘戏	音乐	－	－
黄魁柏	洞 庭 茶 山	二胡独奏曲	2004	《人民音乐》定为第四套全国演奏考级曲目

续表 24－1－143

姓名	作品名称	类别	出版时间	出版单位或刊物
黄魁柏	你说祖国有多美	－	1996	《湘江歌声》
	兵哥哥归队妹不留	－	1996	《湘江歌声》
向训模	下洞庭	歌曲	－	－
	山水情	歌曲	－	－
	星海的浪	歌曲	－	－
	老师我送你一首歌	歌曲	－	－
任申望	端阳佳节粽子香	摄影		
文醒柏	乡戏	摄影	1988	参加省摄影展览
	美不胜收	摄影	1989.10	湖南省第二届洞庭之秋艺术摄影展
	风帆起洞庭(组照)	摄影	1998.9	新华社出版
	市长走下主席台	摄影	1999.1	参加全国晚报新闻摄影大赛获一等奖
	古镇狂欢	摄影	1996.10	省《四风》艺术影展
	今日屈子祠	摄影	1985.9	湖南省《我们的农村》影展
	端午汨罗江	摄影	1986.5	文化部《群众文化》杂志封底出版
	风雪	摄影	1991.1	全国八届群星奖摄影赛入展

说明:1993 年《汨罗市志》已录著述不再录入;未录作品,根据现有资料补记。(上同)

第三节　文物古迹

一、文物管理机构

1980 年 7 月,汨罗县文物管理所(简称文管所)成立,隶属于汨罗县文教局。1982 年,投资 12.1 万元在城郊乡戴家垅兴建文管所办公楼。1988 年,屈原纪念馆、任弼时故居纪念馆从市文管所析出,列入市文化局二级机构。1989 年 7 月,汨罗市文物保护管理委员会成立,由主管文化的副市长任主任,国土、交通、公安、工商、建委、文化等有关部门的负责人为成员,市、乡两级聘请文物义务保护员。至 2008 年,全市公布的文物保护单位 195 处,其中国家级 2 处,省级 3 处,地市级 3 处,县(市)级 187 处。定级文物 624 件(不含屈子祠),其中二级文物 58 件,三级文物 219 件,一般文物 347 件。

2002 年 3 月,成立汨罗市文物稽查队(挂牌市文物稽查中队)。至 2008 年,查处各类文物违法案件 12 起,立案 9 起,情节轻微未予追究的案件 3 起。同时,配合市公安局对 2 起情节严重、行为恶劣的文物走私及破坏文物保护单位案件进行查处,追缴文物 40 余件,查处作案人员 5 人,依法追究刑事责任 3 人。

二、全国重点文物保护单位

(一)任弼时故居

位于弼时镇唐家桥新屋里,始建于清末,坐东朝西,为三进三间两偏屋的砖木结构,占地 3800 平方米，有大小房屋37间，青瓦覆盖，三合土地面。前进两端为马头山墙，北、西、南三面砌有土坯围墙。大门前有一池塘，水面约一亩。屋后有2公顷山林，山中有任氏祖坟数座。

1956年，湖南省人民政府首次将其列入省级重点文物保护单位。1988年1月13日，国务院将其列入全国重点文物保护单位。1995年，湖南省委宣传部将其列入全省爱国主义教育基地。2005年9月，湖南省人民政府将其列入全省国防教育基地；11月20日，中共中央宣传部将其列入全国爱国主义教育基地。是年年底，国家旅游局将其列为AAAA旅游景区。

1978年，任弼时故居首次对外开放。1987～1989年，先后投资100万元，在故居槽门前面征用稻田兴建弼时铜像广场，面积达3820平方米。同时，将紧连故居南面横堂屋的5间民房撤除，改建成任弼时生平业绩陈列室4间。在故居后山建立弼时纪念亭，在国道107入口处兴建弼时纪念牌楼，修建连通故居的专用水泥公路。1998～2004年，投资3000万元，征地6.67公顷，在故居北面配套兴建任弼时纪念馆。

故居开放后，得到各级领导的关怀。1980年12月，邓小平亲笔为任弼时故居题写横匾——“任弼时同志故居”。1981年4月12日、1989年4月12日，全国政协副主席王首道两次调研弼时故居，指示“要办好弼时纪念馆，让更多的人来故居瞻仰学习”。在1984年4月30日任弼时80周年诞辰之际，王首道从北京寄来题词——“任弼时同志的革命一生，是青年一代的光辉楷模。”1987年12月6日上午，中共中央政治局委员习仲勋瞻仰弼时故居并题词：“革命先驱，开国元勋。”1989年4月27日，国家副主席王震、中顾委常委余秋里、全国人大常委会副委员长廖汉生等亲临弼时故居，为任弼时铜像落成剪彩。1991年3月15日，中共中央总书记、国家主席江泽民视察弼时故居，并题词——“发扬为了党和人民的事业，不辞重负、奋力前行的骆驼精神”。2003年10月2日，中共中央总书记、国家主席胡锦涛瞻仰任弼时故居，并签名留念。1978～2008年，专程到任弼时故居瞻仰的中共和国家领导人还有：陈锡联、王光英、陈慕华、李铁映、王恩茂、汪东兴、钱正英、宋平、尉健行、周铁农等。

（二）屈子祠

又称汨罗庙、三闾祠，在汨罗江下游北岸的玉笥山上，坐北朝南稍偏东，占地面积1530平方米，分前、中、后三进；其中，前、中进又分东、中、西3个厅。正面牌楼式山门，中高13米；中门上方镶嵌“五龙捧圣”汉白玉雕刻，中央为“屈子祠”匾额；东西大门上架翘首雨棚，木雕精细；山门上有17幅关于屈原生平及屈原作品的写意浮雕，中门两侧嵌“万顷重湖悲去国，一江千古属斯人”石联一幅；门前置石狮、石象各一对。该祠系砖木结构，由56根木柱支撑，其中厅、檐柱各28根，均系花岗石柱基。祠内全部青砖铺地，青砖山墙。整个建筑，厅、堂、地、廊、楼、阁浑然一体，结构严谨，雕花精细。厅堂回廊悬嵌古今名人碑、联、匾额。祠内辟有“屈原与汨罗”“卓绝的一生”“不朽的诗篇”“深远的影响”“永久的怀念”以及龙舟、礼品、历代屈原像等8个陈列室，陈列有关屈原的文献资料和纪念品。1984年、1991年两次更新屈原生平图片展览。2006年投资20万元重新更换陈列版面，系统介绍屈原生平、作品和影响。

屈子祠周围附属景点及遗迹较多，著名的有独醒亭、骚坛、濯缨桥、桃花洞、饮马塘、望爷墩、绣花墩、剪刀池、招屈亭、藏骚阁、寿星台等。1992年4月至1996年10月建成屈原碑林。碑林位于该祠东侧，占地1.33公顷，投资300多万元，仿古园林建筑；以屈原忧国忧民、上下求索精神为主线，将天问坛、离骚阁、九歌台，九章馆、招魂堂、独醒亭、思贤楼等景点连成一体，并以200米碑廊勾连；刊碑260多块，征集和展示薄一波、楚图南、杨得志、张爱萍、赵朴初、沈鹏、李铎、王遐举等名人名家书法作品375件,刊刻屈赋25篇。

屈子祠于1956年被列为湖南省重点文物保护单位,1980年端午节对外开放。1994年10月8日,建设部将屈子祠汨罗江风景名胜建设纳入岳阳楼洞庭湖风景名胜区建设规划。1996年9月,国家教委公布为全国100个中小学爱国主义教育示范基地。2001年,国务院公布为全国第五批重点文物保护单位。据统计:1952～1998年(2004年屈子祠第一期维修工程未计在内)上级财政、文物及相关部门先后37次拨付资金96万多元用于屈子祠房屋维修及相关项目建设。1991～1995年,连续4届汨罗江国际龙舟赛均专程到屈子祠举行“祭龙”仪式。2003年9月13日,第一届屈原文化旅游节在屈子祠正式启动。八一电影制片厂、珠江电影制片厂、中央电视台、湖南卫视、浙江电视台、德国电视二台先后到屈子祠为制作《屈原》《中国名山名水》等电视节目拍摄场景。中共和国家领导人廖汉生、李铁映、张震、毛致用及当代文化名人余光中、白杨、杨沫、李元洛、韩少功、饶宗颐、张炯等专程前往瞻仰屈子祠。省内部分大中专学校均将屈子祠定为德育基地,每年组织学生前往参观学习。

三、湖南省重点文物保护单位

(一)罗子国城遗址

位于市区西北4公里处的汨营公路右侧。《汉书·地理志注》有“楚文王徙罗子自枝江居此”的记载。《水经注·湘水》载,“汨水又西迳罗县北,本罗子国也”。先秦为罗子国城址。秦实行郡县制,公元前211年罗子国城置罗县,隶长沙郡。两汉、三国、两晋均沿袭旧制。南北朝隶岳阳郡。隋隶玉州。唐武德八年(625)撤罗县入湘阴,隶岳州。自楚文王徙罗子县并入湘阴,古罗城前后达1304年;自秦置罗县始,罗县前后达846年。

罗子国城垣,东西长490米,南北宽400米,墙基宽14米,残高3米,均系黄土分层夯筑而成。护城河残存宽度约4～5米,深浅不一,由西南角注入汨水。城内西南部有长25米、宽7米的土台。该处曾出土过青铜剑、青铜矛、箭镞、粗绳纹陶筒瓦、陶鬲、豆、罐等文物。遗址位于屈原行政区,表土为农作物耕种地。1981年11月13日,被市政府公布为县级文物保护单位。1983年10月10日,被公布为省级重点文物保护单位。

(二)屈原墓

位于汨罗江北岸的汨罗山上。汨罗山又名烈女岭、黑鱼岭。明《一统志》载“屈原墓在汨罗山上,汨罗山即今烈女岭,在汨罗东北”。相传屈原投江后,面部被鱼吞食一半,其女为之配半边金脸,葬于汨罗山。为防盗墓,筑成十二疑冢。山下取土处的百余亩低洼地段即是楚塘。女婴筑墓取土所经小桥,后人称为烈女桥。汨罗山也更名为烈女岭。十二疑冢分布在汨罗山约一平方公里的丘岗上,京广铁路穿山而过。1958年修京广复线时,将铁路南侧一座封土堆占去大半,其余十一座仍历历在目。赵家冲后一座古墓形如小丘,高约6米,底径30余米,规模最大。墓前有清同治六年(1867)立的石碑,上刻“故楚三闾大夫之墓”。碑高145厘米,宽55厘米。其余墓碑略小,皆为清光绪二十八年(1902)刊立。十二疑冢皆为春秋至战国晚期墓葬,屈原墓当在其中。十二疑冢之间及周围还分布着数百座大大小小的东周至唐宋时期的墓葬。1983年9～10月,中南五省文物培训班在该处进行考古发掘,发掘东周、秦、西汉至南朝时期中小型墓葬101座,出土文物913件。

屈原墓于1956年被公布为湖南省重点文物保护单位,1976年,立碑以志。1981年11月13日,汨罗县政府将汨罗山古墓区公布为县级文物保护单位。

(三)女子桥

位于古仑乡黄道村罗水支流蓝向河上,为三孔石拱桥。桥壁嵌碑一方,字迹漫漶,唯落款"明万历三十七年"(1609)依稀可辨。《湘阴县图志卷二十六》载,"蓝家洞有女子桥……又西余石桥,余石桥者,盖因女子桥余石成之,石板薄而极坚,相传为仙迹也"。传闻明万历年间,当地来一女子,因丈夫病故,携子乞讨至河边,适逢水涨不能渡,乃募捐修建此桥,故名女子桥。

女子桥为三孔等跨薄拱花岗岩券桥。桥基为天然岩石,桥身平直,岸端与中段等宽;桥长33.65米,桥面宽5.51米,通高8米;三孔跨度同为8.6米,主孔比两次孔略高出一层券石,高出部分为0.35米。1983年5月21日,被汨罗县政府公布为县级文物保护单位。2005年5月23日,被公布为湖南省重点文物保护单位。

四、岳阳市级重点文物保护单位

(一)附山园——黄家园遗址

系新石器时代早期聚落遗址,位于汨罗市城郊乡窑州村台地上,汨罗江在该处北侧自东向西流过,残存面积3000平方米。

1990~1994年,湖南省考古研究所和岳阳市文物工作队先后五次在附山园、黄家园进行考古发掘。附山园早期文化遗存以夹砂红陶为主,夹炭陶占有一定的比例,火候很高,质地坚硬,多为饰红衣陶。黄家园早期文化遗存的年代与彭头山文化遗存具有共性特征。据彭头山遗址碳十四测定结果,推测出黄家园早期文化的年代距今7800~5800年。1986年7月27日,汨罗县政府公布为县级文物保护单位。2004年3月10日,被岳阳市政府公布为岳阳市级文物保护单位。

(二)回龙门

位于长乐镇下街南端,外形似城门,屹立于汨水北侧十余米高的河岸上。该门始建于唐代,其基础与门身下部均为花岗石结构,上部为青砖建造;底部呈正方形,顶为木结构,四边各长约4米;原开有东、南、西、北四个各宽2米的拱形门洞;东门洞略偏南,南门洞抗日战争前被封;东面门墙上嵌有一块民国27年(1938)乡人捐款碑。传说屈原投汨罗江后,沿江农民驾舟寻捞,在此回舟,故称"回龙门"。

2001年8月至2002年2月,省文物处拨款3万元,当地自筹2万元对回龙门进行全面修缮。1983年5月21日,县政府公布为县级文物保护单位。2004年3月10日,岳阳市政府公布为岳阳市级文物保护单位。

(三)郭嵩焘墓

郭嵩焘,字伯琛,号筠仙,近代政治家、外交家、思想家。1918年4月11日(农历三月初七)生于湘阴县城,曾中秀才、举人、进士,与曾国藩、左宗棠共建湘军,历任翰林院编修、苏淞粮储道、两淮盐运使、广东巡抚、福建按察使、首任驻英国公使兼法国公使,诰授兵部、礼部侍郎、光禄大夫。清光绪十七年(1891年)7月18日(农历六月十三日)病逝于长沙,葬于汨罗市(原湘阴县)沙溪镇划江村。该墓被毁于1958年"大跃进"期间,2003年3月8日重修并举行遗骸安葬仪式。同年7月4日,汨罗市政府确定其为汨罗市级文物保护单位。2004年1月18日,岳阳市政府确定其为岳阳市级文物保护单位。

五、古遗址·古窑址·古墓葬·古建筑

(一)古遗址

现有古城遗址4处,古聚落遗址66处,古窑遗址12处。1993年,首修汨罗市志已录古城址4处,古聚落遗址10处,古窑址3处。此次续修汨罗市志,补录较重要的遗址7处。

汨罗市2008年古聚落遗址补录表

表24－1－144

名称	时代	地址	说明	出土情况
新屋场遗址	新石器晚期	川山坪镇川山村	面积2500平方米,文化层厚0.3～0.5米	有石锛,泥质红陶、泥质陶、黑皮陶、纹饰绳纹
高脚组遗址	商代晚期	范家园乡伏家村	面积5000平方米,文化层厚0.7～0.9米	有泥质灰陶、黑皮陶、红陶,纹饰为绳纹、弦文、雷纹。
大树堂遗址	商末周初	新塘乡新寮村	面积4000平方米,文化层厚0.3～0.5米	泥质红陶、灰陶,纹饰为方格纹、弦纹、水波纹
托头山遗址	商周	黄市乡托坪龙村	面积2万平方米,文化层厚0.5米	泥质灰陶、红陶、硬陶,纹饰为方格纹、网纹、弦纹
老祠堂遗址	商晚期	川山坪镇清泉村	面积5.25万平方米,层厚0.5～1.5米	有石斧,泥质红陶、灰陶、黑陶、纹饰绳纹、方格纹
兰树坡遗址	西周战国	桃林寺镇东塘村	面积2000平方米,文化层厚0.8米	泥质灰陶、埂陶,纹饰绳纹、方格纹,器形有鬲
营盘园遗址	西周战国	桃林寺镇东塘村	面积7.2万平方米,文化层厚1.2米	泥质灰陶、黑皮陶、硬陶,纹饰方格纹、网格纹、指甲纹、雷纹

(二)古窑址

至2008年,汨罗市内共存12处,《汨罗市志》已录营田窑址、楚塘窑址、窑头岭窑址3处,该次补录2处。

螺丝窑址。位于黄市乡港口村螺丝山,圆形立式,红烧土窑壁,刻面见圆形窑堂。出土陶片纹饰有绳纹、网格纹、方格纹、刻画纹、云雷纹、弦纹等。

凤凰山窑群。位于屈原行政区,圆形立式,残高3.5米,直径7米,出土文物有陶片。

(三)古墓葬

至2008年,汨罗市内共存59处,上届《汨罗市志》已录19处,此次择要补录8处。

滑山坡墓群。时代春秋,位于火天乡静江村,出土鼎、敦、青铜器各1件;鼎高2.8米,敦高24厘米。

叶家冲墓群。时代东汉,位于范家园镇青龙村,残高0.2米,直径4米;墓砖纹饰为几何图案,一面有绳纹。

龙王山墓葬。时代战国,位于屈子祠镇楚塘村,残高3.4米,底径1.8米。

船形山墓。时代唐代,位于高家坊镇船形山。墓室为砖石结构,墓壁平砌,墓砖有府布纹、侧面有革纹。

周家坡墓。时代宋、明两朝,位于大荆镇大荆村。封土堆高0.4米,直径5米,为长方形券拱式砖

室墓。

兰树坡墓。时代明朝,位于桃林寺镇东塘村,封土高1.7米,直径4米。

川山大屋墓群。时代明朝,位于智峰乡桥头村。券拱砖室墓,部分砖铭文可见。

虎形山墓。时代清代,位于智峰乡桥头村。封土堆尚存,墓前有青石碑,两侧石碑刻有墓主生平事迹。

(四)古建筑

现存重要建筑33处,其中寺庙5处,亭阁6处,石桥20处,宝塔1处,住宅1处。首修汨罗市志已录18处。

六、库藏文物

1980~1993年,文管所库藏文物897件,至2008年,进入国家数据信息中心的文物为484件。其中经文物专家组鉴定:二级文物8件,三级文物132件,一般文物344件。字画100余件,尚未经专家鉴定。首修汨罗市志已录文物34件,原未录文物补录部分如后。

汨罗市文管所2008年部分库藏文物补录表

表24-1-145 单位:厘米、克

类别	名称	朝代	尺寸	重量	来源	完成情况
铜器	延祐铜权	宋	高9.3	353	收集	完整
	扁茎铜剑	战国	长72.8	-	收集	完整
	铜弩机	战国	-	-	收集	完整
	铜凿	战国	长12.8	96	收集	完整
	铜盖弓帽	战国	通长11.4	52	收集	完整
	铜锛	战国	长9.3	177	收集	完整
	神兽纹铜镜	六朝	通径9.5	152	收集	完整
	铜矛		通长24.6	233	1983.9 汨罗出土	完整
	空首铜剑	战国	通长53.2	718	收集	完整
	铜马衔	战国	通长21	192	1983.7 汨罗出土	完整
	铜鍦	战国	通长18.6	52	1983.9 汨罗出土	完整
	三角援铜戈	商	通长19	210	收集	完整
	铜锣	清	直径34.7	2081	收集	完整
	铜香炉	清	口径13.7184	730	收集	完整
	人物纹铜方镜	宋	边长9.2	184	收集	镜面破损
	菱形带柄铜镜	宋	直径17.6	168	收集	完整
	葵形湖湖州铜镜	宋	直径19	810	市公安局移交	完整
	四面铜佛	清	通高38.5	3666	市公安局移交	完整
	双鱼纹铜洗	东汉	高18,口径39.5	3914	发掘	残
	铜罄	宋	口径21,高15	1086	收集	残
	镂孔铜熏炉	清	口径13.6,高11.7	942	发掘	缺盖

续表 24－1－145

类别	名称	朝代	尺寸	重量	来源	完成情况
瓷器	葵瓣印瓷花盘	明	口径 3.3,高 6.8	2270	收集	完整
	褐釉方格瓷罐	汉	口径 14.5,高 29.5	3614	收集	完整
	青瓷杯	隋	口径 8.7	160	收集	完整
	影青高足碗	元	口径 10.9	265	收集	完整
	青花瓷印盒	清	长 11.8,宽 8.6,高 5.2	534	收集	完整
	青花水池	清	长 17.8,宽 11,高 4.7	520	收集	完整
	青瓷碗	宋	口径 12.9,高 3.8	198	收集	完整
	青瓷三狮水盂	晋	通高 7.2	735	收集	盂口残,多脱釉
	青瓷小罐	宋	通高 7.7	129	收集	完整
	宋酱瓷枕	宋	长 17,宽 11,高 11	1291	收集	完整
	褐釉白彩瓶	宋	口径 8.4,高 31.8	2517	收集	完整
	人物龙纹瓷魂瓶	元	通高 28	2298	收集	残
	人物瓷魂瓶	元	通高 24	1171	收集	盖破损,浮雕破损
	青瓷六足砚	隋	直径 11.5,高 4.3	88	收集	完整
	重檐歇山顶陶仓	宋	–	–	收集	完整
	褐釉双系盘口壶	宋	口径 6,高 9.7	314	收集	完整
	陶仓	宋	通高 8.8	664	收集	完整
	陶勺	战国	长 10.7	91	屈原纪念馆移交	完整
	陶也	战国	通长 11.2	117	楚塘移民建镇出土	完整
	陶吹奏器	战国	通高 10.2	72	收集	完整
木器	清人物故事木雕洗面架	清	通高 38.5,厚 14.5		收集	完整
	十龙纹描金木匣	清	通高 161	2330	收集	残
	木雕神像	民国	通高 36	1440	收集	完整
铁器	铜盖六耳铁盒	宋	直径 25,高 8	3636	收集	盖有小孔锈蚀严重
玉器	兽形带穿玉饰	东周	长 3,宽 1.4,高 1.2	8	收集	完整

汨罗市(县)1983～2005 年部分工程建设项目文物调查勘探、考古发掘情况表

表 24－1－146

项目名称	时间	主持发掘单位	出土情况
汨罗山东周秦汉古墓群考古发掘	1983 年 9～10 月	中南五省文物中心考古培训班 汨罗县文管所	青铜鼎、壶、戈、剑、矛、镜、车马器、陶器,共 913 件
附山园新石器遗址考古发掘	1990 年 10～11 月	湖南省考古研究所 汨罗市文物管理所	碑、石钵、陶鼎、豆、罐等
附山园新石器遗址考古发掘	1992 年 12 月	岳阳市文物工作队 汨罗市文物管理所	陶圆足盘、鼎、盂、器盖、器座等

续表 24－1－146

项目名称	时间	主持发掘单位	出土情况
玉笥山商代遗址考古发掘	1992 年 11～12 月	岳阳市文物工作队 汨罗市文物管理所	鼎、鬲、罐、陶片等
汨罗市高泉山 1—2 号墓抢救性考古发掘	1993 年 4 月	岳阳市文物工作队 汨罗市文物管理所	青铜盘、鼎、车马器、玉器
附山园新石器遗址考古发掘	1993 年 12 月	岳阳市文物工作队 汨罗市文物管理所	陶釜、双耳罐、碗、钵、支座、豆等
附山园新石器遗址考古发掘	1994 年 12 月至 1995 年 2 月	岳阳市文物工作队 汨罗市文物管理所	陶罐、钵、高领罐、器身盘、双耳罐、圆足盘等
罗子国城遗址考古发掘	1994 年 12 月	岳阳市文物工作队 汨罗市文物管理所	绳纹筒瓦、陶片等
屈子祠镇移民建镇建设工程古墓群考古发掘	1998 年 11～12 月	岳阳市文物工作队 汨罗市文物管理所	玉璧、陶鼎、豆、壶、罐、碗、杯、熏炉、吹奏器、钵等
京珠高速公路文物调查勘探考古发掘	1998 年 12 月	湖南省考古研究所 汨罗市文物管理所	陶罐、碗、钵等
罗子国城遗址汨屈公路拓宽工程抢救性考古发掘	2002 年 12 月	汨罗市文物管理所（委托）	陶罐、钵、陶片等
西气东输建设工程文物调查勘探考古发掘	2001 年 11 月至 2004 年 1 月	湖南省考古研究所 汨罗市文物管理所	陶罐、壶、碗
司法局宿舍工程古墓抢救性考古发掘	2001 年 12 月至 2005 年 2 月	汨罗市文物管理所（委托）	青铜剑、弓、戈、玉器
劳动路五金大市场建设工程古墓群抢救考古发掘	2005 年 4 月	汨罗市文物管理所（委托）	青铜剑

第四节　电　影

一、电影事业机构

1978 年前，设汨罗县电影事业发行放映管理站（简称电影站），为事业单位，二级机构，隶文教科，负责县电影院、国办电影队、社办电影队的管理。1980 年，电影站的业务由单纯放映转为发行放映管理，遂将站更名为县电影发行放映公司（简称电影公司），仍为事业单位，企业管理。是年，公司下辖办公室、放管股、发行股、技修股、拷贝股、宣传股、计财股，下辖县电影院，新市、长乐电影分院，负责全县国办电影院、社办、队办电影队和屈原农场电影院队的放映管理和影片调度发行工作。20 世纪 80 年代中期，有各类放映单位 328 个，其中 35 毫米电影院 5 个，计座位 5121 个；农村 16 毫米电影院 35 个，计座位 17969 个；农村电影队 287 个，其中 16 毫米放映机 252 台。少数乡镇村村都有电影队。20 世纪 90 年代后，由于电视机遍及城乡千家万户，加之文化、娱乐市场丰富多彩，电影发行放映由盛转衰。至 2007 年，乡镇社办、村办电影院队早已解散，电影发行放映公司仅有一家陈旧的市电影院支撑门面，兼放映和会议服务；不少职工离职经商，自谋生路。

二、电影放映

1980年后,年放电影2万场,1986年达2.3万场。1987～2008年,先后组织开展农村科技影片、爱国主义教育影片、普法禁毒影片、生理卫生知识教育影片、环境保护影片等汇映活动。在科技影片汇映中,副市长周立标带队下乡,组织活动;共放映科技片50多部、300多场,观众达4万余人。黄柏电影站被评为全省先进单位,汨罗县电影公司获中央六部委表彰。1994～2008年,开展爱国主义教育影片汇映,年均放映400余场。

1979～1983年,汨罗县电影公司每年组织开展1～2次影评活动。影评队伍由10人发展到50多人。1984年湖南省举办《高山下的花环》影评征文活动,汨罗影评小组有7人获奖,其中获一等奖1人,获二等奖2人,获三等奖4人。1986年,岳阳市举办影片《少年犯》影评征文活动,汨罗县影评小组有5人获奖,其中获二等奖2人,获三等奖3人。1994～2008年,配合爱国主义教育影片汇映,先后征集观后感、影评文章40多万字。

三、影片发行

20世纪80年代末至90年代中期,各类影片年发行量达2000多部。汨罗县电影公司发行股有片库8间,面积200多平方米,通风、防潮、防火、降温设备齐全,并配跑片单车2辆,三轮摩托车1辆。1985年,建成长乐、白水、桃林、三江4个地区影片发行站。1986年,建新市区片站。1987年,实行合同制,逐队(点)签订合同,预收片租费;1988～1989年,实行“确定基数,超额有奖”的办法,确保发行渠道通畅,发行收入逐年上升。

20世纪90年代,随着电视、卡拉OK等新型文化、娱乐业的兴起,电影市场严重滑坡,影片发行业务渐渐停止。

汨罗市(县)1966～2008年35毫米电影院一览表

表24－1－147　　单位:个、人

单　位	性质	起止时间	座位	工作人员
城关电影院	国营	1966～2008	1181	2
新市电影院	国营	1969～2001	900	6
长乐电影院	国营	1976～1989	770	5
市影剧院	国营	1971～2006	1770	15
屈原电影院	公私合营	1985～1988	500	－

汨罗市(县)1979～1989年农村(社、乡、镇)16毫米电影院发展统计表

表24－1－148　　单位:个

单　位	性质	建立时间	座位数	放映机型	发电机型	座位种类
黄　柏	集体	1979	880	F16－4型	FD－75	翻板
高　坊	集体	1979	720	F16－4型	A－702	条椅
白　水	集体	1979	825	FL－16－4型	A－702	条椅

续表 24-1-148

单　位	性质	建立时间	座位数	放映机型	发电机型	座位种类
黄　柏 新开村	集体	1980	396	F16-4型	FD-75	条椅
沙　溪	集体	1980	760	F16-4型	LD-75	条椅
弼　时	集体	1980	660	F16-4型	LD-75	条椅
李家塅	集体	1980	528	F16-4型	LD-75	条椅
古　培	集体	1980	600	F16-4型	LD-75	条椅
黄　市	集体	1980	576	FL-8.75型	LD-75	条椅
三　江	集体	1981	399	F16-4型	LD-75	条椅
红　花	集体	1981	450	F16-4型	LD-75	条椅
沙溪兰溪	集体	1983.05	400	F16-4型	LD-75	条椅
长乐青狮	集体	1983.06	600	F16-4型	LD-75	条椅
黄柏上游	集体	1983.08		F16-4型	LD-75	条椅
白水　白米	集体	1983.04	540	F16-4型	LD-75	条椅
古培明月	集体	1983.08	475	F16-4型	LD-75	条椅
汨罗鱼鳃塘	集体	1983.06	192	F16-4型	LD-75	条椅
农　科	集体	1983.06	336	F16-4型	LD-75	条椅
古仑金沙	集体	1983.06	250	F16-4型	LD-75	条椅
屈子祠楚塘村	个体	1987.05	露天	F16-4型	LD-75	无
智峰广联	个体	1988.08	180	F16-4型	LD-75	条椅
弼　时	个体	1989.07	露天	F16-4型	LD-75	条椅
水运公司	集体	-	-	F16-4型	LD-75	翻椅
智　峰	集体	1981	900	F16-4型	LD-75	条椅
天　井	集体	1981	450	F16-4A	LD-75	条椅
古　仑	集体	1981	350	F16-4	LD-75	条椅
汨　罗	集体	1981	999	F16-4	LD-75	翻椅
桃　林	集体	1981	721	F16-4	LD-75	翻板
玉　池	集体	1982	508	F16-4	LD-75	条椅
火　天	集体	1982	571	F16-4	LD-75	条椅
范家园	集体	1982	630	F16-4	农机厂柴油机发电	条椅
黄　市	集体	1982	729	F16-4	LD-75	条椅
川　山	集体	1982	990	F16-4	LD-75	翻椅
新　塘	集体	1982	724	F16-4	LD-75	条椅
磊　石	集体	1982	1400	F16-4	LD-75	条椅
屈子祠	集体	1983	450	F16-4	LD-75	条椅
广　口	个体	1987	400	F16-4	LD-75	条椅

第五节 戏 剧

一、剧种

汨罗市内有花鼓戏、巴陵戏、皮影戏等。以花鼓戏影响为大,市(县)有专业花鼓戏剧团,乡镇也有业余花鼓戏班子。

花鼓戏 俗称“草台子戏”,始于清嘉庆道光年间,全省流行。初用锣鼓伴奏或人声伴唱,后发展弦乐,主要是大筒。由于方言不同,该戏又有长沙花鼓、岳阳花鼓之别。境内的花鼓戏接近长沙花鼓戏,角色以“生、旦、丑”为主。戏班一般不超过10人,俗称“七紧八松”,并以文戏为主,如《贫富上寿》《打芦花》《打狗劝夫》《刘海砍樵》等。20世纪50年代后,花鼓戏改演现代戏,但仍以传统戏为主。其声腔、行当、表演艺术均随之发展,成为独具地方特色的群众喜闻乐见的剧种之一。农村逢年过节、婚丧喜庆,常请业余花鼓剧团唱戏。

巴陵戏 俗称“大戏”,境内流行200多年。因形成和流行于古巴陵一带,故名。又因巴陵旧属岳州,故也叫岳州班,亦叫“岳舞台”。明朝末年已有巴陵戏演出,清乾隆前后以唱弹腔和演传统大戏为主。如:《贵妃醉酒》《潘尼追舟》《玉堂春》等。清末进入鼎盛时期,流行范围扩大,有“巴湘十三块牌”“巴湘十八班”之称。抗日战争时期,成立岳舞台抗敌化装宣传团,堪称巴陵戏史上光辉一页。该戏传统剧目甚为丰富,清代中叶与末叶,编演揭露清统治阶级黑暗的《顺治门》《失徽州》等戏,引起社会重大反响。表演中,特别注意眼神,其眼神技巧达30多种。耍翎子的舞蹈自成体系,武功颇多绝技。弦乐伴奏主要有胡琴、月琴、小三弦,合称“九根弦”。新中国成立后,整理演出《打严嵩》《九子鞭》《打差送粮》等传统剧目,创作上演《幸福邮路》等现代戏。

皮影戏 清同治初年,由长沙、宁乡传入,红花、楚塘、白水、川山坪等地相继出现皮影戏班。用畜皮刻制人物、道具,通过灯光照射,投影于幕。上演剧目多为《封神演义》一类。演出场所简单,4个人即可操作成戏。新春正月,秋收以后,为演出旺季。“文化大革命”中,皮影戏被当作“四旧”(即旧思想、旧文化、旧风俗、旧习惯)禁演,80年代,在乡村恢复,间有演出。

二、剧团

花鼓戏剧团 1979年3月,汨罗县文艺宣传队更名为汨罗县花鼓戏剧团。20世纪80年代,恢复上演传统剧目,亦不离现代戏。20世纪90年代开始滑坡,历年亏欠达60余万元。2002年,剧团重新组建领导班子,财政给予适当支持,并配备流动舞台车。2006～2007年,年均演出380多场。2008年演出200多场,收入达30万元,并还清债务60多万元。

业余剧团 有花鼓戏剧团和巴陵戏剧团。1978年,全县各公社组建业余剧团30多个。1984年,汨罗县业余剧团代表队参加岳阳市文艺调演,其中《再打铜锣》获一等奖,《审剑》获三等奖。

三、演出场地

影剧院 1981年2月前,隶汨罗县文教局,后一直隶文化局。2005年,文化局引资开发,建帝豪国际多功能商业大厦,影剧院遂于次年上半年全部拆除,但机构仍予保留。

乡镇剧场　80年代,各乡镇开始兴建剧场。汨罗镇和川山坪镇先后建起正规的剧院,其余20多个乡镇也先后建起简易剧场(大礼堂),具备专业剧团演出基本条件。至2008年,仍有乡镇剧场20余个,但很少接待演出团体。

草台子　即用砖木临时搭建的露天舞台,大的30多平方米,小的20多平方米,是农村业余剧团的主要阵地。

2006年,中共湖南省委宣传部、省文化厅、省财政厅赠送汨罗市专业剧团一台流动舞台车,价值50多万元,剧团下乡演出再也不用临时搭建草台子。

汨罗市(县)1976～2008年花鼓戏剧团上演剧目表

表24－1－149

年度	上演剧目	
	现代剧	传统剧
1976－1978	《杜鹃山》《审椅子》《平原作战》《珠江湾》《园丁之歌》《龙泉曲》《五把钥匙》《看电视》《捉猴》《朝阳似火》《柯山红日》《夺印》《刘胡兰》《三零二案件》	－
1978	－	《十五贯》《宝莲灯》《梁祝姻缘》《皮秀英四告》《泪洒相思地》
1979	《于无声处》《三里湾》	《生死牌》《三凤求凰》《春草闯堂》《恩仇记》《乔老爷上轿》《胭脂案》
1980	－	《赵氏孤儿》《珍珠衫》《湘子与林英》《屠夫状元》
1981	《画线》《三定桩》	《青风亭》《秦雪梅》《贩马记》
1982～1983	《八品官》	《屠夫传经》《双血衣》《凤冠梦》《寻儿记》《红龙仙子》《三审林爱玉》
1984	《八品官》、《春花秋月》、《分鸭》、《接妻》	《贫富上寿》
1985～1988	《屈原在汨罗江畔》	《春江月》《牡丹图》《秦香莲》《田氏鸣冤》《疯哑奇冤》《三篙恨》《碧桃花》
1989	－	《炼金记》《七层花楼》《桃花装疯》《半把剪刀》
1990～2002	《回来》《朋友》《买瓜》《赵乡长转圈》	《七层花楼》《桃花装疯》《卖妙郎》《秦雪梅》《何文秀卖身》《梁祝姻缘》《毛国真打铁》《蓝继子扮砖》《恩仇记》《青风亭》
2003～2008	《荒唐梦》《但愿人长久》	《寻儿记》《四郎探母》《郭子仪上寿》《三凤求凰》《秦怀玉征西》《八百里洞庭》《珍珠塔》《盘夫索夫》《血泪绢》《宝莲灯》《三女拜寿》

汨罗市(县)1982～2002年花鼓戏剧团获省以上奖励剧目一览表

表24－1－150

年度	剧种	剧目名称	编剧	导演	主要演员	级别及项目
1982	现代戏	八品官	甘征文	高 健 张建军	杨云钦 任艳霞	省部分专业剧团调演一等奖
1982.9	现代戏	八品官	甘征文	高 健 张建军	杨云钦 任艳霞	省文化厅百场演出奖
1984.7	现代戏	八品官	甘征文	高 健 张健炽	杨云钦 任艳霞	文化部特别演出奖
1985.7	现代戏	杏花春雨	曹宪成	高 健	彭 明 杨云钦 夏明根 陈军良	省第三届戏剧季演出一等奖
1986	现代戏	杏花春雨	曹宪成	高 健	彭 明 杨云钦 夏明根 陈军良	省文化演出百场奖
1997	现代戏	朋 友	甘征文	黄国强	夏明庚 何文培 张玄清	获省文化厅演出金奖
2001	现代戏	买 瓜	黄达伟	高 健	夏明庚 彭 明	获省金奖。获文化部金奖。
2001	现代戏	赵乡长 转 圈	甘征文	胡自兴	夏明庚 古平等	在全国第六届“映山红”民间艺术节会演中获演出一等奖,主演演出一等奖。在湖南省田汉剧目调演中获演出大奖,获主演个人表演奖。
2002.11	现代戏	买瓜	黄达伟	高 建	夏明庚 彭 明	文化部选调晋京演出

第六节 图 书

一、图书馆

(一)机构

1979年2月,汨罗县图书馆成立,馆址位于体育巷文化馆西厅,建筑面积344.5平方米。1986年10月,人民路17号新馆建成使用,馆舍面积1440平方米,书库面积448平方米,可藏书20万册,设有报刊阅览室、少儿阅览室,有读者座位120个。1994年8月,与市信用发展公司联合开发东侧地基,1995年,扩建馆舍面积1000平方米。2002年11月,将馆舍门面危房拆除重建,扩建馆舍1610平方米,共有建筑面积3050平方米。新设任弼时资料陈列室、地方文献室、汨罗市文化名人著作专藏室。2006年,投资10万元建立电子阅览室,成为全省文化信息资源共享工程基层分中心。

1979～1989年,发展农村图书馆172个,藏书13万册;建立工会、学校图书室205个,藏书16.5万册。2000年后,乡镇中小学校图书室发展到74个,其中万册图书馆35个。境内二分之一的乡镇街道文化站建立图书室。2008年,图书馆改扩建项目被列入省发改委文化设施建设规划;31个乡镇乡镇文化站、农家书屋、村级文化活动室已正式启动。

(二)藏书

1976年8月,汨罗县文化馆图书室收藏图书资料19959册。1979年增至23509册。1984年,农村图书室发展至85个,藏书千册以上的10个。1986年11月15日,新市镇、沙溪镇2个万册图书馆开放,藏书21327册。是年,农村图书室143个,其中乡镇图书室27个,藏书25168册;村级图书室49个,藏书19969册;村校合办图书室57个,藏书4.68万册;个体图书室10个,藏书12450册。1988年,藏书66954册。1989年前后,基层图书馆藏书29.5万册。1993年,藏书为75636册。1998年,全市中小学图发展至74个,其中万册图书馆35个。2008年年底,藏书为13.2万册,除剔旧、转赠、报损外,实际藏书8万册,报刊为12068年种。

图书馆咨询室收藏文史参考工具书和地方文献资料1.4万册,分列"屈原研究资料专藏""任弼时资料专藏""康濯捐书专藏""吴汝宁捐书专藏""杨得云藏书专藏"。

(三)服务

包括馆内借阅、送书上门、馆外流通、参考咨询、资料代查、信息服务等。每周开放56小时,双休日和节假日不闭馆。1986年,馆外流通量3.3982万册次。1987年,馆外流通量2.0578万人次,阅览书刊、报纸9.3675万册次。1989～1993年,接受服务课题13个,印发《图书园地》、《知识信息》、《市长文摘》、《农村实用技术信息快报》、《农村科技文摘》(与省图书馆合办),免费寄送29个乡镇农技站、近百户农村科技示范户。2008年,持证读者2851个,年接待读者10万人次,外借图书9万册次。该馆两次被评为全国"红领巾读书读报"活动先进集体。

(四)业务研究

1983年,开展图书馆学理论与实践的有关课题研究,多次参加省地公共图书馆系统业务比赛和学术活动:1984年,参加全省少儿图书馆读者辅导工作专题研讨会和《湖南省公共图书馆概况》资料整理工作。1985年,参加全省首届公共馆图书分编技术竞赛,获图书加工第一名。1986年,参加岳阳市图书馆系统咨询知识竞赛,获一等奖。1992年,《农村图书馆(室)向质量型转变》调查报告获岳阳市图书馆系统一等奖。1993年,2篇调查报告分获省一等奖、三等奖。1998年,参加全国地方文献理论与实践研讨会,其《地方文献类型与藏书组织》评为大会交流论文。1999年,出席中国图书馆学会年会和成立20周年纪念活动;《试论乡镇图书馆在地方文化建设总体策划中的地位和作用》一文获省群文学会论文三等奖,《21世纪县级公共图书馆科教兴农展望》一文获省图书馆学会第五届优秀成果三等奖。2001年,《洞庭湖区地方文献的内容特色及其收集要点》获洞庭湖地区图书馆协片第四届年会一等奖。2002年,《论21世纪公共图书馆人才策略》一文获洞庭湖地区协作片第五届年会一等奖,《从文献信息的成因和知识载体的转换模式看新世纪图书馆学》一文评为中国图书馆学会年交流论文和省学会征文三等奖;参加全省首次"县级图书馆评估标准"研讨、县级公共馆邵阳、娄底、岳阳三地区评估检查组工作,3名业务骨干在省级以上图书馆学专业刊物上发表图书馆理论与实践研究论文40余篇。

(五)业务辅导

1982年10月20日,举办基层图书馆(室)管理员培训班,培训农村图书室管理人员35人。1983年,图书馆业务辅导人员下乡100天,以弼时公社为重点,发展公社、大队、个体图书室15个,辅导基层农村图书室公用图书6000册。1988年12月,沙溪乡划江村校图书室开放,省刊《少年儿童图书馆》作报道。弼时公社农村图书室建设情况相继在《湖南日报》、省《图书馆》报刊报道。

1995年,派4名专业人员到市一职中辅导青江图书馆分编图书3万余册,并辅导建立健全卡片目录体系。1998年7月,与教师进修学校联合举办中小学图书馆工作人员业务培训班,培训学员150人。图书馆专门编印《基层图书馆(室)业务培训讲义》和《农村基层图书室分类表》,供教师和学员使用。

二、新华书店图书发行

(一)机构

1978年至1984年11月,先后隶汨罗县文教局、文化科、文化局。1984年11月始,业务、人事隶上级业务主管部门,党群工作由县(市)宣传部代管。2005年,业务、人事属省新华书店集团有限公司。设经理兼书记1人,副经理2人,经理助理1人。内设综合管理部、图书业务部、资产财务部、教材业务部、教辅业务部。主要经营:教材教辅、一般图书、电子设备、文具用品等。正常图书品种保持2万种以上,共有注册资金226万元。

(二)城乡网点

1983～1988年,市区中心门市部扩建少儿图书门市部、课本仓库、图书仓库、办公房及职工宿舍等,总建筑面积3670平方米。1991年,拆除旧中心门市部,兴建3层营业大楼。1992年在市区荣家路设立200平方米的分店。1994年,在罗城开发区征地0.2公顷,兴建一栋800平方米的书刊门市部;在弼时镇建门市部1个,面积50平方米。1999年,评为全省新华书店精神文明示范单位。至2008年,市区共有发行网点3个,农村发行网点3个。

(三)农村图书发行

1978年后,扶持各乡镇开办集体书店21个、个体书店108个。1988年,农村图书发行网点达246个。县供销社、乡镇供销社都有领导专抓图书发行,每年均要下达图书销售计划,每季度都有销售情况报告,年终总结评比有发行工作成绩。各供销社中心门市部均要搞好图书宣传陈列,要求图书品种达150～200个。1979年,完成图书发行额96370元,比1973年增长75%。1981年,汨罗县供销社被评为全省农村图书发行先进单位,长乐、川山、磊石、黄柏、大众5个乡供销社的22个营业员被评为汨罗县农村优秀图书发行员。1982年,供销系统图书发行额12.7748万元;1983年,达16.0216万元。1989年供销系统图书网点达90多处,图书发行额达28.5243万元。1990年,完成图书发行额达39万元,比1989年增长36.73%,是1973年的7倍。1978～1990年,供销系统共完成图书发行额215.07万元。

教材教辅图书发行。汨罗市内有小学生4万多人,初中生2万多人,高中生1万多人。每年教材征订率100%。2006年,秋季教材教辅征订尽管人数比上年同期有所减少,但仍圆满完成征订任务,全年发行教材教辅码洋1800万元,货款回笼率100%。

(四)营销服务

1988年始,新华书店在汨罗市内重点发行《毛泽东选集》一卷至四卷第二版,至1993年,共发行5万册。1994年发行《邓小平文选》5500册。1995年,发行《邓小平建设有中国特色社会主义理论学习纲要》5000册。1996年发行《香港回归祖国读本》9.8万册,其中干部读本1万册,职工读本6000册,学生读本

8.2万册。2001年,发行《反法轮功文件资料汇编》1000册,发行"三个代表"辅导书籍1.5万册。2002年发行《中共十六大文件汇编》《中国共产党章程》、江泽民《在中国共产党80周年大会上的讲话》《十六大报告辅导读本》《第十届全国人民代表大会文件》《全国政协第十届代表大会文件》《真理的光辉》等重点书籍共1万册。2006年3月,开展"新春、新书、新华情"营销活动;5月,与城郊中心小学联合推出《玩过小学》一书的签名售书活动,共销售500册,码洋1万元。在农村图书发行上,开展"宣传新华品牌,服务农村农民"的送书下乡活动,全年内送书下乡40多次,销售码洋9万元。2008年,共送书下乡40多次,送去各类图书2万多册,销售码洋15万多元。

第七节　文化市场管理

一、机构

1984年,汨罗县演出市场管理站成立。1988年6月7日,汨罗市社会文化市场管理站成立。1989年4月、12月,音像管理站与演出管理站先后归社会文化市场管理站。1993年11月,管理站由文化局社会文化市场管理科接管。1996年4月,管理站独立。2006年,社会文化市场管理站更名为汨罗市文化稽查大队。

二、社会文化市场

1988年,社会文化市场开始出现,至1989年9月,有书摊、工艺美术店、磁带店、刻印打字店、业余剧团、录像放映室、台球室、乡镇剧场等文化经营户289个。1989年,文化馆开设首家台球室。1990年后,台球室发展到200余个。2000年后逐步萎缩。1990年,城区首家音像店在新华书店开设,后发展至39家。是年9月,首家电子游戏室在高泉路开业,后发展到40余家。20世纪90年代末至2004年,网吧兴起,电游室减至7家。2005年后,电游室再度升温,2007年,增至22家,其中"文苑"电游城营业年头最长。

1990年5月,首家舞厅在人民路开业,至21世纪初,舞厅增至9家。经营时间较长的有红叶、红太阳、工人俱乐部、南江等。2002年6月,城区大型迪斯科舞厅"航空母舰"开业。

1994年1月,首家"镭射大歌厅"开业,月亮岛歌厅开业。至2008年,歌厅发展到9家,营业年份最长的是"同一首歌"歌厅。

2001年6月,城区第一家网吧"新时代"开业。至年底,网吧增至24家。2002年,全市网吧发展到79家,其中乡镇5家。2003年,网吧增至108家。2004年,增至142家,其中城区82家,乡镇60家。2005年汨罗市停止审批开设新网吧。2005年4月,城区大型网络会所"惠风"开业,拥有终端108台。至2008年,城区网吧控制为76家,乡镇网吧控制为72家。

2008年,社会文艺演出团体发展到23家。

三、文化市场管理和稽查

1984～2008年,稽查大队先后为各类文化经营户办理许可证289个,安排外来演出团体140多个,安排下乡演出的业余剧团和民间艺术团体50多个。

1988年开展"扫黄打非",收缴淫秽录像带、光碟150余件,取缔无证经营户3家,没收反动出版物800册。1989年9月13日,配合整顿文化市场和"扫黄"行动,关闭个体桌球经营户24家、录像队12个,收缴淫秽书刊、非法出版物7700余册及黄色录像带212盒。1994~1996年,共收缴非法音像制品和非法出版物3万余件。1997年,定期整顿4次,取缔无证经营户2家,查处非法放映录像厅1个,收缴非法音像制品2.6万件。

1999年,汨罗市文化市场管理站被评为岳阳市文化市场管理先进单位。2000年,召开全市文化娱乐市场清理整顿动员大会,培训文化娱乐从业人员200人。开展4次"扫黄打非"活动,查处非法音像制品出租户3家,没收淫秽光盘127个,取缔非法电游室1户,收缴电路板12块,查处非法经营卡拉OK厅3家。2001~2005年,查处违规经营网吧123户次,取缔黑网吧8家,责令18家网吧停业整顿,8家学校附近网吧搬迁,对34家实施经济处罚,督促58家增补消防设备、68家补办安全证照。2006年3月,境内文化娱乐场所颁发新的"娱乐场所经营许可证"。12月,网吧行业"网络文化经营许可证"由湖南省统一编号,实行微机管理。2007年3月,各文化经营场所统一强制购买公众火灾责任保险。2008年,共计查处各类违法、违规网吧155家,处罚违规娱乐场所14家次。

第八节　非物质文化遗产

2007年7月,在汨罗市文化局内设立汨罗市非物质文化遗产保护中心,下设非物质文化遗产保护工作评审委员会。主要负责执行全市非物质文化遗产的保护、规划、计划和工作规范;组织实施和指导开展全市非物质文化遗产的普查、认定、申报、保护和交流传播工作。

2008年,汨罗市政府下发《汨罗市开展第三次全国文物普查工作的通知》,境内全面铺开全国第三次文物普查工作,同时结合新市新桥垃圾场二期建设工程、汨罗江大桥、省道201线等建设工程开展文物勘探工作。为加强屈子祠景区建设,端午节期间完成屈子祠接待室、屈原碑林粉饰工程,并争取财政支持,征收土地8.7公顷,搬迁周边农户11家,以改善景区环境;为加强非物质文化遗产保护,推荐"屈原的故事"、"屈子祠祭屈大典"申报省级非物质文化遗产,公布长乐山歌等9个项目为第一批汨罗市级非物质文化遗产保护名录;长乐镇投资60万元,建立汨罗市第一家民间博物馆——长乐故事会博物馆,并组织长乐故事会参加第七届中国民间艺术节暨"山花奖"中国第二届民间飘色(抬阁)艺术展演,获优秀组织奖,其中扎故事《大战陆文龙》(抬阁)获第七届、第九届中国民间艺术节银奖和入围作品奖。

附　2008年汨罗市非物质文化遗产名录

国家级:汨罗江畔端午习俗。

湖南省级:长乐故事会。

岳阳市级:屈原的故事、汨罗饮茶习俗、长乐甜酒酿造技艺。

汨罗市级:长乐山歌、打灵官腔、大三爷做长工的故事、玉池山的传说、汨罗江北春节习俗、汨罗江南婚嫁习俗、长乐玩龙习俗、汨罗土八道习俗、汨罗木雕技艺。

第二章　民间文艺

汨罗市民间文艺受罗子国遗民楚文化和洞庭湖蛮民巫文化的影响，延续信鬼为巫、尊凤崇龙、拜日尚赤、尊东重左、好食异味、嗜酸喜辣、尚武善斗、好歌乐舞等独具地方特色的文化遗风。屈原《离骚》《九歌》《天问》等诗篇，均系当年流放汨罗期间根据楚地民风民俗创作而成。

民间文艺以民间工匠、艺人、宗教人士和劳动群众为传承载体，以丰富的社会生活为创作源泉，运用不同的艺术形式，表达人们对物质文化生活的美好追求。历代传承下来的有龙舟竞渡、故事会、民间美术、民间音乐、民间舞蹈、民间歌谣、民间传说、民间故事、民间谚语等。

第一节　龙舟竞渡

龙舟竞渡，俗称“划龙船”，历史悠久，习俗繁多、有趣。从“偷龙木”到不准女人观看造龙船，从“关头”“掩煞”“开光”“亮相”到“赞龙头”“朝庙祭屈”和“抢红”，从赛前“划太平桡子”到赛时“听鼓下桡”争上游，从民间习俗“宁愿荒废一年田，不愿输掉一年船”到“包龙头”（胜船从负船船头包抄而过）和“晒桡”（胜者众桡齐举以示庆贺），都有一系列的讲究，虽带有一定的迷信色彩，但却彰显了原汁原味的楚文化风采。

图 18　1987 年，汨罗县成立第一支女子龙舟队

1978 年前，龙舟竞渡以民办为主，竞渡点多集中长乐街、新市街、归义街、河市街、名山河、渔街市、营田街、江南堤等处。1984 年，国家体委将龙舟竞赛列为全国正式比赛项目。

21 世纪后，龙舟竞渡多为政府牵头主办、企业协办，竞渡点主要集中在市郊归义龙舟竞渡中心。该处河面宽阔，水流平稳，位置适中。2003 年，竣工的 60 米宽的汨江大道，为赛事提供良好的交通条件。2005 年，兴建的观光台、表演台、观众座位、停车场等，更为“龙舟为媒、经贸唱戏”构建大型国际交流平台。2005 年 5 月 21 日，国务院将“汨罗江端午节”定为中国非物质文化遗产。是年，国家体育总局将每年农历五月定为“龙舟月”活动。2006 年，第一个龙舟月活动在汨罗市启动，龙舟竞渡更加规范化、规模化。龙舟竞渡已从汨罗发祥地传入 20 多个国家和地区。1980 ~ 2008 年，由汨罗、岳阳两级市委、市政府和湖南省旅游局、省体委牵头主办，有关企业协办的“屈原杯”“太子奶杯”“农机杯”等国内、国际龙舟大赛达8次,观众达数十万人。

第二节 故事会

汨罗市故事会历史悠久。以“刘海砍樵”“渔翁戏蚌”“小放牛”等历史戏剧、现代生活题材为主,由青年男女、儿童扮演剧中人物,由专门的攀彩师化妆绑扎而成。一台故事即一台戏,具有技艺精湛、造型独特、简洁明快、秘而不宣的地方特色。故事会分地故事、地台故事、高抬故事、高脚故事四类。归义街和长乐街有办故事会的传统,每逢过大年、闹元宵、赶庙会,故事会是拿手戏,少不了。“文化大革命”期间,故事会涉嫌“四旧”被禁;改革开放后恢复。

归义街故事会,源于清乾隆年间,以典型民间历史故事为素材,融合人与道具,配以会期、彩旗、牌匾、彩灯、油筒、威风锣鼓、乐队,比数量、比高度、比智慧、比新奇。归义街故事会,一般数年搞一次。每次故事会,3个分会各出动几十台乃至上百台故事,相互开展比赛。1980年5月,境内举办首届龙舟赛,归义街几十台故事上街活动,浩浩荡荡,绵延里把路长。城区建设路人挤人、人驮人,连行道树上和临街高楼窗口都爬着、挤着看热闹的观众。

长乐街故事会以高脚故事为主,活动经常,热闹。上市街、下市街各有故事会,组织严密,参与人数众多。每年闹元宵,上市街、下市街均要出动几十台故事,比技艺、比数量、比场面、比内容。1986年元宵节,长乐街故事会搞比赛,上市街玩108把长龙,下市街即出“哪吒闹海抽龙筋”;上市街再出梁山108条好汉,下市街便出朝廷“招安”;互相斗技、斗智、斗趣,难解难分。1988年元宵节,湖南电视台到该镇拍《八百里洞庭》第17集《古镇狂欢》,长乐街故事会从早晨玩到晚上12点,上、下市街出动故事500多台,异彩纷呈,高潮迭起,热闹非凡。2006～2008年,长乐故事会先后应邀参加广东省江门市嘉年华大型巡游活动、中央电视台举办的中国年活动、岳阳民俗文化节活动、湖南卫视国际大典嘉年华活动、岳阳市万民闹元宵活动、汨罗江国际龙舟赛开幕式文艺演出活动,均受到好评。2007年,该节目被定为湖南省非物质文化遗产保护项目。

第三节 民间美术

从附山园、西沙湾、大树堂等古遗址挖掘出土的陶片看,自新石器时代至商周,境内民间艺人在陶器生产制作方面所表现的审美情趣就非同一般,其装饰图案即由简便易做的绳纹发展为方格纹、刻划纹、弦纹、附加堆纹、锯齿纹、戳印纹、叶脉纹、雷纹、水波纹等。到东汉时期,出现几何纹饰图案,如叶家冲墓砖;双鱼纹图案,如铜铣。长乐出土的石乳滩钟,显示宋代民间铸钟图案装饰的高超技艺。清同治八年屈子祠大理石门“五龙捧圣”浮雕,体现境内民间精湛的工艺。自清代至今,境内民间美术形式有雕刻、绘画、刺绣、纸扎等。

一、民间雕刻

分雕塑、雕刻两类。雕塑有石雕、木雕、根雕、墙壁浮雕等;雕刻有木版雕刻、竹刻、印花雕刻、皮影雕刻等。

(一)石雕

现存较早的作品有屈子祠大理石门额“五龙捧圣”浮雕,天井锡福山杨泗庙大门口石狮圆雕。川山坪镇盛产麻石,工艺发达,主要石雕产品有坐狮、站狮、卧狮、戏球狮、护子狮等。该镇西北村工匠卢玉林,除石狮外,还擅长部分建筑装饰雕刻。如屈子公园门楼上的4条花岗岩石龙浮雕,即是川山新村麻石厂作品。

(二)木雕工艺

自明清至今广为流传。从宗教庙宇的神龛、戏台到民用雕花家具,乃至现代仿古家具,都不离此艺。红花乡刘花洲村刘友根祖孙四代从事木雕工艺,且各怀绝技:其祖父善刻钱币模版;父亲刘志祥所做雕花床为境内一绝,1978年,参加岳阳楼门窗雕刻修缮工作;儿子刘友根工于花鸟虫草,善于瑞兽人物,1980年,曾参与屈子祠“三间大夫”神龛装饰雕刻;孙子刘勇光师从其父,且受过现代美术教育,融贯湘雕、浙雕、徽雕艺术,自成一家,善太师椅、神龛与神像雕刻。作品有洞庭三神和四大天王。沙溪镇工匠精于仿古家具制造,为汨罗市铁画厂大型铁画《岳阳楼》雕刻“龙凤呈祥”樟木座,并参加岳阳市首届国际龙舟赛“龙城一条街”展示。

(三)墙壁浮雕

为寺庙祠堂门楼墙檐装饰之一。境内自唐代至民国时期,寺庙、祠堂不下250座。部分门楼墙檐、建筑均有装饰。遗存清代古建筑屈子祠、锡福山杨泗庙门楼、墙檐,都保留有民间艺人用石灰、陶泥、纸浆塑制的“堆画”。新市镇向惠初师从父亲向仁喜学习堆画,技艺超群,境内寺庙祠堂堆画,大都是他的作品。

(四)根雕

清道光年间,当时高家坊任家冲木工任光藻善用木蔸、竹根雕刻假山、人兽、屏座、扇坠、烟壶作品。今擅长此技的还有一职中周后延、新塘黄远昌、城关张集中等。

(五)木版雕刻

兴盛于清末至民国时期。新市镇多益堂黄师傅及门徒何宏谟木版雕刻技术精湛,善为氏族谱牒刻字与插图。后因铅印、石印流行,木版雕刻在境内失传。

(六)印花雕刻

兴盛于清代至民国时期。长乐街大屋周一带盛产棉花,棉布纺织印染雕刻工艺兴盛。其装饰图案,经画师设计刻印成平面漏版,再用遮挡材料将花纹印在白布上,最后染色洗涤而显出白色花纹。随着现代纺织业的兴起,这种传统工艺也已消失。

(七)竹刻、皮影雕刻

至今仍在汨罗市内传承。1985年,高坊镇文化站曾为一职中周后延举办个人书法雕刻作品展览。其学生不少仍以竹刻谋生。皮影剧团在民间仍很活跃,皮影道具市场无货,全靠皮影艺人自己刻制。

二、民间绘画

境内民间绘画有油漆画、壁画、农民画、炭粉画、宗教画等。

(一)油漆画

始于民国时期,盛行于20世纪70年代。因市场洋漆(调和漆)销量扩大,木雕工匠减少,油漆匠便以彩色调和漆为原料,尝试在木制家具上描绘花鸟山水,其造价比雕花家具便宜,且十分美观,深受群众喜爱。有的漆匠还利用玻璃反面作画,镶嵌于衣柜、架子床上,光洁漂亮,十分流行。

(二)壁画

源于战国时期。屈原流放汨罗期间,见公卿祠堂壁画上的神话故事诗兴大发,乃作《天问》。屈原碑林兴建时,“离骚阁”背墙绘有《楚辞》人物阴刻白描壁画,为柳家展所作。任弼时故居原有眉檐画12幅,长100厘米,宽30厘米,统一石灰敷底,水墨构图。内容包括:仙佛道、高人雅士、爱国治家、平民生活等四个方面。“文化大革命”中,画被黄泥涂盖损坏。2002年12月,任弼时纪念馆请本镇任剑璜出面,重新临摹、粉刷、补画,恢复历史原貌。

(三)炭粉画

亦称炭精画,民国时期由上海、武汉传入。任弼时童年为其父任裕道所做的炭精肖像画,至今仍在任弼时故居展出。1927年,任弼时在武汉从事党的地下工作期间,又开辟画室、重操旧业,巧作掩护。中华人民共和国成立后,汨罗县从事炭粉画像的有杨子秋、肖文卿、刘仁瑞、周立等人。肖文卿所绘“刘少奇像”,曾在湘阴县文化馆获奖。周立所绘炭精人物肖像达数千幅,质量好,形象逼真。

(四)农民画

1972年兴建。1973年,弼时公社文化站曾举办农民画展,全县近半数公社有农民画入选。1984年,汨罗县首届美展中,农民画作品23件,其中任剑璜、任正西的作品在省参展,并在《工农兵文艺》发表。

(五)宗教画

画的全是神鬼,专用于道场布置。该画,采用线描平涂色彩的年画形式绘制,具有浓厚的民间绘画特点。

三、民间刺绣

(一)服饰刺绣

包括绣衣、绣鞋、绣帽。旧时姑娘出嫁所备罩衣、礼服、鞋子都讲究刺绣花草蝶鸟等象征婚姻幸福的吉祥图案。儿童的围兜、鞋帽,也要刺绣花草图案。旧时,每逢端午,小孩和男女青年所穿布凉鞋均有用各色彩布拼接制作或刺绣的花草图案;非常漂亮。1980年,川山坪镇开办绣衣厂,产品以衬衣、睡袍为主,大部分销往意大利、日本、美国等地,图案以花草为主。至1989年,该镇绣工增至上千人。

(二)家装刺绣

包括寝具、画屏刺绣。旧时娶亲,新房装饰的重点是床铺,从帐檐、被面到枕套都绣有“喜上梅枝”“鸳鸯荷花”“富贵牡丹”“春花双蝶”等花草蝶鸟吉祥图案。民间妇女大部分掌握绣花技艺。改革开放后,外贸及乡镇企业部门利用农村剩余妇女劳力,采取来料加工方式,大力发展画屏刺绣工业,以满足国内、国际市场需要。境内江南江北从业者达数千人,年产值上千万元。品种有“四季花卉”“马到成功”“孔雀牡丹”“鹏程万里”“松鹤延年”等。

(三)祭祀刺绣

包括寺庙神殿幡帐刺绣和白事寿被刺绣。刺绣图案为历代传承的既定程式,专为祭祀神佛或亡灵用。

四、民间纸扎

与地方年节风俗、红白喜事密切关联。明嘉靖《湘阴县志》记载,“城市剪纸为花灯,居民奔走以乐,玄采朱衣鬼面，或步或骑，相聚数十为戏，至十六日早，焚灯送之江浒，曰禳灾”。这种可以焚烧的花灯、鬼面一般都由纸扎艺人用竹篾扎制，糊上剪纸图案，绘上彩色，既可悬挂观赏，又可擎在手中玩耍。20世纪50年代，城镇乡间仍有在春节、元宵点花灯、玩花灯的习俗。纸扎艺术，既可扎制各式花灯，还可扎制龙头、狮头，供玩龙舞狮用。民国至解放初，结婚拜堂还有摆喜花的风俗。喜花由各色纸花扎在竹制塔型架上。乡下办婚事，都到纸花店买一对喜花，配上喜烛，以备拜堂成亲用。此外，纸扎匠人还常为白事扎制灵屋（一说冥屋）、纸轿、纸箱笼，灵屋做工精细，楼上楼下，室内室外，富丽堂皇，以假乱真。

第四节　民间音乐

一、宗教音乐

（一）佛教音乐

分江南、江北两派。江南派吸收湖南民间音乐小调衍生而成，并受长沙一带佛教音乐影响。佛曲“河西腔”“湘阴腔”，调式为徵调式，围绕“61356”变化形成旋律，段落之间用打击乐伴奏。江北派佛曲受岳阳、平江民间音乐影响，曲调以徵调式为主，也有角、徵交替现象，音腔古朴。如《小三归》《上天台》、《观音调》，围绕“35612”变化形成旋律。佛教音乐的伴奏乐器有唢呐、笛子、打击乐。佛教音乐曲牌，既可独奏，也可演唱。

（二）道教音乐

汨罗市风格较统一。道曲《八仙》吸收湖南民间小调、民歌发展而成，旋律优美，如诉如泣。《长沙祭子》旋律古朴、高亢嘹亮。《生老病死苦》又称《大汉腔》，影响湘剧高腔唱法及音乐的形成。《慈悲恨》则完全吸收民间小调，加上衬词衍生而成，旋律幽默、活泼。道教音乐的伴奏乐器有唢呐、笛子、打击乐，与佛教乐器一致。

（三）儒教音乐

以吟诵为主，节奏自由，多散板。音乐源于程朱理学，唱词文雅，讲究音韵，吸收民歌小调的音乐旋律。《文公礼》《读文》《叹空》《月令词》等曲牌为徵调式，旋律围绕“5612”变化发展，声腔借鉴山歌小嗓唱法，挺拔高亢，气息悠长。《阳关三叠》借鉴唐代王维赠别诗，旋律围绕“31256”五声音阶作反复变化吟唱，节奏自由，曲调哀怨、委婉，体现饯别亲人时一步三叹、难舍难分之情。又如《报母经》，借鉴民间小调曲牌，与曲艺《赞土地》中的《二十四孝》曲牌同出一源。

（四）巫教音乐

楚先民“信鬼而好祠”，巫官文化和《九歌》娱神的习俗一直在境内流传。今民间《打灵官腔》《打天桥腔》的“打腔”音乐近似于吟诵体，节奏感较强，旋律由五声音阶组成，声腔为角调式。伴奏乐器为系有铜片的师刀和牛角吹奏器。唱腔与师刀、牛角及巫舞脚步声浑然一体，保留着古代祭祀神灵的原始古朴风味。《打天桥腔》则用钹击节伴奏于强拍上，乐声清脆威严。曲牌《劝毛郎替死》，是为病人驱邪的唱腔，用木鱼伴奏节拍，气氛肃穆、虔诚。

二、古典音乐

源于唐宋大曲、宋词以及宋元南北民间曲调。境内主要流传唢呐曲牌《九腔一堂》，共10个小曲牌。

即:《清水令》《步步娇》《折桂令》《江鱼水》《雁儿落》《肖肖令》《收姜维》《园林好》《沽美酒》《清江引》。其南曲曲牌《收姜维》《肖肖令》,由五声音阶构成。北曲曲牌《江鱼水》《步步娇》,由七声音阶构成。此曲牌,分羽、宫、徵、商4种调式,雄浑、典雅,旋律优美,不仅成为湘剧戏曲音乐的组成部分,而且为民间婚丧庆典所采用。

三、民俗音乐

直接为民风民俗服务的音乐。在乡间婚庆中,鼓乐班一般都演奏《小开门》《八板词》《散放子》等乐曲,用以营造欢快热烈的气氛;民间每逢丧事“喊礼”时,要用小乐《拉弦乐》《四支调》、伴君调》等曲牌伴奏,既为礼生吟诵情景造势,又营造哀而不怨、悲而不伤的丧礼气氛;出殡送丧时,鼓乐班以低沉哀怨的大筛锣鸣锣开道,并以节奏缓慢、如泣如诉的大唢呐《大开门》、《哭三坡》吹奏相伴,营造庄重肃穆、难舍难分的悲情气氛。20世纪90年代,弼时镇范丙田父子组织的汉山鼓乐班讲究吹、拉、弹、奏技巧,运用曲牌丰富,在该镇和长沙县一带享有盛名。

四、戏曲音乐

主要传承有巴陵戏音乐、花鼓戏音乐、皮影戏音乐、道情音乐。

(一)巴陵戏音乐

主要流传于巴陵和汨罗市内。唱腔有昆腔、弹腔及杂腔小调,以弹腔为主。弹腔又称“南北路”,源于安徽的徽调和湖北的楚调。独特唱腔有唢呐二簧、南转北、南拉北唱、汰腔等;唱功讲究规字规韵,字正腔圆。民国时期,归义街许升云工小生,人称“活周瑜”,善顿音、重音、险板承腔、花腔、子腔等演唱技巧。新市街潘云霞为巴陵戏著名男旦,嗓音清丽、唱腔圆润,善借鉴京剧、汉剧花腔子腔,演唱技巧丰富多彩。巴陵戏的伴奏乐器有京胡、月琴、唢呐、笛子、堂鼓、班鼓、小锣、大锣、钹。伴奏音乐曲牌与汉剧、湘剧相近。

(二)花鼓戏音乐

源自民间歌舞小调。最早流行的彩龙船小调、地花鼓“瞧干妹”小调、“拖板凳”小调,后来均被花鼓戏音乐所吸收。花鼓戏曲调大致可分为:川调、打锣腔、弦子调三类。按大筒定弦又可分为:2—6弦、5—2弦、1—5弦、6—3弦四类;常用曲调达60多个。民间艺人常用的曲调有西湖调、十字调、采茶调、木马调、辞店调等。花鼓戏伴奏乐器有大筒、二胡、秦琴、唢呐、笛子、堂鼓、班鼓、课子、大锣、小锣、钞等。

(三)皮影戏音乐

与巴陵戏音乐一致,表演者3～4人,伴奏乐器较少,仅京胡、唢呐、锣鼓、课子等。演出以《封神演义》等神戏为主。

(四)道情音乐

为常见的民间说唱曲艺,通常由一个艺人演唱,且多为盲人。其曲调,对花鼓戏“5—2”大类的“反神调”“南数板”“活句子”均有一定影响。伴奏乐器仅月琴。

第五节　民间舞蹈

东汉王逸《楚辞章句》载,“昔楚国南郢之邑,沅湘之间,其俗信巫而好祠,其祠必作歌乐鼓舞以乐诸神。屈原放逐……出见俗人祭祀之礼，歌舞之乐，其词鄙陋，因为作《九歌》之曲”，可见早在战国时期，境内盛行以歌舞娱神的巫舞。

《打灵官腔》是本地独有的祭神巫舞，专祭骑马持鞭的灵官菩萨。表演时，祭神者打赤膊，穿红裤，脚蹬草鞋，头包红巾拖至腰后，吹牛角，摇师刀，边舞边唱，运用动静、强弱、快慢、悲喜对比等夸张手法，营造一种神秘、紧张、奇特、恐怖的神圣祭祀气氛。

明清后，在民间娱神舞蹈中，逐步衍生有人物角色、有简单情节的地花鼓、彩龙船歌舞。地花鼓利用民歌和民间小调音乐进行舞蹈表演，一般两人同台，类似东北的二人转。后来兴起的花鼓戏，即由此演变而来。

民间舞蹈，形式多样。有祭祀舞，如《打灵官腔》《穿花》；有歌舞，如“地花鼓”“彩龙船”《瞧干妹》；有狮龙舞，如狮子滚球舞、白龙舞、布龙舞、绣花龙、火龙舞；有灯舞，如龙灯舞、虾灯舞；有其他舞，如蚌壳舞、春牛舞、锐舞、蝴蝶舞、流星舞、竹马舞等。

各乡镇都有玩龙的习俗，但只在每年正月玩，从大年初一到闹完元宵为止，旨在图吉利，保平安。21世纪初，长乐的传统“火龙”被挖掘整理，再现于世。火龙长50米，共50节，俗称50把，一节一灯，龙口喷火，故称“火龙”。2006年、2007年，长乐火龙参加国际龙舟节开幕式表演。

第六节　民间歌谣

战国时期屈原所作的《九歌》，就是根据民间祭神歌谣经再度创作提炼而成的传世经典。《打灵官腔》是境内独有的一种祭神巫舞，其歌词即为祭祀仪式歌谣。在民间丧葬祭祀中，“文化大革命”前流行的儒礼歌曲有《绕棺歌》《夜歌》；乡村在新婚之夜闹洞房也唱《赞茶歌》。

乡村流传的情歌较多。长乐、新市一带流传的情歌达200余首。有表达青年男女暗恋相思的，有坚持婚姻自主、恋爱自由的，有反对门当户对陈腐观念的，也有歌颂美满姻缘的。较为流行的有《姻缘只隔纸一张》《情姐门前一树桑》《情姐不嫌情哥贫》《哥是钥匙妹是锁》《十二里看郎》等。

儿歌在汨罗市内很流传。《月亮巴巴》《大月亮细（小）月亮》《排排坐》等儿童歌谣，通俗易懂，想象丰富，引人入胜。

1988年4月，汨罗市文化馆编辑《中国民间歌谣集成湖南卷·汨罗市资料本》，共收集民间歌谣299首，分劳动歌、时政歌、仪式歌、情歌、生活歌、历史传说歌、儿歌、其他歌等八类。

第七节　民间谚语

1985年，汨罗县文化馆收集本地民间谚语7000多条，从中精选1283条，分时政（63条）、事理（146条）、修养（179条）、社交（104条）、生活（185条）、自然（225条）、生产（174条）、其他（207条）等编辑成书，录入《中国民间谚语集成·湖南卷·汨罗资料本》，于1988年7月编辑出版。谚语形象生动，概括精练，极富哲理，充分反映汨罗丰富多彩的社会人文生活。

第三章 传 媒

第一节 广播电视

一、设施设备

1978年，集资30万元，架通县城至各公社的广播专线，立广播专杆4712根，线路长达350线对/公里，杆路长达250杆程/公里。1979年，经岳阳地区广播事业局检查验收，获质量评比第一名。

20世纪80年代后，境内广播事业稳步发展。1984年，汨罗县广播电视局集资10多万元，建起一栋三层900平方米的广播大楼另建演播室、播音室、节目复制室、节目播出室、机房等，面积达610平方米。改造乡镇广播站，建起村广播室。是年2月，汨罗县委常委、计委主任任森在城关12个单位筹资2万多元，在汨罗县农机厂内建成一座电视差转台，安装一台50瓦的彩色电视发射机、一座51米高的发射铁塔，采用4频道转播中央电视台第一套节目；下年8月1日，城关地区近20万人可以收看两套电视节目。

图19 岳阳第一个电视差转台在玉池山达摩峰举行开播庆典

20世纪90年代，电视业步入发展“快车道”，广播电视，共同繁荣。1990年，集资7万元，建起地面卫星接收站，新增一台50瓦的发射机，利用11频道转播中央电视台第一套节目，使境内20%的人口可以收看3套电视节目(其中包括在玉池山达摩岭转播的湖南电视台节目)。1991年3月12日，八景乡建电视转播台，可覆盖本乡5个村及智峰、三江、古仑乡部分村组。是年4月，汨罗市广播电视局开始筹建有线电视台，12月有线电视台正式成立。

1994年3月，投资220万元，在海拔464.3米的岳峰尖修建广播电视发射台，建一栋两层500平方米的技术和生活用房，安装1000瓦分米波、300瓦米波电视发射机和100瓦调频广播发射机各1台，架起一座66米高的直立式铁塔天线，开通汨罗城区至岳峰尖的微波线路，并建附属配套设施。该台于1995年11月8日正式开机，主要转播中央台、省台第一套电视节目。电视信号覆盖境内95%以上人口和市境周边部分地区。是年，城关和部分农村集镇建立地面卫星有线电视接收站。1996年始，对城关地区有线电视主干线进行光缆升级改造，开通中央台4套加密电视。投入30多万元巩固农村广播电视，将20个乡镇有线广播改为调频广播。

1997年后，先后投入80多万元，添置采编播出设备，改装有线机房，铺设城区和部分乡镇有线电视光缆，率先在全省消灭广播电视“盲村”，成为全省广播电视“村村通”工程合格单位和先进集体。

2001年，投入300万元，实现电视台设备数字化，城区网络由300兆提升到750兆，敷设光节点46个，主、干线站全部通过光缆传送到各小区，每个光节点用户控制在500户以内，传送节目34套，实现自办广播电视节目制作数字化、节目播出规范化、技术用户标准化。岳峰尖广播电视发射台发射功率增容后，扩大境内广播电视节目的覆盖面，形成以广播电视台为中心，以乡镇广播电视站（室）为基础的有线广播、调频广播、有线电视、无线电视综合覆盖网络，广播电视人口综合覆盖率达100%。2001年，广播电视台被评为全国广播电视技术维护先进台（站）。是年，架设城区至新市、团山、上马、窑洲和汨罗镇等城区有线网络。2003年，投资450万元，对城区有线电视网络进行改造，有线电视自动收费系统实现提质升级；对白水有线电视进行改造，增加转播节目数量，优化线路质量。

2004年，投入800万元，筹建广播电视综合大楼。2006年9月，广电大楼投入使用。该楼总建筑面积5400平方米，高6层，分办公区、营业区、设备区，配演播大厅、口播室、访谈室、编辑机房，并置灯光、摇臂、数字摄像机、采编机等设备。是年年底，与四川视达公司合作，投资260万元，引进先进技术，发展农村专业数字微波电视，发展农村用户4000户。

2008年，城区网络与燎家山社区、双塘、百丈等5个近郊村的光纤联网，并全面完成网络升级，实现微机化管理；全年新开用户800多户，城区实际有线用户达23500户；在26个自然村建立微波基站，发展用户2200多户；筹资180万元，对广播电视设备进行更新改造；筹资50万元，添置岳峰尖发射台备用发电机和5千瓦发射机。

二、栏目节目

20世纪80年代，汨罗县人民广播电台成立，开办《汨罗新闻》《科技生活》《时事政策》《改革之声》《计划生育》《青少年节目》6个栏目，全天播音6小时，其中自办节目3小时。1983年，播出稿件5000多篇。1984年，增加5分钟的《汨罗新闻》和有本地特色的《汨罗江畔》节目，开辟《汨罗文艺》专栏。20世纪90年代，电视台开始自办节目，有新闻、专题、广告、文艺、电视讲座、现场直播等，时效性强、深受群众喜爱。

1998年2月28日，广播电影电视部批准汨罗市人民广播电台、汨罗市电视台、湖南省有线电视台汨罗市分台和汨罗市教育电视台合并为汨罗市广播电视台。四台合并后，先后开办《汨罗新闻》《新闻摘播》《汨罗江畔》《百姓话题》《农村天地》《国策天地》《音乐广场》《戏曲文艺》等专题栏目和守法规、讲道德、爱家园系列访谈节目。同时，栏目和节目时段进行全新改版，文艺节目内容进行全面规范，广告时段也进行重新定位。汨罗市新闻播出由每周四期改为每周五期，每期时长约12分钟。同时，加强技术力量，对重大活动进行现场直播。

2007～2008年，先后推出《同在蓝天下》《百日大会战》《关注家园》《招商引资话汨罗》《新型工业化》《对接珠洽会》《汨罗新农村》等专题专栏节目，共发稿4100多条，在岳阳和省台发稿145条。

1990～2008年，共有60篇新闻作品在全国、省、市获奖，其中一等奖25个，二等奖22个，三等奖33个；《素质教育汨罗行》获省电视奖二等奖；《会议餐前后》《汨罗市对政绩进行打假》《这条路子走对了》获省广播奖；《农民杨序爵发明二冲程发电机获国际银奖》等获省广播奖三等奖。同时，记录时代发展，展示时代风采，真实记录党和国家领导人江泽民、胡锦涛、谭震林、王震、李铁映、楚图南、李岚清、李贵鲜、毛致用、张震、彭珮云、回良玉、王首道、习仲勋、廖汉生、余秋里、王光英、陈慕华、陈锡联、王恩茂、汪东兴、胡绳、钱正英、宋平、尉健行、周铁农等到汨罗视察的情况。

三、机构设置

1984 年 1 月,汨罗县广播事业局更名为汨罗县广播电视局,内设办公室、事业股、广播站、外线队、服务部、音像发行管理站、电视转播台。10 月,县广播站更名为县人民广播电台。1990 年 3 月,广播电台定为副局级事业单位。1996 年 3 月,实行新的局台合一、三台合一行政管理体制,市广播电视局与广播电台、电视台、有线电视台合并,由局长兼任三台台长。局台下设办公室、总编室、有线电视管理部、广告部、岳峰尖广播电视播出部、农村事业管理部、播控技术部、稽查队和广播电视服务公司。1997～2008 年,该局先后被评为全国安全播出工作先进单位、湖南省有线广播电视宣传管理先进单位、省县级广播电台日常宣传播出先进单位、岳阳市全面工作先进单位、卫视管理先进单位、宣传工作先进单位。局长湛磊英 1999 年被评为全国广播电影电视先进工作者。

第二节　报刊·网络·著述

一、报刊

(一)汨罗报

1993 年 7 月 1 日创刊,属汨罗市委机关报,由汨罗市委宣传部牵头创办主管。报社为正科级事业单位,实行社长、总编负责制,内设办公室、编辑部。社长由汨罗市委常委、宣传部部长兼任,总编由副部长兼任。1997 年分设。初为周一刊,1994 年改为周二刊,1997 年改为周三刊,1999 年恢复为周二刊(逢周二、周五出版,周二为 4 开 4 版,周五为 4 开 8 版)。

2001 年 7 月获全国统一刊号,刊号为 CN43—69。报纸期发数为 1.1 万份,城区自办发行,乡镇交邮局发行。一版为要闻版,二版为综合新闻版,三版为经济生活版,四版为副刊版。每周五出版《社会生活周刊》。主要栏目:《记者观察》《乡村发现》《百姓故事》《社会广角》《以案说法》《社会 CT》《屈子茶座》《罗城取景框》《民声宽带网》《开窗亮话》《汨江短波》《企业天地》《经济纵横》《科技窗》《健康之友》《为您服务》《外埠传真》《快乐超市》《心香一瓣》《独醒亭闲话》《沙中世界》等。1993～2003 年,有 136 件作品在全省县(市)报和全省报纸系列好新闻、好副刊作品评选中获奖,其中《经理夜敲农家门》《双喜临门静悄悄》《龙腾狮舞闹罗城》《别了,石宝寨》《杨柒和他的世界杯情结》等 21 件作品获一等奖。至 2003 年年底停办,《汨罗报》共出版 1216 期。

(二)汨罗周刊

2008 年 12 月 24 日,正式创刊,汨罗市委宣传部主办,为市委机关内部刊物,一周一期,免费赠阅市直各部门、各乡镇场、各大型企业。

二、网络

2003 年,汨罗市政务公开中心创办汨罗市政府网,开通视频新闻和文字新闻,设《市长电子信箱》《在线留言》《办事指南》等栏目,为市直单位、乡镇场及大多数企业建立专门网页。2003～2008 年,该站共发布各类信息2.6万条,回复群众咨询2600多人次,办理证照2.8万个。

三、地方著述要目

(一)中共汨罗党史

《汨罗英烈》,汨罗市革命烈士传编纂委员会编,北京理工大学出版社,1989年7月版。

《腾飞的汨罗——汨罗党史专题资料汇编》(1949~2003),主编周辉奇,2005年印,内部发行。

汨罗党史资料选辑(第一辑),中共汨罗县委党史资料征集办公室编,1985年12月版,内部发行。

《中共汨罗党史大事记》(1919.5~2000.12),主编周辉奇,2001年12月印,内部发行。

《峥嵘岁月稠》第一、二集,共27.5万字,主编李新民、周辉奇。2000年6月印,内部发行。

(二)地方志

《汨罗市志》,汨罗市志编纂委员会编,1995年11月出版,方志出版社。

《汨罗年鉴》(1994~1996),汨罗年鉴编委会编,1997年7月版,内部发行。

《汨罗年鉴》(1997~2008),每年一本,汨罗年鉴编委会编,内部发行。

《汨罗统计年鉴》(1988~2008),每年一本,汨罗市统计局编,内部发行。

《湖南省汨罗县第二次工业普查资料》汇编,汨罗县工业普查领导小组办公室编,1987年4月版,内部发行。

《新世纪 新汨罗——汨罗市农业和农村现代化建设规划》,汨罗市农业和农村现代化建设办公室编,2002年版,内部发行。

《汨罗市军事志》(1854~2005),中国人民解放军湖南汨罗市人民武装部军事志编纂委员会编,2008年6月印,内部发行。

《汨罗市城乡建设志》(1978~2008),湖南省汨罗市城乡建设志编纂委员会编,2008年印,内部发行。

《汨罗市交通志》(1966~2007),汨罗市交通局编,2007年印,内部发行。

《汨罗镇志》(1978~2008),汨罗镇镇志编纂委员会编,2008年印,内部发行。

《屈子祠图志》,任国瑞、任建云2000年出版。

《渔街村志》,黄华山编著,2001年天马出版社出版。

(三)谱牒

《青山彭氏增修徽信谱宗》卷一(1988年8月复印件)。

《湘阴望塔洞黄氏族谱》(叙)民国六年十月修(1988年8月复印件)。

《河市黄氏族谱》卷四。

(四)骚坛诗联学会会员著述目录(根据已有资料编辑,1993年《汨罗市志》已录著述,此次从略;未录者,补记。)

1. 汨罗市骚坛诗联学会组编的著述名录

《骚坛诗选》任国瑞主编。

《汨罗百老诗联选》曾维纲、胡锡龙主编,1999年8月内部发行。

《纪念任弼时同志诗词联选》胡锡龙、马志宇主编,2001年7月印,内部发行。

《汨罗风景名胜诗联选》任建云主编,2003年10月印,内部发行。

《骆驼礼赞——纪念任弼时同志诞辰100周年全国诗联大赛作品选》,彭祥主编,任建云执行主编,中国文史出版社,2005年10月版。

《骚坛诗联选》胡锡龙主编,香港天马图书出版社,2005年10月版。

《汨江烽火吟》《汨罗诗联选》,任建云、陈剑湘主编,中国文化出版社,2006年2月版。

《罗江夕照》罗允绪、郑庭希主编,2002年9月印,内部发行。《汨水余晖》及《晚晴集》罗允绪主编。

《高山仰止——纪念屈原诞辰2350周年全球华人诗联大赛作品选》彭祥、周群开主编,中华诗词出版社。

《骚坛三十年诗联选》,任建云、陈剑湘主编,中国湘楚出版有限公司。

2. 汨罗市骚坛诗联学会会员著述目录

a. 公开出版的诗联集

《中华诗人大辞典(当代卷)》,任国瑞主编,中国社会出版社;《人民心中邓小平》,任国瑞主编,九州出版社;《罗江集》,任国瑞主编,湖南人民出版社。

《天涯芳草》,周爱群著,北京科技出版社;《夕阳吟草》,周爱群著,中国文联出版社。

《岁月如歌》,彭祥著,中国文化出版社,2006年7月出版。

《翰墨情缘》,姚家钧编著,科学出版社,《青镜山诗联选》,姚家钧编著。

《竹影摇青》,周碧藩著,中华诗词出版社。

《晚晴吟草》《斌叟诗词选》、吴震斌著,世界知识出版社,2003年3月、2004年4月版。

《之广秋韵》,胡荣华著,世界知识出版社,2003年7月版。

《平山诗文拾零》,吴建平著,中国文化出版社,2008年10月版。

《闲吟诗稿》,曾国辉著,天马图书公司。

《登高望远 · 周沛清诗词选》,周沛清著,湖南文艺出版社。

《旭林一栋吟风》,罗夫猷著,新疆人民出版社。

《盛世新声》,吴德梅著,中国文化出版社。

《霜天云迹》,陈剑湘著,中国文化出版社。

b. 公开出版的其他著述

《屈原的传说》,曾维纲、胡锡龙、宋克顺整理,湖南人民出版社。

《书画题词撷英》,曾维纲、胡锡龙主编,湖南美术出版社。

《屈原碑林》,曾维纲主编,湖南美术出版社;《汨罗书画院作品集》,曾维纲主编,中国文化出版社;《艺林趣话》,曾维纲主编,内部印刷。

《屈原年谱》《中国楹联史》(与人合作),任国瑞主编;《端午 · 龙舟 · 竞渡》《城市区志编纂学通论》《汨罗市志》《湖湘科研成果选集》,任国瑞主编。

《汨罗逸闻》,彭祥、任建云主编,中国文化出版社。

《屈原的故事》,彭千红、任建云主编,中国文化出版社。

散文集《嘶逐集》,任建云著,名家出版社,2005年出版。论文集《志牒文集》,任建云著,中国文化出版社;营销专著,《如何投入传销行业》,任建云著,湖南人民出版社,《养生精要》,任建云著,华夏出版社。主纂《荷塘任氏家谱》14卷,任建云著,中国文化出版社。

《道是无情却有情》《晚晴序乐》《情丝集》，彭古丁著，天马图书公司。

《汨罗梨园谱》，唐洪禧、任建云主编，中国文史出版社。

《汨罗江畔屈子祠》，刘石林编著，湖南人民出版社。

电视文学剧本《铁锅向皇后传奇》，向鄯举编，天马图书公司。

长篇小说《黑爱》，易明将著，作家出版社。

c. 内部刊印的诗联专著

《张志民诗联》，张治民著。

《闲吟集》《闲吟诗选》，易达著，1999年10月印，内部发行。

《静园诗稿》《静园诗稿续集》，杨时杰著。

《醉墨轩吟草》，易俊文著。

《笔架山人诗文选》《笔架山人诗文选续集》《絮语情丝》，万是依著。

《子石诗联》《子石诗文集》，湛石林著。

《寺山立叟诗选》《寺山立叟诗选续集》，陈英涛著。

《平山诗联摭残》，吴建平著。

《八尺轩诗联》，蓝再根著，2001年8月印，内部发行。

《胡思残稿》，胡震球著，2000年12月印，内部发行。

《未晚园诗选》及《未晚园诗选续集》，黄云何著。

《晓风诗文选》，黄增奎著。

《霜叶集》《霜叶集续集》，傅道中著。

《兰轩吟草》，吴善先著，2002年7月印，内部发行。

《萍踪寄语》，胡笃恭著，2002年8月印，内部发行。

《吕愚闲趣》，荀文斌著，2002年7月印，内部发行。

《小溪桥诗词选》《联文合集》《新礼文大全》，郑志龙著，2002年12月印，内部发行。

《秸秆集》《秸秆集续集》，刘美玉著，2003年8月印，内部发行。

《半体轩笑草》《半体轩笑草续集》，黄鹏飞著，2003年5月印，内部发行。

《燕归来——冯美才诗文选》，冯美才著。

《玉园诗词联选》《夕照行吟——玉园诗词联选集》续集，骆振畴著，2003年8月印，内部发行。

《咏华诗选》，袁咏华著。

《沸腾的心声》，狄沸腾著。

《雪鸿集》6，黄再勤著。

《宁庐诗文集》一、二卷，罗允绪著，2006年4月印，内部发行。

《诗联摭残》，姚敏钦著。

《鹿角闲人诗文集》，任体泉著，2008年5月印，内部发行。

《怡庐诗联书画选》，吴介和著。

《三馀吟草》，刘迈书著。

《莲友轩吟草》，刘良瑾著。

《卧云山人诗联选》，彭智平著。

《流霞心韵》，傅声弨著，2001年8月印，内部发行。

《山花生诗联选》，黄中醇著。

《章云诗选》，徐章云著。

《汉山野老诗联集》及《汉山野老诗文集》，彭自能著。

《智叟闲墨》，刘斌泉著。

《青木诗选》一、二集、《青木文选》一、二集；《青木春秋》，常镇国著，2000年12月印，内部发行。

《浪吟子诗词联集》，湛中一著。

《愚翁文联诗选》，许光仁著。

《心声集》，易识基著。

《全国屈原杯文学竞赛获奖作品选》，任伯傅主编。

《新作实用对联》，吴德梅著，香港天马出版有限公司，2006年10月版。

《鹤发唱酬》，蒋云炉著。

《墨迹与心迹》，何听规著。

《微霞集》，吴银菊著。

《李明健诗集》，李明健著。

《长乐诗词联选集》，黄根华、陈松柏、周海洋主编。

《永恒的怀念》，万是依、陈英涛主编。

《走过战争》，唐学军著。

《痴翁晚唱》，任运凡著。

《长乐诗联》，彭建芳、薛松林主编。

《淡竹斋》，杨德勋著。

《鹤湖吟草》，周新华著。

(五)当代乡贤诗文著述目录

《汨水欢歌》，杨德泉著，1996年9月版，内部发行。

《风雨历程》，徐俊著，2000年10月版，内部发行。

《湖湘诗话》《三甲书屋联话》《三甲书屋序跋碑铭存稿》，伏家芬著；主编《湖南文史丛谈》《杜甫与长沙》。

《宋词》《宋百家词选》《中外文化辞典》《金榜集》，周笃文著。

《拾穗轩诗词联集》，王自成著。

《后凋集》《后凋集续集》，朱茂松著。

《中国传世楹联三百副》《古今短联趣话》《古今谐趣联话》《中国楹联史》《中国楹联发展史》，傅小松主编。

《神鼎山房文集》，伏嘉谟著。

《青菜》《散步的山峦》，楚戈著。

《诉衷情诗词集》，彭须源著。

《达斋诗词联选集》,彭卣簧著。

《影珠吟草》,刘炳凡著。

《易祖洛诗文集》及《仪屈轩诗文联剩稿》,易祖洛著。

《学步诗草》,周景星著。

《湖湘诗书画三百家》《蔚翁诗书画印选》《甲骨文诗联选集》,巢善宝著;《克白诗存》,黄嵩如著。

《清风吟》,任祖念著。

《当代寓言精品简析》《文心三昧》,符乃若(与人合著)。

《孙昌策遗诗选编》,孙昌策著。

《偏室吟稿》,李应扬著。

《谷虚诗词集》,李谷虚著。

《罗江放歌》,刘新煌著。

《晓风残月集》与《晓风残月续集》,周演著。

《天大的喜讯》及小说散文集《红旗的故事》,甘苦著。

《致诚诗联选》,罗化仁著。

《豆腐干》和《迟到的足迹》,彭家凯著。

《名人名祠名江古今颂》,甘征文、杨勇主编,黎凤兮辑注。

《静养轩吟草》,狄人毅著。

《静思斋新风集》,易文典著。

《夕阳漫笔》,易业勤著。

《蓉斋录》《蓉斋遗稿》,周禄蓉著。

《忘优斋存稿》,周馥英著。

《语言训练与修养》,任莉著。

《枫石人诗集》,黄祯祥著。

《苦吟集》,余端准著。

《云梦轩诗文集》《云梦轩墨迹》,黄曾命著。

《咏资诗选》,刘咏资著,中国戏剧出版社出版。

《旭林一栎吟风——诗词曲联合集续编》,罗夫猷著。

《生活偶寄》,胡欣著。

《行走中的感悟》;专著《中国经济发展的秘密武器》《县域工作的思与行》《成功源自和谐》《洞庭漫谈》、编著《毛泽东思想的昨天与今天》,《邓小平领导思想方法与社会主义市场经济》《万家忧乐记心头》《洞庭潮涌》,李劲夫著。

《往事并不如烟》,张进贤著。

(六)部分学术著作存目(不含论文。含部分汨罗籍在外人士著作成果。1993年《汨罗市志》已录著作,不重录)

1. 自然科学

《水工结构试验工》(与人合编,黄河水利出版社)、《岩石力学模型试验及其在三峡工程中的应用与

发展》(中国水利电力出版社),刘建著

《全科医师手册·妇科肿瘤部分》,廖革望著。

《多脏器功能衰竭理论与实践》(参撰)、《临床实践教学组织与管理》(参撰)等,向月应著。

《近代物理实验》(合著),龙罗明著。

《中国大肠肛门病学》(参编),吴勋臣著。

《中医学导论》,汪松葆著。

《电法勘探实验讲义》《浅层地震勘探实验讲义》《水文物探实验讲义》《普通物探实验讲义》《地球物理测井实验讲义》,邓明琪著。

《金属工艺学》《金属材料及热处理》《内燃机材料及热处理》、《内燃机制造工艺学》《工程材料学》《金属材料》,陈集育著。

《接力信道原理》(大学教材)、《发信设备原理》(大学教材),邵勋著。

《高等数学》(上、下册,大学本科用,3人合编,浙江大学出版社出版,1990年获华东区大学出版社首届优秀图书二等奖)、《变分法》(研究生用,高等教育出版社出版,1992年获国家教育委员会颁发的全国优秀奖)、《高等数学导引》《高等数学》(大学专科用,与人合作)、《高等数学》(函授、成教用,与人合作)、微积分《上、下册大学本科电讯、计算机等专业用,与人合作》、《微积分学》(上、下册、大学工科、经济管理等专业用,与人合作),吴迪光著。

《水文学》(大学教材),彭范坤著。

《电冶金》《大学科技英语》《大学专业英语》,杨松青著。

《Apple Ⅱ微型计算机技术指南》(合著),黄开华著。

《装配式钢筋混凝土结构的制造》(俄本,合译),王柱中著。

《流体力学基础》《鼓风机安装检修》《换热器》(参与编写),唐广荪著。

《英国中央政府各部职权的分配(兼与美国及英国各自治州比较)》(英文)、《西方发展经济学选读》。译著:《经济核算制原理》《苏联地方税捐》《英国议会》《白劳德修正主义批判》《1815～1914年法国和德国的经济发展》《不稳定的经济》《美国第一花旗银行》《垄断资本》《银行家》《经济分析史》等,杨敬年著。

《中外新闻知识概览》(与人合著)、《县志新编》(与人合著)名,何卓新著。

《书目情报分析与读者服务研究》(该书1995年12月获全国高等学校人文社会科学研究优秀成果二等奖),彭斐章著。

《经营管理导向》(主编)、《厂长经理工作手册》(主编)、《工商税收务实》(主编),伏煌煜著。

《中国近代手工业的演变与反思》《1912～1937年江西民族资本的发展》《江西唐代以来经济作物的发展》《"婺绿"、"宁红"的改制与外销》《杨杏佛》《江钢之路》(与人合著)、《中国通史》(参与编写)、《江西近代工矿史资料》(参与编选)、《民国高级将领列传》(参与撰写)、《江西近代人物传》(参与编选),杨宇清著。

《金融投资效益探讨》,徐本善著。

《中国农业中专招生分配制度改革的研究与实践》(副主编)、《中国农村经济体制的转换》(参与编写),熊国奇著。

《工程电磁场数值计算的理论方法及应用》(主编,1994年高等教育出版社出版)、《电工理论基础》(主编,1994年高等教育出版社出版)、《国际电磁场计算会议(ICEF'96)论文集》(主编,英文,万国学术出版社出版),周克定著。

《特殊函数及其应用》《电法勘探》,任怀宗著。

《医学三字经注释》(主编),邵旭东著,湖南科技出版社,1996年。

《国家预算与税收》(合著),周友元著。

《医学实在易注释》(主编),王沃春著,湖南科技出版社。

《职业中专40个专业技能训练大纲》,周建国著,湖南科技出版社,1996年。

专著《统计预测——方法与应用》《非参数统计——方法与应用》;主编《居民消费统计学》《市场统计学》《市场统计与预测》;参编《统计学》《应用统计学》《科技统计学》《工业统计学》《企业统计学》《价格指数的理论与实践》,易丹辉著。

《国际结算方法》,李孝勤著。

《农艺专业技能训练大纲》(主编),李志中著,1996年1月。

《高粱酒酿造法》《高粱酒制造工业》,周新春(1911.12-1990.4)著。

《生理卫生学》《动物学》《植物学》《矿物学》,刘元定(1886-1986)著

2. 社会科学

《论湖南市场战略及其"西大门"的开发》(主编)、《困惑、探索、出路》(参与编写),周亮一著。

《新编马克思主义原理教程》(主编)、《马克思主义哲学大辞典》(参与编写)、《马克思主义原理》(参与编写)《自然辩证法概论》(参与编写)、《当代青年形象塑造》(参与编写)等,闵佩珍(女)著。

《湖南省档案志》(主编)、《中国档案著录规则》(参与起草),李石山著。

《毛泽东文艺思想》《毛泽东文艺思想参考资料》《新时期文学理论》《争渠》《新时期文艺思潮论》,何望贤著

《古今名人对联故事》《湘天楚地论人才》,龙寿钦著。

《中国社会主义市场经济理论的形成与发展》,周成名著,湖南人民出版社1999年3月出版

《论制度与民主》,卢凯旋著,与人合著,北京燕山出版社1998年12月出版。

《怎样实施教育目标管理》,余志伦,湖南科学技术出版社1998年11月出版。

《西方人口经济学概论》《人才与经济发展》《近百年美国经济史》《人口理论史》《人口普查与人口分析》《人口经济学》《图书出版指南》,彭松建著。

《中学文言文知识学习要点》,彭自龙著。

《家庭教育》《三名志》《教育实习概论》《教育学》《教育实习手册》,曹广庚著。

《大学生思想品德修养》,主编《法学基础》,胥学文著,中南工大出版社。

《中国群众文化辞典》《农家通书·文化娱乐通》,胡鄂飞著。

《84870部队军史》《84870部队组织史》、《84870部队沿革史》,彭述德,主编。

《企业文化辞典》(合著)、《社会主义廉政理论与实践》(合著),龙文杰著。

《美学常识十讲》《修辞新例》,周演著。

《高等中医教育与管理》《中医教育管理学》,汪松葆著。

《普通高等学校教学管理》《高等教育管理研究·教务行政管理》《教学管理科学化试验》(合著),朱从矩著。

《拉丁美洲国家经济发展战略研究》《拉丁美洲史稿》《巴西经济》《走向21世纪的拉丁美洲》(合著);翻译《外国资本主义》,苏振兴主编。

《专业英语》,陈集有著。

《医院管理学》(副主编及编写人)、《爱国卫生运动概论》(编委及编写人)、《护理学辞典》(编委及编写人)、《医学社会学》(编委及编写人),李来贵著。

《黄河志》《黄河流动地图集》,陈昇辉著。

《黄河防洪志》,罗启民参编。

《中学文言文课文翻译》《常用文言文虚词》《文言实词辨析》《赣中英烈》,李谷虚著。

《中央文史研究馆馆员传略》(主要撰稿人),吴志希著。

《为有源头活水来》《株洲市策论》,任尚仁参编。

《现代生活艺术》(第一编著者,中国展望出版社,1986年出版,被团中央、全国总工会评为"金钥匙"等);主编《走向社会的思考》《形势与政策简明教程》;《艺术伦理学》(第一主编);《大学生纵向研究》(丛书第二主编);《大学生心理咨询研究》,舒德平著。

湖南省《经贸导刊》《复关与湖南工业》(任副主编),李醒民主编。

《探索与思考》《丰碑》《农村实用技术读本《辉煌的历程》(与人合作),周卫兵主编。

《实用硬笔书法教程》(编著)、《湖南职教》(副总编),彭酉宾主编。

《邓小平理论的特色研究》《当代世界政治经济与国际关系》《社会主义市场经济概论》;《有中国特色的社会主义建设(副主编),获第三届全军院校政治理论研究优秀成果特别奖》;《当代中国档案职业道德概论》(主著,获全国档案学会三等奖),黄友牛著。

《苏军情报部内幕》,周爱群著。

《2000年大别山综合发展战略研究》(参撰),获湖北省人民政府科技进步二等奖;主编《湖北乡镇企业区划》(获农业部二等奖)、《湖北横向经济联合》(任副主编),伏季昆著。

《中国社会主义市场经济理论的形式与发展》,周成名著,湖南人民出版社1999年3月出版。

《节约经济学》(1990年中国金融出版社出版)、《劳动生产率新论》(1994年江西人民出版社出版),黄铁苗主编。

《企业经济法导论》,楚天舒主编。

《中学生日常行为规范趣谈》《中外名人少年》《初中知识文库》,任理勇出版。

《中国共产党农八师石河子市历史大事记》(获新疆建设兵团史志二等奖)、《农八师垦区石河子市志》《中国百县市经济社会调查·石河子卷》(均获兵团、自治区史志一等奖、全国二等奖和兵团"八五"期间哲学社会科学优秀成果一等奖)、《石河子垦区经济社会发展概述》《新疆石河子湘籍人名录》,朱楚湘主编。

第四章 任弼时纪念馆

任弼时纪念馆由任弼时故居、任弼时故居纪念馆扩建升格演变而来。1950年,任弼时逝世后,其故居即作为重点文物由当地政府派人管理。至1992年,先后隶湘阴县石源乡政府、湘阴县新安乡政府、湘阴县弼时公社、湘阴县文化馆、汨罗县(市)文化馆、文管所、文化局。1993年1月,升为副处级事业单位,人员编制隶岳阳市文化局;1996年,收回汨罗市管理,隶汨罗市委宣传部;1998年,内设综合科;2004年,升正处级事业单位,隶岳阳市委办公室,但编制未动,汨罗派一名市委副书记兼馆长。

第一节 故居保护

确定保护单位 1956年,湖南省人民政府首次将任弼时故居列入省级重点文物保护单位。1988年1月13日,被国务院公布为全国重点文物保护单位。1995年,湖南省委宣传部将其列入全省爱国主义教育基地。2005年9月,湖南省人民政府将其列入全省国防教育基地;11月20日,中共中央宣传部将其列入全国爱国主义教育基地;是年,国家旅游局将其列为AAAA旅游景区。

划定保护范围 1978年4月15日,县革委首次将任弼时故居的保护范围作界定:以原建筑物为中心,前至门外公路边,左界弼时生产队杨家屋墙天然围墙,右至新开丘屿山勘边,后抵山勘边巴斗大丘,为一般保护范围。重点保护范围:任弼时故居的全部建筑。1989年8月29日,市政府再次发文,详细划定任弼时故居的保护范围:东以任弼时故居围墙外路基石界碑为界,南以任弼时故居广场铁栅栏苏家嘴塘勘和老竹园两株古樟树下的界碑为界(两株古樟树属弼时故居所有),西以故居公路石勘为界(500米长的水泥公路及两旁所植树木均属故居所有),北以故居围墙外路基及步路冲塘基石勘为界。

第二节 纪念馆建设

(一)任弼时故居维修

任弼时故居系清代江南民居建筑,其维修分日常维修、小型维修、大型维修三类。从1959年对任弼时故居进行第一次大型维修算起,到2008年止,上级财政、文物部门先后14次安排弼时故居大型维修经费,90多万元。

(二)兴建弼时铜像广场

1987年4月2日,任弼时夫人陈琮英和儿子任远远等重访故居,建议汨罗县委为任弼时塑造铜像和对故居房屋彻底维修。4月6日,县委召集县人大、县政府、县财政负责人会议进行专题研究,决定由县政协原主席任森负责,成立专门班子,着手筹建,要求在1989年4月30日前完工,向任弼时85周年诞辰献礼。

是年12月,中宣部正式批示,同意在弼时故里为任弼时塑像。全国城市规划雕塑家刘开渠、程允贤负责铜像设计塑造。立像高4.1米,基座高3米,合计7.1米,(胸像一尊)寓任弼时是中国共产党领袖之意。

铜像广场位于故居槽门前面,坐北朝南,面积3820平方米;铜像坐北朝南安放;铜像背面花岗石景墙嵌“浩气长存”金字。胸像安放在北京西四大红罗厂南巷1号陈琮英住处。胸像模型安放弼时故居正厅。

整个工程投资100余万元,由社会各界27家单位予以资助。

(三)兴建任弼时纪念馆

1997年5月始,汨罗、岳阳、湖南三级党委、政府根据纪念馆、弼时亲属及社会各界要求,逐级写出建馆书面报告向上呈报。

1998年3月18日,中共中央、国务院正式给湖南省委、省政府批示,“同意在汨罗兴建任弼时纪念馆”。

1998年4月,开始筹建,共投资3000万元,征地100亩,2004年4月30日,全面竣工对外开放。

第三节 馆藏文物

至2008年,各类馆藏文物达148件,其中丝织品类44件,纸制品类60件,竹器、木器、铁器制品类14件,陶器制品类14件,草、石、皮革制品类16件。

馆藏文物来源分7个方面,即任氏祖传遗物,任弼时生前在国内和莫斯科用过的物品,任弼时夫人陈琮英生前用过的物品,纪念馆历年征集的物品,社会各界捐赠的物品,具有重要纪念意义和收藏价值的物品、悼念任弼时逝世的物品。

2008年经纪念馆首次申报,经省文物鉴定委员会鉴定的馆藏文物68项、140件,其中一级文物3件,二级文物18项、50件,三级文物47项、87件。

第四节 纪念活动

1950年10月27日任弼时在京病逝后,北京和东北、华东、中南、西北、西南各大局,弼时故里湘阴县分别举行悼念活动。

1978年5月4日,任弼时故居对外开放,社会各界前往瞻仰凭吊。是后,历年各级党委和政府开展任弼时诞辰纪念活动。

任弼时85周年诞辰纪念活动

1989年4月27日,在弼时故里举行纪念任弼时85周年诞辰暨任弼时铜像落成典礼和任弼时生平事迹陈列室对外开放纪念活动。国家副主席王震、中顾委常委余秋里、全国人大常委会副委员长廖汉生、中央党史研究室副主任马石江、中央文献研究室副主任金冲及、任弼时夫人陈琮英及其子女亲属,以及中央、省、市党政领导和当地群众400多人参加会议。中共岳阳市委书记储波主持会议,国家副主席王震,中共湖南省委书记熊清泉发表重要讲话。

任弼时90周年诞辰纪念活动

1994年4月20日,中共岳阳市委、汨罗市委提前10日在汨罗城关举行大会,纪念任弼时诞辰90周年。中共湖南省委副书记杨正午、岳阳市委书记罗桂求、汨罗市委书记葛送培分别在会上讲话。会前,省市领导专程瞻仰任弼时故居,并在任弼时铜像前敬献花篮,在弼时故居召开任弼时生平与思想研讨会。

是月23日,中共中央在北京人民大会堂举行《任弼时传》《任弼时年谱》出版发行暨任弼时诞辰90周年纪念座谈会。江泽民、李瑞环、朱镕基等出席会议。江泽民作重要讲话。汨罗市委常委、常务副市长杨太平和汨罗市委党史办罗克顺、周辉奇作为家乡领导和论文作者应邀出席座谈会。

任弼时纪念馆奠基典礼

2000年4月28日,任弼时纪念馆奠基典礼在弼时镇月形山举行。国家文物局局长张文彬、南海舰队政委康富泉、团中央常委戴克维、省人大常委会副主任罗桂求、省政协副主席林子亮、省长助理阳宝华及弼时亲属等出席。奠基典礼由岳阳市委常委、宣传部部长罗典苏主持,湖南省委副书记吴向东作重要讲话,岳阳市委书记于来山致辞,汨罗市委书记郭光文介绍筹建情况。任弼时儿媳娄惠平代表陈琮英捐献书画作品236件,捐献桑塔纳豪华轿车一台。中国人民解放军总政治部、中国革命博物馆、中国军事博物馆、故宫博物院等单位及任弼时夫人陈琮英等致信祝贺。

任弼时研究述评学术研讨活动

2002年4月26日上午,为期3天的全国"任弼时研究述评学术讨论会"在长沙开幕。会议由中共湖南省委常委、省委宣传部部长黄建国主持。参加会议的有中组部、中宣部、中央文献研究室、中央党史研究室、教育部、团中央、解放军总政治部、岳阳市委、汨罗市委等单位的领导,全国各地对任弼时生平与思想颇有研究的党史专家,弼时同志亲属。中央文献研究室副主任杨胜群、省委副书记文选德、中央党史学会常务副会长陈威作重要讲话。岳阳市委副书记陈志刚、汨罗市委书记陈四海分别就如何"弘扬骆驼精神、再创岳阳辉煌"和"建好伟人故里"作发言。汨罗市委副书记兼任弼时纪念馆筹委会主任霍东华介绍任弼时纪念馆筹建工作情况,任弼时纪念馆馆长马志宇从业务角度汇报1950年后湘、汨两县(市)开展任弼时生平研究情况。

任弼时100周年诞辰系列纪念活动

2004年4月25日9时,中共湖南省委在任弼时纪念馆举行大会,纪念任弼时100周年诞辰,并为任弼时纪念馆正式对外开放剪彩。中共中央政治局原常委、国务院总理朱镕基亲笔题词祝贺,称赞任是"无限忠诚的共产主义者,无私奉献的卓越领导人"。全国政协原副主席毛致用、省领导及老干部杨正午、周伯华、胡彪、文选德、熊清泉、刘夫生、谢康生、李江、许云昭、谢先豪等,老一辈无产阶级革命家的子女及弼时亲属代表,省有关部门、部分州市负责人和岳阳、汨罗各界人士代表1200人出席大会。岳阳市委书记于来山主持会议,省委书记杨正午发表重要讲话,汨罗市委书记陈四海、市长李国保、任弼时女儿任远志、任弼时孙子任继宁在会上发言。纪念大会后,举行开馆仪式。仪式由省委常委、省委宣传部部长李江主持,省委副书记、省政协副主席文选德讲话,毛致用、杨正午、周伯华、胡彪、杨胜群、任远志为纪念馆开馆剪彩。是日,由湖南诗词协会、岳麓诗社、洞庭诗社、汨罗骚坛诗联学会共同举办纪念任弼时100周年诞辰全国诗联大赛,汨罗市委宣传部、市教育局、市文联共同举办纪念任弼时100周年诞辰"紫薇花园"杯青少年诗文书画大赛评选颁奖活动。

4月30日,中共中央在人民大会堂举行最高规格的座谈会,纪念任弼时100周年诞辰。会议由国家副主席曾庆红主持,中共中央总书记、国家主席胡锦涛发表重要讲话。出席座谈会的中央领导有吴官正、李长春、罗干、王兆国、刘云山、贺国强、王刚、何勇、李铁映、华建敏、王忠禹。中央和国家机关有关部门、解放军和湖南省的负责人、部分老同志,任弼时亲属,原任弼时身边工作人员和家乡代表,以及在京参加全国任弼时同志生平和思想研讨会的代表出席会议。中共汨罗市委书记陈四海、市委副书记兼任弼时纪念馆馆长霍东华作为家乡代表应邀参加纪念大会。任弼时纪念馆马志宇、市科协胡启良、市史志办任建云等3位论文作者应邀参加研讨会和座谈会。3篇论文均被中组部、中宣部、中央文献研究室、中央党史研究室、中央党校、中国人民解放军总政治部、共青团中央、教育部8家举办单位授予优秀论文荣誉证书。

中央文献研究室拍摄的纪念任弼时100周年诞辰的电视文献专题片,正式在中央电视台播出。由首都博物馆举办的纪念任弼时100周年诞辰生平业绩展览,也于同期对外开放。

第二十五篇　人口与计划生育

第一章　人口状况

第一节　人口增减

1981 年始，人口生育进入第三个高峰期（1962～1975 年为第二个生育高峰期），是年，人口净增率 10.03‰，比 1980 年的 9.51‰上升 0.6 个千分点。1982～1990 年，增加人口 55283 人，年均增加 6910 人，年均净增率 10.1‰。

为实行优生优育，防止人口过快增长，1984 年推行计划生育政策，人口生育开始进入下降期。1991～2000 年，9 年净增人口 37443 人，年均增加 4160 人，年均自然增长率 6.64‰，比 1990 年下降 6.19 个千分点。2001～2006 年，出生人口 41890 人，年均出生 6982 人，年均出生率 11.00‰；净增人口 18242 人，年均增加 3040 人，年均自然增长率 4.33‰。至 2008 年年末，总人口 66.0307 万人，比上年增加 8194 人，增长 1.26%；全年出生 7398 人，比上年增加 828 人，人口出生率 10.07‰；全年死亡人口 3770 人，比上年增加 275 人，死亡率 5.75‰，自然增长率 4.32‰。

一、出生

1978～1980 年，年均出生率 18.96‰。1981～1985 年，年均出生率为 17.59‰。1986～1990 年，年均出生率 12.24‰。1991～1995 年，年均出生率 13.12‰。1996～2000 年，年均出生率为 11.65‰。2001～2006 年，年均出生率 11.00‰。

1949～1977 年，人口出生 35.4377 万人，年均出生率为 30.62‰；1978～2006 年，人口出生 23.5161 万人，年均出生 8109 人，年均出生率 13.54‰；1949～2006 年，累计人口出生为 59.5196 万人，年均出生 10442 人，年均出生率 22.08‰。

2007 年，出生 6570 人，人口出生率控制在 10.31‰以内，符合政策生育率 96.94%。截至 2008 年 10 月月底，出生 7096 人，人口出生率 11.08‰，符合政策生育率为 96.27%。

二、死亡

1978～1985 年，年均死亡率 6.99‰。1986～1990 年，年均死亡率 8.99‰。1991～1995 年，年均死亡率 6.94‰。1996～2000 年，年均死亡率 6.04‰。2001～2006 年，年均死亡率 6.23‰。1978～2006 年，人口死亡 11.3436 万人，年均死亡率为 6.59‰。2008 年死亡 3770 人，死亡率 5.75‰。

三、迁入

1978～2008年,境内迁入人口20.9821万人,年均迁入6768人。主要对象是1979年落实政策安置人员、20世纪80年代外地到汨罗经商务工人员、三峡移民、复退军人。

四、迁出

1978～2008年,境内新兵入伍、考入大中专院校、婚姻、工作调动、知青返城、外出务工经商迁出人口22.2339万人,年均迁出7172人。

汨罗市(县)1978～2008年部分年份人口变动统计表

表25－1－151　　单位:人

年度	迁入	迁出	年度	迁入	迁出
1978	5024	6686	1994	4877	6828
1979	18350	21189	1995	5832	6274
1980	7981	8089	1996	4901	6412
1981	9450	8366	1997	233	863
1982	6381	5994	1998	5433	6426
1983	6236	6048	1999	5631	6214
1984	6903	6727	2000	8335	8022
1985	6155	6536	2001	6574	7327
1986	6154	6536	2002	6411	8153
1987	6154	6535	2003	3900	5885
1988	10758	6343	2004	3241	5155
1989	11034	7433	2005	6271	8009
1990	7727	8141	2006	3831	4899
1991	6078	6539	2007	5872	6181
1992	9767	9501	2008	7024	7006
1993	7303	8022	合计	209821	222339

第二节　人口分布

一、城乡分布

1978年,城镇人口28876人,占总人口的5.56%。1980年,城镇人口34619人,占6.45%。1982年,城镇人口23876人,占4.38%;乡村人口51.6997万人,占95.62%。1984～1985年,改乡建镇6个,城镇人口增至47254人,占总人口的8.30%。1990年,市属镇9个,人口20.74万人,占总人口的34.40%;市属乡20个,人口39.5430万人,占65.60%。1995年,市属镇12个,人口34.4673万人,占总人口的

55.51%;市属乡17个,人口27.6281万人,占44.49%。2000年,市属镇13个,城镇人口37.936万人,占总人口的60.28%;16个乡人口24.9941万人,占39.72%。2008年,市属镇17个,人口47.1683万人,占总人口的71.43%;12个乡人口18.8624万人,占28.57%。

随着城镇化进程加快,非农业人口所占比重不断增加:1978年,非农业人口2517人,占总人口的4.81%;1988年,非农业人口达43443人,占7.6%;1998年,非农业人口70749人,占总人口11.28%;2008年,非农业人口10.6371万人,占总人口66.0307万人的16.11%。

二、地区分布

以汨罗江为界:1978年,江南29.4358万人,占总人口的56.20%;江北22.9382万人,占43.80%。1990年,江南33.3804万人,占55.99%;江北26.2364万人,占44.01%。2000年,江南36.4348万人,占总人口的57.90%;江北26.4956万人,占42.1%。2008年,江南38.0489万人,占全市总人口的57.62%;江北27.9818万人,占42.38%。

三、人口密度

根据历年全国人口普查数据,按境内1561.95平方公里面积计算,每平方公里人口密度是1964年243人。1982年346人,比全省每平方公里多90人。在28个公社中,城郊公社人口密度最大,每平方公里762人;大荆公社人口密度最小,每平方公里219人;3个镇中,城关镇人口密度最大,每平方公里6179人。1990年,每平方公里381人,比1982年增加35人。20个乡中,城郊乡人口密度最大,每平方公里1081人;八景乡人口密度最小,每平方公里79人。10个镇中,城关镇人口密度最大,每平方公里6541人;高家坊镇人口密度最小,每平方公里451人。2000年,全市常住人口密度每平方公里375人,比全岳阳市多41人,比全省多76人;是年,全市人口密度每平方公里403人,比1990年每平方公里增加22人。16个乡中,城郊乡人口密度最大,每平方公里851人;八景乡人口密度最小,每平方公里66人。13个镇中,城关镇人口密度最大,每平方公里7820人;大荆镇人口密度最小,每平方公里249人。2006年,每平方公里413人,分别比第一、二、三、四、五次人口普查增加163人、160人、57人、22人、28人。12个乡中,城郊乡人口密度最大,每平方公里977人;八景乡人口密度最小,每平方公里73人。17个镇中,城关镇人口密度最大,每平方公里8560人;大荆镇人口密度最小,每平方公里271人。

从地区分布看,江南每平方公里人口密度大于江北:1982年,江南每平方公里379人,江北每平方公里312人;1990年,江南每平方公里498人,江北每平方公里357人;2000年,江南每平方公里539人,江北每平方公里363人;2006年,江南每平方公里552人,江北每平方公里373人。2007年,江南每平方公里552人,江北每平方公里366人;2008年,江南每平方公里560人,江北每平方公里374人。

汨罗市江南、江北2006年人口分布及密度表

表25-1-152　　　　单位:平方公里、人、%

江南地区	土地面积	人口总数	人口密度	占全市人口	江北地区	土地面积	人口总数	人口密度	占全市人口
汨罗市	1561.95	645693	413	-	长乐镇	57	30127	529	4.67
城关镇	7	59899	8560	9.27	大荆镇	47	12750	271	1.97
汨罗镇	35	24469	699	3.79	桃林寺镇	62	27030	436	4.19

续表25－1－152

江南地区	土地面积	人口总数	人口密度	占全市人口	江北地区	土地面积	人口总数	人口密度	占全市人口
新市镇	56	25716	459	3.98	红花乡	58	25266	436	3.91
古培镇	78	33348	428	5.16	黄市乡	56	16093	287	2.49
白水镇	72	35977	500	5.57	天井乡	44	15101	343	2.34
川山坪镇	60	28070	468	4.35	智峰乡	35	9801	280	1.52
高家坊镇	76	28063	369	4.35	三江镇	42	15972	380	2.47
弼时镇	42	29953	713	4.64	古仑乡	35	13238	378	2.05
李家塅镇	55	22129	402	3.43	火天乡	60	19703	328	3.05
黄柏镇	70	30643	438	4.75	新塘乡	35	16799	480	2.6
沙溪镇	56	18874	337	2.92	白塘乡	44	19973	454	3.09
城郊乡	28	27358	977	4.24	范家园镇	48	19547	407	3.03
玉池乡	41	8855	216	1.37	屈子祠镇	36	21416	595	3.32
江南地区乡镇合计	676	373354	14979	57.82%	磊石乡	18	5584	310	0.86
–	–	–	–	–	八景乡	54	3939	73	0.61
–	–	–	–	–	江北地区乡镇合计	731	272339	5987	42.18%

汨罗市江南、江北2007年人口分布及密度表

表25－1－153　　单位:平方公里、人、%

江南地区	土地面积	人口总数	人口密度	占全市人口	江北地区	土地面积	人口总数	人口密度	占全市人口
汨罗市	1561.95	640522	410		长乐镇	57	29463	517	4.60
城关镇	7	65078	9297	10.16	大荆镇	47	12269	261	1.92
汨罗镇	35	24434	698	3.81	桃林寺镇	62	27114	437	4.23
新市镇	56	25185	450	3.93	红花乡	58	25429	438	3.97
古培镇	78	33424	429	5.22	黄市乡	56	15786	282	2.46
白水镇	72	33041	459	5.16	天井乡	44	14833	337	2.32
川山坪镇	60	27861	464	4.35	智峰乡	35	9542	273	1.49
高家坊镇	76	28429	374	4.44	三江镇	42	15161	361	2.37
弼时镇	42	30072	716	4.69	古仑乡	35	12515	358	1.95
李家段镇	55	22256	405	3.47	火天乡	60	19746	329	3.08
黄柏镇	70	30033	429	4.69	新塘乡	35	16841	481	2.63
沙溪镇	56	18872	337	2.95	白塘乡	44	19719	448	3.08
城郊乡	28	25443	909	3.97	范家园镇	48	17717	369	2.77
玉池乡	41	9124	223	1.42	屈子祠镇	36	22244	618	3.47
–	–	–	–	–	磊石乡	18	5233	291	0.82
–	–	–	–	–	八景乡	54	3658	68	0.57
小计	676	373252	552	58.27	小计	731	267270	366	41.73

汨罗市江南、江北2008年人口分布及密度表

表25－1－154　　单位:平方公里、人、%

江南地区	土地面积	人口总数	人口密度	占全市人口	江北地区	土地面积	人口总数	人口密度	占全市人口
汨罗市	1561.95	652113	417	－	长乐镇	57	30481	535	4.67
城关镇	7	64918	9274	9.95	大荆镇	47	12841	273	1.97
汨罗镇	35	24772	708	3.80	桃林寺镇	62	27146	438	4.16
新市镇	56	26105	466	4.00	红花乡	58	25498	440	3.91
古培镇	78	33660	432	5.16	黄市乡	56	16167	289	2.48
白水镇	72	33084	460	5.07	天井乡	44	15329	348	2.35
川山坪镇	60	28247	471	4.33	智峰乡	35	9978	285	1.53
高家坊镇	76	28120	370	4.31	三江镇	42	16089	383	2.47
弼时镇	42	30049	715	4.61	古仑乡	35	13300	380	2.04
李家塅镇	55	22207	404	3.41	火天乡	60	19791	330	3.03
黄柏镇	70	31013	443	4.76	新塘乡	35	16964	485	2.60
沙溪镇	56	18967	339	2.91	白塘乡	44	20150	458	3.09
城郊乡	28	28921	1033	4.43	范家园镇	48	17733	369	2.72
玉池乡	41	8831	215	1.35	屈子祠镇	36	21735	604	3.33
－	－	－	－	－	磊石乡	18	6006	334	0.92
－	－	－	－	－	八景乡	54	4011	74	0.62
小　计	676	378894	560	58.10	小　计	731	273219	374	41.90

第三节　人口结构

一、自然结构

(一)性别构成

1978年,全县总人口52.374万人,其中男27.4289万人,占52.37%;女24.9451万人,47.63%;性别比为109.69,比1964年下降1.23个%。1982年,总人口54.6795万人,其中男28.5615万人,占52.23%;女26.1180万人,占47.77%;性别比为109.27,比1978年下降0.42个百分点。

1990年,全市总人口60.283万人,其中男31.4755万人,占52.21%;女28.8075万人,占47.79%。性别比为109.26。其中10～60岁人口中,平均性别比大于100,男性多于女性;70岁以上人口中,性别比均小于100,男性少于女性;51岁年龄人口性别比为135.33(最高),21岁年龄人口性别比为97.92(最低)。4～29岁6个年龄组中,人口性别比在101.08～109.68之间波动,基本正常。44～64岁5个年龄组中,性别比在112.58～127.44之间波动,性别比偏高。9个镇人口性别比为107.19,22个乡性别比为109.02。

1993年,全市总人口61.3022万人,其中男31.9752万人,占52.16%;女29.3270万人,占47.84%;性别比为109.03。2000年,总人口62.9304万人,男32.7848万人,占52.10%;女30.1456万人,占

47.90%;性别比为108.76,比1990年下降0.5个百分点。其中,0~64岁人口中,平均性别比大于100,男性多于女性;65岁以上人口中,平均性别比小于100,女性多于男性。性别比在100以下的是城关镇,性别比为99.36(最低)。性别比在100~108的乡(镇)6个,性别比在108~110的乡(镇)8个,性别比在110以上的有14个,其中八景乡高达120.12。

2006年,总人口64.5693万人,男33.7010万人,占52.19%;女30.8683万人,占47.81%。1978~2006年,出生婴儿性别比偏高,并呈上升趋势。出生婴儿胎次越高性别比越高。二孩出生性别比在200人以上的年份是1998~2003年,依次:202、211、233、245、254、229。1993~2005年,多孩出生性别比依次为:433、378、414、222、250、243、350、256、220、300、325、525(最高)、375。通过惩治"两非"(即非法进行非医学需要的胎儿性别鉴定、非法进行性别选择的终止妊娠)专项行动,性别比开始下降。2006年,二孩出生性别比降至179,多孩性别比降至109。2007年,人口出生率控制在10.31‰以内,出生人口性别比为115。2008年人口出生率11.08‰,出生人口性别比为111。

汨罗市(县)1978~2008年人口及性别统计表

表25－1－155　　单位:户、人

年度	总户数	总人口	其中		性别比
			男	女	
1978	121385	523740	274289	249451	109.69
1979	122446	527727	276271	251456	109.60
1980	123362	532633	278680	253953	109.43
1981	124225	539163	281273	257890	108.65
1982	126283	546795	285615	261180	109.27
1983	127850	553294	289435	263859	108.80
1984	130773	559794	293255	266539	109.55
1985	131550	561601	293868	267733	108.99
1986	132329	563409	294482	268927	108.87
1987	144394	567284	296399	270885	109.52
1988	157655	571604	299464	272140	109.39
1989	186127	594560	311039	283521	109.71
1990	185822	602830	314755	288075	109.26
1991	200923	607861	317422	290439	109.29
1992	201182	611496	319187	292309	109.20
1993	204069	613022	319752	293270	109.03
1994	204938	626787	325522	301265	108.05
1995	189256	629351	327057	302294	108.19
1996	182729	623764	325177	298587	108.40
1997	184334	635144	330108	305036	108.22
1998	186201	635810	329900	305910	107.84
1999	185052	627782	327148	300634	108.82
2000	190454	629309	327848	301456	108.76

续表 25－1－155

年度	总户数	总人口	其中		性别比
			男	女	
2001	195251	638475	332666	305809	108.78
2002	195988	638738	331887	306851	108.16
2003	186598	631385	329076	302309	108.85
2004	186494	632218	329774	302444	109.04
2005	193049	635021	331424	303597	109.17
2006	198859	645693	337010	308683	109.18
2007	197083	640522	335206	305316	109.79
2008	200650	652113	341169	310944	109.72

（二）年龄构成

1982 年 7 月 1 日人口普查：14 岁以下人口 19.9197 万人，占总人口的 32.81%；15～49 岁人口 31.3145 万人，占 51.29%；50 岁以上人口 9.4875 万人，占 15.90%。平均年龄 27.52 岁。年龄中位数 22.01 岁。在特定年龄组中：婴幼儿占 7.19%，比 1964 年减少 5.17 个百分点；学龄前儿童占 5.19%，学龄儿童占 14.31%；劳动年龄组占 57.69%，比 1964 年增加 5.23 个百分点；退休年龄组占 7.16%，比 1964 年增加 2.52 个百分点。有 101 岁的女性 1 人。

1990 年 7 月 1 日人口普查：14 岁以下少年人口 16.1138 万人，占总人口的 27.03%，比 1982 年下降 5.78 个百分点；15～49 岁人口 33.2114 万人，占 55.71%；50 岁以上人口 10.2895 万人，占 17.26%，老年系数逐渐上升，平均年龄 29.27 岁。在特定年龄组中：婴幼儿占 8.09%，学龄前儿童占 5.26%，学龄儿童占 9.94%，劳动年龄组占 63.69%，退休年龄组占 10.32%。是年，人口年龄中位数 23.39 岁，比 1982 年后移 1.38 岁，比 1964 年后移 3.97 岁，人口逐步向老龄化方向发展。1990 年 7 月 1 日零时，80 岁以上的 3600 人，其中 90 岁以上 147 人。

2000 年 11 月 1 日人口普查：14 岁以下少年人口 13.6888 万人，占总人口的 23.39%，比 1990 年下降 3.64 个百分点；15～49 岁人口 33.0639 万人，占 56.49%，比 1990 年上升 0.78 个百分点；50 岁以上人口 11.7803 万人，占 20.13%，比 1990 年上升 2.78 个百分点。在特定年龄组中：婴幼儿占 4.04%，学龄前儿童占 4.21%，学龄儿童占 12.62%，劳动年龄组占 66.33%，退休年龄组占 11.19%。2000 年 11 月 1 日零时，全市 80～89 岁的 4602 人，其中男 1719 人，女 2883 人；90～99 岁的 314 人，其中男 108 人，女 206 人；100 岁以上者 4 人，其中男 1 人，女 3 人。

2006 年年底，18 岁以下年龄人口 13.3997 万人，占总人口 20.75%；18～35 岁年龄人口 17.3361 万人，占总人口 26.85%；35～60 岁年龄人口 24.4645 万人，占总人口的 37.89%；60 岁以上年龄人口 9.3690 万人，占总人口 14.51%。

（三）寿命

1981 年，男性为 65.26 岁，女性 68.17 岁，分别比全省平均预期寿命高 1.07 岁和 1.44 岁。1989 年，男性为 66.61 岁，女性为 70.87 岁。2000 年，男性为 69.63 岁，女性为 73.33 岁。1993 年年末，全市有百岁老人 4 人，其中男 1 人，女 3 人。2007 年年底，境内有百岁老人 17 人，其中男性 3 人，女性 14 人。2008 年，境内有百岁老人 15 人，其中男性 3 人，女性 12 人。

汨罗市三个年份百岁寿星名录

表 25－1－156

年度	姓名	性别	出生年月	家庭住址
1993	龙课氏	女	1894 年 8 月 21 日	高家坊镇周坊村听园组
	何梅香	女	1892 年 12 月 23 日	汨罗镇童家村 4 组
	翁早香	女	1889 年正月 30 日	范家园镇青龙村 16 组
	傅佑生	男	1893 年 8 月 26 日	白水镇双桥村人(住高家坊火车站)
2007	叶早桂	女	1904 年 2 月	屈子祠镇楚南村 27 组
	吴连三	女	1905 年 7 月 8 日	新塘乡光前村光前组
	高秀英	女	1904 年 10 月 29 日	白塘乡五塘村 9 组
	朱数香	女	1905 年 8 月 14 日	天井乡石头口村 13 组
	黎 氏	女	1904 年 9 月 20 日	黄市乡托坪村 5 组
	潘桥清	女	1904 年 12 月 13 日	黄市乡托头岭
	彭玉珍	女	1900 年 10 月 20 日	弼时镇汉山村老屋组
	胡 四	女	1904 年 8 月 27 日	川山坪镇湖毕村岭脚组
	李检清	男	1906 年 6 月 25 日	三江镇凤形村 9 组
	李兑贞	女	1905 年 1 月 14 日	长乐镇居民一组 19 号
	黎林山	女	1906 年 10 月 12 日	大荆镇新塘村许家组
	范桂花	女	1906 年 4 月 8 日	原种场大华村吴家组
	敦玉英	女	1901 年 6 月 1 日	天井乡石头口村 13 组
	吴冬生	女	1903 年 9 月	屈子祠镇鱼街村粟山组
	黄主生	男	1907 年 9 月 8 日	范家园镇永青村 3 组
	刘金芝	女	1907 年 8 月 28 日	李家塅镇画眉村
	彭觉庭	男	1907 年 4 月 5 日	弼时镇坪塘村上组
2008	叶早桂	女	1904 年 2 月	屈子祠镇楚南村 27 组
	吴连三	女	1905 年 7 月 8 日	新塘光前村光前组
	朱数香	女	1905 年 8 月 14 日	白塘乡双义村六组
	黎 氏	女	1904 年 9 月 20 日	黄市乡托坪村五组
	潘桥清	女	1904 年 12 月 13 日	黄市乡托头岭
	彭玉珍	女	1900 年 10 月 20 日	弼时镇汉山村
	李检清	男	1906 年 6 月 25 日	三江镇凤形村九组
	李兑贞	女	1905 年 1 月 14 日	长乐镇一居民一组 19 号
	黎林山	女	1906 年 10 月 12 日	大荆镇新塘村许家 1 组
	敦玉英	女	1901 年 6 月 1 日	天井乡石头口村 13 组
	彭觉庭	男	1907 年 4 月 5 日	弼时镇坪塘上组
	刘金芝	女	1907 年 8 月 28 日	李家塅镇画眉村力公组
	卢 氏	女	1909 年	长乐镇双旗村 8 组
	薛友余	男	1910 年	长乐镇二居民
	向凤珍	女	1909 年	黄柏镇大塘源村

二、社会结构

（一）民族构成

1982年，全县有11个民族，其中少数民族10个；汉族人口54.6727万人，占总人口的99.9874%；少数民族68人，占0.012%；外国人入籍1人。少数民族人口中，蒙古族10人，苗族15人，壮族19人，瑶族6人，土家族9人，满族3人，回族2人，藏族2人，侗族1人，纳西族1人。

1990年，全市有15个民族；其中，汉族人口59.5952万人，占总人口的99.9638%；少数民族14个、216人，占0.0362%。与1964年比，少数民族人口增加16.6倍。外国籍入籍1人。在少数民族中，人口超过10人的有7个。即蒙古族15人，回族18人，苗族39人，侗族11人，土家族35人，壮族24人，布依族52人。另外，瑶族6人，藏族6人，满族4人，白族2人，水族1人，傣族1人，畲族2人。少数民族聚居在城关镇、高家坊镇、川山坪镇、桃林寺镇等地。

2000年，全市有27个民族；其中，汉族人口62.8516万人，占总人口的99.8748%；少数民族26个794人（男229人，女565人），占0.1252%。少数民族人口中，蒙古族89人，回族51人，藏族29人，维吾尔族11人，苗族152人，彝族28人，壮族39人，布依族91人，朝鲜族20人，满族62人，侗族17人，土家族171人，瑶族3人，白族3人，哈尼族6人，傣族1人，佤族2人，黎族1人，东乡族3人，纳西族2人，土族4人，仫佬族1人，普米族1人，塔吉克族1人，塔塔尔族2人，门巴族4人。与1990年比，少数民族人口增加572人、增长2.68倍。

（二）职业构成

1978年前，全县人口以农为主，捕鱼次之，手工业、商业、工矿业、建筑业、运输业更次之。1979年后，部分农民开始离土离乡务工经商。1982年，15岁以上在业人口28.4235万人，占总人口的52.55%，其中男性16.8046万人，女性11.6189万人。在农业人口中，从事农、林、牧、渔业的22.3180万人，占78.2%。

1990年第四次人口普查统计：全市15岁以上在业人口31.5063万人，占总人口的52.85%；其中男性19.4130万人，占男性总人口的62.63%；女性12.0933万人，占女性总人口的42.25%。按行业分：农、林、牧、渔、水利业23.9785万人，占76.11%；工业34112人，占10.83%；地质普查与勘探业3人；建筑业8367人，占2.66%；交通运输、邮电通讯业6077人，占1.93%；商业、公共饮食、物资供销和仓储业10841人，占3.44%；房地产管理、公共事业、居民服务和咨询服务业2208人，占0.7%；卫生、体育和社会福利业1638人，占0.52%；教育、文化艺术和广播电视事业6326人，占2.00%；科学研究和综合技术服务事业67人，占0.02%；金融、保险业715人，占0.23%；国家机关、政党机关和社会团体4871人，占1.55%；其他行业53人，占0.1%。

1990年，在业人口职业构成：各类专业技术人员11786人，占在业人口的3.75%，其中男性6763人，女性5023人。国家机关，党群组织、企事业单位负责人3132人，占0.99%，其中男性2937人，女性195人；办事人员和有关人员2727人，占0.87%，其中男性2213人，女性514人；商业工作人员9389人，占2.98%，其中男4421人，女4968人；服务性工作人员4607人，占1.46%，其中男2432人，女2175人；农、林、牧、渔劳动者23.6403万人，占75.3%，其中男14.0914万人，女95489人；生产工人、运输工人及有关人员47000人，占14.92%；其中男34436人，女12564人，其他19人。

1993年年末，全市有职工37886人，其中国营单位职工27673人（女11717人）。按单位分：企业单位

77 个,17333 人;事业单位 73 个,7448 人;机关单位 54 个,2892 人。按行业分:农林牧渔业 510 人,采掘业 189 人,造纸业 10948 人,电力煤气及水的生产供应业 145 人,建筑业 473 人,交通运输、仓储及邮电通讯业 652 人,批发和零售贸易、餐饮业 3964 人,金融保险业 452 人,社会服务业 333 人,卫生体育和社会福利业 838 人,教育、文化、广播电影电视业 4320 人,科学研究和综合技术业 33 人,国家党政机关和社会团体 4637 人,其他行业 179 人。

1978 年后,农业机械化程度上升,农业生产效率提高较快,农村离开农业劳动从事工业及其他行业及人口逐渐增多。1990 年,从事农业劳动的人比 1982 年减少 2.41 个百分点。1994～2006 年,随着国有企业改制,国有经济单位人员逐渐减少,至 2006 年年底,国有企业从业人员仅有 7613 人,比 1994 年减少 31989 人,减少 80.78%。但其他经济迅速发展,成为人们就业的主要渠道。据劳动和社会保障部门统计,乡镇企业从业人员达 20.2 万人,城镇个体工商从业人员达 6088 人。1990～2006 年,劳动和社会保障部门先后向广东等地区进行劳务输出 11 万人,年均输出劳力 6470 人。

2006 年,15 岁以上在业人口有 29.0855 万人,占全市总人口的 45.05%;其中男性 16.4235 万人,占男性总人口的 48.73%;女性 12.6350 万人,占女性总人口的 40.93%。农村在业人口 26.7000 万人,占全市人口的 41.35%。其中男性 14.8900 万人,占男性总人口的 44.18%;女性 11.8100 万人,占女性总人口的 38.6%。

不在业农业人口 14500 人。按行业分:农、林、牧、渔、水利业 14.8144 万人,占 55.49%;工业 42483 人,占 15.91%;建筑业 25144 人,占 9.42%;交通运输、邮政业 10071 人,占 3.77%;批发零售业 13494 人,占 5.05%;住宿餐饮业 10471 人,占 3.92%;其他行业 17193 人,占 6.44%。1997 年,成立市再就业服务中心,至 2006 年,共安置下岗失业人员 30690 人,年均安置 3069 人。

2006 年年末,全市有职工 23855 人,其中国有控股企业 5614 人(女 1600 人)。分布:国有单位 296 个,20730 人(女 7308 人);集体单位 23 个,1137 人;其他单位 34 个,1988 人。按企业、事业、机关分组:企业 91 个,7613 人;事业 145 个,10409 人;机关 116 个,5787 人。按国民经济行业分组:制造业 16 个,804 人(女 290 人);电力、燃气及水的生产和供应业 4 个,285 人(女 116 人);建筑业 6 个,3033 人(女 116 人);交通运输、仓储和邮政业 5 个,898 人(女 388 人);信息传输、计算机服务和软件业 2 个,114 人(女 33 人);批发和零售业 24 个,831 人(女 313 人);住宿和餐饮业 1 个,164 人(女 103 人);金融业 15 个,967 人(女 526 人);房地产业 22 个,734 人(女 320 人);租赁和商务服务业 2 个,178 人(女 60 人);科学研究、技术服务和地质勘查业 7 个,234 人(女 78 人);水利、环境和公共设施管理业 12 个,523 人(女 270 人);居民服务和其他服务业 1 个,13 人(女 5 人);教育业 48 个,6310 人(女 2894 人);卫生、社会保障和社会福利业 45 个,1834 人(女 1106 人);文化、体育和娱乐业 9 个,383 人(女 168 人);公共管理和社会组织 134 个,6550 人(女 1462 人)。其中党政机关 4 个,95 人(女 16 人);国家机关 122 个,6317 人(女 1384 人);人民政协和民主党派 1 个,20 人(女 4 人);群众团体、社会团体和宗教组织 7 个,118 人(女 58 人)。在岗职工 19960 人,其中长期工 19119 人,临时 841 人,其他从业人员 3895 人。在岗职工中,专业技术人员 9180 人,占总人数的 45.99%。

(三)非在业人口构成

1982 年,全县 15 岁以上人口不在业者 88150 人;其中家务劳动者 50324 人,占 57.08%;在校学生 10881 人,占 12.4%;退休退职 5720 人,占 6.48%。

2006 年,15 岁以上人口不在业者 94007 人,其中丧失劳动能力者 40856 人,在校学生 20430 人,离休退休和退职 9588 人,内部退养 11268 人,离开本单位仍保留劳动关系的 5970 人,城镇不在业职工 5895 人。

(四)劳动力资源结构

1982 年,全县劳动年龄人口(男 16~59 岁,女 16~54 岁。下同)29.9145 万人,占总人口的 55.36%。其中男性 16.3634 万人,占男性人口的 57.91%;女性 13.5781 万人,占女性人口的 52.57%。劳动人口负担少年儿童系数为 63.48%,负担老人系数为 15.41%。

2000 年,全市劳动年龄人口 37.7112 万人,占总人口的 64.43%。其中男性 22.55 万人,占男性人口的 59.80%;女性 15.162 万人,占女性人口的 40.20%。劳动人口总抚养比为 42.66%。其中劳动人口负担少年儿童系数为 32.08%,比 1982 年下降 31.40 个百分点;负担老人系数为 10.58%,比 1982 年下降 4.83 个百分点。

(五)技术专业结构

1978 年,汨罗县全民所有制单位中的自然科技人员为 826 人,其中工程技术人员 123 人,农林业技术人员 111 人,卫生技术人 289 人,科学研究人员 14 人,数、理、化、生、农、卫教学人员 289 人。1978 年同 1972 年比,自然科技人员增加 585 人。2006 年,各类专业技术人员为 22706 人,比 1978 年增加 21880 人;其中具备高级职称的 598 人,中级职称 10144 人,初级职称 11964 人。国有事业单位专业技术人员 8698 人,具备高级职称的 245 人,其中男 200 人,女 45 人;中级职称 3635 人,其中男 2100 人,女 1535 人;初级职称 4527 人,其中男 2325 人,女 2200 人;未聘用职务 293 人,其中男 198 人,女 95 人。

(六)姓氏结构

1987 年姓氏普查,境内 35 个乡镇场,人口 56.7284 万人,共有姓氏 367 个。按姓氏和人口占有数量分:人口 1 万以上的,依次为李、周、黄、吴、杨、彭、刘、何、陈、胡、张、任、黎、徐 14 姓;人口 1000 人至 10000 人以内的,有 74 姓;人口 10~1000 人的,有 105 姓;人口 10 人以下的,有 174 姓。

汨罗县 1987 年人口普查姓氏统计表

表 25-1-157

姓氏	人数	姓氏	人数	姓氏	人数	姓氏	人数	姓氏	人数
李	36926	熊	6170	翁	2725	涂	1428	陆	1063
周	35500	罗	5656	江	2531	游	1426	夏	1028
黄	32170	龙	5352	范	2394	孙	1376	甘	1091
吴	25678	仇	4777	蓝	2323	郭	1375	左	1022
杨	25470	易	4621	胥	2214	龚	1374	汤	925
彭	24914	廖	4341	邓	2140	柳	1352	万	894
刘	20093	谢	4283	钟	2109	喻	1319	童	882
何	17076	马	4037	苏	2078	田	1303	贺	842
陈	16786	卢	4016	高	2054	鲁	1259	尹	824
胡	13629	冯	3931	雷	1926	瞿	1281	侯	806
张	11448	向	3903	姜	1876	邵	1275	方	780

续表25－1－157

姓氏	人数	姓氏	人数	姓氏	人数	姓氏	人数	姓氏	人数
任	11412	余	3717	赵	1842	韩	1273	倪	767
黎	11012	邹	3706	梁	1755	常	1222	霍	752
徐	10645	曹	3617	荀	1739	萧	1206	谭	715
朱	9957	潘	3561	宋	1659	汪	1202	宁	674
王	9947	傅	3144	狄	1613	于	1120	陶	673
许	9597	曾	3135	舒	1582	楚	1120	聂	622
郑	7535	袁	3101	丁	1578	叶	1103	伍	587
湛	6664	巢	3095	虞	1491	欧	1083	姚	547
伏	6539	唐	2828	蔡	1463	骆	1076	符	545
戴	6197	毛	2777	蒋	1443	程	1070	杜	541
孟	533	洪	142	吕	30	姓氏			人数
闵	530	欧阳	132	匡	30	查、解、耿、平、俞、覃、冷、尚、元、番、邢、宾、柴、荃、齐、安、成、庞、戈、项、靳、别、申、续、洋、詹、言、阴、芳、卞、阚、纪、院、卓、乾、楼、诸、谬、淳于、华、辜、泰、旺、葵、南、惠、鲍、趟、敏、蹇、磨、宫、相、皇甫、展、佟、芙、牟、庖、封、豆、郁、古、联、碧、屠、巫、故、米、运、巍、鹨、寻、兵、刚、坵、温、雍、羊、允、麻、谆、朗、邦、柯、镜、态、雀、藕、奂、卯、秋、汉、莹、雄、潬、淘、庚、臧、穆、姬、渭、时、贵、连、瑶、升、鹿、午、管、苟、飘、凡、头、闲、昌、曼、雇、羽、农、渠、卫、呈、修、享、鄂、社、衷、季、褚、司徒、岳、祈、春、闻、超、寇、麦、蓬、钮、虢、旦、具、庾、陵、依、边、桂、鄠、莱、谈、润、沅、萌、郜、弹、况、省、呆、茱、巩、桑、俸、吉、耶、浦、蒲、右、冀、鸡、裴、尧			10人以下174姓
章	523	葛	126	施	30				
梅	516	岑	123	赖	28				
沈	510	关	117	司马	25				
鄞	500	席	111	蒯	26				
缪	469	应	109	阮	25				
殷	442	艾	108	房	25				
魏	394	段	99	薛	23				
康	384	樊	86	庐	22				
阳	347	余	82	韦	21				
干	313	白	77	屈	20				
凌	308	敖	71	武	19				
颜	294	莫	69	谷	17				
邱	263	翟	63	潭	17				
栾	245	皮	56	邬	16				
单	238	禹	54	阎	16				
林	230	代	53	饶	15				
董	228	浣	52	娄	14				
庄	223	崔	51	贾	13				
晏	214	石	50	粟	13				
盛	210	危	50	佑	12				
祝	207	甄	49	牛	12				
文	203	简	45	费	11				
史	199	兀	45	圣	11				
郝	196	孔	44	字	10				
彪	184	旷	41	末	10				
杼	168	官	36	卜	10				
荣	162	焦	39	–	–				
秦	157	严	37	–	–				

第二章　计划生育

1978年，汨罗县委、县革委会把控制人口增长纳入国民经济和社会总体发展规划。是年，人口出生率由1970年的32.64‰降至18.90‰，下降13.74个千分点。1979年12月，县革委会作出《关于计划生育若干问题的规定》。1982年5月，汨罗县委、县政府结合贯彻落实中共中央《关于控制我国人口增长问题致全体共产党员、共青团员的公开信》和1982年新修改的包括计划生育基本国策内容的宪法，再次作出《关于计划生育工作若干问题的具体规定》，严格控制第二胎，坚决杜绝第三胎。1984年1月，汨罗县委、县政府下发《关于计划生育工作若干问题的补充规定》的5号文件，对违反计划生育人员的处罚作出补充规定。1985年年终评比，首次实行计划生育“一票否决”权制度。至1987年，汨罗县人口出生率、一孩率、计划生育率、晚婚率、节育率均达到或超过岳阳市规定指标。是年，汨罗县首次被评为岳阳市计生工作先进单位，受到省委、省政府表彰。1989年，进一步完善乡级“四位一体”（即计生办、服务所、计生协、人口学校）、村级“三位一体”（即服务室、计生协、人口学校）的服务网络，计划生育工作稳步推进。1990年，年均人口出生率16.57‰，比1979年（29.31‰）下降12.74个千分点；年均自然增长率9.28‰，比1979年下降11.26个千分点，低于全国水平3.34个千分点。

1991～1997年，汨罗市连续7年被评为湖南省人口和计划生育工作先进县（市）。1999年，再度夺得全省第六名好成绩，比1998年上升22个名次。2000年，汨罗市实行“东进战略”，力争在2010年前，计生工作赶超东部地区。2000～2008年，相继被评为全国计划生育工作“三为主”先进县（市）、全国计划生育优质服务先进市、湖南省计划生育工作模范县（市）、优质服务先进单位模范县（市）称号，有5个乡（镇）和18个行政村获“岳阳市模范乡（镇）”和“模范村”称号。市计生局李志云、刘松柏、杨咏良、彭罗生、周志平、李光风、杨晓英、任落星、周艳等10人先后获国家人口计生委奖励。

第一节　机构·队伍·设施

一、机构

1984年1月，汨罗县计生办更名为汨罗县计生委，同时设立党组。1988年1月，更名为汨罗市计生委。1996年6月，汨罗市计生委更名为汨罗市计生局。2006年6月，更名为汨罗市人口和计划生育局。2008年，内设股室12个，下辖二级机构2个。此外，各乡镇场设计划生育办公室35个、计划生育服务所29个；市直机关、企事业单位设计划生育办公室82个。

二、队伍

市（县）计生队伍　1978年，汨罗县计生办仅有工作人员3人，1980年，增至7人；1990年，增至30

人;2000 年,增至 76 人;2006 年年底,增至 92 人;2008 年,为 79 人。

乡级计生队伍 2008 年,乡镇场、市直机关、企事业单位计划生育工作人员 950 人,其中乡镇场专干 35 人,市直机关、企事业单位专干 82 人;乡镇场计划生育常年专业骨干 290 人,计划生育技术骨干 132 人;计生协会班子骨干 441 人。

村级计生队伍 2008 年,村(居)委会及社区单位服务室 406 个,配备计划生育专干 406 人,均享受村干部固定工资(占村党支部书记工资的 80%)待遇。2008 年,全市 6032 个村(居)民小组均配备计划生育信息员(由育龄妇女担任),并落实报酬(误工补贴)。

三、基础设施

(一)市级基础设施 1986 年,汨罗县财政投入 26 万元,比 1978 年增长 2.25 倍;新建办公楼、计生服务站、综合楼、职工宿舍楼 4 栋,建筑面积 3786 平方米,投资近百万元。1999 年,征地 0.67 公顷,兴建计划生育综合服务大楼;财政投入 311 万元,比 1995 年增加 234.4 万元,增长 3.06 倍。2000～2006 年,共投入资金 2012.5 万元,年均投资 287.5 万元。2008 年,投资 40 万元,全面装修改造计生服务站,按标准建立病人医生双向安全通道。是年,人口计生部门共有固定资产 951.2669 万元,其中办公楼、服务大楼 3 栋,面积 6040 平方米,价值 657.4 万元;各类医疗器械设备 53.1026 万元;车辆 4 台,价值 68.1643 万元。

(二)乡镇村基础设施 1988 年,29 个乡镇兴建乡级计划生育服务所 29 个,面积 8700 平方米,加上添置常用医疗器械设备,总共投入金额 400 万元。1989 年后,乡级计划生育经费投入年人均 5～8 元,全市乡级投入计生经费年均 384 万元。2008 年,新建 3 个乡镇中心服务所,改造装修 15 个乡镇服务所;新建村服务室 54 个,改造升级 245 个。

第二节 计生宣传教育

20 世纪 70 年代,以宣传贯彻国家晚、稀、少的生育政策和控制人口数量为重点,教育引导广大干部、群众破除封建思想,多子多福、养儿防老等传统观念逐渐淡化。80 年代初,宣传贯彻中共中央的《公开信》和国家《宪法》,教育引导群众自觉遵守计划生育政策,履行公民计划生育的权利和义务;以国情、政策、法律、典型、节育、生殖保健、先进生育文化等为主要内容,利用各种宣传工具,采取多种宣传形式,大造计划生育舆论。1988 年,境内建立 435 所乡村人口与计划生育学校,对所有育龄群众进行"五期"(即青春期、新婚期、孕产期、哺乳期、更年期)教育,对已婚育龄群众进行"三前"(即新婚前、发生育证前、孕前)培训。20 世纪 90 年代,市委党校各类培训班和全市初、高中均开设人口与计划生育课。1998 年 5 月,汨罗电视台开办《国策园地》专题节目。《汨罗报》开办《人口与计划生育》专栏。1999 年,市委宣传部、市计生局、团市委、市妇联组织开展婚育新风进万家活动。2000～2001 年,评选、表彰奖励少生快富奔小康标兵户、文明幸福家庭模范户各 500 户。2000～2008 年,汨罗市相继被评为全国、全省、岳阳市婚育新风进万家活动先进单位和知识竞赛先进单位,三江镇被评为全国婚育新风进万家活动先进单位。

第三节　计生执法

1982年始，采取经济手段，对国家、集体干部征收超生子女费。1984年，推行二孩生育审批制度，杜绝多孩生育，并普遍征收超生子女费；严肃查处违反计划生育的共产党员、共青团员、国家和集体干部职工（含合同工）；对残害妇女、儿童、老人和破坏计划生育工作的犯罪分子，由司法部门依法惩处。1990年，严格二孩生育审批程序，加大计划外生育费征收力度。2001年，《中华人民共和国人口与计划生育法》颁布实施。按国家计生委“七个不准”的要求，全面开展法制教育，提高执法队伍素质和执法工作水平，计划生育“龙卷风”的“左”的行为得到遏制。

1978～2006年，计划外生育44531人，共查处各类违法人员10人，其中受到经济处罚的6人，处罚金额5万元；申请法院强制执行案件253起、253人，司法拘留52人。社会抚养征收到位率、流动人口管理到位率和全国流动人口信息交换平台信息反馈率、信访办结率，均达到或超过上级目标管理考核指标。

2006～2008年，开展惩治“两非”（“两非”指的是非医学需要的胎儿性别鉴定和非医学需要的人工终止妊娠行为）专项行动。查处“两非”案件14起，查处涉案单位11个、涉案人员18人，受到行政处罚的14人，受到经济处罚的13人，取消人大代表、政协委员候选人资格的29人，落实各种节育手术8426例。对流动人口实行计划生育合同管理，实行定期孕情、环情跟踪监测，建立计划生育信息交换平台，开展整治“两非”行动，形成“单位负责、属地管理、居民自治、社区服务”的管理格局；加强流动人口管理（设乡镇流动人口管理站，简称流管站），建立进出凭卡、互通信息、协作保证、联户担保的责任网络，做到放得开，管得住，收得拢，公开透明，人人平等。

2003年，汨罗市被评为全国人口和计划生育法制建设先进集体。2004年8月11日，汨罗流动人口管理站被岳阳市推荐为唯一出席全省流动人口计划生育信息平台经验交流座谈会的单位，并在会上介绍经验。2005年，流动人口管理工作综合考评获岳阳市第一名。2005～2006年，岳阳市法制建设现场会，惩治“两非”工作现场会在汨罗市召开，其经验被推广。汨罗市人口计生局工作人员撰写的《出生婴儿性别比偏高的原因、对策及思考》一文被选入《湖南省妇女儿童工作优秀调查报告选编》一书，并获岳阳市人口新闻二等奖；《重拳出击惩治“两非”，构造和谐汨罗》一文被选入《中国人口和计划生育改革创新》一书。

第四节　计生服务

1978～2008年，逐步健全市、乡、村三级技术服务机构，形成以市站为龙头、乡所为纽带、村室为依托的计划生育技术服务网络。

一、避孕节育手术与药具

1978年前，女性开始使用避孕环、避孕药物。1978年后，女性避孕大多以金属环为主，避孕药具为辅。1984年后，计生服务站引进和推广“输卵（精）管银夹术”“复通术”“优生遗传检测术”等11个科技项目。计划生育服务站、所负责节育技术指导和服务，乡村药具员负责送药上门，跟踪随访。

二、育龄妇女"三查"

1990年后，服务站为育龄妇女"三查"（即查环、查孕、查病治病）77.08万人次。2004年，开展妇科病普查普治，普查11301人，查出患有多种妇科病4612人，患病率占普查人数的40.8％。

2005～2006年，接受"三查"12.5568万人次，患病人数为12753人，患病率10.16％；接受治疗10250人，占患病人数的80.37％；治愈8713人，治愈率85％。2008年，与修正药业、恒生药业联手，以计划生育流动服务车为平台，进村入户，普查普治男女疾病，妇女普查率在50％以上，男性青年普查率在20％以上。全年环查服务率98％，孕查服务率99％，术后随访率100％，药具随访服务率95％，综合避孕率93％。

三、"三优"（即优生、优育、优教）服务

21世纪初，利用大众媒体、各级人口学校、街道社区宣传网络、人口网站普及优生优育知识；卫生、计生部门提供遗传和优生优育知识咨询解答，介绍最佳生育年龄知识；民政、计生部门在发放《结婚证》、《生育证》时，向新婚夫妇告知出生缺陷干预工程有关规定；妇联等部门在家庭中宣传男女平等、关爱女孩的新观念，积极提供维权服务；教育部门推行素质教育，提高少年儿童文化素质；通过努力，全市缺陷儿出生控制在5‰以下，幼儿入园和少儿入学率均达100％。

专记　计划生育协会

一、组织机构

1987年8月31日，汨罗县第一届计生协会代表大会召开，选举计生协会首届理事会成员40人，常务理事会成员23人，会长1人，常务副会长1人，副会长3人，秘书长，副秘书长各1人，聘请名誉会长1人。1990年6月13日，汨罗市第二届计生协会代表大会召开，产生理事会成员84人，常务理事会成员30人，会长、常务副会长各1人，副会长5人，秘书长、副秘书长各1人。1995年4月27日，第三届计生协会代表大会选举理事会成员83人，常务理事会成员26人，会长及常务副会长各1人，副会长5人，秘书长及副秘书长各1人。计生协会按照协会组织建设标准，对部分挂牌协会、名册会员的协会组织进行整顿，先后调整39名乡级常务副会长、19名秘书长、145名村会长，新建8个民营企业协会组织。2004年6月30日，召开第四届会员代表大会，选举产生理事会成员49人，常务理事会成员19人，会长和常务副会长各1人、副会长5人，秘书长1人。是年，市委、市政府对市、乡、村三级计生协会编制等政策性问题作出规定：市计生协定为正科级全额拨款事业单位，定编4名；常务副会长享受正科级待遇，秘书长享受副科级待遇；乡镇计生协会设常设机构，列编1～2名；村计生协会正副会长，秘书长落实村干部待遇；市、乡计生协会经费列入同级财政预算，村计生协会经费从附加费中解决。2008年，全市共有协会组织464个，其中市级1个，乡镇场35个，市直机关和企事业单位82个，村（居）级331个，社区7个，民营企业8个，会员小组6110个，会员6.4万人。

二、协会工作

(一)生殖保健宣传

计生协会组织开展大型生殖保健和性知识宣传活动,印发宣传资料,会同妇幼保健院、中医院、计生服务站医师下乡村义诊,为育龄妇女查病治病,广泛宣传人口和计生科普知识。2004～2008年,结合"五二九""七一一""十二·一"等重大纪念日活动,开展预防艾滋病宣传教育,培训骨干5000人,受教育者达30万人次。据对城关、新市两镇6.4万人调查统计,群众对预防艾滋病的知晓率达90%。计生协与公安、卫生、疾控中心联合组织对城区21个酒店、宾馆、娱乐场所从业的高危人群进行艾滋病、淋病检测达300人,免费发放避孕套1.8万个,发放宣传资料8000份,对227名记录在案的吸毒者进行艾滋病检测。2005年,汨罗市预防艾滋病的经验,在辽宁省鞍山市举行的全国艾滋病宣传教育经验交流会上作书面发言。

(二)计生保险

1988年,根据湖南省计生协、省人保公司《关于代办〈少年儿童两金保险〉和〈计划生育养老年金保险〉的联合通知》,开始计划生育保险工作。1992年5月,汨罗市政府发出《关于开展计划生育系列保险的通知》,境内计划生育保险工作全面展开,计生协会工作逐步向为育龄群众服务的利益导向机制转变。

1988年后,全市参加计生投保45090人,其中独生子女保险1.2万人,纯女户(两女结扎)保险1.8万人,节育手术保险1.2万人,育龄人员意外伤害保险3000人,计生执法人员意外伤害保险90人。育龄群众意外伤残、死亡均获得理赔。

(三)"三生"(生产、生活、生育)服务

各级协会组织动员会员联户,开展扶贫帮困、扶贫助学、献爱心送温暖等活动,帮助育龄群众解决生产、生活、生育中的实际困难。2003～2005年,共筹集资金60余万元,扶持发展三结合项目810个,乡镇场3000多名会员扶贫帮困2900户,有1900户摆脱贫困、460户脱贫致富。计生协会资金10万元,扶助计生困难家庭302户。2005年8月25日,启动扶贫助学、关爱女孩行动,成立助学基金会,是年,扶贫助学对象12人,其中纯女户10人。至2008年年底,共扶贫助学120人。

(四)"两为两争"活动

2001年8月,计生协会组织开展"两为两争"(即我为国策做贡献、我为协会添光彩、争创先进协会、争当优秀会员)活动,共评选优秀会员1573人。1987～2007年,先后获上级计生协会表彰的先进单位10个次,其中弼时镇计生协会、沙溪镇青联村计生协会获中国计生协表彰;省计生协表彰的单位7个次,岳阳市计生协表彰的单位3个次。先后获上级计生协表彰的先进个人5人,其中获中国计生协表彰的1人,省计生协表彰的3人,岳阳计生协表彰的1人。

(五)计划生育村(居)民自治

2001年始,全市村(居)委会均制定《村(居)民自治章程》《计划生育村规民约》。2006年,393个村(居)委会中,有314个开展计划生育村民自治工作,占79.9%。至2008年,有40%以上节育对象的手术在会员帮助下落实,60%以上违反计生对象的信息由会员反馈;有85%以上的村(居)实现计划生育村为主,87个村计划生育工作由二类村升为一类村,22个计划生育工作三类村升为二类村。

第二十六篇　社会生活

第一章　居民生活

第一节　居民收入

一、农村居民收入

1978年中共十一届三中全会后,农民收入逐年增加。1980年,农民人均纯收入83.1元,1990年增至784.31元,10年增长8.44倍;2000年农民人均纯收入达2477.63元,比1990年增加1693.33元,10年增长2.16倍。2008年农民人均纯收入5134.41元,较上年增加857元,增长20.03%。

(一)工资性收入

2008年,人均工资性纯收入1398.15元,较上年增加64.71元,增长4.85%,其中非企业组织劳动收入70.98元,比上年下降42.27%;本乡地域内劳动收入303.92元,下降1.16%;外出从业收入1023.26元,增长13.44%。外出从业人员外出时间比上年增长0.17%,日均工资70元,比上年增长40%。

(二)家庭经营收入

2008年,农民人均家庭经营性收入3298.41元,比上年增加714元,增长27.63%。其中第一产业、非农产业分别增加604.61元、109.39元,分别增长39.91%、10.23%。

(三)家庭牧业收入

2007年下半年始,生猪价格一路上涨,出栏价每公斤最高达18元,全年生猪出栏单价每公斤14.4元,比上年增加3.7元,增长34.58%;农民人均牧业纯收入1074.38元,比上年增加534.03元,增长98.83%。

(四)转移性收入

2008年,农民人均转移性纯收入255.36元,比上年增加120.48元,增长89.33%;财产性纯收入人均182.49元,比上年减少42.42元,下降18.86%。

汨罗市(县)1980~2008年农村居民人均纯收入情况统计表

表26-1-158　　　　单位:户、人、元

年度	调查户数据	调查户人口	人均纯收入	年度	调查户数据	调查户人口	人均纯收入
1980	全面统计资料	-	83.1	1984	50	254	428.22
1981	全面统计资料	-	97	1985	100	496	405.02
1982	50	260	294.17	1986	100	486	467.32
1983	50	266	340.89	1987	100	482	512.3

续表 26-1-158

年度	调查户数据	调查户人口	人均纯收入	年度	调查户数据	调查户人口	人均纯收入
1988	100	467	609.9	1999	100	374	2296.53
1989	100	464	683.86	2000	100	376	2477.63
1990	100	432	784.31	2001	100	374	2834.76
1991	100	423	796.06	2002	100	378	3064.33
1992	100	412	807.06	2003	100	376	3212.48
1993	100	412	932.4	2004	100	375	3452.05
1994	100	398	1397.29	2005	100	376	3626.97
1995	100	404	1688.25	2006	100	372	3869.9
1996	100	380	2056.3	2007	100	371	4277.63
1997	100	380	2192.98	2008	100	368	5134.41
1998	100	378	2238.04	-	-	-	-

二、城市居民收入

2006 年 11 月，汨罗城市调查队跟踪调查城市居民收入和消费支出。调查显示：城市居民的收入与消费水平均同步发生变化。1995 年，城市居民可支配收入 2710 元，2005 年为 7200 元，10 年增加 4490 元。2006 年，城市居民人均可支配收入 8124 元，比上年增长 12.8%。2007 年，城市居民人均可支配收入 10610 元，比上年增长 30.6%。2008 年，城市居民人均可支配收入 13515 元，比上年增长 27.4%；其中人均工薪收入 9903 元，增长 26.0%；经营净收入 1807 元，增长 45.0%；财产性收入 363.6 元，增长 85.0%；转移性收入 2180 元，增长 17.0%。

汨罗市 1995～2008 年城市居民可支配收入情况统计表

表 26-1-159　　单位：元

年　　度	1995	1996	1997	1998	1999	2000	2001	2002	2003	2004	2005	2006	2007	2008
可支配收入	2710	3400	3871	4317	4632	5054	5327	5906	6519	6816	7200	8124	10610	13515

第二节　居民消费

1978 年后，随着经济条件的改善，城乡居民消费观念、消费方式、消费水平发生深刻变化，吃讲营养、穿讲漂亮（民谚是：三分人才，七分打扮；人靠衣衫马靠鞍）、住讲宽敞、用讲高档，已成为汨罗新时尚。

一、衣着消费

20 世纪 70 年代，以粮为纲，棉花供不应求，纺织工业落后，人们全靠布票（每年人均 6 市尺）过日子。城乡居民穿着简陋，中山装多、国防服多，补丁衣服多。长乐种棉地区多数农户织点土布穿。桃林地区多数妇女穿革新裤子，出工穿反面，走人家则翻过来穿正面。工人上班下班基本穿工作服。干部下乡，有好衣服也不能穿，要带头艰苦朴素，穿旧衣服和有补丁的衣服。否则，就是资产阶级生活作风。

20世纪80年代,工业、农业同步发展,布票作废,化纤纺织品相继问世,家纺土大布逐渐减少,的确良、绵绸开始流行,服装款式、质地、色调大有改变。学缝纫、做服装,成了热门话题。收亲嫁女,缝纫机成为必备品。

20世纪90年代至21世纪,时装世界,千变万化:传统服装(中山装、唐装)与现代服装(西装、休闲装、牛仔、夹克、低领装、露脐装、超短裙、皮衣、羽绒服、太空服等)共存,国产成衣与进口成衣媲美,纯棉织品与纯毛织品和混纺织品同处;补丁衣几乎绝迹;自己买布请人加工服装的亦很少;城乡居民男女老少(包括婴儿服饰、寿服),均买成衣穿。2006年,农调队、城调队百户农民调查显示:农村居民人均衣着消费支出183.33元,比1994年增加131.13元,增长2.5倍;衣着消费比重占当年生活消费的5.61%。城市居民人均衣着消费688元,占当年消费支出的11.85%,占当年人均可支配收入的8.47%。

二、饮食消费

(一)农村居民饮食消费 农村居民习惯日食三餐(个别老人冬季两餐),均以米饭为主、杂粮为辅。20世纪70年代以粮为纲,割"资本主义尾巴",农民靠生产队集体分配粮食吃饭:年人均口粮谷300公斤左右(每50公斤谷约32.5公斤米),"四属户"(即干部、职工、军人、教师)吃当地平均口粮;农村伢子招工招干或考上大学(凭调令),每人每年的口粮谷(150～200公斤谷)按标准从粮食仓库一同转移至新单位;红薯折谷计算,8石(一石为50公斤)或10石红薯抵1石(50公斤)稻谷;芋头、蚕豆、土豆,数量不多,均按人分配。不准农民自己喂猪、喂鸡、养鱼。种菜的自留地亦很少。逢年过节,集体分鱼分肉;好的队,人均分得几斤鱼肉;差的队,人均仅斤把肉、几两鱼。一年四季,农民粮食欠缺,食品单一,营养缺乏。

20世纪80年代后,农村经济活跃,农民不愁没饭吃、没肉吃,而愁"卖粮难""卖猪难"。红薯、玉米成了猪饲料。不少农民也像城里人一样,早餐吃面条、米粉、包子等。逢年过节,红白喜事,农民照样杀猪宰羊打(买)酒,摆盆子,吃土八道和洋八道。据农调队百户农民调查:2006年,农民人均食品支出1435.50元,比1994年增加568.88元,增长65.64%;其中农民人均购买食品支出956.19元,比1994年增加575.52元,增长151%;恩格尔系数由1994年的63.91%降至43.96%,下降19.95个百分点。2008年,农村居民人均生活消费支出4236元,同比增长16.7%;农村居民恩格尔系数为48%。

(二)城市居民饮食消费 城市居民(即非农业人口)比农村居民优越,主要食品基本由国家限量供应。20世纪70年代至80年代,吃粮凭粮证到粮店购买;吃肉凭肉票到肉食水产公司购买;油豆腐、百页(逢年过节)凭豆制品票到蔬菜公司购买;粉丝、竹笋、白糖凭副食品票到食杂公司购买。粮食:成人每月定量大米13.5公斤,儿童每月定量大米7.5公斤左右,工人每月定量大米22.5公斤。干部下乡到农户家里搭伙(吃饭),每人每餐交粮票0.3斤,交人民币0.12元。食用油:1978年前,每人每月200克,1979年增至250克。1992年10月,取消定量粮油平价供应,各种粮油票证停止流通。市场繁荣,物资丰富,餐饮业兴旺,白天晚上(夜市)均有食品供应。城市居民的饮食结构、习惯随之改变。大部分人早餐在餐馆吃。红白喜事大多在酒店开办筵席,少则上十桌,多则六七十桌;每桌费用少则500～600元(含烟酒、红包),多则1000多元;新春良辰吉日,结婚的多,办酒的也多,故年前就要到酒店预订,排队等候;不少人家"团年饭"都在酒店办。调查显示:2006年,城市居民人均食品支出2265.6元,占消费支出的39%,占可支配收入的27.89%;2007年,城市居民人均食品支出2723.9元,占生活消费支出的35.8%,占当年可支配收入的25.67%。2008年,城镇居民人均消费支出8561元,增长1.3%;城镇居民恩格尔系数为 39.9%。

三、居住消费

改革开放前,全国农业学大寨,先治坡,后治窝。受政治气候和经济条件制约,农村居民居住条件普遍较差,一般都是泥砖瓦房,红砖楼房很少,茅屋(一般为偏房)亦常见;结构通常成"∩"形,大多数一连 5 间(或 7 间),中间为堂屋,左右 2 间为卧室,两侧披水房为厨房、厕所、杂屋;一般三代同堂(少数四代),共锅吃饭。儿媳成家分居,除少数另建新屋外,一般将房子分成两份:或以堂屋中线为界,砖砌矮墙隔开;或以某房为界,封门(用砖砌)隔离。

改革开放后,农民收入增加,居住条件改善:茅房变瓦房,平房变楼房,共屋连栋变单门独户。尤其是 2006 年新农村建设开展以后,农村居民对住房建设的要求越来越高,其建筑式样、室内装饰、配套设施(自来水、电视、电话、液化气、沼气、太阳能、浴室、抽水马桶、现代家具)等,基本都按城里宾馆、别墅标准办事。房前屋后,植树绿化,栽花、种草、养鱼。2006 年,农村居住消费支出人均 465.7 元,比 1994 年增加 257.8 元,增长 124%;居住支出占生活消费的 14.3%,比 1994 年下降 1%;人均住房面积达 51 平方米,比 1994 年增加 26.03 平方米;其中钢筋混凝土及砖木住房面积 39.25 平方米,占所有住房面积的 76.96%;楼房面积 39.25 平方米,占住房面积的 76.96%。

20 世纪 70 年代,城关、新市、长乐三镇居民大多数住的是临街老房子,前(门面)后(住房)相连,上(木板楼)下相连,左(邻)右(舍)相连,面积小,光线暗。机关干部职工住单位公房,一字长廊式,二层,最多三层;红砖房,木窗玻璃,水泥地面,每间 15 平方米,无厨房、厕所;双职工,一户一间;单身职工 2～3 人合住一间;半边户(即家属在农村者)仍按单身职工对待,机关不照顾住房;书桌、椅子、床、脸盆架由单位添置,按人、按房分配登记;干部、职工均不交房租;机关公房,严禁建筑超面积(县处级 80 平方米以内,科级 60 平方米内)超高(5 层以下);机关干部职工,不准私建住房。直到 20 世纪 80 年代,仍未解禁。当时,个别领导干部违规建私房,政治上、经济上均受到严厉查处。

20 世纪 90 年代末,停止住房分配,原有公房作价到人;单位不准兴建住房;各种安居工程、住宅小区、花园式商品房迅速开发建成,城市居民的住房条件和环境得到改善。至 2008 年,城区房屋建筑面积 470.46 万平方米,比 1978 年前增加 469 万平方米;其中住宅建筑面积 437.3 万平方米,人均居住面积由 8.06 平方米增至 25.1 平方米。

四、出行消费

1978 年,汨罗县内国道、省道、县道、乡道四道仅 235 公里。公路客运由湘运 75 车队独家承担。逢年过节,客运较忙,便用篷布货车运送旅客。城乡居民出行,多数靠步行,少数骑自行车,或搭便坐手扶拖拉机。80 年代后,交通运输业大发展,公路四通八达,国营客运、民营客运相互竞争,短途、长途与日班、夜班车,相互衔接,各类车辆(公车、私车、摩托车、电动车、自行车)一展风采。逢年过节成了车展,市区街道常常被堵塞。红白喜事,接亲车,送葬车,排成长队,少则七八辆,多则十至二十辆。2006 年,每 100 户农户有摩托车 53 辆,自行车 108 辆,农民人均交通费用(含通信)340.08 元,比 1994 年增加 311.38 元,增长 10 倍多。2006 年、2007 年,城市居民人均交通(含通信)费用分别为 626.9 元和 665.5 元,各占消费支出的 10.8% 和 8.7%。2008 年,城市居民人均交通(含通信)费用 714.3 元,占消费支出的 8.34%。

公务出行:20世纪70年代,机关部门公车甚少,干部下乡或出差,近处靠步行,远处靠坐火车,搭汽车。20世纪80年代,县委办仅有2台旧吉普车;20世纪90年代初,市直机关公用小车仅有宣传部的12号旧上海车。2000年,陈琮英捐赠任弼时纪念馆桑塔纳小轿车一辆。此后,市直机关、事业单位、乡镇场、大型企业竞相添置小轿车,少则一辆,多则数辆。

五、其他消费

随着社会向前发展,居民生活水平提高,在改善衣食住行条件的同时,对医疗、教育、文化、娱乐及其他生活必需品的要求也越来越高,投入也相应增多。全市城乡居民普遍参加医疗保险,不少家庭购买人身、财产保险;全市普及九年义务教育,读高中、上大学,出国留学,已不足为奇;电视、电脑、电冰箱、洗衣机、摩托、轿车,已成家庭必备用品;牙签、棉签、洗发膏、护肤品、餐巾纸、卫生纸、电子钟、计算器、应急灯成了家庭生活助手,不少家庭还有氧气机、按摩椅、麻将机;宠物(犬、金鱼、鸟)、盆景、古玩、字画,成为不少人的业余爱好;手机已走进千家万户。至2008年,全市移动用户(含联通)达21.5万户,平均每万人拥有电话3200部。

汨罗市(县)1982～2008年农村居民人均生活消费支出情况统计表

表26－1－160　　单位:元

年度	人均生活消费支出	年度	人均生活消费支出	年度	人均生活消费支出
1982	258.25	1991	735.76	2000	2484.47
1983	323.66	1992	876.23	2001	2668.39
1984	351.29	1993	908.24	2002	2730.38
1985	382.42	1994	1356.02	2003	2316.94
1986	420.26	1995	1628.67	2004	2714.09
1987	485.78	1996	2149.07	2005	2914.43
1988	531.06	1997	2346.07	2006	3265.14
1989	611.19	1998	2118.72	2007	3624.60
1990	636.78	1999	2202.32	2008	4236

汨罗市(1994年与2006年)百户农村居民家庭主要耐用品对比统计表

表26－1－161　　单位:台、辆、部

品名	1994年	2006年
洗衣机	5	39
电冰箱	1	19
空调机	0.2	3
自行车	122	108
摩托车	2	53
固定电话	0.3	74
移动电话	0.5	53
彩色电视机	7	83

汨罗市2006～2008年城市居民消费支出情况统计表

表26－1－162　　　　单位：元

年度	合计	消费支出				
		食品	衣着	家庭设备用品及服务	教育文化娱乐服务	交通和通信
2006	5804.7	2265.6	688	320.6	921.2	626.9
2007	7608.7	2723.9	867.5	660.7	1265	665.5
2008	8561	3393.7	906.3	710.2	1103.8	714.3

第二章　婚姻家庭

第一节　婚　姻

1981年1月1日，实施《中华人民共和国婚姻法》，禁止"中表婚"（表兄弟和表姐妹结为夫妻的婚姻），将男女法定最低结婚年龄提高两岁，男不早于22周岁，女不早于20周岁。汨罗县（市）人民政府认真贯彻执行《婚姻法》，提倡晚婚，青年男女结婚年龄一般都在法定最低婚龄的基础上推迟2～3年，并实行计划生育。至20世纪80年代末，全市每年婚姻人数约为7000对左右，其中再婚的和未到法定最低婚龄结婚的各占约2%，离婚人数约为同期结婚人数的1.3%左右，结婚登记率为97%，离婚登记率为100%。进入20世纪90年代，离婚率有所上升。1991～1993年，全市结婚2.1809万对，离婚798对，离婚人数占同期结婚人数3.6%。1994～2008年，全市结婚48564对，离婚4182对。

1982年和2000年，全市相继进行第三次人口普查和第五次人口普查，其中未婚人口中，配偶人口、丧偶、离婚情况分别是：

未婚人口　1982年，10.4362万人，占15岁以上人口的28.71%。其中男63704人，女40658人。未婚人口中，40岁以上的3165人。2000年，未婚人口8277人，占15岁及以上人口的16.87%；其中男5408人，女2869人。

配偶人口　1982年，配偶人口22.8125万人，占15岁及以上人口的28.71%；其中男11.2833万人，女11.5292万人。2000年，配偶人口37.452万人，占15岁及以上人口的76.35%；其中男18.510万人，女18.942万人。配偶人口中：初婚配偶36.242万人，男17.993万人，女18.249万人；再婚配偶1210人，男517人，女693人。2008年，配偶人口5349人。

丧偶　1982年，丧偶27778人，占15岁及以上人口的7.40%；其中男11237人，女16541人。2000年，丧偶人口3035人，占15岁及以人口的6.19%。其中男性1108人，女性1927人。

离婚　1982年，离婚3186人，占15岁及以上人口的0.88%。199～1993年，离婚798对、1596人，占同期结婚21809对的3.6%。2000年，离婚人口299人，占15岁及以上人口的0.61%。2005年，在市民政局办理离婚手续的310对，占同期结婚4500对的6.89%。2006年离婚740对，占同期结婚5373对的13.77%，占15岁及以上人口的0.31%。2006～2007年，市法院审结离婚案件771起。2008年，离婚782对。

第二节 家 庭

20世纪80年代后，随着城乡住房条件的改善，过去传统的“四世同堂”“五代同堂”的家庭格局被打破，逐渐转变为以父母和未成年子女组成的两代小家庭占主导地位。农村多数老人由子女固定或轮流供养；城镇能生活自理的老人多数与子女分居，节、假日相聚。1990年，全市37个乡镇场，总人口60.283万人，总户数18.5822万户，户均人口3.24人；其中一代户占8%，两代户占67.14%，三代户占13.05%；一代与其他非亲属户占0.64%，两代与其他非亲属户占1.76%，三代以上其他亲属户占1.81%；单身户占7.6%。2000年，全市30个乡镇场、厂(汨罗纺织印染厂)，总人口62.9309万人，总户数19.0454万户，户均人口3.3人。家庭户规模：1人户占8.42%，2人户占15.94%，3人户占26.52%，4人户占27.76%，5人户占15.34%，6人户占4.51%，7人户占0.98%，8人户占0.36%，9人户占0.12%，10人及以上户占0.06%。家庭户类别：一代户占20.23%，二代户占56.02%，三代户占22.99%，四代户占0.17%。2008年，全市29个乡镇(不含场)年末总人口66.0307万人，总户数20.2639万户，户均人口3.26人。人均住房面积34.2平方米，农村居民人均住房面积51.64平方米。

第三章 民 俗

第一节 农事·匠作·交易习俗

一、农事习俗

汨罗市农民历来讲究精耕细作。旧时种水田多为3犁3耙，依次称犁板田、打中耖、耖插脚；江北部分地区4犁4耙，依次称犁田、整田、倒田、耖田。除春收作物田外，冬至前要犁尽板田，有水浸坯渡冬，无水冻坯。20世纪80年代农机推广后，犁冬田的很少，也不讲究几犁几耙。插田前，临时用耕田机犁转、耙烂、整平就行。珍视种子，注重育秧，有“宁可饿断肠，不能吃种粮”“会作田不如勤换种”“会作田的作一丘”“秧好半截禾”的俗语。20世纪80年代后，良种推广，各家各户很少自留禾种，临时到农技站买回禾种，地膜育秧。

插田的第一天下秧田扯秧一般在凌晨，并放鞭炮，叫“开秧田门”。插田习惯换工、雇工。田主称“东家”，插秧手称“插田师傅”，东家一般以腊肉、盐蛋款待，茶、烟、酒送到田间，俗称“插田酒，路上有。”有每工插田2斗(约1.6亩)的规矩，休息、吃饭由插田人安排，忌喊“吃饭”。“标秧师”下田开插，其他依次下田跟插，后下田的超过前者叫“盖被窝”，败者必让胜者。旧俗倡稀植，称“稀禾结大谷，三蔸打一戽”。集体化后推广矮秆品种，推行密植，插“架子禾”，密度3×6寸，甚至更密；改向后插为向前插。20世纪60年代中期起，密植逐渐合理；20世纪80年代起，逐步废弃“架子禾”，恢复随手禾；20世纪90年代末，插秧改为抛秧，农民不再为面朝黄土、低头弯腰插田所累。

收割称为“扮禾”，长方形木桶称“扮桶”，内装“刷子”，外围“篷折”，视人力，分4人“齐桶”，3人“木马桶”，两人“对子桶”。山区和田少地区农民自带行李到田多的地方打工，邻里间亦换工协作。一般扮3石毛谷为正工1个，每工工资谷1斗；3石以外叫“赶担子”，每担5升。集体化后始有打稻机。90年代始，农业机械推广，除少数高岸田外，大部分系联合收割机代替人力打稻机。

旱土以种茴(红薯)为主，少量的种蚕豆、麦子、棉花等作物。“种茴”用秋田茴，茴苗以剪藤为主。挖茴必选晴天，挖茴和送茴进窖忌吃生茴和零食；旱土边多栽茶叶，田塍边普种大豆。

山地多在春季封山，一般由宗族或村落出禁牌。封山后严禁上山砍树、砍柴、挖笋，禁止抛放牲畜。玉池楠竹产区，实行留优汰劣："小满"前，山主以石灰水在优生竹上打圈并以刀刻字，打了圈刻了字的称“种竹”，严禁砍伐；留种以外的嫩竹在小满前连蔸挖倒，去皮劈成条子，用石灰水浸烂造纸；更新的老种竹加工成篾货贩卖。油茶每隔三年进行一次垦复。注重屋前屋后和空坪隙地植树造林，有“明坟暗屋”“家有一园竹，子孙永富足”“家有一园棕，子孙永不穷”之说。栽竹时要逗小孩哭，取“孟宗哭竹生笋”的典故。屋傍大树称“保屋树”，村前大树称“关山把口树”，严禁砍伐。

牛被誉为“农家宝”，雨天出耕必披蓑衣，“谷雨”日不使役，耕作时喂甜酒、鸡蛋、糟谷等食料。禁止宰杀力牛和母牛，“杀牛剐马”者，受社会歧视。牛肉不敬神、祭祖。农闲时，以屋场或村落定人“看大盘牛”，报酬按牛分摊，看牛人吹的竹筒叫“啊咯筒”，养牛户听到“啊咯筒”叫，则将牛带上嘴络交看牛人赶到公共牧山(沿湖区则下湖洲)放牧。20世纪80年代，牛肉进入食品市场。20世纪90年代末，农业机械开始推广，耕牛逐渐被耕田机取代。

猫、狗、鸡被誉为住家“三宝”。农家养猫捕鼠，养狗看家，养公鸡报晓。迷信公鸡和狗及它们的血能避邪鬼。有“三年不喂猫，花了马价钱”之说。祭祀多用公鸡。狗肉不上桌当菜，猫死后袋装挂杨柳树上。20世纪80年代，狗肉进入食品市场。

除独居老人外，基本户户养猪，猪肉为主荤菜，母猪一般选在农历四月和十月配种，因二月、八月适宜小猪生长。江南大部分以石板或三合土做猪栏地面，筑池蓄粪；江北则习惯以稻草、杂草垫栏，沤制肥料。20世纪50年代末，始有集体猪场；20世纪80年代，推行科学饲养方法，出现养猪专业户。

水塘养鱼一般为公塘公养，私塘私养；鱼苗由湘阴等地的鱼苗贩子供应，有现钱交易的，也有上半年放苗，下半年收谷的。坝、堰野鱼可以捕、钓，禁止捕、钓放养的家鱼。汨罗江、洞庭湖沿岸部分农民有渔船，使用攀罾、撒网、挂钩等渔具，农闲捕鱼；春汛时到大河捞苗。1957年始有“渔场”，并能孵化鱼苗。

立冬到立春期间，有的农户以炸弹(黑色炸药做成圆球上覆猪油)、竹制弓、笼子等捕捉獾、狸、黄鼠狼等，兽肉自食，兽皮出卖。晚上带猎狗捕野兽的称“咬夜”。山区个别农户养猎狗、备猎铳，主要是赶打野猪、豪猪等大野兽，保护作物。

二、匠作习俗

手工业、服务业的匠师，要学徒3年。徒家办进师酒，徒弟向行业祖师和师傅叩头拜师并签署“投师字”，方算确立师徒关系。学徒期间，收入归师傅，并向师傅辞年拜节，师傅则以做衣服、拿压岁钱相报。有些行业或因徒弟的特殊情况而由师傅给一定报酬，也必须写入“师徒合同”。学徒期满跟师傅做艺叫“参师”，工资低于师傅。雇请匠师的主家称“东家”，匠人称“师傅”，吃饭时要让“师傅”坐首席。吃饭忌敲碗筷，做艺时忌赤膊、赤脚，忌说不吉利的话。工资一般在五、八、腊月结算。理发师吃轮饭，工资按人头、发式，大多以稻谷计算。屠夫忌杀未阉的母猪和公猪。称医师为“郎中先生”，郎中忌下打胎药、迷魂药,忌为病人送终。砌新屋、做嫁妆、剃"新郎"头、杀年猪等红喜事请匠师,东家一般要向匠工赠"包封"。手工业合作化后,部分旧俗被革除。

三、交易习俗

1956年前,新市、长乐、河夹塘、李家塅等集镇、墟场,有私营的南货、绸布、百货、粮食、棉纱、文具、油脂等店铺。店铺在门首悬挂或书写"×××南货号""×××粮食行"之类的招牌。各行业有行会(后为商会和同业工会),尚无跨行业经营商品。价格在行业之间基本统一,同行业不开对面铺子。行业内部有规矩和暗语。还有称秤作"宝平"、称算盘作"财盘"一类的市场术语。店铺的商品除经营地方土特产品外,一般从长沙、汉口、上海等地的对口行、栈进货。商人大都尊敬财神,店铺一般供奉"赵公元帅"。店铺的主人称"老板""少老板""老板娘";店员称为"店管先生",而"管账先生"的地位和薪金高于一般"店管先生"。每月的初一、十五,老板要给店员加菜,名曰"打牙祭"。店员要学徒3年,拜师习俗、师徒关系与匠人略同,学徒期间,要学习珠算、记账和商品的鉴别、摆设、保管、交易等业务知识以及接待顾客、人际交往的规矩和礼貌,并做一些如开关铺门、打茶送水、为老板的生活服务等杂活。集镇摊贩大多经营"小、少、急、难"的小商品,如生姜、豆子、芝麻、土布、迷信品之类,摆设在街道两侧和空隙地段,白天出摊,晚边收摊。农民也有将自产和加工的柴、炭、猪、竹、木、小农具、小家具挑到集市贩卖的,一般为现金交易。

农村有经营油盐杂货、豆腐屠坊的大铺子和只经营油盐杂货的"六成铺子",并开设豆腐作坊、屠坊、糟坊、染坊、油榨坊等,无经营绸布的坐商;铺子一般到就近的集镇进货;铺面外大部分贴有"公平交易""童叟无欺""求现不赊"等红纸标语。大铺子允许记账,贫苦农民一般是上半年记账,下半年还谷。部分大铺子有以"字号"书写或印发市票到社会上当现金流通。还有走村串户的货郎担;以木板卷布背在肩上的"布把子";挑装有玻璃"宝笼"、手摇小鼓的"京货担子";挑花眼篾篮以碗盏、水絮等换废旧物品的"荒货担子";手提花样别致篮子贩卖针线首饰的"首饰篮子";姜盐担子、米贩子、柴贩子、篾货贩子等。除"荒货担子"以实物交易外,均为现金交易。

五月、八月、腊月为结账期。端阳、中秋和旧历年前,债权人带上账簿上门收账。无钱还账户,常据欠条承担利息;大年三十,有搬走债务人家具、生活用品和赶走牲畜的;正月初一至十五和每月的初一、十五忌收账。

20世纪50年代初,实行社会主义改造,商业只有国营和集体两种形式。旧时不适应商业发展的习俗被革除,进货渠道改变,价格统一。除私人的小土产品外,一律按照国家规定的收购、销售价格交易。

20世纪80年代后,商品经济大发展,私营商业遍及城乡,店铺恢复字号招牌。经商不分地域,可以跨行经营,外地经商户和商品入境增多。除国家控制的关系国计民生的商品外,价格随行就市,买卖双方可以讨价还价。

第二节　人际交往习俗

一、称呼

汨罗市内人际交往中注重称呼,尊卑有序,长幼有别。凡有瓜葛的远亲,一般按近亲称呼。只宜用于被称呼人不在场的如“堂客”“阿婆子”“丈人公”“姨妹子”等习惯称谓，均忌当面直呼。对年尊派长者，不得直呼其名。对同辈和晚辈如何直呼姓名，不同地区有别。城关及江北大部分地区，以只呼名不带姓表示亲切；白水、弼时等地，只可对晚辈不带姓呼名，多在姓或名前加“老”字称呼，如“老王”“老三”“老建”等；50年代后，多在名后加“同志”称呼。子女在场，多按子女辈尊称对方。陌生人初次见面，分年龄、性别、职业称“老人家”“大哥”“老兄”“大嫂”“大姐”“先生”“同志”“小朋友”等；生意场中多称“老板”；劳动场所多称“师傅”。部分地区对女性忌称“姑娘”。未婚女性忌称“大姐”“嫂子”。“妹则”“伢则”“堂客们”“丫头”“后生子”“老头子”均属于不礼貌的称呼。“宝崽”“二百五”“哈吧崽”“家伙”等为辱骂对方的语言。

二、交往

家庭中尊敬长辈。为食弱和牙少的老人做豆腐、蛋汤、豆酱、蒸肉等菜，俗称老人“私房菜”；寒冬儿孙(女)辈为老人温暖被褥的，俗称“暖脚”。招待客人、匠师，有不让妇女、小孩同桌的，今大都不存此俗。

亲友见面，互相问候，如问“贵体好”“老人家健旺”“细伢子乖”等，则答“承挂心”“算健”“托福”等；如逢喜事，则拱手祝贺，今多握手、问好。登别人家门，即为客人，有“出门三步为客”之谓。进门行客先要招呼坐客，主人先让坐，前客让后客，待之以茶、烟，稀客待以酒食。客人忌跷“二郎腿”，忌坐门槛，忌单人入卧室，忌坐床铺。应邀赴宴必守时，称开席后的来客为“跌得饭甑背后”，有“做官莫向前，做客莫落后”之说。忌不谦让坐首位。婚筵由“都管”领新郎、新妇敬酒安席，丧筵由“都管”领孝子叩头安席后才动杯筷。席间饮酒忌过量，“借酒发疯”的人受鄙视。

出门同行先宾后主，先长后幼。窄路相逢少让老、大让小、男让女、健康人让病残人、空手让负重人、单人让多人。遇病残、老人过桥、渡、缺口及险道，主动相扶。每逢端阳、中秋、春节，晚辈要向岳父母、外祖父母等主要亲戚送礼“辞年、拜节”；亲戚朋友之间，有不定期馈送；婚丧喜庆，送礼、帮工；患病，送食品探望，礼物则视往来关系而定。俗谓“亲家杀鸭，礼来礼答”。

左邻右舍和睦相处，在钱、米、油、盐、用具等方面常济困通融。自觉信守“有借有还，再借不难”的原则，有远亲不如近邻之说，但初一、十五和传统节日仍忌向别家借火、借钱、借物。邻里有时口角纠纷互不答话则寻找机会或趁一方有红白喜事主动上门道贺、问候、帮忙，对方热情接待而消除隔阂，和好如初。

三、公益

旧时，地方民众为无依无靠的孤苦瘫痪人捐资建木屋，依屋场顺序轮送居住，各户轮流供饭，俗称“送瘫子”；为无依靠的贫苦孤老和遭受天灾人祸无法生活的人制一簿册，写明情况，募捐钱物，俗称“写缘薄”。20世纪50年代后，无依无靠的孤寡、残疾人由集体或民政部门供养；为灾区或公益事业捐资捐物渐成风气，一般由政府或社会团体发起，个人自动解囊，数额不限。

对危害社会治安的某些行为，地方上有“土禁”。“土禁”有的刻在石碑上，有的临时出“禁牌”，如禁止在某些设施附近挖土、淘沙，禁止演唱“淫戏”，封山后禁止砍伐林木，播种至收割期间禁止鸡鸭下田，禁止抛放牲畜等；部分地区大年初一至初五不禁“牌、赌”，部分地区则永禁赌博。违反“土禁”的，一般以处罚或敲锣“游团”，受过“土禁”处罚的人受鄙视，正派的人不愿与之交往。20世纪50年代起，此俗为国家的法律、法规和“乡规民约”“村规民约”所替代。旧时，民间有捐资成立的各种“公”或“会”，如积谷公、育婴会、土地会等,“公”(会)一般都有田、土产业或实物积蓄,其租(息)用于祭祀和公益事业。土改中,“公”(会)产业分配到户,其借贷内容,由“互助储金会”和各种形式的公共积累所取代。

第三节　婚丧喜庆习俗

一、婚娶

旧时婚娶,一般须经过议婚、订婚、结婚三阶段。男家“发八字”,女家“合八字”后“回八字”。男家如不同意,须将女“八字”退还,有“男八字满天飞,女八字一家归”的规矩;同意,则托媒人说合订婚。订婚称“包庚”。

结婚称“收亲”。男家择日,女家鉴日。定妥后,男家以红纸“礼书”并备酒食糖果向女家“报日”。“新娘”的礼服、罩衣由男家制备;“新郎”的鞋、袜、帽子及卧室内除床铺以外的木器、铺盖及女子常用的水桶、浴盆、梳妆摆设甚至吊壶、火钳等炊具均由女家置备。贫困户多简,但男家必须为新娘制两套以上衣服,女家也必备“装郎”鞋袜和提桶、浴盆、衣箱、蚊帐。男家在婚前将新娘衣服、衣料及商定的礼金连同熟豆子(一般为1斗)及糖果送到女家叫“过礼”;女家将豆子、糖果分送亲友叫“送茶”;亲友向新娘赠送钱物叫“添箱”;女家将装郎鞋、帽及嫁妆送到男家叫“铺房”。“迎亲”的前一天,男家备轿子送猪头、糖酒及“媒人钱”到媒人家“取媒”,媒人有的因礼品不周而借故作梗,俗谓“媒人肚痛”。出现此种情况,一般由男家长辈出面许以“谢媒”解决。当晚,男家办酒席“陪媒”,同时给女家送“离娘席”。女家送新娘的亲属称“高亲”或“上亲”。母亲为女“高亲”,无母的由伯、婶母代;兄弟为男“高亲”,亦称“舅爷”,无兄弟的由堂兄弟代。迎亲有彩轿两乘,红的名“喜轿”接新娘,绿的名“官轿”接女“高亲”,男“高亲”和媒人坐2乘便轿。吹鼓手家一般备出租彩轿,请吹鼓手必同时租轿子。迎亲一般在上午,男家还要向女家送鲤鱼1对、猪肉10斤“伴轿”。媒人先一步到女家“发亲”。迎新队伍到女家时,女家帮忙师傅和小孩闭门索取“开门包封”后始开门。新娘以红帕蒙面上轿,轿门上锁。途中,抬轿的将轿子两边摆动,使新娘在轿内颠簸,俗称“打轿”。送亲队伍到男家,先由男家长辈摆酒接“官轿”,喜轿停在大门口行“迎喜神”礼,礼后托轿至“洞房”门口,由新郎开锁。洞房内燃龙凤喜烛,新娘出轿后与新郎并坐吃由红枣、花生、桂子、红糖调制的“交杯茶”,俗称吃“好顺茶”,兆“早生贵子”。俗称“庙见礼”为“拜堂”,挑选有男有女、夫妻之间也无离异死亡等缺陷的中年男女各1人引新郎、新娘,按“礼生”口令拜天地、祖宗、长辈和对拜,长辈受拜要回赠“见面包封”。当日午宴,男女高亲均坐首席1位。男“高亲”一般宴后即返,男家摆“起马杯”相送。当晚“闹洞房”,有“三天不分大小”之说,新婚夫妇抬茶轮番敬茶,贺客以诙谐吉利之语“赞茶”。满3日,新娘下厨房试作烹饪,中午宴请女家父亲、伯、叔等“男高亲”。女“高亲”有住3～5天乃至10余天的,男家近亲要设宴接陪。满月,新郎、新妇回女家吃“满月回门饭”,(也有三天后随女“高亲”一道“回门”的)。次年正月初二,初婚男女到女家拜年,女家亲友设宴招待“新客”。女方头1年一般在娘家住一半左右日子,俗谓“住头年”。旧时婚礼中的繁文缛节,只在部分富裕之家盛行,大部分劳动家庭特别是贫困户,则去繁就简。

20世纪40年代起,婚礼有所改革,自由恋爱增多。逐步废跪拜,兴鞠躬;废迷信,兴文明;废彩轿,兴步行。彩礼、嫁妆和婚礼均趋向简朴,城镇及公职人员中通常只举行结婚仪式,只吃喜糖,不办酒席。80

年代初，婚事兴起攀比风。新房摆设由收音机、缝纫机发展到收录机、电视机、电冰箱等；时兴组合家具，数铺数盖，办筵席，讲排场。同时，部分农村出现"红白喜事"理事会，协力婚礼；城镇机关提倡"集体婚礼"和"旅游结婚"；有的青年联名向社会发出以婚事新办、不要嫁妆、不收彩礼、不搞铺张为内容的倡议。陈规陋习和铺张浪费有所遏制。21 世纪始，婚俗土洋并存，用"土车子"接亲，大部分用彩车迎新；婚筵上，家娘、家爷多被涂成黑脸，强迫表演背烧火棍、拿蒲扇等搞笑动作。

二、生育

旧时称怀孕为"驼肚"。生头胎的一般要请迷信职业者在孕妇房中"关符立禁"辟邪。孕妇禁忌颇多，如不能抱别人的小孩，不能入正在操办筵席的厨房，不能坐别人家的床铺，不能观看酿酒、打豆腐等。临盆时，请接生婆接生，逢难产则求神拜佛、驱邪赶鬼或野蛮助产，故婴儿死于"脐风"（破伤风）、孕妇死于难产的颇多。贫困户和多子女户还有弃婴的。婴儿出生，要备"（男）茶（女）酒"，并鸣放鞭炮到婴儿的外婆家"报喜"，外婆家从送来的礼品中识别婴儿性别，发还蛋、糖、鸡等礼物。邻里好友放鞭炮登门道贺，主家以茶酒面食相待。第三天，备紫苏、檀香等煎水为婴儿洗澡叫"洗三朝"。一般在 3 天或 3 天后办"三朝酒"，外婆家要送红蛋、红糖、小孩衣服饰品和摇篮坐篮等礼品；邻里亲友亦送礼赴宴，部分地方还有"送号"（用红纸书写为婴儿取的名字）的习惯；主家向宾客分送红蛋，有的还要举行祀祖仪式。婴儿出生后第一个不知情的外来人叫"逢生"，因性别年龄而异称"逢生干爷""逢生干娘"等。主家首先以"现茶"相敬，并备鞋子、酒糖等礼品请吃"三朝酒"，对方也必须送给婴儿钱物，有的来往密切，认做亲戚行走。产妇分娩后 1 月内称"月婆子"，"坐月"期间一般不随便出户，更忌入别户，误跨别家门槛的要披红道歉。满月，一般由娘家接吃"出月饭"。满 1 岁，外婆家送给小孩生活用品和玩具，亲朋好友送礼，主家设宴为小孩做"周岁"；在祭祀祖宗时以盘子盛文具、算盘、脂粉等由小孩随意抓取，以"预测"未来志向叫"抓周"。满周岁后，外婆家接小孩母子"回窝"，并备茶点邀村邻吃"回窝茶"。此后每逢生日，一般都给小孩吃鸡蛋；亲友送鸡蛋、面条之类，主家一般以姜盐豆子芝麻茶相待，叫"吃生日茶"。成年后，有的在生日吃素 1～3 天，以示不忘母恩；有的备食礼敬母亲；也有的办"生日饭"，宴请亲友。

20 世纪 50 年代后，大部分旧俗逐步被革除，国家提供并推行计划生育。妇幼保健逐步制度化、法律化。妇女生育年龄推迟：分娩前一般都进行产前检查；分娩时一般都由接生员或住进医院实行"新法接生"；分娩后定期为婴儿接种疫苗、打防疫针；逐步废除生育中的迷信禁忌。20 世纪 80 年代后，办"三朝""周岁""生日"筵席的增多，"生日宴"上部分时兴分蛋糕、吹蜡烛。由于 1 对夫妇一般只生育 1 个孩子，小孩的服饰玩具趋向高档。

三、丧葬

旧时丧葬，因贫富而简繁。病人弥留之际，亲属守护"送终"。死后，焚"倒头钱"9 斤 4 两（故旧时衡物忌 9 斤 4 两）和纸扎的轿子、轿夫及床铺草 1 束。上七下八抹尸，更寿衣、寿靴，男尸手执手帕、折扇，女尸手执手帕、梳子，口含米粒、茶叶，以巾覆面坐睡椅上，称"小敛"。部分地方则在堂屋东则或房内置竹床或铺沙，垫上"兜尸被"，头枕三角形灰包仰卧，盖寿被（有"生不盖头，死不盖脚"之说），立"灵位"于前，燃香烛和植物油灯，陈茶饭果品。寿被、寿靴由女儿（无女的一般由侄女）配制。孝子叩头"报丧"，村邻亲友登门"问老"。死亡逢"重丧"日，有的请迷信职业者"寄重丧"，有的密不宣告，待次日凌晨再宣告死亡。一般在1～2日后“大敛”,迎尸入棺,棺多用杉木,忌用松木,取杉树发蔸、松树不发蔸之意。棺内以陈石灰或炭渣铺底,熟石膏覆盖,亲人视容后封棺,停堂屋中,前设灵位,朝夕祭奠。择期请僧道或儒生“告祖”“成服”“开吊”。孝子穿白色孝服、头戴篾扎孝帽,耳侧吊棉球,肩披麻布,腰系草绳,手持孝杖,脚履草鞋;五服之内近亲均换素服;先到本境土地庙“发关”“召亡”,入夜“打灯”,绕棺唱“挽歌”,对唱“夜歌”,举行“家奠”“客奠”,通宵“闹丧”。“超度”亡人,有对丧超度和葬后择期超度两种,对丧超度的停柩中堂,即请道士做“道场”或和尚做“佛事”,少为1日,多至7日,一般2～3日,其规模因贫富而异,殷实之家,也有儒道或儒佛同时进行的。吊客挽联、祭幛、冥钱等物。安葬墓地,一般由地生“看风水”选址、定向。大部分地方掘坑深葬,有的以青砖砌坑,有的筑掺有石灰和沙的“三合土”。沿江沿湖部分地方习惯“堆棺葬”,先用青砖砌成棺形,外层复土,葬时推棺入内,再行封土。出殡、安葬忌“重丧”日。棺称“灵柩”,抬灵柩的通常用8人,称“八大金刚”,也有用16人或32人的。抬灵柩的杠子叫“龙杠”,祭龙杠称“祭舆”。绑扎灵柩时,孝家跪伏灵旁,由僧道或儒生撒米“赞棺”。送葬队伍由散发纸钱者(俗称“买路钱”)引导,富者灵柩上罩彩亭,并以白布“拖丧”。入土叫“下市”,由“地生”定时刻。3日内,每夜送以稻草结成的火把于坟侧,叫“送烟包”,烟包长短按死者年龄而定,逢七(即入葬后七日为一七,十四日为二七,类推)“烧烟包”,七七而止。孝子一般设灵守服1年,届时由礼生或僧道“除灵脱服”。

20世纪50年代始,丧葬不断改革,革除延请僧道念经超度等迷信内容,时兴开追悼会,葬礼从简,只有少数户仍“择期”、“相地”。

20世纪80年代后,部分地方又兴旧俗,但多以黑袖章、白花代替孝服,公职人员逝世仍只开追悼会,治丧从简,农村或城镇居民中却有“开吊”“做道场”的。政府提倡火葬,已在国家公职人员中普遍实行。

四、其他

老人年登花甲(60岁),按“男进女满”之俗“做寿”,邻里亲友送寿联、寿匾、寿面、寿酒等礼品祝贺。称寿诞老人为“寿仙”(“寿星”)。近亲于头天登门送礼,主家设宴款待,席间必食面条,俗称吃“长寿面”。午宴前,堂屋中焚香秉烛,晚辈依次拜“寿仙”。60岁以后的生日一般都“做寿”。70岁、80岁、90岁分别称“古稀”“耋”“耄”老人,祝寿更为隆重。1949年后,不兴“拜寿”,贺寿礼品和筵宴均简朴。80年代倡“敬老”,祝寿的增加。年登70的离退休老人逢十“整生”,有的由所在单位出面祝寿。寿宴上吃“长寿面”的习惯逐步改为吃蛋糕、寿饼。旧时,入学中举、长官晋爵、新宅落成迁居、营业开张等,均兴庆贺。祝贺人一般送对联、匾额、鞭炮、钱物。礼品数量及筵席规模,因家资厚薄、地位高低而异。80年代后,复兴祝贺之风。女子升大学及参军、录干、新屋落成、迁居、营业开张、获重大荣誉、大额中奖等一般都有亲友登门祝贺,农村尤甚。贺礼为现金、匾额、字画及主家适用的物品,有的放电影、唱戏。燃放鞭炮较多,宴席日趋丰盛。

第四节　岁时节日习俗

一、农历节日

春节　俗称过年。过年延续时间最长,节日气氛最浓,活动内容最多,其中包括“小年”(腊月二十四日)、"除夕"(腊月最后一日)、"立春"、"元宵"(正月十五)等。十二月中旬即打扫环境,有"前打(打扬尘)十七,后打二十一,再不打,三十日"和"二十八,扫邋遢"之俗语;同时开始杀年猪(俗谓"解年牲")、舂糍粑、备年货。下旬,亲戚中的晚辈向长辈送礼"辞年",长辈给小孩拿"压岁钱";门前挂檐灯、贴春联;主妇炒豆子、芝麻,酿甜酒;结算经济往来,债权人收账。二十四日"过小年",当晚(一些地方为前晚)家户立"东厨九天司命"神位于灶台供奉,锅内点植物油灯,称"装锅灯";有的请礼生或僧道"谢灶神";鸣炮秉烛给亡亲上坟"送亮"。除夕称"三十夜",家户燃大火,俗谓:"三十夜里火,元宵夜里灯";灶上再"装锅灯",再上坟"送亮",牲畜栏舍燃灯烛。儿童结伴提灯笼沿门"送恭喜",全家围炉谈笑,饮茶酒,吃点心,中青年人通宵达旦,俗称"守岁";老年人临睡前朝内扫地,垃圾不送,夜半关门放鞭炮,叫"封财门"。吃"年饭"的习俗,地区、宗族之间有异。城关、桃林等地区,三十日凌晨吃"年饭",晚上吃"团年饭"。吃年饭必在天明前,先敬天地、祖宗,燃放鞭炮,关门吃,忌外人,其菜肴丰盛,必有萝卜、鲤鱼。忌鸡、鸭、草鱼。也有备鲤、鲶、青、鲫4鱼兆"一年清吉"的,席间的鱼,只摆不吃。煮饭较多,一般初一至初三甚至初五都忌煮饭。长乐、弼时等地,三十日中午吃"年饭"。玉池、高坊等地,一般在三十日中午或晚上吃一餐"团年饭"。席间多空摆碗筷兆添丁,不关门,不忌外人。按宗族传统,有的半夜吃饭不点灯,有的家主带饭菜蹲田塍下吃,还有的初一、初二乃至初五才吃"年饭"。"立春"之日,家户贴"迎春接福,春至福临"红贴于大门或神龛上,有的焚香秉烛,迎春入宅。立春前后,乞者挨户"送财神""打春",主家赏以钱米。正月初一,称"大年初一"或"元旦",亦称"春节"。天刚亮,放鞭炮开门,俗称"开财门";敬天地叫"出天行"。接着向祖宗和长辈拜年,俗有"初一崽,初二郎,初三初四拜地方"之说,也有初三后才出门拜年的;多数用红纸写"元旦发笔,万事如意,老少之言,百无禁忌"之类贴墙上。此日忌讲不吉利的话,忌晒衣,忌扫地,忌挑水等,有些禁忌延至初三、初五。此日天明至十二忌收账,部分地方至十五日。有"初一早,到处跑,穷人欠账谁敢讨"的俗语。初二至初五,亲朋好友间互相拜年。初五一般不拜年,尤忌女婿到岳家拜年;晚上,有的鸣鞭炮以桃枝、扫帚在房中扑打,有的率小孩敲锣鼓挨户穿行,意为驱邪避凶。十二日称"十二朝圆满",表示过年结束,有"过到十二日,撤掉门坊对,伢子做生意,妹子打鞋底"的俗语。十五日为"元宵",兴吃糯米"元宵它",是夜家户各处点灯,还有上坟送灯的。村落、宗族之间"闹元宵",有"龙灯""故事"等主要文娱活动。"龙"有"玩龙""摆龙"两种。"玩龙"一般9~11节,玩"边扭丝""圆扭丝""水飘浪"等形状和"麒麟送子""观音坐莲"等架子;"摆龙"一般为36~72节,只有"庙会""元宵"才上路。一般初三后出"玩龙",由长者持"珠叉"率领,配有旗帜、灯笼、锣鼓,先进祠庙,再到屋场、家户,主家以鞭炮相迎,有的以"挂红"或鞭、烛相送。"灯"有篾织纸糊的普通灯笼,还有特扎的牌灯、鱼虾灯、走马灯等。玩龙自初五起,"闹元宵"达顶点。有些地方"元宵"晚"赛灯"。旧时一般在这段时间内举行迎神"庙会",俗称"菩萨出行"。是日牌匾銮驾、旗锣鼓伞开道,神轿居中,龙灯故事殿后,一般都有千人上路,铳炮喧天。中午在村间举行公祭或私祭,下午送神归庙。20世纪50年代起,"装锅灯""送亮""下跪拜年""送财神""打春"等旧俗被逐步革除,玩龙灯故事会的亦极少,代之以健康有益的娱乐活动。各级行政部门和基层组织在此期间安排贫困户生活,为烈军属、"五保"老人"送温暖"等。初五后,召开会议,开展春耕生产。20世纪80年代,个别旧俗复苏,健康的龙灯故事复兴。除夕以看"春节联欢晚会"电视节目为主,串门的较少,零点放鞭炮迎春的盛况空前。"闹元宵"无封建宗派内容,增加了"灯谜会"之类的文艺活动。

清明 给亡故亲人上坟鸣鞭炮、挂纸钱"扫墓",前一日为"寒食节",修坟培坟。

三月三 习惯吃地菜煮鸡蛋。学校多于此日组织春游。

谷雨 农家视为牛的生日,有“牛歇谷雨”之说。此日牛不使役,加甜酒、鸡蛋之类精料喂食。

立夏 俗吃鸡蛋和糯米坨子,有“立夏吃个蛋,鹅卵石踩得烂;立夏吃个坨,一脚跳过河”的俗语。

端阳 五月初五日,各家各户门悬菖蒲艾叶;以酒拌雄黄、大蒜洒地,清油拌雄黄、大蒜涂疮疖,饮雄黄酒,点蚊香,吃粽子。有“五月五日午,天师骑艾虎,赤口钉上壁,虫蛇入地府”等俗语。女儿携女婿回娘家拜节,扇子为互赠的礼品;各行各业的人都休息,俗谓“人歇端阳”,农民一般不下地;沿江沿湖地区举行“龙舟竞渡”,纪念屈原。2005年,国家体育总局将每年农历五月定为“龙舟月”。2006年,第一个“龙舟月”活动在汨罗启动。

天贶节 六月六日。旧时宗祠晒谱,祠庙给菩萨晒袍,民家晒冬季衣服。当代仍保存翻晒衣服、书籍习惯。

中元节 亦称“鬼节”,七月十五日。旧时于是月初一即迎祖先牌位或画像于中堂,朝夕供奉,初十至十五日“烧包”撤位。宗族祠堂祭祖,部分地方办“盂兰盆会”,超度孤魂。1949年后始废此旧俗。20世纪80年代后,农村恢复“烧包”。

中秋节 八月十五日,旧时习惯吃牛肉,晚上吃月饼赏月,并唱戏庆丰收。现仍流行吃月饼及以月饼送亲友的习惯。

重阳节 九月九日,旧有“登高”之俗。1980年,全国确定为“老年节”,全社会开展爱老敬老活动。

二、公历节日

元旦 1月1日,国务院规定放假1天,机关单位或放假休息或举行文娱活动。

妇女节 3月8日,国务院规定妇女放假半天。妇女团体与机关单位组织妇女座谈会、报告会及文体活动。

植树节 3月12日,全民义务植树。

劳动节 5月1日,国务院规定放假1天。工人团体与机关单位组织座谈会、报告会及文体活动。

青年节 5月4日,青年团体与机关单位组织青少年座谈会、报告会及文体活动。

儿童节 6月1日,小学、幼儿园举行庆祝活动。机关、团体、企事业单位向幼儿园、小学捐赠礼品,家长向儿童赠纪念品。

建党节 7月1日,是日前后中共各级党组织召开民主生活会,开展批评与自我批评,评选优秀党支部和优秀党员,由上级党组织进行表彰、奖励。

建军节 8月1日,地方和军队开展“拥军优属”活动,驻军开展“拥政爱民”活动,促进军民鱼水关系。

教师节 9月10日,根据国务院提议,全国人大常委决定自1985年起,每年9月10日为教师节,全社会开展尊师重教活动。

国庆节 10月1日,1978年至1998年,国务院规定放假2天;1999年至2008年,国务院规定放假3天。机关、团体、学校升国旗,组织报告会、座谈会,开展各种文体活动。

第四章　宗　教

第一节　佛　教

东汉末年,佛教传入汨罗。至清末,有寺、庵149座。历史名刹有资圣寺、国泰寺、桃林寺、佛果寺、玉池古刹等。所有寺、庵均有一定数量的田、山等"香火产业"。大部分寺、庵由受戒僧尼住持。

汨罗市内佛教徒有"禅门""应门""居士"3类。"禅门"均为"临济派",属浙江天童寺嫡传,男称"和尚",女称"尼姑",均剃度受戒,住寺、庵坐禅礼佛或外出化缘;"应门"中无女性,亦称"和尚",不受戒,一般不住寺,且婚娶、食荤,以为死人超度、为生人祈福禳灾为职业;"居士"不受戒,在家育经礼佛,有的长期不食荤,有的逢初一、十五不食荤。

民国时期,本地寺、庵或毁于兵燹,或改为学校,受戒僧尼减少。20世纪50年代初,僧尼大多还俗,自食其力,寺、庵多改为机关、学校或生产场地。20世纪80年代初,各种宗教活动开始在境内流传。20世纪90年代初,市境尚存寺、庵4处(佛果寺、大龙庵、上观音寺、慈云庵),新建2处(日月寺、汨善寺),住受戒僧尼18人,在家设堂信佛的居士164人,"应门"和尚中亦有部分重操旧业,个别的还带有徒弟。2008年,全市有宗教活动场所41个,其中佛教19个,占46.34%;有住庙僧尼30人,信佛的居士1000多人。

汨罗市2008年宗教活动场所登记统计表

表26-4-163

单　位	法人代表	所　在　地	教别
普德观	赵冬阳	范家园镇永青村	道教
崇善寺	释来寒	红花乡红花村	佛教
资圣寺	释登本	玉池林场神鼎分场	佛教
普静寺	释常慧	新市镇新书村	佛教
莲花寺	释觉正	长乐镇下市街	佛教
白雀寺	释觉正	天井乡天岭村	佛教
保缘寺	余稳根	范家园镇永青村	佛教
明德观	张述初	新市镇新书村	道教
明月观	许述林	古培镇明月村	道教
黄谷观	蔡尔兵	黄市乡黄市村	道教
古罗寺	曹正青	屈子祠镇楚南村	佛教
二岳寺	释一心	长乐镇长新村	佛教
张公观	张端午	沙溪镇南溪村	道教

续表 26－4－163

单　位	法人代表	所　在　地	教别
青镜观	黄光力	范家园镇永青村	道教
轮仑观	李长辉	汨罗镇李家坪村	道教
径西寺	释光福	沙溪镇划栗村	佛教
荣禄观	杨厚福	城郊乡百丈村	道教
洞庭观	黎文忠	磊石乡马听村	道教
武昌观	贺所良	新市镇合心村	道教
石仑观	谢小阳	红花乡石仑村	道教
崇佛寺	释智珍	高家坊镇青江村	佛教
青佛寺	释怀喜	红花乡京街村	佛教
宣德观	赵冬阳	长乐镇水府村	道教
华仙观	吴红明	红花乡罗滨村	道教
紫云观	郑燕辉	城郊乡归义村	道教
镇江观	张胜林	火天乡周公村	道教
桃花观	郭谷明	弼时镇桃花村	道教
大灵庵	释明立	长乐镇智源村	佛教
仙帝寺	彭光观	范家园镇道冲村	佛教
玉池寺	释耀能	玉池乡玉明村	佛教
佛果寺	释吉祥	长乐镇智源村	佛教
玉琳寺	释果亮	白水镇藕花村	佛教
慈云寺	释耀康	城关镇菜三村	佛教
白云禅寺	释容宽	新市镇老街	佛教
忠烈寺	胡建国	城关镇友谊河	佛教
塾塘观	范长军	弼时镇弼时村	道教
高山观	骆振根	城郊乡上马村	道教
周公观	朱贵钦	屈子祠镇枫树村	道教
闾塘观	彭普祥	弼时镇毛塘村	道教
双圣观	朱胜辉	新塘乡丁元村	道教
双忠观	胡子贵	汨罗镇眠羊村	道教

第二节　道　教

道教于晋代传入。至清末,有道观 13 座,其中,白鹤、祐圣、集中观为历史名观。白鹤观有北宋治平元年(1064)御赐“冲真”匾额,南宋庆元中(1195—1200)道士周和椿、叶大生募资扩建为 9 进 13 殿,为湘北道教圣地。清末至民国年间,一批道观毁于兵燹或改为学校。20 世纪 50 年代后,尚存道观大都被改为公益场所。

民国年间,已无出家住观的“全真派”道士、道姑,只有不出家、不受戒的“正一派”道士。“正一派”道士均自称为江西龙虎山“张天师”嫡系,其活动主要是为死人“超度”,为生人“祈福禳灾”。民间的“打醮”“拜忏”“做解”“做道场”“办盂兰会”以及“驱邪赶鬼”“关符立禁”等活动,大都由道士进行。他们的活动,主要是“念经拜忏”“进表上疏”,并穿插举行“请圣”“净坛”“召亡”“渡桥”“赈孤”“解结“造船退送”等。他们互相之间称“道友”。按地域疆界,以“坛”结伙行教,“坛”内只有师徒关系。各“坛”的经书、忏本及活动形式大体相同,只在伴奏乐器、唱念词咒的内容和腔调等方面有差异。据今高坊、玉池、弼时、铜盆、沙溪、黄柏等地的“紫气”“显应”“显法”“雷应”等 4 个“坛”的调查,1949 年年末有道士 106 人。1950 年后,均停止教务活动,改行从事农业生产。80 年代又有 25 人先后重操旧业,个别还带徒授业。2000 年,成立汨罗市道教协会,有道士 28 人。2008 年,全市共有道教活动场所 22 个。

人　物

一、人物传

周纲健

周纲健(1920－1994),祖籍今汨罗市李家塅镇清溪村,民国9年(1920)10月出生于安徽省宣城县,其曾祖父早年在安徽省宣城县为官,父亲周吉士毕业后分配在宣城县田粮处工作。周纲健于民国27年(1938)初中毕业后,因日军侵华,离开父母前往武汉,投入国民党武昌军委会干团军校受训。毕业后,在国民党军队服役统。1949年8月,随部在长沙起义,编入中国人民解放军二一八师六五二团,历任营长、通讯股长、侦察股长、军训股长、后勤处营管科科长、五十五军营建委员会二工程大队副大队长、技术科长等职。曾多次参加剿匪战斗,多次受奖,并荣立三等功一次。1971年6月在部队离休,后转入汨罗民政局干休所。1984年享受副专员待遇。1992年10月,广州军区政治部授予其"胜利功勋荣誉章"。1994年11月8日逝世。

任远远

任远远(1940－1995),开国元勋任弼时之子,祖籍今汨罗市弼时镇。民国29年(1940)12月出生于延安,随父母转战沙场,度过童年时代。新中国成立后,曾先后在"中直育英小学"、北京第六中学、北京第四中学、中国科技大学学习。1966年1月于中国科技大学毕业后,分配在国营北京广播器材厂工作。1975年4月入伍,先后在空军第二研究所、总参二部技术保障处、总参第五十五研究所办公室、总参二部科技装备处工作,曾任参谋、正营职参谋、正团职参谋、副师职参谋等职,并授予上校军衔。1991年3月晋升大校军衔。1995年11月7日于北京病逝,按副军职待遇治丧、抚恤。

杨　沫

杨沫(1914－1995),女,原名杨成业,曾用名杨君然、杨默。祖籍今汨罗市古仑乡,民国3年(1914)8月出生于北平一个书香门第。其父杨震华,清末举人,曾创办新华商业专科学校。民国17年(1928)9月考入北平西山温泉女子中学。民国20年(1931)家道中落,9月到河北香河县立完小任教,次年1月回北平后曾任家庭教师、书店店员,开始接触共产党员和革命知识分子,阅读马克思、列宁著作。民国23年(1934)发表第一篇散文《热南山地居民生活素描》。民国25年(1936)2月第二次到河北香河县立完小任教时结识共产党员马健民,同年12月由马健民介绍加入中国共产党。民国26年(1937)12月投身晋察冀边区的抗日斗争,先后任河北省安国县妇女救国会主任,冀中区妇救会宣传部长,冀中十分区妇委书记。民国30年(1941)12月任华北根据地《挺进报》编辑,发表《在后方医院》《罪恶的见证》等小说。次年10月后开始从事党的宣传工作,先后在冀中地区后方政治部、《黎民报》社、《晋察冀日报》社、《人民日报》社做编辑工作,后任晋察冀妇联主办的《时代妇女》主编。1949年5月任北京市妇联宣传部副部长。1951年9月开始创作长篇小说《青春之歌》。1958年1月,《青春之歌》由人民文学出版社正式出版发行,随后被译成英、法、德、俄等十多种文字在世界各地出版发行,成为新中国最早印刷逾百万册的佳作。1963年1月调北京市文联从事专业文学创作,先后任中国作家协会北京分会筹备委员会副主席、中国作家协会北京分会副主席、北京市文学艺术界联合会副主席、主席。1964年,当选为第三届全国人大代表。"文化大革命"中受到冲击。1976年后,当选为第五、六、七、八届全国人大代表及第五届全国人大常委会委员。1986年第二部长篇小说《芳菲之歌》出版。1990年第三部长篇小说《英华之歌》出版。自此,杨沫完成其大半生为之奋斗的"青春三部曲"。1995年12月11日,在北京病逝,葬于八宝山革命公墓。

白　杨

白杨(1920－1996),女,原名杨成芳,又名杨君丽,是杨沫的胞妹。祖籍今汨罗市古仑乡。民国9年(1920)4月出生于北平市。其父杨震华是清末举人。民国20年(1931),考入联华影业公司北平第五分厂演员养成所,并参加无声片《故宫新怨》的演出,从此开始其艺术生涯。民国25年(1936),在上海明星影业公司二厂主演《十字街头》《神秘火花》《社会之花》《四千金》等影片。抗日战争时期,在重庆参加《中华儿女》《长空万里》《青年中国》等影片拍摄,还主演多种中外名剧。抗日战争胜利后,回到上海昆仑影业公司,主演《八千里路云和月》《一江春水向东流》《还乡日记》《新闺怨》等影片。新中国成立后,进入上海电影制片厂,先后主演《团结起来到明天》《洒向人间都是爱——宋庆龄的故事》等影片。历任中国电影协会副主席,上海电影制片厂演员剧团团长等职。还编著有《电影表演探索》《我的影剧生涯》等著作,为中国影坛留下了宝贵的电影表演艺术经验。在祝贺她从影60周年之时,中共中央总书记江泽民为其题词:"从人民汲取营养,向人民贡献才华",全国政协主席李瑞环题写"艺海长春",国务院副总理朱镕基题写"你很早参加进步文化活动,一贯坚持党的文艺方向,取得了很高的艺术成就,做了许多有益于人民的工作,我们应当感谢你,祝你身体健康、艺术常青",得到党和国家领导人的高度评价。1996年9月18日在上海病逝。

沈履祥

沈履祥(1923－1996),别名思吉。民国12年(1923)3月生,今汨罗市玉池乡关山村人。初小毕业后,在家务农。1949年4月,经中共地下党员甘昆轩、李连根介绍加入中国共产党。旋即投入迎接湘阴和平解放的斗争中。20世纪50年代后,历任湘阴县川山坪办事处借粮组副组长、县十三区副区长、一区区委书记,县税务局局长、县委文教部部长、汨罗区委书记、副县长,岳阳地区供电公司经理,岳阳地区农机局副局长;1966年后任汨罗县供电公司主任,工业局局长,县总工会主席,县政协副主席等职。1984年

3月离休。1995年10月,享受副师级待遇。1996年10月26日病逝。

刘炳凡

刘炳凡(1910－2000),清宣统二年(1910)十一月生,今汨罗市弼时镇桃花洞人。自小家境贫寒,读4年私塾后,经亲友介绍,拜柳缙庭老中医为师学医。出师后,于民国22年(1933)在长沙东长街开业应诊,并取名“仲山医社”。20世纪50年代后,先后在家乡的区卫生所、湘潭专署卫生局、湖南中医研究所等地工作,历任所长、卫生协会主任、临床室副主任、理论室副主任等职。并被有关单位聘请为副研究员、研究员、教授、硕士生导师。先后当选为中共湖南省第五次代表大会代表,省人大第四、五届代表大会代表、全国血防委员会委员、全国中医学会第一、二届理事。其著述有《医学菁华录》《民间单方、验方》等10多部医书;发表医学论文40余篇。曾荣获全国科学大会奖、省科技进步二等奖。多次获国家和省、地(市)的劳动模范、先进工作者、优秀科技工作者、优秀党员的奖励。享受国务院颁发的政府特殊津贴。1990年载入《中国人物年鉴》,1996年被授予首届“湖南省科技之星”称号。2000年去世。

任邦哲

任邦哲(1909－2001),又名维宪。清宣统元年(1909)九月生,今汨罗市弼时镇唐家桥村人。民国18年(1929)考入南京中央大学化学系,学业未满,于民国21年(1932)赴美打工求学。6年后,获美国意利诺大学有机化学理科学士,密西根大学生物化学科学博士。民国27年(1938)回国,历任成都中央大学、上海医学院、国立药专、湘雅医学院教授,兼任上海医学院训导长,湘雅医学院教务长等职。新中国成立后,在湖南医学院及暨大医学院等处工作,历任主任、卫生部高等医学院教材编审委员,湖南省化学化工学会常务副理事长,中国化学会常务理事,国际生化协会(IUB)生化教育杂志编委等职。20世纪60年代他即首创中国异常血红蛋白研究,调查30余万人,发现20个品种,其中有5个属国际新品种,包括我国第一个新Hb品种即Hb武鸣。向国内外发表Hb论文30篇,及其他论文数十篇。与人合编出版全国生物化学教材三部及医学百科全书生化分册等9种专著。获国务院、国家教委、卫生部、广东省科技进步二、三等奖,科技进步奖等。1983年加入中国共产党。1993年起享受国务院颁发的政府特殊津贴。1986年在暨南大学退休。2001年去世。

丁祝华

丁祝华(1900－2002),曾用名丁寄尘,是无产阶级革命家、前中共中央西北局秘书长任作民的夫人。清光绪二十六年(1900)八月生,山东省益都县人。民国8年(1919)5月在山东省立女师学习时,参加“五四”爱国运动。民国12年(1923)在青岛青年会小学、周村女子小学任教,同时参加共青团工作,组织募捐支援青沪罢工等爱国运动。民国14年(1925)秋,调山东省委工作,同年9月进入广州农民运动讲习所第五期学习,半年后进入苏联莫斯科中山大学学习。同年加入中国共产党。民国16年(1927)1月回国后,在武汉硚口区委组织职工运动。“马日事变”后,转入中共地下组织活动。民国17年(1928)上半年被捕，民国19年(1930)10月经组织营救出狱后，在江苏省及中央机关工作，并与任作民结婚。民国22年(1933)2月夫妻俩在上海同时被捕，关押在国民党苏州反省院，丁祝华在狱中病危，被保出狱后，回到老家益都养病，身体恢复后，未找到党组织，她在家乡找了一份教书的工作，一边维持生活，一边支持狱中的任作民。民国26年(1937)10月，任作民经董必武营救出狱后，丁随任作民在湖南省委机关、邵阳八路军办事处，延安、西北局等地从事党的地下工作。民国31年(1942)3月任作民病逝后，她带着只有3岁的女儿任华民转战南北。20世纪50年代，在山东益都中学及师范任教，后历任政务院事务管理局托儿所所长、中央纪律检查委员会干部，中央监委档案室干部等。1982年在中组部离休，享受副部级待遇。2002年1月6日在北京逝世，享年102岁。

任纪汉

任纪汉(1914－2002)，民国3年(1914)10月生，今汨罗市高家坊镇凤形村人。民国34年(1945)参加工作，同年4月在王震、王首道领导下的三五九旅加入中国共产党。长期从事党的地下工作，曾任中共瞿家湾支部书记、中共湘阴高明区委书记、湘阴县工委书记等职。为建立湘阴的地下党组织，湘阴的和平解放，迎接解放军进入湘阴县城做了大量的工作。新中国成立后，历任中共湘阴县委组织部副部长、部长、县人大代表、省人大代表、湘阴县人大常委会副主任、县委常委、县长，湖南省农药厂厂长，湖南浏阳磷矿矿长，湖南省第二纸板厂党委副书记、副主任等职，1975年在第二纸板厂离休。2002年病故。

易见龙

易见龙(1904－2003)，1904年9月年生，汨罗市汨罗镇雁南村人。1927年，参加北伐战争。1933年毕业于上海第一医学院。1935－1937年在协和医学院进修生理学，1939年考入第三届中英庚子赔款公费留学，因欧洲战事，直至1940年改去加拿大多伦多大学进修生理学及药理学。1941年受美国医药援华会之聘赴美，为抗日战争输血救伤筹建“华人血库”，是血液RH因子国内第一位发现者。第二次世界大战中在美国研究所人工制备干血浆，受到罗斯福总统接见，后回国在昆明昆华医院创建中国第一间血库。抗美援朝时，在沈阳与著名外科学家沈克菲共建大型血库。1950－1965年，任湘雅医学院第一副院长。易见龙是中国老一辈著名生理学家和血液专家，入选英国世纪百位医学名人录。1966年患脑瘤，术后一直坚持用左手写字，2003年在长沙逝世。

陈琮英

陈琮英(1902－2003)，曾用名陈松，开国元勋任弼时的夫人。清光绪二十八年(1902)农历十二月初七出生于湖南省长沙县一个自由职业家庭。幼年时因母早亡，父在外，靠兄嫂生活，12岁进织袜厂做童工。民国15年(1926)由中共党组织接到上海，于4月初与任弼时结婚。后任中央机关交通员，同年由任弼时介绍加入中国共产主义青年团。随后，调入上海团中央秘书处从事秘密交通和油印文件等机要工作。民国17年(1928)年底至民国18年(1929)，协助周恩来在上海、安庆、长沙营救被国民党反动派逮捕的任弼时。民国18年(1929)调党中央机关机要科工作,并兼管一部分中央经费。民国20年(1931)由于叛徒出卖而被捕,后经妇济会营救出狱,仍在中央机要科工作。民国21年(1932)由邓颖超介绍加入中国共产党,曾在湘赣省委、湘鄂川黔省委机要科工作,并参加长征。到达延安后任中央统战部机要科长。民国27年(1938)随任弼时到苏联莫斯科共产国际,积极协助任弼时工作。民国29年(1940)3月回国后任任弼时的机要秘书,次年在党中央机关组织开展的延安大生产运动中,陈琮英被中央直属机关事务管理局评为一等奖。新中国成立后任中央机要局处长。1978年后当选为第五届全国政协委员。1982年离职休养。1983年7月享受副部长待遇。2003年5月31日在北京逝世。

仇敬芬

仇敬芬(1917－2002),女。民国6年(1917)10月生,今汨罗市古培镇东山冲人。民国30年(1941)毕业于四川省重庆大学商学院,获学士学位。民国34年(1945),在叔祖父仇鳌的主持下,于重庆夫子池举办个人书法展,受到国内名家的好评。历任上海市求实中学、大境中学等学校专职教师。退休后受聘为上海市文史馆馆员,中国书法家协会会员,上海市书法家协会会员等。多次参加北京、上海等地的书画展览会,她的作品遍为国内外爱好者购买收藏,国内外著名报刊经常刊载;其传略已编入《当代中国书法艺术大成》《中国现代书法名人辞典》等。曾为"中国国际名人研究院辞书编辑部""中国当代艺术界名人录编委会"等处特邀名誉顾问。2002年去世。

任国运

任国运(生卒年不详),字乔年,今汨罗市高家坊镇人,中国陕西国际经济技术合作公司党组书记、总经理,中国第一枚自导鱼雷研制专家。1953年毕业于湖南大学电机系,带头赴边远山区工作,任山西长治三四二厂助理技术员、技术员。次年调陕西筹建八〇四厂,历任技术员、工程师、车间主任,为其发展做出了贡献。1964年调八七二厂,历任车间主任、副厂长兼总工程师、厂长兼总工程师、党委书记。1986年调陕西国际经济技术合作公司,任党组书记、总经理,正厅局级。1990年退休。

任国运将毕生精力,奉献给国防工业事业。四十多年来,他兢兢业业,任劳任怨,富于开拓,勇于创新。具有较高的理论水平,精湛的技术素质,丰富的实践经验,熟练的外语能力,是一位懂业务、精技术、善管理、有特长的专家。他带领工程技术人员,废寝忘食,研制出中国第一枚自导鱼雷,获国家科技奖。另有多项发明创造、技术革新在全军、全国推广,并多次获国防科工委嘉奖。已去世。

附　1995年版《汨罗市志》立传人物名录

(以卒年为序)

邓进思	邓进忠	邓忠臣	易　先	夏元吉	彭　谦	彭　泽	周锡溥
周锡渭	彭　峨	张学尹	李星沅	李　杭	李　桓	虞绍南	任光藻
仇　亮	黄世和	黄品松	任树德	黄铭功	杨德群	黄福生	王月贞

聂次荫	王升庆	蓝　泽	周铁山	伏良成	彭家煌	丁庭松	任鹤年
任炳煌	任邦柱	任　理	何绳床	韩笠圃	任作民	瞿寿禔	王存度
余可嘉	彭兆璜	丁爱田	杨绾生	周体云	游　凯	任凯南	任企虞
宋至平	李肖白	胡国梁	任弼时	陈熙珊	巢功赞	巢功常	周正江
左磊钦	黄绍琼	王原一	郑　泽	江梅宗	戴雪岑	梁金华	许升缘
任建冰	龙　瓒	吴佳新	仇　鳌	吴咏湘	胡　达	彭明晃	袁福清
杨宗胜	李有莘	敖德胜	仇硕夫	李运成	吴子炉	吴剑真	康　濯
任曼君	周秉钧						

附　1995年版《汨罗市志》立传人物补遗

（以卒年为序）

黄世铭　黄钦龄　黄钦鼐

黄世铭，字瀛帆，屈子祠镇金钩村廖家塘人，生年不祥。清嘉庆二十四年（公元1819年）进士，曾任内阁中书（掌撰拟、翻译、以进士任为正七品）、顺天乡试同考官。道光十三年（1833年）奉旨江南河务，任中母逝，回乡丁忧期间任湘阴高书院山长。丁忧期满，先后任萧、砀、铜、市同知，擢海阜同知加知府衔（从四品）。为官以勤政与慎重著称，不钻营。任海阜同知时，某河督以善行贿受贿闻名，至世铭府，以言相激。世铭婉言曰："没有能终身为官的，我老了，怎能阿谀以事长官！"道光丙午年（公元18446年）上书称病。诰封资政大夫（正二品）归里。即归，睦乡邻，严家教，乡人至今称颂。咸丰癸丑年（公元1853年（卒，与浩命二品夫人全葬范家园虎形山。其坟二十世纪五十年代被掘毁。

黄钦龄，黄世铭长子，生年不祥。以筹饷有功，为巡抚恽世临保举知府加粮道衔（正四品）；同治十一年（公元1872年）卒。

黄钦鼐，字上帆，黄世铭次子，生年不祥。以捐纳同知分发江南，初署邳北通判，任内增书院经费用，倡立义学，缉拿盗贼，擢升山盱河务同知。适值七堡溃，湖运淤塞，钦鼐筑堤坝，积水倍高于往年，运道始通，遇洪水留坝不启，对淮河下游的水患起到了一定的缓和作用。又涨水节，舟行苦于风浪，钦鼐捐修石坞于湖中龟山，为过行舟停泊之所。咸丰六年（公元1856年）再升扬州知府（正四品），任内修葺倾圮成垣，赈济饥民，修复城内祠庙，做了一些有益的事情。但当附近天长、六合两县太平军至城下时，钦鼐募集宁波炮队，残酷镇压，使太平军屡屡失利。钦鼐又募军沿运河数百里筑土城，布兵对抗太平军。咸丰十年（公元1860年）扬州终被太平军攻克，钦鼐罢官，应召修小六堡溃口，卒于任上。

吴云台

吴云台（1805－1873），字伯冀，一字云台，清嘉庆十年（1805）出生于湘阴县铜盆乡（今汨罗市李家塅镇）。道光二十六年（1846）中举人。其所撰古今体诗，沈雄俊迈，高出一世。时著名文学家吴南屏在《吴云台哀辞》一文中盛赞其才华出众："云台为诗得杜骨法，纵横老健，大类元遗山，近今诸子逮速也。"吴云台一生潦倒，仕途多舛，但不愿随俗浮沉，由是故作清狂，放浪形骸为士大夫所不齿。吴云台与曾国藩少年同窗于长沙岳麓书院，有切磋之谊，结业后，故友相待，应酬唱和，勖勉有加。曾国藩乡举时，吴云台与曾国藩相遇长沙，投诗《沣阳署中喜闻曾涤生得庶常即寄》，尾联"豪情此处还珍重，未是狂歌砍地余"语重心长，诸多勉励。然吴云台为人，不能藏人善恶，对曾国藩入官后也屡有箴诤，遂成龃龉。吴云台凛然有气节，他曾说："人当于大要处坚持名节，于大难处勉力功勋，死生以之，方为奇特。若饰节以为令名，吾弗为也。"卒于同治十二年(1873)。

巢端南

巢端南(1827－1887)，派号名午，字式甫。清道光七年(1827)出生于湘阴县(今汨罗市沙溪乡巢家塅)。自幼家贫，青少年时以种田兼作小贩营生，咸丰四年(1854)入湘军李续宾部，历任汉阳守备，带信左营哨弁，充信左营帮带，光信左营，带信左营，同治三年(1864)封副将衔加二级固勇巴图鲁，刚毅副左营统仁胜左军。同治十一年(1872)经甘督左文襄公奏荐任陕西总兵，中军参将兼办全省军务，陕西延榆绥总镇镇台等职。巢端南好义捐，赈老病，捐资二百金、田一担济家乡孤困；捐费五千金修建株树山桥、双江口桥(两桥现属沙溪乡重点文物保护单位)。光绪十三年(1887)因督勘操修河堤，冒风雨触发旧伤致疾，同年9月病逝榆林，归葬于故里大桥塘湾。

戴富臣

戴富臣(1843－1912)，号锡之，官名富臣，辈名万年。清道光二十三年(1843)农历九月，出生于湘阴县(今汨罗市高家坊镇三姊村)。同治元年(1862)从戎于江苏，曾因军功被授莎车州都司，后回故乡再度从戎于陕甘，征战各处屡获军功。光绪元年(1875)钦差大臣左宗棠督办新疆军务，左保奏其为陕西补用游击(官名)，光绪二年(1876)，因立军功经左保奏为参将，赏戴花翎，仍留陕西优先补用，并赏给二品封典。光绪三年(1877)由参将经左复加保奏为副将，仍留陕西优先补用，并赏给辑勇巴图鲁。光绪四年(1818)农历三月经左保奏为总兵，交军机处记名，遇有缺出，请旨简放。后又帮办陕甘军务。经太仆寺正卿保奏记名总兵辑勇巴图鲁，并著以提督，交军机处记名，遇有提督总兵缺出，请旨简放。戴富臣诰授建威将军。其原配夫人马氏与继配夫人郭氏，皆封为一品夫人。卒于民国元年(1912)农历二月。

杨春生

杨春生(1893－1927)，清光绪十九年(1893)四月出生于湘阴县(今汨罗市汨罗镇南托村)。家贫，从小务农。为谋生计，民国11年(1922)携一家5口到沅江县琼瑚镇，靠帮工、磨豆腐度日，备受剥削与欺凌。民国25年(1936)北伐战争胜利后，工人运动蓬勃发展，在中共地下党组织的教育下，积极投入城区工人运动；同年9月，为首组建沅江县厨运工会，任会长。10月4日，被推选为沅江县总工会执行委员，次年2月加入中国共产党。"马日事变"后，国民党反动军官及右派在全省各地疯狂捕杀共产党人和革命群众。他指挥县城工人纠察队,掩护工农骨干撤离沅江,因叛徒告密被捕。在狱中,遭严刑拷打,坚贞不屈。同年8月27日(农历八月初一),在琼瑚镇景星寺附近黄家祠外英勇就义,临刑前高呼:"革命不怕死,怕死不革命,共产党人是杀不完的!"牺牲后,安葬于县城候王庙后的湘阴公山。

吴宗宽

吴宗宽(1873-1930),字伯纯,又名式夗,晚号穆溪居士。清同治十二年(1873)出生于湘阴县桃林局(今汨罗市桃林寺镇赞桥村)。吴少颖慧,19岁补县学生员,29岁登乡荐。1906年东渡日本留学。适孙中山先生筹组"兴中会"于东京,吴毅然入会。归国后,清政府授吴湖北省襄阳县知事,吴不就。民国初年,谭延闿在湖南成立省议会,吴当选议员,任省政府庶政股长数月,目睹军阀纷争,乃愤然辞去,与邹觉人在武汉创办"旅鄂学社"。其后又任教于长沙经正、明德两学堂。晚年与家乡耆宿创办赞桥、古塘、唐家坊义塾3所,从事教育事业终其身。

吴宗宽乐善济民,民国14年(1925),汨罗大旱,灾荒严重,吴与地方父老订立"救荒条约",动员捐募,筹措谷米。举办议价平粜,使灾民有稀粥糊口,得免颠沛流离、逃荒要饭之苦。又仿效"社仓"古制,在汨罗桃林寺镇义合团建积谷仓,动员余粮户积谷备荒。"社仓"积谷,薄利贷放,夏借秋还,以便赤贫;若遇灾荒,实行议价平粜。今桃林寺镇人民对吴爱民济民事例,犹津津乐道,如数家珍。

吴宗宽学行兼优,胸怀邦国,惠及人民。而家无余财,身无长物。及其殁,仅留有《豢养辑要》一书。书中辑录宋、元、明、清名家格言,取其精华,去其糟粕,编成三字句、四字句的劝农歌、弟子规、小儿语等六卷,木刻刊行400余册,再版达千余册,为经世持家、教育后世的善本,至今仍很有价值。卒于民国19年(1930)。

邹树云

邹树云(1902-1930),清光绪二十八年(1902)生于湘阴县(今汨罗市弼时镇唐家桥村)。因家境贫苦,10余岁随父到长沙学木工,后定居长沙。自幼聪明好学,能写会画,并掌握初级土建知识(现存长沙市中山亭,即为他所设计)。民国10年(1921),他经工人领袖任树德引荐,结识毛泽东,并在毛泽东创办的工人夜校学习,接受革命思想教育。民国11年(1922)9月,在长沙参加泥木工人"十人团"。民国12年(1923)春,由任树德、张福祟介绍加入中国共产党。民国14年(1925)5月,担任泥木工会东长街鲁班庙党支部书记。民国15年(1926)湖南省工会成立后,任纠察总队第二中队队长。北伐军进湖南时,参加组建长岳游南昌师迎接北伐军,并在该师担任营长。"马日事变"后,率部队参加"秋收起义",在文家市会师会,被指派回长沙担任济难工作。民国19年(1930)7月,率领长沙县工农武装,配合红军进攻长沙,后编入红三军团新编一师,任团政委,兼党代表。不久,奉命回长沙扩军,因叛徒告密,于民国19年(1930)10月15日被捕。后被国民党杀害于长沙东门外青草坪。

欧振凡

欧振凡(1907-1930),化名周子朝,清光绪三十三年(1907)六月三十日出生于湘阴县(今汨罗市弼时镇桃花洞)。其父以织布和修理布机为业,其母早丧。读4年私塾,写得一手好字,还会吹箫。11岁辍学,民国9年(1920)随堂弟欧东益到湖南第一纱厂做童工。民国13年(1924)由中共湖南第一纱厂小组介绍到工人夜校学习。民国14年(1925)春加入中国共产党。民国17年(1928)秋,受党组织派遣到红五军工作。同年12月,跟随彭德怀上井冈山与毛泽东、朱德领导的红四军会师。民国19年(1930)6月,任命为红三军团军粮处主任。7月,攻克长沙后,在长沙市内筹集军粮、军饷,8月初红三军团撤出长沙时,仍留在长沙进行党的地下活动。同年10月30日,他与湖南省女界联合会女工委员刘慧兰等10多名共产党人在长沙桂花井联络时,被国民党特务发现,陷入团团包围而被捕。在长沙监狱关押40多天,虽受尽严刑拷打,仍视死如归。民国19年(1930)12月12日光荣牺牲。

任振吾

任振吾(1864－1931),清同治三年(1864)出生于湘阴县(今汨罗市古培镇)。光绪十五年(1889)偕邑人黄甲士去云南,在鲍军门部任统带时,滇西和西藏地区人民吸食鸦片者众,罂粟种植者不少,为铲除民害,他率部进驻藏区。由于压抑种烟者"利益"被藏族部酋重重围困。任乃率众屯田垦荒自给,长达10余年,终得藏人理解和同情,遂解除对任的围困,让其顺利铲苗。完成任务回云南后,调任云南讲武堂教练,始改革军制,演练新军,以适应倒袁需要。时云南督军唐继尧、蔡萼、李烈钧组织护国军,任振吾任第三军前敌督战官。民国3年(1914)云南通电宣布独立,并出师声讨袁世凯复辟称帝,一时南方各省纷起响应。此后在云南玉溪、丽江两县任过县长,民国10年(1921)携眷取道腾越经港、沪返归故里,乃息影市墨。民国20年(1931)逝世。

任经宪

任经宪(1907－1937),册名树华,派名安纶。清光绪三十三年(1907)出生于湘阴县高坊局荷塘村(今汨罗市高家坊镇燕塘村)。树华性沈毅,寡言笑。自幼读书,慨家国多艰,志在军旅。民国15年(1926)革命军北伐投笔从戎,旋考入中央陆军军官学校第六期军官研究班。毕业后历任陆军排长、第二十五师连长、营长等职,频年征战,靡役不从。其战绩最著者,如陇海之役,身先士卒,左脚负伤犹奋勇前进,将敌击退。又古北口抗击日军之役,敌猛烈进攻,树华率部坚强抵抗,衡锋肉搏,杀敌甚众。战区长官以其出生入死,卓著勋绩擢升营长,并呈经国民政府军事委员会给予乙种一等奖章,陆军少校晋中校。

民国26年(1937)7月,发生卢沟桥事变,奉令北上应战。驰书归言曰:"寇已深,我辈身为军人,须鞠躬尽瘁,效命疆场。倘为国捐躯,虽死无憾,请勿以我为念。"并嘱善抚孤儿,俾他日亦能卫国复仇,尽我未尽之志,其慷慨激昂已如此。是年8月,参加河北石家庄之战。血战兼旬,予敌重创,获战利品颇多。未几日,日军复进攻漳河,树华奉檄往御。途与敌遭遇於漳河南岸,浴血苦战。历三昼夜,卒将顽敌击溃,是役敌遗尸遍野。次日敌增援反攻,藉图报复。树华复率部迎战,反复搏杀,异常激烈。卒以火力过猛,左右伤亡殆尽,同时有汉奸内应,敌遂乘隙突入。树华犹力战,终因寡不敌众殉职,遗骸无从收殓。

湛志明

湛志明(1917－1941),又名湛俊,别名竹林。民国6年(1917)出生于湘阴县桃林乡(今汨罗市桃林寺镇湛家屋)。民国26年(1937)考入湖南省私立汨罗初级中学(屈子祠内)。民国27年(1938)6月,湛与其他进步学生在学校组织成立学生自治会,并到各地进行抗日救国宣传活动,引起国民党当局的不满,强令学校开除他们的学籍。湛志明被学校开除后,不愿做“亡国奴”,便到长沙八路军办事处,经介绍于同年8月到达延安进入抗日军政大学第五期第一分校学习,9月加入中国共产党。抗大毕业后,分配在八路军一二九师某团任排长、指导员等职,民国30年(1941)在与日军作战中光荣牺牲。1958年湘阴县人民政府追认其为革命烈士。

刘访南

刘访南(1919－1943),民国8年(1919)12月出生于湘阴县塾塘乡(今汨罗市弼时镇平塘村)。民国24年(1935)考入长沙文艺中学。民国27年(1938)遭日本侵略军飞机轰炸,学校被迫停课,他回到家乡,邀集昔日同窗好友,组成抗日救亡宣传队,在桃花洞、间塘庙一带发表演说,宣传团结抗日。同年9月,经长沙八路军办事处介绍,奔赴延安,进入陕北公学学习,并加入中国共产党。毕业后,分配到第十八集团军一二九师某营任教导员。民国32年(1943)在晋东南抗日作战中牺牲。1950年湘阴县人民政府追认其为革命烈士。

任 重

任重(1915－1946),女。又名任培豫。民国4年(1915)出生于湘阴县塾塘乡(今汨罗市弼时镇唐家桥村),系任弼时的堂妹。民国23年(1934)于湖南省立第二中学高中部师范科毕业后,在新化县和长沙市小学任教3年。民国27年(1938)1月,她投笔从戎。到达“山西民大”,受训一个月后,经民大何思敏介绍,于同年3月奔赴延安,进入抗日军政大学第四大队学习。民国27年(1938)11月,由抗大四大队指导员戈瑞英和李辉介绍加入中国共产党。抗大毕业后,分配在抗日前线任八路军医生,民国35年(1946)在河北省博野县刘坨村病故。1950年湘阴县人民政府追认其为革命烈士。

湛宗励

湛宗励(1883－1960),字佩勋,又名伯勋。晚号瘦叟。清光绪九年(1883)农历十二月出生于湘阴县桃林局(今汨罗市桃林寺镇新胜村)。光绪三十三年(1907),湛应乡试,举秀才。后官费考入长沙商业专门学校。三年学毕,成绩优异。分配到湖南洪江、常德厘金局工作。后被裁减回家。民国11年(1922)湖南新化刘锡彝为湘西镇守使。驻兵常德、桃源一带招录人才。湛被延为文牍。后升为秘书长。次年任桃源县知事。6个月后离职回乡,从此专心研究经史之学,再不介入地方政治。民国24年(1935)在家设馆。四年授徒40余人。民国35年(1946)秋,湛被推选主持汨罗初级中学。新中国成立后,湛衷心拥护共产党和人民解放军,常以《竹枝词》歌颂。著有《瘦臾剩墨》一书。惜在1964年“四清”运动中全部散失。卒于1960年1月26日。

巢钧亮

巢钧亮(1915－1962),原名巢功美,民国4年(1915)出生于湘阴县清溪乡(今汨罗市沙溪镇农科村)。7岁入本乡国民小学读书4年,11岁时在叔父家半工半读。民国17年(1928),经邻居江厚生及二兄巢钧恺介绍,到长沙做学徒,加入长沙市缝纫业职业工会,参加工会创办的工余夜校,学习文化知识。民国27年(1938)4月,由缝纫业工会委员、中国共产党党员陈静介绍加入中国共产党,同年9月到达延安,进入抗日军政大学第五期二大队职工学校、军政学院学习。毕业后担任骑兵大队大队长等职。抗美援朝时任是中国人民志愿军第三军侦察部队负责人;后任福州军区情报局党委书记等职,1962年病故于上海。

刘元定

刘元定(1886－1964),又名秉先。清光绪十二年(1886)七月出生于湘阴县(今汨罗市汨罗镇向阳村)。历代家贫,务农为业,自幼勤奋好学,在湘阴县立中学毕业后,升入湖南高等师范博物系。民国8年(1919)毕业,以优异成绩留校一年。后历任驻省湘阴师范校长及广益、大麓、含光、衡湘、一师、长郡、国立十一中、湘阴一中、汨罗中学等校生物教员。著有生理卫生学、动物学、植物学、矿物学等讲义教材,为学界所推重。在湖南高等师范工作时,住岳麓书院半学斋,毛泽民、毛泽覃、蔡和森等亦居于此,他们常在外活动,深夜方归,刘为之守望留门,文件衣物代为保管,毫无疑忌,亲如家人。与徐特立、谢觉哉亦属至交,长驻省湘阴师范时,即延徐、谢为教师。何键治湘,有人荐他当县长,皆婉言谢绝,并说:“只有为国家培养人才,才是兴国的根本大计。”民国21年(1932)获国民政府教育部颁发教师特种资金最优奖。30余年言传身教,桃李满天下。1949年后被聘请为湖南文史馆馆员。1964年8月病逝。

周国良

周国良(1908－1976),字欲仙,清光绪三十四年(1908)出生于湘阴县(今汨罗市楚塘乡楚塘村)。民国16年(1927)投身国民革命,民国20年(1931)毕业于中央军校武汉分校,次年再度入中央军校高等教育班边疆少数民族语言系学习。民国23年(1934)毕业后历任国民革命军参谋总部新疆旅行团团员,少校参谋,中校参谋。民国34年(1945)调任中央军事委员会驻宁夏额济纳旗(今内蒙古自治区)少将军事专员。民国37年(1948)兼任国防部二厅驻酒泉外勤组组长。1949年9月,受中共感召以额济纳旗军事专员名义通电起义,亲自率员到酒泉商谈和平交接事宜。同年12月被委任为和谈代表,派赴阿拉善旗,与蒙西旗王和守军司令李守信谈判,促成该旗和平解放。1950年被分配在酒泉地区民族委员会工作,同年12月入西北大学,后分配到玉门旱峡煤矿工作。“文化大革命”中被定为“历史反革命分子”,遭到批判。1976 年病逝于家乡。1980 年落实政策,恢复其起义人员身份,并为其在“文化大革命”中遭受的冤屈平反昭雪。

许光宗

许光宗(1917 - 1981),别名许彪,民国 6 年(1917)9 月出生于湘阴县(今汨罗市白塘乡章家田)。民国 27 年(1938)1 月赴延安进入抗日军政大学学习,并加入中国共产党。抗日战争和解放战争时期,历任中国人民解放军一二〇师独一旅七一五团教育参谋、步岚县五区区长、独一旅政治部指导员、总务科科长、第一野战军二师政治部四科科长等职。新中国成立后,历任青海省人民政府交际处副处长、省盐务局副局长、省劳改局副局长、省农垦厅副厅长、省清产核资办主任,湖南省水电厅办公室主任、岳阳地区水电局副局长、省湘南开发办副主任、省增产节约办副主任、省统计局副局长等职。1981 年 6 月 12 日,在长沙病逝。

李　忠

李忠(1917 - 1986),原名刘履中,女,民国 6 年(1917)11 月出生于湘阴县塾塘乡(今汨罗市弼时镇毛塘村黄家湾)。年轻时在长沙做工,参加徐特立主办的抗战训练班、抗敌后援会等组织活动。民国 27 年(1938)7 月,经舅父任作民介绍到达延安,进入陕北公学学习,同年 9 月加入中国共产党。在延安边区中学学习时,被评为“妇女劳动模范”。毕业后担任中国女子大学干部处干事。民国 36 年(1947)在中共中央社会部治安科负责中央直属机关保卫工作。新中国成立后,历任北京市公安局机关保卫科科员,南京市公安局一、二、四处保卫科副科长,南京市鼓楼区委统战部副部长、部长,南京市委统战部副处长、处长,南京市政协副秘书长,市妇联副主任、党组副书记,南京棉毛纺织厂党委书记,市劳动局副局长、党组副书记,市中级人民法院副院长,市人民政府视察室视察员等职。1986 年 7 月 21 日在南京病故。

周晃藩

周晃藩(1923 - 1987),民国 3 年(1914)5 月出生于湘阴县长乐街(今汨罗市长乐街),中共党员,主治军医。自幼家贫,初小毕业后,在家帮助父亲维持生计。民国 19 年(1930),长乐一带开展土地革命运动,成立湘阴县苏维埃政府,周晃藩参加苏维埃少年先锋队。民国 27 年(1938)春,为避抽壮丁,和同乡青年逃到长沙,于同年 12 月在长沙考入国民党广西桂林军医学校,学习军医。民国 30 年(1941)3 月毕业后分配在国民党第一九三师工作,曾任少、中、上尉军医。民国 36 年(1947)3 月,中国人民解放军取得莱芜战役的胜利后,周晃藩参加中国人民解放军,先后在华野第十五医院二分院、手术队、外科等处从医。20 世纪 50 年代后,在人民解放军第一六陆军医院、第八八医院、第一四九医院任主治医师兼科主任,长期的军营生活积累了丰富的外科和骨折医疗手术,曾在部队荣立三等功两次,多次被评为先进工作者。1970 年 5 月因身患重病,组织批准其离职回汨罗休养,1987 年 1 月 18 日逝世。

陈昆煌

陈昆煌(1905－1990),清光绪三十一年(1905)出生于湘阴县(今汨罗市沙溪乡)。年轻时置田经营粮栈,成为长沙粮食行业的名流。民国25年(1936)任四千弓堤工局局长,后任国民党第四军需处处长。民国28年(1939)在长沙被推选为粮食同业公会、织染同业公会常务理事。抗日战争胜利后,任国民党湖南省政府少将高参,省资源委员会利民锑矿总经理,中央银行平江、湘阴收金处总经理,岳阳荆岳垸堤工局主任。1949年参加湖南和平促进委员会,任委员兼财务组长,与商会筹措应变经费,并以向省政府请愿代表之一敦促程潜表态"和平解放",联系电请唐生智来长沙与程潜、仇鳌共举大事,争取湘西王陈渠珍起义,保护长沙和平起义人士。长沙解放后,聘任长沙市迎解联合会财粮筹借委员会劝借委员,并将利民锑矿无偿移交湖南大学作实验教学基地,自主经营粮食业,后参加公私合营。1959－1978年受到历次政治运动冲击。1979年按起义人员落实政策退休,享受17级行政干部待遇。1990年逝世。

夏国基

夏国基(1925－1991),民国14年(1925)12月生,湘阴县三塘乡金塘村人。自幼家贫,仅读3年私塾,就在家乡靠学做鞭炮、务农糊口。1949年9月参加工作,在家乡参加支前秋征工作队。新中国成立后,在家乡参加减租减息、清匪反霸、土地改革、合作化等运动。历任湘阴县营田区苏伦乡农会主席、营田区农会主席、营田区区长、区委书记,中共湘阴县委常委、组织部部长。1966年汨罗置县后,历任中共汨罗县委副书记,汨罗县县长,县革委副主任。1979年后,任中国农业银行岳阳中心支行行长,党组书记等职。1986年4月在农业银行岳阳中心支行离休。1991年8月10日病逝。

霍劲波

霍劲波(1923－1993),又名霍胤光,民国12年(1923)出生于湘阴县新市乡(今汨罗市城郊乡)上马村。民国27年(1938)1月在长沙参加中国共产党领导的抗日民众自卫团。民国28年(1939)4月加入中国共产党。民国30年(1941)从广西桂林调福建南安县任《南光日报》编辑。民国32年(1943)冬从南安转入福建安县从事地下革命工作。抗战期间曾与永安进步青年谌震创办东南出版社。次年进入国民党福建省政府机关当助理秘书,秘密配合中共游击队工作。民国34年(1945)7月参加"永安羊枣事件"后秘密转入大田县,8月在福建泉州被捕,3年后在泉州劫狱成功。民国37年(1948)6月进入中共闽浙赣省委学习,并留省委机关工作。1949年5月福建南平县解放,霍随省委苏华与解放军配合接管南平。1949年8月调任省委秘书处秘书长。1950年春调福建省农委参加闽侯七区土改试点,并起草《关于侨乡土改工作报告》。1951年回省农委工作。"三反"期间蒙冤被隔离审查并开除党籍(1984年恢复)。"三反"结束后调省林业厅任造林处、计财处处长。1958年调任省农业厅宣教处处长。1962年任农垦厅副厅长。"文化大革命"开始后下放闽西武平山区直至1970年。1975年2月任福建晋江地区农校副校长,1977年2月调省教育学校(今福建教育学院)任副校长。1985年8月离休,1993年8月病逝。

黄救黎

黄救黎(1931－1999),民国20年(1931)生,汨罗市人。1945年7月参加革命,在八路军三五九旅南下支队湘北支队一大队当公务员。参加中原突围战役后,在山东渤海教导旅政治部任收发员,并加入中国共产党。1948年2月,任第一野战军二纵队二军司令部机要科译电员,先后参加瓦子街、西府、扶眉等战役。并随部进军新疆,历任新疆军区步兵第六师机要科副科长,焉耆军分区参谋科副科长、新疆军区政治部群工部科长、炮兵54团副政委、炮兵38团政委、炮兵第13师政治部主任、师政委等职。1985年8月任宁夏军区副政委,1988年被授予少将军衔。1992年离休。1999年1月因病去世。

二、人物简介

(以生年排序)

(一)汨罗籍部分在外军政界副师(厅)级以上人物

黄静汶

黄静汶,女,原名自纯,曾用名黄浩。1911年生,汨罗市高家坊镇三姊桥人。1926年冬在湘阴县城加入中国共产主义青年团,负责湘阴县女界联合协会筹备工作,不久考入中央军事政治学校武汉分校,并在学校转为中国共产党党员。“马日事变”后,曾在国民革命军第十三军军部任少尉校对,全国互济会总会任巡视员、干事、部长,上海军管会代表等。曾三次被捕入狱,坚贞不屈,均未暴露政治身份。20世纪50年代后,先后担任上海市妇联副主任,国务院卫生部妇幼司副司长、咨询委员会委员,是第一届全国政协代表,第一、二届全国妇代会代表、第三届执委。现已在卫生部离休,享受副部长级待遇。

郑福生

郑福生,1915年6月生,汨罗市新市镇团螺村人。自幼家境贫寒,12岁在新市街学打白铁。1930年参加红军,在红十六师八团当勤务兵,后曾在机枪连任班长、连长,师部任通讯排排长,1932年加入中国共产党。1935年6月在武汉被捕,后被押解到湘阴监狱,经亲属多方联系,年底释放回家。1938年中共地下党员李永保回到新市街,他与李永保接上头,经李永保介绍于同年7月经武汉到安徽金县参加新四军,历任机训队队长,短枪队队长,机枪连连长,某师五十七团作战参谋、团参谋长,某师六十一团团长,华东第三野战军一九九团团长,六十七师副师长。50年代初,参加抗美援朝。回国后在南京学文化,1958年转业到淮北矿务局任副局长等职。1982年在淮北矿务局离休。

龚 辉

龚辉,女,1917年3月出生于长沙,原籍汨罗市高家坊镇船山村。其父早年在长沙学徒,后在长沙开店,龚辉1932年小学毕业后,离开父母到武汉,考入申新纱厂做工3年,因和工友们一起闹罢工,被厂方开除后进入震环纱厂第一分厂做工。1937年参加中国共产党在该厂的外围组织做工运工作。1938年9月,经八路军驻武汉办事处介绍到达延安,先后在抗日军政大学职工大学、工人学校、中共党校学习,1939年1月加入中国共产党。结业后留中央职工委员会研究室工作,1945年冬至1948年夏,先后在第四野战军合江军区后勤部及总后军械部任财务科长、指导员、协理员、部长秘书等职。1948年秋,调全国总工会参加筹备第六次全国劳动大会工作,随后调任沈阳纺织厂党委书记。20世纪50年代后,先后担任中国纺织工委员会劳保部部长兼女工部部长,职工运动史研究室党支部书记,宁夏回族自治区科学技术情报所党委书记兼所长。1982年调全国总工会,当年离休。

彭 文

彭文,又名彭应国,1918年生,汨罗市弼时镇人。从小聪颖好学。1932年以优异成绩考入长沙长郡中学。1935年冬,在长沙参加湖南省会学生声援北平"一二·九"学生运动的示威游行及其组织工作,他和进步学生一道到家乡、益阳、沅江等地搞抗日宣传活动。1937年12月在长郡中学加入中国共产党。1938年7月底,经党组织介绍赴延安,进入抗日军政大学第三大队第四队学习。抗大毕业后,曾任部队编辑、记者,第一野战军政治部秘书,秘书科科长等职。1955年转业到地方工作,曾任甘肃省白银市办公室主任,甘肃铜矿筹建处主任,"文化大革命"时含冤受审,1972年平反昭雪,1982年在甘肃省物资局离休。

彭 珂

彭珂,原名申莲,女,1919年8月生,汨罗市弼时镇弼时村人。1932年在本地序贤小学高小毕业。1933年到长沙学织袜子。1938年9月,经姑父的哥哥任作民介绍,到延安进入陕北公学学习,同年12月加入中国共产党,毕业后,曾在八路军医院、八路军留守兵团野战医院、八路军卫生部门诊部,热西军区卫生处等处任护士长、医生等。20世纪50年代后,在空军司令部卫生院门诊部、第一航空学校卫生处任医生。1953年转业到地方工作,在北京市妇幼保健院、北京产院、北京市东四产院任副院长、院长,空军子弟学校任副校长、党支部书记,北京市育鸿学校任校长,名誉校长等职。1982年在育鸿学校离休。

任 楚

任楚,化名任启良、力群、任初,1921年2月生,汨罗市弼时镇毛塘村人。生母范友莲,1925年在上海参加党的地下工作,1926年在上海病逝;父亲任作民长期在外从事党的地下工作。任楚和弟弟任湘在老家由三婶彭凤英,以及外祖母、四叔母共同抚养长大。高小毕业后因生活困难而失学。1936年在长沙裕民针织公司当学徒。1937年11月，随父亲和继母丁祝华到达八路军驻武汉办事处。之后，又随陈琮英辗转到延安，分配在中央印刷厂工作。1938年4月，加入中国共产党。6月，由中组部介绍到抗日军政大学二大队五队学习。毕业后，继续在中央工校、党校学习。1940年6月进入中央军委二局学习中、英文的密码收发报工作。同年10月，调中央印刷厂担任会计出纳、工会宣传委员，后历任绥德分化纸厂工务科科长，热河省政府合作贸易科副科长，围场县政府实业科科长兼三区区长，冀察、热辽分局党校支部书记，土改工作团分团长，热河省政府农业科副科长，东北军区长春军训团副主任，沈阳橡胶三厂军代表，东北橡胶公司秘书等职。20世纪50年代后，先后任丹东橡胶厂副厂长、东北干训班主任、沈阳高职学校教导主任，东北轻工业局教育科长，东北造纸机械厂厂长，中央造纸局干部训练班主任，中央食品工业部干校副校长，中央轻工业部干校副校长，北京工业学院（现为理工大大兴安岭）办公室主任、党委委员、院工会主席、院党委学生工作部顾问等职。1982年12月离休。

程一湘

程一湘，原名程业湘，因在大别山打游击时（当时担任大山政治处主任）遗失私章，故改名程一湘。1922年12月生，汨罗市新市镇新市街人。1938年7月经中共地下党员李永保介绍，经武汉到安徽金县参加新四军，先在某部教导营四连当学员，同年9月加入中国共产党，学习3个月结业，分配到二四团一营任青年干事，历任江北游击纵队二大队政治干事，津浦路东分区独立四团一营二连指导员，新四军第二师三营教导员，大别山人民支队政治处主任，华东第三野战军四纵队第十师政治部组织科长，二十三军六十七师二〇〇团副政委。20世纪50年代后，先后任六十七师二〇五团政委，六十九师政治部主任，中国人民解放军政治学院教员，桂林步兵学校副政委，海南军区政治部副主任，海南军区副政委等职。1986年5月离休。

任 岳

任岳，原名爱菱，女，1925年8月生，汨罗市弼时镇毛塘村人。1932年在本地序贤小学念书。1939年12月随伯父任作民赴延安，进入陕甘宁边区师范三大队学习，同年7月转入自然科学院继续学习。1944年7月加入中国共产党。1945年9月毕业后赴东北，任黑龙江省委秘书、报社记者等职。1948年底，由东北局派送到苏联留学，在莫斯科建筑工程学院学习。1956年7月回国后，分配在三机部沈阳松陵机械厂设计科工作，历任三机部第六研究院第一研究所情报资料科科长、第六研究院政治部秘书处党支部书记，五机部外事局办公室副主任、科技交流处副处长等职。1983年1月在五机部离休。

任 湘

任湘，化名任生沪，1926年7月生，汨罗市弼时镇毛塘村人。1934年在本乡序贤小学读书。1939年12月，随父亲任作民赴延安，进入陕甘宁边区师范三大队和延安自然科学院农业系学习。毕业后，分配在陕甘宁边区政府建设厅任科员，曾先后担任晋察冀边区张家口汽车修理厂股长，冀察热辽边区围场县禁烟督察局辑查队长兼三区办事处主任，东北财经委员会哈尔滨纺织厂厂长，佳木斯东北第二纺织厂厂长，1945年8月加入中国共产党。1948年8月赴莫斯科地质学院勘探系学习。1953年春回国后，历任北京地质学院党委委员，勘探方法教研室和稀有地质教研室主任，地质部105队第一副队长，北京地质局副局长、总工程师、党组书记、局长，北京市科协党组书记、副主席，北京市科委党组成员、副主任，中国科协委员等职。1995年在北京市科协离休。

任永骏

任永骏，1926年11月生，汨罗市高家坊镇凤形村人。1945年至1946年在国立第九战区中学读高中时，曾任该校学生总会主席，组织领导爱国民主进步学生运动，反对国民党腐败政府和学校当局贪污、迫害进步师生的行为，遭国民党镇压，沅陵行署派武装将其软禁，并派特务图谋暗杀，因全校师生奋起反抗，使暗杀行动未能得逞。他在该校毕业后，于1947年进湖南大学求学，在校与原沅中校友地下党员曾汉荃继续从事学生运动。1948年7月，经地下党员任纪汉介绍加入中国共产党，从此，弃学还乡，以教书为掩护，积极投入党的地下斗争活动。1949年4月，中共湘阴县工作委员会成立，他被任命为县工委委员。20世纪50年代后，历任湘阴县川山坪办事处副主任、长新区区长、县文教科科长、县政府秘书、副县长、县委委员、宣传部部长、县防汛抗旱总指挥、湘潭专署文教办副主任、党组书记等职。1958年他被错打成右派，含冤委屈多年。至1979年平反后，任湘潭地区农业局副局长，农校校长、书记，湘潭地区文教办副主任，湘潭市委常委、组织部部长，湘潭市委正市级顾问等职。1990年离休后仍兼任多项社会职务，撰写诗文百余篇，分别在《湖南诗词》《人生》等报纸杂志上发表。

吴树言

吴树言，1927年11月生，汨罗市川山坪镇城墙村人。1948年加入中国共产党。旋即，以教书为掩护，从事党的地下工作。1949年春，任中共川山坪区委书记，发起组织“新力智识青年联谊会”，并在清溪、塾塘、源塘等乡发展分会，共有会员600余人。1949年7月，中共湖南省工委和中共湘阴县工委任命他为袭击敌军列车的总指挥，受命后，调集地下党的武装即湘北人民自救军和地下十一师、“新力智识青年联谊会”的部分兵力共120余人，于7月21日在川山坪彭家坳，奇袭敌军列车，经过激烈战斗，大获全胜。20世纪50年代后，历任川山坪办事处副主任，四区区长、区委书记，湘阴县政府秘书，洞庭围农业社工作组组长，湘潭地区农校副校长，湘潭市委直属机关工委副书记等职。1959年春被错划为右派，委屈多年，1979年平反昭雪。1990年在湘潭市委直属机关离休。

刘　浩

刘浩，1927年12月生，汨罗市红花乡石仑村人。中共党员。1949年8月参加工作，由湘阴县人民政府汨罗办事处安排在新市乡中心学校教书。1952年8月考入唐山铁道学院桥梁科(现为西南交大)，1955年8月毕业后，分配在铁道兵第七师三十四团任技术员。长期从事铁道隧道、桥梁、涵洞等设计、施工技术工作,先后被聘为工程师、副总工程师、总工程师。1983年12月在铁道兵七师三十一团司令部离休,享受副师级待遇。1996年红花乡人民政府组织修桥,他主动为汨罗江红花大桥施工,不计任何报酬。

胡 坤

胡坤,又名普生、良飞,1928年5月生,汨罗市新市镇新市街人,初中文化,中共党员。1945年3月,长乐街被日本侵略军侵占,胡坤与当地青年11人到玉池山,找到三五九旅第六支队三大队大队长游福绵,要求参军,游接收后,安排胡坤到通讯班。1948年6月中原突围后,胡坤因病掉队,后到新四军五师某团二营营部任通讯员。1947年1月调到陕南游击支队。1948年3月加入中国共产党。1949年7月,调中国人民解放军五十七师一七一团任组织干事、副指导员、干部干事等职。1952年8月,中央军委宣布五十七师集体转业为石油工程第一师。胡坤转业后,先后担任甘肃省玉门石油矿基建处人事科副科长、团委书记,玉门石油矿党委组织部干部科科长,玉门石油局吐鲁番矿务局党总支书记、宣传部长、组织部长,新疆石油管理局地调处生活办公室主任、工会主席等职。1988年8月离休,享受厅(局)级待遇。

瞿汉广

瞿汉广,1929年9月生,汨罗市高家坊镇高华村人。高小毕业后在家务农。1948年10月,经中共地下党员任纪汉安排,在本地做党的地下工作。为保卫汨罗境内的铁路桥梁,迎接解放军南下和湘阴和平解放做工作。20世纪50年代后,在高明乡参加农会工作,1950年10月后,历任中共湘阴县委三区宣传干事,区委书记,县委农村工作部部长,县长,岳阳地区工业局长,岳阳地区氮肥厂厂长、党委书记,岳阳纺织工业局局长,燃化局局长、党委书记,岳阳地区经委副主任兼燃化局局长、党组书记等职。1983年10月离休,享受副专员待遇。

甘俊贤

甘俊贤,1930年10月生,汨罗市高家坊镇鹿峰村人。新中国成立前,靠帮人做零工度日。20世纪50年代后,在家乡积极参加支前、秋征、土改工作。1951年正式参加工作,历任沙河乡政府秘书、公安员,湘阴县法庭书记员,县公安局副股长、侦察股长,县检察院副检察长,县公安局局长、党总支书记,县委委员、县政法委党组书记,岭北区委书记,县人民法院院长、党委书记,县委常委,组织部部长,岳阳市(地区)中级人民法院副院长、院长、党组副书记、书记。1994年9月在岳阳市中级人民法院退休。

任远志

任远志,革命家任弼时的长女,1931年3月出生于上海,中共党员。1931年6月,由于叛徒出卖,母亲被捕,随母关进上海龙华监狱,后经妇济会营救出狱。1932年母亲将她送回老家由祖母抚养。1946年7月党组织将她接到延安父母身边,并进入延安中学学习。同年11月在第一野战军医院当护士。随军转战陕北后,进入贺龙中学、边区联中学习。1954年毕业于北京师范,分配在轻工业部工作,1962年调军事博物馆工作。1968年4月,遭江青反革命集团迫害,被打成特务关进监狱,1972年经叶剑英元帅批准出狱,恢复工作。1992年1月在军事博物馆离休,享受正师职待遇。

易义坤

易义坤,原名迪强,1931年11月生,汨罗市新市镇团螺村人。1949年9月,在湘阴县川山坪办事处正式参加工作,1951年3月转入中国人民解放军,历任湘阴县第十六区武装部副部长,湘阴县兵役局助理员,湘潭军分区司令部动员科参谋、科长,醴陵县人武部副部长、部长,湘潭县人武部部长,湘潭军分区党委委员等职。其间,荣获中央军委授予的中国人民解放军胜利功勋荣誉章,湘潭军分区三等功奖励。1987年在湘潭军分区离休,享受副师职待遇。

任　易

任易,1932年12月17日生,汨罗市弼时镇人。小时随母就读于塾塘乡同德小学和青山铺茂宗小学。1945年秋考入长沙县高仓中学。后转学至长沙市广益中学及上海市缉槼中学,1949年初考入长沙市长郡中学读高中。10月经中共中央组织部保送入哈尔滨工业大学预备科学习。1950年7月加入中国共产党。1953年考入北京俄文专修学校留苏预备部学习。1954年秋赴莫斯科汽车机械学院学习。1959年毕业后经短期集训,10月分配到洛阳第一拖拉机厂设计处工作。不久调入洛阳拖拉机研究所发动机室,担任苏联专家的翻译,并从事柴油机工作过程研究和设计开发工作。1962年秋至1983年,先后任北京农业机械部拖拉机局、八机部科技司、中国拖拉机内燃机工业公司、一机部科技局、农机部科技局综合处、机械部科技司、质量监督司等单位工程师、副处长、副司长。1987年调任中国农业机械总公司副总经理、研究员组高级工程师、中国农机流通协会副理事长、中国内燃机工业协会副理事长。参与编审《当代中国农机工业》《中国农业机械公司三十年》等书,主编《1955年版新编农机商品知识》,参与《汽车理论、设计和计算》一书的翻译工作。1993年12月于中国农机总公司退休。

谢　尼

谢尼,原名谢习宜,1933年3月生,汨罗市城郊乡归义街人,中共党员。1952年在湖南大学银行专业科毕业后,分配到湖南省人民银行工作。后历任中共湖南省委党校政治经济学教研室教研员,株洲市委办公室综合科长、市委书记秘书,株洲市计委办公室主任,株洲市政府办公室副主任,市经委第一副主任,市政府外经办主任,湖南省政府驻深圳办事处业务处长,湖南省政府驻惠州办事处主任,深圳芙蓉企业发展公司总经理等职,享受副厅级行政待遇。

彭述德

彭述德,1933年10月生,汨罗市弼时镇福寿山村人,中共党员。1950年10月参加中国人民解放军,历任排长，营、团、师参谋，师部正副科长、副团长、代团长，军司令部处长、副师长，师职顾问等职。在党内历任党小组长，党支部委员，营、团党委委员，团党委常委，师、军司令部党委委员，军直属队党委常委。期间受上级嘉奖7次，荣立三等功1次。曾主持编著所在部队军史、组织史、沿革史，受到领导和上级的好评，被兰州军区聘为特约编研员，1994年被兰州军区评为先进编研工作者，受到通报表彰。1990年在部队退休。

彭亮根

彭亮根，1934年4月生，汨罗市古培镇培塘村人。新中国成立之初，在家乡参加土改、查田定产等工作。1952年正式参加工作。1954年入党，曾任乡秘书、区统计、湘阴县委农村部干事、三姊公社党委书记等职。1966年3月至1976年11月，任中共汨罗县委副书记，县革命委员会副主任；中共汨罗县委书记兼人武部政委、县革命委员会主任。1981年11月出任中华人民共和国援助加纳共和国农业技术组组长、党支部书记。工作两年后回国，历任岳阳地委农村部部长，汨罗县委书记兼人武部政委，汨罗县委顾问，岳阳市人大常委会委员，岳阳市政府林业顾问，政协岳阳市委副主席。1989年8月至1992年1月兼任汨罗市委书记。1995年在政协岳阳市委退休。其间，于1963年被评为湘阴县建设社会主义先进个人，1985年、1986年，先后被湖南省人民政府记大功两次，1987年评为湖南省造林绿化先进工作者，1988年被湖南省政府授予“发展商品经济勇于改革的先进个人”。1989年，全国绿化委员会授予他全国绿化奖章。1990年，被中共湖南省委、省政府授予“焦裕禄式干部”，并为当年《学习导报》封面人物之一。1991年被全国绿化委员会、林业部、人事部授予“全国造林绿化劳动模范”。同年纪念中国共产党成立70周年之际，中组部推荐其为“优秀共产党员”，并为当年中央《农村工作通讯》第七期封面人物。中共中央组织部、中共湖南省委分别授予他“优秀领导干部”。1992年中国农牧渔业国际合作公司颁发“为我国援外工作做出显著成绩”的荣誉证。其事迹先后载入《中国林业年鉴》《岳阳晚报》《湖南日报》《中央农村工作通讯》《当代世界名人传(中国卷)》，以及中组部办公厅编写的《人民的好干部》等。

蔡海青

蔡海青，1934年5月生，汨罗市高家坊镇凤形村人。1948年8月到长沙中兴日报社学印刷。1949年8月后参加工作，在中国人民解放军十二兵团、湖南军区所属的部队生活出版社工作。1952年11月调入《新湖南报》社，任人事科副科长、临时党委委员；1968－1973年在《湖南日报》(1964年10月改)社(军管时期)任政工组副组长；1978年任《湖南日报》社政治处处长、党委会委员，1983年选送中共湖南省委党校领导干部文化专修班学习，1986年后任《湖南日报》社离退休人员工作办公室主任、机关党委书记、纪检组组长(副厅级)，为《湖南日报》社社务委员会委员。1996年4月离休。

刘昌明

刘昌明，1934年5月生，汨罗市川山坪镇人。1952年9月至1956年7月在西北大学毕业。1959年在北京大学讲授《陆地水文学》。1964－1992 年在中国科学院地理研究所工作。1984 年被评为国家首批有突出贡献的中青年专家。1990 年被批准为博士生导师,获政府特殊津贴,先后任地理学会副理事长、水文专业委员会主任,IAHS 国际水文科协国家委员会副主席。1995 年当选为中国科学院院士。1995－1997 年任国际雨水集流协会副主席、国际地理联合会水文对全球变化响应研究会主席。1997 年至今任 IGBP/BAHC 中国国家工作委员会主席。1998－2001 年任 IGBP/BAHC 国际指导委员会委员。2000 年任国际地理联合会 IGU 副主席,中国水利学会水文、水资源两个专业委员会委员。英国 Hydrological Processes 杂志国际编委,中国地理学报主编,中国生态农业学报主编。国家"973"项目(G19990436)首席科学家。1992－2002 年任中国科学院石家庄农业现代化研究所所长,1997～2003 年任北京师范大学资源与环境学院院长,1997－2004 年任中国地理学会副理事长。现任中国科学院水问题联合研究中心主任等职。已发表著作和论文有《中国 21 世纪水问题方略》《中国水资源现状评价和供需发展趋势分析》《水资源及其内涵的研究现状和时间维的探讨》等共 360 余部。共荣获国家、中科院及省部级奖励 12 项。

周亮一

周亮一,1934 年 6 月生,又名亮彝,中共党员,汨罗市高家坊镇许家坳人。1951 年 4 月参加工作,在溆浦县任宣传干事、县委办干事。1960 年调黔阳地委办公室工作,先后在黔阳教育局、文化局、宣传部工作。1978 年调怀化地委,历任怀化地委政策研究副主任、怀化地委副秘书长、地委委员、秘书长等职。1990 年任怀化行署副专员,分管财贸金融工作。其间,曾主编《论湖南市场战略及"西大"的开发》一书,由湖南科技出版社出版,并撰写《以综合改革促山区开发的尝试》《发育山区市场的途径》等论文,分别由北京改革出版社、石家庄新闻出版社出版。1995 年退休。

廖海波

廖海波,1934 年 9 月生,汨罗市红花乡廖家塅村人,高级工程师。1950 年参加工作,先后担任贵阳市委组织部组织员,贵阳化工厂团委书记、第一车间主任、副厂长、贵阳日用化学品厂厂长、工程师,涟江化工厂筹建负责人,贵阳市化学工业局科长,市计委科长、副主任,贵阳市经委主任、党组书记,贵阳市常务副市长,中共贵阳市委常委、政协贵阳市第七、八届委员会主席、党组书记等职。

刘新煌

刘新煌,1935 年 2 月生,汨罗市川山坪镇天井村人。新中国成立前,在中共湘阴地下党的引导下,于 1949 年 5 月参加党领导的"新力智识青年联谊会",积极投入迎解活动。湘阴和平解放后,在川山坪办事处参加借粮支前、土改等工作。1951 年 5 月进入湘北建设学院学习,结业后分配在湘阴县人民银行工作,曾任湘阴县委组织部干事,乡(公社)党委副书记、乡长、书记,县财贸办主任,财贸部、工交部副部长,县委办公室副主任(主持工作),县粮食局局长等职。1966 年 3 月后,历任中共汨罗县委副书记、县革委副主任、县委副书记、汨罗县人民政府县长;1981 年 11 月代理中共汨罗县委书记。1983 年 12 月调任中共湘阴县委书记。后任岳阳行署计委建委主任、党组书记，岳阳市财委主任、党组书记、岳阳市委政法委书记、岳阳市人民政府巡视员、省执法监督专员等职。工作之余撰写200余万字的小说、论文、诗词等著作。其中在中央、省、市报刊发表的有100余篇。

刘宗映

刘宗映，1935年生，湖南省汨罗人。1952—1955年，刘宗映在长沙明德中学高八班学习。1955年，以优异的成绩考入北京航空学院，师从莫斯科航空学院专家学习导弹轨道设计。1960年，毕业分配到国防部第五研究院第二分院总体室，从事地对空导弹的总体设计。在苏联专家撤走后，刘宗映等五院青年科研人员利用仅存的少量苏联资料，反推其设计思路，开始“反设计”。1965年，刘宗映和同事们研制的“红旗一号”地对空导弹成功问世。不久，刘宗映随第二分院部分研究单位迁往上海。1969年底，刘宗映离开导弹设计岗位，投入了“风暴一号”运载火箭研制工作，担任总体性能组组长。1981年，“风暴一号”运载火箭完成中国首次“一箭三星”的壮举，同时将三颗人造卫星送入太空。1988年，刘宗映投身中国载人航天工程，任神舟飞船论证技术负责人。在他的带领下，神舟飞船推进舱在设计上大胆创新，突破了俄罗斯联盟号飞船的设计思路，为中国宇航员进入太空做出贡献。刘宗映担任过上海航天技术研究院805所研究员、神舟飞船总体设计主任设计师、推进舱副总设计师，退休后担任载人航天工程顾问，曾获上海市科技进步一等奖，为中国导弹、火箭、载人航天事业做出贡献。

傅胜根

傅胜根，1936年生，汨罗市白水镇双乔村人，中共党员。1956年考入湖南医科大学医疗系。1960年4月毕业后分配到湖南省生理生化研究所读研究生。1964年春调入湖南省农科院从事科研管理工作。历任湖南省农科院科长，院政治处党支部副书记、院办公室副主任，副院长、常务副院长、党委常委、党委副书记、党委书记等职。1984年2月经国家科委选拔以“全国十大企业”高级管理干部的身份赴美培训近半年，获美方颁发的成绩优秀证书。曾聘为副研究员、研究员。

任远征

任远征，开国元勋任弼时的次女，中共党员，高级工程师，1936年8月出生于四川阿坝长征途中。她的童年时代是随父母在艰难的战争中度过的。1960年在北京工业学院毕业后，留校任助教。1962年调任七机部二院23所技术员，参加红旗系列地面站的研制工作。先后在钢铁研究院工作，国家气象局气象中心任副主任、党委书记，中央监察部三局副局长、三司司长，中纪委三室主任等职。1988年后，任全国政协第十届委员会委员。

刘红运

刘红运，1937年4月生，汨罗市红花乡京街村人，中共党员。1962年从清华大学毕业，分配在水利部中南设计院工作。1970年中南设计院与湖南省水电厅设计院合并后，一直在湖南水利部门工作。1981年2月，以国派访问学者的身份到加拿大留学。回国后，先后担任湖南水电设计院副院长、院长，省水利水电厅副厅长、厅长，并兼任澧水公司总经理等职。1993年当选为全国人大代表。其间，他先后参与20多座水电站、变电站、大电排站的设计工作，担任负责人。并发明"混合整流电容储能装置"，研制成功"新型冲击继电器(BC－4)"，在全国推广使用，获"湖南省重大科技成果"二等奖。他提出《洪枯两季水电出力悬殊的解决办法》，被水利部推荐在巴西召开的"国际中小水电会议"上发表。他的《中国利用电解法获得氢能的潜力》研究成果，受到国际氢能专家的重视，被联合国工业发展组织(UNIDO)出资邀请，作为唯一的中国专家出席1992年联合国召开的国际氢能会议。还为引进国外的先进技术和设备，翻译了近百万字的英语、德语、俄语等资料。他被国际电力电子工程学会(IEEE)、国际能源基金协会(IEF)、美国工程管理学会(PMI)等国际著名学术组织聘为成员，并列入《世界科技名人录》和《世界名人录》。

陈豪之

陈豪之，生年不详，汨罗市大荆镇大荆村人。1938年在长沙读中学时，经驻长沙八路军办事处介绍，于同年7月达到延安陕北公学学习，一个月后。转入抗日军政大学三大队，12月加入中国共产党。结业后分配在一二九师三八六旅某营任教育干事。先后任七七四团教育干事，营副教导员，教导员，解放大队教育股长，团政治部副主任，团政治处主任，十三军政治部敌工科长等职。20世纪50年代后，先后任西南军区军政干校政治处政委兼主任，青年部长，直属队政治部主任，党委书记，空军基地副政治委员，师党委常委，空军二十三师副政委，信阳第一机务航校政委，授中校军衔。1980年在高级军官学校离休，享受正师职待遇。

徐本善

徐本善，1938年6月生，汨罗市古培镇大兴村人，高级经济师。1952年9月参军，抗美援朝回国后，调福建前线参加炮击金门战斗137次。在部队曾任班长、排长、营、团侦察参谋，师作训参谋等职。1964年10月转业到长春市建设银行，先事拨款、贷款、计统、调研综合等业务工作，后历任长春市建设银行科长，吉林省建设银行投资研究所副所长、综合计划处处长、吉林省投资银行行长等职。他多次到意大利、法国、美国、日本、俄罗斯等国和中国香港地区考察，并赴世界银行经济发展学院和加拿大联邦商业开发银行进修，发表论文和文章100余篇，著有《金融投资效益探索》。长期工作中曾受到省以上的嘉奖30余次。

左志辉

左志辉，1938年12月生，汨罗市李家塅镇画眉村人，工程师。1957年中专毕业后，分配在湖南武冈县工作。1960年大学进修，1963年毕业，先后在省农业厅、省机械工业厅、省革委会生产指挥组、省农业委员会、省政府办公厅、省政府农村办、省委农村工作部等处工作。历任副科长、科长，副处长、处长、副厅级研究员等职。1980年晋升为工程师。1994年及1997年随省政府组团赴法国、意大利、美国、日本招商引资和农业考察。在长期工作中，撰写《农业生产隐优问题与发展后劲》《市场经济下的农业保护政策》等10余篇论文，先后在全国省以上的报刊上发表。

常俊武

常俊武，1939年2月生，汨罗市弼时镇汉山村人，中共党员，大学文化，建筑工程师。1963年12月于贵州工学院河川专业毕业后分配至贵州省水电厅农水局工作，任农水局一处实习小组长、工程科技术员、设计处技术员；1965－1970年任贵州省水利水电设计院技术员；1970－1974年任贵州省水利电力局政工组宣传室干事；1974年9月至1979年7月任贵州省水利厅政治部秘书；1979－1980年任贵州省天柱县鱼塘水库大坝施工负责人；1980－1982年任贵州省水利厅建设处工程师；1982－1983年在中共贵州省委党校学习；1983－1989年任贵州省水利电力厅政策研究室副主任、主任、办公室主任；1989－1998年任贵州省水利电力厅副厅长、厅长；1998年1月至2008年任贵州省人大常委会委员、农村经济委员会副主任委员。熟悉水利水电工程的勘测设计与施工，曾参加和负责多座电站与水库的设计施工工作。1983年后起草贵州省水利电力厅的重大报告和文件，同时在报刊上多次发表关于水利方针政策、水利经济方面的文章。

彭缉熙

彭缉熙，1939年3月生，汨罗市高家坊镇青江村人，大学文化。1959年8月高中毕业后参加中国人民解放军并就读于海军第二炮兵学院。1964年毕业后授中尉军衔，并留院工作，历任第一教研室教员、训练部参谋。1969年因受江青反革命集团迫害复员到湖南省航运局工作。1973年部队落实政策后历任省航运局办公室秘书、科研所副所长。1983－1995年历任省人大财经委办公室副主任科员、主任科员，办公室副主任、主任。1995－1999年历任省八届、九届人大代表，省人大八届财经委员会委员、省九届人大财经委副主任。1999年8月退休。

王干全

王干全，1939年4月生，汨罗市弼时镇大里塘村人。1960年毕业于江西冶金学院，并留校任教，后任赣南医学院团委副书记。1970年调湖南株洲工作，历任株洲市城建综合开发公司副经理、株洲市房地产管理局党委书记、湖南城市建设学校校长兼党委书记等职。1999年退休。

邵　勋

邵勋，1939年5月生，汨罗川山坪镇玉麓村人，少将军衔。1951年随父参加乡农会。1952年到长沙市雅礼中学求学。1958年7月高中毕业后，被保送湖南大学电气工程系无线电技术专业学习。1963年7

月大学毕业后,参加中国人民解放军。1992年1月毕业于国防大学;他经受过野战部队的锻炼,长期从事军事院校工作,历任战士、教员、教研室主任、训练部部长、副院长,曾任中国人民解放军通信工程学院院长,军事通信学学科教授。被授予中尉、大校军衔。1994年授予少将军衔。他是中国电子学会高级会员、中国军事教育学会理事。先后编撰出版《接力信道原理》《发信设备原理》等大学教材。近年发表《关于战役电子问题的思考》等8篇论文;并主持审定"野战计算机无线网络系统"的研制方案,获军队科技进步一等奖。

李宗耀

李宗耀,1940年2月生,汨罗市桃林寺镇人,国防科工委后勤部财务部原部长,正师职干部,大校军衔。1955年,以优异成绩考入湘阴二中。1958年1月,因家庭经济困难,弃学参军。1958年9月,调一二三师后勤部仓库。1960年3月,加入党组织。1960年9月,入中央财政金融学院财政系读书,在校期间成绩名列前茅。1962年8月,毕业分配到总后第二物资计划部工作。1965年10月,到原国防科委后勤部财务部工作。1965－1966年,在河北雄县参加农村"四清"工作队。在文化大革命中,坚持做好本职工作。改革开放后,长期从事国防科研试验财务工作,始终以服务国防科研试验和边远艰苦地区官兵为己任。在经济供应上,坚持集中财力,优化配置,确保各项武器装备试验及航天发射任务的圆满完成。在财务管理上,撰写全军第一套完整系统、行之有效的《国防科研事业费管理规定》,为武器装备科研试验财务管理工作奠定坚实的基础。在队伍建设上,培育出一批优秀的财务管理人才。在财务理论研究上,组织编著的《新财务会计通览》,荣获首届军队财务科学研究成果特等奖,研究撰写的《关于拓展国防科研事业财务保障途径的探讨》等10余篇理论文章获奖,为国防科研事业财务工作提供了理论指导。1995年从军队退休后,参与地方经济建设与社会公益活动。

周爱群

周爱群,1941年5月生,汨罗市范家园镇永青村人,高级研究员。1959年考入湖南师范学院外语系英语专业,1963年8月大学毕业后,留校担任助教,1965年10月征调入伍到广州军区,11月被派往越南执行作战任务。1969－1971年,由国防部外事局派往驻坦桑尼亚军事专家组工作;回国后于1972年3月调中国人民解放军总参谋部工作,曾被派驻南斯拉夫武官处工作,1991年8月,被任命为驻波兰共和国的陆、海、空军武官,1993年兼任驻立陶宛共和国的陆、海、空军武官,1995年10月被任命为驻希腊共和国正师职大校军衔陆、海、空军武官,1997年7月离任回国后退出现役,由中国人民解放军中国国际战略学会聘任为高级研究员。长期从事军事情报和军事外交工作,先后在《人民日报》《世界知识》《外国文艺》等报刊上发表有关国际形势的论文和译文100余篇,其中《论苏联军事战略的调整》一文,获1990年《金炉杯》外国军事学术有奖征文一等奖。还翻译出版《抓间谍者》《欧洲盟军最后司令部》等十余部书,其中《抓间谍者》获1998年全军最优秀的军版图书奖。还先后赴意大利、土库曼斯坦和芬兰参加由有关国家的政府和国际组织举办的国际学术研讨会,其论文已由组织单位出版。

何卓新

何卓新,1941年6月生,汨罗市新市镇元宵塅人。毕业于南京邮电学院、中国新闻学院、北京电大中文系。1960年参加工作,先后在新华社地方部、北京分社任干事、记者,采访室主任、办公室主任、主任记者,北京市新闻出版局副局长、常务副局长、局长、党组副书记、书记,版权局局长等职。与同事合著有《中外新闻知识概览》《县志新编》等书。

高端云

高端云,1942年7月生,汨罗市高家坊镇达仁村人。1961年8月从湘阴师范毕业后,投笔从戎。在部队历任武装部参谋、副科长、科长、副部长、部长,株洲军分区副司令兼株洲陆军预备役步兵师副师长等职。1988年9月被授予上校军衔,1993年被选为株洲市人大常委会委员。还担任株洲市防汛抗旱指挥部、市人防委、市交通战备指挥部等领导机构的副职职务。被湖南省人民政府评为"抗洪抢险先进个人",并荣立一等功。他还用自己有限的积蓄,组织在株洲和省城工作的老乡,为家乡的建设和救灾募捐达6.4万余元。并多次到省有关部门为家乡争取6万多元的赈灾款。

伏煌煜

伏煌煜,1943年2月生,汨罗市黄柏镇英桥村人,高级经济师,中国注册会计师。1967年7月在湖南财经学院会计系毕业后,下放到沅江南湾湖军垦农场劳动锻炼;1970年3月调零陵县财政税务局,从事办公室、计会、行财、农村预算管理等工作,先后任副股长、股长、副局长,零陵地区财政税务局副局长,长沙市税务局(国家税务局)党组副书记、书记,副局长、局长;湖南税务高等学校校长等职。从长期的财政、税收工作中积累丰富的经验,主编《经营管理导向》《厂长经理工作手册》等3部著作,曾在《中国税务报》《中国地方领导论坛》等书报刊物上发表《借得古泉研朱墨,挥洒国税新篇章》等6篇论文和文章。现任湖南税务高等专科学校校长。

黄建国

黄建国,1943年10月生,汨罗市黄柏镇人。1961年应征入伍,在吉林省军区警卫营历任班长、排长、副连长、指导员,吉林省军区后勤部助助理员、干事、战勤参谋、战勤处副处长、处长,吉林省军区梅河军分区副司令员,吉林省军区白城区军分区副司令员,吉林省军区长春军分区副司令员兼长春预备师副师长等职。1995年夏,在百年不遇的洪涝灾害的抗洪救灾中被吉林省政府记三等功1次。发表过报告文学、学术研究等方面的文章。

李少香

李少香,1944年10月生,高家坊镇早禾冲人。1962年12月入伍,1964年5月加入共青团,1965年10月加入中国共产党,大专学历。在部队期间历任战士、副班长、排长、副指导员、指导员、团副政委、政委、师政治部主任、师政委等职。曾5次被评为优秀战士,8次获嘉奖,晋级1次,1988年被广州军区后勤部评为优秀党员,被广州军区评为优秀党务工作者,并荣立三等功一次。任总参兵种部武汉军事代表局政治委员,正师职,大校军衔。

吴梦南

吴梦南,女,1944年11月生,汨罗市川山坪镇大屋吴人,中共党员。1968年12月在中央财政金融学院毕业后,分配在国家建委四局六公司任党委秘书、办公室副主任。1979年3月调任长沙市计委办公室副主任,后任长沙市计委办公室主任、长沙市物价局党组副书记、书记,副局长、局长,长沙市北区区委书记。1995年4月起,任长沙市委常委、市纪委书记、中共湖南省纪检委员,长沙市人大常委会主任。曾当选为湖南省八届人大代表。1981年、1982年分别被长沙市市直机关党委评为优秀党员,1990年被评为全国物价系统先进工作者。

何梓林

何梓林,1946年5月生,汨罗市古培镇大兴村周龙湾人,中共党员。毕业于北京师范大学。1970年调湖南工作后,历任湖南省劳动局科长、株洲市劳动局副局长、省劳动人事厅和省劳动厅办公室主任、省委办公厅处长、娄底地委副书记、省委党史委副主任,巡视员。曾发表30余篇论文,有关篇章被录入《陈云和他的事业》《中国改革纵横谈》《中国经济文库》等书,被中央党校和中共湖南省委宣传部评为优秀论文。并与人合作主编《三湘之最》等书。

彭势强

彭势强,1946年8月生,汨罗市弼时镇唐家桥村人,中共党员。1970年7月在湖南农学院毕业后分配在邵阳地区农科所工作。历任娄底地区农村部副部长,娄底地区农委副主任,涟源市副市长,娄底地区林业局副局长、党组副书记,娄底地区农机学校校长、党委书记,娄底地区农业局局长、党组书记等职。1994年8月被农业部授予"先进教育工作者"的光荣称号。

胡春福

胡春福,1947年3月生,汨罗市白水镇越江村人,少将军衔。1960年9月至1963年7月在汨罗四中初十二班就读。1963年9月入伍。入伍后,历任团、师、军级单位政委,是全军优秀的政治工作领导干部之一,九届全国人大代表,福建、江苏省人大代表。他所带领的部队,参加过对越自卫反击战等重要军事行动,特别是任军政委以来,所属部队驻守改革开放和军事斗争准备前线,带领部队大力加强全面建设,部队战斗力不断提升,为确保国防安全做出重要贡献。曾任南京军区空军副政委,先后受到军委主席江泽民、胡锦涛的亲切接见。

周炳坤

周炳坤,1949年1月生,汨罗市白水镇唐山村人,少将军衔。1965年8月入伍,历任广州军区机关学员、译电员、参谋、副处长、处长、副师职研究员。1986年任四十二集团军副参谋长。1991年任中国人民解放军一三二师师长。1996年任中国人民解放军驻香港部队参谋长。2001年任广州军区装备部副部长。他在军区机关工作时,历经步兵学校、陆军指挥学院及国防大学培训和师主管岗位锻炼,先后参加援越抗美、中越边境自卫反击作战等战役。在军区司令部军训部任职期间,参与全军单兵训练、分队战术训练改革,特别是海岸岛屿部队训练改革试验成果,获总部肯定。任四十二集团军副参谋长时,积极参与组织军事学习和训练活动。任一三二师师长期间,提出"争创全军军事训练先进师"目标,加强了部队建设。任驻香港部队参谋长时,正值部队对外开放和进港准备的关键时机,他带领机关同志,精心筹划部队进港前的各项准备工作,组织部队反复演练,确保万无一失。1997年7月1日凌晨,具体组织指挥香港驻军陆海空军部队分多路同时进驻香港,按时、安全、顺利达到营区,圆满完成军委、军区下达的任务。进港后,针对驻军香港的特殊环境和复杂情况,认真研究总结部队战备、训练、管理、对外联络、部队轮换等方式方法,为顺利展开工作打牢基础站稳脚跟提供保障。2001年12月任广州军区装备部副部长,分管装备部工厂企业建设,稳妥推进各项改革,扭转企业的困难局面。

马望星

马望星,1950年12月生,汨罗市火天乡西塘村人,少将军衔。1969年4月应征入伍。在部队先后担任通信员,班长,排长,新闻干事,宣传组长,国防科学技术大学宣传部副部长,电子技术学院政治处主任,机械电子与仪器系副主任,国防科学技术大学政治部副主任(正师职)、政治部主任等职。在长期从事的宣传工作中,先后在《求是》《人民日报》《解放军报》《光明日报》《经济日报》等报刊上发表各类文章1000余篇。曾6次荣立三等功,6次被评为"优秀党员"。

陈飞林

陈飞林,1950年12月生,汨罗市黄柏镇凤凰村人。1968年3月入伍,入伍后曾多次进院校培训,1985年毕业于桂林陆军学校载波通信专业,1987年7月毕业于中国人民解放军通信指挥学院大专班和广东广播电视大学党政干部专修大专班,1995年7月毕业于解放军工程兵学院本科班。在部队历任广州军区通信团战士、技师、作战股参谋、连长、副营长,广州军区通信工程办公室副处长、副主任、主任、政委,1992年12月任广州军区中南人防实业开发集团公司总经理。曾荣立二等功一次、三等功一次,多次受到嘉奖。他任中人企业公司总经理后,使一个亏损企业转变成为广州军区效益最好的企业。

周泽生

周泽生,1951年生,汨罗市高家坊人,少将军衔。1968年4月参加中国人民解放军,1971年6月加入中国共产党。入伍后在中国人民解放军广州军区通信团任排长、参谋、连长。1980年7月在广州军区司令部通信部任参谋。1986年10月任广州军区通信总站参谋长。1988年10月任广州军区司令部通信部电子对抗处处长。1993年1月任广州军区司令部通信部副部长,1999年10月任部长。2005年1月任广西军区参谋长。2006年7月授少将军衔。先后参加对越自卫还击作战和对越边境作战。曾在中国人民解放军桂林陆军学院、武汉通信指挥学院、清华大学和中国人民解放军国防大学战役指挥员培训班学习和培训。在广州军区司令部机关和广西军区担任军、师、团等各级领导职务、长期从事国防通信建设和同防科学实验的组织领导工作,为军队信息化建设做出积极贡献。

黄红光

黄红光,1952年8月生,汨罗市屈子祠镇楚南村人,中共党员,大专文化。1969年12月应征入伍,在部队历任电台副台长、台长,中国民航南宁站党委副书记兼政治处主任,民航柳州站党委书记,民航广西壮族自治区管理局纪委副书记、书记,民航广西壮族自治区管理局党委书记等职。

何向荣

何向荣,1953年2月生,汨罗市古培镇明月村人,中共党员。1970年12月应征入伍。入伍后,在广州军区后勤部先后任副班长、衡阳第19分部政治部干事、司令部参谋等职。曾在中国人民解放军武汉后勤高级学校、广东省社会科学大学、北京劳动干部管理学院学习,被授予上校军衔。1992年2月调任广州军区南方房地产开发总公司副总经理。1994年4月后任该公司总经理并改为军队文职军官。曾多次与国内外公司合作,开发投资上亿元人民币的房地产业务。他关心家乡建设,曾与汨罗市工商行政管理局、广州军区运输协调中心驻长沙办事处合作开发汨罗南江大市场,总建筑面积16000平方米,总投资约1100多万元。与湖南省驻广州办事处合作开发湖南省农副产品广州大市场,总建筑面积31000平方米,总投资约6000万元。

杨太平

杨太平,1953年4月生,汨罗市城郊乡人,大学文化,中共党员。1970年8月参加工作。1977－1981年在汨罗文教局任干事;1981－1983年在汨罗人大常委会办公室任干事;1983年任汨罗磊石公社党委副书记;1984年6月任汨罗八景乡党委书记;1985年8月任大荆乡党委书记兼人大主席;1990－1992年任汨罗市人民法院党组书记、院长;1992～1995年任汨罗市委常委、常务副市长;1995－1997年任岳阳市二商集团总公司党组书记、总经理(正处),1997－1999年任湘阴县委副书记、县人民政府县长;1999－2005年任岳阳市司法局局长兼党组书记;2005年8月任岳阳市中级人民法院党组副书记、副院长,9月任岳阳市中级人民法院审判员、审判委员会委员,2007年12月在岳阳市第六届人民代表大会一次会议上当选为岳阳市中级人民法院院长。

高克勤

高克勤,1953年12月生,汨罗市汨罗镇蟠龙桥村人。高中毕业后,于1973年进入湖南大学化学系学习。1976年8月毕业后,分配在汨罗县文教局招生办任干事,后任汨罗县卫生局办公室干事、范家园公社党委委员。1981年3月,调岳阳地委办公室,历任副科级研究员、政策研究室副主任、主任,市政府副秘书长,市政府办公室主任,市政府党组成员,中共岳阳市委秘书长,市委常委,华容县委书记等职。2005年调任湖南省建设厅厅长。他先后撰写《小企业,大问题》《对"两手抓"的辩证思考》等文章,获湖南省优秀论文一等奖,并分别在《求是》《理论学习与研究》等刊物上发表。

向月应

向月应,1954年2月生,湖南汨罗市人。1971年入伍,先后毕业于第一军医大学医疗系、第二军医大学卫生管理专业、中央党校经济管理专业。现任中国人民解放军联勤某分部副部长兼第一八一医院院长、主任医师;兼任全军医院管理学术委员会委员,广州军区医学科学技术委员会委员兼医学伦理学专业委员会主任委员、桂林市医学会副会长,中国医院院长理事会副理事长,《中国医学伦理杂志》编委会副主任,《解放军医院管理》杂志、《中国医院院长》杂志、《中国医院》杂志编委,第三军医大学、南方医科大学和广西师范大学生命学科硕士生导师。发表论文100余篇,出版专著11部,主持和参与科研项目共有18项获军队和国家科技进步奖或医疗成果奖。在全军首创军队医院为部队全程全方位医疗服务保障新模式,在国内早期提出"整体医疗"新理论、新模式。先后立二等功2次、三等功4次,被广州军区表彰为优秀旅团主官,是中国医院领导力奖、全国医院优秀院长和中国医院管理突出贡献奖获得者。

陈新文

陈新文,1955年1月生,汨罗市汨罗镇汨南村人。1977年8月在中南工业大学地球物理勘探专业毕业后,分配到核工业部湖南二三〇研究所任技术员,后任所党委办秘书,中共衡阳市人大常委会办公室干事、秘书科长,衡阳市南岳区卫生局党委副书记,南岳区委副书记,衡阳市人大常委会副秘书长,衡阳市人民政府副秘书长,衡南县委书记,衡阳市人民政府副市长等职。

周 哲

周哲,1955年6月生,汨罗市玉池乡人。1976年7月参加工作,1986年11月加入中国共产党,研究生文化。历任岳阳地区财税局科员、副科长、科长、副局长、局长和局党组书记。先后获得会计师和高级会计师职称，对全市财政的生财、聚财、用财的理财之道不断探索和创新，全市财政事业不断发展。他是省第九届、十届人大代表。2003年获“湖南省优秀理财专家”称号。2005年10月调任岳阳市人民政府工作秘书长兼政府办主任、党组书记。2007年年底当选为岳阳市第六届人大代表，2008年1月当选为岳阳市人大常委会副主任。

吴习文

吴习文，1955年生，汨罗市黄市乡石堰村人，中共党员，大学文化。1974年参加工作，曾任湖南省人民政府侨务办公室副主任、湖南省海外交流协会副会长、北京市写作协会顾问。先后在汨罗科委、国家农业部，全国农业展览馆、联合国、岳阳地区行署、岳阳市科委、岳阳市外事办、岳阳市委、市政府接待处、湖南省人民政府侨务办工作。历任秘书，副科长、科长，副处长、处长兼党组书记，岳阳市政府副秘书长，湖南省人民政府侨务办公室副主任、副巡视员等职。编著出版《生物能源的利用》《江南三大名楼》等书籍，发表各类文章共100余万字。

李劲夫

李劲夫，1957年1月生，汨罗市古仑乡金河村人，中共党员，高级经济师。先后在岳阳师范、中央电大汉语言文学专业、中央党校经济类本科班、中国人民大学区域经济研究生班学习、毕业。历任乡团委书记、汨罗县蓝家洞水库指挥部秘书、人民出版社编辑、地委工作组组长、地委组织部纪检科干事、地纪委秘书、地(市)委政研室副科长、科长。1989年7月至1996年8月任岳阳市委督查室主任、市委办公室副主任兼督查室主任、市政府副秘书长；市乡镇企业局党组书记、局长。1999年9月任中共岳阳市委委员、湘阴县委书记、湘阴县人武部党委第一书记；2002年10月任中共岳阳市委委员、岳阳楼区委书记、岳阳楼区人武部党委第一书记。2006年9月，任中共岳阳市委常委、统战部部长。先后参与编著《邓小平领导思想方法与社会主义市场经济》《毛泽东思想的今天与昨天》《潮涌大江》《热土壮歌》等20多部书籍，撰写专著《中国经济发展的“秘密武器”》《县域工作的思与行》等，在各级报纸杂志上发表理论文章数百篇，现为湖南省社会科学联合会第四届、第五届委员，青年工作委员会副主任，《湖南作家》杂志社特邀顾问，岳阳市作家协会会员，中国县(市)发展专家组成员。曾被授予湖南省水利建设十佳标兵、湖南省热心支持老科协工作的好领导、湖南省首届优秀青年社会科学专家等荣誉称号。

蒋超良

蒋超良，1957年8月生，汨罗市大荆镇人。1981年5月加入中国共产党，湖南财经学院毕业，西南财经大学经济学硕士，高级经济师。1974年12月参加工作，历任国家开发银行股份有限公司党委副书记、副董事长兼行长、资金计划部计划处副处长、处长、综合计划部主任助理；1989年11月至1991年3月，任中国农业银行青岛市分行崂山区办事处副主任、中国农业银行青岛市分行副行长。1991年3月至1996

年4月,任中国农业银行综合计划部副主任、主任、国际业务部总经理;1996年4月至1997年3月,任中国人民银行银行司副司长(1993年9月至1996年7月 在西南财经大学金融系货币银行学专业在职研究生学习);1997年3月至1998年11月,任中国人民银行深圳分行行长、党组书记兼国家外汇管理局深圳分局局长;1998年11月至2000年6月,任中国人民银行广州分行行长、党委书记兼国家外汇管理局广州分局局长;2000年6月至2002年9月,任中国人民银行行长助理、党委委员兼办公厅主任、党委办公室主任、工会工作委员会主任;2002年9月至2004年5月,任湖北省副省长、省政府党组成员;2004年5月后,先后任交通银行董事长、行长、党委副书记;2011年11月后,任中国农业银行董事长、党委书记;2014年8月后,任吉林省委副书记、代省长、省长。

彭 元

彭元,1961年1月生,汨罗市弼时镇人,博士研究生,教授,1980年2月参加教育工作,1985年12月入党。1978－1980年,在湖南岳阳师范学习;1980－1982年,在汨罗市铜盆中学任教;1982－1985年,就读湖南电大数学专科;1985－1987年,任汨罗财贸职业中专学校教导主任、副校长;1988－1990年,任汨罗白水镇教育办主任;1991－1993年,任汨罗市第三中学党支部副书记、副校长;1994－1999年,任汨罗市职业中专学校暨岳阳市现代农业工程中等专业学校校长兼党支部书记;1999－2003年,任湖南交通学校常务副校长、党委委员、校长;2003－2005年,任湖南交通职业技术学院院长;2005年9月,任湖南交通职业技术学院党委书记。曾多次被汨罗市人民政府记功奖励。被评为"岳阳市优秀教育工作者""湖南省优秀教育工作者",曾被选举为汨罗市、岳阳市两级人大代表。在主持汨罗市职业中专学校工作期间,将该校升格为全国重点职业中专学校。教育部王达明、何东昌、柳斌、张天保等先后亲临考察,并对该校的办学给予高度赞赏;在主持省交通学校工作期间,将该校顺利升格为高等职业技术学院。曾多次在国家级、省级刊物上发表教育、交通教学管理文章,并参与编写职业中专、高职院校部分教材。现兼任省公路协会常务理事,省职业教育与成人教育研究会常务理事,是长沙市长沙县人大代表、长沙市检察院人民监督员。

张国甫

张国甫,1961年2月生,湖南省汨罗市人,研究生,空军少将。1979年12月入伍,任空军高密场站新兵连战士;1980年2月调空军高密场站警卫连;1981年9月,在济南军区陆军学院学习;1984年8月,任空军高密场站警卫连排长;1985年3月,任空军潍坊场站警卫连副连长;1985年10月,任空军潍坊场站警卫连连长;1989年4月,任济南军区空军司令部军务处副营职参谋;1994年3月,成为空军指挥学院学员;1995年3月,任空军高密场站副站长;1999年3月,任空军商丘场站副站长兼参谋长;1999年9月,任济南军区空军航空兵训练基地副主任兼保障大队大队长(正团职);2000年12月,任空军济南后勤技术兵训练团团长;2004年6月,任济南军区空军司令部战勤计划处副处长;11月,任战勤计划处处长;2007年4月,任济南军区空军后勤部副部长;2013年9月,任济南军区空军后勤部部长。

虞国旗

虞国旗,1961 年 10 月生,汨罗市川山坪镇人。1983 年 7 月毕业于洛阳工学院汽车拖拉机设计制造专业,高级工程师。毕业后,任二汽发动机厂技术科工艺员。1988 年 9 月任二汽发动机厂技术二科副科长。1992 年 6 月加入中国共产党。1993 年 4 月任二汽变速箱厂技术科副科长。1995 年 6 月任东风汽车公司变速箱厂副总工程师(其间在东风公司党校中青班学习)。1997 年 8 月任东风汽车公司变速箱厂副厂长(其间在大连理工大学企业干部班学习)。1998 年 4 月任东风汽车公司变速箱有限公司副总经理。2001 年 5 月任东风汽车公司变速箱有限公司党委书记(其间兼任纪委书记,并在武汉理工大学管理学院读 MBA 硕士);2001 年 5 月,任湖北省经贸委主任助理。2003 年 6 月任公司党委书记,7 月任湖北襄樊市政府副市长。2007 年 1 月任湖北襄樊市委常委、市政府副市长。

张 鸣

张鸣,1962 年 6 月生,汨罗市李家塅人,大学文化,中共党员。1982 年 8 月毕业于武汉大学历史系。1982－2000 年,历任共青团中央组织部组织处副主任科员、主任科员、副处长、青工部副部长。2000 年 9 月任重庆市委宣传部副部长。2001 年 12 月兼市委党史研究室主任(其间:在中央党校在职研究生政治学理论专业学习毕业,获研究生学历)。2003 年 6 月任重庆市委副秘书长(正厅局级)。2005－2006 年,任中共重庆市委宣传部副部长(正厅局级)、常务副部长。2006 年 11 月至 2012 年 8 月任中共重庆市涪陵区委书记(2007 年 2 月武汉大学政治与行政管理学院国际关系博士研究生在读)。2012 年 8 月,任重庆市政府副市长、党组成员。2015 年 1 月任重庆市委常委、市政府副市长、党组成员,2 月任重庆市委常委、统战部部长,4 月任重庆市委常委、秘书长。张鸣是中共十七大代表、重庆市委第三届委员、重庆市第三届人大代表。他在涪陵期间,坚持以科学发展观为指导,走民生导向发展之路,务实创新,2006 年至 2010 年,全区 GDP 由 185 亿元增加到 434.5 亿元,四年翻了一番半,地方财政收入增长近 6 倍,从全市第 7 位上升为第 2 位。先后荣获“全国科技先进个人”、“全国老龄工作先进”、“全市党管武装好书记”、“全市积案化解突出奖”并记三等功等奖励表彰。张鸣不忘关心支持家乡建设。多方协调解决汨罗市李家塅镇新建小学资金缺口问题,资助汨罗市举办“端午龙舟赛”等旅游节庆活动,并帮助在渝务工的桑梓理性维权。

李念忠

李念忠,1962 年 10 月生,汨罗市城郊乡人,大学文化,中共党员。现任广西陆军预备役步兵师副政委,大校军衔。1983 年 7 月毕业于桂林陆军学院。1983－1990 年,在广西边防三师某部一线连队,历任阵地排长、连队副指导员、政治指导员,先后多次参加边境作战,并荣立三等战功,所在阵地、连队被广西军区评为“模范阵地”“先进连队”。1991－1998 年,历任师政治部保卫科、组织科干事,边防团政治处保卫股股长、对越会谈会晤站副站长、营政治教导员(其间:1995－1996 年参加南京陆军指挥学院师、团政治工作专业学习,评为优秀学员)、团政治处主任等职。1999－2006年任广西军区教导大队政委兼广西民族大学人民武装学院党委书记(其间:2003－2004年参加中国政法大学在职研究生学习,被评为优秀学员,获研究生学历)。2007年3月,任贺州军分区政治部主任,军分区副政委。

范炳涛

范炳涛,1963年9月生,汨罗市屈子祠人。1980年11月入伍,1983年3月入党,硕士研究生学历,大校军衔,现任湖北省孝感军分区政治委员。历任班长、排长、团政治处干事、指导员、教导员,政治处主任、副政委、某高炮团政委、摩步团政委,某摩步师政治部副主任,湖北襄樊军分区政治部主任,湖北省军区预备役师副政委、政治部主任。先后在长沙政治军官进修学院、西安政治学院、南京政治学院、南京陆军指挥学院等多家军事院校培养锻炼。10余次参加总部、军区重大战备、演习活动,带领官兵和民兵预备役人员完成扑灭森林火灾、抗洪救灾、抢险救援等急难险重任务,经受艰苦环境和艰巨任务的考验。所在单位先后荣立"集体一等功",被表彰为"安全稳定三无团""预防犯罪工作先进单位"等。他先后获广州军区"实践战地诗,南疆献青春"金质奖章,被表彰为"南国青年军人之星""团级优秀指挥员"。两次荣立三等功。理论底蕴深厚,勤于学习思考,多年笔耕不辍,著有百余篇调研报告、理论文章,作品发表于军内外多种报纸杂志。

刘平治

刘平治,1964年1月生,汨罗市新塘乡人,研究生学历,经济学博士。1982－1986年在湖南师范大学学习;1986－1988年在华中师范大学研究生班学习,获法学硕士学位;1988－1995年任海南省人民检察院书记员、副科级助理检察员、科长、法律政策研究室副主任、检察员;1996－2005年任海南省财税厅综合与改革处副处长、社会保障处处长、财政厅副厅长、党组成员、纪检组组长、机关党委书记,兼海南省红十字会(省慈善基金会)副会长(其间:2002年9月至2005年12月在财政部财政科学研究所财政专业学习,获经济学博士学位);2006年9月至2007年12月任海南省财政厅副厅长、党组成员、纪检组组长、机关党委书记、省财政监察特派员办公室主任(正厅级)、海南省红十字会(省慈善基金会)副会长(兼);2007年12月任海南省地税局局长、党组书记。

向曙光

向曙光,1964年2月生,汨罗市新市人,中共党员,大学学历、经济师。1985年7月参加工作,1981－1985年四川大学经济系学习。1985－1986年四川大学经济系任教。1987－1992年在湖南省经委企业管理处工作,历任副主任科员、主任科员等职。1993年1月任《经贸导刊》杂志社副社长、副主编、法人代表。1996年7月任湖南省经贸委研究室副主任。2000年10月任省经贸委综合处处长。2002年9月任省经贸委副主任、党组成员。2004年2月任省国资委副主任、党委委员。2008年12月任郴州市委副书记、宜章县委书记。

王小中

王小中,1964年2月生,汨罗市汨罗镇人。1981年7月参加工作。1984年12月加入中国共产党,大学文化。1981年7月至1983年3月在汨罗楚塘乡政府工作;1983年3月至1990年3月在汨罗市农业局工作,历任办公室副主任、主任;1990年3月至1994年4月在汨罗市委办工作,历任秘书、副主任(正科级);1994年4月至1999年4月调岳阳市委政法委工作,历任办公室副主任、主任、研究室主任;1999年4月至2002年11月任华容县委常委、组织部部长;2002年11月至2005年3月任华容县委副书记、纪委书记;2005年3月至2008年2月任岳阳市纪委副书记;2008年2月至2012年12月任岳阳市人民政府党组成员、市人民政府秘书长,市政府办公室主任、党组书记。

吴卫民

吴卫民,1966年3月生,汨罗市桃林寺镇人。中共党员。1980年9月就读于汨罗一中。1982－1986年就读于中国地质大学(武汉)地质系地质学专业,获理学学士学位。1986－1989年,就读中国地质大学(北京)地质系构造专业研究业,获理学硕士学位。1989年进入国家地震局地壳应力研究所第六研究室从事科学研究工作,历任研究实习员、助理研究员;1995年9月,任国家地震局地壳应力研究所第六研究室副主任(副处级),同年10月任副研究员。1995年12月调入国家地震局工作,1996年7月任国家地震局科技发展司科技二处副处长。1997年9月任国家局科技发展局科技一处副处长兼技术监督处副处长(主持工作)。1997年10月加入中国共产党。1998年11月任中国地震局科技发展司(国际合作局)综合处处长。2001年3月任国家地震局办公室秘书处处长。2001年12月任国家地震局办公室副主任(副司级)兼秘书处处长。2002年3月任地震局办公室(政策研究室)副主任。2004年4月,任北京市地震局党组书记、局长。先后发表科学研究论文《首都圈地区地壳最新构造变动与地震》等专著和译著。兼任中国灾害防御协会理事、中国GIS协会理事。

杨懿文

杨懿文,1966年7月22日生,汨罗市黄柏乡神鼎村人。大学本科学历,高级经济师,工商管理硕士。历任长沙市东区浏正街派出所民警;长沙市公安局政治部干部;中共长沙市委办公室综调室干事、副科级研究员、正科级研究员(常委秘书);共青团长沙市委副书记、市青年主席;中共龙山县委副书记(挂职);长沙市招商合作局党组副书记、副局长;长沙市对外贸易经济合作委员会工委书记、副主任;长沙市对外贸易经济合作局党委书记、局长(兼任贸促会长沙支会党组书记、会长);长沙市商业局局长、党委副书记。1996年1月,增补为政协湖南省第七届委员会委员;1998年1月,当选为第八届省政协委员。历任湖南省第八届、九届、十届党代会代表,2007年10月任中共长沙县委副书记、代县长;2007年11月任中共长沙县委副书记、县长、长沙经济技术开发区党工委副书记、管委会主任。

周支柱

周支柱,1968 年 11 月 8 日生,汨罗市新塘乡人。1990 年毕业于北京航空航天大学。武汉大学管理学硕士学位,教授级高级工程师、会计师。1994 年 6 月入党。1990 年 8 月参加工作,历任湖南火电建设公司技术员、计划员、施工机械组组长;湖南火电建设公司材料设备科副科长、广东湛江分公司(4×300MW 工程)材料设备科长;湖南益阳发电有限责任公司计划经营部副主任、副总工程师;1997 年 12 月任湖北襄樊发电有限责任公司(4×300MW)副总经理、党委委员;2002 年 6 月至 2004 年 3 月任上海电气(集团)总公司电站事业部副部长兼工程部部长;2004 年 3 月任上海电气电站集团副总裁;2007 年 5 月兼任工程公司总裁、党委副书记、上海电气电站集团执行副总裁。2007－2008 年度连续被评为上海市劳动模范,并获"上海市产业带头人"、上海电气集团"'十一五'突出贡献奖"等多项荣誉。

梁 胜

梁胜,1966 年 12 月生,汨罗市智峰乡人。曾任首钢总公司北京钢铁公司团委书记,首钢总公司干部处副处长,首钢总公司齐鲁大厂建设总指挥部组织部副部长,首钢总公司柳州基地建设总指挥部组织部副部长,首钢总公司吉林柴油机厂技术改造领导小组人事处副处长,首钢集团改革办公室副主任,北京市经委办公室副主任,北京市经委科技处处长,北京市工业促进局电子信息产业处处长,北京市工业促进局党组成员、副局长。

(二)汨罗籍部分在外工作的专家学者

杨敬年

杨敬年,1908 年 10 月生,汨罗市大荆镇大仙村人。早年毕业于湖南省立第一师范学校和中央政治学校大学部行政系,南开大学经济研究所研究生。抗日战争时期,曾在重庆政府经济部、财政部等处任职,后考入第八届庚款公费留学,在牛津大学哲学政治经济专业学习三年,获哲学博士学位。1948 年 10 月回南开大学担任教授。1951 年天津解放后,任南开大学校务委员会委员,创办超凡入圣系,兼系主任。1978 年后,任南开大学学位委员会委员、中国对外经济使用学会常务理事。1987 年加入中国共产党(79 岁)。其专著有《英国中央政府各部职权的分配》等 6 部,译著有《经济核算制原理》等 10 余部,还发表《论发展经济学的对象和方法》等论文。他 90 岁时翻译当代世界经济学名著《富国论》。杨被载入《中国当代名人录》《当代湖南名人词典》《当代湘籍著作家大辞典》中。

刘尚威

刘尚威,1919 年 3 月生,汨罗市李家塅镇明月村人,中共党员,教授。1943 年于湖南大学电机系毕业后留校,一直从事电子、电信等方面的教学与科研工作。1953年调中南矿冶学院(后改为中南工业大学)任教,历任教研室副主任,机电系、自动化系副主任、主任等职。1979年后主要从事培养研究生工作。电子技术、选矿、冶金电气设备等课程的教学与研究取得丰硕成果:1958年为长沙市电信局解决研制三路载波机铁氧体磁芯的难题;1983年受香港一家公司的委托,完成IBM—PC中西兼容信息处理系统的研制,经冶金部鉴定,获中国有色金属工业总公司重大科技成果三等奖。还为日本夏普公司研制MZ—5600机中西兼容信息处理系统,受到国内外人士赞誉,并接受夏普公司的邀请赴日本进行学术交流。出版的专著有《微型机信息处理技术及应用》《英汉办公自动化技术辞典》,分别由冶金出版社、四川科技出版社出版。他曾多次获得省、部委的奖励,并被评为湖南省优秀教师、教育系统劳动模范。1989年被评为全国优秀教师,1991年享受国务院颁发的政府特殊津贴,1996年获湖南省科协颁发的首届"湖南科技之星"称号。1989年10月在中南工业大学退休。

周克定

周克定,1921年6月生,汨罗市高家坊镇人。1946年在国立武汉大学电机工程学系毕业后留校任教。新中国成立后,先后在华中工学院,湖北工学院和华中理工大学任教,并晋升为教授,博士生导师。从教50多年以来,主持或参加科研工作共15项,其中"交磁放大机""磁放大器"两项科研产品填补国内空白,有三项科研成果分别获国家教委科技进步一、三等奖。出版学术专著3本,其中《工程电磁场专论》《工程电磁场数值计算的理论、方法及应用》分别获全国和中南地区高教系统优秀学术著作。主编全国统一教材3本;合编、译、审其他教材及著作11本;发表学术论文200多篇,学术论文多次获省市院系级奖励。曾赴英国、美国、法国、日本、意大利、德国、苏联等10多个国家访问讲学,进行学术交流;参加国际学术会议15次。其中9次分别担任国际指导委员会成员,主席、副主席、分会主席。他是全国政协委员会第七、八届委员,曾被评为"湖北省劳动模范";1991年10月享受国务院颁发的政府特殊津贴。

任怀宗

任怀宗,1924年生,汨罗市高家坊镇人,中南工业大学教授,博士生导师。1952年毕业于湖南大学物理系,受聘于中南工业大学应用地球物理专业教授。主要从事重力研究,是苏联专家荣可夫的研究生。他是新中国首批随国外学者学习和引进地球物理勘探理论和技术的科技人员,是中国冶金系统高等教育中地球物理勘探专业的创建人之一(共3人),系统学习和掌握物探专业、地质勘探专业和物理专业多学科的教育工作者。曾担任中国地质学勘探地球物理专业委员会委员、中国《地球物理文摘》编委等社会科技工作。长期从事高等教育工作,培养硕士、博士生多名。他的学生有中南工大校长何继善、桂林工业大学副校长阮百尧、第二炮兵学院教授刘代志等。其专著有《特殊函数及其应用》《电法勘探教程》等。其中,作为研究生教材的《特殊函数及其应用》是将贝塞尔函数、勒让德函数、拉米函数等几种特殊函数及运算微积,其且重点是通过一些物理问题来阐述这些函数的应用。

颜志光

颜志光，1929年8月生，汨罗市李家塅镇清溪桥村人，中共党员，教授级高级总工程师。1953年于华南工学院化工系毕业后，分配在原燃料工业部石油总局设计局（即北京石油设计院前身）从事炼油装置、工艺设计工作。1956年调北京石油炼制研究所筹建处（即北京石油科学研究院前身）从事喷气燃料烧蚀性能研究工作。1958－1959年出国在苏联莫斯科全苏石油炼制研究所学习。回国后，历任北京石油科学院题目组长、室副主任、室主任，重庆一坪化工厂（即中国石化重庆一坪高级润滑油公司前身）副厂长、厂长等职，并被聘为工程师，总工程师，教授级高级工程师，曾主持设计制造高温高速齿轮试验机等10多种模拟测试设备，组织领导数十种合成润滑油脂的开发研究和生产等。还主编《合成润滑剂》《新型润滑材料与润滑技术实用手册》等7部著作；创办并主编《合成润滑材料》杂志。1985年获国家计委、国家科委、国家经委、国防科工委授予的国防军工协作先进个人称号，并享受国务院颁发的特殊津贴。

彭斐章

彭斐章，1930年9月生，汨罗市弼时镇毛家坊人，中共党员。1953年于武昌文华图书馆学专科学校毕业后，留校任教，同年9月随院系并入武汉大学，在图书馆学专修科任助教兼秘书。1956年11月，在莫斯科图书馆学院研究生部学习，1961年3月毕业，获教育学副博士学位。回国后在武汉大学图书馆学系任教，历任目录学教研室主任、系副主任、图书情报学院院长，兼任国务院学位委员会第二、三届学科评议组成员，中国大百科全书图书馆学编辑委员会副主任委员兼目录学分支主编等职。并被聘为副教授、教授、博士生导师。出版的专著、合编、译著共16部，发表论文80余篇，其中主编的《目录学概论》等书分别获国家教委优秀教材一等奖，全国高等学校人文社会科学研究优秀成果二等奖。还多次应邀赴德国、苏联、保加利亚、美国等地参观访问、讲学和参加国际学术会议。曾应台湾大学邀请赴台参观访问，并作“中国目录学的今天与明天”的学业术报告。他被英国授予“20世纪杰出成就”荣誉证书及银质奖章，并收入《国际知识界名人录》和《国际有成就名人录》等多种名人录中；被美国传记研究中心聘为顾问，并收入该中心出版的《世界500杰出名人传》中。1991年享受国务院颁发的政府特殊津贴。

任元会

任元会，1931年8月生，汨罗市高家坊镇人。中国航空工业规划设计研究院研究员。1954年毕业于华中科技大学电力系，分配在中国航空规划设计研究院工作，长期从事航空工业及其他工业和民用建筑的供配电系统、自动化和照明工程设计、科研工作。历任设计师、主任、电气总工、院科技处处长、院科技委副主任、院自动化工程公司总经理等。1981－1984年，受国家对外经贸部特聘到香港担任华润大厦（53层）电气工程总监。1981年聘为高级工程师。1989年晋升为研究员，离休后仍为研究院专家组成员。任元会历任中国照明学会常务理事、室内照明专业委员会主任、名誉主任，全国采光照明标准技术委员会副主任、《建筑电气》等多种专业刊物顾问。他是中国绿色照明专家、中国照明电器协会特聘专家、国际铜业协会(中国)电能效益专家。他主持或参与编制国家标准、行业标准、地方标准18项。其中主编6项,主编或参编工程设计著作15本。他先后获得各种奖励10余项,其中1978年获全国科学大会奖;1999年获国际照明委员会(CIE)授予的特别贡献表彰;2006年获献身航空五十年奖;2007年获中国照明学会突出贡献奖。

毛亮辉

毛亮辉,1932年12月生,汨罗市红花乡石仑村人。1951年6月参加中国人民志愿军,1956年8月加入中国共产党,曾毕业于中南军区气象学校、空军气象学院。长期从事航空气象工作,先后担任气象观测员、预报员、气象台台长、气象处处长等职。并被聘为工程师、高级工程师。他曾先后撰写过多篇论文,其中有9篇公开发表,并有一篇获优秀论文奖。1992年10月享受国务院颁发的政府特殊津贴。

谢宪章

谢宪章,1933年生,汨罗市城郊乡人。1958年毕业于中国人民解放军军事工程学院,一直从事导弹发射技术研究,是首批研究员级高级工程师,荣获国务院颁发的政府特殊津贴。20世纪60年代初至70年代末,他主持研制我国第一代导弹快艇、导弹护卫舰与导弹驱逐舰的对海和对空导弹发射装置;还主持组织我国第一代潜艇弹道导弹水下发射技术方案论证;从20世纪80年代开始,积极倡导垂直发射技术研究,参与国家“七五”预研指南编制,主持并参加我国第一代航空导弹垂直发射装置与飞航导弹水下发射装置研制。在长期的技术研究中,他领导、主持的产品研制达10余种,被评为全国科技大会奖,国家特等奖等。还拟定大量技术文献,主要著作《舰载导弹采用垂直弹射发射方式时的装舰形式》等。

周笃文

周笃文,祖籍汨罗市李家塅镇南垅村,1934年9月出生于辽宁省昌图县,其时父亲周月怀在昌图县法院为官。不久,随父南下回到汨罗老家。1951年参军,在西北军区司令部及志愿军十九兵团司令部任译电员。1956年进入北师大中文系学习。毕业后,历任北京中医学院副教授、教授,中国新闻学院副教授、教授,并担任中外文化研究所所长,北京市高教职评委中文学科组成员,中华诗词学会副会长兼秘书长、《中华诗词》副主编,中国碑帖研究院副院长,中华诗词学会顾问等职,享受国务院颁发的政府特殊津贴。他著有《论语语译》《金史精华译丛》、主编《中外文化辞典》《全宋词评注》等7部书。

任炳炎

任炳炎,1935年4月生,汨罗市高家坊镇人,教授,硕士研究生导师。1952年考入湖南师院附中(原省立广益中学),后考入湖南师大生命科学院,因成绩优异提前毕业留校助教,从事生物化学教学及科研。1959年调入衡阳医学院从事医学教育与科研。两年后调入湖南医学院任人体组织学及人体胚胎学教研室助教。因成绩卓著,保送至教育部、卫生部联合主办、由山东医科大学承办的全国高等医学院高级师资研究班,主攻人体胚胎学学习和科学研究。学成后回湖南医学院。不久,支援衡阳医学院从事人体组织学、人体胚胎学、医学遗传学、生物学、人体解剖学的教学与研究。其中“关于人类古尸年龄测定研究”的论文,得到中山大学生命科学院中国著名人类学家冯家骏教授的重视,专程前来要求协作,并要求指导朱芳武等两名人类学硕士研究生。该论文获衡阳市1977年科技论文一等奖。1982年他晋升副教授。1987年晋升湖南师大医学院人体组织学与人体胚胎学教授,并指导萧永新硕士生科研课题的相关工作。先后发表论文二十多篇,其中“国人胚胎骨发生”选入SCI。1994年被国家教委聘任为高等医学教育、教材编委会专家,担任主审与编写。

1987年后,历任湖南医专基础系主任、系总支书记,兼任湖南省人体解剖学科普协会主任、荣誉主任、湖南省公关学院院长,长沙医学院基础医学系主任及院级教学督导室主任等职,并参与管理九个系的教学。

刘正庚

刘正庚,1937年4月生,汨罗市川山坪镇道贯冲人,教授级高级工程师。1961年9月在武汉大学数学系毕业后,分配在中国科学院教学研究所从事数学理论研究。1969年12月调中国石油北京设计院工作,历任工艺室副主任、计算机室主任、副总工程师;1990年5月调中国石油化工总公司后,曾任经济信息中心总工程师、中国化工学会计算机化工应用专业委员会主任、中国系统工程学会过程系统工程专业委员会副主任委员、中国计算机工程与应用学会常务理事,《计算机与应用化学》杂志主编等职;主要从事电子信息技术应用开发工作和组织领导管理工作。其开发的软件中,有“先进流程模拟软件二次开发与应用”,获全国工程设计计算机优秀软件一等奖。还在各种杂志、文集、报纸上发表论文或技术性文章30余篇。1993年享受国务院颁发的政府特殊津贴。

罗启民

罗启民,1937年9月生,汨罗市沙溪乡双龙村人,中共党员,教授级高级工程师,享受国务院特殊津贴。1964年毕业于武汉水利电力学院,分配到水利部黄河水利委员会工作,历任工务处水库科科长、防汛办综合处处长。1993年3月,任黄河水利委员会防汛总指挥办公室副主任兼河务局副局长(副厅级),是“八五”期间国家重点科技攻关项目“黄河治理与水资源开发利用”的专题负责人之一。1996年11月,应日本广岛大学邀请,在广岛“滩区风险管理国际研讨会”上作“黄河堤防决口对策及滩区风险管理”的发言。先后主持编写“黄河禹门口至潼关段治理规划”“渭洛河下游治理规划”“黄河下游分滞洪工程安全建设规划”等报告,获国务院肯定。

谭先康

谭先康,1943年6月生,汨罗市高家坊镇杨桥村人,中共党员,高级工程师,国家一级注册结构工程师,教授。1965年于武汉长江工程大学毕业后,分配在水利部长江委员会从事规划设计工作。1968年3月调入武汉化工设计院从事土建设计,先后任工程师,室主任,设总,武汉市建筑工程质量监督站站长(正处级),高级工程师,武汉建工(集团)有限公司总工程师(副厅局级),并兼任华中理工大学、武汉工业大学教授,湖北省工程建设专家委员会委员,国家建设部工程质量监督师,中国建筑学会施工技术委员会委员等。在设计院长期担负大中型项目设计,多次得到武汉市委、市政府的嘉奖,6次荣获全国建设工程最高质量荣誉——鲁班奖(国家优质工程),2次获建设部优质样板奖,以及省、市优质样板工程,共计50余项。还发表10余篇论文,其中《新形势下加强工程质量监督的思考》一文,入选《跨世纪发展战略》《中国施工技术精粹》等书,并被评为武汉中青年专家。享受国务院颁发的特殊津贴。

姜明安

姜明安,1951年9月生,汨罗市白水镇高冲村人,中共党员,教授。1970年1月入伍,1974年3月复员回乡。曾担任过大队干部、农村工作队员。1975年进岳阳师范高坊分校学习,毕业后任中学教师。1977年12月考入北京大学法律学系,1982年毕业,获法学士学位,留校任教至今。曾以访问学者的名义参加考察团赴美国、英国、德国、澳大利亚等国考察或进行专题研究。他撰著、主编或参加编写《行政法学》《行政法概论》等10多部教材或著作,分别在《北京大学出版社》《高等教育出版社》等出版社出版。还在《中国法学》《中外法学》《求是》等国家核心期刊上发表学术论文40多篇。其著作、论文曾4次获省、部级以上奖励。还先后参加草拟重要法律、法规《中华人民共和国行政诉讼法》《中华人民共和国国家赔偿法》《国家公务员暂行条例》《行政复议条例》等,参加论证、咨询的法律、法规有30多项。现为北京大学法律学系教授、博士生导师,并担任法学系行政教研室主任、中国法学会理事,中国监察学会理事,中国行政法学研究会干事兼秘书长等职。1992年享受国务院颁发的政府特殊津贴。

彭淑华

彭淑华,女,1952年1月16日生,汨罗市城郊乡人。1971－1972年任韶山毛泽东旧居陈列馆讲解员、政治指导员兼韶山直属机关民兵营副教导员;1972－1974年在湖南师范学院政治教育系学习,任年级党支部组织委员(1973－1974年参加湖南省委社教育工作队任沅陵县长界乡工作组副组长)。1975－1980年任韶山特区管理局干部(先后任韶山毛家坳中学党支部书记、韶山教育局、韶山宣传部干部);1981－2000年历任常德地区工会党组成员、副主任,计划生育委员会党组成员、党组副书记、副主任,党组书记、主任,中共常德市委委员。2000－2004年任湖南省人口和计划生育委员会财务资产管理处处长、副巡视员兼财务资产管理处处长。2004年5月任湖南省人口和计划生育委员会巡视员。先后兼任湖南省人口基金会副会长、湖南省妇女联合会第八届、第九届、第十一届执行委员会委员。1989年获国家计生委"国家级先进工作者"称号;1998年获湖南省委、省政府授予的第一届"人民满意公仆"称号;2006年获财政部、国家人口计生委"推行奖励扶助制度先进个人"。

朱克和

朱克和,1961年7月8日生,汨罗市屈子祠镇人。父亲朱贵钦,母亲冯目文。1977年年初提前从楚塘公社高中毕业,到枫树学校任民办教师。同年参加“文化大革命”后第一届高考,被国防科技大学(当时为长沙工学院)录取,进入数理师资班。1982年大学毕业后,考取复旦大学研究生。1983年年初赴美国留学,就读于纽约州立大学(布法罗校区)数学系。1986年夏获博士学位,到华盛顿大学(西雅图)做博士后。1988年秋在加拿大滑铁卢大学任教。半年后去美国纽约州立大学(奥本尼校区)任教至今。1992年获终生职位,1995年升为正教授。主要学术成就:已出版高水平著作5部,发表80余篇论文,培养4名博士和3名博士后,应邀在十几个国家访问讲学及在多次国际会议上作一小时报告。科研成果主要有数学中的复分析和算子理论,获得美国国家科学基金会多年的资助,并获2007年纽约州立大学杰出科研奖。朱克和现为纽约州立大学(奥本尼校区)终身教授,国防科技大学兼职教授,汕头大学讲座教授,湖南理工学院荣誉教授。

湛中乐

湛中乐,1964年生,汨罗市白塘乡袁鸣村人,1982年7月考入北京大学法律系。1987年7月在北大法律系就读硕士研究生;1990－1992年在北大法律系任助教;1992－1994年任讲师;1994－2005年任北大法学院副教授,硕士生导师。2005年任北大法学院教授,博士生导师。现任法学院教授、博士生导师、教育部人文与社会科学研究重点基地——北京大学宪法与行政法研究中心研究员,副主任等职。湛中乐长期从事法学研究,出版的专著有《现代行政过程论》《权利保障与权力制约》《法治国家与行政法治》《国家责任法》等。主编的著作与教材有《公立高等学校法律问题研究》《行政法学》等10余部。

徐细平

徐细平,1962年6月生,湖南省汨罗市人。1984年毕业于中南大学湘雅医学院。1992年获上海同济大学医学院心血管内科硕士学位。1993年后担任岳阳市一人民医院心血管内科主任。2003年晋升主任医师,兼任大内科主任,并被聘为湘雅医院兼职教授。2004年被聘为湘雅医学院硕士研究生导师。湖南省心血管专业委员会常委,岳阳市心血管专业委员会主任委员,岳阳市心血管病首席专家;是岳阳市首届“十大名医”之一,先后三次荣立岳阳市政府二等功。发表国家级学术论文十多篇,参与大型国际研究两项,主持课题三项获市级科研成果二、三等奖。在担任科主任十多年间,率先开启永久性人工心脏起搏器等十多个高新技术项目,填补岳阳市空白。科室年介入手术两千多台次,年业务量达四千多万元,先后获得“湖南省重点专科”授牌、卫生厅“药物临床试验基地”称号。

胡祖六

胡祖六,1963年生,汨罗市新塘乡拦江村人。高盛(亚洲)有限责任公司执行董事,博士,清华大学工学硕士,美国哈佛大学经济学博士,现任美国高盛投资银行经济研究执行董事。曾任瑞士日内瓦—达沃斯世界经济论坛首席经济学家与研究部主管。1991－1996年间任国际货币基金组织(IMF)官员,先后供职于亚太局、财政事务局和研究局,从事经济研究,参与对许多成员国政府的宏观经济政策磋商与技术援助工作。其研究领域包括宏观经济学、公共财政、国际贸易与金融理论。其研究成果之一《全球竞争力报告》在国际上具有广泛影响。1996年4月至2008年兼任清华大学经济管理学院教授与中国经济研究中心主任,中国华融资产管理公司专家咨询委员会委员。

(三)汨罗市(县)历任党政主要领导

1978－2008年历任中共汨罗市(县)委书记

彭亮根

[略,详见副师(厅)级以上人物]

刘新煌

[略,详见副师(厅)级以上人物]

陈庆锡

陈庆锡,1940年5月生,长沙市人。1964年8月毕业于湖南师范大学政治教育系后,分配到岳阳专员公署工作,历任岳阳专署人事科科员、地委组织部干部科、青干科副科长,地委统战部副部长。1984年12月调任中共汨罗县委副书记,1985年10月在中共汨罗县第三届代表大会一次会议上当选为中共汨罗县委书记。是中共岳阳市委第一届委员会委员。1989年8月去省学习。1990年2月调任岳阳市委政法委副书记,后任岳阳市人民政府助理巡视员等职。在汨罗市(县)任职期间,汨罗市(县)党组织建设、经济改革、乡镇企业、林业及教育事业等方面成绩突出。在岳阳市政法委工作期间,主管社会治安综合治理工作,曾连续4次被评为全省整顿铁路治安先进个人。1995年12月被评为全国铁路联防工作先进个人,受到中央综治委、公安部、铁道部、总参动员部的表彰。

葛送培

葛送培,1945年7月生,湘阴县东塘镇人,中共党员。1968年9月于湖南财经学院毕业后分配到岳阳县,先后在三合乡、新墙公社、县革委会生产指挥组工作,1971年调岳阳地委组织部,历任地委组织部干部科干事、副科长;中共岳阳市委组织部副部长,1984年12月任中共岳阳县委副书记、县长。1988年5月任岳阳市工商行政管理局局长。1992年1月调任中共汨罗市委书记,1995年9月任岳阳市人民政府助理巡视员，仍兼任汨罗市委书记。1997年10月调岳阳市人民政府工作。1998年1月任岳阳市人民政府党组副书记，并在岳阳市第四届人民代表大会一次会议上当选为岳阳市人民政府副市长。2003年1月任岳阳市人民政府巡视员、市政府党组副书记。2006年3月退休。在汨罗任职期间，防汛抗洪、水利建设、党务工作、普法工作、社会治安综合治理等方面被湖南省、岳阳市人民政府及有关部门评为先进个人，1995年被授予岳阳市劳动模范、五好干部、优秀党务工作者。1996年被国家科委授予"全国科教兴市先进个人"。1995－1997年连续三届被授予市五好干部。先后撰写论文、调查报告等数十篇。其中，《和农民兄弟话负担》《弘扬艰苦奋斗精神，永葆人民公仆本色》《依法行政，富国安民》等文章分别在《人民日报》《领导科学》《中国当代改革者》《法制月刊》等报刊上发表。

郭光文

郭光文，1957年1月生，岳阳县人，中共党员，研究生文化。1977年7月参加工作。至1989年6月先后任村、乡、区干部，岳阳地（市）委组织部副科长、科长；1989－1996年先后任中共岳阳市委候补委员、共青团岳阳市委书记，岳阳市物价局党组书记、局长。1996年12月至2000年10月先后任汨罗市委副书记、代市长、市长、市委书记。2000年10月至2003年4月任中共岳阳市委常委、组织部部长、岳阳市委副书记。2007年4月任邵阳市委副书记，邵阳市人民政府市长。在担任汨罗党政主要领导期间，率领全市广大干部群众围绕治理"水、电、路、城"，大力加强基础设施建设，使城乡面貌发生显著变化。并且，结合本地实际狠抓切实转变干部作风、放手发展民营经济和调整农村产业结构等工作，有力地促进全市两个文明建设，受到各级领导的充分肯定和新闻单位的大力推介。在工作之余，曾在省级以上报刊发表人才研究、领导科学和思想修养等方面的理论文章400多篇，共200多万字。并先后正式出版了专著《残疾人才学概论》《洞庭絮语》《洞庭走笔》《洞庭采荷》和编著《青年之《古今中外残疾名人名言录》。同时，还参与编写《中华人民共和国新价格法规全书》等。

陈四海

陈四海，1959年8月生，华容县人，中共党员，大学文化。1982年7月在湖南农学院毕业后，先后在华容县农业局、政府办工作；2000年10月任中共汨罗市委书记。2004年11月任岳阳市人民政府副市长。（后被查处）

李国保

李国保，1955年7月生，岳阳市云溪区文桥乡望城村人，大专文化。1975年后，担任大队党支部书记、文桥乡党委组织委员、副书记；1981年8月任共青团临湘县委书记；1983年任临湘县江南乡乡长、党委书记；1987年当选为中共临湘县委委员，1990年4月后任临湘县粮食局局长、党组书记，临湘市计划委员会主任、党组书记；1994年6月任临湘市人民政府副市长；1997年10月调任中共汨罗市委常委，同年12月当选为汨罗市人民政府常务副市长。2001年3月在汨罗市第八届人民代表大会四次会议上当选为汨罗市人民政府市长。2004年11月任汨罗市委书记,2006年1月调任岳阳市招商局局长,2008年4月任岳阳市环境保护局局长。1985-1990年连续6年获岳阳市人民政府记二等功和记大功奖励。其本人撰写的《强化责任抓财税,齐心协力促发展》《注重特色,突出效益,构筑县域财源新体系》《收取上交十法》等文章分别发表在《岳阳经济》《中国改革报》等报刊上。

樊进军

樊进军,1956年4月生,湖北咸宁人,1982年12月入党,1977年1月参加工作,大专文化。曾任中建五局七公司团委书记、行政办公室副主任;1985年11月调岳阳市政府经研室体改办工作,先后任副科级、正科级经研员、科长;1993年6月任岳阳市体改委副主任、党组成员;1999年4月任岳阳市体改委主任、党组书记,1999年6月兼任岳阳市证券监督管理委员会主任;2001年12月任岳阳市劳动和社会保障局局长、党组书记;2006年1月任中共汨罗市委书记。2007年11月任中共岳阳市委常委、汨罗市委书记。2008年3月任岳阳市委常委、经济开发区党工委书记。先后被评为岳阳市"优秀五好领导干部""艰苦奋斗、勤廉为民的优秀领导干部""全国再就业先进工作者"等。

白维国

白维国,1965年3月生,湖南省华容县人,岳阳师专化学系毕业,1984年7月参加工作,同年加入中国共产党;2004年12月任汨罗市委副书记、代市长;2005年1月10日,在汨罗市第九届人大三次会议上当选为汨罗市人民政府市长。2008年2月,任中共汨罗市委书记。(后被查处)

历任汨罗市(县)人民政府市(县)长①

唐镇球

唐镇球,1938年7月生,湖南望城县麻田乡人,中共党员,大学文化,工程师。1961年大学毕业后分配在湘阴县水电局从事水利水电设计施工工作。1966年调汨罗县水电局工作,曾任水电局副股长、股长、工程队队长、水电局副局长,磊石公社党委书记。1983年12月,任中共汨罗县委副书记,县人民政府县长。1989年6月调岳阳市经济技术开发区建设局副局长兼电力总公司总经理等职。工作期间多次被评为省、地、县先进工作者,曾获湖南省农业学大寨先进奖章,出席过全国教育工作先进代表大会。在长期从事水电设计施工中,积累较丰富的实践经验,曾撰写《33米、36米、42米水泥电杆的起吊方案和吊装计算》《30吨、50吨、60吨渡槽槽身的起吊方案和吊装计算》《跨度30米、吊重60吨的公路桥梁钢桁架吊装的方案和计算》等专业技术文章。

---

① 担任市长后,任市委书记或担任市政协主席,再任市人大常委会主任,不重复。

李湘岳

李湘岳,1957年3月生,岳阳县人,中共党员,研究生文化。1974年4月响应知识青年上山下乡的号召,下农村锻炼,1976年11月回城当工人。1978年7月考入湘潭大学历史系中共党史专业。1982年7月毕业后分配在汨罗县,先后任公社组织干事、党委副书记,党委书记等职。1985年3月任汨罗县人民政府副县长,分管农业。1989年7月任中共汨罗市委副书记、代理市长。1990年2月当选为汨罗市人民政府市长。1992年7月调湖南岳阳城陵矶经济技术开发区,先后任湖南城陵矶实业股份有限公司总经理,开发区管委会副主任、常务副主任、工委副书记等职。1997年12月调岳阳市计划委员会,先后任湖南副主任、工委副书记、主任、工委书记。1999年4月调任中共岳阳楼区委书记。2000年10月任中共岳阳市委常委、岳阳楼区委书记。

刘文锋

刘文锋,1942年11月生,汨罗市屈子祠镇渔街市村人,中共党员,中专文化。1959年7月参加工作,先后担任过小学教员、代理文教支部书记,共青团桃林地区文教总支副书记,汨罗县文教科干事,汨罗县革命委员会宣传组干事、副组长,共青团汨罗县委书记,古仑公社党委书记。1980年8月至1981年10月在省委党校第一期中青班学习。1981年11月任中共汨罗县委常委、县委宣传部部长。1984年1月任汨罗县政法委主任。1986年2月任汨罗县公安局局长。1987年3月后任中共汨罗市(县)委常委、常务副市(县)长、市委副书记、代理市长。1992年12月当选为汨罗市人民政府市长。1997年1月调任岳阳市人事局局长。2002年退休。在汨罗任职期间曾兼任蓝家洞水库工程指挥部副政委、铁山灌区工程指挥部政委、磊石大堤加固工程指挥部指挥长。多次受到上级的奖励。1983年被授予全国人口普查先进个人,1991年被评为岳阳市模范共产党员,1992年授予岳阳市尊师重教十佳个人,1995年被国家统计局授予全国农村经济百强县(市)长,1996年获全国科技兴市先进个人。

余贤规

余贤规,1954年9月生,汨罗市火天乡杨家村人,中共党员,大学文化。1979年2月参加工作,曾任汨罗市新塘公社团委书记、管委会副主任、党委副书记,共青团汨罗县委副书记,长乐镇党委书记,汨罗市计划生育委员会主任、党委书记。1992年11月任中共汨罗市委常委、市纪委书记。1995年8月任汨罗市人民政府常务副市长,代理市长、市委副书记等职。在1997年12月当选为汨罗市人民政府市长。2001年2月调任岳阳市教育委员会主任。2003年3月任岳阳市民政局局长,2005年2月调任湖南省民政厅,2010年7月任民政厅巡视员。曾在省、地级刊物发表《优化环境、多方合作,开创企业资产重组的新局面》《把握机遇求发展,跨越世纪创辉煌》等论文15篇。1979年度被汨罗县委评为模范干部。1980年被共青团湖南省委评为优秀团干;1985年被评为全省普法先进个人;1986年被汨罗市委评为优秀党委书记。1993年被岳阳市委评为优秀中青年干部。

周金龙

周金龙,1964年5月生,岳阳县人,中共党员,大学文化。1981年9月至1984年7月,在空军电讯工程学院三大队学习。1984年8月至1988年3月,先后任空军乌鲁木齐场站导航连台长、通信修理所所长、通讯营导航连连长;1988年3月至1989年7月,任陆军新疆军区后勤通信营连长;1989年8月至1993年5月,任岳阳市监察局干事、办公室副主任;1993年5月至1998年4月,先后任岳阳市纪委办公室行政科副科长、正科级纪检监察员、办公室副主任;1998年4月至2000年10月,任岳阳市纪委副处级纪检员(援藏);2000年10月至2001年12月,任岳阳市纪委常委、副处级纪检员;2001年12月至2005年1月,任岳阳市纪委常委、秘书长兼办公室主任;2005年1月至2006年6月,任华容县委副书记、纪委书记;2006年6月至2008年2月,任华容县委常委、常务副县长;2008年2月,任汨罗市委副书记、代市长。2008年12月当选为汨罗市人民政府市长。

历任汨罗市(县)人大常委会主任

范迪文

范迪文,1931年7月生,湘阴县湘临乡湘临村人,中共党员。1950年8月在湘阴县土改训练班学习,同年12月分配在湘阴县永义乡工作,历任土改工作队组长、十五区区长、十七区区委书记、湘阴县委农村部副部长、县委委员、县委农村部部长、县委常委(其中1963－1964年7月,兼任湘阴县新泉区区委书记),岳阳专署水电局副局长、局长,湘阴县委副书记、岳阳专署水电农机局革委主任、政委。1966年3月后历任中共汨罗县委常委,县革委副主任,中共汨罗县委副书记。1980年11月后任县人大常委会主任,中共汨罗市(县)委顾问等职。1994年4月退休后,担任中共汨罗市委党史联络组副组长。

吴玉泗

吴玉泗,1930年3月生,汨罗市桃林寺镇新华村人,中共党员。1951年参加工作后,历任湘阴县东塘乡民兵队长,桃林乡党总支书记,红花乡党总支第二书记,红花乡乡长、第二书记。1961年3月后历任汨罗县黄市公社、白水公社党委书记,汨罗县革委会生产指挥组副组长,县革委会农办主任、党组书记,中共汨罗县委常委、县革委副主任。1980年11月后任汨罗县人民政府副县长,政协汨罗县委员会主席、党组书记。1984年3月后任市(县)第四、五届人大常委会主任、党组书记,兼任湖南省龙舟协会副主席、铁山水库工程指挥部副指挥长等职。1990年5月退休。曾当选为汨罗市(县)第一届至第六届人大代表,岳阳市第一届人大代表,湖南省第六、七届人大代表,湖南省党代会代表。1952年在整修南洞庭湖中立大功一次。1958年出席湖南省先进工作者代表大会。1983年在建设铁山水库工程中记功一次。担任市(县)人大常委会主任期间,组织制定《汨罗市人大代表大会常务委员会会议规则》《主任会议规则》及人大机关管理等制度。

陈骤文

陈骤文,1933 年 2 月生,平江县钟洞区瑚佩乡秦坊村人,中共党员。1950 年初中毕业后,在本地钟洞仓库担任助征工作。同年 9 月,由钟洞区政府介绍到湘北建设学院土改补习班学习后,分配在岳阳县五区大松乡、长湖乡搞土改。1951 年 7 月调湘阴县新市镇任民政助理、工商助理,后历任湘阴县樟树区委秘书、县委组织部干事、县委党校副校长、县一中党支部书记等职。1966 年汨罗建县后,历任县委办公室副主任、县革委政工组副组长,县委委员,县委办公室主任、宣传部部长,县委常委、组织部部长、纪委书记。1986 年 4 月后任汨罗市人大常委会副主任、主任、党组副书记、书记等职。他是中共汨罗市(县)第一、二、三届代表大会代表,汨罗市(县)第三、四、五、六、七届人大代表;岳阳市第二届人大代表。1994 年 9 月 2 日逝世。

陈德辉

陈德辉,1935 年 10 月生,屈原农场六分场人,中共党员,初中文化。1952 年 7 月参加工作,先后在湘阴县供销社、县委财贸部、县委组织部、县委工交部任职。1966 年汨罗建县后,任县委工交财贸部副主任及县氮肥厂筹建领导小组副组长、县生产指挥领导小组办公室主任等职。1971 年 3 月后历任汨罗县电信局局长、县委组织部副部长、县经委主任。1980 年 11 月后,历任县人民政府副县长,市(县)委副书记,政协汨罗市委员会主席。1992 年 12 月当选为汨罗市七届人大常委会主任。1996 年 3 月退休。曾多次被选为汨罗市(县)党代会代表、人大代表,1993 年 4 月当选为湖南省第八届人大代表。在担任汨罗市七届人大常委会主任期间,采取有力措施加大人大监督力度,督促市政府和有关部门对人民群众反映强烈的“三乱”等问题进行有效治理,得到湖南省、岳阳市人大常委会领导及人大代表和人民群众的肯定。

任年丰

任年丰,1938 年 10 月生,湘阴县沙田乡围坚村人,中共党员,大专文化。1955 年从湘潭师范毕业后,曾任湘阴县完小教员、教导主任、校长、文教专干。1970 年 10 月后调任汨罗县革委会政工组组织组副组长,共青团县委副书记,沙溪公社党委书记,县委组织部副部长。1985 年 10 月后任中共汨罗市(县)委常委,纪委书记,中共汨罗市委副书记。1996 年 3 月当选为市七届人大常委会主任。1995 年被湖南省综治委评为社会治安综合治理工作先进个人。他撰写的《让精神文明之花开遍汨罗城乡》被《中国当代改革者》丛书收集,并在《人民之友》刊物上发表。2000 年 7 月退休。2010 年 11 月担任中共汨罗市委党史联络组副组长。

胡福二

胡福二,1948 年 1 月生,汨罗市新塘乡拦江村人,中共党员,中专文化。1971 年 11 月参加工作,历任汨罗县弼时公社组织干事、党委委员,三江、白塘、红花、城关镇等乡(公社)镇党委书记。1990年1月任市委组织部副部长。1990年3月至1992年9月任市人民政府副市长。1992年9月任市委组织部部长,1992年11月至1996年4月任中共汨罗市委常委组织部部长。1996年4月至1998年1月任中共汨罗市委副书记,1998年10月当选为汨罗市人大常委会主任,并担任市人大党组书记。2008年1月退休。曾当选为汨罗市(县)第三、四、五届市(县)委委员,第三至第十届为汨罗市(县)人大代表。1997年12月至2007年12月当选为岳阳市第五、六届人大代表,湖南省第五、九届人大代表。

张作林

张作林,1952年2月生,湖南省汨罗市汨罗镇人,中共党员,大专文化,1971年8月参加工作。1971年8月至1974年9月,在汨罗公社供销社工作。1974年9月至1976年8月,在岳阳师专学习;1976年8月至1984年1月先后在汨罗一中、二中、蟠龙桥中学任教。1984年1月至1995年6月先后任汨罗镇政府秘书、长乐乡副乡长、市委党校校务主任、楚塘乡乡长、党委书记、城郊乡党委书记、市政府市长助理。1995年6月至2001年2月,任汨罗市人民政府副市长,分管农业和农村工作、计划生育工作。2001年2月至2006年6月,任中共汨罗市委副书记,分管党群政法工作。2006年6月当选为汨罗市人大常委会副主任(正处级);2007年12月当选为汨罗市人大常委会主任、党组书记。

历任政协汨罗市(县)委员会主席

任　森

任森,1929年11月生,汨罗市弼时镇毛塘村人,中共党员。1949年8月参加工作,先后担任湘阴县白水区神鼎区粮站主任、县粮食局办公室主任、第一副局长、党组成员、工会主席,县计委主任兼代理粮食局长。1966年汨罗建县后,历任县委工交财贸部政治部主任兼县基建办公室主任、县革委会生产指挥组副组长兼工交财贸组组长、氮肥厂筹建领导小组组长、县财贸办副主任、主任,县委委员,县委常委、财贸战线党组书记,计委主任,计委战线党组书记,县物价委员会主任,主持县人民政府日常工作的副县长,政协汨罗市(县)第二届委员会主席、党组书记等职,1987年退线,1991年离休。离休后任汨罗市老年书画协会主席,曾被省政协评为先进工作者,多次被评为地市重教先进工作者和优秀党员。在1987－1997年退线、离休期间,为汨罗市筹集资金近700万元,支持新建任弼时铜像及任弼时故居的房屋维修、弼时镇序贤学校的拆除重建、唐家桥公路大桥、屈子祠维修扩建工程、屈原碑林工程等项目建设。

尹中奇

尹中奇,1932年8月生,汨罗市天井乡天岭村人,中共党员。1952年3月参加工作,历任湘阴县天井乡党委秘书、长乐区财粮助理、县委财贸部干事、汨罗区区委书记。1966年后,任汨罗县汨罗公社党委书记、县委委员、县革委会副主任、岳阳地委委员、县委常委、共青团县委书记、县委宣传部部长、常务副县长、县人大常委会副主任、政协汨罗市主席等职，1993 年 8 月退休。在汨罗公社任职期间，带领干部群众学哲学用哲学，被评为全国先进典型，《红旗》杂志、《人民日报》等中央报刊多次撰文推介汨罗经验。1975 年 12 月出国援助塞拉利昂，担任塞拉利昂北方省马卡里农场专家组组长达两年，为塞国培训农业骨干 200 多人，开发稻田 198 公顷，建立水利良种基地 27 公顷，该国总统史蒂文斯曾两次亲临考察，对中方科技人员的科研成果和无私奉献精神给予高度评价，按照两国签订的协议，中方如期如质完成各项任务，1977 年 12 月回国后受到外交部、农业部有关负责人的接见和肯定。2005 年 3 月因病去世。

周立标

周立标，1946 年 12 月生，汨罗市高家坊镇人。1970 年 7 月毕业于北京农业机械化学院水利系。1970 年 8 月至 1971 年 11 月在解放军 0634 部队学习、锻炼。1971 年 12 月至 1983 年 2 月在湘阴县水利局工作，任技术员、助理工程师。1983 年 3 月至 1985 年 2 月任湘阴县副县长。1985 年 3 月至 1989 年 11 月任湘阴县委常委、常务副县长。1989 年 12 月至 1993 年 1 月任汨罗市副市长。1993 年 2 月至 1996 年 7 月任政协汨罗市主席、党组书记。1996 年 8 月至 1999 年 7 月任岳阳大学副校长。1999 年 8 月至 2007 年 3 月任湖南理工学院调研员。2007 年 4 月退休。

龙协邦

龙协邦，1950 年 12 月生，汨罗市高家坊燕塘村人，中共党员。1976 年毕业于中南矿冶学院（现名中南工业大学），同年 8 月分配到临湘桃林铅锌矿地质测量科工作。1980 年 8 月调汨罗县人事局工作，历任县人事局干事、副局长，中共汨罗县委常委、组织部部长，市委统战部部长，市政协副主席，市委常委、宣传部部长，政协副主席，市委常委、宣传部部长等职，1997 年 3 月当选为政协汨罗市主席。1998 年改任市政府调研员。1993 年、1995 年分别获湖南省“二五普法”先进个人、宣传工作“三创一争”先进个人，多次获市（县）、地（市）宣传、普法等工作先进个人。曾在国家级、省级刊物上发表《坚持民主集中制，党委成员必须增强三个意识》《新时期宣传思想工作要立足新舞台，唱好三本戏》等文章。2008 年 5 月去世。

彭　祥

彭祥，1948 年 1 月生，汨罗市弼时镇弼时村人，中共党员，大学文化，汨罗市政协主席。1967 年高中毕业后在汨罗县弼时公社、岳阳地区农业局担任农民技术员 6 年。1978 年考入湖南农学院，1982 年 7 月毕业，获学士学位。毕业后分配在汨罗市原种场工作，任场党委副书记。1983 年 12 月后历任汨罗县副县长、中共汨罗县委常委、常务副市（县）长兼教委主任、政协汨罗市委常务副主席、主席等职。2008 年 8 月退休。担任副县长期间，积极组织绿化宜林荒山，汨罗市荣获湖南省“消灭荒山第一市”称号，其本人被岳阳市政府评为有突出贡献的先进个人。他任副县长后，在农业基础设施建设，调整农村产业结构，抗洪救灾，棉花生产以及与党外人士合作、参政议政等方面做出积极的贡献，1996 年和 2002 年获抗洪救灾二等功奖励,2007年获省政府一等功奖励。他是骚坛诗社社长、骚坛诗联学会名誉会长,发表诗、词数百首,并主编《骆驼礼赞》《汨罗逸闻》《高山仰止》《创业者的足迹》《新市古镇文史集》等,著作有《岁月如歌》《夕照青松》《沧桑岁月》等。

霍东华

霍东华,1952年11月生,汨罗市城郊乡上马村人,中共党员,大专文化。1969年7月参加工作,历任汨罗市长乐中学、新市花圃中学教师,新市文教办干事、县委宣传部新闻专干,汨罗县文化馆、教育局、广播站、县委办干事;1986年3月后任县(市)委调研科副科长、《岳阳晚报》报社副主任、汨罗市委政研室主任、汨罗市委办副主任;1997年2月任市委宣传部部长;1997年7月任中共汨罗市委常委、宣传部部长。2007年12月当选为汨罗市政协主席、党组书记。曾获中共岳阳市委、市政府及汨罗市委、市政府二等功奖励。在各级报刊上发表新闻、论文、文学作品200多篇,20多篇获奖。其中,新闻作品《杨建新喜着绿军装》获全国晚报论文二等奖;《汨罗市各级领导开展种示范田的调查》获全省优秀调研论文奖;《略论党新性格的两重性》获全省电大优秀毕业论文奖。

(四)汨罗籍部分企业家简介

任　高

任高,湖南汨罗人,1958年9月生,湖南艾特影业和湖南美度美业董事长、中国人像协会常务理事、中国人像婚纱专委会常务副会长、湖南摄影家协会常务理事、湖南省人像协会副会长、中国数码摄影协会副会长、中国SPA美容协会副会长、第十二届芙蓉区政协委员、第十三届长沙市人大代表、长沙市芙蓉区人大代表。1979年入伍,从士兵到宣传干事,创作军旅美术作品和摄影作品。其代表作《潜伏归来》在《人民日报》《海南日报》《湖南日报》等多家刊物上发表,并多次获部队奖励。1994年下海创办婚纱摄影,坚持"用爱记录爱,用美创造美"的经营理念,担当起推动中国影像行业发展的使命。从罗门婚纱开始,相继创立"艾特婚纱""世纪新娘"等十多个自主品牌和近二十多家直营店,员工从十几人增至近千人,产业横跨摄影、美容休闲、教育产业等多个领域,其中"艾特"和"美度"两大品牌均被评为湖南省著名商标。2003－2005年连续三年被中国人像协会授予"摄影行业管理成就奖"。2006年,艾特婚纱被评为"中国十大杰出婚纱影楼",美度概念生活馆被评为"全国美容美发行业百强企业"。

李再荣

李再荣,1963年10月生,湖南汨罗大荆镇人,清华大学EMBA结业。1985－1990年,任汨罗市制冷阀门厂经营厂长;1990－1998年,任广州中立制冷配件公司业务经理;1998年至2006年6月,任佛山市盛路天线有限公司副董事长兼副总经理;2006年7月至2007年6月,任广东盛路通信科技股份有限公司副董事长、副总经理、董事会秘书;在盛路通信上市及后来的经营管理过程中,他作为核心成员和第二大控股股东,为公司的发展和进步立下汗马功劳,在组织上市、市场开拓、科研项目与技术攻关方面卓有成效。其中,“八木天线”获国家实用新型发明专利。2007年6月,担任广东盛路通信科技股份有限公司副董事长、深圳盛路投资有限公司董事长。

龙新建

龙新建,1965年4月25日生,湖南汨罗人。1981年录取湖南省邮电学校,1984年分配到汨罗邮电局工作,1989年在南京邮电学院进修。1991年下海到广州办厂从商,1996年进入中人集团,先后担任区域总工程师、指挥长、总经理等职务。2004年成立全资公司广东新建通信网络有限公司,任董事长、法人代表,同年赴清华大学学习深造,取得高级职业经理人、高级工程师等职称。2006年创办广州兴建通信器材有限公司,担任董事长,2008年出资合股开办汨罗红马燃气公司(后为港华燃气)。广东新建通信网络有限公司,主要从事通信工程设计、施工、维护、通信器材设备研发、生产。1996年始,公司先后参与广州有线电视工程,深圳联通工程,江西电信和广电工程,湖南电信、移动、联通及广电工程,湖北联通工程,浙江铁通、移动、联通工程,广东移动、铁通等许多省、市级工程项目。累计完成通信建设工程总投资10多亿元。龙新建还担任多项社会职务:即广东汨罗籍同乡会会长、汨罗龙舟协会名誉会长、世界杰出华商协会理事、岳阳市人大代表。先后为家乡公益事业捐助数百万元。

彭益明

彭益明,1965年10月生,湖南汨罗人,大学文化,中共党员。1986年12月,招工进入汨罗电线厂。1987年,入大学脱产学习三年。1990年,任汨罗市电线厂工艺股长、设备股长、办公室主任。1999年,任汨罗市电线厂质检科长、管理者代表。2003年,任汨罗市飘峰电气有限公司常务副总经理。2005年,任汨罗市飘峰电气有限公司总经理。“飘峰”是湖南省著名商标,公司是电磁线专业生产企业,通过北京华信公司ISO 9001:2000国际质量体系认证,已开发七项新产品,其中两项填补国内空白,三项获国家专利,主要生产玻璃丝包线、纸包线、膜包线、裸线、绞线等,年生产能力可达6000吨,产品畅销全国20余省,配套出口日本、韩国、东南亚、非洲国际市场。彭益明是汨罗市第九、第十届人大代表。

傅少裘

傅少裘,1966年4月生,1990毕业于湖南中医学院,毕业后为珠海永隆永达容器厂业务员。1993年3月至1994年6月任珠海永隆营养保健品公司总经理,1994年7月至1996年6月任珠海永隆贸易公司经理。1996年6月至2000年12月任珠海永隆加林饮水机公司业务经理。2001年1月任珠海市永隆加林饮水机有限公司董事、总经理,珠海市加林股份有限公司董事。他管理企业创造国内市场三个第一:第一台饮水机、第一个聪明盖、第一桶桶装水,“加林山”品牌为广东省著名商标,在全国市场占有率超过30%,并保持每年30%以上的增长,带动整个饮水行业健康发展,公司成立以来上缴国家税收超过1亿元。2003 年荣获珠海市香洲区纳税先进企业。2005 年获珠海市香洲区安全生产工作先进单位,并列入“珠海市百优民营企业”培育工程。2006 年傅少裘荣获“第十四届广东省企业管理现代化优秀成果二等奖”称号。

王术平

王术平,1966 年 7 月生,汨罗市李家塅镇人,1988 年毕业于湖南工程学院,大学文化,电气工程师,汨罗市慈善总会副理事长,现任湖南中天农机有限公司董事长兼总裁。1988－1997 年在汨罗市一中电器厂任副厂长。2001 年 8 月,正式成立汨罗市中天科技有限公司(现更名湖南中天农机有限公司),2001－2009 年先后收购汨罗龙舟柴油机厂、湖南滨湖柴油机总厂,在湖南汨罗工业园区新建龙舟收割机厂、汨罗龙舟铝业有限公司、汨罗市艾德佳铝型材有限公司,在益阳组建湖南新滨湖发动机有限公司。2006 年,组建汨罗市中天房地产开发有限公司。2007 年湖南中天农机有限公司在新加坡挂牌上市,是中国首家境外上市的农机制造企业。2004 年 6 月,被评为“首届湖南省优秀青年民营企业家”;2005 年 7 月,被评为“湖南省优秀非公有制经济企业家”,连续两届担任岳阳市人大代表;2008 年 1 月当选为湖南省人大代表;同年 12 月,又被评为“湖南省机械工业先进个人”。

康　俊

康俊,1968 年 4 月生,汨罗市天井乡人,高中文化,现任云南省私营企业协会副会长,云南天盾实业集团董事长。1992 年就职于汨罗市粮食局。1995 年辞职下海,怀揣借来的 5000 元路费,前往云南昆明经营粮店,成就十几亿身家。1996 年,从成都远谊办公设备厂的保险柜代理起步发展,自主创建“云南天盾保安设备厂”。2002 年实行企业全面转型及多元化发展,集投资、生产、国内外贸易于一体。2004－2007 年,仅 3 年时间实现固定资产过亿元的梦想。天盾集团采用科学化管理、规范化运作,成功开发建设大型市场 2 家,产品畅销西南五省并出口东南亚国际市场。天盾旗下拥有全资控股企业:云南云之茶工业科技园区、云南金光大道国际物流园区、云南金润大酒店、云南天盾投资有限公司、云南天盾安全设备制造有限公司、云南天盾电力设备制造有限公司、怒江金诚置业有限公司、昆明市新治经贸有限责任公司、玉溪新世纪房地产开发有限公司成为投资、制造、酒店、物流、房地产开发的大型集团企业,其产品被评为“云南省著名商标”,企业被评为“重合同、守信用”单位。

黄木祥

黄木祥,1968 年 10 月生,湖南汨罗人,中共党员,君爵集团董事长。2000 年凭借火爆星城长沙的“长沙银港荔枝湾酒楼”起步,将餐饮“帝国”一路从长沙开到北京、山西,扩大企业规模、优化企业管理、创新企业理念,走出一条令业界称羡的餐饮之路。2002 年,他在北京开设湘都府鲍翅酒楼(后更名为湘都府酒楼)。2004 年,第二家餐饮店——君爵湘都海鲜酒楼在北京开张,营业面积 4000 平方米。2006 年,湘都府海鲜酒楼也在京城落地生根,营业面积 5000 平方米,是一家高档、时尚、典雅的五星级餐厅。

胡斌辉

胡斌辉，1969年12月生，汨罗市黄柏镇人。中共党员，深圳市岳阳商会副会长。20世纪90年代初南下深圳务工，秉承"责任胜于能力"宗旨，潜心学习技能、积累人脉。1997年，辞工跑"单帮"，积累30万元启动资金。2001年5月，独自成立深圳创亿欣电子加工厂。2004年11月，公司更名深圳市创亿欣电子有限公司。2006年，回乡成立汨罗市铭鸿电子有限公司，作为创亿欣在湖南的生产基地。

杨 哲

杨哲，1970年11月生，湖南省汨罗市白水镇人，1990年毕业于湖南省汨罗职业中专。1992年6月南下广东东莞打工。1998年6月进入上海，担任飞利浦电脑运营部上海区总经理。1999年1月正式成立上海今飞电脑有限公司。2000年6月获得三星MP3上海总代理，创造三星MP3全国省份城市销售第一的业绩。2001年取得韩国艾利和MP3全国代理，并把韩国艾利和MP3打造成为中国知名品牌。2006年获得美国苹果电脑上海代理权。

黄政伟

黄政伟，1972年生，湖南省汨罗市人，中共党员，大学文化，1996年毕业于西安工业学院。投身销售行业近20年，先后任职于中国船舶重工集团，深圳赛格集团有限公司。2002年1月，创办广州经典科技有限公司；2006年1月，投资3000万元创办湖南创想伟业科技发展有限公司，任公司董事长；2007年7月，当选为湖南省安防协会副会长；2008年6月，先后争取中国人民银行、中国工商银行安防工程项目。创想伟业科技发展有限公司富有社会责任，其社会效益和经济效益均较显著。

三、人物名录

（一）汨罗市（县）获国家级、省、部级劳动模范名表

姓 名	性别	出生年月	劳模等级	评选时间	工作单位
苏仲衡	男	1951年4月	国家级	2005年4月	汨罗市电力局
周柏鹏	男	1948年10月	部级	1991年10月	中共汨罗市委组织部
李明主	男	1955年6月	部级	2001年8月	中共汨罗市委
刘衍新	男	1968年12月	部级	1999年4月	汨罗市地方税局
廖松林	男	1927年1月	省级	1983年4月	汨罗市棉花总公司
任子年	男	不详	省级	2000年4月	汨罗市政府办

续表

姓　名	性别	出生年月	劳模等级	评选时间	工作单位
张建文	男	1958 年 10 月	省级	1995 年 4 月	汨罗市高泉社区
周新平	男	不详	省级	2005 年 4 月	汨罗市移动公司

(二)汨罗市高级专业技术人员名录

1. 高级教师系列

朱旭辉	谈敏利	戴罗雄	谭曙光	钟丽君(女)	胡乐群	陈新建	李沐春
颜芳桃(女)	叶成武	任厚如	朱燎源	田淑根	任宗元	杨超群	鲁柳梅(女)
周静群(女)	章春华	周为贵	黄利民(女)	王喜雨	周志华	吴岳勇	周建国
吴应良	周德宝	刘丛英(女)	张运祥	仇　瑜	易亮皇	刘运清	彭　元
徐　龙	任美华(女)	汪建群	刘国和	彭俊成	伏俊清	刘坤山	孟益民
陈淳育	吴开岳	甘志华(女)	廖碧涛	游克明	瞿协仁	吴华安(女)	李德求
湛俊芬	于有恒	陈晓林	谢小平	王洪绪	谢建国	左大为	何英满
何赐祥	戴细文	邹令倜	郑桂芳	彭宗华	伏奇龙	胡启良	彭细军
周文广	何辉忠	江海波	彭思怡	葛锦荣(女)	刘志敏	欧阳建国	李本球
宋一安	刘志民	何明亮	徐京国	陶金湘	李培科	周玉娥(女)	游建良
邓邦进	胡继文	宋雄飞	范雪晴(女)	周奇兵	何建文	胡胜利	黄科福
吴赞安	胡建平	李延仲	刘展义	周柯楠	何单林	邹建中	曾辉煌
黄介明	龙根深	龚永祥	柳中秋	周雄飞	湛哲怀	梁胜初	杨桂华
黄云望	徐光辉	周放东	甘利辉(女)	周　曙	胡跃进	李再祥	陆　斌
刘珍德	邹爱主	黄中仑	欧阳振中	周平江	许济中	李美春(女)	范仕权
杨士元	李桂英(女)	袁咏华	邹爱诗(女)	杜建树	刘行美	邓和平	李吉来
朱新普	吴立人	廖卫国	谢方敏(女)	杜丽萍(女)	方零肆	于明智	谢　歆
王勃武	杨碧林	余细兰(女)	黎校勇	田亚娟(女)	陈祝强	袁学刚	余佳蝶(女)
谢瑞兰(女)	高文超	彭岳刚	程为煌	段岳华	何金辉	彭文艺	蓝天航
吴求保	戴向红	孙棉贵	周　勇	黄汨宇	黎　明	何孟阳	王曙光
任其文	胡和平	江明华	肖曙光	余志伦	陈利明	皮淑贤	冯丁伟
张乐夫	李贡君	陈　良	李　诚	周辉林	张小广	赵探春	何　旭
陈凯平	刘吉伟	龙雪兰	薛伯雄	周益民	杨　春	黄卫东	熊中轶
甘　瑛	易　瑜	甘建辉	李雨寒	胡科平	胡建伟	刘凯明	杨　桉
倪桂林	黎建明	刘　熊	刘白玉(女)	蒋湘纯(女)	刘　江	周宏义	周苍连(女)
高怡兴	黎奇林	张令宜(女)	李俊良	杨伯静	杨平稳(女)	周鹊仁	李兰琼(女)
湛满琼	梁爱东	丰林松	彭三军	廖晓辉	张向民	黎定远	孙汉平
李建湘	高中和(女)	周小利	龚雄飞	何意成	袁作华	饶新政	任卫平

吴尚文	何艳云(女)	周平日	余送辉(女)	杨沿红	彭　雄	梁志红	李社坚
周慧和(女)	彭树声	刘娟利(女)	彭欣群(女)	彭玉花(女)	何安邦	陈友亮(女)	何干梅(女)
黄民权	杨先山	周小雅(女)	黄小寒	吴玲香(女)	蒋浙军(女)	程　敏(女)	周　宇
戴双莲(女)	宋巨雄	王勇奇	彭　星	熊政华	周社利(女)	冯一青	于丽霞(女)
朱雁飞(女)	龙细华(女)	张顺德	曾尚文	胡中雷	仇立琼(女)	霍建高	周　政
何四保	湛翠莲(女)	杨建良	戴成高	丰知行	黄云忠	李先求	范丙南
何放连	卢正立	汤建明	钟慕明	黄拥军	丁政林	杨　剑	韩志红
陆应龙	龙建江	周厘里	邱凤英(女)	吴　健	黄　益	李正义	龙卫星
黄炎辉	邹盛云	熊景文	田建辉	黄　艳	尹正兵	彭泽根	卢志球
曹典勤	汤金梅	李　平	周益辉	吴胜坤	黄岳辉	张明根	杨岳飞
刘细利	郑　臻	陈栋梁	周俊发	汪革新	吴志贤	黄谷良	龚超隆
周建华	任希平	付喜求	刘蔚霞	刘鹏飞	仇文勇	曾最明	黄　田
周　莉	涂跃进	黎言中	刘中华	沈　娴	李学平	杨立新	吴献辉
黄巨成	湛飞跃	熊擎宇	熊正中	曾国辉	唐修林	吴旅兴	杨新宇
张罗群	黄光明	杨正湘	吴东凡	徐新华	舒德辉	巢检英	戴长庚
张　球	向兴根	周水莲	朱来满	曾　琼	余友桂	许子为	黄佳丽
李雄高	李铁光	周少华	徐春飞	刘素玉	宋新春	周应书	程兵华
李光明	聂世明	易　军	霍贵乾	李　东	冯胜美	周伟学	叶　刚
李小芹	彭曙光	罗烈炎	姜南平	黄　玲	黎利军	吴伟栋	欧阳泽辉
游体雄	曹建仁	周　纯	湛　勇	黄乐阳	郑南建	杨新良	柳新华
于治国	江新云	张彩兰	黎孟良	游寒利	吴保明	何小艳	朱健阳
张德良	刘荣辉	杨　利	张寒冰	何忠良	张献忠	彭铁明	黄巨华
黎辉雄	刘玉良	刘　静	周明辉	周志勇	张玉奇	金仁福	任　川
许凤良	雷登旺	刘运佳	范立武	姚述奇	彭建华	黄又波	周鹤祥
任　莉(女)	楚娟文(女)	何长胜	何意花(女)	黄光伟	彭　婧(女)	陈翠娥(女)	刘林全
江德祥	何　卫	黎建国	傅兴保	黎金玉(女)	周建中	周　勇	余正勇
许子林	黄宗群	龙三梁	李红宇(女)	何　韧	唐爱梅(女)	胡志明	易文辉
邹　波	涂颖君(女)	刘　阳	王国平	彭山鸿	任　胜	欧三林	倪　玲(女)
黎美祥	周台权	吴光宗	周众欢	吴迪祥	马飞跃	张秋华(女)	黄国栋
刘运西	卢奇异	樊良辉(女)	吴铁柱	王建军(女)	范立元(女)	何一望(女)	郑建煌
黎　娟(女)	徐　晓	黄沐仁	刘　钊	潘岳中	蒋九玲(女)	周仲洋	谢亚雄
黎夕辉	何　瑛(女)	向警和	杨泽雄	黎　明	任育明	杨曙光	李祝云
周翠群(女)	曾　旦	胡耀元(女)	刘知良	李　雄	吴广平	杨　凯	黄　庆(女)
胡俊杰(女)	黎昔军	任熹磊	晏友爱	荀　辉	刘正良	余星星(女)	曹中权
黄　新	彭扩平	徐育新	肖一萍(女)	毛伟雄	黄凤仙	黄孝廉	周新煌
徐永奎	黎建新	周丁国	李明权	胡胜军	李学农	黎　文	卢雪和

周想民(女) 周建林 彭应才 湛政宏 彭 清 周开卷 郭 莉(女) 陈兆武
陈正林 黎泽林 王 雨 郑艳波(女) 陈艳军(女) 伏建仁 向良如 李亚文
彭益萍(女) 周传政 周卫平 李国玉 刘自媛(女) 刘珍敏 周太平 胡冬至
于细成 刘建斌 刘桃菊 卢淑莲(女) 郑飞跃 吴其安 常哲新 吴迎祥
周秋满(女) 黎美田 范湘吴 陈 伟 胡 乐 李爱良 许先科 朱光绪
戴英姿(女) 娄建华(女) 刘珍凯 陈正月(女) 高卫年 李世雄 胡伏海 周显政
黄公社(女) 柳景豪 程 建 杨碧霞(女) 郑普荫 周伍根 熊 伟 李全叶
颜亚利(女) 卢 娟(女) 李光明 李春光(女) 戴群芳(女) 彭建光 程建淑(女) 周德书(女)
彭辉栋 邹 拓(女) 仇仲勋 欧阳贻芳 向 声 杨拥良 周红卫(女) 郑 波
吴 定 张小广 于有恒

2. **工程系列**

胡瑞松 邵立超 杨社会 吴建军 伏若维 梁 骏 戴社明 蒋辉荣 刘满良 何守桓 刘望龙
陈正甫 彭选民 刘衍平 于赞明 许志云 曹世明 许自仁 梁水平 鲁伟平 周 锦 周虎辉
潘德瑜 候 辉 吴常坤 易 轩 高剑波 戴德君 闵玉琼 周三卫 苏德军 何秀伟 向桂福
刘伯安

3. **经济系列**

戴志明 伏瑞芝 曹治基 刘聘山 陈明东 蒋稳祥

4. **政工系列**

杨卓华 徐中林 黎安保 李立权 仇再芳 胡虎中 潘 建 郑庭开 彭奎祥
何文辉 张梓煌 吴端祥

5. **会计系列**

易育华 郑桂荣

6. **出版系列**

任建云

7. **农业系列**

周惠先(女) 杨宏辉 万先赐 李海南 王震国 肖冬根(女) 彭来贵 张克修
廖 峥(女) 周光伍 甘延安

8. **艺术系列**

夏明庚 李香莲 王亦文 彭 明(女) 徐国求

9. **卫生系列**

李运鸿　周启忠　倪再秋(女)　杨进先(女)　周国斌(女)　吴万君　胡兴华(女)　郑志辉
吴云辉　刘　炜　周志平　李红辉　吴金良　熊金波　陈立新　任庆初
陈国平　方湘志　翁泽春　李文彬　邵青桥　王胜辉　许鸽屏　闫爱萍
何文凯　易艳平　范翠娥　李岳辉　周正德　朱绪坤　荀坤林　朱新春
杨秀桃　彭新年　周昔林　吴金良　史正军　舒胜辉　巢卫明　殷孟群
伏金桃　刘荣先　田年福　徐建军　徐言松　湛建祥　湛中葵　杨桂华
吴光耀

10. **群文档案系列**

毛浦先　杨进怡　陈布霞　刘石林　陈　娟

(三)汨罗籍部分在外处级以上人物名录

姓　名	工　作　单　位	职　务
毛定之	中央组织部地方干部管理局	副局长
甘子光	轻工业部	副部级
刘惠斌	北京市朝阳区建行	副行长
刘年富	新华社基建局	处　长
许建忠	水利部灌排中心	处　长
任启湘	北京市二机床厂	党委书记
许　伟	中国人民政治协商会议全国委员会 人民政协报宣传策划部	副主任
何其佳	首钢设计院	党委书记
杨　亚	三峡总公司财务处	部　长
杨望权	中央广播电影电视部计划财务局	处　长
杨　新	北京故宫博物院	副院长
吴正若	中国汽车工业总公司	处　长
吴卫明	北京地震局	局　长
吴志功	华北电力大学	党委书记
李宗耀	国防科工委财务部	原部长
李华东	国务院研究中心	处　长
李国锋	中国农业银行总行	处　长
邹　青	北京军区51034部队军需处	处　长
邵井蛙	国家城市建设总局	原局长

续表

姓名	工作单位	职务
萧晓林	中央电视台社教中心	处长
苏振兴	中科院拉美研究所原所长	全国政协委员
陆国民	北京半导体器件一厂	党委书记
周金辉	中国水利水电出版社	副社长
周建春	国土资源部土地研究所	所长
周春节	国资委	处长
周义斌	邮电部情报研究所	处长
周卫平	北京海淀区空军司令部无线研究室	原副主席
周传良	中纪委机关安委会	副主任
周晓光	中国科技大学	处长
胡延华	北京市高校出版社	党办主任
胡静波	中国长城资产管理公司	处长
黄腊全	中国交通建设集团第一公路工程局	党委书记　副局长
黄铁安	开发银行	副行长
章卫兵	中石油工业出版社	处长副编辑
聂　暭	总装洛阳基地	司令员
葛道一	外贸部	处长
彭明哲	北京团结出版社	副社长
彭建雄	海军通信总站	参谋长
彭应棋	冶金部中国有色金属总公司秘书处	处长
彭松建	北京大学出版社	原社长
彭自达	煤炭工业局办公厅	处长
黎晓煜	中国机械工业集团公司	处长
潘东晖	国家建材工业局工业协会	处长
蔡立力	城市规划设计院城乡规划设计研究所	所长
刘国祥	中华炎黄文化研究会	主任
宁金泉	深圳市工商局办公室	主任
任培壮	深圳特区检查站	原政委
任日高	市人民人寿保险公司	经理
陈贡球	南航集团深圳公司	党委书记
何发西	南航公司深圳分公司修建供应处	处长
宋一祥	深圳市政府采购中心	副局长
杨新法	深圳民航航管站	处长
张作坤	驻香港部队	政委
罗　武	深圳坪山公路局	局长

续表

姓名	工作单位	职务
骆柏林	深圳福田区	原纪委书记
潘新水	深圳市工商局办公室	主任
马骏	华南农业大学	主任
万亮军	广州海军92016部队政治处	主任
宋丹	广州市招投标中心	主任
宋朝飞	广东出版社	处长
何志强	广州市建委	处长
余志喜	海军兵种指挥学院	后勤处长
胡俊如	黄埔海关	教育处长
杨秋平	东莞理工学院计算机中心	主任
周信	中山市政协	副主席
孙光辉	汕头市纪委	书记
干忠荣	湛江海军某部部长	副教授
司马英	南海舰队167	副政委
汤卫球	解放军第422医院	副院长
何彪	湛江市老干局	主任
杨伟联	湛江市公安局	秘书长
陆新龙	南海舰队某团	团长
彭球亮	南海舰队	副部长
彭池望	南海舰队某舰	舰长
雷永中	湛江大园岭某处	处长
伏宁	共青团湖北省委青少年发展基金会	处长
卢爱球	武汉天河机场民航处	处长
任德亮	武汉市经济技术开发区管委会	原主任
杨志光	中南财政政法大学	副书记
余亮	华中科技大学工会	常务副主席
邹国均	长江水利委员会老干局	原局长
邹建阳	武汉军事经济学院修械所	政委
周慎	武汉铁路职业技术学院	副院长
袁正庚	铁道部第四勘察设计院	工会副主席
黄建仁	武汉天河机场信息公司	书记
黄庆国	民用航空湖北管理局通讯导航总站	原书记
黄建军	湖北省人寿保险公司教育处	处长
熊世平	船舶工业总公司第722研究所人事处	处长
熊海平	武汉武警总支队	政委

续表

姓 名	工 作 单 位	职 务
荀海平	武警湖北省总队荆门市支队政治委员	正 处
马超群	湖南大学商学院	党委书记
王春满	省水利厅设计院水资源处	处 长
皮跃进	湖南省工商银行	处 长
卢凯旋	湖南省党史办省志处	处 长
甘自强	湖南省农业产业发展中心	主 任
甘应龙	湖南省工商局法规处	处 长
甘雨能	长沙民政学院	院长、党委副书记
甘均良	长沙理工大学	副书记
龙建威	湖南省机械设备成套局	副局长、党组副书记
龙作群	湖南省邮电局	处 长
朱富安	湖南省移民局培训中心	主 任
任树言	湖南省科技厅办公室	处 长
任石球	湖南省高速公路管理局吉常高速管理处	党委书记
任文玉	湖南省建委城建处	处 长
向良宗	长沙市政府	巡视员
李建国	湖南省商教集团	党委书记
李华林	长沙环保学院	人事处长
李建云	湖南省环保职业学院	党委书记
李光辉	国防科技大学	正 师
李志源	湖南省计生委	处 长
李志明	湖南涉外经济学院	副院长
李 智	湖南省纪委	副厅级监察专员
李建新	湖南省直机关工委委员、省直机关党校	校 长
李梦林	长沙市政府	助理巡视员
李楚雄	湖南省劳动就业局	原局长
李明利	湖南省洞工局综合处	处 长
李宗文	湖南省委组织部	副部长
刘顺保	湖南师大数学与计算机学院	党委书记
刘目祥	长沙市公安局内保处	处 长
刘晓昌	湖南省交通设计院	党委书记
刘克利	湖南大学	党委书记
刘跃辉	163 医院护理部	主任(正师)
刘双娥	湖南省乡镇企业局	办公室主任
刘建平	湖南省党史办	副主任

续表

姓 名	工 作 单 位	职 务
许仁义	湖南师大自考办	主 任
江 河	湖南省委办公厅信息技术中心	副主任
伏光明	国防科大基础军官指挥学院	副 师
伍智峰	长沙市商务局法规处	处 长
陈志军	湖南省农业厅	厅长助理
陈令金	湖南省教育建筑设计院	党组书记
杨 能	湖南省交警总队	政委 党委副书记
杨治平	湖南省科技厅	副厅长
杨 奇	长沙市烟草局	局 长
杨 翔	湖南省高院	副院长
杨西德	湖南省人事厅公务员考试中心	主 任
杨勇权	湖南省直机关工委	办公室主任
张 德	湖南省财政厅	机关党委副书记(正处)
张 明	长沙海关	原关长
张鸿雁	中南大学数学院	副院长
张明和	湖南省水利水电厅	处 长
张映欣	湖南省统计局研究室	主 任
吴果夫	湖南省教育厅电教馆	书 记
吴艺华	湖南省边防总队司令部	参谋长
吴宏波	湖南省工商银行	行长
吴久钊	长沙铁路勘测设计院勘测处	处 长
吴哲民	电广传媒审计处	处 长
吴跃进	湖南省民政厅救灾处	处 长
何 浩	中国银行火星支行	行 长
何文彦	湖南省经委交通战备处	处 长
何赞斌	长沙市建工局	党委书记
何细华	湖南省政府食品工业办	处 长
苏 立	湖南省委巡视组	处 长
萧学文	湖南省发改委农经处	处 长
邹 毅	湖南省委办公厅秘书二处	处 长
易胜利	湖南省发改委西开办	副主任(正处)
易 平	湖南省血防办	副主任
周雄军	湖南省农村能源办	主 任
周松泉	湖南省国信房地产开发公司	处 长
周卫兵	湖南省教育厅政策法规处	处 长

续表

姓　名	工　作　单　位	职　　务
周　杰	后装部科技处	处　长
周仲勋	湖南省司法厅公证处	处　长
周菊华	湖南省统计局	原巡视员
钟惠英	长沙学院	副院长
柳鄂鸿	湖南省委610办	副主任
骆　辉	湖南省委宣传部舆情处	处　长
赵　平	交通厅	党组成员、总工程师
徐　猛	湖南监管总队技术建设支队	支队长(正处)
徐利霞	湖南省粮食厅办公室	主　任
翁飞兵	国防科大电工技术实验中心	主任(正师)
袁文球	湖南省工商局计财处	处　长
陶　霁	湖南省国土厅	团委书记
黄兴华	新华社湖南分社	副主任
黄木春	湖南省监狱管理局	主　任
黄宏江	湖南省人防办	正　处
黄秀娥	长沙市政府	巡视员
黄　峻	湖南省农业厅	正　处
黄仲先	湖南省农科院党委	副书记、纪委书记
黄建中	湖南对外经济贸易职院	党委书记
龚新平	湖南省发改委综合处	处　长
符华兴	湖南省外事侨务办	副主任
曾克俭	湖南省发行风险处	处　长
傅志扬	长沙高压输变电	总局长
程铁虎	湖南省直机关党校教务处	处　长
彭江宇	湖南省安全厅	处　长
彭酉斌	湖南省教育厅	国家督学
彭克炯	湖南省作家协会	人事处长
彭克勤	湖南农业大学	副书记
彭建群	湖南省编办行编处	调研员
彭　凯	湖南省开发银行财务处	处　长
彭辉虹	湖南省财政厅支付局	局长(副厅)
虞濯平	湖南省工商局	副局级
熊　焰	湖南中医药大学	副院长
黎光明	湖南省检察院	副院长
黎铎宜	湖南省农行资金组织处	处　长

续表

姓　名	工　作　单　位	职　务
黎正稳	长沙理工大学	副校长
黎定军	湖南农大国际学院	院长正处
戴　清	湖南省委组织部干部信息处	处　长
王志明	岳阳教育局	局　长
仇岳刚	岳阳市公安局	副局长
冯嘉皇	岳阳市公路局	党组书记
龙卓煌	岳阳市安监局	副局长
朱明亮	长炼计划处	处　长
任小娟	岳阳市委	副秘书长兼史志办主任
任欣欣	岳阳市档案局	党组书记、副局长
刘进军	岳阳太平洋保险公司	总经理
向明波	岳阳市中医院	院　长
刘孝纯	岳阳市委政法委	副书记
李　波	城陵矶国家粮食储备库	董事长
李伟华	岳阳市委宣传部	副部长
何移斌	市口岸办	主　任
余完成	岳阳市直属基层工会工作委员会	主　任
余岳雄	岳阳市委办	副主任
吴钢良	岳阳市政协	秘书长
吴新民	岳阳市盐务局	局　长
闵　立	巴陵供销公司供销部	党委书记
杨雄岳	岳阳市财政局	调研员
杨德华	岳阳海事局	局　长
杨含春	岳阳市政府办公室	副主任
张　彰	岳阳市107国道管理处	主　任
陈明秋	岳阳市发改委	调研员
易国光	岳阳市人事局	党组副书记、副局长
柳先明	岳阳市纪委	常　委
姜跃军	岳阳市中级人民法院	工会主席
钟剑毅	岳阳市委办	副主任
唐　星	建设银行岳阳分行	行　长
曹克强	岳阳市纪委常委、监察局	副局长
彭高文	岳阳市农业科学研究所	书　记
湛锡光	岳阳市长江修防处	处　长
谢卫东	岳阳市人大常委会	秘书长

续表

姓　名	工　作　单　位	职　　务
廖星辉	岳阳市政府办公室	副主任
霍益辉	岳阳市委党校	教育长
王　鑫	常德市委办	副主任
陈兴文	衡阳市政府	副市长
何松仁	常德市海关	关　长
吴瑞祥	衡阳市政府	副秘书长
吴新明	韶山管理处	处　级
周协岳	怀化市80305部队	师级干部
周国和	衡阳市169医院	院　长
柳正球	湘潭市委宣传部	副主任
巢健义	攸县政协	政协主席
吴玲令	北海市警备区	副参谋长
吴玉林	桂林二〇分部	政　委
李春辉	桂林市信访办	副主任
杨稳泉	桂林陆军学院	副政委(少将)
周干明	桂林市人大	秘书长
周应柒	恭城县武装部	政　委
胡金奇	浦北县武装部	政　委
巢正新	矿产地质研究所	书　记
李长庚	广西军区后勤部	部　长
李恋中	贺州军分区政治部	主　任
杨　丛	广西壮族自治区政策研究室	主　任
周岳飞	宁明武装部	部　长
周　丽	广西艺术学院招生处	主　任
徐航建	广西壮族自治区国土资源厅	处　长
曹德南	自治区小煤矿事业管理局	局　长
黄红光	广西民航局	党委书记
彭跃辉	防城港市建设局	局　长
熊梓建	民航南宁站	处　长
张建新	宁波91100部队	师　长
翁先伟	上海杨浦海军92718部队	正团职教练舰长
任先锋	海南边防总队	管理处处长
江中辉	海洋监测预报中心	主　任
宋建良	三亚市纪委	副书记
黄正宇	海南省地税稽查局	处　长

续表

姓 名	工 作 单 位	职 务
巢乃文	三亚市民航机场	党委书记
马建光	山西临汾装备部	副部长
王卫星	新疆国税局	局 长
杨向东	江苏省东南大学	武装部长
何国祥	成都市三军区医大	内科主任
陈觉民	云南卫生厅	厅 长
周畅根	西藏拉萨市教育局	局 长
徐佑平	贵州省安顺市公安局	副局长
康和平	云南省粮油贸易公司	书 记
曾秋良	济南空军后勤部	部 长
陆春奇	江苏徐州空航七处	处 长
李德新	武警湖北总队司令部警务装备处	处 长

(四)汨罗籍部分在外副高技术职称以上人物名表

姓 名	工 作 单 位	职 务
邓细泉	国家天然气开发公司	总工程师
甘仞初	北京理工大学	教 授
冯序鹏	北京大学	教 授
冯 燕	北京大学信息科学技术学院	教 授
刘正庚	中国石油化工总公司信息中心	总工程师
向蓝翔	中国原子能科学研究院	高级工程师
何孟常	北京师范大学环境学院	教 授
杨洪平	北京北郊农场	总工程师
吴礼忠	北京市华北电力设计院总工室	总工程师
吴令英	中国医科院肿瘤医院	教授博导
张松桂	北京矿冶研究总院	高级工程师
邵贝贝	清华大学工程物理系微机室	主任教授
易陲安	原总参防化部	教 授
易丹辉	中国人民大学统计学系	教 授
郑博文	中共中央党校68楼301号	教 授
罗校庆	广电部科学研究院情报所广播影视研究所	高工主任
孟召平	中国矿业大学	博 导
林 华	二炮工程设计研究院科技处	高工副处长

续表

姓 名	工 作 单 位	职 务
殷辉奇	二炮司令部工程部	总工程师
傅 岳	总参谋部	高级工程师
傅金和	国际竹藤组织	博 士
彭梓辉	北京市邮电局	高级工程师
彭泗清	北京大学光华管理学院	博 士
刘正庚	中国石油化工总公司信息中心	总工程师
谭玉阶	深圳市中汇建筑设计事务所	总建筑师
马 平	广州工业大学	教 授
任高红	南方医院创伤骨科	教 授
欧阳大元	广东警官学院	教 授
刘 建	长江科学院材料所	副总工
刘 清	武汉交通科技大学	系主任、教授
任畏三	湖北非金属地质公司	高级工程师
李协军	武汉市信息中心	主 任
孙宏仁	武汉军事经济学院	教 授
张仲甫	武汉理工大学	博 导
谭新康	武汉建工集团	总工程师
黎先平	南昌飞机制造公司研究所	所 长
任国瑞	湖南省党史地方志办公室	研究员
李勇明	中南大学	教 授
刘 展	湖南省人民医院	教 授
江 健	湘雅二医院	教 授
陆铁坚	中南工大	教 授
冯中安	株洲铁道学院	教 授
周香甫	株洲冶金学院	教 授
卢新湘	桂林空军学院	教 授
董平文	广西艺术学院	教 授
刘宗映	中国航天科技集团公司第八研究院第805研究所	研究员
刘如飞	上海交通大学	教 授
易 葵	中科院上海光机所光学薄膜技术研究与发展中心	副主任
雷建求	中科院上海激光精密机械研究所	教 授
刘备高	西北工业大学	教 授
戴 鑫	陕西省西安市西北政治大学	教 授
曹宪成	岳阳市文联	一级编剧

(五)汨罗籍部分在外企业家名表

姓 名	工 作 单 位	职 务
仇红波	北京保卡先锋软件开发有限公司	总 裁
叶亚军	北京静怡服装服饰有限公司	总经理
任正东	北京实创高科技发展总公司	部 长
任晓波	北方通和控股有限公司	总 裁
任红波	北京博卡先锋软件开发有限公司	总 裁
陈志军	北京湘北森隆环保有限公司	总经理
李 谧	北京天方响文化传播公司	总经理
李文化	北京湘计立德信息技术公司	总经理
郑 维	世纪华侨城实业有限公司	副 总
周 洲	北京海畴企业管理顾问有限公司	董事长
袁 伟	北京九奔科技有限公司	经 理
胡元祥	荷兰国际集团	董事、总经理、首席代表
湛 龙	北京共创开源软件股份公司	经 理
仇新胜	深圳市惠丰联科技有限公司	总经理
王冬果	深圳市海巨电子科技有限公司	董事 总经理
傅 明	深圳市宝安区一鸣实业有限公司	总 裁
任培志	深圳马湾深火港	经 理
刘津鄰	大冶生光环保科技	董事长
刘五华	深圳市科罗威材料科技有限公司	董事兼执行总经理
陈文凯	深圳巨涯机械公司	经 理
何 兵	深圳市芯盛微电子有限公司	总经理
何新华	深圳中英石油化工有限公司	总经理
李柏华	南方投资有限公司	总经理
李 力	音品电子(深圳)有限公司	总经理
萧 波	深圳音品电子有限公司	董事长
萧亮云	宝洋五金有限公司	总经理
杨社成	深圳市光明联网报警中心	总经理
罗伟春	深圳大鹏证券公司	董事长
周建清	深圳市东方电力设备安装有限公司	总经理 执行董事
胥 卉	深圳市慧航电子有限公司	总经理
胡斌辉	深圳市创意欣电子有限公司	总经理
姚 霞	北京湘北森隆环保有限公司	总经理

续表

姓 名	工 作 单 位	职 务
倪雄辉	湘鸿楼	董事长
袁政文	协音电子	总经理
董云辉	杰诚端电子	总经理
熊志丹	深圳市日日升有限公司	总经理
戴红亮	深圳文化传播	董事长
戴宏卫	深圳房地产	总 裁
龙新建	广东新建通信网络有限公司	董事长
卢尚明	国贸酒店	董事长
刘思哲	佛山市古田交通工程有限公司	董事长
陈飞林	广晟集团	董事长
何向荣	广州南方房地产开发总公司	总经理
何 威	广州洞庭饮食管理有限公司	董事长
周 浪	广州市京海娱乐城	总经理
胡迎春	广州中人精细化工有限公司	总经理
蒋 玲	广州洞庭饮食管理有限公司	董事长
仇天瀑	深圳市沁岩实业发展有限公司	董事长
傅少裘	珠海市永隆加林饮水机有限公司	董事 总经理
何 单	东莞永芳电子科技公司	董事长
陈治国	艾普通讯	董事长
杨 哲	东莞市康德五金电子有限公司	总经理
黄志新	志爱电子科技有限公司	总经理
彭世光	东莞市新波特电气有限公司	总经理
毛颂山	惠州市康信广告装饰有限公司	总经理
黄宗华	惠州热电公司	总经理
任淑芳	武汉绿岛高技术公司	总经理
柳满和	武汉市昌龙物资有限公司	董事长
甘征求	中国建设银行总行委托代理部	总经理
任 辉	中国五矿集团	副总经理
杨太平	五矿集团公司企业规划发展部	副总经理
李独奇	大唐电力	副总经理
黄木新	中国建科院	经 理
湛 峰	北方环境科技发展有限公司	总经理
李久良	民航深圳航管站办公室	董事长
柳 杰	深圳广后集团	经 理
高曦球	人民日报南华报业发展部	总经理

续表

姓 名	工 作 单 位	职 务
巢民强	深圳市高速公路开发公司	总经理
韩孟康	深圳市邮电局移动分局	常务副经理
黄良建	东莞平安保险公司	经 理
周志武	上海管道工程公司	总经理
荀士保	上海宝钢发展有限公司	副总裁
龙志祥	方枚汕铁路公司	总经理
左维明	贵州省安顺市中园贵航集团白马飞机制造厂	总经理
黄光明	四川成都民航飞机场检修厂	厂长(正处)
戴 平	四川省移动公司	副总经理
邓曙新	湖南省金属回收公司	总经理
甘 霖	湖南省粮食厅调控处	处 长
刘渭贤	湖南省邮电局	董事长
刘革辉	湖南省信托投资公司	副总经理
江进文	中南大学后勤集团	总经理
陈应军	湖南省国土厅地质勘测局	副总经理
陈三思	湖南省委蓉园接待办	总经理
孟友培	湖南省水利厅	副总经理
周其林	湖南农大后勤集团	总经理
黄显荣	湖南林业科技大学涉外学院	董事长
曾康乐	人保健康湖南分公司	总经理
彭 虹	湖南省建行铁路分行	行 长
任寒清	湖南总利集团包装科技产业投资公司	董事长
任作民	省电力公司泰和实业公司	董事长
杨湘伟	正茂置业	董事长
周溪池	长沙汇智医用设备公司	董事长
胡之木	湖南总利董事会	主 席
曾 左	王府井董事、金华康房地产公司	总经理
彭令分	玖达医疗器械公司	董事长
虞 平	省供销总社物资经营公司	总经理
虞文根	物资集团总公司	董事长
黎中伟	湖南天天化工有限公司	董事长
周 铮	岳阳阳光保险公司	总经理
杨 哲	上海苹果电子	总经理
康 俊	云南天质集团	董事长

附 录

（1978 - 2008 年）

一、党和国家领导人关注汨罗

（按时间顺序排列）

王震为任弼时铜像揭幕

1989 年 4 月 27 日，任弼时同志诞辰 85 周年前夕，任弼时铜像揭幕仪式在任弼时故居举行。国家副主席王震代表党中央、国务院专程从北京来到汨罗参加铜像揭幕仪式。

在铜像揭幕仪式上，王震发表重要讲话。高度评价任弼时光辉革命的一生，号召广大人民群众“坚持社会主义道路，坚持无产阶级专政，坚持共产党的领导，坚持马列主义、毛泽东思想”“把改革和建设事业不断推向前进”。中共湖南省委书记熊清泉代表省委、省政府讲话。

仪式结束后，王震等与会领导及代表参观了弼时故居及任弼时生平陈列展览。

参加任弼时铜像揭幕仪式的其他贵宾有：中顾委常委余新里、王新亭、全国人大常委会副委员长廖汉生，中央党史研究室副主任马石江，中央文献研究室副主任金冲及，任弼时夫人陈琮英及子女，岳阳市、汨罗市党政主要领导及当地群众代表。

江泽民走访汨罗农家

1991 年 3 月 14 日上午 9 时 40 分，中共中央总书记江泽民及中共中央宣传部部长王忍之、农业部部长刘中一等在中共湖南省委书记熊清泉、省长陈邦柱陪同下到汨罗农户刘再田家走访。

刘再田家住汨罗市黄柏镇神鼎村新铺组。中共十一届三中全会前，刘再田家还是一个困难户。改革开放后，刘再田凭借当地交通、资源、劳力优势，从事竹器、纸筋板及塑料加工和养殖业生产，逐步脱贫致富，拥有固定资产 9 万多元，年产值达 13 万元。

江总书记下车后，和刘再田家人一一握手问好，详细询问该户塑料加工厂的生产情况，嘱咐工人们注意安全生产、安全用电，并向刘家“恭喜发财”。

江泽民瞻仰任弼时故居

1991 年 3 月 15 日下午 4 时 25 分，江泽民总书记来到任弼时故居参观。随同江总书记参观的有：中宣部部长王忍之，广州军区中将司令朱敦法，农业部部长刘中一，总政治部少将副主任李继耐，国家计委副主任盛树仁，中共中央办公厅副主任曾庆红，中央政策研究室副主任滕文生，湖南省委书记熊清泉，省长陈邦柱,省委秘书长沈瑞庭,岳阳市委书记储波等。

江泽民在故居里院下车后,没有休息,直接参观了任弼时父母、任弼时和陈琮英的住房及烤火间,观看了任弼时生平事迹陈列展览,并听取了汨罗市市长李湘岳的简要介绍。参观展览后,江泽民在任弼时故居贵宾簿上签名。

步出故居,江泽民来到铜像广墙继续参观,并向在长沙出差赶来接待的任弼时儿子任远远询问有关铜像设计制作情况,最后,与陪同人员分批合影留念。并嘱咐摄影师:"一定要把铜像全部摄进去。"

下午4时55分,江泽民离开任弼时故居前往长沙。晚上7时50分,江泽民在熊清泉、陈邦柱、沈瑞亭陪同下到长沙蓉园宾馆看望任弼时夫人陈琮英,并同她进行亲切交谈。在宾馆,江泽民展纸挥毫,为任弼时故居题词:"发扬为了党和人民的事业不辞重负奋力前行的骆驼精神"。

李铁映参观屈子祠和任弼时故居

1991年12月21日下午,中共中央政治局委员、国务委员、国家教委主任李铁映,在中共湖南省委副书记、省长陈邦柱,中共岳阳市委书记谢培清,中共汨罗市委书记彭亮根的陪同下参观屈子祠,并为正在筹建的屈原碑林当场书写"魂系中华"和"路漫漫其修远兮吾将上下而求索"两幅墨宝。随后,他主动提出负责解决建离骚碑的所需资金,并要陪同的陈邦柱、谢培清每人也要负责一块碑。

离开屈子祠后他来到任弼时故居,参观故居和任弼时生平陈列展览。

楚图南题写"屈原碑林"

1992年4月9日上午,中共汨罗市委书记彭亮根和原政协汨罗市主席任森及汨罗市宣传部副部长叶军泗专程到北京,向全国人大常委会原副委员长楚图南汇报"屈原碑林"筹建情况,并请他为"屈原碑林"题词。楚图南欣然应允,并详细了解题词内容和相关要求。当天下午,楚图南将书写的"屈原碑林"和"路漫漫其修远兮,吾将上下而求索"的两幅题词面交彭亮根。

李岚清考察汨罗素质教育

1996年5月11日,中共中央政治局委员、国务院副总理李岚清率中央有关部委负责同志,在省委书记王茂林、省长杨正午、省委副书记郑培民、政协湖南省主席刘正和岳阳市委书记阳宝华、市长黄甲喜以及汨罗市市长刘文峰等陪同下,考察汨罗素质教育。

上午9时,李岚清来到新市镇中心小学,听取该校班主任老师李乐为六年级学生上的一堂语文课。李乐围绕课文《花》,采取学生说花、画花、演花、唱花等多种教学方法,把课讲得深入浅出、生动形象,得到李岚清的好评。听完课后,李岚清参观学校陈列室,仔细翻阅实施素质教育的原始档案资料,观看学生们结合课本知识自制的小发明作品,并拿起学生制作的活动撮箕试了试。他告诉学校负责同志:"素质教育是一个方向性的问题,你们要坚持下去。"

上午10时20分,李岚清一行来到汨罗市一中,在该校校长罗林祥的陪同下听取高三班的《百科知识竞赛》课并观看劳动课。同时接受该校小记者李博的采访,回答有关素质教育的提问。

随后,李岚清一行听取市长刘文峰和市教育局局长黄泽南的专题汇报,并就转变教育观念、优化教育环境、构建素质教育运行机制等课题作出重要指示。并指出:汨罗的经验,我们要逐步在全国推广。省委书记王茂林,省长杨正午也就全省如何学习汨罗素质教育经验提出了具体实施意见。

李贵鲜考察白塘灾民新村

1997 年 1 月 8 日上午 10 点多钟,国务委员李贵鲜在岳阳市领导阳宝华、黄甲喜和汨罗市领导葛送培、刘文峰的陪同下,察看白塘乡灾民新村。

1996 年 7 月 14 日至 17 日,汨罗遭遇特大洪灾,白塘乡是全市 15 个重灾乡镇之一。洪水过后,省民政厅将该乡作为修建灾民新村的示范点。白塘乡政府当即成立灾民新村建房领导小组,因村制宜,统筹建设,历时 112 天。新建住房安置灾民 400 户、1996 人。

在灾民新村,李贵鲜先后参观灾民吴树英、彭志文家的新居,向他们详细询问建房资金、政府补贴及粮食、衣服等情况,并送上“红包”,表示慰问。闻讯赶来的灾民争着告诉李贵鲜,感谢党和政府,帮他们建新房,恢复生产。李贵鲜非常高兴,代表党中央、国务院向大家拜年。

毛致用一年两次访汨罗

2000 年 3 月 31 日上午,全国政协副主席毛致用在原省高院院长詹顺初、原省农业厅厅长谭载阳、岳阳市政协主席高碧云等陪同下,到大荆镇指导农业结构调整和农村基层组织建设工作。汨罗市领导郭光文、余贤规、郑可仗、彭祥、张作林等陪同。

在镇政府会议室,镇党委书记李运帷简要汇报落实两级市委精神,大搞农业产调和切实抓好基层党组织建设和转变干部作风情况。听取汇报后,毛致用详细询问全镇大面种植蔬菜的效益情况,仔细翻看镇干部的工作日志,并对产调工作和干部作风转变给予高度评价。同年 12 月 6－7 日,毛致用来到汨罗考察旅游开发、团山花园、新市镇八里村、李家塅镇天子家私厂,并对汨罗市近年来取得的成绩给予充分肯定。

张震考察汨罗

1994 年 9 月 10 日,中央军委副主席张震一行 70 多人瞻仰任弼时故居。

2000 年 5 月 10 日,原中央军委副主席张震将军偕夫人来到汨罗,岳阳市委书记于来山、岳阳市政协主席高碧云,汨罗市人民政府市长余贤规、市人武部政委许细霞陪同参观屈子祠。

在屈子祠,张震首先参观纪念馆陈列室。当讲解员讲到屈原一生爱国爱民、以身殉国时,他说:“我就是受屈原爱国思想的影响,从汨罗江上游走上革命道路的。”随后,他参观屈原碑林并题词:“大夫含恨悲楚国,汨水长流悼忠魂。”

彭珮云考察大荆镇产业调整工作

2001 年 11 月 4 日下午,全国人大常委会副委员长、全国妇联主席彭珮云到大荆镇考察农业产业结构调整工作。

彭珮云一行先后参观桂花村大棚辣椒区，大荆镇政务公开墙和秋季瓜果展览，详细询问女村民林良英辣椒种植技术及收入情况，听取汨罗市市长李国保，市委常委、大荆镇党委书记李运帷的工作汇报。她充分肯定汨罗的工作，希望各级领导不断提高妇女的综合素质，切实加强好妇女组织建设，高度重视妇女干部的培养，坚持一手抓维权、一手抓发展，充分发挥妇女在两个文明建设中的作用。

回良玉考察大荆镇和加华牛业公司

2003 年 7 月 13 日下午，中共中央政治局委员，国务院副总理回良玉、国家发展改革委副主任刘江、财政部副部长廖晓军、水利部副部长敬正书、农业部副部长范小健、国务院研究室副主任尹成杰一行，在省委书记杨正午、代省长周伯华、省委副书记谢康生、副省长杨泰波，岳阳市领导于来山，李湘岳、曾文献，汨罗市领导陈四海、李国保陪同下，先后考察大荆镇桂花村农业产调公司基地和加华牛业公司。

回良玉参观桂花村无公害农产品展览时指出："要全面发展农业，一定要有自己的品牌，有几个叫得响的品牌。农业发展的方向应该是'特色 + 规模 + 品牌 + 产业化'，这样才有效益。""农业产业结构怎样调整，你们大荆积累了许多经验，要认真地总结这些经验，让更多的农民从中得到更多的启示。"

回良玉参观加华牛业公司时，就发展"餐桌经济"作重要指示："要餐桌经济，进入餐桌的产品是市场最广的产品，因为人每天都要吃饭，每次消耗之后，还要重复消耗，而工业用品做不到这一点。我看了加华公司，感到过去的农业主要是指食品原料，现在由食品原料变成食品的半成品、成品，由进厨房发展为直接到餐桌上去了。这是第一条，就叫'餐桌经济'。第二，过去农产品到地摊上去，到农贸市场上去，以后上超市了，这也发生变化了。第三，农业的发展，过去产加销，包括科研系统，都是相对比较分割的，现在有龙头企业，产加销一体化，互相推动、互相促进、互相制约。要做好了，就是共同发展。研究农业大有文章。"

在谈到农村时，回良玉指出：农业上有"三资"：外资、民资、引进工商资本。农业上龙头企业，很多都是搞房地产，有原始积累以后，转到农业上的投入。相对风险是小的，不是没风险，起码不那么大。我认为这是有远见的企业家。今后要注意品牌的宣传，湘西黄牛到底有什么特点？要通过有学识的人，有影响的人宣传出去。

胡锦涛考察汨罗

2003 年 10 月 2 日下午，中共中央总书记、国家主席胡锦涛在省委书记杨正午、省长周伯华、岳阳市委书记于来山、汨罗市委书记陈四海的陪同下，先后考察大荆镇、加华公司和红花乡，瞻仰任弼时纪念馆。在大荆镇产调基地，胡锦涛参观该镇展销的无公害瓜菜产品，考察温室蔬菜生产大棚，询问刀豆、辣椒、苦瓜、西瓜的种植情况及农产品加工企业的生产经营情况。随后，参观桂花村村务公开栏、科普知识宣传窗、党员活动室、图书室和村办小学、与镇村干部及村民进行亲切交谈。总书记对该镇产调基地给予充分肯定，对推广新品种、新技术，带动农民增产增收表示非常高兴，对建立村支部、村委会学习制度，开展"有问题找支部、有困难找党员"的"亮"（亮党员身份）、"创"（创红旗）、"奔"（奔小康）活动，点头称赞。

在加华牛业公司，该公司董事长蔡健华、总裁刘福党向总书记介绍用牛粪生产的有机肥产品的生产方法、市场前景和采用世界先进技术生产的牛肉米饭食品,还陪同观看屠宰加工厂、分割车间、育肥厂的监控场景,参观品种改良中心。总书记边走边看边问,并语重心长地嘱托刘福堂:你们要解决收购问题(指公司建立的农民养牛网)。你们要让利给农民。你们是龙头企业,带动农民致富是一条好路子,希望你们做大。

下午4点40分,总书记一行来到红花乡石仑、石鼓村正在收割的稻田边,亲切接见石鼓村党支部书记张文明和石仑村党支部书记张自仲,听取石鼓村的情况介绍,并与石鼓村21组村民张正新握手交谈,详细询问粮食产量、家庭种养、家庭收入情况,临走还说:"祝你明年红红火火。"

下午5时20分,总书记乘车沿107国道南行来到任弼时纪念馆参观,并签名留念。

尉健行参观任弼时纪念馆

2004年4月29日,原中共中央政治局常委、中央书记处书记、中纪委书记、全国总工会主席尉健行一行到汨罗参观弼时纪念馆。汨罗市有关领导李国保、郑可仗、李迪媛、王昔罗等陪同参观。上午9时左右,尉健行夫妇及随行人员和省、岳阳市领导陪同驱车到达任弼时纪念馆。下车后,他和大家一一握手,并健步走到任弼时铜像前敬献花篮,默哀鞠躬。接着,进入纪念馆大厅参观。参观中,他不由自主地停下来,认真阅读图片上的文字。

参观展览后,尉健行稍作休息,在贵宾簿上签名。接着参观任弼时故居,并与陪同人员和汨罗市领导合影留念。

贾庆林访汨罗农家

2005年7月17日下午3:50,中共中央政治局常委、全国政协主席贾庆林在湖南省党政领导杨正午、周伯华、胡彪、于来山和汨罗市政协主席彭祥等陪同下,来到汨罗市黄市乡干桥村一组宋桂三家。

贾庆林来到堂屋正中坐下,与宋桂三拉起家常,询问家里有几口人?一年收入多少?农村负担重不重?干部作风扎不扎实?宋桂三一一相告:全家9口人,四世同堂,母亲已88岁,自己和老伴已60出头,两个儿子,两个儿媳,两个孙子。现在,农业税已经全免,负担很轻;全家年收入在3万元以上。贾庆林听完很高兴,赞赏他们是一个和睦的好家庭。

二、重要文件辑存

(一)国务院关于撤销汨罗县设立汨罗市的批复

中华人民共和国国务院

国函〔1987〕160号

国务院关于湖南省撤销汨罗县设立汨罗市的批复

湖南省人民政府:

你省一九八七年七月十五日《关于撤销汨罗县设立汨罗市的请示》收悉。同意撤销汨罗县，设立汨罗市（县级），以原汨罗县的行政区域为汨罗市的行政区域。

中华人民共和国国务院

一九八七年九月二十三日

（二）湖南省人民政府关于撤销汨罗县设立汨罗市的通知

湖南省人民政府

湘政函〔1987〕40号

关于撤销汨罗县设立汨罗市的通知

各行政公署，自治州、市、县人民政府，省直机关各单位：

国务院一九八七年九月二十三日批准，同意撤销汨罗县设立汨罗市（县级），以原汨罗县的行政区域为汨罗市的行政区域。

湖南省人民政府

一九八七年十月十五日

（三）湖南省体改委关于罗城新区改革开放开发试点的批复①

湖南省体改委

湘体改字〔1992〕22号

关于罗城新区改革开放开发试点的批复

汨罗市人民政府：

你们《关于罗城新区改革开放开发试点的请示》收悉。经研究，原则同意你们在罗城新区进行改革开放开发试点。请你们切实加强领导，科学论证方案，精心组织实施；抓住有利时机，大胆进行改革试验，努力扩大对外开放度，推动经济的加速发展，形成以改革促开放，以开放促开发，以开发促发展的新格局。同时，要创造条件，接受浦东开发的辐射，尽快跻身于长江开发带。试点中的有关情况、重大问题，望及时报告我们。

湖南省经济体制改革委员会

1992年4月26日

（四）中共中央办公厅秘书局关于兴建任弼时纪念馆的批复

中共中央办公厅秘书局

中秘文发〔1998〕33号

湖南省委办公厅、省人民政府办公厅：

《湖南省委、省人民政府关于兴建任弼时纪念馆的请示》收悉。经研究并报领导同志，同意在汨罗市兴建任弼时纪念馆。纪念馆规模要适度，应体现务实和节约的精神。经费自筹。

---

① 注：1994年3月29日，湖南省人民政府以湘政发〔1994〕5号文件批转省清理工作领导小组办公室《关于做好我省开发区工作报告》的通知中，确定清理整顿后全省省级开发区和国家级开发区60个，其中岳阳市5个，罗城经济发开发区列为省级开发区。

此复

中共中央办公厅秘书局

国务院办公厅秘书局

1998 年 3 月 18 日

(五)中共湖南省委办公厅关于兴建任弼时纪念馆的复函

中共湖南省委办公厅(函)

湘办〔1998〕20 号

中共湖南省委办公厅关于同意兴建任弼时纪念馆的复函

岳阳市委：

你们转报的汨罗市委《关于兴建任弼时纪念馆的请示》(岳委报〔1997〕3 号)收悉。经省委、省政府研究并报中共中央、国务院,同意在汨罗市兴建任弼时纪念馆。纪念馆的地址要适当,规模要适度,应体现务实和节约的精神。经费自筹。

此复。

中共湖南省委办公厅

1998 年 3 月 25 日

(六)中共中央办公厅秘书局关于任弼时纪念馆建设资金的复函

中共中央办公厅秘书局

中秘文发〔2000〕7 号

关于任弼时纪念馆建设资金有关问题的复函

湖南省委办公厅、省人民政府办公厅：

陈琮英同志随信附来的《湖南省人民政府办公厅关于支持解决任弼时纪念馆建设缺口资金的请示》(湘政办函〔1998〕98 号)收悉。经有关部门研究并报领导同志同意,现函复如下：

考虑到湖南省财政较困难的实际情况,原则同意由国家计委按工程进度安排任弼时纪念馆工程建设投资 1000 万元,包干使用;由财政部对纪念馆内部设备设施及布展费用等给予适当补助。具体事宜请你省直接商国家计委、财政部办理。

此复

中共中央办公厅秘书局

国务院办公厅秘书局

2000 年 1 月 4 日

(七)国家发改委等 6 部局关于开展循环经济试点的通知

国家发展和改革委员会

国 家 环 境 保 护 总 局

科　学　技　术　部

财　　政　　部
商　　务　　部
国　家　统　计　局
特急　发改环资〔2005〕2199号

关于组织开展循环经济试点(第一批)工作通知

有关省、自治区、直辖市和计划单列市人民政府：

为贯彻和落实科学发展观，加快推进循环经济发展，促进经济增长方式转变，按照《国务院关于做好建设节约型社会近期重点工作的通知》、《国务院关于加快发展循环经济的若干意见》(国发〔2005〕21、22号)要求，国家发展改革委会同国家环保总局等有关部门和省级人民政府，在重点行业、重点领域、产业园区和省市组织开展循环经济试点工作。经报请国务院同意，现将《循环经济试点工作方案》和国家循环经济试点单位(第一批)印发你们，请参照执行并抓紧组织试点单位编制试点实施方案。

二〇〇五年十月二十七日

附件：一、循环经济试点工作方案

二、国家循环经济试点单位(第一批)

项　　目	单　　位
二、重点领域 (一)再生资源回收利用体系建设	北京市朝阳区中兴再生资源回收利用公司、石家庄市物资回收总公司、吉林省吉林市再生资源集散市场、湖南汨罗再生资源集散市场、广东清远再生资源集散市场、深圳报业集团
(二)废旧金属再生利用	天津大通铜业有限公司、上海新格有色金属有限公司、河南豫光金铅集体有限责任公司、江苏春兴合金集体有限公司、深圳东江环保公司、广东新会双水拆船钢铁有限公司
(三)废旧家电回收利用	浙江省、青岛市、广东贵屿镇
(四)再制造	济南复强动力有限公司、北京金运通大型轮胎翻修厂
三、产业园区	天津经济技术开发区 苏州高新技术产业开发区 大连经济技术开发区 烟台经济技术开发区 河北省曹妃店循环经济示范区 内蒙古蒙西高新技术工业园区 黑龙江省牡丹江经济技术开发区 上海化学工业区 江苏省张家港扬子江冶金工业园

(八)中国龙舟协会关于授予湖南省汨罗市为“中国龙舟名城”称号的决定

中国龙舟协会

关于授予湖南省汨罗市为“中国龙舟名城”称号的决定

社体运协字〔2008〕52号

湖南省汨罗市人民政府：

汨罗市是龙舟文化的发祥地之一，有着悠久的历史和群众基础，二十世纪八十年代就开始举办形式多样的龙舟活动,并形成了独具特色的龙舟竞渡民俗。汨罗市龙舟队多次参加国际邀请赛和全国比赛,取得过优异成绩,为弘扬龙舟传统和推动龙舟运动的发展做出了积极的贡献。

根据汨罗市开展龙舟运动的实际和中国龙舟协会的有关规定,为进一步推动和促进龙舟运动的开展,经研究,决定授予湖南省汨罗市为“中国龙舟名城”称号。

希望汨罗市进一步弘扬龙舟文化,继续推广和提高龙舟运动,满足人民群众的文化体育需求,为促进经济和各项社会事业快速、健康、可持续发展发挥更大的作用,为推动我国龙舟运动的发展再创辉煌。

二〇〇八年四月二十二日

三、1995年版《汨罗市志》勘误补遗

(一)文字差错

P3页,倒数第1行“弘场”应改为“弘扬”。

P4,倒第1行“杆”应改为“秆”。

P9,“始皇帝元年”,应为“始皇帝二十六年”;“始皇帝三年”,应为“始皇帝二十八年”。

P10,第12行“贬”应改为“败”。

P11,“杨么”应改为“杨幺”。

P12,第9行“庭”应改为“廷”。

P34,第23、24行“燃”应改为“然”。

P37,“沅江县”应为“沅江市”。“始皇帝元年应为始皇帝二十六年”。

P43,第15行“里”应改为“公里”。

P44,第6行“平方米”应改为“万平方米”。

P44,第10行“湘线”应改为“湘白线”。

P46,第22行“牲”应改为“生”。

P49,第2、10、18行“牲”应改为“生”。

P49,第18行“尔”应改为“迩”。

P53,第1行“北西320°”应改为“北西40°”。

P57,倒第6行“脊”应改为“瘠”。

P58,“(土升)”应为“埤山”,“民国文人周介陶”,应为“民国文人李兴沅”。

P59,“花草斑澜”应为“花草斑斓”。

P59,第5行“澜”应改为“斓”。

P60,第4行“同”应改为“风”,倒数第12行“级”应改为“纹”。

P70,“《水经注》称　水”,应为“《水经注》称瀆水”。“犁树塀”应为“梨树塀”。“平江县的长寿街、嘉义、三

市、浯口、黄琪塅”，应为“平江县的长寿、嘉义、金龙、安定、三阳、城关、瓮江、谈岑、粟山等九个区”。

P70，第9行“缺一字”应改为“补一字”。

P74，“水稻土面积45:60万亩”，应为“水稻土面积45.60万亩”。

P76，倒数第13行“密”应改为“蜜”，倒数第5行“风”应改为“西”。

P144，倒数第10、倒数第9行“画”应改为“法”。

P218，倒数第2行“寅”应改为“夤”。

P220，倒数第7行“标点(，。)”应改为“。，”。

P227，倒数第5行“拔”应改为“拨”。

P261，倒数第4行“梁”应改为“粱”。

P262，第1行“窑”应改为“窖”，第16行“缺一字”应改为“补一字”。

P267，第12行“在万千瓦时”应改为“亿千瓦时”。

P289，第3、4行“梁”应改为“粱”。

P291，第19行“密”应改为“蜜”。

P293，第6行“梁”应改为“粱”。

P298，“擦”应改为“檫”。

P302，“擦”应改为“檫”。

P306，倒数第8行“獗”应改为“蕨”。

P306，倒数第3行“桔杆”应改为“秸秆”

P306，倒数第2行“杆”应改为“秆”。

P308，倒数第13行“谭”应改为“潭”。

P335，倒数第10行“桥粱”应改为“桥梁”。

P365，倒数第7行“持”应改为“待”。

P390，第5行“NOx”应改为“X→?”。

P405，倒数第7行“远”应改为“运”。

P407，倒数第8行“桃”应改为“挑”。

P411，“庭”应改为“廷”。

P502，“彭家煌小说《纵勇》”，应为“《怂勇》”。“13种”应为“12种”。

P504，“雷宪和，20平方米的狂草风被日本不岛三郎收藏”，应为“小岛三郎收藏”。

P509，“清乾隆二十年(1755)，庙宇被江水浸蚀，知县陈钟理以屈原曾居玉笥山，将汨罗庙徙建于玉笥山”。应为“庙宇被江水浸蚀后，清乾隆二十年(1755)，知县陈钟理以屈原曾居玉笥山，将汨罗庙徙建于玉笥山”。

P509，“中进正厅置高3.57米，面阔3.30米、宽1.90米的木质饰金雕有龙、凤、马、狮的神龛……”应为“中进正厅置高3.57米、面阔3.30米，宽1.90米的雕有龙、凤、马、狮的木质饰金神龛……”

P510，第9行“笼”应改为“茏”。

P511，“1994年，已有离骚阁、天问坛、九歌台、九章馆、招魂堂5项主体工程竣工……共刊碑238块……”应为“1994年，还有离骚阁、天问坛、九歌台、九章馆、招魂堂、独独亭、思贤楼等七项主体工程竣工……共刊碑354块”

P514,第10、12行“梁、庭”应改为“粱、廷”。

P522,第18行“竟、浆”应改为“竞、桨”。

P535,“叉”应改为“汊”。

P537,“叉”应改为“汊”。

P540,倒数第6行“会”应改为“荟”。

P542,倒数第1行“顽”应改为“玩”。

P553,第1行“庭”应改为“廷”。

P574,倒数第6行“钣”应改为“饭”。

P577,倒数第7行“梁”应改为“粱”。

P578,倒数第3行“帖”应改为“贴”。

P580,第16行“侯”应改为“候”。

P582,倒数第2行“腊”应改为“蜡”。

P583,第14行“框”应改为“柩”。

P583,第18行“堆”应改为“推”。

P595,“仇亮,旋赴北京参加清廷陆军部考试,中兵部举人”。应为“仇亮,旋赴北京参加清廷陆军部考试,中步兵举人”。

P596,倒数第7行“庭”应改为“廷”。

P602,第7行“辨”应改为“辩”。

P604,第6行“夔”应改为“夒”,第8行“庭”应改为“廷”,倒5行“辑”应改为“缉”。

P605,彭家煌,“著有《怂恿》、《厄运》等短篇小说12部”,应为“著有《纵恿》、《厄运》等小说12部”。

P606～607“任理,……民国……15年(1926)从苏联回国,投身北伐战争。”任理系开国元勋任弼时的族叔。1923年,任理受党组织派遣,从法国转到莫斯科东方共产主义劳动大学学习,恰好与早两年到该校读书的族侄任弼时成为同学。1924年3月15日,任弼时在家信中亦提到此事:“禹彝叔去年由法来俄,现与我同校念书,他的情形还好。”至于任理的回国时间应为1924年,而不是1926年。这主要有当事人任弼时的书信证明。

1925年2月18日,先期回国的任弼时给尚在莫斯科东方大学学习的罗亦农和王一飞写了一信,既谈了自己从苏联回国后的工作体会,又顺便谈到了任理的情况。他在信中写道:“别后已半年,我所过的生活,与你们完全两样,前后生活环境比较,后者较前者难而且苦,但有时能感苦中趣味,又觉较前者为佳而乐为。”“此次回国同志,除任理及余履中外,均参加cr及cp工作,互相间虽少通信……”

上面两种说法,应该是第二种说法证据充分,值得相信。因为任弼时是当事人,他的回忆记叙,无论是时间,还是事情经过,均比后人的间接记述准确真实。读任弼时这封信,可以得到两点启示:

一是为考证任理的回国时间提供了重要线索。据《任弼时传》介绍,1924年1月26日,中共旅莫支部决定按国内的指示,在暑假后派一批在东方大学学习时间较长而有工作能力的党员回国,其中包括罗觉、彭述之、赵世炎和任弼时等18人。2月27日,常委会根据与共产国际维经斯基的商议意见,将回国人数由18人减至15人,罗觉、任弼时、王飞、彭泽湘、彭述之、陈炎年等8人暂时留校学习。5月20日,常委会根据张太雷在旅莫支部会上介绍的国内斗争人少事多的情况，决定加派彭述之、陈延年、红鸿、尹宽、郑超麟和任弼时等6人回国，同时欢迎其余的学员报名回国。东大第一批10名学员于6月23日启程回国。任弼时等第二批11名学员于7月下旬启程回国，8月抵达上海。1925年2月，任弼时开完共青团的“三大”会议后即向罗亦农、王一飞写了这封信，前后时间正好半年，故信的开头便有“别后已半年”之说。此时间，即指任弼时自己，也包括任理在内；因为，下文的“此次回国同志”，即有任弼时，也有任理及余履中。据此推断，至1925年2月任弼时给罗亦农、王一飞写信时止，任理也已从苏联回国半年了。所以，其他史料有关任理1926年从苏联回国的说法，是值得推敲的。

二是为确定任理的回国身份提供了重要线索。其一，《任弼时传》是任理回国身份的重要旁证材料。为了支援国内的革命战争，旅莫支部1924年1至5月先后三次开会研究人事，决定从东大学员中挑选一批精兵良将回国工作。任理虽榜上无名，但也可以响应组织号召，获得自动报名回国的机会。其二，任弼时给罗亦农、王一飞的信，是任理回国身份的直接证明材料。任弼时信中的“此次回国同志”，按字义解，此次即这次，是近指，也是专指，即指1924年7月下旬第二批回国人员，但不包括上次（1924年6月下旬第一批）回国人员；任弼时在第二批人员之内，任理同样也在第二批人员之内；否则，任弼时信中的“此次回国同志，除任理及余履中外”就不好理解；不同的是，任弼时属组织内定回国对象，而任理却在“欢迎其他学员自动报名回国”之列。

P608，瞿寿禔，“民国4年（1915）初”，应为“民国元年（1912）初”。

P610，丁爱田，“……刻划得入木三分……”，应为“刻画得入木三分……”。

P613，胡国梁，“……胡国梁回国参加黄兴领导的广州起义……”应为“……胡国梁回国参加孙中山领导的广州起义……”

P616，第16行“戳”应改为“戮”。

P620，许升云，“……尤善长演周瑜戏……”应为“……尤擅长演周瑜戏……”。“……刻划……”，“应为……刻画……”。

P663，黄柏如，籍贯栏下标“川山坪镇”，应为“高家坊镇三姊桥荷塘”。

P664，“黄吉黎”，应为“黄救黎”，“副政委”，应为“政委，少将”。

P667，“江字恭”，应为“江学恭”。

P685，倒数第2行“映”应改为“应”。

P689，第3行“篮”应改为“蓝”。

（二）数字差错

（1）第87页倒数第8行至倒数第5行：

“1958年达9.6329万户，……1961年末比1958年末减少4031户，……1962年人口出现补偿性回升，净增6793人。”

又：第98页倒数第12行：“1964年……汨罗境内总户数7.7659万户。”

1958年达9万6千多户，至1961年“减少4031户”，也还有9万多户，而且1962年开始“回升”，1963~1964年也是回升期。可到了1964年却只有7万多户了。

（2）第91页第9行：

“1964年，男21.7883万人，女19.5837万人。”又：第91页倒5~4行：（在同一页中）“1964年……14岁以下15.1854万人，15~49岁18.3888万人，50岁以上4.4427万人。”

按男、女统计：41.3720万人，按年龄统计：38.0169万人。

同一年(1964年)在同一页中出现的数字,相差3万3千多人。第90页第12～13行,按地域统计:“1964年,江南21.7393万人,江北16.2776万人。”也是38万多人。

(3)第267页第9～12行:“工业用电1966～1974年……9年用电3502万千瓦时。……1975～1978年,工业用电6.1813亿千瓦时,年平均用电是1966～1974年平均的11.7倍。”

不只是“11.7倍”,而是37倍多？据此算,1975～1978年年平均用电约15000万千瓦时,可268页表中,1975年中,工业用电只有1636万千瓦时。误差近10倍。

(三)补充缺漏

大事记

北宋大中祥符七年(1014),在神鼎山上始建资圣寺。宋仁宗御题“资圣禅寺”。

清顺治十六年(1659),顺治皇帝召资圣寺住持宏觉大师入京城受敕,钦赐宏觉禅师法号,御批在京都柏林寺复制佛经7240卷。

民国元年(1912),曾任资圣寺住持的寄禅法师,又称八指头陀,出任中华佛教总会首任会长。

上届《汨罗市志·大事记》P29:1982年12月,县文化馆甘征文编写的《八品官》剧本获全国戏剧家协会首届“优秀剧本奖”,其中“1982年12月”应为1981年7月。

人口

P96,百岁老人　根据2004年3月市民政局老龄办提供的《百岁以上老年人口异动情况报告表》显示,至下限1993年年末,还有:

智峰乡双春村13组的程池贞,女。

三江镇隘口村9组的李送怡,男。

三江镇湘平村的向会根,女。

李家塅镇群合村的曾春意,女。

屈子祠镇双桥村3组的翁先加,女。

川山坪镇联山村的张德元,女。

川山坪镇玉麓村的陈长根,男。

沙溪镇蓝溪村的姚玉兰,女。

桃林寺镇东塘村8组的杨三英,女。

弼时镇汉山村的彭玉珍,女,出生于1900年10月20日。

范家园镇青龙村19组的任金莲,女,出生于1903年3月28日。

范家园镇烟墩村13组的郑桂香,女,出生于1901年正月二十三日。

川山坪镇金华村8组的刘桂英,女,出生于1902年7月24日。

屈子祠镇街市村的吴冬生,男,出生于1903年9月19日。

汨罗镇雁塘村6组的柳银珍,女,出生于1904年6月17日。

营田镇黄鹤,男,出生于1897年8月28日。

社会

P589,第四章《宗教·清末境内庵堂寺观录》遗漏:黄石古庙(载《湘阴县图志》),建于今白水镇白米村,毁于“大跃进”时期。

正科级干部　P645～P649,汨罗市(县)1966～1993年正科(乡)级以上干部名录应补:涂德保

索　　引

说明

1、本索引将本志的概述、大事记、篇、章、节标题和人物、附录按汉语拼音字母顺序排列。

2、索引名称后的阿拉伯数字表示内容所在的页码。

K